Eine Arbeitsgemeinschaft der Verlage

Böhlau Verlag · Köln · Weimar · Wien
Verlag Barbara Budrich · Opladen · Farmington Hills
facultas.wuv · Wien
Wilhelm Fink · München
A. Francke Verlag · Tübingen und Basel
Haupt Verlag · Bern · Stuttgart · Wien
Julius Klinkhardt Verlagsbuchhandlung · Bad Heilbrunn
Lucius & Lucius Verlagsgesellschaft · Stuttgart
Mohr Siebeck · Tübingen
Nomos Verlagsgesellschaft · Baden-Baden
Orell Füssli Verlag · Zürich
Ernst Reinhardt Verlag · München · Basel
Ferdinand Schöningh · Paderborn · München · Wien · Zürich
Eugen Ulmer Verlag · Stuttgart
UVK Verlagsgesellschaft · Konstanz
Vandenhoeck & Ruprecht · Göttingen · Oakville
vdf Hochschulverlag AG an der ETH · Zürich

Studienbuch für soziale Berufe; 9

Hrsg. von Prof. Dr. Roland Merten, Friedrich-Schiller-Universität Jena,
Prof. Dr. Cornelia Schweppe, Johannes-Gutenberg-Universität Mainz und
Prof. Dr. Stephan Sting, Alpen-Adria-Universität Klagenfurt

Thomas Trenczek, Britta Tammen,
Wolfgang Behlert

Grundzüge des Rechts

Studienbuch für soziale Berufe

Mit 56 Übersichten

3., vollständig überarbeitete und erweiterte Auflage

Ernst Reinhardt Verlag München Basel

Thomas Trenczek, Prof. Dr. iur., M.A. an der FH Jena im Fachbereich Sozial-
wesen; eingetragener Mediator (BMJ, Wien) (S.C. Qld.); Lehrtrainer (BMWA),
Hannover
Britta Tammen, Ass. jur.,Vertretungsprofessorin an der Hochschule Neu-
brandenburg im Fachbereich Soziale Arbeit, Bildung und Erziehung
Wolfgang Behlert, Prof. Dr. iur. an der FH Jena im Fachbereich Sozialwesen

Bibliografische Information der Deutschen Nationalbibliothek

Die Deutsche Nationalbibliothek verzeichnet diese Publikation in der Deutschen Nationalbibliografie; detaillierte bibliografische Daten sind im Internet
über <http://dnb.d-nb.de> abrufbar.

UTB-Band-Nr.: 8357
UTB-ISBN 978-3-8252-8480-0 (Print)

3., vollständig überarbeitete und erweiterte Auflage

© 2011 by Ernst Reinhardt, GmbH & Co KG, Verlag, München

Printed in Germany
Einbandgestaltung: Atelier Reichert, Stuttgart
Cover unter Verwendung eines Bildes von photostock, Hamburg
Satz: Arnold & Domnick, Leipzig

Ernst Reinhardt Verlag, Kemnatenstr. 46, D-80639 München
Net: www.reinhardt-verlag.de E-Mail: info@reinhardt-verlag.de

Inhalt

Abkürzungsverzeichnis

a. A.	anderer Ansicht
a. a. O.	am aufgeführten Ort
Abs.	Absatz / Absätze
ADR	Alternative (bzw. Appropriate) Dispute Resolution (frei übersetzt: außergerichtliche Konfliktlösung)
AdÜbk	Übereinkommen über den Schutz von Kindern und die Zusammenarbeit auf dem Gebiet der internationalen Adoption
AdVermiG	Adoptionsvermittlungsgesetz
AdWirkG	Adoptionswirkungsgesetz
a. E.	am Ende
AEMR	Allgemeine Erklärung der Menschenrechte
AEntG	Arbeitnehmerentsendegesetz
AEUV	EU-Vertrag über die Arbeitsweise der Europäischen Union (konsolidierte Fassung 2009)
a. F.	alte Fassung
AFG	Arbeitsförderungsgesetz
AG	Amtsgericht / Arbeitsgemeinschaft
AGB	Allgemeine Geschäftsbedingungen
AGG	Allgemeines Gleichbehandlungsgesetz
AGKJHG	Ausführungsgesetz zum KJHG
AGSGG	Gesetz zur Ausführung des Sozialgerichtsgesetzes (Landesgesetz)
AGVwGO	Gesetz zur Ausführung der Verwaltungsgerichtsordnung (Landesgesetz)
AKI-IGfH	Arbeitskreis Inobhutnahme bei der IGfH
AktG	Aktiengesetz
Alg II – V	Verordnung zur Berechnung von Einkommen sowie zur Nichtberücksichtigung von Einkommen und Vermögen beim Arbeitslosengeld II / Sozialgeld
AlkopopStG	Gesetz über die Erhebung einer Sondersteuer auf alkoholhaltige Süßgetränke (Alkopops) zum Schutz junger Menschen
Alt.	Alternative
ÄndG	Änderungsgesetz
Anm.	Anmerkung
ARB	Beschluss des Assoziationsrats EWG – Türkei über die Entwicklung der Assoziation (Assoziationsabkommen EWG – Türkei)

ArbGeb	Arbeitgeber
ArbGG	Arbeitsgerichtsgesetz
ArbN	Arbeitnehmer
ArbPlSchG	Arbeitsplatzschutzgesetz
ArbSchG	Arbeitsschutzgesetz
ArbZG	Arbeitszeitgesetz
arg.	Argument aus
ARGE	Arbeitsgemeinschaft der Bundesagentur für Arbeit und der Kommunen im Hinblick auf die Aufgaben nach SGB II oder Arbeitsgemeinschaft von mehreren (juristischen) Personen zur Durchführung eines gemeinsamen Projekts, z. B. im bauwirtschaftlichen Bereich
Art.	Artikel
ASD	Allgemeiner Sozialer Dienst
AsylbLG	Asylbewerberleistungsgesetz
AsylVfG	Asylverfahrensgesetz
AT	Allgemeiner Teil
ATA	Außergerichtlicher Tatausgleich
AufenthG	Aufenthaltsgesetz
AufenthV	Aufenthaltsverordnung
Aufl.	Auflage
AÜG	Arbeitnehmerüberlassungsgesetz
Az.	Aktenzeichen
BA	Bundesagentur für Arbeit
BA	Bundesamt
BAFM	Bundesarbeitsgemeinschaft Familienmediation
BAföG	Bundesausbildungsförderungsgesetz
BAG	Bundesarbeitsgemeinschaft
BAG	Bundesarbeitsgericht
BAGLJÄ	Bundesarbeitsgemeinschaft Landesjugendämter
BAG NAM	Bundesarbeitsgemeinschaft für ambulante Maßnahmen nach dem Jugendrecht
Bay	Bayern/Bayrisch
BayObLG	Bayrisches Oberstes Landesgericht
BayVwBl.	Bayrische Verwaltungsblätter
BB	Brandenburg
BBG	Bundesbeamtengesetz
BBiG	Berufsbildungsgesetz
Bd	Band
BDSG	Bundesdatenschutzgesetz
BEEG	Bundeselterngeld- und Elternzeitgesetz
Begr.	Begründung
Bem.	Bemerkung
BerHG	Gesetz über die Rechtsberatung und Vertretung für Bürger mit geringem Einkommen

BerRehaG	Berufliches Rehabilitierungsgesetz
BErzGG	Gesetz über die Gewährung von Erziehungsgeld und Erziehungsurlaub
BeschV	Beschäftigungsverordnung
BeschVerfV	Beschäftigungsverfahrensverordnung
BetrVG	Betriebsverfassungsgesetz
BfA	Bundesversicherungsanstalt für Angestellte
BFH	Bundesfinanzhof
BfJ	Bundesamt für Justiz
BGB	Bürgerliches Gesetzbuch
BGBl.	Bundesgesetzblatt
BGG	Behindertengleichstellungsgesetz
BGH	Bundesgerichtshof
BGHStE	Entscheidungen des BGH in Strafsachen
BGHZ	Entscheidungen des BGH in Zivilsachen
BKA	Bundeskriminalamt
BKGG	Bundeskindergeldgesetz
BKiSchG	Bundeskinderschutzgesetz
BM	Bundesverband Mediation
BMAS	Bundesministerium für Arbeit und Soziales
BMFSFJ	Bundesministerium für Familie, Senioren, Frauen und Jugend
BMGS	Bundesministerium für Gesundheit und Soziale Sicherung
BMI	Bundesministerium des Innern
BMJ	Bundesministerium der Justiz
BMWA	Bundesverband Mediation in Wirtschaft und Arbeitswelt
BNichtrSchg	Bundesnichtraucherschutzgesetz
BPersVG	Bundespersonalvertretungsgesetz
Brbg	Brandenburg
BR-Ds	Bundesrats-Drucksache
BRRG	Bundesrechtsrahmengesetz
BSeuchenG	Bundesseuchengesetz
BSG	Bundessozialgericht
BSGE	Entscheidungen des Bundessozialgerichts
BSHG	Bundessozialhilfegesetz (aufgehoben)
BT	Besonderer Teil
BT	Bundestag
BtÄndG	Betreuungsrechtsänderungsgesetz
BtBG	Betreuungsbehördengesetz
BT-Ds	Bundestags-Drucksache
BtG	Betreuungsgesetz
BtM	Betäubungsmittel
BtMG	Betäubungsmittelgesetz
BtPrax	Betreuungsrechtliche Praxis (Zeitschrift)
BUrlG	Bundesurlaubsgesetz
BVA	Bahnversicherungsanstalt

BVerfG	Bundesverfassungsgericht
BVerfGE	Entscheidungen des BVerfG
BVerfGG	Bundesverfassungsgerichtsgesetz
BVerwG	Bundesverwaltungsgericht
BVerwGE	Entscheidungen des Bundesverwaltungsgerichts
BVFG	Gesetz über die Angelegenheiten der Vertriebenen und Flüchtlinge (Bundesvertriebenengesetz)
BW	Baden-Württemberg
BWG	Bundeswahlgesetz
BZRG	Gesetz über das Zentralregister und das Erziehungsregister
c.i.c.	culpa in contrahendo (lateinisch für: Verschulden bei Vertragsschluss)
CRPD	Rechte von Menschen mit Behinderungen (*Convention on the Rights of Persons with Disabilities*)
DDR	Deutsche Demokratische Republik
DEKRA	Deutscher Kraftfahrzeug-Überwachungsverein
ders.	derselbe
dgl.	dergleichen
Diss.	Dissertation
DITIB	Türkisch-Islamische Union der Anstalt für Religion e.V.
DÖV	Die öffentliche Verwaltung
DPWV	Deutscher Paritätischer Wohlfahrtsverband
DrittelbG	Drittelbeteiligungsgesetz
DRK	Deutsches Rotes Kreuz
Ds	Drucksache
DSG-EKD	Datenschutzgesetz der Evangelischen Kirche in Deutschland
dt.	deutsch
DV	Deutscher Verein für öffentliche und private Fürsorge
DVBl.	Deutsches Verwaltungsblatt (Zeitschrift)
DVJJ	Deutsche Vereinigung für Jugendgerichte und Jugendgerichtshilfen e.V.
DVO	Durchführungsverordnung
E	Entscheidungssammlung
EB	Erziehungsberechtigte/r
EBAO	Einforderungs- und Beitreibungsordnung
EBWE	Europäische Bank für Wiederaufbau und Entwicklung
EFA	Europäisches Fürsorgeabkommen
EfzG	Gesetz über die Zahlung des Arbeitsentgelts an Feiertagen und im Krankheitsfall (Entgeltfortzahlungsgesetz)
EG	Einführungsgesetz
EG	Europäische Gemeinschaft
EGBGB	Einführungsgesetz zum Bürgerlichen Gesetzbuche

EGMR	Europäischer Gerichtshof für Menschenrechte mit Sitz in Straßburg
EGStGB	Einführungsgesetz zum StGB
EGV	Vertrag zur Gründung einer Europäischen Gemeinschaft
EGZPO	Einführungsgesetzes zur Zivilprozessordnung
Einl.	Einleitung
EKD	Evangelische Kirche in Deutschland
EMRK	Europäische Menschenrechtskonvention
EntgeltfortzG	Entgeltfortzahlungsgesetz
ESchG	Embryonenschutzgesetz
EStG	Einkommenssteuergesetz
ESÜ	Europäisches Sorgerechtsübereinkommen
et al.	und andere
EU	Europäische Union
EuGeldG	Gesetz zur Umsetzung des Rahmenbeschlusses 2005/214/JI des Rates vom 24. Februar 2005 über die Anwendung des Grundsatzes der gegenseitigen Anerkennung von Geldstrafen und Geldbußen
EuGH	Gerichtshof der Europäischen Gemeinschaften in Luxemburg
EUV	EU-Vertrag (Lissabon 2007, in Kraft seit 1.1.2009, konsolidierte Fassung)
e. V.	eingetragener Verein
EWG	Europäische Wirtschaftsgemeinschaft
EWIV	Europäische wirtschaftliche Interessenvereinigung
f., ff.	folgende (Singular/Plural)
FamFG	Gesetz über das Verfahren in Familiensachen und in den Angelegenheiten der freiwilligen Gerichtsbarkeit
FamG	Familiengericht
FamRZ	Zeitschrift für das gesamte Familienrecht
FEV	Fahrerlaubnis-Verordnung
FEVS	Fürsorgerechtliche Entscheidungen der Verwaltungs- und Sozialgerichte
FGB-DDR	Familiengesetzbuch DDR
FGG	Gesetz über die Angelegenheiten der Freiwilligen Gerichtsbarkeit
FGG-RG	FGG-Reformgesetz
FH	Fachhochschule
FreizügG/EU	Freizügigkeitsgesetz/EU
FSK	Freiwillige Selbstkontrolle der Filmwirtschaft
GASP	Gemeinsame Außen- und Sicherheitspolitik
GBl.	Gesetzblatt
GbR	Gesellschaft des Bürgerlichen Rechts (BGB-Gesellschaft)
GenG	Genossenschaftsgesetz

GewO	Gewerbeordnung
GewSchG	Gewaltschutzgesetz
GFK	Genfer Flüchtlingskonvention
GG	Grundgesetz
ggf.	gegebenenfalls
GjS	Gesetz über die Verbreitung jugendgefährdender Schriften
GK-SGB VIII	Gemeinschaftskommentar zum SGB VIII (hrsg. von Fieseler / Schleicher)
GKV-Moderni-sierungsgesetz	Das Gesetz zur Modernisierung der gesetzlichen Kranken-versicherung
GKV-WSG	Gesetz zur Stärkung des Wettbewerbs in der gesetzlichen Krankenversicherung
GmbH	Gesellschaft mit beschränkter Haftung
GmbHG	Gesetz betreffend die Gesellschaft mit beschränkter Haftung
GMG	Gesetz zur Modernisierung der gesetzlichen Krankenversicherung
GöGD	Gesetz über den öffentlichen Gesundheitsdienst
grds.	grundsätzlich
GVG	Gerichtsverfassungsgesetz
HeimG	Heimgesetz
HessAG	Hessisches Ausführungsgesetz
HGB	Handelsgesetzbuch
HLU	Hilfe zum Lebensunterhalt
h. M.	herrschender Meinung
Hrsg.	Herausgeber
HS	Halbsatz
HzE	Hilfe zur Erziehung
IAB	Institut für Arbeitsmarkt- und Berufsforschung
ICCPR	International Covenant on Civil and Political Rights (UN-Konvention)
ICD 10	International Statistical Classification of Diseases and Related Health Problems, 10. Revision (Internationale statistische Klassifikation der Krankheiten und verwandter Gesundheitsprobleme, erstellt von der Weltgesundheitsorganisation WHO)
ICESCR	International Covenant on Economic, Social and Cultural Rights (UN-Konvention)
i. d. F.	in der Fassung
i. d. R.	in der Regel
i. d. S.	in diesem Sinne
i. E.	im Einzelnen
i. e. S.	im engeren Sinne
IfSG	Infektionsschutzgesetz

IGfH	Internationale Gesellschaft für erzieherische Hilfen
ILO	International Labour Organization (Internationale Arbeitsorganisation der UN)
IMK	Innenministerkonferenz
info	Informationen zum Arbeitslosenrecht und Sozialhilferecht
insb.	insbesondere
InsO	Insolvenzordnung
IntFamRVG	Gesetz zur Aus- und Durchführung bestimmter Rechtsinstrumente auf dem Gebiet des internationalen Familienrechts
IPR	Internationales Privatrecht
i. R. d.	im Rahmen der
i. R. v.	im Rahmen von
i. S., i. S. d.	im Sinne, im Sinne des
ISA	Institut für soziale Arbeit e. V.
i. V. m.	in Verbindung mit
i. w. S.	im weitesten Sinne
JA	Jugendamt
JÄ	Jugendämter
JAmt	Das Jugendamt (Zeitschrift)
JArbSchG	Jugendarbeitsschutzgesetz
JBeitrO	Justizbeitreibungsordnung
JGG	Jugendgerichtsgesetz
JGH	Jugendgerichtshilfe
JHG	Jugendhilfegesetz
JMStV	Jugendmedienschutz-Staatsvertrag
JSchÖG	Gesetz zum Schutz der Jugend in der Öffentlichkeit
JuSchG	Jugendschutzgesetz
JWG	Gesetz für Jugendwohlfahrt
Kap.	Kapitel
KBV	Kassenärztliche Bundesvereinigung
KDO	Anordnung über den kirchlichen Datenschutz für die katholische Kirche
Kfz	Kraftfahrzeug
KG	Kommanditgesellschaft oder Kammergericht
KICK	Kinder- und Jugendhilfeweiterentwicklungsgesetz
KiEntfÜ	Übereinkommen über die zivilrechtlichen Aspekte internationaler Kindesentführungen
KiFöG	Gesetz zur Förderung von Kindern in Tageseinrichtungen und in Kindertagespflege (Kinderförderungsgesetz)
KindRG	Kindschaftsrechtsreformgesetz
KitaG	Kindertageseinrichtungsgesetz
KJHG	Kinder- und Jugendhilfegesetz (Gesetz zur Einführung des SGB VIII)
KJM	Kommission für Jugendmedienschutz

KKG-E	Gesetz zur Kooperation und Information im Kinderschutz (Entwurf)
KO	Kommunalordnung
KSchG	Kündigungsschutzgesetz
KSÜ	Kinderschutzübereinkommen
LG	Landgericht
LKJHG	Landesausführungsgesetz zum Kinder- und Jugendhilfegesetz
LPartG	Gesetz über die eingetragene Lebenspartnerschaft (Lebenspartnerschaftsgesetz)
LPK	Lehr- und Praxiskommentar
LPK-SGB VIII	Kinder- und Jugendhilfe Lehr- und Praxiskommentar (hrsg. von Kunkel)
LSG	Landessozialgericht
LT-Ds	Landtags-Drucksache
LVA	Landesversicherungsanstalt
MighEV	Migrationshintergrunderfassungsverordnung
MitbestG	Mitbestimmungsgesetz
Montan-MitbestG	Montanmitbestimmungsgesetz
MSA	(Haager) Minderjährigenschutzabkommen von 1961
MuSchG	Mutterschutzgesetz
M-V	Mecklenburg-Vorpommern
m. w. N.	mit weiteren Nachweisen
NachwG	Gesetz über den Nachweis der für ein Arbeitsverhältnis geltenden wesentlichen Bedingungen (Nachweisgesetz)
NAM	Neue Ambulante Maßnahmen
Nds	Niedersachsen
NDV	Nachrichtendienst des DV
NDV-RD	NDV-Rechtsprechungsdienst
NEhelG	Gesetz über die rechtliche Stellung nichtehelicher Kinder (Nichtehelichengesetz)
n. F.	neue Fassung
NGöGD	Niedersächsisches Gesetz über den öffentlichen Gesundheitsdienst
NJW	Neue Juristische Wochenschrift
NJW-RR	NJW-Rechtsprechungs-Report Zivilrecht
NLO	Niedersächsische Landkreisordnung
NP	Neue Praxis
NRO	Nichtregierungsorganisation
NRW	Nordrhein-Westfalen
NStZ	Neue Zeitschrift für Strafrecht
NVwZ	Neue Zeitschrift für Verwaltungsrecht (Zeitschrift)
NVwZ-RR	NVwZ-Rechtsprechungs-Report
NZS	Neue Zeitschrift für Sozialrecht

o. Ä.	oder Ähnliches
OHG	Offene Handelsgesellschaft
o. J.	ohne Jahr
OLG	Oberlandesgericht
ÖRA	Öffentliche Rechtsauskunftsstelle
OVG	Oberverwaltungsgericht
OWiG	Gesetz über Ordnungswidrigkeiten
PAG	Polizeiaufgabengesetz
PartGG	Gesetz über Partnerschaftsgesellschaften Angehöriger Freier Berufe
PDV	(bundeseinheitliche) Polizeiliche Dienstvorschrift
PflegeZG	Pflegezeitgesetz
pFV	positive Forderungsverletzung (Verletzung von Nebenpflichten bei Vertragsdurchführung)
PJZS	Polizeiliche und justizielle Zusammenarbeit im Strafrechtsbereich (Europäisches Abkommen)
PKH	Prozesskostenhilfe
PKS	Polizeiliche Kriminalstatistik
PolG	Polizeigesetz
ProstG	Prostitutionsgesetz
PSB	Personensorgeberechtigte/r
PStG	Personenstandsgesetz
PsychKG	Psychisch-Kranken-Gesetz(e) – Gesetze der Länder zur Unterbringung psychisch Kranker
RBEG	Gesetz zur Ermittlung von Regelbedarfen und zur Änderung des Zweiten und Zwölften Buches Sozialgesetzbuch
RBerG	Rechtsberatungsgesetz
RD	Rechtsprechungsdienst
RDG	Gesetz über außergerichtliche Rechtsdienstleistungen (Rechtsdienstleistungsgesetz)
RE	Referentenentwurf
RegE	Regierungsentwurf
RelKErzG	Gesetz über die religiöse Kindererziehung
RiStBV	Richtlinien für das Strafverfahren und das Bußgeldverfahren
RJWG	Reichsjugendwohlfahrtsgesetz
RKEG	Gesetz über die religiöse Kindererziehung
Rn	Randnummer
R-P	Rheinland-Pfalz
Rpflege	Der Deutsche Rechtspfleger
RpflG	Rechtspflegegesetz
RR	Rechtsprechungs-Report
Rspr.	Rechtsprechung
RStGB	Reichsstrafgesetzbuch
RSV	Regelsatzverordnung

RVG	Rechtsanwaltsvergütungsgesetz
RVO	Reichsversicherungsordnung
RVO	Rechtsverordnung
Rz.	Randziffer
S.	Seite; Satz
s. a.	siehe auch
S-A	Sachsen-Anhalt
Saarl	Saarland
SächsAG	Sächsisches Ausführungsgesetz
SächsAGSGB VIII	Ausführungsgesetz zum Sozialgesetzbuch Achtes Buch (SGB VIII) für den Freistaat Sachsen
SächsGVBl	Gesetzes- und Verordnungsblatt des Freistaates Sachsen
SchKG	Gesetz zur Vermeidung und Bewältigung von Schwangerschaftskonflikten
SchwbAwV	Schwerbehindertenausweisverordnung
SchwbG	Schwerbehindertengesetz
SchwHG	Schwangerschaftsabbruchhilfegesetz
SchwKG	Schwangerschaftskonfliktgesetz
SE	Societas Europaea (europäische Aktiengesellschaft)
SGB	Sozialgesetzbuch (nachgestellte Ziffer = Buch des SGB)
SGG	Sozialgerichtsgesetz
S-H	Schleswig-Holstein
Slg.	Sammlung (der Rechtsprechung des EuGH)
SOG	Gesetz über Sicherheit und Ordnung
SprAuG	Sprecherausschussgesetz
StA	Staatsanwalt / -schaft
StAG	Staatsangehörigkeitsgesetz
StAR-VwV	Allgemeine Verwaltungsvorschrift zum Staatsangehörigkeitsrecht
StGB	Strafgesetzbuch
StPO	Strafprozessordnung
str.	strittig / umstritten
st. Rspr.	ständige Rechtsprechung
StVG	Strassenverkehrsgesetz
StVollstrO	Strafvollstreckungsordnung
StVollzVergO	Strafvollzugsvergütungsordnung
StVZO	Strassenverkehrszulassungsordnung
TAG	Tagesbetreuungsausbaugesetz
Thür	Thüringen
ThürAGKJH	Thüringer Ausführungsgesetz zum KJHG
ThürKJHAG	Thüringer Kinder- und Jugendhilfe-Ausführungsgesetz
ThürKO	Thüringer Kommunalordnung
ThürPsychKG	Thüringer Gesetz zur Hilfe und Unterbringung psychisch Kranker

TKG	Telekommunikationsgesetz
TOA	Täter-Opfer-Ausgleich
TÜV	Technische Überwachungsverein/e
TV	Tarifvertrag
TVG	Tarifvertragsgesetz
TVöD	Tarifvertrag öffentlicher Dienst
TzBfG	Teilzeit- und Befristungsgesetz
u. a.	unter anderem, und anderes
u. Ä.	und Ähnliches
UBG	Unterbringungsgesetz
UhVorschG	Unterhaltsvorschussgesetz
UJ	Unsere Jugend (Zeitschrift)
UKlaG	Gesetz über Unterlassungsklagen bei Verbraucherrechts- und anderen Verstößen
UN	United Nations/Vereinte Nationen
UN-KRK	UN-Kinderrechtskonvention
Urt.	Urteil
USK	Unterhaltungssoftware Selbstkontrolle
UVG	Unterhaltsvorschussgesetz
v. a.	vor allem
VA	Verwaltungsakt
VBVG	Vormünder- und Betreuervergütungsgesetz
VersAusglG	Versorgungsausgleichsgesetz
VG	Verwaltungsgericht
VGH	Verwaltungsgerichtshof
VIKZ	Verband Islamischer Kulturzentren e. V.
VO	Verordnung
Vor	Vorbemerkung
Vor §	Vorbemerkung zu einem Paragraphen
Vor Kap	Vorbemerkung zu einem Kapitel
VV	Verwaltungsvorschriften
VVG	Versicherungsvertragsgesetz
VwGO	Verwaltungsgerichtsordnung
VwVfG	Verwaltungsverfahrensgesetz
VwVG/ VwVollstrG	(Bundes)Verwaltungsvollstreckungsgesetz
WHO	Weltgesundheitsorganisation
WobauG	II. Wohnbaugesetz
WoGG	Wohngeldgesetz
WoGV	Wohngeldverordnung
WoZuG	Wohnortzuweisungsgesetz
WStG	Wehrstrafgesetz

ZfJ	Zentralblatt für Jugendrecht
ZfRSoz	Zeitschrift für Rechtssoziologie
ZJJ	Zeitschrift für Jugendkriminalrecht und Jugendhilfe (vormals: DVJJ-Journal)
ZKM	Zeitschrift für Konfliktmanagement
ZPO	Zivilprozessordnung
z. T.	zum Teil
ZuwG	Zuwanderungsgesetz

Vorwort und Arbeitshinweise

Aus dem Vorwort zur 1. Auflage (2008)

Warum sollten Fachkräfte der Sozialen Arbeit sich mit dem Recht beschäftigen und über differenzierte Rechtskenntnisse verfügen? Ein wesentlicher Grund liegt in dem, was man „Verrechtlichung" nennt. Das Recht „mischt" sich in alle Lebensbereiche „ein", es gibt nahezu kaum einen rechtsfreien Raum. Das gilt auch für die Soziale Arbeit und Sozialpädagogik, selbst das Töpfern in der Toskana ist rechtlich geregelt, z. B. durch Teilnehmer- und Beherbergungsverträge, durch Kauf- und Lieferverträge (irgendwo muss der Ton ja herkommen). Vielfach bildet das Recht das gesellschaftliche Leben nur in rechtliche Kategorien ab und stabilisiert damit die Verhaltenserwartungen der Menschen. Teilweise ist mit dem Recht ein Orientierungsrahmen gezeichnet, von dem man abweichen kann, teilweise handelt es sich um zwingende Verhaltensanforderungen (vgl. hierzu I-1, II-1).

Bei vielen Studenten scheint am Anfang ihres Studiums der Eindruck vorzuherrschen, dass eine stetig wachsende Zahl der Gesetze und Rechtsverordnungen, Verfügungen, Erlasse und Richtlinien einerseits und die bürokratischen Strukturen und Interessen andererseits dem sozialpädagogischen Handeln im Dienste der Klienten nur noch wenig Spielraum lassen. Freilich greift ein solcher **künstlicher Gegensatz** gerade angesichts der sozialrechtlichen Bestimmungen zu kurz. Vielmehr äußert sich die öffentliche Hilfegewährung überhaupt erst als rechtlich gebundene Verwaltungsentscheidung. Insoweit gilt es gerade die durch den normativen Handlungsauftrag eingeräumten Chancen für die praktische Tätigkeit in der Sozialen Arbeit zu erkennen und dann auch zu nutzen, z. B.:

- Frau S., alleinerziehende Mutter von drei Kindern (3, 4 und 14 Jahre), kommt in die Beratung des Allgemeinen Sozialdienstes und erkundigt sich nach personeller und finanzieller Unterstützung.
- Nach dem erfolgreichen Examen will die Sozialarbeiterin B. gemeinsam mit anderen Kolleginnen einen Verein gründen, um für arbeitslose Jugendliche ein Angebot außerschulischer Ausbildung und Freizeitbetätigung zu schaffen. Was müssen sie hierbei beachten? Wie und von wem erhält man öffentliche Zuschüsse?
- Die 15-jährige Lisa wird von der Polizei um 1.00 Uhr nachts in einer Disco aufgegriffen und dem Jugendamt zugeführt. Was ist zu tun? Ist es für die Entscheidung relevant, ob Lisa von zu Hause ausgerissen ist oder sich mit Zustimmung ihrer Eltern in der Diskothek aufgehalten hat?

In vielen dieser Fälle geht es nicht nur um die Klärung einer Rechtsfrage. Vielmehr kommen hilfesuchende Bürger oft mit einem ganzen Bündel von Fragen und Problemen, die ganz unterschiedliche Lebens- und damit Rechtsbereiche betreffen. So berichtet im oben zuerst genannten Beispiel Frau S. über Konflikte mit dem von ihr getrennt bei seiner Freundin lebenden Ehemann. Diese seien aktuell ausgelöst worden, weil ihr ältester Sohn Willy (14) seit einiger Zeit häufiger die Schule schwänze und in diesem Zusammenhang von der Polizei bei einem mit anderen Jugendlichen begangenen Einbruchsdiebstahl festgenommen worden sei. Ihr Mann habe seine Unterhaltszahlung gekürzt, weil er arbeitslos geworden sei und sich ohnehin scheiden lassen wolle. Mittlerweile sei sie mit Mietzahlungen im Rückstand, weil sie einen MP3-Player bezahlen müsse, den ihr Sohn trotz ihres Verbotes erworben habe. Im Moment werde ihr alles zu viel, weil bei ihr demnächst ein stationärer Krankenhausaufenthalt und eine Operation anstehen und sie nicht wisse, wie sie ihre Kinder in dieser Zeit versorgen solle. Die Krankenkasse weigere sich, während dieser Zeit eine Haushaltshilfe zu bezahlen, da die Kinder ja bei ihrem Mann wohnen könnten. In diesem Fall stellen sich z. B. folgende Fragen:

- Welche Unterhaltsansprüche stehen Frau S. für sich und ihre Kinder gegen ihren Mann zu? Welche Vereinbarungen können die Eheleute im Hinblick auf eine Scheidung einvernehmlich treffen? (→ Familienrecht, s. II-2)
- Muss Frau S. den von ihrem Sohn erworbenen MP3-Player bezahlen? (→ Allgemeines Privatrecht, s. II-1)
- Kann der Mietvertrag wegen der Mietrückstände gekündigt werden? (→ Schuldrecht, s. II-1.4)
- Hat sich Willy strafbar gemacht, welche strafrechtlichen Rechtsfolgen (→ Strafrecht, s. III-8) und welche jugendhilferechtlichen Interventionen (→ Jugendhilferecht, s. III-3) kommen in Betracht?
- Spielt es eine Rolle, ob Willy bzw. seine Eltern nichtdeutsche Staatsangehörige sind? (→ Zuwanderung und Recht, s. III-7)
- Welche Sozialleistungen kann Frau S. beanspruchen? (→ Recht der Grundsicherung für Arbeitsuchende, s. III-4) Hat sie einen Anspruch darauf, dass die Kosten für eine Haushaltshilfe während des Krankenhausaufenthaltes von der Krankenkasse übernommen werden? (→ Sozialversicherungsrecht, s. III-2)

Natürlich hat die Antwort auf viele dieser Fragen zumeist auch einen **sozialpädagogischen Bezug**; sie wird deshalb auch von fachlichen Grundsätzen und Methoden der Sozialen Arbeit bestimmt werden. Insoweit sind aber auch politisch-**rechtliche Handlungsanweisungen**, insb. einige verfassungsrechtliche Grundentscheidungen für das Handeln der Sozialarbeit bindend. Soziale Hilfe äußert sich in diesen Fällen zudem vor allem auch als **Rechtsberatung** (hierzu I-4.2), wobei die Fachkräfte der Sozialen Arbeit ganz unterschiedliche Rechtsmaterien beherrschen müssen. Wer als Sozialarbeiter rechtliche Hilfemöglichkeiten ungenutzt lässt und für die betroffenen Klienten nicht erschließen kann, weil er diese nicht kennt oder ohne ernsthaftes Bemühen falsch auslegt, wird seiner beruflichen Verantwortung nicht gerecht. Und schließlich sollte bei allem nicht die emanzipatorische Kraft des Rechts vergessen werden: Recht als Medium zur Eröffnung von Teilhaberechten und -chancen (vgl. hierzu insb. I-1.2: Recht und Gerechtigkeit):

Recht … Wofür?

Die **Darstellung der Grundzüge des Rechts** umfasst vier Hauptteile. Im Teil I geht es um wesentliche Grundfragen des Rechts und die sog. allgemeine Rechtslehre, mit der wir den grundlegenden Rahmen der Rechtsordnung beschreiben, die Methoden der Rechtsanwendung, die Wege zur Rechtsverwirklichung sowie die Rechtskontrolle und insb. die für die Sozialen Berufe besonders wichtigen alternativen, außergerichtlichen Streiterledigungsformen. Der zweite Teil stellt die Grundzüge des Privatrechts, der dritte Teil die Grundzüge des Öffentlichen Rechts mit Schwerpunkt Sozialrecht sowie dem Strafrecht. Im Anhang finden Sie u. a. das für einen ersten Zugang zu den Rechtsbegriffen hilfreiche Glossar und Aufbauschemata für die Bearbeitung von Rechtsfällen.

Im Hinblick auf die aus didaktischen sowie Platzgründen notwendige Schwerpunktsetzung bei der Darstellung der Grundzüge des Rechts werden die Rechtsgebiete im Umfang nach der Relevanz für die Sozialen Berufe in der von uns verantworteten Ausbildung und Praxis dargestellt. Wir verzichten deshalb im Privatrecht auf eine eingehende Darstellung des Schuld- sowie Sachen- und Erbrechts und beschränken uns weitgehend auf die Klärung der wichtigsten Strukturen und Rechtsbegriffe (hierzu vgl. auch das Glossar im Anhang V-1). Demgegenüber wird hier das **Familienrecht** einschließlich des **Betreuungsrechts** aufgrund seiner besonderen Relevanz für die Soziale Arbeit ausführlich dargestellt (II-2). Das Gleiche gilt für das sowohl zivil- als auch öffentlichrechtliche Elemente enthaltende **Arbeitsrecht** (s. u. IV-3) wie den Exkurs zu Fragen der **Aufsicht und Haftung** (IV-1). Im Öffentlichen Recht liegt der Schwerpunkt auf den sozialrechtlichen Regelungen insb. des **Kinder- und Jugendhilferechts** (III-3) und den Regelungen der **Grundsicherung nach SGB II** und der **Sozialhilfe** nach SGB XII (III-4). Demgegenüber spielt das Sozialversicherungsrecht (III-2) in der Ausbildung der Sozialen Arbeit eine geringe Rolle und erfordert in der Praxis häufig den fachlichen Rat von rechtskundigen Spezialisten. Wir haben stattdessen mit Blick auf spezifische Arbeitsbereiche das **Jugendschutz-** sowie das **Zuwanderungsrecht** näher beleuchtet. In dem für zahlreiche Arbeitsfelder der Sozialen Arbeit und eigentlich für den Gesamtbereich der Jugendhilfe relevanten **Strafrecht** werden neben den allgemeinen Grundlagen und der Strafzumessung unter Verzicht auf die Feinheiten der Rechtsdogmatik im Hinblick auf die Straftatbestände vor allem die Besonderheiten des **Strafverfahrensrechts** einschließlich der Besonderheiten des **Jugendstrafrechts** dargestellt.

Arbeitshinweise   Das Lehrbuch über die Grundzüge des Rechts richtet sich zunächst – wie im Titel angegeben – an den weiten Kreis der Sozialen Berufe, insb. die Studierenden und Fachkräfte der Sozialen Arbeit, aber auch an alle Studierenden und Fachkräfte aus anderen Berufsgruppen, die in den von uns behandelten interdisziplinären Arbeitsfeldern tätig sind bzw. werden, z. B. die Berufsbetreuer, Verfahrenspfleger und Mediatoren. Für Studierende hat es den Charakter eines Lehrbuches, für Praktizierende in den genannten Bereichen den einen Arbeitsbuches. Der Anfänger wird sich mit ihm einen ersten Zugang zur Rechtsmaterie und eine Orientierung in ihr verschaffen können, der Fortgeschrittene oder der Praktiker vermag sich vermittels des Buches in die Komplexität, die innere Logik und die Folgerichtigkeit rechtlicher Fragestellungen einzuarbeiten.

Wir kennen aus Lehre und Praxis die Schwierigkeit vieler Studierender und Fachkräfte Sozialer Arbeit, einen Zugang zum Recht zu finden und mit dem Recht umgehen zu können. Dies liegt an ganz unterschiedlichen Gründen, sei es an der als „trocken" empfundenen Materie, an der spezifischen Arbeitsmethodik oder an der spezifischen Fachsprache. Diese kommt zwar weitgehend ohne Fremdwörter aus, das Recht misst manchen Begriffen im Vergleich zum Alltagsgebrauch in der Umgangssprache jedoch eine unterschiedliche Bedeutung zu und klingt zuweilen auch etwas antiquiert. Wir haben uns als Autoren bemüht, den nichtjuristisch „vorbelasteten" Lesern einen Zugang zum Recht zu verschaffen. Die Grundzüge des Rechts werden unter Berücksichtigung der interdisziplinären Perspektive beschrieben, ohne dass damit ein Verlust an rechtswissenschaftlicher Genauigkeit einhergehen soll. Deshalb lassen sich juristische Termini und Konstruktionen nicht vermeiden. Der berüchtigte Fachjargon der Juristen, das „Juristenchinesisch", wird aber übersetzt – ebenso wie die in der Rechtssprache immer noch gebräuchlichen lateinischen Ursprünge mancher Rechtsgrundsätze – und verständlich gemacht. Hierzu sollen auch die nachfolgenden **Arbeitshinweise** dienen:

- Schauen Sie zunächst in das im Anhang befindliche **Glossar** der wichtigsten Rechtsbegriffe. Auch wenn Sie im ersten Durchgang nicht alles sofort verstehen, haben Sie doch einen Überblick gewonnen und können dann bei Bedarf das Glossar immer wieder zurate ziehen.
- Lesen Sie alle von uns angegebenen **Rechtsnormen** unmittelbar während des Arbeitens mit dem Lehrbuch durch. Die in den Normen enthaltenen Informationen sind unabdingbar für das Verständnis. Nahezu alle Rechtsnormen sind über das Internet kostenfrei verfügbar. Die Bundesgesetze finden Sie unter http://bundesrecht.juris.de/index.html.
- Wir haben die **Quellenangaben** und Literaturhinweise auf das Notwendige reduziert. Auf wichtige Vertiefungs- und Nachschlagewerke wird am Ende entsprechender Abschnitte durch ein Icon besonders hingewiesen. Hierbei handelt es sich um Beiträge zu spezifischen Themen in Fachzeitschriften, Monografien sowie Kommentare. In diesen zuletzt genannten Werken finden Sie zu jeder Rechtsnorm eines Gesetzes (i. d. R. nach Paragrafen geordnet) ggf. notwendige Erläuterungen von Rechtsbegriffen und insb. Hinweise auf die einschlägige Rechtsprechung.
- Lesen Sie die von uns zitierten Entscheidungen der höchstrichterlichen **Rechtsprechung**. Dies ermöglicht Ihnen ein vertieftes Verständnis der Rechtsordnung und der juristischen Argumentation. Das Auffinden der Rechtsprechung ist relativ einfach; entweder haben wir die Fundstelle in den gängigen Fachzeitschriften angegeben oder bei Entscheidungen ab dem Jahr 2000 das Aktenzeichen und Datum, mit dem Sie die Entscheidung über das Internet einsehen können. Die Entscheidungen des BVerfG findet man z. B. unter www.bundesverfassungsgericht.de, die des BGH unter www.bundesgerichtshof.de. Die Entscheidungen des EGMR findet man unter http://cmiskp.echr.coe.int. Im Übrigen findet man die Entscheidungen auch über Eingabe des Gerichts und der Aktenzeichen in eine gute Suchmaschine.

■ Die mit einem B gekennzeichneten Stellen weisen auf Praxis- oder Übungsbeispiele im Text hin.

■ In den mit einem D gekennzeichneten Textpassagen sind Anregungen zur Diskussion enthalten. Die Autoren weisen hier auf mitunter strittige Aspekte, Zusammenhänge und weiterführende Überlegungen hin, die in besonderer Weise reflektiert und diskutiert werden sollten.

■ Die mit einem Stift gekennzeichneten Kontrollfragen verweisen jeweils auf die entsprechenden Abschnitte, in denen Sie die notwendigen Erläuterungen finden. Sollten Sie sich bei Ihrer Antwort nicht ganz sicher sein, empfehlen wir Ihnen, den Abschnitt nochmals durchzuarbeiten.

Im Interesse der Lesbarkeit haben wir die Personen- und Berufsbezeichnungen in der der deutschen Rechtschreibung entsprechenden Form verwendet und auf künstliche Feminismen verzichtet.

Kritik und sonstige Rückmeldungen nehmen wir gerne entgegen.

Hannover / Berlin / Jena im Juli 2007
Thomas Trenczek
Britta Tammen
Wolfgang Behlert

Ergänzendes Vorwort zur 3. Auflage

Nachdem nach relativ kurzer Zeit die erste Auflage vergriffen und die zweite unverändert nachgedruckt wurde, machten die gesetzlichen Änderungen, insb. im **Familien-** (II-2) **und Existenzsicherungsrecht** (III-4), eine völlige Neubearbeitung großer Teile der „Grundzüge des Rechts" notwendig. Um den durch die neuen Texte erweiterten Seitenumfang nicht zu sehr zu erhöhen, mussten die Ausführungen in anderen Bereichen zum Teil erheblich gekürzt werden. Das betrifft vor allem das Strafrecht, welches nun gegenüber der Vorauflage deutlich gekürzt nicht mehr als eigenständiger Teil, sondern – rechtsdogmatisch korrekt – als letztes Kapitel des Öffentlichen Rechts (III-8) dargestellt wird.

Die Rechtsordnung ist einem laufenden Wandel unterworfen, weshalb gerade bei einer Darstellung so vieler Regelungsbereiche immer nur eine Momentaufnahme gelingen kann. Die Darstellung der „Grundzüge des Rechts" befindet sich auf dem Stand Mai 2011. Die gesellschaftlichen Wandlungsprozesse betreffen nicht nur die hier neu bearbeiteten Rechtsgebiete, sondern auch andere, teilweise sogar in noch stärkerem Maße betroffene Bereiche – vom öffentlichen Recht (Umweltschutz, Gentechnikentwicklung und Embryonenschutz, Lebensmittelsicherheit etc. sind hier nur einige der aktuell diskutierten Stichworte) über das Privatrecht (z. B. rechtliche Folgen des Einsatzes elektronischer Medien, vom elektronischen Abschluss eines Kaufvertrages bis zum Urheberrechtsschutz für digitalisierbare Werke, aber auch Verbraucherschutz, Diskriminierungsschutz so-

Aktualität und Wandel

wie die gravierenden Bewegungen im Arbeits-, Wirtschafts- und Finanzrecht) bis hin zum Strafrecht, wo neuartige (kommunikations-)technische Möglichkeiten, insb. in den Bereichen der organisierten Kriminalität, sowie ein hiermit im Zusammenhang stehendes Sicherheitsbedürfnis des Staates immer neue Straftatbestände und prozessuale Ermittlungsmaßnahmen hervorbringen. Für die Soziale Arbeit scheinen nur auf den ersten Blick nicht alle diese Regelungsbereiche relevant zu sein, doch haben wir uns bemüht, ohne den Umfang zu sprengen einige für die Praxis wichtige Aspekte zu behandeln und die Gewichte zum Teil zu verschieben. So wird das **Europarecht** (I-1.1.5.1) deutlich ausführlicher behandelt und im Anschluss daran werden ein Abschnitt zum **Internationalen Privatrecht** (I-1.1.6), die Erläuterungen zu den sozialrechtlichen **Datenschutzbestimmungen** (III-1.2.3) sowie der Abschnitt über die **verbraucherrechtlichen Regelungen** und die **Privatinsolvenz** erweitert (II-1.3.1). Im Strafrechtskapitel (III-8) finden sich einige grundsätzliche Ausführungen zum **Polizeirecht**, denn die Soziale Arbeit sollte durchaus auch die für das Handeln ihres Kooperationspartners wesentlichen Regelungen kennen.

Wir hatten in der Vorauflage bereits darauf hingewiesen, dass sich manche Lebens- und Arbeitsfelder nicht immer streng den großen Bereichen des Öffentlichen Rechts und des Privatrechts zuordnen lassen, wie sich insb. auch im Arbeitsrecht (IV-3) oder Unterbringungsrecht (IV-4) zeigt. Deshalb haben wir in dem neuen Teil IV auch das Kapitel über die **Aufsicht und Haftung** (IV-1) sowie, aufgrund der großen Praxisrelevanz, ein neues Kapitel zu den **Fragen der ärztlichen Behandlung** und des Schwangerschaftsabbruchs bei **minderjährigen oder unter Betreuung stehenden Personen** eingebaut (IV-2).

Im Hinblick auf die gesetzlichen Novellierungen haben wir die Neuregelungen auch dann berücksichtigt, wenn die Änderungen zum Zeitpunkt der Manuskriptabgabe noch nicht in Kraft getreten sind. Rechtsprechung und Literatur konnten bis 31.05.2011 berücksichtigt werden.

Wir danken den Lesern, den Studierenden und den Kollegen, insb. aus der BAG Hochschullehrer Recht, für das positive Feedback sowie die nützlichen Hinweise und Anregungen. Fehler gehen allein zu unseren Lasten.

Hannover / Berlin / Jena im Mai 2011
Thomas Trenczek
Britta Tammen
Wolfgang Behlert

Allgemeine Grundlagen

1 Recht und Gesellschaft (Trenczek / Behlert)

1.1 Recht und Gesetz – Begriff und System der Rechtsnormen

1.1.1 Was ist Recht? – Begriff und Funktion des Rechts

Art. 20 Abs. 3 GG In einem Rechtsstaat bildet das **Recht** die verbindliche Ordnung für das Zusammenleben der Menschen. Auch die Soziale Arbeit ist als Teil der öffentlichen Verwaltung (vgl. I-4.1) nach Art. 20 Abs. 3 GG an Gesetz und Recht gebunden. Damit stellt sich die Frage, was unter Recht und Gesetz zu verstehen ist und wie man das Recht von anderen Maßnahmen des Staates oder gesellschaftlichen Regeln abgrenzt.

Das Verständnis von Recht war und ist nicht überall gleich, vielmehr ist die Definition eng mit den kulturellen und gesellschaftlichen, politischen und ökonomischen Entwicklungen verknüpft und hat in der Geschichte erhebliche Wandlungen vollzogen. Das, was wir heute, im Mitteleuropa der Neuzeit, als Recht ansehen, unterscheidet sich aus historischer Perspektive von den frühen, in Keilschrift in

Stein verfassten Verhaltensregeln der Babylonier (Codex Hammurabi, 18. Jahrhundert v. Chr.) oder dem mosaischen Recht des Alten Testaments. Aus soziologisch-ethnologischer Sicht unterscheidet sich unser Recht von den Sitten, Gebräuchen und Normen sog. vorstaatlicher Gesellschaften indigener Völker (z. B. in Afrika, Asien, Amerika oder Ozeanien) wie auch von den Rechtstraditionen des sog. common law angelsächsischer Prägung in Großbritannien, den USA oder in Australien. Freilich kann man insoweit nicht nur Unterschiede, sondern vielfache Verbindungslinien und Ähnlichkeiten feststellen (z. B. lässt sich das Verbot, einen Menschen zu töten, in allen Rechtsordnungen wiederfinden). Die Definition von Recht ist also dem historisch-gesellschaftlichen Wandel unterworfen und immer nur in einem spezifischen Kontext zu leisten.

Ganz wesentlich ist hierbei die Frage nach der Rolle und Funktion des Staates. Nach der von Platon (375 v. Chr.: „politeia" – der Staat; „nomoi" – die Gesetze) und Aristoteles (330 v. Chr.) begründeten Staatsphilosophie ist der Staat Garant des friedlichen Zusammenlebens der Menschen. Nach Aristoteles bestimmte deshalb der Staat, was als Recht gilt. Der englische Philosoph Thomas Hobbes verabsolutierte den Staat als „Leviathan" (1651), als legitime und allmächtige Autorität, um das menschliche Chaos zu beherrschen. Dagegen entwickelte Immanuel Kant ein Idealbild der bürgerlichen Gesellschaft, in dem die Freiheit des Individuums den Machtansprüchen des absoluten Staates gegenüber stand. Verbindendes Element ist bis heute insoweit die Prämisse, dass in einem Rechtsstaat grundsätzlich nur dem Staat als Hoheitsträger das Recht auf Zwang eingeräumt ist (sog. staatliches Gewaltmonopol). **Rolle und Funktion des Staates** **staatliches Gewaltmonopol**

Recht hat zunächst etwas mit Normen (siehe Übersicht 1), also vorformulierten Erwartungen, zu tun. Soziale Normen sind **Verhaltensregeln**, die das gegenwärtige oder das zukünftige Handeln der Menschen (und heute auch sog. „juristischer Personen") in bestimmten Situationen mehr oder weniger verbindlich beschreiben. Man unterscheidet hier insb. Traditionen, Konventionen, Brauch, Sitte und Recht. Das Spektrum reicht von Normen, die nur innerhalb einer bestimmten Gruppe („Subkultur") anerkannt sind (z. B. die Verhaltensregeln innerhalb von Jugendcliquen, von Kaufleuten, Mitgliedern einer Kirche), bis zu solchen, die für alle Mitglieder einer Gesellschaft gelten. Was im Kontext einer einzelnen Gruppe als abweichend gilt (z. B. Bluttransfusion bei Zeugen Jehovas), kann für die Gesamtgesellschaft akzeptabel oder zwingend notwendig sein, während umgekehrt ein von der Gesamtgesellschaft missbilligtes Verhalten in spezifischen Gruppen der gleichen Kultur gebilligt und sogar gefördert werden kann (z. B. manche Formen jugendtypischen Verhaltens). Im Verhältnis der Normensysteme nimmt der Grad der Verbindlichkeit über Brauch und Sitte bis zu dem Recht zu. Es kann auch vorkommen, dass der Gesetzgeber ausdrücklich auf bestimmte (Handels-)Bräuche Bezug nimmt und diese als verbindliche Anweisung versteht (vgl. §§ 157, 242 BGB, § 346 HGB).

Als „Goldene Regel" der praktischen Ethik findet sich in nahezu allen Weltreligionen und Philosophien in der sprichwörtlichen Wendung das Gebot „Was du nicht willst, dass man dir tu, das füg' auch keinem anderen zu", also „Behandle andere so, wie du von ihnen behandelt werden willst." Ob und inwieweit Sitte, Moral und Recht sich beeinflussen oder gar decken, ist in der Menschheitsgeschichte unterschiedlich beantwortet worden. Es ist geradezu ein Kennzeichen **Sitte und Moral**

Übersicht 1: Normensysteme

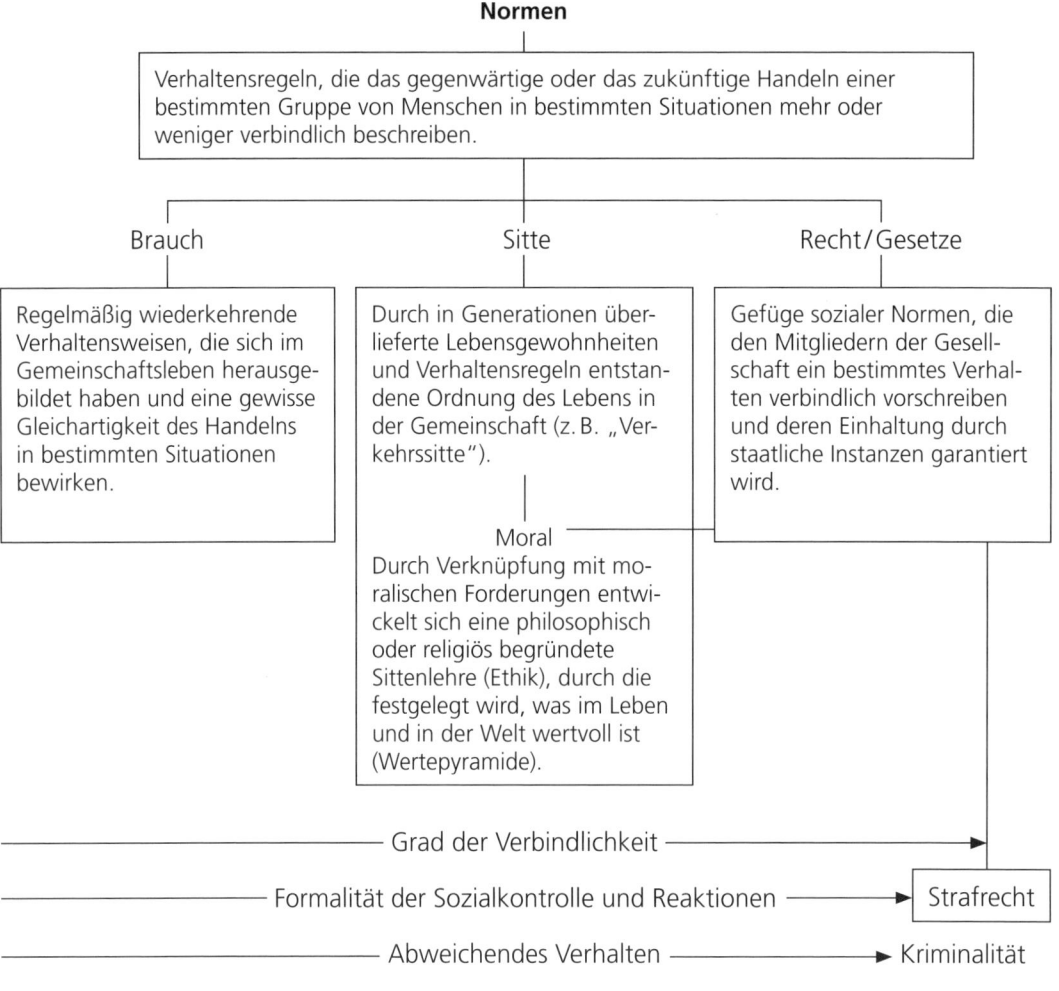

mittelalterlicher Rechtsordnungen, dass die jeweiligen Moralvorstellungen religiöser und weltlicher Herrscher als allgemeinverbindliches Recht mit Folter und Inquisition eingefordert wurden. Heute nimmt das positive, d. h. in einem (demokratischen) Gesetzgebungsverfahren verfasste Recht teilweise ausdrücklich Bezug auf „die guten Sitten" (§ 138 BGB) oder Verkehrssitten (§ 157 BGB, § 346 HGB). Von Immanuel Kant stammt das wohl wichtigste menschliche Moralgebot, der sog. **„kategorische Imperativ"**, also das Gebot, welches für jedes vernunftbegabte Wesen per se und universell gelte: „Handle so, dass die Maxime deines Willens jederzeit zugleich als Prinzip einer allgemeinen Gesetzgebung gelten könne" (Kant 1788, 54). Bei Kant liegen Moral und Recht einerseits eng beieinander, gleichwohl sind es getrennte Kategorien. Mit Moral verbindet er die innere Haltung des Individuums, die Gesinnung. Ethische Grundsätze sind die für das Verhalten des Einzelnen relevanten Bindungen und Orientierungen. Recht richtet sich an das äußere Verhalten der Menschen, ob ein Bürger diese Norm für richtig oder aus welchen Gründen er sich an die Rechtsnorm hält, ist unerheblich, solange die Verhaltensanweisung eingehalten wird. Für Kant war die **Freiheit** des Individuums von wesentlicher Bedeutung. Allerdings kann die Freiheit des Einzelnen mit der Freiheit des anderen in Konflikt treten. Deshalb muss es klare Grenzen und Regeln geben. Diese Grenzen müssen vom Recht gesetzt werden. Hierin liegt die **Rechtsstaat** Geburt des Rechtsstaates, der die Einhaltung dieser Regeln zum Wohle der Freiheit des Einzelnen und zum Wohle der Gesellschaft als Ganzem zu garantieren hat (Kant 1797, 333).

Im Sinne des modernen systemtheoretischen Ansatzes ist das positive Recht geradezu die Voraussetzung der modernen Gesellschaft (Luhmann 1970, 177 f.). Die „Heterogenität der Wertpräferenzen" macht in einer offenen, pluralistischen Gesellschaft ein Mindestmaß an Einheitlichkeit und Verbindlichkeit von Normen für den sozialen Kontakt unverzichtbar. Fehlt es an Konformität, ist die Gesellschaft in ihrem Bestand gefährdet. Recht dient damit der Wahrung von Konformität und dem Bestand des Sozialsystems. Soziale Normen definieren deshalb in al- **soziale Kontrolle** ler Regel nicht nur den Verhaltensbereich als solchen, sondern gleichzeitig auch die jeweiligen Reaktionen auf das davon abweichende Verhalten. Die sozialen und gesellschaftlichen Mechanismen und Prozesse, die abweichendes Verhalten verhindern und einschränken sollen, bezeichnet man als soziale Kontrolle. Diese soziale Kontrolle war und ist in sog. egalitären Gesellschaften der Sippe oder dem Stamm als Ganzem übertragen. Mit der Entwicklung des Staatswesens lag hierin seine zentrale Funktion. Mit öffentlicher Sozialkontrolle bezeichnet man alle gesellschaftlichen Einrichtungen, Strategien und Sanktionen, mit denen Gesellschaften die Einhaltung der in ihr geltenden Normen und die soziale Integration ihrer Mitglieder bezwecken. Hierin lag für Max Weber das Wesen von Recht und Staat (Weber 1921, 18). Dieser bezwecke mit seinem Zwangsapparat die Innehaltung der Normen und die Ahndung der Normverletzungen. Dies kann als Ordnungsfunktion oder – mit einem eher negativ assoziierten Begriff – als **„Herrschaftsfunktion"** des Rechts bezeichnet werden. Recht gibt also nicht nur verbindliche Orientierungen im Hinblick auf das menschliche Verhalten, sondern ist gleichzeitig ein Ordnungsrahmen. Zu den Mittel der Sozialkontrolle zählen u. a. das Recht, Religion, Erziehung und Sanktionen. Wer gegen die Tischsitten verstößt, wird ggf. schief angesehen und nicht mehr eingeladen, wer „aus der Rolle fällt", macht sich gesellschaftlich unmöglich. Das kann im Einzelfall die soziale Existenz eines Menschen empfindlich treffen, man wird gesellschaftlich „abgestraft". Anders als Rechtsnormen lassen sich aber z. B. Tischsitten gesellschaftlich nicht erzwingen. Dagegen gehört – in der Tradition der Rechtsphilosophie Kants – zum Recht als Instrument der öffentlichen Sozialkontrolle notwendig der staatliche Zwang. Die Geltung und Einhaltung der Rechtsnormen werden – wenn es nicht anders geht – erzwungen. Auch die in der modernen Zivilgesellschaft wieder wichtiger werdende autonome Konfliktregelung der Bürger untereinander lebt davon, dass im Hintergrund Zwangsmittel bereitgehalten und zur Verteidigung des Rechts und zum Schutz des Schwachen aktiviert werden können.

Entscheidend ist für einen modernen Rechtsstaat – wenn man überhaupt von einem Schatten des Rechts sprechen will – dass *„das Recht stärker durch seinen Schatten wirkt als durch den tatsächlich exekutierten Zwang" (Frehsee 1991, 59).*

In einem modernen Rechtsstaat begrenzt sich die Funktion des Rechts freilich nicht darauf, orientierende Leitlinie für das Sozialverhalten seiner Bürger zu sein, die Menschenwürde zu sichern, persönliche Freiheit zu gewährleisten und soziale Kontrolle rechtsstaatlich abzusichern (sog. Grenzziehungsauftrag und Herrschaftskontrolle). Wesentlich sind vor allem die Strukturierung des Gemeinwesens und seiner wesentlichen öffentlichen Institutionen (Ordnungsfunktion) sowie – im Zusammenspiel mit dem Sozialstaatsprinzip – der Auftrag zur Chancenermöglichung (Emanzipation und Aktivierung) und der Gewährung gesellschaftlicher Teilhabe der Bürgerinnen und Bürger. Auch wenn sich damit die Idee des Rechts an der Gerechtigkeit orientiert (hierzu I-1.2), kann dieses Ziel immer nur ansatzweise erreicht werden, da im Widerstreit gesellschaftlicher und privater Interessen auch im besten Fall nur ein fairer Interessensausgleich geleistet werden kann.

1.1.2   Woher kommt das Recht? Die Genese der Rechtsnormen

Naturrecht Bräuche und Sitten haben sich aufgrund der mit ihnen gemachten Erfahrungen gewohnheitsmäßig herausgebildet. Recht kann sich aus unterschiedlichen Quellen speisen. Als ungeschriebene Grundlage des Rechts wird häufig das sog. „Naturrecht" bezeichnet, also eine verbindliche Grundordnung, die der Mensch als gegeben hinnimmt, weil sie seiner Natur und seiner Vernunft entspricht. Hierauf basierte die Stoa, die 300 v. Chr. von Zenon dem Jüngeren gegründete Athener Denkschule, nach der das Recht nicht vom Staat begründet, sondern als ein allgemeines Naturgesetz angesehen wurde. Auch das für das heutige bürgerliche Recht in vieler Hinsicht einflussreiche Römische Recht basierte auf diesem Prinzip und es war in der modernen Rechtsgeschichte ein Dauerthema, wie viel „Natur" das Recht besitzt bzw. verträgt. Uwe Wesel vergleicht das **Naturrecht** mit einem Zylinder, aus dem nur das herausgezaubert werden könne, was man vorher hineingelegt habe (Wesel 1994, 73). Mit der Natur hat man in der Vergangenheit alles Mögliche begründet, die Sklaverei genauso wie die Abschaffung der Sklaverei, die Gleichheit der Menschen wie die tiefste Barbarei. Offen ist auch, was als die natürliche Quelle des Rechts anzusehen ist, sei es tatsächlich die menschliche Natur, die menschliche Vernunft oder eine göttliche Offenbarung. Die Antwort hierauf bleibt letztlich spekulativ und ist häufig nur durch metaphysische Glaubenssätze zu begründen.

Universalprinzipien In unserem mitteleuropäischen Rechtsverständnis wird ein solches Naturrecht kaum bzw. werden nur noch wenige Glaubens- und „natürliche" Grundsätze überhaupt Geltung beanspruchen können. Als solches wird man z. B. die vom Grundgesetz als vorgegeben anerkannte **Erziehungsverantwortung der Eltern** für ihre Kinder (Art. 6 Abs. 2 GG) ansehen können. Vom Naturrecht zu unterscheiden sind Universalprinzipien, die weniger zu glauben sind als universell als vereinbart gelten, wie z. B. die Grundsätze, die 1950 durch die Mitglieder des Europarates in der Konvention zum Schutze der Menschenrechte und Grundfreiheiten beschlossen wurden (**EMRK**; u. a. Gewissens- und Religionsfreiheit, Recht auf freie Meinungsäußerung, Versammlungs- und Vereinigungsfreiheit, Unschuldsvermutung, Folterverbot) oder von der Generalversammlung der Vereinten Nationen in der **Allgemeinen Erklärung der Menschenrechte** vom 10.12.1948 formuliert bzw. in völkerrechtliche Abkommen von den UN 1966 aufgenommen wurden (vgl. den Internationalen Pakt über bürgerliche und politische Rechte sowie den Internationalen Pakt über wirtschaftliche, soziale und kulturelle Rechte; beide in Kraft seit 1976; hierzu I-1.1.5.2). Allerdings zeigen auch die Jahresberichte von amnesty international, dass die Universalität der Menschenrechte nicht überall akzeptiert, vielmehr auf der Welt täglich mit Füßen getreten wird. Das Universalprinzip ist freilich der einzige Anker, um rechtspositivistische Unrechtsregimes als Barbarei und gesetzliche Regelungen als Unrecht zu bezeichnen (vgl. z. B. die Frage der Rechtmäßigkeit des Schießbefehls an der DDR-Grenze nach § 27 Abs. 2 DDR-Grenzgesetz: BGH NJW 1993, 141; BVerfGE 95, 96 ff.; BVerfG v. 11.01.2000 – 2 BvQ 60/99). In diesem Zusammenhang hat der Europäische Gerichtshof für Menschenrechte in seiner „Krenz"-Entscheidung (EGMR Nr. 1101 v. 22.03.2001 – 34044/96) betont, dass selbst ein einfacher Soldat sich nicht blind auf Befehle berufen kann, die nicht nur krass gegen die innerstaatlichen gesetzlichen Grundsätze, sondern auch gegen die international geschützten Menschenrechte und vor allem gegen das Recht auf Leben, das höchste Rechtsgut in der Werteskala der Menschenrechte, verstoßen.

Früher galten auch Religion und Moral als wichtige Quellen des Rechts (vgl. **Religion und Moral** Wesel 1984, 194 ff.). Im Verständnis der katholischen Kirche basiert das Kanonische Kirchenrecht auf dem göttlichen Willen. Zu allen Zeiten der Menschheitsgeschichte wurden durch philosophisch oder religiös begründete Moralvorstellungen von Gut und Böse und eine darauf basierende Sittenlehre festgelegt, was im Leben und in der Welt wertvoll ist. Die jeweils herrschenden Sitten und Moralvorstellungen wurden in Rechtsform gegossen. Bis in die Anfänge der Bundesrepublik (vgl. die Entscheidung des BGH 6, 46 ff. über die „Normen des Sittengesetzes" und die „vorgegebenen und hinzunehmende Ordnung der Werte" im Hinblick auf die Definition und Strafbarkeit der „Unzucht") wurde auf eine ursprüngliche Einheit von Sitte und Recht, ja auch von Moral, Religion und Recht Bezug genommen, eigentlich ein Kennzeichen sog. vorstaatlicher, oraler Gesellschaften. Erst später, als die Schrift dominierendes Kultur- und Kommunikationsmedium wurde, hat sich das Recht zunehmend als eigene Kategorie entwickelt und einen Prozess der **Verrechtlichung der Gesellschaft** eingeleitet. Dabei hat die Trennung von Recht und Moral durchaus zwei Seiten, die Vergrößerung der persönlichen Freiheit einerseits und die mangelnde Verbindlichkeit sittlicher Maßstäbe andererseits. Rein rechtspositivistisch ist es vorstellbar, dass jemand aufgrund der geltenden Gesetze rechtmäßig handelt, gleichwohl unmoralisch. Uwe Wesel (1999, 388) nennt hier als Beispiel den Betreiber eines Kraftwerkes, welches die Umwelt verschmutzt. Die Organisation Greenpeace, welche sich z. B. hiergegen zu Wehr setzt, mag dabei die Gesetze übertreten, ihr Protest hat aber zumeist die Moral auf seiner Seite. Gerade am Beispiel des zivilen Ungehorsams, der gewaltfrei ist, sich jedoch häufig der Formen (symbolischer) Rechtsnormverletzungen bedient (etwa: Kirchenasyl, Totalverweigerung, Steuerstreik oder Sitzblockaden, vgl. III-8.2.1.2), zeigt sich, dass rechtliche und moralische Bewertungen ein und desselben Verhaltens zu mitunter sehr unterschiedlichen Ergebnissen führen können (im

Einzelnen hierzu: Dreier 1991, 39 ff.). Allein die Tatsache, dass ein Einzelner oder eine Gruppe positiv gesetztes, d. h. durch das verfassungsmäßig vorgesehene Gesetzgebungsverfahren verfasstes Recht im konkreten Einzelfall als unzweckmäßig oder auch ungerecht erachten, wird dessen Geltung jedenfalls regelmäßig noch nicht außer Kraft setzen. Zu diesem Ergebnis kommt auch der Strafrechtler und Kriminologe Gustav Radbruch (1878–1949), der zugleich einer der bedeutendsten demokratischen Rechtsphilosophen des 20. Jahrhunderts war. Für ihn verliert das positive Recht erst dann seinen Vorrang, wenn „der Widerspruch des positiven Gesetzes zur Gerechtigkeit ein so unerträgliches Maß erreicht, daß das Gesetz als ‚unrichtiges Recht' der Gerechtigkeit zu weichen hat" (sog. „Radbruchsche Formel"; Radbruch 1946, 107). Ein derart eklatantes Auseinanderfallen von Ethik und Recht konstatierte Radbruch etwa für die Zeit der NS-Diktatur, während der schlimmstes Unrecht in „positives" Recht gesetzt wurde. Diese Argumentation im Zusammenhang mit heutigen Protesten gegen tatsächliche oder vermeintliche politische Fehlentscheidungen vorzubringen, wäre allerdings nicht nur historisch unangemessen, sondern auch im theoretischen Ansatz falsch, weil die Grundbedingungen für wirksamen Protest, auch in den **Formen des zivilen Ungehorsams,** gerade erst durch den demokratischen Rechtsstaat gesetzt werden. Von besonderer Bedeutung sind deshalb vielmehr auch die grundlegenden Wert- und Verfassungsentscheidungen des deutschen Grundgesetzes (I-2) und der Europäischen Charta (I-1.1.5) sowie die daran anknüpfende rechtsstaatliche Kontrolle durch die Gerichte (I-5).

Gewohnheitsrecht   In einem modernen Rechtsstaat wird neues Recht grundsätzlich durch einen bewussten, verfahrensmäßig geregelten Rechtsetzungsakt (geschriebenes Recht) geschaffen. Das in der angelsächsischen Rechtstradition lange vorherrschende (*common law*), früher auch in Deutschland bedeutsame (ungeschriebene) Gewohnheitsrecht wirkt in einigen wenigen Bereichen noch fort, öffentlich rechtlich z. B. im Schutz des Glockenläutens. Das früher einmal in Strafverfahren (vgl. BGHSt 11, 241 ff.) gewohnheitsrechtlich anerkannte „Züchtigungsrecht" von Lehrern und Eltern ist mittlerweile durch die Schulgesetze und § 1631 Abs. 2 BGB aufgehoben worden. Eine Vorstufe des Gewohnheitsrechts bilden die Verkehrssitten und Handelsbräuche, also im Rechts- und Handelsverkehr akzeptierte Verhaltensnormen, deren Verbindlichkeit durch das Gesetz selbst bestätigt wird (vgl. § 346 HGB). Beispielsweise gilt unter Kaufleuten das Schweigen auf ein Bestätigungsschreiben als Vertragsannahme, während das Schweigen sonst im Rechtsverkehr keine Willenserklärung darstellt. Im Sozialbereich gibt es solche rechtlich anerkannten Verkehrssitten nicht.

Genese von Rechts-   War früher das Recht inhaltlich stark moralisch aufgeladen, ist es heute zuneh-
normen   mend zu einem formalen **Steuerungsinstrument gesellschaftlicher Regelungsprozesse** geworden. Für ein Naturrecht bleibt hier nicht viel Platz. Das, was Recht und was Unrecht ist, wird in einem Prozess der gesellschaftlichen Konstruktion von Wirklichkeit (hierauf basiert erkenntnistheoretisch der sog. Konstruktivismus), im Prozess der Rechtsetzung und in den positiv-rechtlichen Regelungen einer Rechtsordnung manifest. Nach der sog. **Konsenstheorie** ist das gemeinsame Rechtsbewusstsein der Gesellschaftsmitglieder die Entstehungsgrundlage der Rechtsnormen. Damit wird zum einen an das Natur- und Gewohnheitsrecht ange-

knüpft, andererseits an die von Jean-Jacques Rousseau (1712–1778) begründete Vorstellung des *contrat social*, in dem sich die Mitglieder einer Gesellschaft auf gemeinsame Werte und Ziele einigen und sich diesen unterwerfen. Der soziologische Klassiker dieser Auffassung war Emile Durkheim, demzufolge die von den Bürgern anerkannten Werte mithilfe des Rechts, insb. des Strafrechts, vor ihrer Verletzung geschützt werden:

> „Man darf nicht sagen, daß eine Tat das gemeinsame Bewußtsein verletzt, weil sie kriminell ist, sondern sie ist kriminell, weil sie das gemeinsame Bewußtsein verletzt. Wir verurteilen nicht, weil sie ein Verbrechen ist, sondern sie ist ein Verbrechen, weil wir sie verurteilen" (Durkheim 1977, 123).

Nach der Konsenstheorie bringt die Rechtsordnung die widersprüchlichen Ansprüche und Wünsche der Menschen miteinander in Einklang, so dass sie letztlich dem Wohle der Gesamtheit dienen. Das Recht enthält alle notwendigen Regeln des gesellschaftlichen Zusammenlebens, das Strafrecht alle Regeln, die von der Allgemeinheit für so wichtig gehalten werden, dass sie mit Sanktionen ausgestattet werden, um ihre Einhaltung zu garantieren. Danach erhält das Recht selbst konfliktlösende Funktion. Durch die Antizipation des Konsenses ist gewährleistet, dass widerstreitende Interessen bei der Normsetzung zu einem Ausgleich gebracht werden.

Demgegenüber beruhen nach der sog. **Konflikttheorie** Rechtsnormen nicht auf dem Gesamtwillen der Gesellschaftsmitglieder, sondern sie sind das Resultat von Interessensauseinandersetzungen, sie sind Ausdruck eines kontinuierlichen Kampfes. Rechtsnormen sind deshalb nach dieser Sichtweise nicht Ausfluss der Interessen aller Gesellschaftsmitglieder, sondern das Resultat des Sieges derjenigen Gruppe, die sich aufgrund ihrer Herrschaftsmacht im gesellschaftlichen Konflikt durchsetzen konnte. Gesetze seien deshalb stets in Rechtsform gegossene und dadurch mit Allgemeinvertretungsanspruch ausgestattete, inhaltlich aber partikuläre Interessen mächtiger Gesellschaftsgruppen. Das Recht, insb. das Strafrecht, diene diesen Gruppen als Herrschaftsinstrument zur Durchsetzung ihrer Interessen und trage insoweit zur ungleichen Verteilung von Macht und Ressourcen bei. Durch die Ungleichverteilung von Herrschaftsmacht kann es nach dieser Ansicht nicht zu einem Ausgleich widerstreitender Interessen kommen.

Mag die Konflikttheorie die Genese von Rechtsnormen für die Menschheitsgeschichte, insb. in der Klassengesellschaft des 19. Jahrhundert zutreffend beschrieben haben, so reicht sie heute in der „reinen" Form und ihrer Ausschließlichkeit als Erklärung für die Entstehung und Funktion von Rechtsnormen nicht aus. Zum einen lässt sich nicht leugnen, dass Rechtsnormen heute einem Kernbestand gemeinsamer Interessen dienen, wie z. B. dem Schutz des Individuums u. a. auch vor staatlichen Eingriffen. Im Straßenverkehr muss man sich darauf verlassen dürfen, dass die eigene Teilnahme nicht durch grob verkehrswidriges oder rücksichtsloses Verhalten anderer gefährdet wird. Auch die strafrechtlichen Vorschriften zum Schutz von Leben, körperlicher Unversehrtheit und Willensfreiheit dienen elementaren Schutzbedürfnissen und werden von der Bevölkerung konsensual getragen. Das gilt grundsätzlich auch für den Eigentumsschutz. Freilich schützen die Vorschriften gegen Eigentums- und Vermögensdelikte nicht nur das individuelle

Recht des Einzelnen, sondern es geht gleichzeitig auch um den Schutz der ökonomischen Grundordnung als solcher. Allerdings sind die Methoden zur Durchsetzung ökonomischer Interessen viel subtiler geworden, als dass es hierzu insb. des grobschlächtigen Mittels des Strafrechts als Herrschaftsinstrument bedürfte.

Recht ist das Produkt menschlichen Handelns, es ist Produkt eines gesellschaftlich-politischen Prozesses (vgl. hierzu ausführlich Behlert 1990, 18 ff.). Pluralistische Gesellschaften sind gekennzeichnet durch das Zusammenleben von Individuen und Gruppen mit unterschiedlichen politischen, ökonomischen und sozialen Interessen. In diesem gesellschaftlichen Interaktionsprozess werden sie versuchen, ihre Lebenschancen zu sichern und zu erweitern. Insoweit der Bestand an Rechtspositionen nur auf Kosten der Verringerung der Lebenschancen von anderen erweitert werden kann, werden sich unterschiedliche, widerstreitende Interessen gegenüberstehen. Deshalb kommt es notwendiger Weise zu Unvereinbarkeit und Widerstreit von Interessen, zu Interessenskonflikten. Anders als noch bei den Gesellschaftsmodellen von Emile Durkheim, Talcott Parsons und Max Weber ist aus heutiger Sicht der Konflikt als solcher weder systemstörend, dysfunktional noch negativ, sondern kann auch als treibende Kraft im Prozess des sozialen Wandels notwendig sein (Dahrendorf 1961, 112 ff.; Galtung 1984, 129 ff.). Recht kann insofern als institutionalisierte Konfliktlösung angesehen werden, ohne damit gleich einem harmonisierenden Wunschbild zu verfallen. Die Rechtsordnung als Segment der Gesellschaft ist kein konfliktfreier Raum. Als Produkt menschlichen Handelns ist Recht stets interessenvermittelt und als Mechanismus der Sozialkontrolle nicht nur Integrations-, sondern selbst auch Konfliktstruktur. In der Entstehung und Anwendung von Rechtsnormen drückt sich wie in allen anderen Gesellschaftsbereichen das jeweilige Kräfteverhältnis konkurrierender politischer, ökonomischer und sozialer Interessen aus. Hierbei werden sich diejenigen Gruppen durchsetzen, die hierzu die erforderliche Macht besitzen. Dabei ist heute aber nicht mehr nur an einen kleinen Kreis der ökonomischen Elite zu denken, die sich in einer globalisierten Welt ohnehin zunehmend nationalen Rechtsordnungen entzieht, sondern vor allem an einflussreiche Gruppen staatlicher Institutionen (Justiz und Ministerialbürokratie), Personen und Organisationen, die auf die Sicherung ihres Status bedacht sind, an die Lobbyisten und sog. „Moralunternehmer", die ihre Moral- und Wertvorstellungen für alle verbindlich machen wollen. Die Rechtsordnung als Konfliktfeld zu begreifen, schließt die Möglichkeit zum Konsens nicht aus. Wahrer Konsens ist freilich nur möglich unter den idealisierten Bedingungen unbeschränkter und herrschaftsfreier Kommunikation autonomer Individuen.

> „Wir wären nur dann legitimiert, das tragende Einverständnis ... mit dem faktischen Verständigtsein gleichzusetzen, wenn wir sicher sein dürfen, daß jeder im Medium der sprachlichen Überlieferung eingespielte Konsens zwanglos und unverzerrt zustande gekommen ist" (Habermas 1971, 154).

Der Konsens darf in einer Demokratie nicht – wie von der Konsenstheorie suggeriert – vorausgesetzt werden, sondern ist stets nur das vorläufige und stets abänderbare Ergebnis eines politischen Prozesses.

Die Definition von Recht ist bis heute einem kontinuierlichen Wandel unterworfen. Was gestern verboten war (z. B. Prostitution, homosexuelle Handlungen unter Erwachsenen), kann heute erlaubt sein, was in dem einem sozialen Kontext erlaubt ist, ist in einem anderen verboten (vgl. z. B. die unterschiedlichen ehe- und strafrechtlichen Bestimmungen in der Türkei und die Diskussion über die Angleichung der türkischen Rechtsordnung an die Werte- und Rechtsordnung der EU). Recht und soziale Kontrolle dürfen nicht zu starr sein, denn der soziale Wandel lässt sich nicht verhindern. Eine dies ignorierende, starre Rechtsordnung müsste zum Auseinanderbrechen des Systems führen.

1.1.3   System der heutigen Rechtsnormen

Normen werden von unterschiedlichen Quellen (s. o. I-1.1.2) gespeist, sie werden von unterschiedlichen Institutionen erlassen, sie richten sich an unterschiedliche Adressatenkreise und besitzen einen unterschiedlichen Grad von Verbindlichkeit. Recht ist ein Gefüge sozialer Normen, die allen Mitgliedern der Gesellschaft ein bestimmtes Verhalten verbindlich vorschreiben und deren Einhaltung durch staatliche Instanzen notfalls auch mit Zwang garantiert wird. Der moderne Rechtsstaat setzt dabei auf das geschriebene Recht. Ein **Rechtssatz** oder eine **Rechtsnorm** ist ein verbindliches Gebot oder Verbot, welches die folgenden fünf Wesensmerkmale aufweisen muss:

- ■ Rechtsnormen gelten für eine **unbestimmte Vielzahl von Fällen** (abstrakte Regelung). Um möglichst alle zukünftigen Konfliktsituationen zu regeln, sind Normtexte so abstrakt wie möglich formuliert, worunter andererseits die Verständlichkeit für den „Normal-Bürger" leidet.
- ■ Rechtsnormen richten sich grundsätzlich an eine unbestimmte, bei ihrem Erlass nicht feststehende **Vielzahl von Personen** (generelle Regelung). Zwar mag ein einzelner Fall Anlass zu einer gesetzlichen Regelung geben, ein Einzelfallgesetz (welches nur einen konkreten Fall oder einen ganz bestimmten Adressaten betrifft) ist allerdings verfassungswidrig (Art. 19 Abs. 1 S. 1 GG).
- ■ Rechtsnormen werden von dem (verfassungsrechtlich) zur Rechtsetzung befugten Organ in einem bestimmten, formell festgelegten **Verfahren** erlassen und
- ■ bedürfen zu ihrer Wirksamkeit der amtlichen **Publikation** in bestimmten Verkündungsorganen (z. B. dem Bundesgesetzblatt oder den Mitteilungsorganen der Länder und Kommunen).
- ■ Für Rechtsnormen ist ferner charakteristisch, dass sie unmittelbar kraft staatlichen Geltungswillens verbindlich sind und zu ihrer Durchsetzung notfalls **staatlicher Zwang** angewendet werden kann. Insbesondere hierin unterscheidet sich das Recht von anderen gesellschaftlichen Konventionen, von Sitten und Gebräuchen.

Mit einem zunächst auf das innerstaatliche Rechtssystem beschränkten Blick (zum unmittelbar geltenden europäischen Gemeinschaftsrecht und sonstigem internationalen Recht vgl. I-1.1.5) lassen sich Rechtsnormen in vier Gruppen einteilen, wobei man insb. ursprüngliche und abgeleitete Rechtsnormen unterscheidet.

Recht und Gesetz – Begrifflichkeiten

Ursprüngliche Rechtsnormen werden vom Volk selbst oder von den verfassungsgemäß hierzu berufenen Organen erlassen. Man bezeichnet diese auch als **formelle Gesetze**, weil sie auf parlamentarischem Wege zustande gekommen sind. Hiervon abgeleitete Rechtsnormen erlässt die vollziehende Gewalt (Exekutive: Regierung und Verwaltung) aufgrund einer besonderen Ermächtigung des ursprünglichen Normgebers bzw. sog. Selbstverwaltungsträger aufgrund der ihr verliehenen Regelungsautonomie. Soweit von der Rechtsnorm unmittelbare Rechtswirkungen für den einzelnen Bürger ausgehen, spricht man von einem **Gesetz im materiellen Sinn**. Man spricht dagegen von einem Gesetz im *nur* formellen Sinn, wenn es in dem verfassungsmäßig vorgeschriebenen Verfahren durch die Legislative beschlossen worden ist, von ihm aber keine unmittelbare Rechtswirkungen nach außen ausgehen. Dies ist z. B. bei den Ratifizierungsgesetzen zur Übernahme völkerrechtlicher, internationaler Abkommen oder bei den sog. Haushaltsgesetzen der Fall.

Durch den als formelles Gesetz erlassenen Haushaltsplan ermächtigt das Parlament die Exekutive, Ausgaben in der festgesetzten Höhe für den festgelegten Zweck zu leisten, z. B. Zuschüsse für den Bau von Altentagesstätten. Die Exekutive hat im Rahmen der Ermächtigung nach pflichtgemäßem Ermessen über die Zuschussgewährung zu entscheiden. Aus dem Gesetz über den Haushaltsplan kann aber ein Bürger- bzw. Trägerverein keinen Anspruch auf einen bestimmten Zuschuss ableiten (vgl. BVerfG NJW 75, 254; § 3 Abs. 2 Bundeshaushaltsordnung und entsprechende Länderregelungen).

Übersicht 2: Arten von Rechtsnormen

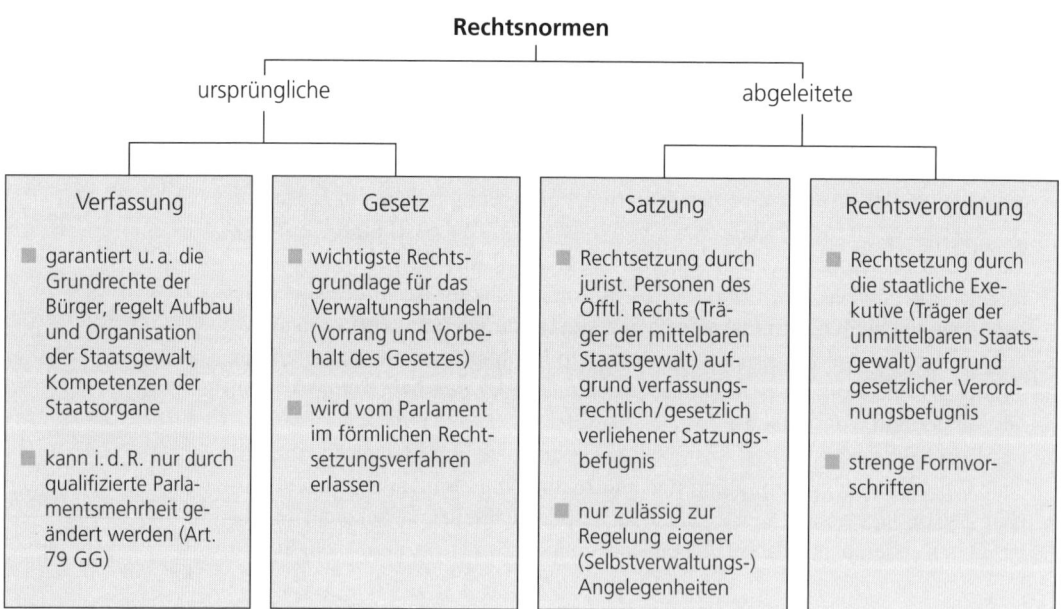

keine Rechtsgrundlage für öffentliches Verwaltungshandeln sind:
- Gerichtsurteile
- Verwaltungsvorschriften

Zum Einstieg: „Familie Berger"

Herr Berger aus G. ist seit der Schließung seines Betriebes vor zwei Jahren arbeitslos und erhält Arbeitslosengeld II sowie für seine beiden 11- und 14-jährigen Kinder Sozialgeld nach § 19 Abs. 1 SGB II. Um das Familieneinkommen etwas zu entlasten, trägt Herr Berger jeden morgen Tageszeitungen aus und erhält hierfür 330 €, seine Tochter erhält etwa 30 € monatlich, die sie sich durch Babysitten beim Nachbarn verdient. Zu Beginn des neuen Schuljahres wechselt die ältere Tochter von der Realschule auf das Gymnasium. Im ersten Schulhalbjahr ist eine 3-tägige Klassenfahrt geplant. Herr Berger sorgt sich, weil er das Geld für Fahrkosten und Unterkunft von insgesamt 110 € nicht aufbringen kann. Darüber hinaus meint seine Tochter, sie könne ohne eine neue, 180 € teure Jeansjacke der Firma Miss Young nicht an der Fahrt teilnehmen. Er fragt, ob das Jobcenter in der Stadt G. (§ 6d SGB II) die Kosten für die Anschaffung der Jacke und die Klassenfahrt für seine Tochter übernimmt. Der Sozialarbeiter des Jobcenters teilt ihm mit, dass Kleidung vom Regelbedarf der Grundsicherung gedeckt sei und dass die Teilhabe am sozialen und kulturellen Leben in der Gemeinschaft, mithin kurze Ausflüge, vom notwendigen Lebensunterhalt, also vom Regelbedarf umfasst seien. Nach § 5 Abs. 2 der Verwaltungsrichtlinien der Stadt G. zur Ausführung der Grundsicherung würden Klassen- und Schulfahrten erst ab einer Dauer von einer Woche pauschal mit 20 € pro Tag bezuschusst. Herr Berger habe deshalb keinen Anspruch auf eine darüber hinausgehende einmalige Beihilfe. Ist diese Auskunft / Entscheidung richtig? Zum Beweis der Richtigkeit seiner Aussagen überreicht er Herrn Berger eine Kopie der entsprechenden Verwaltungsvorschriften:

Auszug aus den Verwaltungsvorschriften der Stadt G. zur Ausführung der Grundsicherung vom 01.03.2011 (VV-Grund):

§ 1: Die nachfolgenden Bestimmungen binden die Stellen der öffentlichen Verwaltung der Stadt G. bei der Ausführung des SGB II vom 24.12.2003 (BGBl. I S. 2954) zum Zwecke der einheitlichen Ermessensausübung mit dem Ziel Gleichheit gewährender und wirtschaftlicher Verwendung kommunaler Haushaltsmittel.
...

§ 5: (1) Erwerbsfähige Leistungsberechtigte erhalten Arbeitslosengeld II. Nichterwerbsfähige Leistungsberechtigte, die mit erwerbsfähigen Leistungsberechtigten in einer Bedarfsgemeinschaft leben, erhalten Sozialgeld. Die Leistungen umfassen den Regelbedarf, Mehrbedarfe und den Bedarf für Unterkunft und Heizung.

(2) Der Regelbedarf umfasst insb. Ernährung, Kleidung, Körperpflege, Hausrat sowie persönliche Bedürfnisse des täglichen Lebens. Zu den persönlichen Bedürfnissen des täglichen Lebens gehört in vertretbarem Umfang eine Teilhabe am sozialen und kulturellen Leben in der Gemeinschaft...
...

(4) Für Schülerinnen und Schüler umfasst der notwendige Lebensunterhalt auch die erforderlichen Hilfen für den Schulbesuch. Darüber hinaus werden Schul- und Klassenfahrten ab einer Dauer von einer Woche pauschal mit 20 € je Tag bezuschusst.

Die Gesamtheit der – geschriebenen und ungeschriebenen – verbindlichen Rechtsnormen (siehe Übersicht 2) bezeichnet man als **Rechtsordnung** oder schlechthin als das Recht. Als **Rechtsquelle** bezeichnet man – neben dem Naturrecht (s. o.), dem Einigungsvertrag der Europäischen Union (s. u. I-1.1.5) und den allgemeinen Regeln des Völkerrechts (Art. 25 GG) – einerseits das Grundgesetz als im wahrsten Sinne des Wortes „grundlegende" Verfassung im Hinblick auf die Parlamentsgesetze und öffentlich-rechtlichen Satzungen der Selbstverwaltungsträger (vgl. Art. 28 GG) sowie andererseits die Verfassung und Gesetze im Hinblick auf Rechtsverordnungen als sog. abgeleitete Rechtsnormen (Art. 80 Abs. 1 GG).

Rechtsnormen bezeichnet man auch als **Rechtsgrundlagen** (Gesetze im weiteren Sinn), um deutlich zu machen, dass sich jedes staatliche Handeln hierauf zurückführen lassen muss, so wie es Art. 20 Abs. 3 GG formuliert: Bindung an Gesetz (im formellen Sinn) und Recht (Gesetze im materiellen Sinn). Insoweit spricht man auch vom sog. **„objektiven Recht"**, d. h. für das Gemeinwesen und alle Bürger und Institutionen geltendes Recht, während man die sich aus der Rechtsordnung ergebende Berechtigung eines Einzelnen als **„subjektives" Recht** oder **Anspruch** bezeichnet. Dabei unterscheidet man einerseits sog. „absolute" Rechte, die gegen Eingriffe allseitig, d. h. gegenüber jedermann geschützt sind (z. B. Persönlichkeits- oder Eigentums- und andere Sachenrechte) und sog. „relative" Rechte insb. aufgrund eines Vertrages, die nur bestimmte Personen zu einem Verhalten verpflichten (z. B. aus einem Miet- oder Kaufvertrag die Überlassung der Sache durch den Vermieter bzw. Verkäufer, während der Mieter bzw. Käufer den vereinbarten Preis bzw. die Miete zahlen muss). Insoweit spricht man auch von schuldrechtlichen oder obligatorischen Ansprüchen und Forderungen (vgl. zu den privatrechtlichen Regelungen auch II-1). Der sozialrechtliche (Leistungs-)Anspruch gegen einen öffentlichen Träger wird auch als subjektiv-öffentliches Recht des Bürgers bezeichnet (vgl. I-3.4.1).

Unter **materiellem Recht** versteht man die Rechtsvorschriften, welche das Verhalten der Rechtssubjekte regeln (Inhaltsnormen, insb. auch die Anspruchsnormen). Als **formelles Recht** werden die Normen bezeichnet, die das Verfahren insb. zur Durchsetzung der Rechtspositionen regeln (Prozessrecht).

1.1.3.1 Verfassungsrecht

Lange Zeit – vor der Entstehung des europäischen Gemeinschaftsrechts (s. u. I-1.1.5) – war die im wahrsten Sinne des Wortes grundlegende Rechtsgrundlage in **Grundgesetz** Deutschland das **Grundgesetz** vom 23.05.1949 als nationale Verfassung der Bundesrepublik (hierzu I-2). Darüber hinaus haben die deutschen Bundesländer aufgrund ihrer Eigenstaatlichkeit jeweils eigene Landesverfassungen. Gegenüber dem GG haben die Landesverfassungen allerdings keine wesentliche Bedeutung erlangt. Teilweise geht es in den Landesverfassungen um die Konkretisierung der sozialpolitischen Staatsziele (z. B. Recht auf Arbeit; Art. 48 Abs. 1 Brandenburg; Art. 171 LV M-V.; Art. 71 Sachsen).

Für die Tätigkeit der Sozialverwaltung besonders bedeutsam sind die Grundrechte (Art. 1 – 19, 103 f. GG), die für die Verwaltung als Teil der vollziehenden Gewalt gem. Art. 1 Abs. 3 GG als unmittelbar geltendes Recht zu beachten sind (ausführlich I-2.2). Die Verfassungen regeln u. a. auch den Aufbau und die Organisation der Staatsgewalt sowie die Kompetenzen der Staatsorgane. Einklagbare subjektive Rechte räumen diese Verfassungsvorschriften dem Einzelnen nicht ein.

Aufgrund der Einbindung der Bundesrepublik Deutschland in die Europäische Union hat das Grundgesetz – wie auch das nationale Verfassungsrecht der anderen EU-Staaten – seine Bedeutung als höchstrangige Rechtsquelle z. T. verloren (zum Recht der Europäischen Union s. I-1.1.5).

1.1.3.2 Parlamentsgesetze

Neben dem Verfassungsrecht bilden vor allem die Gesetze die wesentliche Rechts- **Gesetz** grundlage für die Tätigkeit der Sozialverwaltung und der Sozialen Arbeit insgesamt. Das Parlamentsgesetz ist der Prototyp einer Rechtsnorm. Bei einem „Gesetz" handelt es sich dabei, formell gesehen, um eine Rechtsvorschrift, die von der Legislative in dem verfassungsmäßig vorgeschriebenen Verfahrensweg erlassen worden ist (im Hinblick auf Bundesgesetze vgl. Art. 70 ff. GG und Übersicht 3).

Hinsichtlich des Inhalts muss ein Gesetz allgemeinverbindliche Regelungen enthalten. Man sagt auch, eine Rechtsnorm ist ein Gesetz im materiellen Sinn (d. h. dem Inhalt nach), wenn es

- eine verbindliche Regelung,
- für eine unbestimmte Vielzahl von Fällen,
- gegenüber einer unbestimmten Vielzahl von Personen enthält.

Die meisten Gesetze sind solche im formellen und materiellen Sinn, da die Parlamente (Bundestag / -rat, Landtage) in großem Umfang von ihrer Gesetzgebungskompetenz Gebrauch machen, die ihnen im Grundgesetz und in den jeweiligen Länderverfassungen zugestanden ist. Wann der Bund oder ein Land Gesetze erlassen dürfen, ist in Art. 70 ff. GG und Art. 105 GG abschließend geregelt.

1.1.3.3 Rechtsverordnungen

Auch eine Rechtsverordnung ist dem Inhalt nach eine Rechtsnorm und damit Gesetz im materiellen Sinn, denn sie ist eine verbindliche Regelung, für eine unbestimmte Vielzahl von Fällen, gegenüber einer unbestimmten Vielzahl von Personen. Der wesentliche Unterschied zu den „richtigen" (Parlaments)Gesetzen besteht darin, dass die Rechtsverordnungen nicht von der Legislative erlassen werden, sondern von Organen der vollziehenden Gewalt (Exekutive). Um eine Rechtsverordnung zu erlassen, bedürfen diese freilich einer besonderen gesetzlichen Ermächtigung (Art. 80 Abs. 1 S. 1 GG), d. h., sie dürfen nur im Auftrag der Legislative tätig werden (vgl. z. B. §§ 13, 27, 51c SGB II; §§ 10 Abs. 2, 87, 151, 182 SGB III; § 17, 28c SGB IV; § 35a SGB V; § 69 SGB VI; § 78g IV SGB VIII; § 28 Abs. 2, 40, 60 SGB XII; §§ 55a, 79 Abs. 5, 556 Abs. 1, 558c Abs. 5; 577a Abs. 2, 1316 Abs. 1, 1558, 1587a Abs. 3 Nr. 2, 1600 Abs. 6 BGB, Art. 238 ff. EGBGB).

Die meisten Rechtsverordnungen werden zur Durchführung und Ausführung von Gesetzen erlassen. Sie konkretisieren oft Rechte und Pflichten des Bürgers und nehmen dadurch der Verwaltung die Möglichkeit, bei nichteindeutiger Regelung im Gesetz eine den Bürger benachteiligende Auslegung zu vertreten.

Übersicht 3: Ablauf des Gesetzgebungsverfahrens bei Bundesgesetzen (Art. 70 ff. GG)

GESETZESINITIATIVE

Gesetzesvorlagen können von der Bundesregierung, dem Bundesrat oder aus der Mitte des Bundestages eingebracht werden (Art. 76 Abs. 1 GG). Die meisten Gesetzesinitiativen – etwa zwei Drittel aller Gesetzesentwürfe – werden von der Bundesregierung vorgelegt. Nach Beratung und Beschluss im Kabinett werden die Gesetzesvorlagen dem **Bundesrat** zugeleitet, damit dieser in einem sog. „ersten Durchgang" eine Stellungnahme erarbeiten und ggf. Änderungsvorschläge machen kann. Gesetzesinitiativen des Bundesrates werden über die Bundesregierung an den Bundestag weitergeleitet.

BERATUNG UND BESCHLUSSFASSUNG IM BUNDESTAG

Zentrales Organ der Gesetzgebung ist der **Deutsche Bundestag** als gewählte Volksvertretung. Dieser behandelt Gesetzesentwürfe in der Regel in drei Lesungen. Am Ende der ersten Lesung steht die Überweisung des Entwurfs an einen oder mehrere **Ausschüsse**. Im Anschluss an die Beratungen in den Ausschüssen finden die zweite und dritte Lesung statt. Während in der zweiten Lesung hauptsächlich Änderungsanträge vorgebracht werden, ist die dritte Lesung regelmäßig der Schlussabstimmung vorbehalten.

BUNDESRAT

Alle im Bundestag verabschiedeten Gesetze werden dem Bundesrat zugeleitet. In einem sog. zweiten Durchgang sind die Handlungsmöglichkeiten des Bundesrates davon abhängig, ob der Gesetzesbeschluss seiner Zustimmung bedarf oder nicht. Die zustimmungspflichtigen Gesetze können ohne sein positives Votum nicht in Kraft treten. Ob ein Gesetz der Zustimmung des Bundesrates bedarf, richtet sich nach dem GG (vgl. z.B. Art. 23 Abs. 1 S. 2 GG, Art. 79 Abs. 2 GG; Art. 104a Abs. 3, 4, 5 und Art. 105 Abs. 3 GG). Bis zur Durchführung der sog. Föderalismusreform war dies bei über 60% der Gesetzgebungsverfahren der Fall, insbesondere weil die Länder in ihren Verwaltungsaufgaben betroffen waren. Nun soll nur noch etwa ein Viertel bis ein Drittel der Gesetze der Zustimmung des Bundesrates bedürfen, da die Länder das Verwaltungsverfahren nun selbst abweichend von den bundesrechtlichen Regelungen regeln dürfen (vgl. in Art. 84 Abs. 1 GG). Im Übrigen bedürfen Bundesgesetze, die das Verwaltungsverfahren regeln, weiterhin der Zustimmung des Bundesrates (vgl. z.B. Art. 84 Abs. 1 S. 5, Abs. 2 GG). Ein vom Bundestag beschlossenes Gesetz kommt zustande, wenn der Bundesrat zustimmt, den Antrag gemäß Art. 77 Abs. 2 GG nicht stellt, innerhalb der Frist des Art. 77 Abs. 3 GG keinen Einspruch einlegt oder ihn zurücknimmt oder wenn der Einspruch vom Bundestage überstimmt wird (Art. 78 GG).

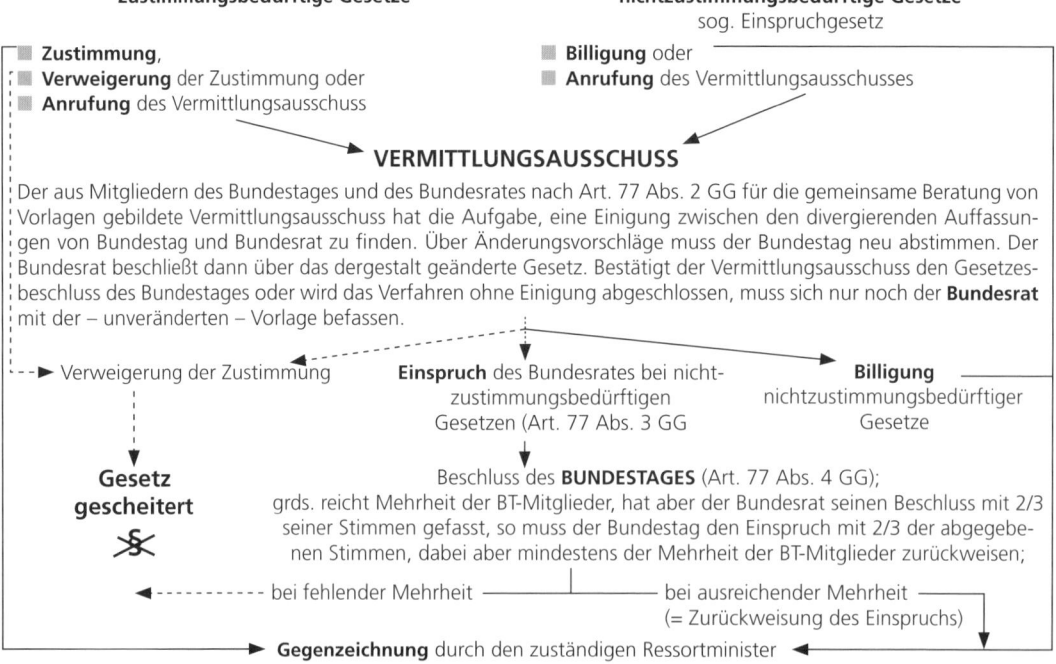

zustimmungsbedürftige Gesetze	nichtzustimmungsbedürftige Gesetze
	sog. Einspruchgesetz
▪ **Zustimmung,**	▪ **Billigung** oder
▪ **Verweigerung** der Zustimmung oder	▪ **Anrufung** des Vermittlungsausschusses
▪ **Anrufung** des Vermittlungsausschuss	

VERMITTLUNGSAUSSCHUSS

Der aus Mitgliedern des Bundestages und des Bundesrates nach Art. 77 Abs. 2 GG für die gemeinsame Beratung von Vorlagen gebildete Vermittlungsausschuss hat die Aufgabe, eine Einigung zwischen den divergierenden Auffassungen von Bundestag und Bundesrat zu finden. Über Änderungsvorschläge muss der Bundestag neu abstimmen. Der Bundesrat beschließt dann über das dergestalt geänderte Gesetz. Bestätigt der Vermittlungsausschuss den Gesetzesbeschluss des Bundestages oder wird das Verfahren ohne Einigung abgeschlossen, muss sich nur noch der **Bundesrat** mit der – unveränderten – Vorlage befassen.

▸ Verweigerung der Zustimmung **Einspruch** des Bundesrates bei nicht- **Billigung**
zustimmungsbedürftigen nichtzustimmungsbedürftiger
Gesetzen (Art. 77 Abs. 3 GG Gesetze

Gesetz gescheitert ✄

Beschluss des **BUNDESTAGES** (Art. 77 Abs. 4 GG); grds. reicht Mehrheit der BT-Mitglieder, hat aber der Bundesrat seinen Beschluss mit 2/3 seiner Stimmen gefasst, so muss der Bundestag den Einspruch mit 2/3 der abgegebenen Stimmen, dabei aber mindestens der Mehrheit der BT-Mitglieder zurückweisen;

◄ --------- bei fehlender Mehrheit ———— bei ausreichender Mehrheit ———
(= Zurückweisung des Einspruchs)

▸ **Gegenzeichnung** durch den zuständigen Ressortminister ◄

Ausfertigung durch den **BUNDESPRÄSIDENTEN**

Verkündigung im Bundesgesetzblatt

§ Gesetz tritt in Kraft §

Zentrale Voraussetzung für den Anspruch auf Leistungen der Grundsicherung ist nach § 7 Abs. 1 Nr. 3 SGB II – dem Parlamentsgesetz – die sog. Hilfebedürftigkeit. Nach § 9 Abs. 1 SGB II ist hilfebedürftig, wer seinen Lebensunterhalt nicht oder nicht ausreichend aus dem zu berücksichtigenden Einkommen oder Vermögen sichern kann und die erforderliche Hilfe nicht von anderen, insb. von Angehörigen oder von Trägern anderer Sozialleistungen, erhält. Nach § 11 SGB II sind als Einkommen zunächst alle Einnahmen in Geld oder Geldeswert – abzüglich der abzusetzenden Freibeträge nach § 11b SGB II – zu berücksichtigen, mit Ausnahme der in § 11a SGB II genannten Einnahmen. Der Bundesgesetzgeber hat allerdings in § 13 SGB II das Bundesministerium für Arbeit und Soziales ermächtigt, im Einvernehmen mit dem Bundesministerium der Finanzen auch ohne Zustimmung des Bundesrates durch Rechtsverordnung u.a. zu bestimmen, welche weiteren Einnahmen nicht als Einkommen zu berücksichtigen sind und wie das Einkommen im Einzelnen zu berechnen ist. Nach §§ 11 ff. SGB II ergibt sich, dass das Einkommen des Herrn Berger, das er für das Zeitungsaustragen erhält, angerechnet werden muss. Demgegenüber werden nach § 1 Abs. 1 Nr. 1 Alg II – V bei Sozialgeldempfängern, die das 15. Lebensjahr noch nicht vollendet haben, Einnahmen aus Erwerbstätigkeit, soweit sie einen Betrag von 100 € monatlich nicht übersteigen, also hier das Geld, das die Tochter durch das Babysitten verdient, nicht angerechnet.

1.1.3.4 Satzungen

Die öffentlich-rechtliche Satzung ist ungeachtet desselben Begriffes und ähnlicher Funktionen von den privat-rechtlichen Organisationsvorschriften rechtsfähiger Vereine nach § 25 BGB zu unterscheiden (vgl. hierzu II-1.1). Satzungen des Öffentlichen Rechts sind Rechtsvorschriften, die alle Personen im Wirkungskreis einer **Selbstverwaltungseinheit** berechtigen und verpflichten (materielle Satzung) oder organisatorische Regelungen für den Bereich der Selbstverwaltung enthalten können (formelle Satzungen). Satzungen sind damit Rechtsnormen (Gesetze im materiellen Sinn), denn auch sie sind verbindliche Regelungen für eine unbestimmte Vielzahl von Fällen, die sich an eine unbestimmte Vielzahl von Personen richten. Die Befugnis zur Rechtssetzung durch Satzungen ist bestimmten juristischen Personen des öffentlichen Rechts (nur) zur Regelung ihrer eigenen Angelegenheiten verliehen. Von besonderer Bedeutung ist der Erlass von Satzungen für die Gebietskörperschaften (Gemeinden, Landkreise, Bezirke) oder die Sozialversicherungsträger. Den Kommunen ist diese Autonomie ausdrücklich in Art. 28 Abs. 3 GG zugesichert. Allerdings ist diese autonome Regelungsbefugnis auf die Verwaltung der eigenen Angelegenheiten begrenzt. Zu weitergehenden Eingriffen in die Rechtssphäre des Bürgers bedarf es einer besonderen gesetzlichen Ermächtigung.

Die Gemeinden können die Benutzung z. B. von Wasserversorgungsanlagen, Entwässerungsanlagen, Schwimmbädern, Büchereien, Friedhöfen, Eisstadien durch Satzungen regeln. Gemeindeverbände können durch Satzungen u. a. die Benutzung von Mülldeponien regeln. Beispielsweise beschließt der Rat der kreisfreien Stadt B. aufgrund der in den landesrechtlichen Kommunalordnungen und Gemeindeverfassungsgesetzen enthaltenen allgemeinen Ermächtigung zum Erlass von Satzungen eine sog. Hauptsatzung (Grundorganisation) und z. B. eine

Satzung über die Benutzungsordnung in den städtischen Notunterkünften. Durch die Satzung für das Jugendamt bestimmt der Rat die Zusammensetzung und die Zuständigkeit des Jugendhilfeausschusses als Teil der Verwaltungseinheit Jugendamt. In der Haushaltssatzung setzt der Rat der Stadt A. z. B. einen Betrag von 200.000 € zur allgemeinen Förderung der freien Verbände der Jugendhilfe an.

Über die durch Art. 28 Abs. 2 S. 2 GG garantierte Satzungsautonomie im Hinblick auf die Regelung eigener Selbstverwaltungsangelegenheiten hinaus, kann den Kommunen auch durch Gesetz das Satzungsrecht übertragen werden. Z. B. können nach § 22a Abs. 2 SGB II die Länder die Kreise und kreisfreien Städte durch Gesetz ermächtigen oder verpflichten, durch Satzung zu bestimmen, in welcher Höhe Aufwendungen für Unterkunft und Heizung in ihrem Gebiet angemessen sind.

Die Sozialversicherungsträger, also die Träger der Renten- und Unfallversicherung oder die gesetzlichen Krankenkassen (s. u. I-4.1.2.1), regeln (vgl. § 34 SGB IV; § 194 SGB V, § 138 Abs. 4 SGB VI, § 118 SGB VII) wie auch die Bundesagentur für Arbeit (§ 372 SGB III) in ihren Satzungen z. B. die Aufgaben ihrer Organe, den Kreis der Versicherten und die Art und Weise der Willensbildung. Sie können u. a. eine Beitragssatzung über die Kostenregelung bei Rehabilitationsmaßnahmen erlassen.

Die Studien- und Prüfungsordnungen der Universitäten und Fachhochschulen sind in aller Regel landesrechtlich autorisierte Satzungen der Hochschulen zur Regelung ihrer eigenen Angelegenheiten.

1.1.3.5 Tarifverträge

Der Tarifvertrag ist ein privatrechtlicher Vertrag zwischen tariffähigen Parteien (Gewerkschaften und Arbeitgeberverbände). Er regelt zum einen in seinem schuldrechtlichen Teil die Rechte und Pflichten der Tarifparteien, enthält aber darüber hinaus in seinem **normativen Teil** nach außen wirkende Bestimmungen, durch die die Arbeitsverhältnisse unmittelbar erfasst werden. So enthält der Tarifvertrag Rechtsnormen über den Abschluss, Inhalt und Beendigung von Arbeitsverhältnissen (z. B. Lohn, Kündigungsvoraussetzungen) sowie die Ordnung von betrieblichen Fragen (z. B. Anwesenheitspflichten, Rauchverbote). Insoweit handelt es sich bei Tarifverträgen auch um Rechtsnormen. Näheres hierzu im Kapitel Arbeitsrecht (IV-3.3.1).

1.1.3.6 Notwendige Abgrenzungen

Verwaltungsvorschriften

Verwaltungsvorschriften (VV) sind keine Rechtsnormen, sondern nur **verwaltungsinterne** Anweisungen, insb. übergeordneter an nachgeordnete Behörden oder des Dienstvorgesetzten an unterstellte Bedienstete. Für VV werden mitunter ganz unterschiedliche Begriffe verwendet, z. B. Dienstanordnungen, Dienstanweisungen, Richtlinien, (Rund-)Erlasse, Rundverfügungen, Allgemeinverfügungen, Durchführungsbestimmungen, Ausführungsvorschriften, Verwaltungsverordnungen, Hausordnung usw. VV lassen sich im Wesentlichen in drei Kategorien unterscheiden:

- organisatorische VV zur Regelung des internen Dienstbetriebes: Dienstanweisung über die Unterschriftsbefugnis, Benutzung von Dienstfahrzeugen, Aktenführung,
- norminterpretierende VV zur Auslegung von Rechtsvorschriften (hierzu I-3.3.2), z. B. VV zum BAföG, zum BKGG, zum Wohngeldgesetz,
- Ermessensrichtlinien zur Ausfüllung eines Ermessensspielraums (hierzu vgl. I-3.4.2), z. B. über die Höhe einer Gebühr für den Besuch einer städtischen Kindertagesstätte.

Grundsätzlich sind Verwaltungsvorschriften **keine Rechtsgrundlage** für Maßnahmen gegenüber dem Bürger, weil sie keinen Rechtsnormcharakter haben (Art. 20 Abs. 3 GG). Gegenüber dem Bürger werden daher durch sie weder Rechte noch Pflichten begründet. VV sind jedoch von den Bediensteten des Trägers der Verwaltung zu beachten, der sie erlassen hat (vgl. § 145 Abs. 2 BBG).

Obwohl Verwaltungsvorschriften nur verwaltungsintern verbindlich sind, können sie über Art. 3 GG bzw. den Grundsatz des Vertrauensschutzes mittelbar aufgrund einer dauernden Anwendungspraxis für Bürger und Gerichte verbindlich werden (Selbstbindung) und damit faktisch Außenwirkung entfalten, ja sogar **anspruchsbegründende Wirkung** haben. Eine Abweichung von der gleichmäßigen Anwendungspraxis der VV ist zwar zulässig, aber nur, wenn eine wesentliche Abweichung des Einzelfalles dies rechtfertigt (BVerwGE 19, 30). Andererseits müssen VV zur Ausfüllung des Ermessensspielraumes eine Abweichung zulassen, soweit wesentliche Besonderheiten im konkreten Fall vorliegen (BVerwG NJW 1980, 75).

Für die soziale Beratungspraxis haben Verwaltungsvorschriften eine große, wenngleich gelegentlich fragwürdige Bedeutung, denn man muss immer wieder feststellen, dass einzelne Sachbearbeiter ihr Handeln nicht am Gesetz und an den Besonderheiten des Einzelfalls orientieren, sondern an den internen Anweisungen und damit am Gesetzesverständnis der hierarchisch übergeordneten Instanz. Dies ist insb. bei der (fehlerhaften) Auslegung von unbestimmten Rechtsbegriffen oder der Ausfüllung von Ermessensspielräumen problematisch. Gelegentlich übersehen Sachbearbeiter mögliche Ausnahmen und berufen sich formal auf ihre internen Vorschriften, die dem betroffenen Bürger nicht immer bekannt sind. **Rechtsgrundlage** für das Handeln der Verwaltung ist aber stets das Gesetz (Art. 20 Abs. 3 GG), nicht die Verwaltungsvorschrift! Ein Verwaltungsakt oder die Ablehnung einer Leistung darf niemals nur mit Hinweis auf eine Verwaltungsvorschrift erlassen bzw. abgelehnt werden. Zwar binden die VV die Behördenmitarbeiter als interne, dienstliche Anweisung. Verwaltungsvorschriften dürfen aber selbstverständlich nicht Rechtsvorschriften widersprechen (sog. Gesetzesvorrang!). Die (sozialpädagogischen) Fachkräfte (vgl. § 72 SGB VIII, § 6 SGB XII) müssen immer den konkreten Einzelfall im Blick haben und im Konfliktfall auf dem Dienstweg versuchen, die Zustimmung der zuständigen Vorgesetzten zu einer gesetzeskonformen, der besonderen Problematik des Falles entsprechenden Entscheidung zu erreichen.

Zum **Erlass** von Verwaltungsvorschriften braucht die Behörde (innerhalb einer Verwaltungshierarchie) keine gesetzliche Ermächtigung, da sie nur für den Dienstbetrieb innerhalb der Verwaltung bestimmt sind. Die Befugnis zum Erlass ergibt sich aus der jeweiligen **Organisationsgewalt**. Verwaltungsvorschriften des Bundes und der Länder werden i. d. R. in Ministerialblättern, Amtsblättern usw. veröffentlicht (vgl. z. B. www.bundesanzeiger.de). Von den Selbstverwaltungsträgern werden die an bestimmten Verwaltungsvorschriften interessierten Personen oft direkt informiert, z. B. die Jugendverbände über die Richtlinien zur Jugendförderung. Allerdings geschieht dies auch im Sozialleistungsbereich nicht immer, so dass manche Bürger Entscheidungen nicht immer ausreichend nachvollziehen können und sich einem „Geheimrecht" ausgeliefert sehen. Zwar besteht nach Auffassung des BVerwG (NJW 1984, 2590) bei rein **internen Verwaltungsvorschriften** keine allgemeine Pflicht zur Veröffentlichung. Ein Beteiligter eines Verwaltungsverfahrens hat allerdings einen Auskunftsanspruch gegenüber der Behörde hinsichtlich der für die Rechtsverfolgung nötigen Informationen über derartige Verwaltungsvorschriften. Im Hinblick auf die umfassende Informations- und Auskunftspflicht der Behörden im Sozialleistungsverfahren (vgl. §§ 13 ff. SGB I) muss die transparente Entscheidungsfindung für eine moderne Verwaltung ohnehin selbstverständlich sein.

Darüber hinaus besteht eine **Veröffentlichungspflicht** für solche (abstrakt-generellen) Regelungen der Exekutive, deren Zweck es ist, letztlich doch rechtliche Außenwirkung gegenüber dem Bürger zu entfalten, und die auf diese Weise dessen subjektiv-öffentlichen Rechte unmittelbar berühren (BVerwGE 94, 335 zur Regelsatzfestsetzung durch Verwaltungsvorschrift), wenn formal in Verwaltungsvorschriften getroffene Ausführungsbestimmungen nach ihrem Inhalt darauf gerichtet sind, im Außenverhältnis in derselben Weise in subjektive Rechte einzugreifen, bzw. sich als anspruchskonkretisierende Regelung erweisen (BVerwG 25.11.2004 – 5 CN 1.03 – NDV-RD 2005, 25 ff.). Das BVerwG spricht hier sogar atypisch von einer unmittelbaren Außenwirkung von Verwaltungsvorschriften. Ein Beispiel hierfür wäre die unter III-7.5.2 besprochene Allgemeine Verwaltungsvorschrift des Bundesministeriums des Innern zum Staatsangehörigkeitsrecht (StAR-VwV). Entfaltet eine VV eine derartige Außenwirkung, so ist es rechtsstaatlich geboten, sie so bekannt zu geben, dass die davon Betroffenen Kenntnis von deren Inhalt nehmen können (vgl. BVerfGE 40, 237). Die Bekanntgabe muss dann umfassend den gesamten Inhalt der Verwaltungsvorschriften wiedergeben, eine selektive, erläuternde Wiedergabe des Inhalts von Verwaltungsvorschriften ist nicht ausreichend. Sie muss in ordnungsgemäßer Form regelmäßig in den für die Veröffentlichung von Rechtsnormen vorgeschriebenen amtlichen Medien erfolgen, die Verwendung von Merkblättern o. Ä. reicht dafür nicht aus (BVerwG 25.11.2004 – 5 CN 1.03 – NDV-RD 2005, 25 ff.).

Zum Einstiegsfall „Berger": Nach § 19 Abs. 1 SGB II besteht für Herrn Berger (als erwerbsfähigen Leistungsberechtigten) ein Anspruch auf Arbeitslosengeld II bzw. für seine mit ihm in einer Bedarfsgemeinschaft lebenden, nicht erwerbsfähigen Kinder ein Anspruch auf Sozialgeld (im Einzelnen hierzu III-4.1.6). Die Leistungen umfassen nach § 19 Abs. 1 S. 2 SGB III den Regelbedarf, Mehrbedarfe und den Bedarf für Unterkunft und Heizung. Der Anspruch auf laufende Hilfen zur Sicherung des Lebensunterhalts umfasst nach § 20 Abs. 1 SGB II somit zunächst den sog. Regelbedarf, insb. Ernährung, Kleidung, Körperpflege, Hausrat (im SGB XII heißen die pauschalierten Leistungsbestandteile – anders als im SGB II – „Regel-satz"). Für den Fall entscheidend ist nun die Frage, ob die Jacke bzw. der Schulaus-flug vom Regelbedarf umfasst sind oder zusätzlich geleistet werden können. Sog. Mehrbedarfe als laufende Leistungen (§ 21 SGB II) und sog. einmalige Bedarfe (§ 24 Abs. 3 SGB II: „Abweichende Erbringung von Leistungen") werden nur un-ter den entsprechenden Voraussetzungen gewährt. Nach § 20 Abs. 1 S. 3 SGB II wird der Regelbedarf als monatlicher Pauschalbetrag geleistet, über dessen Ver-wendung die Leistungsberechtigten eigenverantwortlich entscheiden, wobei sie das Eintreten unregelmäßig anfallender Bedarfe zu berücksichtigen haben.

Bis auf die in §§ 21 ff. SGB II genannten Ausnahmen sind die Kosten für An-schaffungen, Unternehmungen etc. in den Regelbedarfen enthalten. Nicht nur Hausrat und Kleidung, sondern auch Ausgaben für besondere Anlässe sind grund-sätzlich vom Regelbedarf (bzw. im SGB XII vom Regelsatz) umfasst. Sinn und Zweck der Regelung ist es einerseits, die Leistungserbringung mit möglichst we-nig Verwaltungsaufwand zu gestalten, und andererseits, die Selbstverantwortung des Leistungsempfängers zu fördern, einen Teil der monatlichen Leistungen an-zusparen, um bei entstehendem Bedarf auch größere Anschaffungen zu tätigen. Als „einmalige" Bedarfe (§ 24 Abs. 3 SGB II) werden nur bestimmte Leistungen, die nicht beständig bezogen werden müssen, gesondert erbracht. Auch die durch das sog. „Bildungspaket" 2011 eingeführten „Bedarfe für Bildung und Teilhabe am sozialen und kulturellen Leben in der Gemeinschaft" (s. III-4.1.6.1) werden nach § 28 SGB II bei Kindern, Jugendlichen und jungen Erwachsenen neben dem Regelbedarf gesondert berücksichtigt.

Zwischenergebnis: Rechtsnormen, hier das SGB II, legen den Inhalt der den Re-gelbedarf deckenden Regelsätze für die laufenden Leistungen der Grundsicherung fest. Die Bekleidung ist demnach grundsätzlich vom laufenden Bedarf umfasst. Eine Ausnahme (Erstausstattung; Schwangerschaftskleidung) nach § 24 Abs. 3 Nr. 2 SGB II liegt bei der von der Tochter von Herrn Berger gewünschten Jeansjacke nicht vor. Diese wird Herr Berger bzw. seine Tochter entweder von erspartem Geld kaufen müssen oder er muss mit seiner Tochter das notwendige, unter Umständen bei pubertierenden Jugendlichen nicht einfache Gespräch suchen, weshalb diese meint, ohne eine solche Jacke nicht am Schulleben teilnehmen zu können. An die Rechtsberatung könnte sich insoweit also ggf. eine (informelle) Erziehungsbera-tung des Jugendamtes (§ 16 Abs. 2 S. 2, § 28 SGB VIII; hierzu III-3.3) anschließen.

Im Hinblick auf die Kosten für die Klassenfahrt beruft sich das Jobcenter der Stadt G. auf die Verwaltungsvorschriften VV-Grund. Der in § 20 Abs. 1 S. 2 SGB III genannte und in § 5 Abs. 2 der VV-Grund aufgegriffene Begriff „Teil-nahme am sozialen und kulturellen Leben" ist unbestimmt und bedarf der Ausle-gung (hierzu I-3.3.2), weshalb die Verwaltungen häufig Verwaltungsvorschriften zur einheitlichen Ausübung erlassen. Nach der Auffassung des Jobcenters seien Schulaktivitäten grundsätzlich vom Regelbedarf umfasst und daher nicht geson-dert zu erstatten. Allerdings sind nach § 28 SGB II Schulausflüge und mehrtägige Klassenfahrten im Rahmen der schulrechtlichen Bestimmungen ausdrücklich nicht vom Regelbedarf umfasst, sondern als einmaliger Bedarf anerkannt. Eine „mehrtägige" Klassenfahrt beginnt nicht erst ab einer Woche, sondern – ungeach-tet des vielleicht mehrdeutigen Wortlauts im Hinblick auf die Gegenüberstellung mit (eintägigen) Schulausflügen – bereits ab zwei Tagen. Die in der VV-Grund vorgenommene Definition widerspricht damit dem Gesetz und darf der Verwaltungsentscheidung nicht zugrunde gelegt werden, auch wenn diese „an sich" für die Mitarbeiter intern verbindlich ist. Auch die Pauschalierung des Zuschusses nach § 5 Abs. 4 VV-Grund steht im Widerspruch zu § 28 Abs. 2 SGB II, wonach bei mehrtägigen Klassenfahrten die tatsächlichen Aufwendungen zu übernehmen sind, anders als bei den einmaligen Bedarfen, die nach § 24 Abs. 3 S. 4 SGB II auch als Pauschalbeträge erbacht werden können.

Empfehlungen   In zahlreichen Arbeitsfeldern der Sozialen Arbeit erarbeiten Verbände und Fachvereinigungen, Arbeitskreise und Arbeitsgemeinschaften „Empfehlungen", „Richtlinien" oder sonstige Arbeitshilfen. Die öffentlichen Leistungsträger werden durch diese Empfehlungen nicht gebunden. Allerdings können vorgesetzte Behörden bzw. Dienstvorgesetzte, z. B. die Bürgermeister und Landräte als Leiter der kommunalen Verwaltung, in Ausübung ihrer Weisungsbefugnis anordnen, dass alle Mitarbeiter bei der Ausführung ihrer Aufgaben derartige „Empfehlungen" als Weisung zu beachten haben.

Gerichtsentscheidungen   Gerichtsurteile sind grundsätzlich keine Rechtsnormen. Gerichtsentscheidungen binden unmittelbar nur die an einem einzelnen Gerichtsverfahren beteiligten Personen (Parteien), nicht aber – anders als die höchstrichterlichen Entscheidungen im Bereich des angelsächsischen *common law* – die Gerichte selbst. Grund hierfür ist die Dreiteilung der Staatsgewalt (vgl. Art. 20 Abs. 2 S. 2 GG). Würden Gerichtsurteile jedermann binden, so hätten sie die Wirkung von Gesetzen, deren Erlass jedoch grundsätzlich den Parlamenten vorbehalten ist. Eine **Ausnahme** besteht nur bei bestimmten Entscheidungen des **Bundesverfassungsgerichts**, die grundsätzlich alle Verfassungsorgane und Behörden des Bundes und der Länder binden (§ 31 Abs. 1 BVerfGG). Teilweise haben die Entscheidungen des BVerfG, insb. aufgrund eines sog. Normenkontrollverfahrens, durch das Vorschriften als verfassungswidrig erkannt werden, über den Einzelfall hinaus verbindliche Wirkung und damit ausdrücklich Gesetzeskraft (§ 31 Abs. 2 BVerfGG).

Trotz der beschränkten Wirkung von Gerichtsentscheidungen hat insb. die höchstrichterliche Rechtsprechung für die Praxis der Rechtsanwendung eine herausragende Bedeutung. Es empfiehlt sich, insb. die Entscheidungen der obersten Gerichte zu beachten, weil sie wertvolle Hinweise für die sachkundige Auslegung (hierzu I-3.3.2) von Rechtsvorschriften liefern. Zudem orientieren sich unterinstanzliche Gerichte an den Entscheidungen der Obergerichte.

1.1.3.7 Rangordnung der Rechtsvorschriften

Rechtsvorschriften stehen in einem wertigen Stufenverhältnis, einer Rangordnung zueinander (vgl. Übersicht 4). Der Vorrang höherrangigen Rechts verpflichtet die Rechtsanwender dazu, rangniedere Rechtsvorschriften stets (verfassungs-)konform auszulegen (hierzu I-3.3.2). Im Kollisionsfall geht das höherrangige Recht dem rangniedrigeren Recht vor, d. h., die rangniedrigere Norm ist nichtig, wenn sie gegen höherrangiges Recht verstößt. Zu beachten ist hier zunächst der unmit-

Übersicht 4: Normenpyramide am Beispiel des Jugendhilferechts

Rangordnung	Jugendhilferecht
EU-Recht	EUV, AEUV sowie EU-Verordnungen; z. B. Diskriminierungsverbot (Art. 18 AEUV); Recht auf Freizügigkeit (Art. 45, 49, 56, 63 ff. AEUV);
Grundgesetz	Art. 1 (Menschenwürde), 20 GG (Sozialstaatsprinzip); Art. 28 II GG (Garantie der kommunalen Selbstverwaltung); Art. 74 Nr. 7 GG (Gesetzgebungskompetenz); Art. 83 GG: Verwaltungszuständigkeit
Bundesgesetz	SGB VIII, BGB, Adoptions-/-vermittlungsgesetz
Bundesrechtsverordnung	Regelbetrag-Verordnung (vgl. 1612a BGB)
Landesverfassung	z. B. Art. 17 ff. der Verfassung des Freistaates Thüringen
Landesgesetz	z. B. Thür. Ausführungsgesetz zum KJHG; Kindertagesstättengesetze; Gesetze zur Förderung der Jugendarbeit, …
Landesrechtsverordnung	VO zur Festsetzung der Pauschalbeträge für laufende Leistungen zum Unterhalt nach § 39 Abs. 5 SGB VIII
Autonomes Recht	Kommunale Satzung über Einrichtungen der Jugendhilfe, z. B. Benutzungs- und Hausordnung in Jugendhäusern

Keine Rechtsnormen:

Verwaltungsvorschriften	Landes-Förderungsrichtlinien zum Aufbau ambulanter Jugendhilfeangebote; Vereinbarung des Justizministeriums und des Min. für Soziales und Gesundheit über Grundsätze der Unterbringung in Einrichtungen der Jugendhilfe gem. §§ 71 Abs. 2, 72 Abs. IV JGG
Empfehlungen	Empfehlungen des Deutschen Vereins für die Bemessung des monatlichen Pauschalbetrages bei Vollzeitpflege; Grundsätze der AG der Obersten Landesjugendbehörden für die Anerkennung von Trägern der freien Jugendhilfe nach § 75 SGB VIII; Empfehlungen der BAG der Landesjugendämter zur Adoptionsvermittlung

Anm: Die abgeleiteten Rechtsnormen (RVO und Satzung) sind *kursiv* gedruckt.

telbare Vorrang des europäischen Gemeinschaftsrechts (siehe I-1.1.5). Im Hinblick auf den vielfach verkürzt-pauschal dargestellten Grundsatz des Art. 31 GG („Bundesrecht bricht Landesrecht") muss beachtet werden, dass diese Regelung nur dann relevant wird, wenn dem Bund für die entsprechende Frage nach dem Grundgesetz tatsächlich die Regelungskompetenz zusteht. Betrifft eine Materie

allein die Regelungskompetenz der Länder, so wäre eine entsprechende Bundes-
norm nicht höherrangig, sondern verfassungswidrig (z. B. im Bereich des Schul-
wesens als traditionelle Länderkompetenz). Nur im Bereich der konkurrierenden
Gesetzgebung geht ein rechtmäßiges Bundesgesetz oder eine Rechtsverordnung
den Länderrechtsnormen vor. Ländergesetze, die entgegen der verfassungsrechtlichen Kompetenzverteilung erlassen werden, sind ebenso verfassungswidrig
(z. B. nachträgliche Sicherungsverwahrung; vgl. BVerfGE v. 10.02.2004 – 2 BvR
834/02; vgl. auch III-8.4.2). Bei Kollisionen gleichrangiger Vorschriften verdrängt das neuere Gesetz das ältere, die speziellere die allgemeine Norm.

1.1.4   Überblick über die Gebiete der deutschen Rechtsordnung

Konflikte sind normal und können in allen Lebensbereichen entstehen: Streitigkeiten innerhalb der Familie, im alltäglichen Handeln im Arbeitsleben, der Streit
um die Mieterhöhung, der Unfall im Straßenverkehr usw. Die aus dem Konflikt
resultierende rechtliche Fragestellung bestimmt, welches Rechtsgebiet innerhalb
einer Rechtsordnung Anwendung findet.

Zur Verdeutlichung ein kleiner konstruierter Fall: Adam ist gemeinsam mit seiner Freundin Eva im Pkw auf dem Nachhauseweg. Beide sind verliebt, schauen
sich oft in die Augen und unterhalten sich angeregt. Da sich Adam beim Fahren
nicht voll auf den Verkehr konzentriert, verursacht er an einer Ampelkreuzung einen Auffahrunfall, bei dem Herr B. verletzt wird. Dieser kleine Fall wirft mehrere
Fragen auf:

Wenn A. aus Unachtsamkeit einen Verkehrsunfall verursacht, bei dem B. verletzt wird, so beantwortet das Zivilrecht die Frage, ob A. dem B. Schadensersatz
und Schmerzensgeld zu leisten hat und ggf. in welcher Weise und Höhe (§§ 823,
847 BGB, § 7 StVG). Sinn und Zweck ist hierbei der Ausgleich des (materiellen
und ideellen) Schadens. Das Verwaltungsrecht bezweckt die Gefahrenkontrolle
und befasst sich deshalb mit der Frage, ob sich A. durch sein Verhalten als ungeeignet zum Fahren von Kfz erwiesen hat und ob ihm die Fahrerlaubnis zu entziehen ist (§ 4 StVG). Das Strafrecht klärt, ob A. sich anlässlich des Verkehrsunfalls
strafbar gemacht hat und wie er ggf. zu sanktionieren ist.

Im deutschen Recht findet sich eine Vielzahl von unterschiedlichen Regelungsmaterien. Der Tradition des römischen Rechts folgend wird die deutsche Rechtsordnung unterteilt – siehe dazu auch Übersicht 5 – in das:

- **Privatrecht** (*ius privatum*): regelt die Beziehungen der einzelnen Bürger und
  anderer nichthoheitlich handelnder Rechtssubjekte (juristische Personen, z. B.
  Verein, GmbH; hierzu II-1.1) zueinander auf der Basis der Gleichordnung und
  Selbstbestimmung (hierzu II). Das BGB ist als „bürgerliches" Zivilrecht nur
  ein Teil des Privatrechts, andere privatrechtliche Rechtsnormen finden sich
  z. B. im Handels- und Wirtschaftsrecht (z. B. HGB, GmbHG, Gewerbe-, Wett-
  bewerbs-, Urheberrecht) sowie im Arbeitsrecht.
- **Öffentliche Recht** (*ius publicum*): regelt die Organisation des Staates und der
  mit Hoheitsgewalt ausgestatteten Rechtssubjekte (Körperschaften, Anstalten

Übersicht 5: Übersicht über das Rechtssystem der Bundesrepublik Deutschland

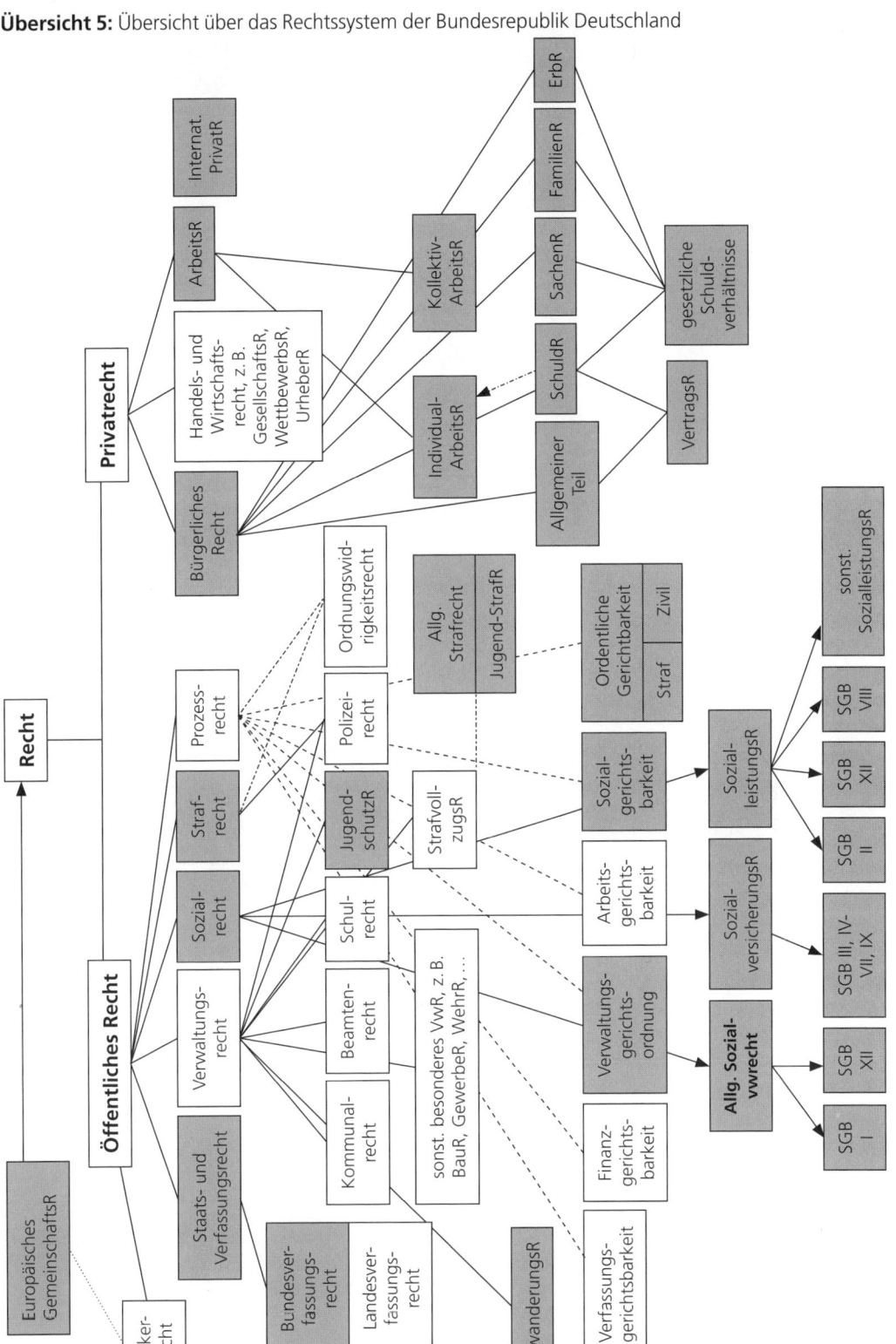

Anm.: Die grau unterlegten Rechtsgebiete werden in den „Grundzügen des Rechts" behandelt.

und öffentlich-rechtliche Stiftungen), die öffentliche Verwaltung und das von ihr angewandte Verfahren; es ordnet die Rechtsverhältnisse der Hoheitsträger untereinander und zu den Bürgern (hierzu III). Hierzu gehören insb. das Grundgesetz, sonstiges Staats- und Verwaltungsrecht, insb. die einzelnen Bücher des SGB, das Schulrecht, Polizeirecht sowie das gesamte Gerichtsverfassungs- und Verfahrensrecht auch der Zivilgerichtsbarkeit. Das häufig als eigenständiges Rechtsgebiet behandelte Strafrecht (III-8) ist Teil des Öffentlichen Rechts.

Abgrenzungstheorien Eine Rechtsnorm ist öffentlich-rechtlicher Natur, wenn aus ihr zwingend ein Träger öffentlicher Verwaltung berechtigt oder verpflichtet ist. Privatrechtlich ist eine Norm, wenn der betreffende Rechtssatz für jedermann gilt (sog. moderne Subjektstheorie). Frühere gebräuchliche Abgrenzungskriterien (z. B. bei einem Über- und Unterordnungsverhältnis sei die Norm öffentlich-rechtlich, bei Gleichordnung privat-rechtlich) sind für den modernen Rechtsstaat untauglich. Zum einen ist der Bürger kein Untertan und zum anderen sind viele Rechtsverhältnisse zwischen öffentlichen Trägern trotz ihrer Gleichordnung öffentlich-rechtlich ausgestaltet (z. B. Kostenerstattungsansprüche, öffentlich-rechtliche Verträge z. B. über Gemeindegrenzen oder i. d. R. Daseinsvorsorge).

Verwaltungsprivatrecht Die Abgrenzung zwischen Öffentlichem und Privatrecht kann gelegentlich schwierig sein. So nehmen Staat und Kommunen öffentliche Aufgaben (z. B. Verkehrs- und Versorgungsleistungen, Abfallentsorgung) nicht allein in klassisch hoheitlichen, sondern auch in privatrechtlichen Formen wahr. Man spricht dann von „Verwaltungsprivatrecht". Es finden zwar zunächst die zivilrechtlichen Regelungen Anwendung (z. B. Kaufrecht, Mietrecht) und bei Streitigkeiten ist deshalb der Zivilrechtsweg einzuschlagen. Andererseits darf der Staat – auch soweit er privatrechtlich handelt – seine hoheitliche Befugnis nicht ausnutzen, er kann sich nicht durch eine „Flucht ins Privatrecht" von der Geltung der Grundrechte befreien (vgl. z. B. BGH 24.09.2002 – KZR 4/01 – NJW 2003, 752 ff.). Zuletzt hat das BVerfG nochmals betont: „Von der öffentlichen Hand beherrschte gemischtwirtschaftliche Unternehmen in Privatrechtsform unterliegen ebenso wie im Alleineigentum des Staates stehende öffentliche Unternehmen, die in den Formen des Privatrechts organisiert sind, einer unmittelbaren Grundrechtsbindung." (1 BvR 699/06 – 22.02.2011). Deshalb ist die Verwaltung (auch derartiger Unternehmen) an die verfassungsrechtlichen Grundsatzentscheidungen und Verwaltungsgrundsätze (z. B. Sozialdatenschutz, Akteneinsichtsrecht, Kostendeckungsprinzip) gebunden (vgl. BGH NJW 1992, 171 [173]). Beispielsweise steht es einem in privatrechtlichen Formen betriebenen kommunalen Versorgungsunternehmen nicht völlig frei, mit welchen Nutzern es Verträge schließt, sondern es ist verpflichtet, grundsätzlich allen Bürgern zu gleichen Bedingungen Versorgungsleistungen anzubieten (sog. Kontrahierungszwang).

Zwei-Stufen-Theorie Gelegentlich werden öffentlich-rechtliche und privatrechtliche Handlungsformen miteinander verknüpft. So schließt sich auf der Grundlage einer öffentlichen Entscheidung z. B. über die Bewilligung einer Leistung („ob") ein privatrechtlicher Vertrag an, der das „Wie" der Leistung, also die Einzelheiten der Vergabe regelt. Nach dieser sog. „Zwei-Stufen-Lösung/-Theorie" richtet sich die Bewilligung der Leistung nach dem Öffentlichen Recht, womit wieder v. a. die Grundrechte Geltung beanspruchen. Die Ausgestaltung der Rechtsbeziehung im Einzelnen erfolgt dann nach den privatrechtlichen Regelungen (z. B. Miet-, Darlehensvertrag).

Wichtig ist diese Unterscheidung zwischen Öffentlichem und Privatrecht vor allem zur Bestimmung des Rechtsweges bei Konflikten zwischen Verwaltungsträgern oder Bürgern und Verwaltung. Nur wenn eine öffentlich-rechtliche Regelung gegenüber dem Bürger getroffen worden ist, z. B. durch einen Leistungs- oder Gebührenbescheid oder einen anderen Verwaltungsakt (hierzu III-1.3.1), kann der betroffene Bürger den besonderen, für ihn in aller Regel günstigeren Verwaltungsrechtsweg beschreiten. Insbesondere besteht hier ein geringeres Kostenrisiko (z. B. ist das Verfahren in Jugendhilfe- und Sozialhilfeverfahren gerichtskostenfrei); zudem gilt im Verwaltungsgerichtsverfahren das Prinzip der Amtsermittlung, während der Beteiligte eines Zivilverfahrens selbst die Tatsachen und Beweise beibringen muss. **Rechtsweg**

1.1.5   Europäisches Gemeinschafts- und Völkerrecht

1.1.5.1 Europäische Union und Europarecht

Grundlage der Europäischen Union waren die sog. **„Römischen Verträge"** zwischen Belgien, Deutschland, Frankreich, Italien, Luxemburg und den Niederlanden, mit denen 1957 zunächst die Europäische Wirtschaftsgemeinschaft (EWG 1957) und die Europäische Atomgemeinschaft (Euratom / EAG) gegründet wurden, sowie der bereits 1951 geschlossene Vertrag über die Europäische Gemeinschaft für Kohle und Stahl (EGKS, sog. Montanunion). Durch den sog. „Maastricht-Vertrag" vom 07.02.1992 wurde der EU-Vertrag zur politischen Zusammenarbeit geschlossen (Gründungsakt der Europäischen Union; zur Ratifikation des Maastrichter Vertrags vgl. BVerfG 2 BvR 2134, 2154/92 vom 12.10.1993 – E 89, 155). Einige Änderungen des EWG-Vertrages (nun EGV) wurden vorgenommen (insb. Erweiterung der Gemeinschaftskompetenzen sowie institutionelle Änderungen, z. B. Einführung des Europäischen Währungsinstituts als Vorgängerinstitution der Europäischen Zentralbank, die am 1. Juni 1998 ihre Arbeit aufnahm, vgl. Art. 282 AEUV; zudem Festlegung der sog. Konvergenzkriterien zur Sicherung der Preisstabilität und Begrenzung des Haushaltsdefizits). Die Europäische Wirtschaftsgemeinschaft (EWG) wurde in Europäische Gemeinschaft (EG) umbenannt, ohne dass damit die drei Teilgemeinschaften aufgelöst wurden (der Vertrag zur Montanunion ist allerdings 2002 nach 50 Jahren außer Kraft getreten). Zu differenzieren war nun zwischen den **Europäischen Gemeinschaften** (EG) und der **Europäischen Union** (EU), die sich quasi als – allerdings noch nicht rechtsfähige – „Dachorganisation" auch auf die zwischenstaatliche, polizeiliche und justizielle Zusammenarbeit im Strafrechtsbereich (PJZS) und die Gemeinsame Außen- und Sicherpolitik (GASP) stützte (sog. Drei-Säulen-Modell; vgl. Haltern 2007, 56). **Europäische Gemeinschaft**

Allerdings waren mit dieser Struktur wesentliche inhaltliche Fragen wie z. B. die Entscheidungsmechanismen oder die Frage einer Unionsbürgerschaft nicht geklärt worden; das Legitimitätsdefizit des Europäischen Parlaments blieb bestehen. Auch die Bemühungen zugunsten einer gemeinsamen Sozialpolitik waren bis dahin gescheitert (vgl. Haltern 2007, 57). Mit dem **Vertrag von Amsterdam** 1997 wurden die Mitwirkungsbefugnisse des Europäischen Parlaments erweitert (z. B. Zustimmung bei der Ernennung des Kommissionspräsidenten), im Hinblick auf eine zu koordinierte Außenpolitik wurde das Amt des Hohen Vertreters für die gemeinsame Außen- und Sicherheitspolitik (GASP) eingeführt, wichtige Schritte zu einer institutionellen Reform der EU aber vertagt. Mit dem **Vertrag von Nizza** 2001 beauftragten die Mitgliedstaaten einen Konvent zur Schaffung einer europäischen Verfassung inklusive der bereits in Nizza feierlich verabschiedeten, aber noch nicht rechtlich verbindlichen Grundrechtscharta. Allerdings scheiterte der Verfassungsvertrag nach den ablehnenden Referenden in Frankreich und den Niederlanden. Als Konsequenz sollte ein neuer Reformvertrag ausgearbeitet werden, der auf eine Verfassungsrhetorik verzichten sollte.

Die „Verfassung" der Europäischen Union

Nicht zuletzt wegen der verfassungsrechtlichen Problematik und nationalen Vorbehalte etablierte sich Europa weniger als Gemeinschaft der Bürger, sondern eher als gemeinschaftlicher Wirtschaftsraum. Im Alltag besonders sichtbar war die Einführung des Euro am 01.01.2002 (vgl. auch Art. 3 Abs. 3 EUV). Mittlerweile ist der Euro das offizielle Zahlungsmittel nicht nur in 16 der 27 EU-Staaten, sondern auch in Staaten, die nicht der Europäischen Union angehören (u. a. Andorra, San Marino, Monaco, Vatikanstaat, Kosovo, Montenegro). Mit dem am 13.12.2007 unterzeichneten **„Reformvertrag" von Lissabon** wurden die ursprünglichen EG- und EU-Verträge geändert und ein einheitlicher europäischer Rechtsrahmen geschaffen, wobei wesentliche Inhalte des gescheiterten EU-Verfassungsvertrages übernommen wurden, ohne den neuen Vertrag als Verfassung zu bezeichnen. Die Zuständigkeiten der EG wurden auf die EU übertragen, die damit eine **eigene Rechtspersönlichkeit** erhielt und seitdem als Völkerrechtssubjekt in eigenem Namen handeln kann.

Zuständigkeit der EU

Die Europäische Union besitzt nur die **Kompetenzen**, die ihr von den Mitgliedstaaten übertragen wurden (sog. Prinzip der begrenzten Einzelermächtigungen, Art. 5 Abs. 2 EUV). Darüber hinaus hat sie das Subsidiaritätsprinzip und den Verhältnismäßigkeitsgrundsatz zu beachten (Art. 5 Abs. 3 und 4 EUV). Art. 2 ff. des Vertrages über die Arbeitsweise der Europäischen Union (AEUV) unterscheidet zwischen ausschließlichen, geteilten und unterstützenden Zuständigkeiten. So ist die EU u. a. für die Handelspolitik und Zollunion ausschließlich zuständig; die Zuständigkeiten z. B. für den Binnenmarkt, für Landwirtschaft und Fischerei, Energie und Verkehr, Umwelt und Verbraucherschutz sowie Teile der Sozialpolitik (Art. 151 AEUV) sind zwischen der EU und den Mitgliedstaaten geteilt, d. h. soweit die Union nicht tätig wurde, können die Mitgliedstaaten Gesetze erlassen (vgl. in Deutschland das Modell der konkurrierenden Gesetzgebung zwischen Bund und Ländern nach Art. 72 Abs. 1, 74 GG). U. a. in der Gesundheits-, Industrie- und Bildungspolitik sowie im Katastrophenschutz ist die EU auf Unterstützungsmaßnahmen beschränkt (vgl. Art. 6 AEUV). Soweit der EU eine Zuständigkeit zukommt, besitzt sie auch die Rechtsetzungskompetenz. Die Außen- und Sicherheitspolitik (GASP) gilt weiterhin als sog. „intergouvernementaler Bereich", d. h. die Entscheidungskompetenz verbleibt bei den Mitgliedstaaten und die EU kann nur Leitlinien durch einstimmigen Beschluss festlegen (vgl. Art. 24 EUV).

Der Vertrag von Lissabon ist ein weitgehender Schritt zur **europäischen Integration**, haben doch die Staaten auf einen Teil ihrer nationalen Souveränität verzichtet (für Deutschland vgl. Art. 23 Abs. 1 Satz 2 GG) und die Union mit eigenen, von den Mitgliedstaaten unabhängigen Machtbefugnissen ausgestattet. Gerade deshalb war der Lissabonvertrag in einigen Mitgliedstaaten, vor allem in Großbritannien, äußerst umstritten. Nach dem Urteil des BVerfG entspricht der EU-Vertrag, auch i. d. F. des Vertrages von Lissabon, den Vorgaben des Grundgesetzes, allerdings müsse durch entsprechende Begleitgesetze bei der Ratifizierung sichergestellt werden, dass die Beteiligungsrechte von Bundestag und Bundesrat sowie der Bundesländer gewahrt bleiben (BVerfG 2 BvE 2/08 u. a. vom 30.06.2009). Als letztes Land hat Tschechien die Ratifizierungsurkunde im November 2009 hinterlegt, so dass der Vertrag von Lissabon am 1. Dezember 2009 in Kraft treten konnte. Der EU fehlt allerdings die einen Staat kennzeichnende Allzuständigkeit als auch die Befugnis, sich selbst neue Zuständigkeiten zu verschaffen (sog. Kompetenz-Kompetenz). Sie ist daher kein staatlicher Verband, sondern ein zwischen diesen traditionellen Modellen von Staatenverbindungen einzuordnender Herrschaftsverband oder **Staatenverbund** (sog. „supranationale Organisation"; vgl. Borchardt 2010, 36; BVerfG 2 BvR 2134, 2154/92 – 12.10.1993 – Rz 112), mit nunmehr – nach dem Beitritt Bulgariens und Rumäniens zum 01.01.2007 – 27 Mitgliedstaaten und einer Bevölkerung von etwa 500 Mio. Menschen.

Die Hauptakteure im institutionellen System der EU sind die Organe der EU (Art. 13 EUV), insb. das Europäische Parlament, der Europäische Rat sowie der (sog. Minister-)Rat der Europäischen Union, die Europäische Kommission, der Gerichtshof der EU (EuGH, hierzu I-5.1), die Europäische Zentralbank sowie der Rechnungshof (vgl. Borchardt 2010, 47 ff.; Schulze et al. 2010, 41 ff.). Im Zusammenspiel der Institutionen der EU wurden die Befugnisse des **Europäischen Parlaments** in Straßburg und Brüssel durch das Budgetrecht und ein Mitentscheidungsrecht im Regelfall gestärkt (Art. 14 EUV). Der **Europäische Rat**, dem die Staats- und Regierungschefs sowie die Präsidenten von Parlament und Kommission angehören (Art. 15 EUV), hat Organstatus erhalten sowie einen eigenen Präsidenten und ist weiterhin verantwortlich für die grundlegenden politischen Zielvorstellungen und Prioritäten der EU (z. B. Erweiterung der Union durch den Beitritt neuer Mitglieder), er wird aber nicht gesetzgeberisch tätig. Demgegenüber übt der **Rat der EU** der Fachminister der Mitgliedstaaten (informell sog. „Ministerrat") zusammen mit dem Europäischen Parlament die Rechtsetzung der EU aus (Art. 16 EUV). Während die Beschlussfassung im Europäischen Rat weiterhin grundsätzlich dem Konsensprinzip folgt (bei Personalentscheidungen qualifizierte Mehrheit), wird das Verfahren zur Beschlussfassung im Ministerrat bis 2017 schrittweise dem Grundsatz der sog. qualifizierten, „doppelten" Mehrheit weichen. Derzeit benötigt man im Ministerrat für eine Mehrheit knapp 74 % der Stimmen, wobei ein Mitgliedstaat zudem verlangen kann, dass diese Mehrheit gleichzeitig mindestens 62 % der Bevölkerung der EU repräsentiert. Ab 01.11.2014 ist die qualifizierte Mehrheit erreicht, wenn mindestens 55 % der Mitgliedstaaten, die mindestens 65 % der Bevölkerung der EU repräsentieren, den Gesetzgebungsvorschlag unterstützen. Ab 01.04.2017 betragen die Anteile 55 % der Mitgliedstaaten

Organe der EU

und 55 % der Bevölkerung. Weiterhin einstimmig werden allerdings unter anderem alle Fragen der Außen- und Sicherheitspolitik (GASP) und der Steuern entschieden.

Die **Europäische Kommission** (Art. 17 EUV) mit Sitz in Brüssel, die sich aus je einem (nicht von den nationalen Regierungen weisungsabhängigen) „Kommissar" aus den 27 Mitgliedsländern zusammensetzt, hat im Wesentlichen exekutive Aufgaben, ohne schon als eigenständige Regierung gelten zu können. Sie hat allerdings das Initiativrecht zur Unionsgesetzgebung (mitunter sog. die Verpflichtung; vgl. Art. 241 AEUV) und verfügt darüber hinaus über punktuelle, „abgeleitete" Rechtssetzungsbefugnisse (Art. 290 AEUV). Die Kommission führt den Haushaltsplan der Union aus und verwaltet die EU-Programme. Darüber hinaus überwacht sie die Anwendung des Unionsrechts unter der Kontrolle des Europäischen Gerichtshofs. Schließlich vertritt die Kommission die EU in internationalen Organisationen. Hierzu besitzt sie nun einen Präsidenten mit Richtlinienkompetenz (seit 2004 José Manuel Barroso) sowie als ersten (von sieben) Vizepräsidenten den sog. Hohen Vertreter der Union für Außen- und Sicherheitspolitik, der somit eine Doppelzuständigkeit hat (Art. 17 f. EUV; seit 2009: Catherine Ashton).

Europarat   Die EU ist nicht zu verwechseln mit dem bereits 1949 statuierten **Europarat** (*Conseil de l'Europe*) mit Sitz in Straßburg, dessen Aufgabe sich auf eine engere Zusammenarbeit seiner – über die EU hinausreichenden – derzeit 47 Mitglieder beschränkt. Hierbei fördert er den wirtschaftlichen wie sozialen Fortschritt sowie die europäischen Ideale (vgl. insb. die Konvention zum Schutze der Menschenrechte und Grundfreiheiten – EMRK – und die Europäische Sozialcharta, s. u.).

Europarecht   Als **Recht der Europäischen Union** oder schlicht Europarecht bezeichnet man die Gesamtheit des Europäischen Gemeinschaftsrechts (EU-Recht) und der sonstigen im Bereich der EU geltenden Rechtsnormen (z. B. der weiter bestehenden, auf der vormaligen Grundlage der PJZS entstandenen, intergouvernementalen Rechtsnormen; vgl. Schulze et al. 2010, 32 ff.). Durch die der EU übertragenen Rechtssetzungsbefugnisse und gefördert durch die Rechtsprechung des EuGH konnte sich eine eigene **autonome Rechtsordnung** entwickeln. Das EU-Recht wird in das sog. primäre und sekundäre Gemeinschaftsrecht unterteilt. Ersteres besteht aus den genannten (Gründungs)Verträgen (vormals EG-Vertrag und EU-Vertrag, heute EUV und AEUV) sowie den Änderungsverträgen (zuletzt Vertrag von Lissabon), mit Anhängen und sog. Protokollen sowie den Beitrittsakten, die in Deutschland jeweils nach Ratifizierung durch den Gesetzgeber (Bundestag und Bundesrat) wie auch in den anderen Mitgliedsländern der EU in Kraft traten. Das sekundäre Gemeinschaftsrecht sind die Rechtsnormen, die darauf basieren und von den Organen der EG (Ministerrat und Europäisches Parlament unter Mitwirkung der Kommission) erlassen werden. Art. 288 AEUV unterscheidet zwi-

EU-Verordnung   schen Verordnungen, Richtlinien, Beschlüssen, Empfehlungen und Stellungnahmen. **EU-Verordnungen** haben allgemeine Geltung und sind – wie das über die Programmsätze hinausreichende primäre Gemeinschaftsrecht – in allen ihren Teilen in jedem Mitgliedstaat unmittelbar verbindlich (Gesetzescharakter, vgl.

Art. 288 Abs. 2 AEUV). Verordnungen werden in der Regel auf Vorschlag der Europäischen Kommission vom Rat der EU und dem Europäischen Parlament im sog. ordentlichen Gesetzgebungsverfahren erlassen und im Amtsblatt der EU veröffentlicht.

Von besonderer Bedeutung sind die sog. Brüssel- bzw. Rom-Verordnungen I, IIa, III, die die Zuständigkeit von Gerichten und Behörden in der EU regeln. Die sog. Brüssel I-VO vom 22.12.2000 (EuGVO, EG-VO Nr. 44/2001) regelt die **internationale Zuständigkeit der Gerichte** gegenüber einem Beklagten, der seinen Wohnsitz in einem Mitgliedstaat der EG (jetzt EU) hat, sowie die Anerkennung und Vollstreckung von Entscheidungen in Zivil- und Handelssachen aus anderen Mitgliedstaaten. Die EuGVO wurde im Bereich des Ehe- und Kindschaftsrecht durch die Brüssel-IIa-Verordnung (EuEheVO) vom 27.11.2003 (in Kraft seit 2005) ergänzt. Mitte 2011 wird die sog. Rom III-Verordnung in 14 der Mitgliedstaaten (u. a. in Deutschland) in Kraft treten, nach der im Hinblick auf das anzuwendende Recht künftig stärker an gewöhnlichen Aufenthalt und nicht vorrangig die Staatsangehörigkeit angeknüpft wird (hierzu I-1.1.6).

Im Unterschied dazu umreißen die EU-Richtlinien zunächst nur einen gesetzlichen Rahmen und verpflichten die nationalen Gesetzgeber zu einem Transformationsakt, durch den das nationale Recht an die jeweilige Richtlinie angepasst wird (Art. 288 Abs. 2 AEUV). Die EG-Richtlinien richten sich deshalb zunächst nur an die Mitgliedstaaten, die bei der Umsetzung der Richtlinie je nach dessen Inhalt einen gewissen Gestaltungsspielraum haben, z. B.   **EU-Richtlinie**

- Richtlinie 93/13/EWG zum Schutz vor missbräuchlichen Klauseln in Verbraucherverträgen vom 5. April 1993 (mittlerweile umgesetzt in den §§ 305 ff. BGB);
- Richtlinie über den Verbrauchsgüterkauf – Richtlinie 1999/44/EG vom 25.05.1999;
- Richtlinie 87/102/EWG zum Verbraucherkreditgesetz vom 22.12.1986 abgelöst durch die Richtlinie 2008/48/EG vom 23. April 2008 über Verbraucherkreditverträge (umgesetzt zunächst im Verbraucherkreditgesetz, seit 2002 in §§ 488 ff. BGB integriert, aktualisiert mit Gesetz vom 02.07.2009 seit 11.06.2010 in Kraft);
- Richtlinie 85/374/EWG zur Produkthaftung vom 25.07.1985 (umgesetzt im Gesetz über die Haftung für fehlerhafte Produkte – ProdHaftG 1989);
- Richtlinien zum Schutz bei außerhalb von Geschäftsräumen geschlossenen Verträgen (1985) und bei Vertragsabschlüssen im Fernabsatz (1995), umgesetzt in §§ 355 ff. BGB;
- Arbeitszeitrichtlinie 93/104/EG vom 23.11.1996: Auswirkungen auf den Schwerbehindertenzusatzurlaub aus § 125 Abs. 1 Satz 1 SGB IX (BAG 23.03.2010 – 9 AZR 128/09);
- die sog. Antirassismus-Richtlinie 2000/43/EG des Rates vom 29.06.2000 sowie die Gender-Richtlinien 2002/73/EG und 2004/113/EG wurden durch das Allgemeine Gleichbehandlungsgesetz vom August 2006 bislang nur teilweise umgesetzt (vgl. I-2.1.2.4 u. IV-3.2);

- Richtlinie 97/81/EG vom 15.12.1997 (Teilzeitarbeit) und Richtlinie 2000/78/EG vom 27.11.2000 zum Schutz vor Diskriminierung wegen des Alters; vgl. hierzu EuGH, 19.01.2010 – C-555/07 und BVerwG, 25.03.2010 – 2 C 72.08);
- Richtlinie 2008/52/EG vom 21.05.2008 über bestimmte Aspekte der Mediation in Zivil- und Handelssachen (hierzu I-6.2).

Wird diese Anpassung allerdings versäumt, können sich aus den EU-Richtlinien unter bestimmten, vom Europäischen Gerichtshof näher konkretisierten Voraussetzungen auch unmittelbare Rechtswirkungen ergeben. Sogar eine Schadensersatzpflicht wegen mangelnder Umsetzung zum Schaden der Bürger kann die Folge sein.

Im Hinblick auf die **Terminologie** und zur Abgrenzung möchten wir auf den von der traditionellen deutschen Rechtssprache verschiedenen Gebrauch der Begriffe hinweisen. EU-Verordnungen sind keine „abgeleiteten" Rechtsquellen wie die deutsche Rechtsverordnung (I-1.1.3.3), sondern haben **originären Gesetzescharakter** mit Vorrang vor dem gesamten nationalen Recht. Auch die EU-Richtlinien **EU-Beschlüsse** haben den Charakter von Rechtsnormen und sind nicht nur verwaltungsinterne Regelungen. **EU-Beschlüsse**, z. B. bei Personal- oder anderen (z. B. wettbewerbsrechtlichen) Einzelfallentscheidungen z. B. der EU-Kommission oder Sanktionen des EU-Ministerrats (z. B. im Defizitverfahren nach § 126 Abs. 9 und 11 AEUV), sind in allen ihren Teilen für die jeweiligen Adressaten verbindlich (vgl. Art. 288 Abs. 3 Satz 2 AEUV). Dagegen sind **Empfehlungen** und **Stellungnahmen** nicht verbindlich (vgl. Art. 288 Abs. 4 AEUV).

Supranationales Das Unionsrecht (früher: Gemeinschaftsrecht) bildet eine eigenständige, **originär** **Recht** **europäische Rechtsordnung** (sog. supranationales Recht; vgl. Borchardt 2010, 89 ff.). Das Europarecht beeinflusst die (nationale) Rechtspraxis nicht nur im öffentlichen Auftrags- und Subventionsrecht, Außenwirtschaftsrecht, dem Kartell- oder Verbraucherrecht; die europäischen Vorgaben wirken auch in Sachgebiete hinein, die traditionell dem nationalen Recht vorbehalten waren, z. B. Kaufrecht, Arbeitsrecht, Zivilprozessrecht oder die polizeiliche oder strafrechtliche Sozialkontrolle. Mithin ergibt sich ein **Dualismus von Unionsrecht und dem nationalen Recht** der Mitgliedstaaten; das Verhältnis der beiden zueinander ist nicht ganz einfach. Das Primärrecht und das auf der Grundlage des EU-Vertrages erlassene Sekundärrecht verdrängen, soweit sie unmittelbar gelten, entgegenstehendes nationales Recht jeder Art und Form, also auch Verfassungsrecht (vgl. bereits EuGH 05.02.1963 van Gend & Loos, NJW 1963, 974; EuGH v. 15.07.1964 – Costa/E.N.E.L, NJW 1964, 2371; EUGH NJW 1989, 505). EU-Richtlinien formen das deutsche Recht, bei dessen Anwendung im Übrigen stets eine unionskonforme Auslegung geboten ist. Die Missachtung des EU-Rechts kann unter bestimmten Voraussetzungen zu Amtshaftungsansprüchen führen (Schulze et al. 2010, 38). Der Vorrang des Unionsrechts soll nach der Rechtsprechung des BVerfG jedoch nicht absolut gelten, sondern nur „solange" das Handeln der Unionsgewalt nicht offensichtlich und „hinreichend qualifiziert" kompetenzwidrig sei (sog. „ultra vires" – „ohne Vollmacht") und zu einer strukturell bedeutsamen Verschiebung im Kompetenzgefüge zwischen Mitgliedstaaten und der EU führe. Das BVerfG selbst beansprucht diesen Kontrollvorbehalt, wobei es sich allerdings selbst sehr enge Beschränkungen auferlegt (zur sog. ultra-vires-Kontrolle vgl. BVerfG 2 BvR 2661/06 v. 06.07.2010). Damit hat das BVerfG seine Rechtsprechung der berühmten „Solange" Entscheidungen von 1974 und 1986 konkretisiert, nach denen es eine Prüfungskompetenz von EU-Recht beansprucht hatte, „solange der Integrationsprozess der Gemeinschaft nicht so weit fortgeschritten ist, dass das Gemeinschaftsrecht auch einen vom Parlament beschlossenen… Katalog von Grundrechten enthält, der dem Grundrechtskatalog des GG adäquat ist" (BVerfGE 37, 271, 185 – 2 BvL 52/71 v. 29.05.1974). Schon in der zweiten Solange-Entscheidung tendierte das BVerfG mit Blick auf den Grundrechtsstandard zu einer EU-Recht freundlichen Haltung (BVerfGE 73, 339, 375 – 2 BvR 197/83 v. 22.10.1986). Nun – nach Lissabon – scheint es den Vorrang des EU-Rechts mit Ausnahme extremer Kompetenzverletzungen zu akzeptieren, ja positiv zu befürworten, obwohl gerade die demokratische Legitimation des EU-Rechts vor allem mangels der weiterhin begrenzten Wirkungsmöglichkeiten des EU-Parlaments immer noch umstritten ist.

Das entscheidende Kriterium ist also der **Schutz der Grundrechte** der EU-Bürger am Maßstab des Grundgesetzes (hierzu I-2.2). Deshalb ist es von besonderer Bedeutung, dass die EU-Grundrechtcharta von 2000 (hierzu Jarass 2010), die noch als Teil der ursprünglich geplanten EU-Verfassung gescheitert war (s. o.), aufgrund des Lissaboner Vertrages zwar nicht erweitert, aber doch zumindest in der am 12. Dezember 2007 in Straßburg angepassten Fassung als unmittelbar geltendes EU-Recht anerkannt wurde (Art. 6 Abs. 1 EUV; man beachte insoweit den eingeschränkten Geltungsbereich, sog. *opt-out* für Großbritannien, Polen und Irland). Nach Auffassung des EuGH gehörten die Grundrechte der Mitgliedstaaten ohnehin zu den allgemeinen Grundsätzen des Gemeinschaftsrechts (EuGH NJW 1989, 3080). Art. 53 der Grundrechtscharta weist zudem mit Blick auf das Schutzniveau darauf hin, dass keine Bestimmung der Grundrechtscharta im Sinne einer Verschlechterung der durch die nationalen Verfassungen begründeten rechtlichen Stellung der Bürger ausgelegt werden darf. Darüber hinaus hat sich die EU verpflichtet, der Europäischen Menschenrechtskonvention (EMRK, siehe nachfolgend I-1.1.5.2) beizutreten. In Deutschland gilt die EMRK als völkerrechtlich verbindliches Dokument weiterhin als „einfaches" Bundesgesetz (s. u. 1.1.5.2).

EU-Grundrechts-charta

Teile des europäischen Rechts haben (nicht nur) für den Bereich der Sozialen Arbeit eine besondere Bedeutung. Die Angehörigen der EU-Staaten haben im EU-Raum (also auch in Deutschland) im Wesentlichen dieselben Rechte, was sich insb. aus dem **Diskriminierungsverbot** (Art. 18 AEGV) und dem Recht auf Freizügigkeit ergibt. Unter **Freizügigkeit** wird dabei Unterschiedliches verstanden, insb. geht es um die Arbeitnehmer- (Art. 45 AEUV) und Niederlassungsfreiheit (Art. 49 AEUV) sowie um die Freiheit des Dienstleistungs- (Art 56 AEUV) und Kapitalverkehrs (Art. 63 ff. AEUV). Der Freizügigkeitsgedanke, zunächst vor allem auf die Bedürfnisse der Wirtschaft zugunsten eines einheitlichen europäischen Binnenmarktes ausgerichtet, führt im Alltagsleben vieler Unionsbürger zu erheblichen Erleichterungen und zu modernen Wanderungsbewegungen (Migration; vgl.

Recht auf Freizügigkeit

zum Aufenthaltstitel III-7.2.1). Während die Staatsangehörigen der ursprünglichen Mitgliedstaaten der EU (Belgien, Dänemark, Deutschland, Finnland, Frankreich, Griechenland, Großbritannien, Irland, Italien, Luxemburg, Niederlande, Österreich, Portugal, Spanien, Schweden) ein grundsätzlich uneingeschränktes Recht der Freizügigkeit (insb. Niederlassungs- und Arbeitnehmerfreizügigkeit) im gesamten Gebiet der EU besitzen, bestehen für die Staatsangehörigen der neuen Mitgliedstaaten mit Ausnahme von Zypern und Malta übergangsweise Sonderregelungen. Für Estland, Lettland, Litauen, Polen, Slowakei, Slowenien, Tschechien und Ungarn enden die Beschränkungen für die Arbeitsaufnahme zum 01.05.2011, für Bulgaren und Rumänen in Deutschland (andere Mitgliedstaaten haben von der Verschiebungsregelung keinen Gebrauch gemacht) am 01.01.2014. Sog. freizügigkeitsberechtigte Unionsbürger und ihre Familienangehörigen haben nach § 2 FreizügG/EU das Recht auf Einreise und das Recht auf Aufenthalt in Deutschland.

Schengener Abkommen Ursprünglich nur völkerrechtlich verbindlich (s. I-1.1.5.2.) wurden mit den Schengener Abkommen (I von 1985, II von 1990) die stationären Personenkontrollen (also nicht die Zollkontrollen) an den **Binnengrenzen** abgeschafft und gleichzeitig an den **Außengrenzen** der Mitgliedstaaten einheitliche Standards (einheitliche Einreisevoraussetzungen für Drittausländer, Intensivierung der grenzüberschreitenden Zusammenarbeit der Polizei, elektronischer Fahndungsverbund) geschaffen. Dies führt einerseits zu Erleichterungen im Reiseverkehr der EU-Bürger, andererseits aber auch zu einer verstärkten Sicherung und Abschottung des EU-Gebiets vor der als bedrohlich angesehenen illegalen Einwanderung (vgl. auch Art. 3 Abs. 2 EUV). Mittlerweile ist der sog. „Schengener Besitzstand" in den meisten Mitgliedstaaten geltendes EU-Recht (nicht in Großbritannien und Irland; in Dänemark gilt „Schengen" als völkerrechtliche Verpflichtung). Darüber hinaus sind dem Schengener Abkommen weitere Nicht-EU-Staaten beigetreten (z. B. Norwegen, Island und die Schweiz). Auswirkungen hat „Schengen" insb. für das **Ausländer-/Zuwanderungs- und Asylrecht** (vgl. III-7) sowie das **Strafverfahrensrecht** (III-8.3). Rahmenbeschlüsse, die auf der Grundlage der Bestimmungen des EU-Vertrages über die PJZS ergangen waren, verdrängen allerdings nationales Recht wohl nicht (str.; zum sog. Europäischen Haftbefehl vgl. BVerfG 18.07.2005 – 2 BvR 2236/04). Dieses wird allerdings z. T. aufgrund europäischer Vereinbarungen angepasst. So trat z. B. am 28.10.2010 das EuGeldG in Kraft, welches für Deutschland die grenzüberschreitende Vollstreckung insb. von Geldstrafen und Geldbußen in der Europäischen Union regelt und damit einen entsprechenden europäischen Rahmenbeschluss umsetzt.

Europäisches Sozialrecht Obwohl die EU primar auf eine Wirtschafts- und Währungsunion ausgerichtet war, ist sie als stabilisierender Faktor für Frieden, Demokratie, Freiheit, Rechtsstaatlichkeit und Menschenrechte (vgl. auch Art. 2 und 3 EUV) nicht hoch genug einzuschätzen. Mittlerweile kann man auch von einem Europäischen Sozialrecht (vgl. Eichenhofer 2010; Fuchs 2010, 28 f.; Schrammel/Winkler 2010) sprechen, auch wenn die sozialrechtlichen Regelungen im Gesamtpaket eher gering ausgefallen zu sein scheinen. Immerhin setzt sich die EU zum Ziel, soziale Ausgrenzung und Diskriminierungen zu bekämpfen sowie soziale Gerechtigkeit und sozialen

Schutz, die Gleichstellung von Frauen und Männern, die Solidarität zwischen den Generationen und den Schutz der Rechte des Kindes zu fördern (Art. 3 Abs. 2 EUV). Schon die Eingliederung des **Abkommens über die Sozialpolitik** durch den Vertrag von Amsterdam (vgl. Art. 151 AEUV) hat die Sozialpolitik gestärkt, ohne dass dies allerdings die Primärzuständigkeit der nationalen Gesetzgeber aufgehoben hätte. Gemäß Art. 153 Abs. 4 AEUV sind wesentliche Bereiche der Sozialpolitik einer europäischen Rechtsangleichung immer noch entzogen, wozu insb. weite Bereiche der sozialen Sicherungssysteme gehören. Der Schwerpunkt des europäischen Sozialrechts liegt in der **Koordination der sozialen Sicherungssysteme** (Art. 48 AEUV), ohne die der Binnenmarkt, insb. die Arbeitnehmerfreizügigkeit, nicht funktionieren würde. Ein prominentes Beispiel ist die Verordnung (EWG) Nr. 1408/71 über die Anwendung der Systeme der sozialen Sicherheit auf Arbeitnehmer und Selbstständige sowie deren Familienangehörige, die innerhalb der Gemeinschaft zu- und abwandern, die verhindert, dass man bei einem Wechsel in einen anderen Mitgliedstaat z. B. seinen Krankenversicherungsschutz und seine Rentenansprüche verliert (nun die sog. Wanderarbeitnehmerverordnung VO – EG – 883/04, die zusammen mit der DVO EG 987/09 zum 01.05.2010 in Kraft getreten ist). Anspruchsbegründende Regelungen finden sich im sozialrechtlichen Teil des EU-Rechts nicht (z. B. schließt Art. 3 Abs. 5 der VO – EG – Nr. 883/04 die Sozialhilfe ausdrücklich von ihrem Anwendungsbereich aus). Die **EU gewährt also keine originären Sozialleistungsansprüche**, vielmehr richten sich diese nach dem nationalen Recht der Mitgliedstaaten. Zu beachten ist neben den Verpflichtungen aus völkerrechtlichen Abkommen (z. B. EFA, s. nachfolgend I-1.1.5.2) insoweit auch Art. 7 Abs. 2 der Freizügigkeitsverordnung (EWG) Nr. 1612/68, wonach legal zugewanderte Arbeitnehmer die gleichen sozialen und steuerlichen Vergünstigungen genießen wie inländische Arbeitnehmer. Die EU besitzt darüber hinaus eine Förderungs- und Unterstützungspflicht sowie teilweise eine Harmonisierungszuständigkeit (vgl. Art. 153 ff. AEUV). Die Rechtsprechung des EuGH deutet zudem auf eine Einschränkung des Territorialprinzips des § 30 SGB I hin (vgl. Urteile v. 28.04.1998 – C 120 bzw. 158/95 – NJW 1998, 1769 ff. bzgl. Kostenerstattung durch Sozialversicherung bei Brillenkauf bzw. Zahnbehandlung im EU-Ausland).

Nicht nur, aber eben gerade auch für den Sozialbereich besonders relevant ist das europäische Vergaberecht, also die Regelungen, nach denen öffentliche Aufträge vergeben werden dürfen. Für den Sozialbereich sind die europäischen Regelungen v. a. deshalb von Bedeutung, weil nach europäischem Recht entgegen der deutschen Regelung (§ 51 Abs. 2 AO i. V. m. § 5 Abs. 2 Nr. 2 und § 2 Nr. 1 KStG) die **Privilegien der Gemeinnützigkeit** nicht nur von solchen Trägern in Anspruch genommen werden können, die ihren Sitz oder zumindest ihre Geschäftsleitung in Deutschland haben. Dies wäre mit der Niederlassungsfreiheit (Art. 49 AEUV) und der Dienstleistungsfreiheit (Art. 56 AEUV) nicht vereinbar (vgl. EuGH 14.09.2006 – C 386/04 – Stauffer/FA München – NJW 2006, 3765 ff.). Das aber bedeutet im Ergebnis, dass auch ein (Non-Profit-)Anbieter aus einem anderen EU-Mitgliedstaat die Möglichkeit haben muss, in den Genuss der Gemeinnützigkeitsprivilegien zu kommen, um so seine Dienstleistungen in Deutschland zu gleichen Bedingungen anbieten zu können (vgl. Münder/Trenczek 2010, 207).

Europäisches Vergaberecht

Europäisches Sub-
ventionsrecht
Darüber hinaus sind im Hinblick auf die Förderung freier Träger (vgl. z. B. §§ 74 f. SGB VIII) die Vorschriften über die Gewährung staatlicher Beihilfen zu beachten. Insbesondere untersagt Art. 107 Abs. 1 AEUV den Mitgliedstaaten generell, bestimmten Unternehmen – also auch freien, gemeinnützigen Trägern – **staatliche Beihilfen** (Subventionen) zu gewähren, wenn dadurch der Wettbewerb verzerrt und der grenzüberschreitende Handel bzw. Dienstleistungsverkehr beeinträchtigt werden. Im Einzelnen ist hier noch Vieles umstritten, so z. B. was alles unter dem Begriff der Beihilfen fällt – am EU-Recht kommt man aber in der Praxis der Sozialen Arbeit nicht mehr vorbei (zu allen Fragen ausführlich Münder et al. 2009 § 74 Rz. 4 – 17; Banafsche 2010, 162 ff.; Boetticher / Münder 2009).

http://ec.europa.eu/legislation/index_de.htm

1.1.5.2 Völkerrecht

Völkerrecht
Im Unterschied zum supranationalen EU-Recht gehen völkerrechtliche Abkommen als sog. internationales Recht dem nationalen Recht der Bundesrepublik Deutschland nicht unbedingt vor. Vielmehr handelt es sich um Verpflichtungen aus völkerrechtlichen Verträgen, die in der Regel innerstaatlich mittels eines Parlamentsgesetzes (Zustimmungsgesetz) ratifiziert und somit Bestandteil des innerstaatlichen Rechts werden. Einerseits handelt es sich um bi- oder multilaterale Abkommen, die dann nur im Verhältnis der entsprechenden Staaten zueinander (und damit auch etwa nur für deren jeweilige Staatsangehörige) Anwendung finden (z. B. das europäische Fürsorgeschutzabkommen). Andererseits gibt es Übereinkommen, die innerstaatlich unmittelbare Rechte und gegebenenfalls auch Pflichten für einzelne Personen begründen können. So wurde etwa das Statut des Internationalen Strafgerichtshofes (IStGH-Statut), das Straftaten gegen das Völkerrecht normiert, mit Ge-
Haager Abkommen
setz vom 26.06.2002 in Deutschland ratifiziert (vgl. III-8.2.1). Ein weiteres Beispiel ist auch das sog. Haager Minderjährigenschutzabkommen (MSA) von 1961 (vgl. hierzu Oelkers / Kraeft 2001, 433), nun abgelöst durch das in Deutschland am 01.01.2011 in Kraft getretene Haager **Kinderschutzübereinkommen** 1996 (KSÜ), welches nicht nur das anzuwendende Recht und die Zuständigkeit regelt, sondern die Bundesrepublik Deutschland zum Schutz aller unter 18 Jahre alten „Kinder" (unabhängig davon, ob in den Vertragsstaaten ein anderes Alter der Volljährigkeit gilt; für über 18 Jahre alte Menschen gilt das Haager Erwachsenenschutzübereinkommen) verpflichtet, unabhängig davon, ob diese aus einem Vertragsland kommen oder nicht. Schutzmaßnahmen im Sinne des MSA / KSÜ sind neben familiengerichtlichen Maßnahmen (z. B. Bestellung eines Vormunds) alle Leistungen und Aufgaben insb. des SGB VIII (hierzu III-3), die im Interesse des Minderjährigen erforderlich sind (vgl. BGHZ 60, 68 ff.; Münder et al. 2009 § 6 Rz. 13 ff.).

Weitere für die Soziale Arbeit wichtige Haager Übereinkommen, die die Bundesrepublik Deutschland ratifiziert hat, sind die Abkommen über

- ▪ das auf Unterhaltsverpflichtungen anzuwendende Recht vom 02.03.1973,
- ▪ die Anerkennung und Vollstreckung von Entscheidungen auf dem Gebiet der Unterhaltspflicht gegenüber Kindern vom 15.04.1958,

■ die Anerkennung und Vollstreckung von Unterhaltsentscheidungen vom 02.10.1973,

■ die zivilrechtlichen Aspekte internationaler Kindesentführung (KiEntfÜ) vom 25.10.1980 (verpflichtet die Vertragsstaaten zur Rückführung eines Kindes bei Verletzung des Sorgerechts) sowie

■ den Schutz von Kindern und die Zusammenarbeit auf dem Gebiet der internationalen Adoption (AsÜ) vom 29.05.1993.

Demgegenüber gilt die deutsch-schweizerische Fürsorgevereinbarung (vom 04.07.1952) bzw. das Freizügigkeitsabkommen zwischen der Schweiz und der EG vom 21.06.1999 (in Kraft seit 01.06.2002) nur für Schweizer Minderjährige. Das deutsch-österreichische Fürsorgeabkommen (vom 17.01.1966) gilt entsprechend nur für österreichische Minderjährige in der Bundesrepublik Deutschland. Einen weiteren Anwendungsbereich hat das 1956 ratifizierte Europäische Fürsorgeschutzabkommen (**EFA**), das die Bundesrepublik Deutschland zu sog. „Fürsorgemaßnahmen" nur gegenüber Personen aus denjenigen Staaten verpflichtet, die ihrerseits diesem Abkommen beigetreten sind (Belgien, Dänemark, Frankreich, Griechenland, Großbritannien, Irland, Island, Italien, Luxemburg, Malta, Niederlande, Norwegen, Schweden, Spanien, Türkei), sofern sich diese Personen in erlaubter Weise in der Bundesrepublik Deutschland aufhalten (so BVerwG 14.03.1985 – 5 C 145.83 – E 71, 139 ff.; zur Kritik daran Peter 2001, 180 f.).

Europäisches Fürsorgeschutzabkommen

Von Bedeutung ist vor allem die Europäische Menschenrechtskonvention (**EMRK**), die nur einen völkerrechtlichen Vertrag darstellt, über dessen Einhaltung der Europäische Gerichtshof für Menschrechte mit Sitz in Straßburg wacht. Die EMRK ist für die Bundesrepublik Deutschland im Jahr 1953 im Rang eines einfachen Bundesgesetzes (vgl. BVerfG, 2 BvR 2365/09 vom 04.05.2011) in Kraft getreten (verfahrensrechtliche Komponenten wurden neu geregelt durch das 11. Zusatzprotokoll v. 11.05.1994; ratifiziert am 24.07.1995, in Kraft seit 01.11.1998). Sie garantiert wesentliche zur Menschenwürde gehörende „Grundrechte" (u.a. Allgemeines Freiheitsrecht, Gewissens- und Religionsfreiheit, Recht auf freie Meinungsäußerung, Versammlungs- und Vereinigungsfreiheit, Diskriminierungsverbot; s.u. I-2.1.2.4). Wichtig ist vor allem die Sicherung wesentlicher Rechte im Strafverfahren (rechtliches Gehör und Verbot rückwirkender Strafdrohungen, Folterverbot), insb. prominent die **Unschuldsvermutung** nach **Art. 6 Abs. 2 EMRK** (hierzu III-8.3.1), die untrennbar mit der Menschenwürde verbunden sind. Für die Soziale Arbeit im Bereich der Jugend- und Familienhilfe ist auch **Art. 8 EMRK** mit dem dort garantierten **Schutz des Privat- und Familienlebens** von besonderer Bedeutung. So wurde etwa im Jahr 2004 in der sog. Görgülü-Entscheidung des Europäischen Gerichtshofs für Menschenrechte festgestellt, dass die Nichtgewährung des Umgangsrechts für den nichtehelichen Vater mit seinem Sohn einen Verstoß gegen Art. 8 ERMK darstellt. Das BVerfG hat als Reaktion hierauf betont, dass alle deutschen Behörden und Gerichte die Gewährleistungen der EMRK und die Entscheidungen des Europäischen Gerichtshofs für Menschenrechte bei der Gesetzesanwendung zu berücksichtigen haben (BVerfG v. 14.10.2004 – 2 BvR 1481/04).

Europäische Menschenrechtskonvention

UN-Menschen-rechtsabkommen

Zum Völkerrecht gehören auch eine Reihe von Menschenrechtsabkommen, insb. die beiden **Internationalen Pakte über bürgerliche und politische Rechte** (ICCPR) sowie über wirtschaftliche, soziale und kulturelle Rechte von 1966 (ICESCR, beide in Kraft seit 1976) sowie die diese Pakte ergänzenden (sog. Fakultativ)Protokolle (von 1976 und 1989). Der Inhalt der Pakte knüpft im Wesentlichen an die **Allgemeine Erklärung der Menschenrechte** (AEMR) an, die am 10.12.1948 von der Generalversammlung der **Vereinten Nationen** formuliert wurde. Die darin verankerten Rechte sind nicht zuletzt durch die Tätigkeit von amnesty international in das Bewusstsein einer breiten Öffentlichkeit gerückt worden.

UN-Kinderrechts-konvention

Das UN-Übereinkommen über die **Rechte der Kinder** (UN-KRK vom 20.11.1989, für die Bundesrepublik Deutschland in Kraft getreten am 05.04.1992; hierzu vgl. Schorlemer / Schulte-Herbrüggen 2010) ist zwar ebenfalls ein völkerrechtlicher Vertrag, hatte aber im innerstaatlichen Rechtsverkehr zunächst keine unmittelbaren rechtlichen Wirkungen gegenüber den Bürgern, da die Bundesrepublik Deutschland anlässlich der Ratifikation in einer sog. Vorbehaltserklärung eine solche unmittelbar innerstaatliche Wirkung ausdrücklich ausgeschlossen hatte. Mit Zustimmung des Bundesrates hat die deutsche Bundesregierung im Mai 2010 beschlossen, die Vorbehaltserklärung zurückzunehmen. Die rechtsverbindliche Rücknahme-Erklärung wurde am 15.07.2010 bei der UN in New York hinterlegt. Nun wird sich zeigen, ob damit auch die Diskriminierung von Flüchtlingskindern in Deutschland beendet wird (zu den Friktionen zwischen den Regelungen des SGB VIII und dem Asylrecht vgl. III-3.4). Aber auch darüber hinaus sollten die UN-KRK und die in ihr niedergelegten Prinzipien und Kinder-Grundrechte (insb. Schutz, Förderung und Entwicklung, Nichtdiskriminierung und Beteiligung) nicht nur in der Kinder- und Jugendhilfe, sondern darüber hinaus in allen gesellschaftlichen und Rechtsbereichen Berücksichtigung finden, denn nach Art. 3 Abs. 1 UN-KRK ist „bei allen Maßnahmen, die Kinder betreffen, gleichviel ob sie von öffentlichen oder privaten Einrichtungen der sozialen Fürsorge, Gerichten, Verwaltungsbehörden oder Gesetzgebungsorganen getroffen werden, ... das Wohl des Kindes ein Gesichtspunkt, der vorrangig zu berücksichtigen ist". In diesem Art 3 UN-KRK schlummert ein gewaltiges und bislang noch weitgehend unberücksichtigtes Potential für die innerstaatliche Rechtsanwendung, sowohl in materiell- wie prozessrechtlicher Hinsicht (Lorz 2010, 15). Es ist Pflicht und Aufgabe aller deutschen Behörden und Gerichte, dem **Kindeswohlvorrang** Geltung zu verschaffen, indem sie ihre Entscheidungspraxis an den Abwägungs- und Begründungserfordernissen der UN-KRK ausrichten. Besonders relevant wird dies im Hinblick auf die Friktionen in der Rechtsstellung von minderjährigen unbegleiteten Flüchtlingen im Sozial- und Asylverfahrensrecht (III-7.3.2). Die sog. **National Coalition** von mehr als 100 Organisationen und Initiativen hat sich zur Aufgabe gemacht, die Rechte der Kinder in Deutschland nach Rücknahme der Vorbehaltserklärung noch stärker als bisher einzufordern.

UN-Behinderten-konvention

Das am 13.12.2006 von der UN beschlossene Übereinkommen über die Rechte von Menschen mit Behinderungen (*Convention on the Rights of Persons with Disabilities* – CRPD; Resolution 61 / 106 der Generalversammlung der UNO) ist in Deutschland nach Unterzeichnung (2007) und Hinterlegung der Ratifizierungsurkunde am 26.03.2009 in Kraft getreten. Diese UN-Konvention zielt neben der Bestärkung der allgemeinen Menschenrechte (Recht auf Leben, Freiheit, Freizügigkeit etc.) auf eine verstärkte Selbstbestimmung, Teilhabe und damit soziale Inklusion von Menschen mit Behinderungen ab (Art. 19 CRPD). Teilweise wurde dies in Deutschland durch das Gesetz zur Gleichstellung behinderter Menschen rechtlich umgesetzt (**Behindertengleichstellungsgesetz** – BGG), welches sich allerdings unmittelbar nur an öffentliche Träger (z.B. Benachteiligungsverbot, § 7 BGG) wendet und diese im Wesentlichen nur verpflichtet, zur Herstellung der Barrierefreiheit (§ 4 BBG) Zielvereinbarungen mit Unternehmen oder Unternehmensverbänden zu schließen (§ 5 BGG). Hör- oder sprachbehinderte Menschen haben freilich grds. das Recht, mit Trägern öffentlicher Gewalt in deutscher Gebärdensprache oder über andere geeignete Kommunikationshilfen zu kommunizieren (§§ 6 und 9 BGG). Blinde und sehbehinderte Menschen können grds. (eingeschränkt durch eine entsprechende Rechtsverordnung) verlangen, dass ihnen z.B. Gerichtsdokumente, rechtlich relevante Bescheide und Vordrucke ohne zusätzliche Kosten in einer für sie wahrnehmbaren Form zugänglich gemacht werden.

Die UN-Konvention geht über das BBG hinaus, zielt auf eine tatsächliche **soziale Inklusion** und verpflichtet die Unterzeichnerstaaten, wirksame und geeignete Maßnahmen zu treffen, um Menschen mit Behinderungen eine volle Einbeziehung in die Gemeinschaft (*inclusion*) und Teilhabe in der Gemeinschaft (*participation*) zu erleichtern. Dies erfordert für den einzelnen behinderten Menschen einen verbesserten Zugang zu ambulanten, gemeindenahen Unterstützungsleistungen und die Umstellung staatlicher Eingliederungshilfen in die Form eines sog. **persönlichen Budgets** gegenüber den öffentlichen Rehabilitationsträgern, mit dem die Selbstbestimmung des behinderten Menschen als „Kunden" gestärkt werden soll (vgl. § 17 Abs. 2 SGB IX; hierzu s. III-5.4 zum Rehabilitationsrecht). Behinderungen dürfen kein Anlass für den Ausschluss (Exklusion) sein, insb. kein Grund für eine Freiheitsentziehung (Art. 14 CRPD; Einzelheiten hierzu in III-2.5.2 u. III-8) oder einer besonderen Beschulung. Kinder mit körperlichen und geistigen Behinderungen werden deshalb künftig in allgemeinbildenden Schulen integriert (inklusiv) unterrichtet werden müssen.

Darüber hinaus haben eine Reihe weiterer **UN-Menschenrechtsabkommen** Bedeutung für die Soziale Arbeit, die wir hier im Einzelnen nur nennen, aber nicht weiter erläutern können:

- Internationales Übereinkommen zur Beseitigung jeder Form von Rassendiskriminierung (ICERD) 1965, in Deutschland in Kraft seit 1969;
- Übereinkommen zur Beseitigung jeder Form von Diskriminierung der Frau (CEDAW) 1979, in Deutschland in Kraft seit 1985;
- Übereinkommen gegen Folter und andere grausame, unmenschliche oder erniedrigende Behandlung oder Strafe (CAT) 1984, in Deutschland in Kraft seit 1990;
- Internationales Übereinkommen zum Schutz der Rechte aller Wanderarbeitnehmer und ihrer Familienangehörigen (ICRMW) vom 18.12.1990, in Deutschland noch nicht in Kraft;
- Internationales Übereinkommen zum Schutz aller Personen vor dem Verschwindenlassen 2006, in Deutschland in Kraft seit 23.12.2010.

Europäische Sozial-charta Schließlich wollen wir noch auf die Europäische Sozialcharta von 1961 hinweisen, in der sich die Mitgliedstaaten des Europarates zur gemeinsamen **Anerkennung wesentlicher sozialpolitischer Grundsätze** verpflichten. Auch die Sozialcharta ist kein unmittelbar geltendes EG-Recht, sondern eine multilaterale, völkerrechtliche Verpflichtung, die die Bundesrepublik Deutschland eingegangen ist (ratifiziert 1964).

 Boetticher/Münder 2009; Borchardt 2010; Haltern 2007; Luhmann 1981; 2006; Schulze et al. 2010; Wesel 1994; 1999

- http://europa.eu/index_de.htm
- www.national-coalition.de/
- www.institut-fuer-menschenrechte.de

1.1.6   Internationales Privatrecht

Vom Begriff widersprüchlich erscheinend, ist das sog. Internationale Privatrecht (IPR) kein Teil des Völker- oder internationalen Rechts. Es ist vielmehr der in **Auslandsbezug** Deutschland im EGBGB geregelte Teil des nationalen (materiellen) Privatrechts, der in Fällen mit Auslandsbezug (oder sog. Auslandsberührung) bestimmt, welche nationale Rechtsordnung im Hinblick auf die zivilrechtlichen Fragen (z. B. Wirkungen der Ehe, Scheidungsvoraussetzungen, Sorgerechts- und Unterhaltsfragen etc.) anzuwenden ist. Davon zu unterscheiden sind die verfahrensrechtlichen Regelungen (formelles Recht), insb. die Zuständigkeit der deutschen Gerichtsbarkeit (s. nachfolgend), also ob deutsche Gerichte in diesen Streitsachen (zur Zuständigkeit der Strafgerichte vgl. Art. 1b EGStGB; §§ 3 ff. StGB; III-8.1.3) überhaupt tätig werden dürfen. Letzteres wird gelegentlich als IPR im weiten Sinne bezeichnet. Beide Bereiche, das IPR im engen wie im weiten Sinn, knüpfen vorrangig an **supra- und internationales Recht** (insb. Europarecht, s. o. 1.1.5.1) und an internationale Abkommen (s. 1.1.5.2) an, bevor auf die Regelungen des EGBGB bzw. des GVG, der ZPO und des FamFG (hier insbesondere Abschnitt 9, §§ 97 ff. FamFG) zurückgegriffen wird. Das supranationale Recht verdrängt alle anderen Rechtsquellen, das internationale Recht (inklusive der vielfältigen bilateralen Abkommen) ist lex specialis gegenüber dem nationalen Recht (vgl. Art. 3 EGBGB).

Das IPR hat in Deutschland aufgrund der Einbindung in das sich vereinigende Europa und aufgrund der steigenden Zuwanderung eine zunehmende, von der Praxis vielfach unterschätzte Relevanz. Immer wenn in einem Fall irgendetwas, sei es die Staatsangehörigkeit der handelnden Personen, deren (gewöhnlicher) Aufenthalt oder der Ort des Geschehens, nicht ausschließlich deutsch ist (z. B. binationale Ehe, Heirat von Deutschen im Ausland, grenzüberschreitende Tätigkeit der Kinder- und Jugendhilfe oder anderer Einrichtungen, Organisationen und Behörden, Aufenthalt einer deutschen Pflegefamilie im Ausland, Auslandsadoption, Arbeitsstelle oder Ferienhaus eines Deutschen im Ausland bzw. eines Nichtdeutschen in Deutschland etc.), liegt ein Auslandsbezug vor, so dass zwingend die Zuständigkeit der nationalen Gerichte sowie die Fragen des IPR i. e. S. **vorab zu**

klären sind, bevor man sich der inhaltlichen Lösung des Falles annehmen kann. Das IPR regelt das Verhältnis der mitunter konkurrierenden und zu unterschiedlichen Ergebnissen führenden nationalen Rechtsordnungen.

Die sog. **Brüssel-IIa-Verordnung** von 2005 (Nr. 1347/2000) enthält Vorschriften über die Zuständigkeit, Anerkennung und Vollstreckung von gerichtlichen Entscheidungen über die elterliche Verantwortung, wie z. B. das elterliche Sorgerecht. Mitte 2011 wird die sog. **Rom III-Verordnung** in 14 der Mitgliedstaaten (u. a. in Deutschland) in Kraft treten, nach der im Hinblick auf das anzuwendende Recht künftig stärker am gewöhnlichen Aufenthalt und nicht vorrangig an die Staatsangehörigkeit angeknüpft wird und die insoweit auch ein (einvernehmliches) Wahlrecht der sich trennenden bzw. scheidenden Partner vorsieht. Ausgeschlossen hiervon bleiben allerdings die aus einer Trennung/Scheidung resultierenden Eigentums- und Unterhaltsfragen ebenso wie im Vorfeld zu klärende Aspekte (z. B. Gültigkeit der Ehe).

    Nach dem **Haager Kinderschutzübereinkommen (KSÜ) von 1996** (in Deutschland seit 01.01.2011 über das IntFamRVG in Kraft) richtet sich die internationale Zuständigkeit für alle Schutzmaßnahmen für ein Kind, vor allem die Regelung der elterlichen Sorge und des Umgangsrechts bei Trennung und Scheidung der Eltern, nach dem gewöhnlichen Aufenthaltsort des Kindes (Art. 5 KSÜ). Für ihre Anordnungen wenden die zuständigen Behörden und Gerichte dann das Recht des Staates an, in dem das Kind seinen gewöhnlichen Aufenthalt hat (vgl. Art. 21 EGBGB).

    Ergänzt wird das KSÜ durch das Europäische Übereinkommen über die Anerkennung und Vollstreckung von Entscheidungen über das Sorgerecht für Kinder und die Wiederherstellung des Sorgerechts vom 20.05.1980 (**Europäisches Sorgerechtsübereinkommen** – ESÜ), welches in Deutschland 1991 in Kraft getreten ist. Es regelt vor allem die Anerkennung und Vollstreckung gerichtlicher oder behördlicher Sorgerechts- und Umgangsentscheidungen, erfasst dabei nicht nur Fälle von Kindesentziehung, sondern auch andere Sorgerechtsfälle.

Internationale Zuständigkeit

Das IPR im engeren Sinne betrifft **materiell-rechtliche Fragen** und regelt im zweiten Kapitel des **EGBGB** (Art. 3 – 46c EGBGB) durch sog. Kollisionsnormen (Welche Norm soll Anwendung finden?) höchst unterschiedliche Regelungsbereiche, angefangen bei Fragen der Rechts- und Geschäftsfähigkeit (Art. 7 EGBGB), hin zum Namesrecht (Art. 10 EGBGB) sowie vor allem familien- (Art. 13 ff. EGBGB), erb- (Art. 25 ff. EGBGB) und sachenrechtliche (Art. 43 ff. EGBGB) Aspekte. Neben der Grundvorschrift des Art. 3 EGBGB über den Vorrang des supranationalen Rechts enthalten Art. 3a ff. EGBGB einige Verweisungs- und Rückverweisungsvorschriften (z. B. sog. Renvoi nach Art. 4 EGBGB). Das für die Behandlung zahlreicher Fragen maßgebende Personalstatut (Art. 5 EGBGB) wird in Deutschland durch die Staatsangehörigkeit bestimmt (hierzu III-7.4). Im 7. Abschnitt des EGBGB (Art. 46a ff. EGBGB) finden sich eine Vielzahl von besonderen Vorschriften zur Durchführung von Regelungen der EU, die nach Art. 3 EGBGB den nationalen Konkurrenzregelungen vorgehen (s. o. 1.5.1.1 und 1.5.1.2).

Internationales Privatrecht i. e. S.

Ordre public   Aus dem IPR alleine ergibt sich schon die Bereitschaft des deutschen Gesetzgebers, die Regelungen anderer Staaten anzuerkennen, auch wenn sie im Ergebnis zu einer anderen Rechtsfolge als das deutsche Recht führen. Es gilt der international akzeptierte Grundsatz, dass das Recht zur Anwendung kommen soll, zu dem die Betroffenen den engsten Bezug haben. Allerdings ist dies in einer Zuwanderungsgesellschaft problematisch für Menschen, die ihrer alten nationalen Rechtsordnung gerade entfliehen wollen. Nach Art. 6 EGBGB ist allerdings unter dem Begriff „ordre public" eine Rechtsnorm eines anderen Staates nicht anzuwenden, wenn ihre Anwendung im konkreten Einzelfall zu einem Ergebnis führt, das mit **wesentlichen Grundsätzen des deutschen Rechts** offensichtlich unvereinbar ist (vgl. z. B. BGH v. 06.10.2004 – XII ZR 225 / 01 – FamRZ 2004, 1952 für den Iran). Sie ist insb. nicht anzuwenden, wenn die Anwendung mit den Grundrechten (hierzu I-2.2) unvereinbar ist. Nur in diesen extremen Fällen findet dann ersatzweise das deutsche Recht Anwendung.

Bundesamt für   Als zentrale Dienstleistungsbehörde der Bundesjustiz sowie als Anlaufstelle und
Justiz   Ansprechpartner für den internationalen Rechtsverkehr wurde 1997 das Bundesamt für Justiz (BfJ) in Bonn errichtet. Auf deren Internetseite (http://www.bundesjustizamt.de → Bürgerdienste → Internationales Sorgerecht) findet man Antragsformulare auf Deutsch und in zahlreichen anderen Sprachen, um einen Antrag auf Kindesrückführung, Durchsetzung eines grenzüberschreitenden Umgangsrechts oder Anerkennung einer Sorge- oder Umgangsrechtsentscheidung zu stellen.

http://www.ipr.uni-koeln.de/eurprivr/kollisionsrecht.htm

Pasche 2010; Schulze et. al. 2009 EGBGB; Sievers / Bienentreu 2006

1.2   Recht und Gerechtigkeit

1.2.1   Zur Problemstellung

Nicht wenige, vielleicht sogar die meisten der in der Sozialen Arbeit beschäftigten Menschen finden einen Zugang zu ihrem Beruf gerade auch über die Thematisierung von Gerechtigkeitsfragen. Die Motive hierfür und die Standpunkte, die dabei eingenommen werden, können naturgemäß sehr unterschiedlich sein. Sie reichen von Gerechtigkeitsvorstellungen, die sich an der Ethik des Christentums orientieren, über eine durch individuelle Erfahrung erworbene Fähigkeit, an der Not des anderen tätig Anteil zu nehmen, bis hin zu politisch begründeten Gerechtigkeitsüberzeugungen, wie sie sich etwa innerhalb der aktuellen sozialen Bewegungen artikulieren. Doch ganz gleich, ob dabei in kämpferischer Weise auf der Schaffung einer neuen, gerechteren Weltordnung bestanden oder der eher stillen Sehnsucht Ausdruck verliehen wird, im mühseligen Kampf gegen die Folgen sozialer Ungleichheit möge gelegentlich ein wenig mehr Gerechtigkeit obwalten – eine allgemeine Skepsis in Bezug auf die Möglichkeiten des Rechts, einen wirksamen Beitrag zur Herstellung von Gerechtigkeit zu leisten, wird dabei zumeist nicht unbemerkt bleiben können. „Gerechtigkeit und Recht – ", so hört man immer wieder von Studierenden an Fachbereichen für Soziale Arbeit, „das sind zwei verschiedene Dinge".

Und in der Tat: Wenn G. F. W. Hegel formuliert, dass das Recht das sei, „was gleichgültig gegen die Besonderheit bleibt" (Hegel 1821, § 49), so ist hierin möglicherweise schon ein Hinweis auf die Veranlassung einer solchen Attitüde enthalten. Bereits auf den ersten Blick legt eine derartige Charakterisierung nämlich schon mindestens zwei Eigenschaften von Recht nahe, die bei Menschen Befremden auszulösen vermögen, deren professionellem Selbstverständnis es entspricht, Empathie für ihre Mitmenschen zu entwickeln, sie also in ihrer jeweiligen Individualität anzunehmen. Das Problem steckt in dem Begriff „gleichgültig". Dieser verweist nämlich zum einen auf eine Bedeutung im Sinne von „desinteressiert". Und tatsächlich zeigt sich das Recht der individuellen Biografie des Einzelnen, seiner Besonderheit, wie Hegel es formuliert, gegenüber weitgehend desinteressiert: Nicht das konkrete Individuum in seiner jeweiligen psychosozialen Existenz, sondern eine abstrakte Rechtsperson ist das Subjekt im Recht. Zum anderen ist mit ihm aber auch angesprochen, dass das Recht unbeschadet aller je individuellen Besonderheit für jeden Einzelnen „gleich gültig", also gleichermaßen gültig ist. Eine Gleichbehandlung von in ihrer sozialen Wirklichkeit erkennbar ungleichen Menschen jedoch wird im Ergebnis immer wieder auch soziale Ungleichheitsverhältnisse auf neuer Ebene entstehen lassen. Genau dies aber lässt es gerade sozial Engagierten wenig einleuchtend erscheinen, dass es sich hierbei um einen Vorgang handeln könnte, der auch noch in besonderer Weise als gerecht zu attribuieren wäre.

1.2.2 Gerechtigkeit und Gleichheit – die (rechts-)philosophische Ausgangsfrage

Und doch ist es so, dass sich die Gerechtigkeitsdiskurse im Recht nun seit alters her um die Gleichheitsfrage drehen. Zwar ist der Dreh- und Angelpunkt des Rechts nach ganz vorherrschender Ansicht der von ihm ausgehende Zwang, soziale Verhältnisse nach seinen normativen Vorgaben zu gestalten (vgl. I-1.1.1) – ein Zwang, der durch Verwaltungsbehörden mit polizeilichen Befugnissen, Justiz und Vollstreckungsorgane, den sog. Rechtsstab, abgesichert ist. Max Weber etwa bezeichnet diesen Erzwingungsstab als das entscheidende Kennzeichen von Recht (Weber 1921, 18, 185). Wird jedoch den Mitgliedern einer Gesellschaft auf Dauer zugemutet, sich einem derartigen Zwang zu unterwerfen, so bedarf dies einer für sie nachvollziehbaren, also mit ihrer Lebenswirklichkeit verbundenen Begründung dafür, weshalb dies so sein soll. Es geht dann also um die Legitimität von Recht. **Legitimität von** Genau an diesem Punkt entscheidet sich bereits, ob und inwieweit Recht überhaupt mit Gerechtigkeitsinhalten, -erwartungen oder -forderungen in Zusammenhang gebracht werden kann. Die Antwort auf die Frage nach der Legitimität von Recht kann nämlich einmal rein formal gegeben werden: Rechtsnormen müssen eingehalten werden, weil sie Rechtsnormen sind. Zur Begründung wird dann lediglich noch angeführt, dass diese Normen aus anderen Normen abgeleitet sind,

Recht

etwa aus denen, die den Gang des verfassungsmäßig vorgeschriebenen Gesetzgebungsverfahrens festlegen. Dies kann man so lange fortführen, bis man schließlich zu einer – dann nicht mehr empirisch begründbaren – Grundnorm gelangt (Kelsen 1960, 196). „Legitimität durch Legalität" wird dies genannt. Aber auch die Weiterführung dessen in der „Legitimation durch Verfahren", wo Recht wesentlich auf Funktionalität reduziert ist (Luhmann 1981, 133; 2006), benutzt derartige rein formale Argumente. Die Gerechtigkeit wird in beiden Fällen als Legitimationsgrundlage des Rechts nicht benötigt.

Eine andere Perspektive eröffnet sich hingegen, sobald der soziale Kontext des Rechts mit in den Blick genommen wird, innerhalb dem sich seine gesellschaftliche Wirklichkeit erst konstituiert. Für Gustav Radbruch war Recht nicht nur der „Inbegriff der generellen Anordnungen für das menschliche Zusammenleben", sondern auch „die Wirklichkeit, die den Sinn hat, der Gerechtigkeit zu dienen" (Radbruch 1932, 34). Infolgedessen geht es dann bei der Begründung der Geltung von Recht, **Gleichheit der Person** wie etwa auch bei Max Weber, um eine *allgemeine* Überzeugung von dessen *Richtigkeit* (Weber 1921, 181). Eine solche Form des Allgemeinen aber kann sich dem Inhalt nach zumindest in modernen, nicht auf personalen Herrschafts- bzw. Abhängigkeitsverhältnissen beruhenden Gesellschaften immer nur auf die Anerkenntnis der Gleichheit der Personen, deren prinzipielle Gleichwertigkeit und einen daraus resultierenden Gleichbehandlungsanspruch beziehen (zu Art. 3 GG vgl. I-2.1.2.4). Rechtsphilosophen, die, wie etwa Gustav Radbruch, die Gerechtigkeit als die „Idee des Rechts" schlechthin begreifen (Radbruch 1932, 34), kommen daher folgerichtig zu dem Ergebnis, dass genau dieser Gedanke der Gleichheit den *„Kern der Gerechtigkeit"* ausmacht (Radbruch 1910, 37 – Hervorhebung im Original).

Recht und Moral Die unterschiedlichen Problemansätze etwa bei Weber und Radbruch auf der einen, Kelsen und Luhmann auf der anderen Seite resultieren daher, dass die Gerechtigkeitsfrage an einem Übergangsbereich von Recht und Moral angesiedelt ist (vgl. I-1.1.2). Der Zugang zu ihr gestaltet sich demzufolge je nachdem, ob man überhaupt einen derartigen Berührungspunkt theoretisch akzeptiert – bei Hans Kelsen und Niklas Luhmann ist dies erkennbar nicht der Fall – bzw. an welcher Stelle man ihn verortet. Allgemein gesprochen geht es also darum, *ob und in welchem Maße Freiheit und ein friedliches, sicheres und geordnetes Zusammenleben innerhalb der Gesellschaft (Recht) als notwendige Elemente eines guten und richtigen, d. h. auch gerechten Lebens (Moral) begriffen werden.* Umgekehrt lautet die Frage, ob und in welchem Maße Freiheit, sozialer Frieden und Sicherheit außerhalb bestimmter sozialer Strukturen, die als gerecht bezeichnet werden können, überhaupt gesellschaftliche Realität zu beanspruchen imstande sind.

In der Rechts- und Sozialphilosophie wird durch die Jahrhunderte hindurch diese **ausgleichende / austeilende Gerechtigkeit** Frage kaum einmal beantwortet, ohne dabei zumindest in irgendeiner Weise auf das zu reflektieren, was Aristoteles hierzu im V. Buch seiner Nikomachischen Ethik (330 v. Chr.) entwickelt hat. In ihr finden wir die berühmte Unterscheidung zwischen ausgleichender (kommutativer) und austeilender (distributiver) Gerechtigkeit. Die ausgleichende Gerechtigkeit wird auch in heutigen Darstellungen noch immer wieder gern anhand des bekannten Symbols der Göttin Justitia, der

Waage, verdeutlicht. Ist zwischen beiden Waagschalen ein Ausgleich hergestellt, liegt also in jeder der beiden Schalen gleich viel, dann ist Gerechtigkeit hergestellt: Der Ware in der einen Schale entspricht der Preis in der anderen, dem Schaden in der einen der Schadensersatz in der anderen usw. Die austeilende Gerechtigkeit hingegen sorgt für eine verhältnismäßige Gleichbehandlung einer Mehrzahl von Personen durch eine verteilende Instanz. Der Unterschied zur ausgleichenden Gerechtigkeit ist demnach folgender: Bei der Letztgenannten geht es um eine arithmetische Gleichheit, wie sie typischerweise aus dem Austausch von Äquivalenten resultiert: Ein Brot gleich 2 €; wer mehr verlangt oder weniger geben will, verletzt das Gerechtigkeitsprinzip. Demgegenüber stellt die austeilende Gerechtigkeit eine geometrische Gleichheit her. Das Gesetz weist hier jedem das zu, was für ihn aufgrund bestimmter Kriterien, die häufig unter den Begriffen *Leistung* oder *Verdienst* zusammengefasst werden, aber natürlich auch das genaue Gegenteil hiervon bedeuten können, angemessen ist. Die Güter werden also proportional zu den erbrachten Leistungen verteilt: Wer mehr leistet, soll auch mehr bekommen. Oder auch: Wer leistungsfähiger ist, soll auch stärker (z. B. mit Steuern) belastet werden (vgl. hierzu Ritsert 1997, 23 f.). Auch hier erfolgt also eine Gleichbehandlung (etwa: aller Personen mit einem bestimmten Einkommen, aller Familien mit Kindern, aller ALG II-Bezieher usw.). Jedoch wurde der Maßstab dafür, wer in welcher Hinsicht als gleich zu betrachten und zu behandeln sei, unter *sozialen* Gesichtspunkten gewonnen und zur Anwendung gebracht. Die ausgleichende Gerechtigkeit hat demnach – idealtypisch betrachtet – als Minimum zwei Personen zur Voraussetzung, die rechtlich gleichgeordnet sind. Die austeilende Gerechtigkeit hingegen benötigt noch einen Dritten – die öffentliche Gewalt nämlich – die einen konkreten Gleichheitsmaßstab aus der jeweiligen geschichtlichen (d. h. sozial, ökonomisch, politisch, kulturell usw.) geprägten Situation heraus festlegt und zur Anwendung bringt. Auch die gleiche Rechtsstellung in ihrer abstraktesten Form als Person wird demnach den Beteiligten erst einmal zugeteilt. Deshalb auch hat Radbruch die austeilende Gerechtigkeit, das *suum cuique tribuere* („Jedem möge das Seine zuteilwerden"), wie es der römische Rechtsgelehrte Domitius Ulpianus (170–228 n. Chr.) auf eine berühmt gewordene Formel gebracht hat, als die Urform der Gerechtigkeit verstanden. Die ausgleichende Gerechtigkeit hingegen ist nur eine abgeleitete Form von ihr (Radbruch 1910, 37).

Dieser Befund nun impliziert bereits eine Reihe von grundlegenden Annahmen zur Gerechtigkeitsproblematik, die zunächst einmal in einer Art Zwischenergebnis festgehalten werden sollen:

1. Geht es bei der konkreten Beantwortung der Gerechtigkeitsfrage um die Festlegung darauf, unter welchem Aspekt, in welcher Hinsicht, inwieweit Menschen als Gleiche zu betrachten und zu behandeln sind, so wird hierbei zugleich immer auch eine *Wertung* darüber getroffen, welche faktischen (sozialen) Ungleichheitsaspekte dabei unbeachtet bleiben und demzufolge als gerechtigkeitsirrelevant behandelt werden sollen. Hier wird im sozialen Vorgang nur deutlich, was bereits begriffslogisch vorgegeben ist: Wir können von Gleichheit nicht sinnvoll sprechen, ohne zu sagen, von welchen Verschiedenheiten, Un-Gleichheiten also, wir dabei abstrahieren.

2. Genau das ist auch ein ganz wichtiger Erklärungsansatz dafür, weshalb unterschiedliche Menschen zu unterschiedlichen Zeiten in unterschiedlichen gesellschaftlichen Konstellationen und mit unterschiedlichen sozialen, ökonomischen und politischen Interessen unterschiedliche Wertungen darüber abgeben, was als gerecht gelten soll. Natürlich wurden diese Wertungen dann auch in ihre jeweiligen philosophischen Gebilde mit hineintragen. Die Frage, ob Gerechtigkeit eine Kategorie universellen oder relativen Inhalts ist, formuliert daher (wie in der Philosophie regelmäßig, wenn man in vermittlungslosen gesellschaftsabgehobenen Gegensätzen denkt) eine Scheinalternative. Denn der universelle normative Inhalt der Gerechtigkeit, die Gleichheit, vermittelt sich stets innerhalb der Wirklichkeit konkreter sozialer Handlungskomplexe. Oder anders herum: Gerechtigkeit ist eine gesellschaftlich-historische Kategorie, die über einen universellen ethischen Kern – die Idee der Gleichheit – verfügt.

3. Selbst dann, wenn sich unser Interesse primär auf die Gerechtigkeit im engeren, formalrechtlichen Sinne richtet, kommen wir an der Kenntnisnahme ihres gesellschaftlichen Hintergrundes nicht vorbei. Denn er entscheidet letztlich darüber, welche jeweilige konkrete Bedeutung der Satz für eine Gesellschaft hat, dass die Menschen gleich und als Gleiche zu behandeln seien, und zu welchen Resultaten er demzufolge im sozialen Handeln der Menschen führt.

1.2.3   Rechtliche und soziale Gerechtigkeit

Bereits diese Ableitungen unmittelbar im Anschluss an das aristotelische Gerechtigkeitsmodell legen nahe, dass es innerhalb des Gerechtigkeitsdiskurses offenbar darum geht, eine bestimmte soziale Spannung zu bearbeiten, nämlich die zwischen Gleichheit und Ungleichheit. Es kommt jedoch noch als weiteres, Spannung erzeugendes Moment hinzu, dass sich bereits die oben skizzierten theoretischen Grundannahmen zur Gerechtigkeit regelmäßig an der Realität der politischen und sozialen Strukturen reiben. Dies war im Übrigen schon zur Zeit des Aristoteles so, wo die austeilende Gerechtigkeit eben keinesfalls erst einmal jedem Angehörigen der Polis eine abstrakt gleiche Rechtsstellung zuwies, sondern umstandslos Differenzierungen nach gesellschaftlicher Stellung, Geschlecht und Herkunft voraussetzte. Aus heutiger Sicht viel entscheidender ist jedoch, dass auch in der Realität des modernen westlichen Kapitalismus sozialstaatlicher Prägung die beiden Pfeiler der Gerechtigkeitskonstruktion – kommutative und distributive Gerechtigkeit – keineswegs auf unerschütterlichen empirischen Fundamenten stehen. Der konstitutive Bestandteil der kommutativen Gerechtigkeit nämlich, der „freie und gerechte Tausch", darf zweifellos zu den „Kernlegenden des okzidentalen Kapitalismus" (Ritsert 1997, 52) gezählt werden. Denken wir in diesem Zusammenhang nur an die seit Jahren in Deutschland sinkenden Reallöhne gerade auch in sozialen Berufen bei (mindestens) gleichbleibendem Einsatz von Arbeitskraft. Und für die zentrale Kategorie der distributiven Gerechtigkeit, die Leistung, wird man vergeblich nach einer klaren Definition suchen, handelt es sich doch hierbei um einen politisch heftig umkämpften Begriff. Die Debatte um den sog. aktivierenden Sozialstaat hielte hierfür eine Reihe von Beispielen bereit.

Das aristotelische Gerechtigkeitsmodell wirft also zunehmend mehr Fragen auf, als es beantwortet. Dies ist nicht zuletzt deshalb so, weil das eingangs formulierte Problem des Verhältnisses zwischen gleichen rechtlichen Regeln für alle und einer damit verbundenen rechtlichen Gleichbehandlung einerseits und der moralischen Bewertung dieses Ergebnisses andererseits heute noch viel differenzierter besteht und dabei mitunter scharfe Gegensätze zwischen dem einen und dem anderen zum Ausdruck bringt: Wie etwa wäre die vieldiskutierte Steuergerechtigkeit herzustellen, wie eine gerechte Finanzierung der sozialen Sicherungssysteme? Wie ist unter Gerechtigkeitsaspekten („Gleicher Lohn für gleiche Arbeit") das unterschiedliche Lohnniveau zwischen Ost und West zu interpretieren, wie die immer noch unterschiedlichen Lohneingruppierungspraxen bei Frauen und Männern? In welchem Umfang und in welcher Weise soll eine Verteilung nach der Leistung die unterschiedliche Leistungsfähigkeit unterschiedlicher Menschen berücksichtigen und ggf. kompensieren? Es sind dies alles Fragen danach, welche Fallgruppen zu bilden wären, innerhalb derer intern eine Gleichbehandlung erfolgte, für die extern aber ein entsprechender Ausgleich zu schaffen wäre. Weiterhin ist damit nach den Kriterien gefragt, nach denen die einzelnen Menschen dann den entsprechenden Gruppen zuzuordnen wären. Spiegelbildlich stellt sich auf der Seite der Verteilung der Güter die Frage, welche Güter in welchem Umfang einer gleichen Verteilung unterliegen sollen. Sicher nicht alle, denn das Ergebnis wäre gleichermaßen absurd wie ungerecht.

All diese Fragestellungen, die im Übrigen auch für eine seit einiger Zeit zu konstatierende Tendenz stehen, Gerechtigkeitsfragen auch in der öffentlichen Debatte wieder verstärkt zu thematisieren, verweisen im Grunde auf eines: Sie zeigen, dass sich das Interesse der Teilnehmer an dieser Debatte keinesfalls schon in knappen Antworten auf juristische Gerechtigkeitsfragen erschöpft, sondern sich vor allem auf eine in einem weiteren Sinne soziale Gerechtigkeit richtet. Dies ist durchaus nachvollziehbar. Denn der Göttin Justitia mag man noch zugestehen, dass die Binde vor ihren Augen einigermaßen fest sitzt – obgleich man ihr durchaus auch den einen oder anderen Blick auf die soziale Wirklichkeit wünschen kann. *Soziale* Ungleichheit hingegen ist allenthalben mit Händen zu greifen und es stellt sich die Frage, unter welchen Voraussetzungen dann soziale Verhältnisse dennoch als gerecht beschrieben werden können und ob und in welcher Weise das Recht hierbei überhaupt mit heranzuziehen wäre.

Analysiert man diese Art von Fragestellungen, so zeigt sich, dass sie alle auf eine ganz bestimmte Ebene gesellschaftlicher Interaktion, nämlich die des Austausches von Gütern und Leistungen, gerichtet sind. Natürlich ist ein solcher Rekurs durchaus erst einmal naheliegend, denn er betrifft eine Gesellschaft, in der die sozialen Beziehungen der Menschen wesentlich über den Austausch von Waren und Geld, den sachlichen Austausch von Dingen, vermittelt sind. Gleichwohl stellt sich die Frage, ob die Gerechtigkeitsproblematik innerhalb einer streng auf die Distributionssphäre ausgerichteten Perspektive wirklich voll ausgeleuchtet werden kann. Karl Marx' Argument hierzu lautet, dass die Gleichheit der Menschen innerhalb der Verteilungsprozesse lediglich eine Folge ihrer Ungleichheit innerhalb der Aneignungsprozesse sei (Marx 1857, 167 f.). Will man daher die Gleichheit in der

Verteilungsgerechtigkeit und Aneignungsungerechtigkeit

Verteilung verstehen, müsste zunächst die Ungleichheit bei der Aneignung erklärt sein. Hierbei aber fiele dann sofort auf, dass diese in ihrer geschichtlichen Entstehung und Wirkung regelmäßig an personale oder sachliche Macht- und Herrschaftsarrangements gebunden war – von der Versklavung von Menschen und der Okkupation fremder Territorien über die „Einhegungen" von Gemeindeland etwa in England zur Zeit des Hochmittelalters bis zur ökonomischen Ausnutzung sachlicher Abhängigkeitsverhältnisse zur Aneignung von ökonomischen Werten, die andere geschaffen haben. Mit anderen Worten begegnen wir Aneignungsungerechtigkeiten regelmäßig in der Form des Erwerbs von Eigentum durch Enteignung. Dies alles vollzieht sich übrigens keineswegs in einem rechtsindifferenten Raum, denn, um das Bild der Göttin ein letztes Mal zu bemühen: Justitia hält nur in einer Hand die Waage, in der anderen aber hält sie das Schwert!

Was bedeutet es nun aber für die Bildung von Gerechtigkeitstheorien, wenn solche tragenden gesellschaftlichen Konstruktionselemente wie Aneignung und Eigentum einerseits, Macht und Herrschaft andererseits in ihnen weitgehend unthematisiert bleiben? Die Annahme liegt nahe, dass sich dies, wie wir bereits gesehen haben, in bestimmten Erklärungsdefiziten niederschlägt. Für Ungerechtigkeiten jedenfalls, „die dem Kontext von Macht und Appropriation (der Arbeitskraft, der Arbeitsprodukte, des Körpers und Willens) anderer Subjekte entstammen", stellt auch für Jürgen Ritsert der klassische Akzent auf Verteilung, Anteiligkeit und Verteilungsalgebra keine ausreichende Perspektive dar (1997, 74 f.).

Mit der Kenntnisnahme von Ungerechtigkeiten in der Aneignungssphäre sind zugleich auch Erwartungen an die rechtliche Gerechtigkeit in eine realistische Perspektive gerückt. Denn es muss sich selbstredend auch in der normativen Forderung, gerecht zu tauschen, in irgendeiner Weise und an irgendeiner Stelle bemerkbar machen, wenn der Verteilung der Güter ungerechte Aneignungsverhältnisse vorausgehen. Jedoch ist es nicht nur so, dass die rechtliche Gerechtigkeit durch die Aneignungsungerechtigkeit faktisch begrenzt wird. Auf der anderen Seite verleiht sie ihr gleichzeitig auch eine gewisse gesellschaftliche Stabilität. Gerade die Analyse von Marx zeigt nämlich, dass die Gleichheit bei der Verteilung nichts anderes ist als eine spezifische Wahrnehmungsform der Ungleichheit in den Aneignungsverhältnissen (1857, 168 ff., 575). Dies aber bedeutet dann auch, dass Ungerechtigkeiten bei der Aneignung auf der Verteilungsebene in eben jenen rechtlichen Gleichheitsbeziehungen wahrnehmbar sind, die ihrerseits aber als gerecht gelten und deshalb insoweit für ein höchstmögliches Maß an gesellschaftlicher Akzeptanz sorgen.

Sind Gerechtigkeitsfragen in derartiger Weise gewendet, dann kann man in sie allerdings auch dann, wenn sie üblicherweise an der Verteilungsproblematik ansetzen, analytische Schärfe und damit auch durchaus ein kritisches Potenzial hineinlegen.

Chancengleichheit Dies versuchen die aktuellen Gerechtigkeitsdiskurse vornehmlich in einem Rekurs auf die Chancengleichheit. Auch hierbei geht es ja im Kern um Austauschprozesse mit dem Ziel der Umverteilung von Gütern und Leistungen zum Zweck der Kompensation ungleicher Ausgangsbedingungen. Ob und inwieweit damit jedoch wirklich der erhoffte Durchbruch in der Frage nach der sozialen Gerechtigkeit gelungen ist, muss offen bleiben. Denn zunächst wäre einmal zu entscheiden, was mit Chance und was mit Chancengleichheit gemeint sein soll: Eine *Chance* kann in einer tatsächlichen Gelegenheit bestehen, das zu erhalten, was man angestrebt oder gewünscht hat, aber auch darin, dass eine bestimmte Wahrscheinlichkeit besteht, dass der angestrebte Erfolg eintritt. Chancengleichheit wiederum kann man in Bezug auf die Lebensaussichten oder auch mit Blick auf den Mittelgebrauch zur Erreichung eines Ziels annehmen (Ritsert 1997, 81). Um es in der praktischen Konsequenz deutlich zu machen:

In der Bundesrepublik stehen weiterführende Schularten und höhere Bildungseinrichtungen den Kindern aus allen sozialen Schichten gleichermaßen offen. Verfügen Eltern über ein weniger hohes Einkommen, so erhalten ihre Kinder für die Zeit ihres Studiums sogar eine staatliche Ausbildungsförderung. Dennoch studieren nur 8 von 100 Kindern aus unterer sozialer Herkunft gegenüber 72 von 100 aus hoher sozialer Herkunft an einer Hochschule/Universität. Besteht also eine Gleichheit der Bildungschancen in Deutschland?

Antworten auf diese oder ähnliche Fragen erwartet man sich nicht zuletzt von der gegenwärtig wohl einflussreichsten Gerechtigkeitstheorie, die der amerikanische Moralphilosoph John Rawls erstmals 1971 als „A Theory of Justice" (dt.: Rawls 1979) vorlegte. Ihre außerordentliche Anziehungskraft verdankt sie vor allem dem Umstand, dass in ihr die liberale Freiheitsidee und die sozialstaatliche Idee des Ausgleichs sozialer Ungleichheit zusammengebracht sind. Sie bietet damit nicht nur gemeinsame Anknüpfungspunkte für ansonsten recht unterschiedliche politische Strömungen und theoretische Denkrichtungen, sondern zielt eben auch und vor allem sehr genau auf konkrete Gerechtigkeitspotenziale (und -defizite!) moderner Gesellschaften. Auf den Punkt gebracht ist sie in zwei Gerechtigkeitsprinzipien, die in einem Neuentwurf, der 2001 unter dem Titel „Justice as Fairness" erschien, wie folgt lauten (Rawls 2003, 78): **Gerechtigkeit als Fairness**

a) Jede Person hat den gleichen unabdingbaren Anspruch auf ein völlig adäquates System gleicher Grundfreiheiten, das mit demselben System von Freiheiten für alle vereinbar ist.
b) Soziale und ökonomische Ungleichheiten müssen zwei Bedingungen erfüllen: erstens müssen sie mit Ämtern und Positionen verbunden sein, die unter den Bedingungen fairer Chancengleichheit allen offen stehen; und zweitens müssen sie den am wenigsten begünstigten Angehörigen der Gesellschaft den größten Vorteil bringen (Differenzprinzip).

Vervollständigt werden diesen beiden Prinzipien noch durch zwei Vorrangsregeln. Die eine lautet, dass das erste Prinzip gegenüber dem zweiten Vorrang hat. Weiterhin hat innerhalb des zweiten Prinzips die **Chancengleichheit** Vorrang vor dem Differenzprinzip (Rawls 2003, 78). Diese Gerechtigkeitskonzeption soll *Basisnormen* für eine gerechte Gesellschaft aufstellen und begründen, die von der Ausgangsfrage her formulieren sollen, was „freie und vernünftige Menschen in ihrem eigenen Interesse in einer anfänglichen Situation der Gleichheit zur Bestimmung der Grundverhältnisse ihrer Verbindung annehmen würden" (Rawls 1979,

28). Deshalb auch muss in ihr das Freiheitsprinzip Vorrang haben, weil nämlich erst die Gleichheit der politischen Freiheit und der Gedankenfreiheit den Bürgern die Möglichkeit geben zu bestimmen, wie die Gerechtigkeitsstruktur ihrer Gesellschaft gestaltet sein soll (vgl. Rawls 2003, 81 f., 130 f.).

Im zweiten Prinzip wird das Problem der **Verteilungsgerechtigkeit** formuliert. Es besteht darin, wie „langfristig und generationenübergreifend ein faires, leistungsfähiges und produktives System der Kooperation aufrecht erhalten werden kann" (Rawls 2003, 88). Hierauf gibt Rawls zwei Antworten: Zunächst durch eine faire Chancengleichheit nicht nur in dem Sinne, dass öffentliche Ämter und soziale Positionen formal allen gleichermaßen offen stehen, sondern darüber hinaus, dass alle eine faire Chance haben sollen, diese Ämter und Positionen auch tatsächlich zu bekleiden. Die institutionelle Herstellung einer derartigen Chancengleichheit stellt sich Rawls konsequenterweise wiederum marktförmig vor (Rawls 2003, 79 f.). Soziale und ökonomische Ungleichheit zwischen Menschen, die im Ergebnis hieraus entsteht, ist dann nicht ungerecht, denn sie ist nicht nur „nötig oder überaus effizient (…), wenn es darum geht, im Rahmen eines modernen Staates die Wirtschaftsordnung funktionsfähig zu erhalten", sondern zudem auch moralisch gerechtfertigt, insofern als diejenigen, die ihre Chancen besser genutzt haben als andere, höhere Ansprüche auch tatsächlich verdient haben (Rawls 2003, 128 f.).

Während das erste Gerechtigkeitsprinzip für die Freiheitslosung und das Prinzip der fairen Chancengleichheit für die Gleichheitslosung der Französischen Revolution stehen, will das Differenzprinzip die Forderung nach Brüderlichkeit bzw. wie wir heute sagen würden: nach Solidarität einlösen. Es zielt auf die Bearbeitung jener gravierende Ungleichheiten in den Einkommensverhältnissen, die, wie Rawls meint, mit drei Arten von Zufallsumständen in Zusammenhang stehen: *erstens* der sozialen Klasse, in die der Einzelne hineingeboren wurde und von der er sich nicht lösen kann, bis er selbst erwachsen ist, *zweitens* den angeborenen Begabungen sowie den von der ursprünglichen Klassenzugehörigkeit abhängigen Chancen zu ihrer Entfaltung und schließlich *drittens* Glück oder Pech im Leben, was etwa Krankheit, Arbeitslosigkeit oder die Auswirkung von Wirtschaftsflauten betrifft (Rawls 2003, 96). Diese sozialen Ungleichheiten sollen den von ihnen am stärksten negativ Betroffenen die größten Vorteile bringen, *insofern* und *weil* die im Freiheits- sowie im Gleichheitsprinzip beschriebene Hintergrundgerechtigkeit, wie Rawls sie in diesem Zusammenhang bezeichnet, institutionell hergestellt ist. *Unter dieser Prämisse* könnten staatliche Regulierungen etwa in Bereichen der Preisbildung, der Arbeitsmarktregulierung, der Absicherung eines Existenzminimums, der Besteuerung von hohen Vermögen oder der allgemeinen Besteuerung zur Aufbringung von Mitteln, die im Sinne einer gerechten Umverteilung eingesetzt werden müssen, als gerecht anerkannt werden. Denn eines ist für Rawls evident: Wenn Vermögensunterschiede eine gewisse Grenze überschreiten, dann werden die Institutionen zur Absicherung der Chancengleichheit gelähmt, verliert die politische Freiheit ihren Wert, und die repräsentative Regierungsform ist nur noch Schein (Rawls 1979, 312).

Erkennbar erhebt ein solches Gerechtigkeitskonzept nicht etwa den Anspruch einer universellen Gültigkeit (Hofmann 2000, 210), sondern bezeichnet vielmehr präzise, welche Gleichheitsaspekte in der modernen westlich-kapitalistischen Gesellschaft Berücksichtigung finden sollen und welche nicht. Es verweist dabei im Übrigen implizit auch auf die Grenzen und Defizite marktförmiger Gesellschaftssteuerung, insofern es nämlich z. B. diejenigen, die überhaupt keinen Tauschwert in den gesellschaftlichen Austauschprozess einzubringen vermögen – etwa: arbeitsunfähige Behinderte, dauernd Beschäftigungslose, Nichtsesshafte, Kinder – schlicht ausblendet. Insgesamt – mit ihren produktiven Fragestellungen wie mit ihren blinden Flecken – steht jedenfalls auch diese Gerechtigkeitskonzeption dafür, dass der kategoriale Inhalt von (sozialer) Gerechtigkeit keineswegs einmal vorgegebenen und von da an für alle Zeiten feststehend ist. Zwar wird er sich im Kern immer über Gleichheitsfragen bestimmen lassen müssen; *welche* Gleichheits- bzw. Ungleichheitsverhältnisse jedoch innerhalb eines konkreten sozialen Zusammenhanges, einer konkreten Gesellschaft jeweils als gerechtigkeitsrelevant ausgemacht werden, ist damit, wie auch hier deutlich werden konnte, allerdings noch längst nicht entschieden. Oder, um es in den Worten des amerikanischen Sozialphilosophen Michael Walzer zu sagen: „Gerechtigkeit ist ein menschliches Konstrukt; und es steht keineswegs fest, dass sie nur auf eine einzige Weise hergestellt werden kann" (Walzer 1994, 30).

1.2.4 Juristische Gerechtigkeit

Die soziale Dimension von Gerechtigkeit weist also deutlich über rechtliche Fragestellungen im engeren Sinn hinaus und begrenzt zugleich deren soziale Wirkungsmacht. Dennoch kommt dem Recht, wie eingangs gesehen, eine Schlüsselstellung innerhalb der Gerechtigkeitsproblematik zu. Denn die unterschiedlichen Möglichkeiten, Gerechtigkeit zu begreifen, d. h. also aus den realen gesellschaftlichen Ungleichheitsrelationen heraus Maßstäbe der Gleichheit und der Gleichbehandlung zu formulieren, sind im Recht in der Gleichheit der Person auf ihre abstrakteste Ausdrucksmöglichkeit zurückgeführt.

Für die gesellschaftliche Wirklichkeit des Rechts, die gelebten rechtlichen Beziehungen (also etwa die Beziehungen zwischen Vertragspartnern, zwischen Schadensverursacher und Geschädigtem oder zwischen Behörde und Leistungsbezieher) bedeutet dies, dass in ihr der Gerechtigkeitsgedanke unter einem stark formalisierten Aspekt abgehandelt ist. Daran ändert sich auch prinzipiell nichts, wenn wir die sehr abstrakten Ebenen der Gleichstellung der Individuen als Rechtspersonen, z. B. als Staatsbürger, als Eigentümer oder bei der Abgabe einer Willenserklärung verlassen und bestimmte Kategorisierungen der Rechtsbeteiligten vornehmen: als Wahlberechtigte, Arbeitnehmer, Verbraucher, Bezieher von Sozialleistungen, Verheiratete o. Ä. Stets neigen wir dazu, im rechtlichen Sinne immer genau dann von Gerechtigkeit zu sprechen, wenn innerhalb ein und derselben Kategorie für alle die gleichen Regeln zur Anwendung kommen. Jene abstrakte, formale Gerechtigkeit ist demnach „ein Handlungsprinzip, nach welchem die Wesen derselben Wesenskategorie auf dieselbe Art und Weise behandelt werden müssen" (Perelman 1967, 28). Mit anderen Worten kann sich auch die Betrachtung des Einzelfalls, sofern sie unter Gerechtigkeitsgesichtspunkten erfolgen soll, stets nur an der allgemeinen Norm orientieren. In rechtsphilosophischer Hinsicht hiervon zu unterscheiden wäre dann die

Einzelfallgerechtigkeit

Billigkeit, die, freilich auch in einer Weise, die letztlich wieder verallgemeinerbar sein muss, ihre rechtliche Bewertung unmittelbar anhand des Einzelfalles, d. h. auch unter Berücksichtigung seiner Besonderheit, vielleicht sogar Einmaligkeit, abgibt. Insofern kann man mit Radbruch die **Billigkeit** als die Gerechtigkeit des Einzelfalles bezeichnen (Radbruch 1932, 37).

gerechtes Recht   Jedoch ist Recht nicht nur normativer Ausdruck, sondern zugleich auch Regulator und damit Gestalter sozialer Beziehungen. Sollen diese dem Anspruch der Gerechtigkeit standhalten, so muss auch das Recht seinerseits die Gerechtigkeitsanforderungen zu erfüllen imstande sein. Grundlegend hierfür ist, dass die Regeln des Rechts selbst als gerecht gelten können. Damit ist nicht mehr und nicht weniger als das Problem *des richtigen Rechts* bezeichnet, womit wir innerhalb dieses kleinen Gerechtigkeitsexkurses wieder zu unserer rechtsphilosophischen Ausgangsfrage zurückgelangt sind. Beantwortet werden kann sie auf ganz unterschiedlichen theoretischen Ebenen. Für Kant etwa ist das richtige Recht dann gegeben, wenn der eigene freie Wille zugleich „mit der Freiheit von jedermann nach einem allgemeinen Gesetze (… der Freiheit – wäre noch zu ergänzen, wenn man dem Text Kants in dieser knappen Wiedergabe gerecht werden will, d. Verf.) bestehen könne" (1797, 338). Das ist zugegebenermaßen wiederum sehr abstrakt. Dennoch ist damit zumindest schon einmal klargestellt, dass – normativ gesprochen – nicht alles, was in Geschichte und Gegenwart in der Form des Rechts auf uns gekommen ist, auch schon notwendigerweise als gerecht angesehen werden muss. In die Wirklichkeitsperspektive des Rechts gewendet bedeutet das, dass soziale Verhältnisse nicht schon dann für sich in Anspruch nehmen können, gerecht zu sein, nur weil sie in der Form des Rechts gesellschaftlich etabliert wurden. Ganz im Gegenteil kann und muss das Recht selbst auch unter Gerechtigkeitsaspekten legitimer Gegenstand der Kritik, notfalls auch des sozialen Protestes sein, wie dies etwa als Reaktion auf die Sozialgesetzgebung der letzten Jahre in verschiedenen europäischen Ländern, darunter auch in Deutschland, tatsächlich zu beobachten war.

Freilich wird sich die Frage, ob Regeln als gerecht bezeichnet werden können oder nicht, in praktischer Weise kaum von der von Kant besetzten Abstraktionshöhe herab entscheiden lassen. Die juristischen Gerechtigkeitsfragen im engeren Sinn bleiben hier noch einigermaßen unproblematisch und blass. Ihre eigentliche soziale Sprengkraft entwickeln sie erst dann, wenn das allgemeine Diktum der Gleichbehandlung konkretisiert wird. In dem bereits erwähnten Ansatz von Chaim Perelman etwa wird die Gerechtigkeit juristischer Regeln davon abhängig gemacht, ob die Kriterien für die unterschiedlichen Kategorien, innerhalb derer die Menschen gleich behandelt werden, von hinreichender sozialer Relevanz sind und ob die Zuordnung zu ihnen sachlich begründet vorgenommen wurde (1967, 119).

Solche Kategorien sind z. B. auf das Arbeitsrecht (vgl. IV-3.1) bezogen: Arbeitgeber, Arbeitnehmer, leitende Angestellte, andere arbeitnehmerähnliche Personen, Frauen, Schwangere, Behinderte, Jugendliche, Betriebsräte, Gewerkschaftsmitglieder, Arbeitnehmer in Kleinbetrieben, Arbeitnehmer in Tendenzbetrieben, befristet Beschäftigte, Teilzeitbeschäftigte, Beschäftigte auf Probe, Beschäftigte je nach unterschiedlicher Dauer der Betriebszugehörigkeit. Für sie alle gelten, je nach Kategorisierung, unterschiedliche Regeln, nach denen sie gleich behandelt werden. Zwischen den einzelnen Gruppen hingegen ist eine Ungleichbehandlung innerhalb des großen Rechtsstoffes „Arbeitsrecht" möglich, ohne dass deshalb notwendigerweise Gerechtigkeitsgrundsätze verletzt würden.

Erst unter der Voraussetzung eines in diesem Sinne gerechten Rechts kann der schon auf Aristoteles zurückgehende Satz gelten, wonach die Verletzung einer Regel des Rechts ein Akt der Ungerechtigkeit, die Wiederherstellung ihrer Geltung demnach der grundlegende Vorgang der Herstellung rechtlicher Gerechtigkeit sei. Jedoch bleibt auch eine solche Aussage formal, und zwar in dem Maße, in dem die Regelgerechtigkeit selbst nur formal bestimmt werden konnte. Mit Blick auf die gesellschaftlichen Realverläufe ist nämlich ohne weiteres einsichtig, dass in einer bestimmten Situation keineswegs immer nur eine Entscheidungsmöglichkeit zu Kategorisierung und Zuordnung vorstellbar ist. Deshalb lässt sich auch eine gerechte Rechtsordnung insgesamt wieder nur auf eine derart abstrakte Weise beschreiben, wie uns dies bereits bei Kant begegnet ist. Konkret werden die Fragen nach einer gerechten Rechtsordnung hingegen erst dann, wenn die interessengeleiteten Wertungen wieder mit in den Blick genommen werden. Geschieht dies aber, dann steht auch die gerechte Rechtsordnung sofort wieder in einem Spannungsverhältnis zur sozialen Wirklichkeit. Abstrakt kann und muss man daher den Rechtsstaat sehr wohl als Ausdruck und Symbol der gerechten Rechtsordnung begreifen. Werden jedoch die konkreten Bewertungsvorgänge mit in den Blick genommen, dann mag das Rechtsstaatsprinzip zwar immer noch für das *Versprechen der Gerechtigkeit* stehen. Dafür, wie wenig man aus ihm jedoch eine *Garantie für Gerechtigkeit* ableiten kann, ist etwa das amerikanische Gefangenenlager Guantánamo zum beklemmenden Symbol geworden.

gerechte Rechtsordnung

Das Verhältnis zwischen abstraktem Gleichheitssatz und konkreter Zuordnungsentscheidung nach den Regeln des Gleichheitssatzes setzt sich auch im Rechtsverkehr zwischen den Rechtspersonen, etwa bei der vertraglichen Gestaltung von Rechtsbeziehungen, fort. Zwar treffen in ihm zunächst in ihrer Willensbildung autonome Partner aufeinander, so dass der allgemeine Grundsatz der Vertragstheorie insoweit zugleich ein Gerechtigkeitspostulat ist: *volenti non fit iniuria*, was zu Deutsch etwa heißt, dass einem willentlich Zustimmenden eben deshalb, weil er aus freiem Willen zustimmt, auch kein Unrecht erwachsen kann. Nur eine Folge dieses Grundsatzes ist das auch einem größeren, auch nichtjuristischen Publikum geläufige *pacta sunt servanda* (dt.: Verträge sind einzuhalten). Die Hauptelemente der Verkehrsgerechtigkeit betreffen deshalb vor allem den Bereich der ausgleichenden Gerechtigkeit. Jedoch ist der grundlegende Gedanke der **Privatautonomie** (vgl. II-1.3) an die stillschweigende soziale Voraussetzung des Rechts gebunden, dass der mit einem freien Willen ausgestattete Mensch zugleich auch über die sozialökonomischen Voraussetzungen autonomer Willensentscheidungen verfügt (hierzu Sinzheimer 1930, 50 f.). Genau dieses Gefüge ist aber spätestens dann aus dem Lot, wenn sich das Fiktionale dieser Voraussetzung als reales Ausgeliefertsein an sachliche Abhängigkeitsverhältnisse zeigt und sich der Einzelne unversehens einer faktisch überlegenen Regelungs- und Verfügungsmacht seines Vertragspartners gegenübersieht. Hierauf verweist auch Max Weber, wenn er schreibt (1921, 439):

Gerechtigkeit im Rechtsverkehr

> „Das formale Recht eines Arbeiters, einen Arbeitsvertrag jeden beliebigen In-
> halts mit jedem beliebigen Unternehmer einzugehen, bedeutet für den Arbeit-
> suchenden praktisch nicht die mindeste Freiheit in der eigenen Gestaltung der
> Arbeitsbedingungen und garantiert ihm an sich auch keinerlei Einfluß darauf."

Nicht nur im Arbeitsrecht (IV-3), sondern auch im Mietrecht, im Verbraucherrecht
und in vielen anderen Rechtsgebieten können derartige Situationen entstehen (vgl.
II-1.3). Deshalb werden sich auch zur Verkehrsgerechtigkeit die wirklich schlüssi-
gen Antworten erst wieder aus der Analyse der Klassifikationen von entsprechenden Kategorien und der Beurteilung der jeweiligen Zuordnungen zu ihnen ableiten
lassen.

Verfahrensgerech- Die Verfahrensgerechtigkeit, also die gerechte Abwicklung rechtlicher Prozesse
tigkeit (Straf-, Zivil-, Familien-, Arbeits-, Verwaltungs- und andere Prozesse) betrifft im
Wesentlichen den Grundsatz der „Waffengleichheit" im Verfahren. Dies kann man
z. B. im Strafprozess von den Verteidigungsrechten des Beschuldigten bzw. Angeklagten bis hin zu den gesetzlichen Beweisverwertungsverboten verfolgen. Die
bekannteste Maxime der Verfahrensgerechtigkeit ist das *audiatur et altera pars*,
d. h. der Grundsatz, in einem Verfahren beide Seiten zu hören (verfassungsrechtlich geregelt als Recht auf rechtliches Gehör, Art. 103 Abs. 1 GG). Weitere Grundsätze der Verfahrensgerechtigkeit sind vor allem im Strafrecht (vgl. III-8.1.3 und
III-8.5.1) zu finden, so z. B. das Bestimmtheitsgebot und das Rückwirkungsverbot
im Strafrechts bzw. das Verbot der rückwirkenden Bestrafung (*nullum crimen sine
lege, nulla poena sine lege*) oder auch das Verbot der doppelten Bestrafung für ein
und dieselbe Tat (*ne bis in idem*), Art. 103 Abs. 2 u. 3 GG.

Strafgerechtigkeit Die Strafgerechtigkeit betrifft eine vielleicht auch eine nichtjuristische Öffentlichkeit in besonderer Weise interessierende und zugleich besonders kontrovers
verhandelte Perspektive von Gerechtigkeit. Debatten wie etwa die um die Angemessenheit der Sanktionen im Jugendstrafrecht oder um die Strafverschärfung für
Sexualstraftaten („Wegsperren, und zwar für immer!" wurde immerhin nicht an
einem Stammtisch, sondern vom damaligen Bundeskanzler gefordert) belegen
dies. Ihre Schärfe gewinnen sie dadurch, dass offensichtlich gerade hier Werturteile aufeinanderprallen, die deshalb vergleichsweise weit auseinanderliegen, weil
die sozialen Grundannahmen, aus denen sie sich herleiten, entsprechend stark differieren. Diese betreffen im Wesentlichen den Zweck der Strafe, der in der Vergeltung begangenen Unrechts oder in dem Gedanken der Resozialisierung und der
Erziehung des Täters liegen oder der auf die abschreckende Wirkung von Strafen
abzielen kann (vgl. hierzu im Einzelnen unter III-8.2.3). Die Annahme von Strafgerechtigkeit hängt daher zum einen davon ab, welcher der genannten Strafzwe-
cke über eine aktuell ausgeprägte soziale Plausibilität verfügt und zum anderen
davon, inwieweit dann der konkrete Strafausspruch diesem Strafzweck in angemessener Weise Geltung verschafft.

Die permanenten Relativierungen, denen jeder einzelne der hier behandelten
Gerechtigkeitsaspekte unterworfen werden musste, mögen für den einen eine Bestätigung einer bereits vorhandenen Aversion, für den anderen eine Enttäuschung
sein. Notwendig wurden sie jedes Mal, weil es sich bei der Gerechtigkeit um eine
Kategorie handelt, deren Wesensgehalt zwar eine starke ethisch rückgebundene

Zentrierung um Gleichheits- und Gleichbehandlungsfragen ausmacht, deren jeweilige konkrete inhaltliche Bestimmung jedoch je nach interessengeleitet-wertendem Blickwinkel ausfällt. Wer also an eine „absolute" Gerechtigkeit glauben will und sie definiert haben möchte, der muss auf die naturrechtlich geprägte Annahme universeller Normen, deren Geltung sich unabhängig von menschlicher Einflussnahme auf sie vorstellen ließe, verwiesen werden (vgl. I-1.1.2). In der Realität des Rechts hingegen – der gelebten wie der normativen – muss „absolute" Gerechtigkeit ein Widerspruch in sich bleiben. Man mag daher wohl langsam eine Ahnung davon bekommen, weshalb Chaim Perelman (1967, 83) so lapidar schreibt: „Die Gerechtigkeit ist ein anspruchsvoller und verworrener Begriff." Praktisch gesehen besteht hingegen durchaus ein Anlass zur Hoffnung. Denn wenn es so ist, dass sich der Inhalt von Gerechtigkeit letztlich nur in einem je konkreten sozialen Kontext auffinden lässt, so hat dies zur logischen Konsequenz, dass niemand anders als die handelnden Akteure, und damit also auch wir selbst, es sind, die in ihrer sozialen Interaktion die jeweilige Bedeutung von Gerechtigkeit für sich und ihre sozialen Bezugnahmen festlegen.

Rawls 2003; Ritsert 1997; Walzer 1994

1. Welche Bedeutung hat der Staat für das Recht und was versteht man unter dem Begriff Rechtsstaat? (1.1.1, vgl. auch 2.1.2)
2. Was sind die Kennzeichen einer Rechtsnorm und welche Typen von Rechtsnormen gibt es in der Rechtsordnung der Bundesrepublik Deutschland? (1.1.3)
3. Was unterscheidet eine kommunale Satzung von der Satzung eines Vereins? (I-1.1.3.4 und II-1.1)
4. Weshalb ist die Unterscheidung in privates und Öffentliches Recht bei der Beantwortung von Rechtsfragen im Einzelfall wichtig? (1.1.4)
5. Welche EU-Regelungen haben unmittelbare rechtliche Wirkungen für das Alltagsleben der Bürger? (1.1.5)
6. Inwieweit kann man von einem Europäischen Sozialrecht sprechen? (1.1.5)
7. Aufgrund welchen völkerrechtlichen Abkommens sind die Jugendämter in Deutschland verpflichtet, ausländischen Minderjährigen Schutz zu gewähren, und was versteht man insoweit unter Schutz? (1.1.5.2)
8. Was versteht man unter dem Begriff Einzelfallgerechtigkeit? (1.2.4)
9. Was versteht man unter dem Begriff Legitimation durch Verfahren, und welche Bedeutung hat dies für die Soziale Arbeit? (1.2.2)
10. Was versteht man unter zivilem Ungehorsam, und an welche rechtlichen Grenzen stößt dieser? (1.1.2)

2 Verfassungsrechtliche Grundlagen der Sozialen Arbeit (Trenczek / Behlert)

Gerade im Hinblick auf Menschen, die Hilfe bedürfen und in Gefahr stehen, von öffentlicher oder professioneller Unterstützung abhängig zu werden, empfiehlt es sich, die verfassungsrechtlichen Grundlagen der Bundesrepublik Deutschland (vgl. Übersicht 6) und das dahinter stehende Menschenbild genauer anzusehen:

> „Der Einzelne ist zwar der öffentlichen Gewalt unterworfen, aber nicht als Untertan, sondern als Bürger… Dies muss besonders dann gelten, wenn es um seine Daseinsmöglichkeit geht.… Die unantastbare, von der staatlichen Gewalt zu schützende Würde des Menschen (Art. 1) verbietet es, ihn lediglich als Gegenstand staatlichen Handlungsbedarfs zu betrachten, [insbesondere] soweit es sich um die Sicherung des notwendigen Lebensbedarfs, also seines Daseins überhaupt handelt. Das folgt aus dem Grundrecht der freien Persönlichkeit (Art. 2 Abs. 1 GG). Auch der Gemeinschaftsgedanke, der in den Grundsätzen des sozialen Rechtsstaats (Art. 20 und 28 GG) und der Sozialgebundenheit des Eigentums (Art. 14 GG) Ausdruck gefunden hat, erschöpft sich nicht in der Gewährung von materiellen Leistungen, sondern verlangt, dass die Teilnehmer der Gemeinschaft als Träger eigener Rechte anerkannt werden, die grundsätzlich einander mit gleichen Rechten gegenüberstehen (Art. 3 GG) und dass nicht ein wesentlicher Teil des Volkes in dieser Gemeinschaft hinsichtlich seiner Existenz ohne Rechte dasteht" (BVerwGE 1, 159 ff.).

Übersicht 6: Verfassungsrechtliche Grundlagen der Sozialen Arbeit

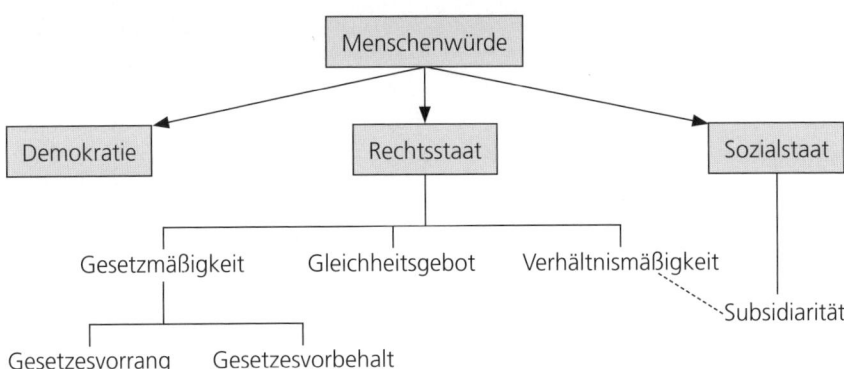

2.1　Die Bundesrepublik als demokratischer und sozialer Rechtsstaat

Die Bundesrepublik Deutschland ist ein demokratischer und sozialer Bundesstaat (Art. 20 Abs. 1 GG). Das Grundgesetz, die Verfassung (vgl. I-1.1.3.1) und rechtliche Grundordnung des deutschen Staates bestimmt in Art. 20 GG – und zwar mit Anspruch auf Unveränderlichkeit (Art. 79 Abs. 3 GG) – Rechtsstaat, Demokratie, Sozialstaat als wichtigste, ineinandergreifende Verfassungsgrundsätze (zum Föderalismusprinzip, der Gliederung des Bundes in Länder, vgl. I-4.1.2).

Kennzeichen und gleichermaßen Voraussetzung für den demokratischen Rechtsstaat ist die von dem französischen Philosophen Montesquieu (1689 – 1755) ausgeformte Lehre von der Dreiteilung der staatlichen Gewalten. Danach wird die Verwaltung (**Exekutive**) abgegrenzt von der Gesetzgebung (**Legislative**) und der Rechtsprechung (**Judikative**, siehe Übersicht 7). Grob gesagt, stellt die Gesetzgebung die Normen auf, die Exekutive (Verwaltung) wendet sie an und die Rechtsprechung kontrolliert die Einhaltung der Gesetze. Auf dieses Gewaltenteilungsprinzip nimmt die Verfassung der Bundesrepublik ausdrücklich Bezug in Art. 20 Abs. 3 GG: Die Gesetzgebung ist an die verfassungsmäßige Ordnung, die vollziehende Gewalt und die Rechtsprechung sind an Gesetz und Recht gebunden. Allerdings ist das Gewaltenteilungsprinzip heute nicht mehr in reiner Form angewendet. So wird die Regierung als Teil der Exekutive mittlerweile nicht mehr von einem „absoluten Herrscher" eingesetzt, sondern vom Parlament gewählt, deren Regierungsfraktionen die Regierung weniger kontrollieren denn stützen. Die Tätigkeit der Exekutive erschöpft sich auch nicht in der reinen Anwendung von Normen, vielmehr haben die Regierung und die sog. Selbstverwaltungsträger auch einen politischen Gestaltungsauftrag, während die übrige Verwaltung eher ausführend tätig ist. Zudem nehmen Exekutiv- und Verwaltungsbehörden auch Aufgaben wahr, die streng inhaltlich zur Gesetzgebung (Erlass von Verordnungen und Satzungen) oder Rechtsprechung (Bußgeldbescheide) gehören, andererseits werden auch die Gesetzgebung (z. B. bei Erlass eines Haushaltsplanes) und die Rechtsprechung (Register, Grundbuch) verwaltend tätig.

Gewaltenteilung

Übersicht 7: Staat und Gewaltenteilung

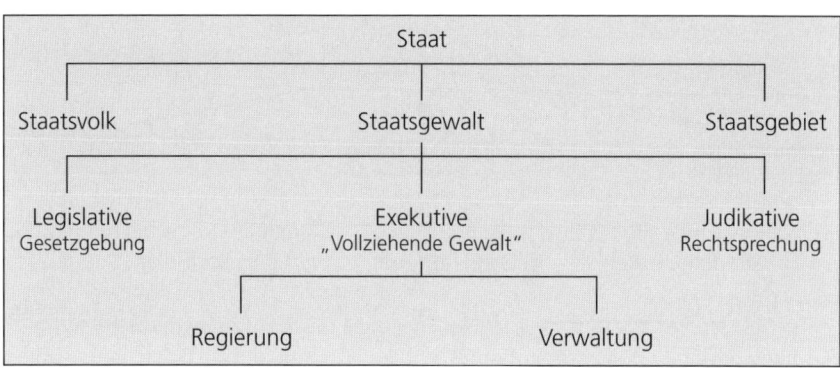

Verfassungsorgane Ein Ausfluss der Gewaltenteilung ist die Zuweisung grundlegender Staatsaufgaben an die sog. Verfassungsorgane. Das sind auf Bundesebene:

- der Bundestag (Art. 38–48 GG)
- der Bundesrat (Art. 50–53 GG)
- der Gemeinsame Ausschuss (Art. 53a GG)
- die Bundesversammlung (Art. 54 GG)
- der Bundespräsident (Art. 54–61 GG)
- die Bundesregierung (Art. 62–69 GG)
- das Bundesverfassungsgericht (Art. 93, 94 GG)

Besteht zwischen den einzelnen Organen eine divergierende Auffassung über den Umfang ihrer Rechte und Pflichten oder ihrer Mitglieder, kann das BVerfG im sog. Organstreitverfahren (Art. 93 Abs. 1 Nr. 1 GG, §§ 63 ff. BVerfGG) angerufen werden.

2.1.1   Demokratie

Der Begriff Demokratie kommt aus dem Griechischen (demos – Volk; kratein – herrschen) und bedeutet Volksherrschaft. Nach Art. 20 Abs. 2 S. 1 GG geht alle Staatsgewalt vom Volke aus. Damit ist nicht gemeint, dass zwingend alle hoheitlichen Entscheidungen durch die Bürger unmittelbar getroffen werden müssen, sondern dass sie einer gesetzlichen Legitimation bedürfen, die sich auf einen Willensakt des Volkes zurückführen lässt. Konkretisiert ist das Demokratiegebot durch das Gebot allgemeiner, unmittelbarer, freier, gleicher und geheimer **Wahlen** (Art. 38 Abs. 1 S. 1 GG). Man unterscheidet zwischen „unmittelbarer" Demokratie, in der das Volk in Abstimmungen direkt selbst über eine Frage entscheidet, und der sog. repräsentativen Demokratie, bei der das Volk „abgeordnete" Volks-Vertreter wählt, die als ihre Repräsentanten in den Parlamenten, den Volksvertretungen, die wesentlichen (gesetzlichen) Entscheidungen treffen. Der Verfassung der Bun-

desrepublik Deutschland liegt ein ganz überwiegend repräsentatives Demokratie-
modell zugrunde (Art. 20 Abs. 2 S. 2 GG), in welchem nur rudimentär Elemente
der unmittelbaren Demokratie vorkommen, die allerdings in den letzten Jahren
wieder verstärkt aktiviert werden (z. B. die beiden erfolgreichen Bürgerentscheide
im Juli 2010, in Bayern für ein umfassendes Rauchverbot in öffentlichen Räumen und in Hamburg gegen die von der Bürgerschaft beschlossene Einführung der
6-jährigen Primarschule).

Eine besondere Beachtung finden im Grundgesetz auch die **Parteien** (Art. 21
GG), die als Vermittler der politischen Willensbildung einen besonderen Auftrag
haben. Die Parteiendemokratie geht faktisch zulasten unmittelbarer Demokratie-
elemente.

Demokratie ist mehr als ein mechanistisches Prinzip zur Mehrheitsfeststellung.
Sie basiert auf der Anerkennung des einzelnen Bürgers als Träger universeller
Grund- und Menschenrechte (vgl. die UN-Charta sowie die EMRK; vgl. I-1.1.5).
Soweit der Demokratiegedanke mit der Organisation von Mehrheiten und Mehr-
heitsentscheidungen verknüpft wird, muss beachtet werden, dass das Betätigungs-
recht der Opposition gewährleistet ist und der **Schutz von Minderheiten** gewahrt
bleibt (keine Diktatur der Mehrheit). Insoweit ergibt sich aus dem Demokratieprinzip ein besonderer Handlungsauftrag für die Soziale Arbeit, da sie es vielfach mit Menschen zu tun hat, die – aus welchen Gründen auch immer – einer benachteiligten Bevölkerungsgruppe oder Minderheit angehören (z. B. Kinder und
Jugendliche, alte, behinderte, einkommensarme Menschen, Migranten und ausländische Bevölkerungsgruppen). Hierbei geraten Sozialarbeiter u. U. in ein Spannungsfeld unterschiedlicher Erwartungen: auf der einen Seite steht der Auftrag des
betroffenen Klienten, auf der anderen Seite stehen die Erwartungen des öffentlichen Arbeitgebers, dem sie arbeitsrechtlich und gesetzlich verpflichtet sind. Man
spricht hier insofern von einem **doppelten Mandat**. Das Demokratiegebot verpflichtet die Mitarbeiter öffentlicher Träger, die demokratisch legitimierten Entscheidungen des Gesetzgebers vorbehaltlos (wenn auch nicht blind bzw. kritik-
los) zu befolgen. Die sich aus dem doppelten Mandat mitunter ergebenden
Konflikte sind nicht immer leicht aufzulösen, sie fordern aber zur demokratischen
Teilnahme und damit zur rechtlich-politischen Einwirkung auf die Sozialverhält-
nisse auf. Die Soziale Arbeit hat einen politischen Gestaltungsauftrag insb. im
Hinblick auf die Sicherung eines menschenwürdigen Daseins und die Abwendung
bzw. den Ausgleich von Benachteiligungen und Belastungen (vgl. z. B. § 1 SGB I,
§ 1 Abs. 3 SGB VIII). Auch deshalb muss sich Soziale Arbeit im Interesse ihrer
Klienten einmischen und in den öffentlichen Diskurs einbringen.

Minderheitenschutz

2.1.2 Rechtsstaatsprinzip

In einem Rechtsstaat bildet das Recht die verbindliche Ordnung für das Zusam-
menleben der Menschen. Die Konzeption geht letztlich auf die Rechtsphilosophie
Immanuel Kants zurück und basiert auf dem von ihm grundlegend beschriebenen
Verhältnis des einzelnen Bürgers zum Staat, der Notwendigkeit des Schutzes des
Bürgers vor der Übermacht des Staates und des Schutzes durch den Staat im Hin-

**staatliches Gewalt-
monopol**

blick auf die Machtungleichgewichte in der Gesellschaft. Der Rechtsstaat war bei Kant konstitutiv für die **bürgerliche Freiheit** (vgl. I-1.1.1). Der Gegensatz ist der **Polizeistaat**, in denen der Einzelne Objekt der staatlichen Gewalt ist. Andererseits lässt sich das Axiom des Staatlichen Gewaltmonopols auf Thomas Hobbes zurückführen. In einem Rechtsstaat ist grundsätzlich nur der Staat Hoheitsträger und darf Zwang zur Durchsetzung der Verhaltensregeln anwenden (sog. Staatliches Gewaltmonopol).

Die wesentlichen Funktionen des Rechtsstaats gehen aus heutiger Perspektive über die Gewährleistung der persönlichen Freiheit hinaus und liegen in der Strukturierung des Gemeinwesens und seiner wesentlichen öffentlichen Institutionen (**Ordnungsfunktion**), in dem Grenzziehungsauftrag zum Schutz der Bürger (**Herrschaftskontrolle**, insb. der sog. „Schwächeren", z. B. Minderheiten und Benachteiligten, vor den Mächtigeren) sowie – im Zusammenspiel mit dem Sozialstaatsprinzip – dem Auftrag zur **Chancenermöglichung** (Emanzipation und Aktivierung) zur Gewährung gesellschaftlicher Teilhabe der Bürgerinnen und Bürger. Auch wenn die Idee des Rechts sich an der Gerechtigkeit orientiert, kann dieses Ziel immer nur ansatzweise erreicht werden, da im Widerstreit gesellschaftlicher und privater Interessen optimal nur ein fairer Interessensausgleich geleistet werden kann.

2.1.2.1 Bindung an Recht und Gesetz

Art. 20 Abs. 3 GG

Wesentlich für einen Rechtsstaat ist, dass die Macht des Staates nicht grenzenlos, sondern rechtlich gebunden und demokratisch legitimiert ist. Dies gilt insb. im Verhältnis des Staates zu seinen Bürgern, deren vom Staat anerkannte (nicht verliehene) Menschen- und Grundrechte die individuellen und sozialen Freiheitssphären umschreiben (Art. 1 – 19 GG), in die der Staat nur unter gesetzlich bestimmten Voraussetzungen eingreifen darf. Der Bürger ist nicht Untertan, sondern er verfügt über verfassungsrechtlich anerkannte Rechte und Pflichten. Greift die Exekutive in die Rechtsstellung des Bürgers ein, so muss er die Möglichkeit haben, die Rechtmäßigkeit der Maßnahmen von unabhängigen Gerichten überprüfen zu lassen. Kernelement des Rechtsstaats ist also die Bindung der „hoheitlichen" Gewalt (insb. auch der Sozialverwaltung) an Recht und Gesetz (Art. 20 Abs. 3 GG) und die Garantie des gerichtlichen Rechtsschutzes (Art. 19 Abs. 4, Art. 103 f. GG).

**Vorrang des
Gesetzes**

Aus dem Grundsatz, dass alles staatliche Handeln an Recht und Gesetz gebunden ist (Gesetzmäßigkeit), lassen sich zwei wesentliche Regeln ableiten, die insb. für die (Sozial-)Verwaltung von Bedeutung sind: Vorrang und Vorbehalt des Gesetzes. Aus dem Vorrang des Gesetzes ergibt sich, dass jede Verwaltungsmaßnahme mit den geltenden Rechtsnormen im Einklang stehen muss, also nicht gegen gültige Rechtssätze verstoßen darf. Deshalb muss die Verwaltung, müssen die Sozialarbeiter das Grundgesetz, insb. die darin enthaltenen Grundrechte, sowie die Gesetze, Rechtsverordnungen und Satzungen kennen und dürfen gegen diese Rechtsnormen nicht verstoßen. Ein vom Gesetz abweichendes Handeln ist rechtswidrig. Die **fachlichen Standards der Sozialen Arbeit** bestimmen sich ganz wesentlich durch rechtliche Regelungen.

Im Rahmen einer Inobhutnahme muss einem Jugendlichen z. B. unverzüglich die Möglichkeit eingeräumt werden, eine Vertrauensperson zu benachrichtigen (§ 42 Abs. 2 S. 2 SGB VIII). Das Jugendamt hat auch die Eltern „unverzüglich" zu unterrichten und mit ihnen gemeinsam das Gefährdungsrisiko abzuschätzen (§ 42 Abs. 3 S. 1 SGB; im Einzelnen III-3.4.1.1). Überredet ein Sozialarbeiter einen 16-jährigen Jugendlichen, der über seine autoritären Eltern klagt, ohne Abklärung mit den Eltern zu einem Umzug in eine Wohngemeinschaft, verstößt dies gegen Art. 6 GG, §§ 1631 f. BGB sowie §§ 1 Abs. 2, 8a Abs. 1, 9 Ziff. 1, 27 ff. bzw. 42 SGB VIII.

Soweit keine Rechtsnormen vorliegen, besteht für alle Bürger **Handlungsfreiheit**. Sie dürfen tun und lassen, was sie wollen, solange sie nicht gegen Rechtsnormen verstoßen. Im Rechtsverkehr der Bürger spricht man insoweit von Privatautonomie, im Hinblick auf Verträge gilt die Vertragsfreiheit (§ 311 BGB, hierzu II-1), d. h. so lange die gesetzlichen Regelungen eingehalten werden (z. B. keine rechtswidrigen und sittenwidrige Geschäfte §§ 134, 138, 242 BGB; §§ 126 ff. BGB Formvorschriften; §§ 305 ff. BGB: Grenzen des „Kleingedruckten" in Allgemeinen Geschäftsbedingungen; § 312 BGB: Widerrufsrecht bei Haustürgeschäften; zu den Vorschriften zum Verbraucherschutz vgl. II-1.3.1), können die Vertragsparteien ihre Verträge frei gestalten. **Privatautonomie**

Die allgemeine Handlungsfreiheit im Rahmen der Gesetze besteht zwar für den Bürger, nicht aber für den Staat und andere öffentliche Träger. Der Grundsatz des Vorbehalts des Gesetzes knüpft an das Demokratiegebot an und besagt, dass der Gesetzgeber alle wesentlichen Fragen, die den Bürger unmittelbar betreffen, selbst entscheiden muss und nicht der Verwaltung zur Entscheidung überlassen darf (BVerfG NJW 1976, 34; 1976, 1309; 1979, 359). Wesentliche Maßnahmen sind also nur rechtmäßig, wenn sie auf einer **gesetzlichen Grundlage** ergehen (Gesetz oder mit gesetzlicher Ermächtigung erlassene Rechtsnorm) und die Grundrechte nur im zulässigen Umfang einschränken. Damit sollen Willkür und unkontrollierte Eigengesetzlichkeiten verhindert, andererseits soll die Berechenbarkeit der Verwaltung und die Gleichbehandlung der Bürger verbessert werden, auch wenn dadurch die Flexibilität der Verwaltung eingeschränkt wird. Wesentliche Maßnahmen in diesem Sinne sind: **Vorbehalt des Gesetzes**

a) **Eingriffe** in die Rechts- und Freiheitssphäre einer natürlichen oder juristischen Person, d. h. Maßnahmen, die zu einem Tun, Dulden oder Unterlassen verpflichten bzw. ein Recht entziehen oder einschränken. Dies betrifft also nicht nur kontrollierende Maßnahmen der Polizei, sondern alle in die Rechtsstellung der Bürger eingreifenden Maßnahmen öffentlicher Verwaltungsträger (z. B. auch Inobhutnahme oder Gebührenerhebung durch das Jugendamt). So ist z. B. auch jede Erhebung und Speicherung von personenbezogenen Daten und ihre Mitteilung an Dritte ein Eingriff in das Grundrecht auf informationelle Selbstbestimmung (vgl. das sog. „Volkszählungsurteil" des BVerfG v. 15.12.1983 – E 65, 1, OVG Lüneburg NJW 1992, 193; hierzu III-1.2.3). Auch innerhalb sog. besonderer „Gewaltverhältnisse" (z. B. Strafvollzug, geschlossene Unterbringung) bedürfen weitere, über das Grundverhältnis hinausreichende Beschränkungen der Grundrechte (z.B. Briefzensur, beschränkte Nutzung von Medien) einer gesetzlichen Grundlage (BVerfGE 33, 1 ff. = NJW 1972, 811; BVerfG v. 31.05.2006 – 2 BvR 1673/04 – ZJJ 2006, 193 ff. zum Jugendstrafvollzug). Ein Eingriff liegt immer dann vor, wenn grundrechtlich geschützte Rechtspositionen nicht unerheblich beschränkt werden (vgl. z.B. im Hinblick auf Art. 6 Abs. 2 GG die Einführung der Sexualerziehung in der Schule, BVerwG NJW 1975, 1181).

Die Polizei darf Wohnungen, z.B. das Wohnheim eines freien Trägers, nur dann betreten und durchsuchen, wenn und soweit ihr dies durch Art. 13 GG und die einschlägigen Vorschriften der Polizeigesetze der Länder gestattet ist (grundsätzlich nur auf Anordnung des Amtsrichters, nur zur Abwendung einer gemeinen Gefahr, einer Lebensgefahr für einzelne Personen oder zur Verhütung dringender Gefahren für die öffentliche Sicherheit und Ordnung).

b) Auch **Leistungsentscheidungen**, mit denen der Staat (oder andere Hoheitsträger) in die Handlungs- und Gestaltungsfreiheit der Bürger interveniert (z.B. Subventionierung von Unternehmen, Förderung von Vereinen und anderen freien Trägern) sind wesentlich und bedürfen der gesetzlichen Regelung. Für die Begründung oder Feststellung von Rechten reicht es allerdings nach der Rechtsprechung aus, dass in einem Haushaltsgesetz oder in einer Haushaltssatzung zweckgebundene Mittel bereitgestellt werden (z.B. im Hinblick auf Subventionen BVerwG NJW 1979, 2059 f.).

Sind im Haushaltsplan eines Kreises für die Bezuschussung von Altentagesstätten (§ 71 SGB XII) 50.000 € vorgesehen, ist die Verwaltung berechtigt und verpflichtet, diese Mittel nach pflichtgemäßem Ermessen auf die verschiedenen Antragsteller zu verteilen.

c) Im Hinblick auf die Sozialverwaltung hat der Gesetzgeber **alle** Entscheidungen über Sozialleistungen einem besonderen Gesetzesvorbehalt unterworfen. Nach **§ 31 SGB I** § 31 SGB I ist die Begründung, Feststellung, Änderung oder Aufhebung von Rechten und Pflichten nach dem SGB nur zulässig, soweit ein Gesetz sie vorschreibt oder zulässt. Dieser sozialrechtliche Gesetzesvorbehalt geht über die allgemeinen Grundsätze hinaus. Die öffentlichen Träger z.B. der Jugend- und Sozialhilfe dürfen aufgrund des sozialrechtlichen Gesetzesvorbehalts Sozialleistungen nur bewilligen und durchführen, wenn sich dies aus dem SGB ergibt, wenn also die fachliche Prüfung ergeben hat, dass die gesetzlichen Leistungsvoraussetzungen erfüllt sind.

Im Rahmen des Jugendgerichtsverfahrens muss das Jugendamt frühzeitig prüfen, ob und ggf. welche Jugendhilfeleistungen für einen Jugendlichen oder sog. Heranwachsenden geeignet und erforderlich sind (§ 52 SGB VIII). Leistungen der Jugendhilfe sind zu erbringen, sofern die formellen und materiellen Leistungsvoraussetzungen vorliegen. Das Jugendamt muss diese Prüfung vornehmen und kann nicht vom Jugendrichter zur Durchführung einer Betreuung oder anderen Maßnahmen angewiesen werden (zur sog. Steuerungsverantwortung des JA vgl. III-3.3.4.4).

2.1.2.2 Verhältnismäßigkeit

Der Grundsatz der Verhältnismäßigkeit wird aus dem Rechtsstaatsprinzip abgeleitet und hat Verfassungsrang (vgl. BVerfGE 19, 348; 65, 54; 70, 286; 76, 50; 77, 334; 104, 347). Er ist geradezu das **vornehmste Prinzip der Rechtsanwendung** in einer rechtsstaatlichen Zivilgesellschaft und bei allen Entscheidungen, Handlungen etc. der öffentlichen Hand (Staat, Kommune, öffentlich-rechtliche Selbstverwaltungsträger) immer (in jeder logischen Sekunde) zu berücksichtigen, er hat aber besondere Bedeutung bei Eingriffen in die Freiheitssphäre der Betroffenen (zum Polizei- und Strafrecht vgl. III-8.1.2) und bei Ermessensentscheidungen (vgl. I-3.4.2). Auch (scheinbar) vom Wortlaut eines Gesetzes gedeckte Maßnahmen und (Ermessens-)Entscheidungen sind rechtswidrig, wenn sie gegen den Grundsatz der Verhältnismäßigkeit verstoßen. Bei **jeder** „hoheitlichen" Entscheidung und Maßnahme ist zu prüfen, ob diese geeignet, erforderlich und angemessen ist.

- Geeignetheit: Maßnahmen und Leistungen sind nur zulässig, wenn sie geeignet **Geeignetheit** sind, den vom Gesetz angestrebten **Zweck** zu erreichen. Freilich werden über die Frage, was die richtige Entscheidung oder die geeignete Maßnahme ist, oft unterschiedliche Auffassungen bestehen, die vom fachlichen und politischen Vorverständnis der Beteiligten abhängen (z. B. Geeignetheit von freiheitsentziehenden Maßnahmen für die angestrebte Legalbewährung im Hinblick auf die extrem hohen Rückfallziffern nach Vollzug der Freiheitsstrafe, vgl. OLG Schleswig NStZ 1985, 475). Gleichwohl darf die Entscheidung nicht nur auf Meinungen basieren, rechtliche Entscheidungen dürfen nicht „am grünen Tisch" losgelöst von den empirisch nachweisbaren Zusammenhängen der Lebenswelt getroffen werden. Im Rahmen der Entscheidungsfindung müssen vielmehr die „außerrechtlichen" Wirklichkeiten anerkannt werden. **Erforderlichkeit**
- Erforderlichkeit: Kann ein bestimmtes Ziel durch verschiedene, allesamt geeignete Vorgehensweisen erreicht werden, so darf nur diejenige ausgewählt werden, die die Betroffenen und die Allgemeinheit am wenigsten beeinträchtigt und zur Erreichung des Ziels unerlässlich ist (sog. Übermaßverbot: „Nicht mit Kanonen auf Spatzen schießen"). Bei der Auswahl der ihr zur Verfügung stehenden Möglichkeiten muss somit eine Verwaltung bewusst die Vor- und Nachteile der verschiedenen geeigneten Möglichkeiten **abwägen** und dann das am wenigsten einschneidende Mittel ergreifen.

  Beispielsweise darf die Polizei nicht den sofortigen Abbruch einer Musikveranstaltung in einem Jugendheim verlangen, wenn es zur Vermeidung der Lärmbelästigung der Nachbarn ausreicht, die Fenster des Veranstaltungsraumes zu schließen. Sind in einer Heimeinrichtung im Hinblick auf die von ihr betreuten Kinder Mängel aufgetreten, so soll die Einrichtung zunächst beraten werden, wie die Mängel abgestellt werden können. Reicht das nicht aus, um die Mängel abzustellen, können und müssen zunächst (geeignete) Auflagen erteilt werden, bevor die Betriebserlaubnis widerrufen und das Heim geschlossen werden darf (vgl. § 45 Abs. 3 SGB VIII). **Angemessenheit**
- Angemessenheit: Der Nachteil, der durch eine geeignete und an sich erforderliche Intervention entsteht, darf nicht erkennbar im Missverhältnis zu dem ange-

strebten und erreichbaren Erfolg stehen. Die Grenzen staatlicher Handlungen sind durch Abwägung der in Betracht kommenden Interessen der Betroffenen und derer des Gemeinwesens bzw. der öffentlichen Verwaltung zu ermitteln.

Die Polizei darf zur Verhinderung von Ordnungswidrigkeiten nicht von der Schusswaffe Gebrauch machen, auch wenn dies das einzige geeignete Mittel wäre, diese zu verhindern. Bei der Entscheidung über die geschlossene Unterbringung eines psychisch kranken Straftäters sind das Sicherheitsbedürfnis der Allgemeinheit und der Freiheitsanspruch des Einzelnen gegeneinander abzuwägen. Hierbei ist es erforderlich, detailliert darzulegen, aufgrund welcher konkreten Tatsachen und mit welcher Wahrscheinlichkeit die Gefahr weiterer schwerer Straftaten besteht und aus welchen Gründen ambulante Hilfen außerhalb des Maßregelvollzuges nicht ausreichen (BVerfG NJW 1993, 778). Die geschlossene Unterbringung einer Person, die weder sich noch andere gefährdet, ist unverhältnismäßig.

Im Rahmen der Gesetzgebung hat der Gesetzgeber einen weiten (politischen) Bewertungs- und Entscheidungsspielraum. Freilich müssen auch hier im Hinblick auf die Geeignetheit, Erforderlichkeit und Angemessenheit, mithin die Auswirkungen neuer Regelungen, stets die zu dieser Zeit verfügbaren **empirischen Fakten** und fachlichen Beurteilungen berücksichtigt werden. Stellt sich die Bewertung empirisch als falsch heraus, muss die Regelung für die Zukunft unter Berücksichtigung eines Anpassungs- und Übergangszeitraums korrigiert werden (BVerfGE 25, 13, 17; 50, 335; 95, 314).

Während der abwehrende („negative") Aspekt des Verhältnismäßigkeitsgebots zur Begrenzung von Eingriffen und zur Zurücknahme des staatlichen Kontrollzugriffs verpflichtet, beinhaltet seine **positive Seite** die Verpflichtung des Staates, den Einzelnen (hier die Familie) hilfreich zu unterstützen, wenn seine Ressourcen und Kompetenzen zur sozial adäquaten Lebensbewältigung nicht ausreichen. In dieser Ausprägung spricht man vom Verhältnismäßigkeitsgebot zumeist als Subsidiaritätsprinzip (hierzu I-2.1.3; vgl. Brandt 1988; Trenczek 1993).

2.1.2.3 Rechtsschutzgarantie und Justizgewährungsanspruch

Justizgewähr-leistungsan-spruch / -pflicht Nach Art. 19 Abs. 4 S. 1 GG steht jedem der Rechtsweg zu einem Gericht offen, wenn er durch die öffentliche Gewalt in seinen Rechten verletzt wird. Ob das der Fall ist, haben dann letztlich die Gerichte zu prüfen (zur Rechtskontrolle vgl. ausführlich I-5). Damit verknüpft und aus dem Rechtsstaatsprinzip abgeleitet ist der sog. **Justizgewährleistungsanspruch** des Bürgers, zur umfassenden Wahrung seiner Rechte die staatlichen Gerichte in Anspruch nehmen zu können und von diesen eine Entscheidung in der Sache treffen zu lassen (vgl. Art. 6 Abs. 1 EMRK). Dem entspricht auf der anderen Seite die Justizgewährungspflicht des Staates, auch im Hinblick auf das Rechtsprechungs- und Gewaltmonopol sowie dem Selbsthilfeverbot, für alle Rechtsverletzungen und Rechtsstreitigkeiten den gerichtlichen Schutz zur Verfügung zu stellen.

2.1.2.4 Gleichheitsgebot und Willkürverbot

Nach Art. 3 Abs. 1 GG sind alle Menschen vor dem Gesetz gleich. Hieraus folgt aber nicht, dass alle Menschen gleich behandelt werden müssen. Das Gleichheitsgebot ist im Rechtsstaat nicht als Gebot sozialer Gleichheit ausformuliert, sondern nur als Gleichbehandlung nach dem Gesetz. Das Gleichheitsgebot des GG überwindet deshalb nicht das Spannungsverhältnis zwischen Recht und Gerechtigkeit (vgl. I-1.2). Rechtspositivistisch gesehen verbietet das Recht – wie es der französische Literaturnobelpreisträger Anatole France (1844–1924) formuliert hat – in seiner „*majestätischen Gleichheit Reichen wie Armen unter Brücken zu schlafen, auf Straßen zu betteln und Brot zu stehlen*".

Der allgemeine Gleichheitssatz des Grundgesetzes (siehe Übersicht 8) ist nur verletzt, wenn der Staat einen Normadressaten im Vergleich zu anderen Normadressaten ungleich (und damit ungerecht und unfair) behandelt, obwohl zwischen beiden Gruppen keine Unterschiede von solchem Gewicht bestehen, dass sie die ungleiche Behandlung rechtfertigen könnte (Verbot der Ungleichbehandlung gleicher Sachverhalte, vgl. BVerfGE 74, 9 ff.). Deshalb hat das Grundgesetz in Art. 3 Abs. 3 GG schon vorweg festgelegt, dass der Staat niemanden aufgrund des Geschlechts, seiner Abstammung, Rasse, Sprache, Heimat und Herkunft, seines Glaubens, seiner religiösen oder politischen Ansichten benachteiligen oder bevorzugen darf. Insoweit ist also eine unterschiedliche Behandlung durch staatliche Instanzen nicht gerechtfertigt. Zudem darf niemand wegen einer Behinderung benachteiligt werden (Art. 3 Abs. 3 S. 2 GG). Der Gleichheitsgrundsatz verbietet der Verwaltung jedes **willkürliche** Verhalten, d. h. nicht nur die nicht durch sachliche Unterschiede gerechtfertigte Ungleichbehandlung gleicher, sondern auch die nicht durch zulässige sachliche Gründe begründete Gleichbehandlung ungleicher Tatbestände. Grob ausgedrückt: Gleiches soll gleich, Ungleiches kann und soll unterschiedlich behandelt werden. Beispielsweise verstößt die finanzielle Förderung einer (juristischen) Person, die anders als andere Leistungsempfänger die aufgestellten z. B. landesrechtlichen Förderrichtlinien nicht erfüllt, gegen Art. 3 GG. Hierin liegt freilich auch gleichzeitig ein Verstoß gegen den Vorrang des Gesetzes. Ein sachlicher Grund für eine Ungleichbehandlung im Rahmen von Ermessensentscheidungen ist gegeben, wenn z. B. aufgrund eines im Haushaltsplan vorgesehenen Budgettitels eine Reihe von Antragstellern Zuwendungen erhalten haben (z. B. für Altenerholung, Mitarbeiterschulung), der Betrag aber verbraucht ist und nun andere leer ausgehen.

Die unterschiedliche Förderung von Familien (z. B. im Hinblick auf die kostengünstigere Teilnahme an Familienfreizeiten nach § 16 Abs. 2 Nr. 3 SGB VIII) durch das städtische Jugendamt aufgrund der Anzahl der Kinder oder von allein oder gemeinsam erziehenden Eltern kann durchaus mit Art. 3 GG vereinbar sein. Wenn ein städtisches Jugendzentrum seine Räume unterschiedlichen Jugendgruppen für deren (Vereins-)Treffen und Aktivitäten zur Verfügung stellt, darf der Antrag einer Gruppe von rechtsradikalen Jugendlichen auf Überlassung von Räumen für eine „Pogo-Party in geschlossener Gesellschaft" nicht allein mit Bezug auf ihre verquere politische Weltanschauung abgelehnt werden. Eine Ablehnung wäre aber im Hinblick auf Art. 3 GG unproblematisch, wenn bei den früheren Veranstaltungen der Gruppe – und anders als bei anderen Gruppen – besonders viel Mobiliar zu Bruch ging, strafbares Verhalten angekündigt wird oder wenn das Jugendamt generell Tanzveranstaltungen im Jugendzentrum nicht mehr zulassen will, weil das Interesse daran sehr gering war und eine bessere Nutzung des Zentrums gesucht werden soll.

Die von verschiedenen Gerichten gebilligte Behördenpraxis, die davon ausgeht, dass ein einmaliger Cannabiskonsum Zweifel an der Eignung zum Führen von Kraftfahrzeugen begründet und die Einholung eines tief in den Persönlichkeitsbereich eingreifenden medizinisch-psychologischen Gutachtens rechtfertigt, während bei alkoholauffälligen Kraftfahrern ein derartiges Gutachten erst „nach wiederholten Verkehrszuwiderhandlungen unter Alkoholeinfluss" eingeholt wird, hält das BVerfG für sachlich nicht gerechtfertigt (BVerfG v. 24.06.1993 – 1 BvR 689/92 – NJW 1993, 2365, 2367).

Übersicht 8: Anwendung des Gleichheitsgebotes des Art. 3 GG

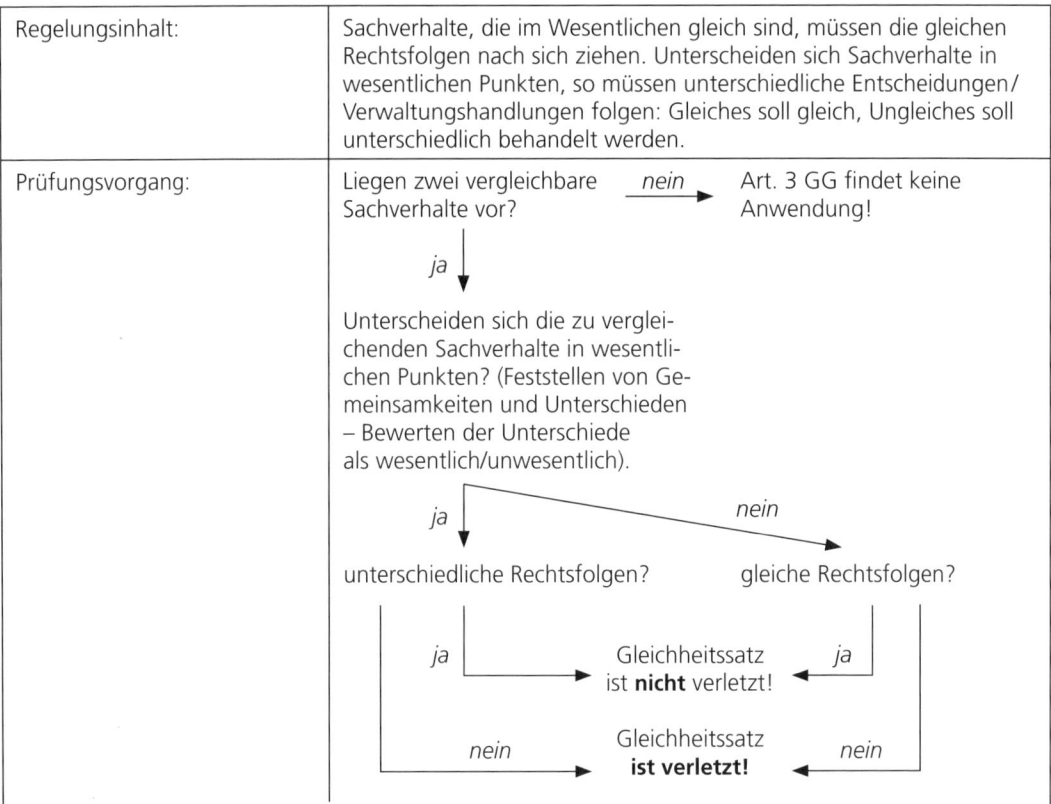

Regelungsinhalt:	Sachverhalte, die im Wesentlichen gleich sind, müssen die gleichen Rechtsfolgen nach sich ziehen. Unterscheiden sich Sachverhalte in wesentlichen Punkten, so müssen unterschiedliche Entscheidungen/Verwaltungshandlungen folgen: Gleiches soll gleich, Ungleiches soll unterschiedlich behandelt werden.
Prüfungsvorgang:	Liegen zwei vergleichbare Sachverhalte vor? — nein → Art. 3 GG findet keine Anwendung! ja ↓ Unterscheiden sich die zu vergleichenden Sachverhalte in wesentlichen Punkten? (Feststellen von Gemeinsamkeiten und Unterschieden – Bewerten der Unterschiede als wesentlich/unwesentlich). ja / nein unterschiedliche Rechtsfolgen? gleiche Rechtsfolgen? ja — Gleichheitssatz ist **nicht** verletzt! — ja nein — Gleichheitssatz **ist verletzt!** — nein

Nicht anwendbar ist der Gleichheitssatz bei rechtswidrigen Entscheidungen, insoweit gibt es keine Gleichheit im Unrecht. Beispielsweise kann sich A. im Hinblick auf eine finanzielle Förderungen nicht darauf berufen, dass B. diese Förderung zu Unrecht erhalten habe.

Grundsätzlich ist eine Verwaltung nur an gesetzliche Vorschriften gebunden, nicht an interne Verwaltungsvorschriften (I-1.1.3.6). Eine Bindung der Verwaltung tritt aber auch dann ein, wenn durch Verwaltungsvorschriften festgelegt ist, wie ein Ermessensspielraum ausgefüllt werden soll. Insoweit muss die Verwaltung alle Bürger, die die gleichen Voraussetzungen mitbringen, gleich behandeln. Von einer derartigen von Art. 3 GG geforderten Selbstbindung kann die Behörde aber abweichen, wenn sie beabsichtigt, ihre Entscheidungen im Rahmen ihres Ermessensspielraumes künftig an anderen Gesichtspunkten zu orientieren. **Selbstbindung der Verwaltung**

Aus dem Gleichheitsgrundsatz kann nicht abgeleitet werden, dass die Behörde die durch pflichtwidriges Verhalten einen oder mehrere Beteiligte begünstigt hat, in gleicher Weise auch in Zukunft rechtswidrig verfährt: **keine Gleichheit im Unrecht** (vgl. z. B. im Hinblick auf die Einberufung von Wehrpflichtigen BVerwG NJW 72, 1483 f.).

Das Gleichheitsgebot richtet sich wie alle Grundrechte unmittelbar nur an alle Hoheitsträger, also öffentlichen Institutionen und Einrichtungen, Verwaltungen und Dienste (s. u. 2.2.4), entfaltet jedoch eine sog. „mittelbare Drittwirkung" (s. u. 2.2.4) letztlich im Hinblick auf die durch § 138 BGB geschützte, herrschende Rechts- und Sozialmoral („ethisches Minimum"; vgl. II-1.3). Inzwischen wurde das Gleichbehandlungsgebot bzw. **Diskriminierungsverbot** explizit auf andere Regelungsbereiche ausgeweitet. Dies geschah durch das am 18.08.2006 in Kraft getretene Allgemeine Gleichbehandlungsgesetz (AGG), mit dem die EU-Richtlinien (2000/43/EG, 2000/78/EG, 2002/73/EG, 2004/113/EG; s. I-1.1.5.1) umgesetzt wurden (hierzu Däubler/Bertzbach 2007). Das Gesetz enthält v. a. Regelungen, die sich an private **Arbeitgeber** richten (§§ 6 ff. AGG; hierzu IV-3.2 und IV-3.4.1), aber auch solche, nach denen das Diskriminierungsverbot in bestimmten Bereichen des Zivilrechts zu beachten ist. Ziel des Gesetzes ist es, Benachteiligungen aus Gründen der Rasse (eine sicherlich höchst umstrittene Wortwahl, die aber auf Art. 2 AEMR aus dem Jahr 1948 zurückgeht) oder wegen der ethnischen Herkunft, des Geschlechts, der Religion oder Weltanschauung, einer Behinderung, des Alters oder der sexuellen Identität zu verhindern oder zu beseitigen (§ 1 AGG). Allerdings gilt das **Benachteiligungsverbot im Zivilrecht** nach § 19 Abs. 1 AGG nur eingeschränkt und zwar nur bei sog. Massengeschäften, d. h. Rechtsgeschäften, die typischerweise ohne Ansehen der Person zu vergleichbaren Bedingungen in einer Vielzahl von Fällen zustande kommen bzw. bei denen das Ansehen der Person nach der Art des Schuldverhältnisses eine nachrangige Bedeutung hat und die zu vergleichbaren Bedingungen in einer Vielzahl von Fällen zustande kommen, sowie Rechtsgeschäften, die eine privatrechtliche Versicherung zum Gegenstand haben. Unter Massengeschäfte im Sinne des Gesetzes fallen der Besuch von Gaststätten und Diskotheken oder anderen Freizeiteinrichtungen, der alltägliche Einkauf im Einzelhandel, die Buchung einer Pauschalreise, der Frisörbesuch, der Geschäftsabschluss mit dem Gebrauchtwagenhändler oder die Inanspruchnahme von Personenbeförderungsunternehmen. **Allgemeines Gleichbehandlungsgesetz**

Keine Anwendung findet das Gesetz auf Verträge, bei denen ein besonderes Nähe- oder Vertrauensverhältnis zwischen den Vertragspartnern begründet wird (§ 19 Abs. 5 Satz 1 AGG). Kreditverträge sollen deshalb nicht unter das Verbot der Ungleichbehandlung fallen, weil hier die individuelle Kreditwürdigkeit des

Kreditnehmers eine ausschlaggebende Rolle spielt (im Einzelnen vgl. Degener et al. 2008, 293). Zudem benennt § 20 AGG einzelne Fallgruppen, in denen eine unterschiedliche Behandlung aus „sachlichen Gründen" (z. B. Verhinderung von Gefahren, Schutz der Intimsphäre, Gewährung besonderer Vorteile, vgl. auch § 5 AGG) zulässig ist. Bei privaten Versicherungen ist dies bspw. der Fall, wenn für bestimmte Gruppen (Schwangere, Behinderte, besonders junge und ältere Menschen o. ä.) versicherungsmathematisch ein statistisch höheres Schadenseintrittsrisiko vorliegt (§ 20 Abs. 2 AGG). Allerdings hat der EuGH (hierzu I-5.1) unlängst (01.03.2011 – C-236/09) die Ungleichbehandlung von Männern und Frauen in Versicherungstarifen beanstandet und die Einführung sog. Unisex-Tarife gefordert.

Eine Benachteiligung aus Gründen der Rasse oder wegen der ethnischen Herkunft ist darüber hinaus auch bei der Begründung, Durchführung und Beendigung sonstiger zivilrechtlicher Schuldverhältnisse unzulässig, die den Sozialschutz, einschließlich der sozialen Sicherheit und der Gesundheitsdienste, die sozialen Vergünstigungen, die Bildung bzw. den Zugang zu und die Versorgung mit Gütern und Dienstleistungen, die der Öffentlichkeit zur Verfügung stehen, einschließlich von Wohnraum, zum Gegenstand haben. Hierzu dürften Arztverträge ebenso gehören wie Angebote von Hausaufgabenhilfen von Vereinen oder von betreuten Wohnformen durch private Träger (Für öffentliche Sozialleistungen, etwa seitens des Jugendamtes oder der Kranken- oder Pflegeversicherungsträger, auch soweit sie sich subsidiär privater Anbieter zur Leistungserbringung bedienen, gilt ohnehin Art. 3 GG unmittelbar.). Die Vermietung von nicht mehr als 50 Wohnungen ist in der Regel kein Massengeschäft (§ 19 Abs. 5 Satz 3 AGG). Das AGG richtet sich deshalb grds. nicht an Privatvermieter einzelner Wohnungen, wohl aber an Wohnungsbaugenossenschaften o. Ä. Im Hinblick auf die Vermietung von (Hotel-)Zimmern hat das OLG BB (18.04.2011, Az. 1 U 4/10) zuletzt entschieden, dass Hotelbetreiber als private Unternehmer – anders als der Staat – nicht zur Gleichbehandlung aller potentiellen Gäste verpflichtet sind und deshalb Personen mit extremer politischer Gesinnung den Zugang verwehren können. Weder das AGG noch entsprechende EU-Richtlinien stünden dem Hausverbot entgegen, da die Weltanschauung nur in Bezug auf Beschäftigung und Beruf, nicht aber im allgemeinen zivilrechtlichen Bereich mit einem besonderen Diskriminierungsverbot versehen sei.

Das AGG beinhaltet somit keine Regelungen, die ganz allgemein im Privatrechtsverkehr eine Diskriminierung verbieten. Die Initiativen für ein allgemeines Anti-Diskriminierungsgesetz, das auch diese Rechtsbeziehungen mit erfassen würde, haben bislang noch keinen Erfolg gehabt. Bei einer nachgewiesenen ungerechtfertigten Benachteiligung haben die Betroffenen nach dem AGG Beseitigungs-, Unterlassungs- und ggf. Schadensersatzansprüche, die innerhalb einer Frist von zwei Monaten geltend gemacht werden müssen (§ 21 AGG). Obwohl die Beweislast für die Betroffenen erleichtert ist (§ 22 AGG: Beibringen von Indizien, aber keine Beweislastumkehr) wird es mangels schriftlicher Unterlagen (z. B. einer Stellenausschreibung) häufig schwer sein, eine Benachteiligung darzulegen und letztlich festzustellen, was der „eigentliche" Grund (sog. Kausalität) für den jeweiligen Umgang im Rechtsverkehr mit dem Betroffenen, den dieser als unzulässige Benachteiligung angesehen hat, war.

2.1.3   Sozialstaatsprinzip

Das Sozialstaatsprinzip (Art. 20 und 28 GG) ist eine der wesentlichen, nicht veränderbaren Grundentscheidungen der deutschen Verfassung (vgl. Art. 79 Abs. 3 GG). Verfassungsrechtlich handelt es sich beim Sozialstaatsprinzip um eine sog. **Staatszielbestimmung**. Es verpflichtet den Staat, für soziale Gerechtigkeit auf der Grundlage der Achtung der Menschenwürde zu sorgen, widerstreitende Interessen auszugleichen, erträgliche Lebensbedingungen herzustellen (vgl. BVerfGE 82, 60, 85). Ziel ist die **Herstellung sozialer Sicherheit und Gerechtigkeit** (vgl. § 1 SGB I). Das BVerfG und die übrige höchstrichterliche Rechtsprechung haben aus der Menschenwürdegarantie und dem Sozialstaatsprinzip u. a. die Verpflichtung aller staatlichen Organe abgeleitet:

- für einen Ausgleich sozialer Ungleichheiten und Gegensätze und damit für eine gerechte Sozialordnung zu sorgen (Gebot der sozialen Gerechtigkeit, BVerfGE 22, 180, 204; 35, 348, 355 f.), insb. Chancengleichheit für sozial Benachteiligte zu schaffen (BVerfGE 56, 1393);
- für eine annähernd gleichmäßige Verteilung der öffentlichen Lasten zu sorgen, insb. sollen Lasten der staatlichen Gemeinschaft nicht zufällig von einzelnen Bürgern oder bestimmten Personenkreisen getragen werden (Lastenausgleichsgebot; vgl. BVerfGE 5, 85, 198 f.; 27, 253);
- jedem mittellosen Bürger das Existenzminimum erforderlichenfalls durch Sozialleistungen zu sichern (vgl. BVerfGE 82, 60) und dem Bürger das selbst erzielte Einkommen bis zur Höhe des Existenzminimums nicht (durch Steuern) zu entziehen (BVerfG NJW 1990, 2869);
- Menschen, die materielle, gesundheitliche oder psychosoziale Probleme haben und sich nicht selbst helfen können, Hilfe zukommen zu lassen (BVerfG NJW 1977, 1489);
- insbes. schwächeren Mitbürgern „zur Erlangung und Wahrung der ihnen vom Gesetz zugedachten Rechte nach Kräften beizustehen", denn im sozialen Rechtsstaat sind die Amtsinhaber nicht nur Vollstrecker staatlichen Willens und nicht nur Diener des Staates, sondern zugleich auch „Helfer des Bürgers"(BGH NJW 1965, 1227);
- zur Berechnung der im Rahmen der Sozialhilfe gewährten Regelleistungen, insb. für Kinder, den notwendigen Bedarf in einem transparenten und sachgerechten Verfahren realitätsgerecht sowie nachvollziehbar auf der Grundlage verlässlicher Zahlen und schlüssiger Berechnungsverfahren zu ermitteln. Zudem muss der Gesetzgeber, neben der Deckung des typischen Bedarfs zur Sicherung des menschenwürdigen Existenzminimums durch einen monatlichen Festbetrag, für einen darüber hinausgehenden unabweisbaren, laufenden, nicht nur einmaligen, besonderen Bedarf einen zusätzlichen Leistungsanspruch einräumen (BVerfG 1 BvL 1 / 09 – 09.02.2010).

Allerdings ist der Sozialstaatsgrundsatz inhaltlich nicht konkretisiert. Er enthält infolge seiner Weite und Unbestimmtheit **keine unmittelbaren Handlungsanweisungen**, die durch die Gerichte ohne zusätzliche gesetzliche Grundlage umgesetzt werden könnten (BVerfG 65, 182, 190). Der einzelne Bürger kann deshalb aus dem Sozialstaatsprinzip grundsätzlich keine Ansprüche auf konkrete Leistungen ableiten (vgl. § 2 Abs. 1 S. 2 SGB I). Vielmehr ist es – gemäß dem Demokratieprinzip – Aufgabe des Gesetzgebers, das Sozialstaatsprinzip durch gesetzliche Normen zu konkretisieren und für eine gerechte Sozialordnung zu sorgen (BVerfGE 33, 303, 333; 69, 272). Deshalb wurde im SGB I die Sicherung eines menschenwürdigen Daseins und die Verwirklichung sozialer Gerechtigkeit zu einer grundlegenden staatlichen Aufgabe gemacht. Das Sozialstaatsprinzip hat also zunächst Steuerungsfunktion für die Sozialgesetzgebung. Ausfluss des Sozialstaatsprinzips sind insoweit z. B.:

■ die im SGB geregelten Ansprüche auf staatliche Leistungen,
■ im Arbeitsrecht z. B. die Kündigungsschutzvorschriften, das Mutterschutz-, Schwerbehinderten- und Jugendarbeitsschutzgesetz,
■ im Wohnungs- und Mietrecht ebenfalls die Kündigungsschutzvorschriften sowie die Regelungen über Wohnungsbaudarlehen oder die Berechtigung zum Bezug von Sozialwohnungen,
■ in der Steuergesetzgebung z. B. die steuerliche Freistellung des Existenzminimums oder die Steuerbegünstigung gemeinnütziger Vereinigungen.

Darüber hinaus muss die Verwaltung das Sozialstaatsprinzip als bindende **Auslegungsregel** (hierzu I-3.3.2), insb. bei der Auslegung unbestimmter Rechtsbegriffe, sowie bei der Anwendung von Ermessensvorschriften beachten.

Subsidiaritäts-prinzip

Das Gebot der Menschenwürde schließt allerdings die abhängig machende Totalversorgung und eine fürsorgerische Belagerung durch den Staat aus. In neuerer Zeit spricht man von dem „Leitbild des aktivierenden Sozialstaates", der die Förderung und Befähigung des Einzelnen zur Übernahme von Eigenverantwortung unter dem Schlagwort des „Förderns und Forderns" zum Ziel hat. Traditioneller spricht man hier vom Grundsatz **„Hilfe zur Selbsthilfe"**, vom Nachrang- oder Subsidiaritätsprinzip. Im weiten, grundsätzlichen Sinne geht es dabei um das Verhältnis von Bürger und Staat überhaupt. Im engeren, sozialrechtlichen Sinne geht es um das Verhältnis freier Träger (= Bürger) zu öffentlichen Trägern (= Staat). Der Subsidiaritätsgedanke ist zum einen Kern des Verhältnismäßigkeitsgrundsatzes (s. I-2.1.2.2). Bei staatlichen Interventionen muss stets geprüft werden, ob diese nicht nur geeignet, sondern auch notwendig sind (s. o. 2.1.2.2). Das gilt für Hilfeleistungen ebenso wie bei Eingriffen. Die Intervention des Staates ist nicht erforderlich, wenn und soweit die Bürger sich selbst helfen können. Selbst wenn Menschen auf Hilfe angewiesen sind, bleiben sie vollwertige Rechtssubjekte, deren Würde unangetastet bleibt und bleiben muss. Ein fürsorgend-entmündigender Umgang mit hilfebedürftigen Menschen ist nicht nur unsozial und fachlich inadäquat, sondern auch verfassungswidrig. Nicht alles was nützt, ist auch erlaubt. Hilfe muss aus sozialpädagogischen wie rechtlichen Gründen immer Hilfe zur Selbsthilfe sein.

Während der abwehrende („negative") Aspekt des Subsidiaritätsgedankens zur Zurücknahme des staatlichen Kontrollzugriffs verpflichtet, beinhaltet seine positive Seite aber andererseits auch die **Verpflichtung des Staates**, dem Bürger helfend zur Seite zu stehen, wenn seine eigenen Kräfte nicht ausreichen. Denn wenn der Sozialstaat nur Aktivierung des Einzelnen forderte, ohne seinerseits entsprechende Unterstützungssysteme bereitzustellen oder gar die mangelnde Bereitstellung, das Wegbrechen und den Abbau integrativer Sozialleistungen durch eine verstärkt ordnungsrechtliche Sozialkontrolle kompensierte, wären dies die düsteren Zeichen des Wandels vom leistenden Sozialstaat zum strafenden Staat (Bettinger/Stehr 2009, 252 ff.; Fischer 2005, 292 ff.; Wacquant 2009, 292).

Wird aus dem Subsidiaritätsgebot mit Blick auf den Leistungsempfänger das Gebot der Hilfe zur Selbsthilfe und das Prinzip der Nachrangigkeit (vgl. § 2 Abs. 1 SGB XII) begründet, so beinhaltet es andererseits einen grundsätzlichen **Betätigungsvorrang der freien Träger** vor den öffentlichen Sozialleistungsträgern (vgl. z. B. § 4 Abs. 2 SGB VIII). Im Hinblick auf das Verhältnis von öffentlichen und freien Trägern muss allerdings auch festgehalten werden, dass das BVerfG in seiner Entscheidung von 1967 (BVerfGE 22, 180 f.) – übrigens ohne das Wort Subsidiaritätsprinzip zu erwähnen – von einer „durch Jahrzehnte bewährten Zusammenarbeit von Staat und freien Verbänden" ausgegangen ist (sog. Korporatismus), eine Existenz wahrende Bestandsgarantie öffentlicher Einrichtungen formuliert hat sowie auf die Planungs- und Gesamtverantwortung der öffentlichen Träger für die Bereiche der Jugendhilfe und Sozialhilfe hingewiesen hat (vgl. hierzu ausführlich Münder 1998).

Verhältnis öffentlicher und freier Träger

Das System der sozialen Sicherung in Deutschland ist im **Sozialrecht** (hierzu III-1) geregelt und besteht im Wesentlichen aus den vier Säulen, die unterschiedlichen Prinzipien folgen und im Hinblick auf Inhalt und Rechtsgrund der Leistung, den Bereichen und Trägern der Leistungen unterscheiden (siehe Übersicht 9):

System der sozialen Sicherung

- der Vorsorge durch die Sozialversicherungssysteme,
- dem Versorgungssystem,
- dem Förderungssystem,
- dem Hilfesystem.

Die Bedeutung des Sozialleistungsbereichs für die Volkswirtschaft ist immens. Die Leistungen des Sozialbudgets insgesamt beliefen sich 2009 für Deutschland auf rund 754 Mrd. Euro. Gegenüber 2008 sind die Sozialleistungen um 4,2 % gestiegen, während das nominale Wirtschaftswachstum bei -3,5 % lag, eine Folge des rückläufigen Wirtschaftswachstums auf der einen und Mehrausgaben der Bundesagentur für Arbeit auf der anderen Seite. Das Verhältnis von Sozialleistungen zum Bruttoinlandsprodukt – die Sozialleistungsquote – hat sich von 29,0 % im Jahr 2008 auf 31,3 % im Jahr 2009 und damit erstmalig seit 5 Jahren wieder erhöht (vgl. Stat. Bundesamt, Datenreport 2006, 195), sie war damit aber immer noch niedriger als einige Jahre davor (z. B. 2000: 33,6 % bei insg. 681 Mrd. Euro; 2001: 33,8 % bei insg. 702 Mrd. Euro). Den größten Bereich machen die Renten aus, wie sich aus der nachfolgenden Aufstellung der Sozialleistungen nach Funktionen (ohne Verwaltungsausgaben) ergibt (vgl. BMAS 2010b, 5):

- Alter und Hinterbliebene 287,5 Mrd. Euro
- Krankheit und Invalidität 264,4 Mrd. Euro

Übersicht 9: System der sozialen Sicherung in Deutschland

Das System der sozialen Sicherung

	VORSORGE VERSICHERUNG	VERSORGUNG ENTSCHÄDIGUNG	FÖRDERUNG	HILFE (FRÜHER: FÜRSORGE)
Leistungsgrund/-voraussetzung	Eintritt eines sozialen Risikos, Mitgliedschaft	Ausgleich eines Sonderopfers, Alimentierung gesetzl. Anspruch	Chancengleichheit gesetzl. Anspruch	Menschenrechte, Notlage Sicherung menschenwürdiger Existenz; Ausgleich
Leistungsinhalt § 11 SGB I	Dienst-, Sach- oder Geldleistung	Dienst-, Sach- oder Geldleistung	Dienst-, Sach- oder Geldleistung	Dienst-, Sach- oder Geldleistung
Leistungshöhe	standardisiert	standardisiert	standard./individual.	individualisiert, Bedarf
geforderte Gegenleistung	Beiträge	Sonderopfer/Dienstleistungsbereitschaft	gesellschaftl. Nutzen	Existenzsicherung, soziale Integration
Leistungsbereiche, z. B.:	Renten-, Kranken-, Pflege-Unfall-, Arbeitslosenversicherung	Kriegsopfer, Soldaten-, Zivildienst-, Impfschaden-, Verbrechensopfer-, Beamtenversorgung/BVG	Ausbildungs- und Arbeitsförderung, Schwerbehindertenintegration/SGB IX, Familienförderung (z. B. BEEG; UVG); Wohngeld; [BKGG* → EStG]	Grundsicherung (SGB II) Sozialhilfe (SGB XII) Jugendhilfe (SGB VIII) Resozialisierung
Leistungsträger	Sondervermögen: Körperschaften, Anstalten	Staat	Staat	Kommunen, teilw. Staat, Sondervermögen (Bundesagentur für Arbeit)
Finanzierung	(lohnbezogene) Beiträge und Steuern, zunehmend private Vorsorge	steuerfinanziert	steuerfinanziert	steuerfinanziert

*Im weiten Sinne auch Kindergeld, auch wenn dieses keine Sozialleistung, sondern eine steuerliche Leistung nach dem EStG darstellt.

- Kinder, Ehegatten und Mutterschaft 99,7 Mrd. Euro
- Arbeitslosigkeit 50,2 Mrd. Euro
- Sonstige 23,4 Mrd. Euro

Zur Menschenwürde gehört mehr als die bloße Absicherung gegen die existenziellen Lebensrisiken wie Krankheit, Invalidität, Pflegebedürftigkeit, Alter oder Arbeitslosigkeit. Zum Sozialstaat des Grundgesetzes gehört, dass er zu Bedarfsgerechtigkeit und **Chancengleichheit** beiträgt. Die Bedeutung des Sozialstaats besteht in diesem Sinne auch wesentlich darin, zur **Verteilungsgerechtigkeit** beizutragen (BMGS 2005, 3).

2.2   Grundrechte

2.2.1   Geschichtliches – begriffliche Einordnung

Die Idee der Grundrechte wird häufig aus naturrechtlichen Vorstellungen abgeleitet. „Freiheit (Unabhängigkeit von eines anderen nötigender Willkür)", so lesen wir bei Immanuel Kant, sei das „einzige, ursprüngliche, jedem Menschen, kraft seiner Menschheit, zustehende Recht" (1797, 345). Kant formuliert hiermit nicht mehr und nicht weniger als den Ursprungsgehalt der Menschenrechte, die uns geschichtlich etwa in Gestalt der *Virginia Bill of Rights* von 1776, der amerikanischen Verfassung von 1787 und vor allem der französischen Erklärung der Menschen- und Bürgerrechte vom 26.08.1789 entgegentreten. Heute finden wir diese Idee in der AEMR, den beiden Menschenrechtspakten und einer Vielzahl weiterer internationaler Konventionen vor (hierzu: I-1.1.2).

Grundrechte und Menschenrechte

Zum Wesen der Grundrechte gehört jedoch nicht nur ihr freiheitlicher Gehalt als solcher, sondern gleichermaßen auch ihre Gerichtetheit gegen potenzielle Bedrohungen eben dieses Freiheitsgehaltes durch staatliche Intervention. Dies wird in der naturrechtlichen Perspektive anhand der vertragstheoretischen Argumentation des englischen Staatsdenkers John Locke entwickelt. Die Vertragstheorie macht geltend, dass der Einzelne, da ihm als vereinzeltem Individuum keine Möglichkeiten eines effektiven Schutzes seines Freiheitsrechts zu Gebote stehen, darauf angewiesen sei, mit den anderen Mitgliedern der Gesellschaft eine Übereinkunft über einen Zusammenschluss zum Zwecke der Freiheitssicherung zu treffen. Dies sei zugleich der Gründungsakt einer staatlichen Gewalt, an die dann also das Recht zu Gesetzgebung und Gesetzesausführung übertragen werde. Nun können aber nach einer derartigen Konstruktion die Einzelnen nichts auf die Staatsgewalt übertragen, worüber sie selbst nicht verfügen. Da ihnen jedoch, wie bei Kant gesehen, insb. kein Recht auf Eingriff in die Freiheitsrechte des anderen zustehe, könne demzufolge auch der Staat ein derartiges Recht nicht für sich beanspruchen (Locke 1689, 264 ff.; 289 ff.).

Freiheit vor dem Staat

Vertragstheorie

Freilich ist diese Theorie, wie auch alle anderen Varianten eines **Gesellschaftsvertrages**, nie etwas anderes als ein idealtypisches Erklärungsangebot gewesen; sie war nirgendwo und zu keinem Zeitpunkt geschichtliche Realität. Nehmen wir daher neben der ethischen Begründung auch die konkreten geschichtlichen Veran-

Soziokulturelle Bedingtheit von Grundrechten

lassungen der Grundrechtsfrage mit in den Blick, dann fällt mindestens zweierlei auf. Zum einen nämlich erfolgt die Formulierung von Grundrechten in Gestalt positiven Rechts in aller Regel in engem zeitlichen Zusammenhang mit großen gesellschaftlichen Umbrüchen. Die weltgeschichtlichen Beispiele hierfür sind bereits genannt. Jürgen Habermas erinnert in diesem Zusammenhang aber auch noch einmal an den Verfassungsentwurf des Runden Tisches der DDR vom April 1990, dessen sehr ausführlichen Grundrechtsteil er als eine „implizite Zeitdiagnose" versteht (Habermas 1992, 468). Bereits dies spricht für eine jeweils konkrete soziokulturelle Ausformung des universellen freiheitlichen Gehalts der Grundrechte. Hinzu kommt jedoch, dass sich auch der universelle Grundgehalt selbst durchaus jenseits metaphysischer Grundannahmen genauer erklären lässt. Bereits Locke formulierte nämlich in dankenswerter Klarheit (1689, 283): „Das große und hauptsächliche Ziel, weshalb Menschen sich zu einem Staatswesen zusammenschließen und sich unter eine Regierung stellen, ist also die Erhaltung ihres Eigentums."

Nun ist einerseits das Eigentum die Grundlage der privaten bürgerlichen Existenz schlechthin und damit insofern nur ein besonderer Ausdruck für Freiheit. Andererseits kann diese Grundlage des Privaten eben, wie gesehen, einzig durch das Öffentliche, den Staat, abgesichert werden. Öffentliches und Privates sind demnach keinesfalls einfach nur zwei „Sphären", die innerhalb der Gesellschaft irgendwie nebeneinander bestehen, wie dies so häufig verkürzt, und damit unzutreffend, dargestellt wird. Sie existieren in Wirklichkeit vielmehr innerhalb eines sehr spannungsvollen inneren Verhältnisses zueinander. Die Grundrechte sind Ausdruck genau dieser Spannung. Sie sind daher im Ergebnis trotz ihres nicht zu bezweifelnden und nicht anzutastenden universellen ethischen Gehalts jedenfalls nicht abschließend als vor- oder überrechtlich vorgegeben, sondern immer nur in einer geschichtlichen Ausprägung innerhalb einer jeweiligen Gesellschaft erklärbar. Als positiv gesetztes Recht unterliegen sie somit permanenten inhaltlichen und funktionalen Entwicklungen.

2.2.2   Überblick

Grundrechtskatalog In der Rechtsordnung der Bundesrepublik finden sich die Grundrechte in den Art. 1 – 19, dem sog. Grundrechtskatalog des GG. Allerdings formuliert nicht jeder einzelne Satz dieser Vorschriften ein Grundrecht, so z. B. nicht Art. 7 Abs. 1 GG. Andererseits existieren auch außerhalb dieses Katalogs sog. grundrechtsgleiche Rechte, etwa das Recht auf Widerstand, Art. 20 Abs. 4 GG, das Recht auf Zugang zu öffentlichen Ämtern, Art. 33 GG, das aktive und passive Wahlrecht, Art. 38 GG, sowie die sog. Justizgrundrechte aus Art. 101, 103, 104 GG (hierzu I-5). Grundrechtsgleich meint, dass die Grundrechtsbindung der öffentlichen Gewalt (hierzu I-2.2.3) hier in gleicher Unmittelbarkeit besteht wie bei den Rechten des Katalogs sowie dass im Falle ihrer Verletzung ebenso wie bei der Verletzung der „eigentlichen" Grundrechte Rechtsschutz auf dem Wege der Verfassungsbeschwerde vor dem BVerfG erlangt werden kann (Art. 93 Abs. 4a GG). Systematisiert werden könnten die Grundrechte in vielerlei Hinsicht, etwa hinsichtlich ihrer Funktion, der jeweiligen Grundrechtsträger oder der geschützten Rechtsgüter. Während auf Funktion und

Geltung gleich noch zurückzukommen sein wird, bezieht sich die Übersicht 10 im Wesentlichen auf einen Systematisierungsvorschlag von Ipsen (2009).

Hieran schließt sich die Frage an, welcher Personenkreis durch diese Grundrechte berechtigt wird. Die weitreichendste Antwort könnte lauten: *Alle* im Geltungsbereich des GG *lebenden* Menschen. Jedoch gilt dies nicht ohne Einschränkungen. Zunächst unterteilt das GG die Grundrechte in sog. Jedermanns- oder

Grundrechtsberechtigung

Übersicht 10: Systematik der Grundrechte

Regelungs- bzw. Schutzbereich	Grundrechtsnormen
Schutz des Individuums und seiner Privatsphäre	Würde des Menschen, Art. 1 Abs. 1 allg. Persönlichkeitsrecht, Art. 2 Abs. 1 i. V. m. Art 1 Abs. 1 Leben, körperliche Unversehrtheit, Freiheit d. Pers., Art. 2 Abs. 2, 104 Schutz der Privatsphäre, Art. 10; 13;
Schutz von Ehe und Familie. Kindererziehung. Schulwesen	Schutz der Ehe, Art. 6 Abs. 1 Recht und Pflicht zur Kindeserziehung, Art. 6 Abs. 2 Schutz der Familie und der Mutter, Art. 6 Abs. 3 und 4 Schulwesen, Art. 7
Schutz kommunikativen Handelns	Glaubens-, Gewissens-, Bekenntnisfreiheit, ungestörte Religionsausübung, Art. 4 Meinungs- und Informationsfreiheit, Rundfunk-, Film- u. Pressefreiheit, Freiheit von Wissenschaft, Lehre und Kunst, Art. 5 Petitionsrecht, Art. 17 Versammlungsfreiheit, Art. 8 Vereinigungsfreiheit, Art. 9 Abs. 1 u. 2
Schutz der Erwerbstätigkeit und des Erworbenen	Freizügigkeit, Art. 11 Berufsfreiheit, Art. 12 Koalitionsfreiheit, Art. 9 Abs. 3 Eigentumsfreiheit, Art. 14
Allg. Handlungsfreiheit und Gleichheitsrechte	Freie Entfaltung der Persönlichkeit, Art. 2 Abs. 1 allg. Gleichheitssatz, Art. 3 Abs. 1 spezielle Gleichheitsrechte, Diskriminierungsverbot, Art. 3 Abs. 2 u. 3, Art. 6 Abs. 5, Art. 33 Abs. 2
Justizgrundrechte	Rechtsweggarantie, Art. 19 Abs. 4 Recht auf den gesetzlichen Richter, Art. 101 Recht auf rechtliches Gehör, Art. 103 Abs. 1 Recht auf bestimmte und nichtrückwirkende Strafgesetze, Art. 103 Abs. 2 Verbot der doppelten Bestrafung, Art. 103 Abs. 3
Schutz vor Ausbürgerung und Auslieferung. Asylrecht	Verbot des Entzugs der Staatsangehörigkeit, Art. 16 Abs. 1 Auslieferungsverbot, Art. 16 Abs. 2 Recht auf Asyl, Art. 16a Abs. 1

Menschenrechte und Deutschen- oder **Bürgerrechte. Jedermannsrechte** gelten, wie der Name bereits sagt, tatsächlich für alle Menschen, die dem Geltungsbereich des GG unterliegen, **Deutschenrechte** hingegen nur für deutsche Staatsangehörige i. S. v. Art. 116 Abs. 1 GG. Wer nun aber durch ein bestimmtes Recht berechtigt wird, kann dessen jeweiliger Formulierung entnommen werden. Es heißt dann: „Jeder hat das Recht…" (Art. 2 Abs. 1 GG) oder „Niemand darf…" Art. 4 Abs. 3 GG) o. Ä. bzw. „Alle Deutschen haben das Recht…" (Art. 8 Abs. 1 GG). Diese Unterscheidung kann durchaus auch kritisch gesehen werden, da jedes Grundrecht zugleich einen Menschenrechtsgehalt aufweist, der zunächst unverfügbar und nicht relativierbar ist. Nach Auffassung eines Teils der Literatur verlangt daher eine Ungleichbehandlung von Deutschen und Ausländern, wenn sie unter menschenrechtlichem Aspekt Bestand haben soll, eine Rechtfertigung, die allein mit dem Hinweis auf unterschiedliche Schutzbereiche noch nicht erbracht ist (hierzu Pieroth/Schlink 2010, 34 m. w. N.). Zur Lösung des Problems bietet sich zwar an, Art. 2 Abs. 1 GG als ein Auffanggrundrecht (hierzu 2.2.4) zu verstehen, das Ausländer auch dann schützt, wenn spezielle Schutzbereiche von Deutschenrechten insoweit für sie nicht gelten. Hierbei muss jedoch gesehen werden, dass dieser Schutz hinter einem vollen Schutz, wie er von den entsprechenden Deutschenrechten ausgeht, regelmäßig zurückbleibt (Pieroth/Schlink 2010, 34).

Weniger problematisch, so wäre zu vermuten, sollte die weitere Voraussetzung sein, dass Grundrechte nur Lebenden eine Rechtsmacht einzuräumen vermögen. Jedoch hat das BVerfG hier Ausnahmen anerkannt. In seiner Entscheidung zu dem Roman „Mephisto" von Klaus Mann im Jahr 1971 (BVerfGE 30, 173) billigte es dem zu diesem Zeitpunkt *bereits verstorbenen* Schauspieler Gustaf Gründgens einen durch Art. 1. Abs. 1 GG geschützten Persönlichkeitsbereich zu, der vorliegend eine Grenze für die Ausübung des Grundrechts der Kunstfreiheit nach Art. 5 Abs. 3 GG bildete. Darüber hinaus hat es in zwei Entscheidungen zur Strafbarkeit des Schwangerschaftsabbruchs aus den Jahren 1975 und 1993 den Staat mit Hinweis auf die Grundrechte aus Art. 2 Abs. 2 GG sowie Art. 1 Abs. 1 GG dazu verpflichtet, für den Schutz des *ungeborenen Lebens* zu sorgen (BVerfGE 39, 1; 88, 203 II).

Knüpft man an den Gedanken des grundrechtlichen Schutzes für ungeborenes Leben an, dann scheint allerdings die auch für Sozialarbeiter/Sozialpädagogen wichtige Frage, ob auch Minderjährige bereits grundrechtsmündig sind, von vornherein entschieden. Denn der Begriff der Menschenrechte knüpft selbstredend an die Rechtsfähigkeit des Menschen an, die mit seiner Geburt eintritt. Deshalb ist nach dem Grundrechtsverständnis des GG, wenn schon das ungeborene Leben, dann erst recht jede natürliche Person, und somit auch das Kind in seiner Individualität, Grundrechtsträger (BVerfG 29.07.1968 – E 24, 119, 144). Dass sich auch im Lebensbereich Minderjähriger Grundrechtsbeschränkungen (etwa im Bereich der Schulpflicht oder des Jugendschutzes) oder Grundrechtskollisionen (etwa mit dem elterlichen Recht auf Erziehung, Art. 6 Abs. 2 GG) geltend machen können, steht dem noch nicht entgegen. Lediglich dass ihre Prozessfähigkeit von einer bestimmten Reife abhängig zu machen ist, die aber auch nicht notwendigerweise erst mit Eintritt in die Volljährigkeit erreicht sein muss (Pieroth/Schlink 2010, 290 f.), bedarf in diesem Zusammenhang einer besonderen Erwähnung.

2.2.3   Funktion der Grundrechte

Wie bereits gesehen, besteht die ursprüngliche Funktion der Grundrechte darin, den Staat aus der Privatsphäre des Bürgers herauszuhalten. Deshalb ist auch der zahlenmäßig größte Teil von ihnen als Abwehrrechte ausgestaltet (Art. 2 Abs. 2 und 3, Art. 4, Art. 5 Abs. 1 und 2, Art. 8–13, Art. 14 Abs. 1, Art. 16 GG). Einschränkungen der dort definierten Schutzbereiche oder Eingriffe in sie sind nur unter der Voraussetzung möglich, dass die Grundrechtsnorm selbst den Gesetzgeber zu derartigen Einschränkungen oder Eingriffen ermächtigt (Gesetzesvorbehalt, vgl. auch I-2.1.2.1) bzw. auch dadurch, dass andere Verfassungsnormen mit ihr kollidieren. Während Grundrechtsschranken aufgrund kollidierenden Verfassungsrechts im Kontext Sozialer Arbeit insb. auch in Bezug auf das Elterngrundrecht aus Art. 6 Abs. 2 GG von Bedeutung sind (s. hierzu I-2.2.6), ist ein wichtiger sozialarbeiterisch einschlägiger „klassischer" Gesetzesvorbehalt in Art. 5 Abs. 2 GG formuliert. Hiernach sollen Meinungs- und Medienfreiheit aus **Art. 5 Abs. 1 GG** zunächst durch allgemeine Gesetze beschränkt werden dürfen. *Allgemein* meint hier, dass das grundrechtsbeschränkende Gesetz nicht gegen eine *bestimmte* Person oder eine *bestimmte* Meinung gerichtet sein darf (Jarass/Pieroth 2010, Rn 55 zu Art. 5 GG). Darüber hinaus erhält die Vorschrift aber noch eine „Wertung des Grundgesetzes …, wonach der Schutz der Jugend ein Ziel von bedeutsamem Rang und ein wichtiges Gemeinschaftsanliegen ist" (BVerfGE 30, 348). Deshalb lässt eine spezielle Jugendschutzschranke in Art. 5 Abs. 2 GG in diesem Bereich auch „nicht-allgemeine" Gesetze zu (Epping 2010, 105). Legitimiert sind derartige Grundrechtsbeschränkungen allerdings erst, wenn sie bestimmten formellen und materiellen Anforderungen genügen. Zu letzteren gehört z. B. die Einhaltung des Grundsatzes der **Verhältnismäßigkeit** (hierzu I-2.1.2.2) sowie die Garantie, dass das Grundrecht in seinem Wesensgehalt unangetastet bleibt (Art. 19 Abs. 2 GG; im Einzelnen vgl. Manssen 2010, 40 ff.). Genau dies sah das BVerfG bspw. in Bezug auf die Regelungen von TKG und StPO zur sog. Vorratsspeicherung der Verkehrsdaten von Telefondiensten, von der sich der Gesetzgeber eine effektivere Verfolgung von Straftaten insb. in den Bereichen des organisierten Verbrechens und des Terrorismus versprach, verletzt. Das Gericht hielt in seiner Entscheidung vom 02.03.2010 die vorsorgliche und anlasslose Speicherung aller Telekommunikationsdaten über eine Zeitdauer von 6 Monaten, wie dies §§ 113a, 113b TKG, § 100g Abs. 1 StPO vorsahen, u. a. deshalb für nicht verhältnismäßig, „weil sie ein Gefühl des ständigen Überwachtwerdens hervorrufen kann …. Der Einzelne", so das Gericht weiter, „weiß nicht, was welche staatliche Behörde über ihn weiß, weiß aber, dass die Behörden vieles, auch höchstpersönliches über ihn wissen können" (1 BvR 256/08, 1 BvR 263/08, 1 BvR 586/08). Vielfach kommt es jedoch auch zu sog. **faktischen Grundrechtseingriffen** in Form von Realakten (etwa: das Festhalten einer Person oder das Inaussichtstellen bestimmter Nachteile, falls bestimmte Handlungen, wie etwa das Betreten einer Wohnung, nicht geduldet werden). Der Betroffene ist nur dann verpflichtet, sie hinzunehmen, wenn die Handlung, die als ein Grundrechtseingriff zu bewerten ist, auf ein zu diesem Eingriff ermächtigendes Gesetz zurückgeführt werden kann. Gerade auch deshalb ist die funktionale Ausrichtung von Grundrechten auf Abwehr von staatlichen Ein-

Abwehrrechte

Meinungs- und Pressefreiheit

Unverletzlichkeit des Brief-, Post- und Fernmeldegeheimnisses, Art. 10 GG

griffen auch für die Arbeit in sozialen Berufen von einiger Bedeutung. Zu denken ist dabei etwa an das Grundrecht der Unverletzlichkeit des Brief-, Post- und Fernmeldegeheimnisses nach **Art. 10 GG**. Dazu soll an dieser Stelle der Hinweis genügen, dass Träger dieses Grundrechtes jedermann ist, also, wie eben (2.2.2) gesehen, auch Inhaftierte von Strafvollzugseinrichtungen (vgl. BVerfG 33, 1 ff. und ZJJ 2006, 193 ff.) oder in stationären Einrichtungen der Jugendhilfe lebende Minderjährige, ebenso geistig behinderte oder psychisch kranke Menschen sowie solche, die in Heimen oder Gemeinschaftsunterkünften leben oder in psychiatrischen Kliniken untergebracht sind. Das Grundrecht auf Unverletzlichkeit der Wohnung

Unverletzlichkeit der Wohnung, Art. 13 GG

(**Art. 13 GG**) kann in Berührung mit den verschiedensten Behörden praktisch bedeutsam werden. So haben Mitarbeiter von Ausländerbehörden regelmäßig keine Rechtfertigung dafür, sich in Wohnungen nach Anzeichen für eventuelle „Scheinehen" (§ 1314 Abs. 2 Nr. 5 BGB) umzusehen, also solchen, mittels derer ein rechtmäßiger Aufenthaltstitel erlangt werden sollte. Mitarbeiter von Sozial- oder Jugendämtern können nicht schon von der Rechtmäßigkeit ihres Handelns ausgehen, weil der Grundrechtsinhaber sein Einverständnis zum Eindringen in seine Wohnung erteilt hat, nachdem er auf mögliche negative Auswirkungen mangelnder Mitwirkung (§ 66 SGB I) oder Kooperationsbereitschaft (§ 8a Abs. 3 SGB VIII) hingewiesen wurde. Eine Grundrechtsbeeinträchtigung liegt nämlich auch dann vor, wenn dieses Einverständnis mittels Drohung oder Täuschung erlangt wurde (Jarass / Pieroth 2010, Rn 10 zu Art. 13 m. w. N.). Von letzterer wird man jedoch jedenfalls immer dann ausgehen müssen, wenn das Eindringen in die Wohnung nicht verhältnismäßig war.

Leistungs- und Teilhaberechte

Einhergehend mit einem gesellschaftlichen Wandel vom liberalen zum sozialen Rechtsstaat ist jedoch auch eine Neuakzentuierung innerhalb des Grundrechtsverständnisses zu beobachten. Hierbei wird geltend gemacht, dass der Einzelne seine individuellen Freiheitsrechte nur dann tatsächlich in Anspruch nehmen kann, wenn der Staat hierfür entsprechende Bedingungen setzt, etwa in Form von grundrechtlich verbürgten Leistungs- und Teilhaberechten. Zwar wird man diese rein numerisch betrachtet in einem Zustand der klaren Unterlegenheit im GG antreffen (etwa: Art. 6 Abs. 4 GG). Jedoch legt das gewandelte Grundrechtsverständnis nahe, den Leistungs- und Teilhabegedanken auch in der Interpretation der klassischen Abwehrrechte wach zu halten. Jedenfalls hat das BVerfG in seinem gerade auch Studierende interessierenden Numerus-Clausus-Urteil aus dem Jahre 1972 formuliert (BVerfGE 33, 303):

> „Je stärker der moderne Staat sich der sozialen Sicherung und kulturellen Förderung der Bürger zuwendet, desto mehr tritt im Verhältnis zwischen Bürger und Staat neben das ursprüngliche Postulat grundrechtlicher Freiheitssicherung vor dem Staat die komplementäre Forderung nach grundrechtlicher Verbürgung der Teilhabe an staatlichen Leistungen."

soziale Grundrechte

Gelegentlich werden diese Grundrechte auch als soziale Grundrechte bezeichnet. Dies stößt bei Verfassungsrechtlern mitunter auf Skepsis, weil dadurch eine Aushöhlung der Freiheitsidee der Grundrechte befürchtet wird. Richtig an diesem Einwand ist, dass sich die Verteilungswidersprüche moderner kapitalistischer Gesellschaften wohl kaum im Rückgriff auf Grundrechte lösen lassen werden (vgl. hierzu I-1.2). Jedoch lässt sich auch für soziale Grundrechte eine ethische, wenn man so will: naturrechtliche Begründung finden, die eine „Zweitklassigkeit" sozialer Grundrechte ausschließt. Denn eine unmittelbare Konsequenz der Freiheit des Einzelnen ist sein Recht auf Teilhabe am gesellschaftlichen Leben schlechthin. Wenn daher das BVerfG in st. Rspr. eine Ausgangsfunktion der Grundrechte darin sieht, dass sie zugleich eine Wertordnung statuieren, so zieht es genau aus diesem Umstand die Schlussfolgerung, dass Grundrechte eben deshalb nicht auf Abwehrrechte des Bürgers gegen den Staat reduziert werden dürfen (BVerfGE 33, 303).

2.2.4 Geltung von Grundrechten

Auch die Debatte zur Geltung der Grundrechte knüpft an den Aspekt ihrer Gerichtetheit auf die Abwehr von Übergriffen des Staates auf private Bereiche an. Im Grundgesetz ist er u. a. in einer Selbstbindung der staatlichen Gewalt an die Grundrechte als für alle ihre Teile unmittelbar geltendes Recht (Art. 1 Abs. 3 GG) zum Ausdruck gebracht. Die sich hieraus ableitende Frage ist nun die nach der Grundrechtsbindung anderer, nichtstaatlicher, Adressaten. Unstrittig ist dies, wenn die Exekutive (gesetzlich geregelte) öffentliche Aufgaben (insb. Versorgungsleistungen) in den Formen des Privatrechts, z. B. in der Rechtsform einer Aktiengesellschaft, einer GmbH oder auch eines e. V., erfüllt. Man spricht dann vom sog. **Verwaltungsprivatrecht** (vgl. I-1.1.4). Da die Grundrechtsbindung der öffentlichen Verwaltung hierdurch unberührt bleibt, sind auch die Rechtshandlungen dieser Körperschaften am Maßstab der Grundrechte zu messen (Papenheim / Baltes 2010, 115).

Weiterhin greift Grundrechtsschutz auch immer dann, wenn die vollziehende Gewalt ihre Aufgaben nicht unmittelbar selbst erfüllt, sondern sich anderer bedient. Dies ist z. B. dann der Fall, wenn sich Sozialleistungsträger zur Erfüllung ihrer von Gesetzes wegen zugewiesenen hoheitlichen Aufgaben freier Träger bedienen. In diesem Fall gehören auch die mit der Wahrnehmung der hoheitlichen Aufgabe betrauten Verwaltungshelfer oder gar mit Hoheitsbefugnissen ausgestattete „Beliehene" zur mittelbaren Staatsverwaltung (vgl. I-4.1.2) und somit zum Begriff „vollziehende Gewalt" i. S. v. Art. 1 Abs. 3 GG (Pieroth / Schlink 2010, 47 f. m. w. N.). Im Sozialrecht findet aber eine Beleihung mit Hoheitsbefugnissen in der Regel nicht statt; hier werden freie Träger bei der Ausführung der (hoheitlichen) Aufgaben lediglich einbezogen (s. u. I-4.1.2.2; im Hinblick auf die Inobhutnahme vgl. III-3.4.1.1; im Hinblick auf die Adoptionsvermittlung vgl. II-2.4.7).

In dem Maße jedoch, in dem, wie Hugo Sinzheimer (1936, 166; vgl. auch 172 ff.) formulierte, „soziale Gewalten", etwa große Verbände, dem Einzelnen in einer faktisch überlegenen Position im Rechtsverkehr gegenübertreten oder wo Kinder der überlegenen Bestimmungsmacht ihrer Eltern z. B. hinsichtlich Religionszugehörigkeit, Schulart oder Berufswahl ausgesetzt sind, stellt sich die Frage, ob hier der Wesensgehalt der Grundrechte tatsächlich außer Geltung sein soll. Die Lösung dieses Problems wird in einer „mittelbaren Drittwirkung" der Grundrechte gesehen (vgl. auch II-1.4.1). Diese Theorie besagt, dass die Grundrechtsidee nur

mittelbare Drittwirkung

zu einem Teil darin besteht, staatlichen Regelungs- und Eingriffskompetenzen Grenzen zu setzen. Zu einem anderen Teil hingegen stellen die Grundrechte dem Staat die Aufgabe,

> „durch Gesetze und deren Auslegung die Rechte der einzelnen so gegeneinander abzugrenzen und zu sichern, daß die grundrechtlich verfügten Freiheiten und Güter, wie Ehre und Freiheit von Zwang, gewährleistet werden und zu größtmöglicher Entfaltung kommen" (Zipelius 1991, 321).

Selbst wenn der Gesetzgeber dieser Aufgabe im Einzelnen nicht nachgekommen ist – so stellt der BGH in einer Entscheidung für die Rechtsbeziehungen innerhalb privatrechtlicher Regelungsbereiche fest (BGHZ 24, 76) – erkennt das Grundgesetz das Recht des Menschen auf Achtung seiner Würde und das Recht auf freie Entfaltung seiner Persönlichkeit „auch als privates, von jedermann zu achtendes Recht" an (vgl. im Einzelnen auch Zipelius 1991, 320 ff.). Für Sozialarbeiter ergibt sich die Geltung der Grundrechte in ihrem professionellen Handeln demnach

- als Angehörige der öffentlichen Verwaltung oder durch diese „Beliehene" unmittelbar aus Art. 1 Abs. 3 GG;
- in allen anderen Fällen aus deren „mittelbarer Drittwirkung", wie sie z. B. aus einfachgesetzlicher Konkretisierung oder der grundrechtskonformen Rechtsauslegung durch die Gerichte entsteht, sowie
- aus allgemeiner Rechtsanschauung und Rechtsanwendungspraxis, denen die Anerkennung der Grundsätze der Menschenwürde und des Rechts auf freie Entfaltung der Persönlichkeit innewohnend sind.

In welchem konkreten Arbeitsfeld daher ein Sozialarbeiter auch immer tätig ist und unabhängig davon, woher sich eine entsprechende rechtliche Begründung im Einzelnen herleiten mag – stets ist der Respekt vor den elementaren Grundrechten ein substanzieller Bestandteil seines professionellen Interagierens mit dem Klienten. Die Grundrechte formulieren damit zugleich normativ anerkannte **ethische Mindestanforderungen** für die Soziale Arbeit.

2.2.5 Schutz der Menschenwürde und der Freiheit der Person

Auf das Spannungsverhältnis, in dem Grundrechte zur sozialen Realität stehen, wurde bereits aufmerksam gemacht. So wird es, um noch einmal an das Brückengleichnis von Anatole France zu erinnern (vgl. I-2.1.2.4), dem Obdachlosen wenig Trost sein, dass auch seine Wohnung durch Art. 13 GG unverletzlich wäre, wenn er denn eine hätte. Derartige Spannungen sind auch im Schutzbereich der Menschenwürde zu erwarten, zumal es sich hierbei um einen Terminus handelt, der kein juristischer Fachbegriff ist und der auch nicht besonders oft in unserer Alltagssprache Verwendung findet. Schon allein durch diese terminologische Unbestimmtheit sind Schwierigkeiten bei der Festlegung seines Inhaltes indiziert, die auch von Anfang an genügend Raum für Skepsis lassen. Sie ist bereits bei Friedrich Schiller

Menschenwürde

(1796, 331) in Worte gefasst, der zur „Würde des Menschen" eher ernüchternd anmerkte: „Nichts mehr davon, ich bitt' euch. Zu essen gebt ihm, zu wohnen. Habt ihr die Blöße bedeckt, gibt sich die Würde von selbst."

Gleichwohl lässt sich die herausragende Bedeutung des Rechts auf Schutz der Menschenwürde nicht nur an seiner Stellung an der Spitze des Grundrechtskatalogs ablesen, sondern auch daran, dass eine Änderung von Art. 1 GG durch Art. 79 Abs. 3 GG, die sog. „Ewigkeitsklausel", für unzulässig erklärt wird.

Aus sozialarbeiterischer Sicht mag man vermuten, dass Art. 1. Abs. 1 GG vor allem auch im Rahmen des **Sozialstaatsgebotes** praktische Relevanz erlangt. In der Tat hat das BVerwG diesen Zusammenhang schon in einer frühen, oben (I.2) bereits zitierten Entscheidung aus dem Jahr 1954 hergestellt.

In einer Entscheidung zum Kinderexistenzminimum betont das BVerfG 1998 darüber hinaus noch einmal in besonderer Weise dessen Quantifizierbarkeit anhand verbrauchsbezogen ermittelter und regelmäßig den veränderten Lebensverhältnissen angepasster Sozialhilfeleistungen (BVerfG 2 BvL 42/93 – 10.11.1998 – E 99, 246). In seinem Urteil vom 09.02.2010 schließlich kam das BVerfG zu dem Ergebnis, dass die Regelleistungen aus SGB II schon deshalb nicht dem verfassungsrechtlichen Anspruch auf Gewährleistung eines menschenwürdigen Existenzminimums aus Art. 1 Abs. 1 i. V. m. Art. 20 Abs. 1 GG entsprechen, weil ihre Bestimmung methodisch nicht nachvollziehbar ist, sondern „freihändig" und damit intransparent erfolgte (1 BvL 1/09, 3/09, 4/09). Gleichwohl ist der verfassungsrechtliche Ertrag hier, wie auch beim Sozialstaatsprinzip überhaupt (vgl. hierzu I-2.1.3), nicht allzu groß. Allerdings ist, nachdem schon das BVerwG entsprechend entschieden hatte, die Richtung, in der das BVerfG die Bestimmung des Inhalts von Menschenwürde vornimmt, gerade auch für Sozialarbeiter von praktisch nicht zu unterschätzender Bedeutung. Die zu schützende **Subjektqualität des Menschen** wird nämlich in einer langen Reihe von Entscheidungen immer weiter dahingehend näher bestimmt, dass der Einzelne nicht lediglich als Gegenstand staatlichen Handelns begriffen werden darf. Die folgenden Sätze aus einer Entscheidung des BVerfG hierzu sollten symbolisch an der Wand jedes Sozial- oder Jugendamtes, jeder Einrichtung, in der mit Obdachlosen, Alten, Behinderten oder psychisch Kranken gearbeitet wird, stehen; sie könnten das rechtliche und ethische Credo der Sozialarbeit schlechthin sein (BVerfGE 96, 375):

> „Mit der Menschenwürde als oberstem Wert des Grundgesetzes und tragendem Konstitutionsprinzip ist der soziale Wert und Achtungsanspruch des Menschen verbunden, der es verbietet, ihn zum bloßen Objekt des Staates zu machen oder ihn einer Behandlung auszusetzen, die seine Subjektqualität prinzipiell in Frage stellt. Jedem Menschen ist sie eigen ohne Rücksicht auf seine Eigenschaften, seine Leistungen und seinen sozialen Status."

In einer solchen Sichtweise ist zugleich ein Anschluss an den grundrechtlichen Schutz der Persönlichkeit hergestellt. Er ist in Art. 2 GG geregelt und umfasst dort mehrere Aspekte: das Recht auf freie Entfaltung der Persönlichkeit (Art. 2 Abs. 1 GG, **Selbstbestimmung**), das Recht auf Leben und körperliche Unversehrtheit sowie die Freiheit der Person (Art. 2 Abs. 2 GG; **vgl. Art. 5 EMRK**).

freie Entfaltung der Persönlichkeit

Art. 2 Abs. 1 GG fungiert zunächst und vor allem als sog. Auffanggrundrecht. Dies bedeutet, dass die Verletzung von Grundrechten in der Sozialen Arbeit, wie sie etwa geschehen kann durch unangemeldete Wohnungskontrollen im Bereich der Sozialhilfe, das Zurückhalten bzw. Kontrollieren von Post, durch Freiheitsentziehung oder durch körperliche Gewaltanwendung bei Hilfen zur Erziehung, in der Altenarbeit, der Arbeit mit geistig Behinderten, psychisch Kranken oder Substanzabhängigen, zwar auch jedes Mal den grundrechtlich geschützten Bereich der freien Entfaltung der Persönlichkeit berühren würde. Dennoch ist eine Prüfung, ob der Schutzbereich von Art. 2 Abs. 1 GG tatsächlich verletzt wäre, nur dann vorzunehmen, wenn keine anderen Grundrechtsverletzungen in Betracht kommen. Dies wären vorliegend aber Art. 13, Art. 2 Abs. 2 bzw. Art. 10 GG, denen gegenüber sich Art. 2 Abs. 1 GG demzufolge subsidiär verhält.

Eine unmittelbare und eigenständige Bedeutung entfaltet Art. 2 Abs. 1 GG jedoch in zweierlei Hinsicht. Zum einen bezeichnet die genannte Vorschrift eine im umfassenden Sinne gemeinte **allgemeine Handlungsfreiheit**, die freilich unter dem Vorbehalt des zweiten Halbsatzes steht. Zum anderen wird ihr i. V. m. Art. 1 Abs. 1 GG ein allgemeines Persönlichkeitsrecht entnommen, das in der Rechtsprechung des BVerfG im Laufe der Jahre eine differenzierte Typisierung erfahren hat, etwa als (vgl. Richter et al. 2001, 78):

- Recht auf Schutz der Privat-, Geheim- und Intimsphäre,
- Recht auf informationelle Selbstbestimmung,
- Recht auf Identität,
- Recht auf soziale Achtung,
- Recht auf Selbstdarstellung,
- Recht auf finanzielle Selbstbestimmung.

Die Berührungspunkte zu Feldern der Sozialen Arbeit sind bei jedem der genannten Punkte mit Händen zu greifen – ob beim Recht auf Identität in der Adoptionsvermittlung oder dem Recht auf Resozialisierung, das dem Recht auf soziale Achtung zuzuordnen ist, bei der Arbeit mit Straffälligen. In besonderer Weise verweisen wir aus gutem Grund auf das **Recht auf informationelle Selbstbestimmung** (BVerfG v. 15.12.1983 – E 65, 1; vgl. III-1.2.3). Es räumt dem Einzelnen die Befugnis ein, „grundsätzlich selbst zu entscheiden, wann und innerhalb welcher Grenzen persönliche Lebenssachverhalte offenbart werden" (BVerfG 1 BvR 209/83 – 15.12.1983 – E 65, 1). In diesem Zusammenhang ist auch der Hinweis des BVerfG aus derselben Entscheidung wichtig, dass es aufgrund der technischen Möglichkeiten der Verarbeitung und Verknüpfung von Daten ein „belangloses" Datum generell nicht geben kann. Freilich sind auch dem Recht auf informationelle Selbstbestimmung dort Schranken in Gestalt eines Grundrechtsvorbehalts gesetzt, wo ihm ein überwiegendes Allgemeininteresse entgegensteht (im Einzelnen hierzu III-1.2.3).

2.2.6   Grundrechte aus Art. 6 GG: Ehe und Familie

In exemplarischer Weise soll die Grundrechtsproblematik noch einmal an Art. 6 GG betrachtet werden, denn diese Vorschrift ist für die Soziale Arbeit in mehrerlei Hinsicht von besonderem Interesse. Zunächst wirkt Art. 6 Abs. 1 GG in den Worten des BVerfG als „**verbindliche Wertentscheidung**" (E 7, 198, 205). Nun soll es zwar dahingestellt bleiben, ob mündige Bürgerinnen und Bürger sich tatsächlich in ihren Bestimmungsgründen dazu, in welcher Form, weshalb und in welcher Intensität sie Partnerbeziehungen eingehen und zu welchem Zeitpunkt sie diese ggf. auch wieder beenden, an Grundgesetzkommentaren und Verfassungsgerichtsentscheidungen orientieren. Deshalb ist wohl auch nur schwer zu definieren, worin der Inhalt einer solchen Wertentscheidung im Einzelnen bestehen mag (Lecheler 2001, 237). Jedenfalls liegt der Kern des verfassungsrechtlich gebotenen Schutzes von Ehe und Familie darin, dass es sich hierbei um jeweils „einen geschlossenen, gegen den Staat abgeschirmten und die Vielfalt rechtsstaatlicher Freiheit schützenden Autonomie- und Lebensbereich" (BVerwGE 91, 130, 134) handelt. Hieraus leitet sich aber wiederum nicht nur ein reines Abwehrrecht, sondern zugleich auch eine Verpflichtung des Staates ab, Ehe und Familie in besonderer Weise zu fördern (BVerfGE 82, 60 ff.). An diese Verpflichtung sind der Gesetzgeber, die Rechtsprechung sowie die (Sozial-)Verwaltung in gleichem Maße unmittelbar gebunden. So nennt das SGB VIII im zweiten Abschnitt des zweiten Kapitels die Förderung der Erziehung in der Familie bereits in der Überschrift und thematisiert, verfassungsrechtlich betrachtet, auch im dritten und vierten Abschnitt dieses Kapitels den Schutz und die Förderung der Familie. Jedoch auch außerhalb des Kinder- und Jugendhilferechts stößt die Sozialarbeit allenthalben auf entsprechende rechtliche Umsetzungsinstrumentarien: vom Steuerrecht (Ehegattensplitting, steuerliche Berücksichtigung von Unterhaltsleistungen, Kinderfreibetrag, Kindergeld), über das Sozialrecht (z. B. Elterngeld, Leistungen der Sozialversicherungen nach SGB V bis VII, SGB XI sowie Sozialleistungen nach SGB II oder SGB XII) bis zum Erbrecht (gesetzliche Erbfolge) und Arbeitsrecht (Diskriminierungsverbot für Verheiratete etwa bei der Aufstellung von Sozialplänen wegen betriebsbedingter Kündigungen, Anrechnung der Elternzeit auf die Beschäftigungsdauer bei Abfindungen, Freistellungsanspruch und Kündigungsschutz bei Eltern- und Pflegezeit, Beschäftigungsverbote zum Schutz von Schwangeren und stillenden Müttern sowie Kündigungsschutz bei Schwangerschaft und während des gesetzlichen Mutterschaftsurlaubs).

Schutz von Ehe und Familie

Abwehr- und Teilhaberecht

Das unmittelbare grundrechtlich geschützte Verhalten der Beteiligten besteht nun, soweit es zunächst in einem engeren Sinne die Ehe betrifft, u. a. darin, dass sie frei darüber entscheiden können

Grundrechtsschutz der Ehe

- mit wem und wann bzw. ob sie überhaupt eine Ehe eingehen wollen (Verbot der sogenannten „Zwangsehe"!),
- ob sie einen gemeinsamen Ehe-/Familiennamen führen wollen und, falls ja, welchen ihrer Namen sie zum Ehenamen bestimmen wollen (vgl. § 1355 BGB),
- wie sie die eheliche Güterverteilung regeln wollen (vgl. § 1408 BGB),

▪ wie sie Erwerbstätigkeit und Haushaltsführung organisieren möchten (vgl. § 1356 BGB),

▪ ob sie an einem gemeinsamen Wohnort oder mit getrennten Lebensmittelpunkten leben wollen sowie

▪ ob sie ggf. die Ehe wieder scheiden lassen wollen (im Einzelnen: Jarass / Pieroth 2010 Art. 6 GG Rz. 4; Manssen 2010, 127 m. w. N.).

Im Übrigen bedeutet der Schutz der Ehe, der zugleich als verfassungsrechtliche **Institutsgarantie** wirkt, nicht, dass ihr andere Formen des partnerschaftlichen Zusammenlebens nicht gleichgestellt werden dürften (Manssen 2010, 127), wie das BVerfG für die eingetragene **gleichgeschlechtliche Lebenspartnerschaft** nach BVerfGE 105, 313 in einer neueren Entscheidung noch einmal klar gestellt hat (1 BvR 170/06 v. 11.06.2010).

Grundrechtsschutz der Familie   Ähnlich reicht auch der Schutz der Familie „von der Familiengründung bis in alle Bereiche des familiären Zusammenlebens" (Jarass / Pieroth 2010 Art. 6 GG Rz. 8). Art. 6 Abs. 1 GG „berechtigt die Familienmitglieder, ihre Gemeinschaft nach innen in familiärer Verantwortlichkeit und Rücksicht frei zu gestalten" (BVerfGE 80, 81, 92). In auch für die soziale Praxis besonders relevanter Weise tritt uns der Schutz der Familie vor allem als **Elternrecht** aus Art. 6 Abs. 2 GG entgegen (ausführlich zur elterlichen Verantwortung II-2.4.3). Dies ergibt sich schon aus der verfassungsrechtlichen **Definition von Familie** als „umfassende Gemeinschaft zwischen Eltern und Kindern" (BVerfGE 10, 59, 66). Sie umfasst also Kinder und deren Eltern, seien diese nun miteinander verheiratet oder nicht, ebenso Adoptiv-, Stief- oder Pflegekinder (zu letzterem: BVerfGE 68, 176, 187). Genauso fallen gleichgeschlechtliche Lebensgemeinschaften mit Kindern unter den Familienbegriff. Eine Familie bilden auch alleinerziehende Elternteile mit ihrem Kind, und zwar unabhängig davon, ob der alleinerziehende Elternteil mit dem anderen verheiratet ist bzw. war oder nicht (a. A. Lecheler 2001, 232). Darüber hinaus ist mit Hinblick auf das Grundsicherungs- und Sozialhilferecht von Bedeutung, dass auch in Beistandsgemeinschaft lebende Verwandte mit dem verfassungsrechtlichen Familienbegriff erfasst sind (Jarass / Pieroth 2010 Art. 6 GG Rz. 7). Jedoch ist das Elterngrundrecht nicht schematisch an ein bereits bestehendes Zusammenleben der Eltern bzw. des Elternteils mit dem Kind in der familiären Gemeinschaft gebunden. So folgt nach einer Entscheidung des EGMR (Görgülü vs. Germany No. 74969/01 vom 26.02.2004) aus Art. 8 EMRK die Pflicht des Staates, es zu ermöglichen, dass sich zwischen einem leiblichen nicht sorgeberechtigten Elternteil und seinem Kind tatsächliche familiäre Bande entwickeln können. In seinem Beschluss vom 14.10.2004 hat das BVerfG hierzu festgestellt, dass Art. 6 Abs. 2 GG entsprechend auszulegen sei (2 BvR 1481/04). Für nicht verfassungsgemäß hielt das BVerfG (wiederum im Anschluss an eine EGMR-Entscheidung: Zaunegger vs. Germany – 22028/04 vom 03.12.2009) auch den generellen Ausschluss des Vaters eines nichtehelichen Kindes von der gemeinsamen elterlichen Sorge bei verweigerter Zustimmung der Mutter. In seiner Entscheidung vom 21.07.2010 hat das BVerfG daher vorläufig, d. h. bis zu einer Neuregelung durch den Gesetzgeber, angeordnet, dass das Familiengericht nunmehr auf Antrag eines Elternteils die elterliche Sorge beiden Eltern überträgt, soweit zu erwarten ist, dass dies dem Kindeswohl entspricht (1 BvR 420/09). Schließlich ist selbst die Beziehung des biologischen (nicht rechtlichen) Vaters zu seinem Kind in gewissem Umfang und unter bestimmten Voraussetzungen durch Art. 6 Abs. 2 GG geschützt (BVerfGE 108, 82, 112).

Auch die Funktion des Elterngrundrechts weist mittlerweile über die bloße Abwehr staatlicher Eingriffe hinaus und umfasst eine **Leistungs- und Teilhabedimension**. Das BVerfG spricht in diesem Zusammenhang u. a. von einer sozialstaatlichen Verpflichtung, „positiv die Lebensbedingungen für ein gesundes Aufwachsen des Kindes zu schaffen" (1 BvL 20/63 vom 29.07.1968). Dabei leitet sich die verfassungsrechtliche Schutzwirkung des Elterngrundrechts in ihrer Genese zunächst daraus ab, dass es sich bei ihm um eine spezifische Ausformung des grundrechtsgeschützten Gesamtraumes Familie handelt (Zacher 2001, 266). Folglich ist das Elternrecht insofern in gleicher Weise geschützt wie die Familie insgesamt (Pieroth/Schlink 2010, 171). Dies betrifft nach dem Wortlaut von Art. 6 Abs. 2 S. 1 GG insb. die Entscheidungen der Eltern über die Pflege (d. h. das körperliche Wohl) und die Erziehung (die seelische und geistige Entwicklung einschließlich der religiösen und weltanschaulichen Erziehung).

Den **autonomen Gestaltungswillen der Eltern** bei Pflege und Erziehung ihrer Kinder haben BVerfG, BGH, BSG und auch das BAG in einer Reihe von Entscheidungen weiter konkretisiert. So fallen unter Art. 6 Abs. 2 GG etwa Entscheidungen der Eltern zur Bildung und Ausbildung des Kindes, dazu, wem Einfluss auf die Erziehung des Kindes zugestanden wird und in welchem Ausmaß, sowie auch, mit welcher Intensität die Eltern sich selbst der Pflege und Erziehung widmen oder diese Dritten (teilweise) überlassen (vgl. m. w. N. Jarass/Pieroth 2010 Art. 6 GG Rz. 37). Umgekehrt kann keine staatliche Institution, auch nicht die (öffentliche) Jugendhilfe, für sich ein vergleichbares Erziehungsrecht reklamieren, und zwar selbst dann nicht, wenn das Kind außerfamiliär oder in einer Tageseinrichtung untergebracht ist bzw. betreut wird (Münder et al. 2009 § 1 Rz. 14).

Eingriffe in das Elternrecht bzw. Einschränkungen können allerdings – wie bei allen anderen Grundrechten mit Ausnahme von Art. 1 GG auch – durch kollidierendes Verfassungsrecht gerechtfertigt sein. So folgt bspw. aus Art. 7 Abs. 1 GG eine allgemeine **Schulpflicht**, die insoweit das Elternrecht einschränkt. Mit dieser Pflicht geht ein eigenständiger Erziehungsauftrag der Schule einher. Deren Erziehungsziele können zwar die Eltern in ihrem eigenen erzieherischen Verhalten nicht binden; gleichwohl stehen sie insoweit gleichberechtigt neben dem Erziehungsrecht der Eltern (BVerfGE 34, 16; 47, 46; 96, 288). Sie können damit deren Recht aus Art. 6 Abs. 2 GG – etwa in Gestalt bestimmter Lehrstoffinhalte oder schulischer Erziehungsmaßnahmen – beschränken. Maßstab hierfür ist, dass dies dem Wohl des Kindes dient (Jarass/Pieroth 2010 Art. 7 GG Rz. 5; Epping 2010, 229 f.). Auch im **Jugendstrafrecht** (hierzu III-8.5) sieht das BVerfG Eingriffe in das Elternrecht, die im Grunde bereits mit der Einleitung eines Ermittlungsverfahrens gegen den Minderjährigen einsetzen, in einem „Verfassungsgebot des strafrechtlichen Rechtsgüterschutzes" (E 107, 104, 119) legitimiert.

Eine praktisch wie rechtlich gleichermaßen kompliziert zu lösende Konstellation kann immer dann vorliegen, wenn Grundrechtspositionen des Minderjährigen mit dem Elterngrundrecht in Widerstreit geraten. In derartigen Fällen kann jeden-

Schranken des Elternrechts

Kollisionen

falls, wie das BVerfG in einer Reihe von Entscheidungen deutlich macht, nicht ohne weiteres davon ausgegangen werden, dass das Elternrecht notwendigerweise Vorrang etwa vor dem allgemeinen Persönlichkeitsrecht des Kindes haben müsse (hierzu ausführlich: Münder et al. 2009 § 1 Rz. 20 m. w. N.). Denn Kinder emanzipieren sich im Laufe ihres individuellen Entwicklungs- und Reifeprozesses in einem Maß, das es ihnen nach und nach ermöglicht, ihre Subjektstellung zunehmend selbstverantwortlich auszufüllen. Darüber hinaus gibt es Grundrechte des Kindes, die sich „a priori jeder Überlagerung durch das Elternrecht (widersetzen)" (Zacher 2001, 300). Hierzu gehört vor allem das Grundrecht der Menschenwürde aus Art. 1 GG. Kollidieren können weiterhin die Rechte leiblicher Eltern mit denen der Pflegeeltern, etwa bei der Forderung der leiblichen Eltern nach Herausgabe ihres Kindes von den Pflegeeltern (hierzu BVerfGE 68, 176). Da die Eltern je für sich Träger des Grundrechts aus Art. 6 Abs. 2 GG sind (BVerfGE 47, 46, 76), können auch ihre jeweiligen Rechte in Kollision geraten, etwa bei Streitigkeiten zur Ausübung der elterlichen Sorge, bei Beantragung der alleinigen elterlichen Sorge aufgrund von Trennung oder Scheidung oder beim Verlangen nach Beschränkungen des Umgangsrechts für den nicht sorgeberechtigten Elternteil.

Ausgestaltung der Elternverantwortung Keine Beschränkung, sondern lediglich eine Ausgestaltung (oder: Definition) der Elternverantwortung ist das **Verbot entwürdigender Erziehungsmaßnahmen** aus § 1631 Abs. 2 S. 2 BGB (Pieroth/Schlink 2010, 172). Auch dass Art. 6 Abs. 2 S. 1 GG nicht nur von einem Elternrecht, sondern zugleich auch von einer Pflicht zur Pflege und Erziehung des Kindes spricht, unterscheidet das Elternrecht zwar von allen anderen Grundrechten, formuliert jedoch für sich genommen noch keine das Elternrecht begrenzende Schranke. Vielmehr nimmt es eine nähere Bestimmung seines Wesens als „**dienendes**", „treuhänderisches" oder auch „**fremdnütziges**" **Grundrecht** vor (Jarass/Pieroth 2010 Art. 6 GG Rz. 36). Aus diesem Grund wacht die staatliche Gemeinschaft über die Betätigung dieser Pflicht (Art. 6 Abs. 2. S. 2 GG). Jedoch steht diese Ermächtigung, wie das BVerfG klargestellt hat (E 107, 104), unter Gesetzesvorbehalt (vgl. § 1666 BGB). Weil von ihr nur zum Wohle des Kindes Gebrauch gemacht werden darf, handelt es sich bei Art 6 Abs. 2 S. 2 GG um einen qualifizierten Gesetzesvorbehalt (Pieroth/Schlink 2010, 162 ff.). Er unterliegt seinerseits wiederum einer Beschränkung durch Abs. 3 (sog. Schranken-Schranke), der noch einmal gesondert die verfassungsrechtlichen Voraussetzungen einer Trennung des Kindes von seinen Erziehungsberechtigten benennt. In seiner stärksten Ausprägung, nämlich in Bezug auf die Trennung von den Eltern, ist Art. 6 Abs. 3 GG in § 1666a BGB umgesetzt. Nicht unter Abs. 3 fallend, sondern als Ausprägung des **Wächteramtes des Staates** i. S. v. Art. 6 Abs. 2 S. 2 GG, betrachtet das BVerfG die Adoption gegen den Willen der Eltern nach § 1748 BGB (BVerfGE 24, 119, 144 ff.). Dies ist schon deshalb schlüssig, weil die Ersetzung der Einwilligung keineswegs die Trennung des Kindes von den Eltern herbeiführt, sondern diese bereits vollzogen sein wird.

Ausländische Ehepartner und Familienangehörige Außerhalb der bisher erörterten verfassungsrechtlichen Problematiken ist der verfassungsmäßige Schutz von Ehe und Familie vor allem noch im **Aufenthaltsrecht für Zuwanderer** nichtdeutscher Staatsangehörigkeit von Bedeutung. Dort nämlich ist die Frage zu beantworten, ob bzw. unter welchen Voraussetzungen Familiennachzug verweigert werden darf oder durch die Abschiebung eines Ehepartners oder eines Mitgliedes des Familienverbandes das Zerreißen einer Ehe oder einer Familie mit dem Schutzgebot von Art 6 Abs. 1 GG vereinbar sein soll. BVerfG und BVerwG stellen in ihrer Rechtsprechung hierzu zunächst fest, dass Art. 6 Abs. 1 GG keinen Anspruch auf Aufenthalt oder Nachzug begründet (BVerfGE 76, 47f; 80, 93; BVerwGE 102, 19; 106, 17). Insofern müssen sowohl nichtdeutsche Staatsangehörige als auch Deutsche, die mit Menschen ohne deutsche Staatsangehörigkeit eine Ehe eingehen, damit rechnen, dass sich das eheliche bzw. familiäre Zusammenleben nicht notwendigerweise innerhalb der Bundesrepublik Deutschland vollziehen muss (Jarass/Pieroth 2010 Art. 6 GG Rz. 11). Deshalb soll es sich auch bei verweigertem Familiennachzug, der Nichtverlängerung einer Aufenthaltserlaubnis oder der Ausweisung eines Ehepartners bzw. Familienangehörigen erst dann um einen Grundrechtseingriff handeln, wenn es dem Ehepartner oder Familienangehörigen nicht zumutbar oder nicht möglich ist, dem Ausländer ins Ausland zu folgen (BVerfG 2 BvR 1542/94 – 10.08.1994). Ansonsten kommt es aber gerade hier darauf an, dass der Grundsatz der Verhältnismäßigkeit (s. o. I-2.1.2.2) gewahrt und zwischen den Rechtsgütern der Ehe und der Familie sowie den durch das Zuwanderungsrecht zu schützenden Rechtsgütern sorgfältig abgewogen wird (BVerwGE 56, 249f; 75, 179f). Einfachgesetzlich findet sich in § 56 Abs. 1 Nr. 3 und 4 AufenthG ein besonderer Ausweisungsschutz für Familienangehörige, Ehepartner und auch für Partner, die in lebenspartnerschaftlicher Gemeinschaft leben.

http://www.bpb.de/publikationen/M68F7H,0,0,Grundrechte.html

Gramm/Pieper 2008; Epping 2010; Pieroth/Schlink 2010

1. Was versteht man unter einem doppelten Mandat der Sozialarbeit? (2.1.1)
2. Warum hat der Grundsatz des Gesetzesvorbehaltes gerade im Sozialrecht eine besondere Bedeutung, und welche Konsequenzen ergeben sich hieraus für die Soziale Arbeit? (2.1.2.1)
3. Woran sind die Geeignetheit und Erforderlichkeit einer staatlichen Intervention zu messen? (2.1.2.2)
4. Wann ist das Gleichheitsgebot des Art. 3 GG verletzt? (2.1.2.4)
5. Was für eine Bedeutung hat das Subsidiaritätsprinzip für das Verhältnis öffentlicher und freier Sozialleistungsträger? (2.1.3)
6. Worin besteht die Funktion von Grundrechten und inwieweit sind diese für die Soziale Arbeit von Bedeutung? (2.2.3, 2.2.6).
7. Woraus folgt die Geltung von Grundrechten, die das Verhältnis zwischen dem Staat und seinen Bürgern betreffen, in der Sozialen Arbeit? (2.2.4)
8. Worin besteht der Wesensgehalt des Elterngrundrechts aus Art. 6 Abs. 2 GG, und wo verlaufen seine Schranken? Worin bestehen seine Besonderheiten im Vergleich zu anderen Grundrechten? (2.2.6)
9. Gibt es ein Recht des Staates auf Erziehung bzw. ein Recht, in die Erziehung der Eltern einzugreifen? (2.2.6)
10. In welchem Verhältnis stehen die Grundrechte der Eltern und ihrer Kinder? (2.2.6)

3 Grundlagen der Rechtsanwendung (Trenczek)

Bei der Rechtsanwendung geht es darum, „Fälle" und damit die dahinterstehenden Konflikte rechtlich zu entscheiden bzw. im Vorfeld gutachtlich die Konsequenzen menschlichen Verhaltens rechtlich zu würdigen. Die Rechtsanwendung und Rechtsdogmatik (Lehre vom geltenden Recht) ist nicht nur durch eine spezifische, als Subsumtion (hierzu im Einzelnen unten I-3.6) bezeichnete Methode, sondern auch durch eine spezifische Sprache mit einer hohen Abstraktion sowie einer z. T.

Juristendeutsch spezifischen Begriffsfindung gekennzeichnet. Die Sprache, vor allem die Schriftsprache, hat für das Recht eine besondere Bedeutung, sie ist für das Recht mittlerweile konstitutiv und bleibt es auch noch im Zeitalter des Internets (vgl. Boehme-Neßler 2005, 161 ff.). Damit einher geht ein im Vergleich zur Alltagssprache unverständlicher Stil (viele Substantive, schwierige Satzkonstruktionen mit vielen Verschachtelungen, echte Fachbegriffe und Professionalismen, vom allgemeinen Sprachgebrauch abweichende fachliche Bedeutungsinhalte). Die Sprache der öffentlichen Verwaltung und Justiz ist die Rechtssprache und erfolgt überwiegend schriftlich. Das macht es für die Bürger oft schwer, einen Zugang zum Recht zu finden. Andererseits richten sich Rechtsnormen als generelle Regelungen grundsätzlich an alle Bürger und nicht nur an einen kleinen Kreis von Experten. Anwälte, Sozialarbeiter, Betreuer und Mediatoren müssen deshalb hier sehr häufig eine **Dolmetscherfunktion** übernehmen. Voraussetzung für das inhaltliche Verstehen von Rechtsnormen ist das Erkennen der Struktur der Rechtssätze, die Auflösung ggf. vorhandener begrifflicher Mehrdeutigkeiten und das referenzielle Anwenden des Inhalts auf die Realität des Lebensalltags. Hierzu bedarf es zunächst eines grundlegenden Verständnisses über den Ablauf normativer Entscheidungsprozesse, die Struktur der Rechtsnormen, einer Einführung in die Technik der normativen Begriffsklärung (sog. Auslegung) und Entscheidungsfindung (Abwägung). Dies ist nicht nur notwendig, um Hilfe suchende Bürger in rechtlichen Fragen beraten zu können. Soziale Arbeit selbst äußert sich in vielen Fällen zunächst einmal als rechtsgebundene Verwaltungsentscheidung.

3.1 Rechtsanwendung als mehrstufiger normenbezogener Entscheidungsprozess

Soziale Arbeit als Bestandteil der staatlichen Daseinsvorsorge ist in ihren Voraussetzungen und Grenzen rechtlich geregelt. Der konkrete sozialrechtliche Anspruch des Berechtigten wird aber in aller Regel nicht unmittelbar durch die Sozialleistungsgesetze begründet. Es gibt kein Gesetz, nach dem Frau Gerda Schneider aus Mühlhausen einen Anspruch auf Sozialhilfe in Höhe von 440 € / mtl. hat oder nach dem Herr Frank Mustermann aus Stuttgart Anspruch auf Betreuung und Versorgung seiner Kinder im eigenen Haushalt während des Krankenhausaufenthaltes seiner Frau hat. Die Sozialleistungsgesetze regeln nur abstrakt die Leistungsvoraussetzungen. Zur Konkretisierung der Rechte und Pflichten des Einzelnen bedarf es einer besonderen Einzelfallentscheidung, in der die unmittelbaren Rechtswirkungen im Sozialrechtsverhältnis geregelt werden.

Übersicht 11: Soziale Arbeit als mehrstufiger rechtsbezogener Entscheidungsprozess

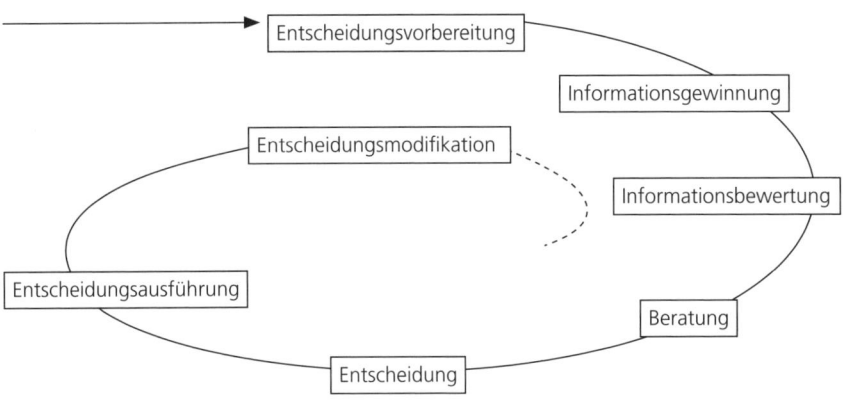

Die entscheidungsbezogene Soziale Arbeit (zur Rechtsberatung s. u. I-4.2) läuft in einem **mehrstufigen normbezogenen Entscheidungsprozess** (siehe Übersicht 11) ab (Maas 1996, 21 ff.). Der Zugang erfolgt oft durch die Betroffenen, indem sie um Hilfe nachsuchen, sich informieren oder sogar einen „Antrag" (vgl. § 16 SGB I, § 18 SGB X; hierzu III-1.2.2) stellen. Häufig ist die Sozialverwaltung aber auch verpflichtet, von sich aus tätig zu werden. In beiden Fällen muss sie die zu treffende Entscheidung vorbereiten. Diese besteht im Wesentlichen aus der Gewinnung von Informationen als Entscheidungsgrundlage (Sachverhaltsermittlung) und aus der fachlichen Bewertung des Sachverhalts. Die Informationsgewinnung wirft zwei Fragen auf:

Informationsgewinnung

■ nach dem **Inhalt** der Sachverhaltsermittlung: Welche Daten sind entscheidungs-
relevant? Insoweit geht es zunächst um die Auswahl der Rechtsgrundlage, auf
der die Entscheidung beruhen soll (vgl. Gesetzesvorbehalt, s. o. I-2.1.2.1), und
damit der einzelnen entscheidungsrelevanten Bedingungen, die nach dem Gesetz erfüllt sein müssen, damit eine entsprechende Entscheidung gefällt werden
kann, z. B. die Leistungsvoraussetzungen für eine erzieherische Hilfe nach § 27
SGB VIII oder für die Hilfe zum Lebensunterhalt nach § 19 SGB XII.

■ nach dem **Verfahren** der Sachverhaltsermittlung: Wie müssen die Informati-
onsermittlung und das Entscheidungsverfahren ablaufen? Welche Verfahrens-
schritte, welche Schutzrechte und insb. Mitwirkungspflichten der Betroffenen
müssen im Rahmen der Entscheidungsfindung beachtet werden (z. B. Untersuchungsgrundsatz nach § 20 SGB X; Mitwirkungspflichten nach §§ 60 ff.
SGB I, Hilfeplanung nach § 36 SGB VIII, Datenschutzrecht § 35 SGB I, § 67 ff.
SGB X, §§ 61 ff. SGB VIII; zum Verwaltungsverfahren vgl. III-1.2)?

In der Praxis ist die Informations- und **Sachverhaltsermittlung** am schwierigsten,
während man sich in der Studienphase darauf verlassen kann, dass in der Übung
und Prüfung in einer Art Trockenschwimmen nur feststehende Sachverhalte vorgegeben werden. Während im öffentlichen Verwaltungsrecht und im Strafrecht der
Sachverhalt grundsätzlich von Amts wegen zu ermitteln ist (sog. Offizialprinzip,
Untersuchungsgrundsatz) besteht im Privatrecht der sog. Beibringungsgrundsatz,
d. h., die an einem Rechtsstreit beteiligten Parteien sind für die „Beibringung" (Einführung) der dem Streit zugrunde liegenden Fakten verantwortlich. Hier wie dort
versucht die Verwaltungs- und Rechtspraxis, umstrittene Tatsachen zu klären bzw.
den „wahren" Sachverhalt ggf. durch die Erhebung von Beweisen als Grundlage
ihrer Entscheidungsfindung zu ermitteln. Grundsätzlich trägt immer derjenige die
Beweislast sog. Beweislast, der sich auf einen für ihn vorteilhaften Umstand beruft. In diesem
Zusammenhang sollte allerdings beachtet werden, dass die Wahrnehmung bei je-
dem Menschen begrenzt ist. Sie ist auch kein passiver, sondern ein aktiv-selektiver
Prozess der **Konstruktion von Wirklichkeiten** (vgl. Maturana/Varela 1987). Es ist
deshalb ganz normal, dass unterschiedliche Personen unterschiedliche Wahrnehmungen und Erinnerungen an ein und denselben Vorgang haben. Nicht zuletzt deshalb ist die Suche nach der „objektiven" Wahrheit oft vergeblich. Die Soziale Arbeit, deren Aufgabe es vornehmlich ist, die Selbsthilfekräfte der Betroffenen zu
stärken, stützt sich deshalb methodisch eher auf konstruktivistische Ansätze (vgl.
hierzu auch die Mediation, I-6.3). Dort, wo ein Dritter entscheiden muss (sei es im
Rahmen eines Verwaltungs- oder gerichtlichen Verfahrens), lässt sich aber auf die
Sachverhaltsermittlung und ggf. Beweisführung nicht verzichten.

In der „theoretischen" Ausbildungssituation erhalten die Studierenden einen als
wahr unterstellten (unstrittigen) und abschließenden Sachverhalt. Hier darf nichts
angezweifelt oder dazuspekuliert werden. Ausbildungsgegenstand ist zunächst
das Erlernen der juristischen Arbeitsmethodik, die Methode der Rechtsanwendung, der Umgang mit Rechtsnormen im Rahmen der Informationsbewertung.
Das entspricht auch dem korrekten Vorgehen der Rechtspraxis, insb. der Gerichte,
in strittigen Sachverhalten. Die sachgemäße rechtliche Bearbeitung eines Falles
(insb. der Frage: Was ist für die Entscheidungsfindung rechtlich überhaupt rele-

vant?) erspart die u. U. aufwendige Beweiserhebung umstrittener Tatsachen, die für die abschließende Entscheidung letztlich rechtlich überflüssig sind. Auch die Informationsbewertung umfasst zwei Aspekte:

Informationsbewertung

- ▣ stets die Bewertung in rechtlicher Hinsicht (Subsumtion)
- ▣ sehr häufig die Bewertung in fachlich-sozialpädagogischer Hinsicht (Diagnose und Prognose), z.B.: Was ist eine erzieherische Mangelsituation im Sinne der Leistungsvoraussetzungen der Erziehungshilfen nach § 27 SGB VIII? Welche Hilfe ist die „richtige" (= geeignet und erforderlich) i. S. d. § 27 SGB VIII?

Beide Ebenen, sozialpädagogische Bewertung und rechtliche Subsumtion, sind oftmals untrennbar miteinander verknüpft (z. B. abstrakt-definitorische Ausfüllung des Begriffs „erzieherischer Bedarf" in § 27 Abs. 2 SGB VIII sowie die Anwendung der Definition im konkret zu entscheidenden Einzelfall). Die rechtliche Bewertung baut einerseits auf der fachlich-diagnostischen Bewertung auf; andererseits darf sich jene in diesem justiziablen Zusammenhang nur auf die rechtlich vorgegebenen, relevanten Kriterien beziehen (im Hinblick auf § 27 SGB VIII z. B. Relevanz der Begriffe „erzieherischer Bedarf" und „Kindeswohl", nicht aber andere denkbare Maßstäbe, z. B. Einkommen, Kinderzahl). Im Rahmen der Subsumtion werden die rechtlich relevanten Kriterien und der Sachverhalt aufeinander bezogen, der Sachverhalt wird im Hinblick auf seine rechtliche Relevanz überprüft. Auch bei der inhaltlichen Ausgestaltung und Durchführung der konkreten Leistung wirken rechtliche Kriterien weit in den Hilfeprozess hinein. **Hilfe als Rechtsverhältnis** führt allerdings nicht zu einer Verdrängung der außerrechtlichen, insb. der sozialpädagogischen Aspekte Sozialer Arbeit. Es ist gerade ein Element der Fachlichkeit, die jeweiligen Besonderheiten des Einzelfalls sozialarbeiterisch-methodisch zu erfassen, diese bewusst in den Beratungs- und juristisch-normativen Entscheidungsprozess einzubringen und dabei insb. Entscheidungsalternativen zu erkennen. Hingewiesen sei hier auf das sog. Fachkräfteprivileg gemäß § 72 SGB VIII und § 6 SGB XII, nach dem die Sozialleistungsgesetze von Fachkräften durchzuführen sind, um zu gewährleisten, dass die nach fachlicher Prüfung im Einzelfall als notwendig festgestellte Jugendhilfe bzw. Sozialhilfe geleistet wird. Es sind also die sozialpädagogischen Fachkräfte, die die Umsetzung des Gesetzeswillens, insb. die Auslegung von unbestimmten Rechtsbegriffen (s. u. I-3.3.2) und Ermessensspielräumen (s. u. I-3.4.1) vornehmen müssen. Dies gilt nicht nur im Hinblick auf die Entscheidungen der Sozialbehörden, sondern auch für die fachlichen Stellungnahmen im Rahmen gerichtlicher Verfahren (z. B. §§ 50 – 52 SGB VIII).

Fachkräfteprivileg

3.2 Struktur der Rechtsnormen

3.2.1 Tatbestands- und Rechtsfolgenseite

Eine sog. vollständige Rechtsnorm ist zweigliedrig aufgebaut: Sie besteht aus einer Tatbestands- und einer Rechtsfolgenseite. Auf der Tatbestandsseite der Rechtsnorm werden die einzelnen Bedingungen (die sog. Tatbestandselemente, -voraus-

Tatbestandsmerkmale

setzungen oder -merkmale) aufgezählt, die erfüllt sein müssen, damit die in der Vorschrift genannte Konsequenz (Rechtsfolge) eintritt. Auch wenn die zweigliedrige Struktur der gesetzlichen Tatbestände nicht immer gleich auf den ersten Blick erkennbar ist, so lässt sich doch jede vollständige Rechtsnorm auf die geschilderte Weise in eine Tatbestands- und Rechtsfolgenseite (Wenn-dann-Relation) zerlegen. Art. 16a GG: „Politisch Verfolgte genießen Asylrecht" beispielsweise lässt sich als Wenn-dann-Relation formulieren: *Wenn* jemand politisch verfolgt ist (= Tatbestandselement), *dann* wird ihm Asyl gewährt (= Rechtsfolge). In Anlehnung an logisch-systematische Denkprozesse wird die Struktur von Rechtsnormen häufig mit Gleichungen dargestellt ($x_1 + x_2 + x_3 => R_1$), die mitunter komplexe Verschachtelungen und „Ketten" beinhalten (siehe Übersicht 12).

ungeschriebene Tatbestandsmerkmale Teilweise werden einzelne Tatbestandsbedingungen nicht ausdrücklich genannt, sondern als sog. „ungeschriebene" Tatbestandsmerkmale aus rechtssystemdogmatischen Gründen mitgedacht. Die zivilrechtliche Schadensersatzpflicht setzt z. B. stets eine in § 823 BGB nicht selbst noch einmal besonders erwähnte Ursachenkette zwischen der Verletzungshandlung und dem Schadenseintritt voraus (sog. Kausalität oder objektive Zurechnung).

Die Gesetze enthalten nicht nur vollständige Rechtsnormen. Der Gesetzgeber hat vielfach wichtige Tatbestandselemente von Normen selbst in gesonderten Paragrafen definiert oder Einzelheiten einer Rechtsfolge in mehreren Vorschriften zusammenhängend geregelt. Man spricht dann – je nach der speziellen Funktion dieser „unvollständigen" Rechtsnormen, die aus Gründen der Übersichtlichkeit und der Entlastung des gesetzlichen Tatbestands aus diesem ausgegliedert worden sind – von einer:

- Definitionsnorm, z. B.:
  - § 276 Abs. 2 BGB: Fahrlässig handelt, wer die im Verkehr erforderliche Sorgfalt außer Acht lässt.
  - § 7 Abs. 1 Nr. 2 SGB VIII: Jugendlicher ist, wer 14, aber noch nicht 18 Jahre alt ist.
  - § 27 SGB XII: Der notwendige Lebensunterhalt umfasst insb. … [Definition des notwendigen Lebensunterhalts]
- Verweisungsnorm, z. B.:
  - § 7 Abs. 1 Nr. 5 SGB VIII: Personensorgeberechtigter ist, wem allein oder gemeinsam mit einer anderen Person nach den Vorschriften des Bürgerlichen Gesetzbuchs die Personensorge zusteht.
  - § 62 SGB X: Verweis auf die Rechtschutzmöglichkeiten gegen Verwaltungsakte, die im SGG, in der VwGO oder einem anderen Bundesgesetz geregelt sind.
- Gegennorm, z. B.:
  - § 49 Abs. 1 SGB X: § 45 Abs. 1 – 4, §§ 47 und 48 gelten nicht, wenn ein begünstigender Verwaltungsakt, der von einem Dritten angefochten worden ist, …

Übersicht 12: Struktur von Rechtsnormen

Beispiele	Tatbestand „wenn"	Rechtsfolge „dann"
	x_1 $\rightarrow$	R_1
Art. 16 a GG	Politische Verfolgung	Asylgewährung
§ 1 BGB	Geburt des Menschen	Rechtsfähigkeit
§ 2 BGB	Vollendung des 18. Lebensjahres eines Menschen	Volljährigkeit
§ 19 Abs. 1 S. 1 SGB XII	Jemand kann sich seinen notwendigen Lebensunterhalt nicht (ausreichend) aus eigenen Kräften und Mitteln (insb. Einkommen und Vermögen) beschaffen.	Hilfe zum Lebensunterhalt
	$x_1 + x_2 + x_3$ $\rightarrow$	R_1
§ 27 SGB VIII	■ Personensorgeberechtigung für ein Kind bzw. Jugendlichen ■ Eine dem Kindeswohl entsprechende Erziehung ist nicht gewährleistet (= „erzieherischer Bedarf"). ■ Hilfe ist für die Entwicklung des Kindes bzw. Jugendlichen geeignet und notwendig.	Anspruch auf diese geeignete und notwendige Erziehungshilfe
	$x_1 + x_2 + x_3 + x_4$ $(+x_5)$ ... $\rightarrow$	R_1
§ 823 Abs. 1 BGB	■ Verletzung eines anderen an Körper, Gesundheit, Freiheit, Eigentum ... (x_{1a} oder x_{1b} oder x_{1c}) ■ Rechtswidrigkeit (x_2) ■ Vorsatz oder Fahrlässigkeit (x_{3a} oder x_{3b}) ■ Schaden (x_4) + Kausalität (x_5, sog. ungeschriebenes TBM)	Ersatz des Schadens
	x_1 (wenn nicht x_2) $\rightarrow$	R_1
§ 24 Abs. 1 S. 1 SGB VIII	■ Kind ab 3 Jahren ■ noch nicht in der Schule	Anspruch auf Kindergartenplatz
§ 212 Abs. 1 StGB	■ Tötung eines Menschen ■ keine Mordmerkmale	Freiheitsstrafe nicht unter 5 Jahren
	x_1 $\rightarrow$	R_1 und R_2
§ 433 BGB	Bestehen eines Kaufvertrages	Verkäufer muss die Sache übergeben und das Eigentum daran verschaffen; Käufer muss den vereinbarten Kaufpreis zahlen und die Sache abnehmen
	$x_1 + x_2 + (x_{3a}$ oder $x_{3b})$ $\rightarrow$	R_1 oder R_2 oder ...
§ 437 BGB	■ Kaufvertrag ■ mangelhafte Sache ■ (spezifische Voraussetzungen der jeweiligen Rechtsfolge)	■ Nacherfüllung nach § 439 BGB ■ Rücktritt vom Vertrag (§§ 440, 323 und 326 Abs. 5) oder Minderung (§ 431 BGB) ■ ggf. Schadensersatz (§§ 440, 280, 281, 283, 311a BGB) oder Ersatz von vergeblichen Aufwendungen (§ 284 BGB)
	x_1 oder x_2 oder x_3 $\rightarrow$	R_1 oder R_2 oder R_n
§ 90 Abs. 1 SGB VIII	Inanspruchnahme von Angeboten 1. der Jugendarbeit nach § 11, 2. der allgemeinen Förderung der Erziehung in der Familie nach § 16 ... [oder] 3. der Förderung von Kindern in Tageseinrichtungen ...	Teilnahmebeiträge oder Kostenbeiträge können [müssen aber nicht] festgesetzt werden

Häufig ergibt sich daraus dann eine sog. Paragrafenkette, z. B. § 27 SGB VIII: Anspruch des Personensorgeberechtigten → § 7 Abs. 1 Nr. 5 SGB VIII → §§ 1626 ff. BGB: Normierung der Personensorgeberechtigung. Unvollständige Rechtsnormen können sich auch auf eine Verweisung auf andere Rechtsvorschriften beschränken. Hierbei handelt es sich um bloße **Rechtsfolgen**verweisungen, wenn lediglich die Rechtsfolge der genannten Vorschrift für anwendbar erklärt wird, ohne dass deren Voraussetzungen erfüllt sein müssen (z. B. § 292 BGB: verschärfte Haftung bei Herausgabepflichten). Dagegen spricht man von **Rechtsgrund**verweisung (oder „Tatbestandsverweisung"), wenn nicht nur auf die Rechtsfolge, sondern (auch) auf den Tatbestand, also den Grund der anderen Norm verwiesen wird. Die in der Verweisung genannte Vorschrift ist nur dann anwendbar, wenn ihre tatbestandsmäßigen Voraussetzungen erfüllt sind. Dies kommt im Privatrecht sehr häufig im Hinblick auf die Herausgabe einer sog. „ungerechtfertigten Bereicherung" vor (z. B. §§ 516 Abs. 2, 531 Abs. 2, 547 BGB). Im Sozialrecht findet man eine solche Verweisung z. B. in § 26 Abs. 1 SGB X im Hinblick auf Anwendung der Fristenvorschriften der §§ 187–193 BGB oder in §§ 8a Abs. 1, 42 Abs. 1 Nr. 2 SGB VIII im Hinblick auf die sich an § 1666 BGB orientierende Definition der Kindeswohlgefährdung.

3.2.2   Rechtsfolge und Charakter der Rechtsnorm

Rechtsnatur Die **Art der vorgesehenen Rechtsfolge** ist charakteristisch für das Rechtsgebiet, dem die Norm angehört; ob eine Vorschrift zivilrechtlichen oder öffentlich-rechtlichen (oder sogar strafrechtlichen) Charakter hat (man spricht hier auch von der „Rechtsnatur"), bestimmt sich in erster Linie nach der in ihr ausgesprochenen Rechtsfolge (vgl. § 823 BGB: Schadensersatz = zivilrechtlich; § 44 Abs. 1 SGB X und § 48 VwVfG: Rücknahme eines Verwaltungsaktes durch die Behörde = öffentlich-rechtlich; § 242 StGB: Geld- oder Freiheitsstrafe = strafrechtlich). Eine Norm wird als öffentlich-rechtlich angesehen, wenn aus ihr zwingend ein Träger öffentlicher Verwaltung berechtigt oder verpflichtet ist. Privatrechtlich ist eine Norm, wenn der betreffende Rechtssatz für jedermann gilt (sog. moderne Subjektstheorie, s. o. I-1.1.4). In diesem Sinne regeln verwaltungsrechtliche Normen meist Befugnisse einer Behörde oder Rechte und Pflichten des Bürgers gegenüber einer Behörde. Es ist aber durchaus möglich, dass in einem Gesetz Vorschriften enthalten sind, die verschiedenen Rechtsgebieten angehören: So sind z. B. im Straßenverkehrsgesetz (StVG) neben rein verwaltungsrechtlichen Normen (§§ 1–6e) und Straf- und Bußgeldvorschriften (§§ 21–27) sogar auch rein zivilrechtliche Regelungen über die Kfz-Haftpflicht (§§ 7–20) enthalten.

3.3   Bestimmte und unbestimmte Rechtsbegriffe

3.3.1   Begriff, Arten und Funktionen

Es ist das Kennzeichen von Rechtsnormen, dass sie abstrakt-generelle Regeln aufstellen und deshalb nicht nur für einen konkreten Einzelfall gelten (s. o. I-1.1.3). Die in den Rechtsnormen enthaltenen Begriffe sind deshalb in allgemeiner Form definiert und daher mehr oder weniger (un)bestimmt (siehe Übersicht 13). Sind sie eindeutig und klar abgrenzbar, so spricht man von **bestimmten** Rechtsbegriffen. Aber auch durch einen noch so genauen Gesetzestext ist es kaum möglich, alle künftigen Situationen durch entsprechende Begrifflichkeiten zu erfassen. Der Vielgestaltigkeit der Lebensverhältnisse kann der Gesetzgeber daher nur durch Verwendung sog. **unbestimmter Rechtsbegriffe** gerecht werden, wenn er umfangreiche und letzten Endes doch lückenhafte Aufzählungen von Fallkonstellationen vermeiden will (vgl. die heute z. T. antiquiert wirkenden Beispiele in § 98 BGB oder die Kasuistik der Verjährungshemmung in § 204 BGB). Je allgemeiner und umfassender eine rechtliche Regelung sein soll, desto höher werden ihr Abstraktionsgrad und desto geringer die Bestimmtheit und Eindeutigkeit der einzelnen Tatbestandsmerkmale. Eine feste Abgrenzung zwischen bestimmten

unbestimmte Rechtsbegriffe

Übersicht 13: Arten von Rechtsbegriffen

bestimmte Rechtsbegriffe		unbestimmte Rechtsbegriffe	
beschreibend	normativ definiert	beschreibend (deskriptiv)	wertausfüllend (normativ)
Orts-, Zahlen- und Zeitangaben, z. B. Lebensalter; technische Angaben (Phon, Lux, km/h)	Person, Sache, Geschäfts- und Volljährigkeit, Eigentum, Besitz, Miete, Vorsatz, Fahrlässigkeit	Kurze Dauer in § 38 Abs. 1 SGB XII; Nachtzeit (§ 12 VwZG), Speisen, Getränke (§ 1 GaststG), Kraftfahrzeug (§ 1 StVG), Sonstiges Recht (§ 823 Abs. 1 BGB)	„**Würde** des Menschen" (Art. 1 GG; § 1 SGB XII); „**Wohl** des Kindes" (§ 1666 BGB, §§ 27 Abs. 1, 44 Abs. 2 SGB VIII); „Nichtgewährleistung einer **kindeswohlgemäßen** Erziehung" (§ 27 Abs. 1 SGB VIII); „Für Entwicklung **geeignete und notwendige** Hilfe" (§ 27 SGB VIII); „**Erforderliche** Kosten einer Bestattung" (§ 74 SGB XII); „**Angemessener** Barbetrag" (§ 35 Abs. 2 SGB XII); „Beeinträchtigung **sonstiger erheblicher Interessen** der Bundesrepublik Deutschland" (§ 55 AufenthG)

und unbestimmten Rechtsbegriffen ist allerdings nicht immer möglich, da der Übergang zwischen beiden Arten von Tatbestandselementen fließend ist. Häufig erkennt der Laie nicht, ob er es mit einem bestimmten (die kostenpflichtige Miete in Abgrenzung zur kostenlosen Leihe) oder unbestimmten Rechtsbegriff zu tun hat (z. B. „wohnen" – unbestimmt; „gewöhnlicher Aufenthalt" – rechtlich bestimmt in § 30 Abs. 3 S. 2 SGB I). Im Übrigen lassen sich zahlreiche Rechtsfragen überhaupt erst bearbeiten, wenn man die Unbestimmtheit eines Begriffs erkannt hat. Nicht zuletzt deshalb verlangt die sog. Garantiefunktion des Strafrechts ein Mindestmaß an Bestimmtheit der Rechtsnorm (vgl. III-8.1.3).

Unbestimmte Rechtsbegriffe können sowohl auf der Tatbestandsseite (z. B. der Begriff „erforderlich" als Voraussetzung für eine Sozialleistung, z. B. §§ 2 Abs. 1, 12 Satz 2, 27 Abs. 3 SGB XII) als auch auf der Rechtsfolgenseite vorkommen („erforderlich" als Beschreibung der Leistung, z. B. § 33 Abs. 1 SGB X), wobei der gleiche Begriff selbst innerhalb einer Rechtsnorm nicht immer die gleiche Bedeutung hat (z. B. bedeutet „unverzüglich" in § 42 SGB VIII im Hinblick auf die Benachrichtigung der Vertrauensperson gem. Abs. 2 S. 2 oder des Familiengerichts nach Abs. 3 nichts anderes als „sofort", während im Hinblick auf die Information der Eltern gem. Abs. 2 mitunter eine kurze Frist verstreichen kann; vgl. Münder et al. 2009 § 42 Rz. 26, 31, 36). Bestimmte wie unbestimmte Rechtsbegriffe können sich beziehen auf:

- ▪ innere Tatsachen (z. B. Vorsatz, Kenntnis, Absicht) oder
- ▪ äußere Umstände (z. B. Lebensalter, Einkommen, Vermögensverhältnisse, Staatsangehörigkeit, Eigentum). Zu den äußeren Umständen gehören nicht nur tatsächliche Verhältnisse (z. B. Sache, Schaden, Vermögen), sondern auch rechtliche Umstände (sog. Rechtstatsachen, z. B. Eigentum, Geschäftsunfähigkeit, Staatsangehörigkeit, Anerkennung der Gemeinnützigkeit, Schwerbehinderteneigenschaft).

3.3.2   Auslegung von (unbestimmten) Rechtsbegriffen

Normen können nur dann richtig angewandt werden, wenn man sich über die genaue Definition eines Rechtsbegriffs klar wird. Sprache ist aber nicht mathematisch exakt, Begriffe werden in unterschiedlichen Kontexten verwendet und ihnen dabei verschiedene Inhalte und Bedeutungen beigemessen. Schon deshalb basiert die Rechtsanwendung nicht auf einer reinen inhaltsunabhängigen Logik, sondern es geht um ein hermeneutisches Vorgehen, um ein verstehendes Bemühen, den Inhalt des Rechts richtig zu deuten. Im konkreten Fall kann die Anwendung einer Rechtsnorm vor allem deshalb sehr schwer sein, weil der Sinngehalt eines Begriffes nicht eindeutig, sondern mehrdeutig ist. Darüber kann es zu Streit, ja zu einem Rechtsstreit kommen. Der genaue Inhalt eines unbestimmten Rechtsbegriffs ist deshalb zu definieren. Rechtsmethodisch nennt man diesen Klärungsprozess Auslegung. Hierunter versteht man eine **fachlich-verstehende Deutung des relevanten Inhalts eines Rechtsbegriffs** (im Hinblick auf Rechtsnormen) **bzw. einer Willensäußerung** (im Hinblick auf den Rechtsverkehr). Es handelt sich mithin um eine hermeneutische Methode, um eine normativ-bezogene Definition von Begriffsin-halten. Für die Methode der Auslegung sind verschiedene Argumentationsweisen entwickelt worden, von denen zwei eher „objektiv-systematischer" und zwei eher „subjektiv-interessensbezogener" Natur sind.

An einem häufig verwendeten, wohl auf Uwe Wesel (1984, 177 ff.) zurückge-henden Beispiel, möchten wir dies erläutern. Nehmen wir an, eine kommunale Satzung enthält im Hinblick auf die Eintrittspreise zu einer städtischen Einrich-tung folgende Regelung: „Schüler zahlen nur den halben Eintrittspreis". Wer ist Schüler? Nur die Schüler der allgemein bildenden Schulen oder auch Berufsschü-ler, die über eine Ausbildungsvergütung verfügen? Gilt die Regelung auch für Stu-denten, Teilnehmer an Volkshochschulkursen oder nur für Personen in einem be-stimmten Alter? Gilt sie gar für alle Personen mit niedrigem Einkommen?

Ausgangspunkt jeder rechtlichen Begriffsklärung ist zunächst die **wörtliche** (philologisch-grammatikalische) **Auslegung**, die sich am natürlichen Sprachsinn, der Syntax und den sonstigen Regeln der Grammatik orientiert. Die Auslegungs-methode ist deklaratorisch, sie darf nicht gegen den „klaren" Wortlaut eines Be-griffes vorgenommen werden, die Grenze der Auslegung liegt im noch möglichen Wortsinn. Zum Beispiel ist der Begriff „Kindeswohlgefährdung" in § 1666 Abs. 1 BGB sicht- und hörbar etwas anderes als die Formulierung „Nichtgewährleistung einer dem Kindeswohl entsprechenden Erziehung" in § 27 Abs. 1 SGB VIII. Man kann davon ausgehen, dass der Gesetzgeber des Kindes- und Jugendhilferechts statt der umständlichen Formulierung den einfacheren Begriff „Kindeswohlge-fährdung" verwendet hätte, wenn er dasselbe wie bei den Voraussetzungen des bürgerlich-rechtlichen Eingriffs in die Personensorge nach § 1666 BGB hätte aus-drücken wollen. In unserem Beispielsfall der kommunalen Satzung umfasst im gewöhnlichen Sprachgebrauch der Begriff „Schüler" zwar Schüler aller allge-meinbildenden ebenso wie Berufs- und Abendschulen, nicht aber die in aller Re-gel nicht als Schüler bezeichneten Teilnehmer von Volkshochschulkursen oder die Studenten. Eine enge („restriktive") Auslegung wird die Privilegierung nur auf noch schulpflichtige Kinder und Jugendliche anwenden, eine weite („extensive") Auslegung auf alle Personen, die eine Schule, welcher Art auch immer, besuchen.

wörtliche Ausle-gung

Die **systematische Auslegungsmethode** geht von einem widerspruchsfreien Ge-samtgefüge der Gesetze aus und stellt die einzelne Norm in den Zusammenhang mit den anderen Vorschriften des entsprechenden Gesetzes sowie in Beziehung zur gesamten Rechts- und Verfassungsordnung. Ein Prototyp systematischer Ausle-gung erfolgt durch gesetzliche Verweisungs- und Definitionsnormen (Legaldefini-tionen). Beispielsweise ist zwar ein Tier im deutschen Rechtsverständnis mittler-weile keine Sache mehr, damit aber noch keine „Person" im Rechtssinne. Vielmehr werden auf Tiere die für Sachen geltenden Vorschriften entsprechend angewandt, soweit nicht etwas anderes bestimmt ist (vgl. § 90a BGB). Der vielfach genutzte Begriff „unverzüglich" (s. o. I-3.3.1) ist in § 121 Abs. 1 BGB im Zusammenhang mit der Anfechtung von Willenserklärungen definiert als „ohne schuldhaftes Ver-zögern". Hieran knüpft wegen der **Einheit der Rechtsordnung** auch die Auslegung im Sozialrecht an (vgl. z. B. § 42 Abs. 2 und 3 SGB VIII), mit der Folge differenter Konsequenzen (vgl. III-3.4.1.1). Im Konfliktfall widersprechender Normenbe-züge gehen höherrangige Vorschriften den nachrangigen vor (vgl. I-1.1.3.7). Mit

systematische Aus-legung

Blick auf das Grundgesetz spricht man von einer verfassungskonformen Auslegung, d.h., keine Vorschrift darf im Widerspruch zum Grundgesetz stehen und jede muss „in seinem Geiste ausgelegt werden" (BVerfG NJW 1958, 257). Bei Gleichrangigkeit gehen neuere Rechtsnormen im Konfliktfall den älteren Gesetzen vor, speziellere verdrängen die allgemeinen Regelungen.

In dem Schülerbeispiel fehlen für eine systematische Überlegung weitere Informationen. Das Auslegungsproblem stellt sich z.B. im Hinblick auf die Studenten nur dann, wenn diese nicht an anderer Stelle besonders erwähnt werden. Gäbe es in der kommunalen Satzung in einem anderen Zusammenhang (z.B. Zuschuss für öffentlichen Nahverkehr) eine Regelung, die ausdrücklich auch Studierende oder Arbeitslose berücksichtigt, so läge systematisch der („Umkehr")Schluss (s.u.) nahe, dass diese im Hinblick auf die Eintrittspreise nicht gleichzeitig auch mit dem Begriff Schüler gemeint sein sollten.

Klärung der Reichweite der Berichts- und Aufsichtspflichten eines Betreuungshelfers gegenüber dem Jugendgericht nach § 38 Abs. 2 JGG, auf die § 52 Abs. 1 SGB VIII im Rahmen der Aufgabenbeschreibung des Jugendamts verweist: Mit Rücksicht auf die Gewaltenteilung (Justiz vs. Verwaltung) und die vom Staat unabhängige kommunale Selbstverwaltung (Art. 28 Abs. 2 GG) kommt die h.M. zu der Auffassung, dass die Betreuungshelfer der Jugendhilfe gegenüber der Justiz nur insoweit berichts- und aufsichtspflichtig sind, wie sich dies mit ihren im SGB VIII rechtlich normierten fachlichen Handlungsmaximen vereinbaren lässt.

historische Auslegung Die **historisch-genetische Interpretation** berücksichtigt die rechtsgeschichtliche Entwicklung der Rechtsnorm. Hierzu werden etwa die Sitzungsberichte des Parlaments und Begründungen zu Gesetzesentwürfen herangezogen, um den Willen des (historischen) Gesetzgebers zu ermitteln. Es ist dabei davon auszugehen, dass der Gesetzgeber auch unter der Bedingung gewandelter Verhältnisse eine zweckmäßige und vernünftige Regelung getroffen hätte.

Die Begründung zum KJHG (BT-Ds 11/5948) ist z.B. eine inhaltsreiche und gewichtige Stütze für den besonderen sozialleistungsorientierten Charakter des Jugendhilferechts. Sie weist auf den besonderen Charakter des Kinder- und Jugendhilferechts als pädagogisch intendiertes Sozialleistungsrecht hin. Es müsse vermieden werden, straf- und ordnungsrechtliche Gesichtspunkte in das Kinder- und Jugendhilferecht hineinzutragen, die dessen Charakter zwangsläufig verändern müssten (BT-Ds 11/5948, 117). Diese Aussage ist auch für die Auslegung des Umfangs der Berichtspflicht der Jugendhilfe von erheblicher Bedeutung und stützt die oben vorgenommene Interpretation zu § 38 JGG.

teleologische Auslegung Normen haben stets eine Funktion, sie sind Verhaltensregeln, die das gegenwärtige oder das zukünftige Handeln der Menschen in bestimmten Situationen verbindlich bestimmen sollen (vgl. I-1.1.1). Die **teleologische Auslegung** (*telos* = Sinn, Zweck) bestimmt die Rechtsbegriffe nach **Ziel und Zweck** (*ratio legis*) **der Norm**. Anders als bei der historischen Auslegung geht es hier nicht darum, welchen Sinn der „damalige" Gesetzgeber ursprünglich mit der Norm bezweckt hatte, sondern welchen aktuellen Zweck die Norm erfüllen soll. Dies setzt voraus, dass der Zweck der Norm erkannt bzw. ermittelt wird, was nicht immer ganz einfach ist, zumal es dazu durchaus widersprechende Ansichten gibt. In modernen Gesetzen wird der Gesetzeszweck deshalb oft an zentraler Stelle genannt, im Kinder-

und Jugendhilferecht z. B. in § 1 SGB VIII. Unter mehreren möglichen Auslegungen einer Rechtsnorm ist dann diejenige vorzuziehen, die den Gesetzeszweck optimal verwirklicht.

Welche Personen in der kommunalen Satzung mit dem Begriff „Schüler" gemeint und durch die Preisregelung privilegiert sind, hängt maßgeblich von dem Zweck der Regelung ab. Es ging dem Satzungsgeber aber erkennbar nicht darum, nur Personen einer bestimmten Altersgruppe zu privilegieren, denn das hätte man klar mit einer Altersangabe oder durch gesetzlich definierte Begriffe wie „Kinder und Jugendliche" (vgl. z. B. § 7 Abs. 1 SGB VIII; § 1 Abs. 1 JSchuG) regeln können. Sollen durch die Regelung alle Personen begünstigt werden, die sich in einer Ausbildungssituation befinden und deshalb kein Einkommen erhalten, dann träfe dies auf Studierende ebenso zu, nicht aber auf Berufsschüler, die eine Ausbildungsvergütung erhalten. Im Hinblick auf die Studenten könnte aber der natürliche Wortsinn einer solchen Auslegung entgegen stehen, da Schüler und Student im normalen Sprachgebrauch voneinander verschieden sind. Sollte der Satzungsgeber diesen Fall, „die Studierenden", tatsächlich versehentlich nicht bedacht und geregelt haben, so kann man eine planwidrige Gesetzeslücke feststellen.

Hier möchten wir wieder an die Auslegung von § 38 JGG i. V. m. § 52 SGB VIII anknüpfen: Um überhaupt mit jungen Menschen und ihren Familien im Sinne des §§ 1 f. SGB VIII arbeiten zu können, muss die Jugendhilfe von Weisungen der Justiz unabhängig sein und ein Vertrauensverhältnis zu ihren Klienten aufbauen. Mit diesem sozialanwaltlichen Handlungsauftrag verträgt es sich nicht, wenn Betreuungshelfer Überwachungs- und Sanktionsaufgaben der Jugendgerichte übernehmen.

Das Gebot der Rechtssicherheit erfordert es, dass der Normadressat weiß, was von ihm erwartet wird. Deshalb muss nach der funktionalen Logik der Rechtsnorm am Ende des Auslegungsprozesses **nur ein Ergebnis** als rechtlich relevant und verbindlich, also als **„richtig"** anerkannt werden. Natürlich wird es häufig unterschiedliche Auffassungen darüber geben, welches nun die richtige Auslegung in einem konkreten Fall ist. Entscheidend ist die angemessene Abwägung aller Auslegungsgesichtspunkte, wobei Sinn und Zweck der Rechtsnorm am gewichtigsten sind. Abwägung bedeutet, die Argumente und Gegenargumente aufeinander zu beziehen, die Vor- und Nachteile jeder Entscheidung im Hinblick auf die zugrunde liegenden Interessen sorgfältig zu prüfen und zu wiegen. Für den Konfliktfall widerstreitender Auslegungsergebnisse hat die höchstrichterliche Rechtsprechung in der Bundesrepublik auf folgende **Grundregeln** hingewiesen. Die Entstehungsgeschichte einer Norm und damit die „subjektiv-historische" Auslegung der „damals" am Gesetzgebungsverfahren beteiligten Organe ist letztlich nicht maßgebend, da sich der Inhalt einer Norm aufgrund der politischen, sozialen und gesellschaftlichen Verhältnisse ändern kann. Wesentlich ist der aktuell relevante im Wortlaut der Rechtsnorm und in dem Sinnzusammenhang zum Ausdruck kommende „objektivierte" Sinn und Zweck einer Regelung (vgl. BVerfGE 1, 299 ff.). Dessen Erfassung ist freilich ebenso wenig „objektiv" wie die historische Interpretation. Andererseits müssen die „historische" und teleologische Auslegung bei allen neueren, aktuellen Gesetzen zu den gleichen Ergebnissen führen, da nach dem Demokratieprinzip der Gesetzgeber und nicht die Rechtsprechung für die

Abwägung

Normsetzung verantwortlich ist. Allerdings wendet die Rechtsprechung die Rechtsnormen nicht nur an, sondern wird auch rechtsfortbildend tätig, nämlich dann, wenn Inhalt und Grenzen von Rechtsnormen nicht durch Auslegung bestimmt werden können, sondern planwidrige Lücken des Gesetzes festgestellt wurden und geschlossen werden müssen.

Analogie Eine **Analogie** ist eine Rechtsfortbildung. Sie wird gebildet, wenn festgestellt wird, dass eine Rechtsnorm im konkreten Fall nicht passt, eine andere, passende Rechtsnorm aber ebenso wenig vorhanden ist und damit offenkundig wird, dass der Gesetzgeber diesen Fall nicht bedacht hat. Bei der Analogie geht es also um die Schließung einer planwidrigen Gesetzeslücke durch die entsprechende Anwendung einer Norm. Eine Analogie ist nicht leichtfertig bei jeder auf den ersten Blick nicht geregelten Sachfrage zu formulieren. Vielmehr muss genau geprüft werden, welche Fälle der Gesetzgeber geregelt haben wollte und welche er versehentlich nicht geregelt hat. Nur im letzten Fall dürfen (planwidrige) Gesetzeslücken durch eine Analogie ausgefüllt werden. Im Fall der kommunalen Satzung, nach der Schüler nur einen ermäßigten Eintritt bezahlen müssen, spricht viel dafür, die nichtgenannten Studenten, die ebenso wie Schüler aufgrund ihrer Ausbildung i.d.R. über kein Einkommen verfügen, wie diese zu behandeln und deshalb die Norm auf sie analog anzuwenden.

Unzulässig ist eine Analogie im Strafrecht zur Strafbegründung oder Strafverschärfung aufgrund der Garantiefunktion des Strafgesetzes (Art. 103 Abs. 2 GG). Wie schwierig die Abgrenzung von noch zulässiger Auslegung und nicht mehr zulässiger Strafbarkeitsbegründung durch die Rspr. z.T. ist, zeigt sich z.B. bei der strafrechtlichen Definition des Gewaltbegriffs im Rahmen der Nötigung nach § 240 Abs. 1 StGB (vgl. Schönke/Schröder et al. 2010 § 240 Rz. 4 ff.).

Schlussfolgerungen Bei der teleologischen Reduktion geht es um den entgegengesetzten Fall, d.h. eine Norm wird nicht angewendet, obwohl sie nach dem reinen Wortsinn passen würde (z.B. eine versuchte Selbsttötung ist kein versuchter Mord i.S.d. § 211 StGB). Auch beim Umkehrschluss (*argumentum e contrario*) soll eine Regelung gerade nicht angewendet werden, weil der Normzweck einer „entsprechenden" Rechtsanwendung entgegensteht (z.B. folgt aus § 248b StGB, dass der unbefugte Gebrauch einer Kutsche straflos ist, weil es sich nicht um ein Kraftfahrzeug oder Fahrrad handelt; damit ist aber nichts gesagt über die zivilrechtliche Haftung!). Darüber hinaus spielen in der juristischen Logik eine Reihe weiterer Schlussfolgerungen eine Rolle (z.B. *„a majore ad minus"* – vom Größeren auf das Kleinere: bspw. wenn ein Verbot zulässig ist, dann ist auch die Genehmigung unter angemessenen Bedingungen zulässig), wobei sich freilich manche Anwender verheddern (z.B. Zirkelschluss) und/oder Logik fortäuschen, wo keine ist (vgl. hierzu I-3.5).

3.3.3   Beurteilungsspielraum

Die Rechtsprechung ist Aufgabe der Gerichte (Art. 92 GG; hierzu I-5), ihnen obliegt es, die richtige Anwendung der Gesetze durch die Verwaltung zu überprüfen. Deshalb wird von den (Verwaltungs-)Gerichten auch überprüft, ob die von der Verwaltung vorgenommene Auslegung unbestimmter Rechtsbegriffe mit dem Gesetz im Einklang steht, also „richtig" ist. Diese Überprüfung ist grundsätzlich allumfassend, nur ausnahmsweise wird der Verwaltung von der Rechtsprechung bei der Auslegung von unbestimmten Rechtsbegriffen ein gerichtlich nur eingeschränkt nachprüfbarer „Beurteilungsspielraum" oder eine sog. Einschätzungsprärogative im Rahmen der Abwägung zuerkannt. Den Ausnahmefällen ist gemeinsam, dass es sich um **Wertentscheidungen** der Verwaltung handelt, die das Gericht aufgrund der besonderen, einmaligen Konstellation der Entscheidungsfindung oder aus sonstigen Gründen nicht nachholen kann, z. B.:

- von pädagogisch-wissenschaftlichen Wertungen gekennzeichneten Prüfungsentscheidungen im Schul- und Hochschulbereich (Versetzung, Abitur, Diplomprüfung, Staatsexamen), da sie auf der vom Gericht nicht nachvollziehbaren längeren Beobachtung des Schülers/Studenten bzw. auf der Einmaligkeit der nicht rekonstruierbaren Prüfungssituation beruhen (BVerwGE 57, 130).
- der dienstlichen Beurteilung von Beamten, Richtern und Soldaten, da es sich hier um sog. unvertretbare persönlichkeitsbezogene Werturteile handelt (z. B. dienstliche Eignung, Bewährung, Verfassungstreue eines Beamten; vgl. BVerfG DVBl 1981, 1053 f.; BVerwG NVwZ – RR 1989, 420 f.).
- bei planerischen und prognostischen Entscheidungen (BVerwGE 64, 238 ff.; 80, 270 ff.).
- Entscheidungen wertender Art durch weisungsfreie, mit Sachverständigen oder Interessenvertretern besetzte Ausschüsse, z. B. Personalgutachterausschuss (BVerwGE 12, 20 ff.), im Bereich des Jugendschutzes die Bundesprüfstelle für jugendgefährdende Schriften (BVerfGE NJW 1991, 1471; BVerwG NJW 1993, 1491; vgl. III-6.2.7).

In diesen Fällen beschränkt sich das Verwaltungsgericht darauf zu überprüfen, ob bei der Rechtsanwendung im konkreten Fall

- die Verwaltung von falschen Tatsachen oder einem unvollständigen Sachverhalt (z. B. wenn im Rahmen einer schriftlichen Prüfung nicht alle Seiten der Lösung bewertet worden sind, vgl. BVerwG DVBl 1998, 474) ausgegangen ist,
- die Verfahrensvorschriften eingehalten worden sind (beachte z. B. die besonderen Verfahrensvorschriften im Rahmen der Risikoabschätzung und der Hilfeplanung im Jugendhilferecht, insb. §§ 8a, 36 f. SGB VIII),
- sachfremde Erwägungen maßgebend waren oder der Gleichheitsgrundsatz verletzt wurde,
- allgemein gültige Bewertungsmaßstäbe (insb. Verhältnismäßigkeitsgrundsatz, s. I-2.1.2.2) oder Beurteilungsrichtlinien nicht beachtet worden sind.

In der Sozialen Arbeit sind häufig auf einer Anamnese und Diagnose bzw. Prognose beruhende Entscheidungen zu treffen, die ihrer Art nach auf einer besonders sorgfältigen Abwägung beruhen, z. B. welche Leistungen oder Maßnahmen im Hinblick auf das Kindeswohl geeignet und erforderlich sind und ihm am besten gerecht werden. Insoweit war es umstritten, ob der Jugendhilfe bei psychosozialen

Beurteilungen und Stellungnahmen in der Sozialen Arbeit

Diagnosen und Bewertungen ein Beurteilungsspielraum zusteht oder nicht, sei es im Hinblick auf das Vorliegen einer Kindeswohlgefährdung als Voraussetzung der Inobhutnahme (§ 42 SGB VIII) und im Hinblick auf die Anrufung des Familiengerichtes (§ 8a Abs. 3 SGB VIII) oder im Rahmen der Feststellung der Leistungsvoraussetzungen z. B. bei § 27 SGB VIII („eine dem Kindeswohl nicht entsprechende Erziehung", „geeignete und erforderliche Hilfe"). Teilweise wurde dies zunächst bejaht (VGH Mannheim NDV-RD 1997, 133 ff.; BVerwG ZfJ 2000, 31, 35 f.; OVG Koblenz ZfJ 2001, 23 ff.) mit Hinweis auf den Prognosecharakter der Entscheidung des Jugendamts. Zudem könne eine gerichtliche Entscheidung dem in § 36 SGB VIII verankerten kooperativen Interaktionsprozess zur Entscheidungsfindung unter Beteiligung aller Betroffenen und dem Zusammenwirken mehrerer Fachkräfte nicht Rechnung tragen (VGH BW NDV-RD 1997, 133, 134).

Die Einräumung von – gerichtlich nur eingeschränkt überprüfbaren – Beurteilungsspielräumen ist von der höchstrichterlichen Rechtsprechung aber auf Ausnahmefälle beschränkt worden (vgl. auch EGMR v. 13.07.2000 – 25735/94 – NJW 2001, 2315). Nicht jede diagnostische, prognostische oder aus anderen Gründen spezifisch-fachliche Kompetenzen erfordernde Entscheidung führt zu einem Beurteilungsspielraum. Eine zu weit gehende Gewährung gerichtsfreier Beurteilungsspielräume wäre rechtsstaatlich bedenklich, da sie die Rechtsschutzgarantie des Art. 19 Abs. 4 GG unterliefe. Die Rechtsprechung des Bundesverfassungsgerichts (BVerfGE 84, 34 ff.; 84, 59 ff.; 88, 40 ff.; BVerfG NVwZ 1992, 55; NJW 1993, 917) hat die Anerkennung von Beurteilungsspielräumen erheblich eingeschränkt und klargemacht, dass der Verwaltung auch bei besonderer fachlicher Kompetenz und bei komplexen fachlichen Einschätzungen grds. kein Beurteilungsspielraum zusteht (das sieht auch der EGMR NJW 2001, 2315 nicht anders, vielmehr verweist auch dieser auf eine genaue Überprüfung durch das Gericht). Das BVerfG stellt den Grundrechtsschutz über die Erfordernisse der Verwaltungspraxis und gesteht der Fachverwaltung aufgrund ihrer Sachkunde keine Letztentscheidungskompetenz zu. Auch ein Gericht kann sich ggf. durch einen Sachverständigen die erforderliche Sachkunde aneignen. Für die Anerkennung eines Bewertungsvorrechts wäre Voraussetzung, dass es sich um eine derart komplexe Einschätzung handelt und eine gerichtliche Überprüfung an ihre Funktionsgrenzen stoßen würde (BVerfGE 84, 34 ff., 59 ff.). Dies ist bei der Prüfung der Voraussetzungen des § 27 SGB VIII nicht der Fall. Zudem würde es dem Sinn des Verfahrens nach § 36 SGB VIII, den Beteiligten möglichst umfangreiche Rechte einzuräumen, zuwiderlaufen, ihnen unter Berufung auf eben diese Verfahrensvorschriften den effektiven Rechtsschutz zu verkürzen. Das bedeutet im Ergebnis, dass auch bei den Tatbestandsvoraussetzungen des **§ 27 SGB VIII nicht** von einem **Beurteilungsspielraum** des Jugendamtes ausgegangen werden kann, sondern dessen Auslegung von den Verwaltungsgerichten voll überprüft wird. Die Überprüfung bezieht sich sowohl auf den erzieherischen Bedarf als auch auf die geeignete und erforderliche Hilfe (Münder et al. 2009 § 27 Rz. 55 f. m. w. N.; VG Karlsruhe NDV-RD 2002, 12 f.; mittlerweile auch Wiesner 2006 § 27 Rz. 65 f.). Das Gleiche gilt für die Definition und Feststellung der Kindeswohlgefahr z. B. im Hinblick auf die Interventionen nach **§ 8a Abs. 1 SGB VIII** oder die Voraussetzungen und damit Rechtmäßigkeit der Inobhutnahme nach

§ 42 Abs. 1 Nr. 2 SGB VIII. Etwas anderes ist die dem Jugendamt in § 8a Abs. 3 SGB VIII ausdrücklich zugewiesene Einschätzungsbefugnis (Beurteilungsspielraum), ob es bei Vorliegen einer kindeswohlgefährdenden Situation erforderlich ist, das Familiengericht anzurufen. Aufgrund der Überlegenheit des dialogischen Prozesses unter Einbeziehung insb. der Eltern für einen nachhaltigen Schutz von Kindern hat der Gesetzgeber es den Fachkräften (§ 72 SGB VIII) des Jugendamts übertragen, zunächst mit ihren Mitteln die Bereitschaft und / oder Fähigkeit der Eltern zur Abwendung der kindeswohlgefährdenden Situation zu wecken und zu fördern. Nur wenn dies nicht ausreicht, das Jugendamt keinen Zugang zu den Eltern gewinnen kann, diese keine Bereitschaft oder Fähigkeit zur Mitwirkung erkennen lassen und sämtliche geeigneten und erforderlichen Angebote ablehnen, so dass die kindeswohlgefährdende Situation des Kindes nicht abgewendet werden kann, muss das Jugendamt das Familiengericht anrufen, damit dieses die ggf. notwendigen personenrechtlichen Entscheidungen treffen kann. Diese Klarstellung ist wegen der den Mitarbeitern des Jugendamtes drohenden zivil- wie strafrechtlichen Haftung (vgl. I-4 und III-8.2.2.2) bei einer fehlerhaften Einschätzung erforderlich. Im Übrigen ist zu beachten, dass es sich bei der Anrufung des Familiengerichtes wie auch bei den sonstigen Stellungnahmen des Jugendamtes im Rahmen seiner Mitwirkung im gerichtlichen Verfahren nicht um eine selbstständig anfechtbare Entscheidung (Verwaltungsakt; hierzu III-1.3.1) handelt. Diese nimmt erst das Familiengericht aufgrund einer von ihm selbst vorgenommenen Prüfung der Voraussetzungen z. B. des § 1666 BGB vor. Die uneingeschränkte Überprüfung der (ggf. fehlerhaften) Auslegung des Jugendamtes findet aber im Rahmen der verwaltungsinternen Kontrolle durch Vorgesetzte bzw. übergeordnete Verwaltungsinstanzen (z. B. im Rahmen des Widerspruchverfahrens, s. u. I-5.2.1) statt (BVerwG DVBl 1979, 424 ff.; DÖV 1979, 791 ff.).

3.4   Rechtsfolgenentscheidung

3.4.1   Gebundene Verwaltung und Ermessensspielräume

Sind die Voraussetzungen der Rechtsnorm auf der Tatbestandsseite erfüllt („Wenn …"), so sehen sog. vollständige Rechtsnormen eine Rechtsfolge („dann …") vor. In manchen Fällen wird der Verwaltung die Rechtsfolge konkret vorgeschrieben. In diesen Fällen spricht man von gebundener Verwaltung:

gebundene Verwaltung

■ es ergibt sich aus §§ 62, 66 EStG, dass Eltern Anspruch auf Kindergeld in Höhe von 184 € monatlich für ihr erstes Kind haben;
■ aus § 27 Abs. 1 SGB VIII folgt, dass Personensorgeberechtigte einen Anspruch auf die geeignete und erforderliche Erziehungshilfe haben;
■ nach § 42 Abs. 1 Nr. 1 SGB VIII ist das Jugendamt zur Inobhutnahme verpflichtet;
■ nach § 19 Abs. 1 S. 1 SGB XII ist Hilfe zum Lebensunterhalt zu gewähren, wenn …

Anspruch Man spricht in diesen Fällen davon, dass der Bürger ein **subjektiv-öffentliches Recht**, d. h. einen Anspruch gegen den öffentlichen Träger auf die begehrte Leistung hat. Wenn die im Tatbestand genannten Leistungsvoraussetzungen tatsächlich vorliegen, muss die Leistung in diesen Fällen gewährt werden. Ein Fall gebundener Verwaltungsentscheidung liegt aber auch in den Fällen vor, in denen die Behörden eine Maßnahme ggf. auch zulasten des Bürgers ergreifen müssen, z. B. muss die Führerscheinbehörde im Fall des § 4 Abs. 1 StVG die Fahrerlaubnis entziehen. Nach § 12 S. 2 SGB XII ist ein Förderplan zu erstellen und in die Leistungsabsprache einzubeziehen.

Muss-Regelung Im Hinblick auf den Grad der Verwaltungsbindung unterscheidet man zwischen den sog. „Muss"- und den „Soll"-Bestimmungen. Bei den sog. **„Muss-Bestimmungen"** hat die Verwaltung keinen Entscheidungsspielraum, die angegebene Rechtsfolge ist zwingend. Dieser Verpflichtungsgrad ergibt sich aus den Formulierungen der Rechtsnorm, wie „die Behörde muss …", „es ist zu …", „hat zu erfolgen", „darf nicht". Auch die Formulierung, dass jemand „einen Anspruch auf" ein bestimmtes Handeln hat, ist ein Fall der zwingend-gebundenen Verwaltung. Beispiele für „Muss"-Bestimmungen: § 17 Abs. 1, 18 Abs. 1, 24 Abs. 1, 27 Abs. 1, 52 Abs. 1 SGB VIII; § 17 Abs. 1, § 23 Abs. 1 SGB XII.

Soll-Regelung Bei den sog. **„Soll-Bestimmungen"** (Formulierungen wie „die Behörde soll …", „hat in der Regel", „grundsätzlich ist") ist die Verwaltung im Regelfall an die vorgesehene Rechtsfolge gebunden (z. B. §§ 5 Abs. 2 S. 1, 16 Abs. 1, 7, 19 Abs. 1 S. 1, 20 Abs. 1 S. 1 SGB VIII; §§ 9 Abs. 2, 12 S. 1, 15 Abs. 1 SGB XII). Abweichungen sind nur im Ausnahmefall zulässig, d. h. bei Vorliegen besonderer atypischer Umstände. Diese atypischen Umstände müssen sich auf den Zweck der Regelung beziehen. Ausgeschlossen sind hier finanzielle Überlegungen, insb. ist die Finanzknappheit der Haushalte kommunaler oder sonstiger Sozialleistungsträger kein atypischer Grund, der einem Leistungsanspruch entgegenstehen könnte.

Ansprüche auf Sozialleistungen entstehen nach § 40 SGB I, sobald ihre im Gesetz oder aufgrund eines Gesetzes bestimmten Voraussetzungen vorliegen. Nach § 38 SGB I besteht auf Sozialleistungen ein Anspruch, soweit nicht nach den besonderen Teilen des SGB die Leistungsträger ermächtigt sind, bei der Entscheidung über die Leistung nach ihrem Ermessen zu handeln.

Ermessen Der Gesetzgeber kann die Verwaltung – anstatt ihr zwingend eine Rechtsfolge vorzuschreiben – auch ermächtigen (berechtigen und verpflichten), bei Erfüllung des Tatbestands innerhalb eines gewissen Handlungsspielraums die **zweckmäßigste** Regelung zu treffen. Diesen Entscheidungsspielraum nennt man Ermessen, das entsprechende Behördenhandeln Ermessensverwaltung. Der Grund für die Einräumung solcher Handlungsspielräume ist, dass der Gesetzgeber angesichts der Kompliziertheit und Unvorhersehbarkeit der Lebensverhältnisse nicht alle erforderlichen und angemessenen Rechtsfolgen vorherbestimmen kann und daher der Verwaltung die Möglichkeit einräumt, innerhalb bestimmter Grenzen flexibel auf die konkrete Situation zu reagieren. Zu unterscheiden ist dieses Verwaltungsermessen von den (politischen) Entscheidungsspielräumen der Exekutive beim Erlass von Rechtsverordnungen und Satzungen.

Das Ermessen kann sich darauf beziehen, ob die Verwaltung überhaupt tätig werden soll (Entschließungsermessen), oder auch darauf, welche von mehreren rechtlich zulässigen Maßnahmen sie ergreifen und wer Adressat einer Verfügung sein soll (Auswahlermessen hinsichtlich des Mittels und des Adressaten). Rücknahme und Widerruf eines Verwaltungsaktes nach §§ 45 Abs. 1, 46 SGB X sind Fälle reinen Entschließungsermessens; bei der Festsetzung von Gebühren handelt es sich häufig um Auswahlermessen hinsichtlich der Höhe des Betrages; die Erteilung von Auflagen z. B. im Hinblick auf eine Betriebserlaubnis (§ 45 SGB Abs. 2 VIII) ist ein Fall der Ausübung von Entschließungsermessen und gleichzeitig Auswahlermessen hinsichtlich der konkreten Auflagen.

Das der Verwaltung eingeräumte Ermessen betrifft immer **nur** die **Rechtsfolge** einer Rechtsnorm und ist daher stets nur Rechtsfolgeermessen (sog. volitives Ermessen); es kann und darf sich nie auf die Tatbestandsseite der Vorschrift beziehen. Ein Ermessen auf der Tatbestandsseite (sog. „kognitives Ermessen") würde die verfassungsrechtlich gebotene Schutz- und Garantiefunktion des gesetzlichen Tatbestandes zerstören. Vom Ermessen zu unterscheiden ist der äußerst selten eingeräumte Beurteilungsspielraum der Verwaltung im Rahmen der Auslegung unbestimmter Rechtsbegriffe (vgl. I-3.3.3 sowie Übersicht 14). Rechtsmethodisch folgt daraus, dass bei der Anwendung einer Vorschrift das Ermessen erst dann ausgeübt werden darf, wenn alle Tatbestandsmerkmale der betreffenden Vorschrift geprüft und bejaht worden sind. Es ist z. B. falsch, bei Anwendung von § 42 SGB VIII zu prüfen, ob die Unterbringung eines Kindes in einer Einrichtung unverhältnismäßig ist, bevor man nicht festgestellt hat, ob überhaupt ein Rechtsgrund für eine solche Schutzmaßnahme (z. B. Gefahr für das Wohl des Kindes) vorliegt.

Ob der Verwaltung Ermessen eingeräumt ist, kann man an den Formulierungen auf der Rechtsfolgenseite der Norm erkennen. Nicht immer wird der Begriff „Ermessen" gebraucht (so aber z. B. in § 2 Abs. 2 SGB I; § 23 Abs. 2 S. 3, § 74 Abs. 3 S. 1 SGB VIII; § 17 Abs. 2 S. 1, § 52 Abs. 1 S. 2 SGB XII). Ausdrücke wie „die Behörde kann …", „darf …", „ist befugt …" oder „ist ermächtigt …" sind ebenso Anzeichen für die Einräumung von Ermessen. Das Gleiche gilt, wenn Maßnahmen für „zulässig" erklärt werden. Man spricht hier auch von sog. **Kann-Bestimmungen**, Beispiele: § 1 Abs. 4 S. 4 a. E., S. 5; § 12 S. 3, § 22 Abs. 1 S. 2; § 23 Abs. 1 S. 2, 34 SGB XII; § 13 Abs. 3 S. 1, § 19 Abs. 1 S. 3, § 32 S. 2, § 39 Abs. 4 S. 4 SGB VIII.

Kann-Bestimmung

Gelegentlich werden Muss- und Kann-Regelungen innerhalb einer Vorschrift kombiniert. So regelt z. B. § 21 SGB VIII den Rechtsanspruch auf Beratung und Unterstützung und räumt der Verwaltung im Hinblick auf die Übernahme der Kosten der Unterbringung in einer geeigneten Wohnform ein Ermessen ein.

3.4.2 Die Rechtmäßigkeit der Ermessensausübung

Während bei der Auslegung unbestimmter Rechtsbegriffe rechtsdogmatisch nur eine Definition maßgebend sein darf (s. o. I-3.3.2) und es in den Fällen der gebundenen Verwaltung immer nur eine zulässige Entscheidung geben kann und dies von den Gerichten unbeschränkt geprüft wird, ist das in den Fällen der Ermessensverwaltung anders. Hier können grundsätzlich mehrere im Rahmen des Ermessensspielraumes liegende Handlungsalternativen rechtmäßig sein (z. B. bei einer Gebühr im gesetzlich vorgegebenen Rahmen von 100 € bis 500 € jeder

pflichtgemäßes Ermessen

innerhalb dieser Grenze liegende Betrag). Aus diesem Kreis der rechtmäßigen Alternativen hat die Verwaltung die im Einzelfall **zweckmäßigste** Rechtsfolge auszuwählen. Das bedeutet aber nicht, dass das Ermessen beliebig, „frei" und willkürlich ausgeübt werden dürfte. Vielmehr muss das Ermessen stets **pflichtgemäß** vorgenommen werden; hierauf hat der Bürger einen Rechtsanspruch (§ 39 Abs. 1 S. 2 SGB I). Das bedeutet zunächst im Hinblick auf die Zweckmäßigkeit, dass nicht die persönliche Meinung desjenigen, der die Norm anzuwenden hat, relevant ist, sondern es allein auf den gesetzlich mit der Rechtsnorm verfolgten Zweck ankommt (vgl. § 39 Abs. 1 S. 1 SGB I, § 40 VwVfG). Wie dieser gesetzliche Zweck erfüllt werden kann, darf wiederum nicht von den individuellen Kompetenzen des Einzelnen abhängen, maßgebend sind die jeweiligen fachlichen Kriterien. **Fachliche Standards** (vgl. Jordan ZfJ 2001, 48 ff., Merchel 1998) sind deshalb nicht erst im Zusammenhang von Haftungsfragen zu entwickeln, sondern Orientierung und Richtschnur bei der alltäglichen Ermessensentscheidung (vgl. auch das sog. Fachkräfteprivileg § 72 SGB VIII, § 6 Abs. 1 SGB XII).

Darüber hinaus müssen bei Ermessensentscheidungen die allgemeinen Rechtsgrundsätze und verfassungsrechtlichen Wertentscheidungen beachtet werden, im Rahmen der öffentlich-rechtlichen Ermessensverwaltung insb. die Grundrechte, das Gleichheitsgebot des Art. 3 GG (s. I-2.1.2.4), das Verhältnismäßigkeitsprinzip (s. I-2.1.2.2) und das Gebot der sachgerechten Abwägung widerstreitender Interessen. Die **Pflichtgebundenheit der Ermessensausübung** kommt als allgemeiner Grundsatz des Verwaltungshandelns ausdrücklich in **§ 39 SGB I**, § 40 VwVfG zum Ausdruck, nach denen die Behörden nicht nur verpflichtet sind, das Ermessen entsprechend dem **Zweck** der gesetzlichen Ermächtigung auszuüben, sondern auch die gesetzlichen **Grenzen des Ermessens** einzuhalten. Im Rahmen der Rechtskontrolle überprüfen die Gerichte nur die Einhaltung dieser Schranken (vgl. § 114 VwGO). Man unterscheidet rechtsmethodisch folgende Fehler, die zur Rechtswidrigkeit der Ermessensausübung führen:

Ermessensfehler

- **Ermessensüberschreitung:** Die Ermessensentscheidung liegt nicht mehr innerhalb des gesetzlich eingeräumten Rahmens, die Grenzen des Ermessens sind überschritten.
  Bsp.: Eine Verwaltung kann aufgrund der gesetzlichen Ermächtigung eine Gebühr in Höhe von 30 € bis 60 € festsetzen, sie setzt aber 20 € oder 70 € fest. In beiden Fällen ist der Ermessensrahmen überschritten, einmal nach unten, einmal nach oben hin.
- **Ermessensmangel**, auch Ermessensnichtgebrauch oder Ermessensunterschreitung genannt. Hierbei findet eine den gesetzlichen Vorgaben entsprechende Ausübung des Ermessens (überhaupt) nicht statt. Es mangelt an einer sachgemäßen Ermessensbetätigung.
  Bsp.: Ein Beamter wägt bei dem oben gegebenen Ermessensspielraum (30 € bis 60 €) entweder überhaupt nicht oder nur teilweise ab, weil er (ggf. aufgrund einer Verwaltungsvorschrift) fälschlicherweise meint, nur Gebühren in Höhe von 45 € auferlegen zu dürfen. Hier fehlt es an einer den Ermessensspielraum ausschöpfenden Pro- und Contra-Abwägung.

■ **Ermessensmissbrauch**, auch als Ermessensfehlgebrauch bezeichnet, der insb. dann gegeben ist, wenn die Behörde von dem Ermessen nicht in einer dem Zweck der gesetzlichen Ermächtigung entsprechenden Weise Gebrauch gemacht oder sonstige rechtsstaatliche Grundsätze bei der Ermessensausübung missachtet hat, z. B. sachwidrige Kriterien angewendet hat.
Bsp.: Der Beamte ermäßigt die festzulegende Gebühr um die Hälfte, weil der Betroffene Angehöriger der Regierungspartei, ein Verwandter oder Freund oder weil er selbst an dem Tag einfach gut gelaunt ist. Der Ermessensmissbrauch umfasst alle Fälle, in denen sachfremde, d. h. normativ irrelevante Gesichtspunkte (vgl. insb. Art. 3 Abs. 3 GG) in die Ermessensentscheidung einfließen.

Damit der Bürger als Adressat einer Verwaltungsentscheidung überprüfen kann, wie das Ermessen ausgeübt worden ist und ob die Grenzen der Ermessensbetätigung eingehalten worden sind, verpflichtet § 35 Abs. 1 SGB X / § 39 Abs. 1 VwVfG **Begründungspflicht** die Verwaltung im Hinblick auf Ermessensentscheidungen ausdrücklich dazu, im Rahmen der ohnehin notwendigen **Begründung** eines (schriftlichen) Verwaltungsaktes die entscheidungsrelevanten Gesichtspunkte und damit die vorgenommene Abwägung transparent darzulegen.

Vom Grundsatz, dass im Rahmen der Ermessensbetätigung mehrere rechtmäßige Alternativen möglich sind, gibt es eine Ausnahme. In besonderen Fällen kann **Ermessensschrump-** der Ermessensspielraum der Behörde derart schrumpfen, dass nur noch eine **fung** Handlungsalternative in Frage kommt. Man spricht in diesem Fall von einer „**Ermessensschrumpfung auf Null**". Ein solcher Fall liegt insb. bei einer erheblichen Gefährdung wesentlicher Rechtsgüter, vor allem Leben und Gesundheit, vor.

Nach § 42 Abs. 1 Nr. 2 SGB VIII ist das Jugendamt bei einer dringenden Gefahr für das Wohl des Minderjährigen zu einer Inobhutnahme des Minderjährigen (s. III-3.4.1) verpflichtet. Freiheitsentziehende Maßnahmen im Rahmen der Inobhutnahme sind nach § 42 Abs. 5 SGB VIII (nur) zulässig, wenn und soweit sie erforderlich sind, um eine Gefahr für Leib und Leben des Kindes oder des Jugendlichen oder eine Gefahr für Leib oder Leben Dritter abzuwenden. Kann aber die Lebensgefahr nicht anders als durch den vorläufigen Freiheitsentzug abgewendet werden, dann muss dieser vorgenommen werden. Ist die Jugendhilfe allerdings in der Lage, für das Wohl des Kindes oder des Jugendlichen auch in diesen außergewöhnlichen, extremen Situationen, ohne Einschließen durch „offene" Angebote, z. B. durch eine (personal)intensive, sozialpädagogische Einzelbetreuung („Menschen statt Mauern") zu sorgen, dann ist die geschlossene Unterbringung auch nicht erforderlich und damit unzulässig. Das Jugendamt hat differenziert und substanziiert zu **begründen**, warum Alternativen zur geschlossenen Unterbringung nicht ausreichen, nicht vorliegen oder geschaffen werden können.

Von der Rechtmäßig- bzw. Rechtswidrigkeit einer Ermessensentscheidung ist deren Zweckmäßig- bzw. -widrigkeit zu unterscheiden. Während die Sozial- und **gerichtliche** Verwaltungsgerichte nach **§ 54 Abs. 2 SGG / § 114 VwGO** nur die Einhaltung der **Kontrolle** Ermessensschranken nachprüfen, sind sie nicht zur Überprüfung befugt, ob die getroffene Ermessensentscheidung unter den gegebenen, rechtlich zulässigen Handlungsalternativen auch die zweckmäßigste war. Zur uneingeschränkten Überprüfung auch der Zweckmäßigkeit einer Entscheidung sind vielmehr die

Übersicht 14: Unbestimmter Rechtsbegriff, Beurteilungsspielraum und Ermessen

Die Begriffe „Ermessen", „Beurteilungsspielraum" und „unbestimmter Rechtsbegriff" werden häufig verwechselt. Dabei wird nicht berücksichtigt, dass diese Begriffe funktional zwei verschiedenen Gegensatzpaaren angehören. Zu unterscheiden sind:

- das Gegensatzpaar „bestimmter/unbestimmter Rechtsbegriff", dem auch die Fälle des Beurteilungsspielraums (als Sonderfälle des unbestimmten Rechtsbegriffs) zuzurechnen sind,
- das Gegensatzpaar „gebundene Verwaltung/Ermessensverwaltung".

Bei *unbestimmten Rechtsbegriffen* stellt sich die Frage nach Inhalt und Grenzen einzelner Tatbestandselemente, die durch **Auslegung** näher bestimmt werden müssen. Das *Ermessen* betrifft die Frage, ob die Verwaltung bei Erfüllung des gesetzlichen Tatbestandes im Hinblick auf die Rechtsfolge einen gewissen, gerichtlich nur eingeschränkt nachprüfbaren **Handlungsspielraum** hat.

Unbestimmter Rechtsbegriff	Ermessen
1. findet sich in fast allen Vorschriften des Öffentlichen und privaten Rechts;	wird i. d. R. nur der öffentlichen Verwaltung eingeräumt; der Begriff wird i. d. R. nicht bei Privatpersonen verwendet (Ausnahme: §§ 315, 317 BGB), diese können im Rahmen der Gesetze frei entscheiden;
2. findet sich häufig auf der Tatbestandsseite einer Rechtsnorm, kann aber ggf. auch auf der Rechtsfolgenseite vorkommen;	findet sich nur auf der Rechtsfolgenseite; Ermessen auf der Tatbestandsseite wäre mit rechtsstaatlichen Prinzipien unvereinbar (Schutz- und Garantiefunktion des gesetzlichen Tatbestandes);
3. ist erkennbar an Formulierungen mit nicht eindeutigem Inhalt (z.B. Angemessenheit, erforderlich, Zuverlässigkeit, Gemeinwohl, Sicherheit und Ordnung, Gefahr);	ist erkennbar an Formulierungen wie „kann", „darf", „ist befugt" (sog. „Kann-Bestimmungen" im Unterschied zu „Soll- und Muss-Bestimmungen" bei den Fällen der gebundenen Verwaltung);
4. Unbestimmte Rechtsbegriffe erlauben nur eine richtige (rechtmäßige) Auslegung, die der uneingeschränkten richterlichen Nachprüfung unterliegt; wichtig: Begründung! **Ausnahme** sind jedoch die unbestimmten Rechtsbegriffe mit **Beurteilungsspielraum** (grundsätzlich nur bei Prüfungsentscheidungen, Beamtenbeurteilungen und wertenden Entscheidungen pluralistischer Gremien), die nur einer eingeschränkten richterlichen Überprüfung auf bestimmte Beurteilungsfehler unterliegen (insbesondere wenn von falschen Tatsachen ausgegangen wurde, sachfremde Erwägungen maßgebend waren oder wegen Verletzung des Gleichheitsgrundsatzes).	Die Ermessenseinräumung erlaubt grundsätzlich (unter Beachtung des Gleichheits-, Sozialstaats- und Verhältnismäßigkeitsgebot) mehrere rechtmäßige Handlungsalternativen; wobei die Verwaltung die zweckmäßigste auszuwählen hat. Die Ausübung des Ermessens durch die Verwaltung unterliegt nur der eingeschränkten richterlichen Nachprüfung (§ 114 VwGO) auf Ermessensfehler (Ermessensüberschreitung, Ermessensnichtgebrauch, Ermessensmissbrauch), wohl aber der vollständigen Überprüfung der Recht- und Zweckmäßigkeit durch übergeordnete Verwaltungsinstanzen (deshalb auch hier wichtig: Begründung!).
5. Soweit überhaupt ein Beurteilungsspielraum anerkannt wird, ist dieser sehr eng, wenn besonders wichtige Rechtsgüter (insbes. Leben, Gesundheit) betroffen sind.	5. Sog. „Ermessensschrumpfung" (-reduzierung) auf Null liegt vor, wenn im Einzelfall im Hinblick auf besonders wichtige Rechtsgüter (insbes. Leben, Gesundheit) nur eine einzige Entscheidung als rechtmäßig angesehen werden kann.

übergeordneten Verwaltungsinstanzen berufen, aufgrund ihres Aufsichts- und Weisungsrechts insb. im Rahmen eines Widerspruchsverfahrens (vgl. § 68 Abs. 1 S. 1 VwGO: Recht- und Zweckmäßigkeit; vgl. I-5.2.1).

3.5   Rechtsanwendung zwischen Logik und Interessensabwägung

Nach der vor allem im 19. Jahrhundert praktizierten, von ihren Gegnern abwertend als Begriffsjurisprudenz bezeichneten Rechtsdogmatik war man der Überzeugung, dass man jeden Fall rein begrifflich-logisch lösen könne. Die Jurisprudenz wurde überhöht gar als „Mathematik des Rechts" (Rudolf v. Ihring, 1865) bezeichnet. Wenn allerdings eine Auslegung nicht nur streng systematisch, sondern auch nach dem Sinn und Zweck der Norm vorgenommen wird, kann das Auslegungsergebnis nicht zwingend-logisch, sondern muss notwendig intentional und interessengerichtet sein. Auch die Analogie und der Umkehrschluss sind als gedankliche Schlüsse nicht zwingend-logisch, sondern nur mit Blick auf den Sinn und Zweck der Rechtsnormen verständlich zu machen. Im Rahmen der Abwägung geht es deshalb nicht nur um rein begrifflich-logische Ableitungen (Deduktionen) und Verknüpfungen, sondern gleichzeitig um wertende Entscheidungen (sog. Wertungsjurisprudenz). Das ist freilich wieder das Einfallstor für Sitte, Moral und Ideologien sowie partikulare Interessen (deshalb spricht man auch von **Interessensjurisprudenz**). Die sog. Freirechtsschule löste sich nahezu völlig von dem begrifflich-rechtssystematischen Denken und wollte die Rechtsfindung dem intuitiven Gerechtigkeitsempfinden des einzelnen Richters überlassen. Freilich verliert damit das Recht seine überindividuelle, gesellschaftliche Orientierungsfunktion und öffnet der **Willkür** Tür und Tor. „Im Auslegen seid frisch und munter! Legt ihr's nicht aus, so legt was unter", eine bissige Kritik, die der Jurist Johann Wolfgang von Goethe in „Zahme Xenien II" an die Adresse seiner Zunft richtete. Die Rechtsgeschichte ist voll von Beispielen, die zeigen, welche schlimmen Interpretationen Rechtsbegriffen untergeschoben wurden und wie grobes Unrecht als Recht „im Namen des Volkes" verkündet wurde. In der deutschen Rechtsdogmatik der Gegenwart hat die Freirechtsschule deshalb keinen Widerhall mehr, während im *case-law*-Rechtssystem angelsächsischer Prägung der einzelne Richter weitaus größere Interpretationsspielräume besitzt. Andererseits hat man erkannt, dass Rechtsbegriffe nur vermeintlich logisch-deduktiv zu klären sind, Rechtsnormen vielmehr die Aufgabe haben, typische Konflikt- und Interessenlagen zu regeln und deshalb innerhalb der Rechtsordnung einen spezifischen Zweck erfüllen sollen. Die Interessensjurisprudenz heutiger Prägung lehnt deshalb ein reines, die konkreten Folgen ignorierendes Operieren mit Begrifflichkeiten ab, ohne aber auf systematisch-logische Überlegungen völlig zu verzichten. Auch bei der Gesetzesanwendung sind die in der Rechtsnorm offenbar werdenden Interessen und Folgen zu berücksichtigen. Wenn man Recht nicht nur abstrakt versteht, sondern seine **soziale Funktion** erkennt, wird man dies offenlegen und damit umgehen (lernen) müssen. Um den Einfluss von Willkür so gering wie möglich zu halten und für die Bürger ein Mindestmaß an Rechtssicherheit zu garantieren, ist es von entscheidender Bedeutung, dass bei der Anwendung von Rechtsnormen die grundlegenden Wertentscheidungen der Verfassung, des Grundgesetzes, berücksichtigt werden, hinter die keine Auslegung zurückfallen darf.

Rechtswissenschaft und Rechtsanwendung sind also keine „exakten" oder gar „objektiven" Wissenschaften oder Methoden. Freilich gilt das auch für andere Fachrichtungen, Objektivität ist stets vermeintlich und selbst in der Mathematik und Physik hat man von dieser Vorstellung zugunsten einer subjektiv-konstruktivistischen Betrachtungsweise Abstand genommen. Rechtsdogmatik, die „Kunst" und Lehre der Anwendung des geltenden Rechts, insb. im Umgang mit den Rechtsbegriffen, muss aber zumindest auf intersubjektiv überprüfbaren Kriterien basieren. Rechtsanwendung benötigt – wie jede andere Fachdisziplin – spezifische „Regeln der Kunst" und fachliche **Standards**, Grundsätze für den Umgang mit Rechtsbegriffen und letztlich die entsprechende Fertigkeit, diese anzuwenden. So ist z. B. bei der Auslegung zu beachten, dass sie auch im Rahmen der Fallprüfung abstrakt erfolgen muss, d. h. unabhängig vom jeweiligen Sachverhalt (unabhängig z. B. von den handelnden Personen, auf die die Rechtsnorm angewandt werden soll), da ansonsten der Gleichbehandlungsgrundsatz verletzt werden würde. Das Gebot der Rechtssicherheit erfordert es, dass der Normadressat im Vorfeld weiß, was von ihm erwartet wird. Verhaltensgebote müssen deshalb klar und berechenbar sein. Das Rechtsstaatsgebot verlangt, dass (zumindest rechtsdogmatisch) am Ende nur ein Auslegungsergebnis rechtlich relevant, insofern also nur eines „richtig" sein kann. Dieser Widerspruch ist letztlich nur durch ein **transparentes Kontrollverfahren** aufzulösen. Im Rechtsstaat wird deshalb Legitimation vor allem durch das gewählte Verfahren, also durch ein Set von Regeln, **wie** man zu einem Ergebnis kommt, hergestellt (vgl. Luhmann 2006). Dies gilt für die Genese der Rechtsnormen und die Anwendung der Gesetze ebenso wie für die Rechtskontrolle. In der Bundesrepublik Deutschland ist die Kontrolle über die richtige Anwendung der Rechtsnormen den Gerichten übertragen. Zwar gibt es auch verwaltungsinterne Kontrollmechanismen (hierzu I-5.2.1), letztlich unterliegt aber die Auslegung unbestimmter Rechtsbegriffe durch die Sozialverwaltung in aller Regel der **vollen richterlichen Überprüfung**. Hier gibt es – anders als bei manchen Rechtsfolgeentscheidungen („Ermessen") – grundsätzlich keinen Interpretationsspielraum der Exekutive.

Freilich haben auch Richter ihre Vorverständnisse, sie sind zwar institutionell-rechtlich unabhängig (Art. 97 Abs. 1 GG), als Menschen allerdings beeinflussbar. Aufgrund unterschiedlicher Vorverständnisse wird der eine eher einer „konservativ-restriktiven", der andere eher einer „progressiv-weiten" Auslegung folgen. Das lässt sich weder verhindern, noch ist es besonders schlimm, wenn wenigstens das Verfahren transparent ist und einer öffentlichen Kontrolle unterliegt. Dabei spielen nicht nur die Gerichte eine Rolle, sondern auch die wissenschaftliche Diskussion, die sich in der Fachliteratur, in Kommentaren und Aufsätzen und anderen Fachforen artikuliert und auf die Rechtsprechung Einfluss nimmt. In dieser oft heftigen Diskussion bilden sich die Meinungen über die Anwendung der Rechtsnormen heraus, es bilden sich Mehrheits- oder „herrschende" Meinungen (sog. h. M., gelegentlich als „Meinung der Herrschenden" diskreditiert) und andere Ansichten (a. A.). Von entscheidender Bedeutung ist neben der höchstrichterlichen Recht-

herrschende Meinung

sprechung die im Rahmen der Auslegung gelieferte **Begründung**. Grundsätzlich müssen Gerichtsurteile (§ 313 Abs. 1 ZPO, § 54 JGG, § 267 StPO, § 117 Abs. 2 VwGO) und hoheitliche Entscheidungen der Behörden (§ 35 SGB X) begründet werden. Hierbei sind vor allem die tragenden Argumente schlüssig und nachvollziehbar darzulegen. Ungeachtet aller Hierarchien und Machtungleichgewichte sollte deshalb die Kraft des Wortes, des überzeugend stringenten und „vernünftigen" Arguments nicht unterschätzt und das Ausdiskutieren, die Debatte strittiger Themen zumindest während des Studiums geübt werden.

3.6 Subsumtion und Stufen der Rechtskonkretisierung

Im Alltag neigt man im Rahmen von Problemlösungen häufig dazu, dem Verlauf der tatsächlichen Geschehnisse folgend chronologisch vorzugehen. Klärungsprozesse in der Sozialen Arbeit beruhen zumeist auf einem zirkulär-prozesshaften Denken. Aus juristischer Sicht hat dies den Nachteil, dass man sich schnell in den Einzelheiten einer Fallgestaltung verliert, sich (häufig zu Recht, aber im Hinblick auf die Fallfrage nicht zielführend) über die Geschehnisse empört und die gestellte Aufgabe, die Lösung der **Fallfrage**, aus dem Auge verliert. Dieses auf die Fallfrage beschränkte Denken in binären Strukturen (etwas ist gegeben oder nicht gegeben) wird Juristen gelegentlich als Schwarz-Weiß-Denken vorgeworfen, welches die vielfältig grauen oder bunten Schattierungen des Lebens nicht abbilden könne (instruktiv sind die „Empfehlungen für Sozialarbeiter im Umgang mit Strafjuristen" von Ed Watzke [1997, 79 ff.], die allerdings nur diejenigen gewinnbringend lesen, die auch seine „Empfehlungen für Strafjuristen im Umgang mit Sozialarbeitern" ertragen). Dieser Vorwurf trifft freilich nur dann zu, wenn die spezifische juristische Arbeitsmethodik verwechselt wird mit der der rechtlichen Bewertung vorausgehenden (eingeschränkten) Wahrnehmung der sozialen und gesellschaftlichen Realitäten. Unterscheiden muss man zudem zwischen Rechtsdogmatik als der Anwendung des geltenden Rechts und Rechtspolitik im Sinne rechtsverändernder Aktivitäten.

Im Unterschied zur sozialpädagogisch-chronologischen Vorgehensweise ist für die juristische Arbeitsmethodik eine systematische Bearbeitung der Fragestellungen kennzeichnend, die nicht von den tatsächlichen Geschehnissen, sondern von den normativen Verhaltensanweisungen, also von Rechtsnormen ausgeht. Die konkrete Anwendung des geltenden Gesetzes auf einen Einzelfall nennt man **Subsumtion**. Bei diesem Denkvorgang handelt es sich um einen juristischen Syllogismus, der sich in den drei Stufen „Obersatz-Untersatz-Schlussfolgerung" vollzieht, wobei Ober- und Untersatz durch denselben Mittelbegriff verknüpft sind. Die generelle Regelung, die Rechtsnorm, stellt insoweit den **Obersatz** dar (z. B. § 212 StGB: „Wer einen anderen Menschen – ohne Rechtfertigung und schuldhaft – tötet, wird als Totschläger bestraft"). Der **Untersatz** beschreibt den konkreten Einzelfall (z. B. „A ersticht den B, ohne dass er von diesem angegriffen wurde."). Es werden sodann die Elemente des Sachverhalts mit denen der Rechtsnorm verglichen. Durch die Verknüpfung von Ober- und Untersatz („B ist ein Mensch. Diesen hat der A vorsätzlich und ohne Notwehr oder eine sonstige Rechtfertigung getötet.

Anzeichen, dass A. nicht voll schuldfähig ist, liegen nicht vor.") kann der Rechtsanwender daraufhin eine **Schlussfolgerung** ziehen. Unter Subsumtion versteht man also die Prüfung, ob die Tatbestandselemente der abstrakten Rechtsnorm („Obersatz") durch die einzelnen Umstände des konkreten Lebenssachverhaltes („Untersatz") erfüllt werden und welche Rechtsfolge infolgedessen gegeben ist („Schlussfolgerung"), z. B.: „B. wurde von A vorsätzlich, rechtswidrig und schuldhaft getötet – also wird A bestraft."

Lange Zeit hat die Jurisprudenz versucht, zu suggerieren, Rechtsdogmatik sei nichts anderes als eine wissenschaftliche Anwendung der Regeln der Logik, deren dreistufiger Aufbau auch im Rahmen der Rechtsanwendung gepflegt wurde. Mit Blick auf die Wenn-dann-Relation von Rechtsnormen und die Verknüpfung von Tatbestandsmerkmalen einer oder mehrerer Normen kann man bei der Rechtsanwendung durchaus von einer **systematisch-methodischen Vorgehensweise** sprechen. Versteht man Recht und seine Genese freilich als Instrument des Interessensstreits und -ausgleichs (vgl. I-1.1.2), so kann auch die Rechtsanwendung im konkreten Einzelfall davon nicht unberührt sein (s. I-3.5). Insbesondere im Rahmen der Auslegung unbestimmter Rechtsbegriffe geht es nicht nur um logisch-systematische Überlegungen, sondern um **wertende Entscheidungen**, die allerdings der gerichtlichen Kontrolle unterliegen. Subsumtion ist also die spezifisch rechtsmethodische Anwendung eines Gesetzes auf einen konkreten Lebenssachverhalt, die zwar in Anlehnung an die Begriffe der Logik durch eine sprachlich genaue und systematisch-strukturierte Arbeitsweise, letztlich aber durch eine Interessen abwägende, wertende Ergebnisorientierung gekennzeichnet ist.

Voraussetzung für die Rechtsanwendung ist, dass der Lebenssachverhalt feststeht und nicht erst noch untersucht werden muss oder Behauptungen be- und nachgewiesen werden müssen. Hier ist es von Bedeutung, dass die Wahrnehmung des Menschen nicht objektiv, sondern ein aktiv-selektiver Prozess der **Konstruktion von Wirklichkeiten** ist (vgl. Maturana/Varela 1987). Wird dies ignoriert, helfen weder zirkuläres Denken noch binäre Entscheidungsstrukturen, um zu angemessenen Ergebnissen und Entscheidungen zu kommen.

Suchen und Finden der Rechtsgrundlage Da nach dem Grundsatz des **Gesetzesvorbehalts** Eingriffe in die Rechtsposition des Bürgers nur zulässig sind und Ansprüche auf Sozialleistungen nur bestehen (§ 31 SGB I), wenn ein Gesetz den Eingriff legitimiert bzw. das Gesetz die Erbringung der Leistung vorsieht (s. o. I-2.1.2.1), muss man zuerst eine „einschlägige" Rechtsnorm finden, deren Rechtsfolge die gewünschte Entscheidung legitimiert. Da man während seines Studiums sich nicht in alle Rechtsmaterien einarbeiten (und diese auswendig lernen) kann, in denen die Klienten möglicherweise Beratungsbedarf haben, müssen Fachkräfte der psychosozialen Arbeit (wie alle anderen professionellen Rechtsanwender auch) die Bereitschaft und Fähigkeit haben, sich in neue, unbekannte Rechtsmaterien und Sachgebiete hineinzufinden. Dazu muss man wissen, welche Gesetzessammlungen es überhaupt gibt und wie man sich darin z. B. mit Hilfe des Inhaltsverzeichnisses oder Registers zurechtfinden kann. Man muss erkennen, wie ein Gesetz in seiner Struktur aufgebaut ist und worin der innere Zusammenhang der Rechtsnormen besteht. Weniger die inhaltlichen Details, vielmehr muss man wissen, „wo etwas steht" bzw. wie man etwas findet und wie man damit umgeht.

Ausgangspunkt der juristischen Fallprüfung ist die Klärung der sog. vier **W-Fragen**: Wer will Was von Wem Woraus? Wenn der Bürger (insb. von der Sozialverwaltung) etwas will, geht es um die Suche einer entsprechenden **Anspruchsnorm**, wenn die Sozialverwaltung etwas (insb. vom Bürger) will, geht es um die Suche einer das Handeln legitimierenden **Rechtsgrundlage**.

W-Fragen

Nicht immer sind die Willensäußerungen der Bürger eindeutig und den Gebrauch rechtlicher Fachbegriffe kann und darf man von ihnen nicht erwarten. Deshalb sind Erklärungen der handelnden Personen mitunter auszulegen. Anders als bei der Definition von unbestimmten Rechtsbegriffen (s. o. I-3.3.2) geht es hier bei der **Auslegung** um die Deutung des Inhalts von Willenserklärungen.

Auslegung von Willenserklärungen

Ist z. B. der als „Eingabe" bezeichnete Protest eines Bürgers als Widerspruch i. S. d. § 62 SGB X i. V. m. § 83 SGG / § 68 VwGO zu werten? Nach **§ 133 BGB** ist bei der Auslegung einer Willenserklärung der wirkliche Wille zu erforschen und nicht an dem buchstäblichen Sinn des Ausdrucks zu haften. Dieser Grundsatz gilt über das Privatrecht hinaus. Im Sozialrecht ist eine Willenserklärung im Zweifel zugunsten des Bürgers auszulegen, im obigen Beispiel im Hinblick auf die „günstigeren" Verfahrens- und Kostenregelungen als Widerspruch, sofern nur ersichtlich ist, dass der Bürger mit der Entscheidung nicht einverstanden und der Widerspruch überhaupt rechtlich zulässig ist.

Nachdem man eine im Hinblick auf die Rechtsfolge geeignete Rechtsgrundlage herausgesucht hat, beginnt man mit der Prüfung der Tatbestandsseite der Vorschrift. Am Anfang steht die **Identifizierung und Definition der einzelnen Tatbestandsmerkmal**e; hierbei müssen die Grenzen unbestimmter Rechtsbegriffe ggf. durch Auslegung bestimmt werden.

Am Maßstab der so gewonnenen Definition der Tatbestandselemente sind dann die entsprechenden Umstände des Lebenssachverhaltes daraufhin zu prüfen, ob sie die einzelnen Begriffselemente und Bedingungen der Rechtsnorm erfüllen (Subsumtion im engeren Sinne). Ist auch nur ein einziges Tatbestandselement nicht erfüllt, so greift die Rechtsfolge nicht ein, die Rechtsnorm ist auf diesen Sachverhalt nicht anwendbar. Am besten macht man es sich beim Lösen von Rechtsfällen zur Gewohnheit, nach dem Auffinden der einschlägigen Rechtsnorm zunächst Inhalt und Grenzen der einzelnen Tatbestandsmerkmale klar herauszuarbeiten, bevor man mit der Einordnung des Sachverhalts unter den Tatbestand – der Subsumtion im engeren Sinn – beginnt. Hierbei wird man feststellen, dass eine einzelne Rechtsnorm selten für die Beantwortung der Fallfrage ausreicht. Es müssen oft weitere Rechtsnormen herangezogen werden, die die Rechtsgrundlage ergänzen oder einen Anspruch konkretisieren, es müssen Normen überprüft werden, die eine Ausnahme regeln oder einem Anspruch entgegenstehen (vgl. oben Definitions-, Verweisungs- oder Gegennormen). Hilfreich sind hierbei die sog. Aufbauschemata, die die relevanten Aspekte einer Fragestellung systematisch aufeinander beziehen (s. hierzu Anhang IV). Freilich dürfen diese Schemata nicht blind, sondern müssen durchdacht angewendet werden, damit nicht alle (auch die in einem konkreten Fall nicht relevanten) Aspekte stur abgearbeitet, sondern die Schwerpunkte im Fall angemessen gesetzt werden.

Sind **alle** Tatbestandsmerkmale erfüllt, so ist festzustellen, welche Konsequenz daraus folgt, also Rechtsfolge damit verbunden ist. In Fällen der gebundenen Entscheidung (s. o. I-3.4.1) steht die Rechtsfolge mit der Erfüllung des Tatbestands fest. In den Fällen der Ermessensverwaltung sind die erforderlichen Erwägungen zur Ausübung des Ermessens (s. o. I-3.4.2) anzustellen und zu begründen.

Bei der Anwendung der gängigen Bundes- und Landesgesetze (z. B. BGB, SGB, PsychKG, Schulgesetze) kann man in der Ausbildung davon ausgehen, dass diese ordnungsgemäß zustande gekommen und inhaltlich verfassungsgemäß sind. Wenn aber tatsächlich Anhaltspunkte für die Verfassungs- oder Rechtswidrigkeit einer (abgeleiteten) Rechtsnorm vorliegen, sind diese am Maßstab höherrangigen Rechts zu überprüfen. Dies wird in aller Regel nur von (in der Ausbildung befindlichen) Juristen erwartet. Im Kollisionsfall geht das höherrangige Recht dem rangniedrigeren Recht vor, d. h., die rangniedrigere Norm ist nichtig, wenn sie gegen höherrangiges Recht verstößt (z. B. Art. 31 GG). Bei Kollisionen gleichrangiger Vorschriften verdrängt das neuere Gesetz das ältere, die speziellere die allgemeine Norm.

Arbeitsschritte   Zusammenfassend beschrieben vollzieht sich der **Vorgang der Subsumtion** somit in folgenden fünf Schritten:

1. Aufsuchen der einschlägigen Anspruchsgrundlage oder Rechtsgrundlage im Hinblick auf die „gewünschte" Rechtsfolge. Für die Beantwortung einer Rechtsfrage sind sämtliche einschlägigen Rechtsvorschriften zu beachten. Grundsätzlich ist mit der rangniedrigsten und speziellsten Rechtsnorm (nicht Verwaltungsvorschrift!) zu beginnen. Merke: Ein Verwaltungsakt oder die Ablehnung einer Leistung darf niemals *nur* mit Hinweis auf eine Verwaltungsvorschrift erlassen bzw. abgelehnt werden.

2. Zerlegung der einschlägigen Rechtsnorm in Tatbestands- und Rechtsfolgeseite, ggf. unter Heranziehung von Verweisungs- oder Gegennormen; Feststellung der einzelnen Tatbestandsvoraussetzungen (x_1, x_2 ...).

3. Definition/Auslegung der einzelnen Tatbestandsmerkmale, ggf. unter Heranziehung von Definitionsnormen: x_1 bedeutet ..., x_2 bedeutet ... Hieraus gewinnt man die rechtsmethodisch „Obersatz" genannte Entscheidungsgrundlage.

4. Feststellung der Übereinstimmung oder Nichtübereinstimmung der Umstände des konkreten Lebenssachverhaltes („Untersatz") mit den einzelnen Tatbestandsmerkmalen: x_1 ist erfüllt durch S_1, x_2 ist erfüllt durch S_2 usw.

5. Feststellung der Rechtsfolge R_n; bei Ermessensverwaltung Ausübung des Entschließungs- und Auswahlermessens (Zweckmäßigkeitsüberlegungen) hinsichtlich der Wahl des Mittels und der Wahl des Adressaten. Für und gegen R_1 spricht, für und gegen R_2 spricht, nach Abwägung aller dafür und dagegen sprechenden Umstände ... folgt Entscheidung R_n.

Wesel 1999

1. Auf welche Weise sind fachlich-sozialpädagogisches Arbeiten und juristisches Denken miteinander verwoben? (3.1)
2. Was ist eine sog. „vollständige", was eine „unvollständige" Rechtsnorm? (3.2.1)
3. Welche Formen der Auslegung gibt es? Beschreiben Sie kurz die wesentlichen Merkmale dieser Auslegungsmethoden. Was muss im Rahmen der Auslegung beachtet werden? (3.3.2)

4. Was ist eine Analogie? (3.3.2 a. E.)
5. Verfügt die Soziale Arbeit im Hinblick auf die Auslegung unbestimmter Rechtsbegriffe über einen Beurteilungsspielraum? (3.3.3)
6. Wie erkennt man, ob einer Behörde ein Ermessen zusteht? (3.4.1)
7. Welche Kriterien sind bei der Ermessensausübung zu beachten? Welche Konsequenzen hat ein Ermessensfehler? (3.4.2)
8. Was bedeuted „Ermessensschrumpfung auf Null"? (3.4.2)
9. Beschreiben Sie die wesentlichen Schritte im Rahmen der Subsumtion. (3.6)

4 Rechtsverwirklichung (Trenczek)

Definitionen Sozialer Arbeit gehen in der Regel von dem Begriff der **Hilfe** aus. Hilfe wurde und wird vielfach von einzelnen Menschen und karitativen oder religiösen Vereinigungen aus Gründen der Nächstenliebe geleistet. Im öffentlichen Bereich geht es aber nicht um die freundschaftliche, von Privatpersonen, Kirchengemeinden und Vereinigungen geleistete Unterstützung oder Fürsorge. Vielmehr ist heute Soziale Arbeit vielfach gesellschaftlich und staatlich organisierte Hilfe. Ein Wesensmerkmal der öffentlichen Hilfeleistung ist der wechselseitige Anspruch, zum einen des Einzelnen auf sozialstaatlich verbriefte Leistungen und **sozialer Rechtsstaat** zum anderen des Gemeinwesens auf soziale Integration. Deshalb bedarf es eines rechtsstaatlich organisierten Hilfesystems, um die asymmetrische Beziehung zwischen Hilfeleistendem und Hilfeempfänger auszugleichen. Diese beiden Pole spiegeln sich in der begrifflichen Verknüpfung „sozialer Rechtsstaat" wider. Wesentlich ist nicht nur die generelle Zusicherung sozialstaatlicher Errungenschaften, sondern die Rechtsverwirklichung im konkreten Einzelfall. Diese erfolgt im Rahmen der Sozialen Arbeit über mehrere Wege, vor allem

- durch die **Sozialverwaltung**, insb. durch die Gewährung von Sozialleistungen sowie den Schutz derjenigen, die sich selbst zu schützen nicht ausreichend in der Lage sind,
- durch Information und Beratung, insb. **Rechtsberatung**.

In beiden Bereichen ist die öffentlich getragene Soziale Arbeit sehr stark durch ein normorientiertes Vorgehen gekennzeichnet. Letztlich geht es insoweit immer auch um Rechtsverwirklichung, d. h. die konkrete Umsetzung der von der Verfassung und der Gesetzesordnung anerkannten Rechte. Nicht immer stehen aber rechtliche Fragen, sondern oft ökonomische, soziale und persönliche Bedürfnisse der Betroffenen im Vordergrund. Deshalb ist es wichtig, die hinter den Rechtspositionen stehenden **Interessen** der Parteien nicht aus dem Blick zu verlieren, sondern sich bewusst und damit bearbeitbar zu machen. In Konflikten bedarf es deshalb auch der **Klärungshilfe** und **Konfliktvermittlung** (Mediation; hierzu I-6.3).

4.1   Rechtsverwirklichung durch Verwaltungshandeln

Soziale Arbeit betrifft nicht nur den Bereich der sog. offenen Hilfen und unmittel-   **Sozialverwaltung**
baren Unterstützungsleistungen, sondern ist als gesellschaftlich organisierte Hilfe
in ihren Voraussetzungen und ihrer Reichweite rechtlich geregelt (vgl. z. B. § 31
SGB I) und in einen entscheidungsbezogenen Prozess eingebunden. Die öffentliche Hilfegewährung äußert sich in einer Vielzahl der Fälle zunächst als **Verwaltungsentscheidung**. Öffentliche Hilfe tritt dem Bürger häufig in Form der Sozialverwaltung (z. B. im Jugend- oder Sozialamt) gegenüber. Unter Sozialverwaltung
lassen sich im weiten Sinne alle Tätigkeiten (insb. Bereitstellung, Förderung und
Unterhaltung) innerhalb organisatorischer Einheiten (Einrichtungen, Dienste,
Veranstaltungen) fassen, durch die Information und Beratung angeboten, Sozialleistungen und Schutz gewährt werden und die damit der Verwirklichung sozialer
Zusagen der Verfassung dienen.

Das Wort „walten" stammt aus dem Germanischen und bedeutet so viel wie
wirken, gebieten, herrschen. Die damit verbundenen Konnotationen (Kraft, Macht,
Zwang) sind für ein modernes Verwaltungsverständnis hinderlich. Ein stärker an
Dienstleistungen orientierter Sinngehalt liegt dem Wort *Administration* bei, welches vor allem im romanischen Sprachraum üblich ist. Mit „verwalten" ist dann
schon begrifflich weniger Zwang und Machtausübung verbunden, es bedeutet
eher „für" etwas oder jemanden walten (lat.: *administrare*, d. h. lenken, besorgen,
ausführen). In inhaltlich-sachlicher Hinsicht wird mit Blick auf das Gewaltenteilungsprinzip (s. o. I-2.1) die Verwaltung als Teil der Exekutive (neben der Regierung) von der Legislative (Gesetzgebung) und der Judikative (Rechtsprechung)
abgegrenzt, ohne dass damit aber alle Aspekte der heutigen Verwaltung bestimmt
wären. Auch wenn es sich bei der Verwaltungstätigkeit im Wesentlichen um **Gesetzesvollzug** handelt, ist zu beachten, dass die Verwaltung auch Aufgaben wahrnimmt, die streng inhaltlich zur Gesetzgebung (Erlass von Verordnungen und Satzungen) oder Rechtsprechung (Bußgeldbescheide) gehören, andererseits auch die
Gesetzgebung (z. B. Erlass des Haushaltsplanes) und die Rechtsprechung (z. B.
Register, Grundbuch) verwaltend tätig werden.   **Art. 20 Abs. 3 GG**

Für die Verwaltung als Gesetzesvollzug gilt das Prinzip der **Gesetzmäßigkeit**,
der Bindung und Begrenzung der „hoheitlichen" Gewalt an Recht und Gesetz
(Art. 20 Abs. 3 GG; vgl. I-2.1.2.1) in besonderer Weise. Auch **Soziale Arbeit** ist
insoweit **rechtsgebundenes Verwaltungshandeln**.

Unterscheidet man Zweck und Wirkungen der Aufgabenbereiche, dann tritt die   **Eingriffsverwaltung**
öffentliche Verwaltung dem Bürger einerseits mit Anordnung, Ge- und Verbot und
Zwang gegenüber, andererseits werden Leistungen gewährt. Unter Eingriffs- und
Ordnungsverwaltung versteht man diejenige Verwaltungstätigkeit, die in die Frei-
heits- und/oder Vermögenssphäre des Bürgers einseitig und rechtsverbindlich
eingreift. Dies kommt typischerweise vor bei (Fach-)Polizei- und Finanzbehör-
den, allerdings auch im Bereich der Sozialverwaltung, z. B. im Rahmen der
Schutzgewährung durch Inobhutnahme (§ 42 SGB VIII), Erteilung oder Entzug
einer Betriebserlaubnis oder bei Kostenentscheidungen. Im Rahmen der Leis-   **Leistungsverwal-**
tungsverwaltung werden Angebote gemacht, Leistungen gewährt und erbracht,   **tung**
um das Dasein des Einzelnen in der Gemeinschaft zu sichern und zu verbessern

(z. B. Sozialhilfe; Erziehungshilfen der Jugendhilfe). In beiden Bereichen gilt nach § 31 SGB I der sog. **Gesetzesvorbehalt** (I-2.1.2.1), ebenso wie die anderen verfassungsrechtlichen Grundsätze (z. B. Willkürverbot und Verhältnismäßigkeitsgebot).

4.1.1   Formen des Verwaltungshandelns

Soweit der **Gesetzesvollzug** im Vordergrund steht, handelt sich bei der Verwaltungstätigkeit ganz überwiegend um Einzelfallentscheidungen zur Ausführung der Rechtsnormen. Allerdings kann die Sozialverwaltung in ganz verschiedenen Formen handeln (siehe Übersicht 15). Wichtig ist das Erkennen dieser Unterschiede vor allem im Hinblick auf die unterschiedlichen Handlungs- und Rechtsschutzmöglichkeiten im Konflikt.

4.1.1.1 Hoheitliches und fiskalisches Verwaltungshandeln

Nicht immer handelt die Verwaltung öffentlich-rechtlich („hoheitlich"), sei es mit Verbot, Anordnung und Zwang bzw. der Gewährung und Durchführung von Leistungen oder der Bereitstellung von Einrichtungen, wie z. B. Schulgebäuden und Krankenhäusern. Nehmen die öffentlichen Träger wie eine Privatperson am Rechtsverkehr teil, entweder im Rahmen ihrer Beschaffungsgeschäfte (sie bestellen z. B. Möbel und Büromaterial, mieten Büroräume an) oder im Rahmen erwerbswirtschaftlicher Geschäfte (Kauf und Verkauf von Grundstücken; Vermietung kommunaler Einrichtungen), nennt man dies fiskalisches Handeln der Verwaltung. Hierbei

fiskalisches Verwaltungshandeln kommen dann – wie bei jedermann – die Regelungen des Privatrechts zur Anwendung. Die Sozialverwaltung handelt dagegen „hoheitlich", wenn sie die Interessen der Allgemeinheit und des Gemeinwohls vertritt. Rechtsgrund für „hoheitliches" Handeln sind dann ausschließlich die Regelungen des Öffentlichen Rechts. **Abgrenzungskriterium** zwischen hoheitlichem und fiskalischem Verwaltungshandeln ist also die zugrunde liegende Rechtsnorm (hierzu I-1.1.4), z. B. kann zur Abwendung der Wohnungslosigkeit die Überlassung einer städtischen Wohnung aufgrund eines Mietvertrages (wobei dann z. B. Kündigungsfristen des § 565 BGB zu beachten wären) oder aufgrund eines sozialhilferechtlichen Nutzungsverhältnisses (ohne zivilrechtliche Kündigungsfristen, ggf. sofortige Räumung möglich; Grenze: Verhältnismäßigkeit) erfolgen (vgl. OVG Berlin NVwZ 1989, 989). Erfüllt die Exekutive (gesetzlich geregelte) öffentliche Aufgaben (insb. Versorgungsleistungen) in den Formen des Privatrechts, z. B. in Form einer Aktiengesellschaft oder GmbH, so ist sie an die verfassungsrechtlichen Vorgaben gebunden. Man spricht hier vom sog. **Verwaltungsprivatrecht** (s. o. I-1.1.4).

4.1.1.2 Tatsächliches und regelndes Verwaltungshandeln

schlicht-hoheitliches Verwaltungshandeln Im Rechtsverkehr unterscheidet man üblicherweise das regelnde (Entscheidung treffende) Verhalten vom tatsächlichen Tun. Soweit Letzteres durch einen Mitarbeiter der Sozialverwaltung für den Verwaltungsträger vorgenommen wird, spricht

Übersicht 15: Rechtsformen des Verwaltungshandelns

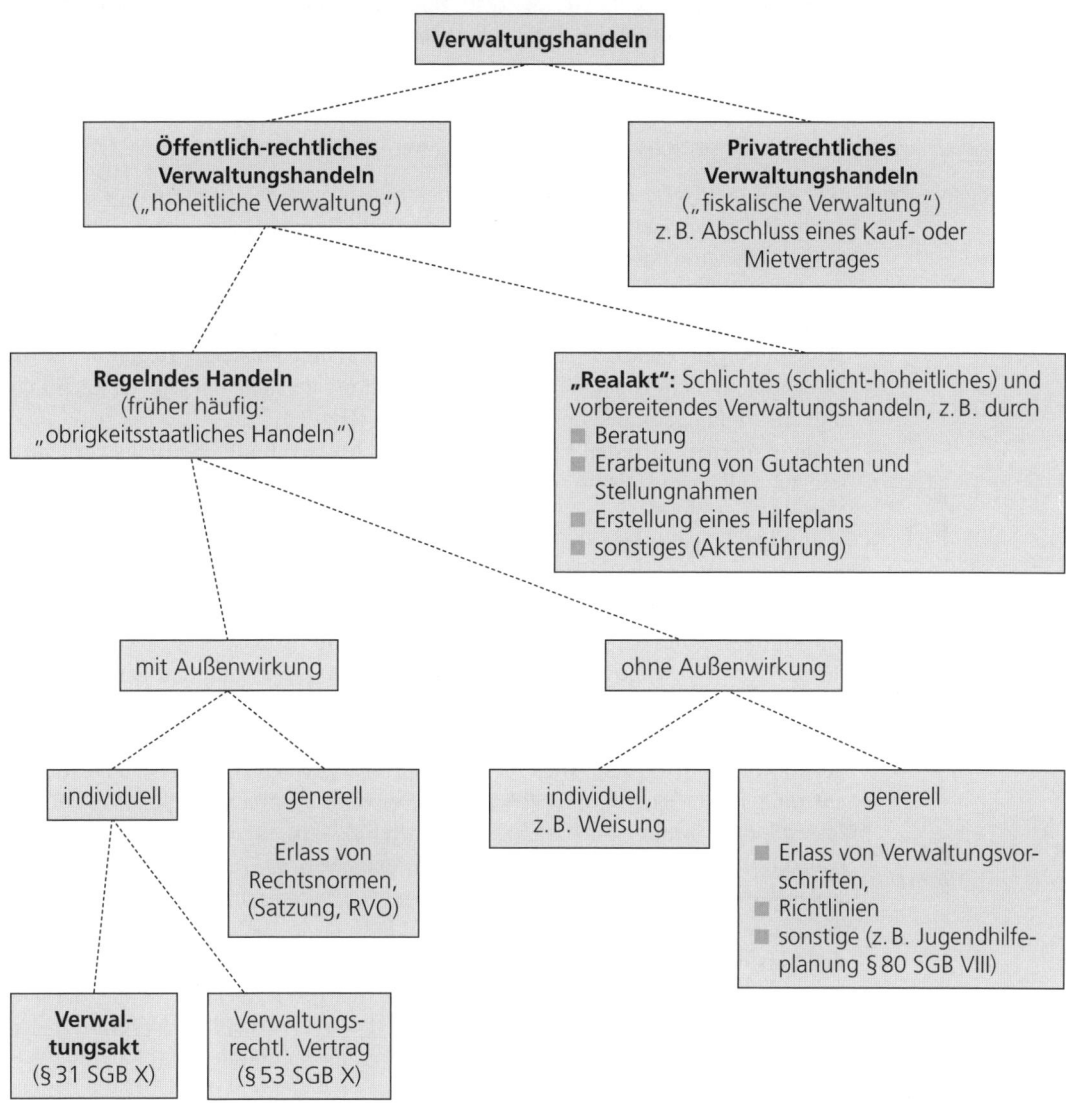

man vom sog. „schlicht-hoheitlichen" und vorbereitenden Verwaltungshandeln (sog. „Realakte"). Das umfasst so alltägliche Handlungen wie die Aktenführung, die Dienstfahrt, wie aber auch die für den Sozialbereich kennzeichnende Beratung, die Erarbeitung von Gutachten und Stellungnahmen oder die Erstellung eines Hilfeplans. Deren Wesensmerkmal ist in allen Fällen, dass keine auf eine gesetzliche Rechtsfolge zielende Entscheidung, also keine **Regelung** getroffen wurde.

Im Hinblick auf das regelnde Verwaltungshandeln wird danach unterschieden, ob die Entscheidungen mit Außenwirkung gegenüber den Bürgern oder nur zur Regelung innerbetrieblicher Angelegenheiten getroffen werden. Darüber hinaus lässt sich danach differenzieren, ob die Entscheidung generellen Charakter (seien es Rechtsnormen, vgl. I-1.1.3, oder rein verwaltungsinterne Vorschriften und Richtlinien; hierzu I-1.1.3.6) hat oder eine einzelne Person oder einen konkreten Fall betrifft (Einzelfallentscheidung).

4.1.1.3 Einseitiges und konsensuales Verwaltungshandeln

Verwaltungsakt Während im Privatrechtsverkehr Entscheidungen zwischen Bürgern durch Vertrag geregelt werden, ist das häufigste und wichtigste Regelungsinstrument der öffentlichen Verwaltung der Verwaltungsakt (VA), mit dem die Behörden durch einseitiges Handeln eine verbindliche Entscheidung treffen (hierzu III-1.3.1). Im Regelungsinstrument VA wird die besondere Stellung der öffentlichen Verwaltung als „Hoheitsträger" deutlich, denn der VA ist formal eine **einseitige Regelung**, deren Wirksamkeit nicht von der Zustimmung des Adressaten abhängt (zu den Rechtmäßigkeitsvoraussetzungen des VA im Einzelnen III-1.3.1.2).

Im modernen, sozialen Rechtsstaat muss sich Verwaltung allerdings vornehmlich auch als Dienstleistung begreifen. Der Konsens ist deshalb vielfach schon im Vorfeld, z. B. durch Antrag, Anhörung, Beteiligung und Mitbestimmung herzustellen. Zudem erfordern viele Leistungsverhältnisse flexible Regelungen, die nur dann Erfolg haben, wenn sie von den Leistungsempfängern akzeptiert werden. Schon deshalb empfiehlt sich eine **kooperative Entscheidungsfindung**. Aushandlungsprozesse und der öffentlich-rechtliche Vertrag (§ 53 SGB X) kommen nicht nur zwischen Verwaltungsträgern (z. B. zwei Kommunen, die den gemeinsamen Betrieb kommunaler Einrichtungen vereinbaren), sondern auch zwischen Behörden und den Bürgern (z. B. Einzelpersonen oder freien Trägern) zunehmend häufiger vor (hierzu III-1.3.2). Auch bei der Übertragung von Aufgaben der Jugendhilfe auf freie Träger nach § 76 SGB VIII, der Leistungsabsprache nach § 12 SGB XII oder der Gewährung von Darlehen z. B. nach §§ 34 Abs. 1, 35 Abs. 3, 37 SGB XII handelt es sich um einen öffentlich-rechtlichen Vertrag. Allerdings kommt eine vertragliche Regelung nicht in Betracht, wenn und soweit die Behörden aufgrund des strikten Gesetzesvorbehaltes (§ 31 SGB I) die gesetzlich normierten Aufgaben und Leistungspflichten zu erfüllen haben und ihnen kein Entscheidungsspielraum eingeräumt ist (§ 53 Abs. 2 SGB X; zum Ermessen vgl. I-3.4.1). Für den Abschluss öffentlich-rechtlicher Verträge gelten zum Teil vom zivilrechtlichen Vertragsrecht abweichende Regelungen (vgl. §§ 53 ff. SGB X; hierzu II-1.3.2).

4.1.2 Träger der Sozialen Arbeit

4.1.2.1 Öffentliche Träger der Sozialverwaltung

Verwaltungen finden sich in vielen Systemen, in Betrieben, Vereinen usw. Soziale Arbeit wird von staatlichen und anderen öffentlichen Trägern sowie von Bürgern, Vereinigungen und anderen sog. freien Trägern geleistet. Als **Träger** der Sozialverwaltung bezeichnet man die Rechtssubjekte, die für die Erfüllung der gesetzlichen Aufgabe verantwortlich sind und deshalb zunächst auch hierfür die Kosten zu tragen haben. Dies ist grundsätzlich eine juristische Person des öffentlichen Rechts. **Juristische Personen** sind ein Zusammenschluss von natürlichen Personen oder Sachmitteln, der als solcher Träger von Rechten und Pflichten sein kann (vgl. II-1.1). Im Hinblick auf die nach dem Öffentlichen Recht gebildeten juristischen Personen unterscheidet man drei Formen:

■ Körperschaften des Öffentlichen Rechts sind in der Regel Verwaltungseinheiten mit einer auf Mitgliedschaft beruhenden, aber vom Wechsel der Mitglieder unabhängigen Organisation zur Erfüllung hoheitlicher Aufgaben. Bund, Land, Gemeinden sind sog. Gebietskörperschaften (räumliche Zuordnung der Mitglieder); die Hochschulen, Handwerkskammern und die Sozialversicherungsträger (s. u.) sind sog. Personalkörperschaften (personale Zuordnung). Die Bundesagentur (früher Bundesanstalt) für Arbeit (BA) mit ihren Untergliederungen ist eine bundesunmittelbare Körperschaft des Öffentlichen Rechts (ausführlich III-2.5.1). Körperschaften des Öffentlichen Rechts besitzen sowohl ein gewähltes Repräsentativorgan (z. B. Rat der Gemeinde; Mitgliederversammlung des Sozialversicherungsträgers; Senat der Hochschulen; Ausnahme: die Selbstverwaltungsorgane der BA werden nach § 377 SGB III berufen) als auch ein Exekutivorgan (z. B. Bürgermeister, Vorstand der Krankenkasse; Rektor der Hochschule). **Körperschaften**

■ Anstalten des Öffentlichen Rechts sind rechtlich oder organisatorisch verselbstständigte Einrichtungen mit Aufgaben der öffentlichen Verwaltung von Dauer, zu deren Erledigung sie mit personellen und sächlichen Ressourcen ausgestattet und auf Benutzer ausgerichtet sind; z. B. Deutsche Bundesbank und Landesbanken, Deutsche Welle und Rundfunkanstalten der Länder, Studentenwerke, Sparkassen der Kommunen. Nicht dazugehören nicht rechtsfähige Einheiten, z. B. Schulen oder kommunale Krankenhäuser. Rechtsträger ist hier die Kommune als Gebietskörperschaft. Entsprechendes gilt auch für die Landeskrankenhäuser in öffentlich-rechtlicher Trägerschaft der Bundesländer. Mittlerweile können diese aber in einigen Bundesländern (begrifflich verwirrend) auch als rechtsfähige Anstalt des öffentlichen Rechts (z. B. in Rheinland-Pfalz) betrieben werden, häufiger geschieht dies allerdings in privatrechtlichen Rechtsformen (z. B. GmbH). **Anstalten**

■ Stiftungen des Öffentlichen Rechts sind mit Rechtsfähigkeit ausgestattete Organisationen mit dem Zweck der Verwaltung eines Bestandes an Vermögenswerten, die in Kapital- und Sachgütern bestehen können (z. B. im Bund: Stiftung Preußischer Kulturbesitz, Stiftung Mutter und Kind, Stiftungs-Universitäten, die Stiftung Erinnerung, Verantwortung und Zukunft zur Entschädigung der NS-Zwangsarbeiter; Länderstiftung: Berliner Philharmoniker). Das Begabtenförderungswerk „Studienstiftung des deutschen Volkes" ist entgegen seines Namens privatrechtlich als eingetragener Verein (hierzu II-1.1.1) organisiert. Der Staat kann Stiftungen auch nach privatrechtlichen Regelungen errichten (z. B. Volkswagenstiftung in Niedersachsen), für die aber mitunter andere Regelungen gelten (vgl. hierzu „Verwaltungsprivatrecht", I-1.1.4), wie für andere privatrechtliche Familien- oder Unternehmensstiftungen auch (z. B. Carl-Zeiss-Stiftung; s. II-1.1.1). **Stiftungen**

Übersicht 16: Aufbau der öffentlichen Verwaltung

Bund	Land	Selbstverwaltungskörperschaften		
		Kommunale Gebietskörperschaften	Sozialversicherungsträger	Sonstige mittelbare Staatsverwaltung
Bundesverwaltung Bundesvollzug von Bundesgesetzen (Art. 86 f. GG) unmittelbare (Bundes-) Staatsverwaltung: Erfüllung staatlicher Aufgaben durch eigenen Behördenaufbau, z. B. Zoll-, Wehrbereichs- oder Wasser- und Schifffahrtsverwaltung	**Landesverwaltung** unmittelbare Staatsverwaltung – Erfüllung staatlicher Aufgaben durch eigenen Behördenaufbau, z. B. Finanz- und Forstverwaltung	Kreisfreie Städte ■ Landkreise ■ Kreisangehörige Gemeinden (Städte, Dörfer) ■ Gemeindeverbände	mittelbare Staatsverwaltung (vgl. Art. 87 Abs. 2 GG) Wahrnehmung staatlicher Aufgaben und hoheitliche Selbstverwaltung, inkl. Satzungsrecht im Rahmen der Gesetze, z. B.:	(z. B. Art. 87 Abs. 3 GG) Wahrnehmung staatlicher/öffentlicher Aufgaben und hoheitliche Selbstverwaltung, inkl. Satzungsrecht im Rahmen der Gesetze, z. B.
	Landesvollzug von Bundesgesetzen (Art. 83 GG) ■ als eigene Angelegenheit mit Rechtsaufsicht (Art. 83 u. 84 GG) ■ im Auftrag des Bundes mit Weisungsrecht (Art. 85 GG) Landesvollzug von Landesgesetzen (Art. 30 GG) mit eigenem Verwaltungsunterbau	**Doppelfunktion** ■ hoheitliche Selbstverwaltung (Art. 28 Abs. 2 GG), inkl. Satzungsrecht ■ Staatliche Auftragsverwaltung (Landkreise und kreisfreie Städte als allgemeine Landesunterbehörden)	■ Deutsche Rentenversicherung ■ gesetzliche Krankenkassen, z. B. AOK und BKK auf Landesebene ■ Bundesagentur für Arbeit ■ Berufsgenossenschaften	■ **Körperschaften**, z. B. – Bund: Deutschlandradio, IHK, Handwerkskammern; KBV; – Land: Hochschulen und Universitäten ■ **Stiftungen**: S. preußischer Kulturbesitz; S. Erinnerung, Verantwortung und Zukunft; Berliner Philharmoniker (Land Berlin) ■ **Anstalten** – Bund: Deutsche Welle, Deutscher Wetterdienst – Land: Landesbanken, Landesrundfunkanstalten; häufig Studentenwerke; – Kommunen: Sparkassen; häufig Krankenhäuser Sonderstatus: Kirchen und Weltanschauungsgemeinschaften (Art. 140 GG)

Alle organisatorischen Einheiten (Einrichtungen, Dienste, Veranstaltungen), die die im SGB geregelten Aufgaben erledigen (zum Sozialrecht vgl. III), bilden die Sozialverwaltung. Hierbei folgt die Gliederung der Sozialverwaltung in Deutschland **zwei Prinzipien**. Das eine betrifft die Kompetenzaufteilung zwischen dem Bund und den Bundesländern (Föderalismus), das andere regelt die Gliederung und Organisation der staatlichen Verwaltung.

Sozialverwaltung

Die Bundesrepublik Deutschland ist ein **Bundesstaat** (Art. 20 Abs. 1 GG), also föderalistisch (bundesstaatlich) aufgebaut. Die einzelnen Bundesländer behalten ihre Staatlichkeit als Gebietskörperschaft und alle Staatsgewalten im Bund (Gesetzgebung, Exekutive und Rechtsprechung), und damit sind auch die Verwaltungsaufgaben zwischen Bund und Ländern aufgeteilt (vgl. Art. 70 ff., Art. 83 ff. GG). Durch die sog. Föderalismusrefom (2006) wurde das Grundgesetz geändert und die Aufgaben und Regelungskompetenzen zwischen Bund und Ländern neu verteilt. Im Hinblick auf die Träger der öffentlichen Verwaltung unterscheidet man zunächst in Bundesverwaltung und Landesverwaltung (siehe Übersicht 16).

Föderalismus

Der teilweise populistisch vorgetragenen Kritik am föderalen System (u. a. unterschiedliche Regelungen in den Ländern z. B. im Bereich Schulausbildung; Dauerwahlkampf der Politik) stehen Vorteile gegenüber, insb. die (vertikale) Gewaltenteilung und Machtbalance, die Bewahrung regionaler Vielfalt, Orts- und Bürgernähe sowie der (politische) Wettbewerb zwischen den Ländern.

Nimmt der Staat (Bund oder die Länder) selbst Verwaltungsaufgaben durch eigene nachgeordnete Behörden wahr, spricht man von der sog. **unmittelbaren** Bundes- oder Landesverwaltung bzw. **Ministerialverwaltung**. Kennzeichen der unmittelbaren Staatsverwaltung ist deren hierarchisch gegliederter, zumeist dreistufiger Verwaltungsaufbau (Unter-, Mittel- und Ober- bzw. oberste Behörden; siehe Übersicht 17).

Ministerialverwaltung

Nicht immer ist es zweckmäßig, wenn der Staat selbst alle Verwaltungsaufgaben wahrnimmt. Deshalb wurden – jeweils aufgrund von Gesetzen – juristische Personen des Öffentlichen Rechts geschaffen, die öffentliche Verwaltungsaufgaben selbstständig wahrnehmen und nur vom Staat beaufsichtigt werden. Soweit Verwaltungsaufgaben nicht unmittelbar vom Staat selbst, sondern dezentral durch juristische Personen des Öffentlichen Rechts übernommen werden, spricht man von der mittelbaren Staatsverwaltung (vgl. Übersicht 16) – entweder auf Grundlage eines Bundesgesetzes (vgl. Art. 83 Abs. 3 GG; soweit Art. 87 Abs. 2 GG von einer „bundesunmittelbaren Körperschaft" spricht, ist damit ein Verwaltungsträger der mittelbaren Bundesverwaltung bezeichnet) oder eines Landesgesetzes (sog. mittelbare Landesverwaltung). Der Staat „verzichtet" in diesen Fällen auf einen hierarchischen Verwaltungsaufbau und damit ein „Durchregieren", sondern behält sich lediglich die Rechtsaufsicht vor (Kontrolle, ob das Recht richtig angewendet wird, hierzu I-5.2.1). Je nach dem Ausmaß der Einfluss- und Aufsichtsrechte des Staates kann man von mittelbarer Staatsverwaltung und von der sog. **Selbstverwaltung** sprechen (z. B. der Hochschulen als Personalkörperschaften). Von besonderer Bedeutung für die Soziale Arbeit sind hierbei die **Kommunalverwaltung** sowie die **Sozialversicherungsträger**.

mittelbare Staatsverwaltung

Unter Sozialversicherungsträgern versteht man die mit Selbstverwaltung ausgestatteten Personalkörperschaften des Öffentlichen Rechts in der gesetzliche

Sozialversicherungsträger

Übersicht 17: Aufbau der unmittelbaren Staatsverwaltung

	Bund	Land
Oberste Behörde	Ministerien, z. B. BMFSFJ, BMAS, BM für Verkehr, Bau und Stadtentwicklung, Bundesfinanzministerium	Ministerien, z. B. Landessozialministerium, Landesfinanzministerium, Landesinnenministerium
Obere Behörden (Spezialzuständigkeit)	derzeit 69 Bundesoberbehörden, z. B. Bundesversicherungsamt, Statistisches Bundesamt, BA für Verfassungsschutz; Bundesverwaltungsamt, BA für Verbraucherschutz und Lebensmittelsicherheit, BA für Wasserbau, Bundesmonopolverwaltung für Branntwein,Bundeszentralamt für Steuern	Statistisches Landesamt, Verfassungsschutz, Landessozialamt, LKA; LJA
		Im zweigliedrigen Verwaltungsaufbau z. T. sog. Landesverwaltungsamt mit landesweiter Zuständigkeit
Mittelbehörde* (nur noch in Bay, BaWü, Hessen, NRW, Sachsen)	Oberfinanzdirektion	
	Bundesfinanzdirektion (OFD-Bundesabteilung), insb. Zoll und Zollkriminalamt Wehrbereichsverwaltung; Wasser- und Schifffahrtsdirektionen	OFD-Landesabteilung Regierungspräsidium / Bezirksregierung, z. T. Landespolizeidirektionen** (z. B. BW, Nds) bzw. Polizeipräsidien (Rh-Pf.); Bay. Landesamt für Steuern
Untere Behörde	Kreiswehrersatzamt; (Haupt)Zollamt; Wasser- und Schifffahrtsamt	Finanzämter, Forstämter, Kriminal- und Polizeidirektionen (z. B. BW, Rh.Pf.) bzw. Polizeiinspektionen (Bay, Nds) bzw. Polizeipräsidium (NRW), Landkreise und kreisfreie Städte (in den Stadtstaaten die Bezirke) als allgemeine Landesunterbehörden (z. B. Ortspolizeibehörde) sofern sie nicht im Rahmen von Selbstverwaltungsaufgaben tätig sind (Doppelfunktion der Kommunen)

* Den in den Flächenländern traditionell vorherrschenden dreistufigen Verwaltungsaufbau findet man nur noch in Baden-Württemberg, Bayern, Hessen, Nordrhein-Westfalen und Sachsen. Bundesländer mit zweistufigem Verwaltungsaufbau sind Schleswig-Holstein, Brandenburg, Mecklenburg-Vorpommern, Thüringen, das Saarland und seit Auflösung der Regierungsbezirke auch Rheinland-Pfalz (1. Januar 2000), Sachsen-Anhalt (1. Januar 2004) und Niedersachsen (1. Januar 2005).
** Teilweise haben die in den Bundesländern verwendeten Begriffe unterschiedliche Bedeutung (vgl. insb. die Bezeichnung der Polizeibehörden).

Kranken-, Unfall- und Rentenversicherung sowie die soziale Pflegeversicherung. Die **Krankenkassen** (z. B. AOK, Betriebs- oder Ersatzkassen) sind Träger der gesetzlichen Krankenversicherung (§ 4 SGB V). Träger der gesetzlichen Unfallversicherung sind z. B. die gewerblichen **Berufsgenossenschaften** oder die Bundes-, Landes- oder Unfallkassen für den kommunalen Bereich (§ 114 SGB VII). Die frühere Bundesversicherungsanstalt für Angestellte (BfA), die 22 Landesversicherungsanstalten (LVA), die Seekasse, die Bundesknappschaft und die Bahnversicherungsanstalt (BVA) sind seit 2005 gemeinsam unter dem Namen **Deutsche Rentenversicherung** als Körperschaft des Öffentlichen Rechts organisiert. Die Sozialversicherungsträger sind der demokratischen Willensbildung durch ihre Mitglieder verpflichtet, sie besitzen Satzungsautonomie (s. I-1.1.3.4) und können hoheitlich (z. B. durch Verwaltungsakt, s. I-4.1.1.3) handeln. Auch die **Bundesagentur für Arbeit** (BA) gilt zwar als Versicherungsträger (vgl. § 1 Abs. 1 S. 3 SGB IV), deren Selbstverwaltung ist allerdings begrenzt, denn ihre Organe (Verwaltungsrat und Verwaltungsausschüsse) werden nicht von Mitgliedern gewählt, sondern berufen (§ 377 SGB III). Zudem unterliegt die BfA nicht nur der Rechts-, sondern in Teilen auch der Fachaufsicht des Bundeswirtschaftsministeriums (z. B. § 283 Abs. 2, § 371 Abs. 4 SGB III).

Die Gemeinden, im Bundesgebiet etwa 8.500 Dörfer, Städte und Landkreise, haben eine Doppelfunktion und eine **verfassungsrechtliche Sonderstellung** (hierzu Wolff et al. 2004 § 85 Rz. 28 ff. und § 94). Einerseits sind sie die untersten Gebietseinheiten des Staates. Als eigene Gebietskörperschaften sind sie aber nicht bloße Verwaltungseinheiten des Staates, sondern üben im Gemeindegebiet **eigene Hoheitsgewalt** aus. Art. 28 Abs. 2 GG garantiert den Gemeinden das Recht, alle Angelegenheiten der örtlichen Gemeinschaft in eigener Verantwortung zu regeln (Allzuständigkeit; wobci die sog. Organisations- und Personalhoheit weiter reicht als die inhaltliche Autonomie; vgl. BVerfGE 23, 353 [365 f.]). Allerdings kann der Umfang der Selbstverwaltungsaufgaben durch Gesetz geregelt werden, wobei der Kernbestand der eigenverantwortlichen Kommunalaufgaben nicht angetastet werden darf. Typische Bereiche der originären Selbstverwaltung sind die sog. kommunale Daseinsvorsorge, insb. Einrichtungen (Bibliothek, Schwimmbad, Kulturhaus), das kommunale Wegenetz, der Nahverkehr, die Wasserversorgung und Abfallbeseitigung. Zum **Kernbereich des kommunalen Selbstverwaltungsrechts** gehören die sog. Hoheitsrechte, z. B.

kommunale Selbstverwaltung

Art. 28 Abs. 2 GG

- Gebietshoheit (Ausübung der Hoheitsgewalt, Ordnungsrecht),
- Organisationshoheit (Aufbau und Struktur der Kommunalverwaltung; die Verwaltungsorganisation der kommunalen Träger selbst ist intern hierarchisch aufgebaut, z. B. von Bürgermeister, Dezernent, Amtsleiter, Abteilungs- und ggf. Sachgebietsleiter zu den übrigen Mitarbeitern der Kommunalverwaltung),
- Personalhoheit (Auswahl und Einsatz der Mitarbeiter; Begründung von Arbeits- und Beamtenverhältnissen),
- Satzungsautonomie (Rechtssetzungsbefugnis für den örtlichen Bereich),
- Planungs- und Finanzhoheit (Aufgaben- und Etatplanung, selbstständige Haushaltsführung und Vermögensverwaltung; Gebühren-, Abgaben- und Steuerrecht).

Die Kommunalverwaltung umfasst aber nicht nur die Wahrnehmung originär eigener Angelegenheiten (sog. **Selbstverwaltungsangelegenheiten** im eigenen Wirkungskreis), sondern auch Aufgaben, die der Gesetzgeber den Kommunen, vor allem den ca. 620 Landkreisen und kreisfreien Städten, zur eigenverantwortlichen Erledigung zugewiesen hat. Zu diesen sog. **weisungsfreien Pflichtaufgaben** der Kommunen im eigenen Wirkungskreis (auch sog. „pflichtige Selbstverwaltungsaufgaben") gehören insb. die **Sozial- und Jugendhilfe** (vgl. z.B. § 69 SGB VIII i.V.m. § 1 Abs. 1 Nds AG KJHG, § 1 S. 2 ThürAGKJH; § 3 Abs. 2 SGB XII i.V.m. § 1 Abs. 1 HessAG/SGB XII).

Darüber hinaus nehmen die Kommunen auch Staatsaufgaben wahr, und zwar im Auftrag und ggf. nach Weisung des Landes bzw. Bundes. Man spricht hier von

Aufgaben im übertragenen Wirkungskreis (**Auftragsangelegenheiten** oder teilweise von Pflichtaufgaben zur Erfüllung nach Weisung), z.B. im Bereich des Polizei- und Ordnungsrechts, im Bereich des Feuerschutzes, der Wohnungsbauförderung, der Ausbildungsförderung (vgl. § 39 Abs. 1 BAföG i.V.m. z.B. § 2 Abs. 1 SächsAG BAföG), im Asylbewerberleistungsrecht und Flüchtlingsaufnahmegesetz; Auftragsangelegenheiten sind auch die Wehrerfassung nach dem Wehrpflichtgesetz oder das Handeln der Standesämter nach dem Personalstandsgesetz. Insoweit handelt es sich um eine mittelbare Staatsverwaltung durch die Kommunen.

Schwierig zu verstehen ist der **Aufgabendualismus** der Kommunen auch deshalb, weil es unter den Bundesländern unterschiedliche Modelle der organisatorischen Zuordnung gibt (vgl. Wolff et al. 2004 § 85). So handeln in einigen Ländern (z.B. Baden-Württemberg, Bayern, Brandenburg, Hessen, Rheinland-Pfalz, NRW) insb. die Landkreise als untere staatliche Landesbehörde (man spricht hier davon, dass die Kommunen dem Staat ihre „Organe leihen"), in den anderen Bundesländern (z.B. Niedersachsen, Saarland, Sachsen) geht man davon aus, dass die Landkreise auch die Aufgaben im übertragenen Wirkungskreis eigenverantwortlich wahrnehmen und deshalb im organisationsrechtlichen Sinne nicht als untere Landesbehörde gelten.

Übersicht 18: Wirkungskreis der Kommunalverwaltung

Wirkungskreis			
Selbstverwaltung **(eigener Wirkungskreis)**		Staatliche Aufgaben **(übertragener Wirkungskreis)** Gesetzl. Auftragsangelegenheiten oder sog. Pflichtaufgaben zur Erfüllung nach Weisung	
Originäre Selbstverwaltung	Gesetzliche Verpflichtung	des Bundes	des Landes
z.B. Kultur- und Freizeiteinrichtungen	Sozial- und Jugendhilfe	Ausbildungsförderung, Personenstandsaufgaben, Wehrerfassung, Asylbewerberleistungen, Wohnungsbauförderung	Schulen Aufgaben nach PsychKG
Rechtsaufsicht	Rechtsaufsicht	Fachaufsicht mit Weisungsmöglichkeit	

Die Unterscheidung in Aufgaben des eigenen (Selbstverwaltungsaufgaben) oder des übertragenen Wirkungskreises (siehe Übersicht 18) hat Bedeutung vor allem für die **Finanzierung und Kontrolle der Verwaltung**. Im Rahmen der übertragenen Verwaltungsaufgaben unterliegen die Gemeinden der Fachaufsicht des Staates, in Selbstverwaltungsaufgaben „nur" der Rechtsaufsicht (hierzu I-5.2.1). Soweit Aufgaben des Bundes oder der Länder auf die Kommunen übertragen werden, muss der Staat hierfür auch die entsprechenden Mittel bereitstellen (sog. Finanzzuweisungen). Für die Finanzierung der Selbstverwaltungsaufgaben sind die Kommunen selbst verantwortlich. Das hat in den letzten Jahren auch deshalb zu erheblichen **Haushaltsproblemen** geführt, weil der Gesetzgeber die Kommunen zu Aufgaben und Leistungen verpflichtet und dabei (zu Recht!) bundesweit einheitliche Regelungen im Hinblick auf die soziale Grundversorgung und fachliche Mindeststandards vorgenommen hat (insb. SGB VIII und XII). Die in diesen Bereichen im Hinblick auf die gesellschaftliche Entwicklung und die sozialrechtlichen Leitziele vorhersehbaren Ausgabensteigerungen überfordern die Finanzkraft vieler Kommunen und haben einige wegen ausbleibender Steueraufkommen, aber auch wegen mangelnder Planung und Misswirtschaft in den letzten Jahren an den Rand der Zahlungsunfähigkeit gebracht.

Die zur Erfüllung der Aufgaben nach dem SGB II eingerichteten **Jobcenter** werden in drei unterschiedlichen Organisationsformen wahrgenommen (hierzu III-2.5.1 und III-4.1.3). Zum Teil werden sie von den sog. Optionskommunen in kommunaler Trägerschaft verwaltet, überwiegend werden die Jobcenter von der Bundesagentur für Arbeit und den Kommunen in einer Arbeitsgemeinschaft (sog. ARGE) gemeinsam getragen, um die Ressourcen (insb. Bundesmittel zur Vermittlung in Arbeit und Regelleistungen – Arbeitslosengeld II und Sozialgeld – einerseits und die kommunalen Mittel für die Kostenübernahme der Unterkunft und Heizung nach § 22 SGB II) zu bündeln. In einigen Gebieten haben sich aber die Kommunen und die Bundesagentur (noch) nicht auf ein Kooperationsmodell einigen können (bzw. ihre Kooperation wieder beendet), so dass die entsprechenden Aufgaben weiterhin getrennt wahrgenommen werden. Nachdem das BVerfG am 20.12.2007 (2 BvR 2433/04) die auf Art. 44b SGB II gestützte Einrichtung der ARGEn als unzulässige Mischverwaltung zwischen Bund und Kommune und damit für verfassungswidrig erklärt hatte, haben Bundesrat und Bundestag im Juni bzw. Juli 2010 die Organisationsreform des SGB II durch eine Verfassungsänderung (Art. 91e GG) abgesichert (vgl. BT-Ds 17/2188). Auf dieser Grundlage können die ARGEn nunmehr ihre in einer Hand koordinierten Aufgaben wahrnehmen (vgl. §§ 6 ff. SGB II).

ARGE

Vom Träger der öffentlichen Verwaltung zu unterscheiden ist die „Behörde". Der Begriff wird im Sozialverwaltungsrecht durch § 1 Abs. 2 SGB X bestimmt (vgl. § 1 Abs. 4 VwVfG). Behörden sind alle organisatorischen Einheiten, die Aufgaben der öffentlichen Verwaltung – selbstständig und gegenüber dem Bürger in eigenem Namen – wahrnehmen und die insb. mit der Befugnis zum Erlass von Verwaltungsakten (s. u. III-1.3) ausgestattet sind. Das trifft z. B. auf die Sozialversicherungsträger zu. Die gesetzlichen Krankenkassen (z. B. AOK, Ersatzkassen),

Behörde

Berufsgenossenschaften und die Deutsche Rentenversicherung sind deshalb Behörden i. S. d. § 1 Abs. 2 SGB X.

Ämter   Keine Behörden sind dagegen grundsätzlich die einzelnen (funktionalen) Dienststellen (Ämter, Referate, Sachgebiete) eines Verwaltungsträgers. Während z. B. das Finanzamt über eine organisatorische Eigenständigkeit verfügt (und damit Behörde ist), ist z. B. das **Sozialamt** wie das Bau- oder Ordnungsamt unselbstständiger Teil der Kommunalverwaltung. Behörde der Kommunalverwaltung ist deshalb grundsätzlich der nach außen handelnde Teil (Organ) der Kommunalverwaltung, also der (Ober)Bürgermeister bzw. der Landrat. Deshalb erlässt dieser formal den z. B. vom Sozialamt erarbeiteten Bewilligungsbescheid über Sozialhilfeleistungen. Die Mitarbeiter der Kommunalverwaltung handeln gleich auf welcher Ebene oder in welcher Abteilung immer in dessen Auftrag. Das Gleiche gilt grundsätzlich auch für das Jugendamt als Teil der kommunalen Sozialverwaltung. So weit das Gesetz allerdings funktionalen Einheiten der Kommunalverwaltung ausdrücklich besondere Aufgaben zuweist, wie dem **Jugendamt** z. B. in § 8a, 42 SGB VIII, kann man auch von Behörden i. S. d. § 1 Abs. 2 SGB X sprechen. Im Hinblick auf das Jugendamt ist auch zu beachten, dass das SGB VIII der kommunalen Organisationshoheit Grenzen setzt und z. B. ein selbstständiges Jugendamt mit einem zweigleisigen Verwaltungsaufbau (Verwaltung und Jugendhilfeausschuss) vorschreibt (s. III-3.2.3). Mittlerweile ist durch die sog. Föderalismusreform (2006) den Bundesländern die Befugnis übertragen worden, vorrangige Regelungen zur Behördenorganisation und deren Zuständigkeit zu treffen.

Gesundheitsämter sind entweder staatliche Behörden der Landesverwaltung (z. B. die Gesundheitsämter in Baden-Württemberg und Bayern als untere Gesundheitsbehörden in den kreisfreien Städten und Landkreisen) oder kommunale Gesundheitsämter (vgl. z. B. § 2 Abs. 1 S. 2 NGöGD). Gesetzliche Grundlage für die Arbeit der Gesundheitsämter sind die Landesgesundheitsgesetze (Gesetze über den öffentlichen Gesundheitsdienst) bzw. rechtliche Vorschriften auf Bundesebene wie das Infektionsschutzgesetz und die Trinkwasserverordnung. Aufgaben der Gesundheitsämter sind u. a. der Amtsärztliche sowie der Sozialpsychiatrische Dienst, der Infektionsschutz und die Aids-Beratung, die Schwangeren- und Schwangerenkonfliktberatung sowie die Hygieneüberwachung.

Schulämter sind staatliche Behörden für ein bestimmtes Gemeindegebiet. Nach den Schulgesetzen der Bundesländer unterscheidet man staatliche und kommunale Aufgaben. Das Land ist zuständig für die Lehrer und die (pädagogischen) Fachinhalte im Bereich der Schulen, während die Städte und Landkreise als Träger „ihrer" Schulen für die baulichen Anlagen, deren Ausstattung und Betrieb, die sächlichen Kosten sowie die personelle Besetzung der Schulsekretariate und die Hausmeister verantwortlich zeichnen.

4.1.2.2 Privatrechtlich organisierte Träger

Neben den juristischen Personen des Öffentlichen Rechts gibt es auch solche des Privatrechts (hierzu II-1), die neben den Menschen (natürliche Personen) Träger von Rechten und Pflichten sein können (Rechtsfähigkeit). Wie bereits beschrieben (s. o. Verwaltungsprivatrecht, I-1.1.4), kann die öffentliche Verwaltung ihre Aufgaben nicht nur durch öffentlich-rechtliches Verwaltungshandeln, sondern auch in privatrechtlichen Rechtsformen erbringen (z.B. kommunale Wohnungsbau GmbH). Der Staat kann darüber hinaus auch anderen, nicht selbst gegründeten juristischen Personen des Privatrechts oder natürlichen Einzelpersonen aufgrund eines Gesetzes Aufgaben der öffentlichen Verwaltung übertragen. Es handelt sich dabei aber nicht um eine Privatisierung, da die wahrzunehmende Aufgabe nach wie vor von einer Stelle erledigt wird, deren Handeln dem Staat zugerechnet wird. Von „Beleihung" und „beliehenen Unternehmern" spricht man nach h.M. allerdings erst, wenn dem Privaten zur Wahrnehmung der ihm überlassenen Zuständigkeiten zugleich auch öffentlich-rechtliche **Hoheitsbefugnisse** (insb. Erlass von VA; Eingriffskompetenzen) übertragen werden. Die Übertragung der öffentlichen Rechtsmacht ist für die Beleihung konstitutiv, ansonsten handelt es sich lediglich um Verwaltungshelfer oder eine sog. „Indienstnahme Privater" im öffentlichen Interesse (vgl. Wolff et al. 2004 § 90 Rz. 20ff.; Maurer 2008 § 23 Rn 62). Bekannte Alltagsbeispiele sind der TÜV oder die DEKRA, die als Vereine hoheitliche Aufgaben der Verkehrssicherheit wahrnehmen (vgl. §§ 29, 47 Abs. 9, 47a Abs. 5 StVZO, Anlage VIIIB zur StVZO). Beliehene Unternehmer sind aber auch die Notare, Bezirksschornsteinfeger und Seeschifffahrtskapitäne. Privatschulen sind dann Beliehene, wenn sie öffentlich („staatlich") anerkannt sind; dann sind sie staatlichen Schulen gleichgestellt, dürfen Prüfungen abhalten und berechtigende Zeugnisse ausstellen. In all diesen Fällen liegt **mittelbare Staatsverwaltung** vor. Aber auch ohne Übertragung von Hoheitsbefugnissen, schon aufgrund der Wahrnehmung von öffentlichen Aufgaben sind von den Privatpersonen die rechtlichen Grenzen staatlichen Handelns einzuhalten. Der Staat kann sich seiner Verantwortung und Rechtsbindung nicht durch die Einbeziehung privatrechtlicher Personen entziehen (s.o. I-1.1.4 zum Verwaltungsprivatrecht).

Beleihung

Keine Beleihung liegt grds. bei den sog. **freien**, d.h. nach den Regeln des Privatrechts (z.B. als Verein, GmbH; hierzu II-1.1.1) organisierten **Trägern der Sozial- und Jugendhilfe** vor. Zu diesen gehören insb. die in der Bundesarbeitsgemeinschaft der freien Wohlfahrtspflege zusammengeschlossenen sechs Spitzenverbände (vgl. § 75 Abs. 3 SGB VIII):

freie Träger

Träger der freien Wohlfahrtspflege

- Arbeiterwohlfahrt
- Caritasverband
- Deutsches Rotes Kreuz
- Diakonisches Werk
- Paritätischer Wohlfahrtsverband
- Zentralwohlfahrtsverband der Juden in Deutschland

Neben diesen können auch andere gemeinnützig tätige Organisationen, allerdings auch gewerblich-kommerzielle Organisationen als Leistungsanbieter auftreten. Freie Träger handeln aufgrund ihres autonomen Betätigungsrechts und nicht in Erfüllung staatlicher Aufgaben. Sie sind nicht für die Erfüllung gesetzlicher Verpflichtungen verantwortlich (vgl. z.B. § 3 Abs. 2 S. 2 SGB VIII) und damit auch nicht Träger der öffentlichen Sozialverwaltung. Sie können aus karitativen, humanitären, politischen oder kommerziellen Gründen im Rahmen der Sozialen Arbeit tätig werden, müssen es aber nicht. Freie Träger werden aber gerade im Bereich des Sozialrechts sehr häufig von den öffentlichen Sozialleistungsträgern beauftragt und durch die öffentliche Hand zumindest teilweise refinanziert, sei es über Zuwendungen (Subventionen) für Projekte (zur Problematik der Subventionszuwendung aufgrund europäischen Rechts s. I-1.1.5.1 a.E.; Münder/Trenczek 2011, 201 f.) oder zunehmend aufgrund von Leistungs- und Entgeltvereinbarungen (zum sozialrechtlichen Leistungsdreieck s. III-1.1). Die Übertragung von Aufgaben schließt aber die Übertragung von Hoheitsbefugnissen (also die Beleihung) grundsätzlich nicht mit ein. Auch wenn freie Träger im Auftrag eines öffentlichen Trägers tätig werden, agieren sie gegenüber ihren Klienten in privatrechtlichen Rechtsformen.

Kirchen und Religionsgemeinschaften Auch die katholische Kirche und die Mitgliedskirchen der Evangelischen Kirche in Deutschland (EKD) sowie der Zentralrat der Juden in Deutschland gelten aus historischen Gründen in Deutschland als **Körperschaften des öffentlichen Rechts** (vgl. Art. 140 GG i.V.m. Art. 137 Abs. 5 Weimarer Reichsverfassung), sie gehören aber nicht zur mittelbaren Staatsverwaltung. Ihre Wohlfahrtsorganisationen, der Deutsche Caritasverband (und seine Mitgliedsorganisationen), das Diakonische Werk (bzw. seine Landesverbände) sowie die Zentralwohlfahrtsstelle der Juden in Deutschland, sind i.d.R. als Vereine (II-1.1.1) organisiert und werden wie die Kirchen selbst (vgl. z.B. § 75 Abs. 3 SGB VIII) den freien, nichtstaatlichen Trägern zugerechnet (s.o.). Andere Religionsgemeinschaften, wie die muslimischen Glaubensgemeinschaften, kommen nicht in den Genuss des historischen Privilegs und erwerben die Rechtsfähigkeit nach den Vorschriften des bürgerlichen Rechts (Art. 140 GG i.V.m. Art. 137 Abs. 4 Weimarer Reichsverfassung). Sie sind ebenso wie ihre Wohlfahrtsorganisationen i.d.R. als Verein organisiert, z.B. Zentralrat der Muslime in Deutschland e.V., Islamrat für die Bundesrepublik Deutschland e.V., Türkisch-Islamische Union der Anstalt für Religion e.V. (DITIB) und Verband Islamischer Kulturzentren e.V. (VIKZ).

 Blanke et al. 2001; Maas 1996; Maurer 2008; Papenheim/Baltes 2010 § 5–20; Wolff et al. 2004

4.2   Rechtsberatung

Recht haben und Recht bekommen ist zweierlei – so lautet ein geflügeltes Wort. Viele Menschen wissen nicht, welche Rechte und Pflichten sie haben. Intellektuelle, emotionale und materielle Zugangshindernisse verhindern oft, dass Hilfe- und Ratsuchende zu ihrem Recht kommen. Die Sprache der öffentlichen Verwaltung und Justiz ist die Rechtssprache und als solche überwiegend schriftlich fixiert. Fachkräfte der psychosozialen Arbeit müssen deshalb hier sehr häufig eine **Dolmetscherfunktion** übernehmen. Die Information über die den Bürgern zustehenden Rechte und Wege zu ihrer Verwirklichung gehört deshalb zu den Grundpfeilern eines sozialen Rechtsstaats.

Nach § 13 SGB I sind alle Sozialleistungsträger und ihre Verbände im Rahmen **Beratung** ihrer Zuständigkeit verpflichtet, die Bevölkerung über ihre Rechte und Pflichten nach dem SGB aufzuklären. Dies tun sie in der Regel mit Informationsbroschüren, Plakaten, der Internetpräsenz, mit Informationsveranstaltungen oder durch die Erteilung von **Auskünften** (vgl. § 15 SGB I). Darüber hinaus hat aber jeder Bürger Anspruch auf individuelle Beratung über seine Rechte und Pflichten nach dem SGB (§ 14 SGB I, vgl. auch §§ 10 Abs. 2, 11 SGB XII). Beratung als wesentlicher Bestandteil der Sozialen Arbeit besteht also nicht nur in der non-direktiven Vermittlung neuer Einsichten zur Bewältigung von Lebensschwierigkeiten, sondern ist in vielen Fällen vor allem **Rechtsberatung**. Oft sind beide Bereiche, Lebens- und Rechtsberatung, untrennbar miteinander verknüpft, z. B. in der Schuldnerberatung oder der Trennungs- und Scheidungsberatung. Auch die Rechtsberatung ist eine Form der persönlichen Hilfe, die den Ratsuchenden neue Handlungsoptionen erschließen kann. Schon deshalb müssen Sozialarbeiter in Rechtsfragen besonders bewandert sein. Gerade hierin liegt ihre spezifische, die psychosoziale Qualifikationen ergänzende Handlungskompetenz. Beratung geht über die bloße Information über zustehende Rechte hinaus und beinhaltet auch die Aktivierung des Leistungsberechtigten, so dass er ihm zustehende Ansprüche geltend machen kann (u. U. kann hier sogar eine Formulierungshilfe geboten sein). Von wesentlicher Bedeutung ist aber vor allem die **Klärungshilfe** im Hinblick auf den zugrunde liegenden Konflikt (zur Mediation vgl. I-6.3).

In Deutschland ist die Rechtsberatung erlaubnispflichtig und war als sog. „geschäftsmäßige Besorgung fremder Rechtsangelegenheiten" nach dem (alten) **Rechtsdienstleistung** RBerG grds. sog. „Volljuristen" (d. h. Personen, die beide juristischen Staatsexamina bestanden haben), insb. den Rechtsanwälten und Notaren vorbehalten (sog. Rechtsberatungsmonopol). Seit Juli 2008 gelten für die außergerichtliche Besorgung fremder Rechtsangelegenheiten die Regelungen des sog. Rechtsdienstleistungsgesetzes (RDG). Die Befugnis zur Vertretung im Gerichtsverfahren ist in den jeweiligen Prozessordnungen der Gerichte geregelt. § 2 Abs. 1 RDG definiert den Begriff der Rechtsdienstleistung, um diesen von anderen rechtsbezogenen Tätigkeiten abzugrenzen: Rechtsdienstleistung ist jede Tätigkeit in konkreten fremden Angelegenheiten, sobald sie eine **rechtliche Prüfung des Einzelfalls** erfordert. Keine Rechtsdienstleistung dagegen stellen nach § 2 Abs. 2 RDG die Erstattung wissenschaftlicher Gutachten, die Tätigkeit von Einigungs- und Schlichtungsstellen sowie die Mediation und jede vergleichbare Form der alternativen Streitbeilegung (hierzu I-6) dar. Im Unterschied zu diesen ist die Rechtsdienstleistung erlaubnispflichtig nach § 3 RDG und damit weiterhin im Wesentlichen zugelassenen Rechtsanwälten vorbehalten. Allerdings erlaubt das RDG weitreichende **Ausnahmen** (vgl. §§ 5 ff. RDG). So sind Rechtsdienstleistungen erlaubt,

■ als Nebenleistung im Zusammenhang der Hauptaufgabe (§ 5 RDG), z. B. Testamentsvollstreckung, Haus- und Wohnungsverwaltung, Fördermittelberatung;
■ unentgeltlich im Familien-, Freundes- und Nachbarschaftskreis oder in der Kirchengemeinde (§ 6 RDG), außerhalb dieses personellen Nahbereichs nur durch Volljuristen oder durch diesen angeleitet;

- durch Berufs- und Interessenvereinigungen (z. B. Gewerkschaften, Mietervereine, Sozialverbände, Automobilclubs) für ihre Mitglieder im Rahmen des satzungsgemäßen Aufgabenbereiches (§ 7 Abs. 1 RDG);
- durch öffentliche und öffentlich anerkannte Stellen (§ 8 RDG), d. h. gerichtlich oder behördlich bestellte Personen (Nr. 1), Behörden (Nr. 2), die Schuldnerberatungsstellen (Nr. 3), die Verbraucherberatungsstellen (Nr. 4) sowie die Verbände der freien Wohlfahrtspflege im Sinne des § 5 SGB XII, die anerkannten Träger der freien Jugendhilfe im Sinne des § 75 SGB VIII und die nach § 13 SGB IX anerkannten Behindertenverbände (Nr. 5).

Wer auch immer Rechtsdienstleistungen erbringt, muss nach § 7 Abs. 2 RDG über die zur **sachgerechten** Erbringung dieser Rechtsdienstleistungen erforderliche **personelle, sachliche und finanzielle Ausstattung** verfügen (vgl. auch § 6 Abs. 2 RDG). Schon deshalb sollten die Fachkräfte der Sozialen Arbeit (vgl. § 72 SGB VIII, § 6 SGB XII) im juristischen Denken und in der Rechtsanwendung geschult sein. Wenn die Beratung nicht unmittelbar durch einen Rechtsanwalt / Volljuristen erfolgt, muss eine **qualifizierte juristische Anleitung** durch einen Rechtsanwalt oder sonstigen Volljuristen sichergestellt sein. Hierzu reichen ggf. auch Kooperationsvereinbarungen mit (externen) Rechtsanwälten aus (z. B. regelmäßige Beratungssprechstunde eines Rechtsanwalts für Klienten und Mitarbeiter eines Jugendclubs, Gemeindetreffs, Selbsthilfevereins o. ä.).

Rechtsberatung durch Soziale Dienste Die Fachkräfte der öffentlichen **Jugend- und Sozialbehörden** dürfen nicht nur, sie müssen im Rahmen ihrer Zuständigkeit Rechtsberatung leisten (§ 14 SGB I), die Sozialämter z. B. in allen mit der Sozialhilfe zusammenhängenden Fragen (vgl. § 10 Abs. 2 SGB XII). Die **Beratungspflicht** und -erlaubnis ist allerdings inhaltlich begrenzt und erstreckt sich nicht auf die über den spezifischen Zuständigkeitsbereich hinausgehende, allgemeine rechtliche Konfliktbewältigung. So dürfen z. B. im Rahmen der Trennungs- und Scheidungsberatung nach § 17 SGB VIII die Klienten der **Jugendämter** rechtlich nur beraten werden, soweit dies vom Handlungsauftrag der Kinder- und Jugendhilfe gedeckt ist. Dabei darf in einer Beratung in einer sozialen Angelegenheit auch auf Rechtsfragen aus sonstigen Rechtsgebieten eingegangen werden, wenn dies aus Sorge um das Wohl der Kinder und ihrer Familien notwendig ist, so z. B. bei rechtlichen Hinweisen, die im Zusammenhang mit der persönlichen Hilfe in einer besonderen Lebenslage gegeben werden (etwa Aufklärung über die rechtlichen Folgen einer Scheidung; nicht aber z. B. die Regelung der Haushalts- oder Vermögensauseinandersetzung). Mit der persönlichen Hilfe nach dem SGB ist die Rechtsberatung umfasst, nicht aber die rechtliche Vertretung oder gerichtliche Durchsetzung von Ansprüchen. Eine Ausnahme bilden die rechtsbezogenen Tätigkeiten, die auf die Erlangung von Rechtsberatungs- und Prozess- bzw. Verfahrenskostenhilfe (s. u.) gerichtet sind (vgl. LG Stuttgart info also 2001, 169).

Im strafrechtlichen Bereich haben die sozialen Dienste (**JGH, Gerichtshilfe, Bewährungshilfe**) eine Rechtsberatungskompetenz (vgl. § 8 Abs. 1 Nr. 2 RDG), wie auch die Freien Träger der Jugend- und Straffälligenhilfe (§ 8 Abs. 1 Nr. 5 RDG). Das Gleiche gilt für den sog. Beistand im Jugendstrafverfahren, der zudem ein Akteneinsichtsrecht und in der Hauptverhandlung die gleichen Rechte wie ein Verteidiger hat (§ 69 JGG). Gerichtlich bestellte **Betreuer** (§§ 1896 ff. BGB) als gesetzliche Vertreter insb. geschäftsunfähiger Personen (hierzu II-2.4.3.2) und die **Verfahrensbeistände** nach §§ 158, 174 FamFG (sog. „**Anwalt des Kindes**", hierzu II-2.4.6.4) bzw. Verfahrenspfleger (§§ 276, 317 FamFG) gehören zu den gerichtlich bestellten Personen i. S. d. § 8 Abs. 1 Nr. 1 RDG, denen die Erbringung von Rechtsdienstleistungen erlaubt ist.

Die **kirchlichen Beratungsdienste** von Caritas und Diakonie sind aufgrund des besonderen Rechtsstatus der Kirchen als Körperschaften des Öffentlichen Rechts (vgl. Art. 140 GG i. V. m. Art. 137 Abs. 5 Weimarer Verfassung) mit den öffentlichen Sozialleistungsträgern nach § 8 Abs. 1 Nr. 2 RDG gleichgestellt. Sie sind deshalb zur Rechtsdienstleistung berechtigt, i. d. R. aber nicht zur Abfassung von Schriftsätzen oder Prozessvertretung (vgl. noch unter Geltung des RBerG LG Stuttgart info also 2001, 167 ff.).

Für Rechtssuchende (nach § 116 Nr. 2 ZPO auch juristische Personen wie Vereine oder GmbHs) mit beschränkten finanziellen Ressourcen ermöglicht das BerHG den Zugang zu einer nichtbehördlichen, vor allem **anwaltlichen Rechtsberatung**. Die Beratungshilfe besteht bei zivil-, arbeits-, verwaltungs- und sozialrechtlichen Angelegenheiten nicht nur in der bloßen Beratung und Information, sondern soweit auch erforderlich, in der Vertretung nach außen. Ist man in den Verdacht geraten, eine strafbare Handlung oder eine Ordnungswidrigkeit begangen zu haben, so kann man sich zwar beraten lassen, erhält jedoch über die Beratungshilfe keine Vertretung oder Verteidigung (vgl. § 2 Abs. 2 BerHG).

Nach § 1 BerHG erhält auf Antrag Beratungshilfe, wer die erforderlichen Mittel nach seinen persönlichen und wirtschaftlichen Verhältnissen nicht aufbringen kann, wem keine anderen Möglichkeiten für eine Hilfe zur Verfügung stehen (z. B. aufgrund einer Rechtsschutzversicherung, durch die Sozialverwaltung oder z. B. durch die öffentlichen Rechtsauskunftstellen wie die ÖRA in Hamburg, http://www.hamburg.de/oera/; vgl. auch die Sonderregelungen für Berlin und Bremen), deren Inanspruchnahme dem Rechtssuchenden zuzumuten ist. Schließlich erhält man Beratungshilfe, wenn die Wahrnehmung der Rechte nicht mutwillig ist. Die **Voraussetzungen der Beratungshilfe** sind zumindest immer dann gegeben, wenn jemand Prozess- bzw. Verfahrenskostenhilfe nach den Vorschriften der ZPO (bzw. § 76 FamFG) ohne einen eigenen Beitrag zu den Kosten erhalten würde (§ 1 Abs. 2 BerHG, § 115 ZPO, §§ 82 f. SGB XII; vgl. I-5.3.3). Das ist derzeit der Fall bei Netto-Einkünften (aus Lohn, Mieten, Kapitalvermögen etc., nach Abzug insb. von Steuern, Sozialversicherungsbeiträgen, einem Freibetrag bei Erwerbstätigen von 180 €, tatsächlichen Kosten für Unterkunft und Heizung sowie besonderen Belastungen, z. B. wegen Köperbehinderung oder hoher Zahlungsverpflichtungen) in Höhe von 395 €/ mtl. bei Alleinstehenden bzw. 790 € bei Eheleuten / Lebenspartnern, zuzüglich 276 € für jede Person, für die der Antragsteller aufgrund gesetzlicher Verpflichtung Unterhalt leistet. Die **Einkunftsgrenzen** werden jährlich im Bundesgesetzblatt bekannt gemacht (zur Berechnung der Beratungs- bzw. Prozess-/Verfahrenskostenhilfe vgl. http://www.pkh-fix.de). Die Angaben zu den Einkommensverhältnissen bzw. zu den abziehbaren Kosten,

Rechtsberatungshilfe

auch des Ehegatten/Lebenspartners, müssen bei der Beantragung mit Belegen nachgewiesen werden.

Sind die Voraussetzungen für die Gewährung von Beratungshilfe gegeben und erledigt das für den Wohnort des Rechtssuchenden zuständige Amtsgericht (§ 4 Abs. 1 BerHG) die Angelegenheit nicht schon mit einer (kostenlosen) Auskunft oder einem Hinweis, stellt das Amtsgericht dem Rechtssuchenden mit genauer Bezeichnung der Angelegenheit einen **Berechtigungsschein für Beratungshilfe** durch einen Rechtsanwalt seiner Wahl aus (§ 6 BerHG). Vordrucke zur Beantragung der Beratungshilfe sind auch über das Internet verfügbar (http://www.justiz.de/formulare/zwi_bund/agI1.pdf). Der Rechtssuchende kann sich auch an die Rechtsantragsstelle des Amtsgerichts wenden, um ein mündlich vorgetragenes Begehren schriftlich aufnehmen zu lassen. Mit diesem Berechtigungsschein kann dann der Rechtssuchende zu einem Anwalt seiner Wahl gehen. Man kann sich auch unmittelbar an einen Rechtsanwalt mit der Bitte um Beratungshilfe wenden, der dann den Antrag auf Bewilligung der Beratungshilfe an das Amtsgericht weiterleitet. Der Rechtsanwalt rechnet seine Tätigkeit mit der Staatskasse ab (30 € für einen Rechtsrat, Geschäftsgebühr von 70 € insb. für Schriftsätze sowie das Mitwirken bei Verhandlungen und Besprechungen; 125 € bei einer außergerichtlichen Einigung oder Erledigung der Angelegenheit; vgl. Nr. 2500–2508 Vergütungsverzeichnis zu § 44 RVG). Er darf darüber hinaus keine Vergütung verlangen (§ 8 BerHG), sondern ist lediglich berechtigt, eine Gebühr von 10 € zu erheben. Aufgrund der relativ niedrigen Gebühren nehmen gut beschäftigte Anwälte gelegentlich nicht selbst zahlende Mandanten nicht gerne an. Jeder Rechtsanwalt ist aber zur Beratungshilfe standesrechtlich verpflichtet und darf sie nur im Einzelfall aus wichtigem Grund ablehnen. Freilich hilft ein nichtmotivierter Anwalt genauso wenig wie ein schlechter Anwalt. In der Tat kann man immer wieder feststellen, dass gut ausgebildete und erfahrene nicht juristische Fachkräfte in ihrem Arbeitsfeld auch in Rechtsfragen manchen Anwälten überlegen sind.

Falls die Bemühungen um eine außergerichtliche Einigung scheitern sollten und ein Gericht mit der Sache befasst werden muss, kann Prozess-/Verfahrenskostenhilfe (PKH) nach den Regelungen der §§ 114 ff. ZPO/§ 76 FamFG in Anspruch genommen werden (hierzu I-5.3.3).

In Sozialverwaltungsverfahren gilt bislang noch der Grundsatz der **Kostenfreiheit** (§ 64 SGB X), das gilt auch für das Rechtsbehelfsverfahren nach § 62 SGB X. Soweit dem Bürger selbst, z. B. durch die Beauftragung eines Rechtsanwalts, Kosten entstanden sind, werden diese allerdings nur im Rechtsbehelfsverfahren und nur dann erstattet, wenn sie „zur zweckentsprechenden Rechtsverfolgung" notwendig waren (§ 63 Abs. 2 SGB X). Nach einem Beschluss des BVerfG (1 BvR 1517/08 – 11.05.2009) kann es einem Beschwerdeführer nicht zugemutet werden, den Rat derselben Behörde in Anspruch zu nehmen, deren Entscheidung er im Widerspruchsverfahren angreifen will.

Brühl et al. 2007; Papenheim/Baltes 2010 § 30.0

1. Was hat Soziale Arbeit mit Verwaltungshandeln zu tun? (4.1)
2. Worin unterscheiden sich Eingriffs- und Leistungsverwaltung? Was ist in beiden Fällen zu beachten? (4.1)

3. In welchen Rechtsformen kann die Verwaltung tätig werden? Was ist hierbei jeweils zu beachten? (4.1.1)
4. Weshalb ist es wichtig zu klären, ob eine Verwaltung öffentlich-rechtlich oder privatrechtlich gehandelt hat? (4.1.1.1)
5. Was versteht man unter Verwaltungsprivatrecht? (4.1.1.1; vgl. auch I-1.1.4)
6. Was versteht man unter kooperativem Verwaltungshandeln? (4.1.1.3)
7. Welche Formen juristischer Personen des Öffentlichen Rechts gibt es? (4.1.2.1)
8. Worin besteht der Unterschied zwischen der unmittelbaren und mittelbaren Staatsverwaltung? (4.1.2.1)
9. Welche Formen von Körperschaften gibt es, und welche haben für die Soziale Arbeit eine besondere Bedeutung? (4.1.2.1)
10. Was versteht man unter Föderalismus, und welche Konsequenzen hat dieses Prinzip für die Soziale Arbeit? (4.1.2.1)
11. Welche besondere Stellung und Funktion haben die Kommunen im deutschen Verwaltungsaufbau? (4.1.2.1)
12. Kann der Ministerpräsident eines Landes der Landrätin eines Landkreises, der Innenminister einem Oberbürgermeister, die Sozialministerin dem Sozialdezernenten einer kreisfreien Stadt oder der Leiter des Landesjugendamtes der Leiterin eines städtischen Jugendamtes eine Weisung erteilen? (4.1.2.1)
13. Worin besteht der Unterschied zwischen einer Behörde und einem Amt? (4.1.2.1)
14. Wen bezeichnet man als freie Träger, und aus welchem (Rechts-)Grund sind sie im Jugend- und Sozialbereich tätig? (4.1.2.2)
15. Was versteht man unter Beratung in § 14 SGB I? (4.2)
16. Dürfen Sozialarbeiter und Mediatoren Rechtsberatung leisten? (4.2)
17. Unter welchen Voraussetzungen und wie erhält man Rechtsberatungshilfe? (4.2)

5 Rechtsschutz (Trenczek)

Rechtsschutz Wesentliches Kennzeichen eines Rechtsstaates ist die **Rechtsweg- und -schutzgarantie**, die verfahrensrechtlich das materielle Gesetzlichkeitsprinzip (Art. 20 Abs. 3 GG: Bindung an Recht und Gesetz, vgl. oben I-2.1.2.1) ergänzt. Nach Art. 19 Abs. 4 GG steht jeder natürlichen und juristischen Person der Rechtsweg offen, wenn sie durch die öffentliche Gewalt in ihren Rechten verletzt wurde. Ob das der Fall ist, haben dann letztlich die Gerichte zu prüfen. Darüber hinaus – z. B. in privatrechtlichen Streitigkeiten – garantiert der sog. Justizgewährungsanspruch (s. o. I-2.1.2.3) den Zugang zu den staatlichen Gerichten (vgl. auch Art. 6 Abs. 1 EMRK). Das Recht auf Rechtsschutz beinhaltet zumindest den **Anspruch auf rechtliches Gehör** (Art. 103 Abs. 1 GG; vgl. z. B. § 62 SGG). Dieser Grundsatz gilt nicht nur vor Gericht, sondern im Rechtsstaat bereits im verwaltungsrechtlichen Verfahren, d. h. dem Bürger muss stets **vor** einer ihn in seinen Rechten belastenden hoheitlichen Entscheidung in geeigneter Weise Gelegenheit zu einer Stellungnahme gegeben werden (§ 24 SGB X; vgl. III-1.2.2). Darüber hinaus garantieren die vor allem strafrechtlich relevanten **Justizgrundrechte** das Verbot von Ausnahmegerichten, die nur für bestimmte Fälle nachträglich eingesetzt werden (Art. 101 GG, § 16 GVG). Jede Form von Freiheitsentzug, also nicht nur als strafrechtliche Rechtsfolge, bedarf der richterlichen Entscheidung (Art. 104 Abs. 2 GG).

Die Rechtsweggarantie besteht allerdings **nicht** unbeschränkt, sondern kann gesetzlich geregelt werden. Das hat der Gesetzgeber z. B. mit dem Aufbau der Gerichtsbarkeiten und den entsprechenden Verfahrensordnungen (z. B. Regelungen von Fristen, Beschränkung des Instanzenzuges; Notwendigkeit von außergerichtlichen Kontrollverfahren) getan.

Nach Art. 92 GG ist die rechtsprechende Gewalt unabhängigen, d. h. nicht an Weisungen, sondern nur an Recht und Gesetz gebundenen Richtern anvertraut. An der Spitze stehen das Bundesverfassungsgericht und die Bundesgerichte. Nach Ausschöpfung des deutschen Rechtsweges können darüber hinaus auch die europäischen Gerichtshöfe angerufen werden. Freilich kommen die meisten Fälle nicht vor diese Gerichte, sondern werden schon im System der Rechtskontrolle auf einer früheren Ebene entschieden.

Rechtskontrolle wird nicht nur durch die Gerichte geleistet, sondern es gibt eine Vielzahl von **außergerichtlichen Rechtsbehelfen**, insb. im Hinblick auf die Kontrolle der öffentlichen Sozialverwaltung (hierzu I-5.2). Dabei handelt es sich einerseits um verwaltungsinterne Aufsichtsverfahren, andererseits um sog. nicht-förmliche Rechtsbehelfe sowie darüber hinaus um förmliche Rechtsbehelfe, insb. um den sog. Widerspruch. In privatrechtlichen Streitigkeiten wie auch in strafrechtlich relevanten Konflikten haben in den letzten 25 Jahren in Deutschland sog. „alternative", d. h. außergerichtliche Konfliktregelungsverfahren an Bedeutung gewonnen (hierzu I-6).

5.1   Gerichtsbarkeiten

Man unterscheidet in Deutschland zwischen mehreren Gerichtsbarkeiten, die unterschiedliche Kontrollmöglichkeiten und Rechtswege eröffnen (Art. 95 Abs. 1 GG). Von besonderer Bedeutung für die Soziale Arbeit ist hierbei vor allem die Kontrolle der öffentlichen Gewalt (insb. Verwaltungskontrolle), die auch als sog. primärer Rechtsschutz bezeichnet wird (hierzu nachfolgend I-5.2). Sie kümmert sich um Streitigkeiten bei der Anwendung Öffentlichen Rechts, für die insb. die Verwaltungsgerichte und die Sozialgerichte, aber auch die Finanzgerichte zuständig sind. Die **Sozialgerichte** sind für alle in **§ 51 SGG** genannten Streitigkeiten zuständig. Das betrifft traditionell Angelegenheiten der Sozialversicherung wie auch der Arbeitsförderung, seit 2005 aber auch die Angelegenheiten der Grundsicherung für Arbeitsuchende SGB II (Nr. 4a) sowie der Sozialhilfe nach dem SGB XII und des Asylbewerberleistungsgesetzes (Nr. 6a). Spezielle Rechtswegzuweisungen zur Sozialgerichtsbarkeit nach § 51 Abs. 1 Nr. 10 SGG enthalten u. a. § 13 Abs. 1 BEEG, § 27 Abs. 2 Berufliches RehabilitierungsG, § 11 Abs. 8 BVFG, § 68 Abs. 2 InfektionsschutzG sowie § 5 SchwHG. Im Übrigen sind nach **§ 40 VwGO** die **Verwaltungsgerichte** für alle anderen öffentlich-rechtlichen Streitigkeiten nichtverfassungsrechtlicher Art zuständig. Das betrifft z. B. Streitverfahren nach dem BAföG, dem Heimrecht, dem WoGG, dem Zuwanderungsrecht (hierzu III-7) sowie grds. auch die Angelegenheiten der Kinder- und Jugendhilfe nach dem SGB VIII (hierzu III-3), da diese nicht in § 51 SGG aufgeführt sind (vgl. I-5.2.2).

Verwaltungskontrolle

Als sekundären Rechtsschutz bezeichnet man den Rechtsschutz, der den Bürgern insb. bei privatrechtlichen Streitigkeiten zur Verfügung steht und durch den sog. „ordentlichen Rechtsweg" (Art. 19 Abs. 4 S. 2 GG) gewährt wird. Der Begriff „ordentliche Gerichtsbarkeit" (hierzu 5.3) ist nur historisch erklärbar als Abgrenzung zur sog. Verwaltungsrechtspflege, die der Gerichtsbarkeit entzogen war (s. u. 5.2.3). Zur ordentlichen Gerichtsbarkeit werden nach § 13 GVG auch die Strafgerichte gerechnet, obwohl das Strafrecht zum Öffentlichen Recht gehört (s. o. I-1.1.4; ausführlich hierzu Teil III-8.3). Zur sog. besonderen, „außerordentlichen" Gerichtsbarkeit gehört neben den Gerichten der öffentlich-rechtlichen Streitigkeiten auch die Arbeitsgerichtsbarkeit (vgl. Art. 95 Art. 1 GG).

ordentliche Gerichtsbarkeit

Die **sachliche Zuständigkeit** der Gerichte richtet sich also nach der zugrunde liegenden Rechtsmaterie (siehe Übersicht 19). Der Gerichtsweg ist dabei mehrstufig in Instanzen aufgebaut, um auch erstinstanzliche Entscheidungen durch

Zuständigkeiten

eine **Berufung** (vollständige Überprüfung einer gerichtlichen Entscheidung in tatsächlicher (ggf. inkl. Beweisaufnahme) und rechtlicher Hinsicht) bzw. **Revision** (Überprüfung einer gerichtlichen Entscheidung nur im Hinblick auf die fehlerhafte Rechtsanwendung) überprüfen lassen zu können.

Ungeachtet der großen Bedeutung der Bundesgerichte obliegt die Rechtsprechung organisatorisch überwiegend den Gerichten der Bundesländer (Art. 92 GG). Die **örtliche** (geografische) **Zuständigkeit** richtet sich im Verwaltungsgerichtsverfahren i. d. R. nach dem Sitz der Behörde (§ 52 Nr. 3 VwGO), im Sozialgerichtsverfahren zumeist nach dem Wohnsitz des klagenden Bürgers (§ 57 Abs. 1 SGG), im Zivilverfahren i. d. R. nach dem Wohnsitz des Beklagten (§§ 12 f. ZPO); im Strafrecht wird der Gerichtsstand i. d. R. durch den Ort der Tat bzw. dem Wohnsitz des Angeklagten bestimmt (§§ 7 f. StPO).

BVerfG   Eine besondere Stellung nimmt das Bundesverfassungsgericht ein (Art. 93 GG). Manche seiner Entscheidungen (insb. aufgrund eines sog. Normenkontrollverfahrens, durch die Vorschriften als verfassungswidrig erkannt werden) haben sogar – im Unterschied zu allen anderen Gerichtsentscheidungen – über den Einzelfall hinaus verbindliche Wirkung und Gesetzeskraft (§ 31 Abs. 2 BVerfGG;

Übersicht 19: Gerichtsbarkeiten in der Bundesrepublik Deutschland

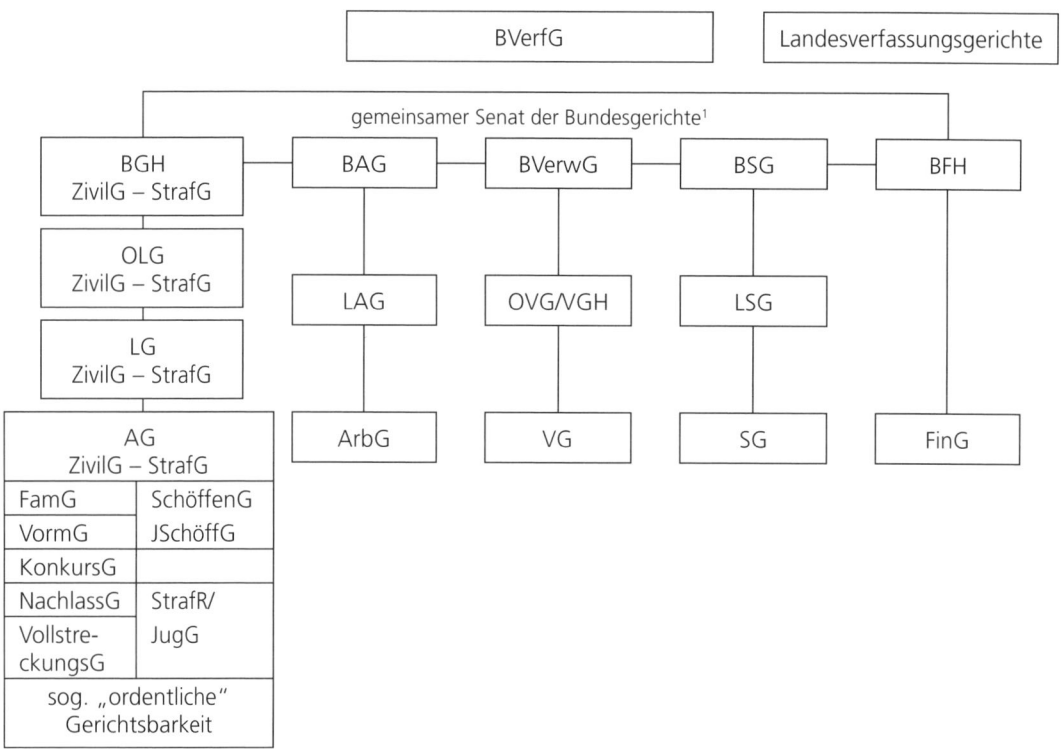

1) gemeinsamer Senat der Bundesgerichte entscheidet nur in Ausnahmefällen; die Besetzung richtet sich nach der jeweiligen Anzahl der Senate

vgl. I-1.1.3.6). Das Bundesverfassungsgericht hat in über 500 Fällen Gesetze und andere Rechtsnormen für verfassungswidrig erklärt; das ist zwar angesichts der Aktivität des Gesetzgebers eine relativ geringe Zahl, gleichwohl sind diese Entscheidungen von besonderer Bedeutung. So sind z. B. vom BVerfG die sog. Hartz IV-Regelleistungen nach SGB II, insb. das Sozialgeld für Kinder, als nicht verfassungsgemäß verworfen worden (BVerfG 1 BvL 1/09 v. 09.02.2010; hierzu III-4.2.1).

Das BVerfG kann auch direkt von einem Bürger wegen Verletzung seiner Grundrechte angerufen werden (§ 90 Abs. 1 BVerfGG). Voraussetzung ist, dass er selbst noch gegenwärtig und unmittelbar durch eine Maßnahme der öffentlichen Gewalt, sei es eine Verwaltungsentscheidung, ein Gerichtsurteil oder ausnahmsweise auch ein Gesetz betroffen ist. Damit sind in der Vergangenheit abgeschlossene Eingriffe in die Grundrechte ebenso wie sog. Popularklagen (für andere) ausgeschlossen. **Verfassungs-** Grundsätzlich ist eine Verfassungsbeschwerde (hierzu im Einzelnen Pieroth/Schlink **beschwerde** 2010 § 34) erst nach Ausschöpfung des Rechtsweges zulässig, d. h., dass alle möglichen Rechtsbehelfe (verwaltungsinterne Kontrollen, Berufung, Revision oder Beschwerde an die nächsthöhere Instanz) eingelegt und erfolglos gewesen sein müssen. Das BVerfG ist aber keine „Superrevisionsinstanz", prüft also nicht die Verletzung des „einfachen Rechts", sondern nur des Verfassungsrechts und beschränkt die Überprüfung gerichtlicher Entscheidungen darauf, ob diese „objektiv willkürlich" sind und damit gegen Art. 3 GG verstoßen. Nur ausnahmsweise kann eine Verfassungsbeschwerde vor Ausschöpfung des Rechtsweges eingelegt werden, wenn der Verweis auf den Rechtweg nicht zumutbar oder die Verfassungsbeschwerde von allgemeiner Bedeutung ist (§ 90 Abs. 2 BVerfGG). Angesichts der hohen Zahl von Verfassungsbeschwerden (derzeit jährlich über 6.000 Verfahren; = 96 % der anhängigen Verfahren) wurden mit drei Richtern besetzte Kammern eingeführt, durch die eine Verfassungsbeschwerde zur Entscheidung angenommen werden muss. Letztlich wird nur etwa 2 % der Verfassungsbeschwerden stattgegeben. Allerdings haben einige dieser Verfassungsbeschwerden die Rechtskultur der Bundesrepublik Deutschland entscheidend geprägt, z. B. die folgenden Entscheidungen (vgl. Grimm et al. 2007; Schwabe 2004):

- Recht auf informationelle Selbstbestimmung, sog. „Volkszählungs-Entscheidung" 1 BvR 209 u. a./83 v. 15.12.1983 (BVerfGE 65, 1) sowie Ausgestaltung der Vorratsdatenspeicherung (1 BvR 256/08 vom 02.03.2010);
- Schule und Religion:
  - Lehrerin mit Kopftuch BVerfG 2 BvR 1436/02 v. 24.09.2003: Ein Verbot für Lehrkräfte, in Schule und Unterricht ein Kopftuch zu tragen, bedarf einer hinreichend bestimmten gesetzlichen Grundlage;
  - Kruzifix-Entscheidung 1 BvR 1087/91 vom 16.05.1995 (BVerfGE 93, 1): Die staatlich veranlasste Anbringung von Kreuzen in allgemeinen staatlichen Schulen ist mit dem Neutralitätsprinzip als objektivem Verfassungsrecht unvereinbar;
- Familie und Elternverantwortung (Art. 6 GG):
  - z. B. Stellung der Eltern im Jugendstrafverfahren (BVerfG 2 BvR 716/01 v. 16.01.2003 = ZJJ 2003, 68 ff.);

- Unterhaltsberechnung (BVerfG 1 BvR 105, 559/95 v. 05.02.2002 = FamRZ 2002, 527);
- Familienname-Entscheidung (BVerfG 1 BvR 683/77 v. 31.05.1978 = E 48, 327): Verstoß gegen Art. 3 Abs. 2 GG, wenn Geburtsname der Frau nicht zum Familiennamen bestimmt werden kann;
- Ausschluss des Vaters eines nichtehelichen Kindes von der elterlichen Sorge bei Zustimmungsverweigerung der Mutter ist verfassungswidrig (BVerfG 1 BvR 420/09 v. 21.07.2010;

■ Meinungs- und Kunstfreiheit (Art. 5 GG):
- „Mephisto" v. 1971 (BVerfGE 30, 173): Inhalt und Reichweite der Kunstfreiheit;
- „Lüth" v. 1951 (BVerfGE 7, 198): Wesen der Grundrechte und Inhalt und Umfang der Meinungsfreiheit nach Art. 5 GG;

■ Strafrecht:
- Unschuldsvermutung (BVerfG 2 BvR 1481/04 – 14.0.2004);
- Verbot der Doppelbestrafung (BVerfGE 21, 378);
- Bestimmtheitsgebot (BVerfGE 92, 1 ff.; BVerfG 2 BvR 794/95 – 20.03.2002);
- Verbot des „großen Lauschangriffs" (BVerfG 1 BvR 2378/98 – 03.03.2004; E 109, 279);
- Strafvollzug (BVerfGE 33, 1; BVerfG 2 BvR 1673/04 – 31.05.2006 – ZJJ 2006, 193 ff. zum Jugendstrafvollzug): Auch innerhalb sog. besonderer „Gewaltverhältnisse" (z. B. Strafvollzug, geschlossene Unterbringung) bedürfen weitere, über das Grundverhältnis hinausreichende Beschränkungen der Grundrechte (z. B. Briefzensur, beschränkte Nutzung von Medien) einer gesetzlichen Grundlage;
- Strafvollzug (BVerfG 1 BvR 409/09 – 22.02.2011): die Strafvollstreckung ist zu unterbrechen und ein Inhaftierter zu entlassen, wenn und solange eine weitere Unterbringung nur unter menschenunwürdigen Bedingungen möglich ist.

In den letzten Jahren sind einige Massenbeschwerden mit jeweils über 20–30.000 Beschwerdeführern erhoben worden (z.B. 2007 knapp 35.000 Beschwerdeführer gegen die Vorratsdatenspeicherung; vgl. BVerfG, 1 BvR 256/08 vom 02.03.2010; in 2010 etwa 22.000 Beschwerden gegen die Arbeitnehmerdatenbank ELANA). Neben dem BVerfG haben die Verfassungsgerichte der Länder eine weit geringere Bedeutung entsprechend der eingeschränkten Bedeutung der Landesverfassungen (vgl. I-1.1.3.1).

EuGH Neben der nationalen Gerichtsbarkeit hat mittlerweile auch die **Europäische Gerichtsbarkeit** eine große Bedeutung, vor allem der Gerichtshof der Europäischen Union (EuGH) in Luxemburg und der vom Europarat eingerichtete Europäische Gerichtshof für Menschenrechte (EGMR) mit Sitz in Straßburg. Der EuGH, ist ein Organ der EU (Art. 19 EUV) und wacht vor allem über die **Einhaltung des EU-Rechts** (hierzu I-1.1.5.1), kann aber direkt nur von Mitgliedstaaten und den Organen der Europäischen Union angerufen werden. Eine der weitreichendsten Entscheidungen des EuGH ist die im Verfahren van Gend & Loos von 1963 getroffene. In diesem Verfahren hat der EuGH bereits den eigenständigen Charakter und den

Vorrang des EU-Rechts vor den nationalen Rechtsordnungen hervorgehoben (s. o. I-1.1.5.1). Daneben wurde 1989 für alle nach EU-Recht vorgesehenen Klagen von Bürgern der EU das **Europäische Gericht** als „Gericht erster Instanz" eingerichtet. Die wohl meisten Entscheidungen der EU-Gerichte befassen sich v. a. mit der Freizügigkeit des Waren- und Dienstleistungsverkehrs und dem Diskriminierungsverbot, haben (damit) aber mitunter auch sozialrechtliche und verbraucherschützende Implikationen und Konsequenzen, z. B.:

- EuGH 03.07.1986 – Lawrie-Blum – Slg. 2121, NVwZ 1987, 41: Arbeitnehmerfreizügigkeit; Arbeitnehmerbegriff;
- EuGH 12.03.1987 – Reinheitsgebot für Bier – 178/84 – Slg. 1987, S. 1227 – NJW 1987, 1133 Warenverkehrsfreiheit; Grundsatz der Verhältnismäßigkeit; Verbraucherschutz;
- EuGH 14.04.1994 – Christel Schmidt Rs. C-392/92: Slg. 1994 I-01311: Wahrung von Ansprüchen der Arbeitnehmer beim Übergang von Unternehmen, Betrieben oder Betriebsteilen;
- EuGH v. 28.04.1998 – Decker Rs. C 120/95 Slg. 1998, I-1831 – NJW 1998, 1769 ff. und Rs. C 158/96 – Kohll – Slg. 1998, I-1931 – NJW 1998, 1771: Kostenerstattung der Sozialversicherung bei Brillenkauf bzw. Zahnbehandlung im EU-Ausland);
- EuGH 11.01.2000 – Tanja Kreil – Rs. C-285/98, Slg. 2000, I-69 – NJW 2000, 497: Anwendbarkeit des Gleichbehandlungsgrundsatzes im Bereich der Streitkräfte; Verhältnismäßigkeitsgrundsatz.

Der EGMR in Straßburg ist kein EU-Gericht, sondern wurde vom Europarat eingerichtet und wacht vor allem über die **Einhaltung der Europäischen Menschenrechtskonvention** (EMRK). Das EMRK hat nicht nur die Bundesrepublik wiederholt zu Schadensersatz verurteilt, seine Entscheidungen haben darüber hinaus erhebliche Auswirkungen auf die deutsche Rechtspraxis, z. B. **EGMR**

- EGMR v. 15.02.2001 – 42393/98 – NJW 2001, 2870: Verbot, im Unterricht staatlicher Einrichtungen das islamische Kopftuch zu tragen, verstößt nicht gegen Art. 9 und 14 EMRK;
- EGMR Jalloh vs. Germany – 11.06.2006 – 54810/00 zum Verbot der zwangsweisen Verabreichung von Brechmitteln bei beschuldigten Drogendealern;
- EGMR Schüth vs. Deutschland v. 23.09.2010 – 1620/03: Die Straßburger Richter rügten im Fall der Kündigung eines Kirchenangestellten (der „außerhalb der von ihm geschlossenen Ehe mit einer anderen Frau zusammenlebte, die ein Kind von ihm erwartet"), dass dessen Kündigungsschutzklage selbst vom BAG und BVerfG abgewiesenen wurde und die deutschen Arbeitsgerichte keine angemessene Abwägung zwischen den Interessen des kirchlichen Arbeitgebers und den Interessen des Arbeitnehmers auf Achtung seines Privat- und Familienlebens vorgenommen haben.

Den EGMR können alle natürlichen Personen, nichtstaatliche Organisationen und Personengruppen mit der Behauptung angehen, durch einen Vertragsstaat in einem von der Konvention und den Protokollen garantierten Recht verletzt worden zu sein (Art. 34 EMRK). Allerdings befasst sich der Gerichtshof mit der Angelegenheit erst nach Ausschöpfung des innerstaatlichen Rechtsweges (Art. 35 Abs. 1 EMRK).

vgl. http://www.echr.coe.int/echr/Homepage_EN sowie http://www.egmr.org/ (in Deutsch)
http://curia.europa.eu/jurisp/cgi-bin/form.pl?lang=de

5.2   Verwaltungs- und sozialrechtliche Rechtskontrolle

Die Verwaltungs- und Rechtskontrolle der Sozialverwaltung unterscheidet sich aufgrund einer spezifischen Verknüpfung von verwaltungsinternen und gerichtlichen Kontrollinstrumenten stark von der Rechtskontrolle im allgemeinen Rechtsverkehr. Man unterscheidet im öffentlich-rechtlichen Bereich erstens zwischen sog. formlosen Rechtsschutzmöglichkeiten und Aufsichtsverfahren (hierzu 5.2.1) und zweitens förmlichen Rechtsbehelfen, insb. aufgrund eines **Widerspruchs** (im Steuerrecht: Einspruch) **bei Verwaltungsakten** (hierzu 5.2.2), sowie drittens den Instrumenten der gerichtlichen Rechtskontrolle (siehe I-5.2.3 und Übersicht 20).

Übersicht 20: Rechtsschutzmöglichkeiten gegen Verwaltungsmaßnahmen (Rechtsbehelfe)

**Rechtsschutzmöglichkeiten
gegen Verwaltungsmaßnahmen
(Rechtsbehelfe)**

außergerichtlich	gerichtlich
formlos (keine Frist, keine Selbstbetroffenheit erforderlich, aber: kein Anspruch auf Entscheidung): → Petition → Gegenvorstellung → (Fach-)Aufsichtsbeschwerde → Dienstaufsichtsbeschwerde **förmlicher Rechtsbehelf:** → Widerspruch (§§ 78 Abs. 1 ff. SGG/§§ 68 Abs. 1 ff. VwGO	→ **Klage** (§§ 54 f. SGG/42 f. VwGO): Anfechtungs-, Verpflichtungs-, Untätigkeits-, allg. Leistungs-, Feststellungsklage → **einstweiliger Rechtsschutz** – § 86b Abs. 1 SGG/§ 80 V VwGO: Wiederherstellung der aufschiebenden Wirkung des Widerspruchs; – § 86b Abs. 2 SGG/§ 123 VwGO: einstw. Anordnung → **Rechtsmittel** – Berufung §§ 143 ff. SGG/§§ 124 ff. VwGO – Revision §§ 160 SGG/§§ 132 ff. VwGO → **Normenkontrolle** (Art. 100 GG; §§ 76, 80 ff. BVerfG)

5.2.1 Verwaltungsinterne Kontrolle durch Aufsichtsverfahren

Behörden sind als öffentliche Verwaltungen hierarchisch gegliederte Organisationen zur Erfüllung öffentlicher Aufgaben. Im Bereich der Ministerialverwaltung findet man in der Regel einen dreistufigen Behördenaufbau (s. o. I-4.1.2). Auch die Selbstverwaltungsträger sind im inneren Behördenaufbau hierarchisch organisiert. Sinn und Zweck der hierarchischen Rangordnung ist neben möglichst effizienten Organisationsstrukturen und Entscheidungsfindungsprozessen auch eine interne Kontrolle der Verwaltung.

Unter dem Begriff Fachaufsicht versteht man die inhaltliche, aufgabenbezogene Kontrolle einer übergeordneten Behörde gegenüber Sachentscheidungen einer nachgeordneten Ebene (vgl. z. B. § 117 Abs. 2 ThürKO) bzw. die Kontrolle des Dienstvorgesetzten über seine Mitarbeiter. Sie umfasst sowohl die Rechtmäßigkeit der Sachentscheidung als auch die Zweckmäßigkeit bei der Ermessensausübung (vgl. I-3.4.2). **Fachaufsicht**

Im Hinblick auf die Kontrolle des Aufbaus und der allgemeinen Geschäftsführung der Behörden sowie der Personalangelegenheiten spricht man hier auch von Dienstaufsicht. Demgegenüber geht es bei der Rechtsaufsicht lediglich um die Überprüfung der Rechtmäßigkeit von Entscheidungen, insb. der Selbstverwaltungsträger, auf ihre förmliche (vor allem verfahrensrechtliche) und materielle (inhaltlich rechtsbezogene) Rechtmäßigkeit. Im Hinblick auf die staatliche Rechtsaufsicht gegenüber den Gemeinden spricht man auch von Kommunalaufsicht (vgl. § 117 Abs. 1 ThürKO). Der innerhalb der gesetzlichen Grenzen bestehende Entscheidungsspielraum des Selbstverwaltungsträgers bleibt dabei unangetastet. **Dienstaufsicht** **Rechtsaufsicht**

Neben der Rechts- und Fachaufsicht gibt es noch die Rechnungsprüfung, die Überwachung der gesamten Haushalts- und Wirtschaftsführung der öffentlichen Hand durch sog. Rechnungshöfe.

Welche Form der Aufsicht eingreift, richtet sich nach dem jeweiligen Verwaltungsaufbau (vgl. I-4.1.2.1). Die Rechtsaufsicht des Staates ist unabhängig von der Verwaltungsorganisation stets zulässig und notwendig – es gibt also **keinen rechtsfreien Raum**. Die Fach- und Dienstaufsicht ist nur in einem hierarchischen Gefüge zulässig.

Das ist z. B. im Verhältnis des Landesjugendamts (staatliche Behörde) zu den kommunalen Jugendämtern nicht der Fall. Die Aufgaben des Landesjugendamtes sind ausdrücklich in § 85 Abs. 2 SGB VIII geregelt und beschränken sich mit Blick auf die Jugendämter im Wesentlichen auf beratende und fördernde Tätigkeiten. Den Landesjugendämtern steht keine Rechtsaufsicht über die Jugendämter zu. Diese richtet sich nach den jeweiligen landesrechtlichen Bestimmungen. Kommunalaufsichts- oder Rechtsaufsichtsbehörde über die kreisfreien Städte und Landkreise ist z. B. in Thüringen nach § 118 Abs. 2 ThürKO das sog. Landesverwaltungsamt. Das Landesjugendamt kann gegenüber den kommunalen Jugendämtern lediglich Empfehlungen aussprechen und durch gezielte Beratung und (v. a. Ressourcen steuernde) Förderung diese zu einem bestimmten Verhalten veranlassen.

Im **internen Verwaltungsaufbau der Jugendämter** unterliegen die Mitarbeiter des Jugendamtes grundsätzlich der Dienst- und Fachaufsicht ihrer Vorgesetzten, insb. der Jugendamtsleiter, der Sozialdezernenten und Bürgermeister. Wird das Jugendamt allerdings Amtspfleger oder -vormund, so überträgt es die Erledigung der Aufgabe einzelnen seiner Beamten oder Angestellten (§ 55 Abs. 2 S. 1 SGB VIII). Diese sind fortan den Interessen des von ihnen vertretenen Kindes oder Jugendlichen verpflichtet und sind, so lange die Aufgabenübertragung nach § 55 Abs. 2 SGB VIII andauert, in der Ausführung ihres Amtes nicht an Weisungen ihrer Dienstvorgesetzten gebunden (vgl. hierzu Münder et al. 2009 § 52 Rz. 9 f.). Sie unterstehen auch nicht der Rechtsaufsicht durch eine staatliche Verwaltungsbehörde, sondern der Aufsicht des Familiengerichts (§ 1837 BGB).

Aufsichtsverfahren werden entweder von Amts wegen durch die aufsichtsführende Behörde in Gang gesetzt oder durch eine Beschwerde eines Bürgers ausgelöst. Diese sind Ausfluss des sog. Petitionsrechts nach (Art. 17 GG). Mit der sog. **Gegenvorstellung** Gegenvorstellung kann der Bürger ganz allgemein die nochmalige Überprüfung der Sach- und Rechtslage durch die Ausgangsbehörde anregen (z. B. weil ihm aufgefallen ist, dass offensichtlich ein Versehen, ein Tippfehler vorliegen muss oder **Fachaufsichts-** wichtige Unterlagen nicht eingegangen oder berücksichtigt worden sind). An die **beschwerde** nächsthöhere Stelle richtet sich die Fachaufsichtsbeschwerde, mit der die inhaltliche Überprüfung eines Vorgangs oder einer Entscheidung angeregt wird, während **Dienstaufsichts-** man sich mit einer Dienstaufsichtsbeschwerde über das persönliche Verhalten ei- **beschwerde** nes Mitarbeiters (z. B. Beleidigung, mangelnder Respekt) einer Verwaltung beklagt. Gegenvorstellungen und Beschwerden ist gemein, dass sie – wie eine Petition, „Eingabe" oder ein Gesuch und damit anders als der Widerspruch (hierzu I-5.2.2) – formlos, ohne Einhaltung einer bestimmten Frist und selbst dann zulässig sind, wenn der Beschwerdeführer als Person überhaupt nicht betroffen ist und für einen anderen handeln will. Ihr Nachteil ist allerdings, dass der Bürger keinen Rechtsanspruch auf eine Entscheidung hat, sondern deren Bearbeitung im Ermessen der Behörde steht. Das veranlasst manche zu der Bemerkung, diese Rechtsbehelfe seien „formlos, fristlos, … aber auch nutzlos." Allerdings kann man dies so pauschal für die Praxis nicht bestätigen. Insbesondere (in Form und Inhalt) angemessene (und nicht querulierende) Gegenvorstellungen veranlassen die Verwaltung durchaus dazu, Fehler zu korrigieren, ohne dass ihr „ein Zacken aus der Krone bricht". Vor Dienstaufsichtbeschwerden wird gelegentlich gewarnt, weil sich die Sachbearbeiter persönlich getroffen und angeschwärzt fühlen könnten und man sich gerade in Abhängigkeitsverhältnissen keine Feinde machen sollte. Allerdings sollte man auch dies nicht so pauschal stehen lassen, zumal gerade in diesem Bereich auch Rechts- und Sozialanwälte stellvertretend aktiv werden können. In modern geführten und zunehmend bürgerfreundlicher organisierten Verwaltungen kann es sich kein Mitarbeiter erlauben, mehrere Dienstaufsichtbeschwerden einfach auszusitzen. Zumindest die Furcht vor einer negativen Presse wird die Amtsleitungen veranlassen, intern ein transparentes Berichtswesen zur Qualitätssicherung zu implementieren und sich ebenso ernsthaft mit „Kritik von außen" zu beschäftigen.

Neben diesen allgemeinen Beschwerdemöglichkeiten gibt es eine Reihe spezifischer Kontroll- und Beschwerdestellen, insb. sog. Bundesbeauftragte, mit ganz unterschiedlichen Kompetenzen, die sich der Anliegen der Bürger annehmen können, z. B.

- Landes- und Bundesdatenschutzbeauftragte (vgl. III-1.2.3),
- Beauftragte des Bundes für die Belange behinderter Menschen,
- Beauftragte der Bundesregierung für Migration, Flüchtlinge und Integration,
- Beauftragte der Bundesregierung für die Belange der Patientinnen und Patienten,
- die Kinderschutzkommission des Bundestages; Kinderbeauftragte der Kommunen,
- Gleichstellungsbeauftragte des Bundes, der Länder und Kommunen.

5.2.2 Widerspruchsverfahren

Im Rahmen der verwaltungsinternen Rechtskontrolle steht dem Bürger neben den nichtförmlichen mit dem sog. Widerspruch ein weiter gehender förmlicher Rechtsbehelf zur Verfügung. Für das förmliche **Rechtsbehelfsverfahren gegen Verwaltungsakte** (hierzu ausführlich III-1.3.1) verweist § 62 SGB X entweder auf die Möglichkeiten des SGG oder der VwGO, soweit nicht ausdrücklich durch ein Gesetz etwas anderes bestimmt ist. Nach § 51 SGG ist für Angelegenheiten der Sozialversicherung wie auch der Arbeitsförderung, der Grundsicherung für Arbeitsuchende SGB II (Nr. 4a) sowie der Sozialhilfe nach dem SGB XII und des Asylbewerberleistungsgesetzes (Nr. 6a) grds. der **Sozialgerichtsweg** einzuschlagen. Angelegenheiten nach dem BAföG, dem Heimrecht, dem WoGG und Zuwanderungsrecht (hierzu III-7) sowie der Kinder- und Jugendhilfe nach dem SGB VIII (hierzu III-3), sind in § 51 SGG nicht aufgeführt, weshalb es i. d. R. bei dem in § 40 VwGO vorgesehenen **Verwaltungsrechtsweg** bleibt. Eine **Ausnahme** hiervon bildet die gesetzliche Sonderrechtswegzuweisung für den Widerspruch der Personen- oder Erziehungsberechtigten nach § 42 Abs. 3 SGB VIII bei einer (noch andauernden) Inobhutnahme, über den das FamG zu entscheiden hat. Demgegenüber handelt es sich bei einem Widerspruch gegen einen VA, der aufgrund einer Inobhutnahme ergeht (z. B. Kostenbescheid) und mit dem die Rechtmäßigkeit der Inobhutnahme immanent geprüft werden muss, um eine verwaltungsrechtliche Streitigkeit, die letztlich von den Verwaltungsgerichten geklärt wird.

Das Widerspruchsverfahren dient nicht nur dem Rechtsschutz des Bürgers und der Selbstkontrolle der Verwaltung, sondern auch der Entlastung der Gerichte (vgl. hierzu Sodan / Ziekow – Geis 2010 § 68 Rz. 1 ff.). Es ist zwar ein veraltungsinternes Kontrollverfahren und bislang i. d. R. erforderlich (und deshalb – wie man entsprechend der juristischen Terminologie sagt – „statthaft"), bevor vor den Sozial- bzw. Verwaltungsgerichten Anfechtungs- oder Verpflichtungsklage erhoben werden kann (sog. Prozessvoraussetzung; § 78 Abs. 1 SGG / § 68 Abs. 1 VwGO – mit den dort geregelten Ausnahmen; kommt es nicht zu einem Gerichtsverfahren, z. B. weil der Widerspruch Erfolg hatte, spricht man mitunter vom sog. „isolierten Vorverfahren"). Ausdrücklich ausgeschlossen ist ein Widerspruch teilweise im Zuwanderungs- und Asylrecht (§§ 15a Abs. 2 u. 4, 24 Abs. 4 AufenthG; § 11 AsylVfG). Mittlerweile haben einige wenige Bundesländer aufgrund § 68 Abs. 1 Satz 2 VwGO das **Widerspruchsverfahren** durch Landesgesetze in einigen Rechtsgebieten **abgeschafft** (vgl. § 6a BW AGVwGO; Art. 15 Bay AGVwGO; § 8a

(Randspalte)

Widerspruch

§ 62 SGB X → § 51 SGG

Statthaftigkeit

Nds AG VwGO, § 4a Nds AG SGG; § 6 NRW AG VwGO; hierzu Sodan / Ziekow –Geis 2010 § 68 Rz. 131 ff.). In Niedersachsen betrifft dies auch die im Verwaltungsrechtsweg zu behandelnden Streitigkeiten nach dem Kinder- und Jugendhilferecht. Im Übrigen ist nach § 4a Nds AGSGG das Widerspruchsverfahren für den Bereich des Erziehungsgeldes sowie des Blindengeldes abgeschafft worden. Die weitgehende Abschaffung des Widerspruchverfahrens und damit die Zulässigkeit bzw. die Notwendigkeit zur direkten Klageerhebung ist nicht unbedingt zum Vorteil des rechtsuchenden Bürgers (Schwellenerhöhung; ggf. Kostenlast nach § 154 VwGO) und hat in der Fachöffentlichkeit heftige Kritik ausgelöst (vgl. Nieuwland 2007, 38).

Auch wenn man das Widerspruchsverfahren im Hinblick auf die gerichtliche Kontrolle als „Vorverfahren" bezeichnet, handelt es sich dabei um ein **verwaltungsinternes Kontrollverfahren**. Sofern nichts Besonderes geregelt ist (vgl. § 84a SGG), gelten deshalb neben dem SGG und der VwGO auch für diesen Teil des Verwaltungsverfahrens die allgemeinen verfahrensrechtlichen Regelungen nach dem SGB I und X (§ 62 HS 2 SGB X; hierzu ausführlich III-1.2). Das Kontrollverfahren beginnt mit der Erhebung des Widerspruchs (§ 83 SGG / § 69 VwGO). Der Widerspruch ist nach **§ 84 SGG** bzw. **§ 70 VwGO** grundsätzlich bei der Behörde zu erheben, die den VA erlassen hat. Dies kann schriftlich (d. h. mit Originalunterschrift vgl. II-1.3.3; E-Mail ohne qualifizierende Signatur genügt nicht, vgl. VGH Kassel NVwZ-RR 2006, 377) oder zur Niederschrift geschehen (d. h. mündlich zu Protokoll) und muss **innerhalb eines Monats** (nicht vier Wochen!) nach Bekanntgabe des VA (= Zugang) erfolgen. Im Sozialrechtsweg beträgt die Frist bei einer Bekanntgabe ins Ausland drei Monate. Die Fristen beginnen nur zu laufen, wenn eine korrekte Rechtsbehelfsbelehrung (vgl. III-1.3.1.1) schriftlich ergangen ist. Ist die Rechtsbehelfsbelehrung unterblieben oder fehlerhaft, so verlängert sich die Frist bis auf ein Jahr (§ 66 SGG / 58 VwGO).

Im Hinblick auf den Zugang des VA ist die 3-Tages-Regel des **§ 37 Abs. 2 SGB X** zu beachten. Ein schriftlicher VA, der durch die Post übermittelt wird, gilt mit dem dritten Tage nach Aufgabe zur Post als bekannt gegeben (**Zugangsfiktion**), selbst wenn er an seinem Ziel früher eintreffen sollte. Fällt das Fristende auf ein Wochenende oder einen gesetzlichen Feiertag, so endet die Frist grds. erst mit dem Ablauf des nächsten Werktages (§ 26 Abs. 3 SGB X; für den Widerspruch vgl. § 57 VwGO i. V. m. § 222 Abs. 2 ZPO). Für die Fristberechnung sind nach §§ 62, 26 Abs. 1 SGB X im Übrigen die Regelungen der §§ 187 – 193 BGB anzuwenden. Zur Fristwahrung genügt auch die Einlegung des Widerspruchs im Verwaltungsrechtsweg bei der Widerspruchsbehörde (§ 70 Abs. 1 S. 2 VwGO), im Sozialrechtsweg bei jeder deutschen Behörde oder jedem Sozialversicherungsträger (§ 84 Abs. 2 SGG).

Beschwer   Ein Widerspruch ist nur zulässig, wenn der Beschwerdeführer geltend machen kann, durch den VA in seinen (subjektiv-öffentlichen) Rechten (vgl. I-1.1.4) verletzt, d. h. selbst beschwert zu sein. Das ergibt sich aus dem Gesetz zwar unmittelbar nur für die Klage (vgl. § 54 Abs. 1 Satz 2 SGG / § 42 Abs. 2 VwGO), setzt aber die **Selbstbetroffenheit** für das Vorverfahren durch den „Beschwerten" logisch voraus (vgl. § 84 SGG / § 70 VwGO). Für die Beschwer reicht allein die Möglichkeit einer (Rechts-)Verletzung aus, weshalb Adressaten von belastenden Verwaltungsakten grundsätzlich immer widerspruchsbefugt sind.

(Marginalien: Fristen, Beschwer)

Der Widerspruch hat – ebenso wie die Anfechtungsklage – bei der Anfechtung **Suspensiveffekt** eines VA grds. – mangels einer anders lautenden gesetzlichen Regel – eine **aufschiebende Wirkung** (sog. Suspensiveffekt; § 86a Abs. 1 SGG, § 80 Abs. 1 VwGO), d. h. der VA wird **nicht bestandskräftig** (vgl. III-1.3.1.2) und darf deshalb grundsätzlich nicht vollstreckt werden. Keine aufschiebende Wirkung besteht aber u. a.

- bei der Anforderung von Sozialversicherungsbeiträgen bzw. öffentlichen Abgaben und Kosten, Steuern, Gebühren (§ 86a Abs. 2 Nr. 1 SGG / § 80 Abs. 2 Nr. 1 VwGO),
- bei unaufschiebbaren Anordnungen und Maßnahmen von Polizeivollzugsbeamten im Rahmen der Gefahrenabwehr (§ 80 Abs. 2 Nr. 2 VwGO),
- für die Anfechtungsklage in Angelegenheiten der Sozialversicherung bei Verwaltungsakten, die eine laufende Leistung herabsetzen oder entziehen (§ 86a Abs. 2 Nr. 3 SGG),
- in den durch Bundes- oder Landesgesetz geregelten Fällen (§ 86a Abs. 2 Nr. 4 SGG, § 80 Abs. 2 Nr. 3 VwGO, z. B. § 39 SGB II, §§ 77 Abs. 4, 88 Abs. 4 SGB IX; § 15a, 24 Abs. 4, 84 Abs. 1 AufenthG),
- in Fällen, in denen die sofortige Vollziehung des Verwaltungsaktes im öffentlichen Interesse oder im überwiegenden Interesse eines Beteiligten von der Behörde besonders angeordnet worden ist (§ 86a Abs. 2 Nr. 4 SGG / § 80 Abs. 2 Nr. 4 VwGO). Hier besteht aber die Möglichkeit, die aufschiebende Wirkung im einstweiligen Rechtsschutzverfahren gerichtlich wieder herstellen zu lassen (§ 86b SGG; § 80 Abs. 5 VwGO; s. u.).

Noch nicht abschließend geklärt ist z. B. die Frage, ob der Widerspruch gegen einen Kostenbeitragsbescheid über die außerfamiliäre Hilfe zur Erziehung (vgl. § 91 Abs. 1 Nr. 5 SGB VIII) aufschiebende Wirkung entfaltet. Maßgeblich ist dafür die Beurteilung, ob mit dem Kostenbeitrag öffentliche Abgaben bzw Kosten i. S. d. § 80 Abs. 2 Satz 1 Nr. 1 VwGO begründet werden. Zum Teil wird die Auffassung vertreten, dies gelte bei Kostenbeiträgen nach §§ 91 ff. SGB VIII (im Unterschied zu den pauschalierten Gebühren nach § 90 SGB VIII) nicht, da nur bei der Erhebung solcher Abgaben und Kosten, die sich nach leicht erkennbaren Merkmalen ermitteln lassen und damit keine individuelle Berechnung im Einzelfall erforderlich machen, die aufschiebende Wirkung entfalle. Die (herrschende) Gegenmeinung vertritt mit Bezug auf die Reform der Kostenbeteiligung durch das KICK 2005, dass mit dem Kostenbeitrag öffentliche Abgaben erhoben werden, da der Beitrag zur Deckung der Kosten der Leistung erforderlich sei (hierzu Münder et al. 2009 § 92 Rz. 17).

Wenn die Ausgangsbehörde dem Bürger nicht Recht gibt und damit seinem **Devolutiveffekt** Widerspruch nicht „abhilft" (§ 85 Abs. 1 SGG / § 72 VwGO), so erlässt den Widerspruchsbescheid im hierarchischen Behördenaufbau grds. die nächsthöhere Behörde (sog. Devolutiveffekt; § 85 Abs. 2 Nr. 1 SGG / § 73 VwGO). In Angelegenheiten der Sozialversicherung entscheidet die hierzu von der Vertreterversammlung bestimmte Stelle (§ 85 Abs. 2 Nr. 2 SGG), in sonstigen Selbstverwaltungsangelegenheiten entscheidet der Träger selbst (§ 73 Abs. 1 Nr. 3 VwGO),

i. d. R. aufgrund des Votums eines Ausschusses (zum Widerspruchsverfahren im Jugendhilferecht vgl. Münder et al. 2009 Anhang Verfahren Rz. 65).

Verböserung   Im Rahmen der verwaltungsinternen Rechtskontrolle findet eine uneingeschränkte Überprüfung des Verwaltungshandelns – auch des Ermessens (anders ist dies im gerichtlichen Verfahren, vgl. § 114 VwGO; s. I-3.4.2) – statt. Anders als im Klageverfahren vor den Gerichten (§ 88 VwGO) kann im Widerspruchsverfahren der VA unter Maßgabe der §§ 44 ff. SGB X (hierzu III-1.3.1.3) auch zu Ungunsten des Bürgers abgeändert werden (sog. „Verböserung" – **reformatio in peius**), denn es handelt sich ja noch um eine verwaltungsinterne Prüfung der Recht- und Zweckmäßigkeit des Verwaltungshandelns. Insoweit ist der Vertrauensschutz bei einem noch nicht bestandskräftigen VA geringer als nach Ablauf der Rechtsbehelfsfrist. Die Rechtmäßigkeit der Widerspruchsentscheidung (und damit auch einer möglichen reformatio in peius) beurteilt sich damit stets nach dem materiellen und dem entsprechenden Organisationsrecht der Verwaltung (vgl. Diering et al. 2010 Vor §§ 44 Rz. 12; Kopp / Schenke § 68 2003 Rz. 10).

Kosten   Das Widerspruchsverfahren ist als Teil des Sozialverwaltungsverfahrens für den Beschwerdeführer kostenfrei (§§ 62, 64 SGB X). Soweit dem Bürger selbst, z. B. durch die Beauftragung eines Rechtsanwalts, Kosten entstanden sind, werden diese im Rechtsbehelfsverfahren erstattet, wenn der Widerspruch Erfolg hatte und die Kosten „zur zweckentsprechenden Rechtsverfolgung" notwendig waren (§ 63 Abs. 2 SGB X). Rechtsanwaltkosten werden deshalb nur erstattet, wenn ein vernünftiger Bürger mit durchschnittlichem Bildungs- und Erfahrungsstand in der Sache einen Anwalt zurate gezogen hätte (BSG 24.05.2000 – 7 C 8/99 – NJW 2000, 611; BSG 25.02.2010 – B 11 AL 24/08; BVerwG NJW 1978, 1988: Vertretung eines Kriegsdienstverweigerers im Vorverfahren). Nach einem Beschluss des BVerfG (1 BvR 1517/08 – 11.05.2009) kann es allein mit Blick auf die abstrakten Interessenskonflikte einem Beschwerdeführer nicht zugemutet werden, den Rat derselben Behörde in Anspruch zu nehmen, deren Entscheidung er im Widerspruchsverfahren angreifen will.

5.2.3   Gerichtliche Kontrolle

Die Kontrolle der Exekutive durch eine unabhängige Verwaltungsgerichtsbarkeit ist historisch gesehen relativ neu, widerspricht sie doch den Herrschaftsinteressen absoluter Monarchen und den früher üblichen feudalen Strukturen. Es war einfach kaum vorstellbar, den Monarchen bzw. den Adel zu verklagen. Soweit die Exekutive überhaupt einer Kontrolle unterlag, wurde diese von den den Regenten unterstellten Aufsichtsbehörden (sog. Verwaltungsrechtspflege) wahrgenommen, womit die Verwaltung einer „ordentlichen" Gerichtsbarkeit entzogen war („Kameraljustiz"; vgl. hierzu die Legende vom Müller und dem König).

Der Müller und der König

Bei der Geschichte vom Streit des Müllers Grävenitz mit Friedrich II. handelte es sich teilweise um eine Legende. Grävenitz betrieb seine Bockwindmühle in unmittelbarer Nähe der Sommerresidenz „Sanssouci".

Friedrich II. soll das Geklapper der Mühle so unerträglich geworden sein, dass er den Müller Grävenitz aufforderte, ihm seine Mühle zu verkaufen. Für den Kauferlös sollte er dann an anderer Stelle eine neue Mühle errichten. Als sich der trotzige Müller weigerte, den durch Erbpacht gesicherten Mühlenstandort zu verlassen, habe der König gedroht, ihm die Mühle kraft seiner königlichen Macht „ohne einen Groschen" wegnehmen zu lassen. Daraufhin habe der mutige Müller geantwortet: „Gewiss, das könnten Eurer Majestät wohl tun, wenn es nicht das Kammergericht in Berlin gäbe."

Historisch dokumentiert ist der eigentlich zivilrechtliche Streit des Müllers Christian Arnold, der seit 1762 eine Wassermühle im neumärkischen Pommerzig betrieb, mit dem Graf von Schmettau um Absenkung der Erbpacht. Als der Müller seine Pacht nicht mehr bezahlen konnte, verklagte ihn der Graf und ließ die Wassermühle kurzerhand versteigern. Arnold wehrte sich mit einer Gegenklage und behauptete, Landrat von Gersdorff habe oberhalb seiner Mühle einen Karpfenteich angelegt, ihm somit das Wasser entzogen und ihn unverschuldet in Pachtrückstand getrieben. Als das Obergericht der Provinz Küstrin Arnolds Schadensersatzklage abwies, bat der Müller Arnold Friedrich II. um Rechtsbeistand. Der König nahm sich der Sache an, doch erst nachdem auch das extra einberufene Appellationsgericht das Küstriner Urteil als rechtens bestätigt hatte, griff der König, der vom Recht des Müllers überzeugt war, in das Gerichtsverfahren selbst ein. Im Glauben, die Justiz verweigere seinen Untertanen aus Standesdünkel eine gerechte Behandlung, schrieb er an den Justizminister von Zedlitz: „Der Herr wird mir nichts weiß machen. Ich kenne alle Advokaten-Streiche und lasse mich nicht verblenden. Hier ist ein Exempel nötig, weil die Canaillen enorm von meinem Namen Missbrauch haben, um gewaltige und unerhörte Ungerechtigkeiten auszuüben. Ein Justitiarius, der chicanieren tut, muss härter als ein Straßenräuber bestrafft werden. Denn man vertraut sich am ersten, und vorm letztern kann man sich hüten!" Friedrich II. schickte einen Oberst und einen Regierungsrat nach Pommerzig, um sich Klarheit zu verschaffen. Erst als diese zu unterschiedlichen Ergebnissen gelangten, verwies Friedrich den Fall, „um die Sache ganz kurz abzumachen", zur endgültigen Klärung an das Berliner Kammergericht. Aber auch dieses höchste preußische Gericht wies die Arnold-Klage zurück (vgl. www.kleiekotzer.com/html/sanssouci_2.html).

Eine effektive, rechtsgebundene Kontrolle der öffentlichen Verwaltung ist heute Kennzeichen des Rechtsstaates. Allerdings trat die geltende Verwaltungsgerichtsordnung erst 1960 in Kraft, womit die Verwaltungsgerichtsbarkeit als unabhängiger Zweig der Justiz installiert wurde. Den auf der Grundlage von Art. 95 GG **Verwaltungs-** eingerichteten Verwaltungsgerichten obliegt nach § 40 VwGO die Rechts- und **gerichte** Verwaltungskontrolle nach Art. 19 Abs. 4 GG in sämtlichen öffentlich-rechtlichen Entscheidungen und Maßnahmen, soweit sie nicht gesetzlich anderen Gerichten zugewiesen sind. Auch den Sozialgerichten obliegt die Kontrolle der Verwaltung und zwar im Wesentlichen die der Sozialversicherungsträger sowie der Sozialhilfeverwaltung (vgl. § 51 SGG).

Die Sozial- und Verwaltungsgerichtsbarkeit ist dreistufig aufgebaut (§ 2 SGG / § 2 VwGO). In erster Instanz sind in der Regel die Sozial- und Verwaltungsgerichte zuständig (§ 8 SGG / § 45 VwGO). **Berufungs-** und Beschwerdeinstanz sind die Landessozial- (§§ 28 f. SGG) bzw. Oberverwaltungsgerichte (OVG) und Verwaltungsgerichtshöfe (VGH) der Bundesländer (§§ 46 ff. VwGO). Diese sind zudem erste Instanz bei Normenkontrollen von Satzungen, landesrechtlichen Vereinsverboten und Genehmigungen von technischen oder verkehrlichen Großprojekten. **Revisions-** und Rechtsbeschwerdeinstanz ist das Bundessozialgericht in Kassel bzw. das Bundesverwaltungsgericht mit Sitz in Leipzig. Auch diese beiden Bundesgerichte können erstinstanzlich entscheiden, z. B. in Streitigkeiten nichtverfassungsrechtlicher Art zwischen Bund und Ländern (§ 39 SGG / § 50 VwGO).

Im Berufungsverfahren überprüft das Rechtsmittelgericht die gesamte Sach- und Rechtslage, im Revisionsverfahren werden lediglich Rechtsfragen geklärt. Im verwaltungsgerichtlichen Verfahren sind Berufung und Revision grds. nur zulässig, wenn sie zugelassen worden sind (§ 124 bzw. § 132 VwGO). Im sozialgerichtlichen Verfahren gilt dies immer für die Revision (§ 160 SGG), die Berufung bedarf mitunter der Zulassung (insb. in den sog. Bagatellsachen, vgl. § 144 SGG).

Klagearten   **Anfechtungs-** und **Verpflichtungsklage** (auf Aufhebung eines belastenden bzw. auf Erlass eines begünstigenden Verwaltungsaktes gerichtete Gestaltungsklagen, vgl. § 54 SGG / § 42 VwGO) setzen grds. ein Widerspruchsverfahren voraus (beachte insoweit die Ausnahmeregelung in einigen Bundesländern, s. o. I-5.2.2). Die Erhebung dieser Klagen ist nur innerhalb einer **Frist** von einem Monat nach Zustellung des Widerspruchsbescheids zulässig (§ 87 SGG / § 74 VwGO). Bei einer fehlenden oder fehlerhaften Rechtsbehelfsbelehrung kann die Klage innerhalb eines Jahres erhoben werden (§ 66 SGG / § 58 VwGO). Die Klage ist grds. nur zulässig, wenn ein Vorverfahren (Widerspruchsverfahren) stattgefunden hat (s. o. 5.2.2) und der Kläger geltend machen kann, in seinen Rechten verletzt zu sein (**Klagebefugnis**, vgl. § 54 Abs. 1 Satz 2 SGG / § 42 VwGO). Eine sog. **Untätigkeitsklage**, bei der es ja an einem VA gerade fehlt, weil die Behörde nicht entscheidet, kann nach § 88 Abs. 2 S. 1 SGG / § 75 S. 2 VwGO grds. nicht erhoben werden vor Ablauf von drei Monaten nach Einlegung des Widerspruchs bzw. des Antrags auf Erlass eines Verwaltungsaktes (VwGO) bzw. nach § 88 Abs. 1 S. 1 SGG nicht vor Ablauf von sechs Monaten seit dem Antrag auf Vornahme des VA. Ziel der sog. **allgemeinen Leistungsklage** (§ 54 Abs. 5 SGG) ist u. a. die Vornahme oder Unterlassung sog. schlicht-hoheitlicher Verwaltungsmaßnahmen (also nicht eines VA, wohl aber die Umsetzung eines VA wie z. B. die Auszahlung eines bewilligten Zuschusses) oder die Beseitigung der Folgen eines rechtswidrigen Verwaltungshandelns. Ziel einer **Feststellungsklage** (§ 55 SGG, § 43 Abs. 1 VwGO) ist die verbindliche Feststellung, dass ein öffentlich-rechtliches Rechtsverhältnis (z. B. die Staatsangehörigkeit, eine Gesundheitsstörung oder Schwerbehinderung) besteht bzw. nicht besteht (z. B. wegen Nichtigkeit eines VA). Sie ist aber nur zulässig, wenn der Kläger ein berechtigtes Interesse an der Feststellung als solcher hat, was i. d. R. nicht der Fall ist, wenn sich das Ziel immanent mit einer Gestaltungs- oder Leistungsklage erreichen lässt (§ 43 Abs. 2 VwGO).

Untersuchungs-grundsatz   Im sozial- und verwaltungsgerichtlichen Verfahren gilt – anders als im streitigen zivilgerichtlichen Verfahren (hierzu I-5.3.1) – der Untersuchungsgrundsatz

(Amtsermittlungsgrundsatz, z. T. auch sog. „Inquisitionsmaxime"), nach dem der Sachverhalt durch das Gericht von Amt wegen ggf. durch Beweiserhebungen festgestellt werden muss (§ 103 SGG / § 86 VwGO).

Schon vor Erhebung einer bzw. vor der gerichtlichen Entscheidung über eine Klage besteht die Möglichkeit eines einstweiligen Rechtsschutzes (hierzu ausführlich Francke / Dörr 2010, 146 ff.), damit während der manchmal mehrjährigen Dauer der Gerichtsverfahren nicht wesentliche Rechte faktisch verloren gehen. Insoweit unterscheidet man die **Wiederherstellung der aufschiebenden Wirkung des Widerspruchs** (§ 86b Abs. 1 SGG / § 80 Abs. 5 VwGO) und den Erlass einer einstweiligen Anordnung (§ 86b Abs. 2 SGG / § 123 VwGO). Der **Erlass einer einstweiligen Anordnung** setzt voraus, dass Tatsachen, aus denen überhaupt ein Anspruch des Antragsstellers abgeleitet werden kann (Anordnungsanspruch), und zudem ein Anordnungsgrund glaubhaft (z. B. durch eine eidesstattliche Versicherung nach § 294 ZPO) gemacht werden. Ein Anordnungsgrund liegt nur dann vor, wenn der Antragsteller glaubhaft machen kann, dass die aufschiebende Wirkung bzw. einstweilige Anordnung erforderlich ist, um wesentliche Nachteile oder drohende Gefahren im Hinblick auf seine Rechte zu verhindern. In beiden Fällen überprüfen die Gerichte in einem summarischen Verfahren, ob die Wiederherstellung der aufschiebenden Wirkung bzw. der Erlass einer einstweiligen Anordnung im Hinblick auf den Streitgegenstand erforderlich und angemessen ist. Hierbei erfolgt eine Abwägung der gegenseitigen Interessen. Dabei darf grundsätzlich die Entscheidung in der Hauptsache, d. h. der normalen Klage, nicht vorweggenommen werden. Eine Ausnahme ergibt sich im Hinblick auf die Sicherung des Existenzminimums (vgl. BVerfGE 46, 166 [181]; BVerwGE 64, 318; OVG Koblenz 04.04.2003 – 12 B 10469 / 03 – NVwZ-RR 2003, 657). In aller Regel werden aber auch Sozialleistungen nicht in voller Höhe und Dauer, sondern nur im „zum Leben unerlässlichen" Umfang angeordnet.

einstweiliger Rechtsschutz

5.2.4 Kostenrisiken

In Sozialverwaltungsverfahren gilt bislang noch der Grundsatz der **Kostenfreiheit** (§ 64 SGB X), das gilt auch für das Rechtsbehelfsverfahren nach § 62 SGB X. Soweit dem Bürger selbst, z. B. durch die Beauftragung eines Rechtsanwalts, Kosten entstanden sind, werden diese allerdings nur im Rechtsbehelfsverfahren (s. o. 5.2.2. a. E.; BSG 25.02.2010 – B 11 AL 24 / 08: Aufwendungen für die Hinzuziehung eines Rechtsanwalts im Erfolgsfall für das Widerspruchsverfahren, nicht aber für das Verwaltungsverfahren) und nur dann erstattet, wenn sie „zur zweckentsprechenden Rechtsverfolgung" notwendig waren (§ 63 Abs. 2 SGB X).

Im Sozialgerichtsverfahren sowie in manchen Angelegenheiten der Verwaltungsgerichtsverfahren (insb. Jugendhilfe) werden nach § 183 SGG / § 188 VwGO keine Gerichtskosten (Gebühren und Auslagen) erhoben. Darüber hinaus besteht kein Anwaltszwang, d. h., der Bürger kann selbst Klage erheben und vor Gericht auftreten. Nur vor dem Bundessozialgericht (§ 166 SGG) und dem Bundesverwaltungsgericht sowie dem Oberverwaltungsgericht (§ 67 VwGO) muss man sich durch einen Rechtsanwalt oder Rechtshochschullehrer mit Befähigung zum

Richteramt als Bevollmächtigten vertreten lassen. Die Behörden entsenden i. d. R. Sachbearbeiter oder eigene Juristen.

Wer den Rechtsstreit im Verwaltungsgerichtsverfahren allerdings verliert, muss der anderen Partei die Kosten einschließlich der notwendigen Aufwendungen für einen Rechtsanwalt erstatten (§ 154 VwGO). Im Sozialgerichtsverfahren muss der Bürger zwar i. d. R. nicht die Kosten der Behörde erstatten, allerdings muss er selbst die notwendigen Kosten der zweckentsprechenden Rechtsverfolgung durch einen ggf. hinzugezogenen Anwalt sowie die ihm u. U. vom Gericht auferlegten Kosten tragen (§§ 192 f. SGG). Das ist insb. der Fall, wenn durch Verschulden des Beteiligten die Vertagung einer mündlichen Verhandlung oder die Anberaumung eines neuen Termins zur mündlichen Verhandlung nötig geworden ist oder der Beteiligte den Rechtsstreit fortführt, obwohl ihm der Vorsitzende in einem Termin die Missbräuchlichkeit der Rechtsverfolgung oder -verteidigung dargelegt hat (§ 192 Abs. 1 SGG).

Zwar gelten die Regelungen der Prozesskostenhilfe (PKH) auch für das sozialgerichtliche Verfahren (vgl. § 73a SGG), PKH wird aber nicht gewährt, wenn Gerichtskostenfreiheit besteht und die Beiordnung eines Rechtsanwalts nicht erforderlich erscheint, weil die Sache einfach gelagert ist (BVerwG NJW 1989, 665).

Dillmann 2008; Francke / Dörr 2010; Papenheim / Baltes 2010, Kap. 49 f.

Zur Verwaltungskontrolle vgl. auch das Aufbauschema II (Gutachtliche Prüfung einer Widerspruchsentscheidung) im Anhang V-3.

5.3   Ordentliche Gerichtsbarkeit

Zur ordentlichen Gerichtsbarkeit gehören alle Gerichte, denen die bürgerlichen Rechtsstreitigkeiten, die Familiensachen und die Angelegenheiten der freiwilligen Gerichtsbarkeit sowie die Strafsachen zugewiesen sind (§ 13 GVG). Im Folgenden beschränkt sich die Darstellung auf die Verfahren in zivilrechtlichen Streitigkeiten. Auf die Strafgerichte wird in Teil III-8 eingegangen. An die Zivilgerichtsbarkeit wendet sich der Bürger grds. nicht wegen hoheitlicher Maßnahmen (s. o. primärer Rechtsschutz), sondern weil ein Konflikt mit einem anderen Bürger (oder einer juristischen Person) nicht anders lösbar erscheint (zu den zunehmend wichtiger werdenden außergerichtlichen Streiterledigungsformen vgl. I-6) und er deshalb eine Entscheidung durch einen unabhängigen Dritten, das Gericht, erwartet (sog. sekundärer Rechtsschutz). Nur ausnahmsweise werden Hoheitsakte von den Zivilgerichten überprüft (z. B. der Eingriff in die Personensorge bei der Inobhutnahme durch das Jugendamt nach § 42 Abs. 3 SGB VIII; Amtshaftungsanspruch gegen Hoheitsträger nach Art. 34 GG, § 839 BGB).

Auch die ordentliche Gerichtsbarkeit ist mehrstufig aufgebaut (s. Übersicht 19) und gewährleistet dadurch eine mehrmalige Rechtskontrolle im Instanzenzug durch die Rechtsmittel Berufung und Revision. Das Amtsgericht entscheidet im Zivilverfahren stets mit einem Einzelrichter (u. a. sog. Zivil- oder Familienrichter). Beim Landgericht entscheidet entweder die Zivilkammer oder die Kammer für Handelssachen (§ 105 GVG) bzw. der Einzelrichter. Beim Oberlandesgericht und Bundesgerichtshof entscheiden im Zivilverfahren die Zivilsenate. Die Amtsgerichte sind für Streitigkeiten bis zu einem Streitwert von 5.000 € zuständig sowie – ohne Rücksicht auf den Streitwert – insb. für Wohnraummietstreitigkeiten (§ 23 GVG). Für Familiensachen werden bei den Amtsgerichten besondere Abteilungen, die **Familiengerichte** und die **Betreuungsgerichte**, eingerichtet (§§ 23a ff. GVG). In der ordentlichen Gerichtsbarkeit wird zwischen der sog. „streitigen Gerichtsbarkeit" (allgemeine Zivilprozesse) sowie der normativ als nichtstreitig angesehenen sog. „freiwilligen Gerichtsbarkeit" (FamFG-Verfahren) unterschieden.

5.3.1 Streitiges Gerichtsverfahren

Zur streitigen Gerichtsbarkeit gehören neben den allgemeinen zivilrechtlichen Streitigkeiten auch das sog. Mahnverfahren (§§ 688 ff. ZPO), das Zwangsvollstreckungsverfahren (§§ 704 ff. ZPO) sowie das Insolvenzverfahren (§§ 11 ff., §§ 304 ff. InsO). Das streitige Gerichtsverfahren beginnt i. d. R. mit einer Klage (§ 253 ZPO) bzw. einem Mahnantrag (§ 690 ZPO) und endet mit einem Urteil (§§ 300 ff. ZPO). Die Entscheidung eines Rechtsstreits zwischen Kläger und Beklagtem kann aber auch nach §§ 1025 ff. ZPO durch ein privates Schiedsgericht erfolgen (vgl. I-6.2.3).

Im Hinblick auf den Streitgegenstand und die Beweisführung gilt im streitigen Verfahren der sog. Beibringungsgrundsatz, d. h. das Gericht ist an die Tatsachen, die von den Parteien vorgebracht werden, gebunden (Ausnahme aber z. B. falsche Eingeständnisse zugunsten der gegnerischen Partei, vgl. § 138 Abs. 1 ZPO). Tatsachen, die nicht ausdrücklich bestritten werden, gelten grds. als zugestanden (§ 138 Abs. 3 ZPO). Werden Sachverhalte bestritten, müssen sie grds. von der Partei bewiesen werden, die sich auf sie beruft. Eine Prüfung von Tatsachen von Amts wegen erfolgt nur ausnahmsweise z. B. im Hinblick auf Prozessvoraussetzungen oder die Zulässigkeit von Rechtsbehelfen.

Beweislast

Die Zwangsvollstreckung ist das staatliche Verfahren zur zwangsweisen Durchsetzung von Rechtsansprüchen. Die eigenmächtige Durchsetzung (Selbstjustiz) auch von berechtigten Forderungen ist grundsätzlich rechtswidrig und nur ausnahmsweise in den Grenzen der erlaubten Selbsthilfe (z. B. zu Gefahrenabwehr, §§ 229, 562b, 859 BGB) zulässig. Unterschieden werden die Zwangsvollstreckung wegen privatrechtlicher Einzelforderungen, die Zwangsmaßnahmen nach FamFG (z. B. die Auferlegung von Zwangsmitteln nach § 35 FamFG), die strafrechtliche Strafvollstreckung (hierzu III-8.3.2) sowie die Verwaltungsvollstreckung (hierzu III-1.5). Von der (zivilrechtlichen) Zwangsvollstreckung zu unterscheiden ist das sog. Insolvenzverfahren, bei dem es nicht um eine Einzelforderung gegen den Schuldner geht, sondern der Schuldner zahlungsunfähig ist und die gegen ihn gerichteten Forderungen insgesamt nicht bedienen kann (zum sog. Privat- bzw. Verbraucherinsolvenzverfahren vgl. II-1.3.1.2).

Zwangsvollstreckung

Insolvenzverfahren

Die privatrechtliche Zwangsvollstreckung ist nicht schon zulässig, wenn jemand seine vertraglichen Verpflichtungen nicht erfüllt. Vielmehr muss der Gläubiger bei Leistungsstörungen grds. vor Gericht klagen und einen **Vollstreckungstitel** erwirken, den er insb. mit einem rechtskräftigen Urteil erlangt (§§ 704, 794 ZPO). Im Rahmen der Verwaltungsvollstreckung ist ein Gerichtsverfahren nicht notwendig, vielmehr genügen ein bestandskräftiger VA (hierzu II-1.4.1.2) und eine Vollstreckungsanordnung. Behörden können sich somit durch einen Bescheid ihre Vollstreckungstitel selbst schaffen, wenn sich der Bürger nicht rechtzeitig dagegen wehrt (insb. durch Widerspruch).

Pfändung   Aufgrund des **staatlichen Gewaltmonopols** dürfen grundsätzlich nur staatliche Gerichte (Vollstreckungsgericht) sowie die Gerichtsvollzieher die Zwangsvollstreckung insb. durch Pfändung (entweder Forderungsüberweisung oder Beschlagnahme von beweglichen Sachen, sichtbar durch den „Kuckuck" als Pfandsiegel) durchführen.

Zur Gewährleistung eines Existenzminimums hat der Gesetzgeber sog. **Pfändungsfreigrenzen** bestimmt, die sich nach dem Nettoeinkommen und der Zahl der unterhaltspflichtigen Personen richten (§§ 850 ff. ZPO). Sie betragen ab dem 01.07.2011 für eine Einzelperson 1028,89 €, bei einer unterhaltspflichtigen Person 1416,11 € sowie zusätzlich 215,73 € für jede weitere unterhaltspflichtige Person (vgl. die Pfändungsfreigrenzenbekanntmachung des BMJ). Allerdings sind bestimmte Einkommensbestandteile (z. B. Aufwandsentschädigungen, Gefahrenzulagen, Erziehungsgelder und Studienbeihilfen) sowie unterschiedliche Formen von Renten- und Unterstützungsleistungen der Pfändung nicht oder nur bedingt unterworfen (§§ 850a, 850b ZPO). Im Fall der Vollstreckung von Unterhaltsansprüchen gelten die in § 850c ZPO bezeichneten Pfändungsgrenzen nicht (§ 850d ZPO). Besonderheiten gelten für die Pfändung von Girokonten: Seit dem 01.07.2010 können Kontoinhaber ihr Girokonto in ein **Pfändungsschutzkonto** (sog. P-Konto) umwandeln lassen, bei denen der Schuldner ohne gerichtliches Verfahren einen automatischen Basis-Pfändungsschutz in Höhe des unpfändbaren Freibetrags erhält (§ 850k ZPO). Die Erhöhung der Pfändungsfreigrenzen führt damit auch gleichzeitig zur Erhöhung des Sockelpfändungsschutzes beim P-Konto (Pressemitteilung des BMJ vom 01.07.2011). Ab dem 01.01.2012 soll der Pfändungsschutz ausschließlich durch das P-Konto gewährleistet werden.

 vgl. hierzu www.bmj.de/DE/Recht/Rechtspflege/ZwangsvollstreckungZwangsver steigerung/_doc/artikel.html

5.3.2   Freiwillige Gerichtsbarkeit

Mit freiwilliger Gerichtsbarkeit bezeichnet man eine Reihe ganz unterschiedlicher Angelegenheiten, die von den Gerichten der ordentlichen Gerichtsbarkeit, z. T. auch von Notaren und Behörden, nach dem zum 01.09.2009 in Kraft getretenen „Gesetz über das Verfahren in Familiensachen und in den Angelegenheiten der freiwilligen Gerichtsbarkeit" (FamFG) wahrgenommen werden und sich gerade dadurch – unabhängig von ihrem höchst unterschiedlichen Themenkreis – von den streitigen Verfahren nach der ZPO abgrenzen (ausführlich Jurgeleit 2010). Neben den Familiensachen (§ 111 ff. FamFG), für die das FamFG eine bereichsspezifische Verfahrensordnung darstellt (hierzu ausführlich II-2.1 und II-2.4.6), gehören nach § 23a GVG zu den Angelegenheiten der freiwilligen Gerichtsbarkeit insb.

Angelegenheiten der freiwilligen Gerichtsbarkeit

- Betreuungssachen (§§ 271 ff. FamFG),
- Unterbringungssachen (§§ 312 ff. FamFG),
- betreuungsgerichtliche Zuweisungssachen (§§ 340 f. FamFG),
- Nachlass- und Teilungssachen (§§ 342 ff. FamFG),
- Registersachen und unternehmensrechtliche Verfahren (§§ 374 ff. FamFG),
- Verfahren in Freiheitsentziehungssachen (§§ 415 ff. FamFG),
- Aufgebotsverfahren (§§ 433 ff. FamFG),
- Grundbuchsachen (§ 23a Abs. 2 Nr. 8 GVG),
- sonstige Angelegenheiten der freiwilligen Gerichtsbarkeit, soweit sie durch Bundesgesetz den Gerichten zugewiesen sind (§ 23a Abs. 2 Nr. 11 GVG; §§ 410 ff. FamFG).

Zum Teil (z. B. Beurkundungen, Grundbuchsachen) handelt es sich um Rechtspflegeakte, die auch als verwaltungsähnliche Tätigkeit qualifiziert und deshalb Rechtspflegern übertragen werden. Einige sog. Unterhalts- und Güterrechtskonflikte gelten als sog. Familienstreitsachen (§§ 112 f. FamFG), weshalb insoweit auch einige Regelungen der ZPO entsprechende Anwendung finden.

In den Familiensachen und Angelegenheiten der freiwilligen Gerichtsbarkeit spricht man nicht von Klage (und damit auch nicht von Kläger und Beklagtem), vielmehr wird das Gericht von Amts wegen oder auf Antrag tätig. Man spricht deshalb von Antragsteller/in und Beteiligten statt Parteien. Das Verfahren endet i. d. R. nicht mit einem Urteil, sondern durch Beschluss (§§ 38 ff., 95 Abs. 2 FamFG), wogegen das Rechtsmittel der Beschwerde (nicht Berufung) eingelegt werden kann (§§ 58 ff. FamFG). In vielen Angelegenheiten besteht kein Anwaltszwang (Ausnahme teilweise in Familiensachen, § 113 FamFG). Anders als in den streitigen Zivilprozessen gilt in der Freiwilligen Gerichtsbarkeit der Untersuchungs- bzw. **Amtsermittlungsgrundsatz**, d. h., das Gericht entscheidet selbst, welche Ermittlungen es anstellt und welche Beweismittel es heranzieht. Die Verhandlungen sind meist nichtöffentlich (§ 170 Abs. 1 GVG) oder werden oft ohne mündliche Verhandlung nach Aktenlage entschieden.

Untersuchungsgrundsatz

5.3.3   Kostenrisiken

Anders als bei den sozialgerichtlichen oder manchen verwaltungsgerichtlichen Streitverfahren besteht im Zivilverfahren ein z. T. erhebliches Kostenrisiko für den Bürger. Zunächst muss der Kläger einen Gerichtskostenvorschuss zahlen (Ausnahme für öffentliche Träger der Jugend- und Sozialhilfe; § 2 GKG; § 64 Abs. 3 S. 2 SGB X; teilweise nach Landesrecht auch für freie Träger). In der streitigen Gerichtsbarkeit besteht ab der Landgerichtsebene Anwaltszwang (§ 78 Abs. 1 ZPO), in Familiensachen z. T. bereits beim Amtsgericht (§ 114 FamFG). Derjenige, der das Gerichtsverfahren verliert, muss der anderen Partei die Prozess- einschließlich der Anwaltskosten erstatten (§ 91 Abs. 1 ZPO). Im FamFG-Verfahren erfolgt die Kostenverteilung nach „billigem Ermessen" (§ 81 Abs. 1 FamFG), d. h. eine möglichst faire Verteilung. Für viele Bürger ist deswegen der **Zugang zum Recht** durchaus nicht leicht. Zwar steht mit der Prozesskostenhilfe (§§ 114 ff. ZPO) bzw. der Verfahrenskostenhilfe (§§ 76 ff. FamFG) eine Form **rechtsbezogener Sozialhilfe** zur Verfügung. PKH wird nicht nur vor dem Zivilgericht (Verfahrenskostenhilfe vor dem Familien- und Betreuungsgericht), sondern auch in arbeitsrechtlichen Verfahren (§ 11a ArbGG) gewährt.

Prozesskostenhilfe   Nach §§ 114 ff. ZPO kann Prozesskostenhilfe (die nach § 76 FamFG für die Verfahrenskostenhilfe mangels anderslautender Regelung entsprechend gelten) in Anspruch genommen werden, wenn die Rechtsverteidigung hinreichende Aussicht auf Erfolg bietet und nicht mutwillig erscheint. Im Rahmen der PKH wird die Partei von der Verpflichtung zur Sicherheitsleistung für die Prozesskosten befreit. Im Übrigen trägt der Staat die Kosten der Prozessführung falls notwendig zunächst ganz oder teilweise oder räumt eine Ratenzahlung ein (§§ 120, 122 ZPO). Doch das Prozessrisiko bleibt. Zwar werden bei der Prüfung des PKH-Anspruchs summarisch (d. h. relativ grob „im Überschlag") auch die Erfolgsaussichten geprüft (z. B. ist die Klage in sich schlüssig, ist die Rechtsansicht zumindest vertretbar oder steht die höchstrichterliche Rechtsprechung gefestigt dagegen), schwierige Rechtsfragen und die Beweisaufnahme und damit die spätere Entscheidung aber nicht vorweggenommen. Verliert ein PKH-Empfänger ein Gerichtsverfahren, muss er die Verfahrenskosten der gegnerischen Partei tragen (§ 123 ZPO). Die PKH ist keine Rechtsschutzversicherung.

PKH erhalten nur Parteien, die nach ihren persönlichen und wirtschaftlichen Verhältnissen die Kosten der Prozessführung nicht, nur zum Teil oder nur in Raten aufbringen können (§ 114 ZPO). Die Berechnung des maßgeblichen Einkommens richtet sich nach § 82 SGB XII (§ 115 ZPO). PKH ohne eigene Kostenbeteiligung können Personen erhalten, die einen Anspruch auf **Beratungshilfe** nach dem BerHG haben (Bruttoeinkommen minus Steuern, Sozialversicherungsbeiträge, Kosten für Unterkunft- und Heizung, hierzu I-4.2; zur Berechnung der Beratungsbzw. Prozess-/Verfahrenskostenhilfe vgl. http://www.pkh-fix.de). PKH erhalten aber auch Personen, deren zu berücksichtigendes Einkommen die Grenzen der Beratungshilfe übersteigt. In diesen Fällen müssen die Rechtssuchenden sich an den Verfahrenskosten mit maximal 48 monatlichen Raten gemäß der Tabelle in § 115 Abs. 2 ZPO beteiligen. Ihr Prozessrisiko ist damit erhöht, denn im Fall des Unterliegens tragen sie auch noch die Gerichtskosten und ihre eigenen Anwaltskosten.

Der Antrag auf Bewilligung der Prozess-/Verfahrenskostenhilfe ist nach § 117 ZPO/§ 76 FamFG bei dem Prozessgericht zu stellen. Er kann dort auch vor der Geschäftsstelle zu Protokoll erklärt werden. Vordrucke zur Beantragung der Prozess-/Verfahrenskostenhilfe mit erläuternden Hinweisen sind auch über das Internet verfügbar (vgl. http://www.justiz.de/formulare/zwi_bund/agI1.pdf). Mit dem PKH-Antrag wird ein Klage- bzw. Schriftsatzentwurf eingereicht, aufgrund dessen das Gericht die Erfolgsaussichten überprüfen kann. Kommt das Gericht zu einem vorläufig positiven Ergebnis, so wird die PKH für eine Instanz bewilligt und ein Rechtsanwalt nach Wahl beigeordnet.

Statt der PKH-Bewilligung kann das Gericht auf Antrag einer Partei durch einstweilige Anordnung auch die Verpflichtung zur Zahlung von Unterhalt oder zur Zahlung eines Kostenvorschusses für ein gerichtliches Verfahren regeln (§ 246 FamFG).

1. Auf welchem Gerichtsweg kann man sich gegen Entscheidungen der Behörden in Angelegenheiten der Sozialhilfe und Jugendhilfe wehren? (5.1 und 5.2.2)
2. Wann kann eine Verfassungsbeschwerde eingelegt werden? (5.1)
3. Für welche Streitigkeiten ist der Gerichtshof der Europäischen Gemeinschaft (EuGH) und für welche der Europäische Gerichtshof für Menschenrechte (EGMR) zuständig? (5.1)
4. Worin besteht der Unterschied zwischen Fach- und Rechtsaufsicht? (5.2.1)
5. Kann ein Landesministerium oder das Landesjugendamt einen Landkreis anweisen, kommunale Mittel statt für ein autonomes Jugendzentrum besser für den Bau von Kindergarteneinrichtungen auszugeben? (5.2.1)
6. Frau S. erhält von der kreisfreien Stadt A. einen Bescheid, in dem ihr Antrag auf Sozialhilfe abgelehnt wird. Sie findet das ungerecht und fragt, was sie dagegen tun kann und was sie ggf. beachten muss. (5.2.1 und 5.2.2)
7. Darf ein VA im Widerspruchsverfahren auch zuungunsten des Bürgers abgeändert werden? (5.2.2)
8. Worin bestehen die wesentlichen Unterschiede zwischen dem Verfahren vor der Sozial- und Verwaltungsgerichtsbarkeit einerseits und dem streitigen Zivilverfahren andererseits? (5.2.3, 5.2.4 und 5.3.1, 5.3.3).
9. Welche Angelegenheiten werden vor der sog. Freiwilligen Gerichtsbarkeit verhandelt? (5.3.2)
10. Unter welchen Voraussetzungen erhält jemand Prozess-/Verfahrenskostenhilfe? (5.3.3)

6 Außergerichtliche Konfliktregelung (Trenczek)

6.1 Grundlagen der außergerichtlichen Konfliktregelung

Konflikte kommen täglich und überall vor, sie sind normal, sie werden aber sehr häufig nicht konstruktiv bearbeitet. Konflikte resultieren häufig aus unterschiedlichen Wahrnehmungen und Missverständnissen. In Konflikten ist die Kommunikation mit der anderen Partei oft gestört oder abgebrochen. Die Parteien nehmen oft gegensätzliche (Rechts-)**Positionen** ein, ohne die diesen Standpunkten tatsächlich zugrunde liegenden **Interessen** in den Blick zu bekommen. Vielfach wissen die Betroffenen nicht, wie sie einen Streit lösen können. Es bleibt dann offenbar nur das streitige Verfahren, der Gang zum Gericht, womit die Parteien die Kontrolle über das Verfahren und dessen Ergebnis weitgehend aus der Hand geben.

Nicht jeder Streit muss aber vor Gerichten ausgetragen werden. Im öffentlich-rechtlichen Bereich gibt es eine Reihe unterschiedlicher Möglichkeiten der außergerichtlichen Verwaltungskontrolle, die bereits im Zusammenhang mit dem Rechtsschutz dargestellt wurden (s. o. I-5.2). Im Bereich des allgemeinen Zivilrechts stehen den Parteien z. B. bei Leistungsstörungen zunächst zahlreiche Gestaltungsrechte wie Kündigung, Rücktritt oder die Minderung zur Verfügung (hierzu II-1.4.2). Es kann aber auch hilfreich sein, Dritte einzuschalten, die das Gespräch unparteiisch wieder in Gang bringen, um Sichtweisen und Interessen zu klären, ohne den Streit vor Gericht zu tragen. Jederzeit möglich ist ein sog. freiwilliges Güteverfahren vor einer **staatlich anerkannten Gütestelle** (vgl. z. B. http://www.hamburg.de/oera/; www.waage-hannover.de), durch das die Verjährung von Ansprüchen gehemmt wird (§ 204 Abs. 1 Nr. 4 BGB). Dies verschafft den Parteien die Möglichkeit, eine außergerichtliche Einigung mit dem Anspruchsgegner zu erarbeiten. Eine von der Gütestelle schriftlich dokumentierte Einigung (Vergleich) der Parteien hat vollstreckungsrechtlich die gleiche Wirkung wie ein gerichtliches Urteil (§ 794 Abs. 1 Nr. 1 ZPO).

freiwilliges Güteverfahren

Das BVerfG (14.02.2007 – 1 BvR 1351/01, Rz. 35) hat mit Nachdruck darauf hingewiesen: „eine zunächst streitige Problemlage durch eine einvernehmliche Lösung zu bewältigen, ist auch in einem Rechtsstaat grundsätzlich vorzugswürdig gegenüber der richterlichen Streitentscheidung." Selbst wenn es zur gerichtlichen Auseinandersetzung kommt, so soll das Gericht in jeder Lage des Verfahrens auf eine gütliche Beilegung des Rechtsstreits oder einzelner Streitpunkte bedacht sein (§ 278 Abs. 1 ZPO). In geeigneten Fällen kann das Gericht den Parteien eine außergerichtliche Streitschlichtung vorschlagen (§ 278 Abs. 5 Satz 2 ZPO). Im Familienrecht soll in jedem Verfahren, das ein Kind betrifft, nach § 156 FamFG stets und so früh wie möglich auf eine einvernehmliche Regelung hingewirkt werden. Das Familiengericht kann in Scheidungsverfahren sogar nach § 135 Abs. 1 FamFG anordnen, dass die Ehegatten einzeln oder gemeinsam an einem kostenfreien Informationsgespräch über Mediation (nicht die Mediation selbst) oder über sonstige Möglichkeiten der außergerichtlichen Streitbeilegung anhängiger Folgesachen bei einer von dem Gericht benannten Person oder Stelle teilnehmen und eine Bestätigung hierüber vorlegen (hierzu II-2.2.3; ausführlich Trenczek 2009b, 335 ff.). Auch in arbeitsrechtlichen Streitigkeiten soll stets auf eine einvernehmliche Regelung hingewirkt werden (§ 57 Abs. 2 ArbGG); außerdem ist in § 54 ArbGG ein obligatorisches Güteverfahren vor den Arbeitsgerichten nach Klageerhebung vorgesehen, um eine informelle Streiterledigung zu ermöglichen (zum Arbeitsrecht vgl. IV-3). Im kollektiven Arbeitsrecht gibt es Einigungsverfahren zur Beilegung von Meinungsverschiedenheiten zwischen Arbeitgeber und Betriebsrat, zu dessen Durchführung eine betriebliche Einigungsstelle eingerichtet wird (§ 76 BetrVG). Das Einigungsstellenverfahren ist erzwingbar, sofern die Meinungsverschiedenheiten Gegenstände betreffen, bei denen eine Einigung zwischen ArbGeb und Betriebsrat durch das Gesetz zwingend vorgeschrieben sind. Ansonsten sind Vereinbarungen über die Anrufung einer Einigungsstelle aber auch auf freiwilliger Basis möglich. Darüber hinaus sieht das Tarifrecht zur Vermeidung oder Beendigung von Arbeitskämpfen eine im Grundsatz zwar freiwillige Schlichtung vor, die jedoch für etwa zwei Drittel aller Arbeitnehmer in entsprechenden Tarifverträgen verbindlich geregelt ist (vgl. IV-3.2). Schließlich werden auch im Strafrecht die allermeisten Verfahren informell, d. h. ohne ein Gerichtsverfahren, erledigt (hierzu III-8.3.2). **Vorrang einvernehmlicher Regelungen**

Damit sieht das deutsche Recht ungeachtet der materiell-rechtlichen Regelung von Rechtsansprüchen eigentlich vielfältige Regelungen zu einer einvernehmlichen und informellen Streiterledigung vor. Allerdings gab es für diese normativ vorgesehenen Alternativen zur justiziellen Streitentscheidung in Deutschland in der Praxis lange Zeit weder Verfahren noch Leistungsanbieter, die über eine mit dem Gericht vergleichbare Professionalität und Akzeptanz in der Bevölkerung verfügen. Die Streitparteien nehmen diese Möglichkeiten bislang – wenn überhaupt – zumeist zu spät wahr, häufig in einer Phase, in der ein Konflikt bereits verhärtet und/oder bereits ein formelles, gerichtliches Verfahren in Gang gesetzt worden ist (zur Pflicht, sich im Vorfeld des Privatinsolvenzverfahrens um eine außergerichtliche Einigung zu bemühen, § 305 Abs. 1 InsO; vgl. II-1.3.1.2).

Allerdings stößt die justizielle Bearbeitung von Konflikten zunehmend an ihre Grenzen und lässt die Rechtsverfolgung mitunter langwierig, teuer und nicht effizient erscheinen. **Grenzen der gerichtlichen Konfliktregelung**

> „Richterliches Entscheiden ist, um es auf eine vereinfachte Formel zu bringen, in einer Vielzahl von Konflikten aufgrund ihrer strukturellen Grenzen nicht zur Konfliktregelung geeignet, darüber hinaus sehr aufwendig und nur bis zu einem bestimmten Punkt mit Geschäftsanfall belastbar" (Gottwald 1981, 30).

Die Kritik richtete sich insb. gegen:

- **soziale und ökonomische Barrieren** sowie durch die Rechtspflege bedingte Zugangshindernisse:
  - Kosten des Gerichtsverfahrens und der anwaltlichen Rechtsberatung,
  - lange Warte- und Verfahrenszeiten durch Geschäftsanfall,
  - Scheu und Schwellenangst durch formalisierte Verfahrensweisen und Sprachcodes;
- Nachteile der **Verrechtlichung des Konflikts:**
  - fehlende Planbarkeit und unsicherer Ausgang,
  - mangelnde Flexibilität der Verfahrensgestaltung,
  - adversative (auf Gegnerschaft angelegte), kontradiktorische (widersprechende) Natur des gerichtlichen Streitverfahrens,
  - Komplexitätsreduktion unter Außerachtlassung der ökonomischen oder sozialen Betrachtungsweise (u. a. drohender Ansehensverlust, Gefahr der Zerstörung von Geschäfts- und sozialen Beziehungen),
  - mangelnde Zukunftsorientierung und binäre Struktur von Gerichtsentscheiden (Gewinner – Verlierer);
- **Internationalisierung und Globalisierung** des Dienstleistungs- und Warenverkehrs:
  - komplexe Normen- und Zuständigkeitskonflikte im Hinblick auf nationale Rechtssysteme,
  - geringer werdende Relevanz nationaler Rechtsordnungen.

ADR   In den letzten 25 Jahren haben deshalb außergerichtliche Konfliktregelungsverfahren auch in Deutschland an Bedeutung gewonnen, zunächst im außergerichtlichen Tatausgleich nach Straftaten (sog. Täter-Opfer-Ausgleich) und in Trennungs- und Scheidungsverfahren sowie vor allem im Unternehmens- und Wirtschaftsbereich (hierzu Alexander et al. 2006, 285 ff.; Trenczek 2005b, 3 ff.). Mit dem Akronym ADR (ursprünglich für: *alternative dispute resolution*) werden eine Reihe unterschiedlicher außergerichtlicher Verfahren bezeichnet. Man unterteilt im Wesentlichen in die drei Bereiche Verhandlung – Vermittlung – Schiedsverfahren. Daneben gibt es noch weitere, hybride Formen nichtgerichtlicher Streiterledigung, die sich entsprechend der angelsächsischen Begriffsstrukur mehr oder weniger einer dieser drei Grundformen zuordnen lassen:

- **Verhandlung**
  - *Negotiation:* autonome Verhandlungen der Streitparteien ohne Unterstützung neutraler Dritter;
  - *Facilitation:* Prozessbegleitung und Moderation von Verhandlungen insb. in öffentlich-politischen Diskursen; Moderator interveniert verfahrensorientiert bzw. schlägt Verfahrensalternativen vor;

■ **Vermittlung**

– *Mediation:* Verhandlungen mit Unterstützung unparteiischer Dritter, die sowohl personen- als auch kommunikationsorientiert intervenieren, aber inhaltlich keine Streitentscheidung treffen (hierzu I-6.3);

– *Conciliation:* häufig Vermittlergremium bzw. Ausschuss, wird auch gestalterisch tätig, schlägt ggf. inhaltliche Alternativen vor bzw. führt normative Teilziele in das Verfahren ein; stärkere Rechtsgebundenheit als Mediation, häufig im Vorfeld administrativer oder (verwaltungs)gerichtlicher Entscheidungen. Hierzu zählt auch der sog. außergerichtliche Tat- bzw. Täter-Opfer-Ausgleich (hierzu III-8.3.2) sowie das *family group conferencing* genannte Verfahren aus Anlass sozialschädlichen Verhaltens von Kindern und Jugendlichen.

■ **Schiedsverfahren**

– bindende Wirkung *(Arbitration):* Verhandlungen mit einem neutralen Schlichter; sollten sich die Parteien während des Verfahrens nicht einigen, fällt der Schlichter als Schiedsrichter einen die Parteien bindenden Schiedsspruch. Hierzu gehören z. B. die Verfahren durch Ausschüsse in verwaltungs- und sozialrechtlichen Streitigkeiten, insb. die Verfahren vor den Schiedsstellen im Sozialbereich (hierzu I-6.2.2) und die privaten Schiedsgerichte (hierzu I-6.2.3). Im Betriebsverfassungsrecht, einem Teilgebiet des kollektiven Arbeitsrechts (hierzu IV-3.3), ersetzt der Beschluss der dort sogenannten Einigungsstelle (§ 76 BetrVG) die Einigung, die ansonsten zwischen Arbeitgeber und Betriebsrat zwingend herbeizuführen gewesen wäre. Auch im Tarifrecht gibt es Regelungen über ein Schiedsverfahren (vgl. §§ 101 ff. ArbGG). Soweit eine Schiedsvereinbarung besteht, ist die Anrufung des Arbeitsgerichts unzulässig. Der Schiedsspruch hat unter den Tarifvertragsparteien dieselben Wirkungen wie ein rechtskräftiges Urteil des Arbeitsgerichts.

– nicht-bindende Wirkung *(Non-Binding-Arbitration/Case Appraisal):* Schlichtungs- oder Sachverständigenverfahren, bei der die dritte Person am Ende des Verfahrens eine Bewertung des Sach- und Streitstands vornimmt, deren Bewertung (Schiedsspruch) die Konfliktparteien akzeptieren können, aber nicht müssen. Hierzu gehören insb. die Güteverfahren vor den Schiedsleuten (vgl. I-6.2.1) und die von den (z. B. Industrie- und Handels-, Handwerks-)Kammern und Verbänden getragenen Schlichtungsverfahren z. B. bei Verbraucherbeschwerden. Ob im Tarifstreit ein Schlichtungsspruch verbindlich ist oder nicht, ergibt sich aus der jeweiligen Vereinbarung der Beteiligten (Hromadka/Maschmann 2007, 540 f.).

– *Ombudsmann:* Durch öffentliche Träger oder Wirtschaftssysteme (z. B. Bank- und Versicherungswesen) beauftragte Mittler können den Parteien einen Lösungsvorschlag unterbreiten, der für die dem System angeschlossene Partei bindende Wirkung haben kann, nicht aber für den Verbraucher.

Die verschiedenen ADR-Verfahren unterscheiden sich insb. im Grad der Einbeziehung, der (ermittelnden oder „nur" vermittelnden) Funktion und dem inhaltlichen Einfluss der „neutralen" **Dritten** bei der Konfliktbearbeitung. Schiedsverfahren sind aufgrund ihrer rechtlichen Orientierung eine Form der Streitbeilegung, die

Rolle und Funktion der Dritten

eher einer justiziellen Regelung als den „alternativen" Verfahren der Konfliktlösung ähneln, insb. sofern sie mit einem Schiedsspruch abgeschlossen werden. Notwendig ist hier ein Hinweis auf eine Besonderheit der deutschen Terminologie. In Unkenntnis der wesentlichen Prinzipien und Unterschiede wird hierzulande manches undifferenziert als Konfliktvermittlung und Mediation bezeichnet, nur weil die Konfliktbearbeitung von einer dritten Person moderiert wird und die am Streit Beteiligten selbst zu Wort kommen. Die teilweise sehr schnell erzielten Ergebnisse dieser Vorgehensweise unterscheiden sich deutlich von der methodisch differenzierten Konfliktbearbeitung im Rahmen eines fachlichen Standards entsprechenden Mediationsverfahrens. Der Begriff **„Mediation"** soll in Deutschland durch ein Mediationsgesetz geschützt werden, dessen Entwurf von der Bundesregierung im Dezember 2010 beschlossen wurde (http://www.simk.net). Danach ist Mediation definiert als „ein vertrauliches Verfahren, bei dem Parteien mit Hilfe eines Mediators freiwillig und eigenverantwortlich eine einvernehmliche Beilegung ihres Konflikts anstreben" (§ 1 Abs. 1 Satz 1 MediationsG-RE). Der Begriff „Schlichtung" intendiert demgegenüber eine eher rechtsbezogene Entscheidung und unterscheidet sich im Hinblick auf die Vorschlags- und Entscheidungskompetenz des Dritten (z. B. des Schlichters in tarifrechtlichen Konflikten) semantisch wie konzeptionell von dem der Mediation. Er wird aber in Deutschland häufig auch als Synonym für die konsensuale Vermittlungstätigkeit verwendet. Entscheidend ist letztlich die Rolle und Funktion und damit das **methodische Vorgehen** des Dritten (zur Rolle und Funktion von Mediatoren s. u. I-6.3.3). In der psychosozialen Arbeit liegt der Fokus eher auf den konsensorientierten Streiterledigungsformen, für die die direkte Kommunikation der Konfliktbeteiligten unverzichtbar ist (hierzu s. u. I-6.3).

Andererseits impliziert der Begriff „Konfliktmanagement" die Nichtfestlegung auf ein bestimmtes Verfahren, sondern die Offenheit im Hinblick auf unterschiedliche (außergerichtliche, nicht justizförmige) Verfahrensalternativen (hierzu Troja/Stubbe 2006, 121). Im *common-law*-Bereich (insb. Australien, England, USA) wird insoweit von *conflict management design* gesprochen. Hier hat sich eine Beratungsindustrie herausgebildet, die bei der Wahl der angemessenen Konfliktlösungsstrategie berät bzw. im Rahmen der Konzeption und Implementierung von Konfliktlösungsverfahren in Unternehmen tätig ist. Mittlerweile wird unter dem Akronym **ADR** heute nicht mehr eine „*alternative*", sondern die „*appropriate dispute resolution*", also das „passende", angemessene Verfahren der Konfliktregelung verstanden. Der justizförmige Weg des Gerichtsverfahrens und die richterliche Determination des Konflikts sollen in einem Kontinuum unterschiedlicher Streiterledigungsverfahren tatsächlich *ultima ratio* (letztes Mittel) sein (zum Vorrang einvernehmlicher Regelungen s. o. BVerfG 14.02.2007 – 1 BvR 1351/01, Rz. 35). Dabei soll ADR das staatliche Gerichtssystem nicht ersetzen, sondern ergänzen. Die Rechtskontrolle durch staatliche Gerichte ist unabdingbarer Teil des Rechtsstaates. Mediation und andere Formen der ADR leben davon, dass im Hintergrund Zwangsmittel bereitgehalten und zum Schutz des Schwachen aktiviert werden (können). Insoweit sprechen manche von einer Konfliktregelung „im Schatten des Rechts" (Mnookin/Kornhauser 1979; Spittler 1980). Entscheidend – wenn man überhaupt von einem Schatten des Rechts sprechen will – ist aber, dass „*das Recht stärker durch seinen Schatten wirkt als durch den tatsäch-*

(Marginalien)

Schlichtung

Konfliktmanagement

lich exekutierten Zwang" (Frehsee 1991, 59). Das Recht ist und bleibt Schutzgarant und wird im Hinblick auf die Nichteinigungsalternativen vielfach ein latenter Entscheidungs- und Kontrollmaßstab sein (hierzu auch I-6.3.3).

Alexander et al. 2006; Trenczek 2005b; 2010c

6.2   Schiedsverfahren

6.2.1   Schlichtungsverfahren vor den Schiedsleuten

Nach § 15 EGZPO kann durch Landesgesetz bestimmt werden, dass die Erhebung **obligatorisches** einer Klage erst zulässig ist, nachdem ein sog. obligatorisches Güteverfahren vor **Güteverfahren** einer staatlich anerkannten Gütestelle mit dem Ziel einer einvernehmlichen Regelung durchgeführt worden ist. Von dieser Regelung haben mehrere Bundesländer (z. B. Baden-Württemberg, Bayern, Brandenburg, Hessen, Nordrhein-Westfalen, Niedersachsen, Saarland, Sachsen-Anhalt, Schleswig-Holstein) Gebrauch gemacht. Dort werden die Aufgaben der Schiedsstellen in Städten und Gemeinden überwiegend von ehrenamtlich tätigen Schiedsfrauen oder Schiedsmännern wahrgenommen. Eine der bekanntesten professionellen Einrichtungen ist die Öffentliche Rechtsauskunfts- und Vergleichstelle (ÖRA) in Hamburg, die bereits 1922 eingerichtet wurde (vgl. http://www.hamburg.de/oera/). Die ÖRA bietet nicht nur Rechtsauskunft und Rechtsberatung, sondern fungiert auch in zivil- wie strafrechtlichen (vgl. § 380 StPO, vgl. III-8.2) Konflikten als anerkannte Vergleichsstelle im sog. Sühne- bzw. Güteverfahren.

Einigen sich die Parteien auf einen von der Gütestelle schriftlichen dokumentierten Vergleich, kann daraus wie aus einem gerichtlichen Urteil die Zwangsvollstreckung betrieben werden (§ 794 Abs. 1 Nr. 1 ZPO). Kommt es nicht zur Einigung, stellt die Gütestelle eine Erfolglosigkeitsbescheinigung aus, die Voraussetzung für die Einreichung einer Klage ist. Für die Durchführung von Schiedsverfahren erheben ehrenamtlich tätige Schiedsleute und andere anerkannte Gütestellen in der Regel nur geringe Gebühren von etwa 40 €. Insoweit läge eigentlich eine kostengünstige Möglichkeit einer außergerichtlichen Konfliktklärung vor. Allerdings wird das Schiedsverfahren wohl vor allem deshalb kaum genutzt, weil in diesem Rahmen ein methodisch eher einfaches Schlichtungsverfahren mit z. T. rigiden Verfahrensbestimmungen vor in der Regel nicht ausgebildeten Schiedsleuten oder Friedensrichtern stattfindet, das den Interessen und Bedürfnissen der Streitparteien nicht entspricht (vgl. Jansen 1988).

Der entscheidende Nachteil des obligatorischen Güteverfahrens nach § 15a EGZPO liegt in der Reduktion der informellen Konfliktschlichtung auf ein Regelungsinstrument von Bagatellfällen (vermögensrechtliche Streitwertgrenze 750 €; Nachbarrecht und persönliche Ehrverletzungen) sowie der damit vielfach einhergehenden methodischen Armut der Konfliktbearbeitung (vgl. Greger 2007; Jansen 1988; Röhl/Weiß 2005; Trenczek 2005b, 12). Auf diese Weise wird man der außergerichtlichen Streitregelung nicht zu mehr Akzeptanz bei den Bürgern und damit zum Durchbruch verhelfen.

6.2.2   Schiedsverfahren vor den sozialrechtlichen Schlichtungsstellen

Das Sozialrecht ist nicht zuletzt aufgrund des sozialrechtlichen Gesetzesvorbe-haltes (§ 31 SGB I) inhaltlich sehr ausdifferenziert und verbindlich geregelt. Im Kooperationsbereich von öffentlichen Trägern, den Kommunen und Sozialversi-cherungsträgern, einerseits und (freien) Leistungserbringern andererseits über-lässt es aber inhaltliche Regelungen, insb. über Leistungsinhalte und Entgelte (vgl. z. B. §§ 78a SGB VIII) bzw. Vergütungen (vgl. z. B. §§ 64, 112, 115 SGB V; §§ 75 Abs. 3, 76 f. SGB XII), den vertraglichen Regelungen der Beteiligten. Mit der Ein-führung der (sozialrechtlichen) Schiedsstellen ist ein Instrumentarium geschaffen worden, damit Entscheidungen getroffen werden können, wenn zwischen den Par-teien aufgrund konträrer wirtschaftlicher Interessen Konflikte auftreten und sie selbst – innerhalb eines bestimmten Zeitraumes – keine Einigung über die Verein-barungen erzielen können (vgl. Boetticher / Tammen 2003, 28 ff.; Gottlieb NDV 2001, 257 ff.; Schnapp 2004; Schütte NDV 2005, 246 ff.). In diesen Fällen müssen die Schiedsstellen von einer Seite angerufen werden, eine unmittelbare Klage ge-gen die andere Partei ist nicht zulässig.

Schiedsstellen   Schiedsstellen sind zumeist auf Landesebene eingerichtete, paritätisch besetzte Ausschüsse mit einem unparteiischen und weisungsfreien Vorsitzenden und einer gleichen Zahl von Vertretern der öffentlichen Träger sowie der Einrichtungsträger. Von besonderer Bedeutung sind insb.

- die Pflegesatzschiedsstelle nach § 18a Krankenhausfinanzierungsgesetz (KHG) für die Schlichtung von Vergütungsstreitigkeiten zwischen Kranken-häusern und Krankenkassen,
- die Landesschiedsstelle nach § 114 SGB V für die Schlichtung von Vertrags-streitigkeiten entweder zwischen Krankenhäusern und Krankenkassen oder zwischen Krankenhäusern, Krankenkassen und Vertragsärzten,
- die Schiedsämter auf Bundes- und Landesebene nach § 89 SGB V für die ver-tragsärztliche Versorgung, die vertragszahnärztliche Versorgung und auch die Vergütung zahntechnischer Leistungen,
- die Schiedsstellen nach § 78g SGB VIII für Streitigkeiten über Leistungs- und Entgeltvereinbarungen in der Kinder- und Jugendhilfe,
- die Schiedsstellen in der Pflegeversicherung nach § 76 SGB XI,
- die Schiedsstellen nach § 80 SGB XII bei Streitigkeiten über Vergütungsverein-barungen (§ 76 Abs. 2, § 77 Abs. 1 S. 3 SGB XII) in der Sozialhilfe.

Schiedsstellen gibt es auch aus Anlass anderer Regelungsdefizite, z. B. nach § 92 Abs. 1a SGB V, wenn der sog. gemeinsame Bundesausschuss bestehend aus Kas-senärztlichen Bundesvereinigungen, der Deutschen Krankenhausgesellschaft, Bundesverbänden der Krankenkassen, der Bundesknappschaft und der Verbände der Ersatzkassen sich nicht über die zur Sicherung der ärztlichen Versorgung der Versicherten erforderlichen Richtlinien einigt. Geht es um den Abschluss von Ver-einbarungen über Jugendhilfeleistungen, die nicht unter den Katalog des § 78a SGB VIII fallen, oder sind Leistungen nach den SGB II, III oder IX betroffen, ist ein Schiedsstellenverfahren nicht vorgesehen.

Der Rechtscharakter der Schiedsstellentätigkeit ist umstritten. Zum einen wird bei der Tätigkeit der Schiedsstelle hoheitliches Handeln betont und sie insoweit als Behörde (§ 1 Abs. 2 SGB X) angesehen. Demgegenüber wird heute vermehrt von einem Doppelcharakter der Schiedsstellentätigkeit ausgegangen, in dem beide Elemente – hoheitliches Handeln und vertragshelfende Tätigkeit – zusammenfließen („Zwangsvertragshilfe", vgl. Münder et al. 2009 § 78g Rz. 9; Schütte NDV 2005, 247 f.). Einigkeit besteht jedenfalls darüber, dass Entscheidungen der Schiedsstelle vertragsgestaltende **Verwaltungsakte** sind (vgl. BVerwGE 108, 47; BVerwG v. 28.02.2002 – 5 C 25.01 – E 116, 78). Diese können ohne vorhergehendes Widerspruchsverfahren mit einer Klage vor den Sozialgerichten (vgl. § 77 Abs. 1 S. 4 SGB XII) bzw. im Bereich der Kinder- und Jugendhilfe vor den Verwaltungsgerichten (§ 78g Abs. 2 S. 2 SGB VIII) angefochten werden. Die Klage ist dabei nach dem jetzigen Recht – anders als früher (vgl. BVerwGE 108, 47) – nicht gegen die Schiedsstelle, sondern gegen die andere Vertragspartei zu richten (vgl. z. B. § 78g Abs. 2 S. 3 SGB VIII, § 77 Abs. 1 S. 5 SGB XII). Strittig ist, ob hierfür nur die Anfechtungsklage ausreichend bzw. zulässig ist (VG Karlsruhe 14.02.2006 – 8 K 1878/04: nur kassatorischer, d. h. die Entscheidung aufhebender Rechtsschutz im Wege der Anfechtungsklage) oder gleichzeitig eine allgemeine Leistungsklage (Boetticher/Tammen 2003, 51; Gottlieb NDV 2001, 261) erhoben werden muss.

Rechtsschutz gegen Entscheidungen der Schiedsstellen

Den Schiedsstellen wird eine weite Gestaltungsfreiheit und im Hinblick auf die Auslegung unbestimmter Rechtsbegriffe ein sog. **Beurteilungsspielraum** (I-3.3.3) zuerkannt. Ihre Schiedssprüche unterliegen nur in eingeschränktem Umfang gerichtlicher Kontrolle. Sie sind daraufhin zu überprüfen, ob die grundlegenden verfahrensrechtlichen Anforderungen und in inhaltlicher Hinsicht die zwingenden rechtlichen Vorgaben eingehalten wurden. In formeller Hinsicht wird geprüft, ob die Schiedsstelle den von ihr zugrunde gelegten Sachverhalt in einem fairen Verfahren unter Wahrung des rechtlichen Gehörs ermittelt hat und ihr Schiedsspruch die Gründe für das Entscheidungsergebnis ausreichend erkennen lässt. Die inhaltliche Kontrolle ist darauf beschränkt, ob der vom Schiedsspruch zugrunde gelegte Sachverhalt zutrifft und ob die Grenzen des Entscheidungsspielraums unter Beachtung der allgemeinen Rechtsmaßstäbe eingehalten worden sind (BSG v. 14.12.2005 B 6 KA 25/04 R; BSG v. 27.04.2005 – B 6 KA 22/04 R).

6.2.3   Schiedsgerichtsbarkeit

Die Schiedsgerichtsbarkeit hat die Kaufmannschaft als ein ihren Interessen besonders entsprechendes Streitklärungsinstrument erfunden. Schiedsgerichte kommen aber auch in anderen Lebensbereichen vor (z. B. die sog. Sportgerichte). Schiedsgerichte sind private, d. h. nichtstaatliche Gerichte, die über bestimmte Streitigkeiten abschließend und verbindlich entscheiden. Da der privaten Schiedsgerichtsbarkeit anders als der staatlichen Gerichtsbarkeit aufgrund des staatlichen Gewaltmonopols (vgl. I-1.1.1) keine Zwangrechte zustehen, kann ein Schiedsgericht nur dann über eine Streitigkeit richten, wenn sich die Parteien des Streits zuvor darauf geeinigt haben und sich damit dem Schiedsspruch „freiwillig" unterwerfen. Im internationalen, aber auch zunehmend im nationalen Handelsverkehr

Schiedsgerichte

sind solche Einigungen durchaus üblich. Vielfach wird bereits in die Vertrags-werke eine Klausel aufgenommen, die im Konfliktfall eine außergerichtliche Klä-rung insb. durch ein Schiedsverfahren (zunehmend aber alternativ auch eine Medi-ation) vorschreibt.

Für das Privat- und Handelsrecht ist das Schiedsverfahren in den §§ 1025 ff. ZPO geregelt, sofern der Verfahrensort in Deutschland liegt und soweit die Parteien für ihr Schiedsverfahren keine davon abweichenden (zulässigen) Regelungen treffen. Zwingende Verfahrensgarantien sind das Recht auf rechtliches Gehör und die Gleichbehandlung der Parteien (§ 1042 ZPO). Wird auf eine Verfahrensordnung einer Institution für Schiedsgerichtsbarkeit (zum Beispiel der Handelskammer Hamburg, vgl. www.hk24.de) Bezug genommen, so gilt diese als vereinbart.

Der Vorteil der Schiedsgerichtsbarkeit liegt vor allem daran, dass sie im inter-nationalen Waren- und Dienstleistungsverkehr anwendbar ist. Während deutsche Gerichtsurteile nicht überall auf der Welt vollstreckbar und damit faktisch wert-los sind, können Schiedssprüche auch im Ausland wesentlich leichter vollstreckt werden, sofern der entsprechende Staat dem New Yorker Abkommen über die Anerkennung und Vollstreckung ausländischer Schiedssprüche vom 10.06.1958 beigetreten ist. Das sind derzeit mehr als 100 Staaten in der Welt.

Ein Schiedsverfahren ähnelt im Ablauf einem „normalen" Gerichtsverfahren: Die Parteien fertigen Schriftsätze, es findet in der Regel eine mündliche Verhand-lung statt, in der ggf. Beweisaufnahmen durchgeführt werden. Zwar werden stets die Möglichkeiten einer einvernehmlichen Regelung ausgelotet, am Ende des Ver-fahrens steht aber ein verbindlicher Schiedsspruch, der für die Parteien die glei-chen Wirkungen hat wie ein Urteil. Allerdings können die Parteien stärker Einfluss auf das Verfahren nehmen, insb. sind sie in der Verfahrensgestaltung freier und flexibler als die Richter eines staatlichen Gerichtes. Zum Beispiel werden sie bei der Auswahl der Schiedsrichter beteiligt oder sie können den Verhandlungsort und die Verfahrenssprache einvernehmlich regeln.

6.3　Mediation

Definition　Mediation (Vermittlung) ist ein außergerichtliches, nichtöffentliches Verfahren konstruktiver Regelung offener Fragen und Konflikte, bei dem die Betroffe-nen/Parteien mit Unterstützung unabhängiger und unparteiischer Dritter, den Me-diatoren, einvernehmliche Regelungen suchen, die ihren Bedürfnissen und Inter-essen dienen (vgl. § 1 RE-MediationsG 2010; Art. 3a der EU-Mediations-Richtlinie (15003/5/07 REV 5 – 23.04.2008; Trenczek 2008a, 186). Ziel der Mediation ist eine verbindliche, in die Zukunft weisende Vereinbarung. Die Leitung und Mode-ration von Verhandlungen bzw. der Konfliktbearbeitung wird deshalb einer beson-ders geschulten, unabhängigen und unparteiischen Vermittlungsperson („Media-tor/in") übertragen. Die Mediatoren entscheiden nicht in der Sache, sondern unterstützen die Parteien dabei, die strittigen Themen und Streitpunkte zu identifi-zieren sowie Lösungsoptionen zu erarbeiten. Dabei stellt sich häufig heraus, dass die Parteien das „entweder – oder" überwinden und – oft sogar über den ursprüng-lichen Streitgegenstand hinaus – „gewinnen", d.h. eine Lösung oder Regelung finden können, die ihren Interessen gleichermaßen dient (sog. Win-win-Situation; vgl. hierzu Fisher/Ury 1981). Die **wesentlichen Merkmale** des Mediationsverfahrens sind:

- Vermittlung durch unparteiische (allparteiliche /„neutrale") Dritte. Mediatoren haben keine Entscheidungsgewalt im Hinblick auf den Streitgegenstand, sie sind weder Richter noch Schlichter;
- Einbeziehung und direkte Kommunikation aller Konfliktparteien; i. d. R. sind diese anwesend; keine die Parteien ersetzende Vertretung durch Dritte;
- informelle /außergerichtliche Konfliktbearbeitung, flexible Verfahrensgestaltung;
- Nichtöffentlichkeit und Vertraulichkeit; keine der offen gelegten Informationen und Aspekte wird an Dritte weitergegeben;
- Autonomie: die Parteien bestimmen (nicht immer) Anfang und Ende der Mediation; auch wenn die Teilnahme an einem Mediationsverfahren nicht immer freiwillig ist bzw. sein muss, geht es immer um eine selbstbestimmte, interessensgerechte Regelung /Lösung des Konflikts;
- Ergebnisoffenheit und Konsensorientierung: Verzicht auf Machtentscheidungen und einseitige Rechtsdurchsetzung.

Bei einer Mediation sind nicht nur rechtliche Fragen von Bedeutung, vielmehr können von den Parteien alle (wirtschaftlichen und sozialen, persönlichen und emotionalen) Aspekte eines Konflikts in die Diskussion eingebracht werden. Aufgrund ihrer interdisziplinären Kompetenzen sind (gut ausgebildete) Mediatoren in der Lage, den Dialog und die Wechselseitigkeit zwischen den Konfliktpartnern zu fördern, um einen Konsens, eine einvernehmliche Regelung oder Lösung zu finden, bei der beide/alle „gewinnen" können. Dies führt in aller Regel zu einer nachhaltigen Zufriedenheit der Parteien. Die wesentlichen Vorteile der Mediation sind:

Vorteile der Mediation

- Selbstbestimmung und Planungssicherheit: keine Entscheidung durch Dritte; die Parteien bestimmen die Mediatoren, Inhalt und Ergebnis des Mediationsverfahrens; unbürokratisches, flexibles Verfahren (u. a. abgestimmte Terminplanung);
- angemessene Berücksichtigung der Standpunkte, Interessen und Ziele der Parteien;
- zukunftsorientierte, interessengerechte, faire Lösung, bei der alle Seiten gewinnen können (Win-win-Situation); Erzielung wirtschaftlich sinnvoller und nachhaltiger Ergebnisse;
- Erhaltung, Wiederherstellung oder Neugestaltung und Verbesserung der geschäftlichen bzw. persönlichen Beziehungen;
- Vertraulichkeit, Bewahrung von Privat- und Geschäftsgeheimnissen, keine Gefahr der Rufschädigung und Imageverlusten, keine Presse;
- Zeitersparnis gegenüber Gerichtsverfahren, insb. bei mehreren Instanzen;
- Reduzierung der (Rechtsverfolgungs-)Kosten, Schonung personeller und betrieblicher Ressourcen, Vermeidung von Reibungsverlusten (z. B. Abstellen von Mitarbeitern, interne und externe Besprechungen zur Vorbereitung von Gerichtsverfahren);

- Verringerung emotionaler Kosten in Streitverfahren, nachhaltige Zufriedenheit mit Verlauf und Ergebnis des Mediationsverfahrens;
- nachhaltige Steigerung der persönlichen und betrieblichen Produktivität durch die Erfahrung konstruktiver Konfliktlösungsverfahren;
- Mediation verfügt über hohe Erfolgschancen: Bei Durchführung eines fachgerechten Mediationsverfahrens liegt die Einigungsquote i. d. R. bei 80–90 %.

6.3.1 Anwendungsbereiche der Mediation

Ziel der Mediation Mediation ist als Verfahren und Methode der kommunikativen Konfliktbearbeitung universell einsetzbar. Im Vordergrund steht die in die Zukunft weisende Vereinbarung (Lösungsorientierung). Für diesen Prozess bieten die Mediatoren ihre Unterstützung an (*„facilitative mediation"*). Harmonie herzustellen ist nicht das vordringliche Ziel. Eine Harmonisierung oder gar „Transformation" der Beziehungen (*„transformative mediation"*) ist nicht ausgeschlossen, darf aber weder Voraussetzung noch von den Mediatoren vorgegebenes Ziel sein. Mediation ist immer dann sinnvoll, wenn die Parteien die Lösung ihres Konfliktes selbst bestimmen wollen, insb. wenn sie – aus welchen Gründen auch immer – künftig weiter Kontakt pflegen wollen.

Mediation ist ein transdisziplinäres Arbeitsfeld, in das psychosoziale Berufe ebenso wie Juristen, Ingenieure, Ökonomen und andere Berufsgruppen ihre spezifischen Kompetenzen einbringen können. Für die **Mediation im psychosozialen Bereich** kommen insb. die folgenden Konfliktfelder in Betracht:

- im Privatbereich:
  - zwischen (sich trennenden) Ehepartnern (insb. in Sorge- und Umgangsstreitigkeiten, vgl. § 17 SGB VIII),
  - zwischen Eltern und Pflegeeltern (vgl. § 38 SGB VIII), bei Adoptionen (vgl. Marx 2000, 302),
  - in sonstigen Familien- und Generationenkonflikten (z. B. zwischen Eltern und ihren Kindern, bei Erbstreitigkeiten, …),
  - im Mieter-Vermieter-Verhältnis,
  - in Nachbarschaftsstreitigkeiten;
- im Unternehmens- und Wirtschaftsbereich:
  - Konflikte zwischen Arbeitnehmern, Vorgesetzten und Mitarbeitern,
  - Gruppen- und Teamkonflikte in Betrieben und sonstigen (sozialen) Organisationen, insb. in Veränderungsprozessen (z. B. aufgrund von Umstrukturierungen),
  - bei Verbraucherbeschwerden,
  - im Gesundheitswesen, der Altenhilfe / -pflege, der Behinderten- und Jugendhilfe bzw. anderen Sozialeinrichtungen / -unternehmen (z. B. zwischen Bewohnern, Angehörigen, Mitarbeitern, …);
- im öffentlichen Bereich:
  - Schul- oder peer-group-Mediation,
  - in interkulturellen Konflikten,

- Täter-Opfer-Ausgleich (hierzu III-8.3.2),
- in politisch-administrativen Entscheidungsprozessen zur Gestaltung und Nutzung des öffentlichen Raums,
- in Konflikten zwischen öffentlichen Sozialleistungsträgern und freien Einrichtungsträgern und Leistungserbringer (zum sozialrechtlichen Schiedsverfahren vgl. oben I-6.2.2).

Die Familienmediation, insb. in Trennungs- und Scheidungsverfahren, ist im Privatbereich mit geschätzten 15–20.000 Verfahren im Jahr neben dem sog. Täter-Opfer-Ausgleich der größte Anwendungsbereich der Mediation in Deutschland (Diez et al. 2002; Hohmann/Morawe 2001; Proksch 2004; Trenczek 2010c, 4). Allerdings bedeutet dies andererseits, dass ein Mediationsverfahren bislang nur in jedem 10. Trennungs- und Scheidungsfall genutzt wird. Seit der Kindschaftsrechtsreform von 1998, die das gemeinsame Sorgerecht sich trennender Eltern fördert, lässt sich immerhin ein zunehmender Trend feststellen. Die Trennungs- und Scheidungsmediation führen überwiegend freiberufliche Mediatoren durch. Aber auch die nach § 17 SGB VIII möglichen Vermittlungsangebote der Jugendhilfe können bei einer entsprechenden Qualifikation der Mitarbeiter genutzt werden. **Familienmediation**

Grundsätzlich lassen sich alle Konflikte mediieren, selbst in Fällen, in denen die Atmosphäre aufgrund von erheblichen Enttäuschungen und Verletzungen vergiftet ist und eine gütliche Einigung unmöglich erscheint. Man kann vielmehr andersherum feststellen: Mediation ist dann angebracht, wenn der Konflikt so weit eskaliert ist, dass die Beteiligten außerstande sind, alleine in direkten Verhandlungen die Probleme kooperativ zu lösen. Entscheidend ist letztlich die Bedürfnis- und Interessenlage der Parteien, die Bereitschaft, „trotz allem" einvernehmliche Lösungen zu erarbeiten. Mediation ist stets eine zusätzliche Option, der Rechtsweg ist durch Mediation grds. nicht ausgeschlossen. **geeignete Fälle**

Besonders geeignet ist Mediation, wenn die Parteien – aus welchen Gründen auch immer – ein Interesse an einer künftig (weiter)bestehenden (persönlichen oder geschäftlichen) Beziehung haben. Schwierig ist Mediation, wenn auf einer Seite keine Verhandlungsbereitschaft oder -möglichkeit besteht. Dies ist im Hinblick auf das Gesetzlichkeitsprinzip der Verwaltung bei Behörden zum Teil der Fall, insb. dann, wenn der Verwaltung im Rahmen der Entscheidungsfindung kein Ermessen (hierzu I-3.4) zusteht. Gleichwohl hat sich Mediation auch in verwaltungs- und sozialrechtlichen Streitfällen bewährt (vgl. z. B. Entringer et al. 2003; Vögele 2003). Mediation scheidet allerdings aus, wenn es um die grundsätzliche über den konkreten Einzelfall hinausreichende Klärung einer Rechtsfrage geht oder die Öffentlichkeit einbezogen werden muss oder soll. **Mediationsanbieter**

Mit Blick auf die Leistungsträger der Mediation lassen sich in Deutschland im Wesentlichen die folgenden Subsysteme unterscheiden:

■ die vor allem von Rechtsanwälten, psychosozialen und betriebswirtschaftlichen Professionen freiberuflich angebotene Mediation,
■ systeminterne Konfliktmanager/Mediatoren (z. B. in Unternehmen, Einrichtungen),

- vom Justizsystem bereitgestellte gerichtsinterne Mediation durch sog. Richter-mediatoren in bereits rechtsanhängigen Streitsachen,
- die durch die Schiedsstellen der Kammern und Verbände getragenen Media-tionsverfahren (soweit es sich hierbei nicht nur um ein Schlichtungsverfahren handelt), um bei Beschwerden von Verbrauchern ohne Gerichtsverfahren zu einer Einigung zu kommen,
- außergerichtliche Mediationsangebote gemeinnütziger Ausgleichs- und Schlichtungsstellen (*Community Justice bzw. Dispute Resolution Center*).

So vielfältig das Angebot der einzelnen Mediationsinitiativen und Projekte ist, fällt doch auf, dass die einzelnen Bereiche noch weithin unvernetzt bleiben. Dies führt zu teilweise erheblich unterschiedlichen fachlichen Standards und zu einer nicht gerade nutzerfreundlichen Unübersichtlichkeit.

Gemeinwesen-mediation Im Hinblick auf die Soziale Arbeit, aber auch auf die Konflikthilfe allgemein haben mittlerweile die außergerichtlichen Mediationsangebote **gemeinnütziger Ausgleichs- und Schlichtungsstellen** eine besondere Bedeutung. Der gemeinwe-senbezogene Konfliktlösungsansatz kann sogar als Geburtshelfer der Mediation bezeichnet werden (Trenczek 2005b, 234). Als „gemeinwesenbezogene Media-tion" bezeichnet man unabhängig vom jeweiligen Konflikt- und Arbeitsfeld alle konsensorientierten Vermittlungsleistungen zur Regelung der Konflikte im sozi-alen Nahraum der Bürger. Dies reicht von sog. Verbrauchersachen über Kon-flikte zwischen Kollegen am Arbeitsplatz, Gruppen- und Teamkonflikte (insb. in sozialen Einrichtungen und Vereinen), weiter über Familien- und Generationen-konflikte, die peer-group- und Schulmediation und sog. Konfliktlotsenpro-gramme bis hin zu den Streitigkeiten in der Nachbarschaft und der Stadtquartiere sowie schließlich dem sog. Täter-Opfer-Ausgleich in strafrechtlich relevanten Konflikten.

Die gemeinnützigen Schlichtungsstellen (z. B. Mediationsstelle in Frank-furt/Oder, www.mediationsstelle-ffo.de; WAAGE in Hannover, www.waage-hannover.de) verstehen sich als niederschwellige Ergänzung zur gerichtlichen Streiterledigung einerseits und den freiberuflichen bzw. kommerziellen Mediati-onsinitiativen andererseits. Konfliktvermittlung soll damit auch als Bestandteil der sozialen Grundversorgung der Bevölkerung angeboten werden. Besonderes Kennzeichen dieser gemeinnützigen Streitschlichtungsangebote ist, dass sie – in Abgrenzung zu Schlichtungs- und Schiedsverfahren – von Beginn an methodisch konsequent einem mediativen, emanzipatorischen Konfliktbearbeitungsmodell folgen. Darüber hinaus basiert die Arbeit dieser Mediationsangebote zu einem großen Teil auf dem freiwilligen Engagement ehrenamtlich tätiger Bürgerinnen und Bürger. Nach dem Vorbild angelsächsischer *Community Justice Center* sol-len alle Bevölkerungsgruppen, auch diejenigen, die vielfach an Barrieren des Jus-tizsystems scheitern, unabhängig von Einkommen und sozialem Status, einen angemessenen **Zugang** zu einem qualitativ hochwertigen, fairen Konfliktrege-lungsverfahren erhalten.

6.3.2   Ablauf einer Mediation

Mediation ist ein strukturiertes Verfahren, dessen Ablauf nach einer sorgfältigen Vorbereitung in mehreren Phasen erfolgt. In der Mediationsliteratur und -praxis werden unterschiedliche Mediations(phasen)modelle vertreten. Die Vermittlung in unterschiedlichen Konflikten, im Bereich der Wirtschaft und Arbeitswelt, in Nachbarschaftsstreitigkeiten, in der Familienmediation, zwischen *peers* in der Schule oder im Täter-Opfer-Ausgleich usw. bedarf der Anpassung an die spezifischen Zusammenhänge. Dies betrifft z. B. die Abfassung einer schriftlichen Mediationsvereinbarung, das separate Treffen mit den Konfliktparteien oder die spezifische Art der Themensammlung (z. B. in der Trennungs- und Scheidungsmediation) oder – sehr grundlegend – die Haltung der Mediatoren. Das Mediationsverfahren basiert im Wesentlichen auf ganz spezifischen Interaktions- und Kommunikationsprozessen.

Kurz zusammengefasst läuft das Mediationsverfahren folgendermaßen ab (vgl. Übersicht 21; ausführlich hierzu Trenczek 2005a, 193 ff.): Nach Fallzuweisung **Vorbereitungsphase** oder Kontaktaufnahme durch die Parteien werden diese in der Vorbereitungsphase über das Mediationsverfahren informiert, die Rahmenbedingungen (z. B. Vertraulichkeit, Kommunikationsregeln) für die Konfliktvermittlung in einer **Mediationsvereinbarung** festgehalten und die weitere Vorgehensweise miteinander abgestimmt. Wichtig ist eine klare Auftragsklärung, damit nicht unrealistische oder falsche Erwartungen den Mediationsprozess behindern. In manchen Mediationssettings, z. B. stets im sog. Täter-Opfer- (TOA) oder Außergerichtlichen Tatausgleich (ATA) (hierzu III-8.3.2), findet ein getrenntes **Vorgespräch** mit den Parteien statt. Nicht in allen Mediationen werden schriftliche Mediationsvereinbarungen

Übersicht 21: Das 3x5-Phasenmodell der Mediation

I. Vorbereitungsphase
- Fallzuweisung / Beauftragung (Intake)
- Informationssammlung und Vorprüfung (Screening)
- Kontaktaufnahme mit den Parteien – ggf. vorbereitendes Treffen mit den (einzelnen) Parteien
- Auftragsklärung
- Mediationsvereinbarung

II. Vermittlungsphase – Mediationsgespräch
- Einführung
- Standpunkte / Problemdefinition / Agenda
- Exploration: Konflikterhellung und Interessensklärung
- Entwicklung von Optionen / Verhandlungen
- Problemlösung / Vereinbarung

III. Post-Mediations-Phase / Umsetzungsphase
- Überprüfung der Vereinbarung durch Dritte (z. B. Rechtsanwälte der Parteien)
- ggf. offizielle Anerkennung und Ratifikation (z. B. notarielle Beurkundung, Gericht)
- Überprüfung der Einhaltung der Vereinbarung (monitoring)
- Reflexion der Mediatoren (debriefing)
- ggf. Follow-up

getroffen; diese sind aber bei komplexen oder länger dauernden Verfahren sehr zu empfehlen.

Mediationssitzung

Die eigentliche Mediationssitzung verläuft in 5 Phasen: Zu Beginn der eigentlichen Mediationssitzung wird noch einmal auf die wesentlichen Merkmale der Mediation und ggf. auf die bereits geschlossene Mediationsvereinbarung verwiesen, bevor auf den Streit inhaltlich eingegangen wird. Sodann stellen die Parteien relativ kurz ihre **Standpunkte** und Sichtweisen im Zusammenhang dar. Dies dient der Informationsgewinnung, insb. für die Mediatoren, weil diese häufig zu diesem Zeitpunkt über den Inhalt des Konflikts noch keine Kenntnis haben. Gleichzeitig ist die Gegenseite gezwungen zuzuhören, womit die Parteien (manchmal sogar zum ersten Mal) ihre Sichtweise ohne Unterbrechungen artikulieren und ggf. Gefühle und Bedürfnisse ausdrücken können. Der Mediator fasst die Konfliktdarstellungen zusammen, so dass die Themen, Streitpunkte und Konfliktfelder für die weitere Bearbeitung bewertungsfrei und damit in einer für beide Streitparteien akzeptablen Weise in einer **Agenda** strukturiert werden können.

Exploration

Ausgehend von der aufgestellten Agenda wird den Konfliktparteien in der Exploration (**Konflikterhellung**) genannten, zeitlich umfangreichsten Phase die Möglichkeit gegeben, ihre Sicht des Konflikts zu jedem Themenpunkt umfassend darzustellen. Informationen, Daten und Wahrnehmungen werden ausgetauscht, bevor auf die unterschiedlichen und gemeinsamen Wünsche, Bedürfnisse und Interessen der Parteien vertieft eingegangen und damit der Konflikt umfassend erhellt werden kann. Es ist wichtig, dass die Parteien sich verstanden fühlen; es geht um eine **Balance von Selbstklärung und** Selbstbehauptung sowie um Perspektivenwechsel und **Wechselseitigkeit**. Emotionen der Parteien können und dürfen nicht vermieden werden. In der Exploration sind die Mediatoren mit ihrer ganzen Persönlichkeit wie mit ihrem professionellen Gesprächsführungsrepertoire besonders gefordert. Die Vermittler achten auf die nonverbale Kommunikation (Mimik, Körpersprache) ebenso wie auf sprachliche Äußerungen. Insbesondere kann es hilfreich und notwendig sein, das Gehörte zusammenzufassen, zu spiegeln oder (positiv) umzuformulieren. Durch das Zurücksenden der Botschaften tritt der Zuhörende den aktiven Beweis an, dass er den Sender verstanden hat (s. u. I-6.3.4).

aktives Zuhören

Anschließend werden möglichst zahlreiche und verschiedene Lösungsoptionen, ggf. mit Hilfe methodischer, die Kreativität und neues Denken anregender Techniken, entwickelt, die in den nachfolgenden **Verhandlungen** bewertet werden und letztlich in eine verbindliche **Abschlussvereinbarung** münden. Mediatoren geben grds. keine Lösungen vor, (s. u. I-6.3.4), sondern helfen den Parteien, ihre Situation zu überblicken und die für sie notwendigen Entscheidungen selbst zu treffen. Sie sollen die Parteien mit kreativen Methoden zu ermutigen, Scheuklappen abzulegen, neue Sichtweisen aufzunehmen und ggf. „über ihren Schatten zu springen". Durch Einbringen intersubjektiv nachprüfbarer („objektiver") Kriterien sollen die bisherigen Vorstellungen der Partei „auf den Prüfstand" gestellt und daraufhin untersucht werden, inwieweit diese realistisch sind (*reality testing*). Ggf. erlauben es getrennte, parteivertrauliche Einzelgespräche den Mediatoren, die Grenzen der Einigungsbereitschaft auszuloten und die (Nichteinigungs-)Alternativen anzusprechen (sog. ***BATNA*** – *Best Alternative To an Negotiated Agreement*, vgl. Fisher/Ury 1981, 101 ff.). Einige Konflikte lassen sich in einer Sitzung mediieren, andere, komplexere Fälle bedürfen u. U. mehrfacher Sitzungen, in denen die Phasen 3 und 4 für jeden einzelnen Punkt auf der Agenda wiederholt durchlaufen werden.

In der **Post-Mediations-Phase** wird die Vereinbarung ggf. durch Dritte (z. B. Rechtsanwälte der Parteien) überprüft und ggf. durch ein Gericht oder eine notarielle Beurkundung offiziell anerkannt und ratifiziert. In der Folgezeit wird die Einhaltung der Vereinbarung überwacht (*monitoring*), sei es von den Parteien, den Mediatoren (z. B. im Rahmen eines TOA/ATA) oder einem beauftragten Dritten. In manchen Fällen verabreden die Parteien miteinander auch ein nochmaliges Zusammentreffen oder zumindest eine kurze Kontaktaufnahme, um zu klären, ob sie mit Verlauf und (nachhaltigem) Ergebnis der Mediation zufrieden sind. Unabdingbar ist auch die fachliche Reflexion der Co-Mediatoren (*debriefing*) im Anschluss an eine Mediation.

Post-Mediations-Phase

Trenczek 2005a

6.3.3   Mediation und Recht

§ 2 Abs. 2 RDG stellt klar, dass die Mediation sowie jede vergleichbare Form der alternativen Streitbeilegung **keine** den Rechtsanwälten vorbehaltene **Rechtsdienstleistung** darstellt (s. o. I-4.2). Es geht in der Mediation nicht vorrangig um die Klärung rechtlicher Verhältnisse, sondern um die Klärung der hinter den Rechtspositionen stehenden Interessen. Nicht rechtliche Fragen, sondern ökonomische, soziale und persönliche Bedürfnisse stehen i. d. R. im Vordergrund, ganz gleich ob es sich um eine Familienmediation, eine sog. Wirtschaftsmediation, um die Mediation in Nachbarstreitigkeiten oder in strafrechtlich relevanten Konflikten handelt. Der Schwerpunkt einer Mediation liegt damit nicht in der rechtlichen Bewertung oder Gestaltung. Andererseits wird es oft nicht ausbleiben, dass im Rahmen einer Mediation von den Parteien Rechtsfragen eingebracht werden. Dies ist zwar nicht immer der Fall – nicht jeder Konflikt ist ein Rechtsstreit – es ist aber durchaus üblich, dass die Parteien zumindest zu Beginn eines Verfahrens auf Rechtspositionen bestehen, im Verlaufe des Verfahrens ihre Standpunkte überdenken und schließlich vor Abschluss einer Vereinbarung ihre (rechtlichen und sonstigen Nichteinigungs-)Alternativen (sog. BATNA) überdenken. Also kommt es durchaus häufig vor, dass an Mediatoren Rechtsfragen herangetragen werden. Und schließlich mündet die erfolgreiche Mediation stets in einer Vereinbarung, deren Inhalt das wechselseitige Verhältnis der Parteien ggf. neu regelt. Freilich muss dieser (nicht notwendig schriftliche) Vertrag nicht immer von den Mediatoren formuliert werden, vielmehr wird die Vereinbarung inhaltlich von den Parteien selbst getroffen oder von den sie begleitenden Anwälten verfasst und sollte von den anwesenden Mediatoren lediglich protokolliert werden.

Interessensklärung

Ungeachtet des eher berufsständisch motivierten Konflikts über die Frage, ob Mediation eine rechtsberatende Tätigkeit darstellt, stellt sich das Verhältnis von Mediation und Recht in einer viel grundlegenderen Weise. Mediation findet ja

Rolle des Rechts

nicht außerhalb der Rechtsordnung statt. Die Entstaatlichung und Informalisie-
rung der Streitregelung ist nicht identisch mit der Beseitigung der öffentlichen
Verhaltenskontrolle. Mediation erlaubt zwar eine außergerichtliche, informelle,
aber keine völlig außerrechtliche (willkürliche) Konfliktbearbeitung. Das Recht
setzt Grenzen, es wirkt als **Orientierungs- und Ordnungsrahmen**. Es schreibt z. T.
eben verbindlich, nichtdispositiv fest, was Recht und Ordnung ist. Das Recht ist
und bleibt Schutzgarant und wird im Hinblick auf die Nichteinigungsalternativen
(sog. BATNA) vielfach ein latenter Entscheidungs- und Kontrollmaßstab sein. Allerdings ist die Rechtsnorm eben nur eines von mehreren Kriterien, einen Streit
verbindlich beizulegen.

Die Güte eines Mediationsverfahrens zeichnet sich allerdings nicht per se durch
seine Rechtsferne aus. In einer solchen Position spiegelt sich nur eine Rechts- bzw.
Juristenfeindlichkeit mancher Mediatoren aus dem psychosozialen Bereich wider,
die der Unfähigkeit mancher Juristen, die sozialen und psychologischen Anteile der
Mediation als unverzichtbar wahrzunehmen, in nichts nachsteht. Von nachhaltiger
(Prozess-, Ergebnis- und Struktur-) Qualität der Mediation kann man nur sprechen,
wenn das Verfahren den Geboten der **Fairness** (vgl. I-1.2.3), das Ergebnis den Gerechtigkeitsvorstellungen und den Interessen der Parteien entspricht und ggf. vorhandene Machtungleichgewichte (welcher Art auch immer) ausbalanciert werden
konnten. Recht muss nicht im Gegensatz zu den Interessen der Parteien stehen.
Andererseits garantiert das Recht aber eben keine interessengerechte Lösung des
Konflikts, ja vielfach steht eine auf (Rechts)Positionen bezogene Verhandlungs-
führung einer interessengerechten Lösung im Wege. Aus der vorgenannten Argumentation ergeben sich zwei wesentliche Fragen für die Mediatoren: Über welche
Rechtskenntnisse sollten Mediatoren verfügen? Wie soll sich ein Mediator verhalten, wenn an ihn Rechtsfragen herangetragen werden? Beide Fragen lassen sich nur
beantworten, wenn man die Rolle und Funktion der Mediatoren geklärt hat.

6.3.4   Rolle und Funktion von Mediatoren

Mediatoren sind besonders geschulte, unabhängige und unparteiische Vermitt-
lungspersonen, die die Parteien bei ihrer autonomen Konfliktregelung bzw. -lö-
sung unterstützen. Mediatoren haben keine Entscheidungsgewalt im Hinblick
auf den Streitgegenstand, sie entscheiden nicht „für" oder „über" die Parteien,
sie schlagen weder einen Kompromiss vor noch drängen sie die Parteien in den
Vergleich. Der Fokus liegt auf Partizipation und einem autonomen Interessensausgleich. Die Aufgaben eines Mediators bestehen im Wesentlichen darin, den
Verhandlungsprozess zwischen den Parteien unterstützend zu begleiten, in dem
sie die spezifische Struktur und Methode der Mediation als systemische Konflikt-
intervention einsetzen. Diese beinhaltet insb.:

- **Gesprächsmoderation:** Neugestaltung und Steuern der Kommunikationsver-
läufe,
- **Verfahrenskontrolle:** Agenda-Setting, Strukturgebung, Führen und Leiten,
Klärungshilfe,

■ unterstützende **Problemdefinition:** systemische Wahrnehmungsrekonstruktion, Interessens- und Bedürfnisanalyse, Klärung der Nichteinigungsalternativen.

Mediatoren sind weder Schlichter noch Richter, sondern **Initiatoren neuer Regelungsprozesse.** Sie ermitteln nicht die Wahrheit. Sie bewerten und urteilen nicht, sondern arbeiten mit der (selektiven) Wahrnehmung der Konfliktparteien, benennen Differenzen und versuchen, einen Wechsel der Perspektiven und die Konstruktion einer gemeinsamen Geschichte zu ermöglichen. Mediatoren schlagen keine Lösungen vor, denn sie können immer nur einen (kommunizierten) Ausschnitt der Lebenswirklichkeit der Beteiligten wahrnehmen und verstehen. Sie unterstützen die Betroffenen bei der Suche nach Regelungsoptionen. Eine sehr verbreitete **Mediatorenkrankheit** ist es, die „objektive Wahrheit" zu suchen, statt mit den (konstruierten) Geschichten der Parteien zu arbeiten, die eigene Sichtweise für objektiv zu halten und von eigenen Werten auszugehen, sich in eigene (Lösungs-)Ideen zu verlieben und „offenkundige" Lösungen vorzuschlagen. Manchen Mediatoren ist es sichtlich unangenehm, Emotionen Raum zu geben und Spannungen zuzulassen. Manche verfügen nicht über Geduld und lassen den Parteien nicht ausreichend Zeit und Raum, um die hinter den Standpunkten und Positionen liegende Fragen anzugehen.

Die Mediatoren dürfen kein eigenes (persönliches wie institutionelles) Interesse an einem bestimmten Konfliktausgang haben. Deshalb müssen Mediatoren neutral und unparteilich sein. Sie setzen sich aber für die Interessen und Belange aller Konfliktparteien ein. In diesem Sinne sind sie „allparteilich". Wollen Mediatoren nicht in Gefahr geraten, ihre Allparteilichkeit und das u. a. damit zusammenhängende Vertrauen der Parteien aufs Spiel zu setzen, dürfen sie zu den Parteien nicht gleichzeitig in einem Beratungskontext stehen. Hierbei macht es keinen Unterschied, ob diese Beratung eher psychosozialer oder rechtlicher Natur ist. Es verbieten sich deshalb die teilweise in der Praxis bestehenden „Arrangements" und Strukturen öffentlicher Träger, in denen die Mitarbeiter Mediation neben anderen Aufgaben „so nebenher" durchführen, ohne dass eine Trennung von parteilicher, interessengeleiteter Beratung und allparteilicher Mediation gewährleistet wäre (z. B. Mediation im Rahmen der JGH durch denselben Jugendamtsmitarbeiter oder durch die Gerichts- und Bewährungshilfe). **Allparteilichkeit**

Selbst- und professionskritische Juristen wissen, dass sich Rechtsfragen, insb. aufgrund der Auslegung sog. unbestimmter Rechtsbegriffe (hierzu I-3.3.2) sowie andererseits Rechtsfolgeentscheidungen im Hinblick auf die Ermessenserwägungen (I-3.4.2) nur selten eindeutig beantworten lassen und noch seltener eine verlässliche Prognose im Hinblick auf das gerichtliche Entscheidungsverhalten abgegeben werden kann. Mediatoren sind jedenfalls bei einer über die bloße allgemeine (nicht auf einen konkreten Sachverhalt bezogene) Rechtsauskunft hinausreichenden Rechtsberatung stets in Gefahr, ihre Allparteilichkeit zu verlieren, so „objektiv" (was immer das sein mag) sie sich auch geben mögen. Mediatoren sollten – auch wenn sie in Rechtsfragen geschult und als Rechtsanwalt tätig sein sollten – deshalb grds. **keine Rechtsberatung** für die Medianten durchführen (vgl. auch die Begründung zum RE-Mediationsgesetz 2010, S. 12).

6.3.5   Mediationsausbildung und -kompetenzen

Mediation zeichnet sich durch ihre **transdisziplinäre Basis und Ausrichtung** aus, für die Erkenntnisse u. a. aus der Konfliktforschung, der Kognitionswissenschaft, der Emotions- und Motivationsforschung, der Kommunikationswissenschaft sowie der Gerechtigkeitsforschung konstitutiv sind. Die Durchführung eines Mediationsverfahrens, das fachlichen Standards entspricht, bedarf daher ausgeprägter kommunikativer Fähigkeiten. Das hierzu notwendige „Handwerkzeug", die **Grundtechniken der Mediation** (nonverbale Kommunikation, aktives Zuhören, lösungsorientiertes und zirkuläres Fragen, Spiegeln / Paraphrasieren, Reframing, Doppeln, Visualisierungstechniken usw.) kann man in der Mediationsausbildung erlernen. Wesentlich für das Gelingen einer Mediation ist vor allem eine besondere mediative **mediative Grundhaltung** **Grundhaltung**, die sich in aller Regel nur im Rahmen eines längeren und spezifischen Ausbildungsprozesses aufbaut. Eine mediative Grundhaltung beinhaltet Empathie, Wertschätzung und Authentizität ebenso wie Reflexivität und erfordert ein konstruktivistisches und systemisches Denken. Nach den Standards der führenden deutschen Mediationsverbände (BAFM, BM, BMWA) ist neben einer akademischen oder beruflichen Grundqualifikation eine Zusatzqualifikation in Form einer Mediationsausbildung von mindestens 200 Std. erforderlich.

Recht der Mediation Über welche Rechtskenntnisse sollten Mediatoren verfügen? Von Mediatoren wird mit der Konfliktvermittlung eine (kommerzielle oder gemeinnützige) Dienstleistung angeboten, deren Durchführung i. d. R. nicht auf einem Gefälligkeitsverhältnis (vgl. II-1.2.1), sondern auf einer vertraglichen (nicht notwendig schriftlichen) Vereinbarung beruht. Mediatoren müssen deshalb über die rechtlichen Rahmenbedingungen ihrer eigenen Vermittlungstätigkeit Bescheid wissen. Hierzu gehört insb. die Kenntnis über

- Essentialia der Mediationsvereinbarungen (z. B. Parteiautonomie, Vertraulichkeit, Verzicht auf Zeugenbenennung, Einrede der Hemmung von Fristen, Honorarregelung),
- Mindest- und Qualitätsstandards des Mediationsverfahrens,
- Rechte und Pflichten der Mediatoren, berufsrechtliche Fragen,
- Vertrauensschutz – Zeugnispflicht / -verweigerungsrechte,
- Haftungsrisiken.

Allerdings ist das Recht der Mediation derzeit in Deutschland in vieler Hinsicht noch unzureichend geregelt, vielfach ist nicht geklärt, wie dieses Recht ausgestaltet und anzuwenden ist. Der Entwurf des deutschen Mediationsgesetzes normiert zwar einige wesentliche Aspekte (z. B. Verschwiegenheitspflicht), er verzichtet aber in der derzeitigen Version auf die Regelung wichtiger Aspekte (z. B. Qualitätssicherung über fachliche Standards des Mediationsverfahrens und Mindeststandards der Mediatorenausbildung, Klärung der Kosten gerichtlicher Vermittlungsverfahren, Verzicht auf Einführung einer der Prozesskostenhilfe vergleichbaren Mediationskostenhilfe, Kostenregelungen und finanzielle Anreize zur Inanspruchnahme der Mediation).

Die weitaus meisten Vermittler, insb. in Familienberatungs- und gemeinnützigen Schlichtungsstellen sowie im außergerichtlichen Tatausgleich (ATA bzw. TOA) verfügen über eine psychosoziale Grundqualifikation, nicht aber über eine juristische Ausbildung. Selbst wenn Rechtsanwälte mittlerweile und zunehmend auch Mediation anbieten, sind sie funktional keine Rechtsberater (s. o.). Mediatoren sollten zwar keine Rechtsberatung durchführen, sie müssen die Parteien aber bei Eintritt in das Mediationsverfahren zutreffend über seine rechtlichen Rahmenbedingungen und seine Alternativen beraten können. Gerade im Hinblick auf die zu regelnden Streitpunkte und Einigungsoptionen sind (Grund)Kenntnisse des jeweiligen Arbeitsfeldes, nicht nur des materiellen, sondern auch des Verfahrensrechts, hilfreich, in manchen Arbeitsfeldern der Mediation insb. mit Blick auf die **Grenzen der Dispositionsfreiheit** sogar unerlässlich. Geht es in der Trennungs- und Scheidungsmediation vor allem um familienrechtliche Fragen (Wo liegen die Grenzen der Vereinbarungsmöglichkeiten z.B. im Hinblick auf die elterliche Sorge, Unterhalt? vgl. hierzu II-2.4.2 und 2.4.3), bedarf der Mediator im ATA und in Nachbarschaftsstreitigkeiten auch zuverlässiger Kenntnisse über das Strafrecht und das strafrechtliche Verfahren (hierzu III-8). Im Einzelnen sollten Mediatoren zumindest über folgende rechtliche Grundkenntnisse verfügen:

Recht in der Mediation

- Kenntnis über die wichtigsten Rechtsbegriffe,
- Grundkenntnisse über rechtlich erhebliches Verhalten / Rechtsgeschäfte (z. B. auch Rechtsstellung von Minderjährigen, Geschäftsfähigkeit),
- Grundlagen der Privatautonomie und des Vertragsrechts (z. B. im Hinblick auf Ergebnisvereinbarungen am Ende der Mediation),
- Grundkenntnisse über Zugang, Verlauf und Kosten eines gerichtlichen Verfahrens,
- Konsequenzen strafbaren Verhaltens und Grundlagen des Schadensersatzrechts (z. B. gesamtschuldnerische Haftung bei unerlaubten Handlungen),
- Verlauf des Zivil- und Strafverfahrens, insb. Rolle und Rechte der Parteien bzw. Beschuldigten, Verletzten und Zeugen.

Wie sollen sich Mediatoren verhalten, wenn an sie Rechtsfragen herangetragen werden? Soweit es sich um dispositives (abdingbares) Recht handelt, steht es den Parteien aufgrund der Parteiautonomie frei, ihre Verhältnisse selbst zu regeln. Allerdings können sie darüber nur frei disponieren, wenn sie sich der ihnen zustehenden Rechte bewusst sind. Gerade in komplexen, rechtlich beeinflussbaren Konfliktfällen ist deshalb der das Mediationsverfahren begleitende Rechtsrat durch Anwälte, entsprechende Berater und Justiziare erforderlich. Hierauf müssen nicht-juristische Mediatoren die Parteien hinweisen. Allerdings sollte stets auch darauf hingewiesen werden, dass die Rechtsnorm nur eines von mehreren Kriterien ist, einen Streit verbindlich beizulegen. Wichtiger als die (vor)schnelle Beantwortung der Rechtsfrage ist deshalb, dass die Mediatoren die Parteien dabei unterstützen zu ergründen, weshalb ihnen die Antwort auf eine bestimmte Rechtsfrage, eine bestimmte Rechtsposition wichtig ist.

Handlungsoptionen bei Rechtsfragen

In einer Mediation sollten (auch anwaltliche) Mediatoren darauf achten, dass die Streitparteien Zugang zu ihnen verpflichteten (parteilichen) Rechtsberatern und Anwälten haben, einerseits damit sie in bewusster Kenntnis der ihnen zustehenden Rechte ihre Entscheidungsalternativen abwägen können und andererseits damit die Mediatoren nicht in Gefahr geraten, durch allgemeine Rechtsinformationen oder Rechtsberatung ihre Allparteilichkeit zu verlieren. Werden Mediatoren mit konkreten Rechtsfragen konfrontiert, so sollten sie

- zunächst auf ihre Rolle und Allparteilichkeit hinweisen,
- die Relevanz der Rechtsfrage erörtern: Warum ist diese Frage für Sie wichtig? Welche Konsequenzen ziehen Sie daraus, wenn das Recht diese oder jene Auskunft gibt?,
- auf die Möglichkeit verweisen, Rechtsrat durch Rechtsanwälte von außen einzuholen,
- ggf. die Einholung eines juristischen Sachverständigen-Gutachtens anregen.

Besemer 1999; Boulle 1996; Diez et al. 2002; 2004; Proksch 2004; Trenczek 2005a; 2005b

1. Worin besteht der Unterschied zwischen Mediation und Schlichtung? (vgl. 6.1)
2. Welche Rechtsschutzmöglichkeiten bestehen gegen die Entscheidung einer sozialrechtlichen Schlichtungsstelle? (vgl. 6.2)
3. Skizieren Sie die wesentlichen Phasen des Mediationsverfahrens. (vgl. 6.3.2)
4. Über welche Kompetenzen und Ressourcen sollte ein Mediator verfügen? (vgl. 6.3.4 und 6.3.5)
5. Die Mediatoren, Frau Rechtsanwältin M1 und Herr Diplom-Sozialarbeiter M2, beide anerkannte Mediatoren nach den Standards der Bundesverbände BAFM, BM und BMWA, wurden von den Eheleuten Schneider um Vermittlung in einer Trennungs- und Scheidungsmediation gebeten. In der dritten Mediationssitzung fragt Frau Schneider die beiden Mediatoren, welche Unterhaltsansprüche ihr gegen ihren Mann rechtlich zustehen. Wie sollen sich die Mediatoren verhalten? (vgl. 6.3.5)

Grundzüge des Privatrechts

Grundzüge des Privatrechts

Privatautonomie　Der Staat und andere Hoheitsträger bedürfen grundsätzlich einer gesetzlichen Legitimation für ihr Handeln. Der sog. Gesetzesvorbehalt gilt im Sozialrecht nahezu umfassend (vgl. § 31 SGB I) und im Übrigen zumindest für alle in die Rechtsphäre der Bürger eingreifenden Maßnahmen und alle sonstigen wesentlichen Entscheidungen (hierzu I-2.1.2.1). Im Unterschied dazu kann eine Privatperson nach deutschem Recht grundsätzlich alles tun und lassen, was nicht durch ein Gesetz verboten bzw. ausdrücklich vorgeschrieben ist. Diese **allgemeine Handlungsfreiheit** (Art. 2 Abs. 1 GG) bezeichnet man als Privatautonomie, die das Recht beinhaltet, auch seine rechtlichen Verhältnisse selbstständig und ohne besondere staatliche Erlaubnis zu gestalten (vgl. Däubler 2008, 183 ff.). Sie umfasst insb. die Vertragsfreiheit (II-1), die Eigentumsfreiheit (vgl. § 903 BGB) sowie die Testierfreiheit (§ 1937 BGB), sie ist aber nicht grenzenlos (hierzu II-1.3).

Inhalt und Struktur des Privatrechts　Damit im Rechtsverkehr nicht alles „drunter und drüber geht", sondern eine verlässliche Orientierung besteht, regelt das Privatrecht (*ius privatum*) die Beziehungen der einzelnen Bürger und anderer nichthoheitlich handelnder Rechtssubjekte (hierzu II-1.1) zueinander auf der Basis der Gleichordnung und Selbstbestimmung. Deshalb betrifft es auch die Rechtshandlungen öffentlicher Träger soweit diese nicht hoheitlich, sondern privatrechtlich handeln (sog. fiskalisches Verwaltungshandeln, vgl. I-4.1.1.1). Sofern ein Fall einen Auslandsbezug hat, z.B. weil eine handelnde Person nicht die deutsche Staatsangehörigkeit besitzt oder ihren gewöhnlichen Aufenthalt im Ausland hat, ist vorweg nach dem sog. **Internationalen Privatrecht** (s. I-1.1.6) zu klären, ob das deutsche Privatrecht Anwendung findet. Das Privatrecht hat für die gesamte Rechtsordnung auch deshalb eine besondere Bedeutung, weil hier wesentliche auch für die anderen Rechtsgebiete relevante (Rechts-)Begriffe definiert werden (vgl. hierzu auch das **Glossar** im Anhang V-1).

BGB　Das bereits 1896 in seiner ersten Fassung beschlossene und zum 01.01.1900 in Kraft getretene BGB ist als „bürgerliches" Zivilrecht nur ein Teil des Privatrechts, andere privatrechtliche Rechtsnormen finden sich z.B. im Handels- und Wirtschaftsrecht (z.B. HGB, GmbHG, Gewerberecht, Wettbewerbsrecht, Urheberrecht) sowie im Arbeitsrecht (hierzu IV-3). Im Aufbau des BGB wird deutlich, dass der Gesetzgeber die Regelungen grds. vom Allgemeinen hin zum Besonderen geordnet hat. In seinem Allgemeinen Teil beinhaltet das BGB (§§ 1 – 240) „vor die Klammer gezogen" die grundlegenden Regeln des deutschen Rechtsverkehrs, insb. definiert es die Rechtssubjekte (s. II-1.1) und die Regeln, die für alle Rechtsgeschäfte gelten (s. II-1.2). In vier weiteren „Büchern" regelt es das

- Schuldrecht (§§ 241 – 853 BGB),
- Sachenrecht (§§ 854 – 1296 BGB),
- Familienrecht (§§ 1297 – 1921 BG),
- Erbrecht (§§ 1922 – 2385 BGB).

Schuldrecht　Das Schuldrecht (s.u. II-1.4) umfasst die Rechtsnormen, nach denen eine Person aufgrund einer rechtlichen Sonderbeziehung (dem sog. Schuldverhältnis, z.B. einem Vertrag oder einer gesetzlichen Regelung) eine Leistung verlangen kann (§ 241 BGB). Die Berechtigungen und Verpflichtungen beziehen sich lediglich auf die Parteien dieser Schuldverhältnisse. Da diese Rechte nur gegenüber bestimmten Personen wirken, bezeichnet man sie als **relative Rechte** oder auch als Forderungen und obligatorische, schuldrechtliche **Ansprüche** (vgl. § 194 BGB). Der Berechtigte wird **Gläubiger**, der Verpflichtete wird **Schuldner** genannt. Man unterscheidet die Regelungen des Allgemeinen Teils (AT) des Schuldrechts (§§ 241–432 BGB), die für alle Schuldverhältnisse gelten, und den Besonderen Teil (BT) mit den Regelungen spezifischer Typen vertraglicher und gesetzlicher Schuldverhältnisse (§§ 433–853 BGB).

Im Sachenrecht (§§ 854–1296 BGB) wird die Herrschaft der Personen über Sachgüter geregelt, die gegenüber jedermann wirken (sog. **absolute, dingliche Rechte**), z. B. das Eigentum oder die sog. beschränkt dinglichen Rechte, z. B. Dienstbarkeiten, die Grundschuld und Hypothek, das Pfandrecht und das Erbbaurecht (hierzu II-1.5).   **Sachenrecht**

Ein wesentlicher Grundsatz des deutschen Rechts ist das sog. Trennungsprinzip, womit der Unterschied zwischen schuld- und sachenrechtlichen Regelungen angesprochen ist. Im alltäglichen Rechtsverkehr sind beide Bereiche, Schuld- und Sachenrecht, oft so eng miteinander verknüpft, dass dem Bürger der Unterschied nicht deutlich wird. Der Bürger nimmt die normative Konstruktion, wenn „alles glattgeht", in seiner Lebenswelt nicht wahr. Man sagt, man habe etwas gekauft und meint damit (gleichzeitig auch), man sei Eigentümer geworden. Das BGB unterscheidet aber das schuldrechtliche Verpflichtungsgeschäft von dem sog. dinglichen Verfügungsgeschäft (vgl. Übersicht 22). Aufgrund des schuldrechtlichen Kaufvertrags wird ein Schuldverhältnis begründet, nach dem die eine   **Trennungs- und Abstraktionsprinzip**

Übersicht 22: Trennungsprinzip am Beispiel Kaufvertrag

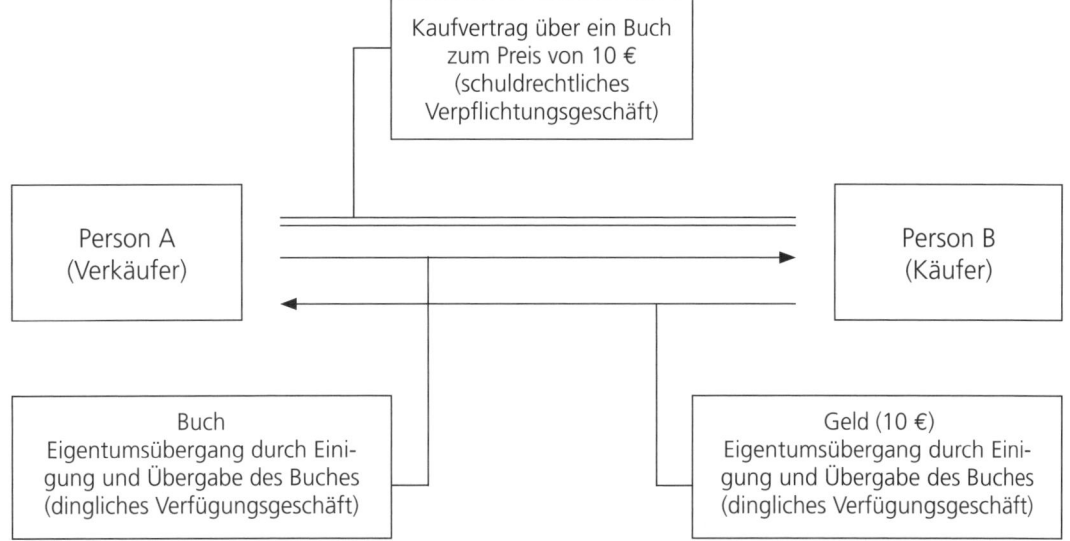

Partei zur Übergabe und Übereignung der Sache verpflichtet ist (§ 433 Abs. 1 BGB). Eigentümer ist der Käufer damit noch nicht geworden. Die andere Partei ist zur Bezahlung des Kaufpreises und zur Abnahme der Ware verpflichtet (§ 433 Abs. 2 BGB). Erfüllt werden diese Verpflichtungen durch die dinglichen Verfügungsgeschäfte, nämlich indem der Verkäufer dem Käufer durch Einigung und Übergabe Besitz und Eigentum an der Sache verschafft (vgl. § 929 BGB) und der Käufer dem Verkäufer das Geld übereignet. Damit erlöschen die gegenseitigen Leistungspflichten (§ 362 BGB).

Abstraktionsprinzip Insgesamt wurden damit drei Verträge (ein schuldrechtlicher Kauf- und zwei sachenrechtliche Verfügungsverträge) geschlossen, die jeweils in ihrer Wirksamkeit voreinander unabhängig sind (sog. Abstraktionsprinzip), damit selbst bei Störungen in den Rechtsgeschäften im Rechtsverkehr die Ordnung nicht verloren geht. Treten bei den einzelnen Vorgängen Fehler oder Leistungsstörungen auf, hat dies keine unmittelbaren Auswirkungen auf die Wirksamkeit des anderen Rechtsgeschäftes. Beispielsweise ist die Übereignung wirksam, selbst wenn der Kaufvertrag unwirksam war oder der Kaufpreis nicht bezahlt wurde. Insoweit entstehen vielmehr wiederum gesetzlich geregelte Ausgleichansprüche mit denen die Balance wieder hergestellt werden soll.

Regelung von Lebenswelten Während die Unterscheidung in Schuld- und Sachenrecht auf der unterschiedlich konstruierten normativen Rechtswirkung beruht (insb. Trennungs- und Abstraktionsprinzip), regeln das Familien- und Erbrecht unterschiedliche tatsächliche Lebenssachverhalte ohne Unterscheidung von schuld- und sachenrechtlichen Aspekten. Das Familienrecht (s. u. II-2) regelt die Rechtsbeziehungen im Familienverband, **Familienrecht** insb. die Verwandtschaft mit den damit zusammenhängenden Rechtsfolgen (z. B. Unterhalt), die elterliche Sorge (§§ 1626 ff. BGB), die Beistandschaft (§§ 1712 ff. BGB) und die Adoption (§§ 1741 ff. BGB), die Vormundschaft über minderjährige Personen (§§ 1773 ff. BGB) und die rechtliche Betreuung von Volljährigen (§§ 1896 ff. BGB) sowie die Pflegschaft (§§ 1909 ff. BGB).

Erbrecht Das Erbrecht (§§ 1922 ff. BGB; s. II-1.6) regelt die privatrechtlichen Folgen des Todes eines Menschen, insb. die Erbfolge (§§ 1922 BGB) und die rechtliche Stellung der Erben (§§ 1942 ff. BGB), das Testament (§§ 2064 ff. BGB) und den Erbvertrag (§§ 2274 ff. BGB).

Im Hinblick auf die für die Sozialen Berufe wichtigen Rechtsgrundlagen (aus dem Öffentlichen und Strafrecht) und die notwendige Schwerpunktsetzung bei der Darstellung der Grundzüge des Rechts verzichten wir auf eine eingehende Darstellung des besonderen Schuld- sowie Sachen- und Erbrechts und beschränken uns weitgehend auf die Klärung der wichtigsten Strukturen und Rechtsbegriffe (hierzu vgl. auch das **Glossar** im Anhang V-1). Demgegenüber wird das **Familienrecht** einschließlich der **betreuungsrechtlichen Regelungen** aufgrund seiner besonderen Relevanz für die Soziale Arbeit ausführlich dargestellt (II-2). Das **Arbeitsrecht**, das sowohl zivil- als auch öffentlich-rechtliche Elemente enthält, wird ebenso gesondert behandelt (IV-3). In Teil IV findet sich auch ein Kapitel über die für die Soziale Arbeit wichtigen Aufsichts- und Haftungsfragen, die im Wesentlichen privatrechtlich geregelt sind, aber auch arbeits-, sozialversicherungs- und strafrechtliche Aspekte beinhalten (s. u. IV-1).

Däubler 2008; HK-BGB 2009

1 Allgemeine Grundlagen des Privatrechts (Trenczek)

1.1 Rechtssubjekte

1.1.1 Personen und Rechtsfähigkeit

Personen und Sachen Alle Rechtsnormen richten sich an Personen (**Rechtssubjekte**), entweder an die Menschen (als sog. **natürliche Personen**) oder an sog. **juristische Personen**. Von den Rechtssubjekten unterscheidet man die Rechtsobjekte (Gegenstände). Das sind einerseits die Sachen (§ 90 BGB) und Tiere (§ 90a BGB), andererseits die (obligatorischen und dinglichen) Rechte. Sachen können keine Rechte haben, an ihnen können aber Rechte bestehen.

Die Rechtsfähigkeit (d. h. die Fähigkeit, Träger von Rechten und Pflichten zu sein) eines Menschen beginnt nach deutschem Recht mit der Vollendung der Geburt (§ 1 BGB), d. h. mit dem vollständigen Austritt des lebenden Kindes aus dem Mutterleib. Ausnahmsweise werden noch nicht Geborenen (Embryo, sog. **nasciturus**) für den Fall ihrer späteren Geburt bestimmte Rechtspositionen zugewiesen (z. B. §§ 331 Abs. 2, 844 Abs. 2, 1923 Abs. 2 BGB; zum Embryonenschutz s. a. III-8.2.3.4), insb. Schadensersatzansprüche bei einer gesundheitlichen Schädigung (vgl. BGHZ 58, 48; vgl. Däubler 2008, 84 f.). Deshalb stellt auch bereits das Einsetzen der Eröffnungswehen nach der Rspr. des BGH „die Zäsur für den Beginn des menschlichen Lebens" dar, weshalb jeder Versuch einer solchen späten „Abtreibung" als Tötungsdelikt bewertet wird (vgl. BGH 3 StR 55/03 v. 05.06.2003; BGHSt 32, 194). Im Hinblick auf erbrechtliche Verfügungen können sogar noch nicht gezeugte Personen als Nacherbe berücksichtigt werden (vgl. §§ 2101 Abs. 1 BGB). Dass die Regelung, ab wann die Rechtsfähigkeit des Menschen eintritt, „willkürlich" ist, kann man auch daran erkennen, dass Art. 7 EGBGB ausdrücklich mit Blick auf das Internationale Privatrecht regelt, dass die Rechtsfähigkeit dem Recht des Staates unterliegt, dem die Person angehört.

Rechtsfähigkeit des Menschen

Die Rechtsfähigkeit des Menschen endet mit seinem (Hirn)Tod (vgl. § 1922 BGB), wobei allerdings zahlreiche Fragen, insb. die Persönlichkeitsrechte eines Toten und die rechtliche Bewertung des Leichnams z. T. umstritten sind (vgl. Däubler 2008, 90 ff.). Die Organentnahme wurde 1997 durch das Transplantationsgesetz geregelt.

Juristische Personen sind ein Zusammenschluss von natürlichen Personen oder Sachmitteln, der als solcher **Träger von Rechten und Pflichten** ist und damit als Rechtssubjekt am Rechtsverkehr teilnehmen kann. Juristische Personen werden einerseits nach den Regeln des Privatrechts, andererseits nach den Regeln des Öffentlichen Rechts gebildet (Körperschaften, Anstalten und Stiftungen des Öffentlichen Rechts; hierzu I-4.1.2.1). Im BGB sind als juristische Person der eingetragene **Verein** (§§ 21 ff. BGB) und die (privatrechtliche) **Stiftung** (deren Autonomie begrenzt ist, da ihr Zweck vom Stifter festgelegt ist; §§ 80 ff. BGB) geregelt sowie die vom BGH (29.01.2001 – II ZR 331/00) als rechts- und parteifähig anerkannte (weil als solche GbR oder ARGE nach außen am Rechtsverkehr teilnehmende) **Gesellschaft des Bürgerlichen Rechts** (§§ 705 ff. BGB). Im Übrigen weden die juristischen Personen des Privatrechts nach spezifischen gesellschaftsrechtlichen Regelungen geregelt und betreffen u. a.:

juristische Personen

- die Vereine des Handelsrechts (OHG und KG; § 105 Abs. 2, § 161 Abs. 2 HGB),
- die Kapitalgesellschaften (z. B. GmbH, Aktiengesellschaft, eingetragene Genossenschaft),
- die Partnergesellschaft von Angehörigen freier Berufe (vgl. PartGG) sowie
- die nach europäischem Gesellschaftsrecht zu gründenden juristischen Personen (z. B. Societas Europaea – SE; Europäische wirtschaftliche Interessenvereinigung – EWIV).

Rechtsfähigkeit juristischer Personen

Die Rechtsfähigkeit, d. h. die Fähigkeit, Träger von Rechten und Pflichten zu sein, erlangen juristische Personen des Privatrechts i. d. R. durch Eintragung in ein Register (z. B. § 21 BGB, § 7 GmbHG) bzw. aufgrund der behördlichen Anerkennung der Stiftung (§ 80 BGB).

Verein

Als Verein bezeichnet man den Zusammenschluss von Personen zur Erreichung eines gemeinsamen Zwecks. Das Recht auf Vereinsgründung ist ein Grundrecht (vgl. Art. 9 Abs. 1 GG). Der sog. **Idealverein** ist nicht auf einen wirtschaftlichen Zweck ausgerichtet (§ 21 BGB) und verfolgt i. d. R. gemeinnützig soziale, religiöse, politische, künstlerische oder wissenschaftliche Ziele. Der Idealverein erlangt seine **Rechtsfähigkeit** mit der Eintragung in das Vereinsregister, die nur erfolgen soll, wenn der Verein mindestens sieben Mitglieder hat (§ 56 BGB). Ein nicht-rechtsfähiger Verein wird im Rechtsverkehr als Gesellschaft des Bürgerlichen Rechts (§§ 705 ff. BGB) behandelt. Da die nach außen agierende GbR mittlerweile als rechtsfähig anerkannt wurde (s. o.), hat dies Auswirkungen auf den nicht rechtsfähigen Verein: Er ist zwar keine juristische Person, wird aber als rechtsfähig behandelt. Darüber hinaus haftet nach § 54 BGB aus einem Rechtsgeschäft, welches im Namen eines „nicht rechtsfähigen Vereins" einem Dritten gegenüber vorgenommen wird, der Handelnde persönlich (§ 54 BGB).

Gewerkschaften, die nicht in das Vereinsregister eingetragen sind, haben in Deutschland einen rechtlichen Sonderstatus (vgl. I-1.1.3.5 und IV-3.2). Auf politische Parteien finden die Vereinsvorschriften nur Anwendung, soweit das ParteienG nichts anderes bestimmt.

Der **wirtschaftliche Verein**, zu dem auch die Kapitalgesellschaften des Handelsrechts (z. B. Aktiengesellschaft, GmbH, eingetragene Genossenschaft, Societas Europaea – SE) sowie deren Mischformen (z. B. GmbH & Co. KG) gehören, verfolgt eigennützige, wirtschaftliche Ziele (§ 22 BGB) und erlangt seine Rechtsfähigkeit nach Maßgabe besonderer Rechtsvorschriften (AktG, GmbHG, GenG; SE-Einführungsgesetz i. V. m. EU-Verordnung 2157/2001) überwiegend durch Eintragung in ein (Handels- bzw. Genossenschafts-) Register (vgl. §§ 2, 8 ff. HGB), im Übrigen (selten) durch eine staatliche Verleihung (Konzession). Zu Vereinen der letzten Gruppe gehören z. B. die GEMA oder die Verwertungsgesellschaft-Wort, die beide den Schutz von Autorenrechten bezwecken.

Rechtsfähigkeit des Vereins

Rechtsfähige Vereine bedürfen einer (privatrechtlichen) Satzung, in denen ihre „Verfassung", d. h. die wesentlichen Organisations- und Strukturprinzipien des Vereins, geregelt sind (§ 25 BGB). Das betrifft vor allem die Willensbildung im Verein und die Aufgaben seiner Organe, insb. der Mitgliederversammlung und des Vorstands. Der Begriff ist nicht zu verwechseln mit der Satzung des Öffentlichen Rechts, die eine abstrakt-generelle Regelung und damit eine verbindliche Rechtsnorm des Selbstverwaltungsträgers darstellt (vgl. I-1.1.3.4). Da sich ein Verein in seinen inneren Angelegenheiten ebenfalls selbst verwaltet, hat seine (privatrechtliche) Satzung allerdings eine entsprechende Funktion. Insbesondere hat sie für alle Vereinsmitglieder eine „gesetzesgleiche" Verbindlichkeit. Satzungsänderungen bedürfen einer Mehrheit (§ 33 BGB; nach h. M. werden Stimmenthaltungen wie Nichterscheinen gewertet).

Ausführliche Informationen zur Gründung und zum laufenden Betrieb eines Vereins finden sich in dem vom Bundesjustizministerium kostenlos herausgegebenen Leitfaden zum Vereinsrecht des BMJ 2009.

Der Rechtsfähigkeit entspricht auf prozessualer Seite die sog. **Parteifähigkeit**, d. h. Partei (entweder Kläger oder Beklagter) in einem Zivilprozess zu sein (§ 50 Abs. 1 ZPO; für das sozialrechtliche Verfahren vgl. § 10 SGB X). Nach § 50 Abs. 2 ZPO kann auch ein nicht rechtsfähiger Verein klagen und verklagt werden und erhält damit im Rechtsstreit die Stellung eines rechtsfähigen Vereins.

Im Hinblick auf die Art der einer (natürlichen oder juristischen) Person zustehenden Rechte unterscheidet man in sog. **absolute** und relative Rechte. Erstere wirken gegen jeden anderen (hierzu vgl. 1.5), relative Rechte bestehen nur in der Rechtsbeziehung zu einer anderen Rechtsperson bzw. zu einem abgegrenzten Kreis von anderen Rechtsträgern. Zu den **absoluten Rechten** gehören u. a.: **Rechte**

- Persönlichkeitsrechte der Menschen: Leben, Körper, Gesundheit, Freiheit (vgl. § 823 Abs. 1 BGB),
- Namensrecht (§ 12 BGB),
- das Recht am eigenen Bild (vgl. § 22 KunsturheberG),
- Recht auf informationelle Selbstbestimmung (Art. 1 und 2 GG; BVerfGE 65, 1 ff.; s. a. I-2.2.5 u. III-1.2.3),
- Sacheigentum als Prototyp des absoluten Rechts (vgl. §§ 90, 985 BGB) sowie weitere sog. beschränkt dingliche Sachenrechte (vgl. hierzu II-1.5).

Relative Rechte (sog. schuldrechtliche oder obligatorische Ansprüche; vgl. § 194 Abs. 1 BGB) werden durch ein Rechtsgeschäft mit einem anderen Rechtssubjekt oder aufgrund der Verletzung eines absoluten Rechts durch einen anderen begründet.

1.1.2   Geschäfts- und Deliktsfähigkeit

Wer rechtsfähig ist, muss noch nicht handeln können. Das ist bei „leblosen" juristischen Personen offensichtlich. Sie benötigen menschliche Personen, die für sie tätig werden. Diese bezeichnet man als Organ. Organe einer juristischen Person können Einzelpersonen oder Personengruppen (Kollegialorgane) sein, z. B. Vorstand, Aufsichtsrat und die Mitgliederversammlung eines Vereins. Die Handlungen eines Organs werden unmittelbar der juristischen Person zugerechnet (zur Haftung s. u. II-1.4.2). Teilweise ist gesetzlich festgelegt, wer im Rechtsverkehr eine juristische Person gerichtlich und außergerichtlich vertritt, z. B. der Vorstand eines Vereins (§ 26 Abs. 2 BGB) oder einer Aktiengesellschaft (§ 78 Abs.1 AktG) sowie der Geschäftsführer einer GmbH (§ 35 Abs. 1 GmbHG). **Handlungsfähigkeit** **Organ**

Nicht alle Menschen, z. B. neugeborene Kinder, sind im rechtlichen Sinne handlungsfähig. Im Hinblick auf die **Handlungsfähigkeit**, also die Fähigkeit durch eigenes Handeln Rechtwirkungen hervorzurufen, unterscheidet man zwischen der

Geschäftsfähigkeit Geschäftsfähigkeit und der Deliktsfähigkeit. Rechtlich relevante Willenserklärungen und Rechtsgeschäfte kann grundsätzlich nur eine geschäftsfähige Person abgeben bzw. vornehmen. Der Geschäftsfähigkeit entspricht prozessrechtlich die Fähigkeit, Prozesshandlungen (z. B. Stellen von Anträgen, Einlegung von Rechtmitteln) vornehmen zu können (sog. Prozessfähigkeit). Die Regelungen des Öffentlichen Rechts für die Vornahme von Verfahrenshandlungen (vgl. § 11 SGB X) orientieren sich grds. an der privatrechtlichen Geschäftsfähigkeit, wobei allerdings einige Sonderregelungen gelten (zu den Beteiligten im Sozialverwaltungsverfahren s. III-1.2.1).

Die unbeschränkte Geschäftsfähigkeit tritt mit der **Volljährigkeit**, nach dem derzeitigen Recht in Deutschland mit Vollendung des 18. Lebensjahres ein (§ 2 BGB). Im Hinblick auf den internationalen Rechtsverkehr ist zu beachten, dass sich die Geschäftsfähigkeit einer Person nach Art. 7 Abs. 1 EGBGB nach dem Recht des Staates richtet, dem die Person angehört. Für Minderjährige gelten zudem differenzierte Regelungen (s. u. II-1.3.2). Unabhängig vom Alter ist eine Person geschäftsunfähig, die sich nicht nur vorübergehend in einem die freie Willensbestimmung ausschließenden Zustand krankhafter Störung der Geistestätigkeit befindet. Ihre Willenserklärung ist nichtig (§ 105 Abs. 1 BGB) ebenso wie eine Willenserklärung, die im Zustand der Bewusstlosigkeit oder vorübergehenden Störung der Geistestätigkeit abgegeben wird (§ 105 Abs. 2 BGB).

Deliktsfähigkeit Bei schädigenden Handlungen besteht eine (Ausgleichs-)Haftung nur, wenn die Person deliktsfähig ist (§ 276 Abs. 1 S. 2, §§ 827 f. BGB). Volljährige Personen sind grds. deliktsfähig, es sei denn sie leiden an einer nach § 827 BGB relevanten krankhaften Störung. Für Minderjährige bestehen abgestufte Verantwortungsphasen (hierzu II-1.3.2).

1.2   Rechtsgeschäfte

1.2.1   Willenserklärungen

Nicht alles, was ein Mensch denkt und tut, ist rechtlich relevant. Nur ein bewusstes, äußerlich wahrnehmbares Verhalten einer Person, das bestimmte Rechtswirkungen herbeiführen will, wird vom Recht als rechtlich erhebliches Verhalten angesehen (**Rechtsgeschäft**). Ein Rechtsgeschäft besteht stets und zwingend aus einer sog. Willenserklärung (das ist die Äußerung eines Willens, der auf die Herbeiführung einer Rechtsfolge gerichtet ist) sowie ggf. zusätzlich aus einer tatsächlichen Handlung (z. B. bei der Übereignung neben der Einigung über den Übergang des Eigentums die tatsächliche Übergabe der Sache).

Erklärungsbewusst- Dem Laien sind i. d. R. gar nicht alle Rechtsfolgen seines Handelns bewusst. Sein
sein Handeln verfolgt i. d. R. einen sozialen oder wirtschaftlichen Zweck, ohne dass er sich genaue Vorstellungen von den einzelnen **Rechtswirkungen** seines Handelns macht. Wesentlich ist, dass dem Handelnden bewusst ist, dass er eine Willenserklärung abgibt (Erklärungsbewusstsein) und seinen Zweck über ein rechtlich relevantes Verhalten erreicht. Daran fehlt es bei Handlungen im Schlaf oder unter

Hypnose. Man muss im Rechtsverkehr freilich die erforderliche Sorgfalt walten lassen (vgl. grundlegend BGHZ 91, 324 – 07.06.1984 – IX ZR 66/83: eine Abwandlung des Lehrbeispiels von der „Trierer Weinversteigerung") und sich z. B. bei Unterschriftslisten bewusst machen, was man unterschreibt (zu den sog. Willensmängeln und deren Rechtsfolgen s. u. II-1.2.2). Darüber hinaus muss sich der Handelnde mit seiner Erklärung zu einer Leistung (rechtlich) verpflichten wollen **Gefälligkeiten** (sog. **Geschäfts- oder Rechtsbindungswillen**). Daran fehlt es aber bei rein gesellschaftlichen, konventionellen oder freundschaftlichen Zusagen und den **Gefälligkeiten des Alltags**, z. B. einer Einladung und Verabredung zum Essen oder dem Angebot, die Blumen des Nachbars zu gießen. Fällt das Abendessen kurzfristig aus, weil der Gastgeber oder Gast „etwas Besseres" vorhat, oder leiden die Blumen am zu sparsamen oder kräftigen Gießen, so mag dies ärgerlich sein, eine Haftung auf Schadensersatz ergibt sich aber daraus (zumindest bei leichter Fahrlässigkeit) nicht (hierzu Däubler 2008, 200 ff.). Die Folgen sind nicht rechtlicher, sondern sozialer Art: Man wird sich überlegen, mit wem man sich zum Essen verabredet oder wem man seine Pflanzen anvertraut. Ob eine rechtlich bindende Erklärung oder ein bloßes Gefälligkeitsverhältnis vorliegt, ist im Streitfall durch Auslegung (s. u.) zu klären, wobei Uneigennützigkeit und Unentgeltlichkeit für eine Gefälligkeit sprechen.

In der Regel sind Willenserklärungen empfangsbedürftig (z. B. Angebot und An- **Zugang von Willens-** nahme oder die Kündigung eines Vertrages), d. h. sie müssen, um wirksam zu wer- **erklärungen** den, dem Empfänger zugehen (vgl. § 130 Abs. 1 S. 1 BGB). Es gibt aber auch Willenserklärungen, die bereits mit ihrer Abgabe wirksam werden (z. B. Auslobung § 657 BGB, Testament §§ 2046 ff. BGB). Gegenüber Anwesenden gemachte und telefonisch übermittelte Willenserklärungen (vgl. § 147 Abs. 1 BGB) müssen verstanden werden können. Ansonsten ist eine (z. B. schriftliche) Willenserklärung zugegangen, wenn sie so in den Einflussbereich des Empfängers gelangt ist, dass dieser unter normalen Umständen die Möglichkeit zur Kenntnisnahme hat; positive Kenntnis ist nicht erforderlich (ausführlich Däubler 2008, 211 ff.).

Schweigen ist in der Regel überhaupt keine Willenserklärung, es sei denn, das Gesetz weist dem Schweigen ausdrücklich einen Inhalt zu (z. B. Annahme der Schenkung § 516 Abs. 2 BGB; § 663 BGB; Schweigen auf ein kaufmännisches Bestätigungsschreiben § 362 HGB). Eine Willenserklärung muss aber nicht immer **konkludentes** ausdrücklich, z. B. verbal oder schriftlich, abgegeben werden. Sie kann auch durch **Handeln** **schlüssiges Verhalten** konkludent abgegeben werden, z. B. dadurch, dass man in einen Bus oder die Bahn einsteigt und damit zu erkennen gibt, die Leistung (Fahrt) gegen Zahlung des Preises in Anspruch zu nehmen. Ein „geheimer" Vorbehalt (die Erklärung solle „eigentlich" nicht gelten), ist insoweit unbeachtlich (§ 116 BGB). Sofern eine Willenserklärung nicht eindeutig ist, ist ihr Inhalt durch Auslegung zu ermitteln (vgl. I-3.6). Dabei darf man nicht am buchstäblichen Sinne des Aus- **Auslegung von** drucks haften, vielmehr ist der wirkliche Wille des Handelnden zu erforschen **Willenserklärungen** (§ 133 BGB). Bei empfangsbedürftigen Willenserklärungen ist der sog. **objektive Empfängerhorizont** zu beachten, d. h., es kommt drauf an, wie der Empfänger der Willenserklärung diese bei verständiger Würdigung verstehen durfte (vgl. § 157 BGB). Eine irrtümliche Falschbezeichnung, insb. von Laien bei rechtlichen Fachbegriffen, schadet nicht, wenn der Erklärungsempfänger den realen Willen des anderen erkennt (sog. *falsa demonstratio non nocet*; vgl. BGHZ 71, 247).

Realakte   Abzugrenzen sind Willenserklärungen und rechtlich unbeachtliche Verhaltensweisen von rechtlich erheblichen Tathandlungen (Realakte), die aufgrund des äußeren Geschehensablaufes ohne Rücksicht auf einen damit ggf. verbundenen Willen der handelnden Person Rechtsfolgen bewirken. Das ist z. B. bei der Zerstörung ebenso wie bei der sog. Verbindung, Vermischung und Verarbeitung einer Sache der Fall (§§ 946 – 948 BGB), die jeweils Ausgleichsansprüche des (ehemaligen) Rechtsinhabers zur Folge haben. Da es sich nicht um ein Rechtsgeschäft handelt, kommt es auf die Geschäftsfähigkeit des Handelnden nicht an.

unerlaubte Handlungen   Das Gleiche gilt für rechtwidrige Handlungen, sei es aufgrund der Verletzung von Pflichten aus einem Schuldverhältnis (Pflichtverletzung) oder sonst (gesetzlich) unerlaubten Handlungen (Delikt). Eine Haftung besteht hier allerdings grds. nur bei schuldhaften Verhalten (s. u. II-1.4.3).

1.2.2   Willensmängel

Von Willensmangel spricht man, wenn bei der Abgabe einer Willenserklärung Fehler auftreten, die im Wesentlichen in den §§ 116 – 124 BGB geregelt sind. Teilweise sind die Rechtsgeschäfte dann nichtig. Das ist z. B. bei einem sog. Scheingeschäft nach § 117 Abs. 1 BGB der Fall, mit dem ein Dritter getäuscht werden soll (z. B. künstlich überhöhter oder reduzierter, aber tatsächlich nicht bezahlter Preis). Eine Willenserklärung ist aber nicht deshalb unwirksam, weil jemand es insgeheim nicht so meinte (§ 116 BGB). Anders ist dies aber bei der Scherzerklärung, die in der Erwartung abgegeben wird, der (offensichtliche) Mangel der Ernstlichkeit werde nicht verkannt werden (§ 118 BGB). Wird die Scherzerklärung allerdings nicht als solche erkannt, kann dies zu Schadensersatzansprüchen führen (§ 122 BGB).

In den meisten Fällen ist eine fehlerhafte Willenserklärung wirksam und kann bei **Drohungen, Täuschungen** und Irrtümern nur angefochten werden (§§ 119, 123 BGB). Ein **Irrtum** liegt vor, wenn die nach außen bekundete Willenserklärung unbewusst vom inneren Willen des Erklärenden abweicht. Der klassische Beispielsfall ist das Heben des Armes während einer Versteigerung, womit nach der Verkehrssitte ein verbindliches Gebot abgegeben wird, der Handelnde aber lediglich eine bekannte Person grüßen wollte (sog. „Trierer Weinversteigerung" s. o.

Anfechtung   1.2.1). Ein Irrtum kann aber auch bei einem Versprecher, einem Schreib- oder Tippfehler vorliegen. Die Anfechtung wegen Irrtums oder falscher Übermittlung muss, nachdem der Anfechtungsberechtigte von dem Anfechtungsgrund Kenntnis erlangt hat (§ 121 Abs. 1 BGB), ohne schuldhaftes Zögern (unverzüglich) erfolgen. Zudem ist der Anfechtende dem Anderen, der auf die Gültigkeit der Erklärung vertraut hat, zum **Ersatz des sog. Vertrauensschadens** (sog. „negatives Interesse") verpflichtet, das sind die Aufwendungen, die im Vertrauen auf die Gültigkeit der Erklärung gemacht wurden (§ 122 Abs. 1 BGB). Die Schadensersatzpflicht tritt allerdings nicht ein, wenn der Beschädigte den Grund der Anfechtbarkeit kannte oder kennen musste und deshalb nicht schutzwürdig ist (§ 119 Abs. 2 BGB). Die Anfechtung wegen Drohung oder arglistiger Täuschung kann grds. nur binnen Jahresfrist erfolgen (§ 124 Abs. 1 BGB).

1.2.3   Stellvertretung

Juristische Personen sind zwar rechtsfähig, können aber selbst nicht handeln (s. o. II-1.1.2). Auch natürliche Personen können oder wollen nicht immer selbst auftreten und für sich in eigener Person handeln. In all diesen Fällen bedarf es eines rechtlich verbindlichen Verhaltens für einen Anderen (Stellvertretung). Eine Willenserklärung, die jemand innerhalb der ihm zustehenden **Vertretungsmacht** im Namen des Vertretenen abgibt, wirkt unmittelbar für und gegen den Vertretenen (§ 164 Abs. 1 BGB). Für die Stellvertretung hat § 165 BGB zumindest die beschränkte Geschäftsfähigkeit (§ 106 BGB) vorausgesetzt, weil der Vertreter eine eigene Erklärung (wenn auch im fremden Namen) abgibt, im Unterschied zum **Bote** Boten, der lediglich die Erklärung eines anderen überbringt. Bote kann also auch ein 5-jähriges Kind sein, das für seine Eltern beim Bäcker Brötchen kauft.

Vertretung kann auf beiden Seiten der Vertragsparteien vorkommen (vgl. Übersicht 23). Unzulässig sind aber grds. sog. **Insichgeschäfte**, in denen ein Vertreter gleichzeitig auf „beiden Seiten", insb. sowohl für sich als auch für den Vertretenen auftritt (§ 181 BGB). Dieser Grundsatz findet trotz fehlender Personenidentität bei vergleichbaren Interessenskollisionen (z. B. Einschaltung eines Untervertreters) analoge Anwendung. Der Vertreter ohne (wirksame) Vertretungsmacht haftet nach

Übersicht 23: Stellvertretung

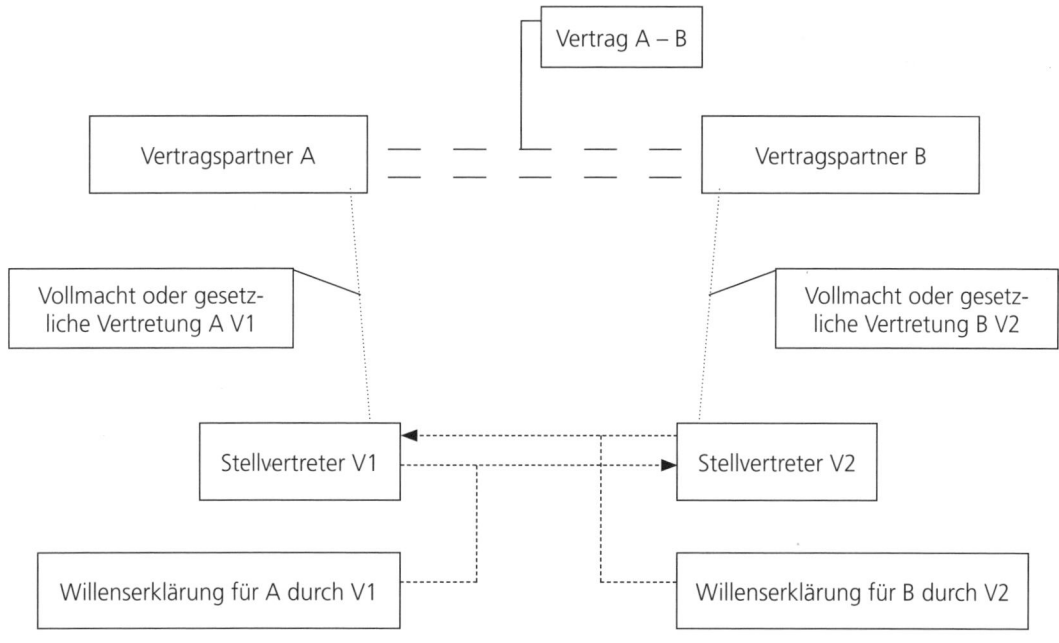

Wahl des Geschäftspartners auf Erfüllung der Leistung bzw. auf Schadensersatz (§ 179 BGB).

gesetzliche Vertreter von Minderjährigen Teilweise ist die Vertretung gesetzlich geregelt, sie kann aber auch auf einem Rechtsgeschäft beruhen. Gesetzliche Vertreter von Minderjährigen sind i. d. R. die Eltern, die zur gemeinsamen Vertretung des Kindes berufen sind (§ 1629 BGB; ausführlich II-2.4.3.2), sowie die Vormünder (§ 1773 BGB) und Pfleger (§ 1909).

Vormund Dem Vormund sind die Personen- und Vermögenssorge inkl. der gesetzlichen Vertretung eines Minderjährigen übertragen (§ 1793 BGB), wenn die elterliche Sorge entzogen ist oder der Minderjährige aus anderen Gründen nicht unter elterlicher Sorge steht. Die Vormundschaft tritt entweder kraft Gesetzes (z. B. §§ 1751, 1791c BGB) ein oder durch gerichtliche Bestellung eines Vormunds (§ 1789 BGB). Ist kein geeigneter Einzelvormund vorhanden, kann das Jugendamt zum **Pfleger** (Amts)Vormund bestellt werden (§ 1791b BGB). Einem Pfleger sind nach §§ 1909 ff. BGB im Gegensatz zum Vormund nicht alle Angelegenheiten der Personensorge übertragen, sondern sein Wirkungskreis ist auf bestimmte Teilbereiche beschränkt (z. B. Aufenthaltsbestimmung, Vermögenssorge).

Eheleute Der Ehegatte ist zwar nicht gesetzlicher Vertreter des Ehepartners, er wird aber bei den sog. Geschäften des täglichen Lebens, d. h. zur angemessenen Deckung des Lebensbedarfs der Familie nach § 1357 Abs. 1 BGB, als solcher behandelt. Entsprechendes gilt für den verwaltungsberechtigten Ehegatten in der Gütergemeinschaft nach § 1422 BGB.

Betreuer Bei Volljährigen kann bei psychischer Krankheit oder körperlicher, geistiger oder seelischer Behinderung ein Betreuer bestellt werden (§ 1896 BGB), der den Betreuten nach § 1902 BGB gerichtlich und außergerichtlich, also bei allen Rechtsgeschäften, vertritt, ohne dass die Geschäftsfähigkeit des Betreuten zwingend fehlen muss (hierzu ausführlich II-2.5).

Vollmacht Beruht die Stellvertretung auf einem Rechtsgeschäft, so spricht man von einer „gewillkürten Stellvertretung" durch Vollmacht (§ 166 Abs. 2 BGB). Die Prokura (§§ 48 ff. HGB) und die Handlungsvollmacht (§§ 54 HGB) sind Sonderfälle der Vollmacht bei Kaufleuten. Die Erteilung der Vollmacht erfolgt durch Erklärung gegenüber dem zu Bevollmächtigenden oder dem Dritten, dem gegenüber die Vertretung stattfinden soll (§ 167 Abs. 1 BGB). Die Vollmachtserteilung ist grds. formlos möglich, will man aber sichergehen, tatsächlich ein Rechtsgeschäft mit der vertretenen Person abzuschließen, sollte man sich eine schriftliche Vollmacht vorzeigen lassen. Schließt jemand ohne Vertretungsmacht im Namen eines anderen einen Vertrag, so hängt die Wirksamkeit des Vertrags für und gegen den Vertretenen von dessen Genehmigung ab (§ 177 Abs. 1 BGB).

1.2.4   Vertrag

Mit einem Rechtsgeschäft soll eine bestimmte Rechtsfolge herbeigeführt werden. Man unterscheidet **einseitige** Rechtsgeschäfte, bei denen die Rechtswirkungen allein schon durch die Erklärung der Person eintreten (z. B. Testament, Anfechtung, Kündigung, Rücktritt), und **zwei- oder mehrseitige** Rechtsgeschäfte, bei denen Rechtswirkungen erst durch die einvernehmlichen Erklärungen zweier oder mehrerer Parteien eintreten. Der Prototyp eines zweiseitigen Rechtsgeschäfts ist der **Vertrag, aus dem sich sog. relative Rechte (schuldrechtliche Ansprüche) der Vertragsparteien ergeben (§ 311 Abs. 1 BGB; vgl. I-1.1.3).**

Ein Vertrag kommt zustande, wenn sich (mindestens) zwei Parteien einig sind, d. h. wenn sich zwei wirksame Willenserklärungen – **Angebot und Annahme** – decken (§§ 145 ff. BGB). Ob eine solche Kongruenz (Konsens) vorliegt, ist ggf. durch Auslegung der Willenserklärungen insb. mit Blick auf den objektiven Empfängerhorizont zu ermitteln (§§ 133, 157 BGB). Bei einem Einigungsmangel spricht man von Dissens. Gehen die Parteien (irrtümlich) davon aus, dass sie sich über alle wesentlichen Punkte geeinigt und damit einen Vertrag geschlossen haben, ist ihnen also der Dissens in einem regelungsbedürftigen Punkt nicht bewusst (sog. versteckter Einigungsmangel), so ist nach § 155 BGB das Vereinbarte gültig, sofern anzunehmen ist, dass der Vertrag ungeachtet des Dissenses in diesem Punkt abgeschlossen worden wäre. Die Lücken werden dann durch die sog. ergänzende Vertragsauslegung (Wie hätten sich die redlichen Parteien vernünftigerweise geeinigt? vgl. BGH NJW 1994, 1008 ff.) bzw. das dispositive Gesetzesrecht gefüllt. Die Zivilgerichte haben dabei die (schwierige) Pflicht, bei der Auslegung und Anwendung von Willenserklärungen und Vertragsklauseln darauf zu achten, dass Verträge nicht als Mittel der Fremdbestimmung dienen (vgl. BVerfG 1 BvR 1905/02 – 06.12.2005 – Rz. 4). | **Konsens und Dissens**

Rechtsgeschäfte, die ein Schuldverhältnis begründen, also eine rechtliche Sonderbeziehung, aufgrund derer jemand (der **Gläubiger**) von einem anderen (dem **Schuldner**) eine Leistung verlangen kann (Anspruch; vgl. § 194 Abs. 1, § 241 Abs. 1 BGB) und beide zur gegenseitigen Rücksichtnahme verpflichtet sind (§ 241 Abs. 2 BGB), nennt man Verpflichtungsgeschäfte. Diese sind stets ein schuldrechtliches Rechtsgeschäft und dabei nahezu immer ein Vertrag (Ausnahme z. B. Stiftung, Vermächtnis, Auslobung als einseitiges bindendes Versprechen, § 657 BGB). | **Verpflichtungsgeschäfte**

Verfügungsgeschäfte (oder kurz: Verfügungen) nennt man Rechtsgeschäfte, mit denen auf ein bestehendes (obligatorisches oder dingliches) Recht eingewirkt wird, z. B. durch Veräußerung (Übertragung oder Abtretung, sog. Zession), Belastung (z. B. das Eigentum an einer beweglichen Sache durch ein Pfandrecht und eines Grundstücks mit einer Hypothek), Änderung oder Aufhebung. Verfügungen über Sachenrechte sind sachenrechtliche Rechtsgeschäfte, Verfügungen über Forderungen (z. B. die Abtretung nach §§ 398 ff. BGB) sind schuldrechtliche Rechtsgeschäfte. | **Verfügungen**

1.3   Grenzen der Privatautonomie

Die Privatautonomie beinhaltet das Recht des Bürgers, seine rechtlichen Verhältnisse selbstständig und ohne besondere staatliche Erlaubnis zu gestalten. Die Selbstbestimmung betrifft einerseits den Umgang mit Eigentum und Vermögen (§§ 903, 1937 BGB), sowie andererseits das rechtsgeschäftliche Handeln, die sog. **Vertragsfreiheit** und damit sowohl das Ob (Abschlussfreiheit) als auch das Wie (Gestaltungsfreiheit) und den Inhalt des rechtsgeschäftlichen Handelns (hierzu ausführlich Däubler 2008, 183 ff.). Allerdings ist die Privatautonomie | **Vertragsfreiheit** nicht grenzenlos, vielmehr müssen auch im Privatrecht die grundlegenden Wert-entscheidungen des Grundgesetzes berücksichtigt werden (zur sog. mittelbaren Drittwirkung von Grundrechten vgl. I-2.2.4). So dürfen Verträge nicht gegen ein **gesetzliches Verbot** (§ 134 BGB) oder gegen die „**guten Sitten**", d.h. die herrschende (aber dem gesellschaftlichen Wandel unterliegende) Rechts- und Sozial-moral (§§ 138, 242 BGB, zu den wesentlichen Fallgruppen vgl. HK-BGB/Dörner 2009 § 138 Rz. 6 ff.) verstoßen. Tun sie das, sind sie nichtig, d.h. ohne rechtliche Wirkung. Unzulässig ist z. B. der Verzicht auf Kindes-/Verwandtenunterhalt für die Zukunft (§ 1614 BGB) bzw. von Eheleuten während der Trennungsphase vor Scheidung einer Ehe (§§ 1360a Abs. 3, 1614 BGB). Nichtig ist auch eine Doppelehe (§ 1306 BGB) oder die Ehe zwischen Verwandten in gerader Linie (§ 1307 BGB).

Nichtig wegen Sittenverstoß ist z. B. das aufgrund einer Bestechung gegebene Versprechen. Nichtig ist nach § 138 Abs. 2 BGB auch ein Rechtsgeschäft, durch **Wucher** das jemand unter Ausnutzung der Zwangslage, der Unerfahrenheit, des Mangels an Urteilsvermögen oder der erheblichen Willensschwäche eines anderen sich oder einem Dritten für eine Leistung Vermögensvorteile versprechen oder gewähren lässt, die in einem auffälligen Missverhältnis zu der Leistung stehen. In der Alltagssprache ist viel schneller von Wucher die Rede, als das rechtlich der Fall ist. Ob tatsächlich ein Wuchergeschäft vorliegt, lässt sich nur im Einzelfall aufgrund einer differenzierten Abwägung feststellen. Mietwucher kann man z. B. annehmen, wenn die Miete die örtliche Vergleichsmiete um mehr als 50 % übersteigt. Aber es kann auch dann Wucher vorliegen, wenn z. B. jemand die Unerfahrenheit von Migranten oder intelligenzschwachen Personen für weit überhöhte Preise und Mieten ausnutzt. Bei Krediten wird man Wucher nach der Rechtsprechung erst bei einem Zinssatz von über 30 % annehmen können, bei bewusster Ausnutzung einer wirtschaftlichen Zwangslage im Einzelfall aber auch schon bei niedrigeren Zinssätzen (hierzu HK-BGB/Dörner 2009 § 138 Rz. 14).

Markt- und Verkehrsfähigkeit von Rechten Die Privatautonomie findet auch im Hinblick auf die (absoluten) Rechte der Rechtssubjekte ihre Grenzen. Zwar kann der Rechtsinhaber grundsätzlich mit seinen Rechten, z. B. seinem Eigentum, tun und machen was er will. Das gilt aber zum einen nur soweit er andere nicht schädigt oder gefährdet (z. B. durch Kriegswaffen, Arzneimittel, Drogen nach BtMG, s. III-8.2.3.5) und zum zweiten im Hinblick auf eine mögliche Veräußerung nur sofern diese Rechte verkehrs- bzw. marktfähig sind (hierzu Däubler 2008, 167 ff.). Grenzen liegen zum Beispiel in der Vermarktungsfähigkeit der Arbeitskraft: Sklaverei und Leibeigenschaft sind abgeschafft. **Menschliche Organe** dürfen nicht gegen Entgelt abgegeben werden (§ 17 Transplantationsgesetz). Auch eine **Leihmutterschaft** ist sittenwidrig (vgl. auch die Strafbarkeit der Vermittlung von Leihmüttern §§ 13a AdoptionsvermittlungsG). Nicht (mehr) gegen die guten Sitten verstößt aber die **Prostitution** (vgl. Gesetz zur Regelung der Rechtsverhältnisse der Prostituierten), es gelten allerdings einige Besonderheiten, die die sexuelle Vermarktungsfähigkeit des menschlichen Körpers einschränken. Ein wirksamer Vertrag entsteht erst mit Erbringung der Leistung, weder kann die Vornahme bestimmter sexueller Handlungen noch deren „Mangelfreiheit" eingefordert werden.

Rechtsnormen sind abstrakt-generelle Regelungen, die von allen Normadressaten einzuhalten sind (s. o. I-1.1.3). Hiervon stellt das Privatrecht eine Ausnahme dar, denn es setzt grds. nur einen Rahmen und gibt insoweit eine Orientierung, wie sich die Bürger rechtsgeschäftlich verhalten können. Das gilt zumindest in Hinblick auf Schuldverhältnisse und relative Rechte. Hier ist es den Parteien – entsprechend dem Grundsatz der Parteiautonomie – grds. erlaubt, von den Normen des Privatrechts abweichende individuelle Regelungen zu treffen. Man spricht insofern vom **dispositiven** (nachrangigen, veränderbaren) **Recht.** Gesetzliche Vorschriften, die „ohne wenn und aber" eingehalten werden müssen, sind **zwingendes Recht.** Ob eine Norm zwingenden oder dispositiven Charakter hat, ergibt sich aus der Auslegung (hierzu I-3.3.2), insb. aus dem klaren Wortlaut der Vorschrift (vgl. die Formulierungen in öffentlich-rechtlichen Vorschriften, die ein Ermessen der Verwaltung ausschließen; hierzu I-3.4.1). Die sachenrechtlichen Regelungen des Privatrechts haben zwingenden Charakter, da dingliche Rechte nicht nur zwischen den Parteien eines Rechtsgeschäft bestehen, sondern eine absolute, d. h. gegen jedermann gerichtete Wirkung haben. Daher muss Klarheit herrschen. Durch die Beschränkung auf die genau definierten Formen der dinglichen Rechte (sog. Typenzwang) gewährleistet das Sachenrecht deren verlässliche Erkennbarkeit (s. u. II-1.5).

Zwingende gesetzliche Regelungen dienen insb. dem Schutz von Personengruppen, die ohne diese Gefahr laufen, im Rechtsverkehr „unter die Räder" zu kommen, das sind vor allem wirtschaftlich schwächere Verbraucher (1.3.1), Kinder und Jugendliche (1.3.2) sowie geschäftsunfähige Personen (1.3.3).

1.3.1   Schutzvorschriften zum Schutz von wirtschaftlich Schwächeren – Verbraucherschutz

Das Privatrecht geht von der Vorstellung grundsätzlich gleichstarker Parteien (wenn auch mit unterschiedlichen Interessen) aus, die nur dann einen Vertrag schließen, wenn sie sich einigen (Konsens). In einer Reihe von Lebensfeldern sind aber (wirtschaftliche) Machtungleichgewichte geradezu typisch (z. B. Miet- und Arbeitsrecht), so dass von einer wirklichen **Vertragsfreiheit** nicht die Rede sein kann. Denn diese taugt nur im Fall eines annähernd ausgewogenen Kräfteverhältnisses der Vertragspartner als Mittel eines angemessenen Interessenausgleichs, weshalb der Ausgleich gestörter Vertragsparität zur Vermeidung von Fremdbestimmung zu den Hauptaufgaben des Zivilrechts gehört (BVerfG 19.10.1993 – E 89, 214, 232; vgl. BVerfG 1 BvR 1909/06 – 23.11.2006 – NJW 2007, 286, 287). Es ist deshalb die schwierige Aufgabe der Zivilgerichte, bei der Auslegung und Anwendung von Willenserklärungen und Vertragsklauseln (s. o. II-1.2.1 u. 1.2.4) darauf zu achten, dass Verträge nicht als Mittel der Fremdbestimmung dienen (BVerfG 1 BvR 1905/02 – 06.12.2005 – Rz. 4). Darüber hinaus hat der Gesetzgeber zum Schutz der wirtschaftlich schwächeren Person einige Grenzen der Privatautonomie gesetzlich geregelt. Dies betrifft z. B. die Regelungen des

■ Mietrechts, insb. zum Schutz von Wohnungsmietern (§§ 549–577a BGB),

- Arbeitsrechts (hierzu IV-3) sowie des
- Konsumenten- und Verbraucherschutzes.

Verbraucherschutz Aktualisiert durch Vorgaben des EU-Rechts (siehe hierzu insb. die europäischen Richtlinien zum Verbraucherschutz; vgl. I-1.1.5.1) gibt es im deutschen Recht eine Reihe von Schutzvorschriften zugunsten von Verbrauchern. Der Begriff „Verbraucherschutz" ist recht weit und umfasst alle Initiativen und Maßnahmen, um Bürger in ihrer Rolle als Verbraucher von Gütern und Dienstleistungen zu schützen. Hierzu gehören neben dem Lebensmittel-, Gesundheits- und Umweltschutz u. Ä. insb. auch die die Privatautonomie zugunsten von Verbrauchern einschränkenden Schutzvorschriften des Privatrechts. Mit dem sog. Schuldrechtsmodernierungsgesetz von 2002 wurden wichtige Regelungen des Verbraucherschutzes in das BGB integriert. Das BGB enthält aber kein abgeschlossenes Teilgebiet zum Schutz von Verbrauchern, vielmehr finden sich Verbraucher schützende Vorschriften im Zusammenhang mit den jeweiligen Regelungsmaterien, z. B. Kauf-, Dienst- oder Werkverträge. Im Hinblick auf Rechtsgeschäfte ist insoweit wesentlich, dass es sich um sog. Verbraucherverträge handelt, d. h. um Verträge zwischen Unternehmern und Verbrauchern (vgl. §§ 310 Abs. 3, 355 BGB). Als **Verbraucher** bezeichnet § 13 BGB jede natürliche Person, die ein Rechtsgeschäft zu einem Zweck abschließt, dass weder ihrer gewerblichen noch ihrer selbstständigen beruflichen Tätigkeit zugerechnet werden kann. Ist das dagegen der Fall, bezeichnet man diese (natürliche oder juristische) Person oder rechtsfähige Personengesellschaft als **Unternehmer** (§ 14 BGB). Zum Schutz der Verbraucher dienen neben einigen Formvorschriften (s. u. II-1.3.3) insb. die Regelungen über:

- Allgemeine Geschäftsbedingungen (§§ 305 ff. BGB),
- Haustürgeschäfte (§§ 312, 312a BGB),
- Fernabsatzverträge (Vertragsschluss über Tele- und andere Fernkommunikation; §§ 312b ff. BGB),
- den Verbrauchsgüterkauf (§§ 474 – 479 BGB),
- Teilzeit-Wohnrechtsverträge, sog. Timesharing (§§ 481 – 487 BGB),
- Verbraucherkredite (§§ 499 ff. BGB),
- Reisevertragsrecht (§§ 651a ff. BGB), Finanzierungshilfen, Ratenlieferungsverträge sowie Darlehensvermittlungsverträge,
- Wohnraummietverhältnisse (§§ 549 ff. BGB) sowie
- das Verbraucherinsolvenzverfahren nach §§ 304 ff. InsO,
- das Rechtsdienstleistungsgesetz,
- das Wohn- und Betreuungsvertragsgesetz und
- weitere in § 2 Abs. 2 UKlaG genannte Rechtsmaterien.

Kontrahierungszwang Dem Schutz von Verbrauchern dienen auch die Vorschriften, die die Vertragsfreiheit ausnahmsweise dadurch einschränken, dass sie eine Pflicht begründen, einen Vertrag abzuschließen (sog. Kontrahierungszwang). Das ist insb. bei einer marktbeherrschenden, monopolistischen Marktstellung oder aufgrund eines öffentlichen Versorgungsauftrages der Fall. So sind z. B. kommunale und private Versorgungsunternehmen grds. verpflichtet, mit den Bewohnern des entsprechenden

Gebietes Lieferverträge über Wasser, Strom, Gas usw. (vgl. z. B. § 6 Energiewirtschaftsgesetz) bzw. Verträge über Entsorgungsleistungen (Abwasser, Abfall) abzuschließen. Die öffentlichen Verkehrsbetriebe (Bahn, Bus, Taxi) müssen grds. jedermann nach den amtlich veröffentlichten Tarifen befördern (vgl. § 10 Allgemeines Eisenbahngesetz, § 22 Personenbeförderungsgesetz), und die inländischen Kfz-Versicherungen sind nach § 5 Abs. 2 Pflichtversicherungsgesetz verpflichtet, mit Kfz-Haltern Versicherungsverträge abzuschließen. Apotheken müssen nach landesrechtlichen Vorschriften die nach ärztlicher Verordnung notwendigen Arzneimittel bereitstellen.

Im Jahr 2009 ist das Gesetz zur Bekämpfung unerlaubter Telefonwerbung in Kraft getreten, das Werbeanrufe bei Verbrauchern verbietet, wenn diese nicht vorher ausdrücklich ihre Einwilligung erklärt haben. Werbeanrufer dürfen auch ihre Telefonnummer nicht mehr unterdrücken.

Verbotene Telefonwerbung

Nicht nur das materielle Recht dient dem Schutz der Verbraucher, auch das Verfahrensrecht muss Möglichkeiten für die wirtschaftlich schwächeren Vertragsparteien vorsehen, ihre Rechtspositionen zur Geltung zu bringen. Das ist mit einer Individualklage (zum Rechtsschutz im Rahmen der sog. ordentlichen Gerichtsbarkeit s. I-5.3) nicht immer möglich, vor allem nicht, wenn zwischen den Parteien eine strukturelle Unterlegenheit besteht (vgl. BVerfG 89, 214, 232). Dies ist nicht nur im Arbeitsrecht der Fall (hierzu IV-3), sondern insb. auch im Bereich des Verbraucherschutzes. Um den einzelnen Verbraucher zu entlasten, gestattet § 3 Abs. 1 Nr. 1 des Gesetzes über Unterlassungsklagen bei Verbraucherrechts- und anderen Verstößen (UKlaG) den Industrie- und Handelskammern (§ 3 Abs. 1 Nr. 3 UKlaG), den **Verbraucherzentralen** (§ 4 Abs. 2 S. 2 UKlaG) sowie anderen qualifizierten Unternehmer- wie Verbraucherverbänden (z. B. den Mietervereinen, vgl. die vom Bundesamt für Justiz geführte Liste http://www.bundesjustizamt.de → Bürgerdienste → Verbraucherschutz) das Recht, gegen verbraucherschutzgesetzwidrige Praktiken ein gerichtliches Kontrollverfahren mit dem Ziel der Unterlassungs- bzw. des Widerrufs (bzgl. AGB) einzuleiten (sog. **Verbandsklage**; vgl. §§ 1 f. UKlaG).

Unterlassungsklage durch Verbraucherverbände

1.3.1.1 Allgemeine Geschäftsbedingungen

Allgemeine Geschäftsbedingungen (AGB) sind – häufig verkürzt auch als das sog. „Kleingedruckte" bezeichnete – von einer Partei für eine Vielzahl von Verträgen **vorformulierte Vertragsbedingungen** (§ 305 Abs. 1 S. 1 BGB). Diese werden nach § 305 Abs. 2 BGB nur dann Vertragsbestandteil, wenn der Verwender bei Vertragsschluss 1. die andere Vertragspartei auf diese ausdrücklich oder durch einen deutlich sichtbaren Aushang am Ort des Vertragsschlusses hinweist und 2. der anderen Vertragspartei die Möglichkeit verschafft, in zumutbarer Weise von ihrem Inhalt Kenntnis zu nehmen. AGB müssen deshalb zunächst mühelos lesbar sein (BGH NJW 1993, 2773). Als weitere Voraussetzung schreibt § 305 Abs. 2 BGB vor, dass die andere Vertragspartei, der Kunde, mit ihrer Geltung einverstanden ist. Mangels eines ausdrücklichen Vorbehalts ist das der Fall, wenn der Kunde das

Rechtsgeschäft abschließt (konkludentes Verhalten). Damit erleichtern AGB in den täglichen Massengeschäften den Abschluss von Verträgen, ohne dass jeweils alle Einzelheiten individuell ausgehandelt werden müssen. Eine Individualabrede hat allerdings stets Vorrang vor den AGB (§ 305b BGB).

AGB bzw. einzelne Klauseln dürfen aber nicht überraschend oder mehrdeutig sein (§ 305c Abs. 1 BGB) und unterliegen im Übrigen einer Inhaltskontrolle (hierzu HK-BGB/Schulte-Nölke 2009 vor §§ 305 ff.). AGB, die einem in § 309 BGB aufgelisteten Tatbestand entsprechen, sind nichtig. Die in § 308 BGB gelisteten Klauseln können aufgrund einer damit verbundenen unfairen Regelung unwirksam sein, wobei aufgrund der Wertungsmöglichkeit (es geht hier vor allem um die Anwendung des Begriffs Angemessenheit) eine z. T. schwierige Abwägung vorzunehmen ist. Entsprechendes gilt für die **Generalklausel** des § 307 BGB, nach der AGB unwirksam sind, wenn sie den Vertragspartner des Verwenders entgegen den Geboten von Treu und Glauben (§ 242 BGB) unangemessen benachteiligen. Eine unangemessene Benachteiligung kann sich auch daraus ergeben, dass die Bestimmung nicht klar und verständlich ist. Die **Verbraucherverbände** haben nach § 3 Abs. 1 Nr. 1 UKlaG das Recht zur Unterlassungsklage,(§ 1 UKlaG), um die Verwender der AGB zu verurteilen, bestimmte Klauseln in Zukunft nicht mehr zu benutzen bzw. zu empfehlen. Wird eine solche Klausel trotzdem verwendet, kann sich nach § 11 UKlaG jeder Vertragspartner auf deren Unwirksamkeit berufen.

1.3.1.2 Widerrufsrechte zugunsten von Verbrauchern

Nach dem aus dem römischen Recht stammenden Grundsatz „pacta sunt servanda" sind einmal geschlossene Verträge einzuhalten und damit zu erfüllen, wenn nicht ausnahmsweise ein Rücktrittsrecht vereinbart wurde, bei Vertragschluss ein Willensmangel vorlag (§§ 116 ff. BGB, s. o. I-1.2.1) oder weil die andere Seite ihre Pflichten nicht erfüllt (§§ 323 ff. BGB). Um unerfahrene Konsumenten insb. bei besonderen Vertriebsformen außerhalb einer klassischen Kaufumgebung (z. B. des Einzelhandels) vor überhasteten Vertragsabschlüssen zu schützen, hat der Gesetzgeber ein spezifisches Widerrufsrecht normiert, bei dessen Ausübung der Vertrag rückwirkend aufgelöst wird. Im Einzelnen ist dies der Fall bei

- Haustürgeschäften (§ 312 Abs. 1 BGB);
- Fernabsatzverträgen (§ 312d BGB), also bei Verträgen über die Lieferung von Waren oder über die Erbringung von Dienstleistungen (einschließlich Finanzdienstleistungen), die über Fernkommunikationsmittel (vgl. § 312 Abs. 2 BGB: Telefon, Telefax, E-Mail oder Online, aber auch mittels eines Briefes) abgeschlossen wurden;
- Teilzeit-Wohnrechtemietverträgen (§§ 481, 485 BGB);
- Verbraucherdarlehen/-kreditverträgen (§ 495 BGB).

Die entsprechenden Vorschriften verweisen auf das **Widerrufsrecht nach § 355 BGB**, wonach diese Verträge zunächst wirksam sind, der Verbraucher aber an seine auf den Abschluss des Vertrags gerichtete Willenserklärung nicht mehr gebunden ist, wenn er sie form- und fristgerecht widerrufen hat. Der Widerruf muss keine Begründung enthalten und ist in Textform oder durch Rücksendung der Sache innerhalb der Widerrufsfrist von 14 Tagen gegenüber dem Unternehmer zu erklären (eine Unterschrift ist nicht erforderlich). Im Versandhandel kann statt des Widerrufsrechts ein Rückgaberecht auf Kosten des Unternehmers vereinbart werden (§ 312 Abs. 1 S. 2, § 312d Abs. 1 S. 2, § 356 BGB). Zur Fristwahrung genügt auch hier die rechtzeitige Absendung der Ware. Die Frist beginnt nur zu laufen, wenn der Verbraucher über sein Widerruf- bzw. Rückgabesrecht korrekt und visuell auffallend belehrt wurde (§ 355 Abs. 2 Satz 1, § 360 BGB).

1.3.1.3 Exkurs: Verbraucherinsolvenzverfahren

Die Verlockungen der Konsumgesellschaft sind immens und nicht alle Verbraucher können ihre Ressourcen und Grenzen richtig einschätzen. Eine Vielzahl von Haushalten ist durch Verbraucherkredite, Abzahlungsverpflichtungen chronisch überschuldet, jährlich geraten über 100.000 Verbraucher in die Zahlungsunfähigkeit (Insolvenz). Das Verbraucherinsolvenzverfahren ist in Voraussetzungen und Ablauf (vgl. Übersicht 24) gegenüber dem normalen Insolvenzverfahren erheblich vereinfacht und soll bei Zahlungsunfähigkeit überschuldete aber redliche Personen von der erdrückenden Restschuld befreien und ihnen damit einen Neuanfang, aber auch gleichzeitig ihren Gläubigern eine anteilig gleichmäßige Forderungsbefriedigung ermöglichen (Privatinsolvenz). Voraussetzung für eine Privatinsolvenz ist nach § 304 InsO, dass es sich um zahlungsunfähige Verbraucher oder ehemals

Übersicht 24: Stufen des Verbraucherinsolvenzverfahrens

1. Stufe:	**Versuch der außergerichtlichen Einigung** (vgl. § 305 Abs. 1 Nr. 1 InsO): Mit Unterstützung der Schuldnerberatungsstelle Versuch einer außergerichtlichen Einigung mit den Gläubigern auf Grundlage eines Schuldbereinigungsplans; misslingt dies:
2. Stufe:	**Gerichtliches Schuldenbereinigungsverfahren** (Ausnahme: § 306 Abs. 1 S. 3 InsO): Gerichtlicher Versuch der Verständigung über einen Schuldenbereinigungsplan; bei Annahme aufgrund Zustimmung (§ 308 InsO) bzw. Ersetzung der Zustimmung (§ 309 InsO) → Ende des Verfahrens; bei Scheitern oder unmittelbar im Fall des § 306 Abs. 1 S. 3 InsO:
3. Stufe:	**Vereinfachtes Insolvenzverfahren** (§§ 311 ff. InsO): Gerichtlich bestellter Treuhänder (§§ 292, 313 InsO) verwertet das vorhandene pfändbare Vermögen des Schuldners und schüttet den Erlös nach Abzug der Verfahrenskosten an die Gläubiger aus
4. Stufe:	**Verfahren zur Restschuldbefreiung** (§§ 286 ff. InsO): Wohlverhaltensperiode von sechs Jahren nach der Eröffnung des Insolvenzverfahrens: Schuldner ist verpflichtet, einer angemessenen Erwerbstätigkeit nachzugehen und den pfändbaren Teil des Gehalts an den Treuhänder abzutreten; Ankündigung der Restschuldbefreiung (§ 291 InsO) bei redlichem Verhalten nach Ablauf der Frist

selbstständig bzw. gewerblich Tätige handelt, die weniger als 20 Gläubiger haben und gegen die keine Forderungen aus Arbeitsverhältnissen bestehen.

außergerichtliche Schuldenbereinigung

Zunächst müssen sich die Schuldner um eine **außergerichtliche Einigung** mit den Gläubigern bemühen (§ 305 Abs. 1 Nr. 1 InsO; vgl. hierzu auch I-6). Dem Einigungsversuch muss ein geordneter Schuldbereinigungsplan zugrunde liegen, in dem insb. alle Regelungen enthalten sind, die unter Berücksichtigung der Gläubigerinteressen sowie der Vermögens-, Einkommens- und Familienverhältnisse des Schuldners geeignet sind, zu einer angemessenen Schuldenbereinigung zu führen (z. B. Stundung oder Teilerlass von Forderungen, Ratenzahlungen). In den Plan ist aufzunehmen, ob und inwieweit Bürgschaften, Pfandrechte und andere Sicherheiten der Gläubiger vom Plan berührt werden sollen (vgl. § 305 Abs. 1 Nr. 4 InsO).

Schuldnerberatung

Der Schuldner muss sich in diesem Zusammenhang an eine in dem jeweiligen Bundesland **anerkannte Schuldnerberatungsstelle** oder einen entsprechenden Fachanwalt wenden (§ 305 Abs. 1 Nr. 1 InsO, a. E. i. V. m. Länderausführungsgesetzen). Die Beratung bei den anerkannten Schuldnerberatungsstellen (zu den Adressen vgl. z. B. www.bag-sb.de) ist kostenlos; die Erstberatung bei einem Anwalt wird aufgrund eines beim Amtsgericht erhältlichen Berechtigungsscheines im Rahmen der Rechtsberatungshilfe abgedeckt (vgl. I-4.2). Zu warnen ist vor kommerziellen „Schuldnerberatern", die für ihre Tätigkeit überhöhte Entgelte verlangen und die verschuldeten Bürger noch tiefer in die Schuldenfalle treiben.

Scheitert die außergerichtliche Einigung trotz ernsthaften Bemühens (weil ein Gläubiger die außergerichtliche Schuldenbereinigung ablehnt bzw. die Zwangsvollstreckung betreibt; § 305a InsO), so kann der Schuldner i. d. R. beim örtlichen Amtsgericht als zuständigem Insolvenzgericht (§ 348 InsO) die **Eröffnung des Insolvenzverfahrens** beantragen (§ 305 InsO). Dem schriftlich einzureichenden Antrag ist die Bescheinigung der anerkannten Schuldnerberatungsstelle (bzw. einer anderen geeigneten Person oder Stelle, s. o.) vorzulegen, aus der sich ergibt, dass eine außergerichtliche Einigung mit den Gläubigern über die Schuldenbereinigung innerhalb der letzten sechs Monate vor dem Eröffnungsantrag erfolglos versucht worden ist (§ 305 Abs. 1 Nr. 1 InsO). Außerdem sind die Gründe für das Scheitern der außergerichtlichen Einigung darzulegen und der Schuldbereinigungsplan beizufügen. Ferner sind eine Erklärung, ob eine Restschuldbefreiung (§ 287 InsO) beantragt wird oder nicht (§ 305 Abs. 1 Nr. 2 InsO), ein Einkommens- und Vermögensverzeichnis und dessen Zusammenfassung in einer Vermögensübersicht sowie ein Verzeichnis der Gläubiger und der gegen den Schuldner gerichteten Forderungen beizufügen. Das Gericht prüft dann, ob eine Verständigung über einen Schuldenbereinigungsplan Aussicht auf Erfolg hat. Ist dies der Fall, wird der Plan mit dem Vermögensverzeichnis an die Gläubiger verschickt. Diese sollen innerhalb eines Monats dazu Stellung zu nehmen (§ 307 Abs. 1 InsO). Das Verfahren über den Antrag auf Eröffnung des Insolvenzverfahrens ruht bis zur Entscheidung über den Schuldenbereinigungsplan; dieser Zeitraum soll drei Monate nicht überschreiten (§ 306 InsO). Das Gericht kann zudem nach § 306 Abs. 1 S. 1 i. V. m. § 21 InsO Sicherungsmaßnahmen anordnen (z. B. Untersagung der Zwangsvollstreckung). Der Schuldenbereinigungsplan kommt zustande, wenn entweder kein Gläubiger Einwendungen erhebt oder die „doppelte" Mehrheit der Gläubiger zustimmt (Zustimmung durch mehr als die Hälfte der benannten Gläubiger und

Summe der Ansprüche der zustimmenden Gläubiger beträgt mehr als die Hälfte der Summe der Ansprüche der benannten Gläubiger) und das Gericht die Einwendungen der widersprechenden Beteiligten durch eine Zustimmung nach § 309 InsO ersetzt. Ist das der Fall, hat der Schuldner nicht mehr die ursprünglichen Forderungen zu erfüllen, sondern nur noch die im Plan festgelegten Leistungen zu erbringen. Der angenommene Plan hat die rechtlichen Wirkungen eines gerichtlichen Vergleichs (§ 308 Abs. 1 S. 2 InsO, § 794 Abs. 1 Nr. 1 ZPO) und ist damit ein Vollstreckungstitel.

Ist ein erfolgreicher Abschluss des Schuldenbereinigungsplans nach der Überzeugung des Gerichts nicht möglich (§ 306 Abs. 1 S. 3 InsO) oder sind die bisherigen Bemühungen gescheitert, so entscheidet das Gericht über die Eröffnung des **vereinfachten Insolvenzverfahrens** nach §§ 311 ff. InsO, sofern zumindest die Kosten des Verfahrens (vgl. § 54 InsO: Gerichtskosten sowie Vergütung und die Auslagen des künftigen Treuhänders) gedeckt sind. Ist dies nicht der Fall und wird auch keine Stundung der Verfahrenskosten bewilligt, so wird der Eröffnungsantrag mangels Masse abgewiesen (§ 26 InsO). Ziel des (vereinfachten) Privatinsolvenzverfahrens ist es, das noch vorhandene pfändbare Vermögen des Schuldners zu verwerten und den Erlös nach Abzug der Verfahrenskosten an die Gläubiger auszuschütten. Die sonst von einem Insolvenzverwalter (§§ 56 ff. InsO) wahrgenommenen Aufgaben werden nach § 313 InsO von einem gerichtlich bestellten Treuhänder (§ 292 InsO) durchgeführt, der die Insolvenztabelle (Gläubiger, Forderungshöhe und Forderungsgrund) erstellt und die Aufgabe hat, das pfändbare Vermögen des Schuldners zu verwerten.

Restschuldbefreiung

Zum Abschluss des Verfahrens erfolgt auf Antrag des Schuldners das Verfahren zur Restschuldbefreiung (§§ 286 ff. InsO). Hierzu muss der Schuldner in einer sog. **Wohlverhaltensperiode** von sechs Jahren nach Eröffnung des Insolvenzverfahrens (vgl. § 287 Abs. 2 InsO) nach § 295 InsO eine Reihe von **Obliegenheiten** erfüllen, insb. eine angemessene Erwerbstätigkeit ausüben bzw. sich um eine solche bemühen (z. B. keine zumutbare Tätigkeit ablehnen) und seinen Lohn bis auf den pfändungsfreien Teil (derzeit ohne Unterhaltsverpflichtungen: 1.028,98 €, vgl. hierzu I-5.3.1) an den Treuhänder zur Befriedigung der Gläubiger abtreten. Nach Ablauf von vier Jahren seit der Aufhebung des Insolvenzverfahrens verbleiben beim Schuldner grds. 10 % der abgetretenen Einkünfte, nach Ablauf von fünf Jahren 15 % (vgl. § 292 Abs. 1 S. 3 InsO). Das Gericht kündigt nach § 291 InsO durch Beschluss an, dass der Schuldner Restschuldbefreiung erlangt, wenn er seinen Obliegenheiten (insb. Auskunfts- oder Mitwirkungspflichten) nach § 295 InsO nachkommt und keine sonstigen Versagungsgründe (§ 297 f. InsO) vorliegen. Eine Restschuldbefreiung wird versagt, wenn einer der in § 290 InsO genannten Gründe vorliegt, z. B. wenn der Schuldner unredlich war oder während des Insolvenzverfahrens seine Pflichten nach der InsO vorsätzlich oder grob fahrlässig verletzt hat.

Reformpläne

Seit einiger Zeit gibt es Planungen, das Verbraucherinsolvenzverfahren zu vereinfachen, da bei etwa 80 % der über 100.000 Verfahren im Jahr von Beginn an feststeht, dass der Schuldner nichts zahlen kann. Die Planungen gehen dahin, ein neues eigenständiges Sanierungsverfahren vor der Insolvenz vorzuhalten und im Falle der Insolvenz bei völliger Mittellosigkeit des Schuldners auf das aufwendige gerichtliche Verfahren zu verzichten. Stattdessen soll es ausreichen, dass die Vermögensverhältnisse des Schuldners von einer geeigneten Person oder Stelle (z. B. Rechtsanwälten, Steuerberatern oder Schuldnerberatungsstellen) sorgfältig ermittelt werden und der Schuldner die Richtigkeit seiner Angaben an Eides statt versichert. Daran soll sich dann nach einem Gerichtsbeschluss unmittelbar das Verfahren der Restschuldbefreiung anschließen und die Wohlverhaltensphase von sechs auf drei Jahre verkürzt werden.

www.bag-sb.de

Heyer 2010

1.3.2   Schutz von Minderjährigen im Rechtsverkehr

Privatautonomie setzt autonome, selbstständig und voll verantwortlich handelnde Personen voraus. Kinder und Jugendliche sollen sich aber erst zu einer eigenverantwortlichen und gemeinschaftsfähigen Persönlichkeit entwickeln dürfen (vgl. § 1 Abs. 1 SGB VIII). Minderjährige haben deshalb in unserer Rechtsordnung einen Sonderstatus. Das Recht unterscheidet dabei bestimmte Altersstufen, die mit einem unterschiedlich stark ausgeprägten Schutz und einer zunehmenden Verantwortlichkeit junger Menschen einhergeht (vgl. hierzu die Übersicht im Anhang V-2). Im Hinblick auf Rechtsgeschäfte geht es vor allem um die Beschränkungen der Geschäftsfähigkeit, im Hinblick auf tatsächliche Handlungen um die Grenzen der Deliktsfähigkeit.

Altersstufen *(Randspalte)*

Kinder bis noch nicht 7 Jahre *(Randspalte)* Kinder sind bis zur Vollendung des siebten Lebensjahrs weder geschäfts- (§ 104 BGB) noch deliktsfähig (§ 828 BGB). Sie können am Rechtsverkehr grds. nicht selbstständig teilnehmen, sondern bedürfen eines **gesetzlichen Vertreters** (§§ 1626, 1629 Abs. 1 BGB; s. o. II-1.1.2). Ihre Erklärungen sind nichtig und haben deshalb für sie keine Rechtsfolgen (§ 105 BGB).

7 bis noch nicht 18 Jahre *(Randspalte)* Zwischen dem siebten und dem 18. Lebensjahr sind Minderjährige **beschränkt geschäftsfähig** (§ 106 BGB). Die Wirksamkeit ihrer Rechtsgeschäfte hängt von der Zustimmung ihrer gesetzlichen Vertreter ab; bis dahin sind sie grds. schwebend unwirksam, soweit sie dem Minderjährigen nicht nur einen rechtlichen Vorteil bringen (§ 107 BGB). Hier geht es allein um die rechtliche Stellung, die wirtschaftliche Situation bleibt außer Betracht. Beispielsweise ist die Schenkung und Übereignung eines Haustieres allein ein rechtlicher Vorteil (d. h. Zuwachs an Rechten), auch wenn damit erhebliche Folgekosten für den Unterhalt des Tieres verbunden sind. Werden durch ein Rechtsgeschäft Pflichten auferlegt, ist es nicht nur rechtlich vorteilhaft.

Die vorherige Zustimmung (**Einwilligung**) ist grds. bis zur Vornahme des Rechtsgeschäfts widerruflich (§ 183 BGB). Die nachträgliche Zustimmung (**Genehmigung**) macht das Rechtsgeschäft rückwirkend als von Anfang an wirksam (§ 184 BGB). Erfolgt keine Genehmigung, so ist der Vertrag endgültig unwirksam. Solange die Zustimmung noch nicht erteilt oder verweigert worden ist, kann der Vertragspartner den Schwebezustand durch Widerruf beenden, es sei denn, er wusste um das Fehlen der Einwilligung (§ 109 BGB). Er kann den gesetzlichen Vertreter auch zur Genehmigung auffordern (§ 108 Abs. 1 BGB). Die Genehmigung kann dann nur bis zum Ablauf von zwei Wochen nach dem Empfang der Aufforderung erklärt werden; wird sie nicht erklärt, so gilt sie als verweigert (§ 108 Abs. 2 BGB). Zum **Schutz des Minderjährigen** darf auch nichts anderes gelten, wenn dieser eine Leistung in einer Weise in Anspruch nimmt (z. B. in die Straßenbahn ohne Ticket einsteigt), die bei Geschäftsfähigen zu einem Vertragsschluss aufgrund konkludenter Willenserklärung führt (s. o. 1.2.1). Mangels Zustimmung ist hier kein wirksamer Vertrag zustande gekommen. Sofern man hier keinen Fall der (ggf. unberechtigten) Geschäftsführung ohne Auftrag (§§ 677 ff. BGB) annehmen kann, weil es am sog. Fremdgeschäftsführungswillen fehlt, ist der Minderjährige aber ggf. ungerechtfertigt bereichert und dann zum Wertersatz nach § 812 BGB verpflichtet (s. u. II-1.4.1.2).

Nach dem sog. Taschengeldparagrafen gilt ein von dem Minderjährigen ohne Zustimmung des gesetzlichen Vertreters geschlossener Vertrag ausnahmsweise als von Anfang an wirksam, wenn der Minderjährige die vertragsmäßige Leistung mit Mitteln bewirkt, die ihm zu diesem Zweck oder zu freier Verfügung von dem Vertreter oder mit dessen Zustimmung von einem Dritten überlassen worden sind (§ 110 BGB). Das ist z. B. der Fall, wenn sich ein 15-Jähriger einen MP3-Player von dem Geld kauft, dass er von seinem „Taschengeld" angespart (das ist z. B. nicht der Fall, wenn größere Geldbeträge zu einem bestimmten Zweck verschenkt werden, z. B. zur Gewährleistung einer Ausbildung). Entscheidend ist also, ob der Minderjährige das Geld zur freien Verfügung erhalten hat. Haben die Eltern bestimmte Verwendungszwecke verboten (z. B. kein Kauf von Computerspielen), so geht deren Elternwillen vor. Kinder und Jugendliche dürfen sich also nicht (immer) alles von ihrem Taschengeld kaufen, was sie wollen. Es kommt hier allein auf den Willen des gesetzlichen Vertreters an. Das ist ebenso, wenn der Minderjährige Geldmittel von einem Dritten (z. B. der Oma) erhält. Der gute Glaube eines hiervon nichts wissenden Geschäftspartners des Minderjährigen ist nicht geschützt (vgl. HK-BGB / Dörner 2009 § 110 Rz. 3). Der Schutz des Minderjährigen geht vor. Entsprechendes gilt bzgl. dem Zugang einer Willenserklärung an einen Minderjährigen (§ 131 BGB).

Taschengeld-paragraph

Von einer partiellen, sachlich abgegrenzten Geschäftsfähigkeit spricht man in den Konstellationen, in denen der Minderjährige zum selbstständigen Betrieb eines Erwerbsgeschäfts ermächtigt ist (§ 112 BGB), bzw. bei solchen Rechtsgeschäften, welche die Eingehung oder Aufhebung eines gestatteten Dienst- oder Arbeitsverhältnisses oder die Erfüllung der sich aus einem solchen Verhältnis ergebenden Verpflichtungen betreffen (§ 113 BGB).

Spezifische Fragen ergeben sich insb. bei der ärztlichen Behandlung von Kindern und Jugendlichen, vor allem wenn diese ohne Wissen oder Einverständnis ihrer Eltern einen Arzt aufsuchen (z. B. wegen einer vermuteten Schwangerschaft bzw. zur Verschreibung der Antibabypille). Insoweit verweisen wir auf die Ausführungen im Kapitel zur Schwangerschaftskonfliktberatung (III-8.2.3.4).

ärztliche Behandlung von Minderjährigen

Im Hinblick auf die Handlungsfähigkeit Minderjähriger ist insb. auch auf die Sonderregelungen des Sozialrechts hinzuweisen (§ 11 Abs. 1 Nr. 2 SGB X). So kann

sozialrechtliche Sonderregelungen

nach § 36 SGB I bereits ein 15-Jähriger Anträge auf Sozialleistungen stellen und diese auch empfangen (hierzu III-1.2.1).

Deliktsfähigkeit Im Hinblick auf tatsächliche Handlungen, die einen Schaden verursachen und zum Schadensersatz verpflichten (§§ 276 Abs. 1, 828 BGB; s. u. II-1.4.1.2), spricht man von Deliktsfähigkeit. Kinder unter sieben Jahren sind stets deliktsunfähig und haften deshalb nicht (§ 828 Abs. 1 BGB). Gleiches gilt für Kinder bis zehn Jahre bei einem fahrlässigen Unfall mit einem KFZ oder einer Schienenbahn. Im Übrigen sind Kinder ab sieben Jahren beschränkt deliktsfähig, d. h., sie sind zivilrechtlich für einen Schaden nicht verantwortlich, wenn sie bei Begehung der Tat nicht die zur Erkenntnis der Verantwortlichkeit erforderliche **Einsichtsfähigkeit** hatten (§ 828 Abs. 3 BGB). Es kommt also auf die individuelle Reife an. In diesen Fällen kann u. U. aber eine Haftung aus Billigkeitsgründen in Betracht kommen, wenn ein Geschädigter seinen Schaden nicht von einer für den Minderjährigen aufsichtspflichtigen Person erstattet bekommt (§ 829 BGB). Rechtskräftig festgestellte (Haftungs-)Ansprüche verjähren erst nach 30 Jahren (§ 197 Abs. 3 Nr. 3 BGB; s. u. II-1.4.4 a. E.), weshalb der Minderjährige auch bei momentaner Mittellosigkeit in seinem weiteren Leben ggf. eine enorme Schuldenlast zu tragen hat.

Testierfähigkeit Die Fähigkeit, ein Testament zu errichten, tritt grds. mit Vollendung des 16. Lebensjahres ein (§ 2229 Abs. 1 BGB; s. u. II-1.6). Eine Ehe soll nicht vor Eintritt **Ehemündigkeit** der Volljährigkeit eingegangen werden. Allerdings kann das Familiengericht auf Antrag von dieser Vorschrift Befreiung erteilen, wenn der Antragsteller das 16. Lebensjahr vollendet hat und sein künftiger Ehegatte volljährig ist. Die Heirat macht den Minderjährigen aber nicht (voll) geschäftsfähig.

1.3.3   Schutz von geschäftsunfähigen Personen

Nicht nur Kinder unter 7 Jahren, sondern auch andere geschäftsunfähige Personen bedürfen den Schutz der Rechtsordnung. Hierbei handelt es sich um Menschen, die sich in einem die freie Willensbestimmung ausschließenden Zustand krankhafter Störung der Geistestätigkeit befinden (vgl. § 104 Nr. 2, § 105 Abs. 2 BGB) und deshalb unter Betreuung gestellt wurden (hierzu ausführlich II-2.5.1). Deshalb sind ihre Willenserklärungen nichtig, sofern es sich nicht nur um ein Geschäft des täglichen Lebens handelt, das mit geringwertigen Mitteln bewirkt werden kann, denn in diesem Fall gilt ein Vertrag in Ansehung von Leistung und ggf. Gegenleistung als wirksam, sobald Leistung und Gegenleistung bewirkt sind (§ 105a BGB). Soweit ein volljähriger Mensch unter Betreuung gestellt (§ 1886 BGB), ein Betreuer (§ 1903 BGB) bestellt und zugleich angeordnet wurde, dass eine Willenserklärung des Betreuten nur mit Einwilligung des Betreuers wirksam ist (**Einwilligungsvorbehalt**, § 1903 BGB), so gelten nach § 1903 Abs. 1 Satz 2 BGB die §§ 108 – 113 BGB entsprechend. Soweit die Willenserklärung dem Betreuten lediglich einen rechtlichen Vorteil bringt, ist sie auch ohne Einwilligung des Betreuers wirksam (§ 1903 Abs. 3 Satz 1 BGB) . Im Übrigen verweisen wir hier auf die Ausführungen im Kapitel II-2.5.1.

1.3.4   Formvorschriften

Grundsätzlich sind Rechtsgeschäfte formfrei, nur ausnahmsweise sieht das Gesetz in Einschränkung der Privatautonomie eine besondere Form vor, z. B. um vor übereilten Rechtsgeschäften zu warnen, die Information Dritter oder die Beweisbarkeit zu erleichtern. Das BGB nennt fünf Formen:

- die Schriftform (§ 126 BGB), erforderlich z. B. bei Verbraucherdarlehen (§ 492 Abs. 1 BGB), Bürgschaften (§ 766 BGB), bei manchen Mietverträgen (§ 550 BGB) sowie der Kündigung eines Miet- (§ 568 Abs. 1 BGB) oder Arbeitsvertrages (§ 623 BGB),
- die elektronische Form mit einer entsprechenden nicht verfälschbaren Signatur (§ 126a BGB),
- die Textform (§ 126b BGB), entweder auf Papier oder einem elektronischen Datenträger (Diskette, CD-ROM, DVD), diese ist z. B. für Garantieerklärungen im Verbrauchsgüterkauf (§ 477 Abs. 2 BGB), Erklärungen des Darlehensgebers, insb. Benachrichtigungen bei Überziehungskrediten (§ 492 Abs. 5 und 6, § 505 Abs. 2 S. 2 BGB), aber auch bei Mieterhöhungsverlangen (§ 558a BGB) erforderlich,
- die notarielle Beurkundung (§ 128 BGB), erforderlich z. B. bei einem Kaufvertrag über ein Grundstück (§ 311b BGB), einem Ehevertrag (§ 1410 BGB) und Erbvertrag (§ 2276 BGB)
- die öffentliche Beglaubigung (§ 129 BGB).

Schreibt ein Gesetz die schriftliche Form vor, so muss das Schriftstück (die Urkunde) grds. von dem Aussteller eigenhändig durch Namensunterschrift unterzeichnet werden (§ 126 BGB). Ein **Telefax** enthält nicht die Originalunterschrift und genügt deshalb nicht der Schriftform (BGH NJW 1998, 3649). Die schriftliche Form kann i. d. R. auch durch die elektronische Form (§ 126a BGB) ersetzt werden (§ 126 Abs. 3 BGB), nicht aber durch die Textform (§ 126b BGB). Eine normale **E-Mail** ohne eine unverwechselbare elektronische Signatur reicht also nicht aus. Die schriftliche Form wird durch die notarielle Beurkundung, insb. im Rahmen eines gerichtlichen Vergleiches (§ 127a BGB) ersetzt. Ist eine gesetzliche Form nicht vorgeschrieben, so kann die Willenserklärung in jeder anderen Form übermittelt werden: mündlich, telefonisch, via E-Mail oder mittels Telefax. Die Parteien können allerdings auch eine bestimmte Form vereinbaren (§ 127 BGB).

Wird eine gesetzlich vorgeschriebene Form nicht eingehalten, so ist das Rechtsgeschäft grds. nichtig (§ 125 BGB). Das gilt nur dann nicht, wenn die Formnichtigkeit nach dem Grundsatz von Treu und Glauben zu „schlechthin untragbaren Ergebnissen" führen würde (vgl. HK-BGB / Dörner 2009 § 125 Rz. 10). Die Rspr. hat dies aber auf extreme Ausnahmefälle begrenzt, z. B. bei der Existenzgefährdung einer auf die Gültigkeit des Vertrages vertrauenden Person, die aufgrund der Insolvenz ihres Vertragspartners keine Chance hat, von diesem Schadensersatz zu erhalten.

Formfehler können ggf. auch durch die Erfüllung der Leistung geheilt werden, wenn die Formvorschrift nur eine Warnfunktion erfüllt. Das ist z. B. bei der Erfüllung eines Schenkungsversprechens der Fall (§ 518 Abs. 2 BGB) oder wenn ein Bürge die Hauptverbindlichkeit tatsächlich erfüllt (§ 766 S. 2 BGB; vgl. auch §§ 311b Abs. 1 S. 2, 494 Abs. 2, 507 Abs. 2 S. 2 BGB).

1.4   Schuldrechtliche Grundbegriffe

Schuldverhältnis

Als Schuldrecht bezeichnet man die Rechtsnormen, nach denen eine Person aufgrund einer rechtlichen Sonderbeziehung (dem sog. Schuldverhältnis) eine Leistung verlangen kann (§ 241 Abs. 1 BGB). Die Regelungen des allgemeinen Schuldrechts in §§ 241 – 432 BGB gelten grundsätzlich für alle vertraglichen oder gesetzlichen Schuldverhältnisse (Ausnahme: §§ 311 – 361 BGB gelten nur für Schuldverhältnisse aus Verträgen). Das besondere Schuldrecht regelt in den §§ 433 – 53 BGB beispielhaft einzelne Typen von Schuldverhältnissen.

Vertrag

Ein Schuldverhältnis wird durch ein Rechtsgeschäft oder kraft Gesetzes begründet. Rechtsgeschäftliche Schuldverhältnisse beruhen zumeist auf einem Vertrag (s.o. I-1.2.4). Allerdings können auch einseitige Rechtsgeschäfte ein Schuldverhältnis begründen (Auslobung, Stiftung, Vermächtnis). Ihr Zustandekommen hängt von den allgemeinen Regeln des BGB ab (Geschäftsfähigkeit, Willenserklärung, usw.; vgl. auch das Prüfungsschema im Anhang V-4. Ein Schuldverhältnis entsteht aber nicht erst aufgrund eines Vertrages, sondern schon im **Vorfeld** durch (geschäftliche) Kontakte, die sog. Vertragsanbahnung, insb. durch die Aufnahme von Vertragsverhandlungen (§ 311 Abs. 2 BGB). Schon aus dem geschäftlichen Kontakt alleine entsteht ein Vertrauensverhältnis und damit wechselseitige **Rücksichtnahme- und Schutzpflichten** für das sog. Integritätsinteresse des Anderen, deren Verletzung eine Schadensersatzpflicht auslösen kann, die über eine sog. deliktische Haftung aus unerlaubter Handlung (§ 823 BGB) hinausreicht (z.B. anderer solventer Anspruchsgegner, Verjährung). Ursprünglich war diese Haftung gesetzlich nur vereinzelt geregelt (z.B. §§ 179, 523 f., 600, 694 BGB), weshalb die Rechtsprechung die Haftung bei Verletzung von Schutzpflichten vor Vertragsabschluss (z.B. Kunde wird beim Eintritt in die Verkaufsräume von einem umfallenden Regal verletzt) allgemein als sog. culpa in contrahendo (c.i.c. – lateinisch für Verschulden bei Vertragsschluss) und gleichsam als Gewohnheitsrecht anerkannt hatte (vgl. BGH NJW 1979, 1983). Mit der sog. Schuldrechtsreform im Jahr 2002 wurden diese Schutz- und Nebenpflichten in § 241 Abs. 2, § 311 Abs. 2 u. 3 BGB sowie die Schadensersatzpflicht bei deren Verletzung i.V.m. § 280 Abs. 1 BGB ausdrücklich geregelt, der Begriff c.i.c. wird aber mitunter noch verwendet.

gesetzliche Schuldverhältnisse

Gesetzliche Schuldverhältnisse entstehen ohne Rechtsgeschäft aufgrund von tatsächlichen Geschehnissen, sofern die Tatbestandsvoraussetzungen der maßgeblichen Rechtsnorm erfüllt sind, z.B. bei der Geschäftsführung ohne Auftrag (§§ 677 ff. BGB), der ungerechtfertigten Bereicherung (§§ 812 ff. BGB) oder der unerlaubten (deliktischen) Handlung (§§ 823 ff. BGB).

1.4.1   Inhalt von Schuldverhältnissen

Aufgrund eines Schuldverhältnisses kann der Gläubiger vom Schuldner eine Leistung fordern (§ 241 Abs. 1 BGB, sog. **Hauptleistungspflicht**). Über das Versprechen der (primären) Hauptleistung hinaus verpflichtet ein Schuldverhältnis die Parteien auch zur Rücksichtnahme auf die Rechte, Rechtsgüter und Interessen der anderen Partei (§ 241 Abs. 2 BGB, s. o. zur sog. c. i. c. bereits im Rahmen der Vertragsanbahnung). Solche nur teilweise ausdrücklich geregelten („sekundären") **Nebenleistungs- und Schutzpflichten** (hierzu ausführlich HK-BGB / Schulze 2009 § 241 Rz. 4 ff.) betreffen z. B. Mitwirkungs-, Informations-, Auskunfts- und Rechenschaftspflichten (vgl. z. B. §§ 402, 666, 681, 713 BGB) sowie nachvertragliche Pflichten, z. B. zur Verschwiegenheit oder Wettbewerbsbeschränkungen. Die Verletzung von Nebenpflichten bei Vertragsdurchführung war früher nicht ausdrücklich geregelt und von der Rechtsprechung als sog. „positive Vertrags- bzw. Forderungsverletzung" (pFV) entwickelt worden, sie findet nach der Schuldrechtsreform 2002 ebenso wie die c. i. c. ihre gesetzliche Anknüpfung in § 241 Abs. 2 i. V. § 280 Abs. 1 BGB.

Über den reinen Wortlaut des § 242 BGB hinaus sind **beide** Parteien aufgrund des Schuldverhältnisses verpflichtet, in Ausübung ihrer Rechte und Erfüllung ihrer Pflichten nach „Treu und Glauben" (d. h. im Wesentlichen: **fair**) zu handeln (BGHZ 85, 48). Orientierung ist dabei die Wertordnung des Grundgesetzes (vgl. I-2; zur mittelbaren Drittwirkung von Grundrechten, vgl. I-2.2.4; z. B. zur Duldungspflicht des Vermieters beim Einbau eines Lifts für die behinderte Partnerin eines Mieters vgl. BGH NJW 2000, 2658). Aber auch die ungeschriebenen, gefestigten Verkehrssitten und Handelsbräuche sowie **fachliche Standards** spielen hier eine wichtige Rolle (insb. im Hinblick auf Sorgfaltspflichten; vgl. BGH NJW 1986, 1100; hierzu IV-1).

1.4.1.1 Vertragliche Schuldverhältnisse – ausgewählte Vertragstypen

Der Inhalt rechtsgeschäftlich geschlossener Schuldverhältnisse ist den Parteien überlassen. Verpflichten sich die Vertragsparteien gegenseitig zu einer Hauptleistung, spricht man von einem Gegenseitigkeits- und **Austauschverhältnis** (Synallagma). Durch den Vertrag kann auch vereinbart werden, dass die Hauptleistung zugunsten eines Dritten erfolgt und dass dieser sogar das Recht erwirbt, die Leistung für sich zu fordern (**Vertrag zugunsten Dritter**, § 328 BGB; das Gegenteil, ein Vertrag zulasten Dritter ist nicht zulässig). Grundsätzlich gilt im Privatrecht – als Ausfluss der Privatautonomie – die sog. Vertragsfreiheit, d. h., die Rechtssubjekte sind in der Gestaltung ihrer Rechtsbeziehungen frei. Der Gesetzgeber hat aber die (teilweise nur noch historisch) **wichtigsten Vertragstypen**, z. B. den Kauf und Tausch, (weitgehend dispositiv) geregelt. Diese wurden mittlerweile im modernen Wirtschaftsleben durch neue, atypische Vertragsarten ergänzt, die aber nur z. T. im BGB geregelt sind. Die vertraglichen Schuldverhältnisse lassen sich im Wesentlichen in die folgenden Gruppen einteilen (hierzu Däubler 2008, 613 ff.):

Vertragsfreiheit

■ **Übertragung von Wirtschaftsgütern**

Kaufvertrag   Beim **Kauf** (§§ 433 BGB) und **Tausch** (§ 480 BGB) geht es um die Übertragung von Wirtschaftsgütern bei gleichzeitiger Überlassung eines Gegenwertes (Kaufpreis bzw. Tauschgut). Demgegenüber erfolgt die Zuwendung bei der **Schenkung** (§ 516 BGB) unentgeltlich. Gegenstand der Übertragung können Sachen und Rechte (§ 453 BGB) sein. Hierzu zählt z. B. das sog. **Factoring** (Forderungskauf), aufgrund dessen Forderungen abgetreten werden (sog. Zession, § 398 ff. BGB). Beim Kaufertrag finden sich noch weitere Sonderformen, z. B. der **Kauf unter Eigentumsvorbehalt** (§ 449 BGB) oder der Kauf auf Probe (§ 454 BGB). In den §§ 474 ff. BGB enthält das BGB aufgrund einer entsprechenden EG-Richtlinie Sonderregelungen für den Fall, dass der Käufer ein Verbraucher (§ 13 BGB) ist (sog. **Verbrauchsgüterkauf**). Für Ratenlieferungsverträge (d. h. der Kaufgegenstand wird in Teillieferungen geleistet) enthält § 505 BGB Schutzvorschriften. Kaufverträge über Sachen, die ein Verbraucher in Raten bezahlen soll (früher sog. Abzahlungskauf), werden heute als Verbraucherdarlehen behandelt, für die besondere Schutzvorschriften bestehen (§§ 491 ff. BGB).

■ **Gebrauchsüberlassung**

Mietvertrag   Miete (§§ 535 ff. BGB), Pacht (§§ 581 ff. BGB) und Leihe (§§ 598 ff. BGB) sind auf die Gebrauchsüberlassung von Sachen gerichtet, im Fall der Leihe erfolgt dies unentgeltlich. Besondere Schutzvorschriften gibt es insb. bei privaten **Mietverhältnissen über Wohnraum** (§§ 549 – 577a BGB). Dies betrifft u. a. die Dauer (z. B. § 550 BGB), die Grenzen einer Mieterhöhung (§§ 557 ff. BGB; insb. § 558 BGB Mieterhöhung nur bis zur Höhe der ortsüblichen Vergleichsmiete und nur, wenn zuvor die Miete 15 Monate unverändert war) sowie den Kündigungsschutz (§§ 568 ff.; hierzu II-1.4.4; ausführlich zu den z. T. komplizierten Regelungen HK-BGB/Ebert 2009 §§ 549 ff.). Nicht alle Wohnungsmietverhältnisse partizipieren an allen Schutzvorschriften, insb. nicht bei nur vorübergehendem Mietgebrauch (§ 549 Abs. 2 Nr. 1 BGB, z. B. Ferienwohnungen), möblierten Einliegerwohnungen (§ 549 Abs. 2 Nr. 2 BGB), Wohnraum, der von einer juristischen Person des öffentlichen Rechts oder eines anerkannten privaten (freien) Trägers der Wohlfahrtspflege mit einem entsprechenden Hinweis an Personen mit einem dringenden Wohnungsbedarf (z. B. haftentlassene, nichtsesshafte Personen) überlassen wird (§ 549 Abs. 2 Nr. 3 BGB) sowie Wohnraum in Studenten- und Jugendwohnheimen (§ 549 Abs. 3 BGB). Die Regelungen des Mietrechts sind sehr koplex und detailliert und können den Anwender, der nicht laufend damit zu tun hat, schnell überfordern. Der Deutsche Mieterbund (www.mieterbund.de) fungiert deshalb als Interessenvertretung der Mieter und bietet seinen Mitgliedern Rechtsberatung und Hilfe bei Mietstreitigkeiten an.

Beim **Leasing** (sog. Mietkauf) überlässt der Leasinggeber dem Leasingnehmer wie bei der Miete den Gebrauch der Sache gegen Entgelt (Leasingraten), der Leasingnehmer haftet aber wie beim Eigentumserwerb aufgrund eines Kaufs für die Instandhaltung und den Untergang der Sache. Beim **Franchising** (z. B. Fast-Food-Ketten) werden gegen Entgelt gewerbliche Schutzrechte (z. B. Firmenname, Patente) und Know-how zur Nutzung überlassen. Um eine Gebrauchsüberlassung handelt es sich im wirtschaftlichen Sinne auch bei einem (Geld)**Darlehen** (§§ 488 ff. BGB) und Sachdarlehen (§ 607 BGB), auch wenn hier die Sache bzw. das Geld übereignet und lediglich in gleicher Art, Güte und Menge zurückgegeben wird. Besondere Schutzvorschriften gibt es für die Verbraucherdarlehen (§§ 491 ff. BGB).

Sicherungsgeschäfte

Im Zusammenhang mit Darlehen spielen die Sicherungsrechte eine große Rolle, die man in drei Gruppen einteilen kann: Die **Bürgschaft** (§§ 765 ff. BGB) ist der Hauptanwendungsfall der sog. Personalsicherheiten, d. h. der Schuldner sichert die Forderung mit seinem Vermögen. Bei den sog. Realsicherheiten werden Vermögensgegenstände belastet, sei es bei beweglichen Sachen mit einem Pfandrecht (§§ 1204 ff. BGB) oder bei Grundstücken mit einem Grundpfandrecht (Hypothek bzw. einer Grundschuld; hierzu II-1.5), die bei Nichtbegleichung der Forderung verwertet werden können). Schließlich kann sich ein Kreditgeber auch dadurch absichern, dass er das Vollrecht (z. B. Eigentum) bis zur Begleichung seiner Forderung behält (z. B. Kauf unter Eigentumsvorbehalt § 449 BGB) oder sich übertragen (sog. Sicherungsübereignung) bzw. andere Forderungen an sich abtreten lässt (sog. Sicherungszession).

Sicherungsrechte

Leistung von Tätigkeiten

Gegenstand der vierten Gruppe von Verträgen sind Tätigkeiten für einen anderen. Beim **Dienstvertrag** (§§ 611 ff. BGB) wird die Leistungsbemühung als solche gegen eine Vergütung geschuldet, der **Werkvertrag** (§ 631 BGB) ist auf den Erfolg, das fertiggestellte Werk gerichtet. Von Geschäftsbesorgungsvertrag (§ 675 BGB) spricht man, wenn Gegenstand der Leistung eine entgeltliche **Geschäftsbesorgung**, d. h. eine selbstständige Tätigkeit wirtschaftlicher Art im fremden Interesse (HK-BGB / Schulte-Nölke / Schulte 2009, § 675 Rz. 4). Hierzu gehört insb. die freiberufliche Tätigkeit von Rechtsanwälten, Steuer-, Unternehmens- und sonstigen Beratern. Unter **Auftrag** (§§ 662 ff. BGB) versteht das BGB alle unentgeltlichen Tätigkeiten für einen anderen, die nicht speziell geregelt sind. Besonders geregelt sind insb. die Verwahrung (§§ 688 ff. BGB), Rechte und Pflichten des Gastwirts für eingebrachte Sachen (§§ 701 ff. BGB), der Mäkler- (§§ 652 ff. BGB) und Reisevertrag (§§ 651 a ff. BGB).

Dienst- und Werkvertrag

Bildung von Gesellschaften

In der fünften Gruppe von Verträgen schließen sich Personen zur Bildung von Gesellschaften (§§ 705 ff. BGB) und Gemeinschaften (§§ 741 ff. BGB) zusammen, ohne sich dabei zur juristischen Person (s. o. II-1.1.1) zu verselbstständigen. Mittlerweile hat die Rspr. aber die Rechts- und Parteifähigkeit der **Gesellschaft des Bürgerlichen Rechts** (GbR) anerkannt und im Wesentlichen mit der Offenen Handelsgesellschaft des Handelsrechts (§§ 105 HGB) gleichgestellt (s. o. BGH 29.01.2001 – II ZR 331 / 00 – NJW 2001, 1056 – BGHZ 146, 341).

Gesellschaften

1.4.1.2   Gesetzliche Schuldverhältnisse

Geschäftsführung ohne Auftrag

Über die Grundnormen der §§ 241 ff. BGB hinaus ist der Inhalt von gesetzlichen Schuldverhältnissen durch Rechtsnormen festgelegt; im Wesentlichen geht es um **Schutzpflichten** sowie einen **fairen Ausgleich** von Vermögensvor- und -nachteilen. Wer z. B. ohne Auftrag und ausdrückliche Berechtigung für einen anderen ein Geschäft besorgt, muss dies nach § 677 BGB („wenn schon – denn schon") auf eine Weise tun, die dem Interesse des Geschäftsherrn entspricht. Andererseits kann er nach § 683 BGB wie ein Beauftragter Ersatz seiner Aufwendungen verlangen, wenn die Übernahme der Geschäftsführung dem Interesse und dem wirklichen oder dem mutmaßlichen Willen des Geschäftsherrn entspricht. Das ist z. B. der Fall, wenn jemand die Zerstörung einer fremden Sache verhindert, z. B. den Brand an einem Haus löscht, dessen Eigentümer abwesend ist und nicht eingreifen kann. Dann kann der Hilfeleistende z. B. Ersatz seiner bei dem Einsatz beschädigten Kleidung verlangen. Ein Sonderfall der Geschäftsführung ohne Auftrag stellt der Fund dar, der aufgrund der Nähe zum Eigentum im Sachenrecht gesondert geregelt ist (§§ 965 ff. BGB). Wesentlich für eine Geschäftsführung ohne Auftrag ist, dass der Geschäftsführer mit sog. Fremdgeschäftsführungswillen handelt, d. h. die Angelegenheit eines anderen für diesen besorgen will. Dass er dabei ggf. auch eigene Interessen, verfolgt ist unschädlich, sofern es nicht vorrangig um ein eigenes Geschäft (z. B. Leistungsverpflichtung) geht (HK-BGB / Schulze 2009 § 677 Rz. 2 ff.).

ungerechtfertigte Bereicherung

Nach § 812 BGB kann jemand einen Vermögensvorteil herausverlangen, den ein anderer ohne Rechtsgrund erlangt hat (sog. Kondiktion). Dies kann z. B. der Fall sein, wenn eine Leistung bewirkt wurde (z. B. das gekaufte Buch wurde übereignet und übergeben), obwohl der insoweit geschlossene Vertrag nichtig ist, sei es weil eine handelnde Person bei Vertragschluss nicht geschäftsfähig war (vgl. II-1.1.2) oder der Vertrag rückwirkend von einer Partei wirksam angefochten (vgl. II-1.2.2) wurde. Es geht also um einen **Ausgleich ungerechtfertigter Vermögensverschiebungen**. Das BGB verweist in zahlreichen Fällen, insb. bei Rückabwicklungen auf die Grundsätze des Bereicherungsrechts (zu solchen Verweisungsnormen vgl. I-3.2.1).

Deliktsrecht

Im sog. Deliktsrecht geht es um die **Wiedergutmachung** eines Schadens, der aufgrund von unerlaubten (rechtswidrigen) Handlungen entstanden ist. So begründet § 823 Abs. 1 BGB die Haftung auf Schadensersatz bei einer rechtswidrigen und schuldhaften Verletzung fremder Rechtsgüter. Von § 823 BGB **geschützte Rechtsgüter** sind zunächst nur das Leben, der Körper, die Gesundheit, die Freiheit und das Eigentum eines anderen. Die gleiche Schadensersatzverpflichtung trifft nach § 823 Abs. 2 BGB denjenigen, welcher gegen ein den Schutz eines anderen bezweckendes Gesetz verstößt (hierzu HK-BGB / Staudinger 2009 § 823 Rz. 141 ff.). Solche Ge- oder Verbotsnormen mit individualschützendem Charakter finden sich z. B. im Wirtschaftsrecht (zur Produzentenhaftung s. u. II-1.4.3), im Urheberrecht, aber auch im Strafrecht, Straßenverkehrsrecht oder sonstigen Öffentlichen Recht, z. B. bei der Inobhutnahme nach § 42 SGB VIII.

Soweit § 823 Abs. 1 BGB von einem „sonstigen Recht" spricht, sind damit nur solche Rechte gemeint, die vergleichbar mit den ausdrücklich genannten Persönlichkeitsgütern und dem Eigentum durch einen vergleichbaren Zuweisungsgehalt und eine entsprechende Ausschlussfunktion gekennzeichnet sind (HK-BGB / Staudinger 2009 § 823 Rz. 28). In den Anwendungsbereich fallen somit nur die absoluten Rechte (s. o. Einführung zu Teil II). Nicht dazu gehören Forderungen (als relative Rechte) sowie das Vermögen einer Person. Der Besitz ist kein Recht, sondern ein tatsächliches Verhältnis (s. u. II-1.5). Der berechtigte Besitz wird aber nach h. M. als „sonstiges Recht" – vergleichbar mit dem Eigentum – durch § 823 Abs. 1 BGB geschützt. Wird z. B. ein Mietwagen auf einem Parkplatz von einem Dritten nicht nur vorübergehend so zugeparkt, dass der Pkw nicht genutzt werden kann, so ist der Dritte zum Schadensersatz verpflichtet. Das umfasst z. B. die Abschleppkosten oder die Kosten für ein Alternativfahrzeug (vgl. Däubler 2008, 925).

Voraussetzung ist freilich, dass die Rechtsgutverletzung rechtswidrig war. **Rechtswidrigkeit** Ausnahmsweise kann aber eine Verletzung fremder Rechtsgüter erlaubt sein. Solche Rechtfertigungsgründe können im BGB geregelt sein, z. B. als Notwehr (§ 227 BGB) und Notstand (§ 228 BGB) zur Selbstverteidigung oder Selbsthilfe (§ 229 BGB) sowie der sog. aggressive Notstand des Eigentümers (§ 904 BGB). Aufgrund der Einheit der Rechtsordnung gelten allerdings auch die Erlaubnisse und Rechtfertigungsgründe anderer Rechtsmaterien, insb. des Strafrechts (vgl. hierzu ausführlich III-8.2.1.2). Soweit die Rechtsgutverletzung durch eine Unterlassung eingetreten ist (Nichtabwendung einer Schädigung), tritt die Haftung nur ein, wenn eine Rechtspflicht zum Handeln, z. B. eine sog. **Verkehrssicherungspflicht** aufgrund einer geschaffenen Gefahrenquelle bestand (hierzu vgl. IV-1 sowie zum vergleichbaren Aspekt der Garantenpflicht die Erörterung im Strafrecht III-8.2.2.2).

Eine Schadensersatzpflicht besteht schließlich nur, wenn den Schädiger ein **Verschulden** Verschulden trifft. Das setzt einerseits die sog. Deliktsfähigkeit (vgl. II-1.1.2) voraus, wobei für Minderjährige spezifische Schutzvorschriften gelten (s. o. II-1.3.2), andererseits ein vorsätzliches oder fahrlässiges Verhalten (s. u. II-1.4.3).

1.4.2 Leistungsstörungen

Schuldverhältnisse verpflichten nicht nur zur Vornahme der vereinbarten Hauptleistung, sondern auch zur gegenseitigen Rücksichtnahme (§ 241 Abs. 2 BGB, sog. Nebenleistungs- und Schutzpflichten, s. o. II-1.4.1). Trotz der gesetzlichen und vertraglichen Regelungen kann es bei der Abwicklung des Schuldverhältnisses zu Fehlern und Problemen (Leistungsstörungen) kommen, z. B. wird die gekaufte Waschmaschine bei der Lieferung zerstört oder nach dem vereinbarten Termin oder nicht funktionsfähig mit einer nicht dicht schließenden Klappe geliefert. Man spricht hier von **Nichtleistung** (insb. wegen Unmöglichkeit, vgl. z. B. § 275 BGB), **Verzug** bei einer verzögerten Leistung (vgl. §§ 286 ff., §§ 293 ff. BGB) und **Schlechtleistung** (insb. wegen Sach- und Rechtsmängeln, s. u.; ausführlich hierzu HK-BGB / Schulze 2009 Vor §§ 275 ff.). Leistungsstörungen treten aber nicht nur bei vertraglichen, sondern auch bei gesetzlichen Schuldverhältnissen auf, z. B. wenn die aufgrund eines Anspruchs wegen ungerechtfertigter Bereicherung nach § 812 BGB herauszugebende Sache bei der Rücksendung vernichtet wird.

Für die wichtigsten Leistungsstörungen sieht das Gesetz – aktualisiert durch die sog. Schuldrechtsreform 2002 auch aufgrund der Vorgaben durch EU-Richt-linien – besondere Haftungs- und Ausgleichsregelungen vor (hierzu ausführlich Däubler 2008, 518 ff. und 615 ff.), wobei im Hinblick auf einige Vertragstypen einige Sonderregelungen beachtet werden müssen. Bei einer Unmöglichkeit erlischt der (primäre) Anspruch auf Leistung, kann aber u. U. eine verschärfte Haftung zur

Gewährleistung / Folge haben (z. B. bei Herausgabeansprüchen vgl. §§ 292, 848 BGB).
Mängelhaftung So bestimmen sich die **Rechte des Käufers** einer mangelhaften Sache nach den §§ 437 ff. BGB; er kann:

- die Beseitigung des Mangels bzw. die Lieferung einer mangelfreien Sache ver-langen (sog. Nachbesserung nach § 439 BGB), wobei der Verkäufer auch die hierzu notwendigen Kosten zu tragen hat (§ 439 Abs. 2 BGB);
- unter den in §§ 440, 323, 326 Abs. 5 BGB bestimmten Voraussetzungen (z. B. grds. Ablauf einer angemessen gesetzten Frist für die Nacherfüllung) vom Ver-trag zurücktreten (sog. Wandelung) oder den Kaufpreis mindern (§ 441 BGB) und
- ggf. Schadensersatz bzw. Ersatz für vergebliche Aufwendungen verlangen (§ 437 Nr. 3 BGB). Insoweit sind aber die allgemeinen Haftungsgrundsätze zu beachten (grds. Verschuldenshaftung, s. u. II-1.4.3).

Mangel Von Fehler oder Mangel einer Sache spricht man bei **Sachmängeln** (vgl. § 434 BGB, insb. der Kaufgegenstand hat nicht die vereinbarte Beschaffenheit, er eignet sich nicht für dessen gewöhnliche Verwendung oder wird in zu geringer Stückzahl geliefert, vgl. § 434 BGB) oder **Rechtsmängeln** (§ 435 BGB; Dritte können gegen den Erwerber vom Verkäufer nicht offengelegte eigene Rechte geltend machen, z. B. wegen fehlendem Eigentum des Verkäufers oder einem Pfandrecht an der Sache), wenn diese zum Zeitpunkt der Übergabe der Sache (sog. **Gefahrüber-gang**) vorliegen. Auf Kenntnis des Verkäufers kommt es dabei nicht an, Fehler hat er stets zu vertreten (Einschränkungen bestehen im Hinblick auf eine Schadenser-satzpflicht, s. u. II-1.4.3). Darüber hinaus haftet der Verkäufer, wenn der Fehler zum Zeitpunkt des Gefahrübergangs bereits angelegt war. Beim Verbrauchsgüter-kauf (§ 474 BGB) wird abweichend von den allgemeinen Regeln zugunsten des Verbrauchers in den ersten sechs Monaten nach Übergabe vermutet, dass der Man-gel bei der Übergabe vorlag (sog. Beweislastumkehr). Den Verbraucher trifft aber weiterhin die Darlegungs- und Beweislast für die einen Sachmangel begründen-den Tatsachen. § 476 BGB enthält lediglich eine in zeitlicher Hinsicht wirkende Vermutung, dass der Mangel bereits zum Zeitpunkt des Gefahrübergangs vorlag (BGH VIII ZR 329/03 v. 02.06.2004).

Von dieser Beweislastumkehr zu unterscheiden ist die Regelung der Verjährungs-frist für die Ansprüche aus Gewährleistung, die nach § 438 BGB im Regelfall (z. B. **Verjährung** für normalen Kaufvertrag) zwei Jahre beträgt. Die Frist kann vertraglich verlängert werden. Nur bei einem Privatverkauf (kein Unternehmer beteiligt) kann sie in den Grenzen des § 202 BGB (nicht bei Vorsatz) verkürzt oder ausgeschlossen werden. Bei einem Verbrauchsgüterkauf ist nach § 475 Abs. 2 BGB eine Verkürzung der Frist nur bei gebrauchten Waren und nur bis zu einem Jahr möglich (HK-BGB / Saenger 2009, § 438 Rz. 8). Die Verjährung beginnt mit der Übergabe bzw. der Ablieferung der Sache (§ 438 Abs. 2 BGB).

Von der gesetzlichen Mängelhaftung ist das freiwillige Garantieversprechen zu **Garantie** unterscheiden, mit dem ein Verkäufer bzw. Werkunternehmer weitergehende Gewährleistungsrechte, z. B. eine längere Umtauschfrist, einräumen kann.

Die Verzögerung einer fälligen Leistung (§§ 286 ff., 280 Abs. 1 BGB) nennt man **Verzug** Schuldnerverzug, die Weigerung des Gläubigers, eine Leistung anzunehmen, Annahmeverzug (§ 293 BGB). Nach § 280 Abs. 2 BGB kann man Schadensersatz wegen Verzögerung der Leistung nur unter der zusätzlichen Voraussetzung des § 286 BGB verlangen. Danach muss der Schuldner gemahnt werden, es sei denn, **Mahnung** die Leistungszeit ist z. B. kalendermäßig bestimmt. Nach § 280 Abs. 3 BGB kann Schadensersatz statt der Leistung nur unter den zusätzlichen Voraussetzungen des §§ 281 – 283 BGB verlangt werden. Im Wesentlichen geht es darum, dass dem Schuldner eine zweite Chance gegeben werden muss, die Leistung innerhalb einer angemessenen Frist vorzunehmen.

1.4.3   Haftungsgrundsätze

Nach deutschem Recht haftet man für Mängel und Fehler grds. nur und muss für **Verschuldenshaf-** einen Schaden nur einstehen, wenn man dafür verantwortlich ist bzw. ihn zumin- **tung** dest vertreten muss (Verschuldenshaftung). Das Recht knüpft insoweit an die Vorwerfbarkeit des Verhaltens bzw. die Pflicht zur Schadensverhütung an, die sich aus einem vertraglichen Schuldverhältnis oder aus dem Gesetz ergeben kann. Von der zivilrechtlichen Haftung ist die strafrechtliche Verantwortlichkeit zu unterscheiden (hierzu III-8.2.1).

Nach der Grundregel des § 280 Abs. 1 BGB kann ein Gläubiger vom Schuldner Schadensersatz verlangen, wenn dieser eine Pflicht aus dem Schuldverhältnis verletzt. Dies gilt nur dann nicht, wenn der Schuldner dies nicht zu vertreten hat. Das Verschulden wird in § 280 Abs. 1 S. 2 BGB widerlegbar vermutet (Beweislastregel; anders ist dies nach § 619a BGB für Arbeitnehmer). Nach § 276 Abs. 1 BGB haftet man nur, wenn man selbst schuldhaft, d. h. vorsätzlich oder fahrlässig, handelt. Aufgrund der Privatautonomie können Vertragspartner allerdings auch ab- **Vorsatz** weichende Haftungsvereinbarungen treffen (z. B. Garantieerklärung). Vorsatz ist das **Wissen und Wollen** des in einer Norm beschriebenen Tatbestandes. Vorsätzlich handelt, wer im Hinblick auf die Elemente des Tatbestandes einer Norm bewusst vorgeht und den Eintritt des Handlungserfolgs will (sog. *dolus directus*) bzw. zu- **Fahrlässigkeit** mindest bewusst in Kauf (*dolus eventualis*) nimmt. Fahrlässig handelt, wer die im Verkehr erforderliche **Sorgfalt** außer Acht lässt (§ 276 Abs. 2 BGB). Das bedeutet im Wesentlichen, dass die Rechtsgutverletzung vorhersehbar und vermeidbar ist und das Handeln nicht dem im jeweiligen Geschäfts- bzw. Lebensbereich anerkannten Sorgfaltsmaßstab bzw. fachlichen Standards entspricht (im Einzelnen vgl. HK-BGB/Schulze 2009 § 276 Rz. 10 ff.).

Haftung für andere Man ist zwar grundsätzlich nur für eigenes Verhalten verantwortlich, allerdings sieht das Privatrecht in einigen Regelungen eine Haftung für fremdes Handeln vor. So hat man nach § 278 BGB das Verschulden des gesetzlichen Vertreters (z. B. der Eltern, des Vormunds, des Betreuers, s. o. II-1.2.3) und der Personen zu vertreten, deren man sich zur Erfüllung seiner vertraglichen Verbindlichkeit bedient (sog. **Erfüllungsgehilfe** Erfüllungsgehilfen). Erfüllungsgehilfen müssen nicht weisungsabhängig sein und können auch selbstständige Unternehmer sein (z. B. Handwerker, Spediteure, Banken, Rechtsanwälte), die der Schuldner eingeschaltet hat. Aufgrund der mit dem Schuldverhältnis zusammenhängenden Schutzpflichten wird dem Schuldner das schuldhafte Handeln der *anderen* Personen im Zusammenhang mit dem Schuldverhältnis zugerechnet. Dies ist zu unterscheiden von der Zurechnung von Willenserklärungen im Rahmen der Stellvertretung nach § 164 BGB.

Verrichtungsgehilfe Ebenso zu unterscheiden ist die schuldrechtliche Haftungszurechnung von der **Haftung für unerlaubte Handlungen** von Dritten. Nach § 831 Abs. 1 BGB haftet man für das widerrechtliche Verhalten von sog. Verrichtungsgehilfen, also weisungsgebundener Personen, denen man sich zur Erledigung von Aufgaben bedient hat (z. B. Arbeitnehmer), selbst wenn diese nicht schuldhaft (weil sie z. B. schuldunfähig waren) gehandelt haben. Hier besteht ein Haftungsgrund wegen vermuteten eigenen Verschuldens des Geschäftsherrn. Möglich ist hier ein sog. Exkulpationsnachweis, d. h., die Schadensersatzpflicht tritt nicht ein, wenn der Geschäftsherr bei der Auswahl und Überwachung des Verrichtungsgehilfen die im Verkehr erforderliche Sorgfalt beobachtet hat oder wenn der Schaden auch bei Anwendung dieser Sorgfalt entstanden wäre (§ 831 Abs. 1 S. 2 BGB). Entsprechendes gilt für die **Haftung von Aufsichtspflichtigen** z. B. bei Minderjährigen oder anderen aufsichtsbedürftigen Personen (§ 828 BGB), von Haltern und Aufsehern von Haustieren (§§ 833 f. BGB) und Grundstücksbesitzern (§§ 836–838 BGB). Aufsichtspflicht bedeutet, dafür verantwortlich zu sein, dass die anvertraute Person (bzw. die anvertraute Gefahr) nicht einen anderen oder sich selbst schädigt (hierzu ausführlich IV-1).

Gesamtschuldverhältnis Mehrere Personen haften jeder für sich für den durch eine gemeinschaftlich begangene unerlaubte Handlung angerichteten Schaden (sog. Gesamtschuldverhältnis), auch wenn sich nicht ermitteln lässt, wer von mehreren Beteiligten den Schaden durch seine Handlung verursacht hat (§ 830 Abs. 1 BGB). Anstifter und Gehilfen stehen Mittätern dabei gleich (§ 830 Abs. 2 BGB). Dies bedeutet nach § 421 BGB, dass jeder Schädiger dem Geschädigten gegenüber (sog. Außenverhältnis) zum Schadensersatz verpflichtet ist.

Der Geschädigte kann den Schadensersatz jedoch nur einmal fordern. Dabei kann er die Leistung nach seinem Belieben von jedem der Schuldner ganz oder teilweise fordern, er kann sich also aussuchen, gegen wen er seinen Anspruch geltend macht. Bis zur Bewirkung der Leistung, bis also der Schadensersatz durch einen der Schädiger geleistet wird, bleiben die Ansprüche gegen alle Gesamtschuldner bestehen. Aus Zweckmäßigkeitsgründen wird sich der Geschädigte in der Regel an denjenigen Schädiger halten, der am solventesten erscheint oder von dem der Schadensersatz am schnellsten zu erlangen ist.

Ist der Schadensersatz von einem der Schädiger geleistet worden, so werden die übrigen Verantwortlichen für den Schaden zwar von ihrer Verpflichtung zum Schadensersatz dem Geschädigten gegenüber frei, da dessen Anspruch bereits gedeckt ist (§ 422 Abs. 1 BGB). Stattdessen besteht aber nun eine Ausgleichungspflicht zwischen den Gesamtschuldnern untereinander. Nach § 426 Abs. 1 BGB sind die Gesamtschuldner im Verhältnis zueinander (sog. Innenverhältnis) grds. zu gleichen Anteilen verpflichtet. Diese Haftung zu gleichen Teilen ist aber nur dann anzuwenden, wenn jeder andere Verteilungsmaßstab fehlt. Bei der Verteilung der Haftung für einen Schaden ist in erster Linie zu berücksichtigen, in welchem Maße die einzelnen Schädiger für die Verursachung des eingetretenen Schadens jeweils verantwortlich sind. An zweiter Stelle ist der jeweilige Grad des Verschuldens von Bedeutung.

Bei juristischen Personen des Privatrechts haften diese unmittelbar für die Handlungen ihrer Organe. Dieser in § 31 BGB für den Verein normierte Grundsatz gilt für alle juristischen Personen (HK-BGB/Dörner 2010 § 31 Rz. 10). Ansonsten werden gesetzliche Vertreter weder von § 31 BGB noch von § 831 BGB erfasst. **Haftung von juristischen Personen**

Verletzt ein Amtsträger (insb. Beamte und Mitarbeiter des öffentlichen Dienstes) in Ausübung eines öffentlichen Amtes die ihm einen Dritten gegenüber obliegenden Amtspflichten, so trifft die Haftung nach Art. 34 S. 1 GG – entgegen dem Wortlaut von § 839 BGB – unmittelbar den öffentlichen Träger. Die Haftung gegenüber dem Geschädigten wird also auf den „Staat" (besser: den öffentlichen Träger) verlagert. Handelte der Amtsträger vorsätzlich oder grob fahrlässig, so kann er vom Arbeitgeber in Regress genommen werden (vgl. II-3.4.5). Die Haftungsverlagerung tritt aber nur bei öffentlich-rechtlichem Handeln des Amtsträgers ein. Handelte der Mitarbeiter des öffentlichen Dienstes im Rahmen einer als privatrechtlich zu qualifizierenden Tätigkeit (sog. Fiskalverwaltung, vgl. I-4.1.1.1), so haftet der öffentliche Anstellungsträger nach §§ 89, 31 BGB wie ein eingetragener Verein. **Amtshaftung**

Eine Ausnahme vom Grundsatz der Verschuldenshaftung ist die sog. Gefährdungshaftung für Schäden, die sich allein aus einer Gefahr ergeben. Der Gesetzgeber erlaubt insoweit zwar die Schaffung eines Risikos, wenn dieses aber zu einem Schadensereignis führt, haftet der Verantwortliche auch ohne Verschulden. Dies ist z. B. bei der Haftung des Tierhalters nach § 833 BGB der Fall, wenn es sich nicht um ein Haustier (also Hund, Katze oder Wirtschaftstiere wie Schaf und Milchkuh) handelt. Das Gleiche gilt für den Halter eines Kraftfahrzeugs nach § 7 Abs. 1 StVG, dessen Haftung nur dann ausgeschlossen ist, wenn der Unfall durch ein unabwendbares Ereignis verursacht wurde (§ 7 Abs. 2 StVG). § 1 Produkthaftungsgesetz begründet eine verschuldensunabhängige Haftung des Herstellers fehlerhafter Produkte für die daraus resultierenden Personen- und Sachschäden. Weitere Regelungen zur Gefährdungshaftung enthält z. B. das Haftpflichtgesetz für den Betrieb einer Eisenbahn, von Stromleistungs- und Rohrleistungsanlagen sowie das Atomgesetz oder das Umwelthaftungsgesetz für eine Reihe gefährlicher Anlagen. **Gefährdungshaftung**   **Produkthaftung**

Art und Umfang des Schadensersatzes

Grundsätzlich muss derjenige, der zum Schadensersatz verpflichtet ist, den Zustand so herstellen, als wäre der Schaden nicht eingetreten (§ 249 Abs. 1 BGB), man nennt dies die sog. **Naturalrestitution**. Ist dies nicht möglich, so ist Schadensersatz in Geld zu leisten (§ 249 Abs. 2 BGB). Der zu ersetzende Schaden umfasst auch den entgangenen Gewinn (§ 52 BGB). Bei immateriellen Schäden besteht nach § 253 Abs. 1 BGB eine Schadensersatzpflicht in Geld nur, wenn dies gesetzlich ausdrücklich geregelt ist (z. B. Schmerzensgeld nach § 253 Abs. 2 BGB bei Verletzung des Körpers, der Gesundheit, der Freiheit oder der sexuellen Selbstbestimmung).

Vertrauensschaden

Als Vertrauensschaden (oder sog. negatives Interesse) bezeichnet man einen Schaden, den jemand im Vertrauen auf die Wirksamkeit eines Vertrages oder einer Willenserklärung erleidet. Wer zum Ersatz des Vertrauensschadens verpflichtet ist (z. B. §§ 119, 120, 122, 179 Abs. 2 BGB), hat den anderen so zu stellen, wie wenn dieser auf die Wirksamkeit des Vertrages bzw. der Willenserklärung nicht vertraut hätte. Der Ersatz ist in der Regel auf das sog. positive Interesse begrenzt, d. h., der Anspruchsinhaber darf auch nicht besser gestellt werden, als er bei ordnungsgemäßer Vertragserfüllung stünde.

Mitverschulden

Die Haftung ist nach § 254 BGB eingeschränkt, wenn ein Mitverschulden des Geschädigten vorliegt. Dies ist dann der Fall, wenn der Geschädigte, etwa durch eigene Unachtsamkeit, zur Entstehung des Schadens beigetragen hat. Bei der Frage, wer in welchem Umfang für den eingetretenen Schaden aufzukommen hat, ist auch von Bedeutung, ob die jeweilige Person leicht bzw. einfach fahrlässig oder grob fahrlässig gehandelt hat.

1.4.4 Beendigung von Schuldverhältnissen

Ein Schuldverhältnis erlischt, wenn die geschuldete Leistung vom Schuldner an den Gläubiger bewirkt wird (**Erfüllung**, § 362 Abs. 1 BGB) oder wenn der Gläubiger eine andere als die geschuldete Leistung an Erfüllungsstatt annimmt (§ 364 Abs. 1 BGB). Leistungszeit und Leistungsort bestimmen sich grds. nach §§ 269 f. BGB. Möglich ist aber auch eine Leistung durch Dritte (§ 267 BGB) oder an eine dritte vom Gläubiger bestimmte Person (§ 362 Abs. 2 BGB). Nach §§ 387 f. BGB können zwei gleichartige Leistungen (Forderungen) auch durch einseitige Erklärung miteinander aufgerechnet werden.

Rücktritt

Durch einen Rücktritt wird das Schuldverhältnis rückgängig gemacht. Dies ist entweder möglich, wenn ein solcher vertraglich vorbehalten wurde oder ein gesetzliches Rücktrittsrecht besteht (§ 346 Abs. 1 BGB), z. B. bei Leistungsstörungen und insb. bei Fehlschlagen von Fehlerbeseitigungen nach § 281 Abs. 5, § 313 Abs. 3, §§ 323 f., § 326 Abs. 4 u. 5, § 439 Abs. 4, § 441 Abs. 4, § 634 Nr. 3, § 636 BGB. Vorrangige Sonderregelungen bestehen beim Wohnraummietvertrag (§ 572 Abs. 1 BGB), Reise- (§ 651i BGB) und Versicherungsvertrag (§§ 16 ff. VVG). Von einem Verfügungsgeschäft (s. o. II-1.2.4) kann man nicht zurücktreten; hier ist allenfalls eine Anfechtung der Willenserklärung (s. o. II-1.2.2) möglich. Der Rücktritt ist eine empfangsbedürftige Willenserklärung (§ 349 BGB). Kommt es zu einem Rücktritt, so sind die empfangenen Leistungen zurückzugewähren und die gezogenen Nutzungen (Früchte und sonstigen Gebrauchsvorteile, vgl. §§ 99, 100 BGB) herauszugeben (§ 346 Abs. 1 BGB). Das ursprüngliche Schuldverhältnis wandelt sich also in ein gesetzliches **Rückgewährschuldverhältnis**; ggf. ist Wertersatz zu leisten (§ 346 Abs. 2 BGB).

§§ 312, 312d, 355 f., 495 BGB sehen ein besonderes Widerrufs- und Rückgaberecht bei Haustür- und sonstigen Verbraucherverträgen vor. Der Widerruf des Verbrauchers (§ 13 BGB) muss keine Begründung enthalten und ist schriftlich oder durch Rücksendung der Sache grds. innerhalb von zwei Wochen gegenüber dem Unternehmer zu erklären; zur Fristwahrung genügt die rechtzeitige Absendung (§ 355 Abs. 1 BGB). Die Frist beginnt aber erst ab dem Zeitpunkt zu laufen, zu dem der Verbraucher hierüber formgerecht belehrt worden ist (§ 355 Abs. 2 BGB). Widerrufs- und Rückgaberecht bei Verbraucherverträgen

Schuldverhältnisse, die durch einen fortlaufenden Leistungsaustausch gekennzeichnet sind (**Dauerschuldverhältnisse**, z. B. Miet- und Dienstvertrag, Gesellschaft), können mit einer Kündigung „aus wichtigem Grund" beendet werden (vgl. § 314 BGB). Ist die Fortsetzung des Vertragsverhältnisses bei Berücksichtigung aller Umstände des Einzelfalles und unter Abwägung der beiderseitigen Interessen schlicht unzumutbar (vgl. HK-BGB / Schulze 2009 § 314 Rz. 3), kann fristlos gekündigt werden (vgl. § 626 Abs. 1 BGB). Ein wichtiger Grund kann auch in einer erheblichen Pflichtverletzung liegen (zu den Haupt- und Nebenleistungspflichten s. o. II-1.4.1). Die Kündigung ist aber dann erst nach Ablauf einer zur Abhilfe bestimmten Frist bzw. nach einer erfolglosen Abmahnung zulässig (§ 314 Abs. 2 BGB). Für die Beendigung von Mietverträgen gelten besondere Regelungen (§§ 542 ff. BGB) und Schutzvorschriften für Wohnungsmieter (§§ 568 ff. BGB). Beispielsweise ist die Kündigung wegen Nichtzahlung der Wohnungsmiete im Hinblick auf § 543 Abs. 2 Nr. 3a BGB nur dann zulässig, wenn der rückständige Teil nicht nur einen nicht unerheblichen Teil der Miete für zwei aufeinanderfolgende Termine darstellt, sondern dieser Teil zumindest die Miete für einen Monat übersteigt (§ 569 Abs. 3 Nr. 1 BGB). Darüber hinaus wird die Kündigung nachträglich unwirksam, wenn der Mieter spätestens bis zum Ablauf von zwei Monaten nach Eintritt der Rechtshängigkeit (diese beginnt im Zivilrecht erst mit der Zustellung der Klage an den Beklagten durch das Gericht) des Räumungsanspruchs die fällige Miete zahlt oder sich eine öffentliche Stelle (z. B. die Kommune) zur Befriedigung verpflichtet. **Kündigung** **Abmahnung** Schutzvorschriften für Wohnungsmieter

Auch bei Dienst- und Arbeitsverhältnissen gelten besondere Kündigungsfristen (§§ 621 ff. BGB; vgl. hierzu auch die IV-3.4.6). Für die Gesellschaft haben die §§ 723 ff. BGB Vorrang.

Verträge sind einzuhalten (*pacta sunt servanda*). Bei Störungen bestehen die Möglichkeiten der Anfechtung (s. o. II-1.2.2) oder der Beendigung durch Rücktritt, Widerruf und Kündigung. Nur in extremen Ausnahmefällen kann nachträglich eine Vertragsanpassung oder gar Vertragsauflösung auch gegen den Willen des Vertragspartners verlangt werden (einvernehmlich sind Änderungen immer möglich!), wenn die sog. Geschäftsgrundlage entfallen ist (§ 313 BGB). Dies ist z. B. bei schweren Wirtschaftskrisen, politischen Umwälzungen oder Kriegen der Fall, im Übrigen nur bei Umständen, von denen beide Parteien bei Vertragsschluss erkennbar als wesentlich ausgegangen sind. **Geschäftsgrundlage**

Verjährung Von der Beendigung eines Schuldverhältnisses ist die Verjährung von Ansprüchen zu unterscheiden (§ 194 BGB), die nicht zum Erlöschen der Schuld/Forderung (sog. Einwendung), sondern nur zu einem **Leistungsverweigerungsrecht** (sog. Einrede) führt. Das heißt, der Anspruch (Recht, von einem anderen ein Tun oder Unterlassen verlangen zu können) kann vom Gläubiger nach Ablauf einer bestimmten Zeit nicht mehr eingefordert werden. Der Schuldner ist insoweit frei, den Anspruch zu erfüllen (vgl. § 214 BGB). Tut er es, so leistet er mit Rechtsgrund, kann also seine Leistung nachträglich nicht zurückfordern (§ 214 Abs. 2 BGB, es besteht also auch kein Anspruch wegen Bereicherung ohne Rechtsgrund nach § 812 BGB). Die Verjährung wird von den Gerichten nicht von Amts wegen berücksichtigt, der Schuldner muss sich auf die Verjährungseinrede berufen. Die **Verjährungsfrist** beträgt in der Regel drei Jahre (§ 195 BGB), eine Reihe von Ansprüchen, z. B. auf Herausgabe des Eigentums oder rechtskräftig festgestellte Ansprüche verjähren allerdings erst nach 30 Jahren (§ 195 BGB). Neben den Verjährungsregelungen im Allgemeinen Teil des BGB gibt es einige Sonderregeln z. B. im Kaufrecht (z. B. § 438 BGB: beachte die kurze Verjährungsfrist von zwei Jahren bei Mängelansprüchen sofern diese nicht durch ein Garantieversprechen verlängert wurde, s. o. 1.4.2).

  Däubler 2008; HK-BGB 2009

1.5 Sachenrechtliche Grundbegriffe

Das Sachenrecht (§§ 854 – 1296 BGB) beinhaltet Regelungen über den Erwerb und Verlust von Sachen und den an Sachen möglichen Rechten. **Sachen** sind nach § 90 BGB körperliche Gegenstände (unpersönliche Rechtsobjekte). Nur an ihnen können sog. dingliche Rechte, insb. Eigentumsrechte, sowie der Besitz bestehen. **Tiere** werden insoweit wie Sachen behandelt, wobei aber insb. die Regelungen des Tierschutzes zu beachten sind (§ 90a BGB). Bestandteile einer Sache, die voneinander nicht getrennt werden können, ohne dass der eine oder der andere zerstört oder in seinem Wesen verändert wird (wesentliche Bestandteile), können grds. nicht Gegenstand besonderer Rechte sein (§ 93 BGB). Zu den wesentlichen Bestandteilen eines Grundstücks gehören die mit dem Grund und Boden fest verbundenen Sachen, insb. Gebäude (eine Ausnahme gibt es beim sog. Erbbaurecht; hier ist das Bauwerk wesentlicher Teil des Erbbaurechts und nicht des Grundstücks), sowie die Erzeugnisse des Grundstücks (Pflanzen), so lange sie mit dem Boden zusammenhängen (§ 94 Abs. 1 BGB). Die Unterscheidung zwischen beweglichen und unbeweglichen Sachen (Immobilien, Liegenschaften) wird vom BGB insoweit vorausgesetzt.

Eigentum und Besitz Das umfassende und grundsätzlich unbeschränkte Recht an einer Sache nennt man Eigentum (§§ 903 ff. BGB). Demgegenüber bezeichnet der Begriff Besitz (§ 854 BGB) nur die tatsächliche Herrschaft über eine Sache, wobei zumindest der berechtigte Besitzer rechtlich geschützt ist (z. B. vor unerlaubten Handlungen, vgl. § 823 Abs. 1 BGB). Der Eigentümer kann von dem Besitzer die Herausgabe der Sache verlangen (§ 985 BGB). Dieser kann dies nur verweigern, wenn er oder ein anderer, von dem der Besitzer sein Recht zum Besitz ableitet (der sog. mittelbare

Besitzer), dem Eigentümer gegenüber zum Besitz berechtigt ist (§ 986 BGB). Ein solches Recht kann sich z. B. aus einem Vertrag (Kauf, Miete), einem dinglichen Recht (z. B. Pfandrecht, s. u.) oder aus dem Familien- und Erbrecht ergeben. Im Übrigen kann der Eigentümer einer Sache mit dieser nach Belieben verfahren und andere von jeder Einwirkung ausschließen (§ 903 S. 1 BGB), soweit nicht das Gesetz oder Rechte Dritter entgegenstehen (Eigentumsfreiheit).

Das Sachenrecht ist vom sog. Typenzwang gekennzeichnet. Neben dem Eigentum als umfassendes, grds. unbeschränktes Sachenrecht gibt es nur die gesetzlich geregelten sog. beschränkt dinglichen Rechte: **beschränkt dingliche Rechte**

- Nießbrauch (§§ 1030 ff. BGB) als umfassendes Nutzungsrecht des Nutznießers an einer Sache sowie andere Grunddienstbarkeiten (§§ 1018 ff. BGB) und beschränkte persönliche Dienstbarkeiten (§§ 1090 ff. BGB), die das Eigentum in einer bestimmten Art und Weise zu nutzen gestatten (z. B. Wohn- bzw. Wohnungsrecht),
- Reallast nach §§ 1105 ff. BGB verpflichtet den Eigentümer zu wiederkehrenden Leistungen (z. B. Lieferung von Nahrungsmitteln),
- Grundpfandrechte insb. zur Kreditsicherung (s. o. II-1.4.1.1), z. B. Hypothek (§§ 1113 ff. BGB) und die Grundschuld (§§ 1191 ff. BGB),
- Pfandrecht an beweglichen Sachen (§§ 1204 ff. BGB),
- das Erbbaurecht (sog. Erbpacht) nach der Erbbauverordnung.

Diese dinglichen Rechte gewähren Befugnisse an der Sache nur in einer bestimmten Art und Weise, deshalb sind sie „beschränkt". Sie belasten das (sonst unbeschränkte) Recht des Eigentümers und sind deshalb vorrangig zu beachten. Entsprechendes gilt für

- das dingliche Vorkaufsrecht (§§ 1094 ff. BGB) und
- die Vormerkung nach §§ 883 ff. BGB als Ankündigung eines zukünftigen Rechtserwerbs an einem Grundstück (sog. Auflassungsvormerkung).

Eine Änderung der sachenrechtlichen Rechtsbeziehung muss für Dritte erkennbar sein. Deshalb erfolgt der Erwerb von beweglichen Sachen nicht nur aufgrund der Einigung, dass das Eigentum übergehen soll, sondern es ist stets eine Übergabe der Sache erforderlich (§ 929 BGB). Ungeachtet dieses **Publizitätsprinzips** gibt es im Rechts- und Wirtschaftsverkehr Übergabeformen, die deutlich weniger transparent sind (vgl. §§ 929a ff. BGB). Bei Immobilien muss die Rechtsänderung in das Grundbuch eingetragen werden. Das Grundbuch ist ein von den Amtsgerichten bzw. von den staatlichen Grundbuchämtern geführtes Bestandsverzeichnis (Register), in dem insb. die Lage und Größe des Grundstücks sowie in der sog. ersten Abteilung die Eigentumsverhältnisse, in der dritten Abteilung die Grundpfandrechte (insb. Hypotheken und Grundschulden) und in der zweiten Abteilung alle anderen Lasten und Beschränkungen (z. B. Dienstbarkeiten) verzeichnet sind. **Eigentumserwerb** **Grundbuch**

Däubler 2008 Kap. 21

1.6   Erbrechtliche Grundbegriffe

1.6.1   Zentrale Grundlagen und Prinzipien des Erbrechts

Das Erbrecht ist im Fünften Buch in den §§ 1922 ff. BGB geregelt. Es hat die Funktion, das Privateigentum als Grundlage der eigenverantwortlichen Lebensgestaltung mit dem Tode des Eigentümers nicht untergehen zu lassen, sondern seinen Fortbestand im Wege der Rechtsnachfolge zu sichern (BVerfG NJW 1995, 2977). Mit dem Eigentum gehen auch die Verpflichtungen über, die der Verstorbene zu Lebzeiten eingegangen ist, aber nicht mehr erfüllt hat.

Verfassungsrechtliche Grundlage des Erbrechts ist Art. 14 Abs. 1 GG, der neben dem Eigentum auch das Erbrecht garantiert. Die fünf wesentlichen Grundprinzipien des Erbrechts sind die Privaterbfolge, das Familienerbrecht, die Testierfreiheit, der Vonselbsterwerb und die Gesamtrechtsnachfolge.

Privaterbfolge   Der Begriff Privaterbfolge besagt, dass das Vermögen des Erblassers, d. h. des Verstorbenen, grundsätzlich an eine private (natürliche oder juristische) Person übergeht. Tiere sind nicht erbfähig, da diese rechtlich als Sachen behandelt werden

Familienerbrecht   (§ 90a BGB). Nur in den seltenen Fällen, in denen kein privater Erbe vorhanden ist, hat der Staat nach § 1936 BGB ein gesetzliches Erbrecht. Das Prinzip des Familienerbrechts äußert sich darin, dass nach dem gesetzlichen Erbrecht die Familienangehörigen des Verstorbenen seine Erben sind. Dies sind der Ehepartner oder der Partner in einer eingetragenen Lebenspartnerschaft und die nächsten Angehörigen. Von diesen gesetzlichen Regelungen kann jedoch – jedenfalls teilweise – ab-

Testierfreiheit   gewichen werden, indem ein Testament errichtet wird, in dem andere Personen als Erben eingesetzt werden (s. 1.6.3). Dieses Prinzip, dass der Erblasser die Erbfolge durch eine Verfügung von Todes wegen weitgehend selbst regeln kann, bezeichnet man als Testierfreiheit. Der Erbe erwirbt den Nachlass automatisch mit dem Tode

Vonselbsterwerb   des Erblassers im Wege des Vonselbsterwerbs. Er muss dazu in keiner Weise mitwirken oder auch nur vom Erbfall wissen. Das Erbe kann allerdings innerhalb von sechs Wochen ausgeschlagen werden (§§ 1942 ff. BGB), was zumeist wegen

Gesamtrechtsnachfolge   Überschuldung des Nachlasses erfolgt. Das letzte zentrale erbrechtliche Prinzip schließlich ist das der Gesamtrechtsnachfolge. Dies besagt nach § 1922 BGB, dass das Vermögen des Erblassers vom Grundsatz her als Ganzes auf eine oder mehrere Personen als Erben übergeht. Die Übertragung einzelner Vermögensbestandteile auf andere Personen ist zwar möglich, aber die Ausnahme.

1.6.2   Die gesetzliche Erbfolge

Nach gesetzlichen Regelungen erben grundsätzlich nur Verwandte, d. h. nach § 1589 BGB Personen, die mit dem Erblasser gemeinsame Vorfahren haben, nicht also verschwägerte Personen (vgl. § 1590 BGB). Ein Verwandtschaftsverhältnis wird auch durch eine Adoption (§§ 1741 ff. BGB; s. II-2.4.6) begründet. Neben den Verwandten erben auch Ehe- und Lebenspartner.

Verwandtschaft   Das Gesetz teilt den Grad der Verwandtschaft der möglichen Erben in §§ 1924 ff. BGB in mehrere **Ordnungen** ein. Erben erster Ordnung sind die Abkömmlinge des Erblassers, also seine Kinder Enkel und Urenkel. Erben zweiter Ordnung sind die Eltern des Erblassers mitsamt deren Abkömmlingen, also die Geschwister, Nichten und Neffen des Erblassers. Erben dritter Ordnung sind die Großeltern und deren Nachkommen, also Tanten, Onkel, Cousins und Cousinen des Erblassers. Erben vierter Ordnung sind die Urgroßeltern und deren Abkömmlinge. Verwandte sog. nachfolgender Ordnungen können nach dem gesetzlichen Erbrecht nur dann erben, wenn kein Angehöriger einer vorhergehenden Ordnung (mehr) vorhanden ist. Ist noch ein Verwandter aus einer vorhergehenden Ordnung als Erbe am Leben, schließt dieser alle möglichen Erben einer ferneren Ordnung aus.

Besondere Regelungen für den Ehe- und Lebenspartner

Der überlebende Ehe- oder Lebenspartner ist unabhängig vom Güterstand bzw. Vermögensstand neben Abkömmlingen zu einem Viertel, neben Verwandten der zweiten Ordnung und neben Großeltern zur Hälfte gesetzlicher Erbe (§ 1931 Abs. 1 BGB). Haben die Partner im Güterstand der Zugewinngemeinschaft (vgl. II-2.2.2) bzw. der Ausgleichsgemeinschaft gelebt, so erhöht sich der genannte Erbteil um ein Viertel (§§ 1371, 1931 Abs. 3 BGB). Sind weder Verwandte erster noch zweiter Ordnung noch Großeltern vorhanden, so erbt der Ehe- oder Lebenspartner von Gesetzes wegen allein. Nach § 1932 BGB steht dem überlebenden Ehegatten zudem der sog. Voraus zu. Dieser besteht aus den zum ehelichen Haushalt gehörenden Gegenständen, wie z.B. Möbel, Teppiche, Geschirr und wohl auch dem gemeinschaftlich genutzten PKW sowie etwaigen Hochzeitsgeschenken. Der Sinn der Regelung liegt darin, dem überlebenden Partner nicht Gegenstände zu entziehen, die zwar dem Verstorbenen gehört haben, aber zur gemeinsamen Haushaltsführung bestimmt waren. Darüber hinaus können der hinterbliebene Ehegatte oder Lebenspartner sowie sonstige Familienangehörige des Erblassers nach § 1969 BGB den sog. Dreißigsten beanspruchen. Der Erbe ist danach verpflichtet, Familienangehörigen des Erblassers, die zur Zeit des Todes zu seinem Hausstand gehört haben und von ihm unterhalten wurden, in den ersten 30 Tagen nach dem Tode im selben Umfang Unterhalt zu gewähren und die Nutzung der Wohnung und der Haushaltsgegenstände zu gestatten.

Sind die Ehepartner geschieden bzw. ist die eingetragene Lebenspartnerschaft aufgehoben, so besteht kein Erbrecht. Unter den Voraussetzungen des § 1933 BGB gilt dies auch bereits bei in Scheidung lebenden Ehepartnern.

Gleichstellung von ehe- und nichtehelichen Kindern

Im Erbrecht sind nichteheliche und eheliche Kinder grundsätzlich gleichgestellt. Nach einer Ausnahme in Art. 12 § 10 Abs. 2 S. 1 NEhelG gelten aber vor dem 01.07.1949 geborene nichteheliche Kinder mit ihren Vätern als nicht verwandt und haben daher auch kein gesetzliches Erbrecht. Der EGMR (28.05.2009 – 3545/04) hat allerdings festgestellt, dass diese im deutschen Erbrecht vorgesehene Ungleichbehandlung im Widerspruch zu Art. 14 i.V.m. Art. 8 EMRK steht. Nach einem Gesetzentwurf des Bundeskabinetts vom 21.07.2010 soll nun die erbrechtliche Gleichstellung nichtehelicher Kinder mit ehelichen Kindern vollzogen werden und für künftige Sterbefälle auch alle vor dem 01.07.1949 geborenen nichtehelichen Kinder ihre Väter als gesetzliche Erben beerben. Dieses Erbrecht soll allerdings nicht zu Lasten von hinterbliebenen Ehefrauen und Lebenspartnern gehen.

Honorierung von Pflegeleistungen

Ziel der am 01.01.2010 in Kraft getretenen **Erbrechtsreform** war auch eine bessere Honorierung von Pflegeleistungen im Erbfall, denn ein großer Teil der Pflegebedürftigen wird zu Hause versorgt, ohne dass über die finanzielle Seite gesprochen wird. Traf der Erblasser in seinem Testament keine Regelung, ging der pflegende Angehörige oftmals leer aus, da erbrechtliche Ausgleichsansprüche nur bestanden, wenn ein Abkömmling den Erblasser unter Verzicht auf berufliches Einkommen über längere Zeit gepflegt hatte. Der neue § 2057a BGB sieht nun zumindest vor, dass auch die Pflegeleistungen desjenigen Abkömmlings bei der Erbausgleichung berücksichtigt werden, der nicht unter Verzicht auf berufliches Einkommen gepflegt hat.

Verjährungsfristen

Mit der Erbrechtsreform wurden die Verjährungsfristen bzgl. familien- und erbrechtlicher Ansprüche mit wenigen Ausnahmen (z. B. § 199 Abs. 3a BGB) den allgemeinen Verjährungsvorschriften des Schuldrechts angepasst, die eine Regelverjährung von drei Jahren vorsehen (§ 195 BGB, Streichung von ehemals Nr. 2 in § 197 BGB).

1.6.3   Die Verfügung von Todes wegen

Testament

Die gesetzliche Erbfolge kann durch die Errichtung eines Testaments (§§ 2064 ff. BGB) ausgeschlossen werden. Für die Wirksamkeit des Testaments müssen verschiedene **Formerfordernisse** eingehalten werden, bei deren Nichtbeachtung das Testament ungültig sein kann. Das eigenhändige Testament muss vollständig handschriftlich verfasst und mit vollem Namen unterschrieben sein. Um bei mehreren Testamenten klären zu können, welches das zuletzt verfasste und damit das gültige Testament ist, ist es wichtig, auch den Zeitpunkt der Niederschrift zu vermerken. Ehepaare und Partner einer eingetragenen Lebenspartnerschaft haben die Möglichkeit, ein gemeinschaftliches Testament zu errichten. In diesem Falle müssen beide das von einem der Ehegatten bzw. Lebenspartner eigenhändig geschriebene

Testierfähigkeit

bene Testament unterschreiben. Die Testierfähigkeit beginnt mit der Vollendung des 16. Lebensjahrs (§ 2229 BGB). Allerdings können Minderjährige nach § 2247 Abs. 4 BGB kein eingenhändiges Testament errichten, sondern nur ein öffentliches Testament bei einer Notarin oder einem Notar (§ 2232 BGB).

Hat der Verstorbene ein Testament hinterlassen, so sind die dort getroffenen Regelungen vorrangig. Es erben nur die Personen, die im Testament als Erben be-

Pflichtteil

stimmt sind. Hierbei gibt es allerdings eine nicht unbedeutende Einschränkung: Die Pflichtteilberechtigten können nicht ganz übergangen werden. Sie haben regelmäßig auch bei einem abweichenden Testament Anspruch auf den sog. Pflichtteil. Die Pflichtteilberechtigten sind die nächsten Angehörigen des Erblassers. Sie können zwar aufgrund der Testierfreiheit prinzipiell enterbt werden, es wird aber als unbillig angesehen, wenn dieser Personenkreis gar nichts aus dem Erbe erhalten würde. Daher haben die Pflichtteilsberechtigten nach § 2303 BGB gegen den oder die testamentarisch eingesetzten Erben einen Anspruch auf Geldzahlung in Höhe der Hälfte des Wertes ihres gesetzlichen Erbteils. Der Pflichtteil kann durch den Erblasser nur unter sehr engen Voraussetzungen entzogen werden (§§ 2333 ff.

BGB). In Frage kommt dies etwa bei Verbrechen oder Vergehen des Pflichtteilberechtigten gegen den Erblasser, bei böswilliger Verletzung der Unterhaltspflicht oder aber bei einem pflichtteilsberechtigten Abkömmling, der einen ehrlosen und unsittlichen Lebenswandel gegen den Willen des Erblassers führt. Mit der Erbrechtsreform wurden zum 01.01.2010 die **Entziehungsgründe** vereinheitlicht, indem sie künftig für Abkömmlinge, Eltern und Ehegatten oder Lebenspartner gleichermaßen Anwendung finden. Darüber hinaus werden künftig alle Personen geschützt, die dem Erblasser ähnlich wie ein Ehegatte, Lebenspartner oder Kind nahe stehen, z. B. auch Stief- und Pflegekinder. Eine Pflichtteilsentziehung wird auch dann möglich sein, wenn der Pflichtteilsberechtigte diesen Personen nach dem Leben trachtet oder ihnen gegenüber sonst eine schwere Straftat begeht.

Schenkungen des Erblassers können zu einem Anspruch auf Ergänzung des Pflichtteils gegen den Erben oder den Beschenkten führen (§ 2325 BGB). Dadurch wird der Pflichtteilsberechtigte so gestellt, als ob die Schenkung nicht erfolgt und damit das Vermögen des Erblassers durch die Schenkung nicht verringert worden wäre. Durch die Erbschaftsreform wurde eine gleitende Ausschlussfrist (1 / 10 für jedes Jahr nach der Schenkung) für den Pflichtteilergänzungsanspruch in das Gesetz aufgenommen (§ 2325 Abs. 3 BGB).

Für den Fall, dass die als Erben bestimmte Person vor dem Erblasser verstirbt, **Ersatz-, Vor- und** können Ersatzerben bestimmt werden (2096 BGB). Es können auch Vor- und **Nacherben** Nacherben bestimmt werden, die dann zeitlich nacheinander Erben des Vermögens werden (§§ 2100 ff. BGB). Zum Nacherben kann auch eine noch nicht gezeugte Person eingesetzt werden (§ 2101 BGB).

Im Testament kann auch ein Vermächtnis festgelegt werden (§§ 2147 ff. BGB). **Vermächtnis** Hierbei ordnet der Erblasser an, dass eine Person nach seinem Tod einen bestimmten Geldbetrag oder einen sonstigen Nachlassgegenstand erhalten soll. Der Vermächtnisnehmer hat dann einen Anspruch gegen den Erben auf Herausgabe des Vermächtnisses.

Das Testament kann beim Amtsgericht hinterlegt werden (§ 2248 BGB). Jedes **Hinterlegung und** nach dem Tode des Erblassers aufgefundene Testament muss beim Amtsgericht **Eröffnung des** als Nachlassgericht (bzw. in Baden-Württemberg beim Notariat) abgeliefert wer **Testaments** den (§ 2259 BGB). Das in amtlicher Verwahrung befindliche oder das abgelieferte Testament wird vom Nachlassgericht eröffnet, und die Erben werden benachrichtigt. Zum Nachweis des Erbrechts kann beim Nachlassgericht ein **Erbschein** beantragt werden. Die Kosten einer angemessenen Bestattung haben die Erben zu tragen (vgl. auch III-4.2.4.5). Das Verfahren in Nachlasssachen richtet sich nach §§ 342 ff. FamFG.

Außer mit einem Testament kann auch mit einem Erbvertrag verbindlich bestimmt **Erbvertrag** werden, wer Erbe werden oder etwas aus dem Nachlass erhalten soll (§§ 1941, 2274 ff. BGB). Anders als beim Testament kann der Erbvertrag im Regelfall nicht einseitig geändert werden. Der Erblasser ist an den Vertrag grundsätzlich gebunden. Ein solcher Vertrag kommt etwa in Frage, wenn jemand noch zu Lebzeiten des Erblassers in dessen Betrieb mitarbeiten und dafür als Ausgleich nach dem Tode den Betrieb als Erbe erhalten soll. Das Recht des Erblassers, zu Lebzeiten über sein Vermögen frei zu verfügen, wird aber grundsätzlich nicht beschränkt. Der Erbvertrag muss vor einem Notar bei gleichzeitiger Anwesenheit beider Vertragspartner geschlossen werden.

In den **östlichen Bundesländern** finden zwar grundsätzlich die erbrechtlichen Regelungen des BGB Anwendung, es gelten jedoch einige Besonderheiten, die in Art. 235 EGBGB geregelt sind. So wird die Errichtung oder Aufhebung einer Verfügung von Todes wegen, die vor dem Beitritt erfolgt ist, nach dem bisherigen Recht beurteilt. Auch wenn eine Person vor dem Beitritt verstorben ist, gilt für die erbrechtlichen Verhältnisse das bisherige Recht.

BMJ 2011

HK-BGB 2009

1. Was versteht man unter Privatautonomie und wo – aus welchen wesentlichen Gründen – liegen deren Grenzen? (Einleitung und 1.3)
2. Was versteht man unter dem Trennungs- und Abstraktionsprinzip? (Einleitung und 1.2.4)
3. Wer kann Träger von Rechten und Pflichten sein? (1.1.1)
4. Wodurch erhalten juristische Personen des Privatrechts ihre Rechtsfähigkeit und wie handeln sie im Rechtsverkehr? (1.1.1 und 1.1.2)
5. Was ist bei der Gründung eines rechtfähigen Vereins zu beachten? (1.1.1)
6. Wie sind Willenserklärungen auszulegen? (1.2.1)
7. Welche rechtlichen Möglichkeiten hat jemand, der sich bei Abschluss eines Rechtsgeschäfts geirrt hat? (1.2.2)
8. Was ist der Unterschied zwischen einem Boten und einem Stellvertreter? (1.2.3)
9. Wie wird ein Vertrag geschlossen (1.2.4) und wann werden AGB Vertragsbestandteil? (1.3.1.1)
10. Was versteht man unter dispositivem Recht? (1.3)
11. Darf sich ein Minderjähriger von seinem Taschengeld immer alles kaufen, was er will? (1.3.2)
12. Worauf muss geachtet werden, wenn Schriftform gesetzlich vorgeschrieben oder vertraglich vereinbart ist? (1.3.3)
13. Welche Pflichten bestehen aufgrund eines Schuldverhältnisses? (1.4.1)
14. Nennen Sie die Grundvoraussetzungen des Anspruchs wegen einer unerlaubten Handlung. (1.4.1.2)
15. Welche Möglichkeiten hat ein Käufer, der eine mangelhafte Sache geliefert bekommt? (1.4.2)
16. Was versteht man unter dem Grundsatz der Verschuldenshaftung? (1.4.3)
17. Worin besteht der Unterschied zwischen einem Erfüllungs- und einem Verrichtungsgehilfen? (1.4.3)
18. Wer haftet für juristische Personen? (1.4.3)
19. Worin unterscheiden sich Rücktritt, Widerruf und Kündigung? (1.4.4)
20. Kann ein Erblasser verhindern, dass seine Kinder etwas von seinem Erbe erhalten? (1.6.3)

2 Familienrecht (Behlert / Tammen / Trenczek)

2.1   Soziale und rechtliche Entwicklungen im Überblick

Mit vorhersehbarer Regelmäßigkeit findet sich in den Einleitungen zu familienrechtlichen Abhandlungen der Hinweis, dass dieses Rechtsgebiet im Vergleich zu anderen in ganz besonderer Weise gefordert sei, seine Konfliktlösungsinstrumentarien einer in rasantem und permanentem Wandel begriffenen sozialen Wirklichkeit anzupassen und so mit ihr Schritt zu halten (z. B.: Wellenhofer 2009, 2). Eine derartige Sichtweise hat einige rationale Veranlassungen, die noch zu behandeln sein werden. Sie kann zum Beleg ihrer Plausibilität auch auf eine dichte Datenreihe wichtiger Gesetze und höchstrichterlicher Entscheidungen verweisen. Dennoch ist sie unscharf. Denn zum einen betreffen gesellschaftliche Wandlungsprozesse die anderen Rechtsbereiche natürlich in gleichem, wenn nicht teilweise sogar in noch stärkerem Maße (siehe hierzu auch unser Vorwort). Zum anderen stellt das Familienrecht ein durchaus beachtliches Beharrungsvermögen in seiner **Bedeutung der Ehe** ursprünglichen, funktional begründeten Verortung als eine der tragenden Säulen des bürgerlichen Rechts schlechthin unter Beweis (hierzu auch Wesel 1981, 78 f.). Eingefügt zwischen Eigentums- und Erbrecht, bleibt die Ehe des BGB zunächst, unbeeindruckt von einer **sozialen Wirklichkeit** alternativer Familien- und Lebensformen mit ihren ausgesprochen differenzierten ökonomischen, sozialen und ethischen Begründungen partnerschaftlichen und familiären Zusammenlebens in einer individualisierten Gesellschaft, zumindest im rechtlichen Sinne die „Keimzelle" der Familie. Sie ist dabei vor allem der soziale Ort, an dem Eigentum eingebracht, erworben, verwaltet und in der Generationenabfolge weitergegeben wird. Allein von den insgesamt derzeit 210 in Kraft befindlichen Vorschriften des ersten Abschnitts im Vierten Buch des BGB, in dem die Ehe geregelt ist, betreffen 142, also zwei Drittel, das eheliche Güterrecht.

Allerdings ist das heute geltende Familienrecht gleichzeitig auch ein Ausdruck dafür, dass der mit der Grundstruktur des Vierten Buches im BGB geltend gemachte Zusammenhang zwischen Ehe, Abstammung und Sorge für die Kinder schon seit einiger Zeit nicht mehr sozial valide ist. Genau dies meinen die eingangs zitierten Hinweise auf den Wandel im Familienrecht. Im Ergebnis haben wir es daher mit einem Regelungskomplex zu tun, der durch eine innere Spannung gekennzeichnet ist. Denn ohne dass die tradierten, ethisch, auch religiös überformten Begründungen für die zentralen Institutionen Ehe und Familie bereits vollständig aufgegeben wurden, fand man dennoch in den zurückliegenden Jahren und Jahrzehnten angemessene rechtliche **Lösungen für Problemstellungen**, wie sie sich aus modernen Entwicklungen von Partnerschafts- und Familienbeziehungen ergeben. Der Weg bis dorthin war jedoch lang und bisweilen auch mühsam. Bis teilweise in die 1970er Jahre hinein etwa stand das Verfassungsverständnis von Ehe und Familie, das seine Stütze nicht nur in den damaligen Werteanschauungen, sondern auch in der Gesetzeslage selbst fand, in einem aus heutiger Sicht unerträglichen und kaum noch nachvollziehbaren Gegensatz zum Gleichberechtigungsgebot aus Art. 3 Abs. 1 GG. So setzte erst das **Gleichberechtigungsgesetz** (hierzu I-2.1.2.4) aus dem Jahre 1957 Vorschriften außer Kraft, wonach der Ehemann in allen das gemeinschaftliche eheliche Leben betreffenden Angelegenheiten das Letztentscheidungsrecht hatte, ihm insb. die Verwaltung und Nutznießung des Vermögens der Ehefrau zustand (§ 1363 BGB in der bis 1957 geltenden Fassung) und er u. a. berechtigt war, das Arbeitsverhältnis seiner Ehefrau zu kündigen, „wenn sich ergibt, dass die Tätigkeit der Frau die ehelichen Interessen beeinträchtigt" (§ 1358 BGB in der bis 1957 geltenden Fassung). Was damit gemeint gewesen sein konnte, ist unschwer einer späteren Entscheidung des BVerfG zu entnehmen, wo noch im Jahr 1968 die Formulierung zu finden ist: „Der Frau ist die Haushaltsführung, der geltenden Anschauung entsprechend, … zur ersten Pflicht gemacht" (E 17, 1; 20). Eine entscheidende Wendung nahm das Eherecht in der Tat erst mit dem 1. Ehereformgesetz aus dem Jahr 1976. Mit der dort erfolgten **Abschaffung des Verschuldensprinzips im Scheidungsrecht** und dem damit verbundenen erleichterten Zugang zu Unterhaltsleistungen nach einer Scheidung sowie der Einführung des Versorgungsausgleiches setzte es die rechtlichen Bedingungen dafür, dass Ehefrauen sich nunmehr selbstständig den Weg aus der (ökonomisch begründeten) Abhängigkeit vom Mann innerhalb ihrer ehelichen Verhältnisse bahnen konnten. Die letzten Hürden rechtlicher Ungleichbehandlung im Familienrecht waren damit freilich immer noch nicht genommen. So hat der Gesetzgeber eine Regelung im Namensrecht, wonach der gemeinsame Ehename, wenn sich die Ehegatten nicht einigen konnten, der Namen des Ehemannes zu sein hatte, erst im Jahre 1994 aus dem BGB entfernt, nachdem sie bereits 1991 durch das BVerfG für grundgesetzwidrig erklärt wurde (E 84, 9); bis in das Jahr 1998 hinein hatte die Mutter eines ehelichen Kindes nicht das Recht, die Vaterschaft ihres Ehemannes an dem Kind selbstständig anzufechten. Dies durfte nur der Ehemann selbst und – mit Einschränkungen – das Kind: Der Schutz der Ehe im Sinne damals herrschender Wertungen hatte vor den Persönlichkeitsrechten der Ehefrau und des Kindes Vorrang. Mittlerweile ist sogar, was vor wenigen Jahren noch außerhalb jeder Vorstellung gewesen sein dürfte, der genetische Vater berechtigt, die Vaterschaft des Ehemannes der Mutter anzufechten – wenn auch nur unter engen gesetzlichen Voraussetzungen.

Noch zögerlicher ging die Entwicklung der rechtlichen Ausprägung des Eltern-Kind-Verhältnisses vonstatten, die allerdings auch im Kontext der gesellschaftlichen Etablierung alternativer Lebens- und Familienformen betrachtet werden muss. Volle 20 Jahre sowie einer klaren Fristsetzung seitens des BVerfG (29.01.1969 – BvR 26/66 – E 25, 167) bedurfte es, bis der Verfassungsauftrag aus **Art. 6 Abs. 5 GG**, die rechtlichen Voraussetzungen für gleiche Entwicklungsbedingungen für nichteheliche und eheliche Kinder zu schaffen, mit dem Gesetz über die rechtliche Stellung der nichtehelichen Kinder von 1969 erfüllt wurde. Sowohl dem KJHG/SGB VIII (1991, hierzu: III-3) als auch dem Kindschaftsrechtsreformgesetz (1998) gingen jahrzehntelange zähe Debatten voraus. Erst mit letzterem wurde eine vollständige Gleichstellung von Kindern, deren Eltern nicht miteinander verheiratet sind und solchen, deren Eltern ein Ehepaar sind, erreicht. Hatten Väter nichtehelicher Kinder bis zu diesem Zeitpunkt nicht einmal einen eigenständigen Rechtsanspruch auf Umgang mit ihrem Kind, so konnten sie nunmehr – im Einvernehmen mit der Mutter – sogar Inhaber der elterlichen Sorge werden. Inzwischen hat das BVerfG entschieden, dass selbst diese Regelung des § 1626a Abs. 1 Nr. 1 dem Elternrecht aus Art. 6 Abs. 2 GG noch nicht genügt (1 BvR

Eltern-Kind-Verhältnis

420/09 v. 21.07.2010; vgl. auch EGMR v. 03.12.2009 Zaunegger vs. Germany – 22028/04). Hier schlagen offenbar mehrere miteinander verbundene und aufeinander bezogene Entwicklungstendenzen durch. Denn zum einen liegt das durchschnittliche Erstverheiratungsalter in Deutschland mittlerweile bei Männern bei 33 Jahren bzw. 30 Jahren bei Frauen (diese und die folgenden statistischen Angaben sind entnommen aus: Statistisches Jahrbuch 2010, 45 ff.). Hiermit steht eine durchgreifende gesellschaftliche **Enttabuisierung vorehelicher Sexualität** in den letzten Jahrzehnten im Zusammenhang und damit wiederum der Rückgriff auf vielfältige Familien- und Lebensformen einschließlich offen gelebter und rechtlich institutionalisierter gleichgeschlechtlicher Partnerschaften, die als Alternative oder aber auch als Vorstufe zur Ehe anzusehen sind. Im Ergebnis haben jedenfalls mittlerweile etwas mehr als 32 % aller Kinder in der Bundesrepublik Deutschland Eltern, die nicht miteinander verheiratet sind. Für die ostdeutschen Bundesländer liegen die Zahlen dabei noch deutlich höher: zwischen knapp 64 % in Sachsen-Anhalt und 58 % in Sachsen. Andere soziale Veränderungen, etwa die zeitliche Verschiebung des Kinderwunsches in eine spätere Phase der Partnerschaft (Frauen bekommen ihr erstes Kind heutzutage im statistischen Durchschnitt mit 30,4 Jahren) sowie die freiwillige Beschränkung der Kinderzahl (die statistisch ermittelte sogenannte zusammengefasste Geburtenziffer liegt bei 1,38 Kinder je Frau) korrespondieren nicht nur, aber auch mit individuellen und gesellschaftlichen Wünschen und Vorstellungen bezüglich einer chancenreichen und verantwortlichen Gestaltung des Lebens der Kinder. Rechtlich reflektiert sich dies u. a. in Fortschritten bei der **gesetzlichen Verankerung von Kinderrechten**, zuletzt etwa im Gesetz zur weiteren Verbesserung von Kinderrechten vom 09.04.2002. Die Rücknahme des Vorbehalts der Bundesrepublik Deutschland gegenüber der unbeschränkten Geltung der UN-KRK (s. o . I-1.1.5.2) wird hier zu weiteren Konsequenzen führen (müssen). Ein (nicht zuletzt auch durch mediale Berichterstattung) zunehmend sensibilisiertes Gemeinwesen erwartete schließlich vom Gesetzgeber rechtliche Maßnahmen zum Schutz vor Gewalt in der Familie und insb. zum Schutz des Kindeswohls. Er entsprach dem u. a. mit dem Gewaltschutzgesetz aus dem Jahre 2001 sowie mit einer Gesetzesnovellierung zur Erleichterung familiengerichtlicher Maßnahmen bei Gefährdung des Kindeswohls vom 04.07.2008.

Unterhaltsrecht   Parallelen zwischen gesellschaftlicher und Rechtsentwicklung sind auch am Unterhaltsrecht beobachtbar. Mit der Regelung des Ehegattenunterhalts aus dem Jahre 1976 sollte vor allem die ökonomische Absicherung von nicht berufstätigen Frauen, die zudem noch gemeinsame Kinder zu erziehen hatten, durch den (geschiedenen) Ehemann erreicht werden. Mittlerweile ist jedoch die Berufstätigkeit der Frau zur Normalität geworden; zugleich kann man bei einer Scheidungsrate von schon seit einigen Jahren um 50 % von einer **Veralltäglichung der Scheidung** sprechen (Hettlage 1998, 79 ff., 160 ff.): Wurden im Jahr 2008 377.055 Ehen geschlossen, so stehen dem 191.948 Scheidungen gegenüber. Der damit verbundene Funktionswandel des nachehelichen Unterhalts macht sich rechtlich in einer Verstärkung des Prinzips der Eigenverantwortlichkeit und des gleichzeitigen Ausbaus von Möglichkeiten seiner Herabsetzung, zeitlichen Begrenzung, Beschränkung oder sogar Versagung geltend. Elternteile, die nach der Scheidung gemeinsame

Kinder allein betreuen, haben heute von Gesetzes wegen regelmäßig nur noch einen Unterhaltsanspruch für die Dauer der ersten drei Lebensjahre des Kindes (vgl. II-2.2.4) und nicht mehr, wie nach früherer Rechtsprechung, wenigstens bis zum 8., bei mehreren zu betreuenden Kindern auch bis zum 14. Lebensjahr. Dies steht nicht zuletzt auch mit einem allmählich sich verbessernden und gesellschaftlich akzeptierten vorschulischen und schulischen (Ganztags-)Betreuungs- und Bildungsangebot in Zusammenhang. Gleichzeitig wären unterhaltsrechtliche Regelungen, die im Ergebnis zu Ungleichbehandlungen in Abhängigkeit davon führen würden, ob die Mütter mit dem Vater ihres Kindes verheiratet sind oder nicht, nicht mehr plausibel. All dies ist in einer grundlegenden Reform des Unterhaltsrechts geleistet, das in dieser Form seit dem 01.01.2008 in Kraft ist. Es nimmt in seiner Gesamtheit, so könnte man sagen, auf sehr einschneidende Weise, wenn auch noch nicht mit letzter Konsequenz, Abschied von den Mythen, dass die Ehe notwendigerweise auf Lebenszeit geschlossen werde, dass sie der vorgegebene soziale Ort sei, an dem Kinder in die Welt kommen und dass demzufolge Lebens- und Familienformen außerhalb von ihr zumindest rechtlich nachrangig zu betrachten seien.

Auch und gerade im Verfahrensrecht verschaffen sich veränderte gesellschaftliche Perspektiven auf Familienformen und Familienbeziehungen Geltung. In einer Vielzahl dieser Beziehungen geht es unmittelbar um grundrechtsgeschützte Bereiche. Sie können daher nicht ohne Weiteres der Dispositionsbefugnis der Betroffenen überlassen werden. Darüber hinaus ist für Konflikte im familiären Bereich, die in rechtlichen Verfahren zu bearbeiten, beizulegen oder anderweitig zu lösen sind, in den allermeisten Fällen eine beachtliche emotionale Aufgeladenheit charakteristisch (hierzu und zum Folgenden: Meysen et al. 2009; Jurgeleit 2010 §§ 4 ff.; Trenczek 2009b, 335 ff.). Aufgrund dieser Spezifika wurden das bisherige FGG sowie die bisher für Familiensachen geltenden Vorschriften im 6. Buch der ZPO vollständig aufgehoben und eine Verfahrensordnung für Familiensachen entwickelt, in der nunmehr nahezu alle Vorschriften für Verfahren vor den Familiengerichten enthalten sind: das Gesetz über das Verfahren in Familiensachen und in den Angelegenheiten der freiwilligen Gerichtsbarkeit (**FamFG**), das zum 01.01.2009 in Kraft trat. Nach ihm sind sämtliche Verfahren in Familiensachen (§ 111 FamFG) nunmehr einem sogenannten „Großen Familiengericht" zugeordnet. Kennzeichnend für diese Art von Verfahren ist zum einen eine starke Fokussierung auf gerichtliche und außergerichtliche Streitschlichtung bzw. das **Hinwirken auf einvernehmliche**, in Kindschaftssachen darüber hinaus auch **möglichst zeitnahe Lösungen** (sog. Vorrang- und Beschleunigungsprinzip, vgl. II-2.4.6). Zum anderen liegt der Schwerpunkt des familiengerichtlichen Verfahrens nunmehr auf dem Aspekt der Fürsorge des Gerichts für die Beteiligten und der erhöhten staatlichen Verantwortung für die materielle Richtigkeit der gerichtlichen Entscheidung (Bäumel 2009, 10). Lediglich in Ehe- bzw. Lebenspartnerschaftssachen und in sogenannten Familienstreitsachen (§ 112 FamFG, insb.: Unterhaltssachen, Güterrechtssachen), die als besondere Verfahren in Familiensachen ebenfalls im FamFG aufgenommen sind, gelten zahlreiche Normen des ersten Buches des FamFG bis auf wenige Ausnahmen nicht. An ihrer Stelle kommen dafür mit Einschränkungen die allgemeinen Vor-

Verfahrensrecht

Neue Begrifflichkeit

schriften der ZPO zur Anwendung (§§ 113, 270 Abs. 1 S. 1 FamFG), weil hier die stärker kontradiktorische (d. h. im Gegensatz zueinanderstehende) Interessenlage mit dem eher auf konsensuale Lösungsfindung ausgerichteten FamFG nicht ohne Weiteres kompatibel ist (Bäumel 2009, 48). Jedoch weisen besondere Sprachregelungen auch in diesen Fällen auf die affektive Spezifik hin: Statt vom Rechtsstreit oder vom Prozess ist hier vom Verfahren die Rede (demzufolge auch nicht mehr von Prozesskostenhilfe, sondern von Verfahrenskostenhilfe; hierzu I-5.3.3). Anstelle der Klage steht ein Antrag, die Parteien tragen die für das gesamte FamFG übliche Bezeichnung Beteiligte; sie werden nicht mehr Kläger und Beklagter, sondern nunmehr Antragsteller und Antraggegner genannt. Auch Vormundschafts- und Adoptionssachen sind Familiensachen i. S. d. FamFG. Erstere sind den Kindschaftssachen zugeordnet, auf die weiter unten (II-2.4.6) gesondert einzugehen sein wird. Dass das FamFG schließlich auch Verfahren nach dem Gewaltschutzgesetz den Familiensachen zurechnet, ist ein weiterer Hinweis auf eine tendenzielle Ausweitung des Familienbegriffs auch im Recht.

Betreuungsrecht

Zu einem Überblick über das Familienrecht gehört auch der Hinweis auf das Betreuungsrecht. Seine Zuordnung zu diesem Rechtsgebiet verdankt es im Wesentlichen seiner geschichtlichen Herkunft aus dem Vormundschaftsrecht. Heutige Bezüge zum Regelungsbereich der Familie mögen darin zu erkennen sein, dass etwa im Jahr 2006 immerhin in 62 % der Betreuungsfälle Angehörige des Betreuten zum Betreuer bestellt wurden (Fröschle 2009, 32). Gleichwohl ergeben sich Besonderheiten des Betreuungsrechts daraus, dass zum einen Teile von ihm zum öffentlichen Recht gehören, zum anderen auch in das Privatrechtsverhältnis zwischen Betreuer und Betreutem staatliche Behörden von Anfang an mit involviert sind. Für das Verfahrensrecht ergibt sich, dass es sich zwar ebenfalls nach FamFG richtet, dort jedoch nicht den Familiensachen zugeordnet wird, sondern im dritten Buch als eigenständige Verfahrensart ausgestaltet ist, die nunmehr in die Zuständigkeit der Betreuungsgerichte fällt. Damit verbunden ist ein Wegfall des bisherigen Vormundschaftsgerichts, da die diesem Gericht bisher zugewiesenen Vormundschafts- und Adoptionssachen nunmehr in den Zuständigkeitsbereich des „Großen Familiengerichts" fallen. Ebenso wie an anderen Teilgebieten des Familienrechts ist auch am Betreuungsrecht eine verstärkt **persönlichkeitsrechtliche Ausprägung** festzustellen. In diese Entwicklung sind auch das am 01.09.2009 in Kraft getretene 3. BtÄndG und dessen Regelungen etwa zur Rechtsverbindlichkeit von Patientenverfügungen einzuordnen.

Künftige Novellierungen

Änderungen der familienrechtlichen Bestimmungen sind in nächster Zeit im Bereich des Kinderschutzes (sog. Bundeskinderschutzgesetz, s. u. 2.4.4) zu erwarten.

Gesamtdarstellungen zum Familienrecht; Marx 2011; Münder/Ernst 2009; Schleicher 2007; Schwab 2010; Wellenhofer 2009

www.familienhandbuch.de; www.bmj.de → Recht → Bürgerliches Recht → Familienrecht, Erbrecht

2.2 Eherecht

Der erste Abschnitt des Buches „Familienrecht" des BGB behandelt die sog. bürgerliche Ehe. Die Regelungen lassen sich grob in Vorschriften über die Eheschließung, über die Wirkungen der Ehe sowie über die Ehescheidung und ihre Folgen einteilen.

2.2.1 Die Eheschließung

Weder das GG noch das BGB definieren den **Begriff der Ehe**. Jedoch stellt das BVerfG in einer Entscheidung aus dem Jahr 1959 klar, dass sie zwischen einem Mann und einer Frau eingegangen wird, es sich also um eine verschiedengeschlechtliche Vereinigung handelt (BVerfGE 10, 59). Obwohl die Begründung hierfür mit „naturrechtlicher Tradition" (Lecheler 2001, 219) nicht notwendigerweise überzeugen muss und auch die Berufung sowohl des BVerfG als auch eines Teils der Literatur auf das Rechtsgefühl und das Rechtsbewusstsein der Bevölkerung wohl auf keiner verifizierten empirischen Basis steht, kommt für das Zusammenleben gleichgeschlechtlicher Partner jedenfalls nicht das Institut der Ehe, sondern das der eingetragenen **Lebenspartnerschaft** nach dem LPartG in Betracht. Aus dem Grundsatz der Eheschließungsfreiheit (hierzu I-2.2.6) folgt, dass das Eheschließungsrecht im Wesentlichen nur die formalen und persönlichen Voraussetzungen der Eheschließung sowie einige ausnahmsweise bestehende Eheverbote und die Folgen gegen entsprechende Verstöße regelt.

    Im Vorfeld der Ehe wird in den §§ 1297–1302 BGB zunächst das Verlöbnis angesprochen. Dabei handelt es sich um das gegenseitige Versprechen zweier Personen, miteinander die Ehe zu schließen. Formale Voraussetzungen (etwa Schriftform o. Ä.) bestehen dafür nicht. Das Verlöbnis ist heute von geringer rechtlicher Relevanz. Insbesondere folgt aus ihm keine durchsetzbare Verpflichtung, die versprochene Eheschließung auch tatsächlich vorzunehmen. Allerdings haben Verlobte in einigen Rechtsgebieten eine besondere Rechtsstellung. So steht ihnen z. B. in Gerichtsverfahren ein Zeugnisverweigerungsrecht zu (§ 383 Abs. 1 Nr. 1 ZPO; § 51 Abs. 1 Nr. 1 StPO). In Vorbereitung der Ehe erfolgt zunächst gem. § 12 PstG eine Anmeldung der Eheschließung, bei der bestimmte Urkunden vorzulegen sind. Zu den Voraussetzungen einer wirksamen Eheschließung gehört vor allem das Erreichen eines bestimmten Mindestalters der Eheschließungswilligen. Die sog. **Ehemündigkeit** beginnt nach § 1303 BGB mit der Volljährigkeit. Allerdings kann das FamG eine Befreiung von diesem Erfordernis erteilen, wenn eine Person, die das 16. Lebensjahr bereits vollendet hat, einen volljährigen Partner heiraten möchte. Auch die Geschäftsfähigkeit beider Partner ist Voraussetzung für eine wirksame Eheschließung. Wer nach § 104 BGB geschäftsunfähig ist (vgl. II-1.1.2), kann keine Ehe eingehen (§ 1304 BGB). Eine Besonderheit besteht für Personen, die ausländischem Recht unterliegen: Sie sollen nach § 1309 BGB vor der Eheschließung ein sog. Ehefähigkeitszeugnis vorlegen, aus dem hervorgeht, dass der Eheschließung nach dem Recht des Heimatstaates keine Hindernisse entgegenstehen.

Verlöbnis

Voraussetzungen der Eheschließung

Eheverbote   Die §§ 1306–1308 BGB regeln einige wenige Eheverbote. § 1306 BGB beinhaltet das Verbot der Doppelehe: Da dem Modell der Ehe im hiesigen Kulturkreis nur die Einehe entspricht, darf keine Ehe eingegangen werden, wenn einer der Partner bereits mit einer dritten Person verheiratet ist. Dieses Eheverbot ist auch strafrechtlich relevant (§ 171 StGB). Die übrigen Eheverbote betreffen die Ehe unter nahen Verwandten. Eine Eheschließung zwischen Personen, die in gerader Linie miteinander verwandt sind, wie etwa Kinder im Verhältnis zu ihren Eltern, Großeltern usw., sowie zwischen Voll- und Halbgeschwistern ist nach § 1307 BGB ausgeschlossen. Gemeint ist hierbei jeweils die biologische Verwandtschaft. Das Verbot gilt also z. B. auch für den Fall, dass das Verwandtschaftsverhältnis im rechtlichen Sinne durch eine Adoption (hierzu s. u. II-2.4.7) eines der beiden Partner weggefallen ist. Verboten wäre etwa auch die Ehe zwischen dem biologischen Vater und seiner Tochter, auch wenn im rechtlichen Sinne die Vaterschaft eines anderen Mannes – z. B. des Ehemannes der Mutter – besteht. Auch zu diesem Eheverbot gibt es eine strafrechtliche Parallelvorschrift: Hier ist zwar nicht die Heirat zwischen Verwandten unter Strafe gestellt, nach § 173 StGB macht sich jedoch strafbar, wer mit Verwandten in gerader Linie oder Geschwistern den Beischlaf vollzieht.

Eine spezielle Regelung liegt in § 1308 BGB für den Fall vor, dass die Verwandtschaft durch eine Adoption begründet wurde. In diesen Fällen „soll" eine Ehe zwar nicht geschlossen werden, es besteht aber kein absolutes Eheverbot. Das FamG kann auf Antrag für (Adoptiv-)Geschwister eine Befreiung von der Vorschrift erteilen und auch eine nach § 1308 BGB verbotswidrig geschlossene Ehe ist gültig. Die Eheschließung zwischen Personen, die durch eine Adoption in gerader Linie miteinander verwandt sind, bewirkt allerdings, dass das durch die Adoption begründete Rechtsverhältnis zwischen ihnen wegfällt (§ 1766 BGB).

Eheschließung   Im Anschluss an die Regelungen zu den Voraussetzungen der Eheschließung und den Eheverboten bestimmen die §§ 1310 ff. BGB, wie die Ehe zustande kommt. Es gilt das Prinzip der sog. **Zivilehe** bzw. der bürgerlichen Ehe. Dies bedeutet, dass die Ehe einen privatrechtlichen Vertrag darstellt, der vor einer staatlichen Stelle zu schließen ist. Eine ausschließlich kirchliche oder sonstige Heirat in privaten Formen ist nach neuerer Rechtslage (Wegfall von § 67 PStG a. F.) zwar prinzipiell möglich, jedoch ohne familienrechtliche Konsequenzen (hierzu Schwab 2008, 1121). Zuständig für die Eheschließung sind Standesbeamte oder Personen, die eine entsprechende spezielle Berechtigung besitzen. Die Eheschließenden müssen ihren Willen, gemeinsam eine Ehe einzugehen, persönlich und bei gleichzeitiger Anwesenheit vor der zuständigen Person erklären. Im Hinblick auf die Anerkennung im Ausland geschlossener Ehen (vgl. im Internationalen Privatrecht I-1.1.6) ist darauf hinzuweisen, dass nach einigen, z. B. manchen islamischen Rechtsordnungen auf Publizitätserfordernisse verzichtet wird (vgl. Marx 2009, 3 ff.; Yassari 2011, 1 ff.).

Wird eine Ehe unter Verstoß gegen das Verbot der Doppelehe oder gegen das Verbot der Ehe unter nahen Verwandten geschlossen, so ist die Eheschließung zunächst wirksam; die Ehe ist jedoch aufhebbar nach § 1314 Abs. 1 BGB. Weitere Aufhebungsgründe (z. B. arglistige Täuschung oder widerrechtliche Drohung) nennt Abs. 2. Unter den dort aufgeführten Fallgruppen ist die der **Scheinehe** i. S. v.

§ 1314 Abs. 2 Nr. 5 BGB von einiger sozialarbeiterischer Relevanz, insofern ihr praktischer Hauptanwendungsfall das Eingehen einer Ehe zum Zweck der Erlangung einer Aufenthaltserlaubnis ist (hierzu III-7.2). Antragsberechtigt ist in diesem Fall die zuständige Verwaltungsbehörde. Wegen der ohnehin eintretenden Aufhebbarkeit derartiger Ehen, bei denen die Herstellung einer ehelichen Lebensgemeinschaft von den Beteiligten nicht beabsichtigt ist, hat auch der Standesbeamte, wenn ein derartiges Vorhaben für ihn offenkundig ist, seine Mitwirkung bei der Eheschließung von vorn herein zu verweigern (§ 1310 Abs. 1 S. 2, 2. HS BGB). Bestehen für ihn konkrete Anhaltspunkte dafür, dass eine Ehe aus diesem oder einem anderen Grunde aufhebbar wäre, so ist er gem. § 13 Abs. 2 PStG berechtigt, durch Befragungen o.Ä. den Sachverhalt aufzuklären. Es liegt in der Natur der Sache, dass hierbei Berührungen mit grundrechtsgeschützten Bereichen der Privatsphäre der Betroffenen kaum zu vermeiden sind. Gerade deshalb bedarf es im Grunde keiner besonderen Erwähnung, dass sowohl die Standesbeamten als auch die Mitarbeiter der zuständigen Verwaltungsbehörden, die berechtigt sind, die Aufhebung der Ehe zu beantragen, in ihren Ermittlungen strikt an das Rechtsstaatsgebot, hier insb. an Art. 1 Abs. 3 GG sowie den Grundsatz der Verhältnismäßigkeit (vgl. I-2.1.2.2), gebunden sind. Ausgeschlossen ist die Aufhebung derartiger Ehen, wenn die Ehegatten entgegen ihrer ursprünglichen Intention nach der Eheschließung doch noch als Ehegatten miteinander gelebt haben (§ 1315 Abs. 1 Nr. 5 BGB).

2.2.2   Die Wirkungen der Ehe

In den §§ 1353 ff. BGB sind die Wirkungen der Ehe geregelt. Zahlreiche gesetzlich vorgesehene Ehewirkungen lassen sich durch einen Ehevertrag (§ 1408 BGB) außer Kraft setzen und eigenständig gestalten. **eheliche Lebensgemeinschaft**

Hinsichtlich der persönlichen Beziehung der Ehepartner zueinander ist die **Generalklausel** des **§ 1353 Abs. 1 BGB** von zentraler Bedeutung. Die Vorschrift regelt, dass die Ehegatten einander zur ehelichen Gemeinschaft verpflichtet sind und füreinander Verantwortung tragen. Angesichts der Pluralisierung von Familien- und Lebensformen lassen sich aus dieser Regelung heute nur noch sehr allgemeine Folgerungen ableiten. Anerkannt ist, dass sich aus der ehelichen Gemeinschaft eine besondere gegenseitige **Beistands- und Fürsorgepflicht** ergibt. Wie sie im Einzelfall auszufüllen und zu konkretisieren ist, obliegt der partnerschaftlichen Entscheidung. Dies betrifft auch die **Haushaltsführung**: Sie wird nach § 1356 Abs. 1 BGB in gegenseitigem Einvernehmen geregelt. Ähnliches gilt für die Pflicht, zum **Familienunterhalt** beizutragen, die durch den Einsatz von Arbeitseinkommen, Vermögen oder aber durch Arbeit im Haushalt erfüllt werden kann (§§ 1360, 1360a BGB). Von einiger praktischer Bedeutung ist schließlich noch die Regelung in § 1357 BGB. Aus ihr werden auch bei ansonsten bestehender Gütertrennung (s.u.) aus **Geschäften, die der angemessenen Deckung des Lebensbedarfs** der Familie dienen, beide Ehegatten berechtigt und verpflichtet. So kann z.B., wenn die Ehefrau, die selbst über kein eigenes Arbeitseinkommen verfügt, eine Reparatur im Haus in Auftrag gegeben hat, auch der Ehemann zur Zahlung der Reparaturkosten in Anspruch genommen werden. Voraussetzung für **§ 1353 Abs. 1 BGB**

Ehegatten- und Familienunterhalt

Ehename diese Form der gegenseitigen Vertretung ist jedoch, dass die Ehegatten nicht getrennt leben (§ 1357 Abs. 3 BGB). Ein gemeinsamer Ehename soll zwar nach § 1355 BGB von den Partnern bestimmt werden, wird also vom Gesetz favorisiert. Dies kann nach Abs. 2 der genannten Vorschrift der Geburtsname oder aber der zum Zeitpunkt der Eheschließung geführte Name des Mannes oder der Frau sein. Die Partner können aber auch ihren bisherigen Namen nach der Eheschließung weiterführen. Ein Ehegatte, dessen Name nicht Ehename wird, kann diesem seinen Geburtsnamen oder den zur Zeit der Erklärung über die Bestimmung des Ehenamens geführten Namen voranstellen oder anfügen (§ 1355 Abs. 4 BGB).

Güterrecht Ausführlichere und deutlich konkretere Regelungen enthält das Gesetz zum Güterrecht und damit zu den **wirtschaftlichen Folgen der Ehe**. Das BGB kennt hier einen sog. gesetzlichen Güterstand, der – sofern nichts anderes zwischen den Ehegatten vereinbart ist – von Gesetzes wegen eintritt: die Zugewinngemeinschaft (s. u.), sowie zwei sog. vertragliche oder Wahlgüterstände, in die man durch einen notariell beurkundeten Ehevertrag (vgl. §§ 1408 ff. BGB) eintreten kann: Güter-
Gütertrennung trennung sowie Gütergemeinschaft. Entscheiden sich die Ehepartner für eine Gütertrennung (§ 1414 BGB), bleibt das jeweilige Vermögen beider Partner völlig getrennt voneinander. Die Ehepartner stehen sich in vermögensrechtlicher Hinsicht wie unverheiratete Personen gegenüber. Beide Partner können ihr eigenes Vermögen selbst verwalten und unbeschränkt ohne Einflussmöglichkeit des Ehegatten darüber verfügen. Wird die Ehe beendet, findet kein Vermögensausgleich zwischen den Partnern statt. Unter Umständen müssen allerdings ehebezogene Zuwendungen zwischen den Partnern zurückerstattet werden (Palandt – Brudermüller 2010 Grundz § 1414 Rz. 2).

Gütergemeinschaft   Praktisch eine entgegengesetzte Gestaltung beinhaltet die Gütergemeinschaft (§§ 1415 ff. BGB). Hier wird das Vermögen beider Ehepartner ganz überwiegend zu gemeinschaftlichem Vermögen, das auch gemeinschaftlich verwaltet wird (Ausnahme: Sonder- und Vorbehaltsgut §§ 1417 f. BGB).

Zugewinngemein-   Haben die Ehepartner keine andere Regelung getroffen, dann tritt gemäß § 1363
schaft BGB der gesetzliche Güterstand der Zugewinngemeinschaft ein. Hierbei handelt es sich um eine **modifizierte Form der Gütertrennung**. Grundsätzlich bleiben die Vermögen beider Partner getrennt und können vom jeweiligen Inhaber auch selbstständig verwaltet werden. In einigen Bereichen ist die **Verfügungsbefugnis** jedoch **eingeschränkt**. Von Bedeutung ist in diesem Zusammenhang vor allem § 1365 Abs. 1 BGB, der für die Verfügung eines Ehegatten über sein Vermögen im Ganzen die Zustimmung des Partners verlangt. Das Vermögen im Ganzen kann z. B. aus einem Grundstück oder einem Unternehmen bestehen, wenn dies praktisch das gesamte Vermögen der betreffenden Person ausmacht. In diesem Fall wäre etwa ein Verkauf von der Zustimmung des Ehepartners abhängig. Wird diese verweigert, so kann sie auf Antrag durch das FamG ersetzt werden. Voraussetzung dafür ist jedoch nach § 1365 Abs. 2 BGB, dass das beabsichtigte Rechtsgeschäft „den Grundsätzen einer ordnungsgemäßen Verwaltung" entspricht. Die Vorschrift soll verhindern, dass durch leichtfertiges oder unwirtschaftliches Verhalten die wirtschaftliche Grundlage der Familie gefährdet wird. Weniger gravierend ist die zweite Verfügungsbeschränkung: Nach § 1369 Abs. 1 BGB kann ein Ehegatte über

ihm gehörende Gegenstände des ehelichen Haushalts nur verfügen, wenn der andere Partner einwilligt. Beide Verfügungsbeschränkungen entfalten nicht nur zwischen den Ehepartnern Wirkung, sondern auch gegenüber Dritten: Wird ein Vertrag über das Vermögen als Ganzes oder über Haushaltsgegenstände ohne Einwilligung des Ehepartners geschlossen und auch nicht nachträglich von ihm genehmigt, so ist der Vertrag unwirksam.

Die entscheidende Modifikation der Zugewinngemeinschaft gegenüber der Gütertrennung ist der in § 1363 Abs. 2 S. 2 BGB geregelte Zugewinnausgleich. Zwar bleiben die Vermögen beider Ehepartner getrennt, hinsichtlich des Vermögensteils, der während der Ehe hinzugekommen ist, dem sog. Zugewinn, findet jedoch nach Beendigung der Ehe ein Ausgleich zwischen den Partnern statt. Übersteigt der Zugewinn des einen Ehegatten den Zugewinn des anderen, steht gemäß § 1378 Abs. 1 BGB die Hälfte des Überschusses dem anderen Ehegatten als **Ausgleichsanspruch** zu. Durch diese Regelung soll sichergestellt werden, dass beide Ehepartner in gleicher Weise an dem während der Ehe erwirtschafteten Vermögen partizipieren. Dies spielt besonders dann eine große Rolle, wenn einer der beiden Partner zumindest vorübergehend seine Erwerbstätigkeit aufgegeben hat, um im Interesse der Familie den Haushalt oder gemeinsame Kinder zu versorgen. **Zugewinnausgleich**

Zu den Wirkungen der Ehe gehört schließlich noch ein gesetzlich verankertes **Erbrecht** (s. o. II-1.6) des hinterbliebenen Ehepartners (§ 1931 BGB), in dessen Kontext auch auf die Möglichkeit der Errichtung eines gemeinschaftlichen Testaments (§§ 2265 ff. BGB) sowie die Durchführung des Zugewinnausgleiches auch im Falle des Todes eines der Ehegatten (§ 1371 BGB) hinzuweisen ist.

2.2.3 Trennung und Scheidung

Wie bereits gesehen, besteht zwischen dem Anspruch des Gesetzgebers, wonach die Ehe auf Lebenszeit geschlossen wird (§ 1353 Abs. 1 BGB), und der Lebenswirklichkeit ein eklatanter Gegensatz. Im allgemeinen Verständnis ist die Ehe heute ein Vertrag, der auf unbestimmte Zeit – und damit möglicherweise natürlich auch auf Lebenszeit – geschlossen wird, jedoch unter Beteiligung des Staates auch wieder aufgelöst werden kann (Lecheler 2001, 221 f.). Dabei kann die Lebensgemeinschaft, die durch den Vertrag entstanden ist, auch unabhängig von der Auflösung der Ehe nach einseitigem oder übereinstimmendem Willen der Ehegatten durch Trennung beendet werden. Zumindest könnte eine gerichtlich ergangene Verpflichtung zur Herstellung der ehelichen Lebensgemeinschaft nicht vollstreckt werden (§ 120 Abs. 3 FamFG). Entsprechende vorhandene Klagemöglichkeiten aus § 111 Nr. 10 FamFG i. V. m. § 266 Abs. 1 Nr. 2 FamFG sind daher auch ohne praktische Relevanz. Andersherum ist aber eine bestimmte Zeit des Getrenntlebens regelmäßig eine wichtige Voraussetzung dafür, dass es überhaupt zu einer Scheidung kommen kann. Der Begriff des Getrenntlebens wird in § 1567 Abs. 1 BGB erläutert. Danach leben die Ehegatten getrennt, wenn zwischen ihnen **keine häusliche Gemeinschaft** besteht und ein Ehegatte sie erkennbar nicht herstellen will, weil er die eheliche Lebensgemeinschaft ablehnt. Ein Getrenntleben ist auch innerhalb einer gemeinsamen Wohnung möglich, allerdings nur dann, wenn die beiden Personen getrennt **Getrenntleben** wirtschaften und in getrennten Räumen schlafen und zwischen ihnen keine wesentlichen persönlichen Beziehungen mehr bestehen. Nicht hinderlich für die Feststellung eines Getrenntlebens wäre allerdings, wenn gemeinsamer Kinder wegen bestimmte Gemeinsamkeiten (etwa gemeinsame Mahlzeiten) fortgeführt würden (Münder/Ernst 2009, 45 m. w. N.).

Überlassung der Ehewohnung

Das BGB trifft für den Fall der Trennung Regelungen zur Ehewohnung, zum Hausrat und zur Frage des Unterhalts: Wird die Trennung von (zumindest) einem der beiden Partner gewünscht oder ist sie bereits erfolgt, so kann nach § 1361b Abs. 1 BGB ein Ehegatte verlangen, dass ihm der andere die Ehewohnung oder einen Teil zur alleinigen Benutzung überlässt, soweit dies notwendig ist, um eine schwere Härte zu vermeiden. Eine solche schwere Härte kommt z. B. bei schweren Störungen des Familienlebens, etwa aufgrund unkontrollierten Alkoholkonsums, in Betracht. Insbesondere kann es aber auch das Wohl der Kinder verlangen, dass diese mit nur einem Elternteil in der Wohnung verbleiben (Wellenhofer 2009, 155 f.). Häufig wird jedenfalls dem Elternteil, bei dem sich die gemeinsamen Kinder befinden, die Ehewohnung zugewiesen. In Fällen, in denen einer der Partner Gewalt ausgeübt oder angedroht hat, ist in der Regel dem Ehegatten, gegen den sich die Gewalt oder die Drohung richtet, die Wohnung vorläufig (deshalb z. B. keine Umgestaltung des Mietverhältnisses) allein zu überlassen (§ 1361b Abs. 2 BGB), selbst wenn sie sich im alleinigen Eigentum des gewalttätigen Partners befindet (arg. § 1361b Abs. 1 BGB a. E.). Darüber hinaus kommen hier die Vorschriften des

Gewaltschutzgesetz

2002 in Kraft getretenen Gewaltschutzgesetzes zum Tragen. Nach § 1 GewSchG hat das FamG auf Antrag der verletzten Person **Schutzanordnungen** zu treffen. Infrage kommt dabei nach Absatz 1 z. B. das Verbot, die Wohnung des Opfers zu betreten, sich ihm zu nähern oder Verbindung mit ihm aufzunehmen. Der Verstoß gegen eine derartige vollstreckbare gerichtliche Anordnung ist nach § 4 GewSchG strafbar. Hat die verletzte Person einen gemeinsamen Haushalt mit dem Schädiger geführt, so kann sie nach § 2 Abs. 1 GewSchG von ihm verlangen, ihr die gemeinsam genutzte Wohnung zur alleinigen Benutzung zu überlassen. Dies gilt auch für den Fall, dass der Schädiger (Mit-)Eigentümer oder Mieter der Wohnung ist. Dann ist die Wohnungsüberlassung durch das Gericht nach Absatz 2 allerdings zu befristen (zur Orts- und Wohnungsverweisung durch die Polizei vgl. III-8.1.2).

Hausratsverteilung

§ 1361a BGB regelt die Haushaltsverteilung bei Getrenntleben. Es wird dabei zwischen Haushaltsgegenständen unterschieden, die im alleinigen Eigentum eines der beiden Ehepartner stehen, und solchen, die beiden gemeinsam gehören. Im Ergebnis ist die Verteilung jedoch in beiden Fällen letztlich eine Frage der Billigkeit (Fairness). Deshalb sind hier auch Abweichungen von dem allgemeinen zivilrechtlichen Herausgabeanspruch des Eigentümers aus § 985 BGB möglich.

Trennungsunterhalt

Den Unterhalt bei Getrenntleben regelt § 1361 BGB. Im Gegensatz zum Familienunterhalt i. S. v. § 1360 BGB, den beide Ehegatten gemeinsam zu erbringen hatten, führt die Trennung zu einem einseitigen Anspruch auf Trennungsunterhalt im Falle der Bedürftigkeit des einen Ehegatten und der Leistungsfähigkeit des anderen. Eine solche Bedürftigkeit besteht zunächst generell immer dann, wenn eine Fallgestaltung nach den §§ 1570 ff. BGB (vgl. II-2.2.4) vorliegt. § 1361 Abs. 2 BGB geht hierüber jedoch noch hinaus. War ein Ehepartner während des Zusammenlebens innerhalb der Ehe nämlich nicht erwerbstätig, so ist er nicht verpflichtet, unmittelbar nach der Trennung eine Erwerbstätigkeit aufzunehmen. Es wird ihm bis zur intensiven Bemühung um einen Arbeitsplatz eine Frist von einem Jahr bis zu drei Jahren zugestanden (Münder/Ernst 2009, 45), da noch nicht eindeutig feststeht, ob die Ehe tatsächlich endgültig gescheitert ist. Hinsichtlich der für die Höhe des Unterhalts maßgeblichen Kriterien ergeben sich keine wesentlichen Abweichungen vom Scheidungsunterhalt. Anders als beim Scheidungsunterhalt (§ 1585c BGB) kann auf den Unterhalt während der Trennung nicht, auch nicht einvernehmlich, verzichtet werden (§ 1361, § 1614 BGB analog).

Auf die Trennung der Ehepartner folgt in den meisten Fällen die Scheidung. Obwohl die Ehe als privatrechtlicher Vertrag zwischen den beiden Partnern geschlossen wird, kann sie nicht durch Kündigung oder einen vergleichbaren Rechtsakt von ihnen selbst wieder gelöst werden. Es bedarf vielmehr der gerichtlichen Überprüfung des Scheiterns der Ehe und schließlich eines rechtsgestaltenden Beschlusses – ein Zeichen für die große Bedeutung, die der Ehe auf der Gesetzesebene nach wie vor beigemessen wird. **Scheidung**

Voraussetzung für die Scheidung ist gemäß § 1565 Abs. 1 BGB das **Scheitern der Ehe**, ohne dass es dabei auf bestimmte Gründe, schuldhaftes Verhalten der Ehepartner o. Ä. ankommt. Die Ehe ist nach dieser Vorschrift gescheitert, wenn die Lebensgemeinschaft der Ehegatten nicht mehr besteht und nicht erwartet werden kann, dass die Ehegatten sie wieder herstellen. Im Umkehrschluss aus § 1565 Abs. 2 BGB ist ein einjähriges Getrenntleben die Regelvoraussetzung dafür, dass der Richter das Vorliegen der genannten tatbestandlichen Voraussetzungen feststellen kann. Diese Frist wird durch kurze Phasen des Zusammenlebens mit dem Ziel der Versöhnung während der **Trennungszeit** nicht beeinträchtigt. Darüber hinaus stellt § 1566 BGB sog. unwiderlegbare Zerrüttungsvermutungen auf, die mit bestimmten Fristenautomatiken verbunden sind: Bei der sog. einverständlichen Scheidung wird unwiderlegbar vermutet, dass die Ehe gescheitert ist, wenn die Ehepartner seit einem Jahr getrennt leben und gemeinsam die Scheidung beantragen. Wünscht nur ein Ehepartner die Scheidung, dann tritt die unwiderlegbare Zerrüttungsvermutung erst nach einer Trennungszeit von drei Jahren ein. Eine Scheidung vor Ablauf des Trennungsjahrs ist ausnahmsweise dann möglich, wenn die Fortsetzung der Ehe für den scheidungswilligen Partner eine unzumutbare Härte darstellen würde, wobei aber die Gründe für die Unzumutbarkeit der Fortführung der Ehe in der Person des anderen liegen müssen (§ 1566 Abs. 2 BGB). Diese rechtliche Möglichkeit sollte Angehörigen sozialer Berufe vor allem deshalb bekannt sein, weil sich aus ihr die Option der sofortigen Scheidung, etwa in Fällen von häuslicher Gewalt, insb. auch von Misshandlungen oder sexuellem Missbrauch des Kindes u. Ä., ergibt. Umgekehrt soll eine Ehe nach § 1568 BGB, auch wenn sie gescheitert ist, nicht geschieden werden, solange ihre Aufrechterhaltung im Interesse der aus der Ehe hervorgegangenen minderjährigen Kinder aus besonderen Gründen ausnahmsweise erforderlich ist, oder wenn sie für einen Ehepartner – wiederum aufgrund außergewöhnlicher Umstände – eine schwere Härte darstellen würde. Die Vorschrift ist allerdings ohne größere praktische Relevanz, da derartige besondere Gründe oder eine schwere Härte im Sinne der Regelung nur selten anerkannt werden. Infrage kommt hier etwa die ernsthafte Suizidgefahr eines Kindes für den Fall der Scheidung (OLG Hamburg FamRZ 1986, 469 ff.) oder die Befürchtung der weiteren Verschlimmerung einer bei dem scheidungsunwilligen Ehegatten bereits bestehenden schweren Erkrankung (z. B. Multiple Sklerose, BVerfGE 55, 134).

Vermögens-ausgleich

Zugewinn

Mit der Scheidung ist die Ehe beendet. Eine der wesentlichen bei einer Scheidung zu klärenden Fragen ist der Ausgleich des während der Ehezeit angesammelten Vermögens. Sofern die Partner während der Ehe im Güterstand der Zugewinngemeinschaft gelebt haben (vgl. II-2.2.2), erfolgt nun der **Zugewinnausgleich** (§ 1363 BGB). Im Hinblick auf die vermögensrechtliche Auseinandersetzung müssen die Parteien die steuer-, versicherungs- und ggf. wohnungsbauprämien- sowie erbrechtlichen Konsequenzen berücksichtigen und sich insoweit externen Sachverstand heranziehen.

Versorgungs-ausgleich

Ähnlich dem Zugewinnausgleich zielt auch der Versorgungsausgleich auf einen Ausgleich zwischen den Ehegatten im Zusammenhang mit einer Scheidung. In diesem Fall handelt es sich um den Ausgleich von Anrechten auf eine Versorgung wegen Alters oder verminderter Erwerbsfähigkeit. Dadurch soll eine Schlechterstellung des Ehepartners vermieden werden, der seine Erwerbstätigkeit im Interesse der Familie eingeschränkt hat. Die Regelung selbst ist im Zuge des Gesetzes zur Strukturreform des Versorgungsausgleichs aus dem Jahr 2009 bis auf die Verweisungsnorm in § 1587 BGB aus dem BGB herausgenommen worden und ist jetzt seit dem 01.09.2009 in Kraft befindlichen **Versorgungsausgleichsgesetz** (VersAusglG) zu finden. Der Versorgungsausgleich wird nunmehr so vorgenommen, dass jedes einzelne Anrecht zwischen den geschiedenen Ehegatten geteilt wird (§ 1 VersAusglG). Ebenso wie der Zugewinnausgleich lässt sich der Versorgungsausgleich aber auch vertraglich ausschließen (§ 7 VersAusglG). Er ist ausgeschlossen oder kann beschränkt werden bei einer Ehedauer von unter drei Jahren (§ 3 Abs. 3 VersAusglG), bei geringer Differenz der Ausgleichswerte (§ 18 VersAusglG) sowie bei grober Unbilligkeit (§ 27 VersAusglG; vgl. Wellenhofer 2009, 159 ff.; zu den Einzelheiten: Borth 2009).

Scheidungs-verfahren

Das Scheidungsverfahren gehört gem. §§ 121 Nr. 1, 111 Nr. 1 FamFG zu den Ehesachen, für die zunächst die allgemeinen Bestimmungen der §§ 121 ff. FamFG einschlägig sind. Hinzu treten die speziellen Vorschriften der §§ 133 ff. FamFG. Aus ihnen ergibt sich zunächst, dass der allgemeine **Amtsermittlungsgrundsatz** des FamFG (§ 26 FamFG), der in § 127 Abs. 1 FamFG für Verfahren in Ehesachen zunächst noch einmal bekräftigt wird, dennoch mit Abs. 2 und 3 der genannten Vorschrift **eingeschränkt** ist. Nach § 128 FamFG soll das Gericht das persönliche Erscheinen der Ehegatten anordnen und sie anhören. Ein Versäumnisurteil gegen den Antraggegner, wenn dieser also nicht zum Verhandlungstermin erscheint, oder eine Entscheidung nach Aktenlage ist nach § 130 Abs. 2 FamFG ausgeschlossen. Eine verfahrensrechtliche Differenzierung nach einvernehmlichen und streitigen Scheidungen, wie sie die frühere ZPO-Regelung kannte, enthält das FamFG nicht mehr. Dies ist auch insofern entbehrlich, als nunmehr das Verfahren nach FamFG insgesamt unter der Prämisse des **Hinwirkens auf eine gütliche Einigung** der Beteiligten seitens des Gerichts steht (§ 36 Abs. 1 S. 2 FamFG). Hinsichtlich des Scheidungsverlangens selbst besteht hier die spezielle Möglichkeit der Aussetzung des Verfahrens gem. § 136 FamFG, soweit das Gericht zu der Auffassung gelangt, dass eine Aussicht auf Fortsetzung der Ehe besteht. Ist die Scheidungsabsicht jedoch unumstößlich, dann besteht immer noch die Möglichkeit, die sogenannten Scheidungsfolgen einvernehmlich zu regeln. Um den Beteiligten diese Möglichkeit überhaupt erst einmal nahezubringen, kann dass Gericht nach § 135 Abs. 1 FamFG die Teilnahme an einem kostenfreien **Informationsgespräch über Mediation** und andere Möglichkeiten außergerichtlicher Streitbeilegung (I-6) anordnen (nicht aber die Mediation selbst) bzw. nach § 135 Abs. 2 BGB den (Noch-) Ehegatten eine außergerichtliche Streitbeilegung anhängiger Folgesachen vorschlagen. Solche Folgesachen können betreffen (§ 137 Abs. 2 und 3 FamFG):

- den Versorgungsausgleich,
- den Unterhalt (Kindesunterhalt, nachehelicher Unterhalt),
- die Nutzung der Ehewohnung,
- die Verteilung der Haushaltsgegenstände,
- den güterrechtlichen Vermögensausgleich, insb.: den Zugewinnausgleich sowie
- Regelungen zur elterlichen Sorge, zum Aufenthaltsbestimmungsrecht, zum Umgangsrecht o. Ä.

Über diese Gegenstände können die Beteiligten im Ergebnis einvernehmliche Regelungen treffen (vgl. hierzu Trenczek 2007). Wichtig ist das insb. im Hinblick auf ihre Kinder. **Eltern bleiben** auch nach ihrer Trennung **Eltern**. Kinder sind durch eine Trennung und Scheidung ihrer Eltern ohnehin sehr stark belastet (zu den mitunter traumatischen Folgen Amato 2001; Wallerstein et al. 2002), umso wichtiger ist, dass sie ihre beiden Eltern nicht auch noch im Rosenkrieg verlieren. Wesentlich ist dabei das Gebot der **Fairness**; d. h., beide Parteien müssen – jenseits der Rechtspositionen – ihre **Interessen** und Bedürfnisse gewahrt sehen und mit einer einvernehmlichen Regelung auch langfristig zufrieden sein können (zum Mediationsverfahren vgl. I-6.3). Sind die von den Parteien im gegenseitigen Einvernehmen getroffenen Regelungen rechtlich zulässig (und bei Eltern mit dem Kindeswohl vereinbar), so kann das Gericht diese Vereinbarungen als gerichtliche Entscheidung übernehmen und sie so für verbindlich erklären. Die Mediation endet in Trennungs- und Scheidungsverfahren im erfolgreichen Fall mit einem schriftlichen Abschlussprotokoll bzw. einer Vereinbarung (s. I-6.3.2). Im Hinblick auf juristische Fachtermini und die vorbeugende Rechtskontrolle empfiehlt es sich, den schriftlichen Vertrag auf der Basis des Abschlussprotokolls (zusätzlich) von den die Parteien ggf. beratenden (oder gar in der Mediation begleitenden) Anwälten formulieren zu lassen. Anschließend kann der Vertrag über die Rechtsanwälte bzw. von einem gemeinsam beauftragten Rechtsanwalt zusammen mit dem Scheidungsantrag dem Gericht vorgelegt oder vor einem Notar beurkundet werden. Die notarielle Beurkundung hat den Vorteil, dass sich die Parteien der sofortigen Zwangsvollstreckung unterwerfen und damit gegenseitig die Ernsthaftigkeit der Vereinbarung unterstreichen können. Im Falle des (Zahlungs-)Verzuges oder der sonstigen Nichteinhaltung kann die Vereinbarung dann unmittelbar – ohne den Umweg einer erneuten Klage – vollstreckt werden. In bestimmten Bereichen verlangt das Gesetz zur Wirksamkeit der Vereinbarung zwingend eine notarielle bzw.

Trennungs- und Scheidungsberatung und -mediation

gerichtliche Beurkundung. Das ist insb. bei Grundstücksangelegenheiten (§ 313 BGB) oder dem Versorgungsausgleich (§ 1408 BGB) der Fall. In Ehesachen, und damit auch in Scheidungssachen, besteht für die Ehegatten **Anwaltszwang** (§ 114 Abs. 1 FamFG). Nötigenfalls wird dem nicht anwaltlich vertretenen Antragsgegner gem. § 138 FamFG durch das Gericht ein Anwalt beigeordnet. Wer allerdings dem Scheidungsantrag des anderen ohnehin zustimmen möchte und auch sonst keine eigenständigen Verfahrenshandlungen durchführen will, benötigt keinen eigenen Anwalt (§ 114 Abs. 4 Nr. 3 FamFG). Bei einverständlicher Scheidung insb. aufgrund einer vorausgehenden Mediation brauchen die Ehegatten somit nur einen Anwalt. Die einverständliche Scheidung minimiert damit nicht nur emotionale Belastungen und führt in der Regel zu sachgerechten Ergebnissen, sondern sie reduziert darüber hinaus möglicherweise auch noch Kosten.

2.2.4   Unterhalt nach Scheidung

Eine wichtige Folge der Scheidung sind mögliche Unterhaltsansprüche eines der geschiedenen Ehepartner gegen den anderen. Die allgemeinen unterhaltsrechtlichen Grundsätze (hierzu II-2.4.2) gelten etwas modifiziert auch für den nachehelichen Unterhalt. Allerdings bestehen für die Zeit nach der Scheidung Vereinbarungsmöglichkeiten, die den gesetzlichen Regelungen dann vorgehen (§ 1585c BGB). Anders als im Hinblick auf den Trennungs- und Kindesunterhalt ist sogar der totale Unterhaltsverzicht eines Ehegatten zulässig. Er kann aber im Einzelfall gegen „Treu und Glauben" verstoßen und damit rechtlich unwirksam sein (ggf. Vertrag zulasten Dritter). Faktisch ist der Verzicht auf Unterhaltsanspruch eher die Ausnahme, da in Ehen mit Kindern zumeist die Frau eine außerhäusliche, entgeltliche Erwerbstätigkeit aufgegeben oder reduziert hat.

Das BGB geht zunächst vom **Grundsatz der wirtschaftlichen Eigenverantwortung** aus, also davon, dass nach einer Scheidung jeder für sich selbst zu sorgen hat. Voraussetzung für einen Unterhaltsanspruch ist gemäß § 1569 BGB, dass ein Ehegatte nach der Scheidung nicht selbst für seinen Unterhalt sorgen kann, etwa wegen Kinderbetreuung, Alters, Krankheit oder Erwerbslosigkeit. Insgesamt stellt die Regelung vor allem auch auf die Kompensation ehebedingter Nachteile ab (Wellenhofer 2009, 165), etwa wegen des Verzichts auf eigenes berufliches Fortkommen bzw. auf eigene berufliche (Weiter-)Qualifizierung aufgrund langer Kinderbetreuungszeiten oder alleiniger Haushaltsführung oder sonstiger Unterstützung des Ehegatten.

Unterhaltsansprüche   Dies findet sich im Einzelnen in einem abgeschlossenen Katalog von Fallkonstellationen aufgeführt und geregelt, nach denen eine Unterhaltsberechtigung für einen der geschiedenen Ehepartner besteht. Häufigster Fall des Scheidungsunterhalts ist der **Unterhalt wegen Betreuung eines gemeinsamen Kindes** nach § 1570 BGB. Die Dauer des Unterhaltsanspruchs beträgt mindestens drei Jahre. Sie kann sich aber aus kindbezogenen oder elternbezogenen Gründen verlängern. Kindbezogene Gründe können vor allem in einer besonderen Betreuungsbedürftigkeit des Kindes etwa wegen einer Behinderung, einer chronischen Erkrankung oder eines sonstigen besonderen Förderungsbedarfs liegen. Elternbezogene Gründe können sich aus dem ergeben, was die Eltern während der Ehe an Absprachen bezüglich der Kinderbetreuung getroffen haben, etwa dass sich der betreuende Elternteil mindestens bis zum Ende der Grundschulzeit ausschließlich um die Betreuung des Kindes kümmern soll. Die Eltern sollen darauf vertrauen können, dass derartige Absprachen auch nach einer Scheidung noch gelten. Weitere Fallkonstellationen für den Scheidungsunterhalt sind der **Unterhalt wegen Alters sowie wegen Krankheit oder Gebrechens** (§§ 1571, 1772 BGB). Entscheidend ist hier, dass der unterhaltsbegründende Tatbestand des Alters oder der Krankheit bereits zum Zeitpunkt der Scheidung oder im Anschluss an Zeiten der Unterhaltsberechtigung aus anderen Gründen – etwa wegen Kindesbetreuung, Aus- oder Fortbildung oder wegen Arbeitslosigkeit – erfüllt sein muss. Vermag der an sich zur Erwerbstätigkeit verpflichtete geschiedene Ehegatte trotz intensiven Bemühens keinen angemessenen Arbeitsplatz zu finden, so kann nach § 1573 Abs. 1 BGB Anspruch auf **Unterhalt bis zur Erlangung einer angemessenen Erwerbstätigkeit** bestehen. Was hierbei als angemessen gilt, bestimmt sich nach Ausbildung, Fähigkeiten, früherer Erwerbstätigkeit, Lebensalter sowie Gesundheitszustand des geschiedenen Ehegatten. Dieser kann jedoch geltend machen, dass eine an und für sich für ihn aufgrund dieser Kriterien angemessene Tätigkeit wegen der spezifischen ehelichen Lebensverhältnisse dennoch unbillig, d. h. im konkreten Fall ungerecht, wäre (§ 1574 Abs. 2 BGB). Letztlich entscheidet sich, ob ein Unterhaltsanspruch besteht, im Rahmen einer **Einzelfallbewertung** immer innerhalb einer Gesamtwürdigung aller Umstände. Die Dauer der Ehe ist hierbei wieder von zentraler Bedeutung. Geht der geschiedene Ehepartner einer Erwerbstätigkeit nach, reicht diese jedoch nicht aus, um einen angemessenen Lebensunterhalt sicherzustellen, so kommt ein Anspruch auf sog. Aufstockungsunterhalt nach § 1573 Abs. 2 BGB infrage. Hat der Ehepartner aufgrund seiner Bemühungen nach der Scheidung einen Arbeitsplatz gefunden, diesen aber z. B. nach der Probezeit wieder verloren oder läuft wenige Zeit nach der Scheidung ein befristetes Arbeitsverhältnis aus, so gilt der Lebensunterhalt noch nicht als nachhaltig gesichert. In dieser Konstellation besteht nach Wegfall der Arbeitseinkünfte ebenfalls ein Unterhaltsanspruch (§ 1573 Abs. 4 BGB). Gilt jedoch der Lebensunterhalt als nachhaltig gesichert und ist es dann zum Verlust der angemessenen Erwerbstätigkeit gekommen, so lebt der Unterhalt gegen den anderen geschiedenen Ehegatten nicht wieder auf. Hat ein Ehegatte in Erwartung der Ehe oder während der Ehe davon abgesehen, eine Ausbildung aufzunehmen oder eine bereits begonnene Ausbildung abgebrochen, so kann er nach der Scheidung gemäß § 1575 BGB vom anderen Ehepartner für eine Ausbildung Unterhalt verlangen. Um die Fälle aufzufangen, in denen die Versagung von Unterhaltsansprüchen grob unbillig wäre, die aber keiner der genannten Fallkonstellationen zugeordnet werden können, räumt schließlich § 1576 BGB einen Anspruch auf **Unterhalt aus Billigkeitsgründen** ein.

> **Trennungs- und Scheidungsberatung und -mediation**

Voraussetzung für einen Unterhaltsanspruch ist stets die Leistungsfähigkeit des Verpflichteten (vgl. § 1581 BGB). Der Unterhaltsverpflichtete hat sein Einkommen, sein Vermögen und seine Arbeitskraft einzusetzen. Davon muss ihm allerdings zur Abdeckung der eigenen Bedürfnisse ein angemessener Teil zum eigenen Unterhalt (sog. **angemessener Eigenbedarf**) verbleiben, dessen Höhe sich nach der „Düsseldorfer Tabelle" (s. II-2.4.2) bestimmt. Nur insoweit als Vermögen, Einkom-

> **Leistungsfähigkeit**

men oder Arbeitskraft hierüber hinausgehen, kommt es zur Unterhaltsverpflichtung des geschiedenen Ehepartners. Der Verweis auf den **notwendigen Einsatz der Arbeitskraft** bewirkt, dass es dem Unterhaltspflichtigen verwehrt ist, sich durch bewusste Herabsetzung seiner Einkünfte oder durch ein Absehen von an sich möglicher Erwerbstätigkeit seiner Unterhaltspflicht zu entziehen. Dies ist z. B. der Fall bei Herabsetzung der Arbeitszeit oder bei Aufgabe des Arbeitsplatzes, um ein Studium aufzunehmen (m. w. N. Münder/Ernst 2009, 54 f. und 95 ff.). In solchen Fällen werden dem Unterhaltsverpflichteten die Einkünfte, die er bei pflichtgemäßem Verhalten erzielen könnte, als sog. **fiktive Einkünfte** angerechnet. Damit kann es zur Unterhaltspflicht kommen, obwohl tatsächlich keine Einkünfte vorhanden sind. Für den entsprechenden Zeitraum laufen bei dem Verpflichteten Schulden auf.

Die **Höhe des Scheidungsunterhalts** bestimmt sich gem. § 1578 BGB nach den ehelichen Lebensverhältnissen (hierzu auch: BVerfG 1 BvR 918/10 v. 25.01.2011). Jedoch kann der Unterhalt herabgesetzt oder auch zeitlich begrenzt werden, wenn ein voller, zeitlich unbegrenzter Unterhalt im Einzelfall nicht angemessen wäre (§ 1578b BGB). Ein solcher Fall könnte z. B. vorliegen, wenn eine schwere chronische Erkrankung eines Ehegatten zu einer lebenslangen Unterhaltspflicht des anderen führen würde, die Ehe jedoch nur wenig mehr als drei Jahre Bestand hatte. Zudem ist der Unterhaltsanspruch nach § 1579 BGB zu versagen, herabzusetzen oder zeitlich zu begrenzen, soweit die Inanspruchnahme grob unbillig wäre. Hier werden insgesamt acht **Fallkonstellationen** genannt, die zu einer solchen Unbilligkeit führen können (z. B. kurze Dauer der Ehe, gravierende Verfehlungen des Unterhaltsberechtigten gegenüber dem Unterhaltsverpflichteten oder seinen nahen Angehörigen, Verbrechen oder schwere vorsätzliche Vergehen gegen den Verpflichteten oder einen seiner nahen Angehörigen, mutwillige Herbeiführung der Bedürftigkeit). Problematisch ist § 1579 Nr. 7 BGB, der ohne nähere Konkretisierung ein „offensichtlich schwerwiegendes, eindeutig bei ihm liegendes Fehlverhalten gegen den Verpflichteten" (sog. „Ehewidrigkeiten") als möglichen Grund für eine Herabsetzung oder Versagung des Unterhalts anführt. Auf dieser Grundlage können trotz **Abschaffung des Schuldprinzips** im Scheidungsrecht moralische Wertungen erhebliche Auswirkungen auf die Betroffenen entfalten. Ein derartiges schwerwiegendes Fehlverhalten kann etwa in der Aufnahme einer intimen Beziehung zu einem Dritten oder in der Abkehr von der Ehe gegen den Willen des Partners liegen (vgl. Wellenhofer-Klein 1995, 905 ff.; OLG Koblenz FamRZ 2000, 290). Weitere von der Rechtsprechung anerkannte Gründe sind etwa die Aufnahme einer Tätigkeit als Prostituierte (OLG Hamm FamRZ 2002, 753) oder auch die Vereitelung des Umgangsrechts des Unterhaltsverpflichteten (OLG Schleswig FamRZ 2003, 688). Eine **Auffangfunktion** erfüllt § 1579 Nr. 8 BGB, der einen Ausschluss, eine Herabsetzung oder zeitliche Beschränkung des Unterhalts auch ermöglicht, wenn „ein anderer Grund vorliegt, der ebenso schwer wiegt wie die in den Nummern 1 bis 7 aufgeführten Gründe". Da der Unterhaltsanspruch, wenn nicht mit dem Tod des Berechtigten, so erst mit seiner Wiederverheiratung endet (§ 1586 Abs. 1 BGB), ist in § 1579 Nr. 2 BGB als Wegfall- oder **Beschränkungsgrund** nunmehr auch das Leben in einer **verfestigten Lebensgemeinschaft** benannt. Gemeint ist damit eine gleich- oder verschiedengeschlechtliche enge wirtschaftliche und se-

Einschränkung des Unterhaltsanspruchs

xuelle Beziehung sozusagen „anstelle einer Ehe" in Wohngemeinschaft, die in der Regel bereits zwei bis drei Jahre besteht.

Von den angesprochenen Besonderheiten abgesehen wird der Scheidungsunter­halt, sofern keine unterhaltsberechtigten Kinder vorhanden sind, in der Regel in der Weise ermittelt, dass dem Unterhaltsverpflichteten vom vorhandenen Netto­einkommen 4/7 verbleiben, während der unterhaltsberechtigte geschiedene Ehe­partner 3/7 erhält. Diese Berechnung beruht auf einer nahezu gleichmäßigen Ver­teilung des Einkommens zwischen den geschiedenen Ehepartnern, wobei dem unterhaltsverpflichteten erwerbstätigen Partner ein sog. Erwerbstätigenbonus von 1/7 des Einkommens eingeräumt wird (zur Kritik und zu Modifikationen der Be­rechnung vgl. Münder / Ernst 2009, 51). Als vorbereitende Handlung für alle Un­terhaltsfragen muss das anrechenbare Einkommen der Eheleute sehr genau ermit­telt werden, da sich hiernach sowohl der Bedarf und die Bedürftigkeit des Unterhaltsberechtigten (§ 1577 BGB) als auch die Verpflichtung und Leistungsfä­higkeit des Unterhaltspflichtigen (§ 1581 BGB) richtet. Beide Eheleute sind sich gegenseitig zur **Auskunft verpflichtet** (§ 1580 BGB).

Ausgangspunkt ist das monatliche **Nettoeinkommen** des unterhaltspflichtigen Ehegatten, d. h. das Bruttoeinkommen abzgl. Steuern, der sog. Vorsorgeaufwen­dungen für Alterssicherung und Krankenversicherung sowie der berufsbeding­ten Aufwendungen (z. B. Fahrkosten zur Arbeitsstätte). Einmalige Zahlungen wie Urlaubs- und Weihnachtsgeld werden auf das Monatseinkommen umgelegt. Ebenfalls zählen als Einkommen die Erwerbersatzleistungen, wie Krankengeld, Arbeitslosengeld, Renten und Pensionen sowie Einkünfte aus sozialstaatlichen Zuwendungen, wie Wohngeld, BAföG-Leistungen und Pflegegeld. Die Sozial­hilfe, die Arbeitnehmersparzulage, das Hausgeld des Strafgefangenen oder unent­geltliche Zuwendungen Dritter hingegen gehören nicht zum unterhaltsrelevanten Einkommen. Fiktiv hinzugerechnet werden andererseits (insb. im Hinblick auf den nachehelichen Unterhalt) Einkünfte aus nichtehelicher Partnerschaft mit ei­nem neuen Partner sowie erzielbare Einkünfte wegen Verletzung einer Erwerbs­obliegenheit.

Sofern neben dem geschiedenen Ehepartner auch Kinder unterhaltsberechtigt sind, wird der Unterhalt anhand standardisierter Tabellen ermittelt, von denen der sog. **Düsseldorfer Tabelle** und der Berliner Tabelle die größte Bedeutung zu­kommt (vgl. II-2.4.2).

Haibach / Haibach 2005

2.3 Andere Formen der Partnerschaft

2.3.1 Die eheähnliche Gemeinschaft

Die eheähnliche Gemeinschaft unterliegt nicht dem Regelungsbereich des Fami­lienrechts. Sie soll aber wegen ihrer wachsenden praktischen Bedeutung über­blicksartig hier besprochen werden. Die Ehe hat in der deutschen Gesellschaft ihre frühere Funktion als einzig legitimer Ort der Sexualität verloren. Die nichteheliche

Gemeinschaft wird als Lebensform wohl auch deshalb gewählt, weil die Beteiligten auf eine institutionelle Vergewisserung ihrer partnerschaftlichen Vereinigung verzichten möchten. Gewiss geht es in ihr vor allem aber auch um die Entscheidung für ein Zusammenleben in weitgehender rechtlicher Unverbindlichkeit. Ob allerdings die Tatsache, dass die Anwendung von Regeln aus dem Familienrecht auf die eheähnliche Gemeinschaft, jedenfalls soweit sie sich aus den statutarischen Wirkungen der Ehe ableiten, nicht einmal analog in Betracht kommt (im Detail: Holzhauer 2004, 435 ff.), nun schon tatsächlich für die erhoffte Entrechtlichung derartiger Beziehungen spricht, kann bezweifelt werden.

Eine **Definition des Begriffs der eheähnlichen Gemeinschaft** hat das Bundesverfassungsgericht vor einigen Jahren vorgenommen. Danach handelt es sich um

> „eine Lebensgemeinschaft zwischen einem Mann und einer Frau, die auf Dauer angelegt ist, daneben keine weiteren Lebensgemeinschaften gleicher Art zulässt, und sich durch innere Bindungen auszeichnet, die ein gegenseitiges Einstehen der Partner füreinander begründet, also über die Beziehung in einer reinen Haushalts- und Wirtschaftsgemeinschaft hinausgehen" (BVerfGE 87, 264 f.).

Maßgeblich für die Rechtsbeziehungen zwischen den Partnern einer eheähnlichen Gemeinschaft (zu den Einzelheiten vgl. Fischer 2003; Hausmann/Hohloch 2004) sind deren individuelle Vereinbarungen. Von ihnen hängt es z. B. ab, ob bzw. in welchem Umfang sich die Partner finanziell unterstützen, in welcher Weise gemeinsame Kinder versorgt und betreut werden, ob gemeinschaftliches Eigentum erworben wird. In den wenigsten Fällen liegen schriftliche Vereinbarungen zwischen den Partnern vor (zu entsprechenden Partnerschaftsverträgen vgl. Grziwotz 1998), sondern sie werden mündlich oder auch nur stillschweigend getroffen.

Im Rechtsverhältnis der eheähnlichen Gemeinschaft nach außen zeichnet sich ein Trend in Richtung der Anerkennung des Partners als Angehöriger ab, auch wenn dies bislang noch nicht einheitlich erfolgt. Der Partner einer eheähnlichen Gemeinschaft tritt z. B. im Mietrecht gemäß § 569a BGB nach dem Tode des Anderen als Familienangehöriger in dessen Mietvertrag ein (BGHZ 121, 166 ff.). An zahlreichen Stellen fehlen demgegenüber Privilegierungen, die Ehepartnern zugebilligt werden. So haben Partner einer eheähnlichen Gemeinschaft in Gerichtsverfahren, die den Anderen betreffen, kein Zeugnisverweigerungsrecht, sofern sie nicht miteinander verlobt sind (§ 383 Abs. 1 Nr. 1 ZPO; § 51 Abs. 1 Nr. 1 StPO). Andererseits werden auf eheähnliche Gemeinschaften in einigen Bereichen Regelungen angewandt, die ursprünglich für Ehepartner getroffen wurden. So werden bei der Prüfung eines Anspruchs auf bedürftigkeitsabhängige Sozialleistungen bei der Frage der Bedürftigkeit des Antragstellers auch Einkommen und Vermögen des Partners mit angerechnet, da eheähnliche Gemeinschaften hinsichtlich der Berücksichtigung von Einkommen und Vermögen des Partners nicht besser gestellt werden dürfen als Ehepaare (insb. § 9 Abs. 2 i. V. m. § 7 Abs. 3 Nr. 3c SGB II, § 20 SGB XII; vgl. auch III-4.1.7 und III-4.2.3). Diese Regelungen sind hochproblematisch, da sie zunächst die Klärung der Frage voraussetzen, ob überhaupt im Einzelfall eine eheähnliche Gemeinschaft vorliegt. Die vom Bundesverfassungsgericht getroffene Definition macht den Begriff abhängig von inneren Einstellungen und Motivationen, die den zuständigen Sozialleistungsbehörden nicht zugänglich sind. Die Versuche, innere Bindungen anhand von äußeren Indizien zu überprüfen, bringen zwangsläufig gravierende Eingriffe in die Privatsphäre der beteiligten Personen mit sich. Um diesem Problem zu begegnen, wird seitens des Gesetzgebers versucht, die Frage nach dem Vorliegen einer eheähnlichen Gemeinschaft an äußeren Merkmalen festzumachen, die leicht überprüfbar sind. So wird nach § 7 Abs. 3a SGB II ein wechselseitiger Wille, Verantwortung füreinander zu tragen und füreinander einzustehen, vermutet, wenn Partner entweder länger als ein Jahr zusammenleben, mit einem gemeinsamen Kind zusammenleben, Kinder oder Angehörige im Haushalt versorgen oder befugt sind, über Einkommen oder Vermögen des anderen zu verfügen. Kommt die Behörde nach verständiger Würdigung des Falles zu dem Ergebnis, dass der wechselseitige Wille anzunehmen ist, Verantwortung füreinander zu tragen und füreinander einzustehen, so obliegt es den Betroffenen, den Gegenbeweis anzutreten (§ 7 Abs. 3 Nr. 3c SGB II). Diese pauschale Vermutung einer eheähnlichen Gemeinschaft wird den individuell höchst unterschiedlichen und differenzierten Gegebenheiten und Verbindlichkeitsgraden persönlicher Beziehungen kaum gerecht. Zudem ist die Ablehnung eines Sozialleistungsanspruchs unter Berufung auf Einkommen oder Vermögen des Partners einer eheähnlichen Gemeinschaft problematisch, da innerhalb der eheähnlichen Gemeinschaft im Gegensatz zur Ehe keinerlei Anspruch auf Unterhalt oder sonstige Beteiligung an Vermögenswerten des Partners besteht. Wenn die Behörde die Leistung also unter Berufung auf eine (vermeintlich) bestehende eheähnliche Gemeinschaft ablehnt, kann der Partner die Unterstützung unter Berufung auf eine fehlende Verpflichtung ebenfalls ablehnen.

Die eheähnliche Gemeinschaft kann jederzeit ohne sachliche oder formale Voraussetzungen von einem der beiden Partner beendet werden – sicherlich in vielen Fällen auch ein Grund für die Wahl dieser Lebensform anstelle der Ehe. Für das Ende der Gemeinschaft gelten in erster Linie die Vereinbarungen, die die Partner für diesen Fall getroffen haben. Wurden keine solchen Vereinbarungen getroffen, so bestehen zumeist weder Unterhaltsansprüche zwischen den Partnern, noch findet im Regelfall ein nachträglicher Ausgleich von Leistungen statt, die während der bestehenden eheähnlichen Gemeinschaft erbracht wurden. Hat also z. B. ein Partner während der Beziehung den überwiegenden Teil des Lebensunterhalts bestritten, um den anderen während seiner Ausbildung zu unterstützen und wurden keine Vereinbarungen über einen Ausgleich im Fall der Trennung getroffen, so kann er nicht im Nachhinein Ersatz für seine Aufwendungen verlangen. Eine Ausnahme besteht allerdings, wenn innerhalb der eheähnlichen Gemeinschaft Vermögenswerte geschaffen wurden, die formal einem der beiden Partner zugeordnet sind. Hier wird von der Rechtsprechung – zumeist über gesellschaftsrechtliche Konstruktionen (vgl. BGH NJW 1997, 3371) – ein Ausgleich zwischen den Partnern vorgenommen. Ein solcher Fall ist etwa gegeben, wenn unter Mitwirkung und finanziellem Einsatz beider Partner ein Haus gebaut oder eine sonstige Immobilie angeschafft wurde, für die im Grundbuch nur einer der Partner als Eigentümer eingetragen ist.

Der gesetzliche Unterhaltsanspruch nach § 1615l BGB hat grundsätzlich nichts mit dem Bestehen einer eheähnlichen Gemeinschaft zu tun, sondern bezieht sich

Beendigung der Gemeinschaft

Betreuungsunterhalt

ausschließlich darauf, dass es ein Kind zu betreuen gilt, dessen Eltern nicht miteinander verheiratet sind. Hiernach hat der Vater des Kindes der Mutter zunächst (mindestens) für die Dauer von sechs Wochen vor und acht Wochen nach der Geburt des Kindes Unterhalt zu gewähren (§ 1615l Abs. 1 BGB). Danach kann der Elternteil, der das Kind anschließend betreut, von dem Anderen während der ersten drei Lebensjahre des Kindes Unterhalt verlangen; ebenso wie bei dem Betreuungsunterhalt nach § 1570 BGB kann sich auch hier die Dauer der Unterhaltspflicht aus kindbezogenen Billigkeitsgründen verlängern (§ 1615l Abs. 2 und 4 BGB)

Fischer 2003; Hausmann/Hohloch 2004

2.3.2   Die Lebenspartnerschaft

Nach jahrzehntelangen Diskussionen um die Stellung gleichgeschlechtlicher Partnerschaften und begleitet von heftigen Kontroversen trat am 01.08.2001 das Gesetz über die eingetragene Lebenspartnerschaft (LPartG) in Kraft. Mit dem Gesetz wurde das neue und eigenständige Rechtsinstitut der Lebenspartnerschaft eingeführt und damit dem Wunsch vieler gleichgeschlechtlicher Paare nach einer Institutionalisierung ihrer Partnerschaft entsprochen. Zum Beginn des Jahres 2005 erfolgte eine Reform des Gesetzes, die zu einer weiteren Angleichung an die Rechtswirkungen der Ehe führte.

Voraussetzungen der eingetragenen Lebenspartnerschaft   Die Grundzüge der Lebenspartnerschaft sind im LPartG für gleichgeschlechtliche Lebensgemeinschaften parallel zu den Regelungen über die Ehe im BGB gestaltet (zu den Einzelheiten vgl. Kornmacher 2004). Auch hier findet sich ein Verbot der Doppelpartnerschaft bzw. der Begründung einer Lebenspartnerschaft mit einer Person, die verheiratet ist. Lebenspartnerschaften zwischen Verwandten sind entsprechend den Regelungen zur Ehe ausgeschlossen. Nur volljährige Personen können wirksam eine Lebenspartnerschaft eingehen, allerdings gibt es im Gegensatz zur Ehe keine Ausnahmeregelungen für Minderjährige, die das 16. Lebensjahr bereits vollendet haben. Auch die Lebenspartnerschaft kann nicht wirksam begründet werden, wenn mit ihr etwa lediglich die Erlangung eines Aufenthaltstitels angezielt ist.

Wirkungen der Partnerschaft   Nach § 2 LPartG sind die Lebenspartner einander zu Fürsorge und Unterstützung sowie zur gemeinsamen Lebensgestaltung verpflichtet und tragen füreinander Verantwortung. Sie können einen gemeinsamen Namen bestimmen (§ 3 LPartG) und sind einander in entsprechender Anwendung der Unterhaltsbestimmungen des Eherechts im BGB zum angemessenen Unterhalt verpflichtet (§ 5 LPartG). Ebenso wie für die Ehe ist der gesetzliche Güterstand die Zugewinngemeinschaft, § 6 LPartG. Ein anderer Güterstand kann durch den Lebenspartnerschaftsvertrag, für den die Regeln über den Ehevertrag entsprechend gelten, vereinbart werden, § 7 LPartG. Das LPartG regelt in § 9 LPartG parallel zu den Befugnissen von Stiefeltern gegenüber ihren Stiefkindern sorgerechtliche Befugnisse des Lebenspartners hinsichtlich der Kinder, denen gegenüber sein Partner das alleinige Sorgerecht hat. Ebenso wie die Ehe begründet auch die eingetragene

Lebenspartnerschaft einen Erbanspruch des hinterbliebenen Partners. Der Lebenspartner gilt als Familienangehöriger des anderen Partners und die Verwandten eines Lebenspartners gelten als mit dem anderen Lebenspartner verschwägert.

Die wichtigsten Unterschiede im Vergleich zur Ehe liegen darin, dass die eingetragene Lebenspartnerschaft (noch) keine Rechte aus den Bereichen des Steuer- und des Beamtenrechts gewährt. In einigen Bundesländern wird die Lebenspartnerschaft allerdings im Landesrecht anerkannt, was Vorteile für Landesbeamte mit sich bringt.

Für den Fall der Trennung trifft das LPartG bezüglich des Unterhalts, der Hausratsverteilung und der Wohnungszuweisung parallele Regelungen zum Eherecht. Anstelle einer Scheidung erfolgt zur Beendigung der Lebenspartnerschaft nach § 15 LPartG die Aufhebung, die sich ebenfalls am ehelichen Scheidungsrecht orientiert, jedoch noch klarer und effizienter geregelt ist als die Scheidung. Hinsichtlich des nachpartnerschaftlichen Unterhalts verweist das Gesetz in § 16 LPartG unmittelbar auf die Regelungen zum Scheidungsunterhalt im BGB. **Trennung**

Kornmacher 2004

2.4 Kindschaftsrecht

Das Kindschaftsrecht betrifft jedenfalls im Kern die rechtliche Ausgestaltung der Beziehung zwischen Eltern und ihren minderjährigen Kindern. Begründet wird diese Beziehung innerhalb eines Verwandtschaftsverhältnisses in Folge von Abstammung oder Adoption. Das Eltern-Kind-Verhältnis erzeugt neben einer Reihe außerordentlich wichtiger rechtlicher Wirkungen auch solche, die in der Praxis des Alltags nicht unbedingt im Vordergrund stehen. Hierzu gehören etwa eine gegenseitige Beistands- und Rücksichtspflicht (§ 1618a BGB) oder eine Dienstleistungspflicht des Kindes gegenüber den Eltern (§ 1619 BGB). Während nämlich die Pflichten aus § 1618a BGB nur schwer zu konkretisieren sind, könnte selbst eine gerichtlich festgestellte Leistungsverpflichtung, etwa eines volljährigen noch im Elternhaus lebenden Kindes, nicht vollstreckt werden (§ 120 Abs. 3 FamFG analog). Von wirklich zentraler Bedeutung sind neben den namensrechtlichen Wirkungen, die hier allerdings nicht im Einzelnen dargestellt werden müssen (§§ 1616 ff. BGB), jedoch die gegenseitige Unterhaltspflicht, die Pflicht und das Recht der Eltern zur Ausübung der elterlichen Sorge und die Pflicht und das Recht zum Umgang der Eltern mit ihrem Kind sowie das Recht des Kindes auf Umgang mit seinen Eltern.

2.4.1 Abstammungsrecht

Zunächst regelt das Gesetz in § 1589 BGB allgemein den Begriff der Verwandtschaft. Miteinander verwandt sind danach Personen, die von derselben dritten Person abstammen. Lässt sich dabei eine Linie bilden, in der die eine Person von der anderen abstammt, liegt Verwandtschaft in **gerader Linie** vor. Dies ist im Verhältnis **Verwandtschaft** von Kindern zu ihren Eltern, Großeltern, Urgroßeltern usw. sowie umgekehrt der Fall. Ist dies nicht gegeben, besteht Verwandtschaft in der **Seitenlinie**. Dies gilt z. B. für Geschwister, die von gemeinsamen Eltern abstammen, oder für Cousins und Cousinen, die gemeinsame Großeltern haben. Der Grad der Verwandtschaft bestimmt sich nach der Zahl der sie vermittelnden Geburten. Danach sind Verwandte ersten Grades Kinder im Verhältnis zu ihren Eltern, Verwandtschaft zweiten Grades liegt z. B. zwischen Enkeln und ihren Großeltern oder zwischen Geschwistern vor. Die Verwandten eines Ehegatten sind mit dem anderen Ehegatten **verschwägert** (§ 1590 BGB). Ebenfalls als verschwägert gelten die Verwandten eines Partners einer eingetragenen Lebenspartnerschaft mit dem anderen Lebenspartner. Ehepartner sind miteinander verheiratet, aber nicht miteinander verwandt.

Mutter des Kindes Das Abstammungsrecht befasst sich mit der Frage, wer im rechtlichen Sinne die Eltern eines Kindes sind. § 1591 BGB regelt, wer die Mutter eines Kindes ist. Dies schien bis vor kurzem so eindeutig zu sein, dass eine Regelung nicht erforderlich war. Durch die Möglichkeit der Ersatzmutterschaft ergab sich allerdings Klärungsbedarf. Zwar sind nach deutschem Recht Eispende und Embryonentransfer verboten (§ 1 Abs. 1 ESchG). Darüber hinaus ist die Vermittlung einer **Ersatzmutter**, die sich dazu verpflichtet, ein aus künstlicher oder auch natürlicher Befruchtung hervorgegangenes Kind nach dessen Geburt Dritten zu überlassen (§ 1 Abs. 1 Nr. 7 ESchG; umgangssprachlich „Leihmutter"), strafbar (§ 13a ff., § 14b AdVermiG). Im Übrigen wäre ein derartiger Vertrag über eine Ersatzmutterschaft auch ohne dass er durch externe Vermittlung zustande käme, nach deutschem Recht (§ 138 Abs. 1 BGB) sittenwidrig und damit nichtig. Ungeachtet der eindeutigen Rechtslage sind derartige Konstellationen, etwa dadurch, dass sie außerhalb des Geltungsbereiches deutschen Rechts herbeigeführt wurden, jedoch denkbar. Insofern ist die Klarstellung in § 1591 BGB erforderlich.

Vaterschaft Komplizierter ist die Regelung der Frage, wer der rechtliche Vater des Kindes ist. Hier bestehen gemäß § 1592 BGB drei unterschiedliche Möglichkeiten, wie die Vaterschaft im rechtlichen Sinne zustande kommen kann: Die Vaterschaft kann kraft Gesetzes bestehen, sie kann von einem Mann anerkannt werden oder sie kann gerichtlich festgestellt werden. Biologische und rechtliche Vaterschaft müssen nicht übereinstimmen.

Vaterschaft kraft Gesetzes Ist die Mutter des Kindes zum Zeitpunkt der Geburt verheiratet, so ist gemäß § 1592 Nr. 1 BGB ihr **Ehemann** kraft Gesetzes Vater des Kindes. Gleiches gilt, wenn der Mann, der zum Zeitpunkt der Empfängnis mit der Mutter verheiratet war, bereits vor der Geburt des Kindes verstorben ist, sofern die Mutter nicht vor Geburt des Kindes eine neue Ehe eingegangen ist (§ 1593 BGB). Im Übrigen tritt die gesetzliche Vaterschaft auch dann ein, wenn sie etwa aufgrund der Verbüßung einer langen Haftstrafe oder anderweitiger längerer Abwesenheit, wegen Zeugungsunfähigkeit o. Ä. wenig plausibel erscheint. Allerdings besteht in derartigen Fällen die Möglichkeit, die Vaterschaft anzufechten. Auf eine Anfechtung soll, bei Vorliegen der sonstigen entsprechenden Voraussetzungen (§ 1599 Abs. 2 BGB), nur verzichtet werden können, wenn das Kind erst nach Anhängigkeit eines Scheidungsantrages geboren wurde und ein Dritter die Vaterschaft innerhalb eines Jahres nach Rechtskraft der die Ehe beendenden gerichtlichen Entscheidung anerkannt hat.

Waren die Eltern zum Zeitpunkt der Geburt des Kindes nicht miteinander ver-   **Vaterschafts-**
heiratet, dann ist nach § 1592 Nr. 2 BGB der Mann Vater des Kindes, der die Vater-   **anerkennung**
schaft anerkannt hat. Die Anerkennung setzt die Zustimmung der Mutter und, sofern dieser die elterliche Sorge nicht zusteht, des Kindes – vertreten durch seinen
gesetzlichen Vertreter – voraus (§ 1595 BGB). Beide – Anerkennung wie Zustimmung – unterliegen dem Formerfordernis der öffentlichen Beurkundung, die in
der Regel vom **Jugendamt** vorgenommen wird (§ 59 SGB VIII; s. III-3.4.3). Eine
Vaterschaftsanerkennung ist außer in dem bereits besprochenen Fall des § 1599
Abs. 2 BGB nur möglich, wenn noch kein anderer Mann im rechtlichen Sinne Vater des Kindes ist (§ 1594). Ist eine Vaterschaft bereits gegeben, kann sie ansonsten
nur durch Anfechtung beseitigt werden. Erst danach kann dann eine Vaterschaftsanerkennung erfolgen.

Nach § 1592 Nr. 3 BGB schließlich ist Vater eines Kindes der Mann, dessen   **gerichtliche Feststel-**
Vaterschaft gerichtlich festgestellt ist. Während sich bei Anerkennung der Vater-   **lung der Vaterschaft**
schaft alle Beteiligten darüber einig sind, dass der betreffende Mann Vater des
Kindes sein soll, fehlt es bei der gerichtlichen Vaterschaftsfeststellung an dieser
Einigkeit. Antragsberechtigt sind die Mutter und das Kind, aber auch der Mann,
der sich für den genetischen Vater hält, dessen Vaterschaftsanerkennung aber die
Zustimmung seitens der Mutter oder des Kindes verwehrt wurde. Voraussetzung
ist ebenso wie bei der Anerkennung der Vaterschaft, dass noch kein anderer Mann
im rechtlichen Sinne Vater des Kindes ist. In dem Verfahren wird wiederum anhand von Gutachten festgestellt, ob der Mann, dessen Vaterschaft mit dem Antrag
auf Vaterschaftsfeststellung durch die Mutter oder das Kind festgestellt werden
soll bzw. der selbst den Antrag gestellt hat, der genetische Vater des Kindes ist. Die
Mutter des Kindes, dem gerichtlich ein Vater zuzuordnen ist, kann für dieses Verfahren die Beistandschaft des Jugendamtes beantragen (§ 1712 Abs. 1 Nr. 1 BGB;
vgl. zur Beistandschaft auch: II-2.5.2 und III-3.4.3).

Nach § 1599 Abs. 1 BGB ist jedoch eine Vaterschaft, die kraft Gesetzes oder   **Vaterschafts-**
durch Anerkennung eingetreten ist, wie bereits gesehen, anfechtbar. Zur Anfech-   **anfechtung**
tung der Vaterschaft sind nach § 1600 BGB der bisher als Vater geltende Mann,
die Mutter, das Kind und unter engen Voraussetzungen auch ein anderer Mann
berechtigt, der an Eides statt versichert, der Mutter während der Empfängniszeit
beigewohnt zu haben (§ 1600 Abs. 1 Nr. 2 BGB). Die Voraussetzungen sind, dass
zwischen dem Kind und seinem rechtlichen Vater keine sozial-familiäre Beziehung besteht oder im Zeitpunkt seines Todes bestanden hat und dass der Anfechtende leiblicher Vater des Kindes ist. Die Regelung ist erst 2004 aufgrund einer
Entscheidung des BVerfG (1 BvR 1493/96 – 04.03.2003 – NJW 2003, 2151) in
das Gesetz aufgenommen worden. Außerhalb dieser engen Voraussetzungen sind
dritte Personen nicht anfechtungsberechtigt, so also in der Regel auch nicht ein
Mann, der sich für den genetischen Vater des Kindes hält. Der Aufklärung der
genetischen Vaterschaft wird zumindest dann weniger Bedeutung beigemessen
als der Stabilität der Familie, wenn diese – sei es in Kenntnis der bestehenden
Zweifel oder ohne Kenntnis hiervon – die Vaterschaft des Ehemannes der Mutter
akzeptiert. Ansonsten jedoch verschafft die Regelung dem **Grundrecht des Kindes auf Kenntnis seiner genetischen Abstammung** aus Art. 2 Abs. 1 i. V. m. Art. 1
Abs. 1 GG (vgl. BVerfGE 96, 56) die gebotene Geltung. In diesem Kontext sei

darauf verwiesen, dass der Anfechtungsausschluss im Falle der Zeugung eines Kindes durch künstliche Befruchtung (§ 1600 Abs. 5 BGB) zwar für den rechtlichen Vater, den Samenspender sowie für die Mutter, nicht aber für das Kind gilt, das demzufolge selbst in einem solchen Fall die Vaterschaft des rechtlichen Vaters (hier also: des Ehemannes seiner Mutter) anfechten kann.

Wird die Vaterschaft gerichtlich angefochten, so wird in diesem Verfahren durch entsprechende Gutachten, insb. durch die **DNA-Analyse**, festgestellt, ob der Mann, dessen gesetzliche Vaterschaft bislang besteht, genetischer Vater des Kindes ist. Umstritten waren in diesem Zusammenhang die sog. heimlichen Vaterschaftstests, bei denen der (vermeintliche) Vater eines Kindes ohne Wissen bzw. Einwilligung der Mutter durch genetische Analyse von Körperzellen des Kindes in Erfahrung bringen konnte, ob das Kind von ihm abstammt. Nach der Rechtsprechung des BGH waren derartige Tests wegen Verstoßes gegen das Grundrecht des Kindes auf informationelle Selbstbestimmung rechtswidrig (BGH 12.01.2005 – XII ZR 60/03 und XII ZR 227/03). Allerdings kann nunmehr auf eine neu geschaffene gesetzliche Regelung zurückgegriffen werden, die zugleich auch eine Entscheidung des BVerfG aus dem Jahr 2007 umsetzt (BVerfG 1 BvR 421/05 – 13.02.2007). Das BVerfG hatte gefordert, dass die Möglichkeit bestehen muss, in einem Gerichtsverfahren die Abstammung zu klären, ohne dass dies schon zwingend zu Konsequenzen hinsichtlich der rechtlichen Beziehung zwischen Vater und Kind führen müsste. Nach § 1598a BGB können nunmehr Vater, Mutter und/oder Kind von den jeweils anderen verlangen, dass diese in eine genetische Abstammungsuntersuchung einwilligen und die entsprechenden notwendigen Untersuchungen an sich vornehmen lassen. Wird eine solche Einwilligung nicht erteilt, so wird sie auf Antrag vom Familiengericht ersetzt. Das Verfahren kann durch das Familiengericht nur dann ausgesetzt werden, wenn die Klärung der genetischen Abstammung eine erhebliche Beeinträchtigung des Wohls eines minderjährigen Kindes bedeuten würde. Sofern eine Einwilligungserklärung abgegeben wurde, besteht seitens des Einwilligenden ein Recht auf Kenntnis des Abstammungsgutachtens. Ansonsten leiten sich aus dem Ergebnis des Gutachtens, wie vom BVerfG gefordert, unmittelbar keine weiteren Folgen ab. Allerdings kann eine etwaige gerichtliche Vaterschaftsanfechtung nunmehr auf die Ergebnisse eines solchen Gutachtens gestützt werden.

§ 1600b BGB räumt für eine derartige Anfechtung eine **Frist** von zwei Jahren ein. Sie beginnt für jeden Berechtigten individuell zu laufen, nämlich dann, wenn er von den Umständen erfährt, die gegen eine Vaterschaft sprechen. Für das Kind kann bis zum Eintritt der Volljährigkeit nur der gesetzliche Vertreter – dies sind in der Regel die Eltern – die Vaterschaft anfechten. Hat dieser es trotz Kenntnis von den Umständen, die gegen die Vaterschaft sprechen, nicht rechtzeitig getan, so kann das Kind nach Eintritt der Volljährigkeit selbst anfechten.

Ähnlich wie im Eheschließungsrecht (II-2.2.1) besteht auch bei der Anfechtung der Vaterschaft mit dem zum 01.06.2008 eingefügten § 1600 Abs. 1 Nr. 5 BGB ein eigenes **behördliches Anfechtungsrecht**. Die Regelung ist darauf gerichtet, zu verhindern, dass durch eine Vaterschaftsanerkennung bestimmte aufenthaltsrechtliche Vorteile erlangt werden. Hierbei kommen insb. zwei Fallgruppen in Betracht. Erstens: Der anerkennende Vater ermöglicht aufgrund seiner Staatsangehörigkeit als Deutscher oder aufgrund seines eigenen Aufenthaltstitels durch seine Anerkennung (ggf. gegen Entgelt) der Mutter und dem Kind den Aufenthalt in der Bundesrepublik (und, sofern er selbst Deutscher ist, darüber hinaus dem Kind auch den Erwerb der deutschen Staatsangehörigkeit, § 4 Abs. 1 StAG). Zweitens: Der Mann ohne eigenen gesicherten Aufenthaltsstatus erlangt durch die Anerkennung der Vaterschaft eines deutschen Kindes ein eigenes Aufenthaltsrecht (§§ 28 f. AufenthG, hierzu: III-7.2). Allerdings ist eine Anfechtung seitens der zuständigen Behörde, der hierfür im Übrigen einer abgekürzte Frist von einem Jahr unterliegt, nur zulässig, wenn zwischen dem die Vaterschaft Anerkennenden und dem Kind keine sozial-familiäre Beziehung besteht, er also nicht mit dem Kind zusammenlebt bzw. nicht einmal Umgang hat und keinen Unterhalt zahlt.

2.4.2   Unterhalt

Bereits an verschiedenen Stellen der familienrechtlichen Darstellung wurde auf unterhaltsrechtliche Regelungen verwiesen. So war während der Ehe Familienunterhalt zu leisten (II-2.2.4), nach der Trennung Trennungsunterhalt (II-2.2.3) und nach der Scheidung schließlich kam nachehelicher Unterhalt (II-2.4.2) in Betracht. Analoges ist für die eingetragene Lebenspartnerschaft gesetzlich festgelegt (II-2.3.2). Eine spezielle Regelung galt der Mutter bzw. dem das Kind betreuenden Elternteil, wenn die Eltern nicht miteinander verheiratet sind (II-2.3.1). Nunmehr tritt der **Unterhalt unter Verwandten** hinzu. Die Ausgangsvorschrift hierfür findet sich in § 1601 BGB. Sie besagt, dass Verwandte in gerader Linie verpflichtet sind, einander Unterhalt zu gewähren. Dies betrifft, neben den Eltern für ihre Kinder, in der Praxis vor allem auch Großeltern, die für ihre Enkel, sowie (volljährige) Kinder, die für ihre (schon alten) Eltern Unterhalt zu leisten haben. Obgleich in allen genannten Fällen der gleiche familienrechtliche Gattungsbegriff Unterhalt verwendet wird, handelt es sich doch um je verschiedene Rechtsinstitute mit unterschiedlichen gesetzlichen Anspruchsgrundlagen, die demzufolge bei der Prüfung, ob ein Unterhaltsanspruch besteht, strikt voneinander zu unterscheiden sind. Hinzu kommen Unterhaltsansprüche die, teils weil sie überhaupt nicht gesetzlich entstehen können, teils weil sie dispositiv ausgestaltet sind, aus einem Vertrag resultieren. Hiernach ergibt sich die Übersicht 25.

Das Unterhaltsrecht kennt eine Reihe allgemeingültiger Grundsätze. Auch diese sind jedoch nicht regelungstechnisch „vor die Klammer gezogen", sondern finden sich jeweils spezialgesetzlich, ggf. in Form von Verweisen, bei den jeweiligen einzelnen Unterhaltstatbeständen ausgestaltet. So ist eine durchgängige **Voraussetzung** für sämtliche Unterhaltsansprüche, dass der Unterhaltsberechtigte bedürftig und der Unterhaltsverpflichtete leistungsfähig ist. Für den nachehelichen Unterhalt etwa findet sich dies in den §§ 1569, 1577, 1581 ff. BGB geregelt; für den Unterhalt unter Verwandten hingegen gelten diesbezüglich die §§ 1602, 1603 BGB. Auch zum Maß des Unterhalts und zur Art der Unterhaltsgewährung, zur Frage, ob Unterhalt auch für die Vergangenheit zu leisten sei, zu Unterhaltsversagungsgründen, zur Reihenfolge bei mehreren Unterhaltsverpflichteten sowie zur Beendigung der Unterhaltspflicht bestehen je spezielle Regelungen. Sie sind jedes

Übersicht 25: Unterhaltsansprüche

Unterhalt

kraft Gesetzes	aus Vertrag
zwischen Verwandten, insbes.: Kindesunterhalt: §§ 1601 ff. BGB	z. B. zwischen Partnern einer nicht-ehelichen Lebensgemeinschaft, Stiefkindunterhalt, Unterhaltsvereinbarung i. S. v. § 1585c BGB o. Ä.
zwischen Ehepartnern: §§ 1360 ff. BGB	
bei getrennt lebenden Ehepartnern: § 1361 BGB	
nachehelicher Unterhalt: §§ 1569 ff. BGB	
Betreuungsunterhalt zwischen nicht miteinander verheirateten Eltern: § 1615 l BGB	
zwischen den Partnern einer eingetragenen Lebenspartnerschaft: § 5 LPartG	
bei Getrenntleben in einer eingetragenen Lebenspartnerschaft: § 12 LPartG	
nachpartnerschaftlicher Unterhalt: § 16 LPartG	

Mal erforderlich, weil sie sich zumindest in Details voneinander unterscheiden. So bestimmt sich etwa das Maß des nachehelichen Unterhalts nach den ehelichen Lebensbedingungen (1578 BGB), das des Unterhalts zwischen Verwandten nach der jeweiligen Lebensstellung des Bedürftigen (§ 1610 BGB). Bei der Lösung unterhaltsrechtlicher Fälle in der Praxis wie im Studium ist also immer besonders genau darauf zu achten, dass auch die jeweils auf den Sachverhalt zutreffende Rechtsnorm zur Anwendung kommt. Allerdings liegt mit § 1609 BGB eine **zentrale Regelung** vor, in der sich sämtliche gesetzlichen Unterhaltstatbestände aufgrund entsprechender Verweisungsnormen treffen. Diese Vorschrift regelt die Rangfolge, wenn im Fall mehrerer Berechtigter die Leistungsfähigkeit des Verpflichteten nicht ausreicht, um sämtliche Ansprüche zu befriedigen. Hiernach sind zunächst die minderjährigen und ihnen gleichgestellten (§ 1603 Abs. 2 S. 2 BGB; Erläuterung hierzu gleich unten) Kinder zu berücksichtigen. Ihnen folgen Elternteile, die Kinder im unterhaltsrechtlich relevanten Alter, d. h. i. d. R. bis zum vollendeten dritten Lebensjahr, betreuen. Den genannten Elternteilen wiederum gleichgestellt sind geschiedene Ehegatten bei einer Ehe von langer Dauer. Hiermit soll vor allem das Vertrauen derjenigen geschützt werden, die im Verlauf einer langen Ehe und auf der Grundlage interner Absprachen mit ihrem Ehepartner auf ein eigenes berufliches Fortkommen verzichtet haben, um einseitig Kindererziehung und Haushaltsführung zu übernehmen und damit den anderen in seiner beruflichen Laufbahn zu unterstützen. Auf den Rängen 3 bis 7 folgen die anderen (geschiedenen) Ehegatten, volljährige Kinder, Enkelkinder, Eltern sowie schließlich Großeltern und Urgroßeltern.

Rangfolge mehrerer Unterhaltsansprüche

Im Übrigen arbeiten die gesetzlichen Regelungen zum Unterhaltsrecht mit sehr vielen unbestimmten Rechtsbegriffen und pauschalierenden Formulierungen. Sie auszulegen, näher zu bestimmen, zu konkretisieren und im Ergebnis zu definieren, hilft die sog. **Düsseldorfer Tabelle** (www.olg-duesseldorf.nrw.de/07service). Es handelt sich hierbei um ein Zahlenwerk mit Erläuterungen, das jährlich vom Oberlandesgericht Düsseldorf veröffentlicht wird. Die Düsseldorfer Tabelle hat zwar keine Gesetzeskraft, weil ihr hierzu die formalen Voraussetzungen fehlen (vgl. I-1.1.3); sie ist vielmehr eine Richtlinie. Jedoch kommt sie auf der Grundlage von Koordinierungsgesprächen zwischen sämtlichen Oberlandesgerichten und auch dem Deutschen Familiengerichtstag e. V. zustande, was ihr eine durchgreifende Akzeptanz in der Rechtspraxis verschafft. Ihr können nicht nur die Unterhaltssätze für Kinder in Abhängigkeit vom Einkommen des Unterhaltsverpflichteten und dem Alter des Kindes sowie die Bedarfe anderer Unterhaltsberechtigter entnommen werden, sondern auch die sog. Selbstbehalte der Verpflichteten, die wiederum je nach Unterhaltstatbestand differieren. Schließlich zeigt sie auch noch, wie der zur Bestreitung des Unterhalts zur Verfügung stehende Betrag eines Verpflichteten gleichmäßig zu verteilen ist, wenn er zur Befriedigung der Ansprüche mehrerer Berechtigter innerhalb eines Ranges i. S. v. § 1609 BGB nicht ausreicht (sog. Mängelfallberechnung).

2.4.2.1 Kindesunterhalt

Die Besonderheiten des Kindesunterhalts beziehen sich im Wesentlichen auf minderjährige sowie ihnen durch das Gesetz gleichgestellte Kinder. Letztere sind jene, die – obgleich bereits volljährig – noch nicht das 21. Lebensjahr vollendet haben, unverheiratet sind, noch im Haushalt der Eltern bzw. eines Elternteils leben und die allgemeine Schulausbildung noch nicht abgeschlossen haben (§ 1603 Abs. 2 S. 2 BGB). Für sie gelten zunächst weniger strenge Anforderungen an den Nachweis ihrer Bedürftigkeit. Insbesondere sind sie nicht verpflichtet, etwaiges Vermögen zur Bestreitung ihres Unterhalts einzusetzen, wohl aber Einkünfte aus Vermögen oder eigene Arbeitseinkünfte (§ 1602 Abs. 2 BGB). Befindet sich das minderjährige Kind nicht mehr in der Ausbildung, ist es allerdings verpflichtet, sich um eine Erwerbstätigkeit zu bemühen (OLG Düsseldorf FamRZ 2000, 442; OLG Karlsruhe FamRZ 1988, 758; vgl. Münder / Ernst 2009, 102). Auf der Seite der unterhaltsverpflichteten Eltern besteht nach § 1603 Abs. 2 BGB komplementär hierzu eine gesteigerte Unterhaltspflicht bzw. absolute Pflicht zur Solidarität mit ihren minderjährigen Kindern (Münder / Ernst 2009, 100; Wellenhofer 2009, 303). In ihrer Folge steht barunterhaltsverpflichteten Eltern zunächst ein Selbstbehalt lediglich in Höhe des sogenannten **notwendigen Eigenbedarfs** in Höhe von derzeit 770 € für Nichterwerbstätige bzw. 900 € für Erwerbstätige zu (zum Vergleich: Bei volljährigen Kindern beträgt der Selbstbehalt des Verpflichteten lt. Düsseldorfer Tabelle mindestens 1.100 €, bei getrennt lebenden oder geschiedenen Ehegatten sowie Betreuungsunterhalt nach § 1615 l BGB 1.000 €, im Falle der Unterhaltspflicht für die Eltern mindestens 1.400 € zuzüglich der Hälfte des darüber hinaus gehenden Einkommens). Darüber hinaus sind Eltern verpflichtet, notfalls auch die Substanz ihres Vermögens anzugreifen, falls sie anderweitig nicht in der Lage sind, die Mittel zur Unterhaltsleistung für ihre Kinder aufzubringen. Schließlich führt die Unterhaltspflicht für minderjährige Kinder zu einer durch Art. 2 Abs. 1, 2. HS GG gerechtfertigten Einschränkung der allgemeinen Handlungsfreiheit dahingehend, dass der Verpflichtete es sich nicht ohne Weiteres aussuchen kann, ob und in welchem Umfang er einer Erwerbstätigkeit nachgeht. Ggf. werden in derartigen Fällen **fiktive Einkünfte**, also Einkünfte in der Höhe, in der sie hätten tatsächlich erzielt werden können, der Unterhaltsberechnung zugrunde gelegt (zuletzt: BVerfG 1 BvR 2239/09 – 15.02.2010).

Natural- und Barunterhalt   Leben die Eltern mit ihren minderjährigen Kindern in einem Haushalt, so erfüllen sie ihre Unterhaltspflicht durch die Gewährung von „Naturalunterhalt", indem sie ihnen Wohnung gewähren, sie verpflegen, sie einkleiden und auch sonst für sie sorgen. Auch wenn das (unverheiratete) Kind bereits volljährig ist und sich z. B. in einer Ausbildung befindet, können die Eltern vom allgemeinen Grundsatz, dass Unterhalt in Geld zu leisten ist, noch abweichen, wenn der Berechtigte weiterhin bei ihnen im Haushalt versorgt werden kann (§ 1612 BGB). Allerdings steht ihm, ohnehin unter der Voraussetzung, dass auch sonst seine Interessen angemessene Berücksichtigung finden, in diesem Fall zumindest ein gewisser Barbetrag zu. Leben die Eltern des minderjährigen Kindes nicht zusammen, dann erfüllt der Elternteil, bei dem sich das Kind aufhält, seine Unterhaltsverpflichtung in der Regel durch Pflege und Erziehung des Kindes (§ 1606 Abs. 3 S. 2 BGB); der Elternteil, der nicht mit dem Kind zusammenlebt, ist zum Barunterhalt in Geld verpflichtet. An diesem Grundsatz ändert sich auch dann, wenn der Aufenthaltsort des Kindes von einem Elternteil zum anderen gelegentlich wechselt, zumindest so lange nichts, wie ein Schwerpunkt der Betreuung bei einem Elternteil erkennbar ist (BGH FamRZ 2007, 707). Etwas anderes soll nur gelten, wenn die Betreuung des Kindes tatsächlich zu gleichen Teilen vorgenommen wird (BGH FamRZ 2006, 1015, 1017).

Beim Verwandtenunterhalt könnte ein Anspruch ggf. an der Einwendung scheitern, dass der Bedürftige sich auf moralisch vorwerfbare Weise selbst in die Situation der Bedürftigkeit gebracht hat, er einer früheren eigenen Unterhaltsverpflichtung gegenüber dem nunmehr Unterhaltspflichtigen nicht nachgekommen ist oder dass er sich diesem oder einem nahen Angehörigen von ihm gegenüber einer schweren Verfehlung schuldig gemacht hat (§ 1611 Abs. 1 BGB). Derartige Einwendungen können aber nicht gegen minderjährige unverheiratete Kinder vorgebracht werden (§ 1611 Abs. 2 BGB).

2.4.2.2 Durchsetzung des Unterhaltsanspruchs

Das Verfahren zur Geltendmachung von Unterhaltsansprüchen gestaltet sich zumeist recht langwierig. Häufig ist ihm eine **Aufforderung zur Auskunftserteilung** (§ 1605 BGB) über Einkünfte und Vermögen des Verpflichteten vorgeschaltet, die bereits für sich genommen einige Zeit in Anspruch nimmt. Sie wird aber i. d. R. unumgänglich sein, um die genaue Höhe des Unterhalts beziffern zu können, der geltend gemacht werden soll. Deshalb soll mit einigen neuen Regelungen des FamFG das Verfahren insgesamt zielführender gestaltet werden. Zu ihnen gehören etwa der **Anwaltszwang** (§ 114 Abs. 1 FamFG) sowie – sozusagen in Verlängerung des

Amtsermittlungsgrundsatzes in die „Familienstreitsache Unterhalt" hinein – ein gerichtliches Auskunftsverlangen (§§ 235 f. FamFG), das sich nicht nur an die Verfahrensbeteiligten, sondern auch an Dritte, etwa den Arbeitgeber des Verpflichteten, Sozialleistungsträger oder Finanzämter, richten kann. Darüber hinaus ergeben sich weitere Möglichkeiten der Effektivierung des Verfahrens im Wege einer **einstweiligen Anordnung** (§§ 246 ff. FamFG), die bereits vor der Geburt des Kindes (§ 247 FamFG) oder parallel zum Vaterschaftsfeststellungsverfahren (§ 248 FamFG) erreicht werden kann. Um sie zu erlangen, ist kein Anwalt nötig (§ 114 Abs. 4 Nr. 1 FamFG). Ein sog. Hauptsacheverfahren, in dem dann eine Korrekturmöglichkeit der einstweiligen Anordnung bestünde, wird vom Gericht nur noch dann eingeleitet, wenn einer der Verfahrensbeteiligten – der Unterhaltsberechtigte bzw. sein gesetzlicher Vertreter als Antragsteller oder der Unterhaltsverpflichtete als Antragsgegner – dies beantragt, weil er sich in seinen Rechten verletzt sieht (§ 52 FamFG). Ebenfalls keinen Anwalt benötigt, wer als gesetzlicher Vertreter des Kindes eine **Beistandschaft des Jugendamtes** (§§ 1712 ff. BGB; III-3.4.3) zur Geltendmachung der Unterhaltsansprüche beantragt (§ 114 Nr. 2 FamFG). Der Antrag ist schriftlich beim Jugendamt zu stellen und kann auch jederzeit schriftlich zurückgenommen werden. Antragsberechtigt ist ein allein sorgeberechtigter Elternteil oder aber bei gemeinsamer Sorge getrennt lebender Eltern derjenige, in dessen Obhut sich das Kind befindet. Für die Dauer der Beistandschaft kann das unterhaltsberechtigte Kind insoweit nur vom Jugendamt, jedoch nicht von seinem sorgeberechtigten Elternteil vertreten werden (§ 234 FamFG); im Übrigen ergeben sich keine Auswirkungen in Bezug auf die elterliche Sorge (§ 1716 BGB). Schließlich ist noch auf die Möglichkeit der Geltendmachung von **Mindestunterhalt** im Wege des **vereinfachten Verfahrens** (§§ 249 ff. FamFG) hinzuweisen. Auch dieser Weg steht, ebenso wie die Beistandschaft, nur für die Erlangung des Unterhalts für minderjährige Kinder offen.

Die Berechnung und Altersstaffelung des Mindestunterhalts ist in § 1612a BGB erläutert. Er entspricht in der Höhe den Eingangssätzen der **Düsseldorfer Tabelle** (2011, Teil A) und beträgt derzeit 317 € in der ersten Altersstufe (bis unter 6 Jahre), 364 € bis unter 12 Jahre, 426 € ab dem 13. bis zum 17. Lebensjahr, ab 18 Jahren dann 488 € (vgl. auch die reduzierten Zahlbeträge nach Berücksichtigung des Kindergeldanteils im Anhang der Düsseldorfer Tabelle). Ein entsprechender Antrag ist beim zuständigen Familiengericht zu stellen. Da er den umfänglichen Voraussetzungen des § 250 Abs. 1 FamFG genügen muss, ist für die Antragstellung ein spezielles Formular vorgesehen. Über den Antrag wird ohne mündliche Verhandlung durch den Rechtspfleger, und nicht durch den Richter, entschieden. Zu den wichtigsten Voraussetzungen, die vorliegen müssen, damit ein solcher Antrag überhaupt zulässig ist, gehört, dass das minderjährige Kind nicht in einem Haushalt mit dem unterhaltpflichtigen Elternteil lebt. In der Höhe darf sich der Antrag unabhängig vom tatsächlichen Einkommen des Verpflichteten maximal auf das 1,2-fache des Mindestunterhalts richten. Dies ist auch der Grund dafür, dass in der Praxis, zumal wenn der Unterhaltspflichtige mutmaßlich über ein höheres Einkommen verfügt, von der Möglichkeit des vereinfachten Verfahrens eher zurückhaltend Gebrauch gemacht wird. Leistet der Unterhaltspflichtige schließlich überhaupt keinen oder nur unregelmäßig Unterhalt, so besteht nach dem Unterhaltsvorschussgesetz (UVG) für den allein sorgeberechtigten Elternteil bzw. für den, in dessen Obhut sich das Kind befindet, zumindest für eine Gesamtdauer von 72 Monaten und längstens bis zur Vollendung des 12. Lebensjahres des Kindes ein öffentlich-rechtlicher Anspruch auf **Unterhaltsvorschuss**, der gegenüber dem Jugendamt geltend zu machen ist (hierzu III-5.1). Weitere Voraussetzung hierfür ist, dass der den Unterhaltsvorschuss beanspruchende Elternteil weder mit dem anderen Elternteil in einem gemeinsamen Haushalt lebt, noch mit einer anderen Person verheiratet ist und mit ihr zusammen lebt (§§ 1 Abs. 1 Nr. 2, Abs. 3 UVG). Analoges gilt für das Zusammenleben in einer eingetragenen Lebenspartnerschaft. Anspruch auf Unterhaltsvorschuss besteht auch, wenn der unterhaltspflichtige Vater des Kindes nicht bekannt ist; jedoch ist die Mutter durch § 1 Abs. 3 UVG verpflichtet, notwendige Auskünfte zu erteilen und bei der Feststellung der Vaterschaft mitzuwirken. Der Umfang des Unterhaltsvorschusses bestimmt sich nach dem Mindestunterhalt aus § 1612a BGB in der jeweiligen Altersstufe, von dem allerdings, wenn der Antragsberechtigte den vollen Anspruch auf Kindergeld hat, dieses in voller Höhe abgezogen wird (§ 2 UVG).

In Anbetracht der Schwierigkeiten, mit der die Geltendmachung von Unterhaltsansprüchen verbunden sein kann, sei abschließend auf die einschlägigen **Beratungs- und Unterstützungsleistungen der Jugendhilfe** für allein sorgende Elternteile bzw. solche, die das unterhaltsberechtigte Kind tatsächlich allein versorgen sowie auch für junge Volljährige verwiesen (§ 18 Abs. 1 und 4 SGB VIII; hierzu III-3.3.2). Eine gute Möglichkeit, Unterhaltsansprüche zu sichern, besteht vor allem auch darin, durch die Urkundsperson beim Jugendamt die Verpflichtung zur Erfüllung von Unterhaltsansprüchen eines Kindes bis zur Vollendung des 21. Lebensjahres (und im Übrigen auch von Ansprüchen auf Betreuungsunterhalt nach § 1615 l BGB) beurkunden zu lassen (§ 59 Abs. 1 Nr. 3 und 4 SGB VIII). Aus dieser **Urkunde** kann unter den Voraussetzungen des § 60 SGB VIII unmittelbar vollstreckt werden.

 Kemper 2008; Koch 2010; Münder/Ernst 2009 Kap. 7 u. 8

2.4.3   Die elterliche Sorge

2.4.3.1 Grundsätze

Nach § 1626 BGB haben die Eltern die Verantwortung, die Pflicht und das Recht, für ihr minderjähriges Kind zu sorgen. Verfassungsrechtlich leitet sich die elterliche Sorge aus dem Grundrecht der Eltern auf Pflege und Erziehung ihrer Kinder ab (Art. 6 Abs. 2 GG; hierzu Jestaedt 2011, 103 ff.; Trenczek 2008b, 110). Eingriffe in das elterliche Sorgerecht bzw. Beschränkungen dieses Rechts unterliegen deshalb einem strengen Gesetzesvorbehalt (Art. 20 Abs. 3 GG) wie Richtervorbehalt (§ 1666 BGB). Die beiden praktisch bedeutsamen Fallgruppen derartiger Eingriffe sind die Schulpflicht (I-2.2.6) und die Abwendung von Gefährdungen des Kindeswohls (ausführlich II-2.4.4). Auf die elterliche Sorge kann durch denjenigen, der sie innehat, weder verzichtet werden noch kann sie der Inhaber rechtsgeschäftlich übertragen; es ist lediglich eine Übertragung der elterlichen Sorge zur tatsächlichen Ausübung möglich (vgl. Erziehungsberechtigte § 7 Abs. 1 Nr. 6 SGB VIII). Dies bedeutet, dass auch in einem solchen Fall der Übertragung zur tatsächlichen Ausübung die elterliche Sorge selbst, und damit die rechtliche Verantwortung, im Grundsatz bei den Eltern verbleibt. Jedoch stehen den Eltern von Gesetzes wegen eine Reihe von Hilfeangeboten bei der Ausübung der elterlichen Sorge zu, auf die sie bei Vorliegen der gesetzlichen Voraussetzungen einen Rechtsanspruch haben (vgl. hierzu insb. §§ 16 ff., 27 ff. SGB VIII; im Einzelnen: III-3.3).

Das pädagogische Konzept der elterlichen Sorge ist normativ vor allem in den §§ 1626 Abs. 2, 1631 Abs. 2 BGB verankert. Es stellt insb. auf eine das Kind in seiner eigenständigen Persönlichkeit, seinen Bedürfnissen und Fähigkeiten zur Kenntnis nehmende, gewaltfreie Erziehungsgrundhaltung ab und korrespondiert insofern mit § 1 SGB VIII. Das rechtliche Konzept ist im Wesentlichen **elternzentriert**. Allerdings sind an ihm mittlerweile einige Ansätze erkennbar, in denen das Kind als Träger subjektiver Rechte in Erscheinung tritt. Hierzu zählen innerhalb des Familienrechts neben dem Recht des Kindes auf gewaltfreie Erziehung (§ 1631 Abs. 2 BGB) insb. der Rechtsanspruch des Kindes auf **Umgang** mit beiden Elternteilen (§ 1684 Abs. 1, 1. HS BGB). Im Kinder- und Jugendhilferecht sind in diesem Zusammenhang die Vorschriften von § 8 Abs. 2 und 3 SGB VIII (Recht des Kindes auf Beratung, in Konfliktfällen auch ohne Kenntnis der Eltern) sowie § 18 Abs. 3 SGB VIII (Rechtsanspruch auf Beratung und Unterstützung bei der Durchsetzung des Anspruchs auf Umgang) zu nennen. Verfahrensrechtlich kommt eine Subjektposition des Kindes v. a. über § 158 FamFG (Verfahrensbeistand; hierzu s. u. II-2.4.6) zum Ausdruck.

Gewaltfreie Erziehung

Die dessen ungeachtet weiterhin vorherrschende strukturelle Asymmetrie in den privatrechtlichen Beziehungen zwischen den Eltern mit einer sehr starken und ihren minderjährigen Kindern mit einer eher schwachen Rechtsposition soll vor allem mittels der Rechtsfigur des Kindeswohls in Ausgleich gebracht werden. Sie verweist darauf, dass den Eltern das Elternrecht nicht um ihrer selbst, sondern der Kinder wegen gewährt ist (BVerfG 1BvR 2006/98 – 22.08.2000 – FamRZ 2000, 1489 ff.; vgl. auch Münder/Ernst 2009, 164; Trenczek 2008b, 112 ff.). Es wäre daher nicht sachgerecht, den Blick auf die Kindeswohlproblematik von Anfang an auf die im nächsten Abschnitt (II-2.4.4) noch ausführlich zu besprechende Kindeswohlgefährdung i. S. v. § 1666 BGB zu verengen. Allein in den §§ 1626 bis 1697a BGB kommt der Begriff nicht weniger als 27-mal in unterschiedlichen sprachlichen Nuancierungen vor, die zugleich auf differenzierte Bedeutungsinhalte innerhalb der jeweiligen rechtlichen Regelungszusammenhänge verweisen. Hinzu kommen korrespondierende Normen des Kinder- und Jugendhilferechts (SGB VIII; hierzu III-3), aber auch Vorschriften im Abstammungs-, Adoptions- und Vormundschaftsrecht sowie im Verfahrensrecht (FamFG), die ebenfalls auf das Kindeswohl Bezug nehmen. Das Gesetz bringt jedoch mit dem Diktum des Kindeswohls nicht nur eine normative Erwartung in Richtung des erzieherischen und sorgenden Handelns von Eltern zum Ausdruck. Vielmehr formuliert es in § 1697a BGB zugleich den **Maßstab richterlichen Handelns** für all die Fälle, in denen das Gericht bei entsprechenden Konflikten zu entscheiden oder zu vermitteln hat (hierzu und zum

Kindeswohl

Folgenden Münder et al. 2009 Vor § 50 Rz. 2 ff.). Dass sich dies in der richterlichen Praxis mitunter recht schwierig darstellt, hängt vor allem damit zusammen, dass der Begriff in der Rechtsanwendung nur schwer zu operationalisieren und im Hinblick auf die heterogenen Wertpräferenzen in der modernen Gesellschaft kaum abschließend zu definieren ist. In der Auslegung des unbestimmten Rechtsbegriffs Kindeswohl ist zu berücksichtigen, dass hierbei außerjuristische, vor allem psychosoziale Aspekte eine wesentliche Rolle spielen (hierzu z. B. Balloff 2004, 64 ff.; Dettenborn 2010, 47 ff.; Münder/Ernst 2009, 183 ff.; Trenczek 2008b, 121 ff.). Das Kindeswohl orientiert sich an Grundrechten und Grundbedürfnissen von Kindern und somit an empirisch zugänglichen, pädagogisch, soziologisch und psychologisch objektivierbaren Kriterien. Bei der Subsumtion und der Anwendung der Norm im jeweiligen Einzelfall ist es darüber hinaus notwendig, konkret und detailliert die Situation des Minderjährigen in seinem gesamten sozialisatorischen Umfeld zu beachten. Hierzu bedarf es umfangreicher sozial- und humanwissenschaftlicher sowie (sozial-)pädagogischer Kenntnisse und Erfahrungen, die in der juristischen Ausbildung nicht vermittelt werden (Münchener-Kommentar/Tillmanns 2008 § 50 Rz. 4; Simitis 1982, 170 f.; Staudinger – Coester 2009 § 1666 BGB Rn 66 f.). Schon deshalb sind die Richter auf die Expertise der Fachkräfte in den Jugendämtern angewiesen, die diese bei der Mitwirkung in Kindschaftssachen vor dem Familiengericht zur Verfügung stellen (hierzu: II-2.4.8).

2.4.3.2 Inhalt der elterlichen Sorge

Die elterliche Sorge umfasst die Sorge für die Person des Kindes (**Personensorge**, §§ 1631 – 1634 BGB) und das Vermögen des Kindes (**Vermögenssorge**, §§ 1638 ff. BGB). Beide Teile, Personen- wie auch Vermögenssorge, haben einen tatsächlich-handlungsbezogenen (Erziehung, Fürsorge, Aufsicht, wirtschaftliche Vermögensverwaltung usw.) wie auch einen rechtsgeschäftlichen Aspekt (**gesetzliche Vertretung**, § 1629 BGB), beides ist miteinander verknüpft (vgl. Übersicht 26), manchmal nicht einmal voneinander unterscheidbar, wenn etwa die Eltern im Rahmen der Gesundheitssorge das kranke Kind pflegen und ihm medizinische Versorgung zuteilwerden lassen und dabei zugleich einen ärztlichen Behandlungsvertrag für das Kind abschließen.

Personensorge Inhaltlich geht die gesetzliche Regelung der elterlichen Sorge weniger systematisch, eher exemplarisch vor, wobei sie auch ansonsten, d. h. über die Rechtsfigur des Kindeswohls hinaus, nicht selten mit (auslegungsbedürftigen) unbestimmten Rechtsbegriffen operiert. Als Bestandteile der Personensorge nennt § 1631 Abs. 1 BGB zunächst Pflege und Erziehung des Kindes im Allgemeinen (wozu insb. auch Ernährung, Körperpflege, Gesundheitssorge sowie eine angemessene Lernbetreuung gehören), weiterhin noch die **Aufsichtspflicht** und das **Aufenthaltsbestimmungsrecht**. Zu letzterem gehört auch, dass die Eltern oder ein Elternteil das Kind von einem Dritten herausverlangen können, sofern dieser es ihnen widerrechtlich vorenthält (§ 1632 Abs. 1 BGB). Für die Beantwortung der Frage, wann das Vorenthalten des Kindes u. U. ausnahmsweise rechtmäßig sein könnte, ist auch hier wiederum das Kindeswohl entscheidend, unter dessen Zugrundelegung über entsprechende Herausgabeverlangen sorgeberechtigter Eltern(-teile) letztlich ent-

Übersicht 26: Elterliche Sorge

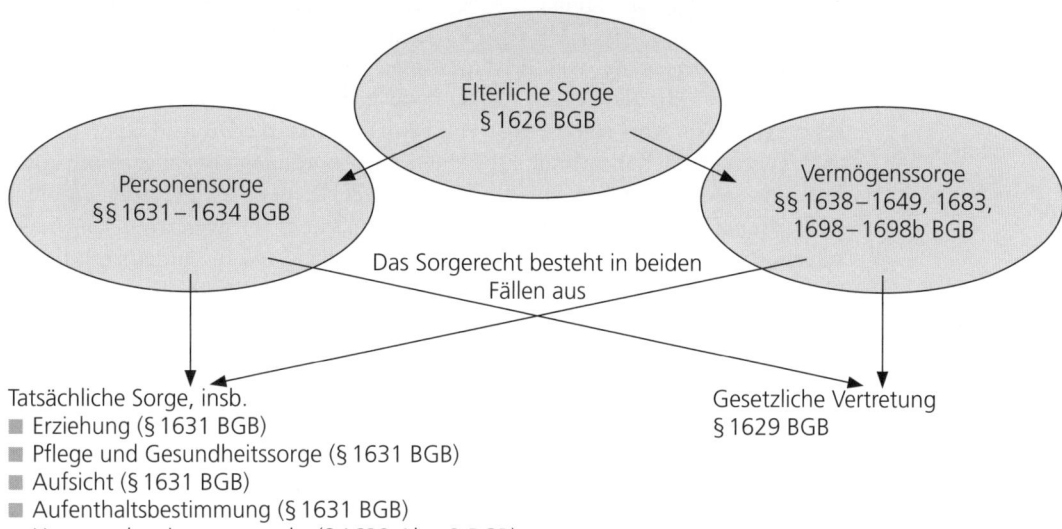

Tatsächliche Sorge, insb.
- Erziehung (§ 1631 BGB)
- Pflege und Gesundheitssorge (§ 1631 BGB)
- Aufsicht (§ 1631 BGB)
- Aufenthaltsbestimmung (§ 1631 BGB)
- Umgangsbestimmungsrecht (§ 1632 Abs. 2 BGB)
- Herausgabeanspruch (§ 1632 Abs. 1 BGB)

Gesetzliche Vertretung
§ 1629 BGB

schieden werden wird (OLG Brandenburg v. 05.03.2007 – 9 UF 214/06 – FamRZ 2007, 1350 ff., vgl. auch Münder/Ernst 2009, 155). Weiterhin gehört zur Personensorge, dass die Eltern den Umgang des Kindes mit anderen Personen bestimmen können (§ 1632 Abs. 2 BGB). Das **Umgangsbestimmungsrecht** der Eltern findet jedoch seine Begrenzung im gesetzlichen **Umgangsrecht** für Großeltern, Geschwister, andere Bezugspersonen (Stief-, Pflegeeltern) aus § 1685 BGB und vor allem im Umgangsrecht des anderen Elternteils und des Kindes bei getrennt lebenden Eltern nach § 1684 BGB (hierzu: II-2.4.5). Ordnen die Eltern darüber hinaus entsprechende Ge- oder Verbote auch gegenüber Dritten an, so gilt wiederum das Kindeswohl als Orientierungslinie. Dies bedeutet vor allem auch, dass von den Eltern erwartet werden muss, dass sie die zunehmende Fähigkeit des Kindes zur Selbstbestimmung im Laufe seines Entwicklungsprozesses (§ 1626 Abs. 2 BGB) und den möglichen Beitrag hierfür durch das Eingehen von Bindungen und Beziehungen zu anderen Personen sehen und berücksichtigen (Wellenhofer 2009, 276). Schließlich verweist § 1631a BGB noch, in einer wiederum sehr offenen Formulierung, auf das Recht der Eltern, auf die Berufswahl ihrer Kinder angemessen Einfluss zu nehmen. Ausdrücklich aus dem Bereich der elterlichen Sorge herausgenommen sind die Einwilligung in freiheitsentziehende Unterbringungsmaßnahmen sowie in die Sterilisation einer oder eines Minderjährigen (§§ 1631b, 1631c BGB). Die Sterilisation Minderjähriger ist unzulässig.

Das elterliche Erziehungsrecht ist insb. im Hinblick auf eine von den Eltern initiierte (Fremd-)Unterbringung eingeschränkt. Wenn sie mit Freiheitsentziehung verbunden ist, ist sie nur mit Zustimmung des FamG ausschließlich zum **Wohl des Kindes** i.S.d. Schutzes vor einer erheblichen Selbstschädigung zulässig

geschlossene Unterbringung (§ 1631b S. 1 BGB). Die freiheitsentziehende Unterbringung und ggf. damit verbundene Vollzugmaßnahmen können, weil sie einen Eingriff in das Grundrecht aus Art. 2 Abs. 2 S. 2 und Art. 104 GG darstellen (hierzu I-2.2.5), nicht der zivilrechtlichen Beziehung von Privatpersonen überlassen bleiben, sondern stehen – auch bei Minderjährigen – unter dem verfassungsrechtlichen Grundrechtsschutz (Art. 104 Abs. 1 und 2 GG; vgl. IV-4.1). § 1631b BGB stellt klar, dass sie auch gegen Minderjährige nur auf richterliche Anordnung zur Anwendung kommen dürfen. Im Hinblick auf die materiell-rechtlichen Voraussetzungen einer freiheitsentziehenden Unterbringung ist manches noch umstritten (zu den Unterschieden und Gemeinsamkeiten der zivilrechtlichen und öffentlich-rechtlichen Unterbringung vgl. IV-4.3; vgl. Marschner et al. 2010 A § 1631b Rz. 8; Hoffmann/Trenczek 2011, 177 ff.). Ohne die richterliche Genehmigung ist die Unterbringung nur zulässig bei Gefahr im Verzug. Die fehlende Genehmigung ist unverzüglich nachzuholen (§ 1631b S. 2 BGB). Das Gericht hat die Genehmigung zurückzunehmen, wenn das **Wohl des Kindes** die Unterbringung nicht mehr erfordert (§ 1631b S. 3 BGB).

Gemäß § 1631 Abs. 3 BGB hat das FamG die Eltern auf Antrag bei der Ausübung der Personensorge in geeigneten Fällen zu unterstützen. Die Regelung ist subsidiär gegenüber spezialgesetzlichen Regelungen, insb. gegenüber § 1631b, § 1632 und § 1666 BGB. Die Befugnis ist **kein Erziehungsersatzmittel** bei deviantem Verhalten von Kindern oder straffällig gewordenen Jugendlichen. Mögliche Maßnahmen sind Ermahnungen, Verwarnungen, Vorladungen. Das FamG ist aber nicht auf solche eher mahnenden und anweisenden Interventionen beschränkt. Angesichts des differenzierten Leistungskatalogs des SGB VIII (hierzu III-3) und der Entwicklung der JÄ zu leistungsfähigen Fachbehörden kommt die Befugnis des FamG zudem nur subsidiär zum Tragen. Das FamG soll sich vielmehr einen Überblick über die bisherigen Beratungsangebote und deren Ergebnisse verschaffen. Aber gerade dies kann gelegentlich Motivationsprozesse in Gang setzen. Reichen Beratung und Unterstützung nicht aus und bedarf es eines Eingriffs in das elterliche Erziehungsrecht, so kommen die spezialgesetzlichen Eingriffsnormen des BGB (§§ 1666, 1666a BGB) zur Anwendung (hierzu II-2.4.4).

Vermögenssorge Hinsichtlich der Vermögenssorge sehen die §§ 1638 ff. BGB eine Reihe von besonderen gesetzlichen Anordnungen und Genehmigungspflichten bei bestimmten Rechtsgeschäften vor, die dem Schutz des Vermögens des Minderjährigen, das dieser etwa aus einer Erbschaft erworben haben könnte, dienen soll.

Gesetzliche Vertretung Minderjährige sind bis zur Vollendung des 7. Lebensjahres geschäftsunfähig (§ 104 Nr. 1 BGB; vgl. II-1.3.2), danach beschränkt geschäftsfähig (§ 106 BGB). Es bedarf daher eines gesetzlichen Vertreters, der in ihrem Namen und mit Wirkung für und gegen sie Willenserklärungen abgibt oder empfängt und ihre Interessen auch vor Gericht als Kläger oder Beklagter wahrnimmt (vgl. II-1.2.3). Diese gesetzliche Vertretung liegt nach § 1629 BGB bei den Eltern; sie steht nach Abs. 1 S. 1 u. 2, 1. HS im Grundsatz beiden Eltern gemeinschaftlich zu. Voraussetzung hierfür ist freilich, dass den Eltern die elterliche Sorge auch tatsächlich gemeinsam zusteht (s. u.). Im Alltag erteilen die Eltern allerdings für gewöhnlich einander wechselseitig Untervollmacht, weil es wenig realitätsnah wäre zu erwarten, dass jedes Mal beide Eltern gemeinsam beim Abschluss eines Arztvertrages zur Behandlung eines grippalen Infekts anwesend wären (zu den Besonderheiten der ärztlichen Behandlung Minderjähriger insb. im Hinblick auf einen Schwangerschaftsabbruch ausführlich IV-2) oder die Modalitäten für die Teilnahme ihres Kindes an einer Klassenfahrt mit der Schule besprechen würden. Da die Erteilung einer derartigen Untervollmacht i. d. R. formfrei ist, kommt sie zumeist durch sog. schlüssiges oder konkludentes Verhalten zustande (s. o. II-1.2.1). Im Übrigen gibt es aber auch einige Fälle, in denen ein Elternteil das Kind allein vertritt, nämlich dann, wenn ihm dieses Recht durch eine Entscheidung des Familiengerichts im Rahmen von § 1628 BGB übertragen wurde, bei Gefahr im Verzug (§ 1629 Abs. 1 S.4 BGB) sowie im Fall des Getrenntlebens der gemeinsam sorgeberechtigten Eltern, wo derjenige Elternteil das Kind vertritt, bei dem sich das Kind mit Einwilligung des anderen aufhält, soweit die Vertretung eine Angelegenheit des täglichen Lebens betrifft (§ 1687 Abs. 1 S. 2 BGB). Hat das Kind lediglich eine einseitige Willenserklärung zu empfangen (z. B.: die Kündigung des Ausbildungsvertrages, den Ausschluss aus dem Sportverein gemäß Satzung o. Ä.), so gilt diese bereits als zugegangen, wenn sie in den Verfügungsbereich eines der Elternteile gelangt ist (vgl. II-1.2.1). Einen Sonderfall, der streng genommen nicht zur gesetzlichen Vertretung gehört, regelt § 1629 Abs. 2 S. 2 BGB, wonach auch bei gemeinsamer elterlicher Sorge der Elternteil, in dessen Obhut sich das Kind befindet, Unterhaltsansprüche des Kindes gegen den anderen Elternteil geltend machen kann.

Jedoch unterliegt die gesetzliche Vertretung durch die Eltern bestimmten Grenzen. Diese ergeben sich zunächst aus der sog. Teilmündigkeit bzw. Handlungsfähigkeit des beschränkt geschäftsfähigen Minderjährigen (vgl. II-1.1.2 sowie die Altersstufen im Recht im Anhang V-2) und betreffen etwa **Teilmündigkeit**

- Willenserklärungen, durch die der Minderjährige lediglich einen rechtlichen Vorteil erlangt (§ 107 BGB),
- die Bewirkung von Leistungen mit eigenen, zur freien Verfügung stehenden Mitteln (§ 110 BGB),
- die unbeschränkte Geschäftsfähigkeit für Rechtsgeschäfte, welche im Zusammenhang mit einem Dienst- oder Arbeitsverhältnis stehen, zu dessen Eingehen der Minderjährige von seinem gesetzlichen Vertreter ermächtigt wurde (§ 113 BGB),
- die Religionsmündigkeit ab dem 12./14. Lebensjahr (§ 5 RelKErzG),
- die Testierfähigkeit ab dem 16. Lebensjahr (§ 2229 Abs. 1 BGB),
- ein eigenes Beschwerderecht bei den Minderjährigen selbst betreffenden familiengerichtlichen Entscheidungen ab 14. Lebensjahr (§ 60 FamFG),
- die Handlungsfähigkeit im Bereich des Sozialrechts ab dem 15. Lebensjahr (§ 36 SGB I),
- die Eidesmündigkeit ab dem 16. Lebensjahr (§ 61 Abs. 1 Nr. 1 StPO),
- das aktive und passive Wahlrecht für Arbeitnehmer auch unter 18 Jahren zu den betrieblichen Jugendvertretungen (§ 61 BetrVG) sowie
- ein eigenständiges Entscheidungsrecht des Minderjährigen in höchstpersönlichen Angelegenheiten (z. B. Einwilligung in eine Heilbehandlung, Therapie,

Begutachtung) nach der Theorie von der sog. natürlichen Einsichtsfähigkeit (BGHZ 29, 33; vgl. auch Schwab 2010, S. 322; ausführlich IV-2.1).

Bei der Wahrnehmung anderer höchstpersönlicher Rechte bedarf es, neben der gesetzlichen Vertretung, zumindest der Mitwirkung des Minderjährigen. Hierzu gehören etwa die Einwilligung in die Adoption (§ 1746 BGB), die Abgabe einer Sorgeerklärung (§ 1626c Abs. 2 BGB) oder die Anerkennung bzw. Anfechtung einer Vaterschaft (§§ 1596, 1600a BGB).

Weitere Grenzen der gesetzlichen Vertretung ergeben sich aus der bereits erwähnten Genehmigungspflichtigkeit bestimmter Rechtsgeschäfte im Rahmen der Vermögenssorge (§ 1643 BGB) sowie vor allem aus möglichen Interessenkollisionen zwischen Eltern und Kind. In diesen Fällen besteht entweder für die Eltern ein gesetzliches Vertretungsverbot (§ 1629 Abs. 2 S. 1, Abs. 2a BGB) oder aber das Familiengericht kann den Eltern das Vertretungsrecht entziehen (§ 1629 Abs. 2 S. 3 BGB).

2.4.3.3 Erwerb der elterlichen Sorge

Wer **Träger der elterlichen Sorge** ist, klärt zunächst § 1626 Abs. 1 S. 1 BGB (vgl. Übersicht 27). Allerdings führt der Umkehrschluss aus § 1626a BGB zu dem Ergebnis, dass der auch mit Hinblick auf Art. 6 Abs. 2 GG naheliegende Grundsatz, wonach die Eltern des Kindes auch die Träger der elterlichen Sorge sind, als unmittelbare Gesetzesfolge nur für solche Eltern gilt, die miteinander verheiratet sind. Ansonsten bedarf es, sofern die Eltern nicht noch nach der Geburt des Kindes

Sorgeerklärung heiraten (§ 1626a Abs. 1 Nr. 2 BGB), nach dem Gesetzeswortlaut zur Begründung eines gemeinsamen Sorgerechts der Abgabe einer Sorgeerklärung durch jeden der beiden Elternteile (§ 1626a Abs. 1 Nr. 1 BGB); anderenfalls hat die Mutter die alleinige elterliche Sorge (§ 1626a Abs. 2 BGB). Der Vater des Kindes hätte dann nur noch die Möglichkeit, beim Familiengericht einen Antrag auf Übertragung der alleinigen elterlichen Sorge zu stellen, dem allerdings auch wiederum die Mutter zustimmen müsste (§ 1672 Abs. 1 BGB). Diese Regelung aus dem Kindschaftsrechtsreformgesetz von 1998 war aus verfassungsrechtlicher Sicht von Anfang an umstritten (vgl. hierzu Coester 2005, 60 ff.; Willutzki 2005, 197 f.). Nachdem die gesetzliche Regelung bereits durch ein Urteil des BVerfG (29.01.2003 – E 107, 150 ff.) zunächst für sog. Altfälle gelockert wurde (das sind solche, bei denen das Kind bereits vor dem 01.07.1998 geboren worden war) und der EGMR (Zaunegger vs. Germany – 22028/04 – 03.12.2009) die Regelung als Verstoß gegen Art. 8 EMRK kritisiert hatte, ist das BVerfG inzwischen zu der Auffassung gelangt, dass von ihr insgesamt eine unverhältnismäßige Beeinträchtigung des grundgesetzlich geschützten Elternrechts des Vaters ausgeht (1 BvR 420/09 – 21.07.2010). Bis zu einer entsprechenden Neuregelung durch den Gesetzgeber können Väter, die nicht mit der Mutter verheiratet sind und denen die Mutter eine gemeinsame Sorge verweigert hat, beim Familiengericht einen **Antrag auf Übertragung der gemeinsamen elterlichen Sorge** stellen. Das Familiengericht wird dem Antrag stattgeben, soweit zu erwarten ist, dass dies dem Wohl des Kindes entspricht. Auch die Übertragung der alleinigen Sorge auf den Vater nach § 1672 Abs. 1 BGB ist mit dieser

Übersicht 27: Die Möglichkeiten der Zuordnung der elterlichen Sorgeverantwortung

1. Die elterliche Sorge wird durch die Eltern **gemeinsam** ausgeübt:
- bei einem gemeinschaftlichen Kind miteinander **verheirateter Eltern** (§§ 1626, 1627 BGB).
- bei gemeinsamer Adoption eines Kindes oder bei der alleinigen Adoption des Kindes eines der Ehepartner durch den anderen Ehepartner (§ 1754 Abs. 3 BGB).
- nach Abgabe einer **Sorgerechtserklärung** oder Heirat nach Geburt des Kindes (§ 1626a Abs. 1 BGB); dies gilt auch dann, wenn die Ehe später für nichtig erklärt wird.
- nach **Beschluss des Familiengerichts** zur Übertragung der gemeinsamen elterlichen Sorge auf Antrag des Vaters (BVerfG 420/09 v. 21.07.2010).
- bei **Trennung und Scheidung, solange keine Entscheidung des Familiengerichts** nach § 1671 BGB zur Übertragung der elterlichen Sorge auf einen Elternteil erfolgt ist. ---------------------

2. Die elterliche Sorge wird **allein** ausgeübt durch:
- die Mutter, wenn die Eltern bei Geburt des Kindes nicht miteinander verheiratet sind und keine **Sorgeerklärung** nach § 1626a Abs. 1 Nr. 1 BGB abgegeben oder vom Vater kein Antrag gestellt wurde (1626a Abs. 2 BGB).
- den Elternteil, dem **durch das Familiengericht** die alleinige elterliche Sorge nach Trennung oder Scheidung **übertragen** wurde (§ 1671 Abs. 1 BGB). ◄-------------------------
- den Vater nach Übertragung der elterlichen Sorge durch das Familiengericht nach Maßgabe von § 1672 Abs. 1 BGB.
- einen Elternteil, wenn dem anderen, bisher mit ihm gemeinsam sorgeberechtigten Elternteil die Sorge durch das Gericht nach § 1666 BGB entzogen wurde (§ 1680 Abs. 3, 1. Alt. BGB).
- einen Elternteil, wenn die elterliche Sorge des anderen, bisher gemeinsam mit ihm sorgeberechtigten Elternteils ruht (§ 1678 Abs. 1, 1. HS BGB).
- einen Elternteil, wenn der andere, bisher gemeinsam mit ihm sorgeberechtigte Elternteil gestorben ist (§ 1680 Abs. 1 BGB).
- den Vater, wenn der nach § 1626a Abs. 2 BGB allein sorgeberechtigten Mutter die Sorge nach § 1666 BGB entzogen und ihm durch das Familiengericht die elterliche Sorge übertragen wurde (§ 1680 Abs. 3, 2. Alt.).
- den Vater, wenn die elterliche Sorge der bisher gemäß § 1626a Abs. 2 BGB allein sorgeberechtigten Mutter ruht und keine Aussicht auf Wegfall des Ruhegrundes besteht und ihm das Familiengericht die elterliche Sorge überträgt (§ 1678 Abs. 2 BGB).
- den Vater, wenn die bisher gemäß § 1626a Abs. 2 BGB allein sorgeberechtigte Mutter gestorben ist und das Familiengericht ihm die elterliche Sorge überträgt (§ 1680 Abs. 2 S. 2 BGB).
- den überlebenden Elternteil, wenn der bisher nach §§ 1671, 1672 BGB allein sorgeberechtigte Elternteil stirbt und das Familiengericht dem anderen Elternteil die elterliche Sorge überträgt.
- den Elternteil, dem das Familiengericht in Abänderung einer früheren Entscheidung nach § 1671 oder § 1672 BGB die elterliche Sorge allein überträgt (§ 1696 Abs. 1 BGB).

3. Steht das Kind nicht unter elterlicher Sorge, dann werden Personensorge, Vermögenssorge und insbesondere die gesetzliche Vertretung durch einen **Vormund** ausgeübt (§§ 1793 ff BGB).

Entscheidung von der Zustimmung der Mutter entkoppelt. Sie soll aber, weil dies wiederum einen schwerwiegenden Eingriff in die Elternrechte der Mutter bedeutet, nur dann erfolgen, wenn eine gemeinsame elterliche Sorge nicht in Betracht kommt und zu erwarten ist, dass die Übertragung auf den Vater dem Kindeswohl am besten entspricht.

Nach derzeit noch geltendem Recht ist die Abgabe einer Sorgeerklärung, die im Übrigen auch von einem beschränkt geschäftsfähigen, also **minderjährigen Elternteil** nur selbst vorgenommen werden kann, an bestimmte Wirksamkeits- und Formerfordernisse gebunden, die in den §§ 1626b ff. BGB genannt sind. Zu ihnen gehört die öffentliche Beurkundung (§ 1626d BGB), die nach § 59 Abs. 1 Nr. 8 SGB VIII auch durch das JA vorgenommen werden kann.

Nach künftigem Recht könnte dies entbehrlich werden, wenn nämlich die gemeinsame elterliche Sorge dann bereits aufgrund der Vaterschaftsanerkennung entsteht und lediglich ggf. im Nachhinein durch entsprechenden Widerspruch der Mutter durch das Familiengericht wieder zu beseitigen wäre (Widerspruchsmodell). Eine andere Option des Gesetzgebers wäre das sog. Antragsmodell, wonach die Mutter, wie bisher, zunächst mit der Geburt des Kindes die alleinige Sorge inne hätte und es dann beim Vater läge, einen entsprechenden Antrag auf gemeinsame elterliche Sorge zu stellen, dem die Mutter aber wiederum widersprechen könnte. Auch in diesem Fall wäre dann eine Entscheidung des Familiengerichts herbeizuführen.

www.bmj.de → Recht → Bürgerliches Recht → Kinderschaftsrecht

2.4.3.4 Elterliche Sorge bei Scheidung und Getrenntleben

Gemeinsame elterliche Sorge bei Getrenntleben

Sowohl aus der verfassungsrechtlichen Regelung in Art. 6 Abs. 2 GG als auch aus dem pädagogischen Grundgedanken aus § 1626 BGB folgt konsequenterweise, dass eine Trennung oder Scheidung der Eltern keine unmittelbaren Auswirkungen auf das Fortbestehen gemeinsamer elterlicher Verantwortung hat. Lediglich wenn mindestens einer der beiden Elternteile einen Antrag auf Übertragung der elterlichen Sorge, oder Teile von ihr, auf sich allein beantragt, ist eine entsprechende familiengerichtliche Entscheidung herbeizuführen. Geschieht dies nicht, dann wird die Sorge nach Maßgabe von § 1687 BGB auch weiterhin von beiden Eltern gemeinsam ausgeübt. Dies entspricht im Übrigen auch der in der Psychologie vertretenen Annahme, dass der Abbruch der Kontakte mit dem anderen Elternteil aus Anlass von Trennung oder Scheidung grundsätzlich eine Gefährdung des Kindeswohls darstellt. Das dem entgegenwirkende Modell besteht darin, dass Trennung und Scheidung demzufolge die Eltern-Kind-Beziehung grundsätzlich nicht auflösen, sondern reorganisieren (Balloff/Koritz 2006, 97). Praktisch bedeutet dies, dass der Elternteil, bei dem sich das Kind gewöhnlich aufhält, in **Angelegenheiten des täglichen Lebens** ohne Rücksprache mit dem anderen Elternteil eigenständige Entscheidungen treffen kann (§ 1687 Abs. 1 S. 2 BGB). Hierzu zählen etwa Entschuldigungen wegen versäumter Schulzeiten, die Organisation von Nachhilfeunterricht, Anmeldungen zu Freizeit- und Ferienaktivitäten, ärztliche Routinebehandlungen (Vorsorgeuntersuchungen, Routineimpfungen, Behandlung leichter Erkrankungen) sowie Einzelentscheidungen im Bereich des Aufenthalts- und Umgangsbestimmungsrechts. Die alleinige Entscheidung in Angelegenheiten der tatsächlichen Betreuung (Schlafenszeiten, Wahl der Kleidung, Tagesgestaltung) liegt bei dem Elternteil, bei dem das Kind sich zum Zeitpunkt des Wirksamwerdens derartiger Festlegungen tatsächlich aufhält (§ 1687 Abs. 1 S. 4 BGB). Diese Regelung gilt im Übrigen analog auch in den Fällen, in denen der Elternteil, bei dem sich das Kind mit Zustimmung eines Sorgeberechtigten aufhält, selbst nicht sorgeberechtigt ist (§ 1687a BGB.) Bei Entscheidungen in Angelegenheiten von erheblicher Bedeutung hingegen (Grundentscheidung, bei welchem Elternteil das Kind leben soll, Wahl der Schule und der Schulart, Operationen und andere medizinische Behandlungen mit möglicherweise erheblichen Folgen, Schwangerschaftsabbruch, hierzu IV-2) ist weiterhin Einvernehmen zwischen den Eltern herzustellen.

Gleichwohl wollte der Gesetzgeber zumindest im Jahre 1996, als er sie im Entwurf veröffentlichte und dort begründete, mit dieser Regelung keineswegs vorgeben, dass der gemeinsamen Sorge nach Trennung und Scheidung eine Priorität gegenüber der alleinigen elterlichen Sorge etwa im Rahmen eines Regel-Ausnahme-Verhältnisses zukäme (BT-Ds 13/4899, 63, 99). Vielmehr sollte Eltern in erster Linie ein Weg zu einer **einvernehmlichen Lösung** der durch die Trennung anstehenden Sorgerechtsfragen eröffnet werden. Dieser Grundgedanke ist zumindest im Ansatz auch noch dort zu erkennen, wo die Aufhebung der gemeinsamen Sorge auf Antrag (mindestens) eines Elternteils geregelt ist. Wird ein derartiger Antrag von einem Elternteil gestellt und stimmt der andere ihm zu, so hat das Familiengericht einem solchen Antrag stattzugeben (§ 1671 Abs. 2 Nr. 1 BGB). Eine Abweichung hiervon kommt nur in Betracht, wenn das Kind bereits das 14. Lebensjahr vollendet hat und seinerseits der zwischen den Eltern abgesprochenen Sorgerechtsübertragung widerspricht oder aber wenn das Gericht dem Antrag deshalb nicht stattgeben kann, weil anderenfalls das Wohl des Kindes gefährdet wäre (§ 1671 Abs. 3 i. V. m. § 1666 Abs. 1 BGB). Z. B.: Der Vater trennt sich von der an einer endogenen Depression erkrankten Mutter und überlässt ihr bereitwillig das von ihr eingeforderte alleinige Sorgerecht. Ansonsten ist für eine Berücksichtigung von Kindeswohlaspekten im Regelungsbereich des § 1671 Abs. 2 Nr. 1 BGB kein Raum. Dies ändert sich jedoch, sobald zwischen den Eltern um die Sorge gestritten wird. In diesem Fall hat das Gericht im Rahmen von § 1671 Abs. 2 Nr. 2 BGB eine umfassende Prüfung der Rechtslage in zwei Schritten vorzunehmen. Zunächst hat es zu beurteilen, ob die durch zumindest einen Elternteil angestrebte Aufhebung der gemeinsamen Sorge tatsächlich für das Kind die beste Lösung darstellt (Wellenhofer 2009, 267). Eine gesetzliche Vermutung, dass die gemeinsame Sorge nach der Trennung der Eltern im Zweifel die für das Kind beste Form der Wahrnehmung elterlicher Verantwortung ist, besteht dabei ausdrücklich nicht (BGH FamRZ 2008, 592). In einem zweiten Schritt wäre dann zu prüfen, ob die alleinige Sorge gerade beim Antragsteller liegen soll, weil er dafür über die im Sinne des Kindeswohls besseren Voraussetzungen verfügt. Hierbei werden vor allem den Beziehungen zwischen den Eltern (etwa: Konsens- und Kooperationsbereitschaft), der Bindung des Kindes (und damit vor allem auch dem Willen des Kindes), dem Kontinuitätsgedanken sowie systemischen und familiendynamischen Aspekten eine besondere Bedeutung beigemessen (vgl. Münder/Ernst 2009, 178 ff.). In diesem Zusammenhang ist die **Mitwirkung des Jugendamtes** in derartigen Verfahren (§ 162 i. V. m. § 151 Nr. 1 FamFG; vgl. II-2.4.6) von kaum zu überschätzender Bedeutung. Die Abwägungsentscheidungen, die von den Familiengerichten in diesen Fällen zu treffen sind, bleiben dessen ungeachtet mitunter schwierig genug. Sie sind allein unter Kindeswohlgesichtspunkten vorzunehmen. Deshalb kann auch dem Elternteil, der eine absolute Verweigerungshaltung an den Tag legt, selbst eine Mitwirkung an gerichtlich verfügten Umgangsregelungen

Alleinige elterliche Sorge bei Trennung und Scheidung

vermissen lässt (hierzu II-2.4.5) und damit die Hauptverantwortung für nicht vorhandene Kooperation zwischen den Eltern trägt, durchaus die alleinige Sorge übertragen werden, wenn dies aus Gründen des Kindeswohls geboten ist: Sorgerechtsentscheidungen haben nicht die Funktion, pflichtwidriges Verhalten der Eltern zu sanktionieren (BGH FamRZ 2008, 592). Gerade wegen der nicht selten vieldimensionalen Tragweite derartiger Entscheidungen und der Multikausalität der ihnen zugrunde liegenden Sachverhalte, kommen in Auseinandersetzungen um die elterliche Sorge im Sinne des Verhältnismäßigkeitsgrundsatzes auch **Teilentscheidungen** (Münder/Ernst 2009, 183) bzw. eine partielle Alleinsorge (Schwab 2010, 364) in Betracht. Das Gericht kann derartige Entscheidungen sowohl auf ausdrücklichen Antrag als auch dadurch, dass es einem Antrag auf vollständige Übertragung der elterlichen Sorge nur teilweise stattgibt, treffen und dem Antragsteller bei ansonsten gemeinsam verbleibender Sorge etwa das alleinige Aufenthaltsbestimmungsrecht zusprechen. Im Übrigen können gerichtliche Sorgerechtszuweisungen auf Antrag durch das Familiengericht auch wieder abgeändert werden. Voraussetzung hierfür ist allerdings das Vorliegen triftiger, das Wohl des Kindes nachhaltig berührender Gründe (§ 1696 BGB). Diese Voraussetzung wird vor allem dann vorliegen, wenn dem Elternteil, dem im Rahmen von § 1671 BGB die alleinige elterliche Sorge übertragen wurde, diese wegen Gefährdung des Kindeswohls wieder entzogen werden muss. Die ansonsten mit § 1680 BGB zur Verfügung stehenden Regelungen zum Sorgerechtsübergang bei Entzug der elterlichen Sorge (wie auch bei Tod eines Elternteils) greifen nämlich bei dieser speziellen Fallgestaltung nicht.

2.4.3.5 Beschränkungen, Entzug, Ruhen der elterlichen Sorge

Trennung und Scheidung sind zwar die im Alltag am häufigsten vorkommenden Situationen, in denen Eltern das elterliche Sorgerecht oder Teile davon verlieren können; gerade in sozialarbeiterischer Perspektive, insb. der Perspektive des Kindesschutzes, sind sie jedoch nicht die einzigen. So erstreckt sich die elterliche Sorge nicht auf Angelegenheiten, für die ein Pfleger (§ 1909 BGB) bestellt ist (§ 1630 Abs. 1 BGB). Dies ist z. B. immer dann der Fall, wenn Teile der elterlichen Sorge wegen Gefährdung des Kindeswohls entzogen worden sind (§ 1666 BGB; hierzu II-2.4.4) oder wenn Eltern nicht zur gesetzlichen Vertretung ihres Kindes befugt sind bzw. ihnen dieses Recht entzogen wurde (§ 1629 Abs. 2 und 2a BGB; s. o.). Der stärkste Eingriff in das Recht der elterlichen Sorge ist deren vollständiger Entzug durch das Familiengericht als ultima ratio bei Gefährdung des Kindeswohls (§§ 1666 Abs. 3 Nr. 6, 1666a Abs. 2 BGB; ausführlich: II-2.4.4).

Ruhen der elterlichen Sorge Darüber hinaus kommt es in einigen gesetzlich festgelegten Fällen zum sog. Ruhen der elterlichen Sorge, und zwar dann, wenn sie aus rechtlichen (§ 1673 BGB) oder tatsächlichen (§ 1674 BGB) Gründen von einem Elternteil nicht ausgeübt werden kann. Rechtliche Gründe sind die **Geschäftsunfähigkeit** oder die **beschränkte Geschäftsfähigkeit eines Elternteils**. Ist z. B. die Mutter des Kindes selbst noch minderjährig, dann tritt, sofern sie nicht verheiratet ist oder eine Sorgeerklärung abgegeben wurde, regelmäßig die gesetzliche Amtsvormundschaft des Jugendamtes für das Kind ein (§ 1791c Abs. 1 BGB, vgl. II-2.4.8). Es besteht hier jedoch die Besonderheit, dass der **minderjährigen Mutter** neben dem gesetzlichen Vertreter des Kindes (also: dem Vormund oder aber dem volljährigen sorgeberechtigten Vater) die Personensorge zusteht (§ 1673 Abs. 2 Satz 2 BGB). Ist der gesetzliche Vertreter des Kindes ein Vormund oder Pfleger, geht im internen Verhältnis im Konflikt die Meinung des minderjährigen Elternteils vor, im Übrigen entscheidet ggf. das FamG (§ 1673 Abs. 2 S. 3 BGB). Abgesehen von diesem Sonderfall besteht ansonsten bei Ruhen der elterlichen Sorge keine Berechtigung zu ihrer Ausübung (§ 1675 BGB). Ob Gründe vorliegen, die einen Elternteil im tatsächlichen Sinn an der Ausübung der elterlichen Sorge hindern (etwa: bei längerem Aufenthalt im Strafvollzug), ist durch das Familiengericht festzustellen (ausführlich und kritisch hierzu: Schleicher 2007, 286 ff.). Ein weiterer Fall des Ruhens der elterlichen Sorge außerhalb des hier dargestellten Regelungszusammenhanges tritt mit der Einwilligung der abgebenden Eltern in die Adoption des Kindes (§ 1751 Abs. 1 S. 1 BGB; vgl. II-2.4.7) ein.

2.4.3.6 Die Beteiligung anderer Personen an der elterlichen Sorge

Die Neuregelung der elterlichen Sorge durch das KindRG 1998 hat zwar die Rechtsbeziehungen zwischen Kindern und Bezugspersonen, die nicht deren Eltern sind, erheblich erweitert, ist diesen Weg jedoch nicht konsequent bis zum Ende gegangen. Das Gesetz stellt nämlich nunmehr zwar sorgerechtliche Befugnisse für den Ehe- oder Lebenspartner des sorgeberechtigten Elternteils (§ 1687b BGB, § 9 LPartG) sowie Entscheidungsbefugnisse für Pflegepersonen (§ 1688 BGB) zur Verfügung. Hingegen verbleibt die sog. „nichteheliche Stieffamilie", in der das Kind mit einem Elternteil und dessen Partner, mit dem dieser nicht verheiratet ist, zusammen lebt, weiterhin als blinder Fleck (vgl. hierzu: Wellenhofer 2009, 291 f.).

Der Stiefelternteil, der mit einem Elternteil, in dessen Obhut sich das Kind befindet, verheiratet oder durch eingetragene Lebenspartnerschaft verbunden ist, hat im Einvernehmen mit dem sorgeberechtigten Elternteil ein Mitsorgerecht (sog. **kleines Sorgerecht**) in Angelegenheiten des täglichen Lebens (§ 1687b Abs. 1 BGB). Dies gilt allerdings nur, wenn der Elternteil das alleinige Sorgerecht inne hat. Auch ohne diese gesetzliche Voraussetzung hat er darüber hinaus ein sog. **Notsorgerecht** bei Gefahr im Verzug (§ 1687b Abs. 2 BGB). Schließlich besteht für den Stiefelternteil noch die Möglichkeit, nach § 1682 BGB eine gerichtliche **Verbleibensanordnung** zu erlangen, wenn etwa der betreuende Elternteil stirbt und der andere Elternteil das Kind aus der Familie des Stiefelternteils herausnehmen möchte. Das Familiengericht wird allerdings nur dann eine entsprechende Entscheidung herbeiführen, wenn anderenfalls das Wohl des Kindes gefährdet wäre. **[Stiefeltern]**

Personen, die Kinder nach § 33 SGB VIII in Familienpflege haben (Pflegeeltern) sowie ihnen nach § 1688 Abs. 2 BGB gleichgestellte Personen, haben ein Entscheidungs- und Vertretungsrecht in Angelegenheiten des täglichen Lebens. Darüber hinaus haben sie weitere Befugnisse im Bereich etwa der Verwaltung bzw. Geltendmachung von Arbeitseinkommen, Unterhalts- oder Sozialleistungen. Allerdings stehen alle diese Rechte unter dem Vorbehalt, dass der Inhaber der elterlichen Sorge nichts anderes erklärt (§ 1688 Abs. 1 BGB). Sie können jedoch durch das FamG eingeschränkt oder vollständig ausgeschlossen werden, und zwar **[Pflegeeltern]** auch ohne dass dies von Seiten des Sorgerechtsinhabers verlangt worden wäre. Kriterium ist hierfür wiederum allein das Kindeswohl (§ 1688 Abs. 3 BGB). Über die rechtlichen Möglichkeiten des § 1688 BGB noch hinaus reicht § 1630 Abs. 3 BGB. Nach dieser Vorschrift können auf Antrag oder mit Zustimmung der Eltern Angelegenheiten der elterlichen Sorge selbst dann, wenn sie von erheblicher Bedeutung sind, auf Pflegepersonen übertragen werden. Praktisch kommen hier etwa Grundentscheidungen im Bereich der schulischen Ausbildung, im Umgangsbestimmungsrecht oder auch in der Gesundheitssorge in Betracht. Auch in Bezug auf die Pflegefamilie besteht die Möglichkeit einer Verbleibensanordnung, die das Familiengericht von Amts wegen oder auf Antrag der Pflegeperson erlassen kann, wenn durch die Herausnahme des Kindes durch die Eltern das Wohl des Kindes gefährdet wäre. Die Regelung (§ 1632 Abs. 4 BGB) greift allerdings nur unter der Voraussetzung, dass sich das Kind bereits seit längerer Zeit in Familienpflege befindet.

Hoffmann 2009

2.4.4   Kindesschutz

Kindeswohl-gefährdung Um den Schutz von Minderjährigen zu gewährleisten und das staatliche Wächteramt aus Art. 6 Abs. 2 GG umzusetzen (vgl. I-2.2.6), räumt **§ 1666 BGB** dem Staat Eingriffsrechte in die elterliche Sorge ein. Wird das körperliche, geistige oder seelische Wohl des Kindes (zum Kindeswohlbegriff vgl. Münder et al. 2009 Vor § 50 Rz. 2 ff.) oder sein Vermögen gefährdet und sind die Eltern nicht gewillt oder nicht in der Lage, die Gefahr abzuwenden, hat das FamG nach § 1666 Abs. 1 BGB die zur Abwendung der Gefahr erforderlichen Maßnahmen zu treffen. Waren früher die möglichen Gefährdungslagen noch vier Typen (Sorgerechtsmissbrauch, Vernachlässigung, unverschuldetes Versagen und Verhalten Dritter) zugeordnet, hat der Gesetzgeber mit dem Gesetz zur Erleichterung familiengerichtlicher Maßnahmen bei Gefährdung des Kindeswohls (2008) die Gefährdungsmerkmale gestrichen, um die in Sorgerechtsverfahren mitunter erhobenen Kausalitätszweifel zu beseitigen (vgl. BT-Ds 16/6815). Als Tatbestandsmerkmale für Eingriffe in das Personensorgerecht blieben die gegenwärtige Gefährdung des Kindeswohls (tatsächliche, „objektive" **Gefährdungslage**) und die Unwilligkeit bzw. Unfähigkeit der Eltern, die Gefahr abzuwenden (subjektive Ungeeignetheit der Sorgerechtsinhaber zur Gefahrenabwehr, sog. **elterliches Versagen**).

Objektive Gefähr-dungslage Nach ständiger Rechtsprechung ist der Begriff **Kindeswohlgefährdung** definiert als eine „gegenwärtige, in einem solchen Maße vorhandene Gefahr, dass sich bei der weiteren Entwicklung eine erhebliche Schädigung [des Kindeswohls] mit ziemlicher Sicherheit voraussehen lässt" (so seit BGH FamRZ 1956, 350). Eine Gefährdung nach § 1666 Abs. 1 BGB liegt erst vor, wenn die durch objektive Anhaltspunkte begründete Sorge besteht, dass eine für das Kind oder den Jugendlichen nachteilige (Krisen-)Situation bei ausbleibender Intervention gegenwärtig oder zumindest unmittelbar zu einer erheblichen und nachhaltigen Beeinträchtigung oder Schädigung des **körperlichen, geistigen oder seelischen Wohls** des Kindes führt (OLG Celle 19 UF 35/03 v. 14.03.2003 - FamRZ 2003, 1490; Münchener-Kommentar/Olzen 2008 § 1666 Rz. 49 ff.; Staudinger – Coester 2009 § 1666 Rz. 81 ff.). Die Situation, in der sich das Kind oder der Jugendliche befindet, muss in einem erheblichen Maße im Widerspruch zu seinen körperlichen, seelischen und geistigen Bedürfnissen stehen, die im Hinblick auf seine Erziehung und Entwicklung zu einer eigenverantwortlichen und gemeinschaftsfähigen Persönlichkeit erwartet werden können. Bei der Kindeswohlgefährdung handelt sich um einen „negativen Standard" (Coester 2008, 2). Dabei spielt das Alter des Minderjährigen eine wichtige Rolle (z. B. ist das Schütteln eines Kleinkindes extrem lebensgefährlich, nicht aber bei einem 15-jährigen Jugendlichen). Ob die negative Situation für das Kindeswohl durch aktives Tun (z. B. Misshandlung, sexueller Missbrauch) oder Unterlassen (insb. Vernachlässigung) eintritt, ist irrelevant. Mit der Neufassung verzichtet § 1666 BGB im Hinblick auf die objektive Gefährdungslage auf jede Anknüpfung an mögliche Ursachen (z. B. Sorgemissbrauch). Abgestellt wird insoweit nicht auf ein elterliches Fehlverhalten (Pflichtwidrigkeit), sondern auf die bei den Kindern/Jugendlichen bestehende bzw. eintretende, für Ihr Wohl negative Situation. Im Wesentlichen geht es um Gesundheitsgefährdungen, Störungen der Bindungskontinuität, um die rechtswidrige Behinderung von Umgangskontakten, extreme Erziehungsfehler und andere das Kindeswohl beeinträchtigende Beschränkungen der Entwicklungsmöglichkeiten oder unangemessene Verhaltensweisen in Eltern-Kind-Konflikten (hierzu Staudinger – Coester 2009 § 1666 Rz. 96 ff.; vgl. die Beispiele in Übersicht 28). Schwierig ist insb. die Bewertung der Umsiedelung des Kindes ins **Ausland**. Die ungünstigeren Lebensbedingungen im fremden Land sind für sich alleine noch keine Kindeswohlgefährdung, vor allem dann nicht, wenn die Familie von dort stammt (vgl. z. B. auch BVerfG 1 BvR 476/04 v. 23.08.2006 – JAmt 2006, 516 ff. Herausnahme eines in Deutschland ärztlich behandelten afghanischen Kindes aus der Familie der deutschen Pflegeeltern und Rücksendung nach Afghanistan auf Wunsch der leiblichen Eltern). Eine Gefährdung des Kindeswohls kann sich aber aus anderen Aspekten ergeben (z. B. dauerhafte Trennung von einem/dem anderen Elternteil, Abbruch gewachsener Bindungen, Genitalverstümmelung, Zwangsheirat).

Der Begriff der Gefährdung setzt schon semantisch nicht eine bereits eingetretene Beeinträchtigung oder einen Schaden voraus. Es darf sich aber andererseits nicht bloß um eine rein abstrakte Gefahrenlage handeln Das Gericht muss die Gefahr mit einer hinreichenden Wahrscheinlichkeit belegen und begründen können, was in der Praxis mitunter dazu führt, dass erst der bereits eingetretene (Anfangs-) Schaden den Beleg für eine weiter bestehende Gefährdungssituation liefert. Andererseits kann auf eine (zukünftige) Gefährdung nicht zwingend aus vereinzelt gebliebenen Vorfällen in der Vergangenheit geschlossen werden, insb. reicht es nicht aus, dass Eltern bei der Erziehung früherer Kinder versagt haben (Coester 2008, 3; allerdings: frühere Gefährdungen auch bei Geschwistern rechtfertigen zumindest erhöhte Aufmerksamkeit). Die Gefährdung muss im Hinblick auf das nach Art. 6 Abs. 2 GG geschützte Elternrecht erheblich und nachhaltig sein (BVerfGE 60, 79, 91; BayOblG FamRZ 1997, 954 f.; 1998, 1044 f.). Bei Gefahren für Leib und Leben liegt eine solche Erheblichkeit zumeist vor, für die (körperliche, emotionale, geistige) Vernachlässigung ist aber gerade der schleichende Verlauf typisch, der sich erst allmählich auf das kindliche Wohl auswirkt bzw. zu Beeinträchtigungen des kindlichen Wohls führt. Letztlich kommt es immer auf den konkreten Einzelfall an, auf die konkreten altersspezifischen Bedürfnisse und Entwicklungsaufgaben von Kindern und Jugendlichen, auf die Intensität und die voraussichtliche Dauer der Einwirkung bzw. Vernachlässigung, ihre Auswirkungen auf die Entwicklung der Kinder und Jugendlichen sowie auch auf die gesellschaftlichen Bewertungsprozesse. Gerade die Durchführung medizinischer Eingriffe ist mitunter mit erheblichen Risiken verbunden, die man abstrakt als Lebens- und Gesundheitsgefahr ansehen könnte. Auch im Hinblick auf die Trennung und Scheidung von Eltern weiß man, dass diese bei ihren Kindern zumeist mit traumatischen Folgen verbunden sind (vgl. Amato 2001; Wallerstein et al. 2002), gleichwohl wird insoweit nicht von einer Kindeswohlgefährdung gesprochen.

Eine besondere Fallgestaltung kann vorliegen, wenn Eltern im Namen ihres einwilligungsunfähigen Kindes (zur Einwilligungsfähigkeit s. III-8.2.1.2, zur ärztlichen Behandlung Minderjähriger s. IV-2) den Abbruch lebensverlängernder Maßnahmen für ihr, etwa durch längere Unterbrechung der Sauerstoffzufuhr, schwerstgeschädigtes Kind verlangen. Da sie hierfür, anders etwa als im Betreuungsrecht (hierzu II-2.5.2), keiner gerichtlichen Genehmigung bedürfen und nur selbst entscheiden können, wäre ggf. durch das Familiengericht zuvor zu prüfen, ob ein derartiges Verlangen eine Gefahr für das Kindeswohl darstellt. Dies ergibt sich jedenfalls aus einer Entscheidung des BVerfG vom 06.06.2007 (1 BvQ 18/07).

Übersicht 28: Fallgruppen und Beispiele kindeswohlgefährdender Tatbestände

Fallgruppe	Beispiele
Gesundheitsgefährdungen und sonstige Gefährdung des körperlichen (und häufig gleichzeitig seelischen) **Wohls,** insb. durch **körperliche/sexuelle Gewalt** (Sorgerechtsmissbrauch* nach § 1666 BGB a. F.)	■ körperliche Misshandlung, hierzu gehört mittlerweile jede Form drastischer körperlicher Strafen (Ohrfeigen, Schläge) sowie Schütteln bei einem Säugling oder Kleinkind; ■ Vergiftungen (z. B. Versalzen des Essens zur Strafe), Verabreichung von medizinisch nicht indizierten Dosen von Beruhigungs- und Schlafmitteln; ■ Suizidversuch mit Tötungsversuch am Kinde; ■ sexueller Missbrauch; ■ Zuhälterei, Überreden/Zwang zur Prostitution; ■ Häusliche Gewalt zwischen den Eltern/Partnern; ■ Verweigerung medizinisch notwendiger Behandlungen, z. B. Operation, Bluttransfusion; ■ Vornahme medizinisch nicht intendierter körperverletzender Rituale, Genitalverstümmelung; ■ nicht vertretbare Einwilligung in medizinische Experimente an dem Minderjährigen; ■ Ausbeuten der Arbeitskraft; Anhalten zum Betteln oder sonstigen, strafbaren oder sexuellen Handlungen; ■ Duldung von (oder gar Verführung zu) Spirituosen-/Alkoholkonsum und Rauchen; ■ Ausweisung aus dem Elternhaus; ■ rechtswidrige Verbringung des Kindes ins Ausland

Fallgruppe	Beispiele
Gesundheits-gefährdungen und sonstige Gefährdung des körperlichen (und häufig gleichzeitig seelischen) **Wohls,** insb. durch **extreme Vernachlässigung***	■ stark unzureichende Ernährung, Pflege und sonstige Versorgung (z. B. Kleidung) sowie mangelnde Rücksichtnahme auf die Gesundheitsbedürfnisse des Kindes (z. B. starkes Rauchen in der Wohnung, im PKW bei häufigen Fahrten z. B. zum Kindergarten), insb. während der Stillzeit (Rauchen, Alkohol); ■ erhebliche Desorganisation und Verwahrlosung der Wohnverhältnisse; extrem instabile Lebensverhältnisse und unstrukturierter Alltag (Medienkonsum der Kinder bis in die Nacht); ■ Unterlassen ärztlicher Versorgung (wiederholte Nichtwahrnehmung der Vorsorgeuntersuchungen); ■ völliges Gewährenlassen, Unkenntnis und Teilnahmslosigkeit am Leben der Kinder (keine Kontrolle des Medienkonsums, keine Kontrolle der Ausgehzeiten); Duldung des Herumtreibens / Streunens des Minderjährigen; keine Reaktion auf nicht abgesprochene Abwesenheit; ■ mangelnde Aufsicht, insbesondere in der Öffentlichkeit oder im Hinblick auf gefahrgeneigte Situationen und Aktivitäten; ■ mangelnde Kontrolle von Ausgehzeiten oder sonstiger Jugendschutzbestimmungen; ■ mangelnde Beaufsichtigung des regelmäßigen Schulbesuchs; keine Sorge für einen begabungsgemäßen Schulbesuch; ■ lange Abwesenheitszeiten insbesondere wg. Drogenabhängigkeit oder Straffälligkeit (Straffälligkeit und Verurteilung zu einer Freiheitsstrafe ist aber für sich genommen noch kein Grund zum Entzug des Sorgerechts)
Gefährdung des geistigen und ggf. seelischen Wohls, insb. durch extreme Erziehungsfehler, andere das Kindeswohl beeinträchtigende Beschränkung der Entwicklungsmöglichkeiten oder unangemessene Verhaltensweisen in Eltern-Kind-Konflikten*	■ „erstickende Erziehungshaltung"; grobe Erziehungsfehler, z. B. schroffer Wechsel der (religiösen) Erziehung; ■ Abhalten vom Besuch der Schule; Weigerung, die Kinder in die öffentliche Schule zu senden; ■ fehlende erzieherische Einflussnahme auf einen unregelmäßigen Schulbesuch, Delinquenz oder Suchtmittelgebrauch; ■ fehlende Beachtung eines besonderen und erheblichen Erziehungs- oder Förderbedarfs ■ Mangel an Wärme in der Beziehung zum Kind, fehlende Reaktion auf emotionale Signale des Kindes, extreme Gleichgültigkeit; ■ Umgangsverweigerung; Verhinderung des Kontaktes zum umgangsberechtigten Elternteil; unzulässige Wegnahme des Kindes von Pflegeeltern; ■ missbilligenswerte Einwirkung auf die Willensbildung einer (schwangeren) Jugendlichen, Zwang zum Schwangerschaftsabbruch; Abgrenzung z. T. schwierig, z. B. nicht zwingend Sorgerechtsmissbrauch bei Verweigerung eines Schwangerschaftsabbruchs; ■ Hineinzwingen in vereinbarte Ehe oder ungeeigneten Beruf; ■ Tobsuchtsanfälle der Eltern; ■ Taubstumme Eltern wollen ihr Kind ohne Unterstützung von Dritten aufziehen

* Abgestellt wird insoweit nicht auf ein elterliches Fehlverhalten, sondern auf die bei den Kindern / Jugendlichen bestehende / eintretende für ihr Wohl negative Situation. Das elterliche Fehlverhalten wird dadurch relevant, dass sie die Gefahr für das Kindeswohl nicht abwenden, weil sie es nicht können oder wollen.

Für die präventiv orientierte Sozialarbeit in der Kinder- und Jugendhilfe ist dies gelegentlich schwer auszuhalten, wobei freilich der Unterschied zwischen sozialrechtlicher Hilfeorientierung einerseits und staatlichem Zwangseingriff andererseits gelegentlich aus dem Blick gerät (vgl. OLG Karlsruhe 16 UF 160/05 – 25.02.2006 – FamRZ 2007, 576, 577). Nichts hindert das Jugendamt, frühzeitig Hilfen anzubieten. Es muss aber darauf hingewiesen werden, dass aus einem zur Abwendung von Benachteiligungslagen begründbaren „erzieherischen Bedarf", z.B. im Hinblick auf Erziehungshilfen nach §§ 27 SGB ff. VIII (hierzu III-3.3.4.1), noch nicht auf eine Kindeswohlgefährdung geschlossen werden darf. Nur andersherum gilt: Liegt eine Kindeswohlgefährdung vor, ist ein erzieherischer Bedarf i.S.d. § 27 Abs. 1 SGB VIII auf jeden Fall gegeben, sodass geeignete und erforderliche Hilfen zur Erziehung gerade auch zur Abwendung der Kindeswohlgefahr vom JA angeboten werden müssen (hierzu III-3.3.4.1).

Subjektive Ungeeignetheit Zur (objektiven) das Kindeswohl gefährdenden Lage hinzukommen (§ 1666 Abs. 1 S. 1 BGB: „… und …") muss, dass die Eltern nicht gewillt oder in der Lage sind, die Gefahr von dem Minderjährigen abzuwenden. Dieses Erfordernis soll Eltern im Rahmen ihres Erziehungsvorranges zur Selbsthilfe ggf. mit Unterstützung der Jugendhilfe bewegen. Aufgrund der verfassungsrechtlichen Vorgaben (Art. 6 Abs. 2 GG; vgl. I-2.2.6; Trenczek 2008b, 110 ff.) konkretisiert sich das Kindeswohl im Hinblick auf den sorgerechtlichen Eingriff – anders als im sozialrechtlichen Leistungsrecht der Kinder- und Jugendhilfe (hierzu III-3.2.1) – normativ erst durch seine Gefährdung und im Hinblick auf die vorrangige Elternverantwortung zur Gefahrenabwehr erst durch ein **„elterliches Versagen"**. Das Gesetz verzichtet in der Neufassung des § 1666 Abs. 1 BGB lediglich darauf, an ein elterliches Fehlverhalten in der Vergangenheit anzuknüpfen. Entscheidend war und ist, ob die Eltern die Gefährdung für das Kindeswohl gegenwärtig bzw. in der Zukunft abwenden. Es spielt insoweit keine Rolle, ob sie in der Lage, aber unwillig, oder willig, aber unfähig, sind, die Gefahr abzuwenden. Allerdings berechtigt nicht jedes Versagen, jede Nachlässigkeit oder jeder Erziehungsfehler der Eltern den Staat auf Grundlage seines Wächteramtes jene von der Pflege und Erziehung ihres Kindes auszuschalten oder gar selbst diese Aufgabe zu übernehmen (BVerfGE 24, 119, 144 f.; 60, 79, 91; BVerfG 1 BvR 476/04 – 23.08.2006 – JAmt 2006, 516 f.; OLG Karlsruhe 16 UF 160/05 – 25.02.2006 – FamRZ 2007, 576). Wegen des **Zwangscharakters** der gerichtlichen Sorgerechtsentscheidung müsse, so das OLG Hamm erstmalig in einer Entscheidung von 1983, insb. das „Milieu, in das das Kind hineingeboren wird und dessen positiven wie negativen Gegebenheiten es schicksalhaft ausgesetzt ist" berücksichtigt werden (OLG Hamm ZfJ 1983, 274, 277 f. sowie 15 W 339/83 – 17.01.1984 – ZfJ 1984, 364, 370). Der Hinweis auf die Berücksichtigung des „Milieus" mag ungeschickt ausgedrückt sein und in der Praxis teilweise zu Missverständnissen geführt haben. Letztlich geht es darum, darauf hinzuweisen, dass Eltern Schicksal sind, ebenso wie eine Epoche oder Region, in die man hineingeboren wird, und der Staat dies nicht ohne wesentlichen Grund ändern oder sich an die Stelle der Eltern setzen darf (vgl. Coester 2008, 2). Der Staat konkurriert nicht mit den Eltern um die bestmögliche Kindesförderung, er kann und muss ihnen Unterstützung anbieten (hierzu SGB VIII; III-3), im Übrigen darf und muss er aufgrund der verfassungsrechtlichen Vorgaben lediglich die Einhaltung der Grenzen elterlichen Handelns und die Fundamentalbedürfnisse des Kindes sichern.

Das Recht auf gewaltfreie Erziehung und der Kindesschutz gelten allerdings unabhängig von der sozialen, ethnischen oder kulturellen Identität der Sorgerechtinhaber. Das Menschenbild des Grundgesetzes ist in dessen Geltungsbereich für alle verbindlich. Das mag insb. für Betroffene aufgrund anderer sozialer Erfahrungen und Mangellagen, kultureller oder religiöser Traditionen und Wertvorstellungen schwer zu verstehen sein. Aufgrund der verfassungsrechtlichen Vorgaben und des hieran anknüpfenden vom Gesetzgeber ausdrücklich normierten Rechts auf gewaltfreie Erziehung bleibt aber im Kindesschutz kein Raum für falsche „Toleranz". Das Recht legitimiert keine „milieu- oder kulturbedingten" Misshandlungen und Missbräuche (OLG Düsseldorf NJW 1985, 1291; BayObLG FamRz 1993, 229). Im Wesentlichen geht es mit dem Hinweis auf das „Milieu" darum, die Beurteilungsmaßstäbe nicht zu eng anzulegen, sodass nicht schichtenspezifische Vorurteile (insb. im Hinblick auf eine Vernachlässigung) über das Vorliegen einer Kindeswohlgefährdung entscheiden. Ein Kind ist nicht schon deshalb vernachlässigt, weil (vorwiegend aus der Mittelschicht stammende) Sozialarbeiter/innen das Kind anders erziehen würden oder dem Kind in einer Pflegefamilie günstigere Entwicklungsmöglichkeiten geboten werden könnten (vgl. BVerfG FamRZ 1982, 567; Münchener-Kommentar/Olzen 2008 § 1666 Rz. 112; Staudinger – Coester 2009 § 1666 Rz. 84 u. 117). Man darf auch belasteten, „randständigen", z. B. materiell und bildungsmäßig armen Bevölkerungsschichten (z. B. Absolventen von Sonderschulen, Bewohnern von Obdachlosenunterkünften) das Personensorgerecht nicht per se absprechen. Die Elternverantwortung besteht auch dann, wenn die Familiensituation nicht dem bürgerlichen Idealbild der Familie entspricht. Die Nichtgewährleistung des Kindeswohls verpflichtet den Staat zunächst zu helfenden, auf (Wieder-)Herstellung eines verantwortungsgerechten Verhaltens der Eltern gerichtete Interventionen (BVerfGE 24, 119, 145). Zum Schutz der Kinder bei Gefährdungen sind Eingriffe in das Elternrecht verfassungsrechtlich nur legitimiert, wenn die Eltern diesen Schutz nicht gewährleisten. Es geht also um die subjektive Ungeeignetheit, das Unvermögen der Sorgerechtsinhaber, die elterliche Sorge verantwortlich wahrzunehmen. Versagen, Unvermögen, Ungeeignetheit etc. stellen einen Befund, **keinen Schuldvorwurf dar**. § 1666 BGB setzt zur Abwendung von Kindeswohlgefährdungen – bereits in der alten Fassung – auch im Hinblick auf das „elterliche Versagen" kein Elternverschulden voraus (BVerfG NJW 1982, 1379; OLG Köln JAmt 2001, 247; Staudinger – Coester 2009 § 1666 Rz. 179). Im Fall von Krankheit, Unfallfolgen und negativen Einflüssen des sozialen Umfelds mögen die Eltern zwar nicht verantwortlich sein und sie mag keine Schuld treffen, ungeachtet dessen sah und sieht § 1666 Abs. 1 BGB mit Blick auf die elterliche Sorge den Schutz der Kinder vor.

Die Rechtsfolgen werden in § 1666 BGB bewusst sehr weit gefasst. Familiengerichtliche Entscheidungen betreffen also nicht immer die gesamte Personensorge, sondern mitunter nur Teilbereiche (z. B. Aufenthaltsbestimmungsrecht, Herausgaberecht, Entscheidungen im Hinblick auf Gesundheitssorge des Kindes). Der Entzug der Personensorge ist auch nicht zugleich ein Entzug des Umgangsrechts (hierzu II-2.4.5). Selbst die Trennung von Eltern und Kind beseitigt noch nicht das elterliche Personensorgerecht, z. B. berührt die Beschränkung und Entziehung des

Recht auf gewaltfreie Erziehung

Rechtsfolgen nach § 1666 BGB

Aufenthaltsbestimmungsrechts noch nicht die Befugnis der Eltern zu entscheiden, ob und ggf. welchen Hilfen zur Erziehung (§§ 27 ff. SGB VIII) sie zustimmen. Aber auch vice versa hat die Einschränkung oder der Entzug des Sorgerechts nicht immer die tatsächliche Trennung von Eltern und Kind zur Folge. Im Rahmen der Gesetzesnovellierung 2008 wurde als Konkretisierung der Rechtsfolgen in § 1666 Abs. 3 BGB neben der schon bisher ausdrücklich genannten Ersetzung von Erklärungen des Inhabers der elterlichen Sorge (wenn es nur um punktuelle Angelegenheiten geht, z. B. Zustimmung zur Schulwahl, zu Erziehungshilfen etc.) ein Katalog möglicher Maßnahmen des Familiengerichts aufgenommen. Schließlich kann das Gericht nach § 1666 Abs. 4 BGB auch Maßnahmen mit Wirkung gegen Dritte treffen. Das Gericht hat stets das mildeste Mittel zu wählen, mit dem die Gefahr abgewandt werden kann (**Verhältnismäßigkeitsgebot**; s. I-2.1.2.2). Die gesamte Personensorge darf nach § 1666a Abs. 2 BGB nur entzogen werden, wenn andere Maßnahmen erfolglos geblieben sind oder wenn anzunehmen ist, dass sie zur Abwendung der Gefahr nicht ausreichen. Das in § 1666a Abs. 1 S. 1 BGB im Hinblick auf die Trennung des Kindes von seinen Eltern hervorgehobene Verhältnismäßigkeitsgebot gilt auch für alle anderen familienrechtlichen Entscheidungen, z. B. Ermahnungen, Gebote und Verbote, (einstweilige) Anordnungen und Beschränkungen. Insoweit besteht ausdrücklich auch ein Vorrang von Jugendhilfe- und anderen öffentlichen Leistungen. Geeignete Hilfen sind deshalb – bei Vorliegen der entsprechenden Leistungsvoraussetzungen – schon im Vorfeld zu initiieren (vgl. § 8a Abs. 1, § 27 ff. SGB VIII; zur Schutzverpflichtung des JA, vgl. III-3.2.2). Das FamG kann aber nicht selbst Leistungen der Jugendhilfe anordnen, sondern die Eltern nur verpflichten, vom JA angebotene Hilfen in Anspruch zu nehmen (zur Steuerungsverantwortung des JA im familiengerichtlichen Verfahren nach § 36a SGB VIII vgl. III-3.3.4.4), oder bei Leistungsverweigerung des JA verwaltungsrechtliche Schritte zu unternehmen (Münchener Kommentar/Olzen 2008 § 1666 Rz. 192; Münder et al. 2009 Vor § 50 Rz. 16 ff.).

Pfleger Wird die elterliche Sorge zum Teil entzogen, so erhält das Kind für diese Teilbereiche nach § 1909 Abs. 1 BGB einen (Ergänzungs-)Pfleger, während die Eltern oder der allein sorgeberechtigte Elternteil im Übrigen sorgeberechtigt bleiben. Ist es jedoch angesichts der bestehenden Gefahr nicht vertretbar, den Eltern auch nur Teile der elterlichen Sorge zu belassen, und wird sowohl die Personensorge als **Vormund** auch die Vermögenssorge in vollem Umfang entzogen, so erhält das Kind gemäß § 1773 Abs. 1 BGB einen Vormund, der nunmehr die gesamte elterliche Sorge innehat (im Einzelnen II-2.4.8).

Gesetzesnovellie- Bereits am 23.02.2010 ist das Gesetz zur Bekämpfung der Kinderpornografie in **rungen** Kommunikationsnetzen in Kraft getreten, um den Internetzugang zu kinderpornografischen Inhalten durch die Zugangsanbieter (Access Blocking) und dadurch mittelbar den Missbrauch von Kindern zu erschweren (vgl. III-6.2.6). Ende Dezember 2010 hat die Bundesregierung einen Entwurf für ein „Gesetz zur Stärkung eines aktiven Schutzes von Kindern und Jugendlichen – Bundeskinderschutzgesetz" (BKiSchG) vorgelegt. Der Gesetzesentwurf beinhaltet insb. die Einrichtung und den Ausbau von Netzwerken **Früher Hilfen** während der Schwangerschaft und in den ersten Lebensjahren des Kindes (hierzu vgl. http://www.fruehehilfen. de/) sowie eine Konkretisierung des **Schutzauftrags des Jugendamts** bei Kindeswohlgefährdung nach §§ 8a SGB VIII (im Einzelnen hierzu III-3.2.2).

Kindler et al. 2006; Münder et al. 2000; Münder et al. 2008, Anhang § 50

2.4.5 Umgangsrecht

Der Umgang mit ihrem Kind ist **für Eltern eine Pflicht und ein Recht,** unabhängig davon, ob ihnen die elterliche Sorge zusteht. Gleichzeitig ist das **Recht des Kindes auf Umgang mit beiden Elternteilen** (§ 1626 Abs. 3 BGB, Art. 9 Abs. 3 UN-KRK; Art. 24 Abs. 3 EU-Grundrechtscharta) eines der wenigen subjektiven Rechte des Kindes im Eltern-Kind-Verhältnis (§ 1684 Abs. 1 BGB). Es handelt sich hierbei nach einer Entscheidung des BGH um ein höchstpersönliches Recht, das deswegen von ihm nur im eigenen Namen, vertreten durch seinen gesetzlichen Vertreter, geltend gemacht werden kann (BGH XII ZB 225/06 – 14.05.2008 – FamRZ 2008, 1334 m. Anm. Luthin.; Anm. Bienwald FamRZ 2008, 2020). Darüber hinaus haben auch **Großeltern und Geschwister** ein Umgangsrecht unter der Maßgabe, dass dies dem Wohl des Kindes dient. Gleiches trifft auch auf **andere Bezugspersonen** zu, wenn diese mit dem Kind in einer sozial-familiären Beziehung zusammengelebt haben. Diese können etwa ein Stiefelternteil sein, und zwar unabhängig davon, ob der Elternteil, der mit ihm zusammengelebt hat, mit ihm verheiratet ist bzw. war oder nicht und auch, ob es sich um eine gleich- oder verschiedengeschlechtliche Stiefelternfamilie handelt. In Betracht kommen aber auch Personen, bei denen das Kind in Familienpflege lebte (§ 1685 Abs. 1 und 2 BGB).

Umgangsrecht und -pflicht

Vor dem KindRG von 1998 war das **Recht des Kindes** auf Umgang mit beiden Elternteilen lediglich ein Reflex des Umgangsrechts, das nach früherer Rechtslage allein für den verheirateten, getrennt lebenden oder den geschiedenen (i. d. R. nicht sorgeberechtigten) Elternteil bestand. Der Vater des außerhalb der Ehe geborenen Kindes hingegen hatte keinen durchsetzbaren Umgangsanspruch. Er war vielmehr jedes Mal auf die Kooperationsbereitschaft der Mutter oder aber, im Streitfall, auf einen Vermittlungserfolg des Jugendamtes angewiesen. Zweifellos hat die derzeitige Regelung zwar vor allem die Persönlichkeitsrechte des Kindes, aber auch die Elternrechte, insb. des nicht sorgeberechtigten Elternteils, erheblich gestärkt; das Konfliktpotential, das sich gelegentlich im Kontext der Auseinandersetzung um Umgangsregelungen aufbauen kann, vermochte sie jedoch nicht entscheidend abzutragen. Die Probleme, die gerade beim Umgangsrecht **einvernehmliche Lösungen** zwischen den Eltern mitunter erschweren, entstehen zumindest teilweise auch daraus, dass die Eltern nie mit dem Kind als Familie gelebt haben und der Aufbau einer perspektivischen Partnerschaft entweder von vorn herein nicht geplant war oder aber frühzeitig für gescheitert erklärt wurde. Darüber hinaus haben wir es in Fällen des Beziehungsabbruchs zwischen Eltern mit den bekannten **Verlagerungen von Dysfunktionalitäten** auf der Paarebene hin zur Elternebene zu tun. Dementsprechend intensiv sind die gesetzgeberischen Anstrengungen ausgefallen, das subjektive Recht des Kindes,

Umgangsrecht des Kindes

aber auch das Recht des Elternteils, das mit dem Kind Umgang haben möchte, abzusichern und durchsetzbar zu gestalten. Im Streit der Eltern um das Umgangsrecht können die Wünsche und Bedürfnisse des Kindes selbst leicht aus dem Blick geraten; gerade deshalb benötigen sie Unterstützung und Beratung (vgl. § 18 SGB VIII; III-3.2.2). **§ 1684 Abs. 2 BGB** verlangt von den Eltern, alles zu unterlassen, was das Verhältnis des Kindes zum anderen Elternteil – und damit möglicherweise den Umgang als solchen oder auch die Art und Weise der Gestaltung des Umgangs – beeinträchtigt. Für den sorgeberechtigten Elternteil ist diese Pflicht zugleich Bestandteil der elterlichen Sorge (§ 1626 Abs. 3 BGB). In Fällen, in denen die Verletzung des Umgangsrechts zu einer Kindeswohlgefährdung führt, können Eingriffe in das Sorgerecht nach § 1666 BGB bis hin zum Entzug der gesamten elterlichen Sorge erfolgen. Wenn einvernehmliche Regelungen (s. u. 2.4.6.5) nicht möglich sind, muss das Familiengericht konkrete, den Besonderheiten des jeweiligen Einzelfalls gerecht werdende Umgangsanordnungen mit durchsetzbarem Inhalt hinsichtlich Ort, Zeit, Häufigkeit, Holens und Bringens, ggf. auch der Art des Umgangs (es kommt nicht nur persönlicher Umgang, sondern auch Post-, Telefon- und Telekommunikationskontakt in Betracht) treffen (OLG Frankfurt/M. – 05.02.2008 – 3UF 307/07 – FamRZ 2008, 1372) und dabei auch entsprechende Anforderungen an das Verhalten der Eltern formu-

Umgangspfleg-schaft lieren (§ 1684 Abs. 3 S. 1 BGB). Ansonsten besteht nach § 1684 Abs. 3 S. 3 BGB die Möglichkeit, eine Umgangspflegschaft anzuordnen. Obwohl sie einen nachhaltigen Eingriff in die elterliche Sorge darstellt (vgl. § 1630 Abs. 1 BGB), ist ihre Anordnung im Umkehrschluss aus § 1685 Abs. 3 S. 2 BGB vorliegend nicht daran gebunden, dass die Voraussetzungen von § 1666 Abs. 1 BGB erfüllt sind. Dies ist mit Hinblick auf Art. 6 Abs. 2 GG nicht unproblematisch. Eben wegen ihres Eingriffspotenzials ist die Umgangspflegschaft stets zu befristen (§ 1684 Abs. 3 S. 5 BGB). Wird sie angeordnet, so bestimmt der **Umgangspfleger**, wann und für wie lange der Umgang stattfindet; er ist berechtigt, die Herausgabe des Kindes zu verlangen. Jedoch begleitet er den Umgang nicht.

Begleiteter Umgang Ein begleiteter Umgang, bei dem ggf. auf die Unterstützung durch Mitarbeiter der Jugendämter oder auch freier Träger der Jugendhilfe zurückgegriffen wird, kann durch das Gericht gegenüber den Eltern angeordnet werden (§ 1684 Abs. 4 S. 3 und 4 BGB), wenn etwa die Gefahr eines körperlichen Angriffs auf das Kind, einer Kindesentziehung oder eines sexuellen Missbrauchs des Kindes nicht auszuschließen ist. Er ist vor allem unter dem Aspekt der Verhältnismäßigkeit immer **Einschränkung oder** auch die weniger einschneidende Maßnahme im Vergleich zum Ausschluss des **Ausschluss des Um-** Umgangsrechts. Erweist sich der begleitete Umgang jedoch nicht als ausreichend **gangs** oder ist das Wohl des Kindes durch die Ausübung des Umgangsrechts in anderer Weise gefährdet, kann das Familiengericht den Umgang (z. B. auf bestimmte Arten: Telefon o. Ä.) einschränken oder nötigenfalls ganz ausschließen (§ 1684 Abs. 4 S. 1 und 2 BGB).

Zwangsweise Es ist erkennbar, dass eine ganze Reihe materiellrechtlicher (und auch verfahrens-**Durchsetzung des** rechtlicher, vgl. insbes. § 156 FamFG; hierzu: II-2.4.8) Möglichkeiten zur Verfü-**Umgangsrechts** gung stehen, Umgangsrechte durchzusetzen, Umgangsregelungen zu gestalten und auch Verstöße gegen die Wohlverhaltenspflicht aus § 1684 Abs. 2 BGB zu sanktionieren. Gleichwohl bleibt die am schwierigsten zu beantwortende Frage bestehen, wie in den Fällen zu verfahren ist, in denen entweder das Kind oder aber, trotz des Wunsches des Kindes nach Umgang, der Elternteil, der nicht mit dem Kind zusammen lebt, den Umgang verweigert. Auch hier kann letztlich kein anderer **Maßstab** als der des **Kindeswohls** gelten. Deshalb kann z. B. auch der Umgang des Vaters mit seinem außerhalb der Ehe geborenen Kind notfalls erzwungen werden (OLG Köln 17.12.2002 – 25 UF 227/02 – FamRZ 2004, 52). Das BVerfG hat mit seiner Entscheidung vom 01.04.2008 (1 BvR 1620/04 – FamRZ 2008, 845) die Erzwingbarkeit der Umgangspflicht eines Elternteils bestätigt, ihr allerdings zugleich Grenzen gesetzt, die es vor allem in den allgemeinen Persönlichkeitsrechten des umgangsunwilligen Elternteils aus Art. 2 Abs. 1 i.V.m. Art 1 Abs. 1 GG sieht. Ein Umgang, der nur mit Zwangsmitteln durchgesetzt werden kann, dient in der Regel nicht dem Kindeswohl, es sei denn, dass es im Einzelfall hinreichende Anhaltspunkte dafür gibt, zu einem anderen Ergebnis zu kommen.

Diesem Argument ist umso mehr Beachtung zu schenken, wenn die Verweigerung des Umgangs vom Kind selbst ausgeht. Hierfür können unterschiedliche Gründe in Betracht kommen: Frühere Misshandlungen, das Erleben von Gewaltanwendung gegen den anderen Elternteil usw. Problematisch wird es allerdings, wenn eine solche Verweigerungshaltung, wie nicht selten der Fall, durch intensive **Beeinflussung seitens des Elternteils**, bei dem das Kind lebt, erzeugt wird. Man spricht in diesem Zusammenhang von einem sogenannten indizierten Kindeswillen. In Literatur und Rechtsprechung wird vertreten, dass der Kindeswille, der nicht mit dem „wirklichen Willen" des Kindes übereinstimme, sondern auf einer Indizierung beruhe, für das Familiengericht unbeachtlich sei (vgl. Münder/Ernst 2009, 191). Eine derartige Unterscheidung hilft jedoch nur in den Fällen, in denen das Kind plakativ Äußerungen tätigt, die von ihm von einem Elternteil erwartet werden, jedoch nicht seinem eigenen Willen entsprechen. Ansonsten wird sich gerade der indizierte Wille als insofern dann „wirklicher Wille" des Kindes häufig sogar besonders stark intentionalisieren und kann genau dadurch jedes Bemühen um eine Kontaktanbahnung scheitern lassen (Balloff/Koritz 2006, 86). Bei kleineren Kindern kann nach Ansicht des OLG Hamm der Widerstand gegen Umgangskontakte noch mit erzieherischen Mitteln überwunden werden (12.12.2007 – 10 WF 196/07 – FamRZ 2008, 1371). Gegebenenfalls ist das Umgangsrecht für den hierfür erforderlichen Zeitraum auszusetzen (OLG Köln v. 16.03.20094 – UF 160/08). Aus forensisch-psychologischer Sicht ist jedoch etwa ab einem Lebensalter von ca. 10 Jahren der Wille eines Kindes so weit verfestigt, dass er allein durch Beratungs- und Überzeugungsarbeit nicht mehr zu verändern sein wird. Gleichzeitig wird es aber zu diesem Zeitpunkt in der Regel auch nicht mehr möglich sein, eine Veränderung im Aufenthaltsbestimmungsrecht oder der gesamten elterlichen Sorge herbeizuführen, weil und insofern von diesen Maßnahmen dann erst recht eine Gefahr für das Kindeswohl ausgehen kann (Balloff/Koritz 2004, 86 f.). Wenn daher die Rechtsprechung auch im Allgemeinen davon ausgeht, dass der Umgang des Kindes mit beiden Elternteilen dem Wohl des Kindes entspricht (vgl. Münder/Ernst 2009, 191 m.w.N.), bietet nach einer Entscheidung des OLG Hamburg (12.03.2008 – 10 UF 57/07 – FamRZ 2008, 1372) § 1684 BGB aber keinen Anspruch der Eltern auf Umgang gegenüber dem den Umgang ablehnenden Kind.

Indizierter Kindeswille

Aus diesem Grunde können den Umgang ablehnende Kinder nach Ansicht des Gerichts letztlich auch nicht zum Umgang verpflichtet werden. Im Ergebnis reicht also die Skala gerichtlicher Einzelfallentscheidungen vom Entzug der elterlichen Sorge des umgangsverhindernden Elternteils, weil von der Verhinderung des Umgangs und der Indizierung des Kindeswillens eine Kindeswohlgefährdung ausgeht, auf der einen Seite bis zum Verzicht auf Maßnahmen, mittels denen das Umgangsrecht eines Elternteils durchgesetzt werden könnte, ebenso aus Gründen der Wahrung des Kindeswohls, auf der anderen.

2.4.6 Das Verfahren in Kindschaftssachen

Das gerichtliche Verfahren in Familiensachen war bis zum 30.08.2009 durch ein unübersichtliches Nebeneinander verschiedener Verfahrensordnungen gekennzeichnet, die Mitwirkung des Jugendamts knüpfte überwiegend an die Regelungen der §§ 49, 49a FGG an. Mit dem sog. FGG-Reformgesetz ist das Gesetz über das Verfahren in Familiensachen und in den Angelegenheiten der freiwilligen Gerichtsbarkeit (FamFG) zum 01.09.2009 in Kraft getreten, wodurch das familiengerichtliche Verfahren grundlegend neu geregelt wurde. Dabei wurde vor allem davon ausgegangen, dass das familiengerichtliche Verfahren wie keine andere gerichtliche Auseinandersetzung von **emotionalen Konflikten** geprägt ist, die letztlich nicht justiziabel sind, aber einen maßgeblichen Einfluss auf das Streitpotenzial und die Möglichkeiten zur gütlichen Beilegung einer Auseinandersetzung haben. Deshalb sollen durch das neue Gesetz die Konflikt vermeidenden und lösenden Elemente im familiengerichtlichen Verfahren gestärkt werden.

FamFG

Durch das FGG-Reformgesetz wurde das Vormundschaftsgericht aufgelöst und seine Aufgaben dem Familiengericht bzw. dem neuen Betreuungsgericht (§ 23c Abs. 1 GVG) übertragen (hierzu II-2.5). Nach dem FamFG sind alle durch den sozialen Verband von Ehe und Familie sachlich verbundenen Rechtsstreitigkeiten beim „großen" Familiengericht konzentriert. Unterschieden wird zwischen den ausschließlich im FamFG geregelten sog. **Familiensachen** (§ 111 FamFG) und den sog. Familienstreitsachen (§ 112 FamFG, insb. Unterhalt und Güterrecht), die sich auch weiterhin nach den Vorschriften der ZPO richten (§ 113 FamFG). Das Jugendamt ist nicht in allen Familiensachen, sondern nur insofern beteiligt, als minderjährige Kinder/Jugendliche betroffen sind. Dies ist insb. bei den sog. Kindschaftssachen der Fall. Das sind Verfahren, die das **Kindeswohl** und die elterliche Erziehungsverantwortung (Art. 6 Abs. 2 GG) betreffen und nicht einer anderen Verfahrensgruppe der Familiensachen (z. B. Adoptionsverfahren, Gewaltschutzsache) zugeordnet sind. Im Einzelnen betreffen diese Verfahren:

Kindschaftssachen

- die elterliche Sorge (§§ 1626 ff. BGB, insb. auch § 1672 Abs. 2, 1674, 1687 Abs. 2, 1693 BGB),
- das Umgangsrecht (§ 1632 Abs. 2, §§ 1684 und 1685 BGB),
- die Kindesherausgabe (§ 1632, 1682 BGB),

- die Vormundschaft (vgl. z. B. §§ 112, 113 Abs. 3 BGB, § 2 Abs. 3, § 3 Abs. 2 und § 7 RelKErzG, § 56 SGB VIII, § 2 Abs. 1 des Nam-ÄndG, § 16 Abs. 3 des VerschollenheitsG),
- die Pflegschaft oder die gerichtliche Bestellung eines sonstigen Vertreters für einen Minderjährigen oder für eine Leibesfrucht (vgl. §§ 1697, 1909, 1912 BGB),
- die Genehmigung der freiheitsentziehenden Unterbringung eines Minderjährigen (§§ 1631b, 1800 und 1915 BGB),
- die Anordnung der freiheitsentziehenden Unterbringung eines Minderjährigen nach den Landesgesetzen über die Unterbringung psychisch Kranker (PsychKG und UBG) sowie
- die Aufgaben nach dem Jugendgerichtsgesetz (z. B. §§ 53, 104 Abs. 4 i. V. m. §§ 9 ff. JGG; § 67 Abs. 4 Satz 3 JGG).

Unterhaltssachen (§§ 231 ff. FamFG), auch soweit sie die Unterhaltpflicht gegenüber einem Kind betreffen (vgl. § 137 Abs. 2 FamFG), gehören nicht zu den Kindschaftssachen.

Übersicht 29 konzentriert sich auf das Verfahren in den sog. Kindschaftssachen (zu den neuen Begrifflichkeiten s. o. 2.1; zum Abstammungs-, Adoptions- und Gewaltschutzverfahren vgl. Münder et al. 2009 § 50 Anhang Rz. 55 ff.) bei denen der Gesetzgeber zwei Verfahrensprinzipien besonders hervorgehoben hat: das Beschleunigungsgebot sowie die Förderung der einvernehmlichen Streitbeilegung (s. u.).

2.4.6.1 Familiengerichte

Für das familienrechtliche Verfahren sind die Amtsgerichte (§ 23a GVG) und dort die Abteilungen für Familiengerichte (§ 23b Abs. 1 Nr. 2–4 GVG) sachlich zuständig. Die internationale und örtliche Zuständigkeit der Gerichte richtet sich nach dem Verfahrensgegenstand. Im Hinblick auf die internationale Zuständigkeit betont § 97 Abs. 1 FamFG den Vorrang des internationalen Verfahrensrechts (vgl. § 3 Abs. 3 EGBGB; zum internationalen Privatrecht s. I-1.1.6; zum supranationalen Recht, insb. zum Kinderschutz, z. B. MSA, KSÜ, s. I-1.1.5). Die Regelungen zur nationalen örtlichen Zuständigkeit finden sich für **Kindschaftssachen** in § 152 FamFG. Für alle Kindschaftssachen, die gemeinschaftliche Kinder der Ehegatten betreffen, ist das Gericht der Anhängigkeit der Ehesache zuständig (§ 152 Abs. 1 FamFG). Soweit eine Ehesache nicht anhängig ist, ist der gewöhnliche Aufenthalt des Kindes das zentrale Anknüpfungskriterium für die Zuständigkeit (§ 152 Abs. 2 FamFG; beachte § 155 FamFG für den Fall, dass ein Elternteil den Aufenthalt des Kindes ohne vorherige Zustimmung des anderen geändert hat) oder nachrangig der Ort des Fürsorgebedürfnisses (§ 152 Abs. 3 FamFG).

Zuständigkeit

Verhandlungen, Erörterungen und Anhörungen in Familiensachen sowie in Angelegenheiten der freiwilligen Gerichtsbarkeit sind nach § 170 Abs. 1 GVG grundsätzlich **nicht öffentlich**, nur die (formell) am Verfahren Beteiligten können anwesend sein und bei einem berechtigten Interesse auch ein Akteneinsichtsrecht (§ 13 FamFG) inklusive der in der Gerichtsakte befindlichen Stellungnahmen des Jugendamts haben.

Übersicht: 29: Das Verfahren in Kindschaftssachen vor dem Familiengericht

1. **Einleitung des Verfahrens** aufgrund Antrag eines Beteiligten (§ 23 FamFG), Meldung/Information des Jugendamtes (§§ 8a Abs. 3, 42 Abs. 3 Nr. 2 SGB VIII) oder „Anregung" eines Dritten (§ 24 Abs. 1 FamFG);

2. weitere Durchführung des familiengerichtlichen **Verfahrens von Amts** wegen (§ 26 FamFG);

3. **sachliche Zuständigkeit** des FamG ergibt sich aus § 111 Nr. 2 i. V. m § 151 Nr. 1 FamFG;

4. Prüfung der **örtlichen Zuständigkeit**; Vorrang des internationalen Verfahrensrechts (§ 97 Abs. 1 FamFG vgl. § 3 Abs. 3 EGBGB; MSA, KSÜ; bei Kindesentführungen s. HKÜ u. ESÜ; EuEheVO/Brüssel IIa-VO); national in Kindschaftssachen drei Anknüpfungspunkte: Anhängigkeit der Ehesache (§ 152 Abs. 1 FamFG), gewöhnlicher Aufenthalt des Kindes (§ 152 Abs. 2 FamFG, beachte § 155 FamFG) und Fürsorgebedürfnis (§ 152 Abs. 3 FamFG);

5. Grundsatz des **Vorrang- und Beschleunigungsgebotes** (§ 155 FamFG) → Anberaumung eines ersten frühen Termins (s. 7.), Ladung der Beteiligten;

6. Bestellung eines **Verfahrensbeistands** (§ 158 FamFG);

7. früher erster Termin (§ 152 Abs. 2 FamFG) und i. d. R. mündliche Erörterung (§ 32 FamFG), insb. um auf ein **Einvernehmen** hinzuwirken (§ 155 FamFG) bzw. zur **Erörterung einer möglichen Kindeswohlgefährdung** (§ 157 FamFG);

8. soweit noch nicht erfolgt, **Anhörung** des Kindes (§ 159 FamFG) und der Eltern (§ 160 FamFG);

9. ggf. Erlass einer **einstweiligen Anordnung** (§ 156 Abs. 3, § 157 Abs. 3 FamFG) ggf. ohne mündliche Verhandlung (§ 51 Abs. 2 FamFG);

10. Hinweis auf Möglichkeiten der **Beratung** durch die Beratungsstellen und -dienste der Träger der Kinder- und Jugendhilfe, insbesondere Hinweis auf die Möglichkeit der **Mediation** oder der sonstigen außergerichtlichen Streitbeilegung;

11. ggf. **Anordnung einer Beratung** über die Möglichkeiten einer Mediation zur Entwicklung eines einvernehmlichen Konzepts für die Wahrnehmung der elterlichen Sorge und der elterlichen Verantwortung;

12. ggf. **Aussetzung des Verfahrens** aus wichtigem Grund (§ 21 FamFG), z. B. bei Durchführung eines Mediationsverfahrens;

13. ggf. **Beweiserhebung** (§§ 29 ff. FamFG), u. a. Beiziehung von Akten, Einholung von Sachverständigengutachten (Fristsetzung unter dem Aspekt der Beschleunigung, § 163 Abs. 1 FamFG);

14. Aufforderung/**Bitte an das JA** zur weiteren Mitwirkung/Unterstützung (ggf. Stellungnahmen) und Anhörung des JA (§ 162 FamFG); Verpflichtung des JA zur Mitwirkung aus § 50 Abs. 1 SGB VIII;

15. **Beschluss** (§ 38 FamFG) und dessen Bekanntgabe (§ 40 Abs. 1 FamFG); ggf. im Wege der einstweiligen Anordnung (§§ 49 ff. FamFG);

16. ggf. Nachholen aller (bislang ausgebliebenen) **Anhörungen** mit Ausnahme der Pflegeperson (§ 159 Abs. 3 S. 2, § 160 Abs. 4, § 162 Abs. 1 S. 2 FamFG);

17. Bei Absehen von Maßnahmen nach § 1666 BGB: **Verpflichtung zur Überprüfung** der Entscheidung i. d. R. nach drei Monaten (§ 166 Abs. 3 FamFG);

18. **Überprüfung länger andauernder Maßnahmen** durch das Gericht in „angemessenen Zeitabständen" (§ 166 Abs. 2 FamFG) und ggf. Aufhebung einer Maßnahme (§ 1696 Abs. 2 BGB) oder Abänderung der Entscheidung in Betracht (§ 166 Abs. 1 FamFG i. V. m. § 1696 Abs. 1 BGB); in beiden Fällen wird das JA einbezogen (vgl. Pkt. 14);

19. Rechtsmittel der **Beschwerde** (§§ 57, 58 FamFG), einzulegen bei dem Gericht, das den angegriffenen Beschluss gefasst hat (§ 64 FamFG); **Frist** von einem Monat (§ 63 Abs. 1 FamFG), bei einstweiliger Anordnung zwei Wochen (§ 63 Abs. 2 FamFG)!

20. ggf. Anschlussbeschwerde (§ 66 FamFG)

2.4.6.2 Verfahrensbeteiligte

Neben dem Antragsteller (§ 7 Abs. 1 FamFG) sind als Beteiligte des familiengerichtlichen Verfahrens nach § 7 Abs. 2 FamFG alle Personen hinzuzuziehen, deren (materielles) Recht durch das Verfahren unmittelbar betroffen wird und diejenigen, die aufgrund einer gesetzlichen Vorschrift von Amts wegen oder auf Antrag zu beteiligen sind (zum Anwaltszwang nach § 114 FamFG vgl. I-5.3.3). § 9 Abs. 3 FamFG erweitert die **Verfahrensfähigkeit von Minderjährigen**, die das 14. Lebensjahr vollendet haben, allerdings nur in Verfahren, die ihre Person betreffen und in denen sie ein ihnen nach bürgerlichem Recht zustehendes Recht geltend machen können (s. o. II-2.4.3, z. B. § 1631 Abs. 2, § 1671 Abs. 2 Nr. 1, § 1684 Abs. 1 BGB). Ist der Minderjährige verfahrensfähig, so bedarf er im Verfahren keines gesetzlichen Vertreters, ihm kann allerdings im Wege der Verfahrenskostenhilfe (vgl. I-5.3.3) ein eigener Rechtsanwalt beigeordnet werden. Wesentlich für die Rechtsstellung der Kinder und Jugendlichen sind auch die im FamFG verankerten **Anhörungsverpflichtungen/**-rechte. Sofern sie nach § 9 Abs. 3 FamFG Beteiligte des Verfahrens sind (z. B. im Umgangsverfahren), sind Kinder/Jugendliche über 14 Jahren ohnehin anzuhören (§ 159 Abs. 1 FamFG). Nach § 159 Abs. 2 FamFG sind darüber hinaus auch noch nicht 14-jährige Kinder persönlich anzuhören, wenn ihre Neigungen, Bindungen oder ihr Wille für die Entscheidung von Bedeutung sind oder wenn eine persönliche Anhörung aus sonstigen Gründen angezeigt ist. Von einer persönlichen Anhörung darf das Gericht nach § 159 Abs. 3 FamFG nur aus schwerwiegenden Gründen absehen. Das Kind hat grds. ein Informationsrecht über den Gegenstand, Ablauf und möglichen Ausgang des Verfahrens. Es soll in einer geeigneten und seinem Alter entsprechenden Weise informiert werden, soweit nicht Nachteile für seine Entwicklung, Erziehung oder Gesundheit zu befürchten sind. Ihm ist Gelegenheit zur Äußerung zu geben. § 159 Abs. 4 Satz 3 FamFG stellt klar, dass der bestellte Verfahrensbeistand im Regelfall ein Anwesenheitsrecht bei der **persönlichen Anhörung** des Kindes hat.

Verfahrensbeteiligung von Kindern und Jugendlichen

2.4.6.3 Mitwirkung des Jugendamtes im familiengerichtlichen Verfahren

Der Gesetzgeber misst der Zusammenarbeit der verschiedenen am familiengerichtlichen Verfahren beteiligten Disziplinen, insb. der **Kooperation von Familiengericht und Jugendhilfe** besondere Bedeutung zu (vgl. BT-Ds 16/6308, 236 ff. u. 427). Durch Art. 105 FGG-Reformgesetz wurde gleichzeitig auch § 50 SGB VIII geändert. Das Jugendamt hat das Familiengericht in allen Angelegenheiten der Personensorge zu unterstützen und insb. in den in Abs. 1 aufgezählten Verfahren mitzuwirken (hierzu III-3.4.2.1). Von den in § 111 FamFG geregelten Familiensachen ist nach § 50 Abs. 1 SGB VIII eine Beteiligung des Jugendamts vorgesehen in Kindschafts- (§§ 151 ff., 162 FamFG), Abstammungs- (§§ 169 ff., 176 FamFG), Adoptions- (§§ 186 ff., 188 Abs. 2, 189, 194, 195 FamFG), Wohnungszuweisungs- (§§ 200 ff., 204 Abs. 2, 205 FamFG) sowie Gewaltschutzsachen (§§ 210 ff. FamFG). Weitere **Anhörungspflichten** sind z. T. explizit benannt (z. B. § 1779 Abs. 1 BGB) oder können sich aus anderen Vorschriften ergeben (z. B. § 1618 Satz 4, § 1630 Abs. 2, § 1779 Abs. 1, § 1846, § 1887 Abs. 3, § 1889 Abs. 2 BGB). Schon der Wortlaut von § 50 Abs. 1 Satz 1 SGB VIII spricht von allen Maßnahmen, die die Sorge für die Person des Kindes und Jugendlichen betreffen (Münder et al. 2009 § 50 Rz. 4, § 50 – Anhang Rn 2). Mit Blick auf die gerichtliche Amtsermittlungspflicht (§ 26 FamFG) ist eine Anhörung des Jugendamts geboten (vgl. § 162 FamFG), zumindest dann, wenn einvernehmliche Regelungen (z.B. im Rahmen einer Mediation) in den Familien nicht getroffen werden können oder diese dem Kindeswohl zu widersprechen scheinen.

Trennung und Scheidung   Eine Mitwirkung des Jugendamts in Scheidungsverfahren (§§ 133 ff. FamFG) ist nicht immer, sondern nur dann notwendig, wenn und soweit das Wohl der von Scheidung betroffenen Kinder gefährdet ist (hierzu Bay. Landesjugendamt 2001; zu den Folgen von Trennung und Scheidung für die Kinder vgl. Amato 2001; Wallerstein et al. 2002). Von den sog. **Scheidungsfolgesachen** (§ 137 Abs. 2 FamFG) betrifft das z.B. die nun in § 50 Abs. 1 Nr. 4 SGB VIII ausdrücklich genannten Wohnungszuweisungs- und Hausratssachen (§§ 200 ff. FamFG). Aber auch bei den weiterhin im streitigen Verfahren nach der ZPO (sog. Familienstreitsachen, § 112 Nr. 1 FamFG) zu regelnden Unterhaltssachen (§ 231 FamFG) kann eine Mitwirkung des Jugendamtes geboten sein, wenn durch die Unterhaltssache das Kindeswohl betroffen ist, soweit das Jugendamt nicht ohnehin als **Beistand** (§ 1712 Abs. 1 Nr. 2 BGB) beteiligt ist. Eine außergerichtliche Mitwirkungspflicht des Jugendamts ergibt sich insoweit bereits aus den Beratungsansprüchen für Mütter und Väter nach § 18 Abs. 1 und 4 SGB VIII.

Förmliche Verfahrensbeteiligung   Nach dem FGG wurde das Jugendamt ungeachtet seiner Mitwirkung zumindest nach der h. M. nicht als förmlich Verfahrensbeteiligter (§ 20 Abs. 1 FGG a. F.) angesehen. Auch nach dem FamFG ist zu beachten, dass allein die an verschiedenen Stellen normierte Mitwirkungs- und **Anhörungsverpflichtung** (z. B. §§ 162 Abs. 1 Satz 1, §§ 176, 194, 205, 213 FamFG) das Jugendamt noch nicht zum Beteiligten macht (§ 7 Abs. 6 FamFG). Das Jugendamt (in Adoptionssachen auch das Landesjugendamt) wird als förmlich Beteiligter des familiengerichtlichen Verfahrens nur dann hinzugezogen, wenn es dies ausdrücklich wünscht (§ 162 Abs. 2 Satz 1, § 172 Abs. 2 Satz 1, § 188 Abs. 2 Satz 1, § 204 Abs. 2 Satz 1, § 212 Abs. 2 Satz 1 FamFG; sog. **Zugriffslösung**). Als Verfahrensbeteiligter ist das Jugendamt mit einer erweiterten Rechtsstellung (z. B. Akteneinsichtsrecht, Beweisantragsrecht; Zustimmungserfordernis bei Vergleichen z. B. bzgl. des Umgangs) ausgestattet (zum Begriff „Antrag" im Zusammenhang mit der Mitwirkung des JAs, s. III.3.2.2). Unabhängig von seiner Verfahrensstellung als Beteiligter verfügt das Jugendamt über ein umfassendes **Beschwerderecht** (vgl. § 59 Abs. 3, § 162 Abs. 3 Satz 2, § 176 Abs. 2 Satz 2, § 194 Abs. 2 Satz 2, § 205 Abs. 2 Satz 2, § 213 Abs. 2 Satz 2 FamFG).

Selbst in Fällen, in denen das Jugendamt nicht formell beteiligt ist, besteht nach § 81 Abs. 4 FamFG (sonst als Verfahrensbeteiligter § 81 Abs. 1 und 2 FamFG) die Möglichkeit, ihm (bzw. dem öffentlichen Träger) als „Dritten" die **Kosten des Verfahrens** aufzuerlegen, soweit die Tätigkeit des Gerichts durch das Jugendamt veranlasst wurde und dieses ein grobes Verschulden trifft. Das könnte zum Beispiel bei einer vorschnellen, fachlich mangelhaften, weil nicht den fachlichen Standards entsprechenden Anrufung des Familiengerichts zur Initiierung eines (überflüssigen) Sorgerechtsverfahrens der Fall sein, wenn z. B. keine kindeswohlgefährdende Situation vorliegt bzw. die Eltern durchaus (ggf. mit fachgerechter Unterstützung) in der Lage und bereit sind, eine solche Gefahr von ihrem Kind abzuwenden.

2.4.6.4 Verfahrensbeistand

Im FamFG wird die **Interessensvertretung von Kindern und Jugendlichen** in gerichtlichen Verfahren – in Abgrenzung zur Verfahrenspflegschaft in Betreuungs- und Unterbringungssachen sowie Verfahren in Freiheitsentziehungssachen (§§ 276, 317, 419 FamFG) – nun als „Verfahrensbeistand" bezeichnet (§§ 158, 174, 191 FamFG; hierzu ausführlich Salgo et al. 2009; Trenczek 2009a, 196 ff.; Zitelmann 2001). Er ist nicht nur in Kindschafts- (§ 158 FamFG), sondern ausdrücklich auch in Abstammungs- (§ 174 FamFG), Adoptions- (§ 191 FamFG) sowie in Unterbringungssachen (§ 312 i.V.m. § 167 Abs. 1 FamFG) vorgesehen.

§ 158 Abs. 1 FamFG enthält eine Verpflichtung des Gerichts zur Bestellung eines „geeigneten" Verfahrensbeistands, wenn das Kriterium der Erforderlichkeit erfüllt ist. Erforderlich ist die Bestellung z. B., wenn sich die Eltern eines Kindes mit unterschiedlichen, widerstreitenden Anträgen gegenüber stehen und ihr Kind „zwischen den Stühlen" sitzt (vgl. BT-Ds 16/6308, 238). Die in § 158 Abs. 2 FamFG genannten Regelbeispiele sind nicht abschließend und können auch als Orientierung zur Auslegung des Begriffs der Erforderlichkeit in Absatz 1 dienen. Ein erheblicher Interessensgegensatz zwischen Kind und Eltern nach § 158 Abs. 2 Nr. 1 FamFG liegt vor, wenn Autonomiekonflikte zwischen Eltern und ihren heranwachsenden Kindern nicht mehr einvernehmlich (§ 1626 Abs. 2 S. 2 BGB) gelöst und von den Eltern einseitig ohne Berücksichtigung der berechtigten Interessen des Kindes bzw. Jugendlichen (z. B. im Hinblick auf Ausbildung und Berufswahl) geregelt werden. Was ein „geeigneter" Verfahrensbeistand ist, definiert das Gesetz nicht, wesentlich sind hier aber vor allem spezifische Beratungs- und rechtliche Kompetenzen, die ungeachtet des mitunter verwendeten Begriffs **„Anwalt des Kindes"** nicht nur bzw. vorrangig von Rechtsanwälten, sondern einem interdisziplinären Kreis von spezifisch geschulten Juristen, Sozialarbeitern und anderen psychosozialen Fachkräften sichergestellt werden könnten.

Bestellung

Der Verfahrensbeistand ist nicht gesetzlicher Vertreter des Kindes (§ 158 Abs. 4 Satz 6 FamFG; gleichwohl geht die Bestellung eines Verfahrensbeistands im Hinblick auf das gerichtliche Verfahren der Bestellung eines Ergänzungspflegers nach § 1909 BGB, s. o. 2.4.4, vor), er hat nicht die Funktion, rechtliche Willenserklärungen für das Kind abzugeben oder entgegenzunehmen. Vielmehr handelt er im eigenen Namen und hat nach § 158 Abs. 4 Satz 1 FamFG das **Interesse des Kindes** festzustellen und im gerichtlichen Verfahren zur Geltung zu bringen. Gleichzeitig knüpft der Gesetzgeber (vgl. BT-Ds 16/6308, 239) an die materiellrechtliche Konzeption des Kindeswohls (§ 1697a BGB) an und verwirft die bislang in Rspr. und Wissenschaft zum Teil vertretenen Konzeptionen einer reinen Interessensvertretung. Das deutsche Recht gleicht sich damit an den internationalen Sprachgebrauch und Bedeutungsinhalt des Kindesinteresses an („best interest of the child", vgl. Art. 3 Abs. 1 UN-KRK). Das Kindesinteresse erfordert die Berücksichtigung sowohl des Willens des Kindes („subjektives Interesse") als auch des Kindeswohls

Funktion und Aufgaben

(„objektives Interesse"; s. o. 2.4.3.1). Der Verfahrensbeistand unterscheidet sich in seiner Funktion sowohl vom Jugendamt (welches dem System Familie und hierbei allein dem Kindeswohl verpflichtet ist, § 1 Abs. 1 und 3 SGB VIII) und Rechtsanwälten, die vorrangig den von der Selbstbestimmung getragenen Willen ihrer Parteien zu vertreten haben. Ungeachtet dessen bleibt der Verfahrensbeistand weiterhin „Sprachrohr" für die Wünsche des Kindes, er begleitet das Kind persönlich und bringt seine Interessen in das Verfahren ein. Die Bestellung eines „Anwalts des Kindes" gibt den Verfahrensbeteiligten die Möglichkeit, die Bedürfnisse, Vorstellungen und Wünsche, aber auch die Ängste des Kindes besser zu vernehmen und zu verstehen. Er muss (soll) nicht zwischen den Minderjährigen und seinen Eltern vermitteln, sondern steht allein dem Kind zur Seite, kann ihm Mut machen und ihm Gehör verschaffen. Der Verfahrensbeistand wird nach § 158 Abs. 3 Satz 2 FamFG durch seine Bestellung als **Beteiligter** (vgl. § 7 FamFG) zum Verfahren hinzugezogen (vgl. § 274 Abs. 2 und § 315 Abs. 2 FamFG).

Dieser hohe Anspruch ist freilich nicht kongruent mit den konkret geregelten Aufgaben. So ist es nach § 158 Abs. 4 FamFG grds. nicht (mehr) Aufgabe des Verfahrensbeistands, Gespräche mit den Eltern und weiteren Bezugspersonen des Kindes zu führen. Das Gericht kann dies allerdings – soweit nach den Umständen des Einzelfalls ein Erfordernis besteht – dem Verfahrensbeistand nach § 158 Abs. 4 Satz 3 FamFG als zusätzliche Aufgabe übertragen. Wie ohne Gespräche mit den Eltern und anderen Dritten, ohne eigene Beobachtungen der Lebenswelt des Kindes etc. eine Feststellung des Kindesinteresses möglich sein soll, ist nicht nachzuvollziehen. Freilich sind bei der in § 158 Abs. 7 FamFG vorgesehenen Fallpauschale je zu vertretendem Kind von im Regelfall 350 € mehrere, intensive Gespräche mit den Beteiligten ohnehin nicht leistbar; bei der Übertragung von zusätzlichen Aufgaben nach § 158 Abs. 4 Satz 3 FamFG erhöht sich deshalb die Fallpauschale auf 550 €.

2.4.6.5 Ablauf und Besonderheiten des Verfahrens in Kindschaftssachen

Das familiengerichtliche Verfahren wird aufgrund eines Antrags eines Beteiligten (z. B. eines Elternteils vgl. §§ 1628, 1632 Abs. 3, 1671 f. BGB), der Meldung des Jugendamtes (§ 8a Abs. 3, § 42 Abs. 3 Nr. 2 SGB VIII; hierzu III-3.2.2) oder der „Anregung" eines Dritten (§ 24 Abs. 1 FamFG) eingeleitet. Alles Weitere unternimmt das Familiengericht von Amts wegen (§ 26 FamFG). Leitet es trotz Anregung kein Verfahren ein, so bedarf es hierfür keines Beschlusses und keiner Begründung, weshalb gegen die Nichteinleitung des Verfahrens auch keine Beschwerde eingelegt werden kann. Lediglich das Jugendamt hat einen Anspruch auf Unterrichtung, wenn das Gericht entgegen einer Anregung kein Verfahren eingeleitet hat (§ 24 Abs. 2 FamFG).

Nach dem **Amtsermittlungprinzip** (Offizialmaxime) obliegt die Feststellung der entscheidungserheblichen Tatsachen dem Gericht (§ 26 FamFG). Es entscheidet nach pflichtgemäßem Ermessen, ob es sich zur Beschaffung der für seine Entscheidung erheblichen Tatsachen mit formlosen Ermittlungen (§ 29 FamFG) begnügen kann oder ob es eine förmliche Beweisaufnahme nach den Vorschriften der Zivilprozessordnung (§ 30 FamFG) durchführen muss (zu den Einschränkungen des Amtsermittlungsgrundsatzes s. §§ 127, 177 FamFG). Aus dem Grundsatz der Amtsermittlung folgt, dass das Gericht die Beteiligten sowie das Jugendamt anzuhören und Gelegenheit zur Stellungnahme zu solchen Feststellungen zu geben hat, die das Gericht seiner Entscheidung zugrunde legen will, sofern diese Entscheidung die Rechte dieses Beteiligten beeinträchtigt (§ 37 FamFG).

Vorrang- und Beschleunigungsgebot

Besonderes Augenmerk hat der Gesetzgeber auf die Beschleunigung des familiengerichtlichen Verfahrens gerichtet, insb. in den Kindschaftssachen, die den Aufenthalt des Kindes, das Umgangsrecht oder die Herausgabe des Kindes betreffen, sowie für Verfahren wegen Gefährdung des Kindeswohls (vgl. § 155 Abs. 1 FamFG). Allerdings darf das Beschleunigungsgebot nicht schematisch gehandhabt werden. Beschleunigung heißt, ohne Verzögerung zügig zu beginnen, nicht aber immer, das Verfahren schnell abzuschließen. Im Einzelfall – z. B. im Hinblick auf eine nachhaltige, einvernehmliche Regelung des Streits (§ 156 FamFG) – kann auch einmal ein Zuwarten und eine Aussetzung des Verfahrens (§ 21 FamFG) angeraten sein: „Der **Grundsatz des Kindeswohls** prägt und begrenzt zugleich das Beschleunigungsgebot" (BT-Ds 16/6308, 236).

Der zügigen Verfahrenserledigung dient insb. ein **früher erster Termin**, der spätestens einen Monat nach Beginn des Verfahrens stattfinden soll (§ 155 Abs. 2 FamFG). Eine Verlegung des frühen ersten Termins ist nur aus zwingenden Gründen (z. B. einer Erkrankung; nicht aber aufgrund von Terminkollisionen) zulässig (§ 155 Abs. 2 Satz 4 FamFG). Durch die schnelle Terminierung sollen eine Eskalation des Elternkonflikts vermieden, die Eltern im persönlichen Gespräch zur Übernahme gemeinsamer Verantwortung motiviert und eine einvernehmliche Konfliktlösung gefördert werden. Zwar sieht das Gesetz einen Verzicht auf schriftliche Stellungnahmen nicht ausdrücklich vor, eine **mündliche Erörterung** (vgl. § 32 FamFG) liegt aber in der Natur des frühen Erörterungstermins, zu dem das Gericht nach § 155 Abs. 3 FamFG das persönliche Erscheinen der verfahrensfähigen Beteiligten anordnen soll. Auch das Jugendamt sollte zur Vermeidung einer Eskalation und im Hinblick auf ggf. laufende bzw. erforderliche Vermittlungsbemühungen in der Regel auf eine schriftliche Stellungnahme verzichten (Münder et al. 2009 § 50 Anhang Rz. 28).

Der schnellen, zumindest vorläufigen Regelung dienen auch **einstweilige Anordnungen**, die in Familiensachen nicht mehr von der Anhängigkeit einer Hauptsache abhängig sind (§§ 49, 51 Abs. 3 FamFG). Wenn alle Beteiligten mit dem Ergebnis des einstweiligen Anordnungsverfahrens zufrieden sind, bedarf es nunmehr keines Hauptsacheverfahrens mehr. In Verfahren nach den §§ 1666 f. BGB (s. u. Erörterung einer Kindeswohlgefährdung) hat das Gericht nach § 157 Abs. 3 FamFG unverzüglich den Erlass einer einstweiligen Anordnung zu prüfen. Die einstweilige Anordnung ist mit der Beschwerde anfechtbar, wenn das Familiengericht im ersten Rechtszug aufgrund mündlicher Erörterung über die elterliche Sorge für ein Kind und die Herausgabe bzw. den Verbleib eines Kindes entschieden hat.

Rechtsmittel

Dem Beschleunigungsgebot dient auch, dass das Rechtsmittel der **Beschwerde** (§§ 58 ff. FamFG) innerhalb einer **Frist** von i. d. R. einem Monat (§ 63 Abs. 1 FamFG) eingelegt werden muss, bei einer einstweiligen Anordnung innerhalb von zwei Wochen (§ 63 Abs. 2 Nr. 1 FamFG). Beschwerdeberechtigt sind insb. die Eltern(-teile), in deren Rechte eingegriffen wurde (§ 59 Abs. 1 FamFG), das minderjährige Kind, sofern es bereits 14 Jahre alt ist (§ 60 FamFG) sowie das JA, auch wenn es nicht Verfahrensbeteiligter ist (§ 59 Abs. 3 i. V. m. § 162 Abs. 3 S. 2 FamFG).

Unabhängig von der Einlegung eines Rechtsmittels muss das Gericht länger andauernde kindesschutzrechtliche Maßnahmen von sich aus in „angemessenen Zeitabständen" überprüfen (§ 166 Abs. 2 FamFG) und ggf. die **Aufhebung der Maßnahme** beschließen, wenn die Gefährdung nicht mehr besteht (§ 1696 Abs. 2 BGB). Bei anderen sorgerechtlichen Entscheidungen kommt eine **Abänderung der Entscheidung** in Betracht (§ 166 Abs. 1 FamFG i. V. m. § 1696 Abs.1 BGB).

Förderung einvernehmlicher Regelungen

Neben der Beschleunigung familiengerichtlicher Verfahren misst der Gesetzgeber der einvernehmlichen Regelung nicht nur in Kindschafts- und anderen Familiensachen eine besondere Bedeutung zu (§§ 36, 156, 165 FamFG). So wird den Beteiligten in § 36 FamFG umfassend der Abschluss einer einvernehmlichen Regelung (rechtstechnisch durch einen sog. Vergleich) eingeräumt, soweit sie über den Gegenstand des Verfahrens verfügen können (hierzu s.o. II-2.3). In Kindschaftssachen soll auf ein **Einvernehmen der Eltern hingewirkt** werden (§ 156 FamFG), soweit es dem Kindeswohl nicht widerspricht. Selbst in hoch eskalierten Sorge- und Umgangskonflikten, wie auch nach Fällen der häuslichen Gewalt, sind mittels erfahrener Mediatoren einvernehmliche Regelungen zum Wohl der Kinder möglich (vgl. Krabbe 2008 sowie das Projekt der Waage Hannover www. waage-hannover.de). In § 156 Abs. 2 FamFG wird der Vorrang einvernehmlicher Regelungen auf Verfahren über das Umgangsrecht sowie die Herausgabe eines Kindes und damit sogar über Regelungsgegenstände ausgeweitet, über die Eltern nicht disponieren können (vgl. § 1684 BGB). Voraussetzung ist freilich, dass das Gericht den Vergleich billigt (§ 156 Abs. 2 FamFG). Alle Regelungen und Entscheidungen stehen stets unter dem Vorbehalt des Kindeswohls (§ 1697a BGB).

Gelingt es dem Familiengericht nicht selbst, die Eltern zu einem Einvernehmen zu motivieren, so weist es nach § 156 Abs. 1 Satz 2, § 165 Abs. 3 Satz 3 FamFG auf Möglichkeiten der **Beratung zur Entwicklung eines einvernehmlichen Konzepts** für die Wahrnehmung der elterlichen Sorge und der elterlichen Verantwortung durch die Beratungsstellen und -dienste der Träger der Kinder- und Jugendhilfe hin. Darüber hinaus soll das Gericht in geeigneten Fällen auf die Möglichkeit der **Mediation** oder der sonstigen außergerichtlichen Streitbeilegung aufmerksam machen (§ 156 Abs. 1 Satz 3 FamFG). Das Gericht kann sogar eine solche Beratung (nicht aber die Mediation selbst) anordnen (§ 156 Abs. 1 Satz 4 FamFG). Die Anordnung ist zwar nicht mit Zwangsmitteln durchsetzbar, allerdings können Kostenfolgen an die Weigerung geknüpft werden. Die Anordnung richtet sich auch nur an die Eltern, nicht an die Beratungsstelle oder den Leistungsträger (zur Steuerungsverantwortung des JA s. III-3.3.4.4).

Kostenregelung

Nach § 81 Abs. 1 FamFG werden den Beteiligten die Kosten des Verfahrens nach den Grundsätzen billigen Ermessens auferlegt, womit einerseits der Ausgang des Verfahrens, andererseits das Verfahrensverhalten der Beteiligten Berücksichtigung finden kann. So sollen die Kosten des Verfahrens ganz oder teilweise einem Beteiligten auferlegten werden, wenn er durch grobes Verschulden Anlass für das Verfahren gegeben hat (§ 81 Abs. 2 Nr. 1 FamFG), z. B. wenn er ein ernst gemeintes Angebot der anderen Partei, ein fachgerechtes Mediationsverfahren durchzuführen, ohne vernünftigen Grund ablehnt. Nach § 81 Abs. 2 Nr. 5 FamFG sollen die Kosten des Verfahrens ganz oder teilweise einem Beteiligten auferlegt werden, wenn er einer richterlichen Anordnung zur Teilnahme an einer Beratung nach § 156 Abs. 1 Satz 4 FamFG nicht nachgekommen ist, sofern der Beteiligte dies nicht genügend entschuldigt hat. Einer Partei können somit selbst im Obsiegen in der Streitsache die Kosten des Verfahrens auferlegt werden, wenn sie sich ohne vernünftigen Grund einer außergerichtlichen, einvernehmlichen Regelung entzogen hat.

Eine Eskalation verhindern soll auch die bereits 2008 durch das „Gesetz zur Erleichterung familiengerichtlicher Maßnahmen bei Gefährdung des Kindeswohls" (BT-Ds 16/8914) eingeführte Erörterung, wie einer „möglichen" Gefährdung des Kindeswohls begegnet werden kann (§ 157 Abs. 1 FamFG). Hierzu hat das Gericht das persönliche Erscheinen der Eltern verbindlich anzuordnen. Nur wenn dies zum Schutz eines Beteiligten oder aus anderen Gründen erforderlich ist, führt das Gericht die Erörterung in Abwesenheit eines Elternteils durch (§ 157 Abs. 2 FamFG). In geeigneten Fällen soll auch das Kind an dem Termin teilnehmen (§ 157 Abs. 1 Satz 1 FamFG). Nach § 157 Abs. 1 Satz 2 FamFG soll das Jugendamt zu diesem Anhörungstermin (ein-)geladen werden, um die Verbindlichkeit des Anhörungstermins zu nutzen und die Eltern zur Annahme von Hilfen zu motivieren.

Erörterung einer Kindeswohlgefährdung

Die Erörterung der Kindeswohlgefährdung bildet einen eigenen Verfahrensabschnitt, der zwar mit dem frühen ersten Termin nach § 155 FamFG verbunden werden kann, aber neben die Pflicht zur persönlichen Anhörung der Eltern nach § 160 Abs. 1 Satz 2 FamFG tritt. Während § 160 FamFG in erster Linie der Feststellung des Sachverhalts und der Gewährung des rechtlichen Gehörs dient, geht es in § 157 FamFG um eine möglichst frühzeitige Erkennung einer Kindeswohlgefährdung und einer möglichst schnellen Intervention. Mit der Klärung einer „möglichen Gefährdung" ist eine **Vorverlagerung der staatlichen Kontrolle** beabsichtigt (BT-Ds 16/6815, 12 und 16/6308, 237; kritisch hierzu Coester 2008, 8 ff.): Das Gespräch im Gericht kann deshalb bereits unterhalb der Schwelle zur Kindeswohlgefährdung erfolgen und soll dazu beitragen, die Eltern stärker als bisher in die Pflicht zu nehmen und auf sie einzuwirken, öffentliche Hilfen in Anspruch zu nehmen. Von besonderer Bedeutung ist hier die Verpflichtung des Gerichts, den Erlass einer einstweiligen Anordnung zu prüfen (§ 157 Abs. 3 FamFG) sowie die Pflicht, seine Entscheidung in einem angemessenen Zeitabstand, in der Regel nach drei Monaten, zu überprüfen, wenn es von einer Maßnahme nach den §§ 1666 ff. BGB absieht (§ 166 Abs. 3 FamFG).

Gegen die Intention des Gesetzgebers, Kindeswohlgefährdungen möglichst frühzeitig zu erkennen und abzuwenden, wird vernünftigerweise niemand etwas einwenden können. Allerdings ist darauf hinzuweisen, dass § 8a Abs. 3 SGB VIII für die **Anrufung des Familiengerichts durch das Jugendamt** eine nach dessen fachlicher Einschätzung tatsächlich bestehende, aufgrund der mangelnden Abwendungsbereitschaft oder -fähigkeit der Eltern allerdings nicht anders abwendbare Kindeswohlgefährdung voraussetzt (Münder et al. 2009 § 8a Rz. 49 f.; Trenczek 2008b, 181 ff.). Zwar muss das Jugendamt nach § 8a Abs. 1 SGB VIII bereits bei „gewichtigen Anhaltspunkten" für die Gefährdung des Wohls des Kindes bzw. Jugendlichen tätig werden, in dieser ersten Phase geht es allerdings zunächst um die Risikoab-schätzung, insb. durch mehrere Fachkräfte und im Zusammenwirken mit den Eltern, sowie um möglichst frühzeitige Hilfeangebote (hierzu III- 3.2.2). Die mangelnde Kooperationsbereitschaft und -fähigkeit der Eltern im Hinblick auf die Gefahrenab-wehr ist das alles entscheidende Tatbestandsmerkmal mit Blick auf § 1666 BGB (s.o. III-2.4.4). Wie weit eine Vorverlagerung des Kindesschutzes pädagogisch sinn-voll ist und verfassungsrechtlich gehen darf, ist ebenso wie deren Auswirkungen noch umstritten. Forderungen nach weitergehenden Eingriffs- und damit „Erzie-hungsrechten" des Staates mögen aus dem Wunsch eines effektiven Kinderschutzes resultieren, sie sind aber in ihren Konsequenzen höchst zweifelhaft. Statt immer mehr Eingriffen das Wort zu reden, sollten die sozialrechtlich ausgestalteten und präventiv wirksamen Leistungen der Jugendhilfe bundesweit vorgehalten, ausge-baut, besser und niedrigschwelliger organisiert und zugänglich gemacht werden.

Vollstreckung Neu geregelt im FamFG wurden auch die Vollstreckungsvorschriften, insb. im Hin-blick auf die Vollstreckung von Sorge- und Umgangsentscheidungen (§§ 86 ff. FamFG). Nach § 88 Abs. 2 FamFG hat das Jugendamt dem Gericht hierbei in geeig-neten Fällen Unterstützung zu leisten. Bei Verstößen gegen Verpflichtungen aus Entscheidungen zum Aufenthaltsbestimmungs- und Umgangsrecht sowie zur Kin-desherausgabe werden künftig nicht mehr Zwangsmittel, sondern **Ordnungsmittel** verhängt (§ 89 Abs. 1 FamFG). Diese können – anders als Zwangsmittel – auch noch nach Ablauf der Verpflichtung wegen Zeitablaufs vollstreckt werden.

2.4.7   Adoption

Rechtsquellen Mit der Adoption – die gesetzliche Formulierung in der Überschrift zum 7. Titel des BGB lautet: Annahme als Kind – wird ein Eltern-Kind-Verhältnis unabhängig von der Abstammung des Kindes zwischen den oder dem Annehmenden und dem Kind begründet (§ 1754 BGB). Die rechtlichen Regelungen hierzu stammen in ihren Grundzügen aus dem Jahr 1977 und finden sich in den §§ 1741 bis 1772 BGB. Hinzu kommen das Adoptionsvermittlungsgesetz (AdVermiG) sowie einige Vorschriften des SGB VIII (§§ 36 Abs. 1 S. 2, § 37 Abs. 1 S. 4, § 51 SGB VIII). Das Verfahren in Adoptionssachen ist in den §§ 186 bis 199 FamFG geregelt. Die An-erkennung von im Ausland vorgenommenen Adoptionen für das Rechtsgebiet der Bundesrepublik Deutschland richtet sich nach dem Adoptionswirkungsgesetz (AdWirkG). Nach den Regelungen des internationalen Privatrechts (hierzu I-1.1.6) unterliegt die Adoption zunächst dem Recht des Staates, dem der Anneh-mende angehört (Art. 22 Abs. 1 EGBGB), im Hinblick auf die notwendigen Zu-stimmungen bzw. deren Ersetzungen zusätzlich dem Recht des Heimatstaates des Kindes (vgl. Art. 23 Satz 1 EGBGB). Nach Art. 23 AdÜbk werden in einem Mit-gliedstaat durchgeführte (Auslands-)Adoptionen kraft Gesetzes anerkannt, eine (nochmalige) Adoption nach deutschem Recht ist nicht erforderlich. Nur aus-nahmsweise, wenn es für das Wohl des Kindes erforderlich ist, ist stattdessen (nur) das deutsche Recht anzuwenden (Art. 23 Satz 2 EGBGB; vgl. BayObLG FamRZ 1995, 634; Röchling 2006, 133; Wuppermann 2006 Rn 41).

Der Zweck der Adoption, der in den genannten Regelungen zum Ausdruck gebracht werden soll, unterscheidet sich mittlerweile gravierend von der ursprünglichen Intention des BGB, wonach für Ehepaare, deren eigene Kinderlosigkeit feststand, ein Kind gesucht wurde, mittels dem auf Basis eines Adoptionsvertrags die Generationenabfolge in der Familie gesichert und das Eigentum durch Erbschaft übertragen werden konnte. Heute geht es vielmehr zentral darum, Eltern für ein Kind zu finden, das elternlos ist oder dessen Eltern im Sinne der Abstammung aufgrund persönlicher Dispositionen oder Konstellationen elterliche Verantwortung nicht übernehmen können und/oder möchten. Dies bringt § 1741 Abs. 1 S. 1 BGB zum Ausdruck, wenn er die Zulässigkeit der Adoption in Deutschland daran knüpft, dass sie dem **Kindeswohl** dient. Ziel der Adoption ist die Herstellung eines umfassenden **rechtlichen wie sozialen Eltern-Kind-Verhältnisses**. Geht es in der Praxis einerseits haufig (etwa 50 %) um die sog. Stiefkindadoption durch neue Partner (Stiefeltern), verbirgt sich andererseits zumeist ein komplexes Bündel von massiven sozialen Problemlagen auf der Seite der abgebenden Eltern, insb. von alleinerziehenden Müttern, die sich in von ihnen als ausweglos wahrgenommenen Situationen befinden (Münder et al. 2009 § 50 Anhang 59 ff. und § 51 Rz. 1 m. w. N.). — **Zweck der Adoption**

Nach der heutigen rechtlichen Regelung ist die Verwirklichung des Normzwecks an drei Voraussetzungen gebunden: Erstens an die **Einwilligung des Kindes** in die Adoption, die vom unter 14-Jährigen durch dessen gesetzlichen Vertreter, mit Vollendung des 14. Lebensjahres nur noch durch den Minderjährigen selbst erteilt werden kann, wobei er hierzu der Zustimmung des gesetzlichen Vertreters bedarf (§ 1746 BGB). Insbesondere in der Anerkennung des Selbstbestimmungsrechts des bereits 14-jährigen Minderjährigen unterstreicht die Regelung die Subjektposition des Kindes im Prozess der Adoption (vgl. auch Schleicher 2007, 318). Zweitens setzt die Adoption voraus, dass ihr eine angemessene, d. h. mindestens einjährige, i. d. R. ein bis zwei Jahre (Paulitz 2006, 61) andauernde Probezeit, die sogenannte **Adoptionspflege** vorgeschaltet ist, während der sich erweisen soll, ob es tatsächlich zur Herausbildung eines Eltern-Kind-Verhältnisses kommt (§ 1744 BGB). Drittens schließlich befindet sich das gesamte Adoptionsverfahren in **staatlicher Hand**: — **Voraussetzungen einer Adoption**

Die Adoptionsvermittlung ist mit ganz wenigen Ausnahmen (§ 5 Abs. 2 AdVermiG) alleinige Angelegenheit des Jugendamtes und des Landesjugendamtes (§ 2 Abs. 1 i. V. m. § 5 Abs. 1 AdVermiG); hinzu kommen noch weitere Aufgaben des Jugendamtes in Vorbereitung der eigentlichen Vermittlung (vgl. § 7 AdVermiG; §§ 36 Abs. 1 S. 2, § 37 Abs. 1 S. 4, § 51 SGB VIII). Die Adoptionsvermittlung nach dem AdVermiG sowie auch die Prüfung innerhalb des Hilfeplanverfahrens nach SGB VIII, ob für ein Kind möglicherweise eine Adoption in Betracht kommt, richten sich als Verwaltungsverfahren nach SGB X (vgl. III-1.2; Kunkel 2006a, 29 ff.). Soweit das Gesetz in § 2 Abs. 2 AdVermiG erlaubt, dem Diakonischen Werk, dem Deutschen Caritasverband und der Arbeiterwohlfahrt die Aufgabe der Adoptionsvermittlung zu übertragen, unterliegen diese, ebenso wie die staatlichen Vermittlungsstellen, dem Rechtsstaatsgebot, insb. auch dem Grundsatz der Gesetzmäßigkeit der Verwaltung. Von einer „Beleihung" wird man dabei allerdings nicht sprechen können, da mit der Übertragung der Aufgabe der Adoptionsvermittlung keine hoheitlichen Befugnisse verbunden sind (vgl. I-4.1.2.2.; a. A. Kunkel 2006a, — **Adoptionsvermittlung** — **Dekretssystem**

37 f.). Zur Adoption selbst kommt es dann erst durch **Beschluss** (Dekret) **des Familiengerichts** (§ 1752 Abs. 1 BGB), womit das Kind die rechtliche Stellung eines Kindes des Annehmenden erlangt bzw. im Fall der (sog. Stiefeltern-)Adoption durch Ehegatten die rechtliche Stellung eines gemeinschaftlichen Kindes der Ehegatten (§§ 1754 ff. BGB). Der Entscheidung des Familiengerichts liegt nach § 189 FamFG eine fachliche Äußerung der Adoptionsvermittlungsstelle zugrunde. Darüber hinaus ist im familiengerichtlichen Verfahren, neben den Beteiligten und ggf. weiteren Personen (§ 193 f. FamFG), auch das Jugendamt anzuhören, sofern es nicht bereits als Adoptionsvermittlungsstelle in Erscheinung getreten ist (§ 189 FamFG), bzw. ggf. auch das Landesjugendamt (§§ 193 f. FamFG).

Adoptiveltern   Innerhalb der BGB-Regelung geht es zunächst darum, welche gesetzlichen Vorgaben für Adoptiveltern bestehen. Als prototypisch für die Adoption nimmt das Gesetz die Annahme eines Kindes durch ein Ehepaar an (§ 1741 Abs. 2 S. 2 BGB). Jedenfalls im Regelfall kann, wer verheiratet ist, ein Kind nicht allein annehmen (Ausnahmen: 1. Geschäftsunfähigkeit des anderen Ehepartners, 2. Nichterfüllung der Altersvoraussetzungen durch den anderen Ehepartner, 3. Adoption des Kindes des Ehepartners; zu 2. und 3. s. u.). Andersherum kann, wer nicht verheiratet ist, ein Kind nur allein annehmen (§ 1741 Abs. 1 S. 1 BGB). Demzufolge ist eine gemeinsame Adoption nicht nur von Partnern einer nichtehelichen Lebensgemeinschaft nicht möglich, sondern auch nicht bei eingetragener Lebenspartnerschaft i. S. d. LPartG. Letzterem stand bis in das Jahr 2008 allerdings auch der Wortlaut von Art. 6 des Europäischen Übereinkommens über die Adoption von Kindern entgegen. Mittlerweile liegt das Abkommen mit Datum vom 07.05.2008 in einer revidierten Fassung vor, die eine gemeinsame Adoption durch gleichgeschlechtliche Lebenspartner nunmehr in Art. 7 n. F. ermöglicht. Allerdings steht einer Adoption durch *einen* Partner einer gleichgeschlechtlichen Lebenspartnerschaft bereits heute rechtlich nichts im Wege. Zu beachten ist aber, dass eine sog. Nacheinander-Adoption (oder: Kettenadoption) dergestalt, dass erst der eine Partner der nichtehelichen Lebensgemeinschaft oder der eingetragenen Lebenspartnerschaft das Kind adoptiert und danach der andere, wegen § 1742 BGB ausscheidet. Möglich ist hingegen sowohl für Ehepaare (§ 1741 Abs. 2 S. 3 BGB) als auch für die Partner einer eingetragenen Lebenspartnerschaft (§ 9 Abs. 7 LPartG) die alleinige Annahme des Kindes des Ehe- bzw. Lebenspartners.

Das **Mindestalter**, um ein Kind adoptieren zu können, beträgt 25 Jahre. Bei gemeinsamer Adoption durch ein Ehepaar ist es ausreichend, dass einer der Partner dieses Alterserfordernis erfüllt, wenn der andere mindestens 21 Jahre alt ist. Auch bei einer Stiefkindadoption genügt die Vollendung des 21. Lebensjahres (§ 1743 BGB).

Ausgangspunkt des Adoptionsverfahrens ist der (notariell zu beurkundende) **Antrag** der bzw. des Annehmenden **auf Adoption des Kindes** (§ 1752 BGB). Weitere Voraussetzungen der Adoption sind die bereits besprochene **Einwilligung des Kindes sowie** die der **Eltern des Kindes** (§ 1747 BGB), die ebenfalls gegenüber dem Familiengericht zu erklären und notariell zu beurkunden sind (§ 1750 Abs. 1 BGB). Die Einwilligung der abgebenden Eltern wird umgangssprachlich häufig auch als „Freigabe zur Adoption" bezeichnet. Dies trifft allerdings nicht die Intention des

Gesetzes, weil die Formulierung nahelegt, dass es sich um eine Erklärung der Abgebenden unabhängig vom Vorliegen eines konkreten Adoptionsantrages handele.
Beide Erklärungen sind bedingungs- und befristungsfeindlich und können nicht
widerrufen werden (§ 1750 Abs. 2 BGB). Eine Ausnahme hinsichtlich des Widerrufsrechts besteht lediglich für das über 14-jährige Kind (§ 1746 Abs. 2 BGB). Jedoch werden die Einwilligungen hinfällig, wenn es nicht spätestens drei Jahre nach
ihrem Wirksamwerden zur Adoption gekommen ist (§ 1750 Abs. 4 BGB). Zu erwähnen bleibt, dass die Einwilligung des Kindes entbehrlich ist (§ 1746 Abs. 3, 2.
HS BGB), wenn das Kind unter elterlicher Sorge steht und die Eltern bereits in die
Adoption eingewilligt haben bzw. ihre Einwilligung ersetzt wurde (s. u.). Die Einwilligung der Eltern bezieht sich zwar auf einen konkret vorliegenden Adoptionsantrag. Insofern gibt es nach deutschem Recht keine allgemeine „Freigabe zur Ad-   **Inkognito- und**
option" und demzufolge auch **keine** sogenannte **Blanko-Adoption**. Jedoch ist es   **offene Adoption**
nach § 1747 Abs. 2 S. 2 BGB möglich, dass die Eltern die Einwilligung in die Adoption erteilen, ohne zu wissen, wer ihr Kind anzunehmen beabsichtigt (sog. Inko-
gnito- Adoption). Allerdings wird aus sozialpädagogisch-fachlicher Sicht in geeigneten Fällen immer stärker eine offene Adoption präferiert, in der die annehmenden
und die abgebenden Eltern einander kennen und auch das Kind von Anfang an mit
dem Wissen aufwächst, wer seine leiblichen Eltern sind und dass es von seinen
jetzigen Eltern adoptiert wurde (im Einzelnen vgl. Paulitz 1997). Um Eltern mit
gemeinsamem Sorgerecht, vor allem aber auch nicht verheiratete Mütter vor übereilten Entscheidungen zu schützen, darf die Einwilligungserklärung erst abgege-   **Schutzfrist**
ben werden, wenn das Kind mindestens acht Wochen alt ist (§ 1747 Abs. 2 S. 1
BGB). Diese Schutzfrist gilt jedoch nicht für den Vater, der nicht mit der Mutter
verheiratet ist. Er kann, sofern keine Sorgeerklärungen abgegeben wurden, seine
Einwilligung bereits vor der Geburt des Kindes erteilen (§ 1747 Abs. 3 Nr. 1 BGB).
Andererseits hat er aber auch die Möglichkeit, die alleinige elterliche Sorge nach
§ 1672 BGB zu beantragen (vgl. II-2.4.3.3). Hat die Mutter bereits in die Adoption
eingewilligt, dann bedarf der Antrag des Vaters nach § 1672 BGB in diesem Falle
nicht mehr ihrer Zustimmung (§ 1751 Abs. 1 S. 5 BGB).

Würde eine Adoption wegen der Nichteinwilligung eines Elternteils zu schei-   **Ersetzung der**
tern drohen und bedeutete dies für das Kind einen unverhältnismäßigen Nachteil,   **Einwilligung**
dann ist das Familiengericht verpflichtet, die Einwilligung eines Elternteils zu ersetzen. Die Einwilligung als Teil des natürlichen Elternrechts ist auch dann erforderlich, wenn die Eltern die elterliche Sorge nicht (mehr) innehaben (vgl. BayO-
bLG 10.09.2003 – 1 Z BR 36/03 – FamRZ 2004, 397). Ein Entzug des Sorgerechts
nach § 1666 BGB reicht insoweit nicht aus. Die Adoption gegen den Willen der
Eltern ist zwar grundsätzlich möglich (BVerfGE 24, 119, 135 ff.). Wegen der
grundrechtlich abgesicherten Elternposition aus Art. 6 Abs. 2 GG setzt das deutsche Adoptionsrecht für die zwangsweise Ersetzung der Adoptionseinwilligung
sehr enge Grenzen, nicht zuletzt weil sowohl während der Nazizeit als auch in der
DDR staatliche Zwangsadoptionen vorgeblich zur Wahrung des Kindeswohls
durchgeführt worden waren (Münder et al. 2009 § 51 Rz. 5 ff.). Die Ersetzung
durch das FamG ist nur möglich in gewichtigen Ausnahmefällen und hat in einem
besonderen, im Hinblick auf das Adoptionsverfahren selbstständigen Zwischenverfahren zu erfolgen (vgl. BVerfG 24, 119, 138 ff.; Röchling 2006, 64 ff.). § 1748

BGB nennt abschließend die Konstellationen (**Ersetzungsgründe**), in denen die verweigerte bzw. fehlende Einwilligung in die Adoption ersetzt werden kann (Münder et al. 2009 § 51 Rz. 6 ff.):

■ anhaltende gröbliche Pflichtverletzungen (§ 1748 Abs. 1 Satz 1 BGB) sind solche, die zu einem Entzug des Sorgerechts nach § 1666 BGB führen können (vgl. bereits BVerfGE 24, 119, 146), insb. die extreme Vernachlässigung, z. B. der ständige Aufenthalt des Kindes in einer verwahrlosten Wohnung, fortwährende Misshandlung oder sexueller Missbrauch des Kindes u. ä. (HK-BGB/Kemper 2009 § 1748 Rz. 3);
■ eine besonders schwere Pflichtverletzung (§ 1748 Abs. 1 Satz 2 BGB), wie z. B. schwere Fälle von Misshandlung oder sexuellem Missbrauch; die Tötung des anderen Elternteils (HK-BGB/Kemper 2009 § 1748 Rz. 8);
■ wenn der Elternteil durch sein Verhalten gezeigt hat, dass ihm das Kind gleichgültig ist. Die rein innere Haltung und Bindungslosigkeit reicht hierzu nicht, die Gleichgültigkeit muss sich im äußeren Verhalten zeigen (vgl. BT-Ds 7/421, 8; BayObLG 09.01.2002 – 1 Z BR 30/01 – FamRZ 2002, 1142, 1144). Dies liegt z. B. dann vor, wenn der Elternteil mit dem im Heim oder einer Pflegefamilie lebenden Kind keinen Kontakt hält oder Unterhaltszahlungen anhaltend verweigert (Münder et al. 2009 § 51 Rz. 7 ff.).

Im Fall der Gleichgültigkeit darf die Ersetzung der Einwilligung erst erfolgen, nachdem das Jugendamt den Elternteil über die Möglichkeit der Ersetzung belehrt hat und ihm eine Frist von drei Monaten gewährt wurde, innerhalb der er die Möglichkeit hat, sein Verhalten entsprechend zu ändern, wobei das Jugendamt über ggf. bestehende Hilfemöglichkeiten berät (§ 1748 Abs. 2 BGB; § 51 Abs. 1 und 2 SGB VIII). Darüber hinaus kommt eine Ersetzung der Einwilligung noch bei Erziehungsunfähigkeit eines Elternteils wegen schwerer psychischer Krankheit oder schwerer geistiger bzw. seelischer Behinderung in Betracht, wenn durch das Unterbleiben der Adoption das Kind nicht in einer Familie aufwachsen könnte und dadurch in seiner Entwicklung schwer gefährdet wäre (§ 1748 Abs. 3 BGB). Schließlich kann die Einwilligung bei einem Vater, dessen Kind nach § 1626a Abs. 2 BGB unter alleiniger elterlicher Sorge der Mutter steht, schon allein dann ersetzt werden, wenn das Unterbleiben der Annahme dem Kind zu unverhältnismäßigem Nachteil gereichen würde (§ 1748 Abs. 4 BGB). Wiederum wegen Art. 6 Abs. 2 GG ist aber gerade hierbei zu beachten, inwieweit bereits eine Vater-Kind-Beziehung besteht bzw. welche Gründe den Vater am Aufbau einer solchen Beziehung gehindert haben (Wellenhofer 2009, 322; vgl. v. a. auch die bereits oben unter I-2.2.6 zitierten Entscheidungen EGMR Görgülü vs. Germany No. 74969/01 – 26.02.2004 sowie im Anschluss BVerfG 14.10.2004 – 2 BvR 1481/04).

Wirkung der Adoptionseinwilligung   Mit den Einwilligungen in die Adoption tritt das Adoptionsverfahren in die Phase der bereits oben erwähnten Adoptionspflege (§ 1744 BGB). Während dieser Zeit ruht die elterliche Sorge der abgebenden Eltern, die dann auch kein Recht mehr zum persönlichen Umgang mit dem Kind haben. Das Jugendamt wird von Gesetzes wegen Vormund des Kindes. Die Annehmenden haben in sorgerechtlicher Hinsicht die Stellung von Pflegepersonen i. S. v. § 1688 BGB. Anders als diese sind sie jedoch schon während der Probezeit verpflichtet, für den Unterhalt des Kindes zu sorgen (§ 1751 BGB).

Stellt das Familiengericht nach Abschluss der Probezeit das Vorliegen der Voraussetzungen für eine Adoption fest, so ist der Beschluss, mit dem es die Annahme ausspricht, unanfechtbar und unabänderlich (§ 197 Abs. 3 FamFG). Die entscheidende Wirkung der Adoption besteht in der Herstellung eines Eltern-Kind-Verhältnisses zwischen Annehmendem und Kind mit entscheidenden Folgen für die Verwandtschaft, Erbe, Unterhalt und elterliche Sorge. Wird das Kind von einem Ehepaar angenommen oder handelt es sich um die Adoption des Kindes eines Ehepartners oder eines Partners aus einer eingetragenen Lebenspartnerschaft, dann erlangt das Kind die Rechtsstellung eines gemeinschaftlichen Kindes der Ehegatten (§ 1754 Abs. 1 BGB) bzw. der Lebenspartner (§ 9 Abs. 7 LPartG i. V. m. § 1754 Abs. 1 BGB). Des Weiteren erlöschen alle bisherigen Verwandtschaftsverhältnisse des Kindes (§ 1755 Abs. 1 BGB); an ihre Stelle treten neue zu den Verwandten der Adoptiveltern. Von dieser Form der sogenannten **Volladoption** bei Minderjährigen wird nur in den Fällen der **Stiefkindadoption** (wobei sich hier die rechtlichen Wirkungen danach unterscheiden, ob der leibliche Vater noch lebt oder als Mitinhaber der elterlichen Sorge bereits gestorben ist; vgl. §§ 1755 Abs. 2, 1756 Abs. 2 BGB) sowie der **Verwandtenadoption** (§ 1756 Abs. 1 BGB) abgewichen. Näheres hierzu ist den genannten Vorschriften zu entnehmen.

Wirkung der Adoption

Die Tatsache der Adoption selbst sowie ihre Umstände dürfen ohne Zustimmung des Annehmenden und des Kindes nicht offenbart oder ausgeforscht werden. Das Adoptionsgeheimnis soll vor allem vor einer unerwarteten Konfrontation zwischen leiblichen Eltern und der Adoptivfamilie schützen (Wellenhofer 2009, 325). Dies bedeutet aber auch, dass es das Recht des Kindes auf Kenntnis seiner Abstammung nicht berührt. Dieses wird ihm vielmehr ausdrücklich dadurch garantiert, dass es nach § 62 Abs. 1 S. 3 PStG mit Vollendung des 16. Lebensjahres zur Einsicht in seine Geburtsunterlagen berechtigt ist. Während in der Geburtsurkunde nur die Adoptiveltern als seine Eltern vermerkt sind, können aus der Abstammungsurkunde auch die leiblichen Eltern ersehen werden.

Adoptions-geheimnis

Das Prinzip der Unabänderlichkeit und damit Nichtaufhebbarkeit von Adoptionsentscheidungen ist nach § 1759 BGB nur in zwei Fällen durchbrochen:

Aufhebung der Adoption

- wenn eine Einwilligungserklärung nicht oder nicht wirksam abgegeben wurde auf Antrag des Einwilligungsberechtigten (§ 1760 BGB) sowie
- wenn dies aus schwerwiegenden Gründen zum Wohl des Kindes erforderlich ist, durch das Familiengericht von Amts wegen (§ 1763 BGB). Die Aufhebung aus diesem Grund ist jedoch nur während der Minderjährigkeit des Kindes zulässig und auch nur dann, wenn das Kind nach Aufhebung der Adoption entweder zu seinen leiblichen Eltern zurückkehren kann oder wenn das Kind durch andere Annehmende adoptiert werden soll. So wird vermieden, dass das Kind in eine Situation der Elternlosigkeit gerät. Gegebenenfalls kommen zum Schutz des adoptierten Kindes Maßnahmen nach §§ 1666, 1666a BGB in Betracht.

Volljährigen- Neben der Adoption Minderjähriger ist auch die sogenannte Volljährigenadoption
adoption gesetzlich möglich (§§ 1767 ff. BGB). Auch sie muss jedoch prinzipiell auf die
Herausbildung eines Eltern-Kind-Verhältnisses gerichtet und darüber hinaus sitt-
lich gerechtfertigt sein (§ 1767 Abs. 1 BGB). Zustande kommt sie ebenfalls durch
Beschluss des Familiengerichts, dem aber Anträge des Annehmenden und des Anzunehmenden zugrunde liegen. Hinsichtlich der Wirkungen handelt es sich bei ihr
lediglich um eine Teiladoption. Das bedeutet, dass diese sich nicht auf die Verwandten des Annehmenden erstrecken (§ 1770 Abs. 1 BGB). Falls der volljährige
Angenommene nicht die deutsche Staatsbürgerschaft besitzt, erwirbt er sie auch
nicht durch die Annahme (§ 6 StAG). Etwas anderes gilt nur, wenn das Familiengericht nach § 1772 BGB auf Antrag ausdrücklich bestimmt, dass die Wirkungen
der Minderjährigenadoption eintreten sollen. Dies ist z. B. dann möglich, wenn der
Adoptionsantrag bereits zu einem Zeitpunkt eingereicht wurde, da der Anzuneh-
mende noch nicht volljährig war. In den allermeisten derartigen Fällen wird es jedoch darum gehen, dass eine bereits gelebte Eltern-Kind-Beziehung erst nach der
Volljährigkeit des Anzunehmenden verrechtlicht werden kann, weil die für die
Adoption eines Minderjährigen notwendige Einwilligung eines Elternteils nicht
vorlag. Da die Wirkungen der Volljährigenadoption im Regelfall weniger weitrei-
chend sind und es insb. Aspekte der elterlichen Sorge hier nicht zu berücksichtigen
gilt, kann sie nach § 1771 BGB bei Vorliegen eines wichtigen Grundes auf Antrag
des Annehmenden und des Angenommenen auch wieder durch das Familiengericht aufgehoben werden.

 BAGLJÄ 2006; Paulitz 2006

2.4.8 Vormundschaft und Pflegschaft

Der Begriff geht in etwa auf das 10. Jahrhundert zurück. Er leitet sich ab von der
Funktion und althochdeutschen Munt, was in etwa Schutzgewalt bedeutet. Die Vormundschaft
Aufgaben ist heute, da sie (seit 1992) nur noch für Minderjährige bestehen kann, der **Ersatz
für elterliche Sorge** (Schleicher 2007, 345; zur rechtshistorischen Entwicklung
ausführlich Oberloskamp 2010, 1 ff.). Daher hat der Vormund im Wesentlichen die
gleichen **Aufgaben** wie Eltern (§§ 1793, 1800 i. V. m. §§ 1631 bis 1633 BGB), wobei die gesetzliche Vertretung besonders betont wird (§ 1793 Abs. 1 S. 1 BGB).
Dies mag bereits als Hinweis darauf gelten, dass zwischen Vormund und Mündel
kein Eltern-Kind-Verhältnis entsteht. Das Rechtsverhältnis zwischen beiden ist
vielmehr ein Dauerschuldverhältnis eigener Art, das, zumindest soweit die Vormundschaft unentgeltlich geführt wird (hierzu s. unten), wesentliche Elemente
einer unentgeltlichen Geschäftsbesorgung (Auftrag nach §§ 662 ff. BGB; vgl. II-
1.4.1.1) enthält (Schwab 2010 Rn 885). Deshalb kann sich der Vormund zum einen
auch nicht auf das Elterngrundrecht aus Art. 6 Abs. 2 GG berufen. Zum zweiten
steht er unter stärkerer gerichtlicher Kontrolle und Reglementierung als Eltern.
Während dabei die Vertretungsverbote sowie die Möglichkeit des Entzugs des
Vertretungsrechts für den Vormund (§§ 1795 f. BGB) analog auch für Eltern gelten
(§ 1629 Abs. 2 BGB), reichen die Vorschriften über die Genehmigungspflicht von

Rechtsgeschäften sowie die über die Verwaltung und Anlegung von Mündelver-
mögen erheblich über die entsprechende Regelung bei der elterlichen Vermögenssorge hinaus. Hinzu kommen Berichterstattungs- und Rechnungslegungs-
pflichten vor dem Familiengericht (§§ 1837 ff. BGB).

Aus dem Zweck der Vormundschaft leitet sich ab, unter welchen Voraussetzungen eine Vormundschaft anzuordnen ist, wobei diese Anordnung durch das Familiengericht erfolgt (§ 1774 S. 1 BGB). Die Voraussetzungen liegen vor, wenn beide
Elternteile verstorben sind, beiden Elternteilen die elterliche Sorge entzogen
wurde (§ 1773 Abs. 1, 1. Alt. BGB) oder die elterliche Sorge beider Elternteile ruht
(§ 1773 Abs. 1, 2. Alt. BGB). In diesen Fällen ist durch das Familiengericht ein
Vormund zu bestellen (§ 1789 BGB). Liegen die genannten Voraussetzungen nur
bei einem Elternteil vor, dann ist zu sehen, ob der andere die alleinige elterliche
Sorge ausübt (§ 1680 Abs. 1 und Abs. 3, 1. Alt. BGB) bzw. ob ihm die alleinige
Sorge durch das Familiengericht übertragen werden kann (§ 1680 Abs. 2 und 3, 2.
Alt., § 1696 BGB; vgl. Übersicht 27). Scheidet beides aus, ist ebenfalls ein Vormund zu bestellen. Gleiches gilt, wenn der Familienstand des Kindes, z. B. bei
anonymer Geburt oder wenn das Kind elternlos aufgefunden wird, nicht zu ermitteln ist (§ 1773 Abs. 2 BGB).

Bestellung der Vormundschaft

Daneben tritt in bestimmten Fällen die Vormundschaft von Gesetzes wegen,
also ohne dass sie noch durch das Familiengericht angeordnet werden müsste, ein.
Diese sind:

Gesetzliche Vormundschaft

- nach § 1791c Abs. 1 S. 1 BGB die Geburt eines Kindes, das z. B. deshalb eines
  Vormundes bedarf, weil die Mutter minderjährig ist und der Vater kein Sorgerecht hat, sofern nicht nach § 1774 S. 2 BGB bereits vor der Geburt des Kindes
  ein Vormund bestellt wurde,
- nach § 1791c Abs. 1 S. 2 BGB die erfolgreiche Anfechtung einer Vaterschaft
  (vgl. II-2.4.1), wenn das Kind dadurch nicht mehr unter elterlicher Sorge steht,
  z. B. weil die Mutter noch minderjährig oder bereits gestorben ist, sowie
- nach § 1751 Abs. 1 S. 2 BGB die Einwilligung der leiblichen Eltern in die Adoption des Kindes.

In allen genannten Fällen ist zugleich von Gesetzes wegen vorgesehen, dass das
Jugendamt Vormund wird. Man spricht dann von einer sog. gesetzlichen **Amtsvormundschaft**.

Die Auswahl des Vormundes obliegt dem Familiengericht (§ 1779 Abs. 1 BGB).
Ein Benennungsrecht der Eltern besteht nur im Rahmen einer Verfügung von Todes
wegen (§ 1777 Abs. 3 BGB). Dies bedeutet, dass dieses Recht den Eltern in den
Fällen des Sorgerechtsentzugs nicht zusteht. Allerdings hat das Familiengericht in
Vormundschaftsverfahren, die nach § 151 Nr. 4 FamFG verfahrensrechtlich den
Kindschaftssachen (s. II-2.4.6) zugeordnet sind, die Eltern anzuhören (§ 160 Abs. 2
FamFG). Dabei ist zu sehen, dass Entzug der elterlichen Sorge nach §§ 1666, 1666a
BGB und Auswahl und Bestellung eines Vormunds innerhalb eines einheitlichen
Verfahrens vorgenommen werden. Die **Auswahlkriterien** für den Vormund sind in
§ 1779 Abs. 2 BGB genannt. Aus ihnen ergibt sich, dass hier keine bestimmte, von
vorn herein festgelegte Rangfolge infrage kommender Personen besteht, sondern

Auswahl des Vormunds

dass der Aspekt der persönlichen Bindungen des Mündels im Grunde den entscheidenden Gesichtspunkt bildet. Zur Übernahme der Vormundschaft besteht nach § 1785 BGB eine Pflicht, von der nur unter den engen gesetzlichen Voraussetzungen von § 1786 BGB entbunden werden kann. Jedoch kommt es letztlich im Sinne des Wohls des Mündels in der Praxis wohl eher selten zur Benennung von Vormündern, die dann mittels Zwangs (Zwangsgeld, § 1788 BGB) zur Übernahme der Vormundschaft angehalten werden müssten (vgl. auch Schleicher 2007, 347).

Aufgaben des Jugendamts Die Formulierung in § 1779 Abs. 1 BGB, wonach das Familiengericht den Vormund nach Anhörung des Jugendamtes auszuwählen hat, weist bereits auf dessen zentrale Rolle in diesem Auswahlprozess hin. Da die gesetzlichen Aufgaben des Jugendamtes im SGB VIII abschließend geregelt sind (vgl. deshalb auch III-3.4.3), findet sich eine entsprechende Formulierung dort noch einmal in § 53 Abs. 1 SGB VIII. Darüber hinaus hat das Jugendamt Vormünder beratend zu unterstützen (§ 53 Abs. 2 SGB VIII), in gewisser Weise auch zu kontrollieren sowie bestimmten Berichterstattungs- und Informationspflichten gegenüber dem Familiengericht nachzukommen (§ 53 Abs. 3 SGB VIII). Insbesondere kann es aber selbst Vormund werden (§ 55 Abs. 1 SGB VIII). Außer der schon genannten gesetzlichen **Amtsvormundschaft** kommt dabei vor allem auch eine Bestellung durch das Familiengericht zum Vormund nach § 1791b BGB in Betracht. Ebenso wie die Vereinsvormundschaft, die nach 1791a BGB möglich ist, soll sie nach dem Gesetzeswortlaut gegenüber dem Einzelvormund nachrangig sein. Allerdings bezieht sich diese Nachrangigkeit seit einer entsprechenden Gesetzesänderung aus dem Jahre 2005 nur noch auf den ehrenamtlichen Vormund, nicht den vergütungsberechtigten (§ 1836 Abs. 1 S.2 BGB) Berufsvormund. Dies ist, trotz des dahinterstehenden nachvollziehbaren Gedankens der Kosteneinsparung, weder in rechtlicher noch in tatsächlicher Hinsicht unproblematisch. Denn zum einen wird dadurch – entgegen dem Willen des Gesetzgebers – unter der Hand das „Staatsmündel" (Salgo / Zenz 2009, 1381) zum Prototyp vormundschaftlicher Fürsorge, welche aufgrund der damit per se bestehenden Interessenskollisionen (JA als Vormund und gleichzeitig Leistungsträger) problematisch ist (s. III-3.4.3). Ca. 70 bis 80 % aller Vormundschaften liegen bei den Jugendämtern. Zum anderen steht die Arbeit der Amtsvormünder insb. aufgrund teilweise extrem hoher Fallzahlen, die mitunter kaum persönliche Kontakte zwischen dem vom Jugendamt mit der Führung beauftragten Mitarbeiter, dem sogenannten Realvormund, und dem Mündel zulassen, immer wieder hinsichtlich ihrer Qualität in der Diskussion (vgl. hierzu: Behlert / Hoffmann 2004, 345 ff.). In dem Gesetz zur Änderung des Vormundschafts- und Betreuungsrechts vom Mai 2011 sind genau diese kritischen Punkte aufgegriffen und entsprechend bearbeitet. Die besondere Bedeutung der persönlichen Kontakte zwischen Vormund und Mündel wird nunmehr auch in § 1800 BGB hervorgehoben. Nach § 1793 Abs. 1a BGB soll der Vormund deshalb das Mündel in der Regel, d. h. wenn die Umstände des Einzelfalles keine Abweichung hiervon erforderlich machen, wenigstens einmal im Monat aufsuchen. Um diesen gesetzlichen Anforderungen auch tatsächlich genügen zu können, soll ein mit der Führung der Vormundschaft betreuter Beamter oder Angestellter des Jugendamtes künftig nur noch höchstens 50 Mündel betreuen (§ 55 Abs. 2 S. 3 SGB VIII). Dennoch wird sich auch damit an der insgesamt für das geltende Vormundschaftsrecht systemwidrigen Überbetonung der Amtsvormundschaft, die zugleich auch die Gefahr in sich trägt, insoweit die Kontrollfunktion des Jugendamtes zu paralysieren (Salgo/Zenz 2009, 1381), im Ergebnis wohl noch nicht allzu viel ändern.

In vielerlei Hinsicht der Vormundschaft ähnlich ist die Pflegschaft, für die auch die Mehrzahl der für die Vormundschaft geltenden Vorschriften entsprechende Anwendung findet (§ 1915 BGB). Unter den verschiedenerlei Arten von Pflegschaften, die das Gesetz v. a. in §§ 1911 ff. BGB, aber auch in einer Reihe weiterer Vorschriften inner- und außerhalb des BGB kennt, soll im vorliegenden Zusammenhang vor allem die Pflegschaft für Minderjährige nach § 1909 BGB von Interesse sein. Sie richtet sich, und dies ist der wesentliche Unterschied zur Vormundschaft, zumindest im Fall des § 1909 Abs. 1 BGB nicht auf die gesamte elterliche Sorge, sondern nur auf einzelne Angelegenheiten von ihr. Im Rahmen dieser Angelegenheiten ist der Pfleger **gesetzlicher Vertreter** des Pfleglings; er geht dann den Eltern (§ 1630 Abs. 1 BGB) bzw. dem Vormund (§ 1794 BGB) vor. Da die Pflegschaft insofern ergänzend zur elterlichen Sorge oder auch zur Vormundschaft hinzutritt, wird sie auch als **Ergänzungspflegschaft** bezeichnet. Die wichtigsten Fallkonstellationen, bei denen sie zur Anwendung kommt, sind folgende: **Pflegschaft**

- den Eltern ist wegen Kindeswohlgefährdung das Aufenthaltsbestimmungsrecht oder auch ein anderer Teil der elterlichen Sorge nach § 1666 BGB entzogen worden (vgl. II-2.4.4),
- die Eltern oder der Vormund sind wegen möglicher Interessenkollision nicht zur Vertretung des Kindes berechtigt (§§ 181, 1629 Abs. 2 und 2a, § 1795 BGB) bzw. ihnen ist das Vertretungsrecht entzogen worden (§§ 1796, 1629 Abs. 2 BGB),
- das Kind hat Vermögen geerbt oder geschenkt bekommen und der Erblasser oder Schenker hat verfügt, dass die Eltern das Vermögen nicht verwalten sollen (§ 1909 Abs. 1 S. 2 BGB).

Neben der Ergänzungspflegschaft ist noch die vorläufige oder auch **Ersatzpflegschaft** von besonderer Relevanz, die nach § 1909 Abs. 3 BGB im Falle der Notwendigkeit einer Vormundschaft zur Überbrückung der Zeit bis zur Bestellung eines Vormundes angeordnet wird.

Oberloskamp 2010

2.5   Betreuung

Das Betreuungsrecht betrifft im Wesentlichen volljährige Menschen mit einer psychischen Erkrankung oder einer körperlichen, geistigen oder seelischen Behinderung, die ihre Angelegenheiten ganz oder teilweise nicht mehr selbst besorgen können und für diesen Fall keine eigene Vorsorge getroffen haben. Seine rechtliche Form erhielt es durch das Gesetz zur Reform der Vormundschaft und Pflegschaft für Volljährige (Betreuungsgesetz – BtG) vom 12.09.1990, das am 01.01.1992 in Kraft trat. Es handelt sich hierbei um ein Artikelgesetz, durch das **Rechtsgrundlagen** ca. 300 Vorschriften in insgesamt etwa 50 Gesetzen geändert bzw. neu geschaffen wurden. Zu ihnen gehören auch solche des Öffentlichen Rechts, wie etwa das Betreuungsbehördengesetz (BtBG). Das Verfahren richtet sich nach FamFG, wo die besonderen Vorschriften über das Verfahren in Betreuungs- und Unterbringungssachen in Buch 3 zu finden sind. Unter familienrechtlichem Aspekt ist vor allem der im 3. Abschnitt des 4. Buches BGB enthaltene Titel 2 (§§ 1896 ff. BGB) relevant, der den Kern der materiellrechtlichen Regelung ausmacht. Seine derzeit geltende Fassung erhielt das Betreuungsrecht durch das 3. BtÄndG vom 01.09.2009.

Mit Einführung des BtG im Jahre 1992 wurde von einer „epochalen Wende" (Krölls 2002, 140) gesprochen. In der Tat sorgt das Gesetz bereits mit seiner neuen Sprachregelung (die Betroffenen sind nunmehr *Betreute*, nicht mehr, wie bisher, *Entmündigte*) für eine geringere Diskriminierungsanfälligkeit. Diese Entwicklung ist mit dem FGG-ReformG (nach zu langer Unterbrechung) fortgeführt worden, wonach nunmehr **Betreuungsgerichte**, und nicht mehr wie bisher die Vormundschaftsgerichte, für Betreuungssachen zuständig sind (§ 23c GVG). Aber auch im tatsächlichen Sinne hat mit dem BtG eine grundlegende Umorientierung von einer eher fremdbestimmt-fürsorglichen Verwaltung der Betroffenen hin zu einer unmittelbaren Betreuung durch eine natürliche Person (§ 1897 BGB) stattgefunden. Zugleich ist in dem Gesetz der Betreuungsaspekt mit dem der Rehabilitation in Zusammenhang gebracht (§ 1901 Abs. 4 BGB; hierzu Ackermann et al. 2004, 192, 215). Freilich handelt es sich dessen ungeachtet, wie durch das zum 01.01.1999 in Kraft getretene 1. BtÄndG auch noch einmal in terminologischer Hinsicht klargestellt wurde, um eine *rechtliche* Betreuung.

rechtlicher Grund-gedanke

Der rechtliche Grundgedanke dieses Paradigmenwechsels besteht in der Ermöglichung   selbstbestimmten Lebensgestaltung auch bei krankheits- oder behinderungsbedingten Defiziten. Er tritt uns in den unterschiedlichsten Ausprägungsformen entgegen. So darf Betreuung stets nur in dem jeweils exakt zu

Erforderlichkeits-grundsatz

bestimmenden erforderlichen Umfang veranlasst werden (Erforderlichkeitsgrundsatz) und nur dann, wenn andere Hilfemöglichkeiten, z. B. solche der kommunalen Sozialarbeit, ausgeschöpft sind (Grundsatz der Subsidiarität; vgl. OLG Oldenburg FamRZ 2004, 1320). Daher kommt auch im Betreuungsrecht dem **Verhältnismäßigkeitsgebot** (s. I.-2.1.2.2) eine kaum zu überschätzende Bedeutung zu. Von vornherein nicht in Betracht kommt eine Betreuung, wenn die Angelegenheiten des Betroffenen auch durch einen Bevollmächtigten besorgt werden können (§ 1896

Vorsorgevollmacht

Abs. 2 BGB). Eine derartige Vollmacht kann in Gestalt einer Vorsorgevollmacht, also vor Eintritt der Erkrankung, darüber hinaus jedoch auch zu jedem späteren Zeitpunkt erteilt werden. Voraussetzung ist freilich, dass der Vollmacht Erteilende *zum Zeitpunkt ihrer Erteilung* geschäftsfähig ist. Zwar besteht für die Erteilung einer Vollmacht im Allgemeinen kein Formerfordernis (Ausnahmen: Schriftform bei Einwilligung in genehmigungspflichtige medizinische Maßnahmen, § 1904 Abs. 5; Unterbringung, § 1906 Abs. 5 BGB). Um jedoch spätere Zweifel an ihrer Gültigkeit nicht aufkommen zu lassen, sollte sie stets schriftlich erfolgen und möglichst notariell beurkundet sein. Darüber hinaus bietet § 6 Abs. 2 BtBG die Möglichkeit einer öffentlichen Beglaubigung durch die Betreuungsbehörde. Dies alles hilft freilich nur, so lange hinsichtlich Inhalt und Umfang der Befugnisse, die dem Bevollmächtigten übertragen worden sind, keine Unklarheiten bestehen.

Es ist nach der bisherigen Darstellung auch nur konsequent, wenn der mit dem 2. BtÄG vom 01.07.2005 eingefügte § 1896 Abs. 1a BGB nunmehr klarstellt, dass eine Betreuerbestellung nicht gegen den freien Willen des Betroffenen erfolgen darf. Die Gesetzesbegründung (BT-Ds 15/2494, 27 ff.) knüpft hier im Wortlaut unmittelbar an eine Entscheidung des BayObLG (FamRZ 2003, 962) an, in der es heißt: „Der Staat hat nicht das Recht, den Betroffenen zu erziehen, zu bessern oder zu hindern, sich selbst zu schädigen". Diese wiederum nimmt Bezug auf die Rspr. des BVerfG, das in einem Beschluss vom 23.03.1998 (2 BvR 2270/96) auch dem psychisch Kranken zumindest unter der Voraussetzung, dass weder eine Fremdgefährdung noch eine unmittelbare Gefährdung des eigenen Lebens droht, die „Freiheit zur Krankheit" zubilligt. Die mit dieser Entscheidung nachhaltig gestärkte Position des Betreuten als Grundrechtsträger wird im Übrigen durch besondere richterliche bzw. Anordnungsvorbehalte bei Eingriffen in grundrechtsgeschützte Bereiche (körperliche Integrität, Post- und Fernmeldegeheimnis, persönliche Freiheit), aber auch durch die verfahrensrechtliche Ausgestaltung der Betreuung weiter abgesichert. Im Verfahren liegt ein besonderes Gewicht auf den **Anhörungsrechten** des Betroffenen und sonstiger Beteiligter (§§ 278 f. FamFG), der Problematik der Begutachtung (§§ 280 ff. FamFG) sowie der Bestellung eines **Verfahrenspflegers** (§ 276 FamFG). Die deutlich ausgeprägte Subjektstellung des Betreuten kommt schließlich auch darin zur Geltung, dass das Gesetz dem Betreuer aufgibt, den Wünschen des Betreuten zu entsprechen, soweit dies zumutbar ist und dem Wohl des Betreuten nicht zuwiderläuft (§ 1901 Abs. 3 BGB). Wo die Grenzen hierfür verlaufen, hat der BGH in einer Grundsatzentscheidung vom 22.07.2009 (XII ZR 77/06) deutlich gemacht. Er unterstreicht in ihr zwar, dass ein Wunsch des Betreuten nicht schon deshalb seinem Wohl zuwiderläuft, weil er seinen objektiven Interessen widerspricht. Allerdings sollen die Wünsche des Betreuten nur dann Vorrang haben, wenn sie tatsächlich Ausdruck seines **Selbstbestimmungsrechts** sind. Diese Voraussetzung liegt nach Auffassung des BGH jedenfalls nicht vor, wenn sich die Wünsche als bloße Zweckmäßigkeitserwägung darstellen, wenn sie Ausdruck der Erkrankung des Betreuten sind oder wenn sie nicht auf Grundlage ausreichender Tatsachenkenntnis geäußert wurden. Darüber hinaus hat der Betreute ein Vorschlagsrecht hinsichtlich der Person des Betreuers (§ 1897 Abs. 4 BGB), das er auch dahingehend ausüben kann, dass er bestimmte Personen als Betreuer ablehnt. Beides – Vorschlag wie Ablehnung – darf nur unter engen, allerdings jeweils unterschiedlich streng formulierten, gesetzlichen Voraussetzungen übergangen werden. Von dem Vorschlagsrecht kann auch im Wege einer vorsorglich errichteten Betreuungsverfügung Gebrauch gemacht werden. Liegt kein Vorschlag des Betroffenen vor, so erfolgt die Auswahl der natürlichen Person, welche die Betreuung übernehmen soll, vor allem unter Berücksichtigung familiärer und persönlicher Bindungen (§ 1897 Abs. 5 BGB). Berufsbetreuer sollen nur dann herangezogen werden, wenn in diesem Bereich keine geeignete Person zur Verfügung steht (§ 1897 Abs. 6 BGB). Erst wenn eine natürliche Person auch in Gestalt eines Berufsbetreuers nicht zu finden ist, wird einem Betreuungsverein die Betreuung übertragen (§ 1900 Abs. 1 BGB). Anders als im Vormundschaftsrecht, wo die Amtsvormundschaft des JAs, wie gesehen (II-2.4.8), praktisch schon zum Regelfall geworden ist, kommt eine Betreuung durch die Betreuungsbehörde hingegen nur ganz nachrangig in Betracht (§ 1900 Abs. 4 BGB).

Betreute als Grundrechtsträger

Betreuungsverfügung

2.5.1   Voraussetzungen für die Bestellung eines Betreuers

§ 1896 BGB Materiellrechtliche Voraussetzung für die Bestellung eines Betreuers ist nach § 1896 Abs. 1 BGB, dass ein **Volljähriger** seine Angelegenheiten ganz oder teilweise nicht besorgen kann, und zwar *aufgrund* einer **psychischen Krankheit** oder einer **körperlichen, geistigen oder seelischen Behinderung**. Sprachlich ist anzumerken, dass der Begriff der psychischen Krankheit inzwischen üblicherweise durch den der psychischen Störung ersetzt ist, von dem man annimmt, dass von **Volljährigkeit** ihm eine geringere Stigmatisierungswirkung für die Betroffenen ausgeht. Von der Voraussetzung der Volljährigkeit wird nur im Rahmen von § 1908a BGB im Fall der vorsorglichen Betreuerbestellung ab Vollendung des 17. Lebensjahres abgewichen. Allerdings wird die Betreuerbestellung auch dann erst mit Eintritt der Volljährigkeit wirksam.

Angelegenheiten Mit Angelegenheiten sind hier alle vorstellbaren Tätigkeiten tatsächlicher oder rechtlicher Art gemeint. Nicht miterfasst ist allerdings die tatsächliche Pflege (Körperpflege, Besorgung der Hauswirtschaft o. Ä.), wohl aber deren Organisation (Dethloff 2009, 507).

psychische Störungen Unter psychischen Störungen sind zunächst endogene, d. h. körperlich nicht begründbare (Schizophrenien, zyklothyme Psychosen), sowie exogene, d. h. körperlich begründbare Psychosen (seelische Störungen als Folge von Hirnerkrankungen oder -verletzungen, Demenzerkrankungen), aber auch Abhängigkeitskrankheiten (Alkohol, Medikamente, illegale Drogen) zu verstehen. In der klinischen Psychologie und der Psychiatrie sind sie in der F (00–99) Klasse des ICD 10 der WHO klassifiziert und zusammengefasst. Da an dieser Klassifikation jedoch eine gewisse Tendenz zur Ausuferung nicht unbemerkt bleiben kann (Fröschle 2009, 20), ist gerade im Zusammenhang mit psychischen Störungen, insb. auch bei Abhängigkeitserkrankungen, immer wieder auf den Zweck der Regelung, und damit auf den Erforderlichkeitsgrundsatz, zu verweisen. Deshalb ist der im Gesetz verwendete Begriff der psychischen Krankheit eng auszulegen. Bei einer Suchterkrankung etwa kommt es nach Ansicht der Rechtsprechung nicht allein darauf an, dass ein Drogenmissbrauch vorliegt (vgl. BayObLG FamRZ 1994, 1618). Hinzukommen muss nach einer Entscheidung des AG Iburg (BtPrax 2004, 206) vielmehr noch, dass tatsächlich eine Schädigung der geistigen Funktion oder des Nervensystems eingetreten ist. Gleichwohl liegt eine Betreuungsbedürftigkeit auch in einem derartigen Fall erst dann vor, wenn die psychische Störung dazu führt, dass der Betroffene seine Angelegenheiten nicht mehr selbst besorgen kann (OLG Zweibrücken 3 W 219/03 – FamRZ 2004, 1815).

geistige Behinderung Eine geistige Behinderung besteht aus medizinischer Sicht bei einer angeborenen oder frühkindlich erworbenen Minderung oder Herabsetzung der Intelligenz sowie einer damit verbundenen Einschränkung des affektiven Verhaltens der Betroffenen.

seelische Behinderung Mit seelischen Behinderungen sind Behinderungen gemeint, die im späteren Leben als Folge psychischer Erkrankungen auftreten (Fröschle 2009, 20). Auch hier verweist die Literatur zutreffend darauf, dass derartige generalklauselartig gefasste Voraussetzungen der Betreuerbestellung nur deshalb „rechtsstaatlich erträglich" sind, weil zwischen ihrem Vorliegen und dem Eintritt der Rechtsfolge stets der sich in der Erforderlichkeitsprüfung äußernde Verhältnismäßigkeitsgrundsatz etabliert ist (Dethloff 2009, 508).

Auch bei einer körperlichen Behinderung muss im Einzelfall geprüft werden, ob der Betroffene aufgrund seiner Behinderung einer rechtlichen Betreuung bedarf. Dies kann z. B. dann der Fall sein, wenn ein körperlich behinderter Mensch, etwa weil er ohne Hilfe anderer nicht imstande ist, zu telefonieren, Schriftsätze zu verfassen oder Behörden aufzusuchen, sich außerstande sieht, die Erfüllung von in einem Heimvertrag getroffenen Vereinbarungen zu angemessener Pflege und Versorgung selbst einzufordern. Vor allem kommt eine Betreuung wegen körperlicher Behinderung dann in Betracht, wenn der Betroffene aufgrund von Lähmungsausfällen nicht mehr kommunizieren kann.

körperliche Behinderung

Veranlasst wird die Betreuerbestellung durch das Betreuungsgericht auf Antrag des Betroffenen, nachrangig auch von Amts wegen. Wiederum ist jedoch mit der oben zitierten Entscheidung des OLG Zweibrücken (FamRZ 2004, 1815) darauf zu verweisen, dass hierbei der Antrag allein nicht ausreichend sein wird, so lange der Betroffene seine Angelegenheiten trotz einer Behinderung oder Erkrankung selbst oder mit Hilfe eines Bevollmächtigten besorgen kann. Liegt eine körperliche Behinderung vor, so gibt das Gesetz (§ 1896 Abs. 1 S. 3 BGB) vor, dass eine Betreuerbestellung von Amts wegen nur in Betracht kommt, wenn der Betroffene, wie etwa bei Lähmungen ab dem dritten Halswirbel, trotz vermutlich voller geistiger Orientierung nicht in der Lage ist, seinen Willen kundzutun. In allen anderen Fällen verlangt das Gesetz nunmehr in ebenso großer Klarheit, dass die Betreuerbestellung nicht gegen den freien Willen des Betroffenen erfolgen darf (§ 1896 Abs. 1a BGB). Damit wird eine Terminologie aufgegriffen, die ansonsten im bürgerlichen Recht im Zusammenhang mit der Geschäftsunfähigkeit (§ 104 Nr. 2 BGB) verwendet wird. Rechtssystematisch betrachtet kann daher der Begriff des freien Willens hier keine andere Bedeutung haben als dort (vgl. auch die amtliche Gesetzesbegründung, BT-Ds 15 / 2494, 28). Dies führt aber im Ergebnis nicht dazu, dass bei einer Betreuerbestellung von Amts wegen zuvor die Geschäftsunfähigkeit des Betroffenen festzustellen wäre, sondern bedeutet lediglich, dass im Falle der Nichteinwilligung in eine Betreuung zu prüfen ist, ob der Ablehnung eine freie Willensbildung zugrunde liegt (hierzu im Einzelnen: Sonnenfeld 2005, 941 f.). Dies ist nach der Rspr. des BGH dann nicht der Fall, wenn eine Person krankheitsbedingt nicht in der Lage ist, ihren Willen frei und weitgehend unbeeinflusst durch Dritte zu bilden und nach entsprechend gewonnener Einsicht zu handeln (BGH NJW 1996, 919; vgl. auch HK-BGB / Dörner 2009 § 104 Rz. 6).

Antrag

Bestellung von Amts wegen

freier Wille

2.5.2 Gegenstände der Betreuung

Auch der jeweilige konkrete Aufgabenkreis, für den ein Betreuer bestellt wird, richtet sich streng nach dem Grundsatz der Erforderlichkeit (§ 1896 Abs. 2 S. 1 BGB). Als Aufgaben, die durch den Betreuer zu erledigen sind, dürfen daher nur exakt diejenigen bezeichnet werden, die der Betreute aufgrund einer psychischen Störung oder Behinderung nicht zu erledigen vermag. Eine Betreuerbestellung „für alle Angelegenheiten" wird daher nur im Ausnahmefall vorkommen können.

Sofern sie dennoch erfolgt, zöge sie als Konsequenz den Ausschluss vom Wahlrecht für den Betreuten nach sich (§ 13 Nr. 2 BWG; deshalb auch § 309 Abs. 1 S. 1 FamFG). Es ist andererseits jedoch auch denkbar, dass sich der Aufgabenkreis im Einzelfall in der Abgabe einer einzigen rechtsgeschäftlichen Erklärung erschöpft.

Aufgaben
Der Gesetzgeber hat darauf verzichtet, einen Katalog aller in Betracht kommenden Aufgaben zu erstellen. Er regelt lediglich aus Gründen der Rechtsklarheit, dass es auch Aufgabe eines Betreuers sein kann, Rechte gegenüber dem Bevollmächtigten des Betreuten geltend zu machen (§ 1896 Abs. 3 BGB). Dies wird z. B. dann praktisch werden, wenn der Betreute krankheits- oder behinderungsbedingt nicht in der Lage ist, den von ihm Bevollmächtigten hinreichend zu überwachen, sodass ein Kontrollbetreuer zu bestellen ist (Fröschle 2009, 25). Dabei wird vor **Post- und** allem auch eine Rolle spielen, ob eine konkrete Missbrauchsgefahr besteht (Par- **Fernmeldeverkehr** dey 2009, 42). Darüber hinaus legt § 1896 Abs. 4 BGB wegen der hier stattfindenden Grundrechtsberührung fest, dass Eingriffe in den Fernmeldeverkehr sowie die Entgegennahme, das Öffnen und das Anhalten von Post nur dann zu den Aufgaben der Betreuung gehören, wenn dies durch das Gericht ausdrücklich angeordnet ist. Auch die Übertragung der Betreuung „für alle Angelegenheiten" genügt dem noch nicht. Ansonsten haben sich einige **Fallgruppen** herausgebildet, auf die die Gerichte in ihrer Praxis heutzutage zurückgreifen. Zu ihnen gehören u. a.:

- der Abschluss von Verträgen, etwa bei ambulanter Betreuung, Pflege oder im Zusammenhang mit der Übersiedlung in ein Heim bzw. eine betreute Wohnform,
- Vermögensangelegenheiten allgemein, für die allerdings eine ganze Reihe von Auflagen, Einschränkungen und Genehmigungspflichten gelten (§ 1908i Abs. 1 S. 1 BGB; vgl. auch II-2.5.3). Nur ganz wenige Rechtsgeschäfte sind genehmigungsfrei (§ 1908i Abs. 1 S. 1 i. V. m. § 1813 BGB), darunter Verfügungen über Guthaben auf Girokonten. In anderen Fällen (§ 1908i Abs. 1 S. 1 i. V .m. § 1825 BGB) kann das Gericht eine allgemeine Ermächtigung erteilen,
- die Beantragung von Sozialleistungen oder Sozialversicherungsleistungen bzw. die Entgegennahme derartiger Leistungen oder von Arbeitsentgelten,
- die Regelung der Erfüllung von Unterhaltspflichten sowie die Geltendmachung von Unterhaltsansprüchen,
- die Führung von Erbauseinandersetzungen bzw. die Ausschlagung einer Erbschaft sowie die Regelung eigener Nachlassangelegenheiten,
- die Regelung des persönlichen Umgangs, wobei der Schutz der Familie aus Art. 6 Abs. 1 GG im Falle der Umgangsreglementierung mit nahen Familienangehörigen zu beachten ist (BayObLG, FamRZ 2004, 1670). § 1632 Abs. 1 bis 3 BGB kommt hierbei sinngemäß zur Anwendung. Dies ergibt sich wiederum aus § 1908i Abs. 1 S. 1 BGB.

Schließlich orientiert sich die Praxis vor allem auch an jenen Aufgaben, für die das Gesetz einen **Richtervorbehalt** bestimmt hat. Diese sind:

Aufenthalts-
bestimmung
Im Hinblick auf die Aufenthaltsbestimmung bedarf es zunächst dann einer besonderen gerichtlichen Genehmigung, wenn das Mietverhältnis über den Wohnraum des Betreuten, z. B. wegen eines beabsichtigten Umzuges in ein Wohnheim oder eine betreute Wohneinrichtung, gekündigt werden soll (§ 1907 Abs. 1 BGB).

Soll eine Unterbringung mit Freiheitsentziehung, etwa in einem psychiatrischen **Freiheitsentziehung**
Krankenhaus oder in einer Suchtklinik, erfolgen, so setzt dies schon wegen Art.
104 Abs. 2 GG auch im Falle der Betreuung eine richterliche Entscheidung voraus
(BVerfGE 10, 302; zum Verfahren vgl. IV-4.4). Darüber hinaus sind noch die
strengen Voraussetzungen des § 1906 Abs. 1 BGB zu beachten. Unterbringung mit
Freiheitsentziehung ist hiernach nur zulässig bei Gefahr der Selbsttötung oder
Selbstzufügung eines erheblichen gesundheitlichen Schadens sowie zur Ermöglichung einer Heilbehandlung oder eines ärztlichen Eingriffs, in deren Notwendigkeit beim Betreuten die Einsichtsfähigkeit fehlt, die aber ohne Unterbringung
nicht durchgeführt werden können. Auch hier wird jedoch eine erhebliche Gesundheitsgefahr vorliegen müssen, weil anders ein derart weitgehender Grundrechtseingriff nicht zu rechtfertigen wäre (HK-BGB/Kemper 2009 § 1906 Rz. 6).
Allein die Erhöhung der Heilungschancen bei einem psychisch Kranken kann
nach Ansicht des OLG Köln (NJW-RR 2004, 1590) hierfür jedenfalls noch nicht
ausreichen. Im Übrigen gelten gem. § 1906 Abs. 4 BGB die gleichen Voraussetzungen auch bei der Anwendung freiheitsentziehender Maßnahmen ohne Unterbringung, also etwa Fixieren mittels Gurten, Aufstellen von Bettgittern o. Ä. Dies
erfordert in der Praxis einen hohen justiziellen Aufwand, der von den Einrichtungen aufgrund der dort herrschenden Arbeitsbelastungen mitunter gescheut wird,
was die Mitarbeiter der Einrichtungen wiederum in die Gefahr bringt, sich strafbar
zu machen. Dennoch gibt es hierzu wegen des hohen Verfassungsgutes der persönlichen Freiheit keine Alternative.

Eine gesonderte Regelung liegt auch für den Bereich der Gesundheitsfürsorge vor. **Gesundheits-**
Ihr liegt zugrunde, dass jede medizinische Maßnahme, vor allem jeder medizini- **fürsorge**
sche Eingriff, mit Ausnahme von lebensrettenden Sofortmaßnahmen, einer Einwilligung durch denjenigen bedarf, an dem sie vorgenommen werden soll (zur
Problematik der Einwilligung vgl. auch IV-2.1). Nur in dem Fall, dass der Betroffene **einwilligungsunfähig** ist, kann sie dem Arzt durch den Betreuer erteilt werden. Im Grundsatz wäre freilich auch eine Einwilligung durch einen Bevollmächtigten möglich. Allerdings wird man im Einzelnen sehr genau sehen müssen, ob
die in diesem Fall der Schriftform bedürfende Vollmacht auch hinreichend präzise
die entscheidungsbedürftige Situation abdeckt (§ 1904 Abs. 5 BGB). Deshalb ist
gerade im Bereich der Gesundheitsfürsorge die Bestellung eines Betreuers zusätzlich zu einer bestehenden Bevollmächtigung keineswegs ungewöhnlich. Für den
Betreuer, wie im Übrigen auch für den Bevollmächtigten, regelt § 1904 Abs. 1
BGB, dass sie für die Erteilung einer derartigen Einwilligung einer Genehmigung
durch das Betreuungsgericht bedürfen, wenn die begründete Gefahr besteht, dass
der Betroffene stirbt oder einen schweren und länger, i. d. R. über ein Jahr andauernden gesundheitlichen Schaden erleidet. Ist eine derartige Gefahr, die entsprechend dem Regelungszweck das normale Durchschnittsrisiko (z. B. bei Narkose)
deutlich überschreitet, also erheblich sein muss, allerdings nicht gegeben, so entscheidet der Betreuer, wenn ihm der Aufgabenbereich „Gesundheitsfürsorge"
übertragen wurde, selbstständig im Rahmen des durch §§ 1901, 1901a Abs. 2 BGB
vorgegebenen Umfangs. Darüber hinaus verlangt aber § 1904 Abs. 2 BGB auch
eine Genehmigung durch das Betreuungsgericht, wenn eine Einwilligung seitens

des Betreuers nicht erteilt oder widerrufen werden soll und dadurch für den Betreuten der Eintritt der genannten Folgen droht. Besondere praktische Relevanz erlangt dies im Zusammenhang mit dem Abbruch lebensverlängernder Maßnahmen etwa bei schwersten Hirnschädigungen bzw. am Lebensende (vgl. hierzu auch BGH 17.03.2003 – XII ZB 2/03). Soll das Gericht über die Genehmigung einer derartigen Nichteinwilligung entscheiden, ist nach § 298 Abs. 3 FamFG stets die Bestellung eines **Verfahrenspflegers** erforderlich. Zu dessen Aufgabe führt der BGH in der bereits zitierten Entscheidung vom 22.06.2009 (XII ZR 77/06) aus, dass sie, in Abgrenzung zum Betreuer, nicht darin bestehe, die objektiven Interessen des Betreuten zu ermitteln, sondern vor allem darin, den Verfahrensgarantien, insb. dem Recht des Betreuten auf rechtliches Gehör, Geltung zu verschaffen. Darüber hinaus hat er nach derselben Entscheidung noch die Pflicht, den tatsächlichen oder mutmaßlichen Willen des Betreuten zu erkunden und in das Verfahren einzubringen. In jedem der durch das Gericht zu entscheidenden Fälle ist zwingend ein Sachverständigengutachten einzuholen, das aber nicht der behandelnde Arzt erstellen soll (§ 298 Abs. 4 FamFG).

Patientenverfügung   In derartigen Fällen liegt allerdings immer häufiger eine sogenannte Patientenverfügung vor, die zu einem Zeitpunkt, zu dem der Betroffene noch einwilligungsfähig war, Festlegungen zu künftigen Heilbehandlungen oder ärztlichen Eingriffen trifft bzw. diese untersagt. Genügt sie dem Erfordernis der Schriftform und treffen die dort niedergelegten Festlegungen auf die aktuelle Lebens- und Behandlungssituation zu, dann bindet sie den Betreuer (nicht aber den Arzt!) in seiner Entscheidung (§ 1901a Abs. 1 BGB). Liegt keine Patientenverfügung vor, obliegt es dem Betreuer, den mutmaßlichen Willen des Betreuten festzustellen (§ 1901a Abs. 2 BGB). Die praktischen Schwierigkeiten beginnen freilich mit der Auslegung der Patientenverfügung. Hierbei kommt es nach § 133 BGB darauf an, den „wirkliche(n) Willen zu erforschen und nicht an dem buchstäblichen Sinne des Ausdrucks" haften zu bleiben. Dies kann insb. bei der Verwendung von standardisierten Vorlagen zur Errichtung derartiger Verfügungen wichtig werden, wenn nicht sicher ist, ob der Betroffene wusste, welche Bedeutung die dort verwendeten Formulierungen in Bezug auf ihn überhaupt haben können (im Einzelnen hierzu: Fröschle 2009, 80; Pardey 2009, 38 f.). Nur auf dem Hintergrund dieser Problematik wird die Regelung des § 1904 Abs. 5 BGB verständlich, wonach eine Genehmigung des Betreuungsgerichts sowohl einer Einwilligung als auch deren Verweigerung dann entbehrlich ist, wenn zwischen Betreuer und behandelndem Arzt Einvernehmen darüber besteht, was jeweils dem Willen des Betroffenen entspricht.

Verbot der Zwangs-   Die Einwilligung in eine Sterilisation steht nicht nur unter Richtervorbehalt
sterilisation   (§ 1905 Abs. 2 BGB), sondern für sie ist auch eigens ein besonderer Betreuer zu bestellen, dem keinerlei andere Aufgaben obliegen dürfen (§ 1899 Abs. 2 BGB). Dies gilt auch dann, wenn eine Betreuung „für alle Angelegenheiten" übertragen wurde. Zusätzlich sind in das Genehmigungsverfahren ein Verfahrenspfleger und ein Sachverständiger einzubeziehen (§ 297 Abs. 5 und 6 FamFG). Jedoch kann auch dann der Betreuer die Einwilligung erst erteilen, wenn feststeht, dass der Betreute selbst nicht einwilligen kann und hierzu auch dauerhaft außerstande blei-

ben wird. Darüber hinaus müssen die weiteren von § 1905 Abs. 1 BGB geforderten Voraussetzungen erfüllt sein. Sie zielen im Wesentlichen darauf ab, dass eine Sterilisation unter keinen Umständen gegen den Willen des oder der Betroffenen, also zwangsweise, erfolgen darf (auch die Sterilisation von Männern fällt unter § 1905 BGB). Es kommt daher auch nicht auf die Fähigkeit zur freien Willensbildung an; vielmehr ist bereits der natürlich geäußerte Wille, der auf eine Ablehnung der Maßnahme hindeutet, beachtlich. In diesem Zusammenhang mag es angebracht sein, darauf zu verweisen, dass vor Inkrafttreten des BtG nach Schätzungen jährlich ca. 1.000 Sterilisationen an damals noch unter Vormundschaft stehenden Volljährigen vorgenommen worden sind, während im ersten Jahr unter dem BtG (1992) lediglich zwei Sterilisationen durch die damaligen Vormundschaftsgerichte genehmigt wurden. Weiterhin müsste eine Schwangerschaft bei unterbleibender Sterilisation konkret erwartbar sein und im Falle ihres Eintritts eine Lebensgefahr oder die Gefahr einer schweren Beeinträchtigung des körperlichen, aber auch des seelischen Gesundheitszustandes der Schwangeren zeitigen. Zu Letzterem zählt auch, wie § 1905 Abs. 1 S. 2 BGB ausdrücklich feststellt, die Gefahr der Trennung des Kindes von der Mutter wegen Gefährdung des Kindeswohls (§§ 1666, 1666a BGB; II-2.4.4). In jedem Fall ist die Einwilligung des Betreuers eine Ultima-ratio-Entscheidung, die nur getroffen werden darf, wenn weder die Gefährdungen, die aus der Schwangerschaft resultieren, anders abgewendet werden können noch die Schwangerschaft selbst auf andere zumutbare Weise, etwa durch Kontrazeptiva, verhindert werden kann.

2.5.3 Rechtliche Wirkung der Betreuung und Rechtsstellung des Betreuers

Nach § 1902 BGB ist der Betreuer innerhalb des Aufgabenkreises, für den er bestellt wurde, der gesetzliche Vertreter des Betreuten. Die Befugnisse des Betreuers unterliegen strengen gesetzlichen Einschränkungen. Soweit diese sich aus § 1901 BGB ergeben, etwa aus der Pflicht, sich bei der Ausübung der Betreuung am Wohl des Betreuten zu orientieren und insoweit seinen Wünschen zu entsprechen, beziehen sie sich jedoch allein auf das **Innenverhältnis** zwischen Betreutem und Betreuer (Palandt – Diederichsen 2010 § 1902 Rz. 1). Beschränkungen bei der gesetzlichen Vertretung, die im Gegensatz hierzu das **Außenverhältnis** betrifft, ergeben sich allerdings zunächst aus den Vorschriften des allgemeinen Teils des BGB (vgl. II-1), z.B. Missbrauch der Vertretungsmacht (vgl. Palandt – Ellenberger 2010 § 164 Rz. 14), Verbot von Insichgeschäften (§ 181 BGB; II-1.2.3). Darüber hinaus verweist § 1908i BGB auf eine Reihe von Vorschriften aus dem Vormundschaftsrecht, die bei der Betreuung entsprechend anzuwenden sind. Hierunter fallen auch die Vertretungsverbote des § 1795 BGB, die Möglichkeit der Entziehung der Vertretungsmacht nach § 1796 BGB sowie die Beschränkungen der §§ 1805 – 1825 BGB einschließlich der dort zu findenden Regelungen, nach denen bestimmte Rechtsgeschäfte der Genehmigung des Betreuungsgerichtes bedürfen.

    In der gesetzlichen Vertretung ist jedoch nicht nur die entscheidende rechtliche Wirkung, sondern zugleich der wichtigste Inhalt der Betreuung zu erkennen. Aus

gesetzliche Vertretung

der Perspektive des Erforderlichkeitsgrundsatzes lässt sich daher formulieren, dass in einem Fall, in dem keine Vertretung notwendig ist, die Bestellung eines Betreuers überhaupt entbehrlich und damit unzulässig wäre. Gleichwohl trifft die Betreuerbestellung noch keinerlei Feststellungen zu einer eventuellen Geschäftsunfähigkeit des Betreuten. Gibt der Betreute also eine Willenserklärungen ab, so ist sie nur dann nichtig, wenn seine Geschäftsunfähigkeit nach § 104 Nr. 2 BGB ausdrücklich festgestellt ist. Ansonsten kann der Betreute auch weiterhin selbst in den Bereichen, für die ein Betreuer bestellt wurde, selbstständig Rechtsgeschäfte abschließen, aus denen heraus er berechtigt und verpflichtet wird. Dabei kann es auch zu einer **Konkurrenz zwischen Betreutem und Vertretungsbefugnis** des Betreuers kommen, wenn beide Erklärungen unterschiedlichen Inhalts abgeben. Die gleiche Situation kann sich im Übrigen auch zwischen Vollmachtgeber und Bevollmächtigtem ergeben. Im Grundsatz wird dann in beiden Fällen das zeitlich

Einwilligungsvorbehalt frühere Rechtsgeschäft gelten. Wird hierdurch allerdings die Person oder das Vermögen des Betreuten erheblich gefährdet, so kann das Betreuungsgericht nach § 1903 BGB anordnen, dass derartige Willenserklärungen des Betreuten nur noch mit Einwilligung des Betreuers abgegeben werden dürfen (Einwilligungsvorbehalt). Liegt noch keine Betreuung vor, weil die Geschäfte bisher mit Hilfe eines Bevollmächtigten vorgenommen wurden, so wäre demzufolge bei Notwendigkeit eines Einwilligungsvorbehalts zunächst ein Betreuer zu bestellen. Die genannten Voraussetzungen liegen z. B. dann vor, wenn der Betreute anderenfalls Gefahr liefe, in einem psychiatrischen Krankenhaus untergebracht zu werden, lebensbe

keine Geschäftsunfähigkeit drohlich zu erkranken, seine Wohnung zu verlieren oder aber erhebliche Vermögenseinbußen hinnehmen zu müssen, etwa durch den Abschluss unnützer oder jedenfalls ungünstiger Verträge oder dadurch, dass er sich wegen Vertragsverletzung schadensersatzpflichtig macht. Auch der Einwilligungsvorbehalt kann entsprechend der Gesamtkonzeption der Regelung nicht zur Geschäftsunfähigkeit führen; seine Anordnung ist zwar möglicherweise ein Hinweis, jedoch noch kein sicheres Indiz dafür, dass sie vorliegen könnte. Vielmehr ist auch der Einwilligungsvorbehalt in strikter Umsetzung des Erforderlichkeitsgrundsatzes so eng wie möglich zu fassen. Ohnehin kommt seine Anordnung nur im vorgegebenen Rahmen des Aufgabenkreises der Betreuung in Betracht. Deshalb wird die Anordnung eines vollständigen Einwilligungsvorbehaltes ebenso ausnahmsweise erfolgen wie die Betreuung in allen Angelegenheiten. Käme sie jedoch in Betracht, dann würde sie Letztere jedenfalls voraussetzen.

Der Einwilligungsvorbehalt macht in der Praxis vor allem auch dann Sinn, wenn der Betroffene nicht immer und nicht zweifelsfrei geschäftsunfähig ist (HK-BGB/Kemper 2009 § 1903 Rz. 5). Liegen die Voraussetzungen von § 104 Nr. 2 BGB nicht vor, so ergibt sich aus ihm für den Betreuten eine Rechtsstellung, die zu

Analogien zur beschränkten Geschäftsfähigkeit der des beschränkt Geschäftsfähigen (§§ 106 ff. BGB) einige Analogien aufweist. So scheidet gem. § 1903 Abs. 2 BGB die Anordnung eines Einwilligungsvorbehaltes für höchstpersönliche Angelegenheiten, wie Eheschließung oder Verfügungen von Todes wegen, ebenso aus wie bei Willenserklärungen, die nach den familien- und erbrechtlichen Vorschriften auch vom beschränkt Geschäftsfähigen nur selbst abgegeben werden können (z. B. die Zustimmung zu einer Vaterschaftsanerkennung nach § 1595 Abs. 2 BGB). Dem Kreis der höchstpersönlichen Angelegenhei ten ist auch die Wahl des religiösen Bekenntnisses zuzurechnen (zu den Einschränkungen für den beschränkt Geschäftsfähigen hierbei vgl. RKEG). Die in § 1903 Abs. 4 BGB vorgesehene Möglichkeit des genehmigungsfreien Abschlusses von Rechtsgeschäften geringfügigen Ausmaßes des täglichen Lebens (z. B. Erwerb von Nahrung, Kleidung, Genussmitteln; anderes kann allerdings bei Alkoholismus oder krankhaftem Kaufdrang gelten!) wird man nach Einfügung von § 105a BGB allerdings nicht mehr als Erweiterung gegenüber der beschränkten Geschäftsfähigkeit, sondern als Angleichung an die Regelung zur Geschäftsunfähigkeit bewerten müssen.

Rechtsgeschäfte geringfügigen Ausmaßes

Die gesetzliche Vertretung des Betreuers endet, insoweit sein Aufgabenkreis entsprechend eingeschränkt wird (§ 1908d Abs. 1 S. 2 BGB), ansonsten mit der Betreuung selbst. Dies tritt ein, wenn der Betreute stirbt oder wenn die Betreuung wegen Wegfalls ihrer Voraussetzungen bzw. auf Antrag des Betreuten aufgehoben wird (§ 1908d Abs. 1 S. 1 und Abs. 2 BGB). Das Amt des Betreuers – und damit das Recht zur gesetzlichen Vertretung – endet auch, wenn der Betreuer durch das Betreuungsgericht aus seinem Amt entlassen wird. Das kommt nach § 1908b Abs. 1 BGB dann in Betracht, wenn sich der Betreuer nicht mehr als für seine Aufgabe geeignet erweist, wenn er vorsätzlich falsche Abrechnungen vorgenommen hat oder nunmehr – durch eine entsprechende Regelung des Gesetzes zur Änderung des Vormundschafts- und Betreuungsrechts – auch dann, wenn er nicht den erforderlichen **persönlichen Kontakt** zum Betreuten hält. Auch angesichts dieser Möglichkeit kann man die Rechtsstellung des Betreuers in einer kurzen Formel als „privatrechtliches Amt" zusammenfassen, das „fremdnützig (ist), mit einer primären Verantwortung gegenüber dem Betroffenen, über das Amt wacht jedoch ein staatliches Organ (Betreuungsgericht)" (Dethloff 2009, 512; zur Doppelgleisigkeit öffentlicher und privater Fürsorge, vgl. BVerfG 10, 302 Rz. 75 – NJW 1960, 811).

Beendigung der Betreuung

Damrau / Zimmermann 2011; Fröschle 2009, Münder / Ernst 2009; Pardey 2009

1. Was versteht man unter der Ehe? (2.1)
2. Was versteht man unter Kindeswohl? (2.1)
3. Unter welchen Voraussetzungen ist es möglich, dass eine geschlossene Ehe durch eine Behörde wieder aufgehoben wird? (2.2.1)
4. Herr M. ist in zweiter Ehe verheiratet. Er ist unterhaltspflichtig gegenüber seinem Kind aus erster Ehe (7 Jahre), seinem Kind aus zweiter Ehe (2 Jahre), seiner nach 8-jähriger Ehe geschiedenen Frau (nach § 1573 Abs. 1 BGB) und seiner jetzigen Ehefrau. Um für alle im vollen Umfang Unterhalt zu leisten, reicht aber sein verfügbares Einkommen nicht. Wie ist zu verfahren? (2.2.4 und 2.4.2).
5. Kommen im Rahmen einer nichtehelichen Lebensgemeinschaft Unterhaltsansprüche gegen den anderen in Betracht? (2.3.1)
6. Welche Fragen können Ehepaare im Rahmen einer Scheidung einvernehmlich regeln? Können Eltern im Rahmen einer einvernehmlichen Scheidung auf Kindesunterhalt bzw. auf Unterhalt für sich selber verzichten? (2.2.3)

7. Ist es dem leiblichen Vater eines Kindes möglich, die Vaterschaft anzuerkennen, wenn die Mutter zum Zeitpunkt der Geburt des Kindes mit einem anderen Mann verheiratet war? Wie, wenn sie zum Zeitpunkt der Geburt bereits einen Scheidungsantrag gestellt hatte? (2.4.1)

8. Welche Kernbestandteile gehören zur Personensorge? (2.4.3.2)

9. Bei wem liegt grundsätzlich die gesetzliche Vertretung des Kindes, und welche Ausnahmen gibt es? Was bedeutet in diesem Zusammenhang „Teilmündigkeit" des Kindes? (2.4.3.2)

10. Wie ist die elterliche Sorge für den Fall geregelt, dass die Eltern getrennt leben, sie gleichwohl aber gemeinsam ausüben? (2.4.3.4)

11. Wie muss die tatsächliche, „objektive" Situation beschaffen sein, damit man von einer Kindeswohlgefährdung sprechen kann? (2.4.4)

12. Reicht das Vorliegen einer Gefährdungssituation im Sinne von § 1666 BGB aus, um die Personensorge einzuschränken bzw. sie zu entziehen? (2.4.4)

13. Was ist unter „elterlichem Versagen" zu verstehen? (2.4.4)

14. Kann ein vom Kind getrennt lebender Elternteil sein Umgangsrecht auch gegen den Willen des Kindes durchsetzen? (2.4.5)

15. Wie ist die verfahrensrechtliche Stellung des Jugendamts im Rahmen seiner Mitwirkung im gerichtlichen Verfahren nach § 50 SGB VIII ausgestaltet? (2.4.6.3)

16. Welche Aufgaben hat ein Verfahrensbeistand, und wann ist er zu bestellen? (2.4.6.4)

17. Was ist unter dem sog. Beschleunigungsgrundsatz zu verstehen? (2.4.6.5)?

18. Wie muss sich das Jugendamt im Hinblick auf eine Erörterung einer Kindeswohlgefährdung nach § 157 FamFG verhalten? (2.4.6.5)

19. Worin liegt der Unterschied zwischen einem Vormund und einem Pfleger für einen Minderjährigen? (2.4.8)

20. Warum ist das Betreuungsrecht Teil des Familienrechts? (2.1 und 2.5)

21. Was gilt es bei einer letztlichen Entscheidung darüber zu berücksichtigen, ob ein Betreuter, der an Altersdemenz erkrankt ist, gegen seinen Willen in ein Altenheim ziehen soll? (2.5.3)

22. Ist einem Alkoholabhängigen ein Betreuer zu bestellen, weil er regelmäßig nach wenigen Tagen sein ganzes ihm für den gesamten Monat zur Verfügung stehendes Geld bereits vertrunken hat? (2.5.2)

III Grundzüge des Öffentlichen Rechts

Grundzüge des Öffentlichen Rechts

Das Öffentliche Recht regelt die Organisation des Staates und der mit Hoheits-gewalt ausgestatteten Rechtssubjekte (Körperschaften, Anstalten und öffentlich-rechtliche Stiftungen), Struktur und Aufgaben der öffentlichen Verwaltung und das von ihr angewandte Verfahren. Es ordnet die Rechtsverhältnisse der Hoheits-träger untereinander und zu den Bürgern. Hierzu gehören insb. das Grundgesetz sowie das sonstige Staats- und Verwaltungsrecht, das Polizeirecht, das Schulrecht, das gesamte Gerichtsverfassungs- und Verfahrensrecht (auch der Zivilgerichtsbar-keit) sowie – für die Soziale Arbeit besonders wichtig – das gesamte **Sozialrecht**. Auch das **Strafrecht** ist Teil des Öffentlichen Rechts und wird in diesem Lehrbuch in III-8 behandelt. Die verfassungsrechtlichen Grundlagen der Sozialen Arbeit wurden bereits im Teil I dargestellt. Im Folgenden wird der Schwerpunkt auf die mit dem Begriff „Sozialrecht" bezeichneten Gebiete des Öffentlichen Rechts ge-legt sowie auf einige weitere für die Soziale Arbeit besonders relevante Normen-bereiche (Jugendschutz, Zuwanderungsrecht und Unterbringungsrecht).

1 Sozialrecht – Allgemeines Sozialverwal-tungsrecht (SGB I und SGB X) (Trenczek)

Sozialrecht Mit dem (nicht immer einheitlich definierten) Begriff „Sozialrecht" bezeichnet man das Gesamtsystem von öffentlich-rechtlichen Regelungen für den Teilbereich des Gemeinwesens, in dem der Zugang zu den Sozialleistungen und die Arbeit der Sozialleistungsträger geregelt werden. Es betrifft also einen Teil der öffentlichen Verwaltung, die sog. Sozialverwaltung. Man spricht deshalb im Hinblick auf die **Sozialstaatsprinzip** zu beachtenden Rechtsnormen auch von **Sozialverwaltungsrecht**. Die Entwick-lung des sozialrechtlichen Normensystems in Deutschland ist eine Folge des Sozi-alstaatsprinzips des GG (vgl. I-2.1.3) und damit das „Soziale" an der sozialen Marktwirtschaft.

Es soll nach **§ 1 SGB I** nicht nur der bloßen Existenzsicherung (immerhin geht   §1 SGB I
es um ein menschenwürdiges Dasein) dienen, sondern darüber hinaus zur Verwirklichung sozialer Gerechtigkeit und sozialer Sicherheit und insb. dazu beitragen, Chancengleichheit zu schaffen, die Familie zu schützen und zu fördern und
besondere Belastungen des Lebens auszugleichen. Man spricht hier auch vom
System und Netz **der sozialen Sicherung**, welches sich auf die vier Säulen Vorsorge / Versicherung, Versorgung, Förderung und Hilfe stützt (vgl. hierzu I-2.1.3
und Übersicht 9, nach anderer Sichtweise unterscheidet man in Deutschland die
drei Systeme Sozialversicherung, Versorgung und Fürsorge, welche heute zumindest ansatzweise durch ein System der Bürgerversicherung ergänzt werden
müsste; vgl. Opielka 2004, 25 ff.).

Ziel des Sozialrechts ist die **Herstellung sozialer Sicherheit und Gerechtigkeit**. Der einzelne Bürger kann allerdings aus den Vorschriften des SGB nur dann
einen individuellen Anspruch (subjektiv-öffentliches Recht) herleiten, wenn
dessen Voraussetzungen und Inhalt im Besonderen Teil des SGB geregelt sind
(§ 2 Abs. 1 SGB I). Die einzelnen materiellen Regelungsgebiete des Sozialrechts
(vgl. hierzu §§ 3 – 10 und §§ 18 – 29 SGB I) sind z. T. codiert in eigenen „Büchern" (besser vorstellbar als „Bände" bzw. Teile des gesamten Sozialgesetzbuches; diese Bücher / Bände sind wiederum in Kapitel und Abschnitte gegliedert):

- SGB II: Grundsicherung für Arbeitssuchende,
- SGB III: Arbeitsförderung,
- SGB IV: Gemeinsame Vorschriften für die Sozialversicherung (vgl. § 4 SGB I),
- SGB V: Gesetzliche Krankenversicherung (vgl. § 21 SGB I),
- SGB VI: Gesetzliche Rentenversicherung (vgl. § 23 SGB I),
- SGB VII: Gesetzliche Unfallversicherung (vgl. § 22 SGB I),
- SGB VIII: Kinder- und Jugendhilferecht (vgl. §§ 8, 27 SGB I),
- SGB IX: Rehabilitation und Teilhabe behinderter Menschen (vgl. § 10 SGB I),
- SGB X: Verwaltungsverfahren nach dem Sozialgesetzbuch
- SGB XI: Pflegeversicherung (vgl. § 21a SGB I),
- SGB XII: Sozialhilfe / Grundsicherung bei Alter und Erwerbsminderung (vgl. §§ 9, 28 SGB I).

Weitere in Einzelgesetzen normierte Regelungsbereiche des Sozialrechts sind
in § 68 SGB I genannt und gelten bis zu ihrer systematischen Einordnung in das
SGB schon jetzt als besondere Teile des SGB, z. B. die Ausbildungsförderung
(BAföG), die Familienförderung durch Erziehungsgeld (BErzGG) bzw. das Elterngeld (BEEG), das Bundesversorgungsrecht (vgl. § 5 SGB I) mit den dazugehö-
rigen Teilbereichen (z. B. Soldaten- und Zivildienstversorgung, Infektionsschutz,
Opferentschädigung), das Unterhaltsvorschussgesetz (UVG), das Schwerbehin-
dertengesetz (SchwbG), das Wohngeldgesetz (WoGG; vgl. § 7 SGB I) oder das
Schwangerschaftsabbruchhilfegesetz (SchwHG). In der Sozialhilfe wurde das
BSHG im Jahr 2005 durch das SGB II und XII abgelöst. Zudem gehören auch
nicht in § 68 SGB I gelistete Regelungsbereiche zum Sozialrecht wie z. B. das
HeimG oder das Schwangerschaftskonfliktgesetz (SchKG).

Beim Kindergeld handelt es sich nicht um eine Sozialleistung im „engen Sinne", sondern um eine steuerliche Entlastung nach dem EStG.

Gesetzliche Regelungen, die nicht zum SGB gehören, enthalten teilweise sozialrechtliche Bestimmungen (insb. zur Existenzsicherung, z. B. Asylbewerberleistungsgesetz). Gleichwohl sind in diesen Fällen die (allgemeinen) sozialrechtlichen Bestimmungen nicht anwendbar. Das betrifft insb. die Soziale Arbeit

- in den Ausländerbehörden,
- im Strafvollzug, in den sozialen Diensten der Justiz, der Bewährungs- und Gerichtshilfe (beachte aber: Jugendgerichtshilfe ist nach § 52 SGB VIII Aufgabe und Teil der Jugendhilfe und gehört damit zum Sozialleistungsbereich),
- im Gesundheitswesen (Krankenhaussozialarbeit),
- in der privaten Wirtschaft oder in öffentlichen Behörden (Betriebssozialdienst),
- im Bildungsbereich (insb. im Rahmen der außerbetrieblichen Ausbildung und Förderung; Ausnahme: Schulsozialarbeit nach § 13 SGB VIII).

Für diese Bereiche gilt – soweit sie öffentlich-rechtlich verfasst sind – das allgemeine Verwaltungsverfahrensrecht (VwVfG) sowie die bereichsspezifischen Regelungen z. B. AufenthG, AsylbLG, StrVollzG, StGB, StPO.

freie Träger   Das SGB gilt unmittelbar nur für die öffentlichen Verwaltungsträger, **nicht** für freie Träger, die ihre Rechtsbeziehungen zu den Leistungsempfängern Sozialer Arbeit grundsätzlich nach den Regeln des Privatrechts gestalten (z. B. Vereinbarung eines Betreuungsvertrags). Sozialrechtliche Bestimmungen (z. B. Schutzverpflichtungen, insb. zum Schutz von persönlichen Daten) können aber für freie Träger ggf. mittelbar aufgrund entsprechender Vereinbarungen mit den Trägern öffentlicher Verwaltung verbindlich sein (vgl. z. B. §§ 8a Abs. 2, 61 Abs. 4, 78a ff. SGB VIII).

europäisches Sozial-   Das hier dargestellte Sozialrecht beschränkt sich im Wesentlichen auf die deutsche
recht   Rechtsordnung unter Einschluss der ins nationale Recht transferierten internationalen und völkerrechtlichen Regelungen (z. B. bilaterale Sozialversicherungsabkommen). Mittlerweile wirken sich aber auch im Sozialrecht inter- bzw. supranationale Regelungen (vgl. I-1.1.5) ohne besonderen Ratifizierungsakt unmittelbar im deutschen Recht aus, wie an der Rechtsprechung des EuGH deutlich wird (Einschränkung des Territorialprinzips nach § 30 SGB I; z. B. EuGH NJW 1997, 43 zum Anspruch auf Erziehungsgeld von Grenzgängern beim Wohnsitz im EU-Ausland; EuGH NJW 1998, 1769 bzgl. der Kostentragung bei der Beschaffung von Hilfsmitteln / Brille im EU-Ausland; EuGH NJW 1998, 1771 ff. bzgl. der Kostenerstattung bei Zahnbehandlung im EU-Ausland).

Als **allgemeines Sozial(verwaltungs)recht** bezeichnet man die unabhängig vom jeweiligen Arbeitsfeld, also für alle Bereiche des SGB geltenden (sprichwörtlich „vor die Klammer" gezogenen) Regelungen des **SGB I** (vgl. im 3. Abschnitt die „Gemeinsamen Vorschriften für alle Sozialleistungsgesetze" des SGB in §§ 30–59 SGB I) und des überwiegend im **SGB X** normierten Sozialverwaltungsverfahrens. Leider ist die beabsichtigte Systematik (SGB I und X quasi als Einband am Anfang und Ende des SGB) nicht durchgehalten und durch die Integration weiterer SGB-Bücher mittlerweile gesprengt worden. So sind im SGB IV die allgemeinen Bestimmungen zusammengefasst, die für den gesamten Bereich der Sozialversicherung (SGB V–VII, XI) und z. T. für die Arbeitsförderung (SGB III) gelten. Nur soweit die einzelnen Bücher des SGB spezifischere Regelungen normieren, gehen diese den allgemeinen Normen vor (z. B. bereichsspezifische Regelungen zum Datenschutz in §§ 61 ff. SGB VIII gegenüber § 35 SGB I und §§ 67 ff. SGB X). Darüber hinaus bleiben Regelungen des über- und zwischenstaatlichen Rechts unberührt (§ 30 Abs. 2 SGB I).

Die Aufgaben nach dem SGB werden durch die **Behörden** wahrgenommen (§ 1 Abs. 2, § 10 Nr. 3 SGB X), das sind die selbstständig und nach außen (d. h. gegenüber dem Bürger) handelnden Stellen der öffentlichen Verwaltung, in der Kommunalverwaltung i. d. R. die (Ober)Bürgermeister bzw. die Landräte (vgl. I-4.1.2.1).

1.1   Das Sozialrechtsverhältnis

Auf Grundlage der in §§ 3 – 10 SGB I normierten Rechte und der sozialrechtlichen Leistungsnormen (SGB II–XII) entsteht im konkreten Einzelfall ein sog. Sozialrechtsverhältnis (bzw. auch Sozialleistungsverhältnis genannt) als spezifisch sozialrechtlich ausgestaltetes Schuldverhältnis. Hiermit wird die Rechtsbeziehung des Bürgers als Leistungsempfänger zum Sozialleistungsträger (vgl. § 12 SGB I) als Leistungsverpflichteter bezeichnet. Hieraus ergeben sich – durchaus vergleichbar mit dem zivilrechtlichen Schuldverhältnis (hierzu II-1.4.1) – über die konkrete Sozialleistung hinaus bestimmte Regeln, Rechte und Pflichten (z. B. auf Aufklärung, Auskunft und Beratung; vgl. §§ 13 ff. SGB I; Mitwirkungsobliegenheiten nach §§ 60 ff. SGB I, s. u. III-1.3.2; ausführlich Dillmann 2008, 91 ff.; Fichte et al. 2008, 66 ff.; Richter / Doering-Striening 2009, 21 ff.).

Leistungsinhalt können nach § 11 SGB I Geld- (z. B. §§ 116 ff. SGB III, §§ 44 ff. SGB V, §§ 33 ff. SGB VI), Sach- (§ 28 SGB V) oder Dienstleistungen sein, insb. persönliche und erzieherische Hilfen (vgl. § 11 Abs. 1 S. 2 SGB I, z. B. §§ 27 ff. SGB VIII, §§ 70 ff. SGB XII) als besonderer Gegenstand der Sozialen Arbeit. Auf Sozialleistungen kann ggf. ein Anspruch bestehen (§ 38 SGB I) oder sie liegen im pflichtgemäßen Ermessen (zum Begriff vgl. I-3.4.1) der Sozialverwaltung (§ 39 SGB I). Ob das eine oder andere der Fall ist, richtet sich nach der konkreten Leistungsnorm der besonderen Teile des SGB. Ansprüche auf Sozialleistungen entstehen, sobald ihre im Gesetz oder aufgrund eines Gesetzes bestimmten Voraussetzungen vorliegen (§ 40 SGB I). Die zivilrechtliche Privatautonomie (insb. Vertragsfreiheit) besteht insoweit nicht (vgl. § 32 SGB I), es gilt der strenge sozialrechtliche **Gesetzesvorbehalt** (§ 31 SGB I; vgl. I-2.1.2.1).

Sozialleistungsanspruch

Sozialleistungsansprüche sind – soweit nicht gesonderte Regelungen vorliegen – bei Vorliegen der Leistungsvoraussetzungen fällig und Leistungen sind deshalb sofort zu erbringen (§ 41 SGB I). Sozialleistungsansprüche können auch verjähren und zwar nach § 45 SGB I grundsätzlich nach vier Jahren. Ansprüche erlöschen – wenn auf sie nicht verzichtet wird (§ 46 SGB I) – mit ihrer Erfüllung gegenüber dem Leistungsberechtigten (vgl. §§ 362 ff. BGB; § 47 SGB I). Möglich ist aber auch eine Auszahlung und Überleitung des Anspruchs an Dritte (z. B. bei Unterbringung §§ 49 f. SGB I). Bei Geldleistungsansprüchen ist mitunter auch eine Aufrechnung (§ 51 SGB I) möglich sowie eine Pfändung zulässig, nicht aber bei Ansprüchen auf Sozialleistungen in Form von Dienst- oder Sachleistungen (§ 54 SGB I). Derartige Ansprüche können auch nicht auf andere Personen übertragen oder verpfändet werden (§ 53 SGB I). Sozialleistungsansprüche sind also nur bedingt verkehrsfähig. Bei Tod des Leistungsempfängers ist aber bei bereits fälligen Geldleistungen eine sog. Sonderrechtsnachfolge (§ 56 SGB I) und Vererbung (§ 58 SGB I) möglich. Im Übrigen erlöschen mit dem Tod die Ansprüche auf Sozialleistungen (§ 59 SGB I).

Leistungsstörungen Treten bei der Erfüllung von Sozialleistungen Fehler oder Mängel auf, spricht man – wie im bürgerlich-rechtlichen Schuldrecht – von Leistungsstörungen, z. B. weil Leistungsempfänger zu viel, zu wenig oder etwas anderes erhalten haben, als ihnen bewilligt wurde. Soweit dies aufgrund eines fehlerhaften Verwaltungsaktes erfolgt, gelten hierfür dann spezifische Regelungen (vgl. § 45 ff. SGB X; s. u. III-1.3.1.2). Bei **fehlerhafter Beratung** und Auskunft oder einer sonstigen Pflichtverletzung können Haftungsansprüche aus Amtshaftung gegen den Sozialleistungsträger entstehen (Art. 34 GG, § 839 BGB). Mittlerweile ist von der Rechtsprechung mangels anderer spezieller gesetzlicher Regelungen „gewohnheitsrechtlich" ein verschuldensunabhängiger (d. h. der Fehler, die Pflichtverletzung als solche lässt den Anspruch entstehen) **sozialrechtlicher Herstellungsanspruch** anerkannt, mit dem der Bürger verlangen kann, ihn so zu stellen, wie er bei einer fehlerfreien Beratung gestanden hätte (sozialrechtliche Naturalrestitution; vgl. BSG NZS 2006, 601; BSGE 11.03.2004 – B 13 RJ 16/03 R – BSGE 92, 241; vgl. Fichte et al. 2008, 144 ff.; Richter/Doering-Striening 2009, 122 ff.). Umstritten ist nur, ob darüber hinaus ein öffentlich-rechtlicher Schadensersatzanspruch besteht (vgl. BSGE 53, 150 [156]). Ein solcher ist bislang lediglich bei der Verletzung öffentlich-rechtlicher Verträge anerkannt worden. Im Sozialversicherungsrecht ist eine Erstattung zu Unrecht entrichteter Versicherungsbeiträge vorgesehen (§§ 26–28 SGB IV). Im Verhältnis mehrerer Leistungsträger untereinander gelten für die gegenseitigen Erstattungsansprüche die §§ 102–104 SGB X.

Sozialrechtliches Dreiecksverhältnis Im Hinblick auf das sozialrechtliche Leistungsverhältnis ist zu beachten, dass die öffentlichen Sozialleistungsträger (z. B. die kommunalen Träger für die Sozial- oder die Kinder- und Jugendhilfe, die Kranken- und Pflegekassen, die Träger der Unfall- und Rentenversicherung) mangels personeller und sachlicher Mittel aber auch aus rechtlichen Gründen (zum Subsidiaritätsprinzip vgl. I-2.1.3) mit Ausnahme von Beratungsleistungen in der Regel nicht selbst Dienstleistungen erbringen, sondern sich bei der Erfüllung ihrer Leistungsverpflichtungen in der Regel dritter Personen, insb. der freien Träger der Wohlfahrtspflege (vgl. I-4.1.2.2; III-3.2.3), bedienen, mit denen sie sozialrechtliche Vereinbarungen getroffen haben

Leistungs- und Entgeltvereinbarungen (vgl. § 17 Abs. 2 SGB II; § 2 Abs. 2 und 3; §§ 69 ff., § 132 Abs. 1 SGB V; §§ 3, 78a SGB VIII; § 72 Abs. 1 SGB XI; § 75 Abs. 3 SGB XII). Gegenstand dieser öffentlich-rechtlichen Verträge (§§ 53 ff. SGB X; s. u. III-1.3.2) sind insb. Inhalt, Umfang und Qualität der zu erbringenden Leistungen, die Höhe der erstattungsfähigen Vergütung sowie weitere vertragliche Nebenpflichten (z. B. zur Gewährleistung

der Schutzverpflichtung nach § 8a Abs. 2 SGB VIII; Einhaltung des Sozialdatenschutzes). Öffentliche Träger, Leistungserbringer und anspruchsberechtigte Bürger stehen deshalb (häufig) in einem **sozialrechtlichen Dreiecksverhältnis** (vgl.
Übersicht 30; zu den Besonderheiten des Leistungsdreiecks in der Kinder- und
Jugendhilfe vgl. III-3.5.3).

Nimmt der Bürger die Leistungen einer Einrichtung eines freien (oder gesetzlich nicht verpflichteten öffentlichen) Trägers in Anspruch, müsste er für die Inanspruchnahme der Leistungen aufgrund des privatrechtlichen Rechtsverhältnis-
ses zunächst das Entgelt an den **Leistungserbringer** zahlen. Der **Bürger** hat ggf.
aufgrund einer Leistungsnorm des SGB – konkretisiert durch einen entsprechenden Bescheid – einen (Leistungs-)Anspruch gegen den öffentlichen **Leistungsträger**. Wenn dieser die Leistung nicht selbst erbringt, ist er zur Übernahme der
Kosten der Leistung verpflichtet, sofern die formellen und materiellen Leistungsvoraussetzungen vorliegen (zur Steuerungsverantwortung der öffentlichen Jugendhilfe nach 36a SGB VIII; vgl. III-3.3.4.4). Im Bereich der Krankenbehandlung sind in dem Leistungsdreieck zusätzlich zwischen Krankenkassen und den
behandelnden Kassenärzten noch die Kassenärztlichen Vereinigungen (§§ 77 ff.
SGB V) dazwischen geschaltet, die die sog. Gesamtvergütung und entsprechende
Verteilungsmaßstäbe aushandeln (§ 85 SGB V). Der Anspruch auf Dienst- oder
Sachleistung wandelt sich damit in einen Anspruch auf Geldleistung (wichtig
für § 53 SGB I). In der Praxis erfolgt die finanzielle Abwicklung deshalb i. d. R.
nicht über die leistungsberechtigten Bürger, sondern durch unmittelbare Zahlung
des Entgelts von den öffentlichen Leistungsträgern an die Leistungserbringer.
Hierzu ist es rechtlich notwendig, dass der leistungsberechtigte Bürger seinen
Anspruch auf Kostenübernahme in zulässiger Weise an den Leistungserbringer

Übersicht 30: Das sozialrechtliche Dreiecksverhältnis

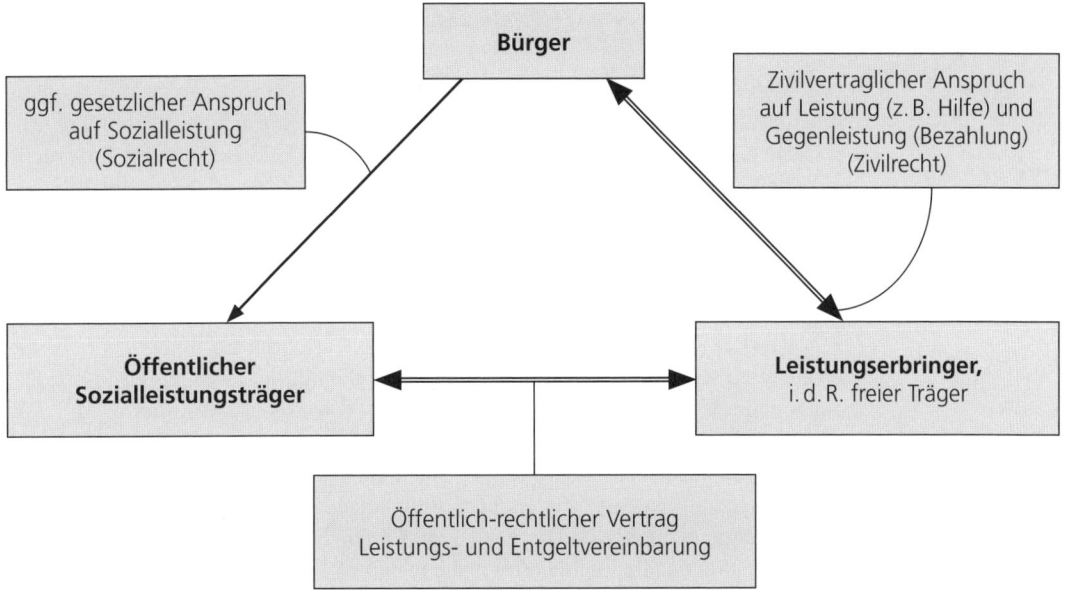

abgetreten (vgl. §§ 398 ff. BGB) bzw. übertragen hat. Dies ist nach § 53 Abs. 2 Nr. 2 SGB I nur zulässig, wenn der zuständige Leistungsträger feststellt, dass die Übertragung im wohlverstandenen Interesse des Berechtigten liegt. Teilweise ist eine Übertragung spezialgesetzlich ausgeschlossen (z.B. § 17 Abs. 1 SGB XII); soweit eine **Selbstbeschaffung** zulässig ist, sind Kostenerstattungsanspruche teilweise besonders geregelt (§ 13 Abs. 3 SGB V; § 15 SGB IX; beachte aber § 36a Abs. 3 SGB VIII, hierzu III-3.3.4.4). Im Hinblick auf die Kostenübernahme sehen die Vereinbarungen zwischen öffentlichen Leistungsträgern und den Leistungserbringern i.d.R. auch eine Klausel über die Höhe der erstattungsfähigen Kosten vor (sog. **Leistungs- und Entgeltverträge**; vgl. § 17 Abs. 2 SGB II; §§ 69 ff., § 132 Abs. 1 SGB V; §§ 78a ff. SGB VIII; § 3, § 72 Abs. 1 SGB XI; § 75 Abs. 3 SGB XII). Rechtsdogmatisch unklar ist der Rechtscharakter der sog. **Kostenzusage**- bzw. Kostenübernahmeerklärung. Nach h.M. handelt es sich um einen gesetzlich nicht ausdrücklich geregelten sog. Schuldbeitritt, d.h. der Leistungserbringer erhält einen zweiten Schuldner, kann das Entgelt aber nur einmal einfordern, allerdings zwischen den beiden Schuldnern (Bürger und öffentlicher Träger) wählen (hierzu Münder et al. 2009 Vor Kap 5 Rz. 11). Ungeachtet dessen sollte eine solche Kostenzusage wie ein Schuldanerkenntnis (§ 781 BGB) schriftlich erfolgen. Soweit der Bürger mit dem Leistungserbringer eine Vereinbarung geschlossen hat, nach der die Vergütung der Leistung höher ist als das von dem öffentlichen Leistungsträger erstattete Entgelt (z B. die sog. Hotelkosten für Unterkunft und Verpflegung bei der Pflegeleistung), muss er die Differenz selber tragen. Freilich ist der Leistungsanbieter verpflichtet, den Bürger als Kunden vor Vertragsschluss über die Kostenstruktur bzw. die Höhe des vom öffentlichen Träger übernommenen Entgelts aufzuklären (§§ 311, 241 Abs. 2 BGB; soweit der Leistungserbringer öffentlich-rechtlich agiert §§ 13 ff. SGB I).

1.2   Das sozialrechtliche Verwaltungsverfahren

Das Verwaltungsverfahren im Bereich der öffentlichen Sozialverwaltung unterscheidet sich wesentlich vom Verfahren zur Durchsetzung zivilrechtlicher Ansprüche z.B. gegen private Kranken-, Lebens- oder Unfallversicherer. Ansprüche aus derartigen Verträgen sind privatrechtlicher Natur, die ggf. im zivilrechtlichen Klageweg geltend zu machen sind. Das Verwaltungsverfahren, das bei der Umsetzung des SGB anzuwenden ist, richtet sich nach den Vorschriften des SGB I und SGB X, soweit die besonderen Teile („Bücher") des SGB keine speziellen Verfahrensvorschriften enthalten (§ 37 SGB I).

Nach den §§ 8 ff. SGB X ist das Verwaltungsverfahren im Sinne des SGB die nach außen wirkende Tätigkeit der Behörden, die auf die Prüfung der Voraussetzungen, die Vorbereitung und den Erlass eines Verwaltungsaktes (hierzu III-1.3.1) oder auf den Abschluss eines öffentlich-rechtlichen Vertrages (hierzu III-1.3.2) gerichtet ist. Sofern das Verwaltungshandeln nicht auf den Erlass eines VA gerichtet ist (sog. schlicht-hoheitliches Verwaltungshandeln; vgl. I-4.1.1.1), richtet sich das Verfahren nicht unmittelbar nach den §§ 8–66 SGB X. Es gelten allerdings die darin enthaltenen allgemeinen sowie die in den §§ 1–7 SGB X normierten Grundsätze sowie die Regeln des SGB I. Im Rahmen der Mitwirkung in gerichtlichen Verfahren (z. B. §§ 50–52 SGB VIII) sind zusätzlich die Regelungen des FamFG, ZPO, StPO und JGG zu beachten, soweit sie Regelungen für die Sozialverwaltung, wie z. B. das Jugendamt, vorsehen.

1.2.1　Allgemeine Grundsätze

Nach § 9 SGB X ist das Verwaltungsverfahren an keine bestimmte Formen gebunden, soweit keine besonderen Rechtsvorschriften für die Form des Verfahrens bestehen (z. B. Schriftform nach § 7 Abs. 1 BEEG; § 9 Abs. 1 BKGG; § 46 Abs. 1 BAföG). Es ist einfach, zweckmäßig und auch zügig (vgl. § 17 Abs. 1 SGB I) durchzuführen. Anträge sind deshalb in der Regel formlos wirksam, die Verwendung von Vordrucken kann aber zur Angabe von Tatsachen vorgesehen (§ 60 Abs. 2 SGB I), nicht aber erzwungen werden, wenn der Bürger seine Mitwirkungspflichten (s. u. III-1.2.2) vollständig und verständlich, wenn auch formlos erfüllt. **Formfreiheit**

Die Amtssprache ist deutsch (§ 19 Abs. 1 S. 1 SGB X). Damit ist es grundsätzlich Sache des nichtdeutsch sprechenden Bürgers, sich ggf. eine Übersetzung zu beschaffen, allerdings gibt es Erleichterungen insb. zur Fristwahrung (§ 19 Abs. 2 SGB X). Darüber hinaus ist umstritten, ob es für EU-Bürger aufgrund des vorrangigen EU-Gemeinschaftsrechts (vgl. § 30 Abs. 2 SGB I) möglich sein muss, dass sie sich in ihrer eigenen Sprache an die deutschen Behörden wenden können (vgl. Diering et al. 2010 § 19 Rz. 6). Jedenfalls dürfen sie durch die deutsche Amtssprache nicht in ihren Grundfreiheiten verletzt und benachteiligt werden (Diskriminierungsverbot Art. 12 EG-Vertrag), was dafür spricht, dass EU-Bürger sich in ihrer offiziellen **Landessprache** an die deutschen Behörden wenden dürfen. Nach a. A. könne die Pflicht zur Verwendung der jeweiligen Amtssprache EG-rechtliche Gleichbehandlungsgebote nicht verletzen. Schon nach Art. 84 Abs. 4 der EWG-Verordnung 1408/71 dürfen die Behörden, Träger und Gerichte eines Mitgliedstaats die bei ihnen eingereichten Anträge und sonstigen Schriftstücke nicht deshalb zurückweisen, weil sie in einer Amtssprache eines anderen Mitgliedstaats abgefasst sind. Allerdings kann die Behörde nach § 19 Abs. 2 SGB X die Vorlage einer Übersetzung innerhalb einer angemessenen Frist verlangen, sofern sie nicht in der Lage ist, die Anträge oder Dokumente zu verstehen. Zumindest Englisch sollte inzwischen von allen Mitarbeitern der Sozialverwaltung beherrscht werden. Die Kosten für eine Übersetzung aus einer anderen Sprache tragen die Antragsteller. Klarheit besteht auch für Angehörige der Staaten, mit denen die Bundesrepublik Deutschland entsprechende Abkommen über die gegenseitige Anerkennung der jeweils anderen Sprache geschlossen hat, insb. Türkei, Israel, Schweiz, Kanada und USA (vgl. § 30 Abs. 2 SGB I, § 6 SGB IV; Diering et al. 2010 § 19 Rz. 25). Hörbehinderte Menschen haben das Recht, zur Verständigung die **Gebärdensprache** zu verwenden (§ 17 Abs. 2 SGB I; § 19 Abs. 1 S. 2 SGB X). Insoweit ist ausdrücklich geregelt, dass Aufwendungen für Dolmetscher von der Behörde oder dem für die Sozialleistung zuständigen Leistungsträger zu tragen sind. **Amtssprache**

Gesetzliche, d. h. durch Rechtsnormen bestimmte Fristen sind einzuhalten (z. B. Widerspruchsfrist). Wer sie nicht einhält, hat grundsätzlich „selber Schuld", wenn **Fristen** er hierüber informiert war. In Ausnahmefällen kann bei unverschuldetem Versäumnis (z. B. Unfall und nicht vorhersehbarer Krankenhausaufenthalt; nicht aber Urlaub; bei längerer Abwesenheit ist zur Wahrung von Fristen eine Post-Nachsendung bzw. ein Bevollmächtigter zu bestellen, vgl. BSG NJW 1992, 3120) die Wiedereinsetzung in den vorherigen Stand gewährt werden (§ 27 SGB X). Fällt das Fristende auf ein Wochenende oder gesetzlichen Feiertag, so läuft die Frist erst am nächsten Wochentag ab (§ 26 Abs. 3 SGB X). Die Berechnung von Fristen und die Bestimmung von Terminen richtet sich gemäß §§ 26 Abs. 1, 62 SGB X im Übrigen nach den entsprechenden Regelungen des BGB (§§ 187 – 193 BGB).

Behördliche Fristen, die die Verwaltung nach pflichtgemäßen Ermessen zur Erledigung ihrer Aufgaben (z. B. Anhörungsfrist) setzt (§ 26 Abs. 2 ff. SGB X), können ggf. auch nach Fristablauf – verlängert werden (§ 26 Abs. 7 SGB X), z. B. wegen der berufsbedingten Abwesenheit im Ausland im Hinblick auf eine Anhörungsfrist nach § 24 SGB X oder im Hinblick auf eine Frist zur Mängelbeseitigung wenn ein notwendiger Experte oder Handwerker erst nach Ablauf der Frist zu bekommen ist.

Kosten In Sozialverwaltungsverfahren gilt bislang noch der Grundsatz der **Kostenfreiheit** (§ 64 SGB X), d. h. die Behörden dürfen für ihre Tätigkeiten im Verfahren als solches keine Gebühren und Auslagen erheben. Das gilt auch für das Rechtsbehelfsverfahren nach § 62 SGB X. Soweit dem Bürger selbst, z. B. durch die Beauftragung eines Rechtsanwalts, Kosten entstanden sind, werden diese nur im Rechtsbehelfsverfahren und nur dann erstattet, wenn sie „zur zweckentsprechenden Rechtsverfolgung" notwendig waren (§ 63 Abs. 2 SGB X). Für Leistungen und andere Aufgaben dürfen entsprechend der gesetzlichen Regelungen nach dem SGB Gebühren, Teilnehmer- oder Kostenbeiträge erhoben werden (vgl. z. B. §§ 90 ff. SGB VIII).

Zuständigkeiten Die öffentliche Verwaltung darf nur im Rahmen der ihr durch Rechtsvorschrift eingeräumten Zuständigkeit tätig werden. Die Einhaltung der gesetzlichen Zuständigkeiten ist kein Bürokratismus. Sie ist vielmehr Ausdruck der verfassungsrechtlichen Gewaltenteilung und des Rechtsstaatsprinzips. Nur eine zuständige Behörde handelt rechtmäßig und mit der zu erwartenden Fachlichkeit. Handelt eine nicht zuständige Behörde, greift sie in die rechtlich verbürgten Kompetenzen, im Fall von Selbstverwaltungsträgern in das Recht zur Regelung der eigenen Angelegenheiten ein (vgl. für die Gemeinden Art. 28 Abs. 2 GG). Dem Recht der zuständigen Verwaltungsträger entspricht auf der anderen Seite die Pflicht, gegenüber dem Bürger tätig zu werden und hierfür zunächst die notwendigen Kosten zu tragen. Verwaltungsverantwortlichkeiten können nicht auf einen nichtzuständigen Verwaltungsträger abgeschoben werden, nur weil dieser die Sache vielleicht schneller oder billiger erledigen könnte.

Die gesetzlich geregelte Zuständigkeit knüpft i. d. R. nicht an ein Amt, sondern an die Eigenschaft als **Verwaltungsträger** an. Man unterscheidet vor allem die sachliche und örtliche Zuständigkeit, die i. d. R. im jeweiligen Leistungsgesetz geregelt sind (z. B. §§ 85 ff. SGB VIII, §§ 97 ff. SGB XII; §§ 41 ff. BAföG; bei Kompetenzstreitigkeiten vgl. § 2 SGB X). Die **sachliche Zuständigkeit** betrifft die Verteilung der Kompetenzen im Hinblick auf den (Sach)Inhalt der zu bewältigenden **gewöhnlicher Aufenthalt** Aufgabe. Die **örtliche Zuständigkeit** verteilt die Verwaltungskompetenzen gleichermaßen sachlich zuständiger Verwaltungsträger nach dem geografischen Anknüpfungspunkt. Dieser ist häufig nicht der Wohnsitz (§ 30 Abs. 3 S. 1 SGB I), sondern der tatsächliche (aktuell-physische) oder der sog. gewöhnliche Aufenthalt (§ 30 Abs. 3 S. 2 SGB I). Letzterer befindet sich nach der Auslegung durch die Rspr. dort, wo jemand seinen **„Lebensmittelpunkt"** (geprägt z. B. durch Arbeit, Schule, Familie) hat.

Die Frage, welche Stelle, welches Amt, welche Abteilung, welcher Mitarbeiter in einer Behörde für die Erledigung einer Aufgabe verantwortlich ist, ist eine Frage der sog. **funktionellen Zuständigkeit.** Diese innerhalb des Verwaltungsträgers vorgenommene Zuständigkeitsverteilung ist gesetzlich nicht geregelt und obliegt der Organisationshoheit des Trägers. Ein Verstoß gegen diese Zuordnung macht eine Entscheidung im Außenverhältnis zum Bürger nicht rechtswidrig.

Amtshilfe, die Unterstützung, die eine Behörde einer anderen auf deren Ersuchen leistet, ist nur unter ganz bestimmten Voraussetzungen zulässig (§§ 3 ff. SGB X; hierzu ausführlich Schlink 1982) und überwindet lediglich die Grenzen der örtlichen, nicht aber der sachlichen Zuständigkeit. Eine Behörde kann nicht eine Aufgabe, die ihr als Sachgebiet nicht zugewiesen ist, von einer anderen erledigen lassen (Gesetzmäßigkeit der Verwaltung). Amtshilfe darf insb. nicht geleistet werden, wenn sie aus rechtlichen Gründen nicht zulässig ist (§ 4 Abs. 2 SGB X) und Geheimhaltungs- und sozialdatenschutzrechtliche Vorschriften verletzt werden (hierzu III-1.2.3). Von Rechtshilfe spricht man bei der Einschaltung eines Gerichts zur Durchführung richterlicher Handlungen (vgl. § 5 SGG; § 14 VwGO). **Amtshilfe**

Anträge auf Sozialleistungen sind beim (gesetzlich) zuständigen Leistungsträger zu stellen (§ 16 SGB I). Zum Schutze des rechtsunkundigen Bürgers sind Anträge, die bei einer unzuständigen Behörde oder Gemeinde gestellt werden, von dieser unverzüglich an den zuständigen Leistungsträger weiterzuleiten. Zur Fristwahrung gelten sie bereits als zu dem Zeitpunkt gestellt, an dem sie bei der unzuständigen Behörde eingegangen sind (§ 16 Abs. 2 SGB I, vgl. auch § 19 SGB XII). Diese Regelung gilt entsprechend für Leistungen, die nicht von einem Antrag abhängig sind, also insb. im Bereich der Jugend- und Sozialhilfe (vgl. BVerwG NVwZ 1996, 402). Für das Einsetzen der Sozialhilfe bestimmt § 18 Abs. 2 SGB XII ausdrücklich, dass es auf den Zeitpunkt der Kenntniserlangung der leistungsauslösenden Umstände bei dem nichtzuständigen Träger der Sozialhilfe oder der unzuständigen Gemeinde ankommt. Dieser Zeitpunkt der ersten Antragstellung ist auch dann maßgeblich, wenn nicht alle erforderlichen Unterlagen eingereicht worden sind (Mrozynski 2010 § 60 Rz. 33 f.).

Beteiligte des Verwaltungsverfahrens sind natürliche und juristische Personen sowie Behörden (§ 10 SGB X). Die das Verfahren betreibende **Behörde** ist nicht Antragsgegner i. S. d. § 12 Abs. 1 Nr. 1 SGB X, sondern vielmehr Trägerin des Verfahrens. Zur Vornahme von Verfahrenshandlungen fähig sind grundsätzlich nur Menschen. Juristische Personen handeln durch ihre gesetzlichen Vertreter und Organe (§ 11 Abs. 1 Nr. 3 SGB X), Behörden durch ihre Leiter, deren Vertreter bzw. Beauftragte (§ 11 Abs. 1 Nr. 4 SGB X). Im Hinblick auf die **Handlungsfähigkeit** verweist § 11 SGB X auf die Regelungen der Geschäftsfähigkeit nach dem BGB (vgl. §§ 104 ff. BGB; s. II-1.1). Im Sozialrecht können Personen, die das 15. Lebensjahr vollendet haben (d. h. 15 Jahre alt sind), selbstständig Anträge auf Sozialleistungen stellen und Sozialleistungen entgegennehmen (§ 11 Abs. 1 Nr. 2 SGB X, § 36 Abs. 1 S. 1 SGB I; das ist freilich für sie nicht immer von Vorteil; zu den Frik- **Beteiligte**

§ 36 SGB I

tionen im Asylverfahrensrecht vgl. III-7.3.2). Nach dem SGB VIII können darüber hinaus bereits Kinder unter 15 Jahren ihren Anspruch auf Beratung und Schutzgewährung durch Inobhutnahme selbst geltend machen (§§ 8 Abs. 2 und 3, 42 Abs. 2 SGB VIII), nicht dagegen andere ihnen ggf. zustehende Leistungen, z. B. einen Platz in einer Kindertagesstätte nach § 24 SGB VIII beantragen. Insoweit bedarf es der rechtsgeschäftlichen Vertretung durch die Personensorgeberechtigten (§§ 104 ff., 1629 Abs. 1 BGB; beachte zudem: Anspruchsinhaber nach dem SGB VIII sind zumeist die Personensorgeberechtigten, nicht die Minderjährigen, s. III-3.2.1). Ein unwirksamer Antrag eines noch nicht 15-Jährigen verpflichtet allerdings die Behörde zu prüfen, ob sie nicht von Amts wegen tätig werden muss.

Nichtöffentlichkeit   Grundsätzlich ist das Verfahren – auch soweit es nicht um einen VA geht – nichtöffentlich, d. h., Beteiligte können nur die in § 12 SGB X genannten Personen sein. Das ist vor allem von Bedeutung im Hinblick auf das Akteneinsichtsrecht oder Anhörungsvorschriften. Dritte können nur im Rahmen der Vorschriften über die Vertretung oder **Beistände** (§ 13 Abs. 4 SGB X) im Verfahren „mit dabei sein". Ein Beteiligter muss nicht – soweit es das Gesetz nicht ausdrücklich vorschreibt – persönlich anwesend sein und handeln, sondern kann sich durch einen **Bevollmächtigten** vertreten lassen (§ 13 Abs. 1 S. 1 SGB X). Die Behörde muss sich dann i. d. R. stets an den Bevollmächtigten wenden (§ 13 Abs. 3 S. 1 SGB X). Bevollmächtigte und Beistand kann jede geschäftsfähige Person sein, es muss sich nicht um einen Rechtsanwalt handeln. Auf Seiten der Behörde dürfen ausgeschlossene (§ 16 SGB X) oder befangene Personen (§ 17 SGB X) nicht tätig werden, insb. weil sie durch die Tätigkeit für eine Behörde oder durch deren Entscheidung einen unmittelbaren Vorteil oder Nachteil erlangen könnten und damit ein Grund vorliegt, der geeignet ist, Misstrauen gegen eine unparteiische Amtsausübung auszulösen.

1.2.2   Ablauf des Verwaltungsverfahrens

Antrag   Verwaltungsverfahren im Sozialrecht (siehe Übersicht 31) werden nach § 18 SGB X (vgl. auch § 19 SGB IV) entweder durch Anträge (z. B. § 37 Abs. 1 SGB II; § 115 Abs. 1 SGB VI; § 46 BAföG; § 22 WoGG; § 7 Abs. 1 BEEG; § 9 BKGG) oder von Amts wegen in Gang gesetzt (z. B. §§ 42 SGB VIII; § 18 Abs. 1 SGB XII). Schreibt das Gesetz einen Antrag vor, so ist ein VA ohne einen entsprechenden Antrag rechtswidrig. Ist aber ein Antrag für die Einleitung eines Verfahrens zum Erlass eines Verwaltungsaktes nicht erforderlich, so entscheidet die Behörde über die Einleitung eines Verwaltungsverfahrens nach pflichtgemäßen Ermessen (Opportunitätsprinzip). Das in der Praxis vielfach behauptete Antragserfordernis ist zumeist verwaltungstechnischen Gründen und der Gewohnheit („haben wir schon immer so gemacht") geschuldet. Sofern das Gesetz einen Antrag nicht ausdrücklich vorschreibt (z. B. im SGB VIII), darf die Verwaltung eine Leistung nicht von der Stellung eines förmlichen Antrags abhängig machen. Es reicht aus, dass die Leistungsempfänger zu erkennen geben, dass sie mit der Inanspruchnahme der Leistung einverstanden sind. Das ist insb. im Bereich der Kinder- und Jugendhilfe der Fall, ein formelles Antragserfordernis besteht hier nicht (Münder et al. 2009 Anhang Verfahren Rz. 23).

Übersicht 31: Ablauf des Verwaltungsverfahrens und der gerichtlichen Rechtskontrolle

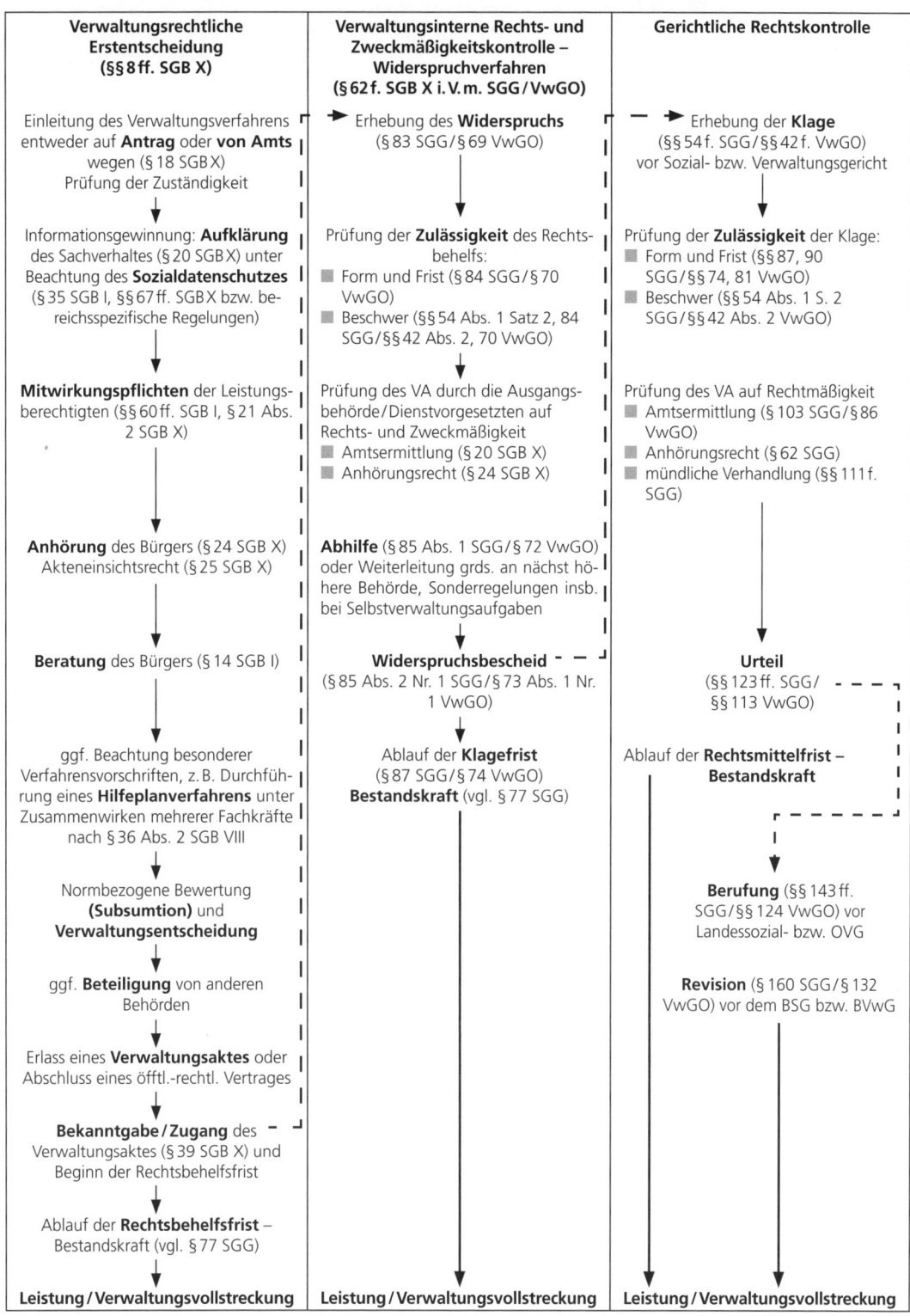

Verwaltungsrechtliche Erstentscheidung (§§ 8 ff. SGB X)	Verwaltungsinterne Rechts- und Zweckmäßigkeitskontrolle – Widerspruchverfahren (§ 62 f. SGB X i. V. m. SGG/VwGO)	Gerichtliche Rechtskontrolle
Einleitung des Verwaltungsverfahrens entweder auf **Antrag** oder **von Amts** wegen (§ 18 SGB X) Prüfung der Zuständigkeit	Erhebung des **Widerspruchs** (§ 83 SGG/§ 69 VwGO)	Erhebung der **Klage** (§§ 54 f. SGG/§§ 42 f. VwGO) vor Sozial- bzw. Verwaltungsgericht
Informationsgewinnung: **Aufklärung** des Sachverhaltes (§ 20 SGB X) unter Beachtung des **Sozialdatenschutzes** (§ 35 SGB I, §§ 67 ff. SGB X bzw. bereichsspezifische Regelungen)	Prüfung der **Zulässigkeit** des Rechtsbehelfs: ▪ Form und Frist (§ 84 SGG/§ 70 VwGO) ▪ Beschwer (§§ 54 Abs. 1 Satz 2, 84 SGG/§§ 42 Abs. 2, 70 VwGO)	Prüfung der **Zulässigkeit** der Klage: ▪ Form und Frist (§§ 87, 90 SGG/§§ 74, 81 VwGO) ▪ Beschwer (§§ 54 Abs. 1 S. 2 SGG/§§ 42 Abs. 2 VwGO)
Mitwirkungspflichten der Leistungsberechtigten (§§ 60 ff. SGB I, § 21 Abs. 2 SGB X)	Prüfung des VA durch die Ausgangsbehörde/Dienstvorgesetzten auf Rechts- und Zweckmäßigkeit ▪ Amtsermittlung (§ 20 SGB X) ▪ Anhörungsrecht (§ 24 SGB X)	Prüfung des VA auf Rechtmäßigkeit ▪ Amtsermittlung (§ 103 SGG/§ 86 VwGO) ▪ Anhörungsrecht (§ 62 SGG) ▪ mündliche Verhandlung (§§ 111 f. SGG)
Anhörung des Bürgers (§ 24 SGB X) Akteneinsichtsrecht (§ 25 SGB X)	**Abhilfe** (§ 85 Abs. 1 SGG/§ 72 VwGO) oder Weiterleitung grds. an nächst höhere Behörde, Sonderregelungen insb. bei Selbstverwaltungsaufgaben	
Beratung des Bürgers (§ 14 SGB I)	**Widerspruchsbescheid** (§ 85 Abs. 2 Nr. 1 SGG/§ 73 Abs. 1 Nr. 1 VwGO)	**Urteil** (§§ 123 ff. SGG/ §§ 113 VwGO)
ggf. Beachtung besonderer Verfahrensvorschriften, z. B. Durchführung eines **Hilfeplanverfahrens** unter Zusammenwirken mehrerer Fachkräfte nach § 36 Abs. 2 SGB VIII	Ablauf der **Klagefrist** (§ 87 SGG/§ 74 VwGO) **Bestandskraft** (vgl. § 77 SGG)	Ablauf der **Rechtsmittelfrist** – **Bestandskraft**
Normbezogene Bewertung **(Subsumtion)** und **Verwaltungsentscheidung**		**Berufung** (§§ 143 ff. SGG/§§ 124 VwGO) vor Landessozial- bzw. OVG
ggf. **Beteiligung** von anderen Behörden		**Revision** (§ 160 SGG/§ 132 VwGO) vor dem BSG bzw. BVwG
Erlass eines **Verwaltungsaktes** oder Abschluss eines öfftl.-rechtl. Vertrages		
Bekanntgabe/Zugang des Verwaltungsaktes (§ 39 SGB X) und Beginn der Rechtsbehelfsfrist		
Ablauf der **Rechtsbehelfsfrist** – Bestandskraft (vgl. § 77 SGG)		
Leistung/Verwaltungsvollstreckung	**Leistung/Verwaltungsvollstreckung**	**Leistung/Verwaltungsvollstreckung**

Untersuchungs-grundsatz

Die Behörde ist grundsätzlich für die Aufklärung des Sachverhalts verantwortlich und ermittelt den Sachverhalt von Amts wegen (sog. Amtsermittlungs- oder Untersuchungsgrundsatz). Sie bestimmt dabei Art und Umfang der Ermittlungen (§ 20 SGB X), wobei sie – wie bei jeder Handlung öffentlicher Verwaltungsträger – insb. den Schutz der Sozialdaten (hierzu III-1.2.3) sowie das Gebot der Verhältnismäßigkeit (vgl. I-2.1.2.2) zu wahren hat. Für das Verwaltungsverfahren gilt der Grundsatz der objektiven **Beweislast**, wenn sich trotz umfassender Aufklärung des Sachverhalts das Vorliegen einer beweiserheblichen Tatsache nicht feststellen lässt. Danach haben die Folgen der Nichtfeststellbarkeit einer rechtserheblichen Tatsache stets diejenigen zu tragen, die aus dieser eine begünstigende Rechtsfolge, insb. einen Anspruch, herleiten wollen. Die Last des nicht erbrachten Beweises trägt hinsichtlich der anspruchsbegründenden Tatsachen i. d. R. der Antragsteller, hinsichtlich der anspruchshindernden oder -vernichtenden Tatsachen die Behörde. Amtsermittlung und freie Beweiswürdigung bedeuten nicht, dass jede Behauptung eines Leistungsberechtigten bezweifelt werden müsste oder werden dürfte (keine Vorurteile im Hinblick auf den Wahrheitsgehalt von Anträgen). Die Aufklärungspflicht beschränkt sich auf die Beseitigung ernsthafter Zweifel.

Soll ein Verwaltungsakt, der in Rechte eines Beteiligten eingreift (z. B. Herabsetzung oder Entzug einer Sozialleistung, Rücknahme eines VA, Heranziehung zu Kostenbeitrag), erlassen werden, ist den Beteiligten zuvor die Gelegenheit zu geben, sich zu den für die Entscheidung erheblichen Tatsachen zu äußern (§ 24 Abs. 1 SGB X, Ausnahmen § 24 Abs. 2 SGB X; zum **Anspruch auf rechtliches Gehör** nach Art. 103 Abs. 1 GG vgl. I-5). Die **Anhörungspflicht** gilt auch, wenn ein Leistungsantrag aufgrund neuer, dem Antragsteller nicht bekannter Umstände abgelehnt werden soll. Stets sind die Betroffenen über ihre Rechte und Pflichten ordnungsgemäß zu beraten (§ 14 SGB I). Auch darüber hinaus müssen im Verwaltungsverfahren die **Beteiligungsrechte** der Bürger beachtet werden. Diese sind häufig in den besonderen Teilen des SGB spezifisch geregelt. So sind z. B. im Hinblick auf Leistungen der Jugendhilfe die besonderen Beteiligungsrechte von Minderjährigen oder das Wunsch- und Wahlrecht der Leistungsberechtigten zu beachten (§§ 5, 8, 9 und 36 SGB VIII; hierzu vgl. III-3.5.2).

Mitwirkungsrechte und -pflichten

Die Beteiligten sollen im Rahmen der Leistungsverwaltung bei der Ermittlung des Sachverhaltes mitwirken, insb. die ihnen bekannten Tatsachen und Beweismittel angeben (§ 21 Abs. 2 SGB X). Nach **§§ 60 ff. SGB I** ist derjenige, der Sozialleistungen beantragt oder erhält, grundsätzlich zur Mitwirkung verpflichtet. Tut er dies nicht, können Sozialleistungen versagt oder entzogen werden (§ 66 SGB I). Für dritte Personen besteht eine Mitwirkungs- und Aussagepflicht, wenn diese für die Entscheidung unabweisbar ist (z. B. Zeugenpflicht nach § 21 Abs. 3 SGB X). Freilich sind stets die **Grenzen der Mitwirkungspflicht** (§ 65 SGB I) und hierbei insb. das Verhältnismäßigkeitsprinzip zu beachten.

Hausbesuch

Sofern es um die Prüfung von Leistungsvoraussetzungen geht, ist der Hausbesuch als **Beweismittel der Augenscheinnahme** nach § 21 Abs. 1 Nr. 4 SGB X zulässig, sofern er verhältnismäßig ist; ob er in der Sache sinnvoll ist, ist v. a. eine fachlich-sozialpädagogische Frage. Wird der Zugang verweigert und gibt es keine angemessene Alternative, den Sachverhalt festzustellen, treffen die Folgen der Nichtfeststellbarkeit einer rechtserheblichen Tatsache ggf. den Antragsteller. Eine

Verpflichtung der Bürger, das Betreten der (nach Art. 13 GG verfassungsrechtlich geschützten) Wohnung zu gestatten, folgt daraus jedoch nicht. Eine solche ergibt sich auch nicht aus spezialgesetzlichen Regelungen (z. B. § 6 Abs. 1 Satz 2, 2. HS SGB II, wonach die Träger einen Außendienst zur Bekämpfung von Leistungsmissbrauch einzurichten haben; vgl. III-4.1.4). Auch aus der Mitwirkungsverpflichtung (§§ 60 ff. SGB I, § 21 Abs. 2 Satz 1 SGB X) ergibt sich keine solche Pflicht, da die Regelungen über die Mitwirkungspflicht die Duldung eines Hausbesuchs nicht kennen. Das Betreten einer Wohnung ohne Einwilligung der Inhaber des Hausrechts ist nur aufgrund einer richterlichen Anordnung oder zur akuten Gefahrenabwehr zulässig (vgl. Art. 13 GG).

Das Verwaltungsverfahrens endet in der ersten Phase in der Regel mit einer normbezogenen Entscheidung der Verwaltung (zur **Subsumtion** vgl. I-3.6), vielfach mit einem sog. Verwaltungsakt (hierzu III-1.3.1) oder dem Abschluss eines verwaltungsrechtlichen Vertrages (hierzu III-1.3.2).

Zum Verwaltungsverfahren zählt auch das Rechtsbehelfsverfahren, in dem die Verwaltung die Recht- und Zweckmäßigkeit des Verwaltungsaktes überprüft (§§ 62 ff. SGB X, §§ 40, 68 ff. VwGO, §§ 78 ff. SGG). Insoweit ist grundsätzlich ein Vorverfahren erforderlich, bevor eine Anfechtungs- oder Verpflichtungsklage bei den Gerichten erhoben werden kann (zu den mittlerweile in einigen Bundesländern bestehenden Ausnahmen s. u. 1.3.1.3 und zur Verwaltungs- und Rechtskontrolle ausführlich I-5). Man unterscheidet hier zwischen sog. formlosen Rechtsschutzmöglichkeiten und Aufsichtsverfahren (hierzu I-5.2.1) und förmlichen Rechtsbehelfen, insb. aufgrund eines Widerspruchs bei Verwaltungsakten (hierzu I-5.2.2). Die (förmlichen) Rechtsbehelfe gegen Verwaltungsakte der Sozialverwaltung sind in § 62 SGB X geregelt, der im Wesentlichen auf die Bestimmungen des SGG (insb. im Hinblick auf sozialversicherungsrechtliche und Streitigkeiten über die Sozialhilfe, AsylbLG bzw. der VwGO (im Hinblick auf Streitigkeiten aus Anwendung des SGB VIII, BAföG, WoGG) verweist (vgl. I-5.2.2).

Rechtsbehelfsverfahren

Widerspruch

Schließlich gehört zum Verwaltungsverfahren auch die Vollziehung und Vollstreckung der Verwaltungsentscheidung ggf. auch unter Anwendung von Zwang. Im Hinblick auf die Rechtsgrundlagen verweist § 66 SGB X auf unterschiedliche bundes- bzw. landesrechtliche Regelungen (vgl. hierzu III-1.5).

1.2.3   Sozialdatenschutz

Zur Vorbereitung von Verwaltungsentscheidungen und zur Überprüfung von Leistungsansprüchen benötigt die öffentliche Verwaltung eine Reihe von Informationen. Diese Informationen betreffen häufig sensible, persönliche Daten der Bürger, die vom Staat im Hinblick auf das **Grundrecht der informationellen Selbstbestimmung** (vgl. BVerfG 15.12.1983 – E 65, 1; vgl. auch BVerfG 13.06.2007 – 1 BvR 1550/03) geschützt werden müssen (vgl. auch die EU-Datenschutzrichtlinie 95/46 EG aufgrund derer die deutschen Bestimmungen 2001 angepasst wurden), selbst wenn sich der Bürger des digitalen Zeitalters in privaten Foren wie z. B. facebook, StudiVz u. a. ungehemmt exhibitioniert oder durch die mit Vergünstigungsanreizen erkaufte Verwendung von Kundenkarten „freiwillig" durchsichtig macht. Auch wenn mittlerweile die Gefahren des Datenmissbrauchs durch digitale Kundenprofile sowie durch nicht-staatliche Nutzer wohl deutlich größer ist als durch die öffentliche Verwaltung (immerhin lässt § 36a SGB I auch die elektronische Kommunikation zwischen Bürger und Sozialverwaltung grundsätzlich zu), geht es hier um den durch den Staat zu gewährleistenden Sozialdatenschutz, unabhängig von der Art des Informationsmediums. Jeder hat Anspruch darauf, dass die ihn betreffenden Sozialdaten bzw. Betriebs- und Geschäftsgeheimnisse (§ 67 Abs. 1 SGB X) von den Sozialleistungsträgern nicht unbefugt erhoben, verarbeitet oder genutzt werden (Sozialgeheimnis) – die Datenerhebung und –nutzung ist auf das für die im Gesetz genannten Zwecke **unverzichtbare Minimum** zu reduzieren (vgl. BT-Ds 11/3480, 67 zu §§ 293 ff.). Dabei stellt sich zunehmend nicht nur die Frage nach den Schutzrechten im Hinblick auf eine sorgfältige Datennutzung durch den Staat, sondern ob der Staat nicht darüber hinaus verpflichtet ist, den einzelnen Bürger vor mächtigen Datenunternehmern (wie z.B. facebook, google, u.a.) zu schützen. Zweck des BDSG ist es deshalb, den Einzelnen davor zu schützen, dass er durch den Umgang mit seinen personenbezogenen Daten in seinem Persönlichkeitsrecht beeinträchtigt wird – und zwar nicht nur von öffentlichen Stellen des Bundes und der Länder, sondern auch von nicht-öffentlichen Stellen, soweit sie die Daten unter Einsatz von Datenverarbeitungsanlagen erheben, verarbeiten, nutzen etc. (§ 1 Abs. 1 und 2 BDSG). Der Schwerpunkt der datenschutzrechtlichen Regelungen liegt aber bislang auf den sich zunächst an die öffentliche Verwaltung richtenden **bereichsspezifischen Vorschriften über den Sozialdatenschutz**, z.B.

- §§ 42, 282 ff. SGB III,
- §§ 18 ff., §§ 28 o f. SGB IV,
- §§ 284 ff. SGB V,
- §§ 147 ff. SGB VI,
- §§ 199 ff. SGB VII,
- §§ 61 ff. SGB VIII,
- §§ 10 Abs. 4, 21, § 23 Abs. 4, § 130 SGB IX,
- § 7a Abs. 6, § 92c Abs. 7, § 97 SGB XI,
- §§ 117 ff. SGB XII.

Diese bereichsspezifischen Regelungen haben Vorrang vor den allgemeinen Regelungen (§ 35 SGB I, §§ 67 ff. SGB X; bzw. ergänzend die Bestimmungen des BDSG und der Landesdatenschutzgesetze) und den Regelungen über die Ermittlung des Sachverhalts nach den §§ 20 ff. SGB X (§ 37 S. 2 und 3 SGB I).

Begriffsdefinitionen   **Sozialdaten** beinhalten alle Einzelangaben über persönliche oder sachliche Verhältnisse einer bestimmten oder bestimmbaren natürlichen Person (Betroffener), die von einer in § 35 SGB I genannten Stelle im Hinblick auf ihre Aufgaben nach dem SGB erhoben, verarbeitet oder genutzt werden (§ 67 Abs. 1 SGB X). **Betroffener** ist derjenige, auf den sich all diese Angaben beziehen. Dieser Begriff ist weiter als z.B. der des Leistungsberechtigten (vgl. z.B. § 62 Abs. 4 SGB VIII). **Erheben** ist das Beschaffen von Daten über den Betroffenen (§ 67 Abs. 5 SGB X). **Verarbeiten** ist das Speichern, Verändern, Übermitteln, Sperren und Löschen von Sozialdaten (§ 67 Abs. 6 SGB X). Nutzen ist jede Verwendung von Sozialdaten, soweit es sich nicht um Verarbeitung handelt, auch die Weitergabe innerhalb der verantwortlichen Stelle (§ 67 Abs. 7 SGB X). **Übermitteln** ist das Bekanntgeben gespeicherter oder durch Datenverarbeitung gewonnener Sozialdaten an einen Dritten.

Adressaten der Datenschutznormen sind weder das Amt oder die Behörde als solche noch die einzelnen Mitarbeiter (Ausnahme § 65 SGB VIII), sondern die sog. „Stellen" der öffentlichen Leistungsträger. Eine Stelle ist diejenige kleinste Einheit innerhalb eines Amtes, die für die konkrete Aufgabenerledigung funktional zuständig ist (**funktionaler Stellenbegriff**), so etwa die Erziehungsberatungsstelle des Trägers der öffentlichen Jugendhilfe, nicht das gesamte Jugendamt. Das bedeutet, dass bei der Weitergabe von einer Stelle zur anderen eine **Offenbarung** bzw. Weitergabe von Sozialdaten an Dritte usw. vorliegt und deswegen die dafür maßgeblichen Datenschutzvorschriften zu beachten sind.

Das Datenschutzrecht gilt als ein sehr komplexes und schwieriges Rechtsgebiet. **Grundsätze** Allerdings lassen sich viele (Zweifels-)Fragen des Arbeitsalltages mit Hinweis auf drei Grundsätze für die Erhebung, Speicherung und Verwertung von Sozialdaten beantworten, die auch und gerade im Hinblick auf die Amtshilfe (§ 4 Abs. 2, S. 2 SGB X) zu beachten sind:

1. **Zweckbindungsprinzip:** Die Kenntnis der Sozialdaten ist zur Erfüllung der konkreten Aufgabe erforderlich und Daten dürfen nur für den Zweck verwendet werden, zu dem sie erhoben wurden (§ 67a Abs. 1 SGB X, § 62 Abs. 1 SGB VIII). Damit ist ein Sammeln von Daten auf Vorrat oder die laufende Verwendung (ver)alte(te)r Berichte unzulässig.
2. **Erhebung** grds. **bei den Betroffenen**, wobei diese über den (richtigen) Zweck und die Rechtsgrundlage aufzuklären sind (§ 67 a Abs. 2 u. 3 SGB X; § 62 Abs. 2 SGB VIII); ohne / gegen ihre Mitwirkung nach § 67a Abs. 2 SGB X nur, wenn gesetzlich erlaubt oder keine Anhaltspunkte dafür bestehen, dass überwiegende schutzwürdige Interessen des Betroffenen beeinträchtigt werden (beachte zusätzliche Grenzen z. B. von § 62 SGB VIII).
3. **Datennutzung** und Weitergabe nur mit **Einwilligung** des Betroffenen oder soweit dies **gesetzlich** erlaubt ist (§ 67b Abs. 1 SGB X). Einwilligung ist die vorherige Zustimmung (vgl. § 183 BGB). Eine nachträgliche Genehmigung (vgl. § 184 BGB) beseitigt die Rechtswidrigkeit nicht. Der Betroffene muss nicht voll geschäftsfähig sein, es reicht die natürliche Einsichtsfähigkeit. Ohne / gegen seine Mitwirkung ist eine Datenweitergabe nur zulässig, soweit ein Gesetz dies zulässt (Gesetzesvorbehalt). Besonders praxisrelevante **Übermittlungsbefugnisse** sind z. B.

■ § 68 SGB X: Übermittlung von „harten Daten" (Name, Adresse, …) an Polizeibehörden, Staatsanwaltschaften und Gerichte sowie der Behörden der Gefahrenabwehr oder zur Durchsetzung öffentlich-rechtlicher Ansprüche;
■ § 69 Abs. 1 Nr. 1 SGB X: Übermittlung zur Erfüllung einer gesetzlichen Aufgabe nach dem Sozialgesetzbuch, dabei kann es sich um eine eigene Aufgabe des Leistungsträgers oder eines anderen Leistungsträgers handeln; Beurteilung

der Erforderlichkeit der Datenweitergabe aufgrund eigener Fachkompetenz; im Rahmen dieser Vorschrift kann ein Sozialleistungsträger nicht zur Datenweitergabe gezwungen werden (z. B. § 62 Abs. 3 Nr. 2c SGB VIII zur Vorbereitung einer Inobhutnahme; im Rahmen der Beratung der Pflegeeltern nach § 37 SGB VIII Weitergabe von Informationen über leibliche Eltern);

◾ § 69 Abs. 1 Nr. 2 SGB X: Datenweitergabe an das Verwaltungsgericht, wenn der Leistungsanspruch strittig ist (vgl. Auskunftspflicht nach § 99 VwGO); an das Familiengericht nach § 8a Abs. 3 SGB VIII; auch an das Strafgericht wg. Sozialbetrug im selbst bearbeiteten Fall (Zusammenhang mit Aufgabe nach Nr. 1); hier nicht: Anzeige an Polizei und StA wg. Kindesmisshandlung oder Datenweitergabe der JGH im Jugendstrafverfahren;

◾ § 71 SGB X: besondere Mitteilungspflichten und -befugnisse z. B.
  – Abs. 1 Nr. 1 i. V. m. § 138 StGB: Pflicht, bestimmte geplante (noch zu verhindernde) schwere Verbrechen oder gemeingefährliche Straftaten anzuzeigen: Tötung, Raub, Entführung, Brandstiftung (hierzu III-8.2.3.1);
  – Abs. 2 i. V. m. § 76 AufenthG insb. für die Entscheidung über den Aufenthalt des Ausländers oder die Gewährung oder Nichtgewährung von Leistungen;
  – § 71 Abs. 3 SGB X an Betreuungsgericht wg. Betreuungsmaßnahmen
  – § 73 SGB X: Datenübermittlung an das Gericht (nicht StA und Polizei!) zur Durchführung eines Strafverfahrens wegen eines Verbrechens oder erheblicher Straftat, z. B. im Fall Kindesmisshandlung, nicht aber Vergehen wie z. B. Leistungsbetrug (bezieht sich nur auf den fremden, von einer anderen Behörde bearbeiteten Fall), dann nur Übermittlung nach § 73 Abs. 2 SGB X: „harte Daten". Im Hinblick auf ein strafbares Verhalten einer Person im von der Behörde selbst bearbeiteten Fall erfolgt die Übermittlung zur Durchführung eines Strafverfahrens nach § 69 Abs. 1 Nr. 2 SGB X (s. o.).

Bei besonders schutzwürdigen, insb. medizinischen Daten ist nach § 76 SGB X die Übermittlungsbefugnis mit Verweis auf die Sanktionen bei Bruch des Privatgeheimnisses nach § 203 StGB (hierzu III-8.2.3.1) zusätzlich eingeschränkt. Die **berufliche Schweigepflicht** von Ärzten, Psychologen, Anwälten, Mitarbeitern von anerkannten Ehe-, Familien-, Erziehungs- oder Jugend- sowie Suchtberatungsstellen und den staatlich anerkannten Sozialarbeitern / Sozialpädagogen ist **vorrangig** gegenüber allgemeinen Weitergabevorschriften. Deren Schweigepflicht wird auf die Sozialleistungsträger verlängert, damit die Daten dort ebenso geschützt werden wie bei den Angehörigen dieser Berufsgruppen.

Datenspeicherung   Die Sozialleistungsträger haben im Hinblick auf die Datenverarbeitung und -speicherung die besonderen Vorschriften in §§ 78a ff. SGB X zu den organisatorischen Vorkehrungen zum Schutz der Sozialdaten sowie der Datenverarbeitung zu beachten.

Damit die datenschutzrechtlichen Bestimmungen eingehalten werden, müssen alle öffentlichen und nicht-öffentlichen Stellen mit mehr als 9 Mitarbeitern, die personenbezogene Daten automatisiert verarbeiten, einen **Beauftragten für den Datenschutz** beschäftigen (§ 81 Abs. 2 SGB X; §§ 4e, 22 BDSG; vgl. auch die Internetseite des Bundesdatenschutzbeauftragten http://www.bfdi.bund.de/cln_134/ Vorschaltseite_DE_node.html).

Fügt eine verantwortliche Stelle durch eine Verletzung der datenschutzrechtlichen Regelungen einem Betroffenen Schaden zu, ist der öffentliche Träger dem Betroffenen, unabhängig von einem Verschulden, zum **Schadensersatz** verpflichtet (§ 82 SGB X i. V. m. §§ 7, 8 BDSG). Handelt es sich („nur") um eine unzulässige oder unrichtige Erhebung, Verarbeitung oder Nutzung seiner personenbezogenen Daten, entfällt die Ersatzpflicht, soweit die verantwortliche Stelle die nach den Umständen des Falles gebotene Sorgfalt beachtet hat (§ 7 BDSG). Im Fall der fehlerhaften automatisierten Erhebung, Verarbeitung oder Nutzung von personenbezogenen Daten tritt die Schadensersatzpflicht ohne Verschulden und damit ohne Möglichkeit der Entlastung ein (§ 8 Abs. 1 BDSG). Bei einer schweren Verletzung des Persönlichkeitsrechts hat der Betroffene nach § 8 Abs. 2 BDSG sogar einen Anspruch auf den Ersatz des immateriellen Schadens in Geld (Schmerzensgeld; Höchstbetrag von 130.000 €). Darüber hinaus werden Verstöße gegen die Regelungen des Sozialdatenschutzes in den Fällen des § 85 SGB X als **Ordnungswidrigkeit** mit Bußgeld geahndet, bei einer vorsätzlichen Verletzung (gegen Entgelt oder mit Bereicherungs- oder Schädigungsabsicht) mitunter sogar als **Straftat** (§ 85a SGB X) und mit daran anschließenden arbeits- bzw. beamtenrechtlichen Konsequenzen.

Konsequenzen der Verletzung des Datenschutzes

Die sozialrechtlichen Regelungen des Datenschutzes gelten unmittelbar nur für die Verwaltungstätigkeit öffentlicher Träger, während das BDSG sowie die Landesdatenschutzgesetze auch für private Datenunternehmer gelten. Für die Kirchen und ihre Sozialdienste gelten aufgrund Art. 140 GG i. V. m. Art. 137 Weimarer Verfassung Sonderregelungen (Datenschutzgesetz der Evangelischen Kirche in Deutschland – DSG-EKD bzw. Anordnung über den kirchlichen Datenschutz – KDO für die katholische Kirche). Soweit im Rahmen der Leistungserbringung freie Träger der Wohlfahrtspflege oder kommerzielle Anbieter tätig sind, hat der öffentliche Träger z. B. über Vereinbarungen sicherzustellen, dass der Schutz der personenbezogenen Daten in entsprechender Weise gewährleistet ist. Dieser **allgemeine Grundsatz** wurde für den Bereich der Kinder- und Jugendhilfe ausdrücklich in § 61 Abs. 3 SGB VIII normiert. Dies führt zu einer faktischen Geltung des Sozialdatenschutzes bei freien Trägern, nicht zuletzt auch aufgrund des sogenannten **verlängerten Datenschutzes** nach § 78 SGB X unter besonderer Betonung der Zweckbindung: Erhalten Einrichtungen der freien Träger Sozialdaten vom öffentlichen Träger, dann haben sie diese Daten im selben Umfang geheimzuhalten, wie der öffentliche Träger selbst (§ 78 Abs. 1 Satz 2 SGB X). Zu der besonderen Problematik des Sozialdatenschutzes im Rahmen ärztlicher Behandlungen siehe die Ausführungen im Rahmen der Schwangerschaftskonfliktberatung (III-8.2.3.4 und IV-2.3).

Datenschutz bei freien Trägern

Der Sozialdatenschutz konkretisiert sich auch im Recht auf Zeugnisverweigerung im gerichtlichen Verfahren. Während ein Zeugnisverweigerungsrecht in den Verfahren vor den **Zivil- und Verwaltungsgerichten** (vgl. § 383 Abs. 1 Nr. 6 ZPO, § 29 FamFG, § 98 VwGO) im Hinblick auf die Schweigepflicht nach § 203 StGB mittlerweile anerkannt ist (vgl. OLG Hamm FamRZ 1992, 201–203; OLG Köln FamRZ 1986, 709; Baumbach/Hartmann 2010 § 383 Rz. 9 ff.; Papenheim 2000,

Zeugnisverweigerungsrecht

261 f.; Zöller-Greger 2010 § 383 Rz. 16 ff.), wird das Zeugnisverweigerungsrecht **im Strafverfahren** von der strafrechtlichen Literatur und Rechtsprechung noch weitgehend abgelehnt (hierzu III-8.2.3.1). Aus sozialrechtlicher Sicht ergibt sich allerdings auch hier ein Zeugnisverweigerungsrecht für Mitarbeiter der Sozialverwaltung aus § 35 SGB I und verdichtet sich sogar zu einer **Zeugnisverweigerungspflicht** (Kunkel 2004, 428), soweit keine Übermittlungsbefugnisse nach den §§ 68 ff., 73 SGB X bestehen. Zudem lässt sich für die Mitarbeiter der Jugendämter ein umfassendes Zeugnisverweigerungsrecht aufgrund der datenschutzrechtlichen Regelungen des SGB VIII (insb. §§ 64, 65 SGB VIII; s. u. III-3.5.2) begründen (Münder et al. 2009 Vor § 50 Rz. 37). **Merke**: Wenn eine Übermittlung nach den bereichsspezifischen Regelungen bzw. nach §§ 68 ff. SGB X nicht zulässig ist, besteht **keine Auskunftpflicht**, **keine Zeugnispflicht**, keine Pflicht zur Vorlage von Akten und anderen Schriftstücken und es darf auch **keine Aussagegenehmigung** für Mitarbeiter des öffentlichen Dienstes (vgl. § 54 StPO) erteilt werden!

Akteneinsichtsrecht Auch der allgemeine Anspruch auf **Akteneinsichtnahme** (das Verwaltungsverfahren ist grundsätzlich nicht öffentlich) im laufenden Verfahren (§ 25 SGB X) findet seine Grenze in den datenschutzrechtlichen Vorschriften. Andererseits gewähren die datenschutzrechtlichen Vorschriften jedem Betroffenen spezifische Rechte auf **Anspruch auf** Auskunft (§§ 83, 101 SGB X; §§ 19, 34 BDSG) sowie ggf. auf Berichtigung, Lö-
Löschung der Daten schung oder Sperrung seiner Daten (§ 84 SGB X; §§ 20, 35 BDSG). Diese Rechte können nicht durch Rechtsgeschäft ausgeschlossen oder beschränkt werden. Nach § 84 Abs. 2 SGB X (vgl. § 20 Abs. 2 BDSG) sind Sozialdaten zu löschen, wenn ihre Speicherung unzulässig ist. Sie sind auch zu löschen, wenn ihre Kenntnis für die verantwortliche Stelle zur rechtmäßigen Erfüllung der in ihrer Zuständigkeit liegenden Aufgaben nicht mehr erforderlich ist und kein Grund zu der Annahme besteht, dass durch die Löschung schutzwürdige Interessen des Betroffenen beeinträchtigt werden.

 Datenschutz wird in der Praxis manchmal als Behinderung eines sinnvollen Informationsaustausches und deswegen bisweilen als lästig angesehen. In der Sozialen Arbeit – so die Vorstellung – sei es notwendig, dass umfangreiche Informationen zur Verfügung stünden, weil nur dann die Helfer dank ihres fachlichen Wissens professionell handeln könnten. In einem solchen Verständnis sind die Professionellen die „Herren" des Hilfeprozesses, sie haben alleine die Definitionsmacht. Dies entspricht weder den rechtlichen Bestimmungen noch einer ethisch vertretbaren, professionellen Haltung in der Sozialarbeit. Sozialleistungen können – insb. wenn es sich um personelle Dienstleistungen handelt – nicht einseitig realisiert werden, sondern nur dann, wenn es gelingt, die Leistungsberechtigten für diese Angebote und Leistungen zu gewinnen: die **Klienten sind sog. Co-Produzenten der Hilfe** (ausführlich z. B. für die Kinder- und Jugendhilfe Münder / Trenczek 2011 Kap. 3.2.2). Das ist auch der Kern des Datenschutzes, der die Geschäftsgrundlage einer erfolgreichen Sozialarbeit ist. Das BVerfG (E 65, 1 ff.) hat ausdrücklich darauf hingewiesen, dass grds. jeder das Recht habe, „selbst zu entscheiden, wann und innerhalb welcher Grenzen persönliche Lebenssachverhalte offenbart werden." Auch im Bereich des Kinderschutzes steht der Datenschutz nicht im Widerspruch zu den Grundsätzen der Kinder- und Jugendhilfe (ausführlich Münder et al. 2009 § 8a Rz. 68 und Vor Kap. 4 Rz. 9 ff.).

Zum Sozialverwaltungsverfahren: Dillmann 2008; Fichte et al. 2008; Münder et al. 2009 Anhang Verfahren; Winkler 2004; zum Sozialdatenschutz: Krahmer / Stähler 2010; Wilmers-Rauschert 2004

1.3 Handlungsformen der Sozialverwaltung

Ein Sozialleistungsanspruch wird nicht unmittelbar durch die Sozialleistungsgesetze begründet. Diese regeln nur abstrakt die Leistungsvoraussetzungen. Zur Konkretisierung der Rechte und Pflichten bedarf es einer transformierenden Einzelfallentscheidung, durch die konkret geregelt wird, welche unmittelbaren Rechtswirkungen (z. B. HLU in bestimmter Höhe, HzE in bestimmter Form und Dauer) bestehen oder nicht bestehen. Während im Privatrechtsverkehr in aller Regel Entscheidungen zwischen Bürgern durch Vertrag geregelt werden, ist das häufigste und von der Bedeutung wichtigste Regelungsinstrument der öffentlichen Verwaltung der Verwaltungsakt (VA), zumeist als „Bescheid" bezeichnet, mit dem die Behörden durch einseitiges Handeln eine Regelung treffen. Die Verwaltung hat aber auch in vielen Fällen die Möglichkeit, wechselseitige Rechte und Verpflichtungen durch einen Vertrag zu vereinbaren und wird dies im Hinblick auf eine leistungsorientierte und bürgerfreundliche Ausrichtung verstärkt tun (müssen) (hierzu III-1.3.2).

1.3.1 Verwaltungsakt

Die Bedeutung des Verwaltungsaktes liegt im Wesentlichen in seiner

- **Klarstellungsfunktion:** Was ist im Einzelfall geregelt?
- **Stabilisierungswirkung:** Der VA wird nach Ablauf der Rechtsbehelfsfrist bzw. (ausbleibender) Rechtsbehelfsverfahren bestandskräftig, d. h. für Bürger und Verwaltung dauerhaft verbindlich (vgl. III-1.3.1.2).
- **Titelfunktion:** Sobald der VA nach Ablauf bestandskräftig ist, kann er ohne Anrufung des Gerichts zwangsweise durchgesetzt und vollstreckt werden (vgl. III-1.5).
- **Rechtsschutz** klärenden Funktion: Die Wahl des zulässigen Rechtsbehelfs ist davon abhängig, in welchen Rechtsformen die öffentliche Hand gehandelt hat. Liegt ein VA vor, stehen dem Bürger besondere außergerichtliche (Widerspruch) und gerichtliche Möglichkeiten im – für ihn grundsätzlich vorteilhaften – Verwaltungsrechtsweg offen (vgl. III-1.4).

Der Begriff „Verwaltungsakt" (VA) ist in § 31 SGB X definiert. Seine Wesensmerkmale grenzen ihn deutlich von anderen Handlungsformen ab (siehe Übersicht 32).

Papenheim / Baltes 2010, Kap. 40 – 44

Übersicht 32: Tatbestandsmerkmale des Verwaltungsakts

Tatbestandsmerkmal	Definition und Abgrenzung
hoheitliche Maßnahme auf dem Gebiet des Öffentlichen Rechts	einseitige, öffentlich-rechtlich legitimierte (= hoheitliche) Entscheidung (z. B. Verfügung); nicht: privatrechtliche und/oder vertragliche Regelung
Behörde	§ 1 Abs. 2 SGB I (vgl. I-4.1.1.1) nicht: Privatperson, freier Träger
Regelung	Entscheidung, die unmittelbare rechtliche Wirkungen hat (z. B. Genehmigung, Verbot) nicht: schlicht-hoheitliches Verwaltungshandeln (vgl. I-4.1.1.2), z. B. Auskünfte, Beratung, vorbereitende Handlungen, Gutachten, Stellungnahmen, Mitteilungen
Einzelfallentscheidung	konkret-individuelle Regelung; Ausnahme: Allgemeinverfügung § 31 S. 2 SGB X nicht: Rechtsnormsetzung (RVO, Satzung) oder generelle Dienstanweisungen (intern)
rechtliche Außenwirkung	Adressat ist Bürger außerhalb des öffentlichen Verwaltungsbereiches; nicht: behördeninterne Regelungen oder Anweisungen

1.3.1.1 Inhalt und Form des Verwaltungsaktes

Bestimmtheit Ein VA enthält stets eine Regelung (z. B. Gebot/Verbot; Genehmigung/Versagung) und muss dabei inhaltlich hinreichend bestimmt, d. h. eindeutig sein (§ 33 Abs. 1 SGB X). Die Bestimmtheit bezieht sich auf die erlassende Behörde, den Adressaten sowie den Regelungsinhalt. Der Adressat muss aus dem Verwaltungsakt zweifelsfrei entnehmen können, was von ihm verlangt wird bzw. was ihm (nicht) gewährt wird (Vollständigkeit, Unzweideutigkeit und Widerspruchsfreiheit der Regelung). Ein VA kann allerdings mit **Bedingungen** und **Auflagen** sowie mit anderen **Nebenbestimmungen** (Befristung, Widerrufsvorbehalt, Auflagenvorbehalt) verbunden werden (§ 32 Abs. 2 SGB X).

Formen Ein VA ist grundsätzlich formfrei und kann – soweit das Gesetz nichts anderes vorschreibt – in unterschiedlichen **Formen** ergehen (§ 33 Abs. 2 und Abs. 3 SGB X): mündlich, schriftlich, elektronisch oder in anderer Weise, z. B. auch durch konkludentes (schlüssiges) Handeln (z. B. Wink eines Polizeibeamten, mit dem ein Anhalten signalisiert wird; in der Durchführung der Inobhutnahme eines Kindes nach § 42 SGB VIII wird die vorweg getroffene Verwaltungsaktentscheidung erstmals sichtbar, häufig anschließend schriftlich bestätigt). Nach § 33 Abs. 2 S. 2 SGB X kann der Bürger bei einem mündlichen Verwaltungsakt unverzüglich eine schriftliche Bestätigung verlangen, wenn hieran ein berechtigtes Interesse besteht. Ein berechtigtes Interesse besteht nicht nur im Hinblick auf die damit verbundene Begründungspflicht (siehe nachfolgend § 35 Abs. 1 SGB X), sondern insb. auch dann, wenn Zweifel bestehen, ob es sich bei einer (mündlichen) Verwaltungshandlung überhaupt um einen VA handelt und welcher Rechtsbehelf deshalb ggf. gegeben ist. Im Sozialrecht ergehen VAe überwiegend in schriftlicher Form als sog. Bescheide. Ist die erlassende Behörde nicht erkennbar, führt dies zur Nichtigkeit des VA (§ 40 Abs. 2 Nr. 1 SGB X), d. h., er entfaltet ausnahmsweise keinerlei Rechtswirkung (§ 39 Abs. 3 SGB X). Sonstige Verstöße gegen die Formvorschriften führen lediglich zur „einfachen" Rechtswidrigkeit des VA (vgl. z. B. § 40 Abs. 3 SGB X; hierzu s. u. III-1.3.1.2 und 1.3.1.3) und können ggf. geheilt werden (§ 41 SGB X).

Ein schriftlicher Verwaltungsakt ist grundsätzlich schriftlich zu begründen (§ 35 Abs. 1 SGB X), damit sind die wesentlichen tatsächlichen und rechtlichen Gründe für die Entscheidung darzulegen, mithin der der Entscheidung zugrunde liegende **Sachverhalt** sowie die tragenden rechtlichen Überlegungen mit Hinweis auf die angewendeten **Rechtsnormen**. Auf die Angabe der Rechtsgrundlage kann nur verzichtet werden, wenn sich diese aus den übrigen Angaben zweifelsfrei ergibt (BVerwG NVwZ 1985, 905). Der Bürger muss die Entscheidung inhaltlich und – ggf. mit Unterstützung durch einen Rechtsbeistand oder Sozialarbeiter – rechtlich nachvollziehen können. Dies gilt insb. für **Ermessensentscheidungen** (§ 35 Abs. 1 S. 3 SGB X). Vor allem (teil-)ablehnende Ermessensentscheidungen müssen erkennen lassen, von welchem Sachverhalt die Behörde ausgegangen ist, inwieweit die allgemeinen Tatbestandsvoraussetzungen des geltend gemachten Anspruchs gegeben sind oder nicht, ob die Behörde das ihr eingeräumte Ermessen erkannt hat und welche Ermessensgesichtspunkte sie ihrer Entscheidung zugrunde gelegt hat. Die formelhafte Wiedergabe von Gesetzestexten stellt keine (substantiierte) Begründung dar. Die Ausnahmen von der Begründungspflicht sind in § 35 Abs. 2 SGB X abschließend ausgeführt. Bei fehlender Begründung ist der VA (nur) rechtswidrig (Heilungsmöglichkeit gem. § 41 Abs. 1 Nr. 2 SGB X).

Ein schriftlicher Verwaltungsakt muss mit einer ordnungsgemäßen Rechtsbehelfsbelehrung versehen sein (§ 36 SGB X; § 84 SGG / § 70 VwGO), z. B.: „Gegen diesen Bescheid können Sie innerhalb eines Monats nach Bekanntgabe / Zugang schriftlich oder zur Niederschrift Widerspruch bei der Stadt X – Jugendamt – (Adresse) einlegen. Die Frist wird auch bei Einlegung des Widerspruchs bei der Widerspruchbehörde Y (Adresse) gewahrt." Das Fehlen einer Rechtsbehelfsbelehrung hat keine Auswirkungen auf die Rechtmäßigkeit des Verwaltungsaktes, wohl aber auf die **Rechtsbehelfsfrist**. Rechtsbehelfe können dann nach §§ 66 Abs. 2, 84 Abs. 2 SGG / §§ 58 Abs. 2, 70 Abs. 2 VwGO innerhalb eines Jahres nach Bekanntgabe des VA eingelegt werden.

Begründung

Rechtsbehelfsbelehrung

1.3.1.2 Wirksamkeit des Verwaltungsaktes

Ein VA ist bekannt zu geben (§ 37 SGB X), damit er überhaupt wirksam wird (§ 39 Abs. 1 SGB X) und die Rechtsbehelfsfrist zu laufen beginnt (§ 84 Abs. 1 SGG / § 70 Abs. 1 VwGO). Die Bekanntgabe ist grundsätzlich formfrei (vgl. § 37 SGB X), soweit nicht spezialgesetzlich etwas anderes vorgeschrieben ist (z. B. Zustellung des Widerspruchbescheids nach § 85 Abs. 3 SGG / § 73 Abs. 3 VwGO). Welche Form (mündlich, Brief, Fax, Einschreiben, Zustellung, öffentliche Bekanntgabe)

Zugang

die Behörde wählt, liegt in ihrem Ermessen. Die Bekanntgabe setzt einen amtlich veranlassten **Zugang**, nicht aber die tatsächliche Kenntnisnahme des Empfängers voraus. Der Zugang gilt auch als erfolgt, wenn die Annahme verweigert oder der Empfänger nicht angetroffen wird. Es reicht aus, dass der VA so in den Herrschaftsbereich des Empfängers gelangt ist, dass er – bei Annahme gewöhnlicher Verhältnisse – von ihm Kenntnis erlangen konnte. Wird ein Empfänger eines Einschreibens durch einen Benachrichtigungszettel informiert, ist allerdings der Zugang erst mit der Abholung erfolgt (BVerwG NJW 1983, 2344; BSG NZS 2001, 53). Der mit einfachem Brief übermittelte VA gilt mit dem dritten Tage nach Aufgabe zur Post als bekannt gegeben (**Zugangsfiktion**), selbst wenn er tatsächlich früher zugegangen sein sollte (§ 37 Abs. 2 SGB X). Erforderlich ist ein (Abgangs)Vermerk über die Aufgabe bei der Post. Hierunter fallen künftig auch die privaten Zustelldienste; zwar gab es diese neben der staatlichen Behörde „Deutsche Bundespost" noch nicht, als die SGB X-Regelung erlassen wurde, allerdings lässt sich die Privilegierung der heutigen Post AG nicht mehr aufrechterhalten, da der Markenschutz für die „Post" gefallen ist (vgl. OLG Köln 28.01.2005 – 6 U 131/04). Der Begriff Post ist mittlerweile eine allgemein übliche Bezeichnung für den Transport von Brief- und Paketsendungen.

Im Zweifel, d. h., wenn ein Beteiligter nachvollziehbar behauptet, dass der VA nicht oder erst nach Ablauf des 3-Tages-Zeitraums zugegangen ist, trägt die Behörde den Nachteil, wenn der Zugang und dessen Zeitpunkt nicht nachweisbar sind. Es reicht aber nicht aus, dass der Zugang nur (durch vage, nicht substantiierte Behauptungen) bestritten wird.

Bestandskraft Sofern ein VA nicht an derart schweren Fehlern leidet, dass er nichtig ist (s. u. III-1.3.1.3), wird er grundsätzlich zu dem Zeitpunkt wirksam, zu dem er bekannt gegeben wird (§§ 37, 39 Abs. 1 SGB X). Der VA bleibt – **auch wenn er rechtswidrig ist!** – wirksam und damit für den Bürger und die Verwaltung verbindlich, solange und soweit er nicht zurückgenommen, widerrufen, anderweitig (z. B. aufgrund eines Widerspruchs) aufgehoben wird oder sich durch Zeitablauf oder in anderer Weise erledigt hat (§ 39 Abs. 2 SGB X). Der VA hat deshalb in der Sache (wie bei einem Gerichtsurteil) rechtskraftähnliche Wirkung (man nennt dies **Bestandskraft**), sofern er nicht innerhalb enger Fristen mit Erfolg angefochten wird. In § 77 SGG ist dies ausdrücklich geregelt, dasselbe Prinzip ergibt sich in verwaltungsrechtlichen Streitigkeiten aus §§ 68 ff. VwGO. Das bedeutet, aus einem VA – auch aus einem rechtswidrigen VA – kann unmittelbar vollstreckt werden (§ 66 SGB X, §§ 1 ff. VwVollstrG). Mitunter, insb. zur Abwendung dringender Gefahren, ist bereits die sofortige Vollziehung schon vor Ablauf der Rechtsbehelfsfrist zulässig (vgl. § 86 Abs. 2/§ 80 Abs. 2 VwGO).

1.3.1.3 Rechtsfolgen fehlerhafter Verwaltungsakte

Ein Verwaltungsakt muss sowohl formell (im Hinblick auf Form und Verfahren des Zustandekommens) wie inhaltlich-materiell rechtmäßig sein (zu den Fehlerquellen vgl. Übersicht 33 sowie das Prüfungsschema einer verwaltungsrechtlichen Erstentscheidung im Anhang V-4).

Übersicht 33: Verwaltungsakt und mögliche Fehlerquellen

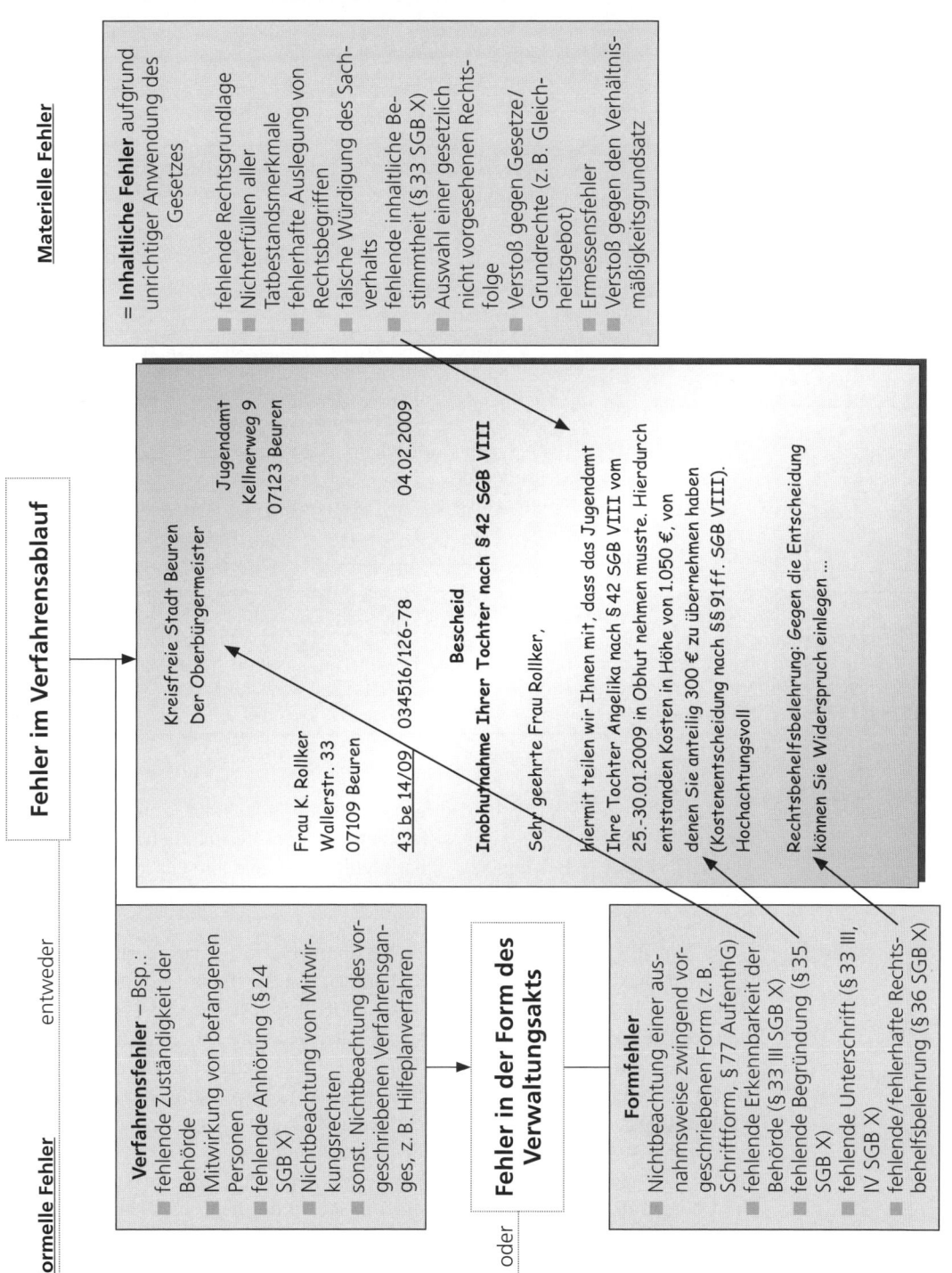

Materielle Fehler

= **Inhaltliche Fehler** aufgrund unrichtiger Anwendung des Gesetzes

- fehlende Rechtsgrundlage
- Nichterfüllen aller Tatbestandsmerkmale
- fehlerhafte Auslegung von Rechtsbegriffen
- falsche Würdigung des Sachverhalts
- fehlende inhaltliche Bestimmtheit (§ 33 SGB X)
- Auswahl einer gesetzlich nicht vorgesehenen Rechtsfolge
- Verstoß gegen Gesetze / Grundrechte (z. B. Gleichheitsgebot)
- Ermessensfehler
- Verstoß gegen den Verhältnismäßigkeitsgrundsatz

Fehler im Verfahrensablauf

Kreisfreie Stadt Beuren
Der Oberbürgermeister

Jugendamt
Kellnerweg 9
07123 Beuren

Frau K. Rollker
Wallerstr. 33
07109 Beuren

43 be 14/09   034516/126-78   04.02.2009

Bescheid
Inobhutnahme Ihrer Tochter nach § 42 SGB VIII

Sehr geehrte Frau Rollker,

hiermit teilen wir Ihnen mit, dass das Jugendamt Ihre Tochter Angelika nach § 42 SGB VIII vom 25.-30.01.2009 in Obhut nehmen musste. Hierdurch entstanden Kosten in Höhe von 1.050 €, von denen Sie anteilig 300 € zu übernehmen haben (Kostenentscheidung nach §§ 91ff. SGB VIII).
Hochachtungsvoll

Rechtsbehelfsbelehrung: *Gegen die Entscheidung können Sie Widerspruch einlegen ...*

Formelle Fehler   entweder

Verfahrensfehler – Bsp.:
- fehlende Zuständigkeit der Behörde
- Mitwirkung von befangenen Personen
- fehlende Anhörung (§ 24 SGB X)
- Nichtbeachtung von Mitwirkungsrechten
- sonst. Nichtbeachtung des vorgeschriebenen Verfahrensganges, z. B. Hilfeplanverfahren

Fehler in der Form des Verwaltungsakts

oder

Formfehler
- Nichtbeachtung einer ausnahmsweise zwingend vorgeschriebenen Form (z. B. Schriftform, § 77 AufenthG)
- fehlende Erkennbarkeit der Behörde (§ 33 III SGB X)
- fehlende Begründung (§ 35 SGB X)
- fehlende Unterschrift (§ 33 III, IV SGB X)
- fehlende/fehlerhafte Rechtsbehelfsbelehrung (§ 36 SGB X)

Übersicht 34: Rechtsfolgen fehlerhafter Verwaltungsakte

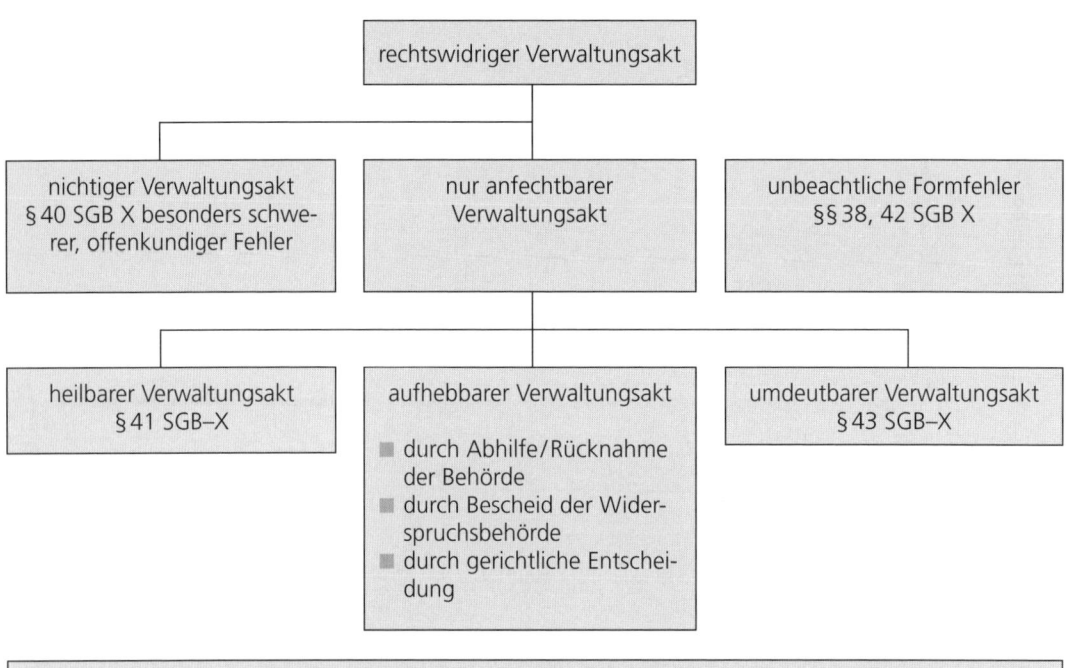

> Beachte: Nur ausnahmsweise, bei besonders schwerwiegenden und offensichtlichen Mängeln, ist der Verwaltungsakt nichtig und damit unwirksam (§ 40 SGB X). Ein Verwaltungsakt – auch wenn er fehlerhaft und rechtswidrig ist – bleibt grundsätzlich wirksam, so lange er nicht zurückgenommen, widerrufen, anderweitig aufgehoben oder durch Zeitablauf oder auf andere Weise erledigt ist (§ 39 Abs. 2 SGB X).

Anfechtung   Ein fehlerhafter VA ist rechtswidrig und deshalb anfechtbar (zum Widerspruch s. u. III-1.4 und I-5.2.2), soweit es sich nicht nur um offensichtliche Unrichtigkeiten (§ 38 SGB X; z. B. Tipp- und Schreibfehler) oder andererseits um die sehr seltenen besonders schweren und zur Nichtigkeit führenden Mängel (§ 41 SGB X) handelt (vgl. Übersicht 34).

Aufhebung   Ob und inwieweit VAe nach ihrer Bekanntgabe, insb. auch bestandskräftige VAe (d. h. nach Ablauf der Rechtsbehelfsfrist), von der Behörde aufgehoben werden dürfen, richtet sich nach den §§ 44 ff. SGB X (vgl. Übersicht 35; hierzu ausführlich Diering et al. 2010 Vor §§ 44 ff.; Richter / Doering-Striening 2009, 134 ff.). Gegen den **Widerruf** eines zwar rechtmäßigen, aber belastenden Verwaltungsaktes wird der Betroffene kaum etwas einwenden wollen, weshalb dies grundsätzlich jederzeit möglich ist (§ 46 SGB X). Bei rechtswidrigen VA sprich man von **Rücknahme** (§§ 44, 45 SGB X). **Rechswidrige belastende VA** müssen von Behörde zurückgenommen werden (§ 44 SGB X). Stellt die Behörde, etwa im Rahmen interner Überprüfungen oder aus Anlass einer Beschwerde, die Rechtswidrigkeit eines nicht begünstigenden VAs fest, so ist sie von Amts wegen zu seiner Rücknahme verpflichtet, und zwar auch dann, wenn kein Widerspruch eingelegt wurde und die

Übersicht 35: Aufhebung von Verwaltungsakten

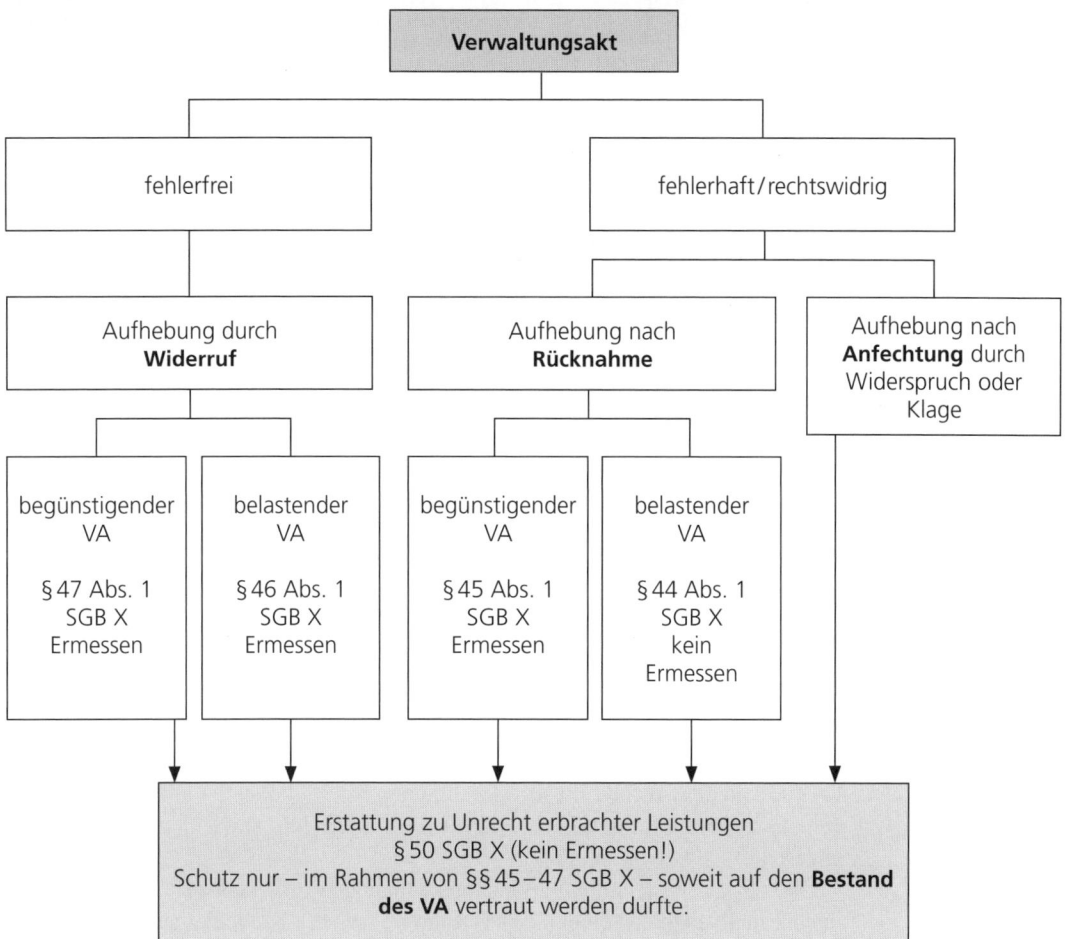

Widerspruchsfrist bereits verstrichen ist. Allerdings wird von der Rechtsprechung eine Nachbewilligung zu Unrecht nicht erbrachter Leistungen im Bereich der Sozialhilfe aufgrund des Bedarfdeckungsprinzips nur dann nicht abgelehnt, wenn der Betroffene rechtzeitig Widerspruch eingelegt hatte (vgl. BVerwG 68, 285; BVerwG NDV 1985, 123). Möglich ist aber grds. ein sozialrechtlicher Herstellungsanspruch bzw. ein Anspruch aus Schadensersatz wegen Amtspflichtverletzung (s. o. III-1.1).

Begünstigende VAe dürfen von der Behörde nachdem sie unanfechtbar geworden sind, nur unter den Einschränkungen der §§ 45, 47 SGB X aufgehoben werden. Ein rechtswidriger begünstigender VA darf nach § 45 SGB X ggf. zurückgenommen, ein rechtmäßig begünstigender nach § 47 SGB X im Wesentlichen nur dann widerrufen werden, wenn der Widerruf schon vorbehalten oder der VA mit einer Auflage verbunden war und der Begünstigte diese nicht erfüllt hat. Soweit seine Rechtsposition bei einem begünstigenden VA betroffen ist, darf das **schutzwürdige Vertrauen** des Bürgers auf die Rechtmäßigkeit des Verwaltungshandelns und damit auf den Bestand des Verwaltungsaktes nicht verletzt werden (§ 45 Abs. 2, § 47 SGB X). Dies erfordert eine Abwägung zwischen Vertrauen und dem Interesse des Begünstigten auf den Bestand des VA und dem öffentlichen Interesse an dessen Aufhebung. Das Vertrauen ist in der Regel schützenswert, wenn der Begünstigte erbrachte Leistungen verbraucht oder nur durch unverhältnismäßigen Aufwand rückgängig zu machende Vermögensdispositionen getroffen hat (§ 45 Abs. 2, S. 2, § 47 Abs. 2 SGB X). Es ist insb. nicht schutzwürdig, wenn der Leistungsempfänger (vorsätzlich oder grob fahrlässig) falsche Angaben gemacht hat (§ 45 Abs. 2 S. 3 SGB X). Sozialleistungen, die zu Unrecht (z.B. aufgrund eines aufgehobenen Verwaltungsaktes) erbracht worden sind, sind zu erstatten. Der Verwaltung steht insoweit kein Ermessen zu (§ 50 Abs. 1 SGB X).

Erstattung von Sozialleistungen

Widerspruchsverfahren

Schließlich wird ein fehlerhafter Verwaltungsakt aufgrund eines Widerspruchsverfahrens aufgehoben (§§ 68 ff. VwGO, §§ 78 ff. SGG). Der Widerspruch ist der in aller Regel zunächst zu ergreifende Rechtsbehelf gegen Verwaltungsakte (hierzu III-1.5 und I-5.2.2). Das Rechtsbehelfsverfahren gegen Verwaltungsakte ist in den §§ 62 und 63 SGB X geregelt. Grundsätzlich ist ein **Vorverfahren** erforderlich, bevor vor den Sozial- bzw. Verwaltungsgerichten Anfechtungs- oder Verpflichtungsklage erhoben werden kann (§ 78 SGG / § 68 Abs. 1 u. 2 VwGO). Allerdings haben einige Bundesländer das Widerspruchsverfahren auch in einigen für die Soziale Arbeit relevanten verwaltungs- und sozialrechtlichen Streitigkeiten abgeschafft (vgl. § 6a BW AGVwGO, Art. 15 Bay AGVwGO, § 8a Nds AG VwGO, § 4a Nds AGSGG, § 6 NRW AG VwGO; hierzu I-5.2.2; Sodan / Ziekow – Geis 2010 § 68 Rz. 131 ff.). In Niedersachsen betrifft dies auch die im Verwaltungsrechtsweg zu behandelnden Streitigkeiten nach dem Kinder- und Jugendhilferecht, dem BAföG und dem WoGG. In sozialrechtlichen Streitigkeiten ist in Nds das Widerspruchsverfahren für den Bereich des Erziehungsgeldes sowie des Blindengeldes abgeschafft (§ 4a Nds AGSGG).

Obwohl der Widerspruch grds. eine zwingende Prozessvorraussetzung ist (und man deshalb auch von einem „Vorverfahren" spricht), handelt es sich bei dem Widerspruchsverfahren um ein **verwaltungsinternes Kontrollverfahren**. Neben dem SGG und der VwGO gelten deshalb auch für diesen Teil des Verwaltungsverfahrens die allgemeinen verfahrensrechtlichen Regelungen nach dem SGB I und X (§ 62 HS 2 SGB X).

1.3.2   Öffentlich-rechtlicher Vertrag

Der öffentlich-rechtliche Vertrag ist neben dem VA die zweite Handlungsform einer Behörde zur Erfüllung ihrer Aufgaben, deren Bedeutung zumindest außerhalb der sozialleistungsrechtlichen Massenverfahren (wie z.B. der Bewilligung von Sozialhilfe) weiter zunehmen wird. Der moderne Rechtsstaat ist stärker an der Partizipation seiner Bürger interessiert (vgl. § 33 SGB I; §§ 5, 8, 9, 36 SGB VIII) und wird zur Erledigung seiner Aufgaben deshalb nicht nur auf das klassische Regelungsinstrument des Verwaltungsaktes, sondern zunehmend auf Konsens und vertragliche Vereinbarungen zurückgreifen. Ein solches **kooperatives Verwaltungshandeln** und die damit einhergehenden Aushandlungsprozesse entsprechen auch viel mehr dem sozialpädagogischen Ansatz, Betroffene als Akteure ernst zu nehmen und ihre Ressourcen zu aktivieren.

Allerdings ist die vertragliche Vereinbarung im SGB X mit Verweis auf die ergänzende Geltung der bürgerlich-rechtlichen Bestimmungen (§ 61 SGB X) nur sehr rudimentär geregelt. Das SGB X unterscheidet einerseits nach der Rechtsstellung der Vertragspartner, andererseits nach dem Grund des Vertragsabschlusses vier Arten des öffentlich-rechtlichen Vertrages:

- der **koordinationsrechtliche Vertrag**, z. B. mit freien Trägern (§ 17 Abs. 2 SGB II; §§ 76 f., 78b SGB VIII; § 75 Abs. 3 SGB XII). Besondere Bedeutung hat der öffentlich-rechtliche Vertrag mittlerweile im Sozialversicherungsrecht bei den Vereinbarungen mit Leistungserbringern (vgl. z. B. §§ 64, 72a Abs. 3, 73a, 83, 109, 111 SGB V; s. o. III-1.1 zum sozialrechtlichen Leistungsdreieck).
- der sog. **subordinationsrechtliche Vertrag** anstelle eines VAs (§ 53 Abs. 1 S. 2 SGB X), wobei die begriffliche Vorstellung eines Über-Unterordnungs-Verhältnisses bei vertraglichen Vereinbarungen eigentlich geradezu widersinnig ist, zutreffend aber auf die unterschiedliche Verhandlungsmacht der Vertragsparteien hinweist, z. B. Eingliederungsvereinbarung (§ 15 SGB II), Leistungsabsprache (§ 12 SGB XII). Von echten Vereinbarungen und einem dadurch symbolisierten Gleichordnungsverhältnis von Bürger und Verwaltung kann freilich keine Rede sein, wenn Letztere ihre Interessen schließlich doch einseitig durchsetzen kann (z. B. § 15 Abs. 1 Satz 6 SGB II; vgl. III-4.1.5). Im Hinblick auf Sozialleistungen ist zum Schutz des Bürgers ein öffentlich-rechtlicher Vertrag nur zulässig, soweit der Behörde ein Ermessen zusteht, nicht aber wenn auf die Sozialleistung ein konkreter Anspruch besteht (§ 53 Abs. 2 SGB X).
- der **Vergleichsvertrag** insb. zur Vermeidung weiterer Rechtsstreitigkeiten (§ 54 SGB X). Zulässig ist ein solcher Vergleich nur, wenn trotz verständiger Würdigung eine Ungewissheit des Sachverhalts und der Rechtslage besteht und diese durch gegenseitiges Nachgeben am besten beseitigt werden kann. Wesentlich für die Beurteilung der Zweckmäßigkeit eines Vergleichs ist gerade auch die Vermeidung weiterer, langwieriger Streitverfahren, wobei über einen bloßen Kompromiss (gegenseitiges Nachgeben) hinaus bei einvernehmlichen Regelungen beide Parteien gewinnen können (sog. Win-win-Situation). Der Vergleichsvertrag erhält deshalb mit der Verbreitung des Mediationsverfahrens auch im Öffentlichen Recht zunehmende Bedeutung (zur Mediation vgl. I-6.3). Der Vergleich wirkt gleichzeitig als Prozesshandlung und beendet wie der zivilrechtliche Prozessvergleich das Streitverfahren. Dies ist auch im Widerspruchsverfahren möglich.
- der **Austauschvertrag**, in dem sich der Vertragspartner der Behörde z. B. im Rahmen eines Genehmigungsverfahrens zu einer Gegenleistung verpflichtet (§ 55 SGB X).

Vergleichs- und Austauschverträge sind – ausdrücklich anders als subordinationsrechtliche Verträge – auch dann zulässig, wenn der Bürger eigentlich einen

Leistungsanspruch und damit die Behörde bei der entsprechenden Entscheidung kein Ermessen und an sich keinen Verhandlungsspielraum hat (vgl. §§ 54 Abs. 2, 55 Abs. 2 SGB X).

Ein öffentlich-rechtlicher Vertrag ist im Übrigen nur dann zulässig, wenn nicht besondere Rechtsvorschriften entgegenstehen. Eine vertragliche Regelung kommt z. B. nicht in Betracht, wenn und soweit die Behörden aufgrund des strikten Gesetzesvorbehaltes (§ 31 SGB I) die gesetzlich normierten Aufgaben und Leistungspflichten zu erfüllen haben und ihnen kein Entscheidungsspielraum eingeräumt ist (§ 53 Abs. 2 SGB X). Der öffentlich-rechtliche Vertrag bedarf immer der Schriftform (§ 56 SGB X) und ggf. der (schriftlichen) Zustimmung von Dritten oder Behörden (§ 57 SGB X).

Da (öffentlich- wie privat-rechtliche) Verträge selbst keine Vollstreckungstitel sind und im Streit zunächst Klage erhoben werden muss, können sich die Vertragspartner der sog. subordinationsrechtlichen Verträge der sofortigen Vollstreckung unterwerfen (§ 60 Abs. 1 SGB X), womit der Vertrag zum Vollstreckungstitel wird und damit ähnliche Rechtswirkungen wie ein VA hat. § 60 Abs. 2 SGB X unterscheidet hinsichtlich der Vollstreckung mit Verweis auf die entsprechenden Regelungen der VwGO (§ 170 bzw. § 172 VwGO) danach, ob zugunsten einer Behörde oder gegen sie vollstreckt werden soll.

Kündigung Abweichend vom bürgerlich-rechtlichen Vertragsrecht ist die **Beendigung** der öffentlich-rechtlichen Vertragsverhältnisse geregelt. Das SGB X nennt keine Kündigungsfristen. Sofern diese nicht ausdrücklich vereinbart wurden, können die Vertragsparteien den Vertrag nur kündigen, wenn aufgrund der geänderten Verhältnisse das weitere Festhalten an der Vereinbarung unzumutbar ist (§ 59 Abs. 1 SGB X). Aber auch ein Recht auf anpassende Abänderung des Vertrages besteht nach § 59 SGB X nur, wenn sich die Verhältnisse, die für die Festsetzung des Vertragsinhalts maßgebend waren, seit dem Abschluss des Vertrages so wesentlich geändert haben, dass einer Vertragspartei das Festhalten an der ursprünglichen Vereinbarung nicht zuzumuten ist. Anpassung und einseitige Beendigung (Kündigung) sind damit nur unter erschwerten Bedingungen möglich (vgl. BayVGH BayVwBl 1995, 659). Auch eine Behörde darf einen öffentlich-rechtlichen Vertrag nur kündigen, um schwere Nachteile für das Gemeinwohl zu verhüten oder zu beseitigen (§ 59 Abs. 1 S. 2 SGB X). Die Kündigung bedarf der Schriftform und sie soll (i. d. R. = muss) begründet werden (§ 59 Abs. 2 S. 2 SGB X).

Soweit sich aus den §§ 53 – 60 SGB X nicht Abweichendes ergibt, gelten auch die übrigen Regelungen des SGB X (§ 61 SGB X). Das betrifft insb. die Vorschriften über die Zuständigkeit und die Regelungen über den Sozialdatenschutz (§§ 67 ff. SGB X, s. o. III-1.2.3). Anderseits ist damit klargestellt, dass die auf den VA als einseitige Maßnahme zugeschnittenen Bestimmungen (§§ 24, 31 – 51 SGB X) nicht gelten.

Ergänzend finden die Bestimmungen des BGB zum Vertragsrecht entsprechende Anwendung (§ 61 S. 2 SGB X). Das betrifft zum Beispiel die Regelungen über die Wirksamkeit und Anfechtung von Willenserklärungen, die vertraglichen Schutz- und Haftungspflichten (Grundsatz von Treu und Glauben), die Regelungen im Hinblick auf Leistungsstörungen (z. B. Unmöglichkeit, Verzug, Schlechtleistung), die Regelungen der Geschäftsführung ohne Auftrag (§§ 677 BGB) oder der ungerechtfertigten Bereicherung (§§ 812 BGB).

1.4   Verwaltungskontrolle und Rechtsschutz

Die Verwaltungs- und Rechtskontrolle der Sozialverwaltung unterscheidet sich aufgrund einer spezifischen Verknüpfung von verwaltungsinternen und gerichtlichen Kontrollinstrumenten stark von der Rechtskontrolle im allgemeinen Rechtsverkehr. Soweit es um die **Kontrolle von VA** geht, wird auf die Darstellung im Teil I (I-5.2) und III-1.2.2 (Übersicht 31, S. 349) verwiesen. Gegen schlichtes Verwaltungshandeln, Rechtsnormen (z. B. Satzungen, Rechtsverordnungen) oder interne Verwaltungsvorschriften sowie gegen privatrechtliches (fiskalisches) Verwaltungshandeln kann kein Widerspruch eingelegt werden. Hier erfolgt die Rechtskontrolle ggf. direkt über den Zugang zu den Gerichten (I-5.2.3).

Bei **Rechtsstreitigkeiten über** und aus dem **öffentlich-rechtlichen Vertrag** muss ebenfalls der Verwaltungs- bzw. der Sozialgerichtsweg eingeschlagen werden, da der Vertrag öffentlich-rechtlicher Natur ist (vgl. §§ 61, 62 SGB X). Leistungsansprüche aus dem Vertrag sind ebenso wie eine Anpassung des Vertrages durch eine allgemeine Leistungsklage geltend zu machen. Die Unwirksamkeit oder die Kündigung des Vertrages kann durch eine Feststellungsklage erreicht werden. Die Möglichkeiten des vorläufigen Rechtsschutzes gelten entsprechend (vgl. I-5.2.3).

1.5   Verwaltungsvollstreckung und Verwaltungszwang

Rechtsfeststellende Verwaltungsakte (z. B. Feststellung des Grades der Behinderung, § 69 SGB IX) sind mit ihrer Bekanntgabe wirksam und bedürfen keiner Vollstreckung. Leistungsbescheide werden von der Sozialverwaltung selbst vollzogen (z. B. durch die Auszahlung der bewilligten Sozialhilfe). Sofern hierfür eine Mitwirkung des Leistungsberechtigten erforderlich ist (z. B. Angabe der Bankverbindung, persönliches Erscheinen; vgl. §§ 60 ff. SGB I), kann diese nicht zwangsweise durchgesetzt werden, die Nichtmitwirkung führt aber i. d. R. zum Ausbleiben der Leistung und Verlust des Leistungsanspruchs. Von **Verwaltungsvollstreckung** spricht man, wenn eine z. B. durch einen Verwaltungsakt begründete Handlungspflicht zwangsweise durchgesetzt werden soll. Regelungen zur Vollstreckung gegen die Behörde gibt es nicht. Erfüllt diese ausnahmsweise ihre auf einem Verwaltungsakt gründenden Leistungspflichten nicht, so müsste der Bürger eine Leistungsklage vor den Gerichten erheben (§ 54 Abs. 5 SGG; vgl. I-5.2.3).

Anders als bei privatrechtlichen Ansprüchen muss die Verwaltung für die Durchsetzung eines Verwaltungsaktes nicht erst ein Gericht anrufen, vielmehr genügt ein bestandskräftiger Verwaltungsakt (Titelfunktion). Behörden schaffen sich somit durch einen Bescheid ihre Vollstreckungstitel selbst, wenn sich der Bürger nicht rechtzeitig dagegen wehrt (beachte: nicht jeder Widerspruch besitzt eine aufschiebende Wirkung, vgl. I-5.2.2). Rechtsgrundlage für die Verwaltungsvollstreckung ist § 66 SGB X, der auf eine Reihe von bundes- und landesrechtlichen Regelungen verweist. Für die Vollstreckung zugunsten der Behörden des Bundes, der bundesunmittelbaren Körperschaften, Anstalten und Stiftungen des öffentlichen Rechts gilt das (Bundes)VwVG. Landes- und Gemeindebehörden vollstrecken nach den landesrechtlichen Regelungen. Die Vollstreckung kann aber nach § 66

Titelfunktion des Verwaltungsaktes

Abs. 4 SGB X auch nach den Regeln der zivilrechtlichen Zwangsvollstreckung stattfinden (vgl. I-5.3.1).

Beitreibung   Geldforderungen (z. B. Gebühren und Kostenbeiträge, Rückforderungen nach § 50 SGB X) werden beigetrieben. Die Vollstreckungsanordnung ist nur zulässig, wenn der entsprechende Verwaltungsakt bestandskräftig, die Forderung fällig und seit Bekanntgabe des Verwaltungsaktes bzw. der Fälligkeit eine Woche vergangen ist (vgl. § 3 VwVG). Zudem soll vor Anordnung der Vollstreckung der Schuldner ferner mit einer Zahlungsfrist von einer weiteren Woche besonders gemahnt werden (vgl. § 66 Abs. 4 S. 2 SGB X, § 3 Abs. 3 VwVG). Die Beitreibung erfolgt wie bei der zivilrechtlichen Zwangsvollstreckung durch Pfändung von Sachen (mit anschließender Versteigerung) oder Forderungen (mit anschließender Einziehung z. B. der Lohnforderung). Sozialleistungen sind nur eingeschränkt pfändbar (vgl. § 54 SGB I). Das Öffnen, Betreten und Durchsuchen der Wohnung des Schuldners ist im Hinblick auf Art. 13 Abs. 2 GG nur aufgrund eines richterlichen Beschlusses zulässig.

Verwaltungszwang   Die Vollstreckung von Verwaltungsakten, die auf die Herausgabe einer Sache (z. B. Rückgabe von Urkunden vgl. § 51 SGB X, 69 Abs. 5 S. 4 SGB IX), die Vornahme einer Handlung (z. B. Ausreise nach Ausweisung §§ 58 AufenthG), auf Duldung (z. B. einer Inobhutnahme nach § 42 SGB VIII) oder Unterlassung gerichtet sind, nennt man Verwaltungszwang (vgl. §§ 6 – 18 VwVG). Voraussetzung des Verwaltungszwangs ist, dass der Verwaltungsakt bestandskräftig und unanfechtbar ist, insb. ein Rechtsbehelf keine aufschiebende Wirkung hat oder sein sofortiger Vollzug angeordnet worden ist (vgl. § 86a Abs. 2 Nr. 4 SGG / § 80 Abs. 2 Nr. 4 VwGO). Zwangsmittel sind die Ersatzvornahme (§ 10 VwVG), das Zwangsgeld (§ 11 VwVG) sowie der sog. unmittelbare Zwang (§ 12 VwVG). Die zwangsweise Vollstreckung muss stets **verhältnismäßig** sein (§ 9 Abs. 2 VwVG) und grundsätzlich angedroht werden (§ 12 VwVG). Die Auswahl der Zwangsmittel erfolgt durch Verwaltungsakt, womit diese selbstständig angefochten werden können (§ 18 VwVG). Ist die Vornahme einer Handlung durch einen Dritten möglich, **Ersatzvornahme**   kommt eine sog. Ersatzvornahme (§ 10 VwVG) in Betracht, deren Kosten vom eigentlich handlungspflichtigen Schuldner zu erstatten sind. Kann eine Handlung **Zwangsgeld**   durch einen anderen nicht vorgenommen werden und hängt sie nur vom Willen des Pflichtigen ab, so kann dieser zur Vornahme der Handlung durch ein Zwangsgeld (i. d. R. bis zu 50.000 €) angehalten werden. Ist das Zwangsgeld uneinbringlich, so **unmittelbarer**   kann Ersatzzwangshaft angeordnet werden (§ 16 VwVG, § 66 Abs. 1 S. 2 SGB X). **Zwang**   Führt die Ersatzvornahme oder das Zwangsgeld nicht zum Ziel oder sind sie untunlich, so kann die Vollzugsbehörde den Pflichtigen zur Handlung, Duldung oder Unterlassung zwingen oder die Handlung selbst vornehmen (sog. unmittelbarer Zwang, vgl. § 13 VwVG), z. B. eine Sache beschlagnahmen, und dabei Gewalt anwenden. So ist es z. B. im Rahmen einer Inobhutnahme zulässig, eine gewalttätige Person festzuhalten, deren Widerstand und Gegenwehr zu brechen, die Tür zur Wohnung aufzubrechen oder ein Fenster einzuschlagen. Die Befugnis zur Anwendung des unmittelbaren Zwangs steht allerdings in aller Regel nicht den Sozialarbeitern zu, sondern nur Verwaltungsvollzugsbeamten und Gerichtsvollziehern sowie der Polizei (vgl. die ausdrückliche Regelung in § 42 Abs. 6 SGB VIII; Münder et al. 2009 § 42 Rz. 51.). Die Durchsetzung polizeilicher Maßnahmen erfolgt aufgrund polizeirechtlicher Vorschriften.

Bley et al. 2007; Diering et al. 2010; Eichenhofer 2004; Fuchs 2010; Papenheim / Baltes 2010, Kap. 37 – 46; Winkler 2004; v. Wulffen / Schroeder-Printzen 2004

http://www.bmas.de/DE/Service/Publikationen/a101-09-sozialbericht-2009.html

1. Warum prüft die Verwaltung, bevor sie Maßnahmen ergreift oder Leistungen bewilligt, ob sie zuständig ist? (1.2.1)
2. Muss man, um Sozialleistungen zu erhalten, stets einen Antrag stellen? (1.2.2)
3. Wo liegen die Grenzen der Mitwirkungspflicht im sozialrechtlichen Verwaltungsverfahren? Muss ein Leistungsberechtigter einen Hausbesuch dulden? (1.2.2)
4. Nennen Sie die drei Grundsätze des Sozialdatenschutzes. (1.2.3)
5. Welche Konsequenzen ergeben sich aus dem „funktionalen Stellenbegriff des SGB? (1.2.3)
6. Nehmen Sie zu der folgenden Aussage Stellung: „Datenschutz ist Täterschutz und behindert die korrekte Wahrnehmung öffentlicher Aufgaben." (1.2.3)
7. Welche wesentlichen Funktionen hat ein Verwaltungsakt? (1.3.1)
8. Wann ist ein Verwaltungsakt zugegangen und was versteht man unter der Bestandskraft des Verwaltungsaktes? (1.3.1.2)
9. Unter welchen Voraussetzungen kann eine Behörde mit einem Leitungsempfänger einen öffentlich-rechtlichen Vertrag schließen? (1.3.2)
10. Beschreiben Sie die förmlichen Rechtsbehelfsmöglichkeiten gegen Verwaltungsakte in der Sozial- und Jugendhilfe. (1.4 und I-5.2.2)
11. Welche Fristen müssen bei den verschiedenen Rechtsbehelfen eingehalten werden? (1.4 und I-5.2)
12. Kann im Widerspruchsverfahren eine Verwaltungsentscheidung auch zu Ungunsten des Bürgers abgeändert werden? (I-5.2.2)
13. Welche Kostenrisiken muss der Bürger im Rahmen des Rechtsschutzes beachten? (I-5.2.4)
14. Was versteht man unter der Titelfunktion eines Verwaltungsakts? (1.3.1 und 1.5)
15. Welche Möglichkeiten des Verwaltungszwangs gibt es? (1.5)

2 Sozialversicherungsrecht (Tammen)

Die Sozialversicherung besteht aus den fünf Zweigen der gesetzlichen Kranken-, Pflege-, Renten- und Unfallversicherung sowie aus dem Recht der Arbeitsförderung, das die Arbeitslosenversicherung beinhaltet. Bei allen Sozialversicherungen handelt es sich um Versicherungen gegen **zentrale Lebensrisiken**. Die Versicherten haben i. d. R. Beiträge zu entrichten und bei Eintritt des Versicherungsfalls Anspruch auf Leistungen. Die Sozialversicherung ist in besonderem Maße dem Gedanken des **sozialen Ausgleichs** und der **Solidarität** verpflichtet. Auch Personen, die aufgrund ihres Einkommens nur geringe Beiträge leisten können, haben Zugang zu den Versicherungen und können Leistungen in Anspruch nehmen, die im Ergebnis deutlich über den selbst eingezahlten Beiträgen liegen. Auf der anderen Seite zahlen andere Personengruppen hohe Beiträge, auch wenn sie – etwa im Rahmen der Krankenversicherung – über Jahre hinweg keine Leistungen benötigen.

2.1   Die gesetzliche Krankenversicherung – SGB V

2.1.1   Entwicklung, Organisation und Finanzierung

Das bismarcksche Krankenversicherungsgesetz vom 15.06.1883 ist der Ausgangspunkt der gesetzlichen Krankenversicherung, die damit der älteste Zweig der Sozialversicherung ist. Die ursprünglichen Grundstrukturen sind in der Krankenversicherung im Wesentlichen erhalten geblieben. 1911 wurde das Krankenversicherungsgesetz gemeinsam mit den anderen Versicherungszweigen der Sozialversicherung in die Reichsversicherungsordnung (RVO) aufgenommen. Seit dem 01.01.1989 ist die gesetzliche Krankenversicherung im SGB V geregelt.

Seit Ende der 1980er Jahre zeigt sich – wie auch in anderen sozialen Bereichen – auch im Krankenversicherungsbereich das Bemühen zur Kostendämpfung. Dies hat seither zu einer Reihe von Reformen geführt. Innerhalb der letzten 20 Jahre gab es acht Gesundheitsreformen. Besonders bedeutende Gesetzesreformen waren in diesem Zusammenhang das Gesundheitsstrukturgesetz (GSG vom 21.12.1992), das die Ablösung der Selbstkostenerstattung im Krankenhausbereich durch eine prinzipiell leistungsorientierte Krankenhausfinanzierung mit sich brachte, ab 1995 die Umstellung von allgemeinen Tagespflegesätzen auf Fallpauschalen, die Erweiterung der Möglichkeit zur Wahl der Krankenkasse, die Verschärfung der Zulassung zur vertragsärztlichen Versorgung und die Einführung der sog. Budgetierung. Im Jahr 2004 folgte das Gesetz zur Modernisierung der gesetzlichen Krankenversicherung (GMG, 01.10.2004). Schwerpunkt der Änderungen waren die stärkere Kostenbeteiligung der Versicherten (Zuzahlungen, Praxisgebühr), eine Kürzung von Leistungen (Sterbegeld, Zahnersatz) und Veränderungen im Recht der Leistungserbringung. Im Wege der Gesundheitsreform aus dem Jahr 2007, die weitgehend im Gesetz zur Stärkung des Wettbewerbs in der gesetzlichen Krankenversicherung (kurz: GKV-Wettbewerbsstärkungsgesetz, GKV-WSG) geregelt ist, wurde eine umfassende Krankenversicherungspflicht in einer gesetzlichen oder privaten Krankenkasse eingeführt. Versicherungspflichtig sind nun mit wenigen Ausnahmen Personen, die keinen anderweitigen Anspruch auf Absicherung im Krankheitsfall haben, wenn sie entweder zuletzt gesetzlich krankenversichert waren, oder bisher nicht gesetzlich oder privat krankenverichert waren (§ 5 Abs. 1 Nr. 13 SGB V). Zudem wurde das Vergütungssystem der Ärzte geändert, und es wurden Regelungen getroffen, die den Wettbewerb unter den Krankenkassen fördern sollten. Eingeführt wurde in diesem Zusammenhang insb. der Gesundheitsfonds (§ 271 SGB V). Der Krankenversicherungsbeitrag ist seither einheitlich festgelegt (zunächst per Rechtsverordnung, seit 2011 im SGB V selbst) und somit für alle Krankenkassen einheitlich. Die Beiträge fließen nicht mehr direkt vom Beitragspflichtigen zur Krankenkasse, sondern werden in einen Fonds eingezahlt, aus dem den Krankenkassen für jeden ihrer Versicherten auf der Grundlage eines Risikostrukturausgleichs ein Grundbetrag gezahlt wird. Dieser wird je nach Geschlecht, Alter und Krankheitsfaktoren der Versicherten modifiziert. Für den Fall, dass eine Krankenkasse mit ihren finanziellen Mitteln nicht auskommt, kann sie einen Zusatzbeitrag von ihren Mitgliedern erheben, der jedoch zunächst der Höhe nach begrenzt wurde.

Gesundheits-reformen *(Marginalie)*

Gesundheitsfond *(Marginalie)*

Vor dem Hintergrund eines drohenden Defizits der gesetzlichen Krankenversicherung von 11 Milliarden Euro wurde im September 2010 die nächste und bislang jüngste Gesundheitsreform auf den Weg gebracht. Am 22. September 2010 wurde vom Bundeskabinett der Entwurf eines Gesetzes zur nachhaltigen und sozial ausgewogenen Finanzierung der Gesetzlichen Krankenversicherung (GKV-Finanzierungsgesetz) beschlossen, das im November 2010 vom Bundestag verabschiedet wurde und zum 1. Januar 2011 in Kraft getreten ist. Über die Reform informiert das Bundesministerium für Gesundheit unter http://www.bmg.bund.de/krankenversicherung/gesundheitsreform.html.

Neben dem SGB V gibt es gesetzliche Versicherungen für Personengruppen, die historisch ursprünglich nicht der Versicherungspflicht unterstanden: die Krankenversicherung für Landwirte (seit 1972), die Krankenversicherung für Behinderte (1975), die Krankenversicherung für Studenten und Praktikanten (1975) und **Beihilfe** die Krankenversicherung für Künstler und Publizisten (1981, vgl. §5 Abs. 1 SGB V). Daneben enthalten die Leistungssysteme des öffentlichen Dienstes Beihilfen für den Krankheitsfall. Eine weitere wichtige Leistung im Krankheitsfall ist die Entgeltfortzahlung als Arbeitgeberleistung im Falle der Erkrankung der Arbeitnehmer in den ersten sechs Wochen.

Krankenkassen **Träger** der gesetzlichen Krankenversicherung sind die Krankenkassen. Sie gliedern sich in Allgemeine Ortskrankenkassen, Betriebskrankenkassen, Innungskrankenkassen, Seekrankenkasse, landwirtschaftliche Krankenkassen, Bundesknappschaft und Ersatzkassen. Die Krankenkassen sind Körperschaften des öffentlichen Rechts mit Selbstverwaltung (vgl. I-4.1.2.1), das Organisationsrecht der Krankenkassen wird in §§ 143 – 206 SGB V geregelt. Seit dem 01.01.1996 besteht für versicherte Personen die Möglichkeit der Kassenwahl (§§ 173 – 175 SGB V): die Versicherungspflichtigen könnten zwischen allen Krankenkassen wählen, die regional zuständig sind.

Die **Finanzierung** der gesetzlichen Krankenversicherung (§§ 220 – 274 SGB V) beruht fast ausschließlich auf Beiträgen. Der erst im Rahmen der Reform aus dem Jahr 2007 abgesenkte Beitragssatz steigt mit dem GKV-Finanzierungsgesetz auf 15,5 % (§ 241 SGB V, sog. Allgemeiner Beitragssatz). Getragen werden die Bei- **Beitragsfinanzie-** träge bei den versicherungspflichtig Beschäftigten anteilig von den Beschäftigten **rung** und den Arbeitgebern (§ 249 SGB V), beide Anteile werden vom Arbeitgeber abgeführt. Ursprünglich wurden die Beiträge jeweils zur Hälfte von Arbeitgeber und Arbeitnehmer getragen, derzeit liegt der Anteil der Arbeitnehmer jedoch um 0,9 % über dem der Arbeitgeber. Die Beiträge der versicherten Rentner werden anteilig von der Rentenversicherung und von den Rentnern getragen, wobei auch hier der von den Versicherten zu leistende Satz um 0,9 % über dem der Rentenversicherung liegt (§ 249a SGB V). Nur in Ausnahmefällen tragen die Pflichtversicherten den Beitrag alleine, z. B. Studierende. Freiwillige Mitglieder tragen den Beitrag jedoch generell alleine. Die Beiträge von Empfängern von Arbeitslosengeld II nach dem SGB II werden vom jeweiligen Träger gezahlt (§ 251 Abs. 4 SGB V).

Beitragshöhe Die Höhe des Beitrags richtet sich nach den beitragspflichtigen Einnahmen (§§ 226 ff. SGB V) und damit nach der individuellen Leistungsfähigkeit des jeweiligen Mitglieds. Zu den Einnahmen zählt insb. das Arbeitsentgelt. Bei Rentnern zählt dazu nicht nur die Rente, sondern auch vergleichbare Einnahmen (z. B. betriebliche Altersversorgung). Die beitragspflichtigen Einnahmen werden allerdings nur bis zur Höhe der sog. Beitragsbemessungsgrenze (§ 223 SGB V) berücksichtigt, die 2011 bei 44.500 € liegt. Die Berechnung der Beiträge krankenversicherter Studierender erfolgt auf der Grundlage der jeweiligen BAföG-Sätze (§ 236 SG V). Die Beiträge freiwillig Versicherter werden nach § 240 SGB V durch die Satzung der jeweiligen Versicherung geregelt.

Sofern die Finanzierung einer Krankenkasse durch den ihr aus dem Gesundheitsfonds zugewiesenen Anteil nicht gedeckt ist, kann die Kasse einen von den Versicherten allein zu tragenden Zusatzbeitrag erheben, der unmittelbar an die Krankenkasse zu entrichten ist. Dieser Beitrag war zunächst seit seiner Einführung im Jahr 2007 auf maximal 8 € monatlich bzw. 1 % der beitragspflichtigen Einnahmen des Mitglieds begrenzt. Durch das GKV-Finanzierungsgesetz wurden die Modalitäten des Zusatzbeitrags verändert. Der Zusatzbeitrag wird seither einkommensunabhängig erhoben und ist seiner Höhe nach nicht mehr begrenzt (§ 242 SGB V). Einige Personenkreise sind vom Zusatzbeitrag ausgenommen, etwa Empfänger von Mutterschaftsgeld oder Elterngeld (§ 242 Abs. 5 SGB V). Für Empfänger von Arbeitslosengeld II nach dem SGB II wird der Zusatzbeitrag aus Bundesmitteln aufgebracht und an die jeweilige Krankenkasse gezahlt. **Zusatzbeitrag**

Das Bundesministerium für Gesundheit legt jährlich auf der Basis von Schätzungen einen sog. Durchschnittlichen Zusatzbeitrag fest (§ 242a SGB V). Überschreitet der Durchschnittliche Zusatzbeitrag 2 % der beitragspflichtigen Einnahmen des Versicherten, so hat dieser Anspruch auf einen Sozialausgleich, der aus Bundesmitteln finanziert wird. Der Sozialausgleich wird i. d. R. vom Arbeitgeber oder der Rentenversicherung durchgeführt, indem der einkommensabhängige Beitragssatzanteil des Versicherten um den Betrag abgesenkt wird, um den der Zusatzbeitrag die 2 %-Grenze übersteigt (§ 242b SGB V). Abgestellt wird dabei auf den durchschnittlichen Zusatzbeitrag anstelle des konkreten Zusatzbeitrags des einzelnen Versicherten, um auch für diesen Personenkreis einen Anreiz zu schaffen, eine möglichst wirtschaftliche Krankenkasse zu wählen. **Sozialausgleich**

2.1.2   Der versicherte Personenkreis

Zu unterscheiden sind beim versicherten Personenkreis fünf verschiedene Gruppen: Versicherungspflicht, Versicherungsfreiheit, Befreiung von der Versicherungspflicht, freiwillige Versicherung und Familienversicherung.

Grundsatz ist das Prinzip der Versicherungspflicht. Anknüpfungspunkt ist dabei in erster Linie die Beschäftigung in abhängiger Arbeit, demnach sind versicherungspflichtig nach § 5 Abs. 1 Nr. 1 SGB V Arbeiter, Angestellte und zu ihrer Berufsausbildung Beschäftigte, die gegen Arbeitsentgelt beschäftigt sind. Was unter einer Beschäftigung zu verstehen ist, wird im Rahmen der gemeinsamen Vorschriften für die Sozialversicherung in § 7 SGB IV definiert. Weitere wichtige versicherungspflichtige Gruppen sind etwa nach § 5 Abs. 1 Nr. 2 SGB V die Bezieher von Arbeitslosengeld oder Unterhaltsgeld, nach Nr. 2a die Bezieher von Arbeitslosengeld II und nach Nr. 11 die Rentner. Die im Laufe der Entwicklung **Versicherungspflicht** hier aufgenommen Landwirte, Künstler usw. ergeben sich aus den einzelnen Nummern des § 5 SGB V.

Versicherungs-freiheit In § 6 SGB V ist geregelt, wer versicherungsfrei ist, z. B. sind dies nach Nr. 1 Beamte, Richter und Soldaten. Versicherungsfreiheit besteht auch bei sog. geringfügiger Beschäftigung, die in §§ 8, 8a SGB IV definiert wird (sog. 400-Euro-Job). **Jahresarbeits-entgeltgrenze** Zudem ist für die Frage der Versicherungsfreiheit die sog. Jahresarbeitsentgelt-grenze nach § 6 Abs. 4–7 SGB V entscheidend. Wenn Arbeiter und Angestellte mit ihrem Einkommen diese Grenze in drei aufeinanderfolgenden Jahren überschreiten, sind sie versicherungsfrei. Derzeit (2011) liegt die Jahresarbeitsentgelt-grenze bei 49.500 €.

Auf Antrag kann nach § 8 Abs. 1 SGB V eine Befreiung von der Versicherungspflicht stattfinden. Dies ist z. B. möglich, wenn Personen wegen der jährlich vorzunehmenden Erhöhung der Jahresarbeitsentgeltgrenze versicherungspflichtig geworden sind. Eine andere Fallgruppe bilden Personen, die während der Elternzeit eine eingeschränkte Erwerbstätigkeit ausüben.

freiwillige Versiche-rung In § 9 SGB V ist geregelt, wer sich freiwillig in einer gesetzlichen Krankenversicherung versichern lassen kann. Dies betrifft z. B. Personen, die wegen Überschreitung der Jahresarbeitsentgeltgrenze aus der gesetzlichen Krankenversicherung ausscheiden müssten, und Personen, die aufgrund einer rechtskräftigen Scheidung von einem sog. Stammversicherten (vgl. unten die Familienversicherung) nunmehr nicht mehr versichert sind. Die freiwillige Versicherung in einer gesetzlichen Krankenversicherung kann für Viele interessant sein, da die Leistungen der gesetzlichen Krankenversicherung umfassend sind und im Vergleich zur privaten Versicherung für viele Personen (z. B. ältere Menschen) auch preisgünstiger sind.

Familienversiche-rung In § 10 SGB V ist die Familienversicherung des Ehegatten, des Lebenspartners einer eingetragenen Lebenspartnerschaft und der Kinder von Mitgliedern geregelt. Die genannten Personen sind kostenlos in der Krankenversicherung des Mitglieds versichert, sofern ihr eigenes Einkommen eine Einkommensgrenze nicht übersteigt. Kinder des Mitglieds können maximal bis zur Vollendung des 25. Lebensjahrs (zuzüglich Wehr- oder Zivildienst) bei ihm familienversichert sein. Die Familienversicherung soll ein Ausgleich der besonderen Belastung für Familien sein. Kritisiert wird allerdings, dass damit die Krankenversicherung von Kindern nur durch den Kreis der krankenversicherten Personen finanziert wird, während sich andere Personen nicht an der Finanzierung beteiligen müssen. Hier wird eine Gesetzesänderung erwogen. Aus der Familienversicherung haben die entsprechenden Personen im Grundsatz dieselben Ansprüche wie der sog. Stammversicherte. Sie haben allerdings keinen Anspruch auf Krankengeld, da das Krankengeld ein Ersatz für das Arbeitsentgelt ist und der Personenkreis der Familienversicherten allenfalls in geringem Umfang erwerbstätig sein kann.

2.1.3 Leistungen der Krankenversicherung

Wichtige Grundsätze für die Leistungen der Krankenversicherung sind in §§ 12 ff. **Wirtschaftlichkeits-gebot** SGB V geregelt. Nach dem Wirtschaftlichkeitsgebot müssen die Leistungen ausreichend, zweckmäßig und wirtschaftlich sein und dürfen das Maß des Notwendigen nicht übersteigen. Unwirtschaftliche Leistungen können nicht in Anspruch genommen werden (z. B. Behandlungsmethoden, deren Wirksamkeit noch nicht nachgewiesen ist). Überwiegend gilt in der gesetzlichen Krankenversicherung das Sachleistungsprinzip, d. h., die Versicherten können die Leistungen vom Arzt, **Sachleistungs-** Krankenhaus usw. in Anspruch nehmen, ohne sie zunächst selbst bezahlen zu **prinzip** müssen. Der Gegensatz dazu ist das Kostenerstattungsprinzip, das bei der privaten Krankenversicherung gilt. Hier müssen die Versicherten die Kosten selber zahlen und erhalten sie dann erstattet. Das Kostenerstattungsprinzip ist seit dem 01.01.2004 im Rahmen des § 13 SGB V auch in der gesetzlichen Krankenversicherung in beschränktem Umfang möglich.

§ 11 SGB V enthält eine Übersicht über die Leistungsarten. Im Einzelnen sind die Leistungen dann in den §§ 21 ff. SGB V geregelt. An erster Stelle werden die Leistungen zur Verhütung und Früherkennung aufgeführt. Die einzelnen Leistungen dazu sind in § 21 ff. genannt, z. B. Prophylaxe zur Verhütung von Zahnerkrankung, Mittel um einer drohenden Krankheit vorzubeugen, Vorsorgekuren, Früherkennungsmaßnahmen. Den Schwerpunkt des SGB V bilden die Leistungen bei Krankheiten. Voraussetzung ist, dass eine Krankheit vorliegt, d. h. ein regelwidri- **Krankheit** ger Körper- oder Geisteszustand, der entweder Behandlungsbedürftigkeit oder Arbeitsunfähigkeit oder beides zur Folge hat (nicht etwa das altersbedingte Nachlassen der Kräfte oder die Schwangerschaft.).

Liegt eine Krankheit vor, dann besteht Anspruch auf Krankenbehandlung, wenn sie notwendig ist. Die einzelnen Leistungen zur Krankenbehandlung sind in § 27 SGB V geregelt.

Daneben besteht im Krankheitsfall ein Anspruch auf Krankengeld (§§ 44 ff. **Krankengeld** SGB V). Dabei handelt es sich um eine Entgeltersatzleistung, die geleistet wird, wenn die Versicherten arbeitsunfähig sind oder wenn sie stationär behandelt werden. Es beträgt 70 % des erzielten regelmäßigen Arbeitsentgelts und darf 90 % des durchschnittlichen Nettoentgelts nicht übersteigen (§ 47 SGB V). Der Anspruch auf Krankengeld ruht, solange der Versicherte Arbeitsentgelt oder Arbeitseinkommen erhält.

Bei der Leistungserbringung kommt es zu Rechtsbeziehungen zwischen den Leistungserbringern (Krankenhäusern, Versorgungscentern, Ärzten, Zahnärzten, Psychotherapeuten, Apothekern usw.), den Leistungsträgern (gesetzliche Krankenversicherung) und den Leistungsempfängern (Arbeitnehmer/Patienten). Im Wege des GKV-Finanzierungsgesetzes wurden eine Reihe von Regelungen zur Ausgabenbegrenzung getroffen, die sowohl die Krankenkassen als auch die Leistungserbringer betreffen (vgl. BR-Ds 581/10, 2 f.).

2.2 Die gesetzliche Pflegeversicherung – SGB XI

2.2.1 Entwicklung, Organisation und Finanzierung

Die soziale Pflegeversicherung ist im SGB XI geregelt, das am 01.01.1995 als fünfte Säule der sozialen Versicherung in Kraft getreten ist. Die soziale Pflegeversicherung erfasst nahezu die gesamte Bevölkerung. Die Aufwendungen sind seit der Einführung 1995 kontinuierlich angestiegen, sind jedoch im Vergleich zu den anderen Sozialversicherungsleistungen (noch) nicht von derselben finanziellen Bedeutung. Dies liegt nicht zuletzt daran, dass bei Einführung der Pflegeversicherung 1995 zunächst ein Sockel dadurch angespart wurde, dass zwar bereits Beiträge bezahlt werden mussten, es aber noch keine Leistungen gab. Insofern verfügte die soziale Pflegeversicherung über ein finanzielles Polster, das aber von Jahr zu Jahr weiter abnimmt.

Hauptgrund für die Einführung der Pflegeversicherung war der Umstand, dass das Risiko der Pflegebedürftigkeit zuvor nicht hinreichend abgesichert werden konnte. Es bestand nur die Möglichkeit einer privaten Absicherung. Ansonsten konnten die zum Teil erheblichen Kosten, die mit einer ambulanten oder stationären Pflege verbunden sind, von den Betroffenen oft nicht aufgebracht werden, so dass in vielen Fällen die Sozialhilfe einspringen musste (jetzt §§ 61 ff. SGB XII). Um die Aufwendungen überschaubar zu halten, werden durch die Pflegeversicherung nicht die gesamten Kosten der Pflege übernommen, sondern bestimmte, gesetzlich festgelegte Beträge. Außerdem werden sie nur ab einem bestimmten Grad der Pflegebedürftigkeit übernommen. Durch die soziale Pflegeversicherung nicht abgedeckte Kosten der Pflege sind nach wie vor privat zu tragen. Falls die privaten Mittel nicht ausreichen, sind ggf. Sozialhilfeleistungen notwendig (vgl. III-4.2.4.3).

Inhaltlich wurde die soziale Pflegeversicherung eng an die Krankenversicherung angelehnt, es gilt der Grundsatz **„die Pflegeversicherung folgt der Krankenversicherung"**. Für den größten Teil der Bevölkerung besteht – in Anlehnung an die gesetzliche Krankenversicherung – eine öffentlich-rechtliche Versicherung. Für einen kleineren Teil der Bevölkerung (insb. die privat Versicherten) besteht eine privat-rechtliche Absicherung für das Pflegerisiko.

Pflegekassen Die **Träger** der sozialen Pflegeversicherung sind die Pflegekassen (§ 21a Abs. 2 SGB I und §§ 1 Abs. 3, 46 Abs. 1 SGB XI). Sie sind wie die Krankenkassen Körperschaften des öffentlichen Rechts mit dem Recht der Selbstverwaltung. Die Pflegekassen sind bei den Krankenkassen errichtet: Bei jeder Krankenkasse besteht eine Pflegekasse. Für die private Pflegeversicherung werden die Leistungen von den privaten Versicherungen erbracht.

Beiträge Die Ausgaben der Pflegeversicherung werden parallel zur Krankenversicherung durch Beiträge der Mitglieder und der Arbeitgeber finanziert. Der festgelegte Beitragssatz von 1,95 % (§ 55 SGB XI) ist grundsätzlich hälftig zu tragen, allerdings wurden die Leistungen der Arbeitgeber durch Streichungen eines gesetzlichen Feiertages kompensiert (§ 58 Abs. 2 SGB XI) (Ausnahme: Sachsen, dort tragen die Beschäftigten den Betrag in Höhe von 1 % allein, § 58 Abs. 3 SGB XI). Die Beitragshöhe richtet sich wie in der gesetzlichen Krankenversicherung nach den beitragspflichtigen Einnahmen des Mitglieds, mitversicherte Familienangehörige und Lebenspartner sind beitragsfrei versichert.

Zum 01.01.2005 wurde – ausgehend von einer Entscheidung des Bundesverfassungsgerichts – der Beitragssatz für Kinderlose (nach Vollendung des 23. Lebensjahres) um 0,25 % erhöht (§ 55 Abs. 3 SGB XI). Dadurch soll (ansatzweise) der Tatsache Rechnung getragen werden, dass Menschen mit Kindern einen generativen Beitrag für die soziale Pflegeversicherung leisten.

Im Jahr 2008 wurde das Recht der Sozialen Pflegeversicherung durch das Pflege-Weiterentwicklungsgesetz zuletzt reformiert. Eine umfassende Reform ist für das Jahr 2011 in Planung.

2.2.2   Der versicherte Personenkreis

Es lassen sich hinsichtlich des versicherten Personenkreises zwei Gruppen unterscheiden: Der Versicherungspflicht unterliegen alle Personen, die auch in der gesetzlichen Krankenversicherung versichert sind (§ 1 Abs. 2 SGB XI). Parallel dazu **Versicherungspflicht** gehören auch die Familienversicherten zu dem Kraft Gesetzes versicherten Personenkreis (§ 25 SGB XI). Wer freiwillig versichert ist, hat allerdings die Möglichkeit, sich von der Versicherungspflicht befreien zu lassen, wenn er nachweist, dass er bei einem privaten Versicherungsunternehmen gegen die Pflegebedürftigkeit versichert ist und dort für sich und seine Familienangehörigen einen gleichwertigen Versicherungsschutz erhält (§ 22 SGB XI). Personen, die nicht Kraft Gesetzes automatisch versichert sind, sind verpflichtet, sich selbst zu versichern. In erster Linie sind dies die Versicherten der privaten Krankenversicherungsunternehmen. Sie müssen eine private Pflichtversicherung abschließen. Der Leistungsumfang **private Versiche-** muss dem der gesetzlichen Versicherung entsprechen. Auch ansonsten gelten die- **rung** selben Inhalte für die private Versicherung, auch die Beiträge sind identisch. Beide Personenkreise, diejenigen, die der gesetzlichen Versicherungspflicht unterliegen, und diejenigen, die verpflichtet sind, sich zu versichern, gehören zum leistungsberechtigten Personenkreis, die im Versicherungsfall Leistungen aus der sozialen Pflegeversicherung erhalten.

2.2.3   Pflegebedürftigkeit als Versicherungsfall

Die generellen Voraussetzungen für die Leistungen sind in den §§ 14 ff. SGB XI geregelt. Um Leistungen der sozialen Pflegeversicherung zu bekommen, muss der Versicherungsfall „Pflegebedürftigkeit" gegeben sein. Der Begriff wird in § 14 SGB XI definiert. Es ist erforderlich, dass die betroffene Person durch Krankheit **Pflegebedürftigkeit** oder Behinderungen Hilfe bei den gewöhnlichen und regelmäßig wiederkehrenden Verrichtungen des täglichen Lebens auf Dauer in einem erheblichen oder höheren Maße benötigt. Damit eine zumindest erhebliche Pflegebedürftigkeit vorliegt, muss eine der in § 15 SGB XI geregelten Stufen der Pflegebedürftigkeit vorliegen. Diese Stufen sind in Abhängigkeit vom pflegerischen Aufwand und vom zeitlichen Bedarf geregelt. Maßgeblich dafür sind Umfang und die Häufigkeit der benötigten Hilfen bei der Körperpflege, der Ernährung, der Mobilität und der hauswirtschaftlichen Versorgung. Die jeweils zutreffende Pflegestufe wird bei Feststellung der Pflegebedürftigkeit nach § 18 SGB XI durch den Medizinischen Dienst der Krankenversicherung (vgl. §§ 275 ff. SGB V) bestimmt. Die Begutachtung und Entscheidung der Pflegekasse hat i. d. R. innerhalb von fünf Wochen nach Antragstellung zu erfolgen. Die Frist kann sich im Einzelfall auf eine Woche verkürzen (§ 18 Abs. 3 SGB XI).

Pflegestufen   Es gibt nach § 15 SGB XI drei Pflegestufen. In **Pflegestufe I** werden erheblich pflegebedürftige Personen eingestuft. Hilfebedarf besteht einmal täglich bei wenigstens zwei Verrichtungen aus den Bereichen Körperpflege, Ernährung oder Mobilität und zusätzlich mehrfach in der Woche bei der hauswirtschaftlichen Versorgung (§ 15 Abs. 1 Nr. 1 SGB XI). Der Zeitaufwand, den ein Familienangehöriger oder eine andere nicht als Pflegekraft ausgebildete Pflegeperson für die erforderlichen Leistungen der Grundpflege und hauswirtschaftlichen Versorgung benötigt, muss wöchentlich im Tagesdurchschnitt mindestens 90 Minuten betragen; hierbei müssen auf die Grundpflege mehr als 45 Minuten entfallen (§ 15 Abs. 3 Nr. 1 SGB XI). Der **Pflegestufe II** sind schwerpflegebedürftige Personen zuzuordnen. Hilfebedarf besteht hier dreimal täglich zu verschiedenen Zeiten für Verrichtungen aus den Bereichen Körperpflege, Ernährung oder Mobilität und zusätzlich mehrfach in der Woche bei der hauswirtschaftlichen Versorgung (§ 15 Abs. 1 Nr. 2 SGB XI). Der Zeitaufwand, den ein Familienangehöriger oder eine andere nicht als Pflegekraft ausgebildete Pflegeperson für die erforderlichen Leistungen der Grundpflege und hauswirtschaftlichen Versorgung benötigt, muss wöchentlich im Tagesdurchschnitt mindestens drei Stunden betragen; hierbei müssen auf die Grundpflege mindestens zwei Stunden entfallen (§ 15 Abs. 3 Nr. 2 SGB XI). In **Pflegestufe III** werden schwerstpflegebedürftige Personen eingestuft. Hilfebedarf besteht rund um die Uhr bei der Körperpflege, der Ernährung oder der Mobilität und zusätzlich mehrfach in der Woche bei der hauswirtschaftlichen Versorgung (§ 15 Abs. 1 Nr. 3 SGB XI). Der Zeitaufwand, den ein Familienangehöriger oder eine andere nicht als Pflegekraft ausgebildete Pflegeperson für die erforderlichen Leistungen der Grundpflege und hauswirtschaftlichen Versorgung benötigt, muss wöchentlich im Tagesdurchschnitt mindestens fünf Stunden betragen. Auf die Grundpflege müssen mindestens vier Stunden entfallen (§ 15 Abs. 3 Nr. 3 SGB XI).

Voraussetzung für Leistungen der Pflegeversicherung ist, dass zumindest Pflegebedürftigkeit der Pflegestufe I vorliegt. Ist dies nicht der Fall, also beträgt der Pflegeaufwand generell weniger als 90 Minuten täglich, werden keine Leistungen nach dem SGB XI geleistet, es liegt die sog. Pflegestufe Null vor. Die dafür notwendigen Aufwendungen sind aus privaten Mitteln, wenn diese nicht vorhanden sind ggf. durch die Sozialhilfe (Hilfe zur Pflege – §§ 61 ff. SGB XII, vgl. III-4.2.4.3), zu decken. Für Versicherte, die einen pflegerischen Bedarf haben, allerdings keine Pflegestufe erreichen, kommen allerdings zusätzliche Betreuungsleistungen nach §§ 45a f. SGB XI in Betracht (s. 2.2.4).

2.2.4   Die Leistungen der Pflegeversicherung

Wenn die Einstufung in eine Pflegestufe erfolgt, besteht Anspruch auf Leistungen. Einen Überblick gibt § 28 SGB XI. Die dort aufgeführten Leistungen lassen sich

häusliche Pflege   in mehrere Gruppen einteilen: Zunächst kommen Leistungen bei häuslicher Pflege in Betracht. Die häusliche Pflege wird zunächst als **Pflegesachleistung** (§ 36 SGB XI) erbracht. Pflegebedürftige haben bei häuslicher Pflege im eigenen oder in einem anderen Haushalt Anspruch auf Grundpflege und hauswirtschaftliche

Versorgung durch einen Pflegedienst o. Ä. Die Höhe des Anspruchs richtet sich nach der Pflegestufe (siehe Übersicht 36).

Pflegestufe	Pflegeeinsätze nach § 36 SGB XI bis zu einem Gesamtwert von		
	ab 1. Juli 2008	ab 1. Januar 2010	ab 1. Januar 2012
I	420 €	440 €	450 €
II	980 €	1.040 €	1.100 €
III	1.470 €	1.510 €	1.550 €
	In besonderen Härtefällen bis zu 1.918 €.		

Übersicht 36: Pflegesachleistungen (Stand 2011)

Liegt bei Pflegebedürftigkeit der Pflegestufe III ein außergewöhnlich hoher Pflegeaufwand vor, der das übliche Maß weit übersteigt, kann die Pflegekasse die Kosten für Pflegeeinsätze bis zu einem Wert von 1.918 € (Stand 2011) im Monat übernehmen.

Es ist aber auch möglich, dass für selbst beschaffte Pflegehilfen ein **Pflegegeld** nach § 37 SGB XI gezahlt wird, das – wie der Vergleich der Beträge in § 37 und § 36 SGB XI ergibt – niedriger ist als die Pflegesachleistung. Auch das Pflegegeld ist nach den Pflegestufen gestaffelt (siehe Übersicht 37).

Pflegestufe	Pflegegeld für selbst beschaffte Pflegehilfen		
	ab 1. Juli 2008	ab 1. Januar 2010	ab 1. Januar 2012
I	215 €	225 €	235 €
II	420 €	430 €	440 €
III	675 €	685 €	700 €

Übersicht 37: Pflegegeld (Stand 2011)

Bei den Beträgen handelt es sich jeweils um Pauschalen, deren Höhe nicht von der tatsächlichen Zahl der Tage in dem einzelnen Monat abhängt. Das Pflegegeld ist jeweils für den Monat im Voraus auszuzahlen. Möglich ist nach § 38 SGB XI auch eine Kombination dieser beiden Leistungen, also teilweise Pflegesachleistungen und teilweise Pflegegeld. Fällt eine selbst beschaffte Pflegehilfe aus, besteht ein Anspruch auf Verhinderungspflege nach § 39 SGB XI. Möglich ist nach § 35a SGB XI bei bestimmten Leistungen auf Antrag auch die Inanspruchnahme eines **persönlichen Budgets** nach § 17 Abs. 2 – 4 SGB IX. Dies erlaubt den pflegebedürftigen Personen, sich die Pflegesachleistungen selbst zu organisieren.

Wenn die häusliche Pflege nicht in ausreichendem Umfang sichergestellt werden kann, etwa wegen Teilzeittätigkeit oder Erkrankung der Pflegeperson, ist nach § 41 und § 42 SGB XI eine teilstationäre Pflege in Form von Tagepflege oder Nachpflege bzw. eine Kurzzeitpflege (bis zu vier Wochen) möglich.

Wenn auch unter diesen Bedingungen eine häusliche Pflege oder eine teilstationäre Pflege nicht mehr möglich ist, besteht nach § 43 SGB XI Anspruch auf eine vollstationäre Pflege. Diese in stationären Einrichtungen durchgeführte Pflege beschränkt sich hinsichtlich der Leistungen der Pflegeversicherung allerdings auf die pflegebedingten Aufwendungen und die Aufwendungen für soziale Betreu-

vollstationäre Pflege

ung – Aufwendungen für Unterkunft und Pflege, sog. „Hotelkosten", sind davon nicht erfasst (vgl. § 4 Abs. 2 SGB XI). Nach § 43 Abs. 1 SGB XI übernimmt die Pflegekasse die Kosten im Regelfall abhängig von der Pflegestufe bis zu einer Höhe von 1.510 € monatlich. Während die Beträge für die Pflegesachleistung und das Pflegegeld bei Häuslicher Pflege im Jahr 2008 angehoben wurden und seither einer Dynamisierung unterliegen, sind die Leistungen bei vollstationärer Pflege für Versicherte mit den Pflegestufen I und II unverändert geblieben, um einen Anreiz für den Verbleib des Pflegebedürftigen im häuslichen Umfeld und für die Versorgung im Wege der Häuslichen Pflege zu schaffen. Da ein Heimplatz den Bewohner mindestens ca. 2.500 € monatlich kostet, bleibt ein erheblicher Teil übrig, der aus eigenen Mitteln oder – falls diese nicht ausreichend zur Verfügung stehen – durch die Sozialhilfe zu finanzieren ist.

Zusätzliche Betreuungsleistung Personen mit erheblichem allgemeinen Betreuungsbedarf erhalten eine zusätzliche Betreuungsleistung in Höhe von monatlich maximal 100 € als Grundbetrag oder 200 € als erhöhter Betrag in besonders gravierenden Fällen (§ 45b SGB XI). Diese Leistung wird auch Versicherten gewährt, die einen pflegerischen Bedarf nach § 14 SGB XI aufweisen, der unterhalb der Pflegestufe I liegt. Voraussetzung für die Betreuungsleistung ist, dass aufgrund einer erheblichen Einschränkung der Alltagskompetenz ein erheblicher Bedarf an Beaufsichtigung und Betreuung gegeben ist. Dies ist der Fall bei demenzbedingten Fähigkeitsstörungen, geistigen Behinderungen oder psychischen Erkrankungen, wenn der Betroffene z. B. zu gefährdendem Verhalten neigt oder bei Unfähigkeit, den Tagesablauf eigenständig zu planen und zu strukturieren (§ 45a SGB XI).

Leistungen für Pflegende Ergänzend zu den genannten unmittelbaren Pflegeleistungen werden Leistungen zur sozialen Absicherung von Pflegepersonen und Pflegekurse (§§ 44, 45 SGB XI) gewährt. Arbeitnehmerinnen und Arbeitnehmer, die Angehörige pflegen möchten, können zudem eine maximal 6-monatige Freistellung von der Arbeit in Anspruch nehmen. Während dieses Zeitraums bleiben sie sozialversichert, beziehen aber kein Gehalt. Die Regelung findet keine Anwendung für Beschäftigte in Kleinbetrieben mit fünfzehn oder weniger Beschäftigten. Daneben gibt es für akute Fälle, insb. zur Einleitung und Organisation der Pflege, Anspruch auf unbezahlte, kurzfristige Freistellung für bis zu zehn Tage.

Zur umfassenden Beratung über Fragen der Pflege sowie zur Organisierung und Koordinierung der Versorgung und Betreuung sind seit 2008 sog. **Pflegestützpunkte** verpflichtet. Über ihre Einrichtung wird in jedem Bundesland eine Entscheidung durch die oberste Landesbehörde getroffen (§ 92c SGB XI).

Die Ansprüche der Versicherten richten sich gegen die Pflegekassen. Diese erbringen die Sachleistungen jedoch nicht selbst, sondern durch zumeist privatrechtlich organisierte Leistungserbringer. Die Leistungserbringung ist in §§ 69 ff. SGB XII geregelt (ausführlich Bundesministerium für Gesundheit und Soziale Sicherung 2005, 525 ff.). Grundsätzlich werden alle fachlich geeigneten Pflegedienste und -einrichtungen zugelassen. Die Pflegekassen schließen mit den Leistungserbringern Leistungs-, Qualitäts- und Vergütungsvereinbarungen ab. Im Wege der Reform im Jahr 2008 wurde die Qualitätssicherung verbessert (§§ 112 ff. SGB XI). Die Pflegekassen und Pflegeeinrichtungen sind verpflichtet, verbindliche **Stan-**

dards für die Pflegequalität zu vereinbaren. Bis Ende 2010 wird jede Pflegeeinrichtung mindestens einmal vom Medizinischen Dienst oder einem beauftragten Sachverständigen geprüft. Ab 2011 findet in jeder Einrichtung mindestens einmal jährlich eine unangemeldete Prüfung statt. Die Prüfberichte sind in verständlicher Weise durch die Einrichtung zu veröffentlichen.

2.3 Die gesetzliche Rentenversicherung – SGB VI

2.3.1 Entwicklung, Organisation und Finanzierung

Die gesetzliche Rentenversicherung ist seit dem 01.01.1992 im SGB VI geregelt. Daneben gibt es ergänzende Regelungen für spezielle Berufsgruppen sowie die Alterssicherung im Bereich des Beamtenrechts und berufsständische Versorgungswerke (z. B. für Rechtsanwälte oder Ärzte). Darüber hinaus sind die betrieblichen Altersversorgungen von Bedeutung. Von steigender Relevanz sind zudem private Rentenversicherungen.

Die Grundlage für die Rentenversicherung war zunächst „Das Gesetz betreffend die Invaliditäts- und Altersversicherung", das am 01.01.1891 in Kraft trat. Im Jahre 1911 wurden die entsprechenden Regelungen in die Reichsversicherungsordnung (RVO) aufgenommen. Die Rentenversicherung war damals gespalten in die Versicherung für Angestellte (Angestelltenversicherungsgesetz – AVG) und in die Arbeiterrentenversicherung, die deutlich schlechter war als die AVG. Eine grundlegende Veränderung des Systems fand durch die Rentenreform 1957 statt, mit der die Dynamisierung der Renten und die Umstellung vom Kapitaldeckungsverfahren zum Umlageverfahren (s. u.) bewirkt wurden. Mit der Rentenreform 1992 wurde die Rentenversicherung für Arbeiter und Angestellte im SGB VI zusammengefasst. Wegen der Probleme der Finanzierung der Renten wurde mit dem Altersvermögensgesetz und Altersvermögensergänzungsgesetz – besser bekannt unter der Bezeichnung „Riester-Rente" – der Aufbau einer kapitalgedeckten privaten Altersvorsorge unterstützt. Die Regelungen traten im Wesentlichen zum 01.01.2002 in Kraft. Vor dem Hintergrund der weiter steigenden Lebenserwartung und sinkender Geburtenzahlen wurde 2005 eine stufenweise Anhebung der Altersgrenze für die Regelaltersgrenze von bisher 65 Jahren auf das 67. Lebensjahr beschlossen.

Bis zum Jahr 2004 waren die Träger der Rentenversicherung der Arbeiter in erster Linie die Landesversicherungsanstalten (LVA), die Träger der Rentenversicherung für Angestellte war die Bundesversicherungsanstalt für Angestellte (BfA). Mit einer Organisationsreform der Rentenversicherung wurde die Trennung von Arbeiter- und Angestelltenversicherung aufgehoben. Seit 2005 ist die Deutsche Rentenversicherung nun einheitlich für alle Bereiche der Träger. Dabei sind die früheren Landesversicherungsanstalten als Regionalträger in die Deutsche Rentenversicherung übergegangen (www.deutsche-rentenversicherung.de).

Die **Finanzierung** der Renten erfolgt im Umlageverfahren (§ 156 SGB VI). Das bedeutet, dass die Ausgaben eines Kalenderjahres durch die Einnahmen desselben Kalenderjahres und soweit erforderlich durch Entnahmen aus der auch als Schwankungsreserve bezeichneten sog. Nachhaltigkeitsrücklage (§§ 216 ff. SGB VI) ge-

Umlageverfahren

deckt werden. Es werden also die Beiträge der gegenwärtigen Beitragszahler an die derzeitigen Rentner weitergegeben. Die gegenwärtigen Beitragszahler erlangen eine **Anwartschaft** für ihre späteren Rentenleistungen. Voraussetzung für ein Gelingen dieses Systems ist, dass in jeder Generation ausreichend Beschäftigte vorhanden sind, um die jeweilige Rentnergeneration zu finanzieren. Dies erweist sich angesichts der schwierigen Situation am Arbeitsmarkt und vor allem ständig sinkender Geburtenzahlen als problematisch.

Die Finanzierung der gesetzlichen Rentenversicherung ist im Einzelnen in §§ 153–227 SGB VI geregelt. Die Einnahmen beruhen zu ca. 75–80 % auf Beiträgen der Beitragszahler, im Übrigen auf Zuschüssen des Bundes (§ 213 SGB VI). Getragen werden die Beiträge bei Beschäftigten grundsätzlich von den Arbeitnehmern und den Arbeitgebern je zur Hälfte (§ 168 SGB VI), Selbstständige, freiwillig Versicherte usw. müssen ihre Beiträge vollständig selbst tragen. Die Höhe des Beitrags bemisst sich nach § 157 SGB VI nach einem Prozentsatz von der Beitragsbemessungsgrundlage, die in der Regel dem Bruttoeinkommen entspricht. Einkommen oberhalb der sog. Beitragsbemessungsgrenze bleiben dabei unberücksichtigt. Die Beitragsbemessungsgrenze in der gesetzlichen Rentenversicherung liegt 2011 bei 5.500 € im Monat in den westlichen Bundesländern und 4.800 € im Monat in den östlichen Bundesländern. Die Einzelheiten werden durch eine Rechtsverordnung geregelt.

2.3.2   Der versicherte Personenkreis

Der versicherte Personenkreis ist in §§ 1–6 SGB VI geregelt. Versicherungspflichtig sind in erster Linie Personen, die gegen Arbeitsentgelt oder zu ihrer Berufsausbildung beschäftigt sind (§ 1 SGB VI). Darüber hinaus erstreckt sich die Versicherungspflicht auf verschiedene andere Personengruppen, wie etwa selbstständig Tätige, für arbeitnehmerähnliche Selbstständige (§ 2 SGB VI) und für sonstige Versicherte wie etwa Pflegepersonen, Wehr- oder Zivildienstleistende oder Empfänger von Arbeitslosengeld (§ 3 SGB VI). Hinsichtlich der Bezieher von Arbeitslosengeld II wurde im Rahmen des sog. Sparpakets der Bundesregierung vom Juni 2010 beschlossen, die Versicherungspflicht in der Gesetzlichen Rentenversicherung abzuschaffen. Die Versicherungspflicht ist in einigen Fallkonstellationen für nicht versicherungspflichtige Personen nach § 4 SGB VI auf Antrag möglich. Dies betrifft z. B. Deutsche, die vorübergehend im Ausland beschäftigt sind und Personen, die selbstständig tätig sind. In § 5 SGB VI werden verschiedene Fälle der Versicherungsfreiheit geregelt. Dies betrifft insb. Beamte, Richter und Soldaten. Nach § 6 SGB VI ist die Befreiung von der Versicherungspflicht in bestimmten Fällen möglich. Eine Befreiung kommt z. B. dann in Frage, wenn die Person bereits anderweitig abgesichert ist, etwa weil sie Mitglied einer berufsständischen Versorgungseinrichtung ist oder weil Versorgungsansprüche nach beamtenrechtlichen oder kirchenrechtlichen Grundsätzen bestehen.

2.3.3   Die Leistungen der Rentenversicherung

Voraussetzung für die Leistung der Rente ist zunächst, dass die betreffende Person zum versicherten Personenkreis gehört. Weitere Voraussetzung für die Leistungen ist, dass eine bestimmte Wartezeit (i. d. R. Vorversicherungszeit) erfüllt wurde, die je nach Leistung unterschiedlich lang ist, und dass bei dem Betreffenden ein Versicherungsfall eingetreten ist, der einen Leistungsanspruch auslöst.

Die gesetzliche Rentenversicherung hat zwei Leistungsschwerpunkte: Die **Leistungen zur Teilhabe**, die früher als Rehabilitationsleistungen bezeichnet wurden (§§ 9–31 SGB VI), und als Schwerpunkt die **Rentenleistungen** (§§ 33–105a SGB VI). Hinzu kommen verschiedene andere Aufgaben wie etwa Witwen- und Witwerabfindungen sowie Beitragserstattungen, Zuschüsse zu den Aufwendungen für die Kranken- und Pflegeversicherung, Leistungen für Kindererziehung und Rentenauskunft.

Die Leistungen zur Teilhabe werden unter dem Aspekt erbracht, dass die Rehabilitation Vorrang vor der Rente hat (§ 9 SGB VI). Es soll daher zunächst versucht werden, die Arbeitsfähigkeit des Betroffenen durch entsprechende Rehabilitationsleistungen (wieder-)herzustellen. Deswegen sind die Rentenversicherungsträger auch in großem Umfang Leistungsträger für Rehabilitationsleistungen. Voraussetzung ist, dass die Erwerbsfähigkeit wegen Krankheit oder Behinderung erheblich gefährdet oder gemindert ist und die Leistungen zur Teilhabe die Situation verbessern oder eine wesentliche Verschlimmerung abgewendet werden kann (§ 10 SGB VI). Grundsätzlich muss eine Wartezeit von 15 Jahren erfüllt sein (§ 11 SGB VI). Im Einzelnen gibt es bei den Leistungen zur Teilhabe medizinische Leistungen, Leistungen zur Teilhabe am Arbeitsleben, Übergangsgeld, ergänzende Leistungen, wie z. B. Haushaltshilfe oder Reisekosten, und verschiedene sonstige Leistungen.

Leistungen zur Teilhabe

Die Rentenarten sind in § 33 SGB VI aufgelistet. Sie lassen sich in drei große Gruppen einteilen: Renten wegen Alters, Renten wegen verminderter Erwerbsfähigkeit und Renten wegen Todes.

Rentenarten

Die Einzelheiten sind komplex und oftmals unübersichtlich geregelt. Zunächst werden die **Anspruchsvoraussetzungen** für die einzelnen Rentenarten in den §§ 35 ff. SGB VI aufgeführt. Diese Regelungen sind aber oft gar nicht mehr maßgeblich, da für die meisten Rentenarten inzwischen Übergangsregelungen gelten, die im Fünften Kapitel – Sonderregelungen – in den §§ 235 ff. SGB VI angeführt werden. Allgemein besteht der Trend, das Eintrittsalter für die verschiedenen Altersrenten stufenweise anzuheben, so dass bei vielen Rentenarten die individuell maßgebliche Altersstufe anhand des Geburtsdatums des Betroffenen mit Hilfe von Tabellen ermittelt werden muss. So wird die **Altersgrenze** für die Regelaltersrente (§ 35 SGB VI), die derzeit noch bei Vollendung des 65. Lebensjahrs liegt, ab 2012 stufenweise bis zum Jahr 2029 auf die Vollendung des 67. Lebensjahrs angehoben. Versicherte, die nach dem 31. Dezember 1963 geboren worden sind, können diese Rente abschlagsfrei demnach erst mit Vollendung des 67. Lebensjahrs in Anspruch nehmen (§ 235 SGB VI). Andere Renten gelten nur noch für ältere Geburtsjahrgänge und können von jüngeren Personen gar nicht mehr in Anspruch genommen werden. Dies gilt etwa für die Altersrente für Frauen (§ 237a SGB VI), die ursprünglich mit der Vollendung des 60. Lebensjahrs gewährt wurde. Sie kann nur noch von Frauen in Anspruch genommen werden, die vor dem 1. Januar 1952 geboren worden sind. Für die jüngeren Jahrgänge gelten ohne Differenzierung hinsichtlich des Geschlechts nur noch die sonstigen Altersrenten. Ähnliches gilt für die Rente wegen teilweiser Erwerbsminderung bei Berufsunfähigkeit (§ 240 SGB VI). Diese Rente können nur Personen erhalten, die vor dem 2. Januar 1961 geboren worden sind. Für jüngere Personen kommt nur noch die Rente wegen Erwerbsminderung in Betracht. Hier kommt es darauf an, ob man aufgrund einer Krankheit oder Behinderung nicht mehr in der Lage ist, unter den üblichen Bedingungen des allgemeinen Arbeitsmarkts mindestens sechs Stunden (teilweise Erwerbsminderung) bzw. drei Stunden (volle Erwerbsminderung) erwerbstätig zu sein (§ 43 SGB VI). Es ist nur entscheidend, ob man überhaupt zu irgendeiner Art von Erwerbstätigkeit in dem entsprechenden zeitlichen Umfang in der Lage ist, die Qualifikation und die bisherige Berufsausübung werden also nicht mehr berücksichtigt.

Wartezeiten Voraussetzungen für den Erhalt von Renten ist in der Regel die Erfüllung bestimmter Versicherungszeiten, die in der Rentenversicherung als Wartezeiten bezeichnet werden.. Die sog. allgemeine Wartezeit beträgt nach § 50 Abs. 1 SGB VI fünf Jahre. Sie ist die kürzeste der Wartezeiten und Voraussetzung für den Anspruch auf Regelaltersrente, auf Rente wegen verminderter Erwerbsfähigkeit und auf Rente wegen Todes. Für andere Rentenarten ist eine Wartezeit von 15, 20, 25 oder 35 Jahren erforderlich (vgl. § 50 Abs. 2 – 4 SGB VI).

Rentenhöhe Für die Ermittlung der individuellen Rente sind verschiedene rentenrechtliche Zeiten relevant. Im Einzelnen sind dies Beitragszeiten (§ 55 SGB VI), Anrechnungszeiten (§ 58 SGB VI), Zurechnungszeiten (§ 59 SGB VI), Ersatzzeiten (§ 250 SGB VI), Berücksichtigungszeiten (§ 57 SGB VI) und Nachteilsausgleiche (Berufliches Rehabilitierungsgesetz – BerRehaG). Die Renten sind im Grundsatz lohn- und beitragsbezogen. Nach § 63 Abs. 1 SGB VI richtet sich die Höhe einer Rente vor allem nach der Höhe der während der Versicherungszeit durch Beiträge versicherten Arbeitseinkommen. Die Einzelheiten sind relativ kompliziert, da unterschiedliche Faktoren für die Rentenberechnung maßgeblich sind, nämlich die sog. Entgeltpunkte, der Zugangsfaktor, die aktuellen Rentenwerte und der Rentenartfaktor (im Einzelnen vgl. Bundesministerium für Gesundheit und Soziale Sicherung 2005, 385 ff.). Jeder Versicherte erwirbt während seiner Versicherungszeit eine bestimmte Anzahl **persönlicher Entgeltpunkte**. Diese werden mit dem **Rentenartfaktor** multipliziert, der z. B. für die Regelaltersrente 1 beträgt, für Vollwaisenrente z. B. aber nur 0,2. Dieser Betrag wird dann mit dem **aktuellen Rentenwert** multipliziert. Dies ist gemäß § 68 Abs. 1 SGB VI der Betrag, der einer monatlichen Rente wegen Alters der allgemeinen Rentenversicherung entspricht, wenn für ein Kalenderjahr Beiträge aufgrund des Durchschnittsentgelts gezahlt worden sind. Er beträgt derzeit (Stand 2011) in den alten Bundesländern 27,20 € und in den neuen Bundesländern 24,13 €. Die Anpassung der Renten erfolgt jeweils zum 1. Juli eines Jahres. Dann wird der bisherige aktuelle Rentenwert durch den neuen aktuellen Rentenwert ersetzt, der sich an der Entwicklung der Bruttolöhne orientiert – eine sog. „modifizierte Bruttolohnanpassung". Dies hat dazu geführt, dass der aktuelle Rentenwert im Laufe der letzten Jahre mehrfach unverändert geblieben ist.

2.4   Die gesetzliche Unfallversicherung – SGB VII

2.4.1   Entwicklung, Organisation und Finanzierung

Die Unfallversicherung hat die Aufgabe, Arbeitsunfälle und Berufskrankheiten sowie arbeitsbedingte Gesundheitsgefahren zu verhüten und nach Eintritt von Arbeitsunfällen und Berufskrankheiten deren Folgen zu begrenzen, und den Versicherten möglichst wieder in den bisherigen Beruf und Betrieb einzugliedern und die Versicherten bzw. ihre Hinterbliebenen durch Geldleistungen zu entschädigen. Die Leistungen der Unfallversicherung sind gegenüber denen der sonstigen Sozialversicherungen vorrangig.

Die Unfallversicherung geht auf das Jahr 1884 zurück. Von den Grundzügen her ist sie weitgehend unverändert geblieben, jedoch ist der Kreis der versicherten Personen, der ursprünglich nur Arbeitnehmer betraf, immer mehr ausgeweitet worden. 1996 wurde das Recht der gesetzlichen Unfallversicherung in das Sozialgesetzbuch als neues SGB VII eingeordnet.

Die Unfallversicherung wird von 35 gewerblichen Berufsgenossenschaften, zehn landwirtschaftlichen Berufsgenossenschaften und den Unfallversicherungsträgern der öffentlichen Hand (etwa Unfallkasse des Bundes, Unfallkasse der Länder, Gemeindeunfallversicherungsverbände) durchgeführt (vgl. §§ 114 ff. SGB VII). Die Berufsgenossenschaften sind für die Unfallversicherung in den Unternehmen zuständig, die zu den ihnen zugeteilten Gewerbezweigen gehören. Die Unfallversicherungsträger der öffentlichen Hand sind für die Durchführung der Unfallversicherung für die Arbeitnehmer der Verwaltung zuständig, darüber hinaus aber auch für bestimmte weitere Personengruppen wie etwa Lebensretter, Kinder in Tageseinrichtungen, Schüler und Studenten. **Berufsgenossenschaften**

Im Gegensatz zu den sonstigen Sozialversicherungen zahlt nicht der Begünstigte die Beiträge, sondern diese werden allein von den Unternehmern getragen (§ 150 SGB VII). Diese Beiträge werden im Wege eines Umlageverfahrens so bemessen, dass sie die Ausgaben des letzten Jahres decken. Zur Finanzierung der laufenden Ausgaben werden von den Berufsgenossenschaften i. d. R. Vorschüsse erhoben. Maßgeblich für die Beitragshöhe sind in den gewerblichen Unternehmen die Arbeitsentgelte der Versicherten und die Gefahrenklassen, in die die einzelnen Unternehmen nach dem jeweiligen Grad der Unfallgefahr eingeordnet sind. Diese bestimmen sich nach Zahl und Schwere der in den einzelnen Gewerbezweigen eingetretenen Versicherungsfälle. **Finanzierung**

2.4.2   Der versicherte Personenkreis

§ 2 SGB VII enthält einen umfangreichen Katalog verschiedener Personengruppen, die kraft Gesetzes versichert sind. Über die Arbeitnehmer hinaus, für die das Gesetz ursprünglich geschaffen wurde und die in § 2 Abs. 1 Nr. 1 SGB VII an erster Stelle unter der allgemein gehaltenen Bezeichnung „Beschäftigte" angeführt werden, sind dies etwa Personen, die in der Landwirtschaft arbeiten, Kinder während des Besuches von Kindertageseinrichtungen oder in Tagespflege, Schüler,

Studierende, ehrenamtlich tätige Personen, Personen, die bei Unglücksfällen Hilfe leisten, die Blut oder Organe spenden, die sich zum Schutz eines widerrechtlich Angegriffenen oder zur Festnahme einer Person einsetzen, oder Pflegepersonen. § 4 SGB VII benennt Personen, die versicherungsfrei sind. Dies betrifft insb. Personen, die in anderer Weise gegen Arbeitsunfälle und Berufskrankheiten abgesichert sind, z. B. durch beamtenrechtliche Unfallfürsorgevorschriften oder das Bundesversorgungsgesetz. Nach § 6 SGB VII gibt es für einzelne Personengruppen die Möglichkeit, sich freiwillig in der gesetzlichen Unfallversicherung zu versichern. Dies kommt z. B. für Unternehmer und ihre im Unternehmen mitarbeitenden Ehepartner sowie für gewählte Ehrenamtsträger in gemeinnützigen Organisationen in Frage.

2.4.3   Arbeitsunfall und Berufskrankheit als Versicherungsfall

Arbeitsunfall
Gemäß § 7 SGB VIII sind Versicherungsfälle im Rahmen des SGB VII Arbeitsunfälle und Berufskrankheiten. Der Begriff „Arbeitsunfall" wird in § 8 SGB VII definiert. Ein Arbeitsunfall ist danach ein Unfall infolge einer versicherten Tätigkeit. Es muss sich also nicht – wie der Begriff vermuten lassen könnte – um einen Unfall bei der Arbeit handeln. Entscheidend ist vielmehr, in welchem Zusammenhang der Betroffene versichert ist. So ist für den Schüler etwa ein Unfall auf dem Weg zum Klassenraum oder auf dem Schulhof ein Arbeitsunfall und für den Helfer im Unglücksfall ist es ein Arbeitsunfall, wenn er bei der Versorgung eines verletzten Autofahrers selbst angefahren und verletzt wird. Ein Unfall ist nach § 8 Abs. 1 SGB VII ein zeitlich begrenztes, von außen auf den Körper einwirkendes Ereignis, das zum Gesundheitsschaden oder zum Tod führt. Das Kriterium des zeitlich begrenzten Ereignisses dient zur Abgrenzung von der langsamer entstehenden Berufskrankheit. Es lässt sich dahin konkretisieren, dass es sich längstens innerhalb einer Arbeitsschicht zugetragen hat. Zwischen der versicherten Tätigkeit und dem Unfallgeschehen sowie zwischen dem Unfallgeschehen und dem Schaden muss jeweils ein ursächlicher Zusammenhang bestehen. Nicht jeder Unfall, der am Ort der versicherten Tätigkeit stattfindet, ist allerdings ein Arbeitsunfall. Eine Tätigkeit ist nur dann versichert, wenn sie den Interessen des Unternehmens zu dienen bestimmt ist. Abzugrenzen davon sind sog. **eigenwirtschaftliche Tätigkeiten**, die im Interesse des Betroffenen selbst liegen, z. B. die Beschäftigung mit privaten Dingen am Arbeitsplatz. Der Betroffene darf sich auch nicht vom Betrieb gelöst haben, indem er sich etwa durch Alkohol oder sonstige Drogen in einen Zustand versetzt hat, in dem er zu einer dem Unternehmen dienlichen Arbeit gar nicht mehr in der Lage ist. Geringer Alkoholkonsum lässt jedoch den Versicherungsschutz nicht automatisch entfallen.

Wegeunfall
Der Versicherungsschutz ist nach § 8 Abs. 2 SGB VII auf die sog. Wegeunfälle ausgedehnt. Als Arbeitsunfälle gelten danach Unfälle auf einem mit der versicherten Tätigkeit zusammenhängenden Weg nach und von dem Ort der Tätigkeit. Grundsätzlich ist nur der unmittelbare Weg versichert, der nicht unbedingt der entfernungsmäßig kürzeste sein muss. Auch hier gilt, dass eigenwirtschaftliche Tätigkeiten nicht mitversichert sind, also etwa eine Unterbrechung des Arbeits-

wegs zum Einkaufen oder Essen. Allerdings sind Umwege versichert, die der Versicherte macht, weil sein Kind wegen seiner oder seines Ehegatten oder Lebenspartners beruflicher Tätigkeit fremder Obhut anvertraut wird, oder die gemacht werden, weil der Versicherte mit anderen Personen eine Fahrgemeinschaft bildet. Versichert ist nach § 8 Abs. 2 Nr. 5 SGB VII auch das mit der versicherten Tätigkeit zusammenhängende Verwahren, Befördern, Instandhalten oder Erneuern von Arbeitsgeräten o. Ä.

Im Gegensatz zu den plötzlich auftretenden Arbeitsunfällen treten Berufskrankheiten zumeist erst nach einiger Zeit auf. § 9 SGB VII definiert den Begriff „Berufskrankheit". Eine Berufskrankheit ist eine Krankheit, die die Bundesregierung **Berufskrankheit** in einer Rechtsverordnung als Berufskrankheit bezeichnet und die ein Versicherter infolge einer versicherten Tätigkeit erleidet. Leistungen der Unfallversicherung kommen aber auch bei Krankheiten in Frage, die nicht in der Liste der Berufskrankheiten aufgeführt sind, aber dennoch durch die versicherte Tätigkeit hervorgerufen wurde. Im Rahmen der Öffnungsklausel sind die Träger der Unfallversicherung nach § 9 Abs. 2 SGB VII verpflichtet, durch die versicherte Tätigkeit verursachte Krankheiten wie eine Berufskrankheit zu entschädigen, die nur deshalb nicht in die Liste der Berufskrankheiten aufgenommen worden sind, weil die Erkenntnisse der medizinischen Wissenschaft über die besondere Gefährdung bestimmter Personengruppen bei ihrer Arbeit bei der letzten Fassung der Berufskrankheitenverordnung noch nicht vorhanden bzw. dem Verordnungsgeber nicht bekannt waren.

2.4.4   Leistungen der gesetzlichen Unfallversicherung

Die Leistungen nach Eintritt eines Versicherungsfalls sind in den §§ 26 ff. SGB VII geregelt. Es handelt sich um Heilbehandlungen, Leistungen zur Teilhabe am Arbeitsleben, Leistungen zur Teilhabe am Leben in der Gemeinschaft und ergänzende Leistungen, Pflege und Geldleistungen. Da die Unfallversicherung Schäden an der Gesundheit oder bei Tod eines Versicherten ausgleichen soll, werden grundsätzlich keine Sachschäden erstattet. Allerdings gilt nach § 8 Abs. 3 SGB VII auch die Beschädigung oder der Verlust eines Hilfsmittels als Gesundheitsschaden und nach § 27 Abs. 2 SGB VII, der den Umfang der Heilbehandlung regelt, wird ein beschädigtes oder verlorengegangenes Hilfsmittel wiederhergestellt oder erneuert. Dies betrifft nach § 31 SGB VII etwa Brillen oder Körperersatzstücke. Zu dem Grundsatz, dass keine Sachschäden erstattet werden, besteht allerdings eine Ausnahme: Personen, die als Hilfeleistende in Notfällen versichert sind, werden nach § 13 SGB VII auf Antrag auch die erlittenen Sachschäden sowie die Aufwendungen ersetzt, die sie den Umständen nach für erforderlich halten durften.

Die Leistungen der Unfallversicherung sind teilweise den Leistungen der sonstigen Sozialversicherungsträger ähnlich, etwa was Heilbehandlungen angeht. Sie sind allerdings durchweg günstiger, so dass es für die Betroffenen von hoher praktischer Bedeutung ist, dass ihre Schädigung als Folge eines Arbeitsunfalls oder Berufskrankheit anerkannt wird. Insbesondere die Renten bei Minderung der Erwerbsfähigkeit und die Hinterbliebenenrenten sind deutlich höher als die entsprechenden

Renten der gesetzlichen Rentenversicherung (ausführlich zu den Leistungen vgl. Bundesministerium für Gesundheit und Soziale Sicherung 2005, 418 ff.).

Für den Verursacher des Schadens sieht das SGB VII in §§ 104 ff. Haftungsfreistellungen vor, wenn es sich um den Unternehmer oder im selben Betrieb wie die geschädigte Person Beschäftigte handelt (vgl. IV-1.3.1.2).

2.5   Arbeitsförderung – SGB III

Die Arbeitsförderung ist in dem am 01.01.1998 in Kraft getretenen SGB III geregelt. Damit wurde das zuvor geltende Gesetz, das Arbeitsförderungsgesetz (AFG), in das Sozialgesetzbuch (SGB) eingegliedert. Die Arbeitsförderung ist Teil der sozialen Versicherung. Das SGB III stellt im Grundsatz eine Kombination von Risikovorsorge und Risikovermeidung und Risikoschutz dar. Entsprechend den unterschiedlichen Ausrichtungen wird dies als aktive Leistung (aktive Arbeitsmarktpolitik) bzw. als passive Leistung (insb. Arbeitslosengeld) bezeichnet. Zurzeit ist die Arbeitsförderung (nach der Rentenversicherung und der Krankenversicherung) die drittgrößte Position bei den Ausgaben für öffentliche Sozialleistungen.

2.5.1   Entwicklung, Organisation und Finanzierung

Das Risiko der Arbeitslosigkeit wurde erst relativ spät gesetzlich geregelt. Die bismarckschen Sozialversicherungen erfassten das Risiko der Arbeitslosigkeit nicht. Erste Schritte wurden im Zusammenhang mit dem verlorenen Ersten Weltkrieg im Zusammenhang den sog. Demobilisierungsmaßnahmen angegangen. 1922 kam mit dem Arbeitsnachweisgesetz der erste Teil der „aktiven Arbeitsmarktpolitik" dazu, das die Grundlagen für die Arbeitsvermittlung schuf. 1927 folgte das Gesetz über Arbeitsvermittlung und Arbeitslosenversicherung, wodurch aktive und passive Elemente zusammengefasst wurden und von der Fürsorge (Erwerbslosenfürsorge) vollständig zum Versicherungsprinzip (Arbeitslosenversicherung) übergegangen wurde. Mit dem 1969 in Kraft getretenen Arbeitsförderungsgesetz (AFG) fand der Wandel hin zu einer aktiven Arbeitsmarktpolitik seinen deutlichen Ausdruck. In dieser Zeit näherte sich die Vollbeschäftigung dem Ende. Seither kam es zu zahlreichen Änderungen des Arbeitsförderungsrechts, die auch durch Leistungsreduzierungen bei den Versicherungsleistungen gekennzeichnet waren.

Zentrale Veränderungen gab es seit 2002: Auf der Basis der Kommission „Moderne Dienstleistungen am Arbeitsmarkt" (sog. Hartz-Kommission) wurden Vorschläge gemacht, die dann in mehreren Schritten (Hartz I bis Hartz IV) umgesetzt wurden. Wichtige Regelungen waren die Neuregelung der sog. Minijobs, Schaffung von Personalserviceagenturen, Förderung der sog. Ich-AG, Beschleunigung der Arbeitsvermittlung, Organisationsreform der Bundesanstalt für Arbeit zur Bundesagentur, Leistungseinschnitte wie Verkürzung der Anspruchsdauer, Änderungen im Leistungsrecht und schließlich (bekannt unter Hartz IV) die Ablösung der Arbeitslosenhilfe durch die Grundsicherung für Arbeitssuchende (SGB II) und die damit verbundene Zusammenführung von Arbeitslosenhilfe und Sozialhilfe.

Zuständig ist nach § 367 SGB III die **Bundesagentur für Arbeit** (ehemals Bundesanstalt für Arbeit), eine Körperschaft öffentlichen Rechts (vgl. I-4.1.2.1). Die Aufgaben werden in Selbstverwaltung wahrgenommen, die Selbstverwaltungsorgane setzen sich aus Vertretern der Arbeitnehmer, der Arbeitgeber und der öffentlichen Körperschaften zusammen.

Unter der Bundesagentur für Arbeit bestehen die Regionaldirektionen (früher Landesarbeitsämter) und die Agenturen für Arbeit (ehemals Arbeitsämter). Sie sind seit 2005 als sog. Jobcenter als einheitliche Anlaufstelle für Ausbildungs- und Arbeitssuchende eingerichtet.

Jobcenter

Die Leistungen der Arbeitsförderung werden finanziert durch Beiträge der Versicherungspflichtigen (Arbeitgeber und Arbeitnehmer grundsätzlich zur Hälfte – Sonderregelungen im Bereich der 400–800-Euro-Jobs) und Mittel des Bundes (Bundeszuschuss). Systematisch gesehen dienen die Versicherungsbeiträge dazu, insb. die Versicherungsleistungen (Arbeitslosengeld, Konkursausfallgeld, Schlechtwettergeld usw.) zu finanzieren, der Bundeszuschuss dient dazu, die arbeitsmarktpolitischen aktiven Leistungen zu finanzieren.

Finanzierung

2.5.2   Der versicherte Personenkreis

Versicherungspflichtig sind grundsätzlich alle Personen, die gegen Arbeitsentgelt oder zu ihrer Berufsausbildung beschäftigt sind (§§ 24, 25 SGB III). Darüber hinaus gibt es nach § 26 SGB III sonstige Versicherungspflichtige, z. B. Jugendliche in beruflichen Rehabilitationseinrichtungen, Personen, die Wehrdienst oder Zivildienst leisten, Personen, die z. B. Mutterschaftsgeld, Krankengeld, Verletztengeld oder Übergangsgeld beziehen, und solche, die ein Kind erziehen, das das dritte Lebensjahr noch nicht vollendet hat, sofern sie vor Beginn dieser Leistung versicherungspflichtig waren. Im Gegensatz zur Krankenversicherung gibt es keine Verdienstgrenze, ab der die Versicherungspflicht endet.

2.5.3   Die Leistungen im Rahmen des SGB III

Die Leistungen teilen sich auf in Leistungen der aktiven Arbeitsförderung (§ 3 Abs. 4 SGB III) und sog. passive Leistungen (§§ 117 ff. SGB III). Leistungen der aktiven Arbeitsförderung werden erbracht an Arbeitnehmer, Arbeitgeber und Träger, die Maßnahmen zur Steigerung der Beschäftigung durchführen. Die wichtigsten Leistungen an **Arbeitnehmer** sind Berufsberatung (§ 30 SGB III), Ausbildungsvermittlung und Arbeitsvermittlung bzw. Vermittlungsgutscheine (§§ 35 ff., 421g SGB III), Vermittlungsunterstützende Leistungen (§§ 45 ff. SGB III), hierbei insb. die Förderung durch das Vermittlungsbudget nach § 45 SGB III, Förderung der Berufsausbildung und der beruflichen Weiterbildung (§§ 59 ff. SGB III), Förderung der Teilhabe behinderter Menschen am Arbeitsleben (§§ 97 ff. SGB III), Kurzarbeitergeld (§§ 169 ff. SGB III) und Saison-Kurzarbeitergeld, das das frühere Schlechtwettergeld 2006 abgelöst hat (§ 175 SGB III). Ein Teil der Leistungen richtet sich an alle Jugendlichen und Erwachsenen, wie etwa die Berufsberatung.

Leistungen der aktiven Arbeitsförderung

Andere Leistungen werden nur versicherten Personen bzw. Arbeitslosen, die vor Eintritt der Arbeitslosigkeit versichert waren, erbracht. Dies betrifft neben den verschiedenen genannten Entgeltersatzleistungen insb. die Arbeitsvermittlung. Im Vorfeld der Vermittlung erfolgt eine sog. Potenzialanalyse des Betroffenen und die **Eingliederungs-** Agentur für Arbeit schließt mit dem Arbeitslosen eine sog. Eingliederungsverein-**vereinbarung** barung ab, in der die Eigenbemühungen des Betroffenen und die Vermittlungsbemühungen der Agentur für Arbeit konkretisiert und verbindlich festgelegt werden (§ 37 SGB III).

Die wichtigsten Leistungen an **Arbeitgeber** sind Eingliederungszuschüsse zu den Arbeitsentgelten (§§ 217 ff. SGB III und Leistungen im Zusammenhang mit beruflicher Ausbildung und Weiterbildung sowie Leistungen zur Teilhabe am Arbeitsleben (§§ 235 ff. SGB III).

Von Bedeutung sind auch die Leistungen an **Träger**, insb. die institutionelle Förderung der Berufsausbildung (§§ 240 ff. SGB III) und die Förderung von Arbeitsbeschaffungsmaßnahmen sowie beschäftigungsschaffenden Infrastrukturmaßnahmen (§§ 260 ff. SGB III).

Alle Leistungen der aktiven Förderung im Rahmen des SGB III sind im Grundsatz nur **Ermessensleistungen**. Es bestehen also keine Ansprüche der entsprechenden Personen darauf, dass sie die Leistungen erhalten, sondern es ist insb. von der finanziellen Ausstattung der Agenturen für Arbeit abhängig, ob die Leistungen gewährt werden. § 7 SGB III nennt einige Kriterien, die das Ermessen der Agenturen bei der Auswahl von Leistungen der aktiven Arbeitsförderung binden, allerdings sind die Agenturen für Arbeit im Grunde genommen weitgehend frei in ihrer Entscheidung, ob sie entsprechende Leistungen der aktiven Arbeitsmarktförderung bewilligen.

passive Leistungen Die sog. „passiven Leistungen" im Rahmen des SGB III betreffen Entgeltersatzleistungen für den Fall der Arbeitslosigkeit, von denen einige, wie etwa das Kurzarbeitergeld, allerdings auch zu den aktiven Leistungen zählen (s. o.). Die Entgeltersatzleistungen sind in § 116 SGB III aufgeführt. Die wichtigste dieser **Arbeitslosengeld** Leistungen ist das Arbeitslosengeld. Voraussetzungen, Höhe und Dauer sind in den §§ 117 – 152 SGB III geregelt.

Voraussetzung für die Leistung ist zunächst, dass **Arbeitslosigkeit** gegeben ist. §§ 136, 137 SGB III   Dies setzt ~~nach §§ 118, 119 SGB III~~ voraus, dass **Beschäftigungslosigkeit**, **Eigenbemühungen** die Beschäftigungslosigkeit zu beenden und **Verfügbarkeit** für die Vermittlungsbemühungen der Agentur für Arbeit, die im Einzelnen in der Verfügbarkeitsanordnung geregelt ist, vorliegen. Von zentraler Bedeutung in diesem Zusammenhang ist auch die Zumutbarkeitsregelung des § 121 SGB III, wonach ein Arbeitsloser alle seiner Arbeitsfähigkeit entsprechenden Beschäftigungen, die ihm zumutbar sind, ausüben muss.

Neben der Arbeitslosigkeit ist weiterhin erforderlich, dass sich der Betroffene persönlich **arbeitslos meldet** (§ 122 SGB III) und dass er die **Anwartschaftszeit** von zwölf Monaten innerhalb einer Rahmenfrist von zwei Jahren erfüllt hat (§§ 123, 124 SGB III).

Anspruch auf Arbeitslosengeld besteht nur zeitlich befristet. Die Dauer des Anspruchs hängt von der Dauer der vorangegangenen Versicherungszeit innerhalb der letzten fünf Jahre vor Eintritt der Arbeitslosigkeit ab. In der Regel beträgt die maximale Bezugsdauer zwölf Monate. Erst nach Vollendung des 50. Lebensjahres besteht ein Anspruch auf 15 Monate, allerdings nur, wenn eine Versicherungspflicht von 30 Monaten innerhalb der letzten fünf Jahre vorangegangen ist. Nach Vollendung des 55. Lebensjahres beträgt die maximale Bezugsdauer bei einer Vorversicherungszeit von 36 Monaten 18 Monate und ab Vollendung des 58. Lebensjahrs liegt sie bei einer Vorversicherungszeit von 48 Monaten bei 24 Monaten.

Die Höhe des Arbeitslosengeldes richtet sich nach dem vorangegangenen Verdienst. Anhand des Bruttogehalts wird ein pauschalisiertes Nettoentgelt berechnet und die Bemessungsgrundlage ermittelt. Sie ist nahezu identisch mit dem Nettoverdienst. Das Arbeitslosengeld beträgt für Personen ohne Kinder 60 % der Bemessungsgrundlage, für Personen mit Kindern 67 %.

Versicherungswidriges Verhalten löst nach § 144 SGB III eine **Sperrzeit** aus, um die sich die Bezugsdauer des Arbeitslosengeldes vermindert. Dies kann etwa vorliegen, wenn der Arbeitslose sein Arbeitsverhältnis selbst gelöst oder durch arbeitsvertragswidriges Verhalten Anlass zu einer Kündigung gegeben hat, wenn er keine ausreichenden Eigenbemühungen nachweist, oder wenn er eine zumutbare Beschäftigung nicht aufnimmt. Voraussetzung für die Verhängung einer Sperrzeit ist allerdings, dass kein wichtiger Grund für das Verhalten des Arbeitnehmers vorlag. Nach einer Entscheidung des Landessozialgerichts Hessen ist etwa die Beeinträchtigung durch Zigarettenrauch am Arbeitsplatz ein wichtiger Grund im Sinne des § 144 Abs. 1 SGB III, der zu einer Kündigung des Arbeitsverhältnisses durch den Arbeitnehmer berechtigt (LSG HE 11.10.2006 – L 6 AL 24/05). In diesem Fall ist die Verhängung einer Sperrzeit rechtswidrig. Die Dauer der Sperrzeit liegt – je nach ihrem Grund – bei einer bis zu 12 Wochen (§ 144 Abs. 3 – 6 SGB III). Hat der Arbeitslose Anlass für den Eintritt von Sperrzeiten von insgesamt mindestens 21 Wochen gegeben, so erlischt der Anspruch auf Arbeitslosengeld (§ 147 Abs. 2 SGB III).

Kokemoor 2010; Bundesministerium für Arbeit und Soziales 2011/2012

1. Im Rahmen welcher Sozialversicherungen gibt es eine Familienversicherung? (2.1.2, 2.2.2)
2. Ist eine Schwangerschaft eine Krankheit im Sinne des Krankenversicherungsrechts? (2.1.3)
3. Was versteht man unter der „Pflegestufe Null"? (2.2.3)
4. Auf welcher gesetzlichen Grundlage kommen Leistungen bei „Pflegestufe Null" in Frage? (2.2.3)
5. Ist es einer pflegebedürftigen Person möglich, im Rahmen der sozialen Pflegeversicherung sowohl einen professionellen Pflegedienst als auch Pflegesachleistung als auch Pflegegeld für eine selbst beschaffte Pflegeperson in Anspruch zu nehmen? (2.2.4)
6. Was versteht man im Rahmen der gesetzlichen Rentenversicherung unter dem Umlageverfahren? (2.3.1)
7. Was versteht man im Sozialversicherungsrecht unter einer Wartezeit? (2.3.3)
8. Was ist der aktuelle Rentenwert? (2.3.3)
9. Welche Sozialversicherung greift, wenn ein Schüler im Sportunterricht verunglückt? (2.4.2)

10. Was versteht man unter einem Arbeitsunfall? (2.4.3)
11. Was sind sog. eigenwirtschaftliche Tätigkeiten? (2.4.3)
12. Was ist eine Eingliederungsvereinbarung? (2.5.3)
13. Welche Voraussetzungen sind erforderlich, damit eine Person im Sinne des SGB III arbeitslos ist? (2.5.3)
14. In welche zwei großen Gruppen teilen sich die Leistungen im Rahmen des SGB III auf? (2.5.3)
15. Kann der Anspruch auf Arbeitslosengeld vor Ablauf der Bezugsdauer erlöschen? (2.5.3)

3 Kinder- und Jugendhilferecht – SGB VIII (Tammen / Trenczek)

Das Recht der Kinder- und Jugendhilfe ist auf Bundesebene im SGB VIII geregelt. Daneben sind in vielen Bereichen auch landesrechtliche Regelungen relevant.

3.1   Die Entwicklung des Kinder- und Jugendhilferechts

Die historischen Wurzeln des Kinder- und Jugendhilferechts waren weitgehend polizeirechtlich geprägt (ausführlich Jordan 2005, 17 ff.; Peukert 1986; Münder/Trenczek 2011, 21 ff.). Die ersten gesetzlichen Regelungen betrafen das in der ersten Hälfte des 19. Jahrhunderts weitverbreitete sog. Pflege- und Haltekinderwesen. Hier führten gravierende Missstände in gewerblich betriebenen Pflegestellen 1840 in Preußen zu einer „Königlichen Zirkularverfügung zur Aufnahme von Haltekindern". Danach war die entgeltliche Aufnahme von Pflegekindern unter vier Jahren von einer polizeilichen Erlaubnis abhängig. 1878 wurde in Preußen das „Gesetz zur Unterbringung verwahrloster Kinder in Erziehungsanstalten" zur Regelung der **staatlichen Zwangserziehung** erlassen, das im Jahr 1900 durch das Preußische Gesetz für die Fürsorgeerziehung Minderjähriger abgelöst wurde.

polizeirechtliche Anfänge

Auch im Strafrecht (vgl. Teil III-8) begann im 19. Jahrhundert die gesonderte Behandlung von Kindern und Jugendlichen. Nach dem Reichsstrafgesetzbuch von 1871 waren die unter 12-jährigen Kinder strafunmündig. Bei den zwölf bis 18-Jährigen sah § 56 RStGB einen Freispruch für den Fall vor, dass der Angeschuldigte die zur Erkenntnis der Strafbarkeit seiner Tat erforderliche Einsicht nicht besaß. Es bestand dann allerdings die Möglichkeit der Erziehung in einer Erziehungs- oder Besserungsanstalt, die 1876 auf Minderjährige unter zwölf Jahren ausdehnt wurde. Aus diesen strafrechtlichen Regelungen entwickelte sich später die im RJWG und JWG geregelte sog. Fürsorgeerziehung. Die strafrechtlichen Rechtsfolgen wurden im Übrigen im RJGG von 1923 geregelt.

Neben den genannten Maßnahmen gab es den im BGB seit 1900 geregelten privatrechtlichen Kindesschutz mit der Möglichkeit eines Eingriffs des Gerichts in die väterliche (bzw. später: elterliche) Gewalt. Eine entsprechende Regelung findet sich heute noch in § 1666 BGB.

Die Bereiche der Jugendarbeit und Jugendpflege wurden zunächst ausschließlich privat betrieben. Anfangs waren in erster Linie kirchliche Organisationen in diesem Bereich aktiv, in der zweiten Hälfte des 19. Jahrhunderts entstanden bürgerlich-nationale Organisationen und mit Beginn des 20. Jahrhunderts folgte die Arbeiterjugendbewegung. Nachdem der Staat zunächst (1904, 1908) mit vereinsrechtlichen Mitteln repressiv auf diese Organisationen reagierte, folgte kurze Zeit später die Steuerung der Jugendpflege und Jugendarbeit mit dem heute noch klassischen Instrumentarium der Finanzierung.

Die Zuständigkeit für die Kinder- und Jugendhilfe lag zu Beginn des 20. Jahrhunderts bei den Armen- oder Fürsorgeämtern, die in größeren Orten zuweilen eine spezielle Abteilung für Kinderpflege hatten. Außerdem waren Polizei- und Ordnungsämter als zuständige Behörde für das Pflegekinderwesen und als Antragsstelle für die Fürsorgeerziehung in erheblichem Umfang in der Jugendhilfe tätig. Die zunehmenden Aufgaben veranlassten größere Städte, eigene Kinder- und Jugendfürsorgeämter zu gründen.

RJWG

Zu Beginn des 20. Jahrhunderts kam auch das Bedürfnis nach einem eigenen Gesetz für die Kinder- und Jugendhilfe in die Diskussion. 1922 wurde das Reichsjugendwohlfahrtsgesetz (RJWG) verabschiedet, welches aber auf der Grundlage des Ermächtigungsgesetzes „zur Überwindung der Not von Volk und Reich" von

1923 nur in reduzierter Form in Kraft gesetzt wurde. Das RJWG bewirkte die Zusammenfassung wichtiger Regelungsbereiche in Bezug auf Kinder und Jugendliche in einem Gesetz und die Etablierung des **Jugendamts** als einer eigenständigen, für die Angelegenheiten der Jugendwohlfahrt zuständigen Behörde. Inhaltlich wurde der jugendfürsorgerische Bereich geregelt (Jugendamtsvormundschaft für nichteheliche Kinder, Pflegekinder- und Heimaufsicht). Das Jugendamt war verpflichtet, bei der Fürsorge für gefährdete Kinder und Jugendliche (Schutzaufsicht, Jugendgerichtshilfe, Fürsorgeerziehung) verbindlich mitzuwirken.

Während der NS-Diktatur gab es formal recht wenige Änderungen am RJWG (z. B. Einführung des Führerprinzips, Abschaffung des Jugendwohlfahrtsausschusses), weshalb es von den Besatzungsmächten für anwendbar erklärt wurde. Erst 1953 wurden die früheren Einschränkungen aufgehoben, womit das RJWG im Westen in seiner 1922 verabschiedeten Form in Kraft trat. Demgegenüber wurden in der DDR nach 1945 die Jugendämter neben dem Schulamt in die Volksbildung eingegliedert (ausführlich zur Jugendhilfe in der DDR Seidenstücker / Münder 1990).

In der Bundesrepublik trat 1961 das Jugendwohlfahrtsgesetz (JWG) als Nachfolger des RJWG in Kraft. Das Gesetz erschien in neuer Paragrafenfolge, es gab auch einige inhaltliche Änderungen an einzelnen Punkten, an den wichtigen Stellen blieben die Regelungen jedoch so gut wie unverändert. **JWG**

Unter dem Geltungsbereich des RJWG und des JWG wurde ein möglicher Einfluss des Staates auf junge Menschen über lange Zeit hinweg in erster Linie unter dem Aspekt betrachtet, dass es darauf ankam, ihre „Verwahrlosung" zu unterbinden, um zu verhindern, dass daraus eine Gefahr für die **öffentliche Sicherheit oder Ordnung** entstand. Daneben rückte im Laufe der Zeit auch zunehmend das Wohlergehen von jungen Menschen und Familien in schwierigen Lebenslagen ins Zentrum des Interesses. Dabei wurden allerdings nach dem Konzept der **Fürsorglichkeit** die Vorstellungen darüber, was dem Wohl der Betroffenen am besten entsprechen würde, lange Zeit einseitig von Fachkräften aus Jugendämtern vorgegeben, ohne dass auf die Wünsche und (Lebens-)Vorstellungen der Betroffenen eingegangen wurde.

Von diesen Grundlinien war noch das in der Bundesrepublik bis zum Ende der 1980er Jahre geltende JWG geprägt. In der Praxis kam es jedoch seit den 1960er Jahren im Zuge der gesellschaftlichen Reformprozesse auch zu massiver **Kritik** an der bestehenden Jugendhilfepraxis. Die hierdurch angestoßenen fachlichen Diskussionen bewirkten weitgehende Veränderungen im Verständnis von Anspruch, Standards und Aufgaben der Jugendhilfe. Diese fanden auch auf gesetzlicher Ebene bei der Schaffung des neuen Kinder- und Jugendhilferechts ihren Niederschlag, welches nach verschiedenen gescheiterten Anläufen 1991 als SGB VIII bundesweit in Kraft trat.

Im Zentrum des SGB VIII steht ein Verständnis von Jugendhilfe, das stark auf **sozialpädagogische Dienstleistungen** ausgerichtet ist und die jungen Menschen und Familien als deren Adressaten in den Mittelpunkt stellt. An die Stelle von Bevormundung und Entscheidungen der Fachkräfte des Jugendamts *über* die Betroffenen ist nun ein Dialog *mit* den Betroffenen getreten, um unter Berücksichtigung ihrer Vorstellungen und Wünsche an Problemen arbeiten und Unterstützung leisten zu können. Jugendhilfe versteht sich insofern als Unterstützungstätigkeit zur **SGB VIII**

Selbstverwirklichung nach eigenen Vorstellungen (vgl. Münder / Trenczek 2011, 25 ff.; Münder et al. 2009 Einleitung Rz. 33).

3.2   Wichtige Gliederungs- und Strukturprinzipien des SGB VIII

3.2.1   Leistungsorientierung

Ziele der Kinder- und Jugendhilfe Das Ziel der Kinder- und Jugendhilfe ist das klassische Leitbild der Pädagogik von einer gelungenen Entwicklung zu einer eigenverantwortlichen und gemeinschaftsfähigen Persönlichkeit (§ 1 Abs. 1 SGB VIII). Die im SGB VIII angebotenen Leistungen richten sich allerdings nur z. T. an den jungen Menschen selbst (wie z. B. die Leistungen nach §§ 11 ff. SGB VIII oder in Krisensituationen nach §§ 8 f. und 42 SGB VIII), überwiegend aber nicht an diesen, sondern an Personen, die auf die Entwicklung von Kindern in besonderer Weise Einfluss nehmen (können). **Anspruchsinhaber** sind vor allem die Eltern der Minderjährigen, deren grundgesetzlich normierte Verpflichtung es ist, für das Kindeswohl zu sorgen (Art. 6 Abs. 2 GG, § 1 Abs. 2 SGB VIII). Die Eltern sollen bei der Wahrnehmung ihrer Erziehungsaufgaben unterstützt und die Erziehungskraft der Familie gestärkt werden. Soweit aufgrund dieser **Familienorientierung** allerdings auf eigene Rechtsansprüche (insb. auf Erziehungshilfen) von Minderjährigen verzichtet wird, ist das eltern- und familienzentrierte Konzept des SGB VIII nicht unumstritten. Andererseits steht es auch Kindern und Jugendlichen zu, sich in allen sie betreffenden Angelegenheiten selbst an das Jugendamt zu wenden (§ 8 Abs. 2 SGB VIII). In Not- und Konfliktsituationen können sie auch ohne Wissen ihrer Eltern beraten werden (§ 8 Abs. 3 SGB VIII). Im Übrigen bestehen Ansprüche der Minderjährigen selbst z. B. nach §§ 18 Abs. 3, 24, 35a, 42 Abs. 2 SGB VIII.

§ 8 Abs. 2 u. 3 SGB VIII

Prävention Von besonderer Bedeutung für Funktion und Stellung der Jugendhilfe ist ihr präventiver Handlungsauftrag, denn

> „Schwierigkeiten entwickeln sich in Stufen, in Phasen, im Lauf einer Biographie; sie würden sich häufig nicht entwickeln, wenn die Situationen weniger belastend wären und wenn Hilfen rechtzeitig gelängen, also: wenn präventive Hilfen erreichbar gewesen wären" (8. Jugendbericht, BT-Ds 11 / 6576, 85).

Im Hinblick auf die sozialstaatliche Verpflichtung des Grundgesetzes (hierzu I-2.1.3) muss die öffentliche Jugendhilfe nicht nur alles tun, um Kinder und Jugendliche vor Gefahren für ihr Wohl zu schützen, sondern durch frühzeitige Förderung und Unterstützung alles tun, um Gefährdungen zu vermeiden und die sozialen Teilhabechancen zu verbessern.

Mit der präventiven Ausrichtung der Jugendhilfe hat sich der Schwerpunkt der Tätigkeit der öffentlichen Jugendhilfe vom Eingriff zur Leistung verschoben. Das Jugendhilferecht hat sich zu einem präventiv orientierten Leistungsgesetz im Rahmen der staatlichen und kommunalen Daseinsvorsorge entwickelt. Diese vorbeugende Ausrichtung zeigt sich nicht nur in Art und Konzeption der verschiedenen

Hilfearten, sondern wird auch bei den Leistungsvoraussetzungen sichtbar (vgl. z.B. § 27 SGB VIII im Unterschied zu § 1666 BGB; s. u. III-3.3.4). Jugendhilfeangebote werden nicht von stigmatisierenden Defizitzuschreibungen abhängig gemacht, sondern von **Benachteiligungssituationen** (vgl. §§ 1 Abs. 3, 27 Abs. 1 SGB VIII). Hilfen sind frühzeitig (vgl. § 52 Abs. 2 SGB VIII) zur Ermöglichung von Teilhabe und Chancen anzubieten, um Benachteiligungen und Belastungen vor allem in den Bereichen Familie und sozialer Umwelt, Schule, Ausbildung und Berufsleben zu vermeiden oder abzubauen.

In inhaltlicher Hinsicht gewährt das SGB VIII Eltern und Minderjährigen eine Vielzahl von Rechtsansprüchen für unterschiedliche Formen der Unterstützung, Förderung und Hilfe. Gleichzeitig verpflichtet es die zuständigen staatlichen Stellen (zumeist das Jugendamt) – auch über die Erbringung von individueller Hilfe und Unterstützung hinaus – dazu, zur Förderung der Entwicklungsmöglichkeiten junger Menschen tätig zu werden. Die Leistungsansprüche ergeben sich allerdings nicht unmittelbar aus der sozialstaatlichen Zielbestimmung des § 1 Abs. 1 SGB VIII, sondern im Einzelfall jeweils aus der konkreten Leistungsnorm insb. der §§ 11 ff. SGB VIII.

Rechtsansprüche

Auf der anderen Seite sieht das Jugendhilferecht praktisch keine Eingriffe mehr in die Rechte von Betroffenen vor. Aus der jugendhilferechtlichen Aufgabenbeschreibung (hierzu vgl. III-3.2.4) als solcher – sowohl im Bereich der Leistungen als auch der sog. „anderen Aufgaben" (z.B. auch §§ 50 ff. SGB VIII) – folgt kein Recht des Jugendamtes zu Eingriffen in die Rechtssphäre der jungen Menschen und ihrer Familien. Lediglich zur Abwendung akuter Krisen und Gefährdungssituationen sind die Fachkräfte des Jugendamts in ganz engen Grenzen ausdrücklich berechtigt, Minderjährige gegen ihren Willen bzw. gegen den Willen ihrer sorgeberechtigten Eltern vorübergehend in Obhut zu nehmen (§§ 8a Abs. 3, 42 SGB VIII; zum Schutzauftrag s. III-3.2.2; zur Inobhutnahme s. u. III-3.4.1.1). Ist ansonsten zum Schutz von Minderjährigen der Eingriff in Rechtspositionen erforderlich, etwa durch Einschränkung oder Entzug des elterlichen Sorgerechts oder durch freiheitsentziehende Unterbringung eines Minderjährigen in der Psychiatrie, so trifft hierüber das **Familiengericht** die Entscheidungen aufgrund besonderer gesetzlicher Regelungen.

Kontrolle und Eingriffe

Grundsätzlich können die Betroffenen selbst entscheiden, ob sie angebotene Hilfen annehmen möchten oder nicht. Ein wesentlicher Grund für das Prinzip der Freiwilligkeit ist die sozialwissenschaftliche Erkenntnis, dass der Erfolg einer Hilfe in wesentlichem Umfang auch davon abhängt, ob sie von den Betroffenen akzeptiert und mitgetragen wird oder ob sie als aufgezwungen empfunden wird (zum Problem des unterschiedlichen Problem- und Hilfeverständnisses und dem Dreischritt von Problemakzeptanz, Problemkongruenz und **Hilfeakzeptanz** vgl. Kinderschutz-Zentrum Berlin 2009, 96 ff.; Trenczek 2008b, 45 ff.). In der Logik des SGB VIII wird das Freiwilligkeitsprinzip auch gewahrt, wenn Eltern durch eine Entscheidung des Familiengerichts die Personensorge (teilweise) entzogen wird und die Anspruchsberechtigung auf einen Pfleger bzw. Vormund übertragen wird (s. u. 3.3.4.1).

Prinzip der Freiwilligkeit

Autonom handelnde Persönlichkeiten können nicht „gemacht" werden, sie bilden sich allenfalls heraus. Für den Hilfeprozess ist der **aktive Dialog** mit den Betroffenen unumgänglich. Nicht das alte Fürsorgekonzept, sondern ein **emanzipatorisches Erziehungsverständnis** ist charakteristisch für das des SGB VIII. Die

Partizipation

Einbeziehung der Betroffenen, insb. auch der Kinder und Jugendlichen (z. B. §§ 8 Abs. 1, 9 Nr. 2 SGB VIII), und die Berücksichtigung ihrer Vorstellungen ist deshalb ein Wesensmerkmal jeder jugendhilferechtlichen Entscheidungsfindung. Insbesondere im Rahmen der Hilfeplanung sollen Eltern bzw. sonstige Inhaber des Sorgerechts als auch die Minderjährigen selbst entsprechend ihrem Entwicklungsstand mitwirken (§ 36 SGB VIII; vgl. III-3.3.4.4). Im Bereich der Jugendhilfe werden Interventionen selbst in Krisen nicht einfach angeordnet (vgl. die gemeinsame **Wunsch- und Wahl-** Risikoabschätzung in Gefährdungslagen nach § 8a Abs. 1 SGB VIII, s. u. III-**recht** 3.2.2). Im Leistungsbereich steht den Berechtigten darüber hinaus das sog. Wunsch- und Wahlrecht zu: § 5 SGB VIII gewährt den leistungsberechtigten Personen das Recht, auf die Ausgestaltung einer Hilfe weitgehend Einfluss zu nehmen (vgl. III-3.5.2), beschränkt auf Angebote, die im konkreten Fall geeignet sind und die keine unverhältnismäßigen Mehrkosten verursachen. Unverhältnismäßige Mehrkosten sind nicht schon dann gegeben, wenn die durchschnittlichen Kosten für ein bestimmtes Angebot überschritten werden. Stets müssen die individuellen Gegebenheiten des konkreten Falles berücksichtigt werden. Von Bedeutung sind z. B. die Wohnortnähe des Angebots, der Familienzusammenhalt oder die Grundrichtung der Erziehung. Manche Träger gehen davon aus, dass eine Überschreitung von bis zu 20 % noch unerheblich sei; andererseits wurden Überschreitungen der durchschnittlichen Kosten von 16 bis 19 % bereits als unverhältnismäßig hoch angesehen (OVG BE FEVS 55, 278). Eine Überschreitung von mehr als 75 % jedenfalls ist als unverhältnismäßig hoch zu betrachten (BVerwGE 65, 52 ff.).

Lebensweltorien- Gemeinsam ist allen Hilfeformen des Jugendhilferechts die lebensweltorien-**tierung** tierte Ausrichtung. Das SGB VIII greift die biografischen, subjektiven und objektiven Anforderungen und Möglichkeiten der individuellen Lebenssituation als Ansatzpunkte für sozialpädagogisches Handeln auf (vgl. Thiersch 1992). Sozialpädagogische Leistungen sollen aus der Lebenswelt der Beteiligten entwickelt und das engere soziale Umfeld der jungen Menschen (insb. die Familie, Freundinnen und Freunde) in die pädagogische Arbeit mit einbezogen werden (vgl. z. B. § 27 Abs. 2 SGB VIII). Das Konzept der Lebensweltorientierung wendet sich gegen jede Form der Ausgrenzung und ist auf die (Re-)Integration der Betroffenen in das „normale" Alltagsleben in dieser Gesellschaft gerichtet (Normalisierungsarbeit).

Sozialanwalt Der Präventions- und Leistungsgedanke ist eng verbunden mit der besonderen sozialen (nicht juristischen) Anwaltsfunktion der Jugendhilfe. Das Recht des Sozialgesetzbuches und damit auch das Jugendhilferecht soll zur Verwirklichung sozialer Gerechtigkeit und sozialer Sicherung und dazu beitragen, ein menschenwürdiges Dasein zu sichern (vgl. § 1 Abs. 1 SGB I; § 1 Abs. 3 SGB VIII). Die Jugendhilfe erfüllt deshalb ihre Leistungen und anderen Aufgaben **zugunsten** junger Menschen und ihrer Familien (§ 2 Abs. 1 SGB VIII). Sie muss sich im Interesse des jungen Menschen und seiner Familie einmischen. Die öffentliche Jugendhilfe ist als Sozialleistungsträger nach § 17 SGB I und § 79 SGB VIII verpflichtet, darauf hinzuwirken, dass jeder Berechtigte die ihm zustehenden Sozialleistungen in zeitgemäßer Weise, umfassend und schnell erhält und die zur Ausführung von Sozialleistungen erforderlichen sozialen Dienste und Einrichtungen rechtzeitig und ausreichend zur Verfügung stehen.

3.2.2 Der Schutzauftrag der Jugendhilfe

Zu den Aufgaben der Kinder- und Jugendhilfe gehört es nach § 1 Abs. 3 Nr. 3 SGB VIII auch, zur Verwirklichung des Rechts des jungen Menschen auf Förderung seiner Entwicklung und auf Erziehung zu einer eigenverantwortlichen und gemeinschaftsfähigen Persönlichkeit Kinder und Jugendliche vor Gefahren für ihr Wohl schützen. Mit dem Kinder- und Jugendhilfeweiterentwicklungsgesetz (KICK) 2005 und dem hierdurch in die allgemeinen Vorschriften eingefügten § 8a SGB VIII sind die **Schutzfunktionen** des Jugendamts wieder stärker ins Bewusstsein gehoben worden (vgl. z.B. Meysen/Schindler 2004, 450 f.; Deutsches Jugendinstitut 2006; Salgo 2008; Jordan 2008). In der Gesetzesbegründung wurde darauf hingewiesen, dass mit dem SGB VIII die Funktion der Kinder- und Jugendhilfe als eine Instanz betont werde, die die elterliche Erziehungsverantwortung in erster Linie durch Hilfeangebote unterstützt und ergänzt. Allerdings könne sich die Kinder- und Jugendhilfe nicht darauf beschränken, Leistungen nur auf Nachfrage zu gewähren, sondern müsse – jedenfalls bei Anhaltspunkten für eine Gefährdung des Kindeswohls – im Rahmen ihres Schutzauftrags zugunsten von Kindern und Jugendlichen darüber hinaus auch von Amts wegen tätig werden (BT-Dr. 15/3676, 25 f., 30; dazu Münder et al. 2009 § 8a Rz. 4).

§ 8a SGB VIII regelt den **Umgang mit möglichen Gefährdungssituationen** durch die öffentliche Jugendhilfe. Zum einen handelt es sich bei § 8a SGB VIII um eine **Verfahrensvorschrift**, z.B. im Hinblick auf das Zusammenwirken mehrerer Fachkräfte, die Einbeziehung der PSB/EB oder zur Informationsweitergabe vom Träger der freien an den Träger der öffentlichen Jugendhilfe (Abs. 2 S. 2 a.E.). Zum anderen beinhaltet die Vorschrift auch konkrete **eigenständige Aufgaben**, so etwa zur Abschätzung des Gefährdungsrisikos (Abs. 1 S. 1, Abs. 2 S. 1), zur Anrufung des FamG (Abs. 3 S. 1). Neue, gegenüber den bisherigen Vorschriften (vgl. z.B. §§ 42, 50 Abs. 3 a.F. SGB VIII) weiter reichende Eingriffsbefugnisse des Jugendamtes in Rechte der Betroffenen statuiert die Neuregelung nicht.

§ 8a Abs. 1 SGB VIII regelt, dass das Jugendamt das Gefährdungsrisiko im Zusammenwirken mehrerer Fachkräfte abzuschätzen hat, wenn ihm gewichtige Anhaltspunkte für die Gefährdung des Wohls eines Kindes oder Jugendlichen bekannt werden (vgl. auch die Übersicht 38). Bei der **Risikoabschätzung** sind auch die Personensorgeberechtigten (PSB) sowie das Kind oder der Jugendliche einzubeziehen, soweit hierdurch der wirksame Schutz des Minderjährigen nicht in Frage gestellt wird. Für den Regelfall wird damit festgelegt, dass die Sachverhaltsaufklärung nicht an den Betroffenen vorbei bzw. hinter ihrem Rücken erfolgt, sondern im Zusammenwirken mit ihnen. Ohne Mitwirkung des Betroffenen dürfen Daten nach § 62 Abs. 3 Nr. 2d SGB VIII nur erhoben werden, wenn die Erhebung beim Betroffenen nicht möglich ist oder die jeweilige Aufgabe ihrer Art nach eine Erhebung bei anderen erfordert, die Kenntnis der Daten aber für die Erfüllung des Schutzauftrags nach § 8a SGB VIII erforderlich ist (zum **Sozialdatenschutz** s. III-3.5.2). Dies kann etwa der Fall sein, wenn bei einer frühzeitigen Einbeziehung der PSB eine (weitere) Gefährdung des Kindes zu befürchten ist.

Verfahren zur Abschätzung von Gefährdungssituationen

Hält das Jugendamt zur Abwendung der Gefährdung die Gewährung von Hilfen für geeignet und notwendig, so hat es diese den PSB oder den Erziehungsbe-

Frühe Hilfen

rechtigten (EB) anzubieten. Damit betont § 8a Abs. 1 SGB VIII, dass die freiwillige Inanspruchnahme öffentlicher Hilfen nach wie vor Vorrang vor Eingriffen in das Elternrecht hat. Nicht jede Weigerung der Eltern, solche Angebote anzunehmen, deutet auf eine Kindeswohlgefährdung hin. § 8a Abs. 3 SGB VIII regelt das weitere Vorgehen für den Fall, dass der möglichen Kindeswohlgefährdung nicht durch die Inanspruchnahme von Hilfen durch die PSB bzw. die EB begegnet werden kann. In den letzten Jahren wird hier der Fokus verstärkt auf die sog. **frühen Hilfen während der Schwangerschaft** und in den ersten Lebensjahren des Kindes auch durch Hebammen und die Gesundheitsfürsorge gelegt (hierzu vgl. http://fruehehilfen.de/). Aber auch später sind gerade auch im Hinblick auf die Schutzverpflichtung die Prinzipien der Leistungsorientierung zu beachten, d. h. vor allem frühzeitig, schon weit vor einer möglichen Gefährdung, Hilfen anzubieten, um Vertrauen, Aktzeptanz und Mitwirkung zu erwerben (s. o. III-3.2.1; zu den unterschiedlichen **Interventionsschwellen** der Leistung und des zivilrechtlichen Sorgeeingriffs s. u. III-3.3.4.1).

Anrufung des Familiengerichts

Absatz 3 verpflichtet das Jugendamt zur Anrufung des Familiengerichts, wenn es das Tätigwerden des Gerichts im Hinblick auf das Kindeswohl für erforderlich hält (zur Kooperation mit dem FamG im Hinblick auf eine Erörterung einer Kindeswohlgefährdung s. auch II-2.4.6). Entgegen einer in der Praxis weit verbreiteten Formulierung stellt das Jugendamt insoweit **keinen Antrag** auf (Teil)Entzug der elterlichen Sorge (dies würde einen Kampf gegen die Eltern um Gewinnen oder Verlieren suggerieren). Das Jugendamt verfolgt nicht das Ziel, gegen die Eltern „zu siegen". Es verliert deshalb auch nicht, sollte das Gericht zu einer anderen Einschätzung kommen. Eltern sind keine Gegner des Jugendamts, es geht diesem nicht um eine parteiliche, einseitige Interessensvertretung für das Kind (das ist die Aufgabe des Verfahrensbeistands; hierzu II-2.4.6.4), sondern um eine systemische Aufgabenerfüllung zugunsten der Kinder und ihrer Familien zum Schutze des Kindeswohls.

Klarzustellen ist in diesem Zusammenhang, dass dem Jugendamt im Hinblick auf die Definition und Feststellung der Kindeswohlgefahr als Voraussetzung der Interventionen nach § 8a Abs. 1 SGB VIII oder einer Inobhutnahme nach § 42 SGB VIII kein **Beurteilungsspielraum** (hierzu I-3.3.3) zusteht. Etwas anderes ist die dem Jugendamt in diesem Zusammenhang nach § 8a Abs. 3 SGB VIII ausdrücklich zugewiesene Einschätzungsbefugnis, ob es – selbst bei Vorliegen einer kindeswohlgefährdenden Situation – erforderlich ist, das Familiengericht anzurufen. Im Hinblick auf die Notwendigkeit eines soweit als irgend möglichen dialogischen Prozesses unter Einbeziehung der gesamten Familie, insb. der Eltern, hat der Gesetzgeber es den Fachkräften (§ 72 SGB VIII) des Jugendamts übertragen, zunächst mit sozialpädagogischen Mitteln zu versuchen, die Bereitschaft und/oder Fähigkeit der Eltern zur Abwendung der kindeswohlgefährdenden Situation zu wecken und zu fördern. Nur wenn dies nicht ausreicht, das Jugendamt keinen Zugang zu den Eltern gewinnen kann, diese nicht bereit oder in der Lage sind bei der Abschätzung des Gefährdungsrisikos mitzuwirken (§ 8a Abs. 3 S. 1, 2. HS SGB VIII) und die kindeswohlgefährdende Situation nicht abgewendet werden kann, muss das Jugendamt das Familiengericht anrufen, damit dieses die ggf. notwendigen personensorgerechtlichen Entscheidungen treffen kann. Nach § 8a

Übersicht 38: Schutzauftrag und Umgang mit Gefährdungsmeldungen

Idealtypisches Vorgehen bei „gewichtigen Anhaltspunkten" für eine Kindeswohlgefährdung

---

Eingang der ersten Information,
erste Hinweise und Anhaltspunkte für eine konkrete Kindeswohlgefährdung
auch anonymen Anrufen ist nachzugehen

Prüfung und Bewertung der Informationslage – erste Risikoeinschätzung (§ 8a Abs. 1 S. 1)
- Welche Tatsachen sind bekannt? Sind bereits Vorgänge im ASD vorhanden?
- Welche Möglichkeiten der Kontaktaufnahme mit der Familie bestehen?
- Risikoeinschätzung (ggf. mit Hilfe standardisierter Verfahren) in Zusammenwirkung mehrerer Fachkräfte: Liegen nach allem, was man weiß, „gewichtige Anhaltspunkte" für eine Kindeswohlgefährdung oder sogar ein akuter Notfall vor, der zu sofortigen Schutzmaßnahmen zwingt?
- Dokumentation der Entscheidung(sgrundlagen); Information der Dienstvorgesetzten

---

Kontaktaufnahme mit der Familie (§ 8a Abs. 1 S. 2)
Daten sind grundsätzlich beim Betroffenen zu erheben (§ 62 Abs. 2),
erster Anruf und Information der Familie, Hausbesuche sind i. d. R. anzukündigen

---

Scheitern der Kontaktaufnahme
Rechtfertigen die vorliegenden Informationen über die Gefährdungslage die Datenerhebung bei Dritten? Datenerhebung ohne Mitwirkung der Betroffenen bei Dritten im Hinblick auf Schutzauftrag und zur Vorbereitung einer Inobhutnahme ausnahmsweise zulässig (§ 62 Abs. 3 Nr. 2c und d, Nr. 4): Einholung von Informationen im Kindergarten, Schule; bei Nachbarn nur soweit nicht anders lösbar und **dringende Anzeichen einer Gefährdung** vorliegen.

Gemeinsame Problemkonstruktion mit der Familie (§ 8a Abs. 1 S. 2)
Hausbesuch und Augenscheinnahme; kein Zwangsrecht zum Betreten der Wohnung; i. d. R. zwei Fachkräfte, Mitnahme des Mobiltelefons; ggf. Hinzuziehung eines Arztes; Information der Familie, Klärung der Situation und gemeinsame Risikoabschätzung (Problemakzeptanz, Problemkongruenz, Hilfeakzeptanz), ggf. Angebot über Jugendhilfeleistungen; Hinwirken auf Inanspruchnahme von Hilfen.

---

wiederholte Bewertung der Informationslage und des bisherigen Hilfeprozesses
- Abschätzung des Gefährdungsrisikos und Hilfeplanung (§ 36)
- Unterbringung außerhalb der Familie notwendig? Kann dies mit Einverständnis der Eltern erfolgen?
- Muss das Familiengericht eingeschaltet werden (§ 8a Abs. 3)?
- Liegt ein akuter Notfall vor, der zu sofortigen Schutzmaßnahmen zwingt? Bei akuter Kindeswohlgefährdung: Inobhutnahme (beachte: Jugendamt hat keine Zwangsbefugnisse).

Krisenintervention (§§ 8a Abs. 3 S. 2, 42)
Inobhutnahme: bei Weigerung der Eltern: Entfernung des Kindes aus der eigenen Familie mit Unterstützung durch die Polizei; Unterbringung und Beratung/Betreuung des Minderjährigen; Information und Beratung der Eltern

---

Information/Anrufung des Familiengerichts
nach § 8a Abs. 3 bzw. § 42 Abs. 3 ggf. Einschränkung bzw. Entzug der Personensorge; Vollstreckung durch Gerichtsvollzieher u. U. durch Anwendung unmittelbaren Zwangs (§ 90 FamFG)

Abs. 4 SGB VIII sind auch andere Institutionen einzuschalten, sofern das zur Abwendung der Gefahr nötig ist.

Einbezug freier Träger   § 8a Abs. 2 SGB VIII trifft Regelungen, mit denen sichergestellt werden soll, dass auch Träger der freien Jugendhilfe dem Schutzauftrag nachkommen. Dabei verpflichtet das Gesetz nicht unmittelbar die freien Träger, sondern weist die Aufgabe der Sicherstellung des Schutzauftrags durch die freien Träger den Jugendämtern zu. Der Träger der öffentlichen Jugendhilfe hat nach § 8a Abs. 2 SGB VIII in Vereinbarungen mit den Trägern der freien Jugendhilfe sicherzustellen, dass deren Fachkräfte den Schutzauftrag nach Absatz 1 in entsprechender Weise wahrnehmen und bei der Abschätzung des Gefährdungsrisikos eine insoweit erfahrene Fachkraft hinzuziehen. Insbesondere ist in diese Vereinbarungen die Verpflichtung aufzunehmen, dass die Fachkräfte bei den PSB / EB auf die Inanspruchnahme von Hilfen hinwirken, wenn sie diese für erforderlich halten und das Jugendamt informieren, falls die angenommenen Hilfen nicht ausreichend erscheinen, um die Gefährdung abzuwenden. Im Hinblick auf das Vertrauensverhältnis zwischen den Fachkräften der freien Jugendhilfe und ihren Klienten wird diese „Meldepflicht" vielfach für problematisch gehalten. Es wird befürchtet, dass die Betroffenen ihre Probleme nicht mehr offenlegen und damit der Zugang zu den Familien erschwert wird. Diese Regelung führt innerhalb des insgesamt umstrittenen § 8a SGB VIII zu besonders großer Unsicherheit (vgl. Tammen 2006, 381 ff.) und ist vielfach auf Kritik gestoßen. Aufgrund einiger Fälle schwerer Vernachlässigung, körperlicher, seelischer oder sexueller Misshandlung gerät die sozialpädagogische Fachlichkeit in der Jugendhilfe immer wieder unter Druck von Medien und Politik, die jeweils ihre eigenen Vorstellungen darüber entwickeln, was Jugendhilfe alles tun muss oder nicht tun darf, um Kinder zu schützen. § 8a SGB VIII macht deutlich, dass es sich beim Schutzauftrag der Jugendhilfe nicht um eine polizeilich-präventive, sondern um eine **originäre Aufgabe der Jugendhilfe** handelt, die mit sozialpädagogischen Mitteln zu bewältigen ist.

Bundeskinderschutzgesetz   Ende Dezember 2010 hat die Bundesregierung einen Entwurf für ein „Gesetz zur Stärkung eines aktiven Schutzes von Kindern und Jugendlichen – Bundeskinderschutzgesetz" (BKiSchG) vorgelegt, mit dessen Verabschiedung aufgrund der intensiven Vorbefassung der Fachverbände etc. bis Ende 2011 zu rechnen sein wird. Der Gesetzentwurf beinhaltet u. a.

- den Ausbau von Netzwerken **Früher Hilfen** während der Schwangerschaft und in den ersten Lebensjahren des Kindes auf der örtlichen Ebene (hierzu vgl. http://www.fruehehilfen.de/);
- eine Konkretisierung des **Schutzauftrags des Jugendamts** nach § 8a SGB VIII (Umstellung der Abs. 2 – 4; Verpflichtung der Träger der öffentlichen Jugendhilfe zur Entwicklung, Anwendung und Evaluation **fachlicher Standards** sowie im neuen Abs. 4 zum Abschluss von entsprechender Vereinbarungen mit der freien Jugendhilfe als Grundlage für die Finanzierung, Ergänzung durch einen neuen Absatz 5 zur
- Regelung der Zusammenarbeit der Jugendämter zum Schutz von Kindern, deren Eltern sich durch Wohnungswechsel der Kontaktaufnahme entziehen wollen (sog. „Jugendamtshopping") sowie insb. eine bundeseinheitliche Regelung

der Befugnis kinder- und jugendnaher sog. Berufsgeheimnisträger zur **Weitergabe von Informationen an das Jugendamt** (§ 5 BKiSchG-E);

- Einführung eines neuen § 8b BKiSchG-E zur Regelung der fachlichen Beratung und Begleitung zum Schutz von Kindern und Jugendlichen (**Kinderschutzfachkraft**);
- Einfügung eines neuen § 16 Abs. 2 SGB VIII im Hinblick eines Leistungsanspruchs, auch für schwangere Frauen und werdende Väter, auf Beratung und Hilfe in Fragen der Partnerschaft und des Aufbaus elterlicher Erziehungs- und Beziehungskompetenzen;
- die Verpflichtung zur Vorlage erweiterter Führungszeugnisse für alle in der Jugendhilfe beschäftigten Personen sowie die Verpflichtung der Träger der öffentlichen Jugendhilfe, mit den Trägern der freien Jugendhilfe Instrumente zur Feststellung der aufgabenspezifischen Eignung ehrenamtlicher Personen zu vereinbaren (§ 72a SGB VIII);
- Einfügung eines neuen § 79a SGB VIII zur Betonung der **fachlichen Standards** in der Kinder- und Jugendhilfe, insb. im Hinblick auf die Gewährung und Erbringung von Leistungen, die Erfüllung anderer Aufgaben sowie den Prozess der Gefährdungseinschätzung nach § 8a SGB VIII;
- schließlich sollen nach dem Gesetzentwurf die Regelungen über die örtliche Zuständigkeit (§§ 86 bis 89f SGB VIII) und die Kostenerstattung (§§ 89 ff. SGB VIII) vereinfacht bzw. den Anforderungen der Praxis angepasst werden (hierzu III-3.5.1).

Leider sind die vorgeschlagenen Regelungen nicht immer eine Verbesserung oder konsistent und werden – sollten sie unverändert beschlossen werden – zu Verunsicherung und Widersprüchen führen (hierzu Trenczek 2011a, 83 ff.).

Materialien zum Schutzauftrag der Jugendhilfe, vgl. DJI 2006: http://db.dji.de/asd/ASD_Inhalt.htm; ISA Münster 2006: www.kindesschutz.de; zum Referentenentwurf des BKiSchG vgl. http://www.bmfsfj.de/BMFSFJ/familie,did=165664.html

3.2.3   Die Träger der Kinder- und Jugendhilfe

Die Aufgaben der Kinder- und Jugendhilfe werden von öffentlichen und freien Trägern wahrgenommen. Die öffentlichen Träger werden in örtliche und überörtliche Träger unterschieden, beide aufgrund der Föderalismusreform I (vgl. Münder et al. 2009 Vor§ 69 Rz. 2) mit Inkrafttreten des KiFöG am 10.12.2008 durch das Landesrecht bestimmt (§ 69 Abs. 1 SGB VIII). **Örtliche Träger** sind traditionell die Landkreise und kreisfreien Städte sowie insb. in NRW einzelne größere kreisangehörige Gemeinden (vgl. § 2 NRW AG-KJHG), **überörtliche Träger** sind die Bundesländer selbst (in NRW die beiden Landschaftsverbände Reinland und Westfalen Lippe). Hieran hat sich bislang noch nichts geändert (z. B. §§ 1 u. 9 § 1 Nds AG KJHG; §§ 1 u. 6 ThürKJHAG; § 1a und 8 NRW AG-KJHG).

Der Bund hat zwar weiterhin die konkurrierende Gesetzgebungskompetenz auf dem Gebiet der Kinder- und Jugendhilfe (Art. 74 Abs. 1 Nr. 7 GG: „öffentliche

Öffentliche Träger

Fürsorge"), er darf aber den Kommunen keine neuen Aufgaben übertragen (Art. 84 Abs. 1 Satz 7 GG). Den öffentlichen Trägern obliegt nach § 79 SGB VIII die **Gesamtverantwortung** einschließlich der Planungsverantwortung für die Erfüllung der Aufgaben nach dem SGB VIII. Damit sind die Träger der öffentlichen Jugendhilfe dazu verpflichtet, zu gewährleisten, dass die zu dieser Aufgabenerfüllung erforderlichen und geeigneten Einrichtungen, Dienste und Veranstaltungen den verschiedenen Grundrichtungen der Erziehung entsprechend rechtzeitig und ausreichend zur Verfügung stehen (§ 79 Abs. 2, vgl. auch § 3 Abs. 2 S. 2 SGB VIII) und damit auch hierfür zunächst die Kosten zu tragen (vgl. §§ 79, 89 ff. SGB VIII). Für die meisten Aufgaben liegt nach § 85 SGB VIII die **sachliche Zuständigkeit** (hierzu s. u. III-3.5) bei den kreisfreien Städten und Landkreisen als örtlichen Trägern. Die überörtlichen Träger (i. d. R. die Länder) sind nur für die abschließend in § 85 Abs. 2 SGB VIII aufgelisteten Aufgaben, überwiegend Beratung, Information, Planung und Förderung der Jugendhilfe, sachlich zuständig.

Jugendamt   Nach § 69 Abs. 3 SGB VIII errichtet jeder örtliche Träger ein Jugendamt und jeder überörtliche Träger ein Landesjugendamt. Hinsichtlich der (funktionalen) Zuständigkeit der Jugendämter obliegt es nach der Föderalismusreform den Ländern, Regelungen zur Behördenorganisation, zur Zuständigkeit und zum Verfahren zu treffen. Es ist zu befürchten, dass die Konzentrierung der Aufgaben bei den Jugendämtern als sozialpädagogischer Fachbehörde in einem Teil der Bundesländer wegfallen wird. Neben dem Verlust an fachlicher Kompetenz würde hierdurch auch die Möglichkeit der Jugendämter eingeschränkt, flexibel und „aus einer Hand" Leistungen der Kinder- und Jugendhilfe zu erbringen. Zudem könnte eine Aufsplitterung der Zuständigkeit an unterschiedliche Behörden erfolgen, womit für die jungen Menschen und Familien das Jugendamt als einheitlicher Ansprechpartner in allen Lebenslagen wegfallen würde. Derartige Umstrukturierungen dürften kaum ohne deutliche Qualitätsverluste zu realisieren sein. Das zeigt z. B. bereits die Auflösung der Landesjugendämter als eigenständige Behörden in einigen Bundesländern (z. B. Hessen und Niedersachsen).

Organisation des Jugendamts   Eine zentrale Entscheidung zur **Organisation der Jugendämter** trifft § 70 Abs. 1 SGB VIII, wo die sog. Zweigliedrigkeit des Jugendamtes festgelegt wird. Das bedeutet, dass das Jugendamt aus dem Jugendhilfeausschuss und der Verwaltung besteht. Nach § 71 Abs. 1 SGB VIII stammen die stimmberechtigten Mitglieder des **Jugendhilfeausschuss**   Jugendhilfeausschusses zu 3/5 aus der Vertretungskörperschaft (z. B. Stadtrat, Kreistag o. Ä.) oder es sind Frauen und Männer, die in der Jugendhilfe erfahren sind und von der Vertretungskörperschaft direkt gewählt werden. 2/5 der stimmberechtigten Mitglieder entfallen auf Frauen und Männer, die auf Vorschlag der anerkannten Träger der freien Jugendhilfe von der Vertretungskörperschaft gewählt werden.

Verwaltung des Jugendamts   Innerhalb der Jugendamtsverwaltung bestehen unterschiedliche Organisationsstrukturen. Immer gibt es einen sozialpädagogischen Basisdienst, durch den gesichert werden soll, dass alle Menschen in einem Jugendamtsbezirk sowohl durch die Leistungen des Jugendamtes als auch im Bereich der anderen Aufgaben (z. B. bei der Sicherung des Kindeswohls) erreicht werden. Diese „Basiseinheit" wird üblicherweise als allgemeiner sozialer Dienst (**ASD**) bezeichnet. Daneben gibt es in den meisten Jugendämtern auch spezialisierte Abteilungen z. B. für die Beistandschaft und die Jugendgerichtshilfe.

Die Zweigliedrigkeit des Jugendamts bedingt, dass die Aufgaben zwischen Jugendhilfeausschuss und Verwaltung des Jugendamtes aufgeteilt werden müssen. Der Aufgabenbereich des Jugendhilfeausschusses ist in § 71 Abs. 2 SGB VIII benannt. Danach befasst er sich mit allen Angelegenheiten der Jugendhilfe. Seine Rechte sind in § 71 Abs. 3 SGB VIII benannt: Dies sind das Antragsrecht, Anhörungsrecht/Anhörungspflicht und das Beschlussrecht. Im Verhältnis zur Verwaltung des Jugendamtes ist der Jugendhilfeausschuss nach § 70 Abs. 2 SGB VIII das „übergeordnete" Gremium (freilich nicht im Sinne einer Hierarchie mit Fachaufsicht). Die Geschäfte der laufenden Verwaltung werden vom Leiter der Verwaltung im Rahmen der Beschlüsse des Jugendhilfeausschusses geführt. Andererseits ist der Jugendhilfeausschuss an die Vorgaben der Vertretungskörperschaft (Kommunalparlamente: Stadt- und Gemeinderäte bzw. Kreistage) gebunden (ausführlich Münder/Trenczek 2011, 178 ff.). Auch in Bezug auf die Zweigliedrigkeit des Jugendamts ist durch die im Wege der Föderalismusreform gesteigerten Kompetenzen der Bundesländer mit Veränderungen zu rechnen (vgl. Art. 84 Abs. 1 S. 2 GG). Hier ist zu befürchten, dass der von der Verwaltung oft als unbequem empfundene Jugendhilfeausschuss vielerorts Umstrukturierungen zum Opfer fallen wird. Damit würde das bürgerschaftliche Engagement, dessen Rolle in der Jugendhilfe durch den Jugendhilfeausschuss besonders betont und sichergestellt werden sollte, deutlich an Einfluss verlieren.

Neben den öffentlichen Trägern sind zahlreiche private (gemeinnützige wie privatgewerbliche) Organisationen als sog. freie Träger (hierzu I-4.1.2.2) auf dem Gebiet der Jugendhilfe tätig (zu den verschiedenen Formen vgl. Münder et al. 2009 § 3 Rz. 7 f.). Durch sie wird ein großer Teil der Angebote und Leistungen der Jugendhilfe erbracht. Allerdings richten sich Ansprüche der Bürger (z. B. auf einen Kindergartenplatz § 24 SGB VIII) nur an den öffentlichen Träger (§ 3 Abs. 2 S. 2 SGB VIII). Die meisten Kindergärten werden jedoch nicht in städtischer oder kommunaler Trägerschaft betrieben, sondern von freien Trägern wie etwa von Kirchen oder kirchennahen Organisationen wie der Caritas oder der Diakonie oder von sonstigen Vereinen mit speziellen pädagogischen Konzepten. Der öffentliche Träger finanziert jedoch weitgehend die Leistungserbringung durch die freien Träger (vgl. III-3.5.3). **Träger der freien Jugendhilfe**

Das SGB VIII differenziert zwischen anerkannten freien Trägern und (sonstigen, nicht anerkannten) freien Trägern, insb. im Hinblick auf ihre Einbindung in die Aufgabenerledigung und Willensbildung der öffentlichen Jugendhilfe: Mitwirkung im Jugendhilfeausschuss (§ 71 Abs. 1 Nr. 2 SGB VIII), Übertragung anderer Aufgaben (§ 76 Abs. 1 SGB VIII); Beteiligung bei der Jugendhilfeplanung (§ 80 Abs. 3 SGB VIII) sowie auf die auf Dauer angelegte (finanzielle) Förderung des Trägers durch die öffentliche Jugendhilfe (§ 74 Abs. 1 S. 2 SGB VIII). Sofern die Träger nicht gesetzlich wie die Kirchen und auf Bundesebene zusammengeschlossenen Verbände der freien Wohlfahrtspflege anerkannt sind (vgl. § 75 Abs. 3 SGB VIII), erfolgt die Anerkennung aufgrund eines Verwaltungsaktes, wenn die Voraussetzungen des § 75 Abs. 1 SGB VIII (z. B. gemeinnützige Tätigkeit) erfüllt sind. **anerkannte freie Träger**

§§ 3 und 4 SGB VIII gehen grundsätzlich auf die Stellung der freien Träger und auf das Verhältnis zwischen öffentlichen und privaten Trägern ein. In § 3 Abs. 1 SGB VIII wird die Vielfalt der Träger als Kennzeichen der Jugendhilfe benannt. **Verhältnis zwischen öffentlichen und freien Trägern**

Absatz 2 hebt ausdrücklich hervor, dass die Leistungen der Jugendhilfe von den freien Trägern erbracht werden können. Leistungsverpflichtet sind jedoch die öffentlichen Träger (§ 3 Abs. 2 S. 2 SGB VIII). In § 4 Abs. 1 SGB VIII wird der Grundsatz der partnerschaftlichen Zusammenarbeit zwischen öffentlichen und freien Trägern festgehalten, wobei die Selbstständigkeit der freien Träger zu beachten ist. In § 4 Abs. 2 SGB VIII wird das Verhältnis zwischen öffentlichen und freien Trägern angesprochen, das oft mit den Stichworten der **Subsidiarität** und des Korporatismus bezeichnet wird (vgl. I-2.1.3; hierzu ausführlich Münder et al. 2009 § 4 Rz. 4 ff.). Danach soll die öffentliche Jugendhilfe von eigenen Maßnahmen absehen, wenn und soweit geeignete Angebote schon von Trägern der freien Jugendhilfe vorgehalten werden. Unter dem Aspekt, dass andererseits die öffentliche und freie Jugendhilfe partnerschaftlich zusammenarbeiten sollen, wird allerdings eine Vorrangstellung der freien Träger auch vor dem Hintergrund des europäischen Wettbewerbsrechts (vgl. I-1.1.5.1) zunehmend in Frage gestellt (vgl. Münder et al. 2009 § 74 Rz. 4 ff.).

3.2.4   Aufgaben der Jugendhilfe nach dem SGB VIII – Grundlagen

Das Kinder- und Jugendhilfegesetz besteht neben allgemeinen Vorschriften etwa zur Definition von Begriffen und organisatorischen Regelungen, z. B. der Finanzierung oder der Zuständigkeit, aus zwei großen inhaltlichen Abschnitten. Es handelt sich dabei um die **Leistungen** der Jugendhilfe, die in den §§ 11 – 41 SGB VIII beschrieben werden und um die sog. **„anderen Aufgaben"** der Jugendhilfe, die in den §§ 42 – 60 SGB VIII verankert sind.

Leistungen   Die Leistungen der Jugendhilfe enthalten ein breites Angebotsspektrum, das von niedrigschwelligen Angeboten reicht, die alle jungen Menschen bzw. alle Familien oder Eltern in Anspruch nehmen können, bis hin zu intensiven, auf den Einzelfall zugeschnittene Hilfen für junge Menschen und Familien in schwierigen Lebenslagen. Teilweise handelt es sich dabei um zwingende Ansprüche, die in jedem Fall zu erfüllen sind, sobald die im Gesetz benannten Voraussetzungen vorliegen (Muss-Leistung, vgl. I-3.2), teilweise hat das Jugendamt hingegen Ermessen, ob oder wie eine bestimmte Leistung im konkreten Einzelfall erbracht wird (vgl. I-3.4). Das Kennzeichen von Sozialleistungen ist, dass sie beansprucht und angeboten werden können, allerdings vom Bürger nicht angenommen werden müssen (Dispositionsfreiheit).

Andere Aufgaben der Jugendhilfe   Demgegenüber enthalten die „anderen Aufgaben der Jugendhilfe" Pflichten des Jugendamts, in hoheitlicher Weise zum Schutz von Minderjährigen tätig zu werden. Die in diesem Bereich geregelten Aufgaben sind unterschiedlicher Art. Sie reichen von der akuten Krisenintervention und Schutzgewährung, der Aufsicht über Personen, die Kinder in Pflege haben, oder Einrichtungen, in denen Minderjährige leben, über die Mitwirkung in Gerichtsverfahren, von denen Kinder und Jugendliche betroffen sind, bis hin zur Unterstützung etwa bei der Durchsetzung von Unterhalt oder der Beurkundung der Vaterschaft eines Kindes.

Konsequenzen der Unterscheidung   Die Aufteilung in diese zwei großen Bereiche spiegelt die zwei zentralen Aufgaben der Jugendhilfe wider: Zum einen die Erbringung sozialpädagogischer

Dienstleistungen und zum anderen verschiedene hoheitliche Aufgaben, insb. Kontroll- und Schutzpflichten. Während die „anderen" Aufgaben abschließend gesetzlich geregelt sind, sind die Leistungen in §§ 2 Abs. 2, 11–41 SGB VIII nur exemplarisch aufgeführt, so dass in der Praxis mit konzeptionellen Neuerungen flexibel auf die gesellschaftlichen Entwicklungen reagiert werden kann. Die Unterscheidung in „Leistungen" und „andere Aufgaben" hat zudem Konsequenzen für die **Rechtsstellung der Klienten**. Während die Leistungen der Jugendhilfe von den Betroffenen freiwillig angenommen und gewollt werden müssen, stehen die „anderen Aufgaben" der Jugendhilfe grundsätzlich nicht zur Disposition der Betroffenen, d.h. nicht sie, sondern die Jugendämter entscheiden über das Ob und Wie der Mitwirkung. Freilich geht es auch hier nicht ohne Partizipation (§§ 3, 9 SGB VIII) und Akzeptanz. Die Grundmaximen der Jugendhilfe (s. o. z. B. § 2 Abs. 1 SGB VIII: sozialanwaltliche Funktion „zugunsten junger Menschen und Familien") gelten für beide Aufgabenbereiche. Zudem muss beachtet werden, dass es sich bei den „anderen Aufgaben" zwar um typische Aufgaben eines Hoheitsträgers handelt, aus dem Begriff allein ergeben sich aber noch **keine Eingriffsbefugnisse** des Jugendamts. Die Unterscheidung in Leistungen und „andere Aufgaben" hat auch Folgen für die Betätigungsmöglichkeit freier Träger (§ 3 Abs. 2 und 3, § 76 Abs. 1 SGB VIII) und ist auch Anknüpfungspunkt für die örtliche Zuständigkeit der öffentlichen Jugendhilfeträger (s. III-3.5).

Ein großer Teil der Leistungen und Angebote der Jugendhilfe ist für die Empfänger bzw. für ihre Eltern kostenfrei. Dies gilt etwa für Beratungsangebote, die Jugendsozialarbeit und die ambulanten Formen der Hilfen zur Erziehung. Teilweise werden jedoch Teilnahmebeiträge oder Kostenbeiträge bei den Minderjährigen **Kosten für die** bzw. ihren Eltern erhoben. § 90 SGB VIII sieht die pauschalierte Kostenbeteili- **Betroffenen** gung für die Inanspruchnahme von Angeboten der Jugendarbeit, der allgemeinen Förderung der Erziehung in der Familie und der Förderung von Kindern in Tageseinrichtungen und Kindertagespflege vor. § 91 SGB VIII enthält einen Katalog der Leistungstatbestände mit Kostenbeteiligung. Erfasst sind dabei nur vollstationäre und teilstationäre Leistungen sowie die stationäre Inobhutnahme. Die Ausgestaltung der Heranziehung ergibt sich aus den §§ 92 ff. SGB VIII (hierzu III-3.5.3).

3.3   Leistungen der Kinder- und Jugendhilfe

Die Leistungen der Jugendhilfe sind in den §§ 11–41 SGB VIII in vier Abschnitten geregelt. Sie sind hinsichtlich ihrer Art und Intensität unterschiedlich ausgerichtet.

3.3.1   Jugendarbeit, Jugendsozialarbeit, erzieherischer Kinder- und Jugendschutz (§§ 11–15 SGB VIII)

Der erste Abschnitt der Leistungen der Jugendhilfe beinhaltet in den §§ 11–15 SGB VIII die Angebote der Jugendarbeit, der Jugendsozialarbeit und den erzieherischen Kinder- und Jugendschutz. Zielsetzung dieser Angebote ist die Erziehung und Bildung im Sinne einer allgemeinen Förderung von Kindern und Jugendlichen. Sie sollen dabei helfen, dass das Hineinwachsen junger Menschen in die Erwachsenenwelt gelingt. Dabei setzen die Leistungen in unterschiedlichen Lebensbereichen an.

Jugendarbeit

Die Jugendarbeit (§ 11 SGB VIII) ist ein Angebot, das sich an alle jungen Menschen richtet, also keine speziellen Zugangsvoraussetzungen hat. Sie betrifft vor allem den Freizeitbereich und ist inhaltlich von besonderer Vielfältigkeit und Breite gekennzeichnet (ausführlich Münder et al. 2009 § 11 Rz. 11 ff.). Zu den Angeboten der Jugendarbeit gehören etwa Jugendzentren und -freizeitheime, Kinder- und Jugendferienstätten, Jugendzeltplätze und Abenteuerspielplätze, die politische und kulturelle Jugendbildung und Angebote der Sportjugend. Gemeinsam ist den verschiedenen Formen der Jugendarbeit, dass sie der Förderung der Entwicklung junger Menschen dienen sollen. Zudem sieht die gesetzliche Regelung ausdrücklich vor, dass die Angebote an den Interessen junger Menschen anknüpfen und von ihnen mitbestimmt und mitgestaltet werden sollen (**Partizipation**).

Es handelt sich bei der Regelung des § 11 SGB VIII um eine objektive Rechtsverpflichtung des öffentlichen Jugendhilfeträgers, der allerdings kein individueller subjektiver Rechtsanspruch junger Menschen gegenübersteht. § 11 Abs. 1 SGB VIII richtet sich an die öffentlichen Träger. Die möglichen Adressaten und Voraussetzungen der Angebote sind nicht hinreichend konkret oder konkretisierbar benannt. Die Norm wendet sich an alle „jungen Menschen" und benennt auch keine konkreten Rechtsfolgen. Damit fehlt es an der hinreichenden Konkretisierung aus der Perspektive möglicher Leistungsberechtigter und es liegt keine einklagbare individuelle Leistungsberechtigung vor. Der Gestaltungsspielraum des Trägers der öffentlichen Jugendhilfe wird aber durch § 79 Abs. 2 Satz 2 SGB VIII eingeschränkt. Hier ist ausdrücklich festgelegt, dass von den insgesamt für Jugendhilfe zur Verfügung stehenden Mitteln ein angemessener Anteil für die Jugendarbeit zu verwenden ist (zum finanziellen Umfang vgl. Münder et al. 2009 Vor § 11 Rz. 11 ff.). Mit dieser Formulierung wurde der Versuch unternommen, für die Jugendarbeit eine hinreichende Infrastruktur zu schaffen. Allerdings ergibt sich auch hieraus kein individueller Rechtsanspruch etwa von Einrichtungen der Jugendarbeit auf entsprechende Bereitstellung von Mitteln (nur objektive Rechtsverpflichtung des öffentlichen Trägers, vgl. VG Berlin ZfJ 2000, 194 ff.).

Jugendsozialarbeit

Im Gegensatz zur Jugendarbeit stehen im Zentrum der Jugendsozialarbeit Aspekte der Bildung und Ausbildung. Ursprünglich verstand sich Jugendsozialarbeit als Antwort auf die Not junger Menschen, die in der Nachkriegszeit in ihrer persönlichen und wirtschaftlichen Existenz bedroht waren. Durch Hilfen in speziellen Jugendwohnheimen oder Lehrlingsheimen wollte man ihnen ein Zuhause geben und berufsbezogene Hilfen vermitteln. Heute hat Jugendsozialarbeit das Ziel, benachteiligten jungen Menschen sozialpädagogische Hilfestellung im Rahmen der schulischen und beruflichen Ausbildung, der beruflichen Tätigkeit und zur sozialen Eingliederung zu geben. Die wichtigsten Aufgabenfelder der Jugendsozialarbeit sind die Schulsozialarbeit, sofern diese in Trägerschaft der Jugendhilfe durchgeführt wird, und die sog. Jugendberufshilfe.

Die inhaltlichen Schwerpunkte der Schulsozialarbeit sind heute überwiegend auf die sozialen Probleme im Alltag der Schüler ausgerichtet. Im Mittelpunkt der Arbeit stehen z. B. die Unterstützung der persönlichen und sozialen Reifeprozesse, Hilfen bei der Lösung von Konflikten und Problemen sowie deren Bewältigung und erforderlichenfalls Weiterleitung an andere Fachdienste sowie Mitgestaltung von Umweltbedingungen und Verbesserung der Lebenssituation im Wohnumfeld der Schüler durch Aktivierung von Selbsthilfekräften. Aufgrund von teilweise unterschiedlichen Erziehungs- und Bildungsvorstellungen zwischen Schule und Jugendhilfe ist die Kooperation nicht immer reibungslos. **Schulsozialarbeit**

Die Jugendberufshilfe richtet sich an junge Menschen, die zum Ausgleich sozialer Benachteiligungen oder zur Überwindung individueller Beeinträchtigungen in erhöhtem Maß auf Unterstützung angewiesen sind. Dies sind vor allem junge Menschen, die wegen individueller oder sozialer Schwierigkeiten keinen Ausbildungs- und Arbeitsplatz finden, junge Menschen mit Migrationshintergrund, Jugendliche oder junge Erwachsene, die in sozialen Brennpunkten leben, die soziale, persönliche oder finanzielle Schwierigkeiten und Probleme bei der Beschaffung oder Erhaltung von Wohnraum haben, sowie Mädchen und junge Frauen mit speziellem Förderbedarf. Für die benachteiligten jungen Menschen werden ggf. spezielle Ausbildungs- und Beschäftigungsmaßnahmen (vgl. § 13 Abs. 2 SGB VIII) zur Verfügung gestellt, die sozialpädagogisch begleitet werden. Im Zusammenhang mit fehlenden Ausbildungs- und Arbeitsplätzen hat sich deren Zielgruppe von individuell sozial benachteiligten seit Mitte der 1990er Jahre auch auf junge Menschen ausgeweitet, die in zeitlich begrenzten Sonderformen (quasi „Warteschleifen") anstelle von regulärer Ausbildung und Beschäftigung betreut werden. Angesichts der problematischen Situation auf dem Arbeitsmarkt führen derartige Maßnahmen nur noch selten tatsächlich in ein gesichertes Beschäftigungsverhältnis. **Jugendberufshilfe**

Begleitend zu schulischen oder beruflichen Bildungsmaßnahmen im Rahmen der Jugendsozialarbeit kommt auch die Unterbringung in sozialpädagogisch begleiteten Wohnformen in Frage (§ 13 Abs. 3 SGB VIII). Dies können etwa Lehrlings- und Jugendwohnheime oder auch Einzel- oder Gruppenwohnungen sein.

Der erzieherische Kinder- und Jugendschutz (§ 14 SGB VIII) ist stark auf Prävention ausgerichtet. Seine Angebote zielen darauf, Gefährdungen und mögliche Schädigungen für Kinder und Jugendliche frühzeitig zu erkennen und zu verhindern. Die Vorschrift ergänzt die Vorschriften des repressiv orientierten Jugendschutzgesetzes (JuSchG) oder vergleichbarer Gesetze (hierzu III-6; Münder/Trenczek 2011, 61 f.), welche sich vorrangig gegen Verursacher potenzieller Gefährdungen von Minderjährigen richten. Demgegenüber stehen nach § 14 SGB VIII präventiv ausgerichtete Angebote an junge Menschen und ihre EB im Vordergrund. Dies sind vor allem alters- und entwicklungsgemäße Informationsveranstaltungen im Freizeitbereich, Aufklärung, Erörterung aktueller Themen usw. Den Jugendämtern obliegt allerdings aufgrund landesrechtlicher Regelungen (vgl. z. B. § 20 ThürAGKJHG, § 16 Nds AG KJHG, § 27 BW LKJHG) gleichzeitig auch die Durchführung von Teilen des sog. „gesetzlichen" Jugendschutzes nach dem JuSchG (hierzu ausführlich III-6). **erzieherischer Kinder- und Jugendschutz**

3.3.2   Förderung der Erziehung in der Familie (§§ 16 – 21 SGB VIII)

Die Angebote zur Förderung der Erziehung in der Familie umfassen sowohl allgemeine Förderungsaufgaben zur Unterstützung der familiären Erziehung als auch Ansprüche auf Beratung und Unterstützung in einer Reihe von familiären Not- und Konfliktsituationen.

allgemeine Förderung der Erziehung in der Familie

Die allgemeine Förderung der Erziehung in der Familie (§ 16 SGB VIII) hat das Ziel, die Erziehungskompetenz der Familie zu stärken, wobei der Begriff der Familie weit zu verstehen ist. Es zählen dazu z. B. auch nichteheliche Lebenspartner, Stiefeltern oder Pflegeeltern. Ausdrücklich sollen dabei auch Wege aufgezeigt werden, wie Konfliktsituationen in Familien gewaltfrei gelöst werden können. Klassische Formen der allgemeinen Förderung der Erziehung in der Familie sind Angebote der Familienbildung, etwa in Form von Seminaren, aber auch z. B. in Selbsthilfegruppen, Angebote der allgemeinen Erziehungs- und Lebensberatung und schließlich Formen der Familienfreizeit und Familienerholung (vgl. im Einzelnen Münder et al. 2009 § 16 Rz. 6 ff.).

Beratung und Unterstützung

Um Hilfe in familiären Konfliktsituationen zu gewährleisten, von denen Kinder oder Jugendliche betroffen sein können, sieht das Gesetz zahlreiche Beratungs- und Unterstützungsansprüche für die EB sowie für die Minderjährigen vor, die von verschiedenen Beratungsstellen und den Jugendämtern wahrgenommen werden (§§ 17, 18 SGB VIII; hierzu ausführlich Münder / Trenczek 2011, 67 ff.). Zur Bewältigung geringfügiger Krisen und Konflikte kann eine sog. Partnerschaftskonfliktberatung in Anspruch genommen werden (zu allgemeinen Grundsätzen der Mediation vgl. I-6.3). Hierdurch soll Eskalationen vorgebeugt und Trennung und Scheidung möglichst vermieden werden. Kommt es in der Familie (dennoch)

Trennungs- und Scheidungsberatung

zur Trennung, so verfolgt die Beratung und Unterstützung der Eltern das Ziel, dem Kind möglichst optimale Beziehungen zu beiden Eltern zu erhalten. Die Eltern sind bei der Entwicklung eines **einvernehmlichen Konzepts** zur Wahrnehmung der elterlichen Sorge nach der Trennung bzw. Scheidung zu unterstützen. Hierbei ist auch das betreffende Kind oder der Jugendliche in angemessener, d. h. altersabhängiger Weise zu beteiligen.

Ansprüche auf Beratung und Unterstützung bestehen auch für alleinerziehende Elternteile. Die Angebote beziehen sich auf Fragen des Sorgerechts und der Gewährung des Unterhalts. Darüber hinaus haben sowohl das Kind als auch sämtliche ihm

Umgangsberatung

gegenüber potenziell umgangsberechtigte Personen Anspruch auf Beratung und Unterstützung in Bezug auf die Gestaltung des Umgangs. Dies betrifft in erster Linie den nicht mehr mit dem Kind in einem Haushalt lebenden Elternteil, daneben aber auch Großeltern, Geschwister, Stiefeltern und frühere Pflegeeltern (zum Umgangsrecht nach § 1626 Abs. 3 BGB vgl. II-2.4.5; vgl. Art. 9 Abs. 3 UN-KRK, Art. 24 Abs. 3 Charta der Grundrechte der EU; zur zwangsweisen Durchsetzung von Umgangsanordnungen vgl. BVerfG 01.04.2008 – 1 BvR 1620 / 04 – FamRZ 2008, 845).

Um ganz speziell der besonderen Situation junger Eltern – insb. Mütter – Rechnung zu tragen, gibt es das Angebot der gemeinsamen Wohnform für Mütter / Väter

gemeinsame Wohnform

und Kinder (§ 19 SGB VIII). Die Leistung richtet sich an Elternteile, die in ihrer Persönlichkeit noch nicht so weit entwickelt sind, dass sie den zusätzlichen Anforderungen durch die Geburt eines Kindes und der damit verbundenen Elternverantwortung gerecht werden können (zum Ruhen der Personensorge minderjähriger Mütter vgl. II-2.4.3.5). Ist diese Voraussetzung gegeben und hat das Kind das sechste Lebensjahr noch nicht vollendet, so hat der Elternteil einen Anspruch auf gemeinsame Unterbringung mit dem Kind (nicht jedoch gemeinsam mit dem anderen Elternteil!) in einer geeigneten Wohnform. Dort soll die Mutter oder der Vater bei der Persönlichkeitsentwicklung unterstützt werden mit dem Ziel, später selbstständig gemeinsam mit dem Kind leben zu können. Es soll zudem darauf hingewirkt werden, dass der Elternteil eine schulische oder berufliche Ausbildung bzw. eine Berufstätigkeit aufnimmt oder fortführt. Eine schwangere Frau kann auch schon vor der Geburt des Kindes in die Wohnform aufgenommen werden (§ 19 Abs. 1 S. 3 SGB VIII). Das Angebot soll dazu beitragen, in Situationen, die den Betroffenen als ausweglos erscheinen, Schwangerschaftsabbrüche zu vermeiden. Das Angebot richtet sich an Eltern von Kindern unter sechs Jahren, wobei dann auch ältere Geschwister in die Leistung mit einbezogen werden können. Eine Altersgrenze für die Mütter oder Väter, die das Angebot in Anspruch nehmen können, besteht dagegen nicht, so dass eine Leistung auch über das 27. Lebensjahr hinaus möglich ist.

Für den Fall, dass der Elternteil, der das Kind überwiegend betreut, ein alleinerziehender Elternteil oder gar beide Eltern des Kindes aus gesundheitlichen oder aus anderen vergleichbaren, zwingenden Gründen ausfallen (die physische Abwesenheit ist nicht notwendig), besteht das Angebot der Betreuung und Versorgung des Kindes in Notsituationen (§ 20 SGB VIII). Das Angebot besteht z. B. auch, wenn sich der Elternteil in Kur, einer freiheitsentziehenden oder therapeutischen Einrichtung befindet. Ziel der Vorschrift ist es, Kindern ihr vertrautes Familienumfeld zu erhalten und eine Fremdunterbringung in derartigen Notfällen zu vermeiden. In Frage kommen hierzu verschiedene Hilfen zur Sicherstellung der Haushaltsführung und der Pflege und Erziehung des Kindes (insoweit ist allerdings die Abgrenzung zu vergleichbaren Leistungen anderer Sozialleistungsträgern zu beachten; vgl. § 10 Abs. 1 und 4 SGB VIII, § 37 SGB V, § 28 SGB VI, § 54 SGB IX, § 42 SGB VII, § 70 SGB XII). Nicht um Notsituationen handelt es sich, wenn der Ausfall der Eltern planbar ist oder es sich insb. um eine ausbildungs- oder berufsbedingte Verhinderung handelt.

Versorgung des Kindes in Notsituationen

Für den Fall, dass die Eltern aus berufsbedingten Gründen die Erziehung ihrer Kinder nicht selbst wahrnehmen können, besteht ein Angebot auf Unterstützung nach § 21 SGB VIII. Dies betrifft Familien, in denen die Eltern berufsbedingt sehr häufig ihren Arbeitsplatz wechseln müssen (z. B. Artisten, Schausteller, Binnenschiffer). Sofern das Kind zur Erfüllung der Schulpflicht anderweitig untergebracht werden muss, da durch den ständigen Ortswechsel eine kontinuierliche Schulausbildung nicht gewährleistet wäre, haben die Eltern Anspruch auf Beratung und Unterstützung. Diese kann z. B. in der Hilfe bei der Organisation von gemeinsamen Unternehmungen liegen, um den Kontakt zwischen Eltern und Kind aufrechtzuerhalten. Es kommt jedoch – je nach Einkommens- und Vermögenslage – auch die Übernahme der Unterbringungskosten in Frage (im Einzelnen vgl. Münder et al. 2009 § 21 Rz. 4 ff.).

Unterstützung zur Erfüllung der Schulpflicht

3.3.3   Förderung von Kindern in Tageseinrichtungen und in Tagespflege (§§ 22 – 26 SGB VIII)

Im dritten Abschnitt des Leistungskapitels regelt das SGB VIII die Förderung von Kindern in Tageseinrichtungen und in Tagespflege. Daneben sind auch landesrechtliche Gesetze zu beachten. Der Bereich der Kindertagesbetreuung ist vom Umfang her besonders bedeutend für die Jugendhilfe. Die quantitative Bedeutung des Feldes wird insb. daraus deutlich, dass ca. 2/3 aller in der Jugendhilfe beschäftigten Personen in diesem Bereich arbeiten. Die Zielsetzung dieser Angebote liegt darin, für Eltern die Vereinbarkeit von Familie und Beruf sicherzustellen. Betreuung bedeutet aber nicht, Kinder lediglich zu „verwahren", sondern der Förderungsauftrag beinhaltet nach § 22 Abs. 3 SGB VIII die **Erziehung und Bildung** des Kindes (Münder / Trenczek 2011, 79 ff.). In den entsprechenden Tageseinrichtungen soll die Entwicklung des Kindes zu einer eigenverantwortlichen und gemeinschaftsfähigen Persönlichkeit gefördert werden. Es besteht eine gesetzliche Verpflichtung, die EB an den Entscheidungen in wesentlichen Angelegenheiten der Einrichtung zu beteiligen.

Tageseinrichtungen   Das Gesetz definiert in § 22 SGB VIII den Begriff der Tageseinrichtungen als Einrichtungen, in denen sich Kinder für einen Teil des Tages oder ganztägig aufhalten und in Gruppen gefördert werden. Es differenziert in § 24 SGB VIII zwischen Angeboten für Kinder unter drei Jahren, solchen für Kinder von drei Jahren bis zum Schuleintritt und solchen für Kinder im schulpflichtigen Alter. Zum Oberbegriff der Tageseinrichtungen gehören Einrichtungen mit zahlreichen verschiedenen Bezeichnungen, die sich regional unterscheiden. Es fallen darunter z. B. Kinderkrippen, Krabbelstuben, Kindergärten, Kindertagesstätten, Kinderhorte, altersgemischte Gruppen.

Anspruch auf einen Kindergartenplatz   Die Rechtslage ist nicht für alle Altersgruppen identisch. Am günstigsten stellt sich die Situation für Kinder dar, die das dritte Lebensjahr vollendet haben (3. Geburtstag) und noch vor dem Eintritt in die Schule stehen. In dieser Altersgruppe hat jedes Kind einen zwingenden **Rechtsanspruch** auf einen Kindergartenplatz (§ 24 SGB VIII). Der Anspruch ist an keine weiteren Voraussetzungen geknüpft, es ist also z. B. unerheblich, ob das Kind auch zu Hause versorgt werden könnte, weil etwa ein Elternteil nicht berufstätig ist oder betreuungsbereite Großeltern zur Verfügung stehen. In einigen Bundesländern wurde der Anspruch auf einen Kindergartenplatz bereits vor dem 3. Lebensjahr geregelt (vgl. z. B. § 3 KiFöG Sachsen-Anhalt, § 22 TH KitaG).

Wohnortnähe   Der Kindergartenplatz muss von der Wohnung des Kindes in vertretbarer Zeit zu erreichen sein. In diesem Zusammenhang haben Gerichte entschieden, dass ein Zeitaufwand von 20 oder 30 Minuten für eine Strecke nicht zumutbar ist (VG Schleswig ZfJ 2000, 193; OVG SL ZfJ 1998, 435; Nachweise bei Münder et al. 2009 § 24 Rz. 21). Ausnahmen hiervon kann es allerdings geben, wenn ein Kind in einer völlig entlegenen Siedlung lebt.

zeitlicher Umfang der Betreuung   Problematisch an dem Anspruch auf einen Kindergartenplatz ist, dass das SGB VIII keine Angaben zum zeitlichen Umfang enthält. Damit der Zweck der Regelung erfüllt werden kann, die Erwerbstätigkeit der Eltern zu ermöglichen, muss die Betreuungszeit im Kindergarten jedenfalls eine Halbtagstätigkeit des

Elternteils möglich machen, der ansonsten das Kind betreut. Unter Berücksichtigung der Wege zum Kindergarten und zur Arbeitsstätte muss die **Betreuungszeit mindestens sechs Stunden** täglich umfassen (mit weiteren Nachweisen Münder et al. 2009 § 24 Rz. 17 ff.). Ein zwingender Anspruch auf ganztägige Betreuung besteht jedoch nicht.

Die Tagesbetreuung von Kindern unter drei Jahren, von Schulkindern und von Kindern von drei Jahren bis zum Schuleintritt mit Ganztagskindergartenplätzen wird schwerpunktmäßig in § 24 SGB VIII geregelt. Der wesentliche Unterschied gegenüber dem Kindergartenplatz ist der, dass in diesen Bereichen – vorbehaltlich anderer landesrechtlicher Regelungen – kein Rechtsanspruch des einzelnen Bürgers besteht. Vielmehr hat der Gesetzgeber hier für den öffentlichen Träger (nur) eine Pflicht formuliert, Plätze vorzuhalten. Es handelt sich also um eine objektiv rechtliche Verpflichtung des Trägers der öffentlichen Jugendhilfe, die von den Betroffenen nicht eingeklagt werden kann. Für Kinder unter drei Jahren, für Kinder im schulpflichtigen Alter (hier sowohl bezüglich eines Teils des Tages als auch bezüglich des ganzen Tages) und für Kindergartenkinder, was Ganztagesplätze angeht, sind solche Plätze nach Bedarf zur Verfügung zu stellen. Da es sich bei der Förderung von Kindern in Tageseinrichtungen um ein allgemeines Förderungsangebot handelt, ist nicht erforderlich, dass bei dem jeweiligen Kind ein erzieherischer Mangel vorliegt oder die entsprechende Betreuung aus Kindeswohlgründen erforderlich wäre. Das BVerwG hat zum Begriff der Bedarfsgerechtigkeit entschieden, dass Bedarf hier nicht im Sinne der faktischen Nachfrage zu bestimmen sei, sondern im Rahmen der Planungsverantwortung des öffentlichen Jugendhilfeträgers „unter Berücksichtigung der Wünsche, Bedürfnisse und Interessen der jungen Menschen und der Personensorgeberechtigten" zu ermitteln sei. Es wird also nicht in jedem Fall darauf abgestellt, ob das Angebot in der Lage ist, die tatsächliche Nachfrage zu befriedigen.

Krippe und Hort

Eine **gesteigerte Verpflichtung zum Vorhalten von Plätzen** hat der öffentliche Jugendhilfeträger seit den Gesetzesänderungen durch das sog. TAG für Kinder unter drei Jahren, wenn die EB oder die alleinerziehende Person erwerbstätig sind bzw. sich in einer Ausbildung o. Ä. befinden oder ohne die Betreuung eine dem Wohl des Kindes entsprechende Förderung nicht gewährleistet ist (§ 24 Abs. 3 SGB VIII). In diesen Fällen sind zwingend Plätze vorzuhalten. Durch diese Regelung soll das Betreuungsangebot speziell in den alten Bundesländern verbessert werden. Bislang bleibt es deutlich hinter dem Angebot in den östlichen Bundesländern zurück, wo Kinderkrippen zu Zeiten der DDR die Betreuung praktisch aller Kinder unter drei Jahren abdeckten und das Betreuungsangebot auch nach dem Beitritt zur Bundesrepublik sehr umfangreich geblieben ist.

In Deutschland gab es 2009 knapp 50.000 Kindertagesstätten, in denen insgesamt 465.347 Personen beschäftigt waren (ca. 66 % des Personals der Kinder- und Jugendhilfe, vgl. Stat. Bundesamt 2009). Die Ausgaben für Tagesbetreuung stellen auch den **größten Ausgabenblock in der Kinder- und Jugendhilfe** dar (2009 insg. 14,5 Milliarden €, 59 % der Gesamtausgaben). Die Betreuungsquote (Platz-Kind-Relation) für die 3- bis 6-jährigen Kinder betrug im März 2009 ca. 92 % (vgl. Münder/Trenczek 2011, 76 ff.). Bei den unter 3-jährigen Kindern und über 6-jährigen Schulkindern sind die Betreuungsquoten deutlich niedriger (unter 3-Jährige

Betreuungsquote

knapp 20 %, 15 % West, 46 % Ost; Hortplätze unter 10 %, im Westen knapp 5 %, im Osten 41 %). Zudem sind deutlich mehr Plätze nötig, wenn Bund, Länder und Gemeinden ihr selbst gestecktes Ziel erreichen wollen, bis zum Jahr 2013 eine Betreuungsquote von 35 % der unter 3-Jährigen bundesweit zu erreichen, um den ab dann vorgesehenen Rechtsanspruch entsprechen zu können. Durch die Schaffung des Rechtsanspruches auf einen Kindergartenplatz bzw. Tagespflege ist der Versorgungsgrad zwar angestiegen. Im westeuropäischen Vergleich ist die Versorgungssituation in Deutschland jedoch noch unterdurchschnittlich. Von erheblicher Bedeutung sind deshalb auch die KiTa-Plätze, die von Eltern selbst initiiert und organisiert werden (2009: 4.370 Elterninitiativen mit insg. 133.247 Plätzen).

Kindertagespflege Neben der Betreuung in Kindertageseinrichtungen kommt auch die Betreuung von Kindern in Kindertagespflege in Betracht. Kindertagespflege wird von einer **geeigneten Person** (i. d. R. sog. „**Tagesmutter**") in ihrem Haushalt oder im Haushalt der PSB des Kindes geleistet (§ 22 Abs. 1 SGB VIII). Die Tagespflege ist aus der Sicht des Gesetzes ein gleichrangiges Förderungsangebot zu den Tageseinrichtungen, ihre Ziele und Aufgaben sind identisch. Auch die Tagespflege soll die Entwicklung des Kindes fördern, die Erziehung und Bildung in der Familie unterstützen und ergänzen und den Eltern dabei helfen, Erwerbstätigkeit und Kindererziehung besser miteinander zu vereinbaren (§ 22 Abs. 2 SGB VIII). Die Kindertagespflege kann dabei flexibler als Tageseinrichtungen mit festen Öffnungszeiten auf Arbeitszeiten der Eltern eingehen und stundenweise Betreuung leisten.

Die Inhalte der Kindertagespflege sind in § 23 SGB VIII geregelt. Danach umfasst die Förderung in Kindertagespflege die Vermittlung des Kindes zu einer geeigneten Tagespflegeperson (soweit diese nicht bereits von der erziehungsberechtigten Person nachgewiesen wird), deren fachliche Beratung, Begleitung und weitere Qualifizierung sowie die Gewährung einer laufenden Geldleistung. Als **geeignet** begreift das Gesetz Personen, die sich durch ihre Persönlichkeit, Sachkompetenz und Kooperationsbereitschaft mit EB und anderen Tagespflegepersonen auszeichnen und über kindgerechte Räumlichkeiten verfügen. Sie sollen über vertiefte Kenntnisse hinsichtlich der Anforderungen der Kindertagespflege verfügen, die sie in qualifizierten Lehrgängen erworben oder in anderer Weise nachgewiesen haben. EB und Tagespflegepersonen haben Anspruch auf Beratung in allen Fragen der Kindertagespflege. Für Ausfallzeiten einer Tagespflegeperson ist rechtzeitig eine andere Betreuungsmöglichkeit für das Kind sicherzustellen (§ 23 Abs. 4 SGB VIII). Zusammenschlüsse von Tagespflegepersonen sollen beraten, unterstützt und gefördert werden.

Mit dem Ausbau der Kinderbetreuung sollen rund ein Drittel der zusätzlichen Plätze in der Kindertagespflege entstehen. Damit die Kindertagespflege (vor allem für Kinder unter drei Jahren) zu einer attraktiven und gleichrangigen Alternative wird, soll sie durch die im Rahmen des TAG erfolgten gesetzlichen Neuregelungen aufgewertet und qualifiziert werden. Im Gegenzug hat sich die Bezahlung der Tagespflege verbessert: Neben dem Sachaufwand und der Anerkennung der Erziehungsleistung werden auch die Kosten einer Unfallversicherung und ein Zuschuss zur Alterssicherung der Tagespflegepersonen von der öffentlichen Jugendhilfe getragen. Die Jugendämter schließen die Unfallversicherung für die Tagespflegepersonen ab und erstatten die Hälfte der Kosten der Alterssicherung, höchstens allerdings 30 € pro Person.

Sowohl für die Tageseinrichtungen als auch für die Betreuung von Kindern in Tagespflege ergibt sich einheitlich aus § 90 SGB VIII, dass im Wege der pauschalierten Kostenbeteiligung Teilnahmebeiträge oder Kostenbeiträge festgesetzt werden können. Die Höhe kann nach Einkommensgruppen, Kinderzahl, oder der Zahl der Familienangehörigen gestaffelt werden.

Kosten für die Betroffenen

3.3.4 Individuelle Hilfen: Hilfen zur Erziehung, Eingliederungshilfe und Volljährigenhilfe (§§ 27 – 41 SGB VIII)

Leistungen, die von individuellen, persönlichkeitsbezogenen Voraussetzungen abhängen, finden sich in erster Linie bei den Erziehungshilfen, der Eingliederungshilfe für seelisch behinderte Kinder und Jugendliche und bei der Hilfe für junge Volljährige. Zwischen den drei Leistungsbereichen bestehen sowohl hinsichtlich des Verfahrens zur Planung der Hilfe als auch hinsichtlich der Art der Hilfen deutliche Parallelen.

3.3.4.1 Die Hilfen zur Erziehung

Ein Anspruch des PSB auf Hilfe zur Erziehung (§ 27 SGB VIII) setzt – in Abgrenzung zu den niederschwelligen Hilfen (vgl. §§ 16 ff. SGB VIII) – zunächst voraus, dass ein erzieherischer Bedarf des betreffenden Kindes oder Jugendlichen besteht. Früher wurden in diesem Zusammenhang Begriffe wie „Erziehungsdefizit", „Verhaltensauffälligkeiten", „Störungen" oder „Verwahrlosung" des Kindes verwendet. Der Gesetzeswortlaut („eine dem Kindeswohl entsprechende Erziehung ist nicht gewährleistet") verzichtet aber auf negative Zuschreibungen und macht zudem deutlich, dass es sich auch nicht um eine sog. Kindeswohlgefährdung handeln muss (zu den verschiedenen **Interventionsschwellen** vgl. Übersicht 39). Bei den Hilfen zur Erziehung handelt es sich um Angebote der Jugendhilfe, die – anders als es bei § 1666 BGB der Fall ist – grundsätzlich nicht mit Eingriffen in das elterliche Sorgerecht verbunden sind. Von Bedeutung ist insb. der **präventive Handlungsauftrag** (s. o. III-3.2.1) der Jugendhilfe, so dass weder eine Kindeswohlgefährdung noch ein konkreter Schaden vorliegen muss. Der jugendhilferechtliche Leistungsanspruch wird bereits ausgelöst, wenn die Sozialisationsbedingungen den jungen Menschen im Vergleich zu anderen erheblich benachteiligen. **Benachteiligung** liegt vor, wenn das, was für Sozialisation, Ausbildung und Erziehung Minderjähriger in dieser Gesellschaft „normal", üblich und erforderlich ist, tatsächlich nicht vorhanden ist (Mangelsituation).

erzieherischer Bedarf

Normalitätsperspektive

Ist ein entsprechender erzieherischer Bedarf des Minderjährigen gegeben, so kommen zahlreiche Hilfen mit völlig unterschiedlicher Intensität in Frage (vgl. §§ 27 – 35 SGB VIII, hierzu ausführlich Münder et al. 2009 § 27 ff.). Zu beachten ist, dass der Leistungsanspruch als solcher bereits an Geeignetheit und Erforderlichkeit der konkreten Hilfe geknüpft ist. Es handelt sich in § 27 SGB VIII insoweit

Übersicht 39: Interventions- und Eingriffsschwellen von Jugendhilfeleistungen und sorgerechtlicher Entscheidung des Gerichts

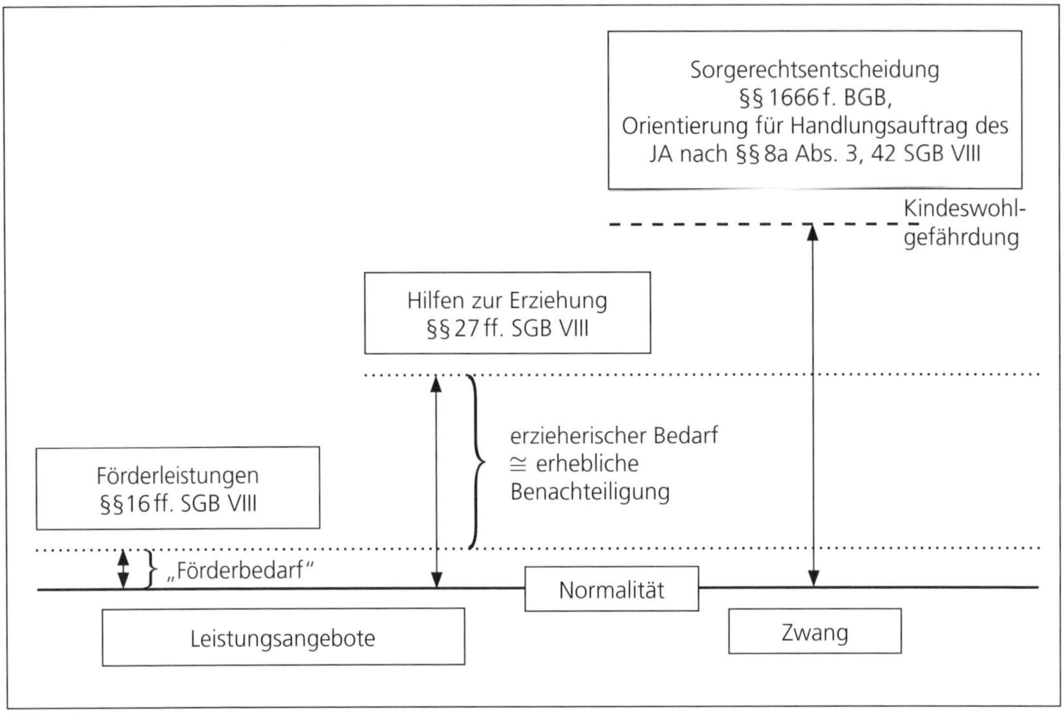

Sorgerechtsentscheidung
§§ 1666 f. BGB,
Orientierung für Handlungsauftrag des
JA nach §§ 8a Abs. 3, 42 SGB VIII

Kindeswohl-
gefährdung

Hilfen zur Erziehung
§§ 27 ff. SGB VIII

erzieherischer Bedarf
≅ erhebliche
Benachteiligung

Förderleistungen
§§ 16 ff. SGB VIII

„Förderbedarf"

Normalität

Leistungsangebote

Zwang

nicht um eine Frage der Rechtsfolge (so dass also auch **kein Ermessen** besteht), sondern um die Ausfüllung unbestimmter Rechtsbegriffe bei der Prüfung einer Leistungsvoraussetzung, bei der dem Jugendamt **kein Beurteilungsspielraum** zusteht (hierzu vgl. I-3.3.3, zur Beachtung des Gesetzeszwecks nach § 1 Abs. 3 SGB VIII i. R. d. Auslegung vgl. I-3.3.2). Dabei besteht schon im Hinblick auf die Leistungsvoraussetzungen eine Wechselbeziehung zwischen Problemlage und Jugendhilfeangebot. Es reicht deshalb nicht aus, auf das begrenzte Standardangebot der idealtypisch beschriebenen Hilfen der §§ 28 – 35 hinzuweisen. Vielmehr müssen die **Hilfen „nach Maß"** – eben dem Hilfebedarf entsprechend – entwickelt und angeboten werden (ausführlich hierzu Münder et al. 2009 vor § 27 Rz. 13 ff.). In jedem Einzelfall ist die genaue Bedarfslage des Kindes oder des Jugendlichen festzustellen und anhand dessen zu entscheiden, welche Art der Hilfe in welchem zeitlichen Umfang und für welche Dauer angebracht ist.

Wechselbeziehung von Problem und Hilfe

So entschied das BVerwG, in einem Fall, in dem die Mutter eines Kindes eine Freiheitsstrafe zu verbüßen hatte, dass die gemeinsame Unterbringung von Mutter und Kind in einer Mutter-Kind-Einrichtung des Strafvollzuges als Hilfe zur Erziehung zu gewähren sei. Dem Urteil lag der Fall einer alleinerziehenden Mutter zugrunde, die zu einer viermonatigen Freiheitsstrafe verurteilt worden war. Vorgesehen war die Verbüßung der Haftstrafe in einer Justizvollzugsanstalt, die über eine

Mutter-Kind-Abteilung verfügte, in die sie ihren damals nur wenige Monate alten Sohn mitnehmen konnte. Da sie aus eigenen Mitteln die Unterbringungskosten für ihren Sohn nicht aufbringen konnte, beantragte sie zur Übernahme der Kosten Hilfe zur Erziehung bei dem zuständigen Jugendamt. Vor dem BVerwG hatte sie Erfolg. Das Gericht führte aus, zwar sei die Unterbringung in einer Mutter-Kind-Einrichtung des Strafvollzugs als Form der Hilfe zur Erziehung im Gesetz nicht genannt, jedoch seien neben den ausdrücklich im SGB VIII aufgeführten Hilfearten auch andere Hilfeformen möglich, sofern ein entsprechender erzieherischer Bedarf bestehe. Die besondere Situation während des Strafvollzugs in einer Justizvollzugsanstalt führe schon deshalb zu einem erzieherischen Bedarf im Sinne des § 27 SGB VIII, weil eine inhaftierte Mutter bei der Wahrnehmung ihrer elterlichen Sorge durch das Leben in der Vollzugsanstalt wesentlich eingeschränkt sei und die Vollzugsbedingungen in aller Regel nicht ohne Einfluss auf die Erziehungsbedingungen sein könnten. Im konkreten Fall sei die Gewährung von Hilfe zur Erziehung durch gemeinsame Unterbringung des Kindes mit seiner Mutter in der Justizvollzugsanstalt im Hinblick auf das Alter des Kindes und die Bedeutung der frühkindlichen Mutter-Kind-Bindungen sowohl geeignet als auch notwendig gewesen (BVerwG 12.12.2002 – 5 C 48.01 – FEVS 2003, 311 ff., vgl. dazu Tammen 2004, 43 ff.).

Andererseits besteht kein Anspruch auf Hilfe zur Erziehung, wenn die PSB zur **Selbsthilfe** willens und in der Lage sind oder wenn (unentgeltliche) Hilfe Dritter, etwa Verwandter, zur Verfügung steht. Das schließt allerdings Erziehungshilfen unter Einschluss von Verwandten nicht aus (vgl. § 27 Abs. 2a SGB VIII z. B. im Hinblick auf die Vollzeitpflege durch die Großeltern).

Das SGB VIII beschreibt in den §§ 27–35 SGB VIII in einer Art sozialpädagogischer Kurzprogrammatik einige in der Praxis bewährte idealtypische Hilfeformen. Diese Hilfearten sind grundsätzlich gleichwertig, auch wenn sich die Reihenfolge der Vorschriften an der pädagogischen Intensität der einzelnen Hilfearten orientiert. Deshalb bedarf es – auch zur Wahrung der Verhältnismäßigkeit (hierzu I-2.1.2.2) – eines differenzierten pädagogischen Vorgehens, um den vielfältigen Problemlagen der unterschiedlichen Adressatenkreise gerecht zu werden und ein bedarfsgerechtes Leistungsprogramm anzubieten. Es ist zunächst zu klären (**Abwägung:** pro und contra), ob eine sog. Fremdplatzierung, also die außerfamiliäre Unterbringung, des Minderjährigen erforderlich ist. Dies kann z. B. der Fall sein, wenn von der Familie und deren sozialen Umfeld erhebliche Gefährdungen ausgehen oder der Ablösungsprozess des heranwachsenden Minderjährigen von der Familie gefördert werden soll. Im Zweifel ist der ambulanten Hilfe der Vorzug zu geben, um das familiäre Lebensumfeld zu erhalten (Lebensweltorientierung).

Idealtypische Hilfeformen

Als eine der möglichen Hilfen ist die **Erziehungsberatung** benannt (§ 28 SGB VIII). Ebenfalls gesetzlich geregelt ist die sog. **soziale Gruppenarbeit** (§ 29 SGB VIII), die sich an ältere Kinder und Jugendliche richtet und helfen soll, deren soziale Kompetenzen zu entwickeln bzw. zu stärken. Benötigt ein Minderjähriger individuelle Unterstützung bei der Bewältigung von Entwicklungsproblemen, so kann ihm ein **Erziehungsbeistand** (§ 30 SGB VIII) zur Seite gestellt werden, der mit ihm etwa Probleme mit den Eltern oder in der Schule in pädagogischer Weise

ambulante Hilfen

bearbeitet. Mehr auf die gesamte Familie bezogen ist das Angebot der **sozialpäd-agogischen Familienhilfe** (§ 31 SGB VIII). Im Rahmen dieser Hilfe ist eine bestimmte Einzelperson für die Betreuung der Familie zuständig. Sie kommt mehrmals wöchentlich in die Wohnung und leistet dort auch praktische Hilfestellung, etwa wenn die Eltern mit der Versorgung der Kinder und des Haushalts überfordert sind.

stationäre Hilfen   Neben den ambulanten Hilfen, bei denen das Kind im Elternhaus bleibt, kommen bei besonders schwierigen Lebensverhältnissen innerhalb der Familie auch stationäre und teilstationäre Hilfen in Frage, bei denen der Minderjährige ganz oder zeitweise außerhalb des Elternhauses untergebracht wird. Es gibt zunächst die Möglichkeit einer **Tagesgruppe** (§ 32 SGB VIII), in der das Kind für einen Teil des Tages untergebracht ist und speziell betreut wird. Ist es nötig, dass der Minderjährige zumindest vorübergehend vollständig außerhalb seiner Familie untergebracht wird, so gibt es hierfür verschiedene Möglichkeiten. Es kann eine Pflegeperson bzw. eine Pflegefamilie gesucht werden, bei der der Minderjährige untergebracht wird (**Vollzeitpflege**, § 33 SGB VIII). Diese Form der Hilfe wird überwiegend für jüngere Kinder gewählt. In Frage kommt auch die Unterbringung in einem **Heim**, wobei es heute viele unterschiedliche Formen gibt, die teilweise familienähnliche Wohnstrukturen aufweisen. Gerade ältere Jugendliche und junge Volljährige können auch in Wohngemeinschaften oder Einzelwohnungen mit sozialpädagogischer Betreuung untergebracht werden (§ 34 SGB VIII). In „besonders schwierigen" Fällen ist auch eine spezielle **intensive sozialpädagogische Einzelbetreuung** möglich (§ 35 SGB VIII).

Freiwilligkeits-prinzip   Nach der Konstruktion des SGB VIII können die Hilfeleistungen von den PSB nur freiwillig in Anspruch genommen werden. Bei den Angeboten handelt es sich allerdings teilweise um solche, die von den Familien eher als Eingriff denn als Hilfe wahrgenommen werden. Vor allem eine Fremdunterbringung ihres Kindes nehmen viele Eltern nicht bereitwillig in Anspruch. Auch die sozialpädagogische Familienhilfe wird teilweise kritisiert, da sie durch ihre häufige Anwesenheit tiefe Einblicke in das Familienleben erhält und aus diesem Grund von manchen Eltern nicht gern gesehen ist. Hier ist sozialpädagogische Überzeugungsarbeit und Feingefühl der Fachkräfte des Jugendamts gefragt, damit die anvisierte Hilfe für das Kind akzeptiert wird. Lehnen die Eltern dennoch eine Hilfe ab, so muss das Ju-

Meldung an das Familiengericht bei Kindeswohl-gefährdung   gendamt prüfen, ob unter den gegebenen Umständen eine Gefahr für das Wohl des Kindes vorliegt, etwa im Sinne einer gesundheitlichen oder psychischen Gefährdung (§ 8a Abs. 3 SGB VIII). Ist eine solche Gefahr gegeben und sind die Eltern dennoch nicht zur Kooperation mit dem Jugendamt im Interesse des Kindes bereit, so hat das Jugendamt das Familiengericht zu informieren (das Jugendamt stellt insoweit – entgegen einer in der Praxis weit verbreiteten Formulierung – keinen Antrag!), das den Fall prüft und gegebenenfalls den Eltern das Sorgerecht ganz oder teilweise entzieht (vgl. §§ 1666 f. BGB). Es wird dann ein Vormund oder Pfleger für das Kind eingesetzt, der dann (freiwillig) darüber entscheiden kann, welche Hilfen für das Kind in Anspruch genommen werden. Damit ist rein formal das Freiwilligkeitsprinzip gewahrt, sind doch die Personenberechtigten Inhaber des Leistungsanspruchs. Darauf können sich freilich engagierte Sozialarbeiter nicht ausruhen. Erfolgreich sind vor allem Hilfen, die von den Beteiligten akzeptiert werden. Liegt keine Gefährdung des Minderjährigen vor, so können trotz eines erzieherischen Bedarfs gegen den Willen der sorgeberechtigten Eltern keine Hilfen realisiert werden. Dies gilt auch dann, wenn der Minderjährige die Hilfe selbst wünscht, z. B. ein Jugendlicher aufgrund ständiger familiärer Konflikte die elterliche Wohnung verlassen und in eine betreute Wohngemeinschaft ziehen möchte (ausführlich Tammen 2011c Rz. 9 f.).

Birtsch et al. 2001; Münder et al. 2009 §§ 27 ff.; Tammen 2011c; Trenczek 2000

3.3.4.2 Eingliederungshilfe für seelisch behinderte junge Menschen

In Anlehnung an die Hilfen zur Erziehung sind auch die Angebote der Eingliederungshilfe für seelisch behinderte Kinder und Jugendliche (§ 35a SGB VIII) ausgestaltet, allerdings mit einer stärkeren therapeutischen Ausrichtung.

Da die Träger der öffentlichen Jugendhilfe gleichzeitig auch **Rehabilitationsträger** im Sinne des SGB IX sind (§ 6 Abs. 1 Nr. 6 SGB IX; vgl. III-5.4), finden die Vorschriften des SGB IX Anwendung soweit das SGB VIII keine eigenständigen Regelungen enthält. Voraussetzung für den Anspruch auf eine Eingliederungshilfe ist eine seelische Behinderung oder das Drohen einer solchen Behinderung. Mit der Formulierung des § 35a Abs. 1 SGB VIII knüpft die Vorschrift an die Definition des **Begriffs der Behinderung** in § 2 Abs. 1 SGB IX an. Danach sind Menschen behindert, wenn ihre körperliche Funktion, geistige Fähigkeit oder seelische Gesundheit mit hoher Wahrscheinlichkeit länger als sechs Monate von dem für das Lebensalter typischen Zustand abweichen wird und daher ihre Teilhabe am Leben in der Gesellschaft beeinträchtigt ist.

Grundlage für die Beurteilung, ob gem. § 35a Abs. 1 S. 1 Nr. 1 SGB VIII eine **ICD 10** Abweichung von der seelischen Gesundheit vorliegt, ist die von der WHO erstellte Internationale Klassifikation psychischer Störungen – Kapitel V (F) der ICD-10. Die Abkürzung ICD steht für „International Statistical Classification of Diseases and Related Health Problems"; die Ziffer 10 bezeichnet deren 10. Revision. Die ICD 10 enthält in 21 Kapiteln und 1.182 Kategorien aufgelistete Diagnosen, die mit 3- bis 5-stelligen Schlüsselzahlen versehen sind. Die ICD 10 ermöglicht eine äußerst differenzierte Beschreibung von Krankheitsbildern. Sie wird regelmäßig auf der Grundlage des fachlichen Kenntnisstandes aktualisiert.

Das Gesetz benennt ausdrücklich den Personenkreis, der befähigt sein soll, eine Stellungnahme hinsichtlich der Abweichung der seelischen Gesundheit abzugeben. Dies sind die Fachärzte für Kinder- und Jugendpsychiatrie und -psychotherapie (Nr. 1), die approbierten Kinder- und Jugendlichenpsychotherapeuten (Nr. 2, wobei das Gesetz missverständlich von Kinder- und Jugendpsychotherapeuten spricht) und sonstige Ärzte bzw. approbierte psychologische Psychotherapeuten, die über besondere Expertise in dem Feld der psychischen Störungen von Kindern und Jugendlichen verfügen. Die Person, die die Stellungnahme abgegeben hat, soll gemäß § 36 Abs. 3 Satz 1 SGB VIII am Hilfeplanverfahren beteiligt werden. Zur Vermeidung von Interessenkollisionen soll der Arzt bzw. Psychotherapeut, der eine Stellungnahme nach Abs. 1a abgibt, in keiner Form an der Leistungserbringung beteiligt sein.

Für sonstige Formen der Behinderung ist nicht die Jugendhilfe, sondern in erster Linie die Sozialhilfe zuständig. Schwierigkeiten bereiten nicht nur die diagnostische Abgrenzung zwischen geistiger und seelischer Behinderung, sondern auch die damit verbundenen Zuständigkeitsfragen (vgl. Tammen 2011a Rz. 18 ff.), insb. die Abgrenzung zu Leistungen der Sozialhilfe (Eingliederungshilfe für geistig behinderte Menschen), der Krankenkassen (Leistungen bei Krankheit) und zum Bildungswesen (Hochbegabung oder schulische Teilleistungsstörungen wie z. B. Legasthenie). Darüber hinaus ist nicht zuletzt aufgrund Art. 2 und 23 UN-KRK die **integrative Förderung** behinderter Kinder seit langem auf der jugendpolitischen Agenda.

Tammen 2011a

3.3.4.3 Volljährigenhilfe

Ebenfalls in engem Zusammenhang zu den Hilfen zur Erziehung stehen die Hilfen für junge Volljährige (§ 41 SGB VIII), die verhindern sollen, dass junge Menschen mit den formalen Eintritt der Volljährigkeit automatisch aus dem System der Jugendhilfe herausfallen. Voraussetzung der Hilfe ist ein Bedarf des jungen Volljährigen an Hilfe zur Persönlichkeitsentwicklung und zur eigenverantwortlichen Lebensführung. Individuelle Situationen, in denen eine Hilfe für die jungen Menschen nach § 41 notwendig ist, lassen sich nur beschränkt pauschalierend beschreiben. Mangelnde Kompetenz zur Gestaltung einer eigenverantwortlichen Lebensführung kann sich sowohl aus individuellen Beeinträchtigungen als auch aus sozialen Benachteiligungen ergeben. Derartige Benachteiligungen liegen vor, wenn die altersgemäß übliche individuelle Entwicklung oder gesellschaftliche **Integration** unzureichend bzw. unterdurchschnittlich gelungen ist. Individuelle Beeinträchtigungen sind insb. bei psychischen, gesundheitlichen, körperlichen oder sonstigen Beeinträchtigungen individueller Art gegeben, so z. B. bei Abhängigkeiten, Behinderungen, häufiger bzw. schwerer Delinquenz, Freiheitsentzug, aber auch bei wirtschaftlicher Benachteiligung. Soziale Benachteiligungen sind z. B. gegeben bei fehlender oder unzureichender schulischer und beruflicher Ausbildung oder bei Menschen mit Problemen im Kontakt zur sozialen Umwelt (ausführlich Tammen – 2011b Rz. 7 ff.).

Von der Ausrichtung her zielen die hier in Frage kommenden Hilfen naturgemäß in erster Linie auf Verselbstständigung ab. Sie muss insoweit geeignet und notwendig sein. Das bedeutet aber nicht, dass zum Beginn der Hilfe deren Erfolg innerhalb eines bestimmten Zeitraumes (etwa bis zur Vollendung des 21. Lebensjahres) feststehen muss (vgl. Münder et al. 2009 § 41 Rz. 7). Im Rahmen einer sozialpädagogischen Betreuung kommt z. B. die Unterstützung bei der Wohnungssuche, bei der Suche nach einem Ausbildungs– oder Arbeitsplatz oder bei Behördenangelegenheiten in Frage.

Fortsetzungshilfe   Eine Hilfe für junge Volljährige kann nur vor Vollendung des 21. Lebensjahrs begonnen, dann aber darüber hinaus fortgesetzt werden (sog. Fortsetzungshilfe) und findet spätestens ihr Ende, wenn der Betroffene das 27. Lebensjahr vollendet. Vornehmlich aus Kostendämpfungsgründen wird immer wieder über die

Übersicht 40: Idealtypischer Ablauf des Hilfeplanverfahrens

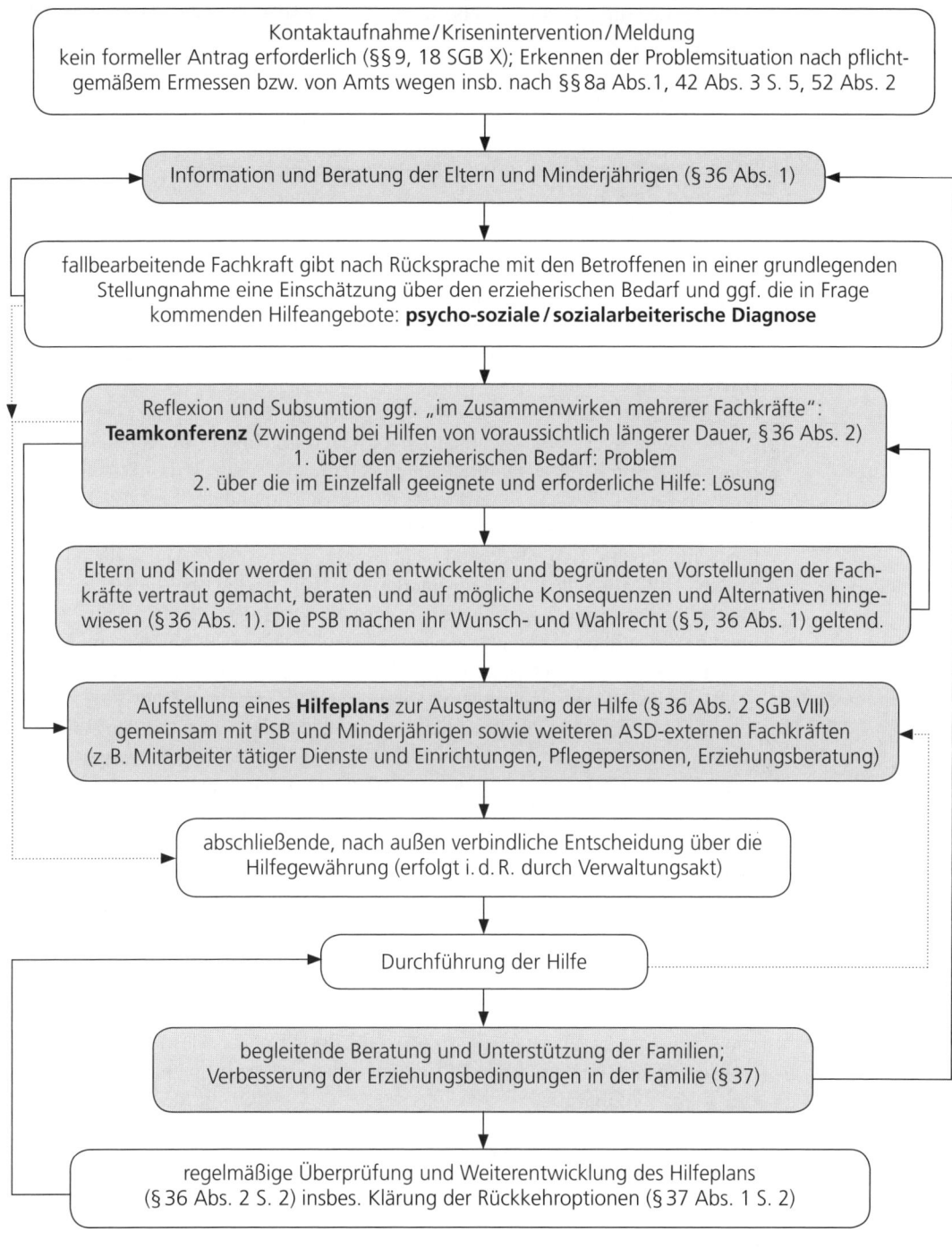

Kontaktaufnahme / Krisenintervention / Meldung
kein formeller Antrag erforderlich (§§ 9, 18 SGB X); Erkennen der Problemsituation nach pflichtgemäßem Ermessen bzw. von Amts wegen insb. nach §§ 8a Abs.1, 42 Abs. 3 S. 5, 52 Abs. 2

Information und Beratung der Eltern und Minderjährigen (§ 36 Abs. 1)

fallbearbeitende Fachkraft gibt nach Rücksprache mit den Betroffenen in einer grundlegenden
Stellungnahme eine Einschätzung über den erzieherischen Bedarf und ggf. die in Frage
kommenden Hilfeangebote: **psycho-soziale / sozialarbeiterische Diagnose**

Reflexion und Subsumtion ggf. „im Zusammenwirken mehrerer Fachkräfte":
Teamkonferenz (zwingend bei Hilfen von voraussichtlich längerer Dauer, § 36 Abs. 2)
1. über den erzieherischen Bedarf: Problem
2. über die im Einzelfall geeignete und erforderliche Hilfe: Lösung

Eltern und Kinder werden mit den entwickelten und begründeten Vorstellungen der Fachkräfte vertraut gemacht, beraten und auf mögliche Konsequenzen und Alternativen hingewiesen (§ 36 Abs. 1). Die PSB machen ihr Wunsch- und Wahlrecht (§ 5, 36 Abs. 1) geltend.

Aufstellung eines **Hilfeplans** zur Ausgestaltung der Hilfe (§ 36 Abs. 2 SGB VIII)
gemeinsam mit PSB und Minderjährigen sowie weiterer ASD-externen Fachkräften
(z. B. Mitarbeiter tätiger Dienste und Einrichtungen, Pflegepersonen, Erziehungsberatung)

abschließende, nach außen verbindliche Entscheidung über die
Hilfegewährung (erfolgt i. d. R. durch Verwaltungsakt)

Durchführung der Hilfe

begleitende Beratung und Unterstützung der Familien;
Verbesserung der Erziehungsbedingungen in der Familie (§ 37)

regelmäßige Überprüfung und Weiterentwicklung des Hilfeplans
(§ 36 Abs. 2 S. 2) insbes. Klärung der Rückkehroptionen (§ 37 Abs. 1 S. 2)

····▶ häufige, nicht korrekte Praxis

Reduzierung der Altersgrenze und die Voraussetzungen der Gewährung der Hilfe debattiert. Abgrenzungsfragen ergeben sich bei § 41 SGB VIII in erster Linie zu Leistungen der Sozialhilfe nach § 67 und § 53 SGB XII, insb. im Bereich der Straffälligenhilfe.

Tammen 2011b; Trenczek 2009a

3.3.4.4 Hilfeplanverfahren und Steuerungsverantwortung

Entscheidende Bedeutung für die Bestimmung der konkreten Hilfe im Einzelfall haben die Verfahrensvorschriften der §§ 36 – 37 SGB VIII. Von Bedeutung sind hier insb. die Berücksichtigung des Wunsch- und Wahlrechts, das Zusammenwirken zwischen mehreren Fachkräften und die gemeinsam mit den PSB und Minderjährigen vorzunehmende Aufstellung des Hilfeplans vor Bewilligung der Hilfe (zum idealtypischen Ablauf des Hilfeplanverfahrens vgl. Übersicht 40). Eine **Hilfeplanung** (Prüfung der Leistungsvoraussetzungen) ist – wie bei allen anderen Leistungen auch – stets erforderlich. Die sog. **Teamkonferenz** ist bei einer Entscheidung über voraussichtlich länger dauernde Hilfen (im Hinblick auf das Lebensalter von Kindern und Jugendlichen teilweise schon ab drei Monaten) verbindlich (§ 36 Abs. 2 S. 1 SGB VIII). Diese Bestimmungen sind Ausdruck der Ausrichtung der Leistungen des SGB VIII an den Leistungsberechtigten und Leistungsempfängern: Betroffene sind nicht Objekt, sondern Subjekt des Hilfeprozesses, und Hilfe zur Selbsthilfe kann nur dort gelingen, wo die Beteiligten soweit wie möglich in ihrer Subjektstellung ernst genommen werden. Bei längeren Hilfen ist regelmäßig zu überprüfen, ob die angestrebten Ziele erreicht wurden und ob sich die Hilfe als geeignet erweist. Erforderlichenfalls sind Änderungen vorzunehmen.

Steuerungsverant- **wortung** Die Bedeutung des Hilfeplanverfahrens hat der Gesetzgeber auch im Zusammenhang mit der sog. Selbstbeschaffung und der Kooperation mit den Gerichten hervorgehoben. Nach § 36a Abs. 1 SGB VIII trägt der öffentliche Träger der Jugendhilfe die Kosten der Hilfe grundsätzlich nur dann, wenn sie auf Grundlage einer fachgerechten Hilfeplanung durch die Fachkräfte des Jugendamtes erbracht wird (sog. Steuerungsverantwortung). Das gilt auch dann, wenn Eltern durch das Familiengericht oder Jugendliche und junge Volljährige durch den Jugendrichter **Selbstbeschaffung** zur Inanspruchnahme von Hilfen verpflichtet werden (s. III-3.4.2.2). Die **Kostenübernahme** bei einer sog. Selbstbeschaffung von Jugendhilfeleistungen durch die Eltern selbst z. B. unmittelbar bei freien Trägern vor Einschaltung des Jugendamtes ist – außerhalb der besonderen niederschwelligen Angebote insb. der Erziehungsberatung (vgl. § 36a Abs. 2 SGB VIII) – nur noch in seltenen Ausnahmesituationen (bei einem sog. Systemversagen; vgl. Münder et al. 2009 § 27 Rz. 44) möglich, eine Kostenübernahme erfolgt grundsätzlich nur aufgrund einer fachgerechten Hilfeplanung (§ 36a Abs. 2 SGB VIII).

Tammen 2011a; 2011b; 2011c; Trenczek 2000

3.4   Andere Aufgaben der Jugendhilfe

Die sog. „anderen Aufgaben" der Jugendhilfe sind sehr unterschiedlicher Art. Verbindender Aspekt ist, dass das Jugendamt im Rahmen dieser Vorschriften zur Sicherung des Wohls und zur Unterstützung der Minderjährigen **hoheitlich** tätig wird.

3.4.1   Schutzmaßnahmen für Minderjährige

3.4.1.1 Inobhutnahme (§ 42 SGB VIII)

Als unmittelbare Schutzmaßnahme für Kinder und Jugendliche hat das Jugendamt die Möglichkeit, Minderjährige in akuten, nicht anders abwendbaren Krisensituationen in Obhut zu nehmen (§ 42 SGB VIII; hierzu ausführlich Trenczek 2008a; AKI-IGfH 2009). Voraussetzung dafür ist, dass entweder der Minderjährige selbst darum bittet, in Obhut genommen zu werden (sog. „Selbstmelder"), oder dass er sich in einer dringenden Gefahr befindet. Ebenfalls in Obhut zu nehmen sind ausländische Minderjährige, die unbegleitet in die Bundesrepublik kommen (§ 42 Abs. 1 Nr. 3 SGB VIII; vgl. Münder et al. 2009 § 42 Rz. 15). Zwar ergeben sich aufgrund der parallelen Durchführung eines Asylverfahrens erhebliche Friktionen, wenn ein nach § 12 Abs. 1 AsylVfG handlungsfähiger zumindest 16-jähriger Minderjähriger einen Asylantrag stellt. Die Verpflichtung zur Schutzgewährung durch Inobhutnahme gegenüber minderjährigen Flüchtlingen und Migranten ergibt sich aber aus dem Haager Minderjährigenschutzabkommen (vgl. § 6 Abs. 4 SGB VIII) und Art. 19, 22 UN-KRK (zum Völkerrecht vgl. I-1.1.5.2). § 42 SGB VIII wird deshalb nicht durch die Regelungen des Asylrechts (AsylVfG, AsylbLG) verdrängt (vgl. auch BVerwG 24.06.1999 – 5 C 24.98 – ZfJ 2000, 33). Vielmehr müssen die Regelungen des AsylVfG aufgrund der Rücknahme der Vorbehaltserklärung bzgl. der **UN-KRK** im Juli 2010 (vgl. I-1.1.5.2) nunmehr zugunsten der Minderjährigen anders ausgelegt bzw. verändert werden. So stehen nach FamG Gießen (16.07.2010 – Az. 244 F 1159/09 VM) die Regelungen zur Handlungsfähigkeit Minderjähriger (§ 12 AsylVerfG, § 80 AufenthaltsG; hierzu III-7.3.2) im Widerspruch zur UN-KRK, weshalb zum Schutz der Minderjährigen die Verfahrensmündigkeit erst ab 18 statt bisher 16 Jahren (Art. 1 i. V. m. Art. 18, Art 22 KRK) zu begründen und auch für eine bereits 16-jährige Migrantin ein Ergänzungspfleger zu bestellen ist.

Meldet sich ein Kind oder ein Jugendlicher beim Jugendamt bzw. bei einem Kinder– und Jugendnotdienst mit der Bitte um Aufnahme, so hat das Jugendamt ihn **ohne jede Vorprüfung** der Situation in Obhut zu nehmen (hierzu Münder et al. 2009 § 42 Rz. 10 ff.). Gründe der Minderjährigen liegen oft in familiären Konflikten, z. B. in Fällen von Misshandlung und Missbrauch oder wenn Minderjährige gegen ihren Willen ins Ausland verbracht werden sollen. **Selbstmelder**

Eine Verpflichtung zur Inobhutnahme eines Minderjährigen besteht auch dann, wenn er sich in einer dringenden (Kindeswohl)Gefahr befindet. Dies kann z. B. sein, wenn das Kind oder der Jugendliche von der Polizei an einem gefährdenden **dringende Gefahr**
des Minderjährigen

Ort, etwa im Drogen– oder Prostitutionsmilieu, aufgegriffen worden ist, oder wenn der Minderjährige selbstgefährdendes Verhalten zeigt (hierzu Münder et al. 2009 § 42 Rz. 12 ff.).

Durchführung der Inobhutnahme

Die Aufgaben und Befugnisse des Jugendamts im Rahmen der Inobhutnahme sind an verschiedenen Stellen der Vorschrift geregelt, ohne dass es einen Unterschied macht, aus welchem Grund die Inobhutnahme erfolgt. Die Übersicht 41 ermöglicht einen Überblick über den chronologischen Ablauf und das Verfahren der Inobhutnahme.

Die Entscheidung, einen Minderjährigen in Obhut zu nehmen, ist ein **Verwaltungsakt** (§ 31 Satz 1 SGB X; vgl. III-1.3.1). Zwar können anerkannte Träger der freien Jugendhilfe bei der Durchführung der Inobhutnahme nach §§ 3 Abs. 3 Satz 2, 76 Abs. 1 SGB VIII beteiligt oder diese Aufgabe zur Ausführung übertragen werden. Die hoheitliche Befugnis, durch Verwaltungsakt zu entscheiden, ob eine Inobhutnahme erfolgt, ist insoweit nicht übertragbar. Damit ist eine Inobhutnahme ohne oder erst aufgrund der nachträglichen Einschaltung des Jugendamts unzulässig. Dies gilt auch dann, wenn Selbstmelder bei Einrichtungen der freien Jugendhilfe um Inobhutnahme bitten. Schon deshalb muss im Jugendamt eine **24-stündige Rufbereitschaft** gesichert sein.

Herausnahme

Das Jugendamt ist bei mangelnden Handlungsalternativen berechtigt, den Minderjährigen zum Zweck der Inobhutnahme auch von seinen Eltern oder sonstigen Personen (z. B. Pflegepersonen) weg- und aus der Familie herauszunehmen (zu den Befugnissen des Jugendamtes im Einzelnen vgl. Trenczek 2008b, 209 ff.). Ist dabei unmittelbarer Zwang erforderlich (z. B. Aufbrechen der Tür), so ist die Polizei als zuständige Stelle hinzuzuziehen (§ 42 Abs. 6 SGB VIII).

Im Rahmen der Inobhutnahme ist der Minderjährige zunächst in geeigneter Art und Weise unterzubringen. Dafür kommen z. B. Kinder- und Jugendschutzstellen, Bereitschaftspflegestellen oder Mädchenhäuser in Frage (zur Art und Weise der Unterbringung vgl. Trenczek 2008b, 212 ff.).

Wesensinhalt der Inobhutnahme ist aber nicht die bloße Unterbringung, sondern die **sozialpädagogisch betreute Schutzgewährung** für Kinder und Jugendliche. Während der Inobhutnahme ist eine sozialpädagogische Betreuung des Minderjährigen zur Klärung der bestehenden Konfliktlage erforderlich, ihnen ist zunächst unverzüglich (i. d. R. sofort) Gelegenheit zu geben, eine Vertrauensperson zu benachrichtigen (§ 42 Abs. 2 S. 2 SGB VIII). Die Eltern sind unverzüglich (= nicht zwingend sofort) darüber zu informieren, dass ihr Kind in Obhut genommen worden ist (§ 42 Abs. 3 S. 1 SGB VIII; zur Auslegung vgl. I-3.3.2). Wenn zu befürchten ist, dass die Angabe des Ortes, an dem sich das Kind aufhält, die Problemlage noch verschärfen würde, kann diese spezielle Information zunächst unterbleiben. Im Zuge der Kontaktaufnahme mit den Eltern ist zu versuchen, zu einer gemeinsamen Lösung zu kommen. Vielfach können sie dazu bewegt werden, ihr Einverständnis über den Verbleib ihres Kindes in der Schutzstelle zu erklären. Dann kann dort in Ruhe unter Einbeziehung der Eltern an einer Lösung des Konflikts gearbeitet werden. Es könnte z. B. die Initiierung einer Hilfe zur Erziehung

Widerspruch

in Frage kommen. Verlangen die Eltern dagegen die sofortige Rückkehr ihres Kindes (Widerspruch i. S. d. § 42 Abs. 2 S. 2 SGB VIII), so hat das Jugendamt auf der Grundlage der ihm vorliegenden Informationen zu prüfen, ob das Wohl des

Übersicht 41: Chronologischer Ablauf und Verfahren der Inobhutnahme § 42 SGB VIII

24-Stunden-Bereitschaftsdienst des JA (Information der Mitarbeiter ggf. über Polizei oder Rettungsleitstelle) ausgebautes System zielgruppenspezifischer Jugendschutz- und Bereitschaftspflegestellen

---

Anlass der Inobhutnahme (Abs. 1 Nr. 1–3)
- Selbstmelder
- dringende Gefahr für das Wohl des Kindes
- unbegleiteter minderjähriger Ausländer

nur im Fall Nr. 2: vor Entscheidung erste Risikoabschätzung insbesondere mit den Eltern; Vorliegen einer Gefährdungssituation, deren Abwendung keinen Aufschub duldet (PSB widersprechen nicht oder Entscheidung des FamG kann nicht abgewartet werden)

- Zugang über Jugendschutzstelle eines freien Trägers: **sofortige** Information des JA!
- **Entscheidung** durch das JA, dass Mj. in Obhut genommen wird (VA, nicht an freie Träger delegierbar) = **Beginn** der Inobhutnahme
- ggf. Heraus- und **Wegnahme** aus der das Kindeswohl gefährdenden Situation (Abs. 1 S. 2 a. E.)
- unter **Zwang** (grds. nur) mit polizeilicher Hilfe (Abs. 6)
- **Schutzgewährung** (Sicherstellung von Kindeswohls, Unterhalt und Krankenhilfe, Abs. 2 S. 3)
- ggf. sofortige **ärztliche Versorgung**!
- **Unterbringung** bei einer geeigneten Person oder Einrichtung und **Betreuung** (Abs. 1 S. 2, Abs. 2)
- **Situationsklärung** und Risikoabschätzung mit dem Kind bzw. Jugendlichen (Abs. 2 S. 1) und
- unverzüglich (sofort) dem Mj. Gelegenheit geben, eine **Vertrauensperson** zu informieren (Abs. 2 S. 1)
- bei mj. **unbegleiteten Migranten**: unverzügliche Bestellung eines Vormunds/Pflegers (Abs. 3 S. 3)
- (unverzügliche) **Unterrichtung der Personensorgeberechtigten** (bzw. EB) und gemeinsame Risikoabschätzung (Abs. 3 S. 1):

Zustimmung	Widerspruch	Scheitern der Kontakt-aufnahme
- vorläufige Fortführung der Inobhutnahme - Einstieg in die **Hilfeplanung** (Abs. 3 S. 5)	- wenn keine Kindeswohlgefährdung: Beendigung der Inobhutnahme durch **Übergabe** des Mj. an die Eltern (Abs. 3 S. 2 Nr. 1) - bei Vorliegen einer Kindeswohlgefährdung unverzüglich (hier: sofortige) Herbeiführung einer Entscheidung des **FamG** (Abs. 3 S. 2 Nr. 2) - vorläufige Fortführung der Inobhutnahme bis zur Entscheidung des FamG, in der Zwischenzeit **Hilfeplanung** (§ 36)	- unverzüglich (hier: sofortige) Herbeiführung einer Entscheidung des **FamG** (Abs. 3 S. 3) - vorläufige Fortführung der Inobhutnahme bis zur Entscheidung des FamG oder Beendigung der Kindeswohlgefährdung

Beendigung der Inobhutnahme durch Übergabe des Mj. an die Eltern oder Überleitung in eine andere Hilfeform (Abs. 4).
Beachte: *Vor* **freiheitsentziehenden Maßnahmen** ist die Genehmigung des FamG einholen (Art. 104 Abs. 2 S. 1 GG), ausnahmsweise **sofort** nach Beginn. Ohne richterliche Entscheidung ist der Freiheitsentzug spätestens am Ende des nächsten Tages zu beenden (Abs. 5 S. 2).

Kindes durch die Rückkehr zu den Eltern – etwa bei besonders gravierenden Konflikten, Misshandlung, sexuellem Missbrauch usw. – in Gefahr wäre. Ist dies der Fall, so ist das Familiengericht (Sonderrechtswegzuweisung i. S. d. § 62 SGB X nach § 42 Abs. 3 Satz 2 Nr. 2 SGB VIII; hierzu Trenczek/Meysen 2010, 543 ff.) unverzüglich (hier = sofort) anzurufen, das den Fall prüft, über den Verbleib des Kindes entscheidet und unter Umständen den Eltern das Sorgerecht ganz oder teilweise entzieht. Im anderen Fall muss das Kind seinen Eltern herausgegeben werden, das Jugendamt hat insoweit kein Ermessen (vgl. Münder et al. 2009 § 42 Rz. 36 ff.).

Während der Inobhutnahme übt das Jugendamt wesentliche Teilbereiche der Personensorge (Beaufsichtigung und Aufenthaltsbestimmung) aus, inklusive der rechtsgeschäftlichen Vertretung (§ 42 Abs. 2 S. 4 SGB VIII), z. B. im Hinblick auf den Abschluss von Behandlungsverträgen bei ärztlichen Untersuchungen.

Freiheitsentzug Eine Inobhutnahme ist eine schutzgewährende Krisenintervention zugunsten des Kindes/Jugendlichen und hat grds. nichts mit Zwang, Einsperren o. Ä. zu tun. Kann eine **akute Gefahr für Leib oder Leben** des Minderjährigen oder sonstiger Personen nicht auf andere Weise abgewendet werden, darf der Minderjährige im Rahmen der Inobhutnahme nur ausnahmsweise und vorübergehend freiheitsentziehend untergebracht werden. Dies wäre etwa denkbar bei Suizidgefahr oder wenn von dem Minderjährigen eine ernsthafte Bedrohung für Leib und Leben einer anderen Person ausgeht, nicht aber aufgrund der (wiederholten) Begehung von sonstigen Straftaten. Die freiheitsentziehende Maßnahme im Rahmen einer Inobhutnahme hat nichts zu tun mit einer – nach dem SGB VIII – nicht vorgesehenen sog. **geschlossenen Unterbringung** (s. IV-4.3.1; ausführlich dazu Trenczek 2008b, 242 ff.; Hoffmann/Trenczek 2011, 177 ff.).

Dauer und Ende der § 42 Abs. 4 SGB VIII sieht bislang zwei Beendigungsformen – Übergabe an die
Inobhutnahme PSB/EB oder Überleitung in eine andere Hilfeform – vor. Die Dauer der Inobhutnahme ist im Gesetz nicht geregelt, sie muss sich grundsätzlich auf **kurzfristige, vorläufige Interventionen** beschränken. Krisenintervention muss auf die konkrete Konflikt- und Notlage im Einzelfall gerichtet sein und verträgt keine pauschale Begrenzung auf einen bestimmten Zeitraum. Sie darf und muss erst beendet werden, wenn die (Hilfe auslösenden und damit gleichzeitig normativen) Voraussetzungen der Inobhutnahme nicht mehr vorliegen. Die Inobhutnahme ist vielmehr als Einstieg in die Hilfeplanung zu nutzen (§ 42 Abs. 2 Satz 1, Abs. 3 Satz 4 SGB VIII). Da im Hinblick auf die zweite Alternative (Überleitung in andere Hilfeformen) der bisherige Wortlaut zu Missverständnissen führte (hierzu Trenczek 2008b, 237 f.), sollte Abs. 4 durch das BKiSchG geändert werden. Allerdings sind die Einzelheiten der Regelung noch umstritten (vgl. Trenczek 2011a, 83 ff.).

 Trenczek 2008b

3.4.1.2 Schutz von Minderjährigen in Einrichtungen (§§ 43 – 49 SGB VIII)

Weitere Schutzmaßnahmen werden durch die Jugendhilfe in Bezug auf die Sicherstellung des Wohls der Minderjährigen in Pflegefamilien und Heimen ausge-
Pflegeerlaubnis führt: Um zu gewährleisten, dass Kinder und Jugendliche, die in Pflegever-

hältnissen leben, nur bei geeigneten Personen untergebracht sind, benötigen Tagespflegepersonen und Pflegepersonen, bei denen ein Minderjähriger für längere Zeit lebt und die nicht im Rahmen von Hilfe zur Erziehung vom Jugendamt selbst ausgewählt worden sind, eine Pflegeerlaubnis (§§ 43, 44 SGB VIII). Die Erlaubnis ist bei dem örtlichen Jugendamt zu beantragen (vgl. § 85 Abs. 1 SGB VIII i.V. m. den landesrechtlichen Regelungen). Bestehen Hinweise auf Probleme, so wird die Pflegestelle auch nach Erteilung der Genehmigung durch das Jugendamt überprüft.

Eine parallele Regelung besteht für Einrichtungen, wie z.B. Heime, in denen Minderjährige untergebracht sind (§ 45 SGB VIII). Der Betreiber der Einrichtung **Betriebserlaubnis** hat unter Angaben über die Räumlichkeiten, das pädagogische Konzept, die Mitarbeiter usw. eine Erlaubnis zu beantragen. Erscheint das Wohl der Minderjährigen als gesichert, so wird die Betriebserlaubnis erteilt. Auch hier finden bei Hinweisen auf Mängel Überprüfungen der Einrichtung durch die Heimaufsicht der Jugendämter statt, die in den Zuständigkeitsbereich des überörtlichen Trägers fällt (§ 85 Abs. 2 Nr. 6 SGB VIII).

Die in §§ 43 – 49 SGB VIII geregelten Aufgaben haben sich aus der früheren Heim- und Pflegekinderaufsicht entwickelt. Heute sind diese vorwiegend präventiv und auf Beratung und Unterstützung der Fachkräfte und Einrichtungen ausgelegt. Es bleiben allerdings zum Schutz der Minderjährigen Kontrollfunktionen, die im schlimmsten Fall zu einem Entzug der Erlaubnisse (vgl. § 45 Abs. 2 S. 5 SGB VIII) und einer Tätigkeitsuntersagung (§ 48 SGB VIII) führen können.

3.4.2   Mitwirkung in gerichtlichen Verfahren (§§ 50 – 52 SGB VIII)

In den §§ 50 – 52 regelt das SGB VIII die Aufgaben des Jugendamts, die es aus Anlass gerichtlicher Verfahren vor den Familien- und Jugendgerichten wahrzunehmen hat, um junge Menschen in diesen Verfahren zu begleiten und die spezielle jugendhilfespezifische Kompetenz der Jugendämter einfließen zu lassen (ausführlich Münder/Trenczek 2011, 146 ff.; Trenczek 2011b). Hierbei handelt es sich ungeachtet der Spezifika der justiznahen Arbeitsfelder nicht um eine vom Gericht abgeleitete, sondern um eine originäre Aufgabenstellung des Jugendamts. Während es sich bei den Aufgaben nach §§ 50 und 52 SGB VIII um eine Art sachverständige Mitwirkung im gerichtlichen Verfahren handelt, betrifft § 51 nur einen Teil des Adoptionsverfahrens und zwar das Verfahren zur Ersetzung der Einwilligung eines Elternteils zur Adoption (hierzu ausführlich Münder et al. 2008 § 51). Die Adoptionsvermittlung ist im AdVermiG geregelt (vgl. II-2.4.7).

Die Tätigkeit der Jugendhilfe steht auch bei ihrer Mitwirkung in gerichtlichen Verfahren unter dem Primat der **sozialpädagogischen**, jugendrechtlich geschützten **Handlungsstandards** (s. o. III-3.2; hierzu ausführlich Münder et al. 2009 Vor § 50 Rz. 1 ff.). Vorrangig sind deshalb helfende, unterstützende, auf (Wieder)Herstellung eines verantwortungsgerechten Verhaltes sowie die (Re-)Organisation sozialer Beziehungen gerichtete **einvernehmliche Konfliktregelungen** (zur Mediation vgl. I-6.3). Auch im (familien- und jugend-)gerichtlichen Verfahren haben informelle Lösungswege Vorrang.

Das Jugendamt unterliegt keinen gerichtlichen Weisungen, weder im Hinblick auf die Art und Weise der Aufgabenwahrnehmung (im Hinblick auf konkrete Mitwirkungshandlungen, z. B. bestimmte Ermittlungen durchzuführen, Entscheidungsvorschläge zu machen) noch im Hinblick auf ein persönliches Erscheinen der Mitarbeiter des Jugendamts. Während sich die Aufgaben und Befugnisse des Jugendamts aus dem Sozialrecht ergeben (insb. SGB I, VIII und X; das betrifft selbstverständlich auch den Sozialdatenschutz, s. III-3.5.2), bestimmt sich seine **prozessrechtliche Stellung** im Gerichtsverfahren aus den jeweiligen Verfahrensnormen des FamFG und der ZPO bzw. des JGG und der StPO (Münder et al. 2009 § 50 Anhang Rz. 10 ff., § 52 Rz 10 ff.).

3.4.2.1 Mitwirkung in Verfahren vor den Familiengerichten (§ 50 SGB VIII)

Das Jugendamt übernimmt im Hinblick auf das familiengerichtliche Verfahren verschiedene Aufgaben und Funktionen (Mitwirkung, Leistungserbringer, Beistand, Pfleger und Vormund), die mitunter in Konflikt geraten können (hierzu Münder / Trenczek 2011, 150 f.). § 50 SGB VIII regelt aus der Sicht der öffentlichen Jugendhilfe die oftmals unzureichend als „Familiengerichtshilfe" bezeichnete Mitwirkung im gerichtlichen Verfahren mit Fokus auf die **interdisziplinäre und Institutionen übergreifende Zusammenarbeit** von Jugendamt und FamG. § 50 SGB VIII ergänzt insoweit die parallelen Beratungs- und Leistungsverpflichtungen gegenüber den Familien (z. B. §§ 8, 17, 18, 28 SGB VIII). In diesen Verfahren wird z. B. über das Sorgerecht und über Fragen des Umgangs mit dem Kind entschieden, oder es handelt sich um Verfahren im Zusammenhang mit der Adoption eines Minderjährigen. Die Unterstützung des Gerichts bezieht sich auf alle Maßnahmen des Gerichts, die die Sorge für das Kind oder den Jugendlichen betreffen und im Interesse des **Kindeswohls** getroffen werden können (§ 1697a BGB).

Mit der Reform des familienrechtlichen Verfahrens (FGG-RG / FamFG) wurden zum 01.09.2009 alle Kinder und Jugendliche betreffenden Aufgaben dem Familiengericht übertragen und das familiengerichtliche Verfahren grundsätzlich neu geregelt (s. II-2.4; vgl. Trenczek 2009c, 97 ff.). In diesem Zusammenhang wurde § 50 SGB VIII neu gefasst. § 50 Abs. 1 Satz 2 SGB VIII listet die Gegenstände der Verfahren vor den Familiengerichten (nicht abschließend) auf, in denen die Mitwirkung des Jugendamtes besonders wichtig ist, namentlich die

- Kindschaftssachen (§ 162 FamFG),
- Abstammungssachen (§ 176 FamFG),
- Adoptionssachen (§ 188 Abs. 2, §§ 189, 194, 195 FamFG),
- Ehewohnungssachen (§ 204 Abs. 2, § 205 FamFG) und die
- Gewaltschutzsachen (§§ 212, 213 FamFG).

Das Jugendamt unterrichtet dabei über Leistungen, die den Betroffenen angeboten oder bereits erbracht wurden, es bringt erzieherische und soziale Gesichtspunkte zur Entwicklung des Kindes oder des Jugendlichen ein und weist auf weitere Möglichkeiten der Hilfe hin (§ 50 Abs. 2 SGB VIII). § 50 SGB VIII legt aber im Hinblick auf die Unterstützung und die Mitwirkung weder in Abs. 1 noch in

Familiengerichts-
hilfe

Abs. 2 die Art und Weise der Unterstützung (in welcher Form und in welchem Umfang) fest, sondern überlässt es dem Jugendamt nach fachlichen Standards zu entscheiden, wie es seine Mitwirkungspflicht erfüllt. Die umstrittene Frage, ob das Jugendamt Stellungnahmen (hierzu Oberloskamp et al. 2009) abzugeben und insb. einen Entscheidungsvorschlag zu unterbreiten hat, lässt sich nicht allgemein und kategorisch klären. Vielmehr ist stets eine Abwägung im konkreten Einzelfall erforderlich, welche Vorgehensweise dem Kindeswohl und dem Handlungsauftrag des Jugendamts am besten gerecht wird. Entsprechendes gilt für die Frage, ob sich das Jugendamt im Verfahren formell als sog. „echter" **Verfahrensbeteiligter** einbringt (hierzu II-2.4.6.3). Ob förmliche oder (wie früher) sonstige Verfahrensbeteiligung – die hervorgehobene Stellung des Jugendamtes im gerichtlichen Verfahren erfordert eine erweiterte Qualifizierung der Fachkräfte sowie die Anpassung der bestehenden Organisationsstrukturen und Arbeitsabläufe an die neuen FamFG-Bestimmungen.

Münder/Trenczek 2011, 150 ff.; Trenczek 2011b

3.4.2.2 Mitwirkung in Verfahren nach dem Jugendgerichtsgesetz (§ 52 SGB VIII)

Das Jugendamt hat auch in Strafverfahren nach dem Jugendgerichtsgesetz mitzuwirken (§ 52 SGB VIII i. V. m. §§ 38, 50 JGG; vgl. III-8.6.2). Dies sind Verfahren, in denen gegen Jugendliche oder junge Heranwachsende wegen der Begehung von Straftaten ein Ermittlungsverfahren eingeleitet wurde. Die soziale Kontrolle von jungen Menschen ist durch ihren **doppelten rechtlichen Bezugsrahmen** gekennzeichnet, einerseits dem Jugend*hilfe*recht und andererseits dem Jugend*straf*recht (siehe Übersicht 42). In der Praxis wird allerdings die Regelungsrelevanz des SGB VIII häufig nicht ausreichend beachtet.

Im strafrechtlichen Verfahren wird die Funktion des Jugendamtes als Jugendgerichtshilfe (JGH) bezeichnet (§ 38 JGG). Rechtsgrundlage für das Handeln des Jugendamtes ist allerdings § 52 SGB VIII, womit betont wird, dass die JGH-Aufgabe in den Verantwortungsbereich des kommunalen Jugendhilfeträgers eingebunden ist. §§ 38, 50 JGG, auf den § 52 Abs. 1 SGB VIII verweist, konkretisieren die verfahrensrechtliche Stellung des Jugendamts im Strafverfahren sowie die neben dem leistungsbezogenen Auftrag obliegenden spezifischen Aufgaben im Strafverfahren. Ziel der JGH ist es aber auch hier (vgl. § 38 Abs. 2 S. 2 JGG *„zu diesem Zweck"*), die sozialpädagogischen („erzieherischen") Gesichtspunkte auch im Rahmen eines Strafverfahrens zur Geltung zu bringen und die **soziale Integration** des jungen Menschen zu fördern (Zweckbindungsprinzip). **Jugendgerichtshilfe**

An erster Stelle steht die Soziale Arbeit v. a. mit den nicht nur jugendtypisch und vorübergehend, sondern mehrfach auffälligen jungen Menschen. Aufgabe des Jugendamtes ist es dabei zunächst, möglichst **frühzeitig** (also noch *vor* Anklageerhebung) in der Interaktion mit dem jungen Menschen und seiner Familie zu prüfen, ob Jugendhilfeleistungen in Betracht kommen und diese ggf. zu initiieren (§ 52 Abs. 2 SGB VIII), damit das Ermittlungsverfahren möglichst informell ohne Anklage beendet werden kann (Diversion; hierzu III-8.5.2). Hierzu gehört zunächst **Diversion**

Übersicht 42: Zweispurigkeit der öffentlichen Sozialkontrolle gegenüber Jugendlichen

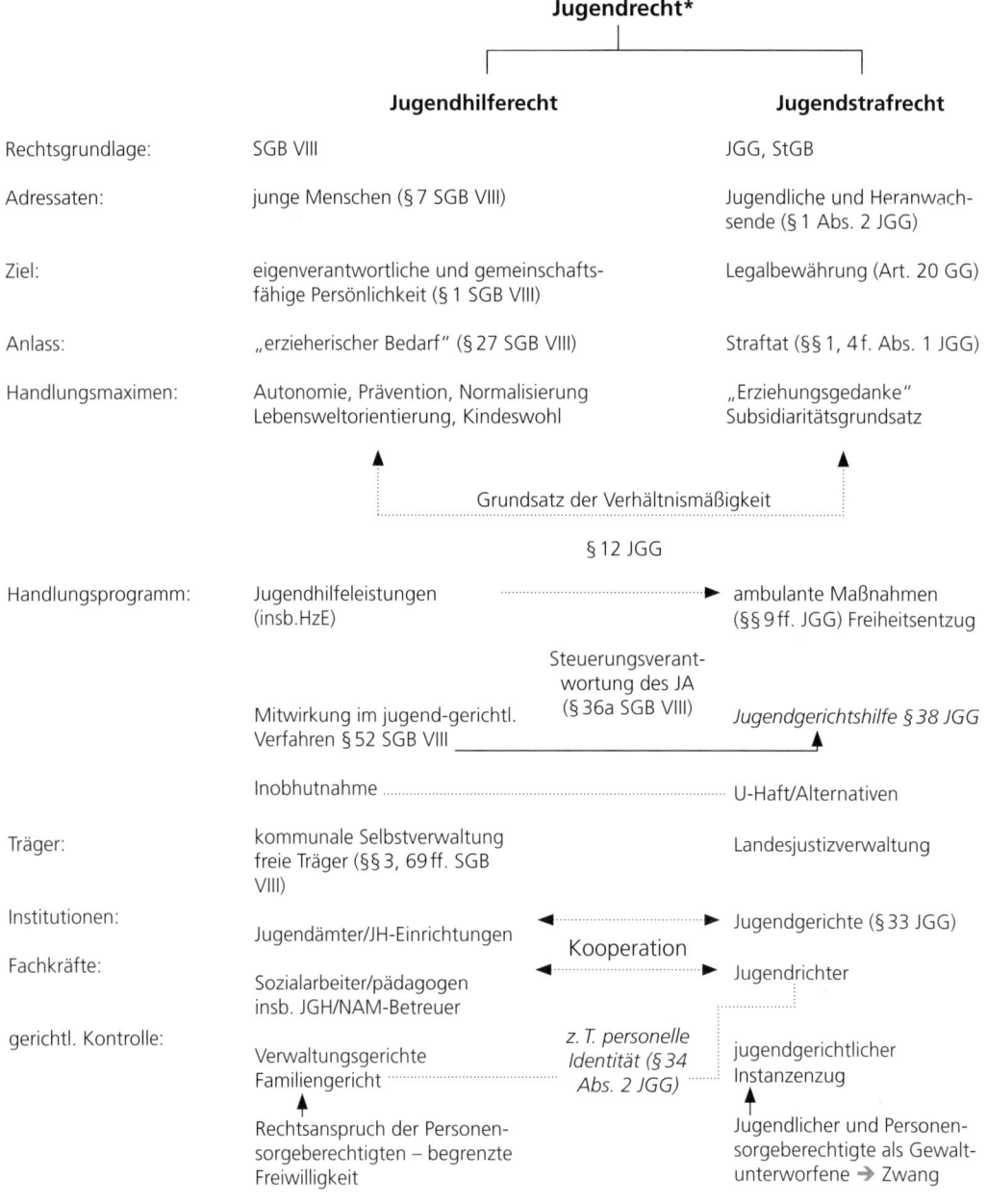

<table>
<tr><td></td><td colspan="2" align="center">Jugendrecht*</td></tr>
<tr><td></td><td align="center">Jugendhilferecht</td><td align="center">Jugendstrafrecht</td></tr>
<tr><td>Rechtsgrundlage:</td><td>SGB VIII</td><td>JGG, StGB</td></tr>
<tr><td>Adressaten:</td><td>junge Menschen (§ 7 SGB VIII)</td><td>Jugendliche und Heranwachsende (§ 1 Abs. 2 JGG)</td></tr>
<tr><td>Ziel:</td><td>eigenverantwortliche und gemeinschaftsfähige Persönlichkeit (§ 1 SGB VIII)</td><td>Legalbewährung (Art. 20 GG)</td></tr>
<tr><td>Anlass:</td><td>„erzieherischer Bedarf" (§ 27 SGB VIII)</td><td>Straftat (§§ 1, 4 f. Abs. 1 JGG)</td></tr>
<tr><td>Handlungsmaximen:</td><td>Autonomie, Prävention, Normalisierung Lebensweltorientierung, Kindeswohl</td><td>„Erziehungsgedanke" Subsidiaritätsgrundsatz</td></tr>
</table>

Grundsatz der Verhältnismäßigkeit

§ 12 JGG

<table>
<tr><td>Handlungsprogramm:</td><td>Jugendhilfeleistungen (insb. HzE)</td><td>ambulante Maßnahmen (§§ 9 ff. JGG) Freiheitsentzug</td></tr>
<tr><td></td><td>Mitwirkung im jugend-gerichtl. Verfahren § 52 SGB VIII</td><td>Steuerungsverantwortung des JA (§ 36a SGB VIII) *Jugendgerichtshilfe § 38 JGG*</td></tr>
<tr><td></td><td>Inobhutnahme</td><td>U-Haft/Alternativen</td></tr>
<tr><td>Träger:</td><td>kommunale Selbstverwaltung freie Träger (§§ 3, 69 ff. SGB VIII)</td><td>Landesjustizverwaltung</td></tr>
<tr><td>Institutionen:</td><td>Jugendämter/JH-Einrichtungen</td><td>Jugendgerichte (§ 33 JGG)</td></tr>
<tr><td>Fachkräfte:</td><td>Sozialarbeiter/pädagogen insb. JGH/NAM-Betreuer</td><td>Kooperation Jugendrichter</td></tr>
<tr><td>gerichtl. Kontrolle:</td><td>Verwaltungsgerichte Familiengericht Rechtsanspruch der Personensorgeberechtigten – begrenzte Freiwilligkeit</td><td>*z. T. personelle Identität (§ 34 Abs. 2 JGG)* jugendgerichtlicher Instanzenzug Jugendlicher und Personensorgeberechtigte als Gewaltunterworfene → Zwang</td></tr>
</table>

---

* Zur Sozialkontrolle von jungen Menschen und dem Jugendrecht gehört als drittes Feld noch das (hier vernachlässigte) Jugendschutzrecht.

und vor allem die Unterstützung bei einvernehmlichen Konfliktlösungen (Wiedergutmachung, sog. Täter-Opfer-Ausgleich).

Neben der Förderung der Diversion hat das Jugendamt den Jugendlichen während des gesamten Verfahrens (vom Beginn eines Ermittlungsverfahrens bis zur Vollstreckung einer gegebenenfalls verhängten Sanktion) zu betreuen (§ 52 Abs. 3 SGB VIII). Diese Betreuung muss entsprechend den Grundmaximen des Jugendhilferechts sozialpädagogisch und sozialanwaltlich zugunsten des Jugendlichen erfolgen. Die JGH hat die Aufgabe, Krisen zu managen, Hilfestellungen, insb. zur Entwicklung von Handlungskompetenzen, zu leisten, Lebenslagen zu verbessern, zu beraten und Wege (Handlungsalternativen) aufzuzeigen. Gefragt ist mit der sozialarbeiterischen/-pädagogischen Fachkompetenz bewusst eine andere als die strafrechtlich orientierte Perspektive. Sowohl im Ermittlungsverfahren wie auch nach Anklage vor dem Gericht soll die JGH die **sozialpädagogischen Aspekte** zur Geltung bringen (§ 52 Abs. 1 SGB VIII i. V. m. § 38 JGG) und z. B. aufzeigen, wie die Persönlichkeitsentwicklung des jungen Menschen durch Angebote der Jugendhilfe positiv beeinflusst werden könnte, um strafrechtliche, insb. freiheitsentziehende Sanktionen möglichst zu vermeiden.

Betreuungsaufgaben

Zusammenfassend können die Aufgaben der Jugendhilfe im Rahmen der JGH wie folgt beschrieben werden (hierzu Trenczek 2009d, e und f): Sie hat

- dem Jugendlichen oder Heranwachsenden mögliche sozialpädagogische Angebote und Leistungen z. B. – aber nicht nur – in Form der sog. Neuen Ambulanten Maßnahmen (spezifische Erziehungshilfen nach §§ 27 ff. SGB VIII bzw. Hilfen für junge Volljährige nach § 41 SGB VIII; vgl. III-8.5.3) auch unabhängig vom Strafverfahren aufzuzeigen, diese zu initiieren, gegebenenfalls zu vermitteln und durchzuführen;
- zur Förderung der Diversion ambulante Leistungen und Hilfen, besonders einen Ausgleich mit dem Geschädigten anzubieten oder zu vermitteln und durchzuführen;
- den Jugendlichen oder Heranwachsenden auf die Verhandlung vorzubereiten und über den Gang und die möglichen Folgen des Verfahrens aufzuklären;
- ihn während des gesamten Verfahrens zu betreuen (insb. in der Hauptverhandlung anwesend zu sein) und bei der Wiedereingliederung zu unterstützen;
- vorläufige Entscheidungen besonders zum Zwecke der Haftvermeidung bzw. -verschonung und die Einstellung eines Verfahrens anzuregen;
- Eltern und Bezugspersonen im Bedarfsfall in die Erörterung möglicher Hilfen und Angebote einzubeziehen und diese Personen entsprechend zu beraten;
- im Hinblick auf eine verstehende Untersuchung von Biografie und Lebenslage sowie zur Vorbereitung jugendhilferechtlicher Interventionen psychosoziale Daten zu erheben und entsprechend sozialpädagogische Standards zu bewerten (sog. „Erforschung der Persönlichkeit" § 38 Abs. 1 JGG)
- Staatsanwaltschaft und Gericht zu unterstützen, indem sie ggf. durch fachliche Stellungnahmen die persönlichen, familiären und sozialen Gegebenheiten des Jugendlichen oder Heranwachsenden unter besonderer Berücksichtigung der aktuellen Lebenssituation darstellt und verständlich macht, die Justiz frühzeitig

über die in Frage kommenden Leistungen der Jugendhilfe informiert, sie über die zu treffenden Entscheidungen insb. im Hinblick auf deren lebensweltliche Konsequenzen berät und bei Bedarf bestimmter Angebote der Jugendhilfe unterbreitet, in Haftsachen beschleunigt Alternativen zur Untersuchungshaft prüft und initiiert.

Stellungnahmen Von den Mitarbeitern der JGH wird im Hinblick auf ihre fachlichen Stellungnahmen (hierzu Oberloskamp et al. 2009, 296 ff.; Trenczek 2003a und 2010b) insb. erwartet, zur strafrechtlichen Reife eines jungen Menschen (§ 3 JGG; hierzu III-8-5.1) und zur Jugendlichkeit von Heranwachsenden (§ 105 JGG) Stellung zu nehmen, da sie in aller Regel in Sozialarbeit und Entwicklungspsychologie ausgebildet sind und eher als das Gericht über die notwendigen Kenntnisse der Diagnose verfügen. Es ist nach § 3 JGG unzulässig, wenn auch eine mitunter verbreitete Praxis, davon auszugehen, dass ein Jugendlicher reif genug ist, das Unrecht der Tat einzusehen und dementsprechend danach zu handeln.

Maßnahme- Im Hinblick auf die Stellungnahmen ist weiterhin darauf hinzuweisen, dass es
vorschlag nicht Aufgabe der JGH ist, (jugend)strafrechtliche Sanktionen vorzuschlagen, sondern lediglich, sich zu den (Folgen der von der Justiz) zu ergreifenden Maßnahmen zu äußern (vgl. § 38 Abs. 2 S. 2 JGG). Die Mitarbeiter des Jugendamtes sollen lediglich aus ihrer fachlichen Sichtweise heraus darlegen, ob und in welcher Weise eine Behandlung des Beschuldigten notwendig und möglich erscheint. „Sanktions-" und „Ahndungsvorschläge" – insb. skandalös vor der gerichtlichen Feststellung von Täterschaft und strafrechtlicher Verantwortlichkeit (zur Unschuldsvermutung, Art. 6 Abs. 2 EMRK, s. III-8.3.1) – haben zu unterbleiben. Fachkräfte des Jugendamtes werden im Interesse und zugunsten des Wohls des jungen Menschen zu den Auswirkungen justizieller Entscheidungen auf die Entwicklungsperspektiven des jungen Menschen Stellung nehmen (müssen), schlagen aber selbst grds. nur solche Interventionen vor, die dem Jugendhilfe- und Erziehungsverständnis des Jugendhilferechts entsprechen (Münder et al. 2009 § 52 Rz. 39). Gerade für JGH-Fachkräfte müsste es in aller Regel nicht besonders schwierig sein nachzuweisen, dass der Jugendliche durch Jugendhilfeleistungen sowie ambulante Maßnahmen „erzieherisch erreichbar" ist (Klier et al. 2002, 133). In den Stellungnahmen der JGH sollte deshalb in Übereinstimmung sowohl mit den Ergebnissen der kriminologischen Forschung als auch mit kontroll- und integrationstheoretischen Ansätzen (hierzu Walter 2005, 50 ff.) weitgehend auf die Darstellung von biografischen Belastungsmerkmalen verzichtet und größeres Gewicht auf die Einschätzung des aktuellen **Integrations- und Hilfebedarfs** und der entsprechenden Unterstützungsmöglichkeiten gelegt werden.

Neue Ambulante Die Leistungen der Jugendhilfe sind mit den jugendstrafrechtlichen Weisungen
Maßnahmen nicht deckungsgleich. Beide Bereiche überschneiden sich teilweise in den sog. Neuen Ambulanten Maßnahmen (NAM; hierzu ausführlich Trenczek 2000; 2009e und 2009f), z. B. im Hinblick auf die Betreuung (§ 30 SGB VIII / § 10 Abs. 1 Nr. 5 JGG) und gruppenpädagogische Angebote (§ 29 SGB VIII / § 10 Abs. 1 Nr. 6 JGG). Das SGB VIII enthält aber keinen Auftrag zur Durchführung von Erziehungsmaßregeln oder Zuchtmitteln nach dem JGG, die Jugendhilfe nimmt deshalb auch **keine strafrechtlichen Sanktionsaufgaben** wahr. Bei der Ableistung von Arbeitsstunden,

einem Verkehrsunterricht oder sonstigen jugendstrafrechtlichen Maßnahmen handelt es sich i. d. R. nicht um Aufgaben der Jugendhilfe. Im konkreten Einzelfall kann ein Konflikt klärender Täter-Opfer-Ausgleich auch erzieherisch geeignet und erforderlich sein und deshalb von der Jugendhilfe initiiert und finanziert werden, auch wenn der TOA konzeptionell keine „erzieherische Intervention", sondern eine Vermittlung zwischen zwei Parteien darstellt (vgl. Mediation, I-6.3).

Im Hinblick auf die Kooperation von Jugendamt und Justiz ist von besonderer Bedeutung, dass eine jugendstrafrechtliche Entscheidung noch keine sozialrechtliche Leistungs- und / oder Kostentragungspflicht begründet. Durch jugendgerichtliche Entscheidungen werden jugendhilferechtliche Umsetzungen nicht automatisch mitentschieden. Die in der Praxis teilweise tradierte Auffassung, eine Hilfeplanung sei bei einem Zusammenspiel von Justiz und JGH nicht erforderlich, findet im Gesetz keine Stütze. § 36a Abs. 1 SGB VIII betont ausdrücklich die Steuerungsverantwortung des Jugendamts auch im Hinblick auf die Kooperation mit dem Jugendgericht. Nur wenn das Jugendamt in einem fachlichen Standards entsprechenden Hilfeplanungsverfahren eine Entscheidung trifft, trägt es die mit der Leistung verbundenen Kosten. Insoweit ist auch eine Selbstbeschaffung durch einen verurteilten Jugendlichen bzw. Eltern ausgeschlossen (§ 36a Abs. 3 SGB VIII; s. o. III-3.3.4.4). **Steuerungsverantwortung des Jugendamtes**

Der jugendhilferechtliche Leistungsanspruch richtet sich nach den allgemeinen Regeln (s. o. III-3.3.4.1). Nicht die Straffälligkeit als solche, sondern die sich (unter Umständen hierin widerspiegelnden) realen Lebens- und Verhaltensschwierigkeiten und Bedürfnisse der Jugendlichen („erzieherischer Bedarf") sind der entscheidende Ansatzpunkt für die Jugendhilfe. Die JGH darf Jugendhilfeleistungen auch im Rahmen eines Strafverfahrens nur nach der obligatorischen Hilfeplanung unter Beteiligung des Jugendlichen und der Personenberechtigten (§§ 36 f. SGB VIII) und nur dann anbieten, wenn sie fachlich von der pädagogischen Eignung „angeregter" Hilfen überzeugt ist.

Ohne die Zustimmung der PSB darf jugendhilferechtlich grds. keine Hilfe gewährt werden. Solange eine strafrechtliche Verurteilung nicht vorliegt, dürfen mit Zwang verbundene Grundrechtseingriffe zu Erziehungszwecken nicht erfolgen. Deshalb bedarf es im Hinblick auf die jugendstrafrechtlichen Weisungen und Auflagen (insb. die sog. Neuen Ambulanten Maßnahmen) im Rahmen der Diversion (d. h. informelle Erledigung des Strafverfahrens, s. III-8.5.2) der Zustimmung der Eltern. Sind Eltern nicht bereit, öffentliche Hilfen anzunehmen, und stößt die Jugendhilfe damit an ihre Grenzen, ist sie bei einer drohenden Kindeswohlgefahr auf eine Intervention des **Familiengerichtes** angewiesen. Sollten allerdings Weisungen und Auflagen nach §§ 9 ff., 13 ff. JGG durch den Richter im Urteil ausgesprochen werden, so wird damit die familiengerichtliche Entscheidung nach **§§ 1666, 1666a BGB** ersetzt (vgl. Trenczek 2009f Rz. 18). Eltern müssen insoweit einen Eingriff in ihr grds. weiter bestehendes Personensorgerecht dulden. Soweit die JGG-Sanktionen mit den Leistungen des SGB VIII korrespondieren, richten sich die Anordnungen der Justiz aber nicht an den Träger der Jugendhilfe, sondern stets nur an die jungen Menschen und ihre PSB. Diese können mit einem „Antrag" (kein formelles Antragserfordernis!) ein Tätigwerden des Jugendamts auslösen. **Diversion**

Die verfahrensrechtliche Stellung des Jugendamts im jugendstrafrechtlichen Verfahren bestimmt sich vor allem nach den Regeln des JGG und der StPO. Die JGH ist sog. Prozessbeteiligte und als solche mit umfangreichen Beteiligungsrechten (Information, Anhörungs- und Äußerungsrechte, Anwesenheits-, Verkehrs- und Kontaktrechte; hierzu Trenczek 2009d Rz. 19) ausgestattet.

Im Jugendkriminalbereich stehen sich die pädagogischen Gebote von Freiwilligkeit, Parteilichkeit und Autonomie den reglementierenden Anordnungen und dem eingreifenden Charakter des Strafrechts gegenüber. Die Jugendgerichtshilfe steht damit an der Schnittstelle von Jugendhilfe und Strafrecht, sie agiert in einem **Spannungsfeld**, in dem wesensmäßig verschiedene Diskurse mit eigenen Logiken und differenten Konsequenzen aufeinandertreffen. Nach Jahren der Auseinandersetzung mit der Dominanz einer trotz gefälliger Erziehungsterminologie ungebrochen straforientierten Justiz drohen seit einigen Jahren allerdings viel größere Gefahren durch die Ressourcenprobleme kommunaler Haushalte. Rechtsansprüche unterlaufende Anweisungen (z.B. keine Leistungen bei mehrfach straffälligen Jugendlichen oder jungen Volljährigen zu initiieren), andere verwaltungstechnische Tricks, Schwellen und Strukturen (Bestehen auf formaler Antragstellung der Eltern; Anweisung, dass JGH-Mitarbeiter, keine HzE initiieren dürfen; langwierige Entscheidungsfindung, so dass sich das „Problem" bei weiteren Krisen und Straftaten aufgrund von Inhaftierung von selbst erledigt) sind Anzeichen einer teilweise systematischen rechtswidrigen Leistungsverweigerung. Sie widersprechen dem Ziel und Zweck des SGB VIII, sich gerade auch um die Integration straffällig gewordener junger Menschen zu bemühen.

BAG NAM 2000; Trenczek 2000; 2003b; 2009d, e und f

3.4.3   Aufgaben als Beistand, Vormund, Pfleger und Beurkundungsbehörde (§§ 52a – 60 SGB VIII)

Der letzte Bereich innerhalb der „anderen Aufgaben" der Jugendhilfe betrifft Aufgaben, die im Zusammenhang mit familienrechtlichen Regelungen stehen. Zunächst hat das Jugendamt die Aufgabe, auf Antrag eines alleinerziehenden Elternteils als sog. Beistand tätig zu werden. In dieser Rolle kann der alleinerziehende Elternteil das Jugendamt mit der Feststellung der Vaterschaft des Kindes und mit der Durchsetzung von Unterhalt für das Kind beauftragen (§ 52a SGB VIII). Dieses freiwillige Angebot ist 1998 an die Stelle der bis dahin in den westlichen Bundesländern für nichteheliche Kinder automatisch geltenden Amtspflegschaft getreten.

Beistandschaft (margin)

Amtsvormundschaft (margin)

Darüber hinaus übernimmt das Jugendamt in vielen Fällen die Rolle des Vormunds oder Pflegers für Minderjährige, wenn die Eltern verstorben sind, oder ihnen das Sorgerecht ganz bzw. teilweise entzogen worden ist (§ 55 SGB VIII). Das Jugendamt überträgt die Ausübung der Aufgaben des Beistands, des Amtspflegers oder des Amtsvormunds einzelnen seiner Beamten oder Angestellten. Die damit verbundene Stellung als gesetzlicher Vertreter der Minderjährigen führt zu einer auch dienstrechtlich relevanten Sonderstellung (z.B. begrenztes Weisungsrecht der Jugendamtsleitung), verhindert aber nicht zwingend die unter Umständen bestehenden **Interessenkollisionen**, wenn diese einerseits im Interesse des Minderjährigen, andererseits als Mitarbeiter des Kostenträgers agieren (hierzu Münder et al. 2009 § 55 Rz. 11). Im Vormundschaftsrecht sind in nächster Zeit Änderungen zu erwarten (hierzu II-2.4.8).

Schließlich sind die Urkundspersonen beim Jugendamt dazu befugt, eine Reihe von Beurkundungen und Beglaubigungen vorzunehmen, die im Zusammenhang mit Minderjährigen erfolgen (§§ 59 f. SGB VIII). So kann beim Jugendamt die Anerkennung der Vaterschaft für ein außerhalb der Ehe geborenes Kind beurkundet werden, ebenso wie die übereinstimmende Erklärung der Eltern, das Sorgerecht gemeinsam ausüben zu wollen, oder die Verpflichtung eines Elternteils zur Unterhaltsleistung. Im Gegensatz zu sonstigen Stellen, die Beurkundungen vornehmen, wie etwa Notare, erhebt das Jugendamt keine Gebühren (vgl. §§ 64 Abs. 1 und 2 S. 3 Nr. 2 SGB X), sofern nicht Landesrecht anderes regelt (§ 97 c SGB VIII).

Beurkundungen

3.5   Verfahren und Kosten

Bezüglich des Verfahrens gelten zunächst die allgemeinen Grundsätze des Verwaltungsverfahrens (s. III-1.2). Für die Aufgaben des SGB VIII verantwortlich sind die öffentlichen Träger der Jugendhilfe (§ 69 Abs. 1 SGB VIII). Funktional werden im SGB VIII ausdrücklich den Jugendämtern bestimmte Aufgaben zugewiesen, so dass man diese als Behörden i. S. d. § 1 Abs. 2 SGB X ansehen kann (vgl. I-4.1.2 und III-3.2.3).

3.5.1   Zuständigkeit

Die Zuständigkeit wird in den §§ 85 ff. SGB VIII geregelt. Die sachliche Zuständigkeit bestimmt sich nach § 85 SGB VIII, wobei nach Absatz 1 für die meisten Aufgaben die örtlichen Träger, auch nach Landesrecht derzeit i. d. R. kreisfreie Städte und Landkreise (§ 69 Abs. 1 SGB VIII), zuständig sind. In § 85 Absatz 2 SGB VIII findet sich eine abschließende Auflistung von Zuständigkeitsbereichen für den überörtlichen Träger. Zur internationalen Zuständigkeit beachte § 6 SGB VIII sowie völker- und europarechtliche Regelungen (vgl. I-1.1.5).

sachliche Zuständigkeit

§§ 86 ff. SGB VIII regelt die örtliche Zuständigkeit. Hierbei wird ganz überwiegend auf den durch den gewöhnlichen Aufenthalt (vgl. § 30 Abs. 3 S. 2 SGB I) der Eltern bzw. des jungen Volljährigen bestimmten **Lebensmittelpunkt** der Familie (nicht den Wohnsitz) abgestellt (vgl. I-1.2.1). Bei der Gewährung von Leistungen ist bislang in erster Linie der gewöhnliche Aufenthaltsort der Eltern maßgeblich. Nach der durch das BKiSchG vorgesehenen Neuregelung soll für ambulante und teilstationäre Leistungen grds. der örtliche Träger zuständig sein, in dessen Bereich der Minderjährige seinen gewöhnlichen Aufenthalt hat (§ 86 Abs. 1 SGB VIII-E). Für vollstationäre Leistungen soll der örtliche Träger zuständig sein, in dessen Bereich die Eltern und das Kind oder der Jugendliche ihren gemeinsamen gewöhnlichen Aufenthalt haben (§ 86a Abs. 1 Satz 1 SGB VIII-E).

örtliche Zuständigkeit

gewöhnlicher Aufenthalt

Entsprechendes gilt grds. für die Mitwirkung in gerichtlichen Verfahren, bei denen die Zuständigkeit der Gerichte anderen, strafrechtlichen Regelungen unterliegt (vgl. III-8.3.2). Haben die Eltern verschiedene gewöhnliche Aufenthaltsorte oder haben nicht beide einen gewöhnlichen Aufenthaltsort in der Bundesrepublik, dann ist in der folgenden Reihenfolge der gewöhnliche Aufenthaltsort des personensorgeberechtigten Elternteils, der gewöhnliche Aufenthalt des Minderjährigen oder schließlich der tatsächliche Aufenthalt des Minderjährigen entscheidend. Nach der geplanten Neuregelung soll es i.d.R. auf den gewöhnlichen Aufenthalt des jungen Menschen ankommen (§ 87a Abs. 1 SGB VIII-E).

tatsächlicher Aufenthalt Der Begriff „tatsächlicher Aufenthalt" bezeichnet die rein physische Anwesenheit an einem Ort, ohne dass es auf die (beabsichtigte) Dauer oder die Bindungen der Person ankommt. Auf diesen kommt es insb. bei einer schnellen Krisenintervention im Rahmen der Inobhutnahme an (§ 87 SGB VIII).

3.5.2   Besonderheiten des jugendhilferechtlichen Verfahrens

Partizipation Sowohl im Hinblick auf den Leistungsbereich als auch auf die Erfüllung der anderen Aufgaben betont das SGB VIII in besonderem Maße die Notwendigkeit der **Einbeziehung der Betroffenen**, Eltern wie auch der minderjährigen jungen Menschen (z.B. § 8 Abs. 1, § 9 Nr. 2 SGB VIII) in die Entscheidungsfindung (hierzu, insb. zum Wunsch- und Wahlrecht nach § 5 SGB VIII s.o. III-3.2.1).

Hilfeplanung Als spezielle Verfahrensvorschriften sind die Regelungen zum Hilfeplanverfahren nach § 36 SGB VIII und zur Steuerungsverantwortung und Selbstbeschaffung nach §§ 36a SGB VIII zu beachten (vgl. III-3.3.4.4). Das Hilfeplanverfahren im engeren Sinne nach § 36 SGB VIII betrifft zwar nur die Leistungsbereiche der Hilfe zur Erziehung, der Eingliederungshilfe und der Volljährigenhilfe, die grundsätzlichen Inhalte der Norm, die eine **Subsumtion und psychosoziale Diagnose** fordern, sind darüber hinaus jedoch auch in anderen Bereichen der Kinder- und Jugendhilfe von Bedeutung. Der nach fachlichen Standards vorzunehmende Klärungs- und Subsumtionsprozess im Einzelfall (Hilfeplanung) ist sowohl im Bereich der Leistungen wie auch bei den anderen Interventionen der Jugendhilfe stets notwendiger Teil des Verfahrens nach dem SGB VIII.

Sozialdatenschutz Von besonderer Bedeutung im Rahmen des jugendhilferechtlichen Verfahrens sind die Vorschriften zum Datenschutz. Ergänzend zu den § 35 SGB I, §§ 67 ff. SGB X (s. III-1.2.3) trifft das SGB VIII in den §§ 61 ff. bereichsspezifische Regelungen für die Kinder- und Jugendhilfe, die als speziellere Normen gegenüber den allgemeinen Bestimmungen des Datenschutzes vorrangig sind. Besonders hervorgehoben ist hierbei die Beachtung der jugendhilferechtlichen **Zweckbindung** (§§ 62 Abs. 1, 63 Abs. 1, 64 Abs. 1 SGB VIII). Ebenso gilt der Grundsatz, dass Daten grundsätzlich nur mit Einwilligung der Betroffenen erhoben, gespeichert und weitergegeben werden dürfen (§ 62 Abs. 2 ff. SGB VIII).

Datenerhebung Eine Datenerhebung ohne / gegen die Mitwirkung des Betroffenen ist nach § 62 Abs. 3 SGB VIII nur zulässig, soweit das Gesetz dies ausdrücklich zulässt oder ihre Erhebung beim Betroffenen entweder nicht möglich ist oder die jeweilige Aufgabe ihrer Art nach eine Erhebung bei anderen erfordert, und die Kenntnis der

Daten aber (für die Erledigung der in 2a bis d genannten Aufgaben) erforderlich ist. Dies ist z. B. im Hinblick auf die Vorbereitung einer Inobhutnahme und der Erfüllung der Schutzpflicht nach § 8a SGB VIII der Fall, i. d. R. aber nicht im Bereich der Jugendgerichtshilfe nach § 52 SGB VIII. Hier ist das Gespräch mit dem Jugendlichen erforderlich.

Datenübermittlung

Eine Datenübermittlung für die Erfüllung sozialer Aufgaben ist nur zulässig, soweit dadurch der Erfolg einer zu gewährenden Leistung nicht in Frage gestellt wird (§ 64 Abs. 2 SGB VIII). Besonderer Vertrauensschutz ist nach § 65 SGB VIII in der persönlichen und erzieherischen Hilfe sicherzustellen. Daten, die dem Mitarbeiter eines Trägers der öffentlichen Jugendhilfe zum Zweck persönlicher und erzieherischer Hilfe anvertraut worden sind, dürfen nur in sehr engen Grenzen weitergegeben werden. Hiermit wird die fachlich-methodische Notwendigkeit einer besonders **vertrauensvollen Beziehung** zwischen Fachkräften und Ratsuchenden unterstrichen und datenschutzrechtlich abgesichert (vgl. Münder et al. 2009 § 65 Rz. 1 ff.). Für den Bereich der Beistandschaft, Amtspflegschaft und Amtsvormundschaft trifft § 68 SGB VIII eine Sonderregelung, die andere Datenschutzregelungen ausschließt. Für diese Aufgabenbereiche sind die Befugnisse gegenüber den Betroffenen deutlich weiter gefasst, da es hier nicht um öffentlich-rechtliche Verwaltungstätigkeit geht, sondern in erster Linie die Aufgaben eines gesetzlichen Vertreters des Minderjährigen wahrgenommen werden (vgl. Münder et al. 2009 § 68 Rz. 1 ff.).

Institutionen übergreifende Kooperation

Von besonderer Bedeutung ist die jugendhilferechtliche Zweckbindung (§§ 62 Abs. 1, 63 Abs. 1, 64 Abs. 1, 65 SGB VIII) im Kooperationsbereich mit Berufsgruppen, die andere Aufgaben zu erfüllen haben (z. B. **Polizei und Justiz**). Die Träger der öffentlichen Jugendhilfe haben nach § 81 SGB VIII mit anderen Stellen und öffentlichen Einrichtungen, deren Tätigkeit sich auf die Lebenssituation junger Menschen und ihrer Familien auswirkt, zusammenzuarbeiten, insb. mit den Schulen, der Bundesagentur für Arbeit und den Trägern anderer Sozialleistungen sowie der Polizei. Diese ist überall rund um die Uhr verfügbar und zur Erfüllung ihrer Aufgaben mit höchst effektiven Mitteln ausgestattet (hierzu III-8.1.2). Gerade die Jugendhilfe ist in vielen Arbeitsfeldern auf die gelingende Kooperation mit der Polizei angewiesen, z. B. im Rahmen der Krisenintervention bei der Inobhutnahme (§ 42 Abs. 6 SGB VIII) oder im Bereich des Jugendschutzes § 8 JuSchG i. V. m. landesrechtlichen Regelungen z. B. § 20 ThürKJHAG). Gerade deshalb ist es wichtig, die unterschiedlichen Aufgaben, Funktionen und Befugnisse zu kennen und in der interdisziplinären und Institutionen übergreifenden Zusammenarbeit auseinanderzuhalten.

Meysen 2002; Münder 2001; Münder / Trenczek 2011

3.5.3   Kosten und Finanzierung

Die Kosten der Leistungen und der anderen Aufgaben der Kinder- und Jugendhilfe sind grundsätzlich von den für diese Aufgaben zuständigen öffentlichen Trägern der Jugendhilfe, also der jeweils zuständigen Gebietskörperschaft, zu tragen. Um

Kostenerstattung

Belastungen bestimmter Träger zu vermeiden, sollen die Vorschriften über die Kostenerstattung nach §§ 89 ff. SGB VIII für einen finanziellen Ausgleich zwischen den öffentlichen Trägern sorgen. Kostenerstattungsregelungen bestehen zunächst für Fälle, in denen hinsichtlich der Zuständigkeit an den tatsächlichen anstelle des gewöhnlichen Aufenthalts angeknüpft wird (§§ 89, 89b, 89c SGB VIII), und für die Fälle, in denen ein eigentlich bzw. neu zuständig gewordener Träger nicht tätig geworden ist und daher der bislang zuständige Träger gehandelt hat (§ 89c SGB VIII). Zudem gibt es Erstattungsregelungen zum Schutz von Einreiseorten (§ 89d SGB VIII), von Einrichtungsorten (§ 89e SGB VIII) und von Pflegestellenorten (§ 89a SGB VIII).

Kostenbeteiligung   Für einen Teil der Jugendhilfeleistungen und für die Inobhutnahme ist die Beteiligung der Betroffenen an den Kosten vorgesehen. In den §§ 90 ff. SGB VIII werden Regelungen dazu getroffen, welche Personen sich in welchem Umfang an den Kosten zu beteiligen haben. Kostenfrei für die Betroffenen bleiben die Leistungen der Jugendsozialarbeit nach § 13 SGB VIII (mit Ausnahme der Unterbringung in einer sozialpädagogisch begleiteten Wohnform), der erzieherische Kinder- und Jugendschutz nach § 14 SGB VIII, die Beratung nach §§ 16 Abs. 2 Nr. 2, 17 und 18 SGB VIII, die ambulanten Hilfen im Rahmen der Hilfe zur Erziehung, Leistungen der Eingliederungshilfe und der Volljährigenhilfe (§§ 28 – 31 SGB VIII) und die Nachbetreuung für junge Volljährige nach § 41 Abs. 3 SGB VIII. Sämtliche Maßnahmen im Rahmen der anderen Aufgaben der Kinder- und Jugendhilfe mit Aus-
Kostenheran-   nahme der Inobhutnahme bleiben ebenfalls kostenfrei. Für einen Teil der sonstigen
ziehung   Leistungen ist eine pauschalierte Kostenbeteiligung nach § 90 SGB VIII zulässig. Dies betrifft die Jugendarbeit nach § 11 SGB VIII, die übrigen Bereiche der Allgemeinen Förderung der Erziehung in der Familie nach § 16 SGB VIII und die Förderung von Kindern in Tageseinrichtungen und in Tagespflege nach §§ 22 ff. SGB VIII. Für die sonstigen Leistungen und die Inobhutnahme nach § 42 SGB VIII erfolgt eine individuelle Kostenbeteiligung durch Heranziehung der Verpflichteten zu den Kosten nach §§ 91 – 94 SGB VIII. Zur Kostenbeteiligung verpflichtet sind – je nach Art der Leistung – die Minderjährigen selbst, die Eltern, junge Volljährige, Leistungsberechtigte nach § 19 SGB VIII und Ehe- oder Lebenspartner des jungen Menschen bzw. des Leistungsberechtigten nach § 19 SGB VIII. Der Umfang der Heranziehung richtet sich nach § 94 SGB VIII, wobei das Einkommen der Verpflichteten (§ 93 SGB VIII) eine maßgebliche Rolle spielt.

Finanzierung freier   Die Tätigkeit der Träger der freien Jugendhilfe wird ganz überwiegend von den
Träger   öffentlichen Trägern als Leistungsverpflichteten (re-)finanziert (zur Gesamtverantwortung nach § 79 SGB VIII vgl. III-3.2.3). Grundsätzlich sieht das Kinder- und Jugendhilferecht zwei Finanzierungsstrukturen vor: Zum einen die Finanzierung nach § 74 SGB VIII im Wege der Förderung der freien Jugendhilfe durch Zuwendung und zum anderen die Finanzierung auf der Grundlage gegenseitiger Verträge nach §§ 77, 78a ff. SGB VIII.

Zuwendungen   Zuwendungen auf der Grundlage des § 74 SGB VIII sind Subventionen, d. h. vermögenswerte Leistungen, die vom Träger der öffentlichen Verwaltung einem privaten Träger gewährt werden, damit dieser einen öffentlichen Zweck erfüllt, ohne dass der Subvention eine konkrete, marktmäßig gekaufte Gegenleistung gegenübersteht. In der Jugendhilfe war die Zuwendung lange Zeit der klassische Weg zur Absicherung von Angeboten und Leistungen freier Träger. Diese Finanzierungsform findet sich in der Kinder- und Jugendhilfe heute vornehmlich in den Bereichen, in denen keine Rechtsansprüche bestehen oder es sich um Rechtsansprüche auf inhaltlich eher wenig konkret bestimmte Leistungen handelt. Hier ist regelmäßig die Finanzierung (und Abrechnung) über einzelne leistungsberechtigte Personen nicht möglich oder nicht sinnvoll. So finden sich Zuwendungen schwerpunktmäßig in der Jugendarbeit, in der allgemeinen Erziehungsförderung und bei Beratungsangeboten. Allerdings ist die Zulässigkeit der klassischen Zuwendungsfinanzierung vor dem Hintergrund der europarechtlichen Regelungen (s. o. I-1.1.5.1) umstritten (vgl. Münder et al. 2009 § 74 Rz. 4 – 17; Banafsche 2010, 162 ff.; Boetticher / Münder 2009).

§ 74 Abs. 1 SGB VIII nennt die jugendhilferechtlichen Voraussetzungen für die Förderung (ausführlich Münder et al. 2009 § 74 Rz. 18 ff.). Liegen die Voraussetzungen vor, so besteht kein Rechtsanspruch einzelner Träger auf Förderung (OVG BE, FEVS 49, 368 ff.; OVG NW 26.09.2003 – 12 B 1727 / 03 – JAmt 2004, 42 ff.), **§ 74 SGB VIII**

Übersicht 43: Das leistungsrechtliche Dreiecksverhältnis in der Jugendhilfe

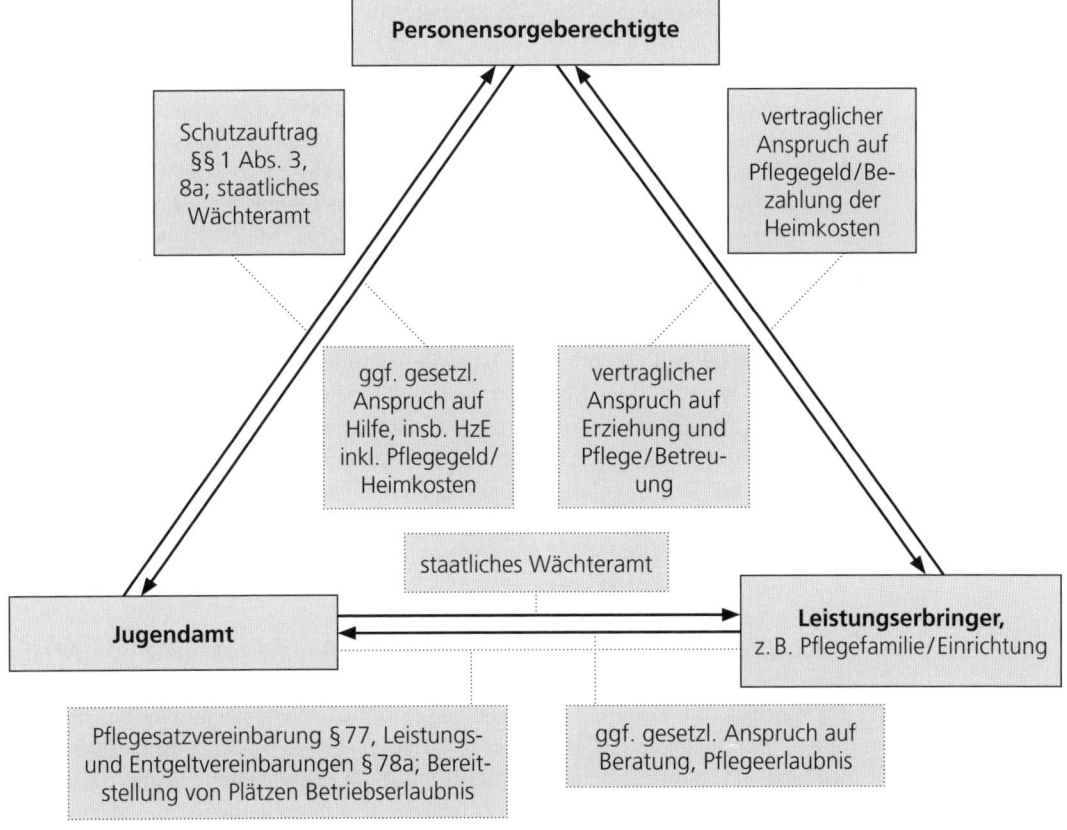

sondern die Förderung steht im Ermessen des öffentlichen Trägers. Für den einzelnen freien Träger besteht damit ein Anspruch auf fehlerfreie Ermessensausübung (BVerwGE 45, 197 ff.; OVG RP, FEVS 48, 208 ff.).

Leistungsverträge   Neben den Zuwendungen kommt die Finanzierung über Verträge in Frage, in denen die Erbringung konkreter Leistungen gegen Entgelt vereinbart wird. Vielfach erfolgt die Finanzierung auf der Grundlage von Verträgen durch die Übernahme von Leistungsentgelten. Hierbei liegen dreiseitige Beziehungen zwischen dem öffentlichen Träger, dem freien Träger und dem leistungsberechtigten Bürger vor (zum **jugendhilferechtlichen Leistungsdreieck** vgl. Übersicht 43). Der leistungsberechtigte Bürger hat – konkretisiert durch einen entsprechenden Bescheid des Jugendamtes – einen Anspruch gegen den Leistungsträger. Er nimmt dabei die Leistungen eines freien Trägers als Leistungserbringer in Anspruch. Für diese Inanspruchnahme der Leistungen hätte der leistungsberechtigte Bürger im Grunde zunächst das Entgelt an den Leistungserbringer zu bezahlen. Aufgrund seines Rechtsanspruchs gegen den öffentlichen Träger auf die Leistung ist dieser allerdings zur Übernahme der Kosten verpflichtet, sofern die Steuerungsverantwortung der öffentlichen Jugendhilfe nach 36a SGB VIII beachtet worden ist (vgl. III-3.3.4.4).

Die entsprechenden gesetzlichen Regelungen finden sich in den § 77 und § 78a ff. SGB VIII. Das Verhältnis von § 77 und §§ 78a ff. SGB VIII ist mitunter schwierig zu verstehen (hierzu Münder et al. 2009 VorKap5 Rz. 8, § 78a Rz. 6). Für die in § 78a Abs. 1 SGB VIII aufgeführten teilstationären und stationären Leistungen gehen die Spezialregelung der §§ 78b ff. SGB VIII vor. Für diese Bereiche ist der Abschluss von Leistungs-, Qualitätsentwicklungs- und Entgeltvereinbarungen zwischen dem leistungserbringenden freien Träger und dem örtlichen Jugendamt vorgesehen, auf deren Basis die Finanzierung erfolgt. Für andere Leistungen, insb. die ambulanten Einzelfallhilfen und die Kindertageseinrichtungen (§§ 22, 24 SGB VIII) sowie vorläufige Schutzmaßnahmen (§ 42 SGB VIII), kann Landesrecht die unmittelbare, zwingende und vorrangige Anwendung der §§ 78b ff. SGB VIII bestimmen. Sofern die §§ 78a ff. SGB VIII nicht zur Anwendung kommen, ist die entsprechende Rechtsgrundlage § 77 SGB VIII. § 77 SGB VIII stellt somit die Rechtsgrundlage für die Leistungserbringung und Finanzierung auf der Basis des leistungsrechtlichen Dreiecksverhältnisses dar, wenn es sich **nicht** um Leistungen handelt, die in § 78a Abs. 1 SGB VIII genannt sind. Außerdem stellt er die Rechtsgrundlage für zweiseitige, gegenseitige Leistungsverträge zwischen den öffentlichen Jugendhilfeträgern und privaten Anbietern dar. Wegen der Spezialregelung der §§ 78a ff. SGB VIII gilt dies vornehmlich für ambulante Leistungen.

3.5.4   Rechtsschutz

Zahlreiche Entscheidungen des Jugendamtes, z. B. die Gewährung oder Ablehnung von Leistungen oder die Inobhutnahme von Kindern, erfolgen durch **einen Verwaltungsakt**. Beratung und sonstige persönliche Dienstleistungen des Jugendamtes sind Beispiele sog. schlichten Verwaltungshandelns. Soweit es sich um Verwaltungsakte handelt, stehen den Betroffenen die Rechtsbehelfe nach § 62 SGB X zur Verfügung. Da es sich bei den Angelegenheiten nicht um die in § 51 SGG gelisteten Streitverfahren handelt, ist in der Regel nach § 40 VwGO der Rechtsweg zu den Verwaltungsgerichten eröffnet. Eine Ausnahme besteht im Hinblick auf den Widerspruch gegen eine noch andauernde Inobhutnahme, der nach § 42 Abs. 3 S. 2 Nr. 2 SGB VIII vom FamG entschieden wird (hierzu ausführlich Trenczek 2008b, 270 ff.). Im Übrigen steht Adressaten von Verwaltungsakten vor Erhebung einer entsprechenden Klage der Widerspruch nach §§ 68 ff. VwGO zur Verfügung (hierzu ausführlich I-5.2.1).

Kunkel 2006b; Münder et al. 2009; Münder et al. 2011; Wiesner 2006; Tammen 2011a; 2011b; 2011c; Trenczek 1996; 2008b; 2009d, e, f; Fieseler/Herboth 2010

www.dji.de; www.dijuf.de; www.kindesschutz.de

1. Welche Bedeutung hat die historische Entwicklung des „Jugendrechts" für das heutige Verständnis des Kinder- und Jugendrechts? (3.1)
2. Was versteht man unter dem sog. Schutzauftrag der Jugendhilfe? (3.2.2)
3. Was bedeutet es, öffentlicher „Träger" der Jugendhilfe zu sein? (3.2.3)
4. Welche Aufgaben und Kompetenzen hat der Jugendhilfeausschuss? (3.2.3)
5. Welche Unterschiede gibt es zwischen den sog. Leistungen und den „anderen Aufgaben" der Jugendhilfe, und in welcher Weise knüpft das SGB VIII an diesen Unterschied an? (3.2.4)
6. Hat ein Jugendlicher Anspruch darauf, an einem Angebot der Jugendarbeit teilnehmen zu können? (3.2.1 u. 3.3.1)
7. In welchen Arbeitsfeldern der Jugendhilfe hat die Mediation eine besondere Bedeutung? (3.3.2, 3.4.2.1, 3.4.2.2)
8. Haben Eltern, die beide arbeitslos sind und bei denen die Aufnahme einer Erwerbstätigkeit auch nicht absehbar ist, einen Anspruch darauf, dass ihr 2-jähriges Kind einen Platz in einer Kinderkrippe erhält? (3.3.3)
9. Worin besteht der Unterschied zwischen dem sog. „erzieherischen Bedarf" und einer Kindeswohlgefährdung? Muss das Jugendamt initiativ werden, wenn eine Kindeswohlgefährdung noch nicht vorliegt? (3.3.4.1)
10. Woran bemisst sich die Geeignetheit einer erzieherischen Hilfe? (3.3.4.1)
11. Was muss im Hinblick auf die Erforderlichkeit einer erzieherischen Hilfe beachtet werden? (3.3.4.1)
12. Bis zu welchem Alter soll (= muss i. d. R.) Hilfe für einen jungen Volljährigen geleistet werden? Kann sie, ggf. unter welchen Voraussetzungen und ggf. wie lange danach weiter geführt werden? (3.3.4.3)
13. Was versteht man unter der „Steuerungsverantwortung" des Jugendamts? (3.3.4.4)
14. Können sich Eltern die geeigneten und notwendigen Erziehungshilfen bei einem freien Träger selbst beschaffen? (3.3.4.4)
15. Auf welcher Grundlage kann das Jugendamt bei Verdacht der schweren Vernachlässigung eines Kleinkindes das Kind aus der elterlichen Wohnung herausnehmen? Was ist anschließend zu veranlassen? Was ist, wenn die Eltern sich weigern, die Tür zu öffnen? (3.4.1.1)

16. Ist das Jugendamt in einem Scheidungsverfahren verpflichtet, eine Stellung-
    nahme im Hinblick auf die elterliche Sorge abzugeben? (3.4.2.1)

17. Das Jugendamt erhält von der Polizei eine Meldung, dass der 16-jährige
    Franz, der bereits früher mehrfach wegen Körperverletzungen aufgefallen
    war, nun bei einem Einbruchsdiebstahl festgenommen wurde. Was hat das
    Jugendamt in diesem Fall zu tun? (3.4.2.2)

18. Im Rahmen der Betreuung durch die Jugendgerichtshilfe haben sich bei Franz
    deutliche Entwicklungsprobleme und ein erheblicher Hilfebedarf offenbart.
    Insbesondere ist er für sein Alter sehr unselbstständig und reagiert bei Über-
    forderung gerade in Gruppen schnell aggressiv. Der Jugendrichter hält eine
    Teilnahme an einem gruppenpädagogischen Angebot oder einer Einzelbe-
    treuung für eine zu milde Sanktion und verurteilt Franz zu 120 Std. gemein-
    nütziger Arbeit. Was hat das Jugendamt zu tun? (3.4.2.2)

19. Warum knüpfen die Zuständigkeitsregelungen des SGB VIII teilweise an den
    gewöhnlichen Aufenthalt der Eltern und teilweise an den tatsächlichen Auf-
    enthalt eines Minderjährigen an? (3.5.1)

20. Die 7-jährige Ilka stammt aus Berlin, wo sie zunächst mit ihren Eltern ge-
    meinsam gelebt hat. Vor zwei Jahren haben sich die Eltern getrennt, aber die
    gemeinsame elterliche Sorge behalten. Der Vater ist nach München gezogen,
    wo er seitdem lebt. Ilka hat mit ihrer Mutter weiterhin in Berlin Spandau ge-
    lebt. Nun kommt Ilka aufgrund massiver familiärer Probleme in eine Pflege-
    familie in Oranienburg, das im Landkreis Oberhavel in Brandenburg liegt.
    Welches Jugendamt ist für die Betreuung von Ilka zuständig? Ändert sich
    an der Zuständigkeit etwas, wenn Ilka nach zwei Jahren immer noch in der
    Pflegefamilie lebt und damit zu rechnen ist, dass sie dort auch bleiben wird?
    (3.5.1)

21. Welche Besonderheiten müssen im Jugendhilfeverfahren gegenüber den All-
    gemeinen Regelungen des SGB I und X beachtet werden? (3.5.2)

22. Auf welche Weise kann ein Träger, der ein Kinderheim betreibt, die Finanzie-
    rung durch die öffentliche Kinder- und Jugendhilfe erreichen? Wer trägt das
    Risiko, dass die finanziellen Mittel nicht ausreichen, weil in der Einrichtung
    weniger Kinder und Jugendliche untergebracht sind, als zunächst erwartet?
    (3.5.3)

4 Existenzsicherungsrecht – Grundsicherung für Arbeitsuchende nach dem SGB II und Sozialhilfe nach dem SGB XII (Tammen)

Die wesentlichen bedürftigkeitsabhängigen Sozialleistungen sind als „unterste Netze" der sozialen Sicherung im SGB II – Grundsicherung für Arbeitsuchende – im SGB XII – Sozialhilfe – und für spezielle Personengruppen ohne deutsche Staatsangehörigkeit und gesicherten Aufenthaltsstatus im Asylbewerberleistungsgesetz (dazu siehe III-7.4.2) geregelt. Das SGB II und das SGB XII sind die jüngsten Bücher des Sozialgesetzbuchs. Beide Bücher traten (von einigen Übergangsregelungen abgesehen) zum 01.01.2005 im Rahmen des Vierten Gesetzes für moderne Dienstleistungen am Arbeitsmarkt in Kraft. Sie beruhen auf dem Bericht der sog. Hartz-Kommission, weshalb sich umgangssprachlich der Begriff **Hartz IV** „Hartz IV" für die Reform und auch die Leistungen nach dem SGB II durchgesetzt hat. Seit Inkrafttreten der Regelungen hat es zahlreiche Gesetzesänderungen gegeben. Die aktuellsten Änderungen sind durch das Gesetz zur Ermittlung von

Regelbedarfen und zur Änderung des Zweiten und Zwölften Buches Sozialgesetzbuch (RBEG) vom 24. März 2011 rückwirkend zum 1. Januar in Kraft getreten.

4.1 SGB II – Grundsicherung für Arbeitsuchende

4.1.1 Abgrenzung zu SGB III und SGB XII

Das SGB II regelt seit dem 01.01.2005 die Grundsicherung für Arbeitsuchende. Zuvor fielen die arbeitsuchenden Personen entweder unter den Regelungsbereich des SGB III (Arbeitsförderung) oder unter den der Sozialhilfe nach dem damaligen Bundessozialhilfegesetz (BSHG). Welches Gesetz für einen Hilfebedürftigen Anwendung fand, hing davon ab, ob die Person lange genug vor Eintritt der Arbeitslosigkeit pflichtversichert im Rahmen der Arbeitslosenversicherung gewesen war, um einen Anspruch auf Arbeitslosengeld erworben zu haben. War dies der Fall, so erhielt der Betreffende zunächst bedürftigkeitsunabhängiges Arbeitslosengeld nach dem SGB III (vgl. III-2.5) und nach Ende der Bezugsdauer ebenfalls auf der Grundlage des SGB III bedürftigkeitsabhängige Arbeitslosenhilfe. Hatte der Betreffende hingegen keinen Anspruch auf Arbeitslosengeld erworben, so fiel er unter den Geltungsbereich des BSHG. Die Grenzlinie zwischen Versicherungsleistungen und Fürsorgeleistungen verlief somit bis zum 31.12.2004 durch das SGB III selbst mit seinen beiden Leistungsbereichen Arbeitslosengeld und Arbeitslosenhilfe.

Im Zuge der Reformen durch das Vierte Gesetz für moderne Dienstleistung am Arbeitsmarkt wurde die Arbeitslosenhilfe aus dem SGB III ersatzlos gestrichen und damit der sog. Fürsorgebereich aus dem Gesetz ausgegliedert. Die **bedürftigkeitsabhängigen sozialen Hilfen für arbeitsuchende Personen** sind seither eigenständig und abschließend im SGB II geregelt. Daneben kommen Leistungen der Sozialhilfe nicht mehr in Betracht. Insofern hat das SGB II die Zusammenführung von Arbeitslosenhilfe und Sozialhilfe für Arbeitsuchende bewirkt. Die Gründe für die Gesetzesänderung lagen vornehmlich darin, dass in der bisherigen Regelung eine unangemessene Ungleichbehandlung von Hilfebedürftigen gesehen wurde. So hatte bislang die unterschiedliche Art des Leistungsbezugs den Zugang zu den arbeitsmarktpolitischen Maßnahmen geprägt, Bezieher von Arbeitslosenhilfe und Sozialhilfe waren in unterschiedlichem Maß in die Sozialversicherungssysteme einbezogen gewesen (Krankenversicherung, Pflegeversicherung, Rente), unterschiedliche Gerichte waren zuständig gewesen (Sozialgerichte/Verwaltungsgerichte) und es war immer wieder zu Versuchen der Lastenverschiebung zwischen den Gebietskörperschaften gekommen. Von wichtiger Bedeutung war auch die Absicht, öffentliche Mittel einzusparen. So erfolgte die Zusammenführung von Arbeitslosenhilfe und Sozialhilfe auf dem Leistungsniveau der bisherigen Sozialhilfe, was für einen Teil der bisherigen Arbeitslosenhilfeempfänger eine deutliche Niveauabsenkung mit sich brachte. Es wurde erwartet, dass das Gesetz zur entsprechenden Einsparung öffentlicher Mittel führen würde. Da sich diese Vermutung zunächst nicht bewahrheitete, sind bislang mehrere Gesetzesänderungen erfolgt, um Ausgaben zu reduzieren.

Inhaltlich ist das SGB II weitgehend eine Mischung aus Regelungsbereichen des SGB III und des SGB XII. Das Gesetz enthält ebenso wie das SGB III sog. **aktive Leistungen** zur (Wieder-)Eingliederung in den Arbeitsmarkt und **passive Leistungen** zur Sicherstellung des Lebensunterhalts. Bei den aktiven Leistungen, den Leistungen zur Eingliederung (§§ 15–16g SGB II), findet durch Verweis in § 16 SGB II eine entsprechende Anwendung des Leistungsrechts des SGB III statt. Auch die **Sanktionsmöglichkeiten** in den §§ 31, 32 SGB II sind denen des SGB III vergleichbar. Bei den passiven Leistungen, den Leistungen zur Sicherung des Lebensunterhalts (§§ 19–30 SGB II), erfolgt zwar kein Verweis auf das Sozialhilferecht des SGB XII, aber es besteht durchgängig strukturelle Identität, da dieselben **Prinzipien** Anwendung finden. In beiden Gesetzen gelten die Prinzipien der Bedürftigkeit (§ 9 SGB II/§ 19 SGB XII), der Bedarfsdeckung durch pauschale Regelbedarfe bzw. Regelsätze (§§ 20, 28 SGB II/§ 28 SGB XII) und der nur ausnahmsweisen Zulassung ergänzender Leistungen (§§ 21, 24 SGB II/§§ 30, 31 SGB XII), der Anrechnung von Einkommen und Vermögen (§§ 11 ff. SGB II/§§ 82, 90 SGB XII) sowie des Übergangs von Ansprüchen gegen Dritte (§ 33 SGB II/§§ 93, 94 SGB XII).

Sowohl nach § 4 Abs. 1 SGB II als auch nach § 10 Abs. 1 SGB XII werden die **Leistungsformen** Leistungen der Existenzsicherung erbracht in Form von Dienstleistungen, Geldleistungen und Sachleistungen. Nur § 10 Abs. 3 SGB XII weist ausdrücklich darauf hin, dass Geldleistungen Vorrang haben vor Gutscheinen oder Sachleistungen, soweit das Gesetz nicht etwas anderes bestimmt oder mit Gutscheinen oder Sachleistungen das Ziel der Sozialhilfe erheblich besser oder wirtschaftlicher erreicht werden kann oder die Leistungsberechtigten es wünschen. Zur Dienstleistung gehört insb. die Beratung sowie die Unterstützung in sonstigen sozialen Angelegenheiten (vgl. § 10 Abs. 2 SGB XII).

Die Abgrenzung des SGB II zum SGB III ist unproblematisch. Vorrangig ist das **Abgrenzung zum** SGB III anwendbar, insofern erhalten Leistungen nach dem SGB II zunächst Per- **SGB III** sonen, die keine Leistungen des Arbeitslosengeldes nach dem Arbeitsförderungsrecht des SGB III erhalten. Es gibt allerdings auch Fälle, in denen zwar ein Anspruch auf Arbeitslosengeld besteht, die Leistungen des Arbeitslosengeldes für die Empfänger aber nicht ausreichend sind, um ihren Lebensbedarf zu decken. Diese Personen bekommen ergänzende Leistungen im Rahmen des SGB II in Form von Arbeitslosengeld II (sog. „Aufstocker"). Sie erhalten damit Leistungen sowohl nach dem SGB III als auch nach dem SGB II. In diesen Fällen erhalten sie die aktiven Arbeitsförderungsleistungen nach dem SGB III.

Dem SGB XII gegenüber ist das SGB II vorrangig. Die Abgrenzung erfolgt in erster Linie anhand des Alters des Hilfebedürftigen und anhand der Frage, ob er **Abgrenzung zum** erwerbsfähig ist. Personen, die das 15. Lebensjahr vollendet, die Altersgrenze nach **SGB XII** § 7a SGB II aber noch nicht erreicht haben (s. nachfolgend), die erwerbsfähig und hilfebedürftig sind und die ihren gewöhnlichen Aufenthalt in der Bundesrepublik haben, fallen nach § 7 Abs. 1 SGB II unter den Anwendungsbereich des SGB II. Ausnahmen ergeben sich vor allem für Personen, die in stationären Einrichtungen untergebracht sind (§ 7 Abs. 4 SGB II) und Auszubildende (§§ 7, Abs. 5 und 6, 27 SGB II). Die Altersgrenze nach § 7a SGB II ist identisch mit der Altersgrenze für die Regelaltersrente nach dem SGB VI (vgl. III-2.3.3). Aktuell (2011) liegt sie bei der Vollendung des 65. Lebensjahrs und wird bis 2029 schrittweise auf die Vollendung des 67. Lebensjahrs angehoben. Nach Erreichen der Altersgrenze ist i. d. R. die Grundsicherung im Alter nach §§ 41 ff. SGB XII einschlägig.

Während vor Inkrafttreten des SGB II die Sozialhilfe als „letztes Netz der sozialen Sicherung" unter das SGB III geknüpft war und damit z. B. Bezieher von Arbeitslosenhilfe, bei denen die Höhe der Leistung zur Deckung des Bedarfs nicht ausreichend war, ergänzende Sozialhilfe bekommen konnten, ist dies nun nach § 5 Abs. 2 SGB II nicht mehr möglich. Der Anspruch auf Leistungen zur Sicherung des Lebensunterhalts nach dem SGB II schließt Leistungen der Hilfe zum Lebensunterhalt nach dem SGB XII aus.

4.1.2   Grundprinzipien des SGB II

Fördern und Fordern

Das erste Kapitel des SGB II trägt die Überschrift „Fördern und Fordern" und macht die Grundlinie des SGB II deutlich, die von dem Gedanken von Leistung und Gegenleistung geprägt ist. Zuvor war nach dem Welfare-Ansatz die Existenzsicherung, die vor allem im Wege der Sozialhilfe erfolgte, aus der sozialstaatlichen Verpflichtung zur Überwindung der Hilfebedürftigkeit abgeleitet worden. Mit dem SGB II rückt nunmehr der sog. Workfare-Ansatz in den Vordergrund, wonach die Sicherung des Existenzminimums nicht Ausdruck der einseitigen sozialstaatlichen Verpflichtung zur Überwindung von Hilfebedürftigkeit ist, sondern Gegenleistung für die von dem Hilfebedürftigen zu erbringenden Aktivitäten (vgl. Münder – Münder 2009 Einleitung Rz. 7 ff.). Der Hilfebedürftige ist verpflichtet, alle Möglichkeiten zur Beendigung oder Verringerung der Hilfebedürftigkeit auszuschöpfen, insb. durch Aufnahme zumutbarer Arbeit. Prinzipiell ist nach § 10 SGB II jede Arbeit zumutbar, zu der die betreffende Person körperlich, geistig und seelisch in der Lage ist. Es gibt nur wenige Gründe, die zur Unzumutbarkeit einer Tätigkeit führen können. Dies betrifft hauptsächlich Tätigkeiten, die die zukünftige Ausübung der bisherigen Tätigkeit aufgrund der besonderen körperlichen Anforderungen wesentlich erschweren würden (§ 10 Abs. 1 Nr. 2 SGB II), sowie Tätigkeiten, die die Erziehung eines Kindes gefährden würden (§ 10 Abs. 1 Nr. 3 SGB II) oder mit der Pflege eines Angehörigen nicht vereinbar wären (§ 10 Abs. 1 Nr. 4 SGB II). Daneben kann ein sonstiger wichtiger Grund zur Unzumutbarkeit führen (§ 10 Abs. 1 Nr. 5 SGB II), wie etwa ungewöhnlich lange Pendelzeiten oder eine Tätigkeit, die gegen zwingende Vorschriften des Arbeitsschutzes verstößt. Dieser Auffangtatbestand ist nach der Gesetzesbegründung restriktiv auszulegen. Erforderlich ist hier eine Abwägung zwischen den Interessen des Hilfebedürftigen und den Interessen der Allgemeinheit, die die Leistungen an den Hilfebedürftigen und die Mitglieder seiner Bedarfsgemeinschaft zu erbringen hätte. Insofern gehen die Anforderungen an den Betroffenen über die Anforderungen im Rahmen des SGB III hinaus (vgl. III-2.5). Aus den Regelungen des SGB III, etwa über die zumutbaren Pendelzeiten nach § 121 SGB III, lassen sich allenfalls Hinweise auf eine verhältnismäßige Auslegung des Begriffs der sonstigen wichtigen Gründe nach § 10 Abs. 1 Nr. 5 SGB II ableiten (vgl. Münder – Brühl 2009 § 10 Rz. 29 ff.).

Zumutbarkeit der Arbeit

Die Verpflichtung, alle Möglichkeiten zur Beendigung oder Verringerung der Hilfebedürftigkeit auszuschöpfen, wird von einem System von Anreizen und Sanktionen flankiert. Als Anreiz ist vor allem die Freibetragsregelung des § 11b Abs. 1 Nr. 6 SGB II von Bedeutung. Danach ist bei erwerbstätigen Hilfebedürftigen ein Teil ihres Einkommens bei der Bemessung der Leistungen nicht anzurechnen (s. III-4.1.7). Als Sanktionen enthalten §§ 31 ff. SGB II für einen umfangreichen Katalog von Tatbeständen Regelungen zur Absenkung und zum Wegfall der Leistungen. Die Sanktionen sind als Reaktion auf unzureichende Bemühungen zur Beseitigung oder Verringerung der Hilfebedürftigkeit vorgesehen (im Einzelnen vgl. III-4.1.8). Das System der Anreize und Sanktionen hat das Ziel, die Arbeitslosigkeit durch Beeinflussung der Motivation erwerbsfähiger Arbeitsloser zu reduzieren. Angesichts der aktuellen Lage auf dem Arbeitsmarkt, insb. für gering qualifizierte Personen, erscheint dieser Ansatz als problematisch.

Anreize

Sanktionen

4.1.3   Die Träger der Grundsicherung für Arbeitsuchende

Die Trägerschaft der Grundsicherung für Arbeitsuchende liegt nach § 6 Abs. 1 SGB II für einen Teil der Aufgaben bei der Bundesanstalt für Arbeit und für einen anderen Teil bei den kreisfreien Städten und Landkreisen als kommunale Träger. Die Zuständigkeit der kommunalen Träger betrifft in erster Linie die **Unterkunftskosten** nach § 22 SGB II. Daneben sind sie zuständig für einige der wenigen im Gesetz enthaltenen Leistungen zum Lebensunterhalt, die neben den laufenden Leistungen erbracht werden. Nach § 24 Abs. 3 Nr. 1 und 2 sind dies Erstausstattungen für eine Wohnung sowie für Kleidung und bei Schwangerschaft und Geburt. Zudem betrifft die Zuständigkeit einen Teil der Leistungen für Auszubildende (§ 27 Abs. 3 SGB II). Darüber hinaus sind sie nach § 16a SGB II verantwortlich für die Betreuung minderjähriger oder behinderter Kinder oder die häusliche Pflege von Angehörigen, Schuldnerberatung, psychosoziale Betreuung und Suchtberatung. Mit dem RBEG vom 24. März 2011 wurde den Kommunen zudem die Verantwortung für das sog. Bildungspaket (§ 28 SGB II) übertragen. Die übrigen Aufgaben nach dem SGB II fallen in den Zuständigkeitsbereich der Bundesagentur für Arbeit. Damit die Aufgaben nach außen hin einheitlich wahrgenommen werden und die gespaltene Leistungsträgerschaft nicht zwei unterschiedliche Anlaufstellen für die Bürger zur Folge hat, verpflichtet § 44b SGB II die beiden Träger dazu, in jeder Kommune eine gemeinsame Einrichtung zu bilden, die die Aufgaben nach dem SGB II wahrnimmt. Ganz überwiegend ist also die gemeinsame Einrichtung Anlaufstelle für die Bürger. Die gemeinsamen Einrichtungen nach § 44b SGB II und die zugelassenen kommunalen Träger nach § 6a SGB II führen die Bezeichnung **Jobcenter** (§ 6d SGB II).

Jobcenter

Ursprünglich wurden die Aufgaben von Arbeitsgemeinschaften (ARGE) wahrgenommen, die von den kommunalen Trägern und der Bundesagentur errichtet wurden (§ 44b Abs. 3 SGB II a. F.). Die Regelung wurde vom BVerfG jedoch am 20.12.2007 wegen Verstoßes gegen die kommunale Selbstverwaltung für verfassungswidrig erklärt (BVerfG 20.12.2010, 2 BvR 2433/04 und 2 BvR 2434/04). Das Gericht befand, die ARGEn widersprächen dem Grundsatz eigenverantwortlicher Aufgabenwahrnehmung, der den zuständigen Verwaltungsträger verpflichte,

Arbeitsgemeinschaft – ARGE

seine Aufgaben grundsätzlich mit eigenem Personal, eigenen Sachmitteln und eigener Organisation wahrzunehmen. Um weiterhin eine einheitliche Anlaufstelle für die um Hilfe nachfragenden Personen bereitstellen zu können, wurde 2010 eine Verfassungsänderung vorgenommen, auf deren Grundlage die Regelung bezüglich der gemeinsamen Einrichtungen erfolgte. Um zu prüfen, ob eventuell mittelfristig von der gespaltenen Trägerschaft abgerückt und eine Gesamtzuständigkeit eines Trägers festgelegt werden kann, wurde 2005 mit § 6a SGB II a. F. eine Experimentierklausel in das Gesetz aufgenommen, die es einer begrenzten Zahl von kommunalen Trägern ermöglichte, auch die Aufgaben der Bundesagentur für Arbeit zu übernehmen. Es sollte erprobt werden, ob sich die Übernahme insb. der Leistungen zur Eingliederung in Arbeit durch die kommunalen Träger anstelle der Bundesagentur bewährt. Auf der Grundlage des § 6a SGB II a. F. wurden 2005 69 **Optionskommunen** sog. Optionskommunen ausgewählt, in denen die Aufgaben des SGB II insgesamt von den kreisfreien Städten bzw. Landkreisen erfüllt werden und in denen keine ARGE eingerichtet wurde. Nach § 6c SGB II a. F. wurde die Wirkung durch das Bundesministerium für Wirtschaft und Arbeit untersucht und den gesetzgebenden Körperschaften des Bundes bis zum Ende des Jahres 2008 Bericht erstattet. Unter der Voraussetzung, dass sich die Optionskommunen verpflichteten, mit der zuständigen Landesbehörde eine Zielvereinbarung über die Leistungen nach dem SGB II abzuschließen und Daten an die Bundesagentur zu übermitteln, wurde ihre Zulassung inzwischen unbefristet verlängert (§ 6a Abs. 1 SGB II). Zudem ist die Zulassung einer begrenzten Zahl weiterer kommunaler Träger vorgesehen (§ 6a Abs. 2 SGB II). Derzeit bestehen bereits ca. 100 Optionskommunen.

4.1.4   Der Kreis der Berechtigten

Der berechtigte Personenkreis, der Leistungen nach dem SGB II beziehen kann, ergibt sich aus § 7 SGB II. Die Voraussetzungen für die Berechtigung werden in Absatz 1 aufgeführt. Die anspruchsberechtigte Person muss das 15. Lebensjahr vollendet, die Altersgrenze nach § 7a SGB II allerdings noch nicht erreicht haben, derzeit (2011) also zwischen 15 und 64 Jahren alt sein, sie muss erwerbsfähig sein und damit nach § 8 SGB II in der Lage sein, mindestens drei Stunden täglich unter den üblichen Bedingungen des allgemeinen Arbeitsmarktes erwerbstätig zu sein, sie muss ihren gewöhnlichen Aufenthalt in der Bundesrepublik haben und hilfebedürftig sein. Ausnahmen bestehen nach § 7 Abs. 1 S. 2 SGB II für verschiedene Gruppen von Ausländern. Weitere Personengruppen sind nach § 7 Abs. 4 bis 5 SGB II vom Leistungsbezug ausgeschlossen. Dies betrifft im Regelfall Personen, die sich in stationären Einrichtungen aufhalten, die Altersrente beziehen, die sich in einer nach dem BAföG oder dem SGB III förderungsfähigen Ausbildung befinden (vgl. aber §§ 7 Abs. 6, 27 SGB II), oder die sich außerhalb des in der Erreichbarkeitsanordnung definierten zeit- und ortsnahen Bereiches aufhalten (vgl. III-2.5.3).

Leben Personen, bei denen nicht jedes dieser Kriterien vorliegt, die für sich allein betrachtet also nicht berechtigt wären, mit einem erwerbsfähigen Hilfebedürftigen nach Absatz 1 in einer Bedarfsgemeinschaft, so werden sie dadurch in den Geltungsbereich des SGB II mit hineingezogen. Sie erhalten dann nicht wie der

erwerbsfähige Hilfebedürftige Arbeitslosengeld II, sondern im Regelfall Sozial- **Bedarfsgemein-**
geld nach § 19 Abs. 1 Satz 2 SGB II. Insofern ist der Begriff „Bedarfsgemein- **schaft**
schaft" von besonderer Bedeutung für Ansprüche nach dem SGB II. Dies ergibt
sich auch daraus, dass innerhalb einer Bedarfsgemeinschaft entweder wechselseitig oder auch einseitig Einkommen und Vermögen anderer Mitglieder bei der
Frage berücksichtigt werden, ob eine Person hilfebedürftig ist.

§ 7 Abs. 3 i.V.m. Abs. 3a SGB II regelt, welche Personen miteinander eine Bedarfsgemeinschaft bilden. Nach § 7 Abs. 3 **Nr. 1** ist dies zunächst der **erwerbsfähige Hilfebedürftige** nach Absatz 1. Ohne ihn wäre der Anwendungsbereich des
Gesetzes gar nicht eröffnet, er ist also gesetzessystematisch praktisch der „Kern"
der Bedarfsgemeinschaft. Zur Bedarfsgemeinschaft gehören nach **Nr. 2** auch **die
im Haushalt lebenden Eltern** oder der im Haushalt lebende Elternteil eines unverheirateten erwerbsfähigen Kindes, welches das 25. Lebensjahr noch nicht vollendet hat, und der im Haushalt lebende Partner dieses Elternteils. Nach **Nr. 3** gehört
auch der **Partner** des erwerbsfähigen Hilfebedürftigen zur Bedarfsgemeinschaft.
Dies ist der Fall, wenn es sich um den nicht dauernd getrennt lebenden Ehegatten,
den nicht dauernd getrennt lebenden Lebenspartner oder um eine Person handelt,
die mit dem erwerbsfähigen Hilfebedürftigen in einem gemeinsamen Haushalt so
zusammenlebt, dass nach verständiger Würdigung der wechselseitige Wille anzunehmen ist, Verantwortung füreinander zu tragen und füreinander einzustehen. Bis
zum August 2006 verwendete das Gesetz an dieser Stelle die Formulierung „die
Person, die mit dem erwerbsfähigen Hilfebedürftigen in eheähnlicher Gemeinschaft lebt". Der Nachweis, dass eine eheähnliche Gemeinschaft vorlag, gestaltete
sich jedoch – bei korrekter Rechtsanwendung – als schwierig. In einer Grundsatzentscheidung hat das Bundesverfassungsgericht 1992 den Begriff der eheähnlichen Gemeinschaft dahin gehend definiert, dass eine eheähnliche Gemeinschaft
nur vorliegt, wenn zwischen den Partnern so enge Bindungen bestehen, dass von
ihnen ein gegenseitiges Einstehen in den Not- und Wechselfällen des Lebens erwartet werden kann im Sinne einer Verantwortungs- und Einstehensgemeinschaft.
Nur wenn sich die Partner einer Gemeinschaft so sehr füreinander verantwortlich
fühlen, dass sie zunächst den gemeinsamen Lebensunterhalt sicherstellen, bevor
sie ihr persönliches Einkommen zur Befriedigung eigener Bedürfnisse verwenden, ist laut BVerfG ihre Lage mit derjenigen nicht dauernd getrennt lebender Ehegatten im Hinblick auf die verschärfte Bedürftigkeitsprüfung vergleichbar
(BVerfGE 87, 234). Da diese Frage von inneren Einstellungen und Motivationen **Einstehensgemein-**
abhängt, die dem zuständigen Sozialleistungsträger nicht zugänglich sind, konnte **schaft**
nur versucht werden, diese Frage anhand von Indizien zu klären. Um die Beweislage für die Träger zu verbessern, hat der Gesetzgeber diesen Punkt präziser geregelt und die Beweislast umgekehrt. Über die eheähnlichen Gemeinschaften hinaus, die in Anlehnung an die Ehe nur zwischen zwei Partnern unterschiedlichen
Geschlechts bestehen können, erfasst die aktuelle Regelung aufgrund der offene-
ren Formulierung nun auch gleichgeschlechtliche Partnerschaften. Die aktuelle
Gesetzesfassung greift die Formulierung des Bundesverfassungsgerichts auf und
zudem trifft das Gesetz in § 7 Abs. 3a SGB II auch eine Regelung dazu, wann ein
wechselseitiger Wille, Verantwortung füreinander zu tragen und füreinander einzustehen, vermutet wird. Dies ist der Fall, wenn Partner entweder länger als ein

Jahr zusammenleben, mit einem gemeinsamen Kind zusammenleben, Kinder oder Angehörige im Haushalt versorgen oder befugt sind, über Einkommen oder Vermögen des anderen zu verfügen. Diese gesetzliche Vermutung kann von den Betroffenen widerlegt werden, was sich aber aufgrund der schwierigen Nachweisbarkeit innerer Motivationen und u. U. stillschweigend getroffener Vereinbarungen der Partner sehr schwer realisieren lassen dürfte. Ausreichend ist laut Gesetzesbegründung nicht die Behauptung, dass der Vermutenstatbestand nicht erfüllt sei; erforderlich ist vielmehr, dass der Betroffene darlegt und nachweist, dass alle Kriterien des § 7 Abs. 3a SGB II nicht erfüllt werden bzw. die Vermutung durch andere Umstände entkräftet wird. Zudem ist es laut Gesetzesbegründung nicht ausgeschlossen, dass auch, wenn die gesetzliche Vermutung nicht greift, andere, in § 7 Abs. 3a SGB II nicht genannte äußere Tatsachen das Vorliegen einer Einstehensgemeinschaft begründen können. Dies ist vom zuständigen Leistungsträger unter Würdigung aller Umstände von Amts wegen zu prüfen und zu entscheiden (BT-Ds 16/1410, 19 f.). Dabei ist zu beachten, dass eine übermäßig weite Auslegung des Begriffs der Bedarfsgemeinschaft und eine unkritische „Zwangsverklammerung" von Personen zu Bedarfsgemeinschaften die Grenze zur Verfassungswidrigkeit überschreiten könnte (vgl. Spellbrink NZS 2007, 121, 127).

Hausbesuche   Im Zusammenhang mit der Prüfung, ob eine Einstehgemeinschaft gegeben ist, werden oft Hausbesuche durchgeführt (vgl. III-1.2.2). Seit August 2006 gilt die Regelung des § 6 Abs. 1 Satz 2, 2. Halbsatz SGB II, wonach die Träger einen Außendienst zur Bekämpfung von Leistungsmissbrauch einzurichten haben. Laut Gesetzesbegründung liegt eine wesentliche Aufgabe des Außendienstes auch in der Sachverhaltsermittlung, indem er die Anspruchsvoraussetzungen in den Fällen zu überprüfen hat, in denen eine Entscheidung nach Aktenlage nicht möglich ist (BT-Ds 16/1410, 45). Schwerpunktmäßig bezieht sich dies auf die Überprüfung des Einkommens und Vermögens und die Mitglieder der Bedarfsgemeinschaft. In diesem Zusammenhang ermitteln die Bedarfs- oder Sachverhaltsermittler des Außendienstes im Rahmen der Hausbesuche Indizien, die Aufschluss über den Charakter des Zusammenlebens geben könnten. Derartige Indizien können etwa die gemeinsame Nutzung von Wohnräumen sein, das Einkaufen, Kochen oder Waschen der Wäsche durch einen Bewohner auch für den (eventuellen) Partner oder das Vorhandensein von Kleidung oder sonstigen persönlichen Gegenständen des Partners in der Wohnung, obwohl dieser unter einer abweichenden Adresse behördlich gemeldet ist. Der Hausbesuch ist eine Form der Inaugenscheinnahme als Beweismittel zur Sachverhaltsaufklärung (§ 21 Abs. 1 Nr. 4 SGB I). Es besteht in diesem Zusammenhang keine Rechtsgrundlage für ein Betreten der Wohnung gegen den Willen des Betroffenen. Eine solche Befugnis kann auch nicht mit gerichtlicher Hilfe erzwungen werden. Der Hausbesuch ist weder spezialgesetzlich noch bei den §§ 60 ff. SGB I als Mitwirkungspflicht geregelt (vgl. III-1), insofern kann die Leistung bei Verweigerung des Zutritts zur Wohnung nicht aufgrund fehlender Mitwirkung nach § 66 SGB I abgelehnt werden. Allerdings besteht die Möglichkeit, die Leistung zu versagen, wenn das Jobcenter seiner Pflicht zur Sachverhaltsaufklärung nach § 20 SGB X nicht auf andere Weise nachkommen kann und somit der infrage stehende Bedarf nicht feststellbar ist (Münder – Armborst 2009 Anhang Verfahren Rz. 17). Aus der Weigerung, einen unangekündigten Hausbesuch zuzulassen, darf der Träger der Grundsicherung nur dann negative Konsequenzen ziehen, wenn die Feststellung der zu überprüfenden Tatsache keine andere Vorgehensweise zulässt und die Hilfe ohne diese Feststellung versagt werden muss (BVerwG FEVS 34, 309).

Nach § 7 Abs. 3 **Nr. 4** SGB II schließlich zählen zur Bedarfsgemeinschaft auch die dem Haushalt angehörenden **unverheirateten Kinder** der in den Nummern 1 bis 3 genannten Personen, wenn sie das 25. Lebensjahr noch nicht vollendet haben, soweit sie die Leistungen zur Sicherung ihres Lebensunterhalts nicht aus eigenem Einkommen oder Vermögen beschaffen können. Ursprünglich waren nur die minderjährigen Kinder in die Bedarfsgemeinschaft miteinbezogen, dies wurde im Frühjahr 2006 auf die Kinder unter 25 Jahren ausgedehnt, um die Kosten einzudämmen.

4.1.5   Leistungen zur Eingliederung in Arbeit

Die Leistungen zur Eingliederung in Arbeit werden in einem kurzen Abschnitt des SGB II geregelt, wobei hinsichtlich der einzelnen Leistungen im Wesentlichen auf Vorschriften des SGB III verwiesen wird.

Unter dem Stichwort „Grundsatz des Förderns" bestimmt § 14 SGB II, dass die Träger der Leistungen nach diesem Buch erwerbsfähige Hilfebedürftige umfassend mit dem Ziel der Eingliederung in Arbeit unterstützen. Die Agentur für Arbeit soll einen **persönlichen Ansprechpartner** für jeden erwerbsfähigen Hilfebedürftigen und die mit ihm in einer Bedarfsgemeinschaft Lebenden benennen. Mit diesen Regelungen liegt nur eine Verpflichtung bzw. hinsichtlich des persönlichen Ansprechpartners eine **Regelobliegenheit** der öffentlichen Träger vor, subjektive Rechtsansprüche der Bürger lassen sich daraus nicht ableiten. Die Benennung des persönlichen Ansprechpartners soll ein kompetentes Fallmanagement sicherstellen, ein Vertrauensverhältnis zwischen dem Betroffenen und dem Mitarbeiter des zuständigen Trägers fördern und der Effizienz der Betreuung dienen (BT-Ds 15/1516, 54).

Fallmanagement

§ 15 SGB II regelt parallel zu § 35 Abs. 4 SGB III (vgl. III-2.5.) den Abschluss einer Eingliederungsvereinbarung. Darin soll die Agentur für Arbeit im Einvernehmen mit dem kommunalen Träger mit jedem erwerbsfähigen Hilfebedürftigen die für seine Eingliederung erforderlichen Leistungen vereinbaren. Entsprechend dem in § 41 SGB II festgelegten Regelbewilligungszeitraum für Leistungen zur Sicherung des Lebensunterhalts soll die Eingliederungsvereinbarung jeweils für sechs Monate abgeschlossen werden. Danach wird auf der Grundlage der gewonnenen Erfahrungen eine neue Vereinbarung getroffen. Nach § 15 Abs. 1 Satz 6 SGB II sollen die für die Eingliederungsvereinbarung vorgesehenen Regelungen per Verwaltungsakt erfolgen, wenn keine Eingliederungsvereinbarung zustande kommt. Spätestens an diesem Punkt zeigt sich, dass von einer Vereinbarung im eigentlichen Sinne nicht die Rede sein kann. Der zuständige Träger kann seine Vorstellungen im Wege des Verwaltungsakts durchsetzen, wenn sich der Betroffene weigert, eine Eingliederungsvereinbarung abzuschließen. Damit ist ein

Eingliederungsvereinbarung

Gleichordnungsverhältnis, das üblicherweise Grundlage einer Vereinbarung ist, schon formal nicht gegeben. Hinzu kommt, dass nach § 31 Abs. 1 Nr. 1 SGB II die Weigerung, in einer Eingliederungsvereinbarung festgelegte Pflichten zu erfüllen, mit Sanktionen belegt werden.

§ 15a SGB II sieht vor, dass erwerbsfähigen Personen, die innerhalb der letzten zwei Jahre laufende Geldleistungen zur Sicherung des Lebensunterhalts weder nach dem SGB II noch nach dem SGB III bezogen haben, bei der Beantragung von Leistungen nach diesem Buch unverzüglich Leistungen zur Eingliederung in Arbeit angeboten werden sollen (Sofortangebot). Durch die frühzeitige Unterbreitung von Eingliederungsangeboten soll Hilfebedürftigkeit vermieden bzw. einer länger andauernden Zeit der Hilfebedürftigkeit vorgebeugt sowie die Bereitschaft des Hilfesuchenden zur Arbeitsaufnahme überprüft werden.

Eingliederungsleistungen des SGB II § 16 Abs. 1 SGB II verpflichtet die ARGE durch einen Verweis auf § 35 SGB III dazu, **Ausbildungs- und Arbeitsvermittlung** für die erwerbsfähigen Hilfebedürftigen durchzuführen. Im Übrigen verweist die Vorschrift auf die wesentlichen Eingliederungsleistungen des SGB III, die im Rahmen des SGB II durch die ARGE als Ermessensleistungen erbracht werden können. Auch die Anbahnung und Aufnahme einer schulischen Berufsausbildung kann in diesem Zusammenhang gefördert werden (§ 16 Abs. 3 SGB II). Darüber hinaus können nach §§ 16a bis 16g

Kommunale Eingliederungsleistungen SGB II weitere Leistungen erbracht werden, die für die Eingliederung des erwerbsfähigen Hilfebedürftigen in das Erwerbsleben erforderlich sind. Hier sind in den letzten Jahren mehrere Eingliederungsleistungen neu hinzugekommen. Zu den weiteren Leistungen gehören zunächst die **Betreuung** minderjähriger oder behinderter **Kinder** oder die **häusliche Pflege** von Angehörigen, die **Schuldnerberatung**, die **psychosoziale Betreuung** und die **Suchtberatung** als kommunale Ein-

Einstiegsgeld gliederungsleistungen (§ 16a SGB II). Eine spezifische Eingliederungsleistung des SGB II ist zudem das Einstiegsgeld nach § 16b SGB II, das bei Aufnahme einer sozialversicherungspflichtigen oder selbstständigen Tätigkeit erbracht werden kann. Bei der Aufnahme einer selbstständigen Tätigkeit können Leistungen zur Eingliederung von **Selbstständigen** nach § 16c SGB II erbracht werden. Voraussetzung ist, dass die selbstständige Tätigkeit nach der Stellungnahme einer fachkundigen Stelle wirtschaftlich tragfähig ist und die Hilfebedürftigkeit durch die selbstständige Tätigkeit innerhalb eines angemessenen Zeitraums dauerhaft überwunden oder verringert wird.

Arbeitsgelegenheiten Eine weitere spezielle Eingliederungsleistung sind die in § 16d SGB II geregelten Arbeitsgelegenheiten. Diese sollen für erwerbsfähige Hilfebedürftige, die keine Arbeit finden können, geschaffen werden. Die Arbeitsgelegenheiten können in Form von regulären Arbeitsverhältnissen, als Arbeitsbeschaffungsmaßnahme oder als im öffentlichen Interesse liegende zusätzliche Arbeiten im Sinne von § 16d SGB II erfolgen. Letzteres ist in der Praxis der Regelfall. Es muss sich hierbei um Arbeiten handeln, die im **öffentlichen Interesse** liegen und die **zusätzlich** durchgeführt werden. Zur Auslegung der beiden Begriffe kann § 261 SGB III herangezogen werden, der hinsichtlich der Förderungsfähigkeit von Arbeitsbeschaffungsmaßnahmen dieselben Formulierungen verwendet und diese auch definiert. Das öffentliche Interesse ist danach zu bejahen, wenn das Arbeitsergebnis der Allgemeinheit dient (§ 261 Abs. 3 SGB III). Dies kann etwa der Fall sein bei Arbeiten, die der Verbesserung der wirtschaftlichen, sozialen oder kulturellen Infrastruktur oder der Förderung des Umweltschutzes dienen (Münder – Niewald 2009 § 16 Rz. 39). Zusätzlich i. S. v. § 261 SGB III ist eine Arbeit, wenn sie ohne die Förderung – also in diesem Fall ohne die Arbeitsgelegenheit – nicht, nicht im selben Umfang oder erst zu einem späteren Zeitpunkt durchgeführt wird. Das Kriterium der Zusätzlichkeit verbietet es, Arbeitsgelegenheiten für die Einsparung von regulären Arbeitskräften zu verwenden und Beschäftigungsverhältnisse auf dem ersten Arbeitsmarkt zu verdrängen. Klassisches Beispiel für zusätzliche Arbeiten sind jahreszeitbedingt nicht unbedingt erforderliche Reinigungsarbeiten in Grünanlagen (m. w. N. Münder – Niewald 2009 § 16 Rz. 41 ff.). Dennoch lässt sich eine solche Verdrängung in der Praxis nicht ausschließen, da die Arbeitsgelegenheiten teilweise auch in Bereichen durchgeführt werden, wo ansonsten Fachkräfte zum Einsatz kämen. Dies gilt auch in Bereichen der Sozialen Arbeit, etwa in der Kinder- und Jugendhilfe oder in der Altenpflege.

Die Arbeitsgelegenheiten in Form der im öffentlichen Interesse liegenden zusätzlichen Arbeiten i. S. d. § 16d SGB II begründen kein Arbeitsverhältnis, es finden jedoch die Vorschriften über Arbeitsschutz, Urlaub und die arbeitsrechtliche Haftungsbegrenzung Anwendung (s. IV-3). Umgangssprachlich sind die Arbeitsgelegenheiten als **„Ein-Euro-Jobs"** bekannt, da den Teilnehmern i. d. R. kein Lohn o. Ä. gezahlt wird, sondern eine geringe Aufwandsentschädigung, die in der Praxis bei etwa 1 bis 2,50 € pro Stunde liegt. Der Hilfebedürftige hat Anspruch auf eine Aufwandsentschädigung, die den entstandenen Aufwand etwa durch Fahrtkosten oder häufige Reinigung der Kleidung tatsächlich abdeckt. Es ist jedoch nicht erforderlich, dass darüber hinaus Geld zur freien Verfügung des Hilfebedürftigen übrig bleibt. Nach dem Zweck der Arbeitsgelegenheit stellt sie eine Leistung an den Betroffenen dar, die diesem bei der (Wieder-)Eingliederung ins Arbeitsleben helfen soll. Es handelt sich nicht um eine Arbeitsleistung des Hilfebedürftigen, die – wenn auch auf geringem Niveau oder auch nur symbolisch – in irgendeiner Weise zu entlohnen wäre. Die Arbeitsgelegenheiten werden nicht durchgängig allen Hilfebedürftigen angeboten bzw. nahegelegt. Vielfach werden Personen in Arbeitsgelegenheiten vermittelt, die selbst den Wunsch haben, einer Beschäftigung nachzugehen. Für sie lässt sich die Arbeitsgelegenheit in der Tat als Leistung zur Eingliederung verstehen. Andererseits ist das Angebot einer Arbeitsgelegenheit oft auch ein Mittel, die Arbeitswilligkeit von Personen zu testen, die aus der Sicht des zuständigen Trägers wenig Engagement erkennen lassen. In Anbetracht der Tatsache, dass die Teilnahme an einer Arbeitsgelegenheit nur sehr selten die Vermittlung in ein Arbeitsverhältnis nach sich zieht, empfinden die Betroffenen diese Vorgehensweise oft als Schikane. Aufgrund einer erheblichen Kürzung der Mittel für die Eingliederungsleistungen hat sich die Anzahl der durchgeführten Arbeitsgelegenheiten seit Beginn des Jahres 2010 deutlich reduziert.

§ 16e SGB II regelt Leistungen zur Beschäftigungsförderung. Auf dieser Grundlage können Arbeitgeber, die einen erwerbsfähigen Hilfebedürftigen mit **Vermittlungshemmnissen** beschäftigen, einen Beschäftigungszuschuss erhalten. Der Zuschuss soll sowohl die zu erwartende Minderleistung des Arbeitnehmers ausgleichen als auch sonstige Kosten, die dem Arbeitgeber durch die Beschäftigung entstehen. Er kann bis zu 75 % des berücksichtigungsfähigen Arbeitsentgelts

Beschäftigungszuschuss

betragen und zusätzlich einen Zuschuss von bis zu 200 € monatlich insb. für eine begleitende Qualifizierung des Arbeitnehmers umfassen. Die Förderdauer beträgt zunächst 24 Monate, anschließend soll der Beschäftigungszuschuss jedoch unbefristet weitergeführt werden, wenn anderweitig eine Erwerbstätigkeit auf dem allgemeinen Arbeitsmarkt innerhalb der nächsten 24 Monate nicht möglich ist. Um einer missbräuchlichen Inanspruchnahme vorzubeugen, ist der Zuschuss ausgeschlossen, wenn zu vermuten ist, dass der Arbeitgeber ein anderes Beschäftigungsverhältnis beendet hat, um den Beschäftigungszuschuss zu erhalten.

Freie Förderung   Nach § 16f SGB II kann die Agentur für Arbeit bis zu 10 % der Eingliederungsmittel für freie Leistungen einsetzen, die den Zielen und Grundsätzen des SGB II entsprechen müssen. § 16g SGB II sieht die Möglichkeit vor, eine bereits angelaufene Maßnahme zur Eingliederung auch dann weiter zu fördern, wenn die Hilfebedürftigkeit des Betroffenen zwischenzeitlich weggefallen ist. Voraussetzung ist, dass die weitere Förderung wirtschaftlich erscheint und die Maßnahme wahrscheinlich erfolgreich abgeschlossen wird. Damit soll verhindert werden, dass erfolgreich verlaufende Maßnahmen beendet werden müssen, wenn der Betroffene etwa durch die Begründung einer Bedarfsgemeinschaft mit einem Partner mit höheren Einkommen oder Vermögen nicht länger hilfebedürftig ist. Die weitere Förderung soll in diesem Fall jedoch als Darlehen erfolgen.

Förderung bei Wegfall der Hilfebedürftigkeit

4.1.6   Die Leistungen zur Sicherung des Lebensunterhalts nach dem SGB II

Als Leistungen zur Sicherung des Lebensunterhalts werden im Rahmen des SGB II Arbeitslosengeld II und Sozialgeld nach § 19 SGB II erbracht. Umgangssprachlich werden beide Leistungen oft als „Hartz-IV" bezeichnet. Das Arbeitslosengeld II wird erwerbsfähigen Hilfebedürftigen gewährt, das Sozialgeld ist die Leistung für nichterwerbsfähige Mitglieder der Bedarfsgemeinschaft eines erwerbsfähigen Hilfebedürftigen.

4.1.6.1 Arbeitslosengeld II

§ 19 Abs. 1 Satz 1 SGB II gewährt erwerbsfähigen Hilfebedürftigen einen Anspruch auf Arbeitslosengeld II zur Sicherung des Lebensunterhalts einschließlich der angemessenen Kosten für Unterkunft und Heizung. Bis zum Ende des Jahres 2010 wurde begleitend zum Arbeitslosengeld II nach § 24 SGB II a. F. ein befristeter Zuschlag gezahlt, wenn der Hilfebedürftige vor Bezug des Arbeitslosengeldes II Arbeitslosengeld nach dem SGB III bezogen hatte und nun die an die Bedarfsgemeinschaft erbrachten Leistungen nach dem SGB II geringer waren als das bisherige Arbeitslosengeld zuzüglich des Wohngeldes. Der Zuschlag wurde mit dem Haushaltsbegleitgesetz aus dem Jahr 2010 – dem sog. „Sparpaket" – mit Wirkung zum 1. Januar 2011 gestrichen.

Voraussetzung für den Anspruch ist, dass Hilfebedürftigkeit besteht, d. h. dass der Betroffene seinen Lebensunterhalt nicht aus eigenen Kräften und Mitteln sichern kann. Der Bedarf, der die Höhe des erforderlichen Lebensunterhalts nach dem SGB II und damit letztlich auch die Höhe der Leistung bestimmt, setzt sich zusammen aus dem Regelbedarf zur Sicherung des Lebensunterhalts nach § 20 SGB II, möglichem Mehrbedarf nach § 21 SGB II, Leistungen für Unterkunft und Heizung nach § 22 SGB II und möglichen Bedarfen, die im Wege der abweichenden Erbringung von Leistungen nach § 24 SGB II oder als zusätzliche Leistungen für die Schule nach § 24a SGB II bzw. als Bedarfe für Bildung und Teilhabe nach § 28 SGB II zu erbringen sind.

Die Sicherung des Lebensunterhalts erfolgt im Wesentlichen über den Regelbedarf nach § 20 SGB II. Dieser macht i. d. R. den weitaus größten Posten innerhalb des Arbeitslosengeldes II aus. In Absatz 1 werden in nicht abschließender Form **Regelbedarf** die Bedarfe aufgeführt, die aus dem Regelbedarf zu decken sind. Dies sind insb. Ernährung, Kleidung, Körperpflege, Hausrat, Haushaltsenergie ohne die auf die Heizung und Erzeugung von Warmwasser entfallenden Anteile, Bedarfe des täglichen Lebens sowie in vertretbarem Umfang auch Beziehungen zur Umwelt und eine Teilnahme am kulturellen Leben. Bereits im November 2006 hatte sich das Bundessozialgericht mit zwei Klagen zu befassen, die sich gegen die geringe Höhe des Regelbedarfs (damals: Regelleistung) richteten. Das BSG entschied zunächst, dass die Umstellung des früheren Systems der Arbeitslosenhilfe nach dem SGB III auf das für viele Personen ungünstigere System des SGB II rechtmäßig war (23.11.2006 – B 11b AS 9/06 R). Dies trifft auch auf ältere Personen zu, die zunächst Arbeitslosenhilfe bezogen haben und dann in den Geltungsbereich des SGB II gefallen sind. Ein schutzwürdiges Vertrauen in die dauerhafte Gewährung einer Leistung zur Sicherung des Lebensunterhalts in gleicher Höhe kann laut BSG nicht anerkannt werden. Nach Auffassung des Gerichts in der zweiten Entscheidung (23.11.2006 – B 11b AS 1/06 R) bestanden auch keine durchgreifenden verfassungsrechtlichen Bedenken gegen die gesetzlich festgeschriebene Höhe der Regelleistungen nach § 20 Abs. 2 und Abs. 3 SGB II sowie in diesem Zusammenhang gegen die aus den Gesetzesmaterialien nachzuvollziehende Art der Bedarfsermittlung und deren Ergebnis. Es sei grundsätzlich zulässig, den Bedarf gruppenbezogen zu erfassen und eine Typisierung bei Massenverfahren vorzunehmen. Das Gericht entschied, die Höhe der Regelleistung sei ausreichend, um den Lebensunterhalt davon zu bestreiten.

Der Regelbedarf wurde zu Beginn des Jahres 2011 neu bemessen, nachdem das **Neubemessung zum** Bundesverfassungsgericht die bisherige Regelleistung im Jahr 2010 für verfas- **01.01.2011** sungswidrig erklärt hatte. Die Entscheidung des Gerichts erfolgte aufgrund eines Vorlagebeschlusses des Bundessozialgerichts aus dem Jahr 2009 (BSG 27.01.2009 – B 14 AS 5/08 R). Geklagt hatten drei Kinder, die 1991 und 1993 geboren wurden. In dem Verfahren vor dem Sozialgericht ging es um die Höhe der Leistungen zur Sicherung des Lebensunterhalts nach dem SGB II für die Monate Januar und Februar 2005. Die Kläger forderten höhere Leistungen und beriefen sich darauf, die damalige Regelung des § 28 Abs. 1 Satz 3 Nr. 1 SGB II über die Höhe der Regelleistung für Kinder bis zur Vollendung des 14. Lebensjahres, die zu der Zeit 207 € monatlich betrug, sei verfassungswidrig. Das Verfahren blieb vor dem Sozialgericht und vor dem Landessozialgericht erfolglos. Auf die Revision der Kläger beschloss der 14. Senat des BSG, das Verfahren auszusetzen und eine Entscheidung des BVerfG gemäß Art. 100 Abs. 1 GG einzuholen.

Nach der Entscheidung des BVerfG sichert das **Grundrecht auf Gewährleistung eines menschenwürdigen Existenzminimums** aus Art. 1 Abs. 1 GG in Verbindung mit dem Sozialstaatsprinzip des Art. 20 Abs. 1 GG jedem Hilfebedürftigen diejenigen materiellen Voraussetzungen zu, die für seine physische Existenz und für ein Mindestmaß an Teilhabe am gesellschaftlichen, kulturellen und politischen Leben unerlässlich sind. Zur Konkretisierung und Aktualisierung dieses Grundrechts erkennt das Gericht einen Gestaltungsspielraum des Gesetzgebers an, wobei die zu erbringenden Leistungen an dem jeweiligen Entwicklungsstand des Gemeinwesens und den bestehenden Lebensbedingungen auszurichten sind. Zur Ermittlung des Anspruchumfangs hat der Gesetzgeber laut BVerfG alle existenznotwendigen Aufwendungen in einem transparenten und sachgerechten Verfahren realitätsgerecht sowie nachvollziehbar auf der Grundlage verlässlicher Zahlen und schlüssiger Berechnungsverfahren zu bemessen. Das Gericht räumt dem Gesetzgeber die Möglichkeit ein, den typischen Bedarf zur Sicherung des menschenwürdigen Existenzminimums durch einen monatlichen Festbetrag zu decken. Es verlangt jedoch, dass für einen darüber hinausgehenden unabweisbaren, laufenden, nicht nur einmaligen, besonderen Bedarf ein zusätzlicher Leistungsanspruch eingeräumt wird (BVerfG 09.02.2010 – 1 BvL 1/09). Das BVerfG rügt ausdrücklich nicht die Höhe der Regelleistung, sondern ihre intransparente Ermittlung und den Umstand, dass für untypische laufende Bedarfe keine zusätzlichen Leistungen vorgesehen waren. Mit dieser Begründung erklärte das Gericht die Regelungen über die Höhe der Regelleistung sowohl für das Arbeitslosengeld II (§ 20 Abs. 2 SGB II) als auch für das Sozialgeld (§ 28 Abs. 1 a. F. SGB II) für verfassungswidrig. Dem Gesetzgeber wurde eine Frist bis zum 31.12.2010 eingeräumt, um eine verfassungskonforme Neuregelung zu treffen. Bis zum Inkrafttreten dieser Neuregelung blieben die Vorschriften weiterhin anwendbar. Nach mehrwöchigen Diskussionen im Vermittlungsausschuss trat die Neuregelung mit dem Gesetz zur Ermittlung von Regelbedarfen und zur Änderung des Zweiten und Zwölften Buches Sozialgesetzbuch (Regelbedarfsermittlungsgesetz – RBEG) schließlich am 24.03.2011 rückwirkend zum 01.01.2011 in Kraft.

Ermittlung der Regelbedarfe

Das RBEG regelt die Bemessung sowohl der Regelbedarfe nach dem SGB II als auch der Regelsätze nach dem SGB XII. Die Ermittlung der Regelbedarfe erfolgt auf der Grundlage von Sonderauswertungen zur Einkommens- und Verbrauchsstichprobe aus dem Jahr 2008 (Art. 1 §§ 1 ff. RBEG). Es wird dabei differenziert zwischen Einpersonenhaushalten und Familienhaushalten, in denen Paare mit einem Kind leben. Die Haushalte werden jeweils nach ihrem Nettoeinkommen geschichtet. Als Referenzgruppe für die Ermittlung der Regelbedarfe werden bei den Einpersonenhaushalten die unteren 15 %, bei den Familienhaushalten die unteren 20 % berücksichtigt. Dabei werden Haushalte, die im Erhebungszeitraum ausschließlich Grundsicherung im Alter oder bei Erwerbsminderung oder Hilfe zum Lebensunterhalt nach dem SGB XII bzw. Arbeitslosengeld II und Sozialgeld nach dem SGB II bezogen haben, nicht in die Referenzgruppe einbezogen. Haben Haushalte allerdings neben den genannten Leistungen des SGB XII und SGB II im Erhebungszeitraum auch Erwerbseinkommen, einen befristeten Zuschlag nach Bezug von Arbeitslosengeld, Elterngeld oder eine Eigenheimzulage erhalten, so sind sie aus der Referenzgruppe nicht ausgeschlossen. Damit sind auch Bezieher von Leistungen zur Sicherstellung des Existenzminimums nach dem SGB XII und SGB II in der Referenzgruppe enthalten, was insoweit zu einem Zirkelschluss führt, da die Betrachtung der Referenzgruppe gerade Anhaltspunkte für den Bedarf dieser Personengruppe geben soll.

Von den Verbrauchsausgaben der Haushalte der Referenzgruppen sind je nach Art der Ausgaben, die in 12 Abteilungen untergliedert werden, unterschiedliche Anteile regelbedarfsrelevant, werden also für den Regelbedarf berücksichtigt. Dabei wird wiederum differenziert zwischen Einpersonenhaushalten und Familienhaushalten. Für die Familienhaushalte wird zudem hinsichtlich der regelbedarfsrelevanten Beträge für Minderjährige zwischen verschiedenen Altersgruppen unterschieden. Es wird differenziert zwischen der Altersgruppe der Kinder bis zur Vollendung des 6. Lebensjahres, der Kinder vom Beginn des 7. bis zur Vollendung des 14. Lebensjahres und den Jugendlichen vom Beginn des 15. bis zur Vollendung des 18. Lebensjahres. Der höchste monatliche Betrag ergibt sich dabei durchgängig für die Abteilung der Lebensmittel und alkoholfreien Getränke. Hier liegt der **Betrag für den Einpersonenhaushalt** bei 128,45 €. Alkoholhaltige Getränke sind nicht mehr regelbedarfsrelevant, ihr Verbrauch durch die Referenzgruppen fließt also nicht mehr in den Regelbedarf ein. Nach der Gesetzesbegründung stellt Alkohol ein gesundheitsgefährdendes Genussgift dar und gehört als legale Droge nicht zu dem das Existenzminimum abdeckenden Grundbedarf. Gleiches gilt für Tabakwaren, da es sich bei dem Genussgift Tabakwaren (Nikotin) wie bei Alkohol um eine legale Droge handelt (BT-Ds 17/3404, 53, 54).

Bedarfsrelevante Verbrauchsgüter

Am niedrigsten sind jeweils die Beträge in der Abteilung Bildung. Hier sind für den Einpersonenhaushalt 1,39 € regelbedarfsrelevant, bei den Kindern bis zur Vollendung des 6. Lebensjahres 0,98 €, in der Altersgruppe von 7 bis 13 Jahren 1,16 € und für die 14- bis 17-Jährigen nur noch 0,29 €. Das BVerfG hatte in seiner Entscheidung zur Verfassungswidrigkeit der Bemessung der Regelleistung vom Februar 2010 gerügt, dass Ausgaben für Bildung und außerschulischen Unterricht in Sport und musischen Fächern in der Regelleistung bis 2010 keine Berücksichtigung gefunden hatten (BVerfG 09.02.2010 – 1 BvL 1/09, Absatz-Nr. 180 ff.). Der Gesetzgeber hat sich bei der Neuregelung dafür entschieden, die betreffenden Ausgaben nicht in die Regelleistung einzubeziehen, sondern gesondert über das sog. **Bildungspaket** Leistungsansprüche für Minderjährige und junge Volljährige zu gewähren, die das 25. Lebensjahr noch nicht vollendet haben (ausführlich nachfolgend). Die Neubemessung des Regelbedarfs für Minderjährige hat letztlich zu geringeren Beträgen geführt, als sie aufgrund der vorigen Rechtslage gewährt wurden (§ 8 Abs. 1 RBEG). Um eine Schlechterstellung gegenüber der früheren Rechtslage zu verhindern, werden die Regelbedarfe ab dem 01.01.2011 in unveränderter Höhe gewährt (§ 8 Abs. 2 RBEG). Die rechnerischen Differenzbeträge, die sich im Vergleich zur Neuberechnung ergeben, werden allerdings jeweils mit den Fortschreibungen in den Folgejahren verrechnet (BT-Ds 17/3404, 90).

Die Entwicklung der Höhe der Regelleistung war bis Ende des Jahres 2010 an die fast jährlich stattfindende Änderung des aktuellen Rentenwerts (vgl. III-2.3.3) geknüpft, auch diese Regelung hielt jedoch der Überprüfung durch das BVerfG nicht stand. Das Gericht rügt die Orientierung am aktuellen Rentenwert im Gegen-

Fortschreibung der Regelbedarfe

satz zu der im Grundsatz gewählten statistischen Erhebungsmethode als sachwidrigen Maßstabswechsel. Es argumentiert zudem damit, dass der aktuelle Rentenwert nicht dazu diene, die zur Deckung des Existenzminimums erforderlichen Leistungen zu quantifizieren, sondern von völlig anderen Faktoren bestimmt werde (BVerfG 09.02.2010 – 1 BvL 1/09, Absatz-Nr. 184). Vom 01.01. 2012 an werden nun die Regelbedarfe jeweils zum 01.01. eines Jahres anhand eines Mischindexes fortgeschrieben, der sich zu 70 % aus Preisentwicklung und zu 30 % aus der Nettolohnentwicklung zusammensetzt. Das Gesetz verweist hier in § 20 Abs. 5 SGB II auf die Regelung des § 28a SGB XII, der die Einzelheiten der Fortschreibung regelt. Zudem erfolgt zum 01.01.2012 als Ergebnis der Verhandlungen im Vermittlungsausschuss eine Anhebung der Regelleistung für den Alleinstehenden bzw. Alleinerziehenden um 3 €. Hierdurch soll ausgeglichen werden, dass sich die Bemessung der Regelleistung nur auf die Durchschnittswerte des Jahres 2009 im Vergleich zum Jahr 2008 bezogen hat und damit nur die Steigerung innerhalb eines Jahres berücksichtigt wurde.

Leben mehrere Personen in einer **Bedarfsgemeinschaft** (s. III-4.1.4) zusammen, so verringert sich der Betrag des individuellen Regelbedarfs. Diese Regelung hat den Hintergrund, dass weniger Kosten entstehen, wenn Personen in einem Haushalt zusammenleben und wirtschaften, als wenn jeder allein in einem Haushalt lebt. Haben zwei Partner der Bedarfsgemeinschaft das 18. Lebensjahr vollendet, beträgt der Regelbedarf nach § 20 Abs. 4 SGB II jeweils monatlich 328 €. Dies entspricht 90 % des Regelbedarfs für die Alleinstehenden und Alleinerziehenden nach Absatz 2 S. 1. Der Regelbedarf für sonstige erwerbsfähige volljährige Angehörige der Bedarfsgemeinschaft beträgt monatlich 291 € (§ 20 Abs. 2 S. 2 Nr. 2 SGB II). Dies entspricht 80 % des Regelbedarfs nach Satz 1. Für minderjährige

Übersicht 44: Regelbedarfsstufen nach § 8 RBEG

Regel-bedarfs-stufe	Leistungsberechtigte	Höhe des monatlichen Regelbedarfs	Abweichend davon erbrachte Leistung, um Schlechterstellung zu verhindern
1	alleinstehende oder alleinerziehende Leistungsberechtigte	364 €	trifft nicht zu
2	Ehegatten und Lebenspartner sowie andere erwachsene Leistungsberechtigte, die in einem gemeinsamen Haushalt leben und gemeinsam wirtschaften	328 €	trifft nicht zu
3	erwachsene Leistungsberechtigte, die keinen eigenen Haushalt führen, weil sie im Haushalt anderer Personen leben	291 €	trifft nicht zu
4	Jugendliche vom Beginn des 15. bis zur Vollendung des 18. Lebensjahres	275 €	287 €
5	für Kinder vom Beginn des 7. bis zur Vollendung des 14. Lebensjahres	242 €	251 €
6	Kinder bis zur Vollendung des 6. Lebensjahres	213 €	215 €

erwerbsfähige Angehörige der Bedarfsgemeinschaft liegt der Regelbedarf bei monatlich 275 € (§ 20 Abs. 2 S. 2 Nr. 1 SGB II). Dieser Personenkreis hatte nach alter Rechtslage einen Anspruch auf 80 % der Regelleistung. Personen unter 25 Jahren, die ohne Zusicherung des Trägers umgezogen sind, erhalten – auch wenn sie nun alleinstehend oder alleinerziehend sind – nur 291 € und damit 80 % des Regelbedarfs. Der Hintergrund dieser Regelung liegt darin, dass sie für den Fall eines im Sinne des Leistungsrechts des SGB II unzulässigen Umzugs nicht privilegiert werden sollen. Sie erhalten daher den Regelbedarf in derselben Höhe, die ihnen auch zustehen würde, wenn sie weiterhin bei ihren Eltern oder einem Elternteil wohnen würden.

Es ergeben sich damit für die Leistungsberechtigten je nach Alter und Wohnsituation die in Übersicht 44 enthaltenen Regelbedarfsstufen.

Erweist sich der Leistungsberechtigte, insb. bei Drogen- oder Alkoholabhängigkeit sowie im Falle unwirtschaftlichen Verhaltens, als ungeeignet, mit den Leistungen für den Regelbedarf nach § 20 SGB II seinen Bedarf zu decken, kann das Arbeitslosengeld II bis zur Höhe des Regelbedarfs für den Lebensunterhalt in voller Höhe oder anteilig in Form von Sachleistungen erbracht werden (§ 24 Abs. 2 SGB II).

Für bestimmte Personen sieht § 21 SGB II Mehrbedarfe vor. Dies betrifft Personengruppen, die aufgrund spezieller Lebenslagen einen erhöhten Bedarf haben, **Mehrbedarf** der mit den Pauschalbeträgen der Regelleistung, die einen durchschnittlichen Bedarf abdecken, nicht zu befriedigen ist. Einen Anspruch auf Mehrbedarf haben nach § 21 Abs. 2 SGB II zunächst **schwangere Frauen** nach der 12. Schwangerschaftswoche. Nach Absatz 3 haben **alleinerziehende Personen** einen Mehrbedarf, wenn sie mit einem Kind unter sieben oder mehreren Kindern unter 18 Jahren zusammenleben. Voraussetzung für den Mehrbedarf ist die alleinige Pflege und Erziehung durch den Berechtigten. Dies bedeutet nicht notwendigerweise, dass keine weitere Person mit im Haushalt leben darf. Entscheidend ist nur, dass eventuelle Mitbewohner an der Pflege und Erziehung des Kindes nicht oder nur in geringem Umfang mitwirken (m. w. N. Münder – Hofmann 2009 § 21 Rz. 9 f.).

Erwerbsfähige **behinderte Hilfebedürftige** haben nach Absatz 4 einen Mehrbedarf, wenn sie spezielle Hilfen im Zusammenhang mit dem Arbeitsleben oder der Ausbildung erhalten. Die genannten Personengruppen erhalten zur Abdeckung des Mehrbedarfs einen bestimmten Prozentsatz der Regelleistung.

Erwerbsfähige Hilfebedürftige, die aus medizinischen Gründen einer kostenaufwendigen Ernährung bedürfen, erhalten nach Absatz 5 einen Mehrbedarf in angemessener Höhe (**Krankenkostzulage**). Die Gewährung des Mehrbedarfes setzt voraus, dass der erwerbsfähige Hilfebedürftige aus medizinischen Gründen einer gegenüber dem Durchschnitt kostenaufwändigeren Ernährung bedarf, die wegen des erhöhten Kostenaufwandes nicht aus der Regelleistung gesichert werden kann. In Frage kommt dies etwa bei Magen- und Darmerkrankungen, Stoffwechselerkrankungen, Krebs, Neurodermitis oder bei erhöhten Harnsäure- bzw. Blutfettwerten. Liegen bei einem Leistungsempfänger mehrere Erkrankungen vor, für die jeweils ein Mehrbedarf für kostenaufwendige Ernährung aus medizinischen

Gründen geltend gemacht wird, so ist der Ernährungsaufwand aufgrund des gesamten Krankheitsbildes konkret zu ermitteln. Die Heranziehung ausschließlich des höchsten einzelnen Mehrbedarfs für eine der vorhandenen Erkrankungen oder Behinderungen ist rechtswidrig (BSG 27.02.2008 – B 14/7b AS 32/06 R).

Für die einzelnen Krankheiten gibt es Regelwerte des DV, der anhand ernährungswissenschaftlicher Untersuchungen die Differenz zwischen dem Ernährungsanteil der sozialhilferechtlichen Regelsätze und dem notwendigen Ernährungsaufwand bei der jeweiligen Erkrankung ermittelt und entsprechende Empfehlungen erarbeitet hat (DV 2008 http://www.deutscher-verein.de/05-empfehlungen/empfehlungen_archiv/empfehlungen2008/pdf/DV%2025-08.pdf). Die Rechtsprechung wertet die **Empfehlungen des DV** als antizipierte Sachverständigengutachten, die zwar keine Normqualität besitzen, im Interesse der gleichmäßigen Rechtsanwendung jedoch wie untergesetzliche Normen von den Gerichten anzuwenden sind und nicht ohne Darlegung der eigenen Sachkunde unbeachtet gelassen werden können (vgl. BVerfG 20.06.2006 – 1 BvR 2673/05; LSG Bay 23.04.2009 – L 11 AS 124/08).

Lange Zeit wurde der Mehrbedarf auch für Diabetiker gewährt. Laut einer Stellungnahme der Deutschen Diabetes Gesellschaft (DDG) vom 14.12.2004, die sich auf aktuelle, wissenschaftlich gesicherte und evidenzbasierte Empfehlungen stützt, entstehen jedoch für Diabetiker von Typ 1 und Typ 2 keine Mehrkosten zur Ernährung (www.deutsche-diabetes-gesellschaft.de/redaktion/news/Statement_Ernaehrung_12_2004.doc). Bei den Erkrankungen, für die die Gewährung eines Mehrbedarfs empfohlen wird, ist der Diabetes mellitus Typ 1 und Typ 2 nach Auffassung des Ausschusses Ernährung DDG nicht betroffen. Dies beruht laut DDG nicht zuletzt auf der von allen größeren nationalen und internationalen Diabetes-Fachgesellschaften akzeptierten Feststellung, dass es keine Nahrungsmittel gebe, die für die Ernährung von Diabetikern besonders vorteilhaft seien. Die Ernährung eines Patienten mit Diabetes könne daher mit den gleichen Nahrungsmitteln erfolgen wie bei Gesunden. Vor dem Hintergrund dieser Stellungnahme wird ein ernährungsbedingter Mehrbedarf von der jüngeren Rechtsprechung abgelehnt. Die Gerichte gehen davon aus, dass die Hilfebedürftigen die Kosten für die im Hinblick auf ihre Diabetes-Erkrankung erforderliche Vollkost (Mischkost) aus den ihnen gewährten Regelleistungen vollumfänglich decken können (S-H LSG 06.09.2005 – L 9 B 186/05 SO ER und 24.11.2005 – L 9 B 259/05 SO PKH; SG Dresden 30.08.2006 – S 23 AS 1372/06 ER; vgl. auch LSG NRW Beschluss 23.06.2006 – L 20 B 109/06 AS; SG Düsseldorf 22.08.2006 – AS 199/05, LSG Bay 23.04.2009 – L 11 AS 124/08). Im Jahr 2008 hat der DV seine Empfehlungen auf der Grundlage der neueren medizinischen Erkenntnisse überarbeitet. Nach der aktuellen Fassung ist in der Regel für Erkrankungen wie Hypertonie und Diabetes mellitus (Typ I oder II) ein krankheitsbedingt erhöhter Ernährungsaufwand zu verneinen und Vollkost ausreichend. Diese lässt sich aus der Regelleistung finanzieren, so dass ein Mehrbedarf gemäß § 21 Abs 5 SGB II nicht anerkannt werden kann.

Um der Forderung des BVerfG nach Anerkennung laufender untypischer Bedarfe gerecht zu werden, ist zum 01.01.2011 in § 21 Abs. 6 SGB II ein **Mehrbedarf für unabweisbare laufende Bedarfe** aufgenommen worden. Der Mehrbedarf ist nach Abs. 6 unabweisbar, wenn er insb. nicht durch die Zuwendungen Dritter sowie unter Berücksichtigung von Einsparmöglichkeiten der Leistungsberechtigten gedeckt ist und seiner Höhe nach erheblich von einem durchschnittlichen Bedarf abweicht.

Ebenfalls neu ist der Mehrbedarf nach § 21 Abs. 7 SGB II. Dieser **Mehrbedarf** trägt der Tatsache Rechnung, dass seit dem 01.01.2011 die Kosten **für die Erzeugung von Warmwasser** nicht mehr im Regelbedarf enthalten sind. Wird das Warmwasser vom Vermieter zentral bereitgestellt, so werden die Kosten im Rahmen der Unterkunftskosten nach § 22 SGB II übernommen. In den Fällen, in denen Warmwasser dezentral erzeugt wird, also durch eine in der Unterkunft installierte Vorrichtung, wird ein Mehrbedarf für die Kosten nach § 21 Abs. 7 SGB II anerkannt, dessen Höhe je nach Altersgruppe des Anspruchsberechtigten zwischen 0,8 % und 2,3 % des Regelbedarfs für Alleinstehende bzw. Alleinerziehende liegt.

Nach § 24a SGB II erhalten Schülerinnen und Schüler, die das 25. Lebensjahr noch nicht vollendet haben und die eine allgemein- oder berufsbildende Schule besuchen, eine zusätzliche Leistung für die Schule in Höhe von 100 Euro, wenn sie oder mindestens ein im Haushalt lebender Elternteil am 1. August des jeweiligen Jahres Anspruch auf Leistungen zur Sicherung des Lebensunterhalts nach diesem Buch haben. Schülerinnen und Schüler, die nicht im Haushalt ihrer Eltern oder eines Elternteils leben, erhalten unter den Voraussetzungen des § 22 Absatz 2a SGB II die Leistung, wenn sie am 1. August des jeweiligen Jahres Anspruch auf Leistungen zur Sicherung des Lebensunterhalts nach diesem Buch haben. Die Leistung wird nicht erbracht, wenn ein Anspruch der Schülerin oder des Schülers auf Ausbildungsvergütung besteht. Der zuständige Träger der Grundsicherung für Arbeitsuchende kann im begründeten Einzelfall einen Nachweis über eine zweckentsprechende Verwendung der Leistung verlangen.

Zum 01.01.2011 wurden nach langen kontroversen Diskussionen über das sog. **Bildungspaket** Bedarfe für Bildung und Teilhabe in § 28 SGB II in das Gesetz aufgenommen. Diese werden für Schüler, die das 25. Lebensjahr noch nicht vollendet haben, neben dem Regelbedarf gesondert berücksichtigt. Bei Schülern sowie Kindern in Kindertageseinrichtungen werden die tatsächlichen Aufwendungen anerkannt für **Schulausflüge** und mehrtägige Klassenfahrten im Rahmen der schulrechtlichen Bestimmungen. Zudem werden für die Ausstattung mit persönlichem **Schulbedarf** bei Schülern 70 Euro zum 1. August und 30 Euro zum 1. Februar eines jeden Jahres berücksichtigt. Bei Schülern, die für den Besuch der nächstgelegenen Schule des gewählten Bildungsgangs auf **Schülerbeförderung** angewiesen sind, werden die Fahrtkosten berücksichtigt, soweit sie nicht von Dritten übernommen werden und es der leistungsberechtigten Person nicht zugemutet werden kann, die Aufwendungen aus dem Regelbedarf zu bestreiten. Darüber hinaus wird bei Schülern eine schulische Angebote ergänzende angemessene **Lernförderung** berücksichtigt, soweit diese geeignet und zusätzlich erforderlich ist, um die nach den schulrechtlichen Bestimmungen festgelegten wesentlichen Lernziele zu erreichen. Bei Teilnahme an einer **gemeinschaftlichen Mittagsverpflegung** werden die entstehenden Mehraufwendungen sowohl für Schüler als auch für Kinder in Kindertageseinrichtungen oder Kindertagespflege anerkannt. Für Schüler gilt dies unter der Voraussetzung, dass die Mittagsverpflegung in

Bedarfe für Bildung und Teilhabe

schulischer Verantwortung angeboten wird. Bei Leistungsberechtigten bis zur Vollendung des 18. Lebensjahres wird ein Bedarf zur Teilhabe am sozialen und kulturellen Leben in der Gemeinschaft in Höhe von insgesamt 10 € monatlich berücksichtigt für **Mitgliedsbeiträge** in den Bereichen Sport, Spiel, Kultur und Geselligkeit, Unterricht in künstlerischen Fächern (z. B. Musikunterricht) und vergleichbare angeleitete Aktivitäten der **kulturellen Bildung** sowie der Teilnahme an Freizeiten. Die Leistungen zur Deckung der Bedarfe werden nach § 29 SGB II überwiegend durch Sach- und Dienstleistungen erbracht, insb. in Form von personalisierten Gutscheinen oder Direktzahlungen an Anbieter von Leistungen zur Deckung dieser Bedarfe. In welcher Form dies geschieht, ist durch die Kommune zu entscheiden. Gutscheine können für den gesamten Bewilligungszeitraum im Voraus ausgegeben werden. Die persönlichen Schulbedarfe und Fahrtkosten werden in Form von Geldleistungen gedeckt. Auch für die Leistungen nach §§ 28, 29 SGB II bestehen Übergangsregelungen in § 77 SGB II. Die Leistungen für Bildung und Teilhabe werden auch jungen Menschen, die Sozialgeld (vgl. u.), Sozialhilfe (s. III-4.2), den Kinderzuschlag nach § 6a BKGG (vgl. III-5.1) oder Wohngeld (vgl. III-5.3) beziehen, gewährt.

Unterkunftskosten   Im Rahmen des Arbeitslosengeldes II werden nach § 22 SGB II auch Leistungen für Unterkunft und Heizung erbracht. Nach § 22 Abs. 1 SGB II werden diese in Höhe der tatsächlichen Aufwendungen erbracht, soweit diese angemessen sind. Heizkosten sind im Rahmen der Angemessenheit ebenfalls in tatsächlicher Höhe zu übernehmen. Sofern Warmwasser zentral vom Vermieter zur Verfügung gestellt wird, werden die Kosten ebenfalls im Rahmen der § 22 SGB II berücksichtigt. Wird es in der Wohnung produziert, werden die Kosten als Mehrbedarf nach § 21 Abs. 7 SGB II anerkannt. Die Frage der Angemessenheit der Wohnungskosten richtet sich nach der Wohnfläche und dem Mietzins bzw. den Aufwendungen für eine Immobilie. Es gibt aufgrund der regionalen Unterschiede auf dem Wohnungsmarkt keine bundeseinheitlichen Richtwerte. Nach Informationen der Stadt Neubrandenburg (http://www.vier-tore-job-service.de) etwa sind zur Prüfung der Angemessenheit der Leistungen der Unterkunft (Gesamtmiete abzüglich Heizkosten) für Antragsteller mit Wohnsitz in der Stadt Neubrandenburg nachfolgende Richtwerte in Anwendung zu bringen: Für 1 Person bis max. 290 €, für 2 Personen bis max. 356 €, für 3 Personen bis max. 390 €, für 4 Personen bis max. 410 € und für 5 Personen bis max. 450 €. Zu den Unterkunftskosten zählen bei selbstgenutzten und vermögensgeschützten Immobilien insb. die sog. kalten Betriebskosten, Schuldzinsen (BSG 14.05.2008 – B 14/7b AS 34/06), Steuern und die Instandsetzungs- und -haltungskosten (§ 22 Abs. 2 SGB II). Diese dürfen nicht zu einer Wertsteigerung der Immobilie führen und müssen notwendig sowie angemessen sein (LSG ST 03.01.2011 – L 5 AS 423/09 B ER). Nach der Gesetzesbegründung sind die zu berücksichtigenden Aufwendungen begrenzt auf die innerhalb von zwölf Monaten insgesamt als angemessen übernahmefähigen Unterkunftskosten, die auch bei Mietern berücksichtigt werden könnten. Liegen die tatsächlichen Aufwendungen für eine Immobilie bereits oberhalb der für Mieter geltenden Obergrenzen, werden danach keine Zuschüsse erbracht. Es kann in den Fällen jedoch bei unabweisbaren Aufwendungen für Instandhaltung und Reparatur nach Satz 2 zur Sicherung der Unterkunft ein Darlehen erbracht werden (BT-Ds 17/3404, 99). In Ausnahmefällen werden auch Tilgungsleistungen teilweise berücksichtigt, wenn der Hilfebedürftige ansonsten zur Aufgabe der Immobilie gezwungen wäre (BSG 18.06.2008 – B 14/11b AS 67/06 R).

Auch die angemessenen Kosten für alternative Wohnformen sind nach § 22 SGB II zu übernehmen, so etwa die Unterhaltskosten für ein Wohnmobil, das zu Wohnzwecken genutzt wird (BSG 17.06.2010 – B 14 AS 79/09 R).

Seit dem 01.01.2011 besteht eine **Satzungsermächtigung** (vgl. I-1.1.3.4), nach der die Länder die Kreise und kreisfreien Städte durch Gesetz ermächtigen oder verpflichten können, durch Satzung zu bestimmen, in welcher Höhe Unterkunftskosten auf ihrem Gebiet angemessen sind. Die Länder können die Kreise und kreisfreien Städte in diesem Rahmen auch ermächtigen, abweichend von § 22 Abs. 1 S. 1 SGB II die Bedarfe für Unterkunft und Heizung in ihrem Gebiet durch eine monatliche Pauschale zu berücksichtigen, wenn auf dem örtlichen Wohnungsmarkt ausreichend freier Wohnraum verfügbar ist und dies dem Grundsatz der Wirtschaftlichkeit entspricht (§ 22a SGB II). Gegen eine solche Satzung ist die Klage vor dem Landessozialgericht zulässig (§ 55a SGG).

Sind die Unterkunftskosten zu hoch, so sind sie so lange zu übernehmen, wie es den Personen nicht zuzumuten ist, die Kosten durch **Umzug** oder (Unter)Vermietung zu senken, in der Regel jedoch für längstens sechs Monate. Sowohl bei der Frage der Angemessenheit der Kosten als auch bei der Frage der Zumutbarkeit eines Umzugs o. Ä. sind die Besonderheiten des Einzelfalls zu berücksichtigen, wobei etwa Krankheit oder Behinderung eines Bewohners eine Rolle spielen können. Wäre ein Wohnungswechsel unwirtschaftlich, muss keine Absenkung der an sich unangemessenen Kosten verlangt werden. Nach § 22 Abs. 4 SGB II soll der erwerbsfähige Hilfebedürftige vor Abschluss eines Vertrages über eine neue Unterkunft die Zusicherung des für die Leistungserbringung bisher örtlich zuständigen kommunalen Trägers zu den Aufwendungen für die neue Unterkunft einholen. Dabei ist der kommunale Träger zur Zusicherung verpflichtet, wenn der Umzug erforderlich ist und die Aufwendungen für die neue Unterkunft angemessen sind. Im Falle eines nicht erforderlichen Umzugs, der zu erhöhten Unterkunftskosten führt, werden die Leistungen anschließend nur in der bisherigen Höhe erbracht (§ 22 Abs. 1 SGB II).

Verschärfte Anforderungen bestehen für **Personen unter 25 Jahren**. Wenn sie umziehen, werden ihnen nach § 22 Abs. 5 SGB II Leistungen für Unterkunft und Heizung für die Zeit nach einem Umzug bis zur Vollendung des 25. Lebensjahres nur erbracht, wenn der kommunale Träger dies vor Abschluss des Vertrages über die Unterkunft zugesichert hat. Der kommunale Träger ist zur Zusicherung verpflichtet, wenn der Betroffene aus schwerwiegenden sozialen Gründen nicht auf die Wohnung der Eltern oder eines Elternteils verwiesen werden kann, der Bezug der Unterkunft zur Eingliederung in den Arbeitsmarkt erforderlich ist oder ein sonstiger, ähnlich schwerwiegender Grund vorliegt. Schwerwiegende Gründe i. S. d. Vorschrift können etwa gravierende Auseinandersetzungen innerhalb der Familie, eine Suchterkrankung eines Elternteils oder des jungen Menschen oder Kriminalität sein. Durch diese im Frühjahr 2006 eingefügte Regelung soll verhindert werden, dass junge Menschen unter 25 Jahren ohne Notwendigkeit aus der

Wohnung ihrer Eltern ausziehen und mit einer eigenen Wohnung zusätzliche Kosten verursachen. Zur Einschätzung der vorgetragenen Gründe wird teilweise von den Jobcentern eine Stellungnahme des Jugendamts zur Situation in der Familie erbeten.

§ 22 Abs. 7 SGB II eröffnet die Möglichkeit, die Unterkunftskosten direkt an den Vermieter oder andere empfangsberechtigte Personen zu zahlen, wenn die zweckentsprechende Verwendung der Mittel durch den Leistungsberechtigten nicht sichergestellt ist. Die **Direktzahlungsvariante** ist keinesfalls die Regel, sondern ein Ausnahmefall, der einen konkreten Verdacht voraussetzt, dass der Leistungsberechtigte die Unterkunftskosten zweckwidrig verwenden könnte. Zum 01.01.2011 wurde die Regelung präzisiert, indem ein Katalog von Gründen aufgenommen wurde, aus denen ein entsprechender Verdacht resultieren kann: insb. Miet- oder Energiekostenrückstände, krankheits- oder suchtabhängiges Unvermögen zum zweckentsprechenden Einsatz der Mittel und konkrete Anhaltspunkte für eine zweckwidrige Verwendung bei einer im Schuldnerverzeichnis eingetragenen Person. Nach der Gesetzesbegründung kann von dem Vorliegen konkreter Anhaltspunkte für ein krankheits- oder suchtbedingtes Unvermögen zur künftigen sachgerechten Mittelverwendung durch Leistungsberechtigte erst dann ausgegangen werden, wenn Leistungsberechtigte in der Vergangenheit Arbeitslosengeld II, soweit es für Bedarfe für Unterkunft und Heizung geleistet wurde, nicht zweckentsprechend verwendet haben (BT-Ds 17/3404, 99).

Wohnungsbeschaffungskosten, Umzugskosten und Mietkaution können nach § 22 Abs. 6 SGB II übernommen werden, sofern dies vom zuständigen Träger vorab zugesichert wurde. Werden Unterkunfts- und Heizungskosten übernommen, so können auch Schulden übernommen werden. Sie sollen übernommen werden, wenn dies gerechtfertigt und notwendig ist und sonst Wohnungslosigkeit einzutreten droht. Um Wohnungslosigkeit zu verhindern, sind die Gerichte verpflichtet, dem zuständigen Träger Mitteilung zu machen, wenn eine Räumungsklage wegen Mietrückständen eingeht.

Nicht regelmäßig anfallende Bedarfe Einige wenige, nicht regelmäßig anfallende Bedarfe sind nicht im Regelbedarf enthalten. Nach § 24 Abs. 3 SGB II sind Leistungen für **Erstausstattungen** für die Wohnung einschließlich Haushaltsgeräten sowie Erstausstattungen für Bekleidung und Erstausstattungen bei Schwangerschaft und Geburt nicht vom Regelbedarf umfasst und werden gesondert erbracht. Seit dem 01.01.2011 gilt dies auch für Anschaffung und Reparaturen von orthopädischen Schuhen, Reparaturen von therapeutischen Geräten und Ausrüstungen sowie die Miete von therapeutischen Geräten. Auf die Leistungen nach § 24 Abs. 3 SGB II besteht auch dann ein Anspruch, wenn keine laufenden Leistungen erbracht werden, weil der regelmäßige Lebensbedarf aus dem Einkommen bzw. Vermögen gedeckt werden kann, dies aber für die genannten zusätzlichen Bedarfe nicht ausreicht.

Darlehen Alle anderen notwendigen Anschaffungen, etwa für Möbel, Haushaltsgeräte oder Bekleidung außerhalb des speziellen und seltenen Falls der Erstausstattung, sind aus der Regelleistung zu bezahlen bzw. anzusparen. Liegt im Einzelfall ein unabweisbarer Bedarf vor, sind aber keine ausreichenden finanziellen Mittel bei den Betroffenen vorhanden, so wird zur Deckung des Bedarfs nach § 24 Abs. 1 SGB II ein Darlehen erbracht. Dieses wird durch monatliche Aufrechnung in

Höhe von 10 % des für den Darlehensnehmer maßgebenden Regelbedarfs getilgt (§ 42a Abs. 2 SGB II).

Empfänger von Arbeitslosengeld II sind i. d. R. in der **Kranken- und Pflegeversicherung** pflichtversichert. Dies ergibt sich nicht aus dem SGB II selbst, sondern aus den einzelnen Sozialversicherungsgesetzen (§ 5 Abs. 1 Nr. 2a SGB V, § 20 Abs. 1 Nr. 2a SGB XI). Dort wird auch geregelt, dass der Träger des SGB II die Sozialversicherungsbeiträge unmittelbar an die jeweiligen Sozialversicherungsträger zahlt. Sofern Personen von der Sozialversicherungspflicht befreit sind, sieht § 26 SGB II einen Zuschuss zu entsprechenden freiwilligen Versicherungen vor. Bis zum Ende des Jahres 2010 bestand zudem Rentenversicherungspflicht und die entsprechenden Beiträge wurden durch die Träger des SGB II an die **Rentenversicherung** gezahlt. Die Versicherungspflicht ist ebenfalls zum 01.01.2011 entfallen, so dass nun während des Bezugs von Arbeitslosengeld II keine Rentenansprüche mehr begündet bzw. gesteigert werden können.

Sozialversicherungen

4.1.6.2 Sozialgeld

Das Arbeitslosengeld II wird erwerbsfähigen Hilfebedürftigen im Sinne des § 7 Abs. 1 SGB II gewährt. Die **nichterwerbsfähigen Mitglieder der Bedarfsgemeinschaft** eines erwerbsfähigen Hilfebedürftigen erhalten stattdessen Sozialgeld nach § 19 Abs. 1 Satz 2 i. V. m. § 23 SGB II. Ein Anspruch auf Sozialgeld besteht jedoch nicht für Personen, soweit sie einen Anspruch auf Leistungen der Sozialhilfe nach dem Vierten Kapitel des SGB XII auf Leistungen der Grundsicherung im Alter und bei Erwerbsminderung haben. Diese Leistung der Sozialhilfe betrifft Personen, die entweder das 65. Lebensjahr vollendet haben, oder das 18. Lebensjahr vollendet haben und voll erwerbsgemindert im Sinne des § 43 SGB VI sind und bei denen unwahrscheinlich ist, dass die volle Erwerbsminderung behoben werden kann (s. III-4.2.2). Für diesen Personenkreis sind die Leistungen der §§ 41 ff. SGB XII vorrangig, das SGB II kommt nicht zur Anwendung. Anspruchsberechtigt im Hinblick auf das Sozialgeld sind daher in erster Linie Kinder von erwerbsfähigen Hilfebedürftigen vor Vollendung des 15. Lebensjahrs und nur vorübergehend voll erwerbsgeminderte Personen (zu sonstigen leistungsberechtigten Personengruppen vgl. Münder – Birk 2009 Rz. 9 ff.).

Das Sozialgeld entspricht von seiner Struktur und Höhe her im Wesentlichen dem Arbeitslosengeld II. Es umfasst nach § 19 Abs. 1 Satz 3 SGB II den Regelbedarf, Mehrbedarf und die Kosten für Unterkunft und Heizung. Es gibt allerdings einige Abweichungen im Vergleich zum Arbeitslosengeld II. Am bedeutendsten sind die Abweichungen in der Höhe der maßgeblichen **Regelbedarfe für Kinder und Jugendliche**. Nach § 23 Abs. 1 Nr. 1 SGB II beträgt der Regelbedarf bis zur Vollendung des 6. Lebensjahres derzeit 213 €, bis zur Vollendung des 14. Lebensjahres 242 € und im 15. Lebensjahr 275 €. Bei nicht erwerbsfähigen Personen, die voll erwerbsgemindert nach dem Sechsten Buch sind, wird ein Mehrbedarf von 17 % der nach § 20 maßgebenden Regelbedarfe anerkannt, wenn sie Inhaberin oder Inhaber eines Schwerbehindertenausweises mit dem Merkzeichen G sind; dies gilt nicht, wenn bereits ein Anspruch auf einen Mehrbedarf wegen Behinderung besteht.

4.1.7   Einsatz eigener Mittel und Verpflichtungen anderer

Aufgrund der **Nachrangigkeit der Grundsicherung** sind zunächst alle eigenen Kräfte und Mittel einzusetzen und auch Verpflichtungen anderer Träger oder Personen zu nutzen, bevor der bestehende Bedarf durch Leistungen des SGB II gedeckt wird. Hilfebedürftig ist nach § 9 Abs. 1 SGB II (nur), wer seinen Lebensunterhalt, seine Eingliederung in Arbeit und den Lebensunterhalt der mit ihm in einer Bedarfsgemeinschaft lebenden Personen nicht oder nicht ausreichend aus dem zu berücksichtigenden Einkommen oder Vermögen, sichern kann und die erforderliche Hilfe nicht von anderen, insb. von Angehörigen oder von Trägern anderer Sozialleistungen erhält. Das zu **berücksichtigende Einkommen oder Vermögen** betrifft nicht nur Einkommen oder Vermögen des Betroffenen selbst, sondern **auch** das verschiedener mit ihm **in Bedarfsgemeinschaft lebender Personen**. Nach § 9 Abs. 2 SGB II sind bei Personen, die in einer Bedarfsgemeinschaft leben, auch das Einkommen und Vermögen des Partners zu berücksichtigen. Bei unverheirateten Kindern, die mit ihren Eltern oder einem Elternteil in einer Bedarfsgemeinschaft leben und die die Leistungen zur Sicherung ihres Lebensunterhalts nicht aus ihrem eigenen Einkommen oder Vermögen beschaffen können, sind auch das Einkommen und Vermögen der Eltern oder des Elternteils und seit dem 01.08.2006 dessen in Bedarfsgemeinschaft lebenden Partners zu berücksichtigen. Die Anrechnung von Einkommen und Vermögen des Ehe- oder Lebenspartners und der Eltern bzw. des in Bedarfsgemeinschaft lebenden Elternteils ist konsequent, da diese Personen auch zum Unterhalt verpflichtet sind. Problematisch ist allerdings die Anrechnung von Einkommen und Vermögen des Partners einer Einstehgemeinschaft und insb. des Partners eines Elternteils. Letztere Regelung ist seit ihrem Inkrafttreten umstritten. So hat das Sozialgericht Berlin bereits zu Beginn des Jahres 2007 Zweifel an der Verfassungsmäßigkeit zum Ausdruck gebracht (SG Berlin 08.01.2007 – S 103 AS 10869/06 ER). Nach der Rechtsprechung des BSG ist es jedoch verfassungsgemäß, dass nach dem SGB II bei der Feststellung des Hilfebedarfs eines Kindes, das mit einem Elternteil in einer Bedarfsgemeinschaft lebt, auch das Einkommen und Vermögen dessen Partners zu berücksichtigen ist (BSG 13.11.2008 – B 14 AS 2/08 R). Das Gericht führt aus, es sei jedenfalls bezogen auf minderjährige Kinder nicht zu beanstanden, dass der Gesetzgeber mit der Regelung des § 9 Abs. 2 Satz 2 SGB II in Ausübung dieses Gestaltungsspielraums davon ausgeht, dass für diese Kinder ausreichende und vorrangige eigene Mittel durch das Zusammenleben mit dem leistungsfähigen Partner des Elternteils zur Verfügung stehen und die Gewährung staatlicher Hilfe zu ihrer Existenzsicherung nicht erforderlich sei. Der Gesetzgeber dürfe bei der Gewährung von Sozialleistungen unabhängig von bestehenden bürgerlich-rechtlichen Unterhaltspflichten die Annahme von Hilfebedürftigkeit davon abhängig machen, ob sich für den Einzelnen typisierend aus dem Zusammenleben mit anderen Personen Vorteile ergeben, die die Gewährung staatlicher Hilfe nicht oder nur noch in eingeschränktem Umfang gerechtfertigt erscheinen lassen. Bestehe in der Partnerschaft ein so starkes Gefühl wechselseitiger Verantwortlichkeit, dass die Partner einer Gemeinschaft zunächst den gemeinsamen Lebensunterhalt sicherstellen, bevor sie ihr persönliches Einkommen zur Befriedigung eigener Bedürfnisse verwenden, dann dürfe der Gesetzgeber daran die weitere Vermutung knüpfen, dieses gemeinsame Wirtschaften beeinflusse auch die tatsächlichen Lebensumstände der Kinder der Partner, schon weil der leibliche Elternteil verpflichtet sei, für sein Kind entsprechend Sorge zu tragen. Diese Argumentation setzt voraus, dass der betreffende Elternteil Verfügungsgewalt über die Mittel des Partners hat und somit in der Lage ist, diese Mittel auch zugunsten des Kindes einzusetzen. Ob dies in jedem Fall der Realität entspricht, erscheint fraglich. Hinsichtlich eines durchsetzbaren Anspruchs auf Sicherung des Existenzminimums des Kindes besteht jedenfalls eine Lücke, da das Kind darauf verwiesen wird, sich den notwendigen Lebensunterhalt von einer Person zu beschaffen, die zu dessen Sicherstellung nicht verpflichtet ist. Hier bestehen keine Unterhaltsansprüche, so dass der Betroffene sich auf beiden Ebenen praktisch rechtlos wiederfindet. Er kann vom Partner des Elternteils keine Unterstützung verlangen, erhält aber auch keine Leistungen nach dem SGB II. Ein Kind, das schwanger ist oder sein Kind bis zur Vollendung des sechsten Lebensjahrs betreut, ist von der Regelung ausgenommen. Hiermit soll verhindert werden, dass aufgrund der Sorge, Angehörigen finanziell zur Last zu fallen, ein Schwangerschaftsabbruch stattfindet.

Auch wenn Personen nicht in Bedarfsgemeinschaft zusammenleben, kann Einkommen und Vermögen von Haushaltsangehörigen von Bedeutung sein. § 9 Abs. 5 SGB II trifft eine Regelung zur Haushaltsgemeinschaft. Leben Hilfebedürftige in Haushaltsgemeinschaft mit Verwandten oder Verschwägerten, so wird danach vermutet, dass sie von ihnen Leistungen erhalten, soweit dies nach deren Einkommen und Vermögen erwartet werden kann. Diese vermuteten Leistungen verringern die Hilfebedürftigkeit des Betroffenen bzw. heben sie ganz auf. Eine Haushaltsgemeinschaft in diesem Sinne liegt beim Zusammenleben in einer Wohn- und Wirtschaftsgemeinschaft vor, in der „aus einem Topf" gewirtschaftet wird (BT-Ds 15/1516, 53). Ob eine Unterstützung im Sinne des § 9 Abs. 3 SGB II erwartet werden kann, hängt in erster Linie von der Höhe, des vorhandenen Einkommens und Vermögens ab. Hierzu trifft die Verordnung zur Berechnung von Einkommen sowie zur Nichtberücksichtigung von Einkommen und Vermögen beim Arbeitslosengeld II / Sozialgeld – **Alg II V** – Aussagen. Nach § 1 Abs. 2 Alg II V sind bei der § 9 Abs. 5 des SGB II zugrunde liegenden Vermutung, dass Verwandte und Verschwägerte an mit ihnen in Haushaltsgemeinschaft lebende Hilfebedürftige Leistungen erbringen, die um die Absetzbeträge nach § 11b SGB II bereinigten Einnahmen in der Regel nicht als Einkommen zu berücksichtigen, soweit sie einen Freibetrag in Höhe des doppelten Satzes des nach § 20 Abs. 2 Satz 1 SGB II maßgebenden Regelbedarfs zuzüglich der anteiligen Aufwendungen für Unterkunft und Heizung sowie darüber hinausgehend 50 % der diesen Freibetrag übersteigenden bereinigten Einnahmen nicht überschreiten. Bezüglich des Einsatzes des Vermögens gelten die gleichen Grundsätze wie für den Hilfebedürftigen selbst. Die gesetzliche Vermutung des § 9 Abs. 5 SGB II, dass eine Unterstützung des Hilfebedürftigen stattfindet, kann vom Betroffenen widerlegt werden, wobei die Beweislast bei ihm liegt. Eine faktische Bedarfsdeckung durch Hilfeleistungen Dritter kann auch nicht dann unterstellt werden, wenn das Lebensnotwendige beim Antragsteller ohne Grundsicherungsleistungen offensichtlich gesichert war (so BSG 18.02.2010 – B 14 AS 32/08 R).

Haushaltsgemeinschaft

Einkommen

Das zu berücksichtigende Einkommen ist in den §§ 11 ff. SGB II und ergänzend in der Alg II V geregelt. Die Regelungen wurden mit dem RBEG vom 24. 03. 2011 zum 01.01. 2011 in eine neue Systematik gebracht. Hierbei wurden Regelungen in das SGB II integriert, die zuvor in der Arbeitslosengeld II-Verordnung (ALG II V) verankert waren.

Nicht zu berücksichtigendes Einkommen

Vom Grundsatz her sind nach § 11 Abs. 1 Satz 1 SGB II alle **Einkünfte** als Einkommen zu berücksichtigen. Ausdrücklich ausgenommen sind nach § 11a Abs. 1 SGB II Leistungen nach dem SGB II selbst, einzelne Leistungen nach dem Bundesversorgungsgesetz und den Gesetzen, die dieses entsprechend anwenden, sowie nach dem Bundesentschädigungsgesetz. Nach § 11a Abs. 2 SGB II ist zudem Schmerzensgeld nach § 253 Abs. 2 BGB nicht als Einkommen zu berücksichtigen. Nach § 11a Abs. 3 SGB II sind Leistungen, die aufgrund öffentlich-rechtlicher Vorschriften zu einem ausdrücklich genannten Zweck erbracht werden, nur so weit als Einkommen zu berücksichtigen, als die Leistungen nach diesem Buch im Einzelfall demselben Zweck dienen (z. B. Überbrückungsgeld Haftentlassener für die ersten 4 Wochen nach der Entlassung nach § 51 StrafVollzG). Es sind allerdings die Leistungen nach § 39 SGB VIII, die für den erzieherischen Einsatz erbracht werden (sog. **Pflegegeld**), für das dritte Pflegekind zu 75 % und für das vierte und jedes weitere Pflegekind vollständig anzurechnen. Ebenfalls angerechnet werden die Leistungen nach § 23 SGB VIII für die Kostenerstattung der Tagspflegeperson. Für diese zum 01.01.2011 in Kraft getretene Neuregelung gibt es allerdings Übergangsvorschriften in § 77 SGB II. Anrechnungsfrei bleiben nach § 11a Abs. 4 SGB II zweckbestimmte Einnahmen und Zuwendungen der freien Wohlfahrtspflege, die einem anderen Zweck als die Leistungen nach dem SGB II dienen und die Lage des Empfängers nicht so günstig beeinflussen, dass daneben Leistungen nach dem SGB II nicht gerechtfertigt wären, sowie nach § 11a Abs. 5 SGB II Zuwendungen, die ein anderer erbringt, ohne hierzu eine rechtliche oder sittliche Pflicht zu haben, soweit ihre Berücksichtigung für die Leistungsberechtigten grob unbillig wäre oder sie die Lage der Leistungsberechtigten nicht so günstig beeinflussen, dass daneben Leistungen nach diesem Buch nicht gerechtfertigt wären. Laut Gesetzesbegründung sind mit den Leistungen Dritter, deren Berücksichtigung grob unbillig wäre, Fälle gemeint, „bei denen eine Berücksichtigung des zugewendeten Betrages – ohne Rücksicht auf die Höhe der Zuwendung – nicht akzeptabel wäre und die Zuwendung erkennbar nicht auch zur Deckung des physischen Existenzminimums verwendet werden soll" (BT-Ds 17/3404, 94). Als Beispiele werden angeführt: Soforthilfen bei Katastrophen, gesellschaftliche Preise zur Ehrung von Zivilcourage, Ehrengaben aus öffentlichen Mitteln (z. B. bei Alters- oder Ehejubiläum, Lebensrettung), Spenden aus Tombolas für bedürftige Menschen, insb. in der Vorweihnachtszeit) sowie „Begrüßungsgelder" für Neugeborene.

Bis Ende des Jahres 2010 war nach § 10 BEEG a. F. auch das **Elterngeld** bis zu einer Höhe von 300 € nicht als Einkommen anzurechnen. Diese Regelung wurde jedoch im Wege des sog. Sparpakets zum 01.01.2011 weitgehend gestrichen. Seit Anfang des Jahres 2011 wird das Elterngeld als Einkommen auf die Leistungen des ALG II angerechnet, wenn es sich nicht zumindest teilweise aus vor der Geburt erzieltem Einkommen berechnet (§ 10 BEEG). Der **Kinderzuschlag** nach § 6a

BKGG wird als Einkommen dem jeweiligen Kind zugerechnet. Gleiches gilt für das Kindergeld für zur Bedarfsgemeinschaft gehörende Kinder, soweit es bei dem jeweiligen Kind zur Sicherung des Lebensunterhalts, mit Ausnahme allerdings der Bedarfe nach § 28 SGB II für Bildung und Teilhabe, benötigt wird (§ 11 Abs. 1 Satz 3 und 4 SGB II). Übersteigt das Kindergeld den für die Sicherung des Lebensunterhalts des Kindes notwendigen Betrag, etwa weil der Bedarf des Kindes schon durch Unterhaltsleistungen oder Halbwaisenrente bereits vollständig oder weitgehend gedeckt ist, so ist der für das Kind nicht benötigte Teil beim empfangsberechtigten Elternteil anzurechnen.

Nach § 11 Abs. 3 SGB II sind einmalige Einnahmen in dem Monat, in dem sie zufließen, zu berücksichtigen. Sofern in dem betreffenden Monat bereits Leistungen ohne Berücksichtigung der einmaligen Einnahme erbracht worden sind, werden sie im Folgemonat berücksichtigt. Entfiele der Leistungsanspruch durch die Berücksichtigung in einem Monat, ist die einmalige Einnahme auf einen Zeitraum von sechs Monaten gleichmäßig aufzuteilen und monatlich mit einem entsprechenden Teilbetrag zu berücksichtigen. Aus dieser zum 01.01.2011 in Kraft getretenen Regelung folgt, dass eine Anrechnung über die genannten sechs Monate hinaus nicht möglich ist. Damit wird aus dem übrigen Betrag der einmaligen Einnahme dann Vermögen, das deutlich günstigeren Freibetragsregelungen unterliegt.

Das Bruttoeinkommen ist zu „bereinigen", indem nach § 11b SGB II Absetzbeträge abzuziehen sind. Dies betrifft in erster Linie Steuern, Sozialversicherungsbeiträge bzw. entsprechende Beiträge für private Versicherungen oder sonstige Versicherungen, soweit diese Beiträge gesetzlich vorgeschrieben (etwa Kfz-Haftpflicht) oder nach Grund und Höhe angemessen sind sowie geförderte Altersvorsorgebeiträge (Riester-Rente), Werbungskosten und Unterhalt, der aufgrund eines Unterhaltstitels oder einer notariell beurkundeten Vereinbarung zu leisten ist. Für erwerbstätige Personen ist mindestens nach § 11b Abs. 2 Satz 2 SGB II pauschal ein Betrag von 100 € abzusetzen. Für erwerbstätige Personen gibt es zudem einen Absetzbetrag nach § 11b Abs. 3 SGB II. Dieser beträgt für den Teil des monatlichen Einkommens, das 100 € übersteigt und nicht mehr als 1.000 € beträgt, 20 % und für den Teil des monatlichen Einkommens, das 1.000 € übersteigt und nicht mehr als 1.200 € beträgt, 10 %. Der Betrag von 1.200 € erhöht sich auf 1.500 €, wenn der Hilfebedürftige entweder mit mindestens einem minderjährigen Kind in Bedarfsgemeinschaft lebt oder mindestens ein minderjähriges Kind hat. Die Prozentangaben beziehen sich auf das jeweilige Bruttoeinkommen. Dieses ist bei der Berechnung nach § 11b Abs. 3 SGB II in mehrere Abschnitte aufzuteilen: Der Betrag bis 100 € bleibt unberücksichtigt. Von der Spanne zwischen unmittelbar über 100 € und 1.000 €, also von einem Betrag von 900 € sind 20 % zu berechnen. Von der Spanne zwischen unmittelbar über 1.000 € bis 1.200 € bzw. sofern ein Kind vorhanden ist, 1.500 €, also einem Betrag von 200 € bzw. 500 € sind 10 % zu berechnen. Das darüber liegende Einkommen bleibt bei der Ermittlung des Freibetrags unberücksichtigt. Die so errechneten Beträge werden von dem nach § 11b Abs. 1 und 2 SGB II bereinigten Einkommen abgezogen. Dieser Absetzbetrag wurde mit dem RBEG vom 24. März 2011 geringfügig angehoben, indem die Grenze, bis zu der 20 % des Einkommens abgesetzt werden, von 800 € auf 1000 € angehoben wurde. Diese Regelung ist jedoch mit Übergangsfristen nach § 77 Abs. 3 SGB II in Kraft getreten

Absetzbeträge

Absetzbetrag für Erwerbstätige

und die vorherige Gesetzesfassung gilt weiter für Bewilligungszeiträume, die vor dem 01.07.2011 beginnen, längstens jedoch bis zur Aufnahme einer Erwerbstätigkeit ab dem 01.07.2011.

Vermögen   Das zu berücksichtigende Vermögen wird in § 12 SGB II und der Alg II V geregelt. Gemäß § 12 Abs. 1 SGB II sind grundsätzlich alle verwertbaren Vermögensgegenstände zu berücksichtigen. Nach Absatz 2 sind allerdings vom Vermögen bestimmte Beträge abzusetzen und nach Absatz 3 bleibt eine Reihe von Vermögensgegenständen abweichend vom Grundsatz in Absatz 1 unberücksichtigt.

Freibeträge   § 12 Abs. 2 SGB II gewährt verschiedene Freibeträge, die nicht als Vermögen einzusetzen sind. Zunächst gibt es nach § 12 Abs. 2 Nr. 1 SGB II einen Grundfreibetrag in Höhe von 150 € je vollendetem Lebensjahr des volljährigen Hilfebedürftigen und seines Partners, mindestens aber jeweils 3.100 €, wobei der Grundfreibetrag für den volljährigen Hilfebedürftigen und seinen Partner eine vom Geburtsjahr abhängige Höchstgrenze, die zwischen 9.750 € und 10.050 € liegt, nicht übersteigen darf. Für jedes hilfebedürftige minderjährige Kind gibt es nach § 12 Abs. 2 Nr. 1a SGB II einen Grundfreibetrag in Höhe von 3.100 €. Darüber hinaus ist nach § 12 Abs. 2 Nr. 4 SGB II ein Freibetrag für notwendige Anschaffungen in Höhe von 750 € für jeden in der Bedarfsgemeinschaft lebenden Hilfebedürftigen zu berücksichtigen. Dies ergibt sich daraus, dass die Mittel für besondere Anschaffungen aus dem Regelbedarf anzusparen sind und dies voraussetzt, dass überhaupt Rücklagen möglich sind. Zudem ist Vermögen zur Altersvorsorge nach § 12 Abs. 2 Nr. 2 und 3 SGB II nicht einzusetzen, wobei die geförderten Modelle privilegiert sind und sonstige Altersvorsorgebeträge nur bis zu einer festgelegten Höchstgrenze anrechnungsfrei bleiben. Voraussetzung für den Schutz eines Vermögens als Altersvorsorge ist, dass der Inhaber die Ansprüche vor Eintritt in den Ruhestand aufgrund einer unwiderruflichen vertraglichen Vereinbarung nicht verwerten kann.

Vermögensgegenstände   Verschiedene Vermögensgegenstände sind nach § 12 Abs. 3 SGB II nicht zu berücksichtigen. Dies betrifft insb. angemessene Haushaltsgegenstände, ein angemessenes Kraftfahrzeug für jeden erwerbsfähigen Hilfebedürftigen, unter bestimmten Voraussetzungen Vermögensgegenstände zur Altersvorsorge und ein angemessen großes selbst genutztes Hausgrundstück bzw. eine entsprechende Eigentumswohnung. Die angemessene Größe des Hauses hängt in erster Linie von der Anzahl der Bewohner ab. Hier hat die Rechtsprechung zur parallelen Regelung im Sozialhilferecht für einen Haushalt von vier Personen 130 m² anerkannt (BSG 17.12.2002 – B 7 AL 126 / 01 R; Münder – Brühl 2009 § 12 Rz. 44 m. w. N.). Das BSG entschied, bei der Frage hinsichtlich der angemessenen Größe einer nicht einzusetzenden Eigentumswohnung sei im Regelfall in Ermangelung geeigneterer Richtgrößen weiterhin auf die zwischenzeitlich außer Kraft getretenen Bestimmungen des II. Wohnungsbaugesetzes (II. WobauG) abzustellen. Ausgehend von den Wohnflächengrenzen des § 39 WobauG seien Eigentumswohnungen nicht unangemessen groß, wenn die Wohnfläche bei einem Haushalt von vier Personen 120 m² nicht überschreite. Bei einer geringeren Familiengröße seien typisierend für jede Person Abschläge von 20 m² vorzunehmen; wobei im Regelfall von einer Mindestzahl von zwei Personen auszugehen sei, so dass auch bei Einzelpersonen eine Größe von 80 m² als angemessen anzusehen sei (BSG

07.11.2006 – B 7b AS 2/05 R). Als Grundstücksgröße können im städtischen Raum bis 500 m² und im ländlichen Raum bis 800 m² gelten (Münder – Brühl 2009 § 12 Rz. 45). Es können jedoch auch größere Flächen anerkannt werden.

B

Nach § 12 Abs. 2 Nr. 8 SGB II sind auch Sachen und Rechte nicht einzusetzen, deren Verwertung offensichtlich unwirtschaftlich ist oder für den Betroffenen eine besondere Härte bedeuten würde. Letzteres könnte etwa bei Familien- und Erbstücken, Sammlungen oder auch bei Bestattungs- und Grabpflegeguthaben der Fall sein (OVG NW 19.12.2003 – 16B 2078/03, FEVS 55, 478 ff.). Eine offensichtliche Unwirtschaftlichkeit im Sinne der Vorschrift liegt vor, wenn der zu erwartende Erlös deutlich unter dem tatsächlichen Wert liegt. Hierzu entschied das SG Berlin, der Begriff der offensichtlichen Unwirtschaftlichkeit beim Verkauf von Immobilien sei im Zusammenhang mit § 2 Abs. 2 Satz 1 SGB II auszulegen, wonach erwerbsfähige Hilfebedürftige alle Möglichkeiten zu nutzen haben, ihren Lebensunterhalt aus eigenen Mitteln und Kräften zu bestreiten. Das habe zur Folge, dass der Hilfesuchende bei der Vermögensverwertung auch deutlich höhere Verluste als zehn Prozent hinnehmen müsse. Die Tatsache, dass es sich bei dem im konkreten Fall zu verwertenden Grundstück um ein Erbgrundstück handelte, das sich seit dem Jahre 1914 in Familienbesitz befand und der Familie zur Erholung diente, stellte nach Auffassung des Gerichts auch keine besondere Härte dar, denn der Besitz eines Wochenend- und Sommergrundstücks gehe über die gewöhnlichen Lebensverhältnisse eines Hilfesuchenden hinaus (SG Berlin 13.12.2005 – S 63 AS 7329/05).

Unter dem Aspekt der Unwirtschaftlichkeit wird auch besonders häufig die Frage des **Rückkaufs einer Lebensversicherung** diskutiert. Das BSG hat einen Verlust von 12,9 % gegenüber den eingezahlten Beträgen als nicht offensichtlich unwirtschaftlich bezeichnet (BSG 06.09.2007 B 14/7b – AS 66/06 R. Zur offensichtlichen Unwirtschaftlichkeit bei der Verwertung von Versicherungen im Sinne von § 12 Abs. 3 Nr 8 SGB II entschied das SG Berlin sogar, Verluste von bis zu 30 % seien noch nicht als unwirtschaftlich im Sinne dieser Vorschrift anzusehen (SG Berlin 02.08.2005 – S 63 AS 2117/05).

Ist einzusetzendes Vermögen vorhanden, so setzen Leistungen nach dem SGB II erst dann ein, wenn es verbraucht ist. Soweit Hilfebedürftigen der sofortige Verbrauch oder die sofortige Verwertung von zu berücksichtigendem Vermögen nicht möglich ist oder für sie eine besondere Härte bedeuten würde, sind Leistungen gemäß § 24 Abs. 5 SGB II als **Darlehen** zu erbringen. Sie können davon abhängig gemacht werden, dass der Anspruch auf Rückzahlung dinglich – etwa durch Eintragung einer Hypothek für ein Grundstück – oder in anderer Weise gesichert wird.

Da Hilfebedürftigkeit nach § 9 Abs. 1 SGB II nur dann vorliegt, wenn die erforderliche Hilfe nicht von anderen, insb. von Angehörigen oder von Trägern anderer Sozialleistungen erbracht wird, sind diese vorrangig heranzuziehen. In diesem Zusammenhang regelt § 33 SGB II den Übergang von Ansprüchen des Hilfebedürftigen gegen andere auf den Träger des SGB II. Haben Empfänger von Leistungen zur Sicherung des Lebensunterhalts für die Zeit des Leistungsbezugs einen Anspruch gegen einen anderen, der nicht Leistungsträger ist, geht der Anspruch bis zur Höhe der geleisteten Aufwendungen auf die Träger des SGB II über. In diesem Zusammenhang ist insb. der **Rückforderungsanspruch des verarmten Schenkers**

Übergang von Ansprüchen

auf Herausgabe der Schenkung nach § 528 Abs. 1 BGB von Bedeutung. Danach kann innerhalb von zehn Jahren eine Schenkung zurückverlangt werden, wenn der Schenker während dieser Zeit bedürftig wird (dazu Münder 2005 Rz. 15). Ein **Unterhaltsanspruch** nach bürgerlichem Recht geht jedoch nicht über, wenn die unterhaltsberechtigte Person mit dem Verpflichteten in einer Bedarfsgemeinschaft lebt oder mit dem Verpflichteten verwandt ist und den Unterhaltsanspruch nicht geltend macht. Hier kann der Hilfebedürftige also selbst entscheiden, ob er sich an seine unterhaltsverpflichteten Angehörigen wendet, um Hilfe zu bekommen, oder ob er Leistungen nach dem SGB II in Anspruch nimmt. Diese Regelung gilt jedoch nicht für Unterhaltsansprüche minderjähriger Hilfebedürftiger sowie von Hilfebedürftigen, die das 25. Lebensjahr noch nicht vollendet und die Erstausbildung noch nicht abgeschlossen haben, gegen ihre Eltern. Ein Übergang des Unterhaltsanspruchs gegen die Eltern erfolgt parallel zur Regelung des § 9 Abs. 3 SGB II auch dann nicht, wenn die unterhaltsberechtigte Person schwanger ist oder ihr leibliches Kind bis zur Vollendung seines sechsten Lebensjahres betreut. Bei sonstigen Unterhaltsansprüchen, deren Übergang nicht ausgeschlossen ist, ist insb. der Fall problematisch, dass der Leistungsberechtigte auf seinen Unterhaltsanspruch vor dem gesetzlichen Anspruchsübergang verzichtet hat, wenn also etwa der Unterhaltsanspruch gegen den (früheren) Ehepartner durch Ehevertrag ausgeschlossen wurde. Ein derartiger Verzicht kann nach § 138 BGB sittenwidrig und damit unwirksam sein. Die Sittenwidrigkeit kann sich daraus ergeben, dass im Rahmen einer entsprechenden Vereinbarung eine Partei umfassend benachteiligt wird, so dass sie durch Ausschluss des Unterhalts zwangsläufig auf bedürftigkeitsabhängige Sozialleistungen angewiesen ist (so zur Sozialhilfe BVerwG 06.02.2001 – 1 BvR 12/92 – NJW 2001, 957). Die Sittenwidrigkeit kann sich auch daraus ergeben, dass eine Schädigungsabsicht zulasten des Sozialleistungsträgers durch den Unterhaltsverzicht angenommen wird. Hierbei kommt es maßgeblich auf den Zeitpunkt an, zu dem der Unterhaltsverzicht vereinbart wurde. Eine entsprechende Schädigungsabsicht wird angenommen, wenn die verzichtende Person zu dem Zeitpunkt bereits bedürftig war, oder wenn jedenfalls schon absehbar war, dass sie in Zukunft auf bedürftigkeitsabhängige Sozialleistungen angewiesen sein würde (BGH 09.07.1992 – XII ZR 57/91 – NJW 1992, 3164). Auch wenn keine Sittenwidrigkeit gegeben ist, kann der Unterhaltsverzicht unwirksam sein, wenn sich nachträglich ergibt, dass er nach § 242 BGB mit Treu und Glauben (vgl. II-1.4.1) nicht vereinbar ist. Solche Fälle wurden z.B. angenommen, wenn aus der zum Zeitpunkt des Verzichts noch kinderlosen Ehe später Kinder hervorgingen und die an sich unterhaltsberechtigte Person aus diesem Grund bedürftig wurde (Münder 2005 Rz. 34 ff. m.w.N.).

4.1.8   Sanktionen

§§ 31 ff. SGB II sehen Sanktionen in Form von **Absenkung und Wegfall des Arbeitslosengeldes II bzw. des Sozialgeldes** vor (zur Sanktionspraxis vgl. IAB-Kurzbericht http://doku.iab.de/kurzber/2010/kb1010.pdf). Diese Regelungen sind zum 01.01.2007 verschärft und zum 01.01.2011 erneut geringfügig verändert worden.

Die Sanktionen kommen zum Tragen, wenn eine Pflichtverletzung begangen **Pflichtverletzung**
wird, ohne dass der Hilfebedürftige hierfür einen wichtigen Grund hat. Eine
Pflichtverletzung ist nach § 31 Abs. 1 SGB II zunächst gegeben, wenn sich der erwerbsfähige Hilfebedürftige weigert, die in einer Eingliederungsvereinbarung
festgelegten Verpflichtungen zu erfüllen, wenn er eine zumutbare Arbeit, Ausbildung o. Ä. oder ein Sofortangebot nicht annimmt oder fortführt bzw. deren Anbahnung durch sein Verhalten verhindert und wenn er eine zumutbare Maßnahme zur
Eingliederung in Arbeit nicht angetreten, abgebrochen oder Anlass für den Abbruch gegeben hat (§ 31 Abs. 1 SGB II). Eine Pflichtverletzung liegt in diesen Fällen nur vor, wenn der Leistungsberechtigte schriftlich über die Rechtsfolgen seines Verhaltens – d. h. die mögliche Sanktion – belehrt worden ist oder Kenntnis
von den Rechtsfolgen hatte. Hierin liegt eine Verschärfung der Regelung, da bis
zum Ende des Jahres 2010 eine schriftliche Rechtsfolgenbelehrung zwingende
Voraussetzung für eine Sanktion war und Kenntnis der Rechtsfolge somit nicht
ausreichte. Dies eröffnete für die Mitarbeiter der Behörde die Möglichkeit, eine
Sanktionierung zu vermeiden, wenn eine solche nicht für sinnvoll gehalten wurde,
indem die Rechtsfolgenbelehrung unterlassen wurde. Da die aktuelle Rechtslage
auf die bloße Kenntnis der Rechtsfolgen abstellt, genügt nun auch etwa die Übergabe von Informationsblättern. Die bis zum Ende des Jahres 2010 vorgeschriebene Sanktion im Falle der Weigerung des Leistungsempfängers, eine Eingliederungsvereinbarung abzuschließen, ist zum 01.01.2011 weggefallen, da die
Behörde die in der Eingliederungsvereinbarung angestrebten Regelungen nach
§ 15 Abs. 1 SGB II in dem Fall per Verwaltungsakt erlassen kann.

Nach § 31 Abs. 2 SGB II ist eine Pflichtverletzung von erwerbsfähigen Leistungsberechtigten auch anzunehmen, wenn sie nach Vollendung des 18. Lebensjahres ihr Einkommen oder Vermögen in der Absicht vermindert haben, die
Voraussetzungen für die Gewährung oder Erhöhung des Arbeitslosengeldes II herbeizuführen, sie trotz Belehrung über die Rechtsfolgen oder deren Kenntnis ihr
unwirtschaftliches Verhalten fortsetzen, ihr Anspruch auf Arbeitslosengeld ruht
oder erloschen ist, weil die Agentur für Arbeit das Eintreten einer Sperrzeit oder
das Erlöschen des Anspruchs nach den Vorschriften des Dritten Buches festgestellt
hat, oder sie die im Dritten Buch genannten Voraussetzungen für das Eintreten einer Sperrzeit erfüllen, die das Ruhen oder Erlöschen eines Anspruchs auf Arbeitslosengeld begründen. Daneben führt auch ein Meldeversäumnis zu einer Saktion
(§ 32 SGB II).

Generell gilt, dass Widerspruch und Klage gegen einen die Pflichtverletzung
und die Minderung des Auszahlungsanspruchs feststellenden Verwaltungsakt
nach § 31b Absatz 1 und § 31c keine aufschiebende Wirkung haben (§ 39 SGB II).

Ebenso wie im SGB III treten auch hier die Sanktionen nicht ein, wenn ein **wichtiger Grund** für das Verhalten vorlag. Dabei können insb. familiäre oder gesundheitliche Gründe eine Rolle spielen (Münder – Berlit 2009 § 31 Rz. 58 ff. m. w. N.).

Bei der Art und Weise der Sanktion bestehen deutliche Unterschiede zwischen
jungen Menschen, die das 25. Lebensjahr noch nicht vollendet haben und Personen über 25. Für die über 25-jährigen Leistungsberechtigten erfolgt die Absenkung der Leistung nach § 31a Abs. 1 SGB II in einer ersten Stufe um 30 % des

Regelbedarfs. Bei der ersten wiederholten Pflichtverletzung erfolgt nach § 31 Abs. 3 SGB II zunächst eine Kürzung um 60 % des Regelbedarfs, bei jeder weiteren Pflichtverletzung fällt die Leistung einschließlich der Unterkunftskosten völlig weg. Demgegenüber wird bei Personen vor Vollendung des 25. Lebensjahres beim ersten Pflichtverstoß in einer ersten Stufe das Arbeitslosengeld II auf die Leistung für Unterkunftskosten nach § 22 SGB II beschränkt. Beim zweiten Pflichtverstoß entfällt das Arbeitslosengeld II vollständig. Die Absenkung liegt bei Verstößen gegen die Meldepflichten bei beiden Altersgruppen bei 10 % des maßgeblichen Regelbetrages (§ 32 SGB II). Die Dauer der Sanktion beträgt drei Monate (§ 31b Abs. 1 SGB II).

Bei einer Minderung des Arbeitslosengeldes II um mehr als 30 % des nach § 20 SGB II maßgebenden Regelbedarfs kann der zuständige Träger in angemessenem Umfang ergänzende Sachleistungen oder geldwerte Leistungen erbringen (§ 31a Abs. 3 SGB II). Angesichts des Grundrechts auf Gewährleistung des Existenzminimums reduziert sich das Ermessen des Trägers in aller Regel auf Null. Ob die Versagung der Sachleistung überhaupt unter irgendeinem Aspekt rechtmäßig sein könnte, ist fraglich. Die Leistung setzt jedoch einen Antrag des Hilfebedürftigen voraus. Der Träger muss die Sachleistungen nach § 31a Abs. 3 SGB II erbringen, wenn der Hilfebedürftige mit minderjährigen Kindern in Bedarfsgemeinschaft lebt. Bei einer Minderung des Arbeitslosengeldes II um mindestens 60 % des für den erwerbsfähigen Leistungsberechtigten nach § 20 SGB II maßgebenden Regelbedarfs soll das Arbeitslosengeld II, soweit es für den Bedarf für Unterkunft und Heizung nach § 22 Absatz 1 SGB II erbracht wird, an den Vermieter oder andere Empfangsberechtigte gezahlt werden (§ 31a Abs. 3 SGB II).

 Münder 2009; Rothkegel 2005a

4.2   SGB XII – Sozialhilfe

Die Sozialhilfe war bis Ende des Jahres 2004 im Bundessozialhilfegesetz (BSHG) geregelt. Durch das Gesetz zur Einordnung des Sozialhilferechts in das Sozialgesetzbuch vom 27.12.2003 wurde sie in Form des SGB XII in das SGB eingegliedert. Damit erfolgte auch eine Reihe von inhaltlichen Änderungen, die sich zum Teil bereits daraus ergeben, dass mit den erwerbsfähigen Hilfebedürftigen, die seither unter den Anwendungsbereich des SGB II fallen, ein großer Personenkreis aus der Sozialhilfe herausgenommen wurde. Die letzte Änderung des Gesetzes ist – ebenso wie für das SGB II (vgl. III-4.1.6.1) durch das Gesetz zur Ermittlung von Regelbedarfen und zur Änderung des Zweiten und Zwölften Buches Sozialgesetzbuch (RBEG) vom 24.03.2011 erfolgt, mit dem die Regelbedarfe neu festgelegt wurden.

Das Leistungsspektrum des SGB XII (vgl. § 8 SGB XII) teilt sich in zwei große Bereiche auf: Im dritten und vierten Kapitel werden mit der Hilfe zum Lebensunterhalt (3. Kap.) und der Grundsicherung im Alter und bei Erwerbsminderung (4. Kap.) die **Leistungen zur Sicherung des Lebensunterhalts** geregelt. Vom fünften bis zum neunten Kapitel werden **Leistungen für Personen in besonderen Lebens-**

lagen geregelt, die im BSHG auch treffenderweise als Leistungen in besonderen Lebenslagen bezeichnet wurden.

Von der Systematik und den Grundprinzipien her ist die Sozialhilfe der Grundsicherung für Arbeitsuchende im SGB II ähnlich. Sie ist ebenfalls **nachrangig** und greift nur dann, wenn die bestehende Hilfelage nicht durch Mittel und Kräfte der Betroffenen bzw. anderer Träger oder Personen behoben werden kann (vgl. §§ 19, 27 SGB XII). Daraus resultiert das **Selbsthilfeprinzip**, wonach die Sozialhilfe in erster Linie Hilfe zur Selbsthilfe ist, die den Betroffenen befähigen soll, seine eigenen Kräfte zu entfalten, um unabhängig von Sozialhilfe zu werden. Daneben ist ein weiterer wichtiger Grundsatz der **Bedarfsdeckungsgrundsatz**, der besagt, dass nur der wirklich aktuell bestehende Bedarf gedeckt werden muss, dieser jedoch vollständig. Daraus ergibt sich auch, dass Sozialhilfe grundsätzlich nicht für die Vergangenheit geleistet wird (ausführlich Rothkegel 2005b). Zu den Voraussetzungen eines Anspruchs gehört, dass eine gegenwärtige Notlage besteht. Laut Bundesverwaltungsgericht kann sich eine Notlage in der Vergangenheit grundsätzlich nicht durch eine Leistung in der Gegenwart überwinden lassen (BVerwGE 58, 68, 71). Von Bedeutung ist auch der **Individualisierungsgrundsatz** (§ 9 SGB XII). Danach ist die Hilfe nicht schematisierend und typisierend zu erbringen, sondern individuell auf den Leistungsempfänger zugeschnitten. Die Hilfe ist auf die individuelle Notlage des einzelnen Berechtigten jeweils konkret anzupassen. Besondere Bedeutung hat dies angesichts der weitgehend pauschalisierten Geldleistungen in erster Linie bei den sozialen Dienstleistungen. Wichtiges Prinzip bei der Sozialhilfe ist zudem, dass auf wesentliche Leistungen ein **Rechtsanspruch** besteht (§ 17 Abs. 1 SGB XII), auch wenn über **Art und Maß** der Leistungserbringung i.d.R. nach pflichtgemäßem Ermessen zu entscheiden ist (§ 17 Abs. 2 SGB XII; zu den Leistungsformen Geld-, Sach- bzw. Dienstleistungen nach § 10 SGB XII, s.o. III-4.1.1).

Aufgabe der Sozialhilfe ist es nach § 1 Satz 1 SGB XII, dem Empfänger die Führung eines menschenwürdigen Lebens zu ermöglichen. Die **Menschenwürde** (vgl. I-2.2.5) ist daher bei jeder Auslegung und Ermessensbetätigung im Rahmen des Gesetzes zu berücksichtigen (ausführlich zu den Grundsätzen der Sozialhilfe Eichenhofer 2005).

Die Sozialhilfe ist überwiegend **nicht antragsabhängig**. Nach § 18 Abs. 1 SGB XII setzt die Sozialhilfe, mit Ausnahme der Leistungen der Grundsicherung im Alter und bei Erwerbsminderung, ein, sobald dem Träger der Sozialhilfe oder den von ihm beauftragten Stellen bekannt wird, dass die Voraussetzungen für die Leistung vorliegen. Wird einem nichtzuständigen Sozialhilfeträger oder einer nichtzuständigen Gemeinde im Einzelfall bekannt, dass Sozialhilfe beansprucht wird, so hat dieser nach § 18 Abs. 2 SGB XII die relevanten Informationen unverzüglich an den Sozialhilfeträger weiterzuleiten.

Ein verfahrensrechtliches Instrument zur Beteiligung und Mitwirkung der Betroffenen an der Leistungsgestaltung im Rahmen des SGB XII ist die Leistungsabsprache nach § 12 SGB XII, die spätestens bis zu vier Wochen nach Beginn fortlaufender Leistungen erfolgen soll. Darin sollen die Situation der leistungsberechtigten Personen sowie gegebenenfalls Wege zur Überwindung der Notlage und zu gebotenen Möglichkeiten der aktiven Teilnahme in der Gemeinschaft gemeinsam festgelegt

Nachrangigkeit

Aufgabe der Sozialhilfe

Einsetzen der Sozialhilfe

Leistungsabsprache

und unterzeichnet werden. Soweit erforderlich, ist ein **Förderplan** zu erstellen und in die Leistungsabsprache einzubeziehen. Sofern Leistungen im Hinblick auf die sie tragenden Ziele zu überprüfen sind, kann dies in der Leistungsabsprache näher festgelegt werden. Die Leistungsabsprache soll regelmäßig gemeinsam überprüft und fortgeschrieben werden. Es bestehen insofern Parallelen zum Hilfeplan nach § 36 SGB VIII (vgl. III-3.3.4.4) und zur Eingliederungsvereinbarung nach § 37 Abs. 2 SGB III (vgl. III-2.5.3) und nach § 15 SGB II (vgl. III-4.1.5).

Träger Die Träger der Sozialhilfe sind nach § 3 SGB XII auf örtlicher Ebene die Kreise und die kreisfreien Städte, sofern nicht durch Landesrecht etwas anderes bestimmt wird. Daneben gibt es überörtliche Träger, die von den Ländern bestimmt werden.

4.2.1   Hilfe zum Lebensunterhalt

Im dritten Kapitel ist in den §§ 27 ff. SGB XII die Hilfe zum Lebensunterhalt geregelt. Vorrangig sind sowohl die Leistungen des SGB II (§ 21 SGB XII) als auch die Grundsicherung im Alter und bei Erwerbsminderung in den §§ 41 ff. SGB XII (§ 19 Abs. 2 Satz 3 SGB XII). Die Hilfe zum Lebensunterhalt ist damit eine Art **Auffangbecken** für die wenigen Personenkreise, die unter keine der genannten anderen Leistungen fallen. Dies sind Personen, die nicht unter den Begriff der erwerbsfähigen Hilfebedürftigen nach § 7 Abs. 1 SGB II fallen, die auch nicht als Mitglieder einer Bedarfsgemeinschaft eines erwerbsfähigen Hilfebedürftigen in den Anwendungsbereich des SGB II einbezogen sind und Sozialgeld erhalten, die nicht das 65. Lebensjahr vollendet haben und die nicht das 18. Lebensjahr vollendet haben und dauerhaft erwerbsgemindert sind. In Frage kommen damit in erster Linie Minderjährige, die nicht mit einem erwerbsfähigen Hilfebedürftigen in einer Bedarfsgemeinschaft leben, und volljährige Personen, die vorübergehend voll erwerbsgemindert sind. Ebenso wie die Leistungen des SGB II ist auch die Hilfe zum Lebensunterhalt nach § 22 SGB XII grundsätzlich ausgeschlossen für Auszubildende, deren Ausbildung im Rahmen des Bundesausbildungsförderungsgesetzes oder der §§ 60 – 62 des SGB III dem Grunde nach förderungsfähig ist.

Der notwendige Lebensbedarf im Rahmen der Hilfe zum Lebensunterhalt wird in § 27a SGB XII bestimmt. Ebenso wie bei der parallelen Regelung der §§ 19 Abs. 1, 20 Abs. 1 SGB II (vgl. III-4.1.6.1) umfasst der notwendige Lebensunterhalt insb. Ernährung, Unterkunft, Kleidung, Körperpflege, Hausrat, Heizung und persönliche Bedürfnisse des täglichen Lebens, wobei zu den persönlichen Bedürfnissen des täglichen Lebens in vertretbarem Umfang auch eine Teilnahme am sozialen und kulturellen Leben gehören. Letzteres gilt insb. für Kinder und Jugendli-**Regelsatz** che. Gemäß § 27a Abs. 2 und 3 SGB XII wird der gesamte Bedarf des notwendigen Lebensunterhalts außerhalb von Einrichtungen mit Ausnahme der zusätzlichen Bedarfe (§§ 30 ff. SGB XII), der Leistungen für Bildung und Teilhabe (§ 34 SGB XII) und von Leistungen für Unterkunft und Heizung (§§ 35 ff. SGB XII) nach Regelsätzen erbracht. Mit dem Regelsatz wird der **Regelbedarf** erbracht, der mit dem RBEG vom 24.03.2011 identisch zum Regelbedarf im Rahmen des SGB II festgelegt wurde (vgl. III-4.1.6.1). Die Bedarfe werden aber abweichend vom Regelsatz festgelegt, wenn im Einzelfall ein Bedarf ganz oder teilweise anderweitig gedeckt ist oder unabweisbar seiner Höhe nach erheblich von einem durchschnittlichen Bedarf abweicht (§ 27a Abs. 4 SGB XII). Ebenso wie im SGB II setzt sich der Bedarf also aus einem pauschalen Betrag zusammen – im SGB XII dem Regelsatz zur Abdeckung des Regelbedarfs – und es kommen eventuelle zusätzliche Bedarfe und die Kosten für Unterkunft und Heizung hinzu. Der notwendige Lebensunterhalt in Einrichtungen bemisst sich nach der speziellen Regelung des § 27b SGB XII.

Ebenso wie bei der Grundsicherung für Arbeitssuchende in § 21 SGB II sieht die Sozialhilfe in § 30 SGB XII Mehrbedarfe für Personen vor, die aufgrund besonderer Umstände ihren Bedarf nicht aus den Regelsätzen decken können. Die Mehrbedarfstatbestände sind überwiegend identisch mit denen des SGB II (s. III-4.1.6.1). Mehrbedarf wird parallel zum SGB II gewährt für Schwangere (§ 30 Abs. 2 SGB XII), Alleinerziehende (§ 30 Abs. 3 SGB XII) und Personen, die krankheitsbedingt einer kostenaufwendigen Ernährung bedürften (§ 30 Abs. 5 SGB XII). Auch für Menschen mit Behinderung wird ein Mehrbedarf eingeräumt (§ 30 Abs. 4 SGB XII). Er wird für Personen gewährt, die Eingliederungshilfe nach § 54 SGB XII erhalten. Ein weiterer Mehrbedarf wird parallel zu § 21 Abs. 7 SGB II in § 30 Abs. 7 SGB XII für die Kosten der dezentralen Warmwassererzeugung anerkannt (vgl. III-4.1.6.1). Darüber hinaus erhalten nach § 30 Abs. 1 SGB XII Personen einen Mehrbedarf, die die Altersgrenze nach § 41 Abs. 2 SGB XII erreicht haben (derzeit – 2011 – mit Vollendung des 65. Lebensjahres) oder vor Erreichen dieser Altersgrenze voll erwerbsgemindert nach SGB VI sind und einen Ausweis nach § 69 Abs. 5 SGB IX (Schwerbehindertenausweis) mit dem Merkzeichen G besitzen.. Das Erfordernis des Schwerbehindertenausweises bezieht sich auf beide genannten Personengruppen, also auch Personen ab 65 Jahren bekommen den Mehrbedarf nur dann, wenn sie einen entsprechenden Schwerbehindertenausweis besitzen und nicht etwa allein aufgrund des Alters. Durch den Mehrbedarf für die gehbehinderten Personen ab 65 Jahren sollen z. B. erhöhte Aufwendungen für die Pflege von Kontakten, Aufmerksamkeiten für gelegentliche Hilfeleistungen von Bekannten oder zusätzliches Fahrgeld aufgrund der verminderten Beweglichkeit abgedeckt werden (Münder – Hofmann 2008 § 30 Rz. 8).

Mehrbedarf

§ 31 SGB XII regelt die Gewährung einmaliger Bedarfe. Die Vorschrift ist inhaltlich identisch mit § 24 Abs. 3 SGB II (s. III-4.1.6.1). Leistungen für Erstausstattungen für die Wohnung einschließlich Haushaltsgeräten, Erstausstattungen für Bekleidung und Erstausstattungen bei Schwangerschaft und Geburt sowie für Anschaffung und Reparaturen von orthopädischen Schuhen, Reparaturen von therapeutischen Geräten und Ausrüstungen sowie die Miete von therapeutischen Geräten sind nicht von den Regelsätzen umfasst und werden gesondert erbracht. Diese Leistungen erhalten auch Personen, die ihren laufenden Lebensbedarf aus eigenen Mitteln bestreiten können, die in § 31 Abs. 1 SGB XII genannten Bedarfstatbestände damit jedoch nicht abdecken können. Das bis Ende 2004 geltende BSHG enthielt einen umfangreichen Katalog einmaliger Leistungen, etwa für Bekleidung, Haushaltsgegenstände oder Ausstattung für die Schule. Im SGB XII sind

einmalige Bedarfe

davon nur die in § 31 Abs. 1 SGB XII genannten übrig geblieben. Die Regelsätze wurden mit Inkrafttreten des SGB XII zu Beginn des Jahres 2005 im Gegenzug erhöht, damit nun auch Bedarfe damit abgedeckt sein sollten, die in unregelmäßigen Zeitabständen anfallen (ausführlich Rothkegel 2005a Rz. 75 ff.). Dies ist problematisch, da es auch bei den erhöhten Regelsätzen schwierig – wenn nicht unmöglich – ist, daraus Mittel anzusparen, die im Bedarfsfall zur Anschaffung höherwertiger Gebrauchsgüter eingesetzt werden können. Es werden also bei den Betroffenen nur in seltenen Fällen ausreichend Rücklagen vorhanden sein, um etwa höherwertige Haushaltsgeräte wie z. B. Kühlschrank oder Waschmaschine oder Möbel bzw. Matratzen zu ersetzen, die defekt sind. Hinzu kommt, dass diese Gegenstände in der Praxis nicht in statistisch über lange Zeiträume verteilten Häufigkeiten neu angeschafft werden müssen, sondern entsprechende Bedarfe auch gehäuft auftreten können. Hier ist zu befürchten, dass es nicht selten zu Bedarfsdeckungslücken kommt. Da die Neubemessung der Regelbedarfe durch das RBEG vom 24.03.2011 nur zu einer Anhebung des Regelbedarfs für den Alleinstehenden oder Alleinerziehenden um 5 Euro geführt hat und für manche Altersgruppen der Haushaltsangehörigen gar keine Anhebung mit sich gebracht hat (vgl. III-4.1.6.1), ist diese Situation durch die Neubemessung nicht verbessert worden.

Darlehen
Ebenso wie das SGB II (§ 24 Abs. 1 SGB II, s. III-4.1.6.1) sieht auch das SGB XII vor, dass Darlehen gewährt werden, wenn ein unabweisbarer Bedarf besteht, der eigentlich aus dem Regelsatz zu decken wäre, für den im konkreten Einzelfall aber keine Mittel zur Verfügung stehen. Parallel zu § 24 Abs. 1 SGB II regelt § 37 SGB XII, dass in diesem Fall auf Antrag ein Darlehen erbracht werden soll. Die Rückzahlung des Darlehens kann in monatlichen Teilbeträgen in Höhe von bis zu 5 % des maßgeblichen Regelbedarfs von der Leistung des Darlehensnehmers einbehalten werden.

Kranken- und Pflegeversicherung
Im Gegensatz zur Grundsicherung nach dem SGB II sind nicht alle Bezieher von Sozialhilfe automatisch kranken- und pflegeversichert. Nach § 32 SGB XII sind nur für einzelne Personenkreise auch Kranken- und Pflegeversicherungsbeiträge zu übernehmen. Dies betrifft insb. Personen ohne anderweitigen Krankenversicherungsschutz als Pflichtversicherte im Sinne des § 5 Abs. 1 Nr. 13 SGB V (vgl. III-2.1.2), Landwirte, Personen, die nach § 9 Abs. 1 Nr. 1 SGB V in der Krankenkasse weiterversichert sind, Rentenantragsteller (§ 189 SGB V) und Personen, die nur kurzfristig Hilfe zum Lebensunterhalt beziehen (§ 32 Abs. 2 Satz 2 SGB XII). Bei diesen Personengruppen soll der Krankenversicherungsschutz nicht durch den Sozialhilfebezug verloren gehen. Für andere Personen hat der Träger nach § 32 Abs. 2 Satz 1 SGB XII Ermessen, ob er eine Krankenversicherung für den Hilfebedürftigen übernimmt. Wichtige Kriterien bei der Ermessensausübung sind der Grundsatz der präventiven Hilfe, die Dauer einer bereits bestehenden Krankenversicherung und Kostengesichtspunkte (Münder – Birk 2008 § 32 Rz. 20). Wird keine Kranken- und Pflegeversicherung übernommen, so kommen in den entsprechenden Lebenslagen nur Hilfen zur Gesundheit nach §§ 47 ff. SGB XII und Hilfe zur Pflege nach §§ 61 ff. SGB XII in Betracht. Um die Voraussetzungen eines Anspruchs auf eine angemessene Alterssicherung oder auf ein

angemessenes Sterbegeld zu erfüllen, können die erforderlichen Kosten nach § 33 SGB XII übernommen werden.

Die Leistungen für Unterkunft und Heizung werden in § 35 SGB XII geregelt. Die Vorschrift ist inhaltlich in den Grundzügen der Regelung des § 22 SGB II ähnlich (s. III-4.1.6.1). Auch hier werden die Unterkunftskosten erbracht, soweit sie angemessen sind, was von den regionalen Verhältnissen abhängt. Sind sie zunächst unangemessen hoch, sind die Kosten übergangsweise zu erbringen, bis es zumutbar ist, sie durch einen Umzug o. Ä. zu senken. Vor Abschluss eines neuen Mietvertrags ist der zuständige Träger über die maßgeblichen Umstände, d. h. in erster Linie über die Kosten, in Kenntnis zu setzen. Allerdings enthält § 35 SGB XII – wie überhaupt das SGB XII insgesamt – im Gegensatz zu § 22 SGB II keine spezielle Regelung, die den Auszug von Personen unter 25 Jahren aus dem Elternhaus erschwert. § 35a SGB XII regelt – soweit vorhanden – die Anwendbarkeit von **Satzungen** nach §§ 22a f. SGB II (vgl. III-4.1.6.1). Dies setzt allerdings voraus, dass in der Satzung Sonderregelungen für Personen mit einem besonderen Bedarf für Unterkunft und Heizung getroffen werden und dabei zusätzlich auch die Bedarfe älterer Menschen berücksichtigt werden. Schulden im Zusammenhang mit der Unterkunft können nach § 36 SGB XII übernommen werden und sollen übernommen werden, wenn dies gerechtfertigt und notwendig ist und ansonsten Wohnungslosigkeit droht. Auch hier sind die Gerichte verpflichtet, den Trägern Mitteilung zu machen, wenn eine Räumungsklage wegen Mietschulden erhoben wird, damit der zuständige Träger rechtzeitig aktiv werden kann.

Unterkunfts- und Heizungskosten

Mietschulden

Ebenso wie das SGB II (s. III-4.1.8.) sieht auch das SGB XII bei der Hilfe zum Lebensunterhalt Sanktionen bei Pflichtverletzungen der Leistungsempfänger vor. Nach § 39a SGB XII vermindert sich die maßgebende Regelbedarfsstufe in einer ersten Stufe um bis zu 25 vom Hundert, bei wiederholter Ablehnung in weiteren Stufen um jeweils bis zu 25 vom Hundert, wenn Leistungsberechtigte entgegen ihrer Verpflichtung die Aufnahme einer Tätigkeit oder die Teilnahme an einer erforderlichen Vorbereitung ablehnen. Die Leistungsberechtigten sind vorher entsprechend zu belehren. Die praktische Relevanz dieser Regelung ist allerdings eher gering, da die Leistungsempfänger nach dem SGB XII ohnehin gar keiner oder allenfalls einer geringfügigen Tätigkeit nachgehen können bzw. dürfen. Wären sie erwerbsfähig, würden sie in den Anwendungsbereich des SGB II fallen.

Sanktionen

Nach § 26 Abs. 1 SGB XII soll die Leistung bis auf das zum Lebensunterhalt Unerlässliche eingeschränkt werden bei volljährigen Leistungsberechtigten, die ihr Einkommen oder Vermögen vermindert haben in der Absicht, die Voraussetzungen für die Gewährung oder Erhöhung der Leistung herbeizuführen, und bei Leistungsberechtigten, die trotz Belehrung ihr unwirtschaftliches Verhalten fortsetzen. Nach § 26 Abs. 1 S. 2 SGB XII, der auch für den Fall der Leistungseinschränkung nach § 39a SGB XII gilt, ist so weit wie möglich zu verhüten, dass die unterhaltsberechtigten Angehörigen oder andere mit ihnen in Haushaltsgemeinschaft lebende Leistungsberechtigte durch die Einschränkung der Leistung mitbetroffen werden.

4.2.2   Leistungen der Grundsicherung im Alter und bei Erwerbsminderung

Das vierte Kapitel regelt in den §§ 41 ff. SGB XII die Grundsicherung im Alter und bei Erwerbsminderung (ausführlich Schoch 2005b). Erst wenige Jahre vor Inkrafttreten des SGB XII waren die Leistungen im Alter und bei Erwerbsminderung aus der Sozialhilfe herausgenommen und im Gesetz über eine bedarfsorientierte Grundsicherung im Alter und bei Erwerbsminderung (GSiG) geregelt worden. Dieser Schritt sollte in erster Linie zur Vermeidung von Altersarmut dienen, da vor allem ältere Menschen sich trotz Bedürftigkeit scheuen, Leistungen der Sozialhilfe in Anspruch zu nehmen. Bereits zum 01.01.2005 wurde dieses Anliegen aufgegeben und das GSiG in das SGB XII integriert. Diese Lösung hat zum einen bewirkt, dass die älteren Menschen nun doch wieder auf die Sozialhilfe verwiesen sind und dass zum anderen nun im SGB XII zwei unterschiedliche Leistungen für die Sicherung des Lebensunterhalts in selbstständigen Kapiteln nebeneinanderstehen, die inhaltlich nahezu identisch sind.

Anspruchsberechtigt sind nach § 41 Abs. 1 SGB XII Personen mit gewöhnlichem Aufenthalt im Inland, die entweder die dem Eintrittsalter in die Regelaltersrente entsprechende **Altersgrenze** nach § 41 Abs. 2 erreicht oder das 18. Lebensjahr vollendet haben, unabhängig von der jeweiligen Arbeitsmarktlage **voll erwerbsgemindert** im Sinne des § 43 Abs. 2 SGB VI sind und bei denen unwahrscheinlich ist, dass die volle Erwerbsminderung behoben werden kann. Bei Vorliegen der Voraussetzungen besteht ein Rechtsanspruch auf die Leistung. Es besteht allerdings ein **Antragserfordernis**. Die Feststellung der dauerhaften vollen Erwerbsminderung i. S. d. § 41 Abs. 1 Nr. 2 SGB XII erfolgt nach § 45 SGB XII i. d. R. durch den zuständigen Träger der Rentenversicherung. Ausgeschlossen ist der Anspruch nach § 41 Abs. 3 SGB XII für Personen, die in den letzten zehn Jahren ihre Bedürftigkeit vorsätzlich oder grob fahrlässig herbeigeführt haben. Für diesen Personenkreis ist stattdessen die Hilfe zum Lebensunterhalt (III-4.2.1) einschlägig.

Vom Umfang der Leistung her verweist § 42 SGB XII auf die Hilfe zum Lebensunterhalt. Es gilt insofern das unter III-4.2.1 Ausgeführte. Allerdings gibt es einige Unterschiede zwischen den beiden Leistungen. Ein wesentlicher Unterschied liegt darin, dass die Grundsicherung im Alter und bei Erwerbsminderung im Gegensatz zu den sonstigen Sozialhilfeleistungen nicht bei Kenntnis des Trägers von der Bedarfssituation einsetzt, sondern die Leistung nach § 41 Abs. 1 letzter Halbsatz SGB XII auf Antrag gewährt wird. Allerdings haben die Träger der Rentenversicherung nach § 46 SGB XII Informations- und Beratungspflichten und müssen Personen mit geringer Rentenhöhe Antragsformulare zuleiten, damit die Hilfebedürftigen einen Antrag nicht aus Unkenntnis über die bestehenden Ansprüche unterlassen.

Nach § 44 Abs. 1 SGB XII wird die Leistung i. d. R. für zwölf Monate bewilligt, während die Hilfe zum Lebensunterhalt quasi täglich erneut regelungsbedürftig ist und für kürzere Zeiträume bewilligt wird.

Unterschiede ergeben sich auch hinsichtlich der Vermutung der Bedarfsdeckung innerhalb einer Haushaltsgemeinschaft, der Leistungsgewährung für Personen, für die der sofortige Einsatz vorhandenen Vermögens nicht möglich ist oder eine

Härte bedeuten würde, und hinsichtlich des Übergangs von Unterhaltsansprüchen der Leistungsberechtigten gegenüber ihren Kindern und Eltern (dazu s. III-4.2.3).

4.2.3 Einsatz eigener Mittel und Verpflichtungen anderer bei Hilfe zum Lebensunterhalt und Grundsicherung

Der Einsatz des Einkommens und des Vermögens bei der Hilfe zum Lebensunterhalt sowie der Grundsicherung im Alter und bei Erwerbsminderung erfolgt von den Grundzügen her parallel zu den Regelungen im SGB II (vgl. III-4.1.7).

Einzusetzen ist auch hier zur Abwendung der Hilfebedürftigkeit nicht nur Einkommen und Vermögen der um Sozialhilfe nachfragenden Person, sondern u. U. auch das von Angehörigen. Das SGB XII verwendet – anders als das SGB II – nicht den Begriff „Bedarfsgemeinschaft". Der Sache nach geht jedoch auch das Sozialhilferecht bei zusammenlebenden Angehörigen von einer Einsatzgemeinschaft oder einer Haushaltsgemeinschaft aus. § 27 SGB XII regelt, ohne dies ausdrücklich so zu bezeichnen, wer zur Einsatzgemeinschaft gehört. Nach § 27 Abs. 1 SGB XII ist Hilfe zum Lebensunterhalt Personen zu leisten, die ihren notwendigen Lebensunterhalt nicht oder nicht ausreichend aus eigenen Kräften und Mitteln, insb. aus ihrem Einkommen und Vermögen, beschaffen können. Bei nicht getrennt lebenden Ehegatten oder Lebenspartnern sind nach Absatz 2 das Einkommen und Vermögen beider **Ehegatten** oder **Lebenspartner** gemeinsam zu berücksichtigen; gehören minderjährige unverheiratete **Kinder** dem Haushalt ihrer Eltern oder eines Elternteils an und können sie den notwendigen Lebensunterhalt aus ihrem Einkommen und Vermögen nicht beschaffen, sind auch das Einkommen und das Vermögen der Eltern oder des Elternteils gemeinsam zu berücksichtigen. Entsprechend den Regelungen im SGB II (vgl. III-4.1.7) werden nach § 19 Abs. 4 SGB XII Einkommen und Vermögen der Eltern nicht für eine Person herangezogen, die schwanger ist oder ihr leibliches Kind bis zur Vollendung des sechsten Lebensjahrs betreut. Im Unterschied zum SGB II ist damit das Einkommen und Vermögen des Partners eines Elternteils, mit dem ein Kind zusammenlebt, (noch) nicht für das Kind anzurechnen. Zudem sind die dem Haushalt angehörigen volljährigen Kinder unter 25 Jahren nicht zur Einsatzgemeinschaft der Eltern oder eines Elternteils zu zählen. Nach § 20 SGB XII dürfen Personen, die in eheähnlicher oder lebenspartnerschaftsähnlicher Gemeinschaft leben, nicht besser gestellt werden als Ehepartner. Damit sind auch **eheähnliche** und gleichgeschlechtliche Einstandsgemeinschaften in die Einsatzgemeinschaft mit einbezogen.

§ 39 SGB XII regelt die Haushaltsgemeinschaft. Lebt eine Person, die Sozialhilfe beansprucht, mit anderen Personen zusammen, so wird vermutet, dass sie gemeinsam wirtschaften (Haushaltsgemeinschaft) und dass sie von ihnen Leistungen zum Lebensunterhalt erhält, soweit dies nach ihrem Einkommen und Vermögen erwartet werden kann. Die Vorschrift geht zunächst insofern über die Regelung in § 9 Abs. 5 SGB II hinaus, als die Haushaltsgemeinschaft hier nicht auf Personen beschränkt ist, die miteinander verwandt oder verschwägert sind, sondern **alle Personen erfasst, die zusammenleben**. Zudem wird nach § 39 SGB XII bei Zusammenleben automatisch von Gesetzes wegen vermutet, dass eine Wohn-

(Marginalie: Einsatzgemeinschaft)

(Marginalie: Haushaltsgemeinschaft)

und Wirtschaftsgemeinschaft besteht. Unter dieser Voraussetzung greift dann ebenso wie bei § 9 Abs. 5 SGB II die **gesetzliche Vermutung**, dass die ansonsten hilfebedürftige Person von den anderen Personen der Haushaltsgemeinschaft unterstützt wird. Beide Vermutungen lassen sich von den Betroffen widerlegen, was auch hier nicht ganz einfach ist. Diese Regelung betrifft z. B. auch Kinder im Verhältnis zu ihren Stiefeltern unabhängig von der Frage, ob der Partner mit dem Elternteil des Kindes verheiratet ist. Nicht erfasst sind wieder Personen, die schwanger sind oder ihr leibliches Kind bis zur Vollendung seines 6. Lebensjahres betreuen und mit ihren Eltern oder einem Elternteil zusammenleben. Zudem sind auch Personen nicht erfasst, die im Sinne des § 53 SGB XII behindert oder im Sinne des § 61 SGB XII pflegebedürftig sind und von in Satz 1 genannten Personen betreut werden.

Die Unterstützung der ansonsten hilfebedürftigen Person kann nur vermutet werden, wenn ein deutlich über dem Bedarf der Hilfe zum Lebensunterhalt liegendes Einkommen vorliegt (BVerwGE 59, 294). Bei Unterhaltspflichtigen kann eine Leistung in Höhe des gesetzlichen Unterhaltsbetrags erwartet werden. Von nicht unterhaltspflichtigen Personen kann jedenfalls keine Unterstützung erwartet werden, die höher ist als die Leistung, die bei Unterhaltspflichtigen angenommen werden kann (ausführlich zur Berechnung Schoch 2005a Rz. 37 ff., Münder – Conradis 2008 § 36 Rz. 10 ff.). Die Vermutung der Unterstützung innerhalb einer Haushaltsgemeinschaft ist nach § 43 Abs. 1 SGB XII bei der Grundsicherung im Alter und bei Erwerbsminderung nicht anzuwenden.

Einkommen   § 82 SGB XII regelt den Begriff des Einkommens und die vom Einkommen abzusetzenden Beträge im Wesentlichen parallel zu § 11 SGB II (s. III-4.1.7). Auch nach dem Recht der Sozialhilfe gehören gemäß § 82 Abs. 1 SGB XII zum Einkommen grundsätzlich **alle Einnahmen mit Ausnahme** der Leistungen nach dem SGB XII selbst, einzelner Leistungen nach dem Bundesversorgungsgesetz und entsprechenden Gesetzen sowie Renten oder Beihilfen nach dem Bundesentschädigungsgesetz. Hier ist ebenfalls zu beachten, dass das Elterngeld seit Anfang des Jahres 2011 als Einkommen auf die Leistungen der Sozialhilfe angerechnet wird, soweit es sich nicht aus vor der Geburt erzieltem Einkommen berechnet (§ 10 BEEG). Das Kindergeld ist auch hier dem Kind beim Einkommen anzurechnen, soweit es für dessen Lebensunterhalt benötigt wird (§ 82 Abs. 1 S. 3 SGB XII).

Nach § 82 Abs. 2 SGB XII sind verschiedene Beträge vom Einkommen abzusetzen, also nicht anzurechnen. Dies sind in erster Linie Steuern, Sozialversicherungsbeträge, Beiträge zu öffentlichen oder privaten Versicherungen oder ähnlichen Einrichtungen, soweit diese Beiträge gesetzlich vorgeschrieben oder nach Grund und Höhe angemessen sind, sowie geförderte Altersvorsorgebeiträge bis zu einer Höchstgrenze, Werbungskosten sowie Arbeitsförderungsgeld nach dem SGB IX. Nach § 82 Abs. 3 SGB XII ist zudem für erwerbstätige Personen bei der Hilfe zum Lebensunterhalt und Grundsicherung im Alter und bei Erwerbsminderung ein Betrag in Höhe von 30 % des Einkommens aus selbstständiger und nichtselbstständiger Tätigkeit der Leistungsberechtigten abzusetzen. Ebenso wie im Rahmen des SGB II sind nach § 83 SGB XII zweckbestimmte Leistungen, die einem anderen Zweck als die Sozialhilfe gewährt werden, und Schmerzensgeld, das auf der Grundlage von § 253 Abs. 2 BGB gezahlt wird, nicht anzurechnen. Auch Zuwendungen der freien Wohlfahrtspflege bleiben nach § 84 SGB XII als Einkommen außer Betracht, wenn nicht die Zuwendung die Lage der Leistungsberechtigten so günstig beeinflusst, dass daneben Sozialhilfe ungerechtfertigt wäre. Zuwendungen, die ein anderer erbringt, ohne hierzu eine rechtliche oder sittliche Pflicht zu haben, sollen als Einkommen außer Betracht bleiben, soweit ihre Berücksichtigung für die Leistungsberechtigten eine besondere Härte bedeuten würde.

Einzusetzendes Vermögen

Der Einsatz des Vermögens wird in § 90 SGB XII geregelt. Ebenso wie im SGB II (s. III-4.1.7) ist vom **Grundsatz** her nach § 90 Abs. 1 SGB XII das gesamte verwertbare Vermögen einzusetzen. In Absatz 2 und 3 findet sich eine Auflistung von Vermögensgegenständen, die abweichend von diesem Grundsatz nicht einzusetzen sind (sog. **Schonvermögen**). Dies ist zunächst ein Vermögen, das aus öffentlichen Mitteln zum Aufbau oder zur Sicherung einer Lebensgrundlage oder zur Gründung eines Hausstandes erbracht wird. Geschützt ist weiterhin auch im Rahmen der Sozialhilfe die staatlich geförderte Altersvorsorge. Nicht einzusetzen ist auch Vermögen, solange es nachweislich zur baldigen Beschaffung oder Erhaltung eines angemessenen Hausgrundstücks bestimmt ist, soweit dieses Wohnzwecken behinderter oder pflegebedürftiger Menschen dient oder dienen soll. Auch angemessener Hausrat muss nicht verwertet werden, wobei die bisherigen Lebensverhältnisse der um Sozialhilfe nachfragenden Person zu berücksichtigen sind. Von der Verwertung ausgenommen sind auch Gegenstände, die zur Aufnahme oder Fortsetzung der Berufsausbildung oder der Erwerbstätigkeit unentbehrlich sind. Auch Familien- und Erbstücke, deren Veräußerung für die nachfragende Person oder ihre Familie eine besondere Härte bedeuten würde, müssen nicht eingesetzt werden. Gleiches gilt für Gegenstände, die zur Befriedigung geistiger, insb. wissenschaftlicher oder künstlerischer Bedürfnisse dienen und deren Besitz nicht Luxus ist, also etwa Musikinstrumente oder Bücher. Parallel zu § 12 Abs. 3 Nr. 4 SGB II ist auch ein angemessenes Hausgrundstück nicht einzusetzen, wenn es von der nachfragenden Person oder einem anderen Mitglied der Einsatzgemeinschaft allein oder zusammen mit Angehörigen ganz oder teilweise bewohnt wird und nach ihrem Tod von ihren Angehörigen bewohnt werden soll. Die Angemessenheit bestimmt sich dabei nach der Zahl der Bewohner, dem Wohnbedarf (zum Beispiel behinderter, blinder oder pflegebedürftiger Menschen), der Grundstücksgröße, der Hausgröße, dem Zuschnitt und der Ausstattung des Wohngebäudes sowie dem Wert des Grundstücks einschließlich des Wohngebäudes.

kleinere Barbeträge

Für kleinere Barbeträge oder sonstige Geldwerte besteht ein **Freibetrag**, wobei eine besondere Notlage der nachfragenden Person zu berücksichtigen ist. Die kleineren Barbeträge werden konkretisiert durch die Verordnung zur Durchführung des § 90 Abs. 2 Nr. 9 des SGB XII (DVO). § 1 DVO trifft differenzierte Regelungen im Wesentlichen danach, ob die Sozialhilfe nur vom Einsatz des Vermögens der nachfragenden Person allein abhängig gemacht wird oder noch vom Vermögen weiterer Personen, nach dem Alter und danach, ob unterhaltsberechtigte Personen vorhanden sind. Ist nur das Vermögen der nachfragenden Person zu berücksichtigen, so beträgt der Freibetrag bis zur Vollendung des 60. Lebensjahrs 1.600 €, nach

Vollendung des 60. Lebensjahrs oder bei voller Erwerbsminderung 2.600 €. Ist die Sozialhilfe vom Einsatz des Vermögens der nachfragenden Person und ihres Ehe- oder Lebenspartners abhängig, erhöht sich der Betrag um 614 € für den Ehegatten oder Lebenspartner sowie 256 € für jede Person, die von der nachfragenden Person, ihrem Ehegatten oder Lebenspartner überwiegend unterhalten wird. Ist die Sozialhilfe vom Vermögen einer minderjährigen unverheirateten nachfragenden Person und ihrer Eltern abhängig, erhöht sich der Betrag von 1.600 bzw. 2.600 € um einen Betrag von 614 € für einen Elternteil sowie 256 € für die nachfragende Person und für jede Person, die von den Eltern oder von der nachfragenden Person überwiegend unterhalten wird. Leben die Eltern nicht zusammen, entfällt der Betrag von 614 € für einen Elternteil. Die Freibeträge sind somit durchweg deutlich niedriger als im Rahmen des SGB II (vgl. III-4.1.7).

Einen Auffangtatbestand für weitere Vermögensgegenstände enthält § 90 Abs. 3 SGB XII. Danach darf die Sozialhilfe nicht vom Einsatz oder von der Verwertung eines Vermögens abhängig gemacht werden, soweit dies für den, der das Vermögen einzusetzen hat, und für seine unterhaltsberechtigten Angehörigen eine **Härte** bedeuten würde (insb. Erschwerung einer angemessenen Alterssicherung). Eine weitere Einschränkung bei der Vermögensanrechnung trifft § 92 SGB XII für Menschen mit Behinderung, die stationär untergebracht sind.

Parallel zu § 24 Abs. 5 SGB II regelt § 91 SGB XII, dass ein **Darlehen** erbracht werden soll, wenn zwar Vermögen einzusetzen ist, der sofortige Verbrauch oder die sofortige Verwertung des Vermögens jedoch nicht möglich ist oder für die, die es einzusetzen hat, eine Härte bedeuten würde (ausführlich zum Vermögenseinsatz vgl. Sartorius 2005 Rz. 63 ff.).

Übergang von Ansprüchen Die §§ 93 ff. SGB XII regeln die **Verpflichtungen anderer**. Nach § 93 SGB XII kann der Sozialhilfeträger Ansprüche des Leistungsberechtigten gegen andere in Höhe der geleisteten Sozialhilfe auf sich überleiten. Auch in diesem Zusammenhang ist insb. der Rückforderungsanspruch des verarmten Schenkers auf Herausgabe der Schenkung nach § 528 Abs. 1 BGB von Bedeutung (s. III-4.1.7).

Eine spezielle Regelung für **Unterhaltsansprüche** trifft § 94 SGB XII. Danach geht ein Unterhaltsanspruch der leistungsberechtigten Person für den Zeitraum des Leistungsbezugs bis zur Höhe der geleisteten Aufwendungen kraft Gesetzes auf den Sozialhilfeträger über. Problematisch ist auch hier der Fall, dass der Leistungsberechtigte auf seinen Unterhaltsanspruch vor dem gesetzlichen Anspruchsübergang verzichtet hat, wenn also etwa der Unterhaltsanspruch gegen den (früheren) Ehepartner durch Ehevertrag ausgeschlossen wurde (s. III-4.1.7). Der Übergang des Unterhaltsanspruchs wird für verschiedene Fallkonstellationen ausgeschlossen oder beschränkt. Der Übergang des Anspruchs ist nach § 94 Abs. 1 SGB XII ausgeschlossen, soweit der Unterhaltsanspruch durch laufende Zahlung erfüllt wird, ebenso wenn die unterhaltspflichtige Person zur Einsatzgemeinschaft gehört oder die unterhaltspflichtige Person mit der leistungsberechtigten Person vom zweiten Grad an verwandt ist. Es werden also keine Großeltern, Enkel usw. des Leistungsempfängers herangezogen. Der Übergang von Unterhaltsansprüchen gegen Verwandte ersten Grades einer Person, die schwanger ist oder ihr leibliches Kind bis zur Vollendung seines sechsten Lebensjahres betreut, ist auch hier ausgeschlossen. Die Unterhaltsansprüche von Menschen mit Behinderung und von pflegebedürftigen Personen gehen nach § 94 Abs. 2 SGB XII nur in eingeschränktem Umfang über. Nach § 94 Abs. 3 SGB XII bestehen ebenfalls Einschränkungen, wenn die unterhaltpflichtige Person selbst Anspruch auf Hilfe zum Lebensunterhalt hat bzw. bei Erfüllung des Anspruchs hätte oder wenn der Übergang des Anspruchs eine unbillige Härte bedeuten würde.

Sonderregelungen bestehen für die Grundsicherung im Alter und bei Erwerbsminderung. Nach § 43 Abs. 2 SGB XII bleiben Unterhaltsansprüche der Leistungsberechtigten gegen ihre Kinder und Eltern unberücksichtigt, wenn deren jährliches Gesamteinkommen 100.000 € nicht überschreitet. Es wird von Gesetzes wegen zunächst vermutet, dass dieser Betrag nicht überschritten wird. Der Sinn dieser Regelung liegt darin, auch den Lebensunterhalt von Personen sicherzustellen, die bislang auf Leistungen verzichtet haben, weil sie den Rückgriff des Sozialhilfeträgers auf ihre Kinder oder Eltern fürchteten.

4.2.4   Hilfen in besonderen Lebenslagen

Die Kapitel fünf bis neun enthalten Leistungen, die im Geltungsbereich des BSHG als „Hilfen in besonderen Lebenslagen" überschrieben waren und die dies auch ohne entsprechende Bezeichnung im SGB XII heute noch sind (ausführlich Conradis 2005b). Hier finden sich Hilfen zur Gesundheit, Eingliederungshilfen für behinderte Menschen, Hilfe zur Pflege, Hilfe zur Überwindung besonderer sozialer Schwierigkeiten und Hilfen in anderen Lebenslagen. Die Hilfen in besonderen Lebenslagen unterscheiden sich von der Hilfe zum Lebensunterhalt und der Grundsicherung dadurch, dass Hilfe in besonderen Bedarfssituationen erbracht wird, die über die Abdeckung des allgemeinen Lebensunterhalts hinausgehen und auch nicht voraussetzen, dass die betroffene Person Leistungen zum Lebensunterhalt im Rahmen der Sozialhilfe erhält. Auch diese Hilfen sind bedürftigkeitsabhängig, jedoch sind an den Einsatz vorhandenen Einkommens geringere Anforderungen gestellt als bei der Hilfe zum Lebensunterhalt und der Grundsicherung im Alter und bei Erwerbsminderung und beim Vermögen bestehen geringfügig höhere Freibeträge (s. III-4.2.5).

4.2.4.1 Hilfen zur Gesundheit

Im fünften Kapitel sind in den §§ 47 ff. SGB XII Hilfen zur Gesundheit geregelt. Vor dem 01.01.2004 waren die entsprechenden Hilfen im Rahmen des BSHG von hoher Bedeutung, da nur ein geringer Teil der Sozialhilfeempfänger krankenversichert war. Die Hilfe bei Krankheit nach dem BSHG war insofern praktisch die Krankenkasse für Sozialhilfeempfänger. Zum 01.01.2004 wurde durch das GKV-Modernisierungsgesetz in § 264 Abs. 2 SGB V die Regelung aufgenommen, dass die Krankenbehandlung von Empfängern laufender Hilfe zum Lebensunterhalt von den Krankenkassen vorgenommen wird. Die Kosten werden durch die Träger der Sozialhilfe erstattet. Nach dem 01.01.2005 bestand zudem für Personen, die in der Vergangenheit laufende Leistungen zum Lebensunterhalt empfangen hatten und noch nie krankenversichert waren, die Möglichkeit, sich nach § 9 Abs. 1 Nr. 8 SGB V freiwillig in der **Krankenversicherung** zu versichern. Darüber hinaus wurden durch das Gesetz zur Stärkung des Wettbewerbs in der gesetzlichen Krankenversicherung vom 01.04.2007 an alle im Inland wohnenden Personen, die keinen Anspruch auf eine anderweitige Absicherung im Krankheitsfall haben und entweder zuletzt gesetzlich krankenversichert waren oder in Deutschland bisher weder gesetzlich noch privat krankenversichert waren, nach § 5 Abs. 1 Nr. 13 SGB V in die Versicherungspflicht in der gesetzlichen Krankenversicherung einbezogen. Zudem erhalten nach § 265 Abs. 2 Satz 1 SGB V alle Empfänger von Hilfen in besonderen Lebenslagen, die nicht selbst krankenversichert sind, Leistungen von den Krankenkassen (ausführlich zur Entwicklung Conradis 2005c). Es bleibt somit nur eine sehr geringe Anzahl von Personen übrig, für die im Krankheitsfall nicht unter irgendeiner Konstellation die Krankenversicherungen zuständig sind. Für diese greift dann die Hilfe zur Gesundheit.

   Inhaltlich umfasst die Hilfe vorbeugende Gesundheitshilfe (§ 47 SGB XII), Hilfe bei Krankheit (§ 48 SGB XII), Hilfe zur Familienplanung (§ 49 SGB XIII), Hilfe bei Schwangerschaft und Mutterschaft (§ 50 SGB XII) und Hilfe bei Sterilisation (§ 51 SGB XII). Nach § 52 Abs. 1 SGB XII entsprechen die Hilfen nach den §§ 47–51 SGB XII den Leistungen der gesetzlichen Krankenversicherung. Soweit Krankenkassen in ihrer Satzung Umfang und Inhalt der Leistungen bestimmen können, entscheidet der Träger der Sozialhilfe über Umfang und Inhalt der Hilfen nach pflichtgemäßem Ermessen. Die Hilfeempfänger können ebenso wie die Mitglieder der gesetzlichen Krankenversicherung den Arzt, Zahnarzt oder das Krankenhaus frei wählen.

4.2.4.2 Eingliederungshilfe für behinderte Menschen

Die Eingliederungshilfe für behinderte Menschen ist im sechsten Kapitel in den §§ 53 ff. SGB XII geregelt. Sie ist das einzige umfassende Leistungsgesetz und damit das wichtigste Leistungsgesetz für behinderte Menschen. Zwar ist die Teilhabe und Rehabilitation behinderter Menschen seit 2001 im SGB IX geregelt, dabei handelt es sich jedoch in erster Linie um ein Leistungsausführungsgesetz, das auf Leistungen aus anderen Gesetzen Bezug nimmt. Neben den Trägern der Sozialhilfe gibt es nach § 6 SGB IX sechs weitere Träger der Leistungen zur Teilhabe (Rehabilitationsträger). Als **Rehabilitationsträger** kommen danach infrage die gesetzlichen Krankenkassen, die Bundesagentur für Arbeit, die Träger der gesetzlichen Unfallversicherung, die Träger der gesetzlichen Rentenversicherung und der Alterssicherung der Landwirte, die Träger der Kriegsopferversorgung und der Kriegsopferfürsorge sowie die Träger der öffentlichen Jugendhilfe. In vielen anderen Leistungsgesetzen sind somit ebenfalls Leistungen für behinderte Menschen vorgesehen, die aufgrund des Nachrangprinzips der Sozialhilfe vorrangig zum Tragen kommen. Abgrenzungs- und Zuständigkeitsfragen sind daher vielfach problematisch.

   Die Eingliederungshilfe hat nach § 53 Abs. 3 SGB XII eine doppelte **Zielsetzung**: Zum einen soll eine drohende Behinderung abgewendet werden und eine bereits bestehende Behinderung oder deren Folgen beseitigt oder gemildert werden. Zudem soll der behinderte Mensch in die Gesellschaft eingegliedert werden.

Nach § 53 Abs. 1 SGB XII erhalten Personen, die durch eine Behinderung im Sinne von § 2 Abs. 1 Satz 1 des Neunten Buches wesentlich in ihrer Fähigkeit, an der Gesellschaft teilzuhaben, eingeschränkt oder von einer solchen wesentlichen Behinderung bedroht sind, Leistungen der Eingliederungshilfe, wenn und solange nach der Besonderheit des Einzelfalles, insb. nach Art oder Schwere der Behinderung, Aussicht besteht, dass die Aufgabe der Eingliederungshilfe erfüllt werden kann. Personen mit einer anderen – also nicht wesentlichen – körperlichen, geisti- **Behinderung** gen oder seelischen Behinderung können Leistungen der Eingliederungshilfe als Ermessensleistungen erhalten. Eine Behinderung i. S. d. § 2 SGB IX ist gegeben, wenn die körperliche, geistige oder seelische Gesundheit einer Person von dem für ihr Lebensalter typischen Zustand abweicht, dieser Zustand mit hoher Wahrscheinlichkeit länger als sechs Monate anhalten und die Teilhabe des Betroffenen am Leben in der Gemeinschaft beeinträchtigt wird. Von einer Behinderung bedroht sind nach § 53 Abs. 2 SGB XII Personen, bei denen der Eintritt der Behinderung nach fachlicher Erkenntnis mit hoher Wahrscheinlichkeit zu erwarten ist. Insofern gehen die Anforderungen des SGB XII über die des SGB IX hinaus. Die Sozialhilfe erbringt als Pflichtleistung nur Leistungen für wesentlich behinderte Menschen und geht von einer drohenden Behinderung nur dann aus, wenn der Eintritt mit hoher Wahrscheinlichkeit zu erwarten ist.

Für die **Diagnose einer Behinderung** ist zunächst die Einschätzung des Krankheitsbildes anhand der Internationalen Klassifikation für Krankheiten der WHO – ICD 10 – maßgeblich (www.dimdi.de/static/de/klassi/diagnosen/icd10/). Die Abkürzung ICD steht für „**I**nternational **S**tatistical **C**lassification of **D**iseases and Related Health Problems"; die Ziffer 10 bezeichnet deren 10. Revision. Diese Klassifikation wurde von der WHO erstellt und vom Deutschen Institut für medizinische Dokumentation und Information (DIMDI) im Auftrag des Bundesministeriums für Gesundheit ins Deutsche übertragen. In der Todesursachenstatistik wird die ICD-10 seit dem 01.01.1998 eingesetzt. In der ambulanten und stationären Versorgung werden Diagnosen seit dem 01.01.2000 nach der ICD-10 im SGB V verschlüsselt. Die ICD 10 enthält in 21 Kapiteln und 1.182 Kategorien aufgelistete Diagnosen, die mit 3- bis 5-stelligen Schlüsselzahlen versehen sind. Ein Teil der Schlüsselzahlen ist präkombiniert, d. h., bereits in der endgültigen Zahlenkombination in der ICD 10 aufgeführt, ein anderer Teil ist postkombiniert. Postkombinierte Schlüsselnummern können vom Anwender mittels einer Subklassifikation gebildet werden. Insofern ermöglicht die ICD 10 eine äußerst differenzierte Beschreibung von Krankheitsbildern. Die ICD 10 wird regelmäßig auf der Grundlage des fachlichen Kenntnisstandes aktualisiert. In einer nächsten Stufe ist zu klären, ob und inwieweit durch das diagnostizierte Krankheitsbild die Teilhabe des Betroffenen am Leben in der Gemeinschaft beeinträchtigt wird. Für die Frage, welche Lebensbereiche auf mögliche Teilhabebeeinträchtigungen hin untersucht werden sollen, kann die Internationale Klassifikation der Funktionsfähigkeit, Behinderung und Gesundheit (ICF) als Orientierung dienen (www.dimidi. de). Hier werden z. B. Kommunikation, Mobilität, Selbstversorgung, häusliches Leben, Bildung und Arbeit genannt (Münder – Bieritz-Harder 2008 § 53 Rz. 5 ff.). In der Verordnung nach § 60 SGB XII (Eingliederungshilfe-VO) ist in den §§ 1, 2 und 3 im Einzelnen ausgeführt, welche Personenkreise als körperlich, geistig oder seelisch behindert anzusehen sind. Bei manchen Störungsbildern kann eine eindeutige Qualifikation als Behinderung schwierig sein. Dies betrifft etwa Autismus oder schulische Teilleistungsstörungen wie z. B. Legasthenie oder das Aufmerksamkeitsdefizitsyndrom.

Leistungen
Die Leistungen der Eingliederungshilfe werden zunächst recht allgemein in § 54 SGB XII aufgeführt. Nach § 54 Abs. 1 SGB XII sind Leistungen der Eingliederungshilfe zunächst verschiedene Leistungen nach dem SGB IX. Im Einzelnen wird hier verwiesen auf § 26 (medizinische Rehabilitation), § 33 (Teilhabe am Arbeitsleben), § 41 (anerkannte Werkstatt für behinderte Menschen) und § 55 SGB IX (Teilhabe am Leben in der Gemeinschaft). Daneben beinhalten die Leistungen insb. Hilfen zu einer angemessenen Schulbildung, Hilfe zur schulischen Ausbildung für einen angemessenen Beruf einschließlich des Besuchs einer Hochschule, Hilfe zur Ausbildung für eine sonstige angemessene Tätigkeit, Hilfe in vergleichbaren sonstigen Beschäftigungsstätten nach § 56 SGB XII (Werkstatt für Behinderte), nachgehende Hilfe zur Sicherung der Wirksamkeit der ärztlichen und ärztlich verordneten Leistungen und zur Sicherung der Teilhabe der behinderten Menschen am Arbeitsleben. Die Leistungen zur medizinischen Rehabilitation und zur Teilhabe am Arbeitsleben entsprechen dabei jeweils den Rehabilitationsleistungen der gesetzlichen Krankenversicherung oder der Bundesagentur für Arbeit. Deutlich differenzierter wird das vielfältige Leistungsspektrum der Eingliederungshilfe in der Eingliederungs-VO dargestellt (Conradis 2005a).

persönliches Budget
Nach § 58 SGB XII ist ein **Gesamtplan** zur Durchführung der einzelnen Leistungen aufzustellen. § 57 SGB XII ermöglicht die Leistungserbringung im Wege eines trägerübergreifenden persönlichen Budgets. Damit soll den Rehabilitationsträgern die Möglichkeit eröffnet werden, gemeinsam mit anderen Trägern Komplexleistungen zu erbringen. Ziel ist es, den behinderten Menschen ein selbstbestimmtes Leben zu ermöglichen. Sie sollen mit Hilfe des Budgets entscheiden können, welche Hilfen sie wann in Anspruch nehmen und welche Personen oder Dienste sie mit notwendigen Dienstleistungen beauftragen. Indem sie sich die entsprechenden Leistungen dann mit Hilfe ihres persönlichen Budgets selbst „einkaufen" können, erhöht sich ihre Selbstständigkeit und Flexibilität und sie können den Anbietern gegenüber als unmittelbare Kunden selbstbewusster auftreten.

4.2.4.3 Hilfe zur Pflege

Im siebten Kapitel ist in den §§ 61 ff. SGB XII die Hilfe zur Pflege geregelt. Sie kommt für Personen zum Tragen, die nicht in den Anwendungsbereich der Pflegeversicherung fallen (vgl. III-2.2.3), und für solche, die zwar Leistungen der gesetzlichen Pflegeversicherung oder entsprechender privater Versicherungen erhalten, deren Bedarf dadurch aber nicht abgedeckt wird. Im Gegensatz zur Pflegeversicherung, die nur der Entlastung der Betroffenen dient und den Pflegebedarf nur fragmentarisch abdeckt, hat die Sozialhilfe aufgrund des Bedarfsdeckungsgrundsatzes den gesamten Bedarf sicherzustellen, macht dies allerdings vom vorrangigen Einsatz von eigenen Mitteln des Pflegebedürftigen und seiner Angehörigen abhängig (ausführlich Conradis 2005d).

Nach § 61 Abs. 1 Satz 1 SGB XII ist Personen, die wegen einer körperlichen, geistigen oder seelischen Krankheit oder Behinderung für die gewöhnlichen und **Pflegebedürftigkeit** regelmäßig wiederkehrenden Verrichtungen im Ablauf des täglichen Lebens auf Dauer, voraussichtlich für mindestens sechs Monate, in erheblichem oder höherem Maße der Hilfe bedürfen, Hilfe zur Pflege zu leisten. Dies ist der gleiche Personenkreis, der in §§ 14, 15 SGB XI als erheblich pflegebedürftig definiert wird (vgl. III-2.2.3). Satz 1 setzt also voraus, dass die betroffene Person die Voraussetzungen erfüllt, um mindestens in **Pflegestufe I** nach § 15 SGB XI eingestuft zu werden. Darüber hinaus ist aber nach § 61 Abs. 1 Satz 2 SGB XII Hilfe zur Pflege auch Kranken und behinderten Menschen zu leisten, die voraussichtlich für weniger als sechs Monate der Pflege bedürfen oder einen geringeren Bedarf als nach Satz 1 haben oder die der Hilfe für andere Verrichtungen als nach Absatz 5 bedürfen. Damit werden alle Personen einbezogen, die die Voraussetzungen der §§ 14, 15 SGB XI nicht erfüllen, also auch solche, bei denen z. B. Pflege in zeitlich geringerem Umfang oder für weniger Verrichtungen nötig ist, als § 15 SGB XI dies für die Einstufung in eine Pflegestufe verlangt (sog. „Pflegestufe Null"). Bei der Entscheidung über das Ausmaß der bestehenden Hilfebedürftigkeit ist der Sozialhilfeträger an die Entscheidung der Pflegekasse gebunden (§ 62 SGB XII). Es finden nach § 61 Abs. 6 SGB XII auch Verordnungen und Richtlinien nach dem SGB XI, die Rahmenverträge und Bundesempfehlungen über die pflegerische Versorgung nach § 75 SGB XI und die Vereinbarungen über die Qualitätssicherung nach § 80 SGB XI zur näheren Bestimmung des Begriffs der Pflegebedürftigkeit, des Inhalts der Pflegeleistung, der Unterkunft und Verpflegung und zur Abgrenzung, Höhe und Anpassung der Pflegegelder nach § 64 SGB XII entsprechende Anwendung.

Die Hilfe zur Pflege umfasst nach § 61 Abs. 2 SGB XII häusliche Pflege, Hilfs- **Leistungen** mittel, teilstationäre Pflege, Kurzzeitpflege und stationäre Pflege. Der Inhalt der Leistungen nach Satz 1 bestimmt sich nach den Regelungen der Pflegeversicherung für die in § 28 Abs. 1 Nr. 1, 5 bis 8 des SGB XI aufgeführten Leistungen. Damit entsprechen die Leistungen der Hilfe zur Pflege inhaltlich im Wesentlichen denen der Pflegeversicherung. Wichtig ist allerdings, dass sie im Gegensatz zur Pflegeversicherung nicht der Höhe nach beschränkt sind. So wird Personen, die durch eine selbstbeschaffte Pflegehilfe gepflegt werden, ein Pflegegeld in Höhe der in § 37 SGB XI festgesetzten Beträge gezahlt. Darüber hinaus können aber nach § 65 Abs. 1 S. 1 SGB XII auch die angemessenen Aufwendungen der Pflegeperson erstattet werden. Ist neben oder anstelle der selbst beschafften Pflegeperson die Heranziehung einer besonderen Pflegekraft erforderlich, wird also Pflege in Form der Sachleistung nach § 36 SGB XI erbracht, so sind die angemessenen Kosten zu übernehmen. Die Höchstbeträge nach § 36 SGB XI gelten also nicht. Auch die erforderlichen Hilfsmittel sind ohne Beschränkung auf bestimmte Höchstbeträge zu erbringen. Nach § 61 Abs. 2 S. 2 SGB XII kann auch im Rahmen der Hilfe zur Pflege ein trägerübergreifendes persönliches Budget erbracht werden

4.2.4.4 Hilfe zur Überwindung besonderer sozialer Schwierigkeiten

Das achte Kapitel regelt in §§ 67 ff. SGB XII die Hilfe zur Überwindung besonderer sozialer Schwierigkeiten. Die Hilfe setzt an Problembündelungen an, die ihre

Ursachen in komplexen Wirkungszusammenhängen von Beeinträchtigungen der individuellen Lebensführung und den Beziehungen zum sozialen Umfeld hat (ausführlich Trenk-Hinterberger 2005). § 67 SGB XII benennt den Kreis der Leistungsberechtigten. Es handelt sich um Personen, bei denen besondere Lebensverhältnisse mit sozialen Schwierigkeiten verbunden sind. Ihnen sind Leistungen zur Überwindung dieser Schwierigkeiten zu erbringen, wenn sie aus eigener Kraft hierzu nicht fähig sind.

besondere Lebens-
verhältnisse

Mit dem Begriff „besondere Lebensverhältnisse" in der Vorschrift wird auf **objektivierbare Tatbestände** abgestellt. Es sind darunter Lebensverhältnisse zu verstehen, die von den allgemeinen Lebensverhältnissen in der Bevölkerung abweichen, indem sie die Standards unterschreiten, die für die Führung eines menschenwürdigen Lebens als notwendig angesehen werden (ausführlich Trenk-Hinterberger 2005 Rz. 9 ff.). Die entsprechenden Lebensverhältnisse sind insofern gekennzeichnet durch Mangel, der in verschiedenen Bereichen vorliegen kann. In Frage kommen nach § 1 Abs. 2 der Verordnung zur Durchführung der Hilfe zur Überwindung besonderer sozialer Schwierigkeiten (DVO) fehlender oder nicht ausreichender Wohnraum, ungesicherte wirtschaftliche Lebensgrundlage, gewaltgeprägte Lebensumstände, Entlassung aus einer geschlossenen Anstalt oder vergleichbare nachteilige Umstände. Als solche kämen z. B. Ausbeutung bei Prostitution oder mangelnde Möglichkeit zur Teilhabe an Grundbildung in Frage (zu weiteren Fallgruppen vgl. auch Münder – Roscher 2008 § 67 Rz. 6 ff.).

Soziale Schwierig-
keiten

Im Zusammenhang mit den besonderen Lebensverhältnissen aber nicht notwendigerweise durch sie verursacht, müssen auch soziale Schwierigkeiten bestehen. Nach § 1 Abs. 3 DVO liegen soziale Schwierigkeiten vor, wenn ein Leben in der Gemeinschaft durch ausgrenzendes Verhalten des Hilfesuchenden oder eines Dritten wesentlich eingeschränkt ist, insb. im Zusammenhang mit der Erhaltung oder Beschaffung einer Wohnung, der Erlangung oder Sicherung eines Arbeitsplatzes, mit familiären oder anderen sozialen Beziehungen oder mit Straffälligkeit. Die Schwierigkeiten liegen hier also in der **Interaktion mit dem sozialen Umfeld**. Die Beeinträchtigungen müssen nicht von dem Betroffenen ausgehen, entscheidend ist allein, ob er in der Lage ist, sich selbst zu helfen und sie zu überwinden. Kann er dies nicht, greift der Anspruch nach § 67 SGB XII.

Leistungen

So vielfältig wie die möglichen Problemlagen sind auch die in Frage kommenden Hilfen. Nach § 68 Abs. 1 SGB XII umfassen die Leistungen alle Maßnahmen, die notwendig sind, um die Schwierigkeiten abzuwenden, zu beseitigen, zu mildern oder ihre Verschlimmerung zu verhindern, insb. Beratung und persönliche Betreuung für die Leistungsberechtigten und ihre Angehörigen, Hilfen zur Ausbildung, Erlangung und Sicherung eines Arbeitsplatzes sowie Maßnahmen bei der Erhaltung und Beschaffung einer Wohnung. In detaillierterer Weise beschreiben §§ 2 ff. DVO Art und Umfang der Maßnahmen. Speziell genannt werden Beratung und persönliche Unterstützung (§ 3 DVO), Hilfe zur Erhaltung und Beschaffung einer Wohnung (§ 4 DVO), Hilfe zur Ausbildung, Erlangung und Sicherung eines Arbeitsplatzes (§ 5 DVO) und Hilfe zum Aufbau und zur Aufrechterhaltung sozialer Beziehungen und zur Gestaltung des Alltags (§ 6 DVO). Sowohl Geld- oder Sachleistungen als auch Dienstleistungen können Bestandteile der Hilfe sein. Beispiele für Hilfen nach §§ 67 ff. SGB XII sind die Übernahme der Kosten zum Erhalt der Wohnung eines Strafgefangenen während der Haft, die Vermittlung einer Wohnung durch Kontaktaufnahme zu Wohnungsträgern oder betreutes Wohnen (Trenk-Hinterberger 2005 Rz. 32 ff.). Zur Durchführung der erforderlichen Maßnahmen ist in geeigneten Fällen nach § 68 Abs. 1 Satz 2 SGB XII ein Gesamtplan zu erstellen.

Zu beachten ist allerdings, dass die Leistungen der Hilfe zur Überwindung besonderer sozialer Schwierigkeiten nicht nur im Vergleich zu anderen Leistungsgesetzen, sondern auch innerhalb des SGB XII nachrangig sind.

4.2.4.5 Hilfe in anderen Lebenslagen

Das neunte Kapitel regelt in den §§ 70 ff. SGB XII Hilfe in anderen Lebenslagen. Hier werden Hilfen für völlig unterschiedliche Lebensbereiche aufgeführt.

§ 70 SGB XII regelt die Hilfe zur Weiterführung des Haushalts. Sie wird erbracht, wenn die bislang maßgeblich für den Haushalt verantwortliche Person ausfällt und die Fortsetzung des Haushalts geboten ist, d. h., wenn die ansonsten drohende Auflösung sozialpädagogisch nicht zu vertreten wäre. Vergleichbare und vorrangige Regelungen enthalten § 38 SGB V und § 20 SGB VIII.

Weiterführung des Haushalts

§ 71 SGB XII beinhaltet die Altenhilfe. Das Ziel der Hilfe ist die Erhaltung der Möglichkeit, am Gemeinschaftsleben teilzunehmen. Den alten Menschen soll eine möglichst selbstständige Teilnahme in einer von ihnen selbst bestimmten Weise gesichert werden (Münder – Münder 2008 § 71 Rz. 13). Die Vorschrift definiert nicht, ab welchem Lebensjahr eine Person als alter Mensch zu verstehen ist. Da verschiedentlich im SGB XII auf das 65. Lebensjahr abgestellt wird – insb. hinsichtlich der Grundsicherung im Alter in § 41 SGB XII – wird diese Grenze zumeist auch im Rahmen des § 71 SGB XII herangezogen. Nach § 71 Abs. 3 SGB XII sollen allerdings Leistungen nach Absatz 1 auch erbracht werden, wenn sie der Vorbereitung auf das Alter dienen.

Altenhilfe

Eine nicht abschließende Aufzählung der in Frage kommenden Leistungen regelt § 71 Abs. 2 SGB XII. Danach kommen insb. Leistungen zu einer Betätigung und zum gesellschaftlichen Engagement, Leistungen bei der Beschaffung und zur Erhaltung einer bedarfsgerechten Wohnung, Beratung und Unterstützung in allen Fragen der Aufnahme in eine Einrichtung, die der Betreuung alter Menschen dient, insb. bei der Beschaffung eines geeigneten Heimplatzes, Beratung und Unterstützung in allen Fragen der Inanspruchnahme altersgerechter Dienste, Leistungen zum Besuch von Veranstaltungen oder Einrichtungen, die der Geselligkeit, der Unterhaltung, der Bildung oder den kulturellen Bedürfnissen alter Menschen dienen und Leistungen, die alten Menschen die Verbindung mit nahe stehenden Personen ermöglichen, in Betracht. Beispiele von Leistungen, die im Rahmen des § 71 SGB XII erfolgen, sind Unterhaltungsnachmittage oder Ausflugsfahrten, materielle Hilfen zur altersgerechten Ausstattung der Wohnung, Fahrtkostenzuschüsse für Besuche bei nahe stehenden Personen und Beratung in allen relevanten Fragen (Münder – Münder 2008 § 71 Rz. 18 ff.).

Blindenhilfe

§ 72 SGB XII beinhaltet die Blindenhilfe. Sie wird – ebenfalls nachrangig – zum Ausgleich der durch die Blindheit bedingten Mehraufwendungen gewährt. Leistungen der Pflegeversicherung sind teilweise anzurechnen. Die Blindenhilfe beträgt für blinde Menschen nach Vollendung des 18. Lebensjahres 608,96 € monatlich, für blinde Menschen, die das 18. Lebensjahr noch nicht vollendet haben, beträgt sie 305 € monatlich. Die Beträge werden jährlich verändert, soweit sich der aktuelle Rentenwert in der gesetzlichen Rentenversicherung ändert.

Hilfe in sonstigen Lebenslagen

Eine Auffangklausel enthält § 73 SGB XII, der Hilfe in sonstigen Lebenslagen regelt. Die Vorschrift soll eine flexible Reaktion auf anderweitig nicht erfasste Bedarfslagen ermöglichen. Ihre Bedeutung ist gering, da sich zu den meisten denkbaren Bedarfslagen Regelungen in speziellen Leistungsgesetzen oder explizit im SGB XII befinden. Denkbar sind sowohl Lebens- und Bedarfslagen, die völlig neu entstanden sind oder jedenfalls dem Gesetzgeber bislang noch nicht bekannt waren als auch Situationen, in denen durch Veränderung sozialer Verhältnisse neue Probleme entstehen (Münder – Berlit 2008 § 73 Rz. 5 m. w. N.). Die Vorschrift eröffnet keine Möglichkeit, in speziell geregelten Bereichen als unzureichend empfundene Leistungen zu erhöhen, etwa für zu niedrig befundene Regelsätze aufzustocken. Sie greift nur bei *sonstigen* Lebenslagen, also bei solchen, die nicht anderweitig geregelt sind.

Bestattungskosten

§ 74 SGB XII bestimmt die Übernahme der Bestattungskosten durch den Träger der Sozialhilfe, soweit dem hierzu Verpflichteten nicht zugemutet werden kann, die Kosten zu tragen. Die Vorschrift soll eine der Würde des Verstorbenen entsprechende Bestattung sicherstellen. Eine Verpflichtung, die Bestattungskosten zu tragen, besteht zumeist für Angehörige. Nach § 1968 BGB ist der Erbe zur Finanzierung der Bestattung verpflichtet, nach §§ 1615 Abs. 2, 1360a Abs. 3, 1361 Abs. 4, 1586 Abs. 1 BGB der Unterhaltsverpflichtete oder nach § 1615m BGB der mit der Mutter eines Kindes nicht verheiratete Vater, wenn die Mutter infolge von Schwangerschaft oder Entbindung gestorben ist. Zur Totenfürsorge und damit zur Bestattung berechtigt, kann nach dem Tode eines Heimbewohners kraft Vereinbarung im Heimvertrag auch der Heimträger sein (OVG Lüneburg 27.07.2000 – 4 L 2110/00). Es kann auch eine öffentlich-rechtliche Bestattungspflicht des Ordnungsamts bestehen, wenn keine sonstigen Verantwortlichen für die Bestattung vorhanden sind.

Die Frage der **Zumutbarkeit** der Kostentragung ist im Einzelfall zu prüfen. Für Erben ist stets der Einsatz des gesamten Nachlasses zumutbar (BVerwGE 04.02.1999 – 5 B 133.98 – FEVS 51, 5). Zudem müssen Leistungen eingesetzt werden, die aus Anlass des Todes des Verstorbenen erbracht wurden, etwa Sterbegeld oder Leistungen aus einer Sterbegeldversicherung. Wenn die Bestattungskosten nicht durch den Nachlass gedeckt sind, ist die Zumutbarkeit in Anlehnung an die Grundsätze des Einsatzes von Einkommen und Vermögen für die Leistungen nach dem fünften bis neunten Kapitel zu beurteilen (vgl. III-4.2.5). Ist der Verpflichtete ein naher Angehöriger, so ist ihm nach der Rechtsprechung zum BSHG i. d. R. zuzumuten, die von dritter Seite nicht gedeckten Bestattungskosten in Höhe von 50 % des die Einkommensgrenze des § 79 BSHG übersteigenden Betrages

aufzubringen (OVG Nds 08.05.1995 – 12 L 6679/83 – NVwZ-RR 1996, 440).
Dies entspricht etwa der Einkommensgrenze des heutigen § 85 SGB XII.

Unter den vom Träger der Sozialhilfe zu übernehmenden erforderlichen Kosten
einer Bestattung sind die Kosten für ein ortsübliches, angemessenes Begräbnis zu
verstehen. Dabei sind angemessene Wünsche des Verstorbenen zu berücksichtigen, etwa was die Frage einer Erd- oder Feuerbestattung angeht (im Einzelnen vgl.
Münder – Berlit 2008 § 74 Rz. 12 ff.).

4.2.5 Einsatz eigener Mittel und Verpflichtungen anderer bei den Hilfen in besonderen Lebenslagen

Der Einsatz eigener Mittel und die Verpflichtungen anderer sind bei den Hilfen
in besonderen Lebenslagen abweichend von der Hilfe zum Lebensunterhalt und
der Grundsicherung im Alter und bei Erwerbsminderung geregelt. Unterschiede
bestehen auch zwischen den einzelnen Leistungen in besonderen Lebenslagen.

Im Gegensatz zu den Hilfen des dritten und vierten Kapitels ist bei den Hilfen **Einzusetzendes**
des fünften bis neunten Kapitels nicht das gesamte vorhandene Einkommen einzu- **Einkommen**
setzen. Damit soll sichergestellt werden, dass die Leistungsberechtigten der Hilfen in besonderen Lebenslagen einen Lebensstandard oberhalb des Standards der
Hilfe zum Lebensunterhalt oder der Grundsicherung im Alter und bei Erwerbsminderung halten können. Die besondere Lebenslage, aus der sich der Bedarf ergibt, soll den Lebensstandard des Betroffenen bzw. seiner Einsatzgemeinschaft
nicht auf das soziokulturelle Existenzminimum absenken. Es soll auch während
des Bezugs der Leistungen eine angemessene Lebensführung möglich sein.

Der Einsatz des Einkommens richtet sich nach einer Einkommensgrenze, die in **Einkommensgrenze**
§ 85 SGB XII geregelt wird. Nach § 85 Abs. 1 SGB XII ist der Einsatz des Einkommens nicht zuzumuten, wenn das monatliche Einkommen des um Sozialhilfe
Nachfragenden und ggf. des Ehe- oder Lebenspartners zusammen eine Einkommensgrenze nicht übersteigt, die sich zusammensetzt aus einem Grundbetrag in
Höhe des Zweifachen der Regelbedarfsstufe 1, d. h. des Regelbedarfs einer alleinstehenden oder alleinerziehenden Person (Bezeichnung bis Ende 2010: Eckregel-
satz), den angemessenen Kosten der Unterkunft, und einem Familienzuschlag in
Höhe von 70 % der Regelbedarfsstufe 1 für den nicht getrennt lebenden Ehegatten
oder Lebenspartner und für jede Person, die von der nachfragenden Person, ihrem
nicht getrennt lebenden Ehegatten oder Lebenspartner überwiegend unterhalten
worden ist oder für die sie nach der Entscheidung über die Erbringung der Sozialhilfe unterhaltspflichtig werden. Für minderjährige unverheiratete Kinder bzw.
ihre zur Einsatzgemeinschaft gehörenden Eltern setzt sich die Einkommensgrenze
nach § 85 Abs. 2 SGB XII aus dem Zweifachen der Regelbedarfsstufe 1 als Grundbetrag, den angemessenen Unterkunftskosten und einem Familienzuschlag in
Höhe von 70 % der Regelbedarfsstufe 1 für einen Elternteil, wenn die Eltern zusammenleben, sowie für die nachfragende Person und für jede Person, die von den
Eltern oder der nachfragenden Person überwiegend unterhalten worden ist oder
für die sie nach der Entscheidung über die Erbringung der Sozialhilfe unterhaltspflichtig werden. Nach § 86 SGB XII kann der Grundbetrag durch die Länder oder

die Träger der Sozialhilfe für einzelne Hilfearten erhöht werden. Angesichts der Tatsache, dass die in § 85 SGB XII geregelte Einkommensgrenze sehr niedrig ist, erscheint es als fraglich, ob das bezweckte Ziel, einen Lebensstandard oberhalb der Hilfe zum Lebensunterhalt aufrechtzuerhalten, tatsächlich erreicht wird (ausführlich Conradis 2005b Rz. 28 ff.).

Der Einsatz des Einkommens unterhalb der Einkommensgrenze kann – von wenigen in § 88 SGB XII genannten Ausnahmefällen abgesehen – nicht verlangt werden. Er kommt z. B. dann in Frage, wenn zur Deckung des Bedarfs nur geringfügige Mittel erforderlich sind oder wenn bei (teil-)stationären Leistungen Aufwendungen für den häuslichen Lebensunterhalt erspart werden. Soweit das zu berücksichtigende Einkommen die Einkommensgrenze übersteigt, ist der Einsatz nach § 87 Abs. 1 SGB XII in angemessenem Umfang zuzumuten. Bei der Konkretisierung des angemessenen Umfangs sind nach § 87 Abs. 1 Satz 2 SGB XII insb. die Art des Bedarfs, die Schwere einer Behinderung oder Pflegebedürftigkeit, die Höhe der erforderlichen Aufwendungen sowie ihre Dauer und besondere Belastungen der Betroffenen zu berücksichtigen (Sartorius 2005 Rz. 49 ff., Münder – Schoch 2008 § 87 Rz. 5 ff.). Für einige Personengruppen trifft das Gesetz präzisere Regelungen. So ist nach § 87 Abs. 1 Satz 3 SGB XII bei schwerstpflegebedürftigen Menschen nach § 64 Abs. 3 SGB XII und blinden Menschen nach § 72 SGB XII ein Einsatz des Einkommens über der Einkommensgrenze in Höhe von mindestens 60 vom Hundert nicht zuzumuten. § 92 SGB XII schränkt den Einsatz bei stationärer Unterbringung behinderter Menschen ein. Nach § 71 Abs. 4 SGB XII soll Altenhilfe in Form von Beratung und Unterstützung ohne Rücksicht auf das Einkommen oder Vermögen erbracht werden. Eine spezielle Regelung besteht schließlich auch für die Hilfe zur Überwindung besonderer sozialer Schwierigkeiten. Hier schreibt § 68 Abs. 2 SGB XII vor, dass Dienstleistungen ohne Rücksicht auf Einkommen und Vermögen erbracht werden. Einkommen und Vermögen der in § 19 Abs. 3 SGB XII genannten Personen (nicht getrennt lebender Ehegatte oder Lebenspartner, bei minderjährigen unverheirateten Personen die Eltern oder ein Elternteil) ist nicht zu berücksichtigen und von der Inanspruchnahme nach bürgerlichem Recht Unterhaltspflichtiger ist abzusehen, soweit dies den Erfolg der Hilfe gefährden würde. Dies ist dann der Fall, wenn der Leistungsberechtigte bei Inanspruchnahme von Angehörigen die Hilfe nicht annehmen möchte oder sie abzubrechen droht, etwa weil er fürchtet, dass er dann nicht in der erhofften Weise in die Familiengemeinschaft aufgenommen wird.

Einzusetzendes Vermögen Der Einsatz des Vermögens ist bei den Hilfen in besonderen Lebenslagen im Wesentlichen parallel zu der Hilfe zum Lebensunterhalt und der Grundsicherung im Alter und bei Erwerbsminderung geregelt. Eine Abweichung besteht allerdings bei der Höhe des kleineren Barbetrags nach § 90 Abs. 2 Nr. 9 SGB XII. Nach § 1 Abs. 1b DVO ist der Grundbetrag des geschützten Barbetrags auf 2.600 € erhöht. Hinzu kommt ein Betrag von 256 € für jede Person, die von dem um Sozialhilfe Nachfragenden überwiegend unterhalten wird. Der geschützte Barbetrag erhöht sich zudem nach § 1 Abs. 1 Satz 2 DVO bei der Blindenhilfe und dem Pflegegeld für Schwerstpflegebedürftige, wenn beide Partner oder bei Minderjährigen beide Elternteile blind oder pflegebedürftig sind.

Die Verpflichtungen anderer sind bei den Hilfen in besonderen Lebenslagen nahezu identisch mit denen bei Hilfe zum Lebensunterhalt und bei Grundsicherung im Alter und bei Erwerbsminderung. Auch hier besteht aber eine Einschränkung des Übergangs des Unterhaltsanspruchs behinderter und pflegebedürftiger Personen gemäß § 94 Abs. 2 Satz 1 SGB XII. Danach geht der Anspruch einer volljährigen unterhaltsberechtigten Person, die behindert im Sinne von § 53 SGB XII oder pflegebedürftig im Sinne von § 61 SGB XIII ist, gegenüber ihren Eltern wegen Leistungen der Eingliederungshilfe für behinderte Menschen und der Hilfe zur Pflege nur in Höhe von bis zu 26 € monatlich über.

Verpflichtungen anderer

Rothkegel 2005a, Münder 2009, Münder et al. 2008

1. Was versteht man unter einer Bedarfsgemeinschaft, einer Einsatzgemeinschaft und einer Haushaltsgemeinschaft? (4.1.4, 4.1.7, 4.2.3)
2. Welche Möglichkeit gibt es nach dem SGB II oder dem SGB XII für eine Person über 65 Jahren, die Rente „aufzustocken", die für den Lebensunterhalt nicht ausreicht? (4.2.2)
3. Hat ein Empfänger von Arbeitslosengeld II, der in einem voll ausgestatteten Haushalt lebt, Anspruch auf einen neuen Kühlschrank, wenn sein Kühlschrank defekt ist? (4.1.6.1)
4. Findet bei einem Empfänger von Leistungen der Grundsicherung im Alter und bei Erwerbsminderung der Unterhaltsanspruch gegen seinen Sohn Berücksichtigung, wenn dessen jährliches Bruttoeinkommen bei 40.000 € liegt? (4.2.3)
5. Welche Folgen hat es, wenn ein 30-jähriger Empfänger von Arbeitslosengeld II eine zumutbare Arbeitsgelegenheit ablehnt, die ihm vom Jobcenter angeboten wird? (4.1.8)
6. Unter welchen Voraussetzungen kann eine erwerbsfähige hilfebedürftige Person unter 25 Jahren, die noch bei ihren Eltern lebt, in eine eigene Wohnung umziehen? (4.1.6.1)
7. Was versteht man unter einem Sofortangebot? (4.1.5)
8. Kann ein Empfänger von Arbeitslosengeld II ergänzende Sozialhilfe zur Abdeckung seines laufenden Lebensunterhalts bekommen? (4.1.1)
9. Was sind sog. Optionskommunen? (4.1.3)
10. Welche bedürftigkeitsabhängige Sozialleistung bekommt ein Kind, das mit seiner erwerbsfähigen Mutter zusammenlebt, wenn der Lebensunterhalt nicht aus eigenen Mitteln gesichert werden kann? (4.1.6.2)
11. Welche bedürftigkeitsabhängige Sozialleistung zur Abdeckung des Lebensunterhalts bekommt eine Person, die vorübergehend voll erwerbsgemindert ist? (4.2.1)
12. Muss ein erwerbsfähiger Hilfebedürftiger seinen PKW verkaufen und den Erlös zunächst verbrauchen, bevor er Leistungen nach dem SGB II bekommt? (4.1.7)
13. Muss ein 65-jähriger Hilfebedürftiger mit Gehbehinderung, der Grundsicherung im Alter beantragt, seinen PKW verkaufen und den Erlös zunächst verbrauchen, wenn er in einer entlegenen Siedlung lebt und ohne eigenen PKW

nur unter großen Schwierigkeiten Einkäufe erledigen oder Arzttermine wahrnehmen könnte? (4.2.3)

14. Wird Sozialhilfe auch für die Vergangenheit gezahlt, etwa damit Schulden des Hilfebedürftigen damit beglichen werden können? (4.2, 4.2.1)

15. Welche Leistungen zur Pflege erhält eine pflegebedürftige Person, die zwar in der Pflegeversicherung versichert ist, bei der der pflegerische Aufwand jedoch für die Eingruppierung in eine Pflegestufe nicht hoch genug ist? (4.2.4.3)

16. Müssen vor der Inanspruchnahme von Leistungen nach dem fünften bis neunten Kapitel SGB XII („Hilfen in besonderen Lebenslagen") zunächst Einkommen und Vermögen in vollem Umfang eingesetzt werden? (4.2.5)

17. Welche Folgen hat es für einen Empfänger von Arbeitslosengeld II, wenn die Miete für seine Wohnung unangemessen hoch ist? (4.1.6.1)

18. Können Eltern, die ihren Lebensunterhalt und den ihres Kindes gerade noch aus eigenen Mitteln sichern können, die aber die Klassenfahrt ihres Kindes nicht bezahlen können, dafür Leistungen nach dem SGB II oder SGB XII bekommen? (4.1.6.1)

19. Sind Empfänger von Arbeitslosengeld II in der Regel rentenversichert? (4.1.6.1)

20. Muss ein 65-jähriger Hilfebedürftiger, der seinen Lebensunterhalt nicht aus seiner geringen Rente sichern kann, sein kleines schlicht ausgestattetes Einfamilienhaus verkaufen, bevor er bedürftigkeitsabhängige Sozialleistungen erhält? (4.2.3)

5 Sonstiges Sozialrecht (Tammen)

Das Sozialrecht ist ein umfangreiches Rechtsgebiet, das eine Fülle von Gesetzen enthält, die die unterschiedlichsten Lebensbereiche betreffen. An dieser Stelle soll ein kurzer Überblick über die Bereiche des Sozialrechts erfolgen, die von besonderer praktischer Relevanz für die Soziale Arbeit sind.

5.1   Leistungen für Familien

Von besonderer Bedeutung sind zunächst Sozialleistungen, die im Zusammenhang mit Kindern erbracht werden. Die Maßnahmen zur Unterstützung von Familien und Leistungen für Kinder sollen nicht zuletzt die Nachteile ausgleichen, die eine Entscheidung für ein Leben mit Kindern gegenüber einer Lebensplanung ohne Kinder haben kann.

Das Sozialrecht berücksichtigt in vielen Bereichen Familienstand und Kinder. So sind die Entgeltersatzleistungen an **Arbeitslose** mit Kindern höher als Personen ohne Kinder (vgl. III-2.5.3). In der gesetzlichen **Kranken-** und **Pflegeversicherung** sind Kinder als Familienangehörige eines Pflichtversicherten ohne eigene Beiträge familienversichert (vgl. III-2.1 und III-2.2). In der gesetzlichen **Rentenversicherung** werden Zeiten der Kindererziehung für die Rente angerechnet. In besonderer Weise unterstützen auch die Leistungen der **Kinder- und Jugendhilfe** Minderjährige und Familien (vgl. III-3).

Mutterschutz

Die Unterstützung beginnt durch die Regelungen des Mutterschutzes bereits vor der Geburt des Kindes. Alle Frauen, die in einem Arbeitsverhältnis stehen, genießen während der Schwangerschaft und im Anschluss an die Geburt einen besonderen Schutz. Dieser betrifft Leben und Gesundheit von Frau und Kind, den Erhalt des Arbeitsplatzes und die Einkommenssicherung. Für die werdende Mutter gelten im Rahmen des Mutterschutzgesetzes (MuSchG) zahlreiche **Schutzvorschriften**, die eine Gefährdung durch Beschäftigungen ausschließen, durch die Gesundheit oder Leben der Frau oder des ungeborenen Kindes beeinträchtigt werden könnten (§ 3 MuSchG). Es bestehen z. B. Beschäftigungsverbote für Tätigkeiten, die mit dem Heben schwerer Lasten verbunden sind, für Arbeiten, die mit häufigem erheblichem Strecken oder Beugen einhergehen, für solche, die mit schädlichen Einwirkungen durch gesundheitsgefährdende Stoffe verbunden sind und nach dem Ablauf des dritten Schwangerschaftsmonats zudem für die Beschäftigung auf Beförderungsmitteln sowie nach Ablauf des fünften Monats für Arbeiten, die mit ständigem Stehen verbunden sind. Untersagt ist auch die Beschäftigung in Akkordarbeit. Die Verpflichtung des Arbeitgebers zum Schutz der Mütter am Arbeitsplatz ergibt sich ergänzend aus der Mutterschutzrichtlinienverordnung vom 15.04.1997. Besondere Schutzvorschriften bestehen zudem nach der Geburt für stillende Mütter (§§ 7, 8 MuSchG).

Darüber hinaus schützt das MuSchG die schwangere Frau und die Mutter grundsätzlich vor einer Kündigung ihres Arbeitsverhältnisses. Nach § 9 Abs. 1 MuSchG ist die **Kündigung** gegenüber einer Frau während der Schwangerschaft und bis zum Ablauf von vier Monaten nach der Entbindung grundsätzlich unzulässig. Ausnahmsweise ist eine Kündigung bei Vorliegen besonderer Gründe möglich, die aber nicht mit der Schwangerschaft im Zusammenhang stehen dürfen. Ein derartiger Ausnahmefall kann etwa bei Insolvenz oder bei der teilweisen Stilllegung des Betriebes bestehen, wenn nicht die Möglichkeit besteht, die Betroffene auf einen anderen Arbeitsplatz umzusetzen. Auch eine besonders schwere Pflichtverletzung durch die Schwangere kann im Einzelfall ausnahmsweise zu einer Kündigung berechtigen. In jedem Fall bedarf die Kündigung jedoch der Zustimmung der Aufsichtsbehörde (§ 9 Abs. 3 MuSchG).

In den meisten Fällen umfasst der Mutterschutz auch den Schutz vor einer Minderung des Einkommens. Für den Fall eines Beschäftigungsverbots aus schwangerschaftsbedingten Gründen erhält die werdende Mutter ihren bisherigen Durchschnittsverdienst (Mutterschutzlohn, § 11 MuSchG).

Die **Mutterschutzfrist** beginnt im Regelfall sechs Wochen vor dem berechneten Geburtstermin und endet acht Wochen, bei Frühgeburten und Mehrlingsgeburten zwölf Wochen nach der Entbindung (§§ 3, 6 MuSchG). Während dieser Zeit gilt ein Beschäftigungsverbot für die Frau. Während der sechs Wochen vor der Entbindung kann sie allerdings ihrer Tätigkeit auf eigenen Wunsch weiterhin nachgehen. Das Beschäftigungsverbot während der Schutzfrist nach der Entbindung ist dagegen zwingend. Nur bei Tod des Kindes kann die Frau auf ausdrückliches Verlangen schon vorzeitig wieder beschäftigt werden (§ 6 MuSchG). Bei Frühgeburten verlängert sich die Mutterschutzfrist nach der Geburt um die Tage, die vor der Entbindung nicht in Anspruch genommen werden konnten. Während der Mutterschutzfristen vor und nach der Geburt und für den Entbindungstag erhält die Frau **Mutterschaftsgeld** von der Krankenkasse in Höhe von maximal 13 € pro Tag und einen Arbeitgeberzuschuss in Höhe der Differenz zwischen diesem Betrag und ihrem durchschnittlichen Arbeitsentgelt (§ 14 MuSchG). Kleinbetriebe erhalten im Mutterschaftsfall von der gesetzlichen Krankenkasse 100 % der wesentlichen Arbeitgeberkosten erstattet.

Kindergeld Nach der Geburt des Kindes besteht in aller Regel ein Anspruch auf Kindergeld. Für den weitaus größten Teil der Bevölkerung wird das Kindergeld auf der Grundlage des Zehnten Abschnitts des Einkommensteuergesetzes (§§ 62 ff. EStG) gezahlt. Daneben berücksichtigt das Steuerrecht besondere Belastung durch Kinder in zusätzlichen Einzelregelungen. Voraussetzung für einen Anspruch auf Kindergeld nach dem EStG ist, dass der Berechtigte in der Bundesrepublik unbeschränkt steuerpflichtig ist (§ 61 EStG). Für die Gewährung von Kindergeld können neben den eigenen Kindern auch Stiefkinder, Enkel und Pflegekinder berücksichtigt werden (§ 63 EStG). Das Kindergeld wird grundsätzlich nicht an das Kind selbst, sondern für das Kind an einen sog. Kindergeldberechtigten gezahlt. Dies ist in der Regel ein Elternteil, bei dem das Kind lebt. Eine Ausnahme gilt für Vollwaisen und für Kinder, die den Aufenthalt ihrer Eltern nicht kennen und für die keine andere Person Kindergeld erhält. Wird die Unterhaltspflicht durch den Kindergeldberechtigten verletzt, kann das Kindergeld zudem nach § 74 EStG sowie § 48 SGB I an das Kind ausgezahlt werden.

Die **Höhe** des Kindergeldes beträgt monatlich für das erste und zweite Kind jeweils 184 €, für das dritte Kind 190 € und für das vierte und jedes weitere Kind je 215 € (Stand 2011). Das älteste Kind ist jeweils das erste, jedoch werden nur die Kinder mitgezählt, für die Kindergeld gewährt wird (sog. Zählkinder). Dabei muss das Kindergeld nicht an denselben Berechtigten gezahlt werden. Außerdem werden auch Kinder berücksichtigt, für die kindergeldähnliche Leistungen erbracht werden. Wird für das erste Kind wegen Erreichens der Altersgrenze kein Kindergeld mehr gezahlt, rücken die anderen Kinder auf. Dadurch vermindert sich z. B. das Kindergeld für das vierte Kind, das nun zum dritten Kind wird.

Das Kindergeld wird nur bis zum Erreichen bestimmter **Altersgrenzen** des Kindes gezahlt (§ 32 EStG). Ohne besondere Voraussetzungen erfolgt die Leistung bis zur Vollendung des 18. Lebensjahrs. Vom vollendeten 18. bis zum vollendeten 21. Lebensjahr wird ein Kind berücksichtigt, das nicht in einem Beschäftigungsverhältnis steht und bei der Agentur für Arbeit als arbeitsuchend gemeldet ist. Bis zur Vollendung des 25. Lebensjahrs wird Kindergeld im Wesentlichen dann geleistet, wenn das Kind sich in Ausbildung befindet, keinen Ausbildungsplatz findet oder ein freiwilliges soziales oder ökologisches Jahr absolviert. Die Altersgrenze erhöht sich ggf. um die Zeit eines Wehr- oder Zivildienstes. Das Kindergeld wird jedoch nach Vollendung des 18. Lebensjahrs nur dann gezahlt, wenn das Kind keine höheren Einkünfte als 8.004 € im Jahr hat. Ist das Kind aufgrund einer vor Vollendung des 25. Lebensjahres festgestellten körperlichen, geistigen oder seelischen Behinderung außerstande, sich selbst zu unterhalten, so wird das Kindergeld zeitlich unbegrenzt geleistet (§ 32 Abs. 3 Nr. 3 EStG). Ein Anspruch auf Kindergeld für verheiratete Kinder besteht nur, wenn der Ehegatte des Kindes dessen Unterhalt nicht sicherstellen kann.

Personen, die nicht unbeschränkt steuerpflichtig sind, erhalten unter bestimmten Voraussetzungen Kindergeld nach dem Bundeskindergeldgesetz (BKGG).

Der **Antrag** auf Kindergeld ist i. d. R. an die Familienkasse zu richten, die bei der Bundesagentur für Arbeit eingerichtet ist.

Während das Kindergeld einkommensunabhängig erbracht wird, kommt nach § 6a Bundeskindergeldgesetz (BKGG) mit dem Kinderzuschlag auch eine einkommensabhängige Leistung in Frage. Die Leistung richtet sich an Personen, die zwar ihren Lebensunterhalt aus eigenen Kräften und Mitteln bestreiten können, nicht aber den ihrer Kinder. Durch den Zuschlag soll verhindert werden, dass die Familie allein wegen der Kinder auf Leistungen nach dem SGB II oder SGB XII angewiesen ist. Die Regelungen wurden im Jahr 2008 geändert, um einen größeren Personenkreis in die Leistung einzubeziehen. In dem Zusammenhang wurde auch eine Wahlmöglichkeit für Personen eingeführt, die Anspruch auf

Kinderzuschlag

den Kinderzuschlag haben, bei Inanspruchnahme von Leistungen nach dem SGB II aber einen Mehrbedarf (vgl. III-4) geltend machen könnten. Diese können sich nun anstelle des Kinderzuschlags für die Leistungen nach dem SGB II entscheiden.

Für den Anspruch auf Kinderzuschlag werden die Kinder berücksichtigt, die mit dem Berechtigten in einem Haushalt leben, die das 25. Lebensjahr noch nicht vollendet haben und für die die berechtigte Person auch Kindergeld erhält. Voraussetzung für den Bezug ist, dass das Einkommen der Eltern, bei denen das Kind lebt, innerhalb eines bestimmten Rahmens liegt (§ 6a Abs. 1 BKKG). Zunächst muss das Einkommen eine gesetzlich festgelegte Einkommensgrenze überschreiten. Die Eltern müssen hierzu ein gemeinsames **Mindesteinkommen** von derzeit (2011) 900 € monatlich haben. Bei Alleinerziehenden liegt der Betrag bei 600 €. Andererseits darf auch eine **Höchsteinkommensgrenze** nicht überschritten werden. Das Einkommen muss so gering sein, dass ohne Leistung des Kinderzuschlags Hilfebedürftigkeit i. S. d. § 9 SGB II (vgl. III-4) bestünde. Die Grenze ist im Einzelfall anhand der Bedarfe nach dem SGB II zu ermitteln. Dabei bleiben hier ggf. 50 % des Einkommens aus Erwerbstätigkeit unberücksichtigt (§ 6a Abs. 4 BKGG), um einen Anreiz zur Erwerbstätigkeit zu geben. Ziel der Leistung ist es, den Bedarf des Kindes aus dem Kinderzuschlag, dem Kindergeld und dem anteiligen Wohngeld für das Kind zu decken. Insofern bleiben bei der Anrechnung vom Einkommen des Kindes das Kindergeld und das Wohngeld unberücksichtigt. Sonstiges Einkommen und Vermögen des Kindes ist allerdings bedarfsmindernd anzurechnen. Sofern auch die Leistung des Zuschlags die Hilfebedürftigkeit nach dem SGB II nicht abwenden kann, weil ungedeckte Bedarfe übrig bleiben, besteht kein Anspruch auf Kinderzuschlag. Der Kinderzuschlag beträgt für jedes zu berücksichtigende Kind maximal 140 € monatlich (Stand 2011).

Elterngeld Unmittelbar nach der Geburt des Kindes entsteht auch ein Anspruch auf Elterngeld nach dem Bundeselterngeld- und Elternzeitgesetz (BEEG), das zum 01.01.2007 das bis dahin zu leistende Erziehungsgeld abgelöst hat.

Elterngeld ist eine Familienleistung für alle Eltern, die sich in den ersten 14 Lebensmonaten eines Kindes vorrangig selbst der Betreuung des Kindes widmen und daher nicht voll erwerbstätig sind. Teilzeitarbeit bis zu 30 Stunden in der Woche ist allerdings möglich (§ 1 Abs. 6 BEEG). Elterngeld gibt es für Erwerbstätige, Beamte, Selbstständige und erwerbslose Elternteile, Studierende und Auszubildende sowie Adoptiveltern. In Ausnahmefällen können es auch Verwandte bis zum dritten Grad erhalten, die Zeit für die Betreuung eines neugeborenen Kindes investieren.

Die **Höhe** des Elterngeldes richtet sich grundsätzlich nach dem bisherigen Erwerbseinkommen des Anspruchsberechtigten (§ 2 BBEG). Die Elterngeldleistung beträgt bis zu einem bisherigen Monatseinkommen von 1.200 € 67 % des Nettoeinkommens. Seit dem 1. Januar 2011 vermindert sich der Prozentsatz jedoch in den Fällen, in denen das durchschnittlich erzielte monatliche Einkommen aus Erwerbstätigkeit vor der Geburt höher als 1.200 Euro war. In diesen Fällen sinkt der Prozentsatz von 67 % um 0,1 Prozentpunkte für je 2 Euro, um die das maßgebliche Einkommen den Betrag von 1.200 Euro überschreitet, auf bis zu 65 % (§ 2 Abs. 2 BEEG). Das bisherige monatliche Erwerbseinkommen wird überhaupt nur bis zu einer Höhe von 2.700 € berücksichtigt. Beträge, die darüber liegen, führen nicht zu einer Erhöhung des Elterngeldes.

Für das acht Wochen lang gewährte Mutterschaftsgeld einschließlich des Arbeitgeberzuschusses werden zwei Monate der Elterngeldleistung für die Mutter angerechnet, da beide Leistungen den gleichen Zweck verfolgen (§ 3 BBEG). Für Geringverdiener gibt es ein erhöhtes Elterngeld, um den Arbeitsanreiz zu erhalten. Mehrkindfamilien erhalten zudem einen Geschwisterbonus in Höhe von 10 % des Elterngeldes, mindestens aber 75 € im Monat. Auch bei Mehrlingsgeburten erhöht sich das Elterngeld. Alle berechtigten Personen haben einen Anspruch auf mindestens 300 €. Dieser Satz kommt zum Tragen, wenn der Berechtigte vor der Geburt des Kindes nicht über Erwerbseinkommen verfügt hat. Das Elterngeld wurde bis zum Ende des Jahres 2010 in Höhe dieses Mindestbetrags nicht als Einkommen bei bedürftigkeitsabhängigen Sozialleistungen berücksichtigt. Im Rahmen des sog. „Sparpakets" wurde diese Regelung jedoch eingeschränkt, so dass seit dem 1. Januar 2011 das Elterngeld auf Leistungen nach dem SGB II (Arbeitslosengeld II und Sozialgeld), dem SGB XII (Sozialhilfe) und auf den Kinderzuschlag nach dem BKGG als Einkommen angerechnet wird. Nur in den Fällen, in denen das Elterngeld infolge von Erwerbstätigkeit vor der Geburt des Kindes geleistet wird, bleibt es, soweit es als Prozentsatz des bisherigen Erwerbseinkommens gezahlt wird, bis zu einer Höhe von maximal 300 € weiterhin anrechnungsfrei (§ 10 Abs. 5 BEEG; vgl. III-4.1.7, III-4.2.3). Mit dem Sparpaket wurde zudem eine Einkommensgrenze für das Elterngeld eingeführt (§ 1 Abs. 8 BEEG). Eltern, die vor der Geburt des Kindes ein zu versteuerndes Jahreseinkommen von zusammen mehr als 500.000 € hatten, sind vom Bezug des Elterngeldes ausgenommen. Bei Alleinerziehenden liegt die Grenze bei 250.000 €.

Die **Dauer** der Elterngeldleistung beträgt mindestens zwölf Monate nach der Geburt des Kindes. Sind zwei Eltern für die Betreuung des Kindes vorhanden, kann ein Elternteil für höchstens zwölf Monate Elterngeld beantragen. Zwei zusätzliche Monate stehen dem anderen Elternteil des Kindes zu, wenn für zwei Monate zu Gunsten der Betreuung des Kindes auf Erwerbstätigkeit ganz oder teilweise verzichtet wird (§ 4 BBEG). Das Elterngeld kann bei gleichem Budget auf die doppelte Anzahl der Monate verteilt werden. Dann kann für 24 bzw. 28 Monate jeweils der halbe Betrag bezogen werden (§ 6 BBEG).

Elternzeit

Arbeitnehmerinnen und Arbeitnehmer haben nach dem BBEG zudem einen Anspruch auf Elternzeit bis zur Vollendung des dritten Lebensjahrs des Kindes, während derer sie ihre **Erwerbstätigkeit einstellen** oder **reduzieren** können (§ 15 BBEG). Der Arbeitgeber muss dem Wunsch im Regelfall entsprechen. Von dem Zeitpunkt, an dem der Elternteil die Elternzeit bei dem Arbeitgeber verlangt hat, bis zum Ende der Elternzeit gilt ein besonderer **Kündigungsschutz** (§§ 18 f. BBEG).

Unterhaltsvorschuss

Eine weitere wichtige Sozialleistung für Personen mit Kindern ist der Unterhaltsvorschuss nach dem Unterhaltsvorschussgesetz (UhVorschG). Die Leistungen sollen die Belastungen eines Elternteils ausgleichen, bei dem das Kind lebt, wenn von dem anderen Elternteil kein regelmäßiger Unterhalt für das Kind geleistet wird (§ 1 Abs. 1 Nr. 3 UhVorschG). Der berechtigte Elternteil muss ledig, verwitwet oder geschieden sein oder von seinem Ehegatten dauernd getrennt leben. Nach § 1 Abs. 3 UhVorschG besteht kein Anspruch, wenn der Elternteil, bei dem das Kind lebt, mit dem anderen Elternteil zusammenlebt oder sich weigert, die Auskünfte, die zur Durchführung des Gesetzes erforderlich sind, zu erteilen oder bei der Feststellung der Vaterschaft oder des Aufenthalts des anderen Elternteils mitzuwirken. Ist der Mutter bekannt, wer der biologische Vater des Kindes ist, so berechtigt nur eine beachtliche anerkennenswerte Konfliktlage dazu, dessen Namen nicht mitzuteilen (so schon BVerwG FEVS 16, 201 ff.).

Der Unterhaltsvorschuss wird nach § 2 Abs. 1 UhVorschG in **Höhe** des familienrechtlichen Mindestunterhalts nach § 1612a BGB gezahlt. Mindestens werden jedoch abweichend davon nach § 2 Abs. 1 UhVorschG aktuell (2011) für Kinder bis zur Vollendung des 6. Lebensjahres 279 € und für Kinder, die das 6. Lebensjahr bereits vollendet haben, 322 € geleistet. Derzeit liegt der Mindestunterhalt nach § 1612a BGB über diesen Mindestbeträgen. Es werden auf der Grundlage von § 1612a BGB für Kinder vor Vollendung des 6. Lebensjahres 317 € und für ältere Kinder 364 € Unterhaltsvorschuss gezahlt. Das Kindergeld in Höhe des für ein erstes Kind zu zahlenden Betrages und Unterhaltsleistungen sowie Waisenbezüge des Kindes werden nach Absatz 2 und 3 allerdings in vollem Umfang angerechnet. Die **Dauer** der Leistung beträgt nach § 3 UhVorschG maximal sechs Jahre. Der Unterhaltsvorschuss wird nur an Kinder unter 12 Jahren geleistet.

Da sich die Leistung als Unterhalts*vorschuss* versteht, geht nach § 7 UhVorschG der Unterhaltsanspruch des Kindes gegen seinen abwesenden Elternteil auf das Land über, so dass dieses versuchen kann, die geleisteten Beträge von dem ursprünglich Verpflichteten zurückzubekommen. Für den Unterhaltsvorschuss sind die Jugendämter zuständig.

5.2 Ausbildungsförderung

Neben den Leistungen für Familien ist die Ausbildungsförderung ein weiterer Bereich des Sozialrechts von hoher praktischer Relevanz. Die Förderung der beruflichen Aus- und Weiterbildung ist in erster Linie in den §§ 59 ff. und 77 ff. SGB III geregelt. Hier ist die Berufsausbildungsbeihilfe (§ 59 SGB III) von besonderer Bedeutung.

BAföG Die Ausbildung an **Schulen und Hochschulen** ist im Bundesausbildungsförderungsgesetz (BAföG) geregelt. Die Regelungen sind in erster Linie für Studierende von Interesse – in den wenigsten Fällen in einer Rolle als Klienten der Sozialen Arbeit. Diese Darstellung möchte lediglich einen allgemeinen Überblick vermitteln und kann nicht auf die differenzierten Einzelheiten dieses Rechtsgebietes eingehen und die konkreten Einzelfragen der Betroffenen beantworten.

Ziel des BAföG ist es, jedem jungen Menschen die Möglichkeit zu geben, unabhängig von seiner sozialen und wirtschaftlichen Lage eine Ausbildung zu absolvieren, die seinen Fähigkeiten und Interessen entspricht. Eine qualifizierte Ausbildung soll nicht an fehlenden finanziellen Mitteln des Auszubildenden selbst bzw. seiner Eltern oder seines Ehegatten scheitern. Die Förderung setzt zunächst voraus, dass eine **förderungsfähige Ausbildung** absolviert wird (§§ 2, 3 BAföG). Umfasst sind nach § 2 BAföG Schulen und Hochschulen. Förderungsfähig ist nach § 7 BAföG grundsätzlich nur die Erstausbildung. Ein Fachrichtungswechsel oder eine weitere Ausbildung nach einem Ausbildungsabbruch wird nach § 7 Abs. 3 BAföG nur unter sehr engen Voraussetzungen gefördert. Zudem wird die Ausbildungsförderung grundsätzlich nur dann geleistet, wenn die betreffende Person bei Beginn des Ausbildungsabschnitts das 30. Lebensjahr noch nicht vollendet hat. Bei Masterstudiengängen liegt die **Altersgrenze** bei 35 Jahren. Zudem gelten hinsichtlich der Altersgrenze Ausnahmen etwa für Auszubildende des zweiten Bildungsweges oder für Eltern, die ihren Ausbildungsabschnitt aufgrund der Erziehung eines Kindes unter 10 Jahren nicht früher beginnen konnten. Die **Förderungshöchstdauer** richtet sich nach § 15a BAföG grundsätzlich nach der Regelstudienzeit. Eine weitere Förderung ist in Ausnahmefällen möglich, etwa bei Überschreiten der Förderungshöchstdauer aufgrund von Behinderung, Schwangerschaft, Kindererziehung oder der Mitwirkung in Gremien oder Selbstverwaltungsorganen der Hochschule (§ 15 Abs. 3 BAföG). Studierende an Hochschulen, die sich in einem in sich selbstständigen Studiengang befinden, können nach § 15 Abs. 3a BAföG nach Überschreiten der Förderungshöchstdauer für maximal zwölf Monate Hilfe zum Studienabschluss erhalten, wenn sie innerhalb von vier Semestern nach Überschreiten der Förderungshöchstdauer zur Prüfung zugelassen werden und die Ausbildungsstätte bescheinigt, dass die Ausbildung innerhalb der Dauer der Abschlusshilfe abgeschlossen werden kann. Die Hilfe zum Studienabschluss wird in Form von Bankdarlehen gewährt.

Die Leistung ist **bedürftigkeitsabhängig**, d. h., sie ist abhängig vom **Einkommen und Vermögen** des Auszubildenden selbst, seines Ehe- oder Lebenspartners und seiner Eltern (§§ 21 ff. BAföG). Eine elternunabhängige Förderung ist in Ausnahmefällen möglich, so z. B. wenn bei Beginn der Ausbildung das 30. Lebensjahr bereits vollendet ist oder wenn der Auszubildende vor Beginn des zu fördernden Ausbildungsabschnitts bereits mehrere Jahre erwerbstätig war (§ 11 Abs. 3 BAföG). Das Einkommen der jeweils zu berücksichtigenden Personen wird nicht in vollem Umfang angerechnet, sondern es gibt Freibeträge, die sich aus den §§ 23, 25 BAföG ergeben. Die Freibeträge für das Einkommen der Eltern wurden zum 1. Oktober 2010 um 3 % angehoben. Leisten Eltern trotz bestehender Unterhaltspflicht keinen Unterhaltsbeitrag für die Ausbildung, so erfolgt auf Antrag im Rahmen des BAföG eine Vorausleistung durch den Staat, der diese anschließend von den Eltern zurückfordert (§ 36 BAföG).

Die Ausbildungsförderung wird für den Lebensunterhalt und den ausbildungsbedingten Bedarf geleistet (§ 11 Abs. 1 BAföG). Die **Höhe** der Förderung richtet sich nach pauschalen Bedarfssätzen (§§ 12 f.). Hierbei wird in erster Linie zwischen Schülern und Studierenden differenziert sowie danach, ob der Auszubildende bei seinen Eltern wohnt oder nicht. Zum 1. Oktober 2010 wurde der Höchstsatz der Förderung für Studierende um 3 % auf 670 € monatlich angehoben. Für Auszubildende, die mit mindestens einem Kind, das das 10. Lebensjahr noch nicht vollendet hat, in einem Haushalt leben, wird ein Kinderbetreuungszuschlag geleistet (§ 14b BAföG).

Als Leistung kommen **Zuschüsse** in Frage, die nicht zurückgezahlt werden müssen, oder **Darlehen**, die grundsätzlich nicht zu verzinslichen sind (§ 18 Abs. 2 BAföG). Beim Besuch von Hochschulen, Akademien und höheren Fachschulen wird der monatliche Betrag nach § 17 BAföG zur Hälfte als Darlehen erbracht. Die Rückzahlung ist nach § 18a BAföG einkommensabhängig. Der Darlehensnehmer ist von der Rückzahlungspflicht auf Antrag freizustellen, wenn bzw. solange sein Einkommen bestimmte Grenzen nicht übersteigt. Bei einer allein stehenden Person liegt die Grenze bei 1.040 € monatlich (Stand 2011). Ein Teilerlass des Darlehens kommt in Frage, wenn das Studium vorzeitig abgeschlossen wird, ein überdurchschnittliches Ergebnis erzielt wird, oder eine vorzeitige Tilgung erfolgt (§§ 18 Abs. 5b, 18b BAföG).

 http://www.bafoeg.bmbf.de/

5.3   Wohnzuschuss

Viele Menschen benötigen Zuschüsse zu ihren Wohnungskosten. Die Empfänger von Leistungen zur Abdeckung des Lebensunterhalts nach dem SGB II und SGB XII erhalten die Unterkunftskosten in der tatsächlichen Höhe als Bestandteil ihrer Leistung (vgl. III-4.1.6, III-4.2.1 und III-4.2.2). Für sonstige Personen gewährt das Wohngeldgesetz (WoGG) Zuschüsse zur Miete oder zu vergleichbaren Aufwendungen. In Frage kommen Mietzuschüsse (§ 3 Abs. 1 WoGG) und Lastenzuschüsse für Eigentümer eines Eigenheims oder einer Eigentumswohnung (§ 3 Abs. 2 WoGG). Die Einzelheiten zur Ermittlung der Miete und der Wohngeld-Lastenberechnung sind in der Wohngeldverordnung (WoGV) geregelt.

Wohngeldgesetz

Auch das Wohngeld ist eine **bedürftigkeitsabhängige** Sozialleistung. Maßgeblich für die Frage nach der Wohngeldberechtigung und ggf. der Höhe der Leistung sind nach § 4 WoGG die Anzahl der zur berücksichtigenden Haushaltsmitglieder, die zu berücksichtigende Miete bzw. die Belastungen durch das Eigenheim und das Gesamteinkommen der Haushaltsmitglieder. Die Formel zur Berechnung der **Höhe** des Wohngeldes findet sich in § 19 WoGG. Voraussetzung für die Förderung ist nach §§ 5 ff. WoGG, dass angesichts der Höhe der Miete bzw. einer anderweitigen Belastung und der Anzahl der Haushaltsmitglieder Bedürftigkeit besteht, das vorhandene Einkommen also nicht hoch genug ist. Zu den Haushaltsmitgliedern zählen neben Ehepartnern, Lebenspartnern nach dem Lebenspartnerschaftsgesetz und Verwandten sowie Verschwägerten auch Partner einer Einstehensgemeinschaft i. S. d. § 7 Abs. 3 Nr. 3c SGB II (vgl. III-4.1.4) sowie Pflegekinder und Pflegeeltern (§ 5 Abs. 1 WoGG). § 12 WoGG legt Höchstbeträge für Mieten und Belastungen fest, bis zu denen die Kosten Berücksichtigung finden. Sie sind abhängig von der Zahl der Haushaltsmitglieder und von der **Mietstufe** der Gemeinde, in der sich die Wohnung befindet. Die Mietstufen tragen dem Umstand Rechnung, dass die Höhe der Mieten in den einzelnen Regionen des Landes sehr unterschiedlich ist. Aus diesem Grund sind die Miethöchstbeträge regional nach sechs Mietstufen gestaffelt. Eine Neufestlegung der Mietstufen und eine Neufestlegung der Miethöchstbeträge ist zuletzt im Zuge der letzten Wohngeldreform zum 1. Januar 2009 erfolgt. Ein Kernstück der **Wohngeldreform** zum 1. Januar 2009 war die Einführung einer Heizkostenpauschale, mit der erstmalig die Heizkosten im Wohngeld berücksichtigt wurden. Insbesondere dieser Zuschuss für die Heizkosten führte dazu, dass das durchschnittlich gewährte Wohngeld stark anstieg. Bekam ein Haushalt vorher durchschnittlich rund 90 € Wohngeld monatlich, stieg dieser Durchschnittsbetrag auf rund 140 € an. Die Anzahl der Wohngeldempfänger erhöhte sich infolge der Reform deutlich. Lag sie 2008 noch bei ca. 570.000, so betrug sie im Jahr 2009 mehr als 800.000 (Bundesministerium für Verkehr, Bau und Stadtentwicklung: http://www.bmvbs.de/cae/servlet/contentblob/28922/publicationFile/207/die-wohngeldreform-zum-1-januar-2009.pdf). Durch das Haushaltsbegleitgesetz ist der Heizkostenzuschuss zum 1. Januar 2011 wieder abgeschafft worden. Insofern ist der größte Teil der mit der Wohngeldreform von 2009 verbundenen Leistungsverbesserungen wieder weggefallen.

§ 7 WoGG nennt verschiedene Ausschlussgründe für die Gewährung von Wohngeld. So kommt der Bezug von Wohngeld insb. nicht in Betracht für Personen, die Arbeitslosengeld II oder Sozialgeld nach dem SGB II beziehen, oder die Grundsicherung im Alter und bei Erwerbsminderung oder Hilfe zum Lebensunterhalt nach dem SGB XII erhalten. Den genannten Leistungen gegenüber ist jedoch das Wohngeld nach dem WoGG vorrangig und daher ist vor Inanspruchnahme der genannten Leistungen des SGB II und des SGB XII zunächst zu prüfen, ob Anspruch auf Leistungen nach dem WoGG besteht.

5.4 Rehabilitation und Teilhabe behinderter Menschen

Von erheblicher Bedeutung sind auch die Regelungen zur Rehabilitation und Teilhabe behinderter Menschen. Es handelt sich um eine besonders komplexe Materie, die hier ebenfalls nur in den Grundzügen umrissen werden soll.

Spezielle Leistungen für Menschen mit Behinderung werden von mehreren Trägern aufgrund verschiedener Spezialgesetze erbracht. Das SGB IX – Rehabilitation **SGB IX** und Teilhabe behinderter Menschen – das zum 01.07.2001 in Kraft getreten ist, enthält nicht etwa umfassend das Leistungsrecht für diesen Personenkreis, sondern hat lediglich die Funktion, die besonderen sozialrechtlichen Regelungen zugunsten behinderter und von Behinderung bedrohter Menschen sinnvoll zu ordnen und zu ko- **Grundsätze** ordinieren und Verfahrensregelungen in gewissem Rahmen zu vereinheitlichen. Zudem enthält das SGB IX verschiedene **Grundsätze**, die für den gesamten Bereich der Eingliederung behinderter Menschen gelten, so etwa in § 3 SGB IX den Grundsatz „Prävention vor Rehabilitation", in § 8 SGB IX „Integration statt Kompensation", in § 19 Abs. 2 SGB IX den Vorrang ambulanter vor stationären Leistungen und in §§ 9 und 17 SGB IX das Prinzip der Individualisierung und Eigenverantwortung. Nach § 1 SGB IX erhalten behinderte oder von Behinderung bedrohte Menschen Leistungen nach diesem Buch und den für die Rehabilitationsträger geltenden Leistungsgesetzen, um ihre Selbstbestimmung und gleichberechtigte Teilhabe am Leben in der Gesellschaft zu fördern sowie Benachteiligungen zu vermeiden oder ihnen entgegenzuwirken. Dabei wird den besonderen Bedürfnissen behinderter und von Behinderung bedrohter Frauen und Kinder Rechnung getragen.

Der Begriff „Behinderung" wird in § 2 SGB IX definiert. „Behindert" sind da- **Behinderung** nach Menschen, wenn ihre körperliche Funktion, geistige Fähigkeit oder seelische Gesundheit mit hoher Wahrscheinlichkeit länger als sechs Monate von dem für das

Lebensalter typischen Zustand abweichen und daher ihre Teilhabe am Leben in der Gesellschaft beeinträchtigt ist (zum Begriff und der Feststellung einer Behinderung vgl. III-4.2.4.2). Diese Definition wird in den speziellen Leistungsgesetzen ebenfalls herangezogen, allerdings wird dort teilweise nur im Fall einer wesentlichen Behinderung ein Anspruch ausgelöst oder der Anspruch beschränkt sich auf Personen mit einer bestimmten Art von Behinderung, wie etwa das Kinder- und Jugendhilferecht, das in § 35a SGB VIII nur einen Anspruch für seelisch behinderte Kinder- und Jugendliche enthält (vgl. III-3.3.4.2).

In § 6 SGB IX werden die **Rehabilitationsträger** für spezielle Leistungen an behinderte oder von einer Behinderung bedrohte Menschen aufgeführt. Im Einzelnen sind dies die gesetzlichen Krankenkassen, die Bundesagentur für Arbeit, die Träger der gesetzlichen Unfallversicherung, die Träger der gesetzlichen Rentenversicherung, die Träger der Kriegsopferfürsorge, die Träger der öffentlichen Jugendhilfe (vgl. III-3.3.4.2) und die Träger der Sozialhilfe (vgl. III-4.2.4.2). Zur Teilhabe werden Leistungen zur medizinischen Rehabilitation, zur Teilhabe am Arbeitsleben, unterhaltssichernde und andere ergänzende Leistungen und Leistungen zur Teilhabe am Leben in der Gemeinschaft erbracht (§ 5 SGB IX). Nicht jeder der genannten Rehabilitationsträger erbringt alle Formen dieser Eingliederungsleistungen, sondern jeder Träger erbringt nur die Leistungen, die in sein spezifisches Aufgabenspektrum fallen. Die Voraussetzungen und Inhalte der Leistungen richten sich nach den jeweiligen speziellen Leistungsgesetzen für die einzelnen Träger.

Aufgrund der Vielzahl der zuständigen Träger kommt es oftmals zu Zuständigkeitsproblemen. Hier erfüllt § 14 SGB IX, der das Verfahren zur **Zuständigkeitsklärung** unter Vorgabe verbindlicher Fristen regelt, eine wichtige Funktion. Damit soll sichergestellt werden, dass die Abgrenzungsschwierigkeiten zwischen einzelnen Bedarfen und Leistungsarten nicht zulasten der Betroffenen gehen. Damit die Betroffenen eine einheitliche Stelle haben, an die sie sich mit ihren Belangen wenden können, und nicht alle in Frage kommenden Träger aufsuchen müssen, schreiben die §§ 22 f. SGB IX vor, dass **gemeinsame Servicestellen** der Rehabilitationsträger in allen Landkreisen und kreisfreien Städten einzurichten sind. Diese haben umfangreiche Informations- und Beratungspflichten und haben auch inhaltlich an der Entscheidung über die Leistung mitzuwirken. Besondere Beratungspflichten haben daneben vor allem Ärzte und Sozialämter. Von zentraler Bedeutung ist zudem die **Koordination** zwischen den verschiedenen Trägern, die für einen behinderten oder von Behinderung bedrohten Menschen Leistungen erbringen. Zu diesem Zweck enthält das SGB IX mehrere Regelungen, die sicherstellen sollen, dass die Leistungen nicht „aneinander vorbei" gewährt werden. In diesem Zusammenhang sind insb. die Vorschriften der §§ 10–13 SGB IX relevant.

Eine spezielle Form der Leistungserbringung sieht § 17 Abs. 2 SGB IX vor. Nach dieser Regelung besteht die Möglichkeit, Leistungen in Form eines **persönlichen Budgets** zu erbringen (vgl. auch III-4.2.4.2). Das persönliche Budget hat das Ziel, die Selbstbestimmung von Menschen mit Behinderung zu fördern. Anstelle von Dienst- oder Sachleistung kann auf Antrag ein finanzielles Budget gewährt werden, mit dem sich der Leistungsberechtigte seine Leistung eigenverantwortlich und selbstbestimmt „einkaufen" kann. Damit entscheidet er selbst über die gewünschte Hilfe und die Form ihrer Ausgestaltung. Möglich ist auch die Inanspruchnahme des persönlichen Budgets als Komplexleistung, bei der die Teilhabe- und Rehabilitationsleistungen verschiedener Träger in einem Budget zusammengefasst werden. Während das persönliche Budget bei seiner Einführung mit dem SGB IX zum 1. Juli 2001 zunächst nur die Leistungen zur Teilhabe umfasste, können seit dem 1. Juli 2004 auch sonstige Leistungen der gesetzlichen Krankenkassen sowie Leistungen der verschiedenen zuständigen Träger bei Pflegebedürftigkeit in das persönliche Budget einbezogen werden.

http://www.bmas.de/SharedDocs/Downloads/DE/bericht-der-bundesregierung-ueber-die-ausfuehrung-der-leistungen-des-persoenliche-budget.pdf

Die besonderen Belange schwerbehinderter Menschen werden im Teil 2 des SGB IX geregelt. Vor Inkrafttreten des SGB IX war hierfür das Schwerbehindertengesetz einschlägig, das aufgehoben und inhaltlich in das SGB IX integriert wurde. **Schwerbehindertenrecht**

Menschen sind im Sinne des SGB IX schwerbehindert, wenn der Grad ihrer Behinderung (GdB) wenigstens 50 % beträgt, sie in der Bundesrepublik wohnen, hier ihren gewöhnlichen Aufenthalt haben oder hier beschäftigt sind. Der Teil 2 des SGB IX enthält ein weites Spektrum von Hilfen, die verschiedene Lebensbereiche betreffen. Auf dem Gebiet des **Arbeitsrechts** ist es z. B. der besondere Kündigungsschutz behinderter Menschen nach §§ 85 ff. SGB IX, der Zusatzurlaub nach § 125 SGB IX und die Regelungen zur Schwerbehindertenvertretung nach §§ 93 ff. SGB IX. Darüber hinaus sind insb. Regelungen zur unentgeltlichen Beförderung schwerbehinderter Menschen im **öffentlichen Personenverkehr** in den §§ 145 ff. SGB IX enthalten sowie Vorschriften über Integrationsprojekte (§§ 132 ff. SGB IX) und Werkstätten für behinderte Menschen (§§ 136 ff. SGB IX). Einzelheiten zum Schwerbehindertenausweis (§ 69 SGB IX) regelt die Schwerbehindertenausweisverordnung (SchwbAwV).

Weitere relevante Rechtsgrundlagen neben dem SGB IX und den Spezialgesetzen der einzelnen Rehabilitationsträger für den Bereich der Teilhabe von Menschen mit Behinderung sind das Gesetz zur Gleichstellung behinderter Menschen (Behindertengleichstellungsgesetz – BBG) vom 1. Mai 2002 und das allgemeine Gleichbehandlungsgesetz (AGG) vom August 2006. Während das BBG zum Ziel hat, die Gleichberechtigung speziell von Menschen mit Behinderung in allen Bereichen des öffentlichen und privaten Lebens durchzusetzen und zu sichern, wendet sich das AGG generell gegen Diskriminierung, wobei Behinderung nur einer von mehreren potentiellen Benachteiligungsgründen ist, die das Gesetz aufgreift.

Auf internationaler Ebene ist derzeit insb. die UN-Behindertenrechtskonvention von Bedeutung. Die Konvention wurde am 13. Dezember 2006 in New York verabschiedet und trat in Deutschland am 26. März 2009 in Kraft. Sie hat gemäß Artikel 1 das Ziel, „den vollen und gleichberechtigten Genuss aller Menschenrechte und Grundfreiheiten durch alle Menschen mit Behinderungen zu fördern, zu schützen und zu gewährleisten und die Achtung der ihnen innewohnenden Würde zu fördern." Dazu gehört nach Artikel 3 die volle und wirksame Teilhabe an der Gesellschaft und Einbeziehung in die Gesellschaft. Leitbild der Konvention ist die **UN-Behindertenrechtskonvention**

Inklusion, d. h. die vollständige Einbeziehung von Menschen mit Behinderung in die Gesellschaft. Behinderung wird als Teil der menschlichen Vielfalt begriffen und hat als solcher Akzeptanz zu erfahren.

http://www.bmas.de/DE/Themen/Teilhabe-behinderter-Menschen/Politik-fuer-behinderte-Menschen/Uebereinkommen-der-Vereinten-Nationen/rechte-von-menschen-mit-behinderungen.html

Kokemoor 2010, Bundesministerium für Arbeit und Soziales 2010a; 2010c

1. Kann das Arbeitsverhältnis einer schwangeren Frau durch den Arbeitgeber gekündigt werden? (5.1)
2. Bis zu welcher Altersgrenze kann Kindergeld längstens gewährt werden? (5.1)
3. Unter welcher Voraussetzung wird das volle Elterngeld für einen Zeitraum von 14 Monaten geleistet? (5.1)
4. Wonach richtet sich die Höhe des Unterhaltsvorschusses? (5.1)
5. Wessen Einkommen wird bei der Frage berücksichtigt, ob ein Student Ausbildungsförderung nach dem BAföG erhält? (5.2)
6. Kann ein Empfänger von Arbeitslosengeld II zusätzlich Wohngeld nach dem Wohngeldgesetz beanspruchen? (5.3)
7. Welches sind die Rehabilitationsträger im Rahmen der Leistungen zur Teilhabe behinderter Menschen? (5.4)

6 Jugendschutzrecht (Tammen / Trenczek)

Aufgabe des Jugendschutzes ist es, Minderjährige vor Gefahren für ihr Wohl zu schützen und vor Schädigungen zu bewahren. Das System des Jugendschutzes lässt sich dabei in drei Teilbereiche gliedern, den sog. erzieherischen, den gesetz-lichen sowie den medizinischen Jugendschutz (siehe Übersicht 45). Parallel zum sog. erzieherischen Jugendschutz im Kinder- und Jugendhilferecht (insb. § 14 SGB VIII) setzt der sog. gesetzliche Jugendschutz nach dem JuSchG im Hinblick auf die Erziehung junger Menschen zu eigenverantwortlichen und gemeinschafts-fähigen Persönlichkeiten in erster Linie auf die Stärkung der Kompetenz von Kin-dern und Jugendlichen, kritisch mit Angeboten und möglichen Gefährdungen um-zugehen. Allerdings beschränkt er sich nicht darauf, sondern enthält auch Instrumentarien, um belastende Einflüsse aus dem Erziehungsprozess fernzuhal-ten, soweit dies erforderlich ist. Zum gesetzlichen Jugendschutz zählen auch die Regelungen des Arbeitsschutzes (JArbSchG) sowie die strafrechtlichen Bestim-mungen zum Schutz von Minderjährigen (hierzu vgl. III-8.2.3.2). **Ziele**

Am 01.04.2003 ist das derzeitige JuSchG in Kraft getreten, das sowohl das frü-here Gesetz zum Schutz der Jugend in der Öffentlichkeit (JSchÖG) als auch das Gesetz über die Verbreitung jugendgefährdender Schriften und Medieninhalte (GjS) ersetzt und beide Regelungsinhalte in sich vereinigt. Regelungsbereiche des JuSchG sind Abgabe und Konsum von Tabak und Alkohol, die Abgabe von Filmen und Computerspielen sowie der Aufenthalt in Gaststätten und bei Tanzveranstal-tungen, wie etwa in Diskotheken, sowie an jugendgefährdenden Orten. **Inhalte des Jugend-schutzes**

Mit dem neugefassten Gesetz soll der Schutz von Kindern und Jugendlichen vor Gefahren und schädlichen Einflüssen in der Öffentlichkeit den gesellschaftlichen Veränderungen angepasst und dadurch verbessert werden. Seit Inkrafttreten des Gesetzes sind die Regelungen in mehreren Bereichen verschärft worden. Bezüg-lich der Freizeitaktivitäten von Kindern und Jugendlichen wurden jedoch kaum **Schutz der Jugend in der Öffentlichkeit**

Änderungen gegenüber dem früheren Gesetz zum Schutz der Jugend in der Öffentlichkeit vorgenommen. Die neuen gesetzlichen Regelungen berücksichtigen vor allem die technischen und inhaltlichen Veränderungen und Entwicklungen des Medienbereichs innerhalb der letzten Jahre, etwa in Bezug auf Computerspiele und auf das Internet. Begleitend zu dem JuSchG wurde ein Jugendmedienschutz–Staatsvertrag der Bundesländer abgeschlossen, der den Jugendschutz im Fernsehen und in den Telemedien regelt. Zuständig dafür sind die Länder bzw. die Kommission für Jugendmedienschutz (KJM).

Jugendmedien-schutz

Das JuSchG beschreibt Aktivitäten, die Kinder und Jugendliche vornehmlich in ihrer Freizeit betreiben und die potentielle Gefährdungen mit sich bringen. Es richtet deshalb Anweisungen und Verbote an **Gewerbetreibende** und **Veranstalter**, um zu verhindern, dass diese ihre wirtschaftlichen Interessen über den Schutz von Kindern und Jugendlichen stellen. Um den Regelungen Nachdruck zu verleihen, ermöglicht das Gesetz Sanktionen gegenüber den Verantwortlichen: Zuwiderhandlungen gegen die gesetzlichen Verbote des JuSchG sind Straftaten oder Ordnnungswidrigkeiten. Ordnungswidrigkeiten können mit einem Ordnungsgeld von bis zu 50.000 € geahndet werden. Für Eltern, Lehrer, Erzieher und andere pädagogisch Verantwortliche setzt das JuSchG einen normativen Rahmen zur **Orientierung** und Unterstützung ihres **pädagogischen Handelns**. Die Regelungen des JuSchG sind deshalb im Rahmen der Schul- und Jugendhilfeeinrichtungen öffentlicher wie freier Träger zu beachten. Nur soweit diesen Personen die Personensorge übertragen wurde, dürfen sie als Vormünder bzw. Pfleger ggf. eigene Regelungen treffen. Im Übrigen werden auch sie durch das Gesetz teilweise mit Verboten und möglichen Sanktionen belegt (s. u. III-6.3). Kinder und Jugendliche werden im Rahmen des Gesetzes jedoch nicht bestraft.

geschützte Altersgruppen

Das Gesetz differenziert zwischen drei geschützten Altersgruppen. Dem stärksten Schutz unterliegen Kinder unter 14 Jahren. Die nächste Altersgruppe umfasst Jugendliche im Alter von 14 bis 16 Jahren und die dritte Gruppe beinhaltet Jugendliche von 16 Jahren bis zum Eintritt der Volljährigkeit. Der Schutz dieser Altersgruppen ist in den einzelnen vom Gesetz benannten Gefährdungsbereichen unterschiedlich. Zudem enthält das Gesetz differenzierte Regelungen, je nachdem, ob der Minderjährige sich in Begleitung der Erziehungsberechtigten (vgl. § 7 Abs. 1 Nr. 6 SGB VIII) oder einer sog. erziehungsbeauftragten Person befindet oder nicht. Erziehungsbeauftragt in diesem Sinne kann jede Person über 18 Jahren sein, soweit sie zumindest zeitweise aufgrund einer Vereinbarung mit den Personensorgeberechtigten (i. d. R. den Eltern) Erziehungsaufgaben wahrnimmt oder soweit sie den Minderjährigen im Rahmen der Ausbildung oder der Jugendhilfe betreut (§ 1 Abs. 1 Nr. 4 JuSchG). Erforderlich ist allerdings, dass diese Person auch tatsächlich in der Lage und bereit ist, die Aufsichtspflicht wahrzunehmen, d. h. sie muss stets anwesend sein, auf die Einhaltung der sonstigen Jugendschutzbestimmungen (z. B. im Hinblick auf Rauchen und Alkohol) achten und sich im Konfliktfall auch mit der nötigen Autorität durchsetzen können. Während älteren Geschwistern eine solche Autorität zugebilligt wird, ist es umstritten, ob ein volljähriger Freund oder eine volljährige Freundin erziehungsbeauftragte Person sein kann. Kommt es nach dem Gesetz auf die Begleitung durch eine erziehungsbeauftragte Person an, haben die in § 1 Abs. 1 Nr. 4 JuSchG genannten Personen

erziehungsbeauftragte Person

Übersicht 45: System des Jugendschutzes

Jugendschutz				
Erzieherischer Jugendschutz		**Repressiver Jugendschutz (sog. „gesetzlicher" Jugendschutz)**		**Medizinischer Jugendschutz**
Schutz gegen potentielle Gefahren, soll		Abwendung konkreter Gefahren, z. B.		Gesundheitsvorsorge
■ Kinder stark machen, damit sie sich selbst schützen können ■ Eltern besser befähigen, ihre Kinder vor gefährdenden Einflüssen zu schützen		■ Aufenthalt an jugendgefährdenden Orten ■ Umgang mit (jugendgefährdenden) Medien ■ Konsum von Drogen		
primärpräventiv insbesondere	*sekundärpräventiv*	*nach dem SGB VIII*	*nach anderen Gesetzen*	*insbesondere*
■ Maßnahmen zur Förderung der Familie ■ Jugendarbeit ■ Jugendsozialarbeit	■ Aufklärungsprogramme über Gefahren von ■ Drogen, insb. Alkohol, ■ Jugendsekten	■ §§ 8a, 42 SGB VIII ■ Pflegekinderschutz, §§ 43 f. SGB VIII ■ „Heimaufsicht", §§ 45 ff. SGB VIII	■ Jugendarbeitsschutz ■ JuSchG (Jugendschutz in der Öffentlichkeit ■ Medienschutz ■ Strafrechtsschutz, z. B. 174 ff. StGB	■ Pränatale Diagnostik ■ Mutterschutz ■ Vorsorgeuntersuchungen ■ Sportförderung
Adressaten: junge Menschen und ihre Personensorgeberechtigten; Eltern, Mütter, Väter, Erziehungsberechtigte (vgl. z. B. §§ 6 und 7 SGB VIII)		Adressaten: ■ junge Menschen und ihre Eltern ■ Einrichtungen der Jugendhilfe	Adressaten: ■ Gewerbetreibende ■ Anbieter von Leistungen und Konsumartikeln ■ aufsichtspflichtige Personen	
verantwortlich: öffentliche und freie Jugendhilfe		verantwortlich: Jugendamt	verantwortlich: Polizei, Gewerbeaufsicht und Jugendamt (vgl. z. B. § 20 ThürAGKJHG)	verantwortlich: Gesundheitsbehörden
Mittel: ■ Hilfen, Förderung, Angebote ■ Streetwork ■ Informations-, Öffentlichkeitsarbeit	Mittel: ■ Streetwork ■ Informations-, Öffentlichkeitsarbeit	Mittel: ■ Verbot ■ Sanktionen ■ Entfernung ■ Beschlagnahme		
Neben den allgemeinen Jugendschutz tritt der besondere Jugendschutz mit spezifischen Förderungsangeboten für besonders gefährdete Gruppen (z. B. Ausländer, Kinder in sozialen Brennpunkten, Behinderte, Arbeitslose usw.).				

ihre Berechtigung auf Verlangen darzulegen. Veranstalter und Gewerbetreibende haben in Zweifelsfällen die Berechtigung zu überprüfen (§ 2 Abs. 1 JuSchG). Neben den im Grundsatz geltenden Vorschriften sind an vielen Stellen Ausnahmen geregelt.

6.1   Jugendschutz in der Öffentlichkeit

Gefährdungs-bereiche Im ersten Abschnitt des JuSchG sind die Vorschriften zusammengefasst, die von Gewerbetreibenden und Veranstaltern sowie von den zuständigen Jugendbehörden, der Gewerbeaufsicht und der Polizei zu beachten sind, wenn Kinder und Jugendliche sich in der Öffentlichkeit aufhalten. Der Begriff „Öffentlichkeit" meint dabei alle allgemein zugänglichen Orte und Plätze. In diesem Zusammenhang trifft das Gesetz Regelungen zu Gaststätten, Tanzveranstaltungen, Spielhallen und Glücksspielen, jugendgefährdenden Veranstaltungen und Orten, alkoholischen Getränken und Tabakwaren als potenziellen Gefährdungsbereichen (siehe Übersicht 46).

6.1.1   Gaststätten und Tanzveranstaltungen

Gaststätten Der Aufenthalt in Gaststätten ist Minderjährigen nur mit Einschränkungen erlaubt (§ 4 JuSchG). Unter die Regelung fallen alle Betriebe des Gaststättengewerbes, so vor allem Schank- und Speisewirtschaften, Pensionen und Hotels. Dies gilt auch, wenn ein besonderes Angebot für den Besuch im Vordergrund steht, wie etwa bei Internetcafés. Nicht unter den Begriff der Gaststätte im Sinne des JuSchGes fallen dagegen Milchbars, Stehcafés oder Bäckereien und Metzgereien mit Stehtischen sowie Einrichtungen, die ohne Gewinnerzielungsabsicht und somit nicht gewerblich geführt werden. Der Aufenthalt in Gaststätten ist Minderjährigen unter 16 Jahren i.d.R. nur in Begleitung einer erziehungsberechtigten oder erziehungsbeauftragten Person gestattet. Zu dieser Regelung gibt es allerdings Ausnahmen: So dürfen sich Kinder und Jugendliche auch allein in der Zeit zwischen 5 und 23 Uhr in Gaststätten aufhalten, um dort eine Mahlzeit oder ein Getränk einzunehmen. Unabhängig davon dürfen sie sich auch in einer Gaststätte aufhalten, wenn sie sich auf Reisen befinden oder wenn der Gaststättenbesuch im Rahmen einer Jugendhilfe- oder Jugendbildungsveranstaltung erfolgt. Ab dem Alter von 16 Jahren kann sich ein Jugendlicher ohne Begleitung einer erziehungsberechtigten oder erziehungsbeauftragten Person bis 24 Uhr in Gaststätten aufhalten. Befindet sich der Minderjährige in Begleitung einer solchen Person, so ist der Aufenthalt unabhängig von seinem Alter an keine zeitliche Beschränkung gebunden. Ausnahmen von den genannten Einschränkungen kann die zuständige Behörde zulassen.

Nachtbars Ohne Ausnahme verboten ist es, den Aufenthalt von Minderjährigen in Nachtbars, Nachtclubs oder vergleichbaren Vergnügungsbetrieben zu gestatten. Dieses gilt auch dann, wenn sie von einer erziehungsberechtigten bzw. -beauftragten Person begleitet werden.

Tanzveranstaltungen Auch bei öffentlichen Tanzveranstaltungen, etwa in Discotheken, dürfen Minderjährige unter 16 Jahren nur in Begleitung einer erziehungsberechtigten oder -beauftragten Person anwesend sein (§ 5 JuSchG). Jugendliche ab 16 Jahren dürfen sich dort auch ohne Begleitung bis 24 Uhr aufhalten. An Tanzveranstaltungen im Rahmen der Jugendbildung und der Jugendhilfe sowie der künstlerischen Betätigung (z. B. Ballett) oder der Brauchtumspflege (z. B. Fastnacht, Volkstanz) können jedoch Kinder unter 14 Jahren ohne Begleitung bis 22 Uhr und Jugendliche bis 24 Uhr teilnehmen. Zudem sind auch in Bezug auf sonstige Tanzveranstaltungen

Übersicht 46: Jugendschutzgesetz (JuSchG) – Gefährdungstatbestände und Erlaubnisse

Gefährdungsbereiche		Kinder	Jugendliche	
		unter 14 J.	unter 16 J.	unter 18 J.
§4	Aufenthalt in Gaststätten	X (1)	X (1)	bis 24 h x
	Aufenthalt in Nachtbars, Nachtclubs oder vergleichbaren Vergnügungsbetrieben	-	-	-
§5	Anwesenheit bei öffentlichen Tanzveranstaltungen, u. a. **Disco** (Ausnahmegenehmigung durch zuständige Behörde möglich)	x	x	bis 24 h x
	Anwesenheit bei Tanzveranstaltungen von anerkannten Trägern der Jugendhilfe. – bei künstlerischer Betätigung oder zur Brauchtumspflege	bis 22 h x	bis 24 h x	bis 24 h x
§6	Anwesenheit in öffentlichen **Spielhallen**, Teilnahme an Spielen mit Gewinnmöglichkeiten	- (2)	- (2)	- (2)
§7	Anwesenheit bei jugendgefährdenden Veranstaltungen und in Betrieben (Die zuständige Behörde kann durch Alters- und Zeitbegrenzungen sowie andere Auflagen das Verbot einschränken.)	-	-	-
§8	Aufenthalt an **jugendgefährdenden Orten**	-	-	-
§9	Abgabe/Verzehr von Branntwein, branntweinhaltigen Getränken und Lebensmitteln	-	-	-
	Abgabe/Verzehr anderer **alkoholischer Getränke**; z. B. Wein, Bier o. Ä. (Ausnahme: Erlaubt bei 14- und 15-Jährigen in Begleitung einer personensorgeberechtigten Person [Eltern])	-	PSB	+
§10	**Abgabe** und **Konsum** von **Tabakwaren**	-	-	-
§11	Besuch öffentlicher Filmveranstaltungen/**Kino**. Nur bei Freigabe des Films und Vorspanns: „ohne Altersbeschränkung/ab 6/12/16 Jahre". Kinder unter 6 Jahren nur mit einer erziehungsbeauftragten Person. Die Anwesenheit ist grundsätzlich an die Altersfreigabe gebunden! Ausnahme (3)	bis 20 Uhr	bis 22 Uhr	bis 24 Uhr
§12	Abgabe von Bildträgern mit Filmen oder Spielen nur entsprechend der Freigabekennzeichen: „ohne Altersbeschränkung/ab 6/12/16 Jahre"	(+)	(+)	(+)
§13	Spielen an elektronischen Bildschirmgeräten ohne Gewinnmöglichkeit nur nach den Freigabekennzeichen: „ohne Altersbeschränkung/ab 6/12/16 Jahre"	(+)	(+)	(+)

Erläuterungen: Das JuSchG gilt nicht für verheiratete Jugendliche.

+	-	= erlaubt/nicht erlaubt	(+) = Einschränkungen

x = Beschränkungen bzw. zeitliche Begrenzungen werden durch die Begleitung einer **erziehungsbeauftragten Person** aufgehoben; bei § 9 ist Begleitung eines **Personensorgeberechtigten** (PSB) erforderlich. Personenberechtigte (Eltern), Erziehungsberechtigte und erziehungsbeauftragte Personen müssen sich in der Öffentlichkeit zwingend an das JuSchG halten, sofern dieses keine Ausnahmen zulässt. Sie sind nicht verpflichtet, alles zu erlauben, was das Gesetz gestattet. Das JuSchG gilt nicht für verheiratete Jugendliche. Bei Reisen ins Ausland sind als Mindeststandard die deutschen Bestimmungen einzuhalten. Sind die Bestimmungen im Urlaubsland strenger, so gilt das Gesetz des Gastlandes.

Ausnahmeregelungen:
(1) Ausnahmen auf einer Reise, anlässlich einer Veranstaltung eines anerkannten Trägers der Jugendhilfe und zwischen 5 und 23 Uhr auch zur Einnahme einer Mahlzeit oder eines Getränkes. Die zuständige Behörde kann Ausnahmen genehmigen.
(2) Ausnahmen: Die Teilnahme an Spielen mit Gewinnmöglichkeit in der Öffentlichkeit darf Kindern und Jugendlichen nur auf Volksfesten, Schützenfesten, Jahrmärkten, Spezialmärkten oder ähnlichen Veranstaltungen und nur unter der Voraussetzung gestattet werden, dass der Gewinn in Waren von geringem Wert besteht.
(3) Die Anwesenheit bei öffentlichen Filmveranstaltungen mit Filmen, die für Kinder und Jugendliche ab zwölf Jahren freigegeben und gekennzeichnet sind, darf auch Kindern ab sechs Jahren gestattet werden, wenn sie von einer personensorgeberechtigten Person begleitet werden. Die Anwesenheit bei öffentlichen Filmveranstaltungen darf Kindern unter sechs Jahren nur mit Begleitung einer personensorgeberechtigten oder erziehungsbeauftragten Person gestattet werden.

Ausnahmeregelungen der zuständigen Behörde denkbar (z. B. im Hinblick auf den Auftritt von Kindern und Jugendlichen in Theater- und Opernaufführungen).

6.1.2   Spielhallen und Glücksspiele

Spielhallen Die Anwesenheit in öffentlichen Spielhallen oder ähnlichen vorwiegend dem Spielbetrieb dienenden Räumen darf Minderjährigen grundsätzlich nicht gestattet werden (§ 6 Abs. 1 JuSchG). Einrichtungen, die Computer vorwiegend für den Spielbetrieb zur Verfügung stellen, können dabei auch unter den Begriff der Spielhallen fallen. Ebenso kann die Veranstaltung von öffentlichen LAN-Partys (Local-Area-Network, Zusammenspiel mehrerer Personen in einem lokalen Netzwerk) in den Schutzbereich der Vorschrift fallen, sofern der Charakter der Räumlichkeiten während der Veranstaltung dem einer Spielhalle entspricht.

Glücksspiele Die Teilnahme an Spielen mit Gewinnmöglichkeit darf Kindern und Jugendlichen in der Öffentlichkeit nur bei speziellen Veranstaltungen, wie etwa auf Volksfesten, Schützenfesten, Jahrmärkten, Spezialmärkten o. Ä. gestattet werden, und auch dies nur unter der Voraussetzung, dass der mögliche Gewinn ausschließlich in Waren von geringem Wert besteht (§ 6 Abs. 2 JuSchG).

6.1.3   Jugendgefährdende Veranstaltungen und Orte

Um auch Gefährdungen für Minderjährige zu begegnen, die sich weniger leicht typisieren lassen als die bisher genannten Gefährdungsbereiche, ist die zuständige Behörde (oft das Jugendamt) befugt, bei jugendgefährdenden Veranstaltungen und Betrieben die Anwesenheit von Minderjährigen zu untersagen oder nur unter Auflagen bzw. zeitlichen Beschränkungen zuzulassen (§ 7 JuSchG). Auch in diesem Zusammenhang können die bereits erwähnten LAN-Partys oder auch Internet-Cafés betroffen sein.

Anders als in manchen anderen Staaten gibt es in Deutschland keine *allgemeine* Regelung, die vorschreibt, dass sich junge Menschen zu bestimmten Zeiten nicht **jugendgefährdende** in der Öffentlichkeit aufhalten dürfen (sog. Ausgangssperre). Neben jugendge- **Orte** fährdenden Veranstaltungen ist allerdings auch der Aufenthalt von Minderjährigen an jugendgefährdenden Orten geregelt (§ 8 JuSchG). Hält sich ein Kind oder ein Jugendlicher an einem Ort auf, an dem ihm eine unmittelbare Gefahr für das körperliche, geistige oder seelische Wohl droht, so hat die zuständige Stelle – in der Praxis zumeist die Polizei – die zur Abwendung der Gefahr erforderlichen Maßnahmen zu treffen. Wenn nötig hat sie den Minderjährigen entweder zum Verlassen des Ortes anzuhalten (sog. Platzverweis), ihn einer erziehungsberechtigten (nicht nur erziehungsbeauftragten!) Person zuzuführen, oder, wenn eine solche **Inobhutnahme** nicht erreichbar ist, in die Obhut des Jugendamtes zu bringen. Seitens des Jugendamts erfolgt dann eine Inobhutnahme des Minderjährigen nach § 42 SGB VIII, wenn dies nötig ist, um der Gefährdung zu begegnen (hierzu III-3.4.1.1). In Hinblick auf die Kindeswohlgefahr knüpft das JuSchG inhaltlich an § 1666 BGB an (hierzu, insb. zu den unterschiedlichen Gefährdungslagen vgl. II-2.4.3). Jugendgefährdende Orte im Sinne der Vorschrift können etwa im Alkohol-, Drogen- oder Prostitutionsmilieu gegeben sein, ebenso in der kriminellen Szene, wie etwa im Rahmen gewalttätiger Auseinandersetzungen von Jugendbanden, oder auch nur auf gefährlichen Baustellen oder Verkehrsflächen.

6.1.4   Alkohol und Tabakwaren

Auch der Konsum von alkoholischen Getränken ist als Gefährdungsbereich im JuSchG geregelt. Das Gesetz differenziert dabei zwischen Branntwein, d. h. Spirituosen, branntweinhaltigen Getränken (Mischgetränke wie z. B. Cola-Rum) und Nahrungsmitteln (alkoholhaltige Süßspeisen oder Eisbecher) und sonstigen alkoholischen Getränken. So dürfen in der Öffentlichkeit Branntwein, branntweinhaltige Getränke oder Lebensmittel, die Branntwein in nicht nur geringfügiger Menge enthalten, an Minderjährige generell nicht abgegeben werden (§ 9 JuSchG). Sonstige alkoholische Getränke (z. B. Bier, Wein oder Sekt) dürfen an Kinder und Jugendliche unter 16 Jahren nicht abgegeben werden. Auch der Verzehr darf ihnen nicht gestattet werden, es sei denn, der Minderjährige ist mindestens 14 Jahre alt und wird von einer personensorgeberechtigten Person (i. d. R. also einem Elternteil) begleitet. Alkoholische Getränke dürfen in der Öffentlichkeit nicht in Automaten angeboten werden, sofern die Nutzung durch Minderjährige nicht ausgeschlossen werden kann. Branntweinhaltige Getränke dürfen gar nicht in Automaten angeboten werden.

Konsum von alkoholischen Getränken

Eine Verschärfung der Regelungen zum Alkoholkonsum Minderjähriger ist im Zusammenhang mit den sog. „Alkopops" im Sommer 2004 erfolgt. Alkoholhaltige Süßgetränke im Sinne des § 1 Abs. 2 und 3 des Alkopopsteuergesetzes dürfen gewerbsmäßig jetzt nur noch mit dem Hinweis „Abgabe an Personen unter 18 Jahren verboten, § 9 Jugendschutzgesetz" in den Verkehr gebracht werden. Dieser Hinweis ist auf der Fertigpackung in der gleichen Schriftart und in der gleichen Größe und Farbe wie die Marken- oder Phantasienamen oder, soweit nicht vorhanden, wie die Verkehrsbezeichnung zu halten und bei Flaschen auf dem Frontetikett anzubringen (§ 9 Abs. 4 JuSchG). Zudem wird seither auf der Grundlage des Gesetzes über die Erhebung einer Sondersteuer auf alkoholhaltige Süßgetränke (Alkopops) zum Schutz junger Menschen (AlkopopStG) zur Ausweitung des Jugendschutzes eine Zusatzsteuer auf Alkopops erhoben. Damit wird aufgrund der Sondersteuer eine Flasche Alkopops (275 ml) bei einem Alkoholgehalt von 5,5 vol % mit 83 Cent belastet. Die dadurch bewirkte Preiserhöhung soll dafür sorgen, dass die Getränke bei Jugendlichen an Attraktivität verlieren und infolgedessen weniger konsumiert werden (vgl. http://www.dhs.de/fileadmin/user_upload/pdf/Broschueren/Alkopops.pdf).

Als weiterer Gefährdungsbereich regelt das JuSchG den Zugang zu Tabakwaren und das Rauchen in der Öffentlichkeit (§ 10 JuSchG). Auch in diesem Zusammenhang ist es in jüngerer Zeit zu einer Verschärfung der Regelungen gekommen. In Bezug auf den Erwerb von Tabakwaren enthält das JuSchG im Vergleich zu den früheren Regelungen des JSchÖG seit jeher strengere Vorschriften, die nochmals durch das BNichtrSchG mit Wirkung zum 01.09.2007 verschärft wurden: In der

Rauchen

Öffentlichkeit dürfen Tabakwaren an Minderjährige weder abgegeben noch darf ihnen das Rauchen gestattet werden. Gegen die Vorschrift verstoßen auch aufsichtspflichtige Personen, z. B. Eltern, Lehrer oder Erzieher, die das Rauchen von Minderjährigen in der Öffentlichkeit dulden. Sonstigen erwachsenen Personen wird mit der Regelung verboten, das Rauchen von Kindern oder Jugendlichen in der Öffentlichkeit zu veranlassen bzw. zu fördern, etwa durch das Anbieten von Zigaretten. Das Rauchen als solches z. B. im Privatbereich ist nicht geregelt, kann aber u. U. als kindeswohlgefährdender Unstand durchaus nach § 1666 BGB relevant werden (hierzu II-2.4.3). Das Rauchverbot für Minderjährige gilt allerdings **Zigaretten-** auch in Schulen, Einrichtungen der Jugendarbeit und z. B. Krankenhäusern – auch **automaten** in dortigen „Raucherzimmern" – soweit sie öffentlich zugänglich sind. Zudem dürfen Tabakwaren in der Öffentlichkeit seit dem 01.01.2007 nur dann in Automaten angeboten werden, wenn sichergestellt ist, dass Kinder und Jugendliche unter 16 Jahren Tabakwaren nicht entnehmen können (§ 10 Abs. 2, 30 Abs. 2 JSchG; ab dem 01.01.2009 gilt die Altersgrenze von 18 Jahren). Die Alterskontrolle läuft dabei zumeist über den Geldkartenchip auf Bankkarten. Darüber hinaus gibt es ein Verbot für Tabak- und Alkoholwerbung in Kinos vor 18 Uhr (§ 11 Abs. 5 JuSchG).

6.2   Jugendschutz im Bereich der Medien

Neben dem Jugendschutz in der Öffentlichkeit regelt das JuSchG den Jugendmedienschutz sowie die Voraussetzungen und das Verfahren zur Indizierung von jugendgefährdenden Medieninhalten. Darüber hinaus enthält es Vorschriften bezüglich der Wirkungen einer erfolgten Indizierung. Der Jugendmedienschutz hat die Aufgabe, Einflüsse aus dem Bereich der Medien, die dem Entwicklungsstand der Minderjährigen noch nicht entsprechen, von ihnen fernzuhalten und die Minderjährigen so bei ihrer Persönlichkeitsentwicklung zu unterstützen. Die im Einzelnen zuständigen Stellen beurteilen Medieninhalte dahingehend, ob sie jugendgefährdend oder jugendbeeinträchtigend sind. Wird dies festgestellt, so dürfen die entsprechenden Medien Kindern und Jugendlichen nicht zugänglich gemacht oder nur unter bestimmten Altersgruppen verbreitet bzw. zu einer bestimmten Sendezeit ausgestrahlt werden. Die Regelungen zum Jugendschutz im Medienbereich unterteilen sich in solche, die sich auf sog. Trägermedien beziehen und die im JuSchG verankert sind, und auf Regelungen zu den sog. Telemedien. Letztere finden sich im Jugendmedienschutz-Staatsvertrag der Bundesländer (JMStV).

6.2.1   Trägermedien

Zunächst wird im Rahmen des JuSchG der Zugang von Minderjährigen zu den sog. Trägermedien geregelt. Eine Definition des Begriffs ist in § 1 Abs. 2 JuSchG enthalten. Danach sind Trägermedien alle Medien, bei denen Texte, Bilder oder Töne durch gegenständliche Weitergabe verbreitet werden, z. B. als Heft, Buch, Audio- oder Videokassette, Diskette, CD-ROM oder DVD. Darüber hinaus fallen unter den Begriff auch Medien, deren Texte, Bilder oder Töne zur unmittelbaren

Wahrnehmung bestimmt sind, z. B. Texte und Bilder auf Anschlagtafeln, Plakaten, Werbebeschriftungen und -bemalungen. Trägermedien sind schließlich auch in Geräten eingebaute, feste Datenspeicher, die als Vorführ- oder Spielgeräte (besser: Wiedergabegeräte) für gespeicherte Texte, Bilder oder Töne dienen, wie etwa Taschenspielgeräte mit Display, Spielkonsolen mit festem Speicher, aber auch PCs, Laptops oder Mobiltelefone (vgl. BMFSFJ 2008, 11 f.).

6.2.2 Filmvorführungen

Eine wichtige Regelung in Bezug auf Trägermedien betrifft den Bereich der Filmvorführungen (§ 11 JuSchG): An Kinovorführungen und ähnlichen Veranstaltungen dürfen Minderjährige nicht teilnehmen, wenn die Filme keine Jugendfreigabe **Jugendfreigabe** für ihre Altersgruppe besitzen und es sich auch nicht um ausdrücklich gekennzeichnete Informations-, Instruktions- und Lehrfilme handelt. Das Verbot wird dahin gehend eingeschränkt, dass 6- bis 12-Jährige in Begleitung von Personensorgeberechtigten (i. d. R. also einem Elternteil; die Begleitung durch eine erziehungsbeauftragte Person reicht nicht aus) die Vorführung auch besuchen dürfen, wenn der Film erst ab zwölf Jahren freigegeben ist (§ 11 Abs 2 JuSchG). Noch nicht sechs Jahre alte Kinder dürfen an Kinovorführungen und ähnlichen Veranstaltungen nur dann teilnehmen, wenn sie sich in Begleitung von Personensorgeberechtigten oder Erziehungsbeauftragten befinden und wenn der Film ohne Altersbeschränkung freigegeben ist. Neben diesen inhaltlichen Beschränkungen gibt es auch solche, die sich auf den Zeitpunkt der Vorführung beziehen: Wenn die Vorführung nach 20 Uhr endet, dürfen 6- bis 13-Jährige nur in Begleitung einer erziehungsberechtigten oder -beauftragten Person teilnehmen. Gleiches gilt für Minderjährige unter 16 Jahren, wenn die Vorführung nach 22 Uhr endet. Endet die Filmvorführung nach 24 Uhr, dürfen gar keine Kinder und Jugendlichen ohne entsprechende Begleitung anwesend sein.

6.2.3 Zugang zu Bildträgern

Parallel zur Regelung der Filmvorführungen dürfen auch sog. Bildträger, d. h. Trägermedien, die Filme oder Spiele enthalten wie etwa CD-Rom, DVD oder Videokassetten, Minderjährigen in der Öffentlichkeit nur dann zugänglich gemacht werden, wenn sie eine dem jeweiligen Alter entsprechende Jugendfreigabe besitzen (§ 12 JuSchG). Damit ist nun auch für Computerspiele eine altersgerechte Kennzeichnung verbindlich, wie sie bislang schon für Filme und Videos galt. Bildträger ohne jede Jugendfreigabe dürfen Minderjährigen gar nicht, auch nicht außerhalb der Öffentlichkeit, zugänglich gemacht werden. Zudem dürfen sie nicht im Versandhandel, in Kiosken oder auf der Straße gehandelt werden. Auch hier besteht eine Ausnahme für ausdrücklich gekennzeichnete Lehr- oder Informationsprogramme.

6.2.4   Bildschirmspielgeräte

Auch das Spielen an elektronischen Bildschirmspielgeräten ohne Gewinnmöglichkeit, die öffentlich aufgestellt sind, darf Minderjährigen ohne Begleitung einer personensorgeberechtigten oder erziehungsbeauftragten Person nur gestattet werden, wenn sie eine entsprechende Altersfreigabe besitzen oder wenn es sich um gekennzeichnete Informations-, Instruktions- oder Lehrprogramme handelt. Derartige Bildschirmspielgeräte dürfen zudem nur dann an für Minderjährige zugänglichen Orten in der Öffentlichkeit aufgestellt werden, wenn sichergestellt ist, dass sie nur von Kindern oder Jugendlichen benutzt werden, für die eine entsprechende Altersfreigabe vorliegt (§ 13 JuSchG).

6.2.5   Vertriebs- und Wettbewerbsbeschränkungen

Indizierung

Weitgehende Vertriebs- und Werbebeschränkungen (§ 15 JuSchG, vgl. BMFSFJ 2008, 47 ff.) bestehen für alle Trägermedien, die von der Bundesprüfstelle für jugendgefährdende Medien indiziert, d. h. in die Liste jugendgefährdender Medien aufgenommen worden sind (§ 18 JuSchG). Darüber hinaus werden Darstellungen benannt, die auch ohne Indizierung durch die Bundesprüfstelle von Gesetzes wegen unter die Vertriebs- und Wettbewerbsbeschränkungen fallen. Auch in diesem Bereich wurde in der jüngeren Vergangenheit der Schutz von Kindern und Jugendlichen verstärkt. Im Februar 2007 wurde das Sofortprogramm zum wirksamen Schutz von Kindern und Jugendlichen vor gewaltbeherrschten Computerspielen gestartet. Durch das am 1. Juli 2008 in Kraft getretene „Erste Gesetz zur Änderung des Jugendschutzgesetzes" wurde der Katalog der schwer jugendgefährdenden Trägermedien, die kraft Gesetzes indiziert sind, im Hinblick auf Gewaltdarstellungen erweitert. Darüber hinaus wurden die Indizierungskriterien in Bezug auf mediale Gewaltdarstellungen erweitert und präzisiert und es erfolgten Regelungen zur Mindestgröße und Sichtbarkeit der Alterskennzeichen der Freiwilligen Selbstkontrolle der Filmwirtschaft (FSK) und der Unterhaltungssoftware Selbstkontrolle (USK). Auch ohne Indizierung durch die Bundesprüfstelle bestehen Abgabe-, Vertriebs- und Werbeverbote für Trägermedien, wenn sie den Krieg verherrlichen, Menschen in einer ihre Würde verletzenden Weise darstellen, Jugendliche in geschlechtsbetonter Körperhaltung zeigen oder ansonsten offensichtlich zu schwerer Jugendgefährdung geeignet sind (§ 15 Abs. 2 JuSchG). Letzteres ist etwa bei Inhalten der Fall, die im Sinne verfassungs- bzw. demokratiefeindlicher, rassistischer, völkischer oder nationalistischer Ideologien wirken, die destruktiv-sektiererische Vorstellungen des Satans- oder Hexenglaubens verbreiten, die pornografische Darstellungen enthalten, die zum Erwerb und Gebrauch von Suchtmitteln verführen oder anleiten, die zu Straftaten auffordern oder die zur Nachahmung anreizende Darstellungen unmenschlicher Gewalttätigkeit bringen (BMFSFJ 2008, 49 f.).

6.2.6   Telemedien

Ähnliche – teilweise allerdings verschärfte – Regelungen wie für die Träger-medien liegen auch für die sog. Telemedien vor. Dies sind Angebote im Rund-funk und Fernsehen sowie im Internet und in begrenzten Netzen, wie auch in Chat-Rooms sowie Übermittlungen per E-Mail (BMFSFJ 2008, 77). Da für die Regelung dieses Bereichs die Länder zuständig sind (§ 16 JuSchG), finden sich diese Vorschriften im Staatsvertrag über den Schutz der Menschenwürde und den Jugendschutz in Rundfunk und Telemedien vom 10.–27.09.2002 – Jugendme-dienschutz-Staatsvertrag der Länder (§§ 4 ff. JMStV; vgl. BMFSFJ 2008, 76 ff.). Im Juni 2010 haben die Ministerpräsidenten der Länder eine Novelle des JMStV verabschiedet, die kontrovers diskutiert und von verschiedenen Stellen heftig kri-tisiert wird. Die Inhalte von Angeboten der Telemedien sollen danach hinsichtlich ihrer Freigaben für verschiedene Altersstufen gekennzeichnet werden. Die Al-tersstufen liegen bei 6, 12, 16 und 18 Jahren und entsprechen damit der Einteilung zur Altersfreigabe von Filmvorführungen. Die Altersgruppe „ab 0 Jahre" kommt für offensichtlich nicht entwicklungsbeeinträchtigende Angebote in Betracht (§ 5 Abs. 1 JMStV). Die Kennzeichnung entwicklungsbeeinträchtigender Sendungen erfolgt durch optische oder akustische Mittel zu Beginn der Sendung. Ist eine entwicklungsbeeinträchtigende Wirkung auf Kinder oder Jugendliche unter 16 Jahren anzunehmen, muss die Sendung durch akustische Zeichen angekündigt oder durch optische Mittel während der gesamten Sendung als ungeeignet für die entsprechende Altersstufe kenntlich gemacht werden (§ 7 Abs. 2 JMStV). Mit geeigneter Software soll es den Eltern oder sonstigen Erziehungsberechtigten er-möglicht werden, die Inhalte von Internetangeboten zu filtern, die keine geeig-nete Altersfreigabe aufweisen. Der neue Staatsvertrag soll zum 1. Januar 2011 in Kraft treten.

Bereits am 23.02.2010 ist das Gesetz zur Bekämpfung der Kinderpornografie in Kommunikationsnetzen in Kraft getreten, um den Internetzugang zu kinderporno-grafischen Inhalten durch die Zugangsanbieter zu erschweren (Access Blocking). Das im Gesetz gleichfalls geregelten Sperren entsprechender Internetseiten ist umstritten und scheint zunächst nicht umgesetzt zu werden.

6.2.7   Bundesprüfstelle für jugendgefährdende Medien

Das JuSchG regelt auch die Tätigkeit der Bundesprüfstelle für jugendgefährdende Medien (§§ 17 ff. JuSchG; weitere Informationen siehe www.Bundespruefstelle. de). Das Indizierungsverfahren ist dabei abweichend von der früheren Rechtslage ausgestaltet. Insbesondere ist jetzt die Möglichkeit gegeben, dass die Bundesprüf-stelle auch in eigener Initiative, d. h. ohne Antrag tätig werden kann. Damit soll die Möglichkeit verbessert werden, dort möglichst alle jugendgefährdenden Ange-bote zu erfassen. Zu diesem Zweck wurde zudem die Zuständigkeit der Bundes-prüfstelle im Bereich der elektronischen Medien ausgedehnt. Neben sämtlichen Trägermedien ist die Bundesprüfstelle auch für die Telemedien und damit für den gesamten Online-Bereich zuständig.

Die Bundesstelle ist eine der wenigen Behörden, in denen der Verwaltung bei der Auslegung unbestimmter Rechtsbegriffe (z. B. im Hinblick auf die Abwägung widerstreitender Rechtgüter Kunstfreiheit und Jugendschutz) ausnahmsweise eine sog. Einschätzungsprärogative zugestanden wird (vgl. BVerwGE 39, 197 ff.; BVerwG NJW 1993, 1491, s. I-3.3.3).

6.3 Straf- und Ordnungswidrigkeitsvorschriften

Sowohl das JuSchG als auch der Jugendmedienschutz-Staatsvertrag der Länder enthält zahlreiche Straf- und Ordnungswidrigkeitsvorschriften (§§ 27, 28 JuSchG, 23, 24 JMStV). Die meisten dieser Regelungen richten sich in erster Linie an Gewerbetreibende, Veranstalter oder Anbieter, die gegen die Bestimmungen zum Jugendschutz verstoßen. Es können sich jedoch darüber hinaus alle volljährigen Personen und damit auch Erziehungspersonen und die Personensorgeberechtigten (i. d. R. die Eltern) strafbar machen bzw. sich einer Ordnungswidrigkeit schuldig machen, wenn sie Minderjährigen Verhaltensweisen gestatten bzw. Medien zugänglich machen, die nach dem Jugendschutzgesetz bzw. dem Jugendmedienschutz-Staatsvertrag der Länder unzulässig sind. Den Personensorgeberechtigten wird ein gewisser erzieherischer Freiraum zugestanden, wenn es darum geht, den Minderjährigen Zugang zu Medien zu gewähren. Sie machen sich nach diesen Vorschriften nur dann strafbar, wenn das Anbieten oder Zugänglichmachen der Medien als grober Verstoß gegen die Erziehungsaufgabe angesehen werden muss (§ 27 Abs. 4 JuSchG). In den meisten Fällen kommt jedoch die Verfolgung wegen einer Ordnungswidrigkeit in Betracht.

Hausmanninger 2003; Mutke/Seidenstücker 2004; Nikles et al. 2003; Scholz/Lisching 2003; Ukrow 2003

1. Welche Unterschiede bestehen zwischen dem gesetzlichen Jugendschutz nach dem JSchG und dem sog. erzieherischen Jugendschutz nach § 14 SGB VIII? (6 und 6.3)
2. Müssen Mitarbeiter der Jugendhilfe die Regelungen des Jugendschutzes bei der Betreuung von Minderjährigen einfordern und ihnen ggf. insoweit Anweisungen geben? (6)
3. Was versteht man unter einem „jugendgefährdenden Ort" (vgl. § 8 JSchG)? (6.1.3).
4. Darf eine 16-Jährige „alleine" (ohne Eltern oder Erziehungsberechtigte) nach 24 Uhr sich in einer Diskothek aufhalten? (6.1.1)
5. Was ist eine „erziehungsbeauftragte Person"? (6)
6. Dürfen alkoholische Getränke an Kinder oder Jugendliche abgegeben bzw. im Automaten verkauft werden? (6.1.4)
7. Dürfen 14- bzw. 16-Jährige in der Öffentlichkeit rauchen? Dürfen sie Tabakwaren am Automaten oder am Kiosk erwerben? (6.1.4)
8. Dürfen Kinder einen Film im Kino ansehen, wenn die Vorführung nach 20 Uhr endet? (6.2.2)

9. Welche Aufgaben und Kompetenzen hat die sog. Bundesprüfstelle? (6.2.7)
10. Können sich Personensorgeberechtigte strafbar machen, wenn sie Minderjährigen Verhaltensweisen gestatten, die nach dem Jugendschutzgesetz unzulässig sind? (6.3)

7 Zuwanderung und Recht (Behlert)

7.1   Überblick

Die auf den ersten Blick unpräzise erscheinende Überschrift weist auf definitorische Probleme hin. Sie erwachsen vor allem aus der Heterogenität jener Gruppe, die hier mittels besonderer rechtlicher Regelungen erfasst werden soll. Das herkömmliche „Ausländerrecht" erfasst jedenfalls nur einen Teil von ihr. Denn einerseits sind nicht alle Zuwanderer Ausländer, nämlich diejenigen nicht, die als Rückkehrer oder als Spätaussiedler nach Deutschland kommen, und auch nicht (mehr) jene, die zwischenzeitlich eingebürgert wurden. Andererseits sind von den gegenwärtig 7,1 Mio. Menschen ohne deutsche Staatszugehörigkeit, die im Jahr 2009 in der Bundesrepublik lebten, 1,6 Mio. ohne eigene Migrationserfahrung, also keine Zuwanderer im eigentlichen Sinne des Wortes (Anm.: Sämtliche Zahlen in diesem Kapitel sind, soweit nichts anderes vermerkt ist, dem Migrationsbericht 2009 entnommen.). Der hier relevante Adressatenkreis findet sich daher innerhalb jener Gruppe, die für gewöhnlich mit der etwas sperrigen Bezeichnung „Personen mit Migrationshintergrund" belegt ist. Damit sind 1. Personen gemeint, die nicht die deutsche Staatsangehörigkeit besitzen, 2. Personen, deren Geburtsort außerhalb

Adressatenkreis

des heutigen Bundesgebietes liegt und die nach 1949 in das heutige Gebiet der Bundesrepublik Deutschland zugezogen sind, sowie 3. alle in Deutschland Geborenen mit zumindest einem zugewanderten Elternteil (§ 6 S. 2 MighEV). Hiernach verfügten von den 81,8 Mio. Menschen, die 2009 in der Bundesrepublik Deutschland lebten, 16 Mio. über einen Migrationshintergrund.

Das heutige Zuwanderungsrecht orientiert sich in seiner Systematik sowohl am sozialen Gegenstand der Zuwanderung als auch an den Subjekteigenschaften, die sich aus der jeweiligen Gruppenzugehörigkeit ergeben. Dementsprechend kann sowohl in tatsächlicher wie auch in rechtlicher Hinsicht zwischen folgenden Migrantengruppen unterschieden werden:

(1) **Arbeitsmigranten**: Die sog. erste Generation der Arbeitsmigranten nahm aufgrund verschiedener bilateraler Anwerbeabkommen von 1955 an bis zum Anwerbestopp 1973 ihren Aufenthalt in Deutschland. Die Gastarbeitnehmer-Vereinbarungen mit Staaten Mittel- und Osteuropas, die Anfang bis Mitte der 1990er Jahre ebenfalls jeweils bilateral geschlossen wurden, erlangten nicht annähernd den gleichen zahlenmäßigen Umfang (Näheres hierzu bei Sieveking et al. 1997, 40 f.) und verlieren im Übrigen aufgrund der im Mai 2011 eingetretenen vollen Arbeitnehmerfreizügigkeit im Rahmen der EU vollends an Bedeutung. Arbeitsmigration wird vor allem in drei Formen wirksam: als Saisonarbeit bis max. insgesamt vier Monate jährlich, über Werkvertragsarbeitnehmer (vor allem im Baugewerbe) zeitlich befristet i. d. R. bis zwei Jahre sowie als Zuwanderung von Hochqualifizierten.

(2) **Studierende**: In der Migrationssoziologie werden sie als spezifische Migrantengruppe geführt. Dementsprechend ist das Studium auch als eigenständiger Aufenthaltsgrund im Gesetz benannt. Bundesweit studierten im Wintersemester 2009/2010 knapp 245.000 Ausländer an deutschen Universitäten und Hochschulen, von denen allerdings ca. 64.000 bereits über einen Wohnsitz in der Bundesrepublik Deutschland verfügten und demzufolge auch das deutsche Schulsystem durchlaufen hatten (sog. „Bildungsinländer").

(3) Nachziehende **Familienangehörige**: Hiermit ist sowohl der Nachzug zu bereits in Deutschland lebenden ausländischen Ehepartnern oder Eltern als auch der Zuzug von Ausländern zu einheimischen Familienangehörigen gemeint. Dies sind jährlich zwischen 55.000 und 65.000 Ehegatten und Kinder unter 18 Jahren.

(4) **Flüchtlinge**: Im Jahre 2010 stellten 41.332 Personen einen Antrag auf Asyl in Deutschland; 1992 waren es demgegenüber 438.191 Personen. Nach dem niedrigsten Stand seit 1977 mit ca. 19.000 Asylbewerbern im Jahr 2007 setzt sich damit der seitdem zu beobachtende Anstieg weiter fort. Im Jahr 2009 wurde in 452 Fällen einem Asylantrag stattgegeben, in 7.663 Fällen erfolgte eine Zuerkennung der Flüchtlingseigenschaft nach der GFK, was die gleiche rechtliche Wirkung hat, und in 1.611 Fällen wurde das Vorliegen von Abschiebehindernissen anerkannt. 2008 lebten in Deutschland 123.033 Menschen. die über eine Anerkennung als Asylberechtigter oder als GFK-Flüchtling verfügten.

(5) **Jüdische Zuwanderer**: Seit 1991 sind insgesamt ca. 200.000 jüdische Zuwanderer aus den Gebieten der früheren Sowjetunion aufgrund entsprechender besonderer rechtsverbindlicher Vereinbarungen nach Deutschland migriert, die

hier von den jüdischen Gemeinden als neue Mitglieder erwartet werden. Ca. 90.000 von ihnen sind allerdings inzwischen weitergewandert.

(6) **Spätaussiedler**: Es handelt sich hierbei um sog. deutsche Volkszugehörige und deren Familienangehörige, die insb. aus Gebieten der früheren Sowjetunion im Rahmen eines förmlichen Aufnahmeverfahrens nach Deutschland übersiedeln. Ihre Rechtsstellung sowie ihr Anspruch auf besondere Hilfen (Eingliederungshilfen) ergeben sich aus dem BVFG. Für die Einbeziehung von Ehegatten, die selbst nicht über den Spätaussiedlerstatus verfügen, sind durch das ZuwG als zusätzliche Voraussetzungen eine mindestens dreijährige Ehedauer sowie der Nachweis von Grundkenntnissen der deutschen Sprache hinzugekommen. Wohl ist zu beobachten, dass der Anteil der Spätaussiedler an der Gesamtzahl der nach dem BVFG zuzugsberechtigten Personen lediglich 20 % beträgt. Gleichwohl ist diese Gesamtzahl seit Jahren unumkehrbar rückläufig: Sie bewegt sich seit 2006 nur noch im vierstelligen Bereich und betrug 2010 noch 2.350 gegenüber fast 400.000 im Jahre 1990.

Regelungsgegenstände Neben dieser Heterogenität des Adressatenkreises ist auch die große Streubreite der Regelungsgegenstände des Zuwanderungsrechts bemerkenswert. Dem Rechnung tragend, wurde das am 01.01.2005 in Kraft getretene, inzwischen jedoch bereits mehrfach wieder geänderte **Zuwanderungsgesetz** (ZuwG) als ein sog. Artikelgesetz verabschiedet. Die Regelungen zu Einreisevoraussetzungen, Aufenthaltsrecht und Ausreisepflicht, aber auch zu Erwerbstätigkeit und Integration von Ausländern im neu geschaffenen **Aufenthaltsgesetz** (AufenthG) bilden dabei zweifellos den Kern des ZuwG. Neben dem ebenfalls neu geschaffenen Freizügigkeitsgesetz/EU umfasst es noch Regelungen zum Asylverfahren, zur Rechtsstellung von Spätaussiedlern sowie zur Einbürgerung von Ausländern. Darüber hinaus durchdringt das Zuwanderungsrecht weite Teile der Sozialgesetzgebung in Gestalt von Sonderrechten für Ausländer – vom Sozialhilfe- und Grundsicherungsrecht (§ 23 SGB XII; §§ 7 Abs. 1 S. 2 und 8 Abs. 2 SGB II) über Ausbildungsförderung (§ 8 Abs. 1 Nr. 2 bis 9, Abs. 2 u. 3 BAföG), Kindergeld (§ 62 EStG), dem Jugendhilferecht (§ 6 Abs. 2 SGB VIII) bis zu Leistungen bei Krankheit (§ 4 AsylbLG).

Bereits vor seiner Verabschiedung war das ZuwG heftig umstritten; zwischenzeitlich wurde es aus formalen Gründen vom BVerfG sogar für verfassungswidrig **Ziele der Regelung** erklärt (BVerfGE 106, 310 – 2 BvF 1/02 – 18.12.2002). Einige seiner ursprünglichen Intentionen wurden im Zuge eines schier endlosen parlamentarischen Vermittlungsverfahrens aufgegeben. Dennoch steht es zweifellos für eine Neuorientierung im Verständnis von Zuwanderung und Recht. Dies stellt bereits § 1 Abs. 1 AufenthG klar, in dem die Ermöglichung und Gestaltung einer an den Bedürfnissen der Aufnahmegesellschaft orientierten Zuwanderung als Zweck des Gesetzes formuliert ist. Inwieweit es diesen allerdings auch zu erreichen vermag, muss gegenwärtig noch offen bleiben. Wohl mag man hoffen dürfen, dass auch der Bundesrepublik Deutschland im Zuge der **Herausbildung eines europäischen Migrationsrechts** effiziente, dem Faktum andauernder Wanderungsbewegungen in Richtung Europa ebenso wie eigenen ökonomischen Interessen Rechnung tragenden Zuwanderungsregeln zu Gebote stehen werden (Frings/Knösel 2005, 10). In der geltenden Fassung des AufenthG ist dies freilich nur in Teilen, etwa bei der Regelung des Aufenthaltsrechts für Studierende, bereits Realität. Allerdings führt das zum 01.01.2009 in Kraft getretene Arbeitsmigrationssteuerungsgesetz, ein Artikelgesetz mit Auswirkungen u. a. auf das AufenthG, die BeschV, die Besch-VerfV, das SGB III und das BAföG, zu erheblichen Verbesserungen der beschäftigungsrechtlichen Situation vor allem von Geduldeten mit qualifizierter Berufsausbildung bzw. Hochschulabschluss, aber auch der Ausbildungssituation für junge Geduldete. Über die rechtliche Regelung der Zuwanderung von Arbeitskräften hingegen etwa kann vor allem positiv vermeldet werden, dass sie nunmehr überhaupt gesetzlich vorgesehen ist; ansonsten verfügt sie nur über eine äußerst geringe rechtliche Effektivität. Dies wird sich künftig auch nur punktuell, nämlich in Bezug auf hochqualifizierte Zuwanderer, in Umsetzung der Richtlinie 2009/50/EG (Hochqualifiziertenrichtlinie) ändern, die im Rahmen des 2. Richtlinienumsetzungsgesetzes erfolgt. Der Termin für die Umsetzung der Richtlinie in den Mitgliedstaaten ist der 19.06.2011. Mit dem 2. Richtlinienumsetzungsgesetz sollen darüber hinaus noch die Richtlinie 2008/115/EG zur Rückführung sich ohne Genehmigung in den Mitgliedstaaten der EU aufhaltender Drittstaatsangehöriger (Rückführungsrichtlinie) sowie die Richtlinie 2009/52/EG (Sanktionsrichtlinie) umgesetzt werden, in der Maßnahmen und Sanktionen gegen ArbGeb festgelegt sind, die Drittstaatsangehörige ohne rechtmäßigen Aufenthalt beschäftigen.

Auch andere ursprüngliche Zielstellungen des ZuwG wurden mehr oder weniger deutlich verfehlt. So kam es zwar in einigen Bereichen zu einer Verbesserung des humanitären Schutzes von Flüchtlingen. Bedauerlicherweise wurde jedoch die notwendig gewordene Neuregelung des Zuwanderungsrechts im am 19.08.2007 in Kraft getretenen ersten „Gesetz zur Umsetzung aufenthalts- und asylrechtlicher Richtlinien der Europäischen Union" dazu genutzt, das unter menschenrechtlichen Gesichtspunkten ohnehin kaum zufrieden stellende Schutzniveau zumindest teilweise wieder abzusenken. Auch ist, anders als dies bereits nach dem ursprünglichen Gesetzeswortlaut zu erwarten gewesen wäre (Marx 2005 § 2 Rz. 16), die häufig kritisierte Praxis der Kettenduldung selbst mit der jetzigen Fassung des Gesetzes keineswegs beendet. Dies bedeutet, dass in der Bundesrepublik Deutschland nach wie vor eine große Zahl von Migranten lebt, die teilweise über viele Jahre hinweg lediglich über eine immer wieder neu zu erteilende Duldung verfügt, ohne einen rechtmäßigen Aufenthaltstitel zu erlangen. Die inzwischen seit 2005 vorgenommenen **Bleiberechtsregelungen** für langjährig Geduldete (sog. „Altfallregelungen") waren lediglich befristet und im Übrigen an sehr hohe Voraussetzungen gebunden. Allerdings liegt inzwischen mit dem im Rahmen des „Gesetzes zur Bekämpfung der Zwangsheirat sowie zur Änderung weiterer aufenthalts- und asylrechtlicher Vorschriften" neugeschaffenen § 25a AufenthG eine Regelung vor, die für sog. gut integrierte geduldete Jugendliche und Heranwachsende ein eigenständiges Aufenthaltsrecht vorsieht. Hieran können über § 61a Abs. 2b AufenthG zumindest für die Zeit ihrer Minderjährigkeit auch deren Eltern(-teile) und jüngeren Geschwister partizipieren.

7.2   Aufenthaltsrecht

Hiermit wird herkömmlicherweise jener Teil des Zuwanderungsrechts bezeichnet, der mittlerweile im AufenthG geregelt ist. Er umfasst im Wesentlichen die Voraussetzungen der Einreise, die Erteilung eines Aufenthaltstitels sowie die Begründung und Durchsetzung der Ausreisepflicht. Hinzu kommt erstmalig die gesetzliche Fixierung von Integrationsmaßnahmen für Migranten. Auf die Teilnahme an den in diesem Rahmen angebotenen Integrationskursen besteht einerseits für Ausländer, die sich dauerhaft im Bundesgebiet aufhalten, ein **Rechtsanspruch** nach Maßgabe von § 44 Abs. 1 und 2 AufenthG. Andererseits formuliert § 44a eine Reihe von Tatbeständen, aus denen sich zugleich eine **Teilnahmeverpflichtung** ergibt. Für den Fall der Verletzung dieser Teilnahmepflicht kann die Ausländerbehörde den Verpflichteten mit Mitteln des Verwaltungszwangs (III-1.5) zur Teilnahme an den Kursen anhalten. Darüber hinaus müssen Ausländer, die ihrer Teilnahmepflicht nicht nachkommen, mit empfindlichen Nachteilen im Zusammenhang mit der Verlängerung oder Verfestigung ihres Aufenthaltstitels bzw. mit ihrer Einbürgerung rechnen. Bei Leistungsbeziehern nach SGB II kann eine Leistungskürzung vorgenommen werden. Nach Neuregelung von § 8 Abs. 3 S. 1 AufenthG hat die Ausländerbehörde vor Verlängerung einer Aufenthaltserlaubnis nunmehr festzustellen, ob einer etwaigen Pflicht zur Teilnahme an einem Integrationskurs ordnungsgemäß nachgekommen wurde. Die Zulässigkeit der hierfür nötigen Datenübermittlung der Träger von Integrationskursen an die Ausländerbehörden ergibt sich dabei aus § 88a AufenthG.

Integrationskurse *(Randnotiz)*

7.2.1   Aufenthaltstitel

Ausländer, die in die Bundesrepublik Deutschland einreisen wollen, bedürfen hierzu eines in § 4 AufenthG genannten Aufenthaltstitels. Ausgenommen hiervon ist im Wesentlichen nur der in § 1 Abs. 2 AufenthG genannte Personenkreis. Dieser umfasst vor allem die in Nr. 1 genannten **freizügigkeitsberechtigten EU-Bürger** und deren Angehörige. Erstere erhalten für ihren Aufenthalt in der Bundesrepublik Deutschland von Amts wegen eine Bescheinigung über das Aufenthaltsrecht gem. § 5 Abs. 1 FreizügG/EU, ihre Angehörigen erhalten eine Aufenthaltserlaubnis/EU gem. § 5 Abs. 2 FreizügG/EU. Weil die Unterscheidung zwischen EU-Bürgern und Bürgern anderer Staaten aufenthaltsrechtlich so folgenreich ist, verwendet man heute nicht mehr den beide Gruppen umfassenden Begriff des Ausländers, sondern differenziert zwischen EU-Bürgern und sog. Drittstaatsbürgern. Weitere Befreiungen vom Erfordernis eines Aufenthaltstitels (etwa für Transitreisende, Inhaber bestimmter Dienstpässe, Flug- und Schiffspersonal o. Ä.) finden sich in §§ 18 ff. AufenthV geregelt. Die in § 4 AufenthG aufgeführten Aufenthaltstitel sind:

§ 4 AufenthG *(Randnotiz)*

Aufenthaltstitel *(Randnotiz)*

- ■ das Visum,
- ■ die Aufenthaltserlaubnis,
- ■ die Niederlassungserlaubnis
- ■ die Erlaubnis zum Daueraufenthalt – EG.

In die Regelung von § 4 AufenthG wird nach Verabschiedung des 2. Richtlinienumsetzungsgesetzes als fünfter Aufenthaltstitel voraussichtlich die Blaue Karte EU aufgenommen werden.

Die allgemeinen Voraussetzungen für die Erteilung eines der genannten Aufenthaltstitel sind in § 5 AufenthG geregelt. Zu ihnen gehört insb. die Erfüllung der Passpflicht sowie ein Nachweis, dass der Lebensunterhalt abgesichert ist. Weiterhin muss die Identität des Einreisebegehrenden geklärt sein und es darf kein Ausweisungsgrund für ihn vorliegen. Schließlich darf seine Einreise nicht die Interessen der Bundesrepublik Deutschland beeinträchtigen oder gefährden. Hiermit sind zweifelsohne auch die in § 1 Abs. 1 AufenthG genannten wirtschaftlichen und arbeitsmarktpolitischen Interessen gemeint. Jedoch werden sie nach inzwischen erfolgter Klarstellung des Gesetzes, dass die Bundesrepublik Deutschland ein Zuwanderungsland ist, nicht mehr undifferenziert und pauschal vorgetragen werden können. Vielmehr werden nunmehr exakte Zuwanderungsbedarfe bzw. -begrenzungen formuliert werden müssen (Heinhold / Classen 2004, 16). Im Übrigen greifen derartige besondere Interessenlagen der Bundesrepublik i. d. R. nicht, soweit ein Rechtsanspruch auf Erteilung eines Aufenthaltstitels besteht. **allgemeine Einreisevoraussetzungen**

Dem Visum kommt nach der Systematik des AufenthG eine **doppelte Funktion** zu. Zum einen ist es in der Regel Voraussetzung für die Erteilung einer Aufenthalts- oder Niederlassungserlaubnis (§ 5 Abs. 2 AufenthG). Es ist in diesem Regelungszusammenhang nur dann entbehrlich, wenn anderenfalls der humanitäre Schutz des Einreisebegehrenden nicht gewährleistet werden könnte oder wenn es aus anderen Gründen dem bereits eingereisten Ausländer nicht zugemutet werden kann, das Land noch einmal zum Zwecke der Visumsbeschaffung zu verlassen. Dies wäre z. B. dann der Fall, wenn ihm dadurch unverhältnismäßige Kosten entstehen würden oder wenn sich Kleinkinder in seiner Begleitung befinden. Zum anderen aber ist es ein eigenständiger Aufenthaltstitel. Erteilt wird es gem. § 6 Abs. 1 AufenthG i. d. R. als sog. Schengen-Visum. Dies bedeutet, dass es gem. Art. 10 Schengener Durchführungsübereinkommen für den gesamten Schengener Raum gültig ist (zum Schengener Abkommen vgl. I-1.1.5.1). Bei einem Aufenthalt von mehr als drei Monaten (bis max. sechs Monate) wird allerdings weiterhin ein nationales Visum erteilt. Da das Visum nunmehr nicht mehr, wie nach früherem Recht, als Touristenvisum erteilt wird, kann es auch z. B. zum Zweck der Ermöglichung von Saisonarbeit vergeben werden. Von der Visumspflicht befreit sind die Bürger jener Länder, die im Anhang II zur Verordnung Nr. 539 / 2001 / EG, der sog. DrittländerVO, aufgeführt werden. Die Liste umfasst u. a. Australien und Neuseeland, amerikanische Staaten von Chile bis Kanada, einige asiatische Staaten, wie Japan, Malaysia oder Südkorea, weiterhin Israel, aber auch Andorra, Monaco, San Marino oder Vatikanstadt. Neu eingeführt werden soll darüber hinaus mit dem 2. Richtlinienumsetzungsgesetz ein Flughafentransitvisum für die Durchreise durch die internationalen Transitzonen der Flughäfen, das nicht zum Aufenthalt im Inland berechtigt. Für das Flughafentransitvisum werden weitere Ausnahmen gelten. **Visum § 6 AufenthG**

Bei der Aufenthaltserlaubnis gem. § 7 AufenthG handelt es sich um einen befristeten Aufenthaltstitel. Die Befristung erfolgt entsprechend dem Aufenthaltszweck, für den er beantragt wird. Als Zweck des Aufenthaltes kommen, außer in begründeten Ausnahmefällen, regelmäßig die entsprechenden Vorgaben des Gesetzes in **Aufenthaltserlaubnis § 7 AufenthG**

Betracht (vgl. III-7.2.2). Sofern nicht bereits mit der Erteilung von vornherein durch die ausstellende Behörde ausgeschlossen, kann die Aufenthaltserlaubnis verlängert werden (§ 8 AufenthG).

Niederlassungs-
erlaubnis § 9
AufenthG

Die Niederlassungserlaubnis nach § 9 AufenthG ist der Aufenthaltstitel, mit dem der Aufenthalt von Ausländern in der Bundesrepublik Deutschland am stärksten verfestigt ist. Sie wird unbefristet erteilt und berechtigt darüber hinaus zur Ausübung einer Erwerbstätigkeit. Mit Nebenbestimmungen darf sie nur in gesetzlich vorgesehenen Fällen versehen werden. Auf ihre Erteilung besteht bei Vorliegen der weiteren, in § 9 Abs. 2 AufenthG näher bezeichneten Voraussetzungen nach fünf Jahren Besitz einer Aufenthaltserlaubnis ein Rechtsanspruch, bei Asylberechtigten und Flüchtlingen i. S. d. Genfer Flüchtlingskonvention, sog. GFK-Flüchtlingen (vgl. III-7.3), bereits nach drei Jahren (§ 26 Abs. 2 AufenthG). Eine weitere Verkürzung der Wartezeit auf drei Jahre sieht das Gesetz im Rahmen einer gebundenen Ermessensausübung für den ausländischen Ehegatten eines deutschen Bürgers, dessen ausländisches minderjähriges Kind sowie für den ausländischen sorgeberechtigten Elternteil dieses Kindes vor, § 28 Abs. 2 AufenthG (vgl. III-7.2.2.3). In der besonderen und engen Fallgestaltung für sog. Hochqualifizierte nach § 19 AufenthG (vgl. III-7.2.2.2) kann die Niederlassungserlaubnis auch sofort erteilt werden. Einen Rechtsanspruch auf sofortige Erteilung einer Niederlassungserlaubnis haben unter den Voraussetzungen von § 38 Abs. 1 Nr. 1 AufenthG in das Bundesgebiet zurückkehrende ehemalige Deutsche.

Erlaubnis zum
Daueraufenthalt EG
§ 9a AufenthG

Die Erlaubnis zum Daueraufenthalt EG gem. § 9a AufenthG ist ebenfalls ein unbefristeter Aufenthaltstitel. Sie ist der Niederlassungserlaubnis weitgehend gleichgestellt. Es handelt sich bei ihr in Umsetzung der Richtlinie 2003/109 EG um einen Aufenthaltstitel für Drittstaatsangehörige., die sich langfristig in der Bundesrepublik Deutschland aufhalten, und denen eine den Regelungen für EU-Bürger angenäherte Freizügigkeit innerhalb der EU ermöglicht werden soll.

Blaue Karte EU
AufenthG

In Abweichung von der sonstigen Systematik des AufenthG wird die neu zu schaffende Blaue Karte EU nach gegenwärtigem Stand des Gesetzgebungsverfahrens nicht zusammen mit den anderen Aufenthaltstiteln unter den allgemeinen Einreise- und Aufenthaltsregelungen des ersten Abschnitts im 2. Kapitel behandelt, sondern nur unter dem Regelungsaspekt des Aufenthaltszwecks. Dem soll hier gefolgt werden (vgl. deshalb III-7.2.2.2).

keine Aufenthalts-
titel

Keine Aufenthaltstitel sind die **Duldung** (§ 60a AufenthG) sowie die **Aufenthaltsgestattung** (§ 55 Abs. 1 S. 1 AsylVfG). Durch sie wird demzufolge auch kein rechtmäßiger Aufenthalt begründet. Vielmehr handelt es sich bei der Duldung um eine vorübergehende Aussetzung der Abschiebung, die jedoch eine bestehende Ausreisepflicht nicht berührt. Demgegenüber begründet die Aufenthaltsgestattung ein Aufenthaltsrecht, auf dessen Grundlage die Durchführung des Asylverfahrens ermöglicht wird (hierzu III-7.3.2).

7.2.2   Aufenthaltszwecke

Die in Kap. 2 Abschnitt 3 bis 6 AufenthG für einen rechtmäßigen Aufenthalt in der Bundesrepublik Deutschland vorgesehenen Aufenthaltszwecke sind:

- Studium und Ausbildung,
- Erwerbstätigkeit, Forschung
- völkerrechtliche, humanitäre oder politische Gründe,
- Familien- und Ehegattennachzug.

Daneben finden sich in den §§ 37 f. AufenthG noch besondere Regelungen für Ausländer, die als Minderjährige ihren rechtmäßigen gewöhnlichen Aufenthalt im Bundesgebiet hatten, sowie für in das Bundesgebiet zurückkehrende ehemalige Deutsche. Zusätzlich sieht der neu geschaffene § 37 Abs. 2a AufenthG erweiterte und erleichterte Rückkehrmöglichkeiten für Opfer von Zwangsverheiratung vor, wenn diese zuvor außer Landes verbracht und dort festgehalten worden waren.

Da der Aufenthalt aus völkerrechtlichen, humanitären oder politischen Gründen häufig aus einem Asylverfahren heraus begehrt wird, werden die Regelungen dort (III-7.3) mit erläutert.

7.2.2.1 Ausbildung

Von der Regelung eines Aufenthaltes zu Ausbildungszwecken sollten vor allem Anreize für die Aufnahme eines Studiums an einer deutschen Hochschule oder Universität ausgehen. Deshalb ist u. a. ein studienvorbereitender Aufenthalt von maximal neun Monaten sowie, im Anschluss an ein Hochschulstudium, ein Aufenthalt bis zu einem Jahr zur Suche eines dem Ausbildungsabschluss adäquaten Arbeitsplatzes gesetzlich vorgesehen. Für die Zeit des Studiums selbst, für die der Lebensunterhalt auf dem Niveau des BAföG-Satzes nachweislich gesichert sein muss, wird die Ausübung einer Beschäftigung nicht gestattet. Ausgenommen hiervon sind allerdings studentische Nebentätigkeiten in einem Zeitumfang von insges. 90 vollen bzw. 180 halben Tagen pro Jahr (§ 16 Abs. 3 AufenthG). Mit dem Arbeitsmigrationssteuerungsgesetz ist es für ausländische Absolventen deutscher Hochschulen nunmehr nach § 27 Nr. 3 BeschV möglich, dass sie als Voraussetzung für die Erteilung einer Aufenthaltserlaubnis nach § 18 AufenthG eine Zustimmung der Bundesagentur für Arbeit zur Aufnahme einer Beschäftigung entsprechend ihrer Qualifikation erhalten. Dies erfolgt, und erst hierdurch wird die rechtliche Situation der ausländischen Absolventen gegenüber dem früheren Rechtszustand entscheidend verbessert, ohne eine sog. Vorrangprüfung i. S. v. § 39 Abs. 2 Nr. 1b AufenthG, d. h. unabhängig davon, ob für den Arbeitsplatz ein EU-Bürger oder ein sog. gleichgestellter Drittstaatsangehöriger (vgl. III-7.2.2.2) in Betracht käme.

Neben einem Hochschulstudium kommen als Ausbildungsmöglichkeiten im Übrigen noch betriebliche Aus- und Weiterbildungen, die Teilnahme an einem Sprachkurs sowie im Rahmen internationaler Schüleraustauschprogramme auch ein (zeitweiliger) Schulbesuch in Betracht.

Studium

§§ 16 f. AufenthG

Beschäftigungsmöglichkeiten im Anschluss an das Studium

7.2.2.2 Erwerbstätigkeit, Forschung

Die Eröffnung einer rechtlichen Möglichkeit von Zuwanderung zum Zweck der Erwerbstätigkeit kann als das ursprüngliche gesetzgeberische Grundanliegen bei der Neuregelung des Aufenthaltsrechts gelten. Mit ihm sollten, nach dem Anwerbe-

§§ 18 ff. AufenthG

stopp für ausländische Arbeitskräfte 1973 und der allgemeinen Zuzugssperre für deren Familienangehörige 1975, die aufenthaltsrechtlichen Voraussetzungen für eine Neujustierung der gesamten Zuwanderungspolitik auf diesem Gebiet hin zu einer verstärkten Öffnung entsprechend den Bedürfnissen von Wirtschaft und Wissenschaft unter Berücksichtigung der jeweiligen Lage am deutschen Arbeitsmarkt erreicht werden. In diesem Zusammenhang wurde auch erstmalig in Deutschland **Selbstständige** ein eigenständiges Zuzugsrecht für Selbstständige geschaffen (§ 21 AufenthG). Das zentrale Projekt eines Punktesystems, wonach ein begrenzter Zugang zum deutschen Arbeitsmarkt unabhängig von der Prüfung weiterer volkswirtschaftlicher und wirtschaftspolitischer Voraussetzungen nach Maßgabe bestimmter Regularien möglich gewesen wäre, scheiterte hingegen im Gesetzgebungsverfahren aufgrund der damals gegebenen politischen Kräfteverhältnisse. Immerhin ist das bisherige doppelte **Zustimmung der** pelte Genehmigungsverfahren für das Aufenthaltsrecht und den Arbeitsmarktzu-**Arbeitsbehörde** gang nunmehr durch einen einheitlichen Verwaltungsakt der Ausländerbehörde ersetzt. Notwendig bleibt jedoch in den meisten Fällen eine **Zustimmung der Arbeitsbehörde**, die innerhalb eines behördeninternen Verfahrens zwischen Arbeits- und Ausländerbehörde erteilt wird (§ 18 Abs. 2 i. V. m. § 39 AufenthG). Ausge-**türkische Arbeit-** nommen hiervon sind lediglich die in §§ 2−4 BeschVerfV aufgeführten Fallkonstel-**nehmer** lationen sowie Beschäftigungsverhältnisse, die sich aus zwischenstaatlichen Vereinbarungen ergeben. Darüber hinaus sollen nach § 15 BeschVerfV für türkische Arbeitnehmer die für sie günstigeren Regelungen in Art. 6 ARB 1/80 Vorrang vor denen des AufenthG haben. Hiernach hat dieser Personenkreis nach einem Jahr ordnungsgemäßer Beschäftigung einen **Rechtsanspruch** auf Erneuerung der Arbeitserlaubnis bei dem gleichen Arbeitgeber, sofern dieser einen Arbeitsplatz für ihn hat. Nach drei Beschäftigungsjahren soll dann der Arbeitsplatz, allerdings nur innerhalb des bisher ausgeübten Berufes, frei wählbar sein. Nach vier Jahren ordnungsgemäßer Beschäftigung schließlich ist die sog. dritte Verfestigungsstufe ihres Aufenthalts erreicht, von der aus sie freien Zugang zu jeder von ihnen gewählten abhängigen Beschäftigung haben.

Im Ergebnis hat sich aber nichts an dem arbeitsmarkspolitischen Primat der Entscheidung über das Aufenthaltsrecht geändert (Marx 2005, § 3 Rz. 17). Nach ihm gelten vor allem die Grundsätze der Vermeidung eines Überangebots an Beschäftigungssuchenden sowie einer prinzipiellen Nachrangigkeit bei der Beschäftigung von Ausländern gegenüber deutschen bzw. EU-Arbeitnehmern (§ 39 Abs. 2 AufenthG). De facto ist der Anwerbestopp für ausländische Arbeitskräfte daher nicht aufgehoben, sondern lediglich hinsichtlich der in der BeschV genannten Be-**Hochqualifizierte** rufs- und Personengruppen gelockert worden. Insbesondere sind durch diese Lockerungen Hochqualifizierte, Wissenschaftler und Hochschullehrer sowie Spezialisten und leitende Angestellte begünstigt, denen ohne vorausgegangene Wartezeit sofort eine Niederlassungserlaubnis erteilt werden kann (§ 19 AufenthG). Mit der in Richtlinie 2009/50/EG (Hochqualifiziertenrichtlinie) eröffneten Möglichkeit der Vergabe einer sog. Blauen Karte EU werden Personen mit einem Arbeitsver-**Blaue Karte EU** trag oder einem verbindlichen Arbeitsplatzangebot mit einem Gehalt in Höhe von mindestens dem 1,5-fachen, in besonderen Bedarfsfällen auch dem 1,2-fachen des durchschnittlichen Bruttogehalts des jeweiligen Mitgliedstaates bei Vorliegen der sonstigen Voraussetzungen Einreise und Aufenthalt für eine hochqualifizierte Tätigkeit erhalten können. Die Blaue Karte EU soll eine regelmäßige Gültigkeit von ein bis vier Jahren haben. Die Blaue Karte EU kann auch zusätzlich zu einer Niederlassungserlaubnis nach § 19 AufenthG ausgestellt werden. Der Inhaber verfügt über verschiedene Vorteile. So können er und seine Familie mehrfach in den jeweiligen Mitgliedstaat ein- und durch andere Mitgliedstaaten durchreisen. Sie werden wie inländische Beschäftigte behandelt, was soziale Sicherheit, Rente sowie die Anerkennung von Abschlüssen betrifft. Allerdings kann die Blaue Karte EU bei Inanspruchnahme von Leistungen des Sozialsystems oder bei mehr als zusammenhängend dreimonatiger Arbeitslosigkeit auch wieder entzogen werden. Ohnehin wird sie nur nachrangig, d. h. sofern nicht EU-Bürgern oder Drittstaatsangehörigen, die einen Rechtsanspruch auf Erteilung einer Arbeitserlaubnis haben, (etwa: nachgezogene Familienangehörige nach §§ 28 Abs. 5, 29 Abs. 5 AufenthG, Asylberechtigte und GFK- Flüchtlinge nach § 25 Abs. 1 und 2, jüdische Zuwanderer nach § 23 Abs. 2 AufenthG) ein Vorrang zukommt, erteilt. Unter den Voraussetzungen von § 20 AufenthG wird schließlich auch eine Aufenthaltserlaubnis zur Ermöglichung der Teilnahme an einem Forschungsvorhaben erteilt. Sie berechtigt zugleich zur Ausübung einer Erwerbstätigkeit im Rahmen des Forschungsvorhabens selbst sowie auch zu einer mit ihr in Zusammenhang stehende Lehrtätigkeit.

Aufenthalt zu Forschungszwecken

Nach § 18a AufenthG kann darüber hinaus nunmehr qualifizierten Geduldeten eine Aufenthaltserlaubnis zum Zweck der Ausübung einer ihrer Qualifikation entsprechenden Beschäftigung erteilt werden. Voraussetzungen sind hierfür neben den sonstigen allgemeinen Voraussetzungen, wie ausreichende Sprachkenntnisse, ausreichender Wohnraum, keine Vorstrafen usw. (§ 18a Abs. 1 Nr. 2 bis 7 AufenthG), der Abschluss einer Berufs- oder Hochschulausbildung im Bundesgebiet bzw. alternativ ein anerkannter oder ein einem deutschen Hochschulabschluss gleichwertiger ausländischer Hochschulabschluss. Im letztgenannten Fall müssen zusätzlich noch zwei- bzw. dreijährige qualifizierte Beschäftigungszeiten nachgewiesen werden.

langjährig Geduldete

Von der Frage der Erteilung eines Aufenthaltstitels zum Zweck der Erwerbstätigkeit zu unterscheiden ist die Frage, unter welchen Voraussetzungen Ausländer, die aus anderen als den in §§ 18–21 AufenthG genannten Gründen über ein Aufenthaltsrecht verfügen, einer Beschäftigung nachgehen dürfen. Zwar regelt hierzu § 4 Abs. 2 S. 2 AufenthG, dass der Aufenthaltstitel selbst schon erkennen lassen muss, ob eine Erwerbstätigkeit erlaubt ist. Dies ist für die Niederlassungserlaubnis jedoch bereits per definitionem erfüllt (§ 9 Abs. 2 S. 2, 1. HS AufenthG). Auch in anderen gesetzlich vorgesehenen Fällen hat der entsprechende Vermerk hierzu lediglich deklaratorischen (rechtsfeststellenden) Charakter. Einer Zustimmung der Arbeitsbehörde bedarf es dann nicht. Wichtige praktische Anwendungsfälle einer derartigen Erwerbserlaubnis von Gesetzes wegen sind insb. das Aufenthaltsrecht für Asylberechtigte und anerkannte Flüchtlinge (§ 25 Abs. 1 S. 4, Abs. 2 S. 2), der Familiennachzug zu einem Deutschen (§ 28 Abs. 5 AufenthG sowie in eingeschränktem Maße auch bei Familiennachzug zu einem Ausländer (§ 29 Abs. 5 AufenthG). In den nicht ausdrücklich durch das Gesetz privilegierten Fällen hingegen bedarf eine Beschäftigungserlaubnis, die durch die Ausländerbehörde erteilt wird, wiederum der Zustimmung durch die Arbeitsbehörde. Hier entfaltet der

Beschäftigungs-erlaubnis

entsprechende Vermerk auf dem Visum oder der Aufenthaltserlaubnis konstitutive (rechtsbegründende) Wirkung (§ 4 Abs. 2 AufenthG).

7.2.2.3 Aufenthalt aus familiären Gründen

Verfassungsrechtlicher Bezugsrahmen der Aufenthaltstitel wegen Familiennachzuges ist der in Art. 6 GG geregelte Grundrechtsschutz von Ehe und Familie (vgl. hierzu I-2.2.6). Hieraus folgt zugleich eine Zweckbindung des Aufenthaltstitels, die nicht nur für seine Erteilung, sondern auch für seine spätere Verlängerung maßgeblich ist: die Herstellung und Wahrung der familiären Lebensgemeinschaft (§ 27 Abs. 1 AufenthG). Die Regelung ist daher vor allem auf den Nachzug von ausländischen Ehegatten und minderjährigen Kindern zugeschnitten. Eine Gleichbehandlung lebenspartnerschaftlicher Gemeinschaften i. S. d. LPartG ist dabei mit § 27 Abs. 2 AufenthG sichergestellt. Der Nachzug sonstiger Familienangehöriger hingegen ist nur auf der Grundlage der Härtefallregelungen in §§ 36, 28 Abs. 4 AufenthG möglich (etwa: der Nachzug des nicht personensorgeberechtigten Elternteils zu seinem minderjährigen Kind oder in besonderen Ausnahmen auch des als Volljähriger Adoptierten zu seinen Adoptiveltern, vgl. Marx 2005 § 4 Rn 163 ff.).

Der Rechtsanspruch auf Erteilung einer Aufenthaltserlaubnis ist jedoch an das grundsätzliche Vorliegen der in § 5 Abs. 1 AufenthG genannten allgemeinen **Erteilungsvoraussetzungen** für einen Aufenthaltstitel gebunden. Zu ihnen gehört u. a. regelmäßig, dass der Lebensunterhalt des nachreisenden Familienangehörigen

Nachzug zu deutschen Familienangehörigen

gesichert ist sowie dass kein Ausweisungsgrund gegen ihn vorliegt. Gesetzestechnisch wird dies darin abgebildet, dass eine Reihe von Vorschriften zum Familiennachzug explizit Abweichungen von diesen allgemeinen Erteilungsvoraussetzungen zulassen. Dabei wird der Nachzug zu deutschen Staatsangehörigen durch die Regelung in Übereinstimmung mit der Rspr. des BVerfG (BVerfGE 76, 1) insgesamt privilegiert (§ 28 AufenthG). Allerdings hat es die Gesetzesänderung mit sich gebracht, dass nunmehr die Genehmigung des Nachzuges zum deutschen Ehegatten davon abhängig gemacht werden kann, dass der Lebensunterhalt des nachziehenden ausländischen Partners gesichert ist, mithin keine Sozialleistungen für ihn in Anspruch genommen werden müssen.

Nachzug zu ausländischen Familienangehörigen

Für den Nachzug zu in der Bundesrepublik lebenden ausländischen Familienangehörigen wird neben den bereits genannten allgemeinen Erteilungsvoraussetzungen weiterhin verlangt, dass ausreichender Wohnraum zur Verfügung steht (§ 29 Abs. 1 Nr. 2 AufenthG). Darüber hinaus wird hier zwischen dem Ehegattennachzug (§ 30 AufenthG) und dem Kindernachzug, dort wiederum zwischen minderjährigen Kindern, die das 16. Lebensjahr bereits vollendet haben, und solchen, die jünger sind (§ 32 AufenthG), differenziert. Schließlich differieren die Regelungen zum Zuzug von ausländischen Familienangehörigen in Abhängigkeit von der Art des Aufenthaltstitels, der Dauer seines Bestehens und dem Zweck seiner Erteilung. So besteht etwa gem. § 30 Abs. 1 AufenthG in all den Fällen ein Rechtsanspruch auf Erteilung einer Aufenthaltserlaubnis, wenn der bereits in der Bundesrepublik lebende Ehegatte eine Niederlassungserlaubnis besitzt, wenn er als asylberechtigt bzw. als Flüchtling i. S. d. GFK anerkannt ist und er demzufolge über eine Aufenthaltserlaubnis verfügt, wenn er bereits seit fünf Jahren eine Aufenthaltserlaubnis besitzt oder wenn die Ehe jedenfalls zum Zeitpunkt der Erteilung der Aufenthaltserlaubnis für ihn bereits bestand. Als weitere Voraussetzungen treten nunmehr hinzu, dass beide Ehegatten das 18. Lebensjahr vollendet haben und der nachziehende Ehegatte sich zumindest auf einfache Art in deutscher Sprache verständigen kann. Diese Erweiterung soll nach den Vorstellungen des Gesetzgebers die Praxis von Zwangsverheiratungen erschweren. Der Gesetzgeber widmet diesem Thema in letzter Zeit verstärkt seine Aufmerksamkeit, u. a. auch dadurch, dass er mit § 237 StGB eine eigene Strafbestimmung zur **Zwangsheirat** eingeführt hat. Zwar war die Zwangsverheiratung auch bisher schon unter Strafe gestellt; sie galt nach § 240 Abs. 4 Nr. 1 als besonders schwerer Fall der Nötigung. Auch hat sich der Strafrahmen nicht verändert. Jedoch soll Zwangsheirat dadurch, dass ihr ein eigenständiger Straftatbestand gewidmet wird, „stärker als bisher als strafwürdiges Unrecht" geächtet werden (BT-Ds 17/4401, 9). Zusätzlich liegt mit § 55 Abs. 2 Nr. 11 AufenthG ein Ausweisungstatbestand (III 7.2.3) wegen (versuchter) Nötigung zur Eheschließung vor.

Nach nunmehr geltendem Recht erhält der nachgezogene Ehegatte nach drei Jahren Ehebestandszeit ein **eigenständiges Aufenthaltsrecht** (§ 31 AufenthG). Mit dieser Verlängerung der Mindestbestandszeit um ein Jahr im Vergleich zur bisherigen Regelung soll nach der Vorstellung des Gesetzgebers „der Anreiz für die Eingehung einer Scheinehe verringert" werden (BT- Ds 17/4401, 9; zur sog. Scheinehe vgl. II-2.2.1).

Nach Ermessen entschieden wird über die Erteilung einer Aufenthaltserlaubnis an Ausländer, deren Ehepartner oder Eltern etwa wegen des Vorliegens von Abschiebehindernissen oder aufgrund einer Bleiberechtsregelung über eine Aufenthaltserlaubnis verfügen (§ 29 Abs. 3 S.1 AufenthG). Zu Ausländern hingegen, die über eine Aufenthaltserlaubnis nach § 25 Abs. 4 oder 5 AufenthG verfügen (hierzu gleich im Anschluss unter III-7.3), ist ein Familiennachzug durch § 29 Abs. 3 S. 2 AufenthG – übrigens wegen Art. 6 Abs. 1 GG in verfassungsrechtlich bedenklicher Weise (hierzu Marx 2005, § 4 Rn 64 f.) – ohne jede Ausnahme ausgeschlossen. Durch dieses „System der ausgeklammerten Voraussetzungen" (Frings/Knösel 2005, 62) erweist sich der Regelungskomplex, der auf den ersten Blick durchaus überschaubar scheint, letztlich als im hohen Maße fallgruppenbezogen ausdifferenziert. Dies trifft auch auf die eigenständigen Aufenthaltsrechte bei Aufhebung der ehelichen Lebensgemeinschaft, §§ 31, 28 Abs. 3 AufenthG, bzw. der minderjährigen Kinder, etwa bei Eintritt der Volljährigkeit (§§ 33, 34 f., 28 Abs. 3 AufenthG) zu. Deshalb sollen die einzelnen Aufenthaltstatbestände anhand der Übersicht 47 veranschaulicht werden. In ihr nicht erfasst sind die noch zusätzlich zu berücksichtigenden speziellen Nachzugsregelungen für Familienangehörige türkischer Arbeitnehmer nach Art. 7 ARB 1/80.

7.2.3 Aufenthaltsbeendigung

Die Verpflichtung zur Ausreise entsteht, wenn ein Ausländer einen Aufenthaltstitel nicht oder nicht mehr besitzt (§ 50 Abs. 1 AufenthG). Sie entsteht demnach dann, wenn der Ausländer ohne über einen Aufenthaltstitel zu verfügen in das

Begründung der Ausreisepflicht

Übersicht 47: Aufenthalt aus familiären Gründen

Familiennachzug zu Deutschen, § 28	Familiennachzug zu Ausländern, §§ 29 ff.	eigenständiges Aufenthaltsrecht des nachgezogenen Ausländers, §§ 31 ff., 28 Abs. 4
Rechtsanspruch auf Erteilung einer **Aufenthaltserlaubnis** bei Nachzug für (Abs. 1 S. 1): ▪ den **Ehegatten** eines Deutschen nach Maßgabe von Abs. 1. S. 3 ▪ das **minderjährige Kind** eines Deutschen ▪ den **Elternteil** eines deutschen Kindes zur Ausübung der Personensorge. Erteilung einer **Aufenthaltserlaubnis** nach **Ermessen** für den nicht sorgeberechtigten Elternteil, wenn die familiäre Gemeinschaft schon im Bundesgebiet gelebt wird, Abs. 1 S. 4. Erteilung einer **Niederlassungserlaubnis** nach drei Jahren Aufenthaltserlaubnis im Rahmen **gebundenen Ermessens**, Abs. 2. Bei **sonstigen Familienangehörigen** erfolgt **Ermessensentscheidung** im Rahmen der Härtefallregelung nach Abs. 4.	Bei Nachzug des **Ehegatten** ▪ **Rechtsanspruch** auf Erteilung einer **Aufenthaltserlaubnis** unter den Voraussetzungen von § 29 sowie nach Maßgabe von § 30 ▪ **Rechtsanspruch** auf Erteilung einer **Niederlassungserlaubnis** nach Maßgabe von § 9 Abs. 2 und 3. **Rechtsanspruch** der **Eltern** eines ausländischen Kindes, das über einen Aufenthaltstitel verfügt, auf Erteilung einer **Aufenthaltserlaubnis**, sofern sich kein Sorgeberechtigter im Bundesgebiet aufhält, § 36 Abs. 1. **Rechtsanspruch** des **minderjährigen Kindes** auf Erteilung einer **Aufenthaltserlaubnis** nach Maßgabe der jeweiligen Regelung ▪ wenn der bereits im Bundesgebiet lebende Elternteil anerkannter Asylbewerber oder GFK-Flüchtling ist oder über eine Niederlassungserlaubnis verfügt, § 32 Abs. 1 Nr. 1 ▪ wenn die Eltern oder ein Elternteil einen Aufenthaltstitel besitzen und gemeinsam mit dem Kind in das Bundesgebiet eingereist sind und hier mit ihm leben, § 32 Abs. 1 Nr. 2 ▪ wenn das Kind im Bundesgebiet geboren wird und ein Elternteil einen Aufenthaltstitel besitzt, § 33 ▪ wenn beide Elternteile oder der allein sorgeberechtigte Elternteil einen Aufenthaltstitel besitzen und das minderjährige Kind noch nicht das 16. Lebensjahr vollendet hat, § 32 Abs. 3 ▪ unter den gleichen Voraussetzungen auch einem über 16 Jahre alten minderjährigen Kind bei günstiger Integrationsprognose, § 32 Abs. 2. Für minderjährige Kinder, die hiernach keinen Rechtsanspruch auf Erteilung einer Aufenthaltserlaubnis haben, wird über den Nachzug im Wege des **Ermessens** entschieden, § 32 Abs. 4. Bei **sonstigen Familienangehörigen** erfolgt **Ermessensentscheidung** im Rahmen der Härtefallregelung nach § 36 Abs. 2.	Für **Ehegatten**: **Rechtsanspruch** auf **Verlängerung** der **Aufenthaltserlaubnis** um ein Jahr gem. § 31 nach Maßgabe von Abs. 1 S. 2 ▪ nach zweijähriger rechtmäßiger Ehe im Bundesgebiet, Abs. 1 Nr. 1 ▪ bei Tod des Ehegatten während der ehelichen Lebensgemeinschaft im Bundesgebiet, Abs. 1 Nr. 2 ▪ bei Vorliegen eines besonderen Härtefalls (d. h. bei erheblicher Beeinträchtigung schutzwürdiger Interessen im Falle einer Rückkehrverpflichtung sowie bei Unzumutbarkeit des weiteren Festhaltens an der ehelichen Lebensgemeinschaft), Abs. 2 Danach Verlängerung der Aufenthaltserlaubnis nach **Ermessen**, Abs. 4 S. 2. **Rechtsanspruch** auf Erteilung einer **Niederlassungserlaubnis** nach Auflösung der ehelichen Lebensgemeinschaft, sofern der andere Ehegatte eine Niederlassungserlaubnis besitzt und aus eigenen Mitteln für den Unterhalt des anderen aufkommen kann, ohne dass die sonstigen Erteilungsvoraussetzungen der Altersvorsorge, der Beschäftigungserlaubnis sowie der Sprachkompetenz (wohl aber die anderen Erfordernisse von § 9 Abs. 2 S. 1!) vorliegen müssen, Abs. 3. Für **Kinder**: **Rechtsanspruch** auf **Verlängerung** der Aufenthaltserlaubnis, so lange elterlicher Sorge innerhalb der familiären Lebensgemeinschaft ausgeübt wird, § 34 Abs. 1. **Eigenständiges Aufenthaltsrecht kraft Gesetzes** mit Eintritt der Volljährigkeit, § 34 Abs. 2. Danach bis zum Vorliegen der Voraussetzungen für die Erteilung einer Niederlassungserlaubnis **Verlängerung** der **Aufenthaltserlaubnis** nach **Ermessen**, § 34 Abs. 3. **Rechtsanspruch** auf Erteilung einer **Niederlassungserlaubnis** bei fünfjährigem rechtmäßigen Aufenthalt zum Zeitpunkt der Vollendung des 16. Lebensjahres, § 35 Abs. 1 S. 1, ebenso bei Vollendung des 18. Lebensjahres und günstiger Integrationsvoraussetzungen, § 35 Abs. 1 S. 2. (Versagungsgründe in Abs. 3 beachten!)

Bundesgebiet eingereist ist oder aber weil sein Aufenthaltstitel erloschen ist. Letzteres tritt ein, wenn eine der in § 51 Abs. 1 Nr. 1 bis 8 AufenthG genannten Fallkonstellationen vorliegt. Die praktisch bedeutsamsten unter ihnen sind:

- der Ablauf der Geltungsdauer des Aufenthaltstitels,
- der Eintritt einer auflösenden Bedingung (etwa: Beendigung einer Ausbildung),
- der Widerruf, insb.: bei Erlöschen der Anerkennung als Asylberechtigter oder als GFK-Flüchtling (§ 52 AufenthG), aber auch bei unerlaubter Erwerbstätigkeit von Studierenden, wenn bei überschrittener durchschnittlicher Studiendauer keine ausreichenden Studienfortschritte zu erkennen sind oder wenn etwa ein Forschungsprojekt nicht fortgesetzt werden kann,
- die Rücknahme (der VA war hier von Anfang an rechtswidrig, z. B. weil er aufgrund unrichtiger Angaben zustande gekommen war, § 48 VwVfG),
- die Ausweisung: Sie ist in den §§ 53 ff. AufenthG als Reaktion auf verschiedene **Ausweisung** Straftaten und andere Rechtsverstöße, wie etwa die Zugehörigkeit zu einem verbotenen Verein, die Teilnahme an einer verbotenen Demonstration o. Ä., aber auch bei falschen Angaben bei der Beantragung eines Visums, bei illegaler Prostitution oder gegen sog. „Hassprediger" vorgesehen. Ausgestaltet ist sie je nach Schwere der Straftat (Höhe des Strafausspruchs und Anzahl der Strafen), Art des Delikts (Verstöße gegen das BtMG, Schleuserkriminalität) oder Intensität der rechtswidrigen Handlung als zwingende, Regel- oder Ermessensausweisung. Letztere kommt jedoch auch bei der Inanspruchnahme von Sozialhilfe, in besonderer Fallkonstellation sogar bei Inanspruchnahme stationärer Leistungen im Rahmen von Hilfen zur Erziehung, in Betracht (vgl. III-7.4.1). Nicht nur aus humanitärem, sondern auch aus rechtlichem Blickwinkel müssen derartige Regelungen kritisch gesehen werden, da sie die **Einheitlichkeit der Rechtsordnung** infrage stellen. Es widerspricht auch allgemeinen Gerechtigkeitsgrundsätzen, wenn die Rechtsordnung für die Inanspruchnahme eines Rechts negative Sanktionen vorsieht. Insbesondere im Bereich des Kinder- und Jugendhilferechts entledigt sich der Gesetzgeber auf diese Art und Weise völkerrechtlich verbindlicher Verpflichtungen zum Schutz Minderjähriger, die er mit dem Beitritt zum Haager Minderjährigenschutzabkommen, seit 01.01.2011 dem Haager Kinderschutzübereinkommen, eingegangen ist (vgl. Münder et al. 2009 § 6 Rz. 15). Mit der Novellierung des Zuwanderungsrechts sind ihr in § 55 Abs. 2 Nr. 9 bis 11 AufenthG schließlich noch die Ausweisungstatbestände der Einwirkung auf junge Menschen zur Hasserziehung, der Nötigung zur Nichtteilnahme am öffentlichen Leben sowie der (versuchten) Nötigung zur Eheschließung hinzugefügt worden. Jedoch gewährt § 56 AufenthG in Abhängigkeit vom Verfestigungsgrad des Aufenthaltstitels, der Aufenthaltsdauer, dem Aufenthaltszweck sowie der familiären Eingebundenheit besonderen Ausweisungsschutz. Ihm unterliegen gem. Absatz 2 noch einmal in besonderer Weise Minderjährige und Heranwachsende. Gleichwohl würde eine ins Detail gehende Analyse zu dem Ergebnis kommen müssen, dass das geltende Ausweisungsrecht dem durch Art. 8 Abs. 1 EMRK gebotenen Schutz nicht in im vollen Umfang gerecht wird (Behlert 2002, 328 f.; Marx 2005, § 5 Rn 162).

■ die Bekanntgabe einer Abschiebungsanordnung (§ 58a AufenthG). Dieses dem bisherigen Ausländerrecht nicht bekannte, schärfste Instrument der Aufenthaltsbeendigung kann ohne vorherige Abschiebungsandrohung von einer obersten Landesbehörde erlassen werden und ist sofort vollziehbar. In das Gesetz aufgenommen wurde die Abschiebungsanordnung zur Abwehr einer besonderen Gefahr für die Sicherheit der Bundesrepublik Deutschland oder einer terroristischen Gefahr. Zur Anwendung kommt sie bereits aufgrund einer auf Tatsachen gestützten Prognose und ohne dass Raum für eine in welchem Umfang auch immer erfolgende Interessenabwägung bliebe. Darüber hinaus verstellt sie dauerhaft jegliche Wiederkehroption (§ 11 Abs. 1 S. 5 AufenthG). Aus diesen Gründen stößt sie sowohl aus menschenrechtlicher Sicht (Art. 8 EMRK; zum Geltungsrang von Art. 8 EMRK vgl. Benassi 2005, 400 f.) als auch aus dem Blickwinkel des Menschenwürdegebots des Art. 1 Abs. 1 GG auf nachhaltige Bedenken (Marx 2005, § 5 Rn 387).

Abschiebung Ist in einer der genannten Formen eine Ausreisepflicht begründet worden, so hat der Ausländer unverzüglich oder, im Falle einer Fristsetzung, spätestens mit Ablauf dieser Frist das Bundesgebiet zu verlassen (§ 50 Abs. 2 AufenthG). Kommt er dieser Pflicht nicht nach, so wird er vollziehbar ausreisepflichtig. Damit ist gem. § 58 AufenthG, der in Abs. 2 noch weitere Fallkonstellationen der vollziehbaren Ausreisepflicht nennt, die Ausreisepflicht im Wege der Abschiebung zwangsweise durchzusetzen. Hierzu ergeht zunächst eine Abschiebungsandrohung nach § 59 Abs. 1 AufenthG, mit der zugleich eine Frist zur Ausreise gesetzt wird. Für abgelehnte Asylbewerber gilt § 34 AsylVfG. Nach Ablauf der Frist wird die Abschiebung festgesetzt und schließlich durchgeführt. Ist dies aus tatsächlichen oder rechtlichen Gründen unmöglich, so wird sie gem. § 60a Abs. 2 AufenthG ausge-

Abschiebungs-hindernisse setzt (Duldung). Die hier in Betracht kommenden rechtlichen Gründe müssen dabei nicht zwingend zielstaatsbezogene Abschiebungshindernisse nach § 60 AufenthG sein. Vielmehr können auch inlandsbezogene Abschiebungsverbote etwa aus Art. 2 Abs. 2 GG (z. B. bei Krankheit) oder aus Art. 6 Abs. 1 (z. B. wegen Ausübung des Umgangsrechts – Beschluss des BVerfG vom 08.12.2005, Az.: 2BvR 1001 / 04 – oder bei unmittelbar bevorstehender Eheschließung) vorliegen (hierzu: Duchrow / Spieß 2005, 149 ff.).

Abschiebungshaft Andererseits kann ein vollziehbar ausreisepflichtiger Ausländer auf der Grundlage einer richterlichen Anordnung aber auch gem. § 62 Abs. 2 AufenthG zur Sicherung der Abschiebung in Abschiebungshaft genommen werden. Eine derartige Sicherungshaft ist z. B. dann vorzunehmen, wenn der Ausländer aufgrund einer unerlaubten Einreise vollziehbar ausreisepflichtig ist oder er sich einer Abschiebung entzogen hat bzw. wenn der begründete Verdacht besteht, dass er sich ihr entziehen will.

7.3 Aufenthalt aus völkerrechtlichen, humanitären und politischen Gründen und Asylrecht

Mit der rasant wachsenden Anzahl von Asylbewerbern nach dem Zusammenbruch der sozialistischen Staaten in Mittel-, Ost- und Südosteuropa (von 57.379 im Jahre 1987 auf immerhin 438.191 im Jahre 1992) wurde die Praxis der Aufenthaltsgewährung aus humanitären Gründen zu einem der bestimmenden Themen der gesellschaftspolitischen Auseinandersetzung in der Bundesrepublik Deutschland. Gesetzgeberisch schlug sie sich in der Grundgesetzänderung vom 28.06.1993 sowie in weiteren mit dem 01.07.1993 in Kraft getretenen Asylrechtsänderungen nieder. Auf rechtlichem Gebiet wurde sie beherrscht von der Kontroverse um die Verfassungsmäßigkeit der genannten Verfassungs- und Gesetzesänderungen sowie ihre Vereinbarkeit mit den völkerrechtlich verbindlichen **Standards des internationalen Menschenrechtsschutzes**, wie sie etwa in der Genfer Flüchtlingskonvention (GFK) und der Europäischen Menschenrechtskonvention (EMRK) niedergelegt sind (vgl. hierzu Zimmermann 1994; Marx 1993). Formal wurde der Streit mit dem Urteil des BVerfG vom 14.05.1996 (BVerfGE 94, 49 II) beigelegt, wobei auch hier drei Verfassungsrichter, darunter die damalige Präsidentin des BVerfG, abweichende Voten abgaben, in denen sie die Entscheidung ihres eigenen Gerichts in ungewöhnlich scharfer Form kritisierten. Die damalige Entscheidung des BVerfG vertraute vor allem auf europäische Entwicklungen, die allerdings in dem erhofften positiven Sinn so nicht eingetreten sind bzw. die zumindest bis zum heutigen Tag keine zufriedenstellenden Lösungen für den Menschenrechtsschutz von Flüchtlingen bieten (vgl. EGMR 21.01. 2011 –30696/09, M. S. S. Belgium and Greece). Eine Chance, dem Asylrecht als derzeitigem „Grundrecht Dritter Klasse" (Süddeutsche Zeitung vom 30./31.10.2010) wieder den ihm von Verfassung wegen gebührenden Rang einzuräumen, ließ das BVerfG mit seinem Beschluss vom 26.01.2011 (2 BvR 2015/09) ungenutzt. Indem es der Bundesregierung Hinweise zur Abwendung einer für sie nachteiligen Entscheidung gab, schuf es für sich selbst zugleich die Möglichkeit, der Beantwortung der Frage nach der Grundgesetzwidrigkeit des geltenden Flüchtlingsrechts auszuweichen.

(Randspalte: Asylrechtsänderung 1993)

Das Aufenthaltsrecht aus völkerrechtlichen, humanitären oder politischen Gründen ist zunächst in insgesamt elf unterschiedlichen den §§ 22–25 AufenthG zu entnehmenden Tatbeständen aufenthaltsrechtlich geregelt. Hinzu treten allerdings noch die Vorschriften des AsylVfG, die es, gemeinsam mit mehreren EU-Verordnungen, zu einer speziellen Rechtsmaterie werden lassen. Gemeint ist neben der Verordnung (EG) Nr. 2725/2000 vom 11.09.2000 über die Einrichtung von „Eurodac" für den Vergleich von Fingerabdrücken vor allem die Verordnung (EG) Nr. 343/2003 vom 18.02.2003 („Dublin II"). In ihr sind die Verfahrensprinzipien und Zuständigkeitsgrundsätze im Asylverfahren europarechtlich verbindlich niedergelegt. Generell ist die rechtliche Gestaltung des Flüchtlingsrechts durch ein beachtliches europäisches Harmonisierungsbemühen gekennzeichnet, das in insgesamt fünf EU-Richtlinien seinen Ausdruck findet. Die bedeutsamste unter ihnen ist die Richtlinie 2004/83/EG über Mindestnormen für die Anerkennung und den Status von Drittstaatenangehörigen oder Staatenlosen als Flücht-

(Randspalte: allgemeine rechtliche Grundlagen)

linge oder als Personen, die anderweitigen internationalen Schutz benötigen, und über den Inhalt des zu gewährenden Schutzes („Qualifikationsrichtlinie"). Diese Richtlinien sind nunmehr, nachdem die letzte Frist hierfür eigentlich bereits am 10.10.2006 verstrichen war, mit dem bereits erwähnten (ersten) Richtlinienumsetzungsgesetz in innerstaatliches Recht überführt worden.

7.3.1   Asyl und Flüchtlingsschutz

Asylberechtigte § 25 Abs. 1 AufenthG

Ist ein Ausländer unanfechtbar als Asylberechtigter anerkannt, so hat er einen Rechtsanspruch auf Erteilung einer Aufenthaltserlaubnis (§ 25 Abs. 1 AufenthG). Diesem Aufenthaltstatbestand kommt zweifellos nach wie vor eine zentrale rechtspolitische Bedeutung zu, denn er folgt unmittelbar aus der Verwirklichung

Grundrecht auf Asyl

des Grundrechts auf Asyl aus Art. 16a Abs. 1 GG. Hiernach ist asylberechtigt, wer politisch verfolgt wird. Allerdings soll in den Genuss des Asylrechts nicht kommen, wer aus einem sog. sicheren Drittstaat in die Bundesrepublik einreist (Art. 16a Abs. 2 GG i. V. m. § 26a AsylVfG). Da hierunter aber sämtliche an die Bundesrepublik angrenzende Staaten fallen, besteht bei einer Einreise in die Bundesrepublik auf dem Landweg mit dem Ziel der Asylgewährung praktisch von vornherein keine Aussicht auf Erfolg.

anerkannte Flüchtlinge § 25 Abs. 2 AufenthG

Asylberechtigten aufenthaltsrechtlich insoweit gleichgestellt sind gem. § 25 Abs. 2 AufenthG jedoch jene Personen, bei denen das Vorliegen der Flüchtlingseigenschaften i. S. d. GFK festgestellt wurde. Benannt sind diese in § 60 Abs. 1 AufenthG; die Vorschrift zitiert hierzu Art. I Buchst. A Nr. 2 GFK. Hiernach gilt als Flüchtling und darf demzufolge nicht abgeschoben werden, wer an Leib und Leben, wegen seiner Rasse, Religion, Staatsangehörigkeit, seiner Zugehörigkeit zu

Genfer Flüchtlingskonvention

einer bestimmten sozialen Gruppe oder wegen seiner politischen Überzeugungen bedroht ist. § 60 Abs. 1 AufenthG stellt nunmehr klar, dass hierunter auch geschlechtsspezifische Verfolgungsgründe fallen sowie – insoweit in Umsetzung der „Qualifikationsrichtlinie" – dass es bei der Art der Verfolgung nicht darauf ankommt, ob sie vom Staat, von staatsbeherrschenden Parteien bzw. Organisationen oder von nichtstaatlichen Akteuren ausgeht.

In beiden Fällen – bei anerkannten Asylberechtigten wie bei anerkannten Flüchtlingen – ist der Rechtsanspruch auf Erteilung einer Aufenthaltserlaubnis verbunden mit einer Berechtigung zur Ausübung einer Erwerbstätigkeit. Darüber hinaus wird gem. § 26 Abs. 1 und 2 AsylVfG für den Ehegatten und die Kinder Familienasyl gewährt. Entsprechendes gilt gem. Abs. 4 auch für Ehegatten und Kinder von Personen, denen die Flüchtlingseigenschaft zuerkannt wurde. Der genannte Personenkreis hat gem. § 26 Abs. 3 AufenthG nach drei Jahren einen Rechtsanspruch auf Erteilung einer Niederlassungserlaubnis. Hierfür ist allerdings noch eine Mitteilung des Bundesamtes für Migration und Flüchtlinge notwendig, wonach die Voraussetzungen für eine Rücknahme oder einen Widerruf der Anerkennung als Asylberechtigter oder als Flüchtling nicht vorliegen. Die übrigen Voraussetzungen für die Erteilung einer Niederlassungserlaubnis gem. § 9 Abs. 2 bis 4 AufenthG hingegen sollen hier nicht vorliegen müssen, weil es sich bei § 26 Abs. 3 AufenthG um das speziellere Gesetz (**lex spezialis**) handelt (Marx 2005, § 2 Rn 164).

7.3.2   Asylverfahren

Sowohl für die Feststellung einer Asylberechtigung nach Art. 16a GG als auch für die Zuerkennung der Flüchtlingseigenschaft gilt das AsylVfG. Ziel des Verfahrens ist es aus Sicht der Betroffenen, einen Aufenthaltstitel zu erlangen, der den von ihnen begehrten Schutz vor Verfolgung bietet. Für die Dauer des Verfahrens wird ihnen der Aufenthalt im Bundesgebiet lediglich *gestattet* (§ 55 Abs. 1 AsylVfG). Dies bedeutet, dass Asylsuchende von dem Erfordernis eines Aufenthaltstitels i. S. v. § 4 AufenthG befreit sind. Sie sind jedoch verpflichtet, bis zu maximal drei Monaten in einer Erstaufnahmeeinrichtung zu wohnen (§ 47 AsylVfG). Kann das Verfahren nicht kurzfristig zum Abschluss gebracht werden, so erfolgt gem. § 53 AsylVfG i. d. R. eine Unterbringung in einer Gemeinschaftsunterkunft. Jedenfalls für die ersten zwölf Monate nach Antragstellung ist eine Erwerbstätigkeit vollkommen ausgeschlossen. Danach kommt die Erlaubnis für die Ausübung einer Beschäftigung in Betracht, der aber eine Prüfung des Vorranges anderer möglicher Bewerber auf den Arbeitsplatz vorausgeht (§ 61 Abs. 2 AsylVfG). Personen mit Aufenthaltsgestattung haben aber einen Anspruch auf Beratung (§ 29 ff. SGB III), Vermittlung (§§ 35 ff. SGB III) und Förderung (§ 45 SGB III) durch die Agentur für Arbeit; Jugendliche mit einer Aufenthaltsgestattung können ohne Zustimmung der Agentur ein Freiwilliges Soziales oder Ökologisches Jahr absolvieren, Qualifizierungsangebote nach § 13 SGB VIII wahrnehmen oder Schulabschlüsse an Abendschulen, Abendgymnasien oder Volkshochschulen nachholen.

§ 1 Abs. 1 AsylVfG

Aufenthaltsgestattung

Für die Dauer des Verfahrens dürfen sich Asylbewerber ohne besondere Erlaubnis nicht außerhalb des Bezirks der zuständigen Ausländerbehörde aufhalten. Diese gesetzliche Etablierung der sog. Residenzpflicht für derzeit (2010) mehr als 126.000 Menschen, die nach wie vor von Menschenrechts-NROs strikt abgelehnt wird, steht nach entsprechendem Einsatz der Bundesregierung bei den Verhandlungen hierüber nunmehr in Einklang mit Art. 7 der Richtlinie 2003/9/EG zur Festlegung von Mindestnormen für die Aufnahme von Asylbewerbern in den Mitgliedstaaten (Aufnahmerichtlinie). Allerdings sind die zuständigen Verwaltungen in einigen Bundesländern mittlerweile dazu übergegangen, die Residenzpflicht zu lockern. Die weitreichendsten Wirkungen gehen dabei derzeit von den abgestimmten Erlassen Berlins und Brandenburgs aus, nach denen die betroffenen Personen dort eine gebührenfreie Dauererlaubnis beantragen können, mit der sie sich auch im jeweiligen Nachbarland frei bewegen können. Inzwischen schafft auch der neu gefasste § 58 Abs. 1 AsylVfG zumindest eine Lockerung der Residenzpflicht für die Fälle, in denen dies zum Zweck der Ausübung einer erlaubten Beschäftigung nach § 61 Abs. 2 AufenthG, des Schulbesuchs, einer betrieblichen Aus- und Weiterbildung oder eines Studiums erforderlich ist.

Residenzpflicht

Der Zugang zum Asylverfahren ist insgesamt weitgehend durch die bereits erwähnte Drittstaatenregelung erschwert, die es den Grenzbehörden gem. § 18 AsylVfG praktisch erlaubt, jede an oder in der Nähe der Grenze angetroffene Person, die ein Asylbegehren vorbringt, sofort zurückzuweisen bzw. zurückzuschieben. Perfektioniert wird dieses System der „völligen Abschottung der Bundesrepublik" (Duchrow/Spieß 2005, 193) durch das sog. Flughafenverfahren nach § 18a AsylVfG. Es zielt im Ergebnis darauf ab, Asylbewerbern, die auf dem

Luftweg ankommen, von vornherein die Einreise in die Bundesrepublik zu verweigern, sofern ihr Asylantrag offensichtlich unbegründet ist (§ 18a Abs. 3 S.1 AsylVfG). Dies wird im Rahmen des Flughafenverfahrens vor allem dann angenommen, wenn der Asylbewerber aus einem sog. sicheren Herkunftsstaat kommt (§ 29a AsylVfG). Im Falle der Ablehnung seines Antrages hat der Betroffene insgesamt drei Tage Zeit, den Bescheid übersetzen zu lassen, sich anwaltlichen Beistands zu versichern sowie einen Eilantrag auf Gewährung der Einreise zu stellen. Das Gericht entscheidet dann i.d.R. im schriftlichen Verfahren und damit ohne Anhörung (§ 18 Abs. 4 AsylVfG). Für die Dauer der Prozedur ist der Betroffene in der Flüchtlingsunterkunft des Flughafentransits internierungsartig untergebracht. Diese rechtlichen und tatsächlichen Bedingungen sind es, die das Flughafenverfahren in einen Grenzbereich dessen rücken, was unter rechtsstaatlichem und menschenrechtlichem Aspekt noch hinnehmbar ist.

Handlungsfähigkeit im Asylverfahren Nach dem Wortlaut von § 12 Abs. 1 AsylVfG tritt die Handlungsfähigkeit (zum Begriff: III-1.2.1) im Asylverfahren bereits **mit der Vollendung des 16. Lebensjahres** ein – ebenso wie im Übrigen nach § 80 Abs. 1 AufenthG im aufenthaltsrechtlichen Verfahren. Mit der Rücknahme der Vorbehalte zur UN-KRK (hierzu: I-1.1.5.2) sollte jedoch, so hätte man glauben können, die bisherige Rechtsprechungs- und Verwaltungspraxis der Ungleichbehandlung von Minderjährigen unter und über 16 Jahren obsolet geworden sein. In diesem Sinne liegen auch bereits mehrere Entscheidungen der AG Frankfurt (04.08.2010 – 457 F 6154/10 SO) und Gießen (16.07.2010 – 244 F 1159/09/098 VM) vor, in denen für 16- und 17-jährige junge Menschen **Ergänzungspflegschaften** nach § 1909 Abs. 1 BGB (vgl. II-2.4.8) mit dem Aufgabenkreis „Vertretung in asyl- und ausländerrechtlichen Angelegenheiten" angeordnet wurden. Dies erfolgte in der erstgenannten Entscheidung unter der Feststellung, dass die Regelungen in § 12 Abs. 1 AsylVfG und § 80 Abs. 1 AufenthG in Widerspruch zur UN-KRK stünden und daher „kurzfristig auch mit einer entsprechenden Anpassung des Aufenthaltsgesetzes und des Asylverfahrensgesetzes zu rechnen" sei. Eine solche Gesetzesänderung, für die in dem „Gesetz zur Bekämpfung der Zwangsheirat sowie zur Änderung weiterer aufenthalts- und asylrechtlicher Vorschriften" Raum gewesen wäre, zieht der Gesetzgeber jedoch nicht in Betracht. Die Begründung hierfür ist ausgesprochen speziell: Eine Gesetzesänderung sei nicht notwendig, weil es der KRK nicht widerspräche, 16- und 17-jährigen Kindern mehr Rechte zu geben als jüngeren Kindern. Hierzu gehöre auch das Recht, im eigenen Namen Asylanträge stellen und Verfahrenshandlungen nach dem AufenthG vornehmen zu können (BMI, Schriftliche Anfragen Monat Mai **Dublin II** 2010, Arbeitsnummern 5/69, 70, 71). Die innereuropäischen Zuständigkeiten für die Durchführung des Asylverfahrens werden durch Dublin II geregelt. Die Verordnung soll vor allem dazu beitragen, innerhalb des europäischen Raumes das „One-chance-only"-Prinzip, Art. 3 Abs. 1 VO (EG) Nr. 343/2003, durchzusetzen. Danach ist derjenige Mitgliedsstaat für die Durchführung des Asylverfahrens zuständig, der ein Visum ausgestellt hat oder zu dem „Gebietskontakt" bestanden hat (Art. 9 bis 12 der VO). Unbeschadet dessen hat aber jeder Mitgliedsstaat die Möglichkeit, abweichend von den Zuständigkeitsregelungen das Asylverfahren auch selbst zu übernehmen (sog. Selbsteintrittsrecht, Art. 3 Abs. 2 der VO). Dies wird seitens der Bundesrepublik Deutschland gegenwärtig in Fällen praktiziert, die im normalen Verfahrensgang nach Griechenland zu überstellen und dort zu entscheiden wären. Darüber hinaus soll mit Dublin II sichergestellt werden, dass die Prüfung aller Asylanträge einer Familie durch ein und denselben Mitgliedsstaat erfolgt (Priorität der Familieneinheit) sowie dass der Schutz unbegleiteter minderjähriger Flüchtlinge verbessert wird. Letzteres wird dadurch erreicht, dass das Verfahren gegen unbegleitete Minderjährige in dem Mitgliedsland durchgeführt wird, in dem sich bereits ein Familienmitglied des Minderjährigen rechtmäßig aufhält (worunter in diesem speziellen, europarechtlich zu beurteilenden Fall, auch die Duldung fällt), Art. 6 Abs. 1 der VO.

In der Bundesrepublik Deutschland wird das Asylverfahren durch das Bundesamt für Migration und Flüchtlinge durchgeführt. Es entscheidet auf der Grundlage einer Antragstellung des Betroffenen nach § 13 AsylVfG nach dessen Anhörung. In ihr hat der Asylbewerber von sich aus alle Tatsachen vorzutragen, aus denen sich seine Furcht vor Verfolgung begründet. Darüber hinaus hat er Angaben zu seinem Wohnsitz, dem Reiseweg, Aufenthalten in anderen Staaten und zu früheren Asylverfahren zu machen (§ 25 AsylVfG). Die Entscheidungsmöglichkeiten können lauten: **Bundesamt für Migration und Flüchtlinge**

- Anerkennung als Asylberechtigter,
- Zuerkennung der Flüchtlingseigenschaft,
- (schlichte) Ablehnung des Antrages,
- Ablehnung des Antrages als offensichtlich unbegründet (§§ 29a, 30 AsylVfG),
- Antrag ist unbeachtlich (wegen Einreise aus sicherem Drittstaat, Art. 16a Abs. 2 GG, § 26a AsylVfG).

Da das AsylVfG, obgleich es ein Verwaltungsverfahren ist, kein Vorverfahren vorsieht, kann gegen ablehnende Bescheide sofort Klage vor dem VG erhoben werden. Die Klagefristen betragen gem. § 74 AsylVfG bei Ablehnung wegen offensichtlicher Unbegründetheit sowie bei Unbeachtlichkeit eine Woche, bei schlichter Ablehnung zwei Wochen. Nur in diesem letztgenannten Fall hat die Klageerhebung auch aufschiebende Wirkung in Bezug auf den Vollzug der zugleich mit der Ablehnung ergehenden Abschiebungsandrohung (§ 75 AsylVfG). Deshalb wäre in den anderen Fällen zur Vermeidung einer Abschiebung während des laufenden Verfahrens zusätzlich noch ein Antrag auf aufschiebende Wirkung gem. § 80 Abs. 5 VwGO zu stellen. Rechtsmittel sind gegen Urteile des VG nach § 78 Abs. 1 AsylVfG dann ausgeschlossen, wenn in ihnen die Klage als offensichtlich unzulässig oder offensichtlich unbegründet zurückgewiesen wird. Jedoch ist auch anderenfalls eine Berufung nur möglich, sofern sie vom OVG zugelassen wird. Bei der Entscheidung hierüber ist das OVG an die Vorgaben in § 78 Abs. 3 AsylVfG gebunden. Die Ablehnung eines Antrages auf Zulassung der Berufung, die keiner Begründung bedarf, führt unmittelbar zur Rechtskraft der VG-Entscheidung. Die Revision ist in Asylverfahren ausgeschlossen.

7.3.3   Subsidiärer Schutz

Voraussetzungen Bei Personen, welche die Voraussetzungen für die Anerkennung als Asylberechtigte oder als Flüchtlinge i. S. d. GFK nicht erfüllen, kann dennoch ein Schutzbedürfnis vorliegen, weil sie im Falle ihrer Abschiebung der konkreten Gefahr der Folter oder der Todesstrafe ausgesetzt sind. Gleiches trifft zu bei einer erheblichen konkreten Gefahr für Leib, Leben oder Freiheit etwa infolge von Krieg, Bürgerkrieg oder vergleichbarer internationaler oder innerstaatlicher bewaffneter Konflikte. In diesen Fällen wird durch § 60 Abs. 2 und 3 sowie Abs. 5 bis 7 AufenthG ein sog. subsidiärer od. ergänzender Schutz in Form des Verbotes der Abschiebung gewährt. Die aufenthaltsrechtliche Folge ist dann gem. § 25 Abs. 3 AufenthG, dass eine Aufenthaltserlaubnis erteilt werden *soll*.

Versagungsgründe Jedoch nennt § 25 Abs. 3 S. 2 AufenthG eine Reihe von Versagungsgründen, in denen die großzügige Anlage der Regelung weitgehend wieder zurückgenommen ist (Heinhold/Classen 2004, 39). Eine Aufenthaltserlaubnis wird nämlich auch nach geltendem Recht dann nicht erteilt, wenn die Ausreise in einen Staat möglich und zumutbar ist, in dem keine Verfolgung droht, oder wenn der Ausländer seine Mitwirkungspflichten wiederholt oder gröblich verletzt hat. Wann dies aber der Fall ist, unterliegt weitgehend der Beurteilung seitens des Bundesamtes bzw. der Ausländerbehörde. Wird jedenfalls ein Versagungsgrund für eine Aufenthaltserlaubnis geltend gemacht, so kommt, selbst wenn eines der genannten Abschiebehindernisse besteht, auch weiterhin lediglich die Erteilung einer Duldung nach § 60a AufenthG in Betracht. Dies bedeutet, dass die Betroffenen über keinen rechtmäßigen Aufenthaltstitel verfügen und demzufolge weiterhin vollziehbar ausreisepflichtig sind. Lediglich ihre Abschiebung ist für die Dauer der Duldung ausgesetzt.

Weitere Einschränkungen in § 25 Abs. 3 S. 2 AufenthG sollen schließlich verhindern, dass sich Personen unter den Schutz des Gesetzes begeben können, denen schwere Straftaten, Kriegsverbrechen oder andere schwere Verstöße gegen international verbindliche Normen des Völkerrechts zur Last gelegt werden.

7.3.4   Bleiberecht

§ 23 Abs. 1 AufenthG § 23 Abs. 1 AufenthG hat mit der Aufenthaltsgewährung durch die obersten Landesbehörden zunächst ein Aufenthaltsrecht für zwei Fallgruppen im Blick. Zum einen soll hiermit den humanitären Interessen etwa von Kirchen Rechnung getragen werden, einzelnen Ausländern aus bestimmten Staaten oder auch bestimmten Ausländergruppen im Rahmen eines sog. Kirchenkontingents Schutz zu gewähren (Heinold/Classen 2004, 30). Wohl wegen der damit für die Kirchen verbundenen Kosten – sie müssten in diesem Fall eine Verpflichtungserklärung nach § 68 AufenthG abgeben, wonach sie bereit sind, sämtliche Kosten für den Lebensunterhalt (einschließlich Versorgung mit Wohnraum und Kosten bei Krankheit und Pflegebedürftigkeit) zu übernehmen – ist hierauf bisher noch nicht zurückgegriffen worden (Evaluationsbericht 2006, 57). Von erkennbar größerer praktischer Relevanz hingegen ist die ebenfalls § 23 Abs. 1 AufenthG zu entnehmende Möglichkeit, eine Bleiberechtsregelung für bestimmte Flüchtlingsgruppen zu schaffen. Sie bestand übrigens bereits nach früherem Recht und kam auch gelegentlich – etwa in den Jahren 2000/2001 für insges. ca. 32.000 Traumatisierte und Ausreisepflichtige aus Bosnien-Herzegowina und dem Kosovo – zur Anwendung. Für den Zeitraum seit Inkrafttreten des ZuwG lag allerdings bisher nur eine Bleiberechtsregelung für ca. 950 ausreisepflichtige afghanische Flüchtlinge vor. Nunmehr tritt als wichtiger Anwendungsfall jedoch die sog. „Altfallregelung" für langjährig Geduldete (§ 104a Abs. 5 AufenthG, vgl. auch III-7.3.6) hinzu.

7.3.5   Jüdische Zuwanderer

Unter den Personen und Gruppen, die aus politischen, aber auch humanitären Gründen Aufnahme in der Bundesrepublik finden, nehmen die jüdischen Zuwanderer aus der ehemaligen Sowjetunion eine besondere Stellung ein. Rechtsgrundlage für ihre Aufnahme ist nunmehr § 23 Abs. 2 AufenthG. Die Vorschrift sieht vor, dass ihnen sofort, d. h. ohne Wartezeit, eine Niederlassungserlaubnis erteilt werden kann. Praktisch gesehen wird aber wohl zunächst nur eine Aufenthaltserlaubnis in Betracht kommen (Heinhold/Classen 2004, 30). Dies steht damit im Zusammenhang, dass die Ständige Konferenz der Innenminister (IMK) auf ihren Sitzungen am 29.12.2004, am 23./24.06.2005 sowie am 18.11.2005 eine Neuregelung des Verfahrens zur Aufnahme jüdischer Zuwanderer beschlossen hat, das auch für diese Zuwanderergruppe in stärkerem Maße die konkreten Integrationsvoraussetzungen und -möglichkeiten mitberücksichtigt. Im Übrigen können hier selbst bei Erteilung einer Niederlassungserlaubnis nach § 23 Abs. 2 S. 2 AufenthG ausnahmsweise wohnsitzbeschränkende Auflagen erteilt werden. Der Verweis in Abs. 3 auf § 24 AufenthG öffnet dabei gleichzeitig den Weg für eine Verteilung der jüdischen Immigranten auf die und innerhalb der Bundesländer.

Die Zahl der aus der ehemaligen Sowjetunion zugewanderten jüdischen Personen sank allerdings, wohl auch wegen der in dem neu geregelten Aufnahmeverfahren deutlich angehobenen Aufnahmevoraussetzungen (u. a.: eigenständige Sicherung des Lebensunterhalts, Grundkenntnisse der deutschen Sprache, Nachweis der Aufnahme in einer jüdischen Gemeinde in Deutschland), im Jahr 2009 mit 1.088 Personen (BT-Ds 17/2965) auf den bisher niedrigsten Stand (zum Vergleich: der Höchststand im Jahr 2002 lag bei 19.262 Personen).

7.3.6   Sonstige völkerrechtliche, humanitäre oder politische Aufenthaltsgründe

§ 25 Abs. 4 S. 1 AufenthG ermöglicht die Erteilung einer Aufenthaltserlaubnis für einen *vorübergehenden* Aufenthalt aus dringenden humanitären oder persönlichen Gründen (z. B. Pflegebedürftigkeit einer nahestehenden Person; schwere, im Herkunftsland nicht behandelbare Erkrankung o. Ä.). Nach der zweiten Alternative von § 25 Abs. 4 S. 1 AufenthG soll eine Aufenthaltserlaubnis darüber hinaus auch dann erteilt werden, wenn dringende öffentliche Interessen den Aufenthalt eines Ausländers erfordern. Dies kann z. B. dann der Fall sein, wenn er als wichtiger

dringende human. od. pers. Gründe

ausnahmsweise Verlängerung bei vorübergehendem Aufenthalt

Zeuge in einem Gerichtsverfahren benötigt wird. Abs. 4a stellt hierfür noch einmal eine spezielle Regelung für Ausländer bereit, die Opfer von Straftaten nach §§ 232 ff. StGB (Menschenhandel) geworden sind.

Darüber hinaus soll eine normalerweise nicht verlängerbare Erlaubnis für einen vorübergehenden Aufenthalt gem. § 25 Abs. 4 S. 2 AufenthG ausnahmsweise *verlängert* werden dürfen, wenn das Verlassen des Bundesgebietes im zu entscheidenden Einzelfall eine außergewöhnliche Härte bedeuten würde.

Mit § 25 Abs. 5 AufenthG schließlich wurde eine Vorschrift in das ZuwG aufgenommen, von der – im Ergebnis allerdings weitgehend vergeblich – ein entscheidender Beitrag für die Lösung des Problems der sog. „Kettenduldung" erwartet

tatsächl. oder rechtl. Hindernisse

wurde. Zwar sollen gemäß der Vorschrift nach 18 Monaten Duldung Personen, die aus tatsächlichen oder rechtlichen Gründen an der Ausreise gehindert sind, eine Aufenthaltserlaubnis erteilt bekommen, sofern in absehbarer Zeit nicht mit dem Wegfall des Ausreisehindernisses zu rechnen ist. Allerdings darf die Aufenthaltserlaubnis nicht erteilt werden, wenn der Ausländer die Verhinderung seiner Ausreise selbst verschuldet hat, weil er z. B. falsche Angaben gemacht, über die Identität seiner Person oder Staatsangehörigkeit getäuscht oder nicht in zumutbarer Weise an der Beseitigung des Ausreisehindernisses mitgewirkt hat. Genau dies führt jedoch in der Praxis dazu, dass die Erteilung einer Aufenthaltserlaubnis häufig verweigert wird. Nach Einschätzung des Bundesministeriums des Innern haben deshalb in der Vergangenheit auch nur höchstens 20 % der geduldeten Ausländer eine Aufenthaltserlaubnis nach § 25 Abs. 5 AufenthG erhalten (Evaluationsbericht 2006, 83). Seit August 2007 existiert deshalb mit §§ 104a f. AufenthG in der Nachfolge eines vorangegangenen Beschlusses der Ständigen Innenministerkonferenz der Länder (IMK) eine gesetzliche Regelung für sog. „Altfälle". Sie betrifft Menschen, die mit Stichtag 01.07.2007 seit acht Jahren bzw., sofern sie minderjährige Kinder haben, seit sechs Jahren ununterbrochen geduldet wurden. Diese sollten, unter den Voraussetzungen von Abs. 1 Nr. 1 bis 6 (u. a.: hinreichende Deutschkenntnisse, ausreichender Wohnraum, kein vorsätzliches Hinauszögern oder Behindern der Aufenthaltsbeendigung in der Vergangenheit, keine Straftaten) eine Aufenthaltserlaubnis „auf Probe" erhalten, um bis zum Ablauf einer zunächst zum 31.12.2009 gesetzten Frist die eigenständige Absicherung ihres Lebensunterhalts zu erreichen. Hierzu ermöglicht § 10 Abs. 2 Nr. 2 BeschVerfV zusätzlich zu den Bestimmungen in § 18a AufenthG (III-7.2.2.2.) einen gleichrangigen Zugang zum Arbeitsmarkt nach vier Jahren Aufenthalt. Die Regelung schuf jedoch nur für einen Teil der betroffenen Personen die erhoffte Lösung, denn noch immer (2010) leben 86.140 geduldete Ausländer in der Bundesrepublik Deutschland, davon 54.655 bereits länger als 6 Jahre (BT-Ds 17/3160). Sie wurde deshalb, allerdings wieder stichtagsbezogen zum 31.12.2009, inzwischen auf Beschluss der IMK vom 3./4.12.2009 bis Ende 2011, mit bestimmten Maßgaben verlängert, die auf den Nachweis zumindest einer teilweisen oder zeitweiligen Beschäftigung bzw. des Bemühens darum und auf die begründete Erfolgsaussicht der eigenständigen Absicherung des Lebensunterhalts hinauslaufen. Kann der geduldete Ausländer seinen Lebensunterhalt selbstständig durch Erwerbsarbeit sichern, so erhält er bei Vorliegen der sonstigen Voraussetzungen gem. § 104 Abs. 1 S. 2 AufenthG eine Aufenthaltserlaubnis nach § 23 Abs. 1 AufenthG. Auch unverheiratete, volljährige, bei ihrer Einreise aber noch minderjährige Kinder erhalten bei entsprechenden Voraufenthaltszeiten der Eltern eine Aufenthaltserlaubnis nach § 23 Abs. 1 AufenthG, ebenso wie unbegleitete Minderjährige nach sechsjähriger Aufenthaltsdauer. Die Rechtsgrundlage hierfür findet sich in § 104a Abs. 2 AufenthG. In § 104b AufenthG ist weiterhin noch geregelt, dass gut integrierten Kindern, die sich seit mindestens sechs Jahren geduldet in der Bundesrepublik Deutschland aufhalten, ab vollendetem 14. Lebensjahr auch dann eine eigenständige Aufenthaltserlaubnis erteilt wird, wenn bei ihren Eltern die Voraussetzungen von § 104a Abs. 1 AufenthG nicht vorliegen und diese deshalb ausreisen müssen. Die Praktikabilität einer solchen Regelung ist allerdings zu hinterfragen (vgl. auch Hoffmann 2007, 10). Wie bereits im Überblick erwähnt, ist deshalb nunmehr mit § 25a AufenthG eine auf Dauer angelegte gesetzliche Lösung des Aufenthalts für langjährig Geduldete zumindest in Bezug auf gut integrierte Jugendliche und Heranwachsende vorgenommen worden.

§ 23a AufenthG sieht erstmalig eine Aufenthaltsgewährung in Härtefällen vor. Insgesamt betrachtet hinterlässt die Regelung einen eher ambivalenten Eindruck. Zum einen nämlich enthält das Aufenthaltsrecht nunmehr eine Rechtsgrundlage, mit der sich in Härtefällen ein Bleiberecht begründen lässt. Auf der anderen Seite ist die rechtliche Konstruktion der Regelung unter rechtsstaatlichem Gesichtspunkt nicht unumstritten. Bei Vorliegen dringender humanitärer oder persönlicher Gründe soll die oberste Landesbehörde anordnen dürfen, dass abweichend von den sonst geltenden gesetzlichen Vorschriften eine Aufenthaltserlaubnis zu erteilen ist. Hierzu veranlasst werden kann sie auf Ersuchen einer Härtefallkommission, an deren Votum sie aber in ihrer Entscheidung nicht gebunden ist. Die Härtefallkommission ihrerseits wird ausschließlich im Wege der Selbstbefassung tätig. Der Aufenthalt begehrende Ausländer hingegen hat kein eigenes Antragsrecht. Wegen des Fehlens der subjektiven Rechtsqualität des Betroffenen (§ 23a Abs. 1 S. 4 AufenthG) ist wohl zugleich auch kein Raum für einen Rechtsschutz nach Art. 19 Abs. 4 GG (Marx 2005, § 2 Rn 119; a. A. Heinhold / Classen 2004, 32).

Härtefälle § 23a AufenthG

Härtefall-kommission

§ 22 AufenthG ermöglicht eine Aufnahme von Ausländern aus völkerrechtlichen oder *dringenden* humanitären Gründen *aus dem Ausland*. Es handelt sich demzufolge nicht um Personen, die in die Bundesrepublik Deutschland eingereist sind, um hier Schutz zu finden, sondern um solche, die sich in einem anderen Land aufhalten und von dort, etwa im Rahmen internationaler humanitärer Hilfsaktionen, von der Bundesrepublik übernommen werden. Mit § 24 AufenthG wurden die Bestimmungen der EU-Richtlinie 2001 / 55 / EG über die Mindestnormen für die Gewährung vorübergehenden Schutzes im Falle eines Massenzustroms von Vertriebenen in nationales Recht umgesetzt. Europarechtlich ist das Ziel der Regelung vor allem auch in einer ausgewogenen Verteilung der mit der Aufnahme von Kriegs- und Bürgerkriegsflüchtlingen verbundenen Belastungen unter den Mitgliedstaaten zu sehen. Innerstaatlich stehen neben Statusfragen vor allem auch Verteilungsregelungen innerhalb des Bundesgebietes im Mittelpunkt der Regelung. Flüchtlinge, die nach § 24 AufenthG eine Aufenthaltserlaubnis erhalten würden, hätten demnach gem. Abs. 5 keinen Anspruch darauf, sich in einem bestimmten Bundesland oder an einem bestimmten Ort aufzuhalten. Wohl aber könnte gem. Abs. 6 eine selbstständige oder nichtselbstständige Erwerbstätigkeit gestattet werden.

Aufnahme aus dem Ausland § 22 AufenthG

7.4   Sozialleistungen für Zuwanderer

7.4.1   Überblick über die Leistungsansprüche

Der Anspruch auf Sozialleistungen für zugewanderte Personen bestimmt sich in Art und Umfang nach deren Status (Spätaussiedler, EU-Bürger, Drittstaatsangehöriger), nach dem Aufenthaltszweck (Ausbildung / Erwerbstätigkeit, Familiennachzug, humanitärer Schutz) und sogar noch nach den einzelnen Tatbeständen, nach denen sich der Aufenthalt aus humanitären, völkerrechtlichen und politischen Gründen richtet. Hieraus ergibt sich ein Geflecht von Ansprüchen und Ausschlüssen hinsichtlich der unterschiedlichen Sozialleistungen, über das an dieser Stelle unter Auslassung der Details und Verästelungen nur ein knapper Überblick gegeben werden kann. Dabei soll eine Beschränkung auf die Bereiche der sozialen Förderung (insb. ALG II, BAföG) und des sozialen Ausgleichs (insb.: SGB XII, Wohngeld, familienbezogene Leistungen) erfolgen, während sozialversicherungsrechtliche Fragen sowie solche der sozialen Entschädigung weitestgehend unberücksichtigt bleiben werden.

Spätaussiedler Spätaussiedler, deren Ehegatten und Abkömmlinge (§ 4 BVFG), die mit der Ausstellung einer Bescheinigung nach § 15 BVFG die deutsche Staatsangehörigkeit erlangen (vgl. III-7.5.1), haben Zugang zu den sozialen Systemen entsprechend ihres Status als deutsche Staatsangehörige. Für bestimmte Übergangszeiten gelten Sonderregelungen hinsichtlich des Krankenversicherungsschutzes (§ 11 BVFG); ihre Rechtsstellung in der Renten- und Unfallversicherung richtet sich nach dem sog. Fremdrentengesetz (§ 13 BVFG). Wollen sie allerdings öffentliche Hilfen nach SGB II oder XII beziehen, weil sie ihren Lebensunterhalt nicht selbstständig absichern können, gilt für sie eine Wohnortbindung für die ersten drei Jahre ihres Aufenthaltes (§§ 2, 3a WoZuG).

Deutschen gleichgestellt sind nach einer Vereinbarung zwischen der Bundesrepublik Deutschland und der Schweizer Eidgenossenschaft über die Fürsorge von **EU-Bürger** Hilfsbedürftigen aus den Jahren 1953 / 54 Schweizer Staatsangehörige. In ähnlicher Weise **Inländern gleichgestellt** sind EU-Bürger, die grundsätzlich **Anspruch auf Sozialleistungen** und steuerliche Vergünstigungen wie Kindergeld, Elterngeld, Wohngeld oder Leistungen nach SGB III haben. Eine etwas andere Situation ergibt sich für sie allerdings hinsichtlich SGB II und XII. Zwar sind sie von den Leistungen nach den beiden Büchern nicht ausgeschlossen. Jedoch entsteht der Anspruch bei Vorliegen der sonstigen allgemeinen Voraussetzungen nur nach bestimmten gesetzlichen Maßgaben. Dies resultiert daraus, dass EU-Bürger zwar innerhalb der Gemeinschaft ein Recht auf Freizügigkeit haben, bei einem Aufenthalt von mehr als drei Monaten jedoch ein sogenannter Aufenthaltsgrund erforderlich ist (§ 2 Abs. 1 und 2 FreizügG / EU, vgl. auch Art. 7 Richtlinie 2004 / 38 / EG – Unionsbürgerrichtlinie). Danach sind EU-Bürger mit dem Aufenthaltsgrund „Arbeitssuche" sowohl von Leistungen nach SGB II (§ 7 Abs. 1 S. 2 Nr. 2) als auch nach SGB XII (§ 23 Abs. 3 S. 1) ausgeschlossen. Sozialhilfe scheidet auch dann aus, wenn die Einreise nur aus dem Grund erfolgt ist, diese Hilfe zu erlangen. Grundsicherung nach SGB II wird darüber hinaus für Nichterwerbstätige in den ersten drei Monaten ihres Aufenthaltes nicht geleistet (§ 7 Abs. 1 S. 2 Nr. 1 SGB II).

Ansonsten kann die dauerhafte Inanspruchnahme von Leistungen nach SGB II oder SGB XII auch zum Verlust des Rechts auf Freizügigkeit führen (§§ 5 Abs. 5 und 6 FreizügG/EU).

Der Zugang von Drittstaatsangehörigen zu Leistungen nach SGB II richtet sich nach § 7 Abs. 1 S. 2 SGB II. Allgemeine Voraussetzung für ihre Rechtsstellung als Berechtigte ist hiernach, dass sie ArbN oder Selbstständige in der Bundesrepublik Deutschland sind. Gleichzeitig wird ein Leistungsausschluss, außer für EU-Bürger, im dargestellten Umfang für zwei weitere Gruppen formuliert (Frings 2008, 111): für Ausländer, deren Aufenthaltsrecht sich allein aus dem Zweck der Arbeitssuche ergibt, und für Leistungsberechtigte nach § 1 AsylbLG (hierzu III-7.4.2). Der Zugang zu Sozialhilfe ist in § 23 SGB XII geregelt. Auch nach dieser Vorschrift sind Leistungsberechtigte nach § 1 AsylbLG von der Sozialhilfe ausgeschlossen (§ 23 Abs. 2 SGB XII). Ansonsten haben Drittstaatsangehörige einen **Rechtsanspruch auf Grundversorgung** (§ 23 Abs. 1 S. 1 SGB XII). Dies sind Leistungen zum Lebensunterhalt (§§ 27 ff. SGB XII), Hilfe bei Krankheit (§ 48 SGB XII), Hilfe bei Schwangerschaft und Mutterschaft (§ 50 SGB XII) sowie Hilfe bei Pflege (§§ 61 ff. SGB XII). Nicht betroffen von dieser Einschränkung ist die Grundsicherung im Alter (§ 23 Abs. 1 S. 2 SGB XII). Darüber hinausgehende Sozialhilfeleistungen liegen im Ermessen der Behörde (§ 23 Abs. 1 S. 3 SGB XII). Sie werden in Abwägung von der Notlage des Betroffenen und möglichen Folgen der Versagung der Leistung getroffen (Grube/Wahrendorf 2008 § 23 Rz. 17 m. w. N.). Der Hilfeanspruch entfällt jedoch nach § 23 Abs. 3 SGB XII, wenn die Einreise allein zum Zweck der Arbeitssuche bzw. des Bezuges von Sozialhilfe erfolgte. Der Wegfall betrifft auch miteinreisende Familienangehörige einschließlich minderjähriger Kinder, jedoch nicht Kinder, die auf dem Gebiet der Bundesrepublik Deutschland geboren wurden (Grube/Wahrendorf 2008, § 23 Rz. 18). Beziehen Personen, die eine Aufenthaltserlaubnis aus völkerrechtlichen, humanitären oder politischen Gründen haben, Leistungen nach SGB II oder SGB XII, so unterliegen sie einer räumlichen Beschränkung hinsichtlich der Wohnortwahl nach § 12 Abs. 2 AufenthG. Dies gilt mittlerweile auch für jüdische Zuwanderer (OVG M-V 1 L 107/02 – 15.09.2004). Eine Ausnahme hiervon bilden lediglich Asylberechtigte und anerkannte GFK-Flüchtlinge, die sich auch darüber hinaus in einem bevorzugten Status befinden, den § 23 Abs. 1 S. 4 SGB XII ermöglicht und der sie zum Bezug von Sozialhilfe auch über die Grundversorgung hinaus berechtigt.

Die Angewiesenheit auf Sozialleistungen ist regelmäßig ein **Verweigerungsgrund für die Erteilung eines Aufenthaltstitels** (§ 5 Abs. 1 Nr. 1 AufenthG); sie kann auch einen Ausweisungsgrund darstellen (§ 55 Abs. 2 Nr. 6 AufenthG). Hiervon sind aber Ausnahmen möglich. So gehören zum Kreis der Berechtigten nach § 7 Abs. 1 S. 2 SGB II bzw. nach § 23 Abs. 1 S. 1 SGB XII auch diejenigen Personen, die als vormals langjährig Geduldete inzwischen eine Aufenthaltserlaubnis „auf Probe" nach § 23 Abs. 1 i. V. m. § 104a oder 104b AufenthG erhalten haben. Eine Verlängerung einer nach § 23 Abs. 1 i. V. m. § 104a oder 104b AufenthG erteilten Aufenthaltserlaubnis ist ohne dass die Voraussetzung einer eigenständigen Sicherung des Lebensunterhalts vorliegt, nur in den abschließend in § 104a Abs. 6 AufenthG aufgezählten Härtefällen möglich. Ansonsten wird auf

Drittstaatenangehörige

das Vorliegen eines gesicherten Lebensunterhalts regelmäßig bei der Aufnahme von (Bürger-)Kriegsflüchtlingen zum vorübergehenden Schutz i. S. v. § 24 AufenthG sowie aus humanitären Gründen im Rahmen von §§ 25 Abs. 1 bis 3, 26 Abs. 3 AufenthG verzichtet; in anderen humanitären Fällen ist eine Ermessensentscheidung möglich (§ 5 Abs. 3 AufenthG). Eine Ausweisung kommt nur bei längerfristiger (BVerwGE 102, 249, 252) tatsächlicher Inanspruchnahme von Leistungen nach SGB II oder XII in Betracht (im Einzelnen: Marx 2005 § 5 Rz. 119 f.). Aber auch dann wäre der in § 56 Abs. 1 AufenthG genannte Personenkreis hiervon ausgenommen. Er umfasst insb. Asylberechtigte und anerkannte Flüchtlinge, Inhaber einer Niederlassungserlaubnis bzw. einer Erlaubnis zum Daueraufenthalt-EG, im Bundesgebiet geborene Inhaber einer Aufenthaltserlaubnis, in familiärer/lebenspartnerschaftlicher Gemeinschaft mit Deutschen Lebende sowie in ehelicher/lebenspartnerschaftlicher Gemeinschaft mit einem Ausländer lebende Personen bei rechtmäßigem fünfjährigem eigenen Aufenthalt und verfestigtem Aufenthalt des Partners.

Das eigentlich praktisch bedeutsame Problem besteht deshalb eher darin, dass für die Verlängerung einer Aufenthaltserlaubnis gem. § 8 Abs. 1 AufenthG i. V. m. § 5 Abs. 1 Nr. 1 jedes Mal das **Unterhaltssicherungserfordernis** besteht. Von ihm kann, außer in den genannten Fällen, in denen das Gesetz hierauf von vornherein verzichtet, nur bei der Verlängerung der Aufenthaltserlaubnis für den nachgezogenen Ehegatten (§ 30 Abs. 3 AufenthG) und für die Kinder (§ 34 Abs. 1 AufenthG) abgewichen werden. Darüber hinaus kommt der Frage nach der eigenständigen Absicherung des Lebensunterhalts durch Erwerbsarbeit die entscheidende Bedeutung für die Erteilung einer Aufenthaltserlaubnis nach § 23 Abs. 2 AufenthG für langjährig Geduldete zu. Die Dimension dieses Problems erschließt sich jedoch erst, wenn weitere Sozialleistungen mit in den Blick genommen werden. Dabei können die Gruppen der Spätaussiedler sowie der EU-Bürger ausgeblendet bleiben, insofern ihre diesbezügliche Gleichstellung mit Inländern bereits eingangs zu konstatieren war. Drittstaatsangehörige sind hiernach anspruchsberechtigt auf

- **Elterngeld** (§ 1 Abs. 7 BEEG), sofern sie eine Niederlassungs- oder Aufenthaltserlaubnis besitzen. Ausgeschlossen sind jedoch Personen, die eine Aufenthaltserlaubnis zum Zweck der Ausbildung (§§ 16 f. AufenthG) oder befristet aufgrund zwischenstaatlicher Vereinbarungen zum Zweck der Erwerbstätigkeit (§ 18 Abs. 2 AufenthG) erhalten haben. Ebenfalls ausgeschlossen sind Inhaber der Aufenthaltserlaubnis „auf Probe" nach § 104a Abs. 1 AufenthG. Bestimmte Gruppen von aus humanitären Gründen Aufgenommenen (nicht Asylberechtigte und GFK-Flüchtlinge oder nach § 22 AufenthG Aufgenommene) erlangen den Anspruch erst nach mindestens dreijährigem Aufenthalt, sofern sie erwerbstätig, Bezieher von ALG I oder in Elternzeit sind.
- **Kindergeld** (§ 62 Abs. 2 EStG), Kinderzuschlag (§§ 1 Abs. 3, 6a BKGG). Anspruchsberechtigt ist der Personenkreis, der auch Elterngeld beziehen darf. Hinzu kommen zusätzlich noch Inhaber einer Aufenthaltserlaubnis auf Probe nach § 104a AufenthG. Für sie ist in den genannten Vorschriften kein Leistungsausschluss vorgesehen, da ihre Aufenthaltserlaubnis zur Erwerbstätigkeit berechtigt (vgl. Frings 2008, 260).

■ **Wohngeld** (§ 3 Abs. 5 WoGG): Zum Kreis der Anspruchsberechtigten gehören hier neben Drittstaatsangehörigen mit Aufenthaltstitel auch Personen mit Aufenthaltsgestattung oder Duldung.

■ **Ausbildungsförderung** (§ 8 Abs. 1 Nr. 2 bis 7, Abs. 2, 2a und 3 BAföG): Anspruchsberechtigt sind im Wesentlichen Personen, die eine Aufenthaltserlaubnis aus humanitären Gründen haben (Ausnahme: Schutzsuchende i. S. v. § 22 AufenthG), Kinder und Ehegatten von Deutschen, sofern sie über eine Aufenthaltserlaubnis verfügen, Kinder und Ehegatten von Drittstaatsangehörigen mit Aufenthalts- oder Niederlassungserlaubnis, teilweise mit bestimmten Voraufenthaltszeiten, sowie andere Drittstaatsangehörige, die selbst oder deren Eltern durch Steuern und Sozialabgaben aufgrund rechtmäßiger Erwerbstätigkeit zur Leistungsfähigkeit des Sozialstaates beigetragen haben (vgl. Ramsauer et al. 2005 § 8 Rz. 19). Dies gilt i. d. R. als erfüllt bei eigenem fünfjährigen Aufenthalt und rechtmäßiger Erwerbstätigkeit im Inland bzw. bei dreijährigem Aufenthalt und rechtmäßiger Erwerbstätigkeit mindestens eines Elternteils (im Einzelnen: Ramsauer et al. 2005 § 8 Rz. 20 bis 30). Mit der Novellierung des Gesetzes zum 01.01.2009 gehören nunmehr auch Inhaber einer Aufenthaltserlaubnis nach § 104a AufenthG sowie nach § 60a AufenthG geduldete Personen nach einer Aufenthaltsdauer von vier Jahren zum Kreis der Leistungsberechtigten.

Aufenthaltsrechtliche Folgen der Inanspruchnahme von Sozialleistungen

Das Erteilungs- bzw. Verlängerungserfordernis des gesicherten Lebensunterhalts für die Aufenthaltserlaubnis für Ausländer gilt nach einer Entscheidung des BVerwG vom 26.08.2008 (1 C 32/07) dann als erfüllt, wenn das nach SGB II anrechenbare Einkommen so hoch ist, dass kein ergänzender SGB II-Anspruch mehr besteht. Dieses Einkommen muss gem. § 2 Abs. 3 S. 1 AufenthG ohne Inanspruchnahme öffentlicher Mittel erzielt werden. Dies bedeutet im Ergebnis, dass der Bezug folgender Leistungen, gleichwohl der betroffene Drittstaatsangehörige anspruchsberechtigt ist, dazu führt, dass seine Aufenthaltserlaubnis nicht verlängert wird: Leistungen zur Sicherung des Lebensunterhalts nach SGB II, Hilfen zum Lebensunterhalt sowie Grundsicherungsleistungen im Alter und bei Erwerbsminderung nach SGB XII, Wohngeld oder auch Leistungen nach SGB VIII, die materiell Sozialhilfeleistungen entsprechen (Marx 2005 § 5 Rz. 121 m.w.N.). Für die Aufenthaltsverlängerung bzw. die Erlangung einer regulären Aufenthaltserlaubnis für langjährig Geduldete unschädlich sind hingegen der Bezug von Kindergeld und Kindergeldzuschlag, Elterngeld, Leistungen nach SGB III, Leistungen nach BAföG oder Leistungen der Jugendberufshilfe nach § 13 Abs. 2 SGB VIII.

7.4.2 Leistungen nach Asylbewerberleistungsgesetz

Im Rahmen der umfassenden Neuregelung des Asylrechts zum 01.07.1993 (s. III-7.3) wurde auch das AsylbLG eingeführt. Asylbewerber waren von diesem Zeitpunkt an von den Sozialhilfeleistungen, die bisher für sie nach BSHG erbracht wurden, ausgeschlossen und auf die deutlich niedrigeren Leistungen des AsylbLG verwiesen. Ziel der Regelung war es, den Asylsuchenden Anreize für die Einreise und den Verbleib in der Bundesrepublik Deutschland zu nehmen (Hohm

2010, § 2 Rz. 86) und darüber hinaus Kosten einzusparen (BT-Ds 12/4451, 5 f. und 12/5008, 14 f.). Seit seinem Inkrafttreten wurde das AsylbLG in insgesamt vier Novellierungen weiter verschärft. Unter anderem beschränkt sich der Personenkreis, der nach § 1 Abs. 1 AsylbLG auf Leistungen nach AsylbLG verwiesen wird, bei weitem nicht mehr auf Asylsuchende mit Aufenthaltsgestattung (§ 55 AsylVfG) und Menschen, die sich im sogenannten Flughafenverfahren befinden (§ 18a AsylVfG). Er wurde ausgeweitet auf Geduldete (§ 60a AufenthG), Kriegsflüchtlinge (§§ 23 Abs. 1, 24 AufenthG) sowie Ausländer mit Aufenthaltserlaubnis aus humanitären Gründen (§ 25 Abs. 4 S. 1, Abs. 4a, Abs. 4b oder Abs. 5 AufenthG), vollziehbar Ausreisepflichtige (§ 58 Abs. 2 AufenthG) und andere. Die Dauer des Bezugs der nach AsylbLG abgesenkten Leistungen wurde von anfangs 12 auf derzeit 48 Monate verlängert (§ 2 Abs. 1 AsylbLG). Für Personen, die nur zum Zweck der Erlangung von Leistungen nach AsylbLG eingereist sind oder an denen aus von ihnen zu vertretenden Gründen die Ausreisepflicht nicht vollzogen werden kann, erfolgt eine nochmalige Reduzierung der Grundleistungen auf sogenannte „unabweisbare Leistungen" (§ 1a AsylbLG). Die Höhe der Grundleistungen hingegen ist seit Inkrafttreten des Gesetzes trotz eines Anstiegs der Verbraucherpreise in diesem Zeitraum um ca. 25 % unverändert geblieben.

 Bei der rechtspolitischen Bewertung eines derartigen Sonderrechts wird man mit unterschiedlichen Sichtweisen rechnen müssen (vgl. aktuell den Antrag auf Aufhebung des AsylbLG, BT-Ds 17/1428). Im Ergebnis werden seine Gegner respektable ethische und humanitäre, jedoch nach BVerfG 1 BvR 293/05 11.07.2006 wohl keine durchgreifenden verfassungsrechtlichen Bedenken gegen sein Bestehen als solches vorbringen können. Auch dass im Vergleich zu Grundsicherung nach SGB II und Sozialhilfe nach SGB XII die Grundleistungen nach AsylbLG niedriger liegen, soll grundsätzlich möglich sein, wenn sich dies als Ergebnis einer Bedarfsermittlung nach einem eigens für Asylbewerber durch den Gesetzgeber entwickelten Konzept ergeben sollte (LSG NRW 26.07.2010 – L 20 AY 13/09). Genau solch ein Konzept liegt jedoch nicht vor. Vielmehr wurden die Leistungen auf Kostenschätzungen „ins Blaue hinein", wie das BVerfG in seiner Entscheidung vom 09.02.2010 (1 BvL 1/09, 1 BvL 3/09, 1 BvL 4/09) zu den Regelsätzen nach SGB II formulierte, gegründet. Dies wird inzwischen auch von der Bundesregierung als deutlicher Hinweis auf die Verfassungswidrigkeit des AsylbLG erkannt (BT-Ds 17/3660, 4). Darüber hinaus wertet das LSG NRW in seinen Aussetzungs- und Vorlagebeschlüssen vom 26.07.2010 (L 20 AY 13/09) und 21.11.2010 (L 20 AY 1/09) die um ca. ein Drittel unterhalb des in SGB II und SGB XII festgelegten soziokulturellen Existenzminimums liegenden Leistungen nach § 3 Abs. 2 S. 2 und S. 3 i. V. m. Abs. 1 S. 4 als „evident unzureichend" und damit als Verletzung von Art. 1 Abs. 1 GG.

Sachleistungen Nach § 3 AsylbLG wird der notwendige Bedarf an Ernährung, Unterkunft, Heizung, Kleidung, Gesundheits- und Körperpflege und Gebrauchs- und Verbrauchsgütern des Haushalts, soweit möglich, durch Sachleistungen gedeckt. Die Unterbringung erfolgt i. d. R. in **Gemeinschaftsunterkünften**. Hierfür stehen bspw. nach Thüringer Gemeinschaftsunterbringungs- und Sozialbetreuungsverordnung pro Bewohner 6 qm Wohnfläche und für zusammen 8 Personen jeweils ein WC und eine Dusche zur Verfügung. Die Übernahme von Kosten für eine Unterkunft in eigener Wohnung erfolgt nur ausnahmsweise; ein Anspruch auf eine bestimmte Größe der Wohnfläche besteht nicht (Frings 2008, 128). Daneben erhalten die Leistungsberechtigten einen Barbetrag für die persönlichen Bedürfnisse des täglichen Lebens, der für Personen unter 14 Jahren bei 20,45 € monatlich und bei Personen über 14 Jahren bei 40,90 € monatlich liegt. Das Sachleistungsprinzip gilt grundsätzlich. Von ihm kann aber gem. § 3 Abs. 2 AsylbLG abgewichen werden, sobald Asylbewerber nicht mehr verpflichtet sind, in einer Erstaufnahmeeinrichtung nach § 44 AsylVfG zu leben. Sie können dann anstelle von Sachleistungen auch **Wertgutscheine** oder Geldleistungen erhalten, deren Wert mit 184,07 € für den Haushaltsvorstand, 112,48 € für Haushaltsmitglieder bis zu einem Alter von 6 Jahren und 158,50 € ab dem 7. Lebensjahr bemessen wird.

§ 4 AsylbLG regelt Leistungen bei Krankheit, Schwangerschaft oder Geburt. Erbracht werden hiernach nur Leistungen zur Behandlung akuter Erkrankungen und Schmerzzustände. Eine Versorgung mit Zahnersatz ist nach § 4 Abs. 1 Satz 2 AsylbLG nur bei Unaufschiebbarkeit möglich. Eine in der Leistungserbringungspraxis besondere Problematik, deren Lösung häufig auf Schwierigkeiten stößt, bildet dabei die Behandlung von psychischen Traumata infolge von Folter, Fluchterfahrung oder sozialer Isolation in der Gemeinschaftsunterbringung. **medizinische Leistungen**

Sonstige Leistungen können nach § 6 AsylbLG gewährt werden, wenn sie im Einzelfall zur Sicherung des Lebensunterhalts oder der Gesundheit unerlässlich, zur Deckung besonderer Bedürfnisse von Kindern geboten oder zur Erfüllung einer verwaltungsrechtlichen Mitwirkungspflicht erforderlich sind. Dies können etwa ergänzende Leistungen für kranke oder schwangere Personen sein (z.B. Krankenkost, Sonderbedarf für Kleidung), eine Säuglingserstausstattung, Ausstattung für den Schulbesuch, Beerdigungskosten, aber auch Passbeschaffungskosten oder notwendige Reisekosten. **sonstige Leistungen**

Nach § 5 AsylbLG sollen insb. zur Aufrechterhaltung und Betreibung von Gemeinschaftsunterkünften, wenn möglich aber auch bei staatlichen, kommunalen oder gemeinnützigen Trägern, Arbeitsgelegenheiten für Leistungsberechtigte nach dem AsylbLG geschaffen werden. Für die geleistete Arbeit ist eine Aufwandsentschädigung von 1,05 € pro Stunde zu zahlen, die nach § 7 Abs. 2 AsylbLG nicht als Einkommen angerechnet wird. Gemäß § 5 Abs. 4 AsylbLG sind arbeitsfähige nicht erwerbstätige Leistungsberechtigte, die nicht mehr im schulpflichtigen Alter sind, zur Wahrnehmung einer zur Verfügung gestellten Arbeitsgelegenheit verpflichtet. Bei unbegründeter Ablehnung einer solchen Tätigkeit besteht kein Anspruch auf Leistungen nach diesem Gesetz. **Arbeitsgelegenheiten**

Verfügbares Einkommen und etwaiges Vermögen sind nach § 7 AsylbLG aufzubrauchen, bevor Leistungen nach dem Gesetz erbracht werden. Auch Kosten, die im Rahmen einer Unterbringung in einer Gemeinschaftsunterkunft entstehen, wären in diesem Fall von den Betroffenen zu erstatten. Einkommen aus Erwerbstätigkeit bleibt jedoch nach § 7 Abs. 2 AsylbLG in Höhe von 25 % anrechnungsfrei (zur Ausübung einer Beschäftigung bei Aufenthaltsgestattung vgl. III-7.3.2, bei Duldung vgl. III-7.2.2.2 und III-7.3.6).

Nach § 2 Abs. 1 AsylbLG erhalten Leistungsberechtigte, die über einen Zeitraum von insgesamt 48 Monaten Leistungen nach § 3 AsylbLG erhalten haben und die Dauer des Aufenthalts nicht rechtsmissbräuchlich selbst beeinflusst haben, Leistungen in entsprechender – also nicht unmittelbarer – Anwendung des SGB XII. Eine der Folgen einer derartigen Festlegung von sogenannten Vorbezugszeiten ist u. a., dass Kinder, die allein schon wegen ihres Lebensalters diese Vorbezugszeit noch nicht erfüllt haben können, Leistungen nach §§ 3 ff. AsylbLG erhalten, während ihre Eltern bereits zum Bezug nach § 2 Abs. 1 AsylbLG, also analog zu SGB XII, berechtigt sein können.

7.5   Erwerb der deutschen Staatsangehörigkeit

7.5.1   Überblick

Auf eine Reihe von Grundrechten des GG können sich nur deutsche Staatsangehörige berufen (Art. 8, 9, 11, 12 GG, vgl. I-2.2.2). Gleiches gilt für einige grundrechtsgleiche Rechte, insb. das Recht auf Zugang zu öffentlichen Ämtern nach Art. 33 Abs. 2 GG sowie (mit Ausnahmen für Bürger anderer EU-Staaten bei Europa- und Kommunalwahlen) das Wahlrecht nach Art. 38 Abs. 2 und 3 GG. Wird von Zuwanderern eine aktive Integration in das politische Gemeinwesen des Aufnahmelandes erwartet, kommt demzufolge der Staatsangehörigkeit und mithin den Zugangsmöglichkeiten zu ihr eine Schlüsselstellung zu (vgl. auch BVerfG, 31.10.1990, 2 BvF 2/89 und 2 BvF 6/89). Diesen integrationspolitischen Erwartungen konnte das deutsche Staatsangehörigkeitsrecht vor seiner ab dem 01.01.2000 geltende Neuregelung aufgrund seiner vielfältigen Restriktionen kaum im Ansatz gerecht werden. Dies vor allem deshalb nicht, weil es zwei „eherne" **Prinzipien** bis dahin unangetastet ließ: das Abstammungsprinzip (das sog. *ius sanguinis*, § 4 Abs. 1 StAG) sowie das der Vermeidung von Mehrstaatigkeit (§§ 9 Abs. 1 Nr. 1, 10 Abs. 1 S. 1 Nr. 4, 29 Abs. 1 StAG). Zumindest das erstere ist in der Neuregelung wenigstens teilweise aufgegeben worden, wodurch es nunmehr unter bestimmten Voraussetzungen möglich ist, dass Kinder nichtdeutscher Eltern mit ihrer Geburt im Bundesgebiet die deutsche Staatsangehörigkeit erlangen (Territorialprinzip / *ius soli*, § 4 Abs. 3 StAG). An der Vermeidung von Mehrstaatigkeit *als Prinzip* wird seitens des Gesetzgebers allerdings weiterhin strikt festgehalten, obgleich es durch die gesellschaftliche Wirklichkeit inzwischen weitgehend konterkariert und auch im internationalen Trend zunehmend von ihm abgerückt wird (Hailbronner et al. 2010 § 8 Rz. 87). Gleichwohl folgte die Entwicklung des Staatsangehörigkeitsrechts im Kontext der Verabschiedung des Zuwanderungsgesetzes zunächst der dort erkennbaren Tendenz, ein rechtliches Verständnis von der Bundesrepublik Deutschland als Zuwanderungsland zu entwickeln. Allerdings wurde das bereits unter III-7.1 erwähnte (erste) Richtlinienumsetzungsgesetz im Staatsangehörigkeitsrecht teilweise weniger dazu genutzt, weiterhin noch bestehende Einbürgerungshürden abzutragen, als vielmehr dazu, zusätzlich neue zu errichten. Hierzu gehören **Sprach- und Einbürgerungstests**, strengere Bagatellstrafgrenzen (keine Einbürgerung bei Vorstrafen von mehr als 90 Tagessätzen bzw. drei Monaten Freiheitsstrafe), das Erfordernis der Unterhaltsbestreitung nunmehr auch bei unter 23-Jährigen, im Übrigen auch erhöhte Gebühren von derzeit 255 € (§ 38 Abs. 1 StAG), wobei zu berücksichtigen gilt, dass die Entlassung aus der bisherigen Staatsbürgerschaft noch deutlich teurer sein kann. Ohne ein allzu schlichtes Verständnis von Kausalität zwischen statistischer und Rechtsentwicklung bedienen zu wollen, sei doch darauf verwiesen, dass unmittelbar nach der Neugestaltung des Staatsangehörigkeitsgesetzes in den Jahren 2000 und 2001 mit jeweils um die 180.000 Einbürgerungen Höchstmarken gesetzt wurden, während es 2009 noch zu ca. 96.000 Einbürgerungen gekommen ist (Statistisches Bundesamt 2010). Die deutsche Staatsangehörigkeit kann im Wesentlichen erlangt werden

Erwerb der Staatsangehörigkeit

1. durch **Geburt** (§ 3 Abs. 1 Nr. 1 i. V. m. § 4 StAG):
   a.) Nach Abs. 1 ist deutscher Staatsangehöriger, wer **mindestens einen deutschen Elternteil** besitzt (*ius sanguinis*). Die erfolgreiche Anfechtung der Vaterschaft (II-2.4.1) führt zum rückwirkenden Wegfall des deutschen Staatsangehörigkeitserwerbs, wenn der bisher als Vater Zugeordnete der alleinige deutsche Elternteil war (OVG NRW 31.01.2007 – 18A 2065/06).
   b.) Im Inland aufgefundene **Findelkinder** erwerben die deutsche Staatsangehörigkeit nach **Abs. 2** aufgrund einer sogenannten „fingierten Abstammung".
   c.) Sind die Eltern nicht deutsche Staatsangehörige, verfügen aber über ein unbefristetes Aufenthaltsrecht und haben ihren gewöhnlichen Aufenthalt seit 8 Jahren rechtmäßig in der Bundesrepublik Deutschland, so erlangt ihr Kind zusätzlich zu der durch seine Abstammung begründeten Staatsangehörigkeit mit seiner Geburt im Inland nach **Abs. 3** ebenfalls die deutsche Staatsangehörigkeit (ius soli). Er muss aber nach Vollendung seines 18. und vor Vollendung seines 23. Lebensjahres eine Erklärung abgeben, dass er die deutsche Staatsangehörigkeit beibehalten will und den Verlust der anderen Staatsangehörigkeit nachweisen. Anderenfalls geht ihm die deutsche Staatsangehörigkeit verloren (sog. **Optionsmodell**, § 29 StAG). Damit verschafft der Gesetzgeber dem von ihm präferierten **Prinzip der Vermeidung von Mehrstaatlichkeit** nachdrücklich Geltung. Er nimmt dabei freilich angesichts der Tatsache, dass mittlerweile (2009) 53,7 % aller Einbürgerungen unter Hinnahme von Doppelstaatlichkeit (hierzu s. u.) erfolgen (Statistisches Bundesamt 2010), eine faktische Ungleichbehandlung der „Optionskinder", die überwiegend aus türkischen und serbischen Familien stammen, hin, weshalb die Forderungen von Menschenrechtsorganisationen, aber auch z. B. seitens des Deutschen Anwaltsvereins oder des Interkulturellen Rates, nach Abschaffung des Optionszwanges vernehmbarer werden (http://www.aufenthaltstitel.de/zuwg/1739.html, Stand 25.08.2010).
2. durch **Adoption** als Minderjähriger (§ 3 Abs. 1 Nr. 3 i. V. m. § 6 StAG).
3. durch Erteilung einer Bescheinigung nach § 15 BFVG für **Spätaussiedler** (§ 3 Abs. 1 Nr. 4 i. V. m. § 7 StAG). Spätaussiedler sind zwar Deutsche im Sinne des Grundgesetzes (Art. 116 Abs. 1, 2 und 3 Alt. GG), gelten aber zunächst nicht als Staatsangehörige, sondern als sogenannte Statusdeutsche, die aber über einen Einbürgerungsanspruch verfügen.
4. durch sog. **Ermessenseinbürgerung** (§ 3 Abs. 1 Nr. 5 i. V. m. § 8 StAG).

5. durch **Einbürgerung von Ehegatten** oder Lebenspartnern Deutscher (§ 3 Abs. 1 Nr. 5 i. V. m. § 9 StAG).

6. durch **Einbürgerung** aufgrund eines Einbürgerungsanspruchs (§ 3 Abs. 1 Nr. 5 i. V. m. § 10 StAG).

7. aufgrund **Vertrauensschutzes** nach 12-jähriger Behandlung als deutscher Staatsangehöriger, ohne dass dies der Betroffene zu vertreten hätte (§ 3 Abs. 2 StAG). Die Regelung erfolgte mit der Novellierung des StAG im Rahmen des (ersten) Richtlinienumsetzungsgesetzes im Interesse der Rechtssicherheit.

7.5.2   Einbürgerung

Die Einbürgerung nach §§ 8 bis 10 StAG erfolgt auf Antrag durch **Erlass eines Verwaltungsaktes**. Hinsichtlich ihrer essentiellen Voraussetzungen unterscheiden sich die drei Formen trotz unterschiedlicher textlicher Gestaltung nur wenig voneinander. Dies ergibt sich vor allem aus der durch die Behörden bei der Einbürgerung anzuwendenden Allgemeinen Verwaltungsvorschrift des Bundesministeriums des Innern zum Staatsangehörigkeitsrecht (StAR-VwV). Obgleich Verwaltungsvorschriften nur verwaltungsintern verbindlich sind und formal keine rechtsverbindliche Wirkung zu entfalten vermögen (vgl. I-1.1.3.6), wird die gesetzesähnliche Geltung der StAR-VwV in der Rechtspraxis kaum in Zweifel gezogen. Unter rechtsstaatlichem Aspekt ist dies sicherlich nicht unproblematisch. Die übergreifenden Voraussetzungen für die Einbürgerung sind:

allgemeine Voraussetzungen

- **Handlungsfähigkeit.** Ausländerrechtlich tritt die Handlungsfähigkeit mit Vollendung des 16. Lebensjahres (vgl. III-7.3.2) ein, sofern keine Geschäftsunfähigkeit besteht,
- die Einordnung in die deutschen Lebensverhältnisse, insb. ausgewiesen durch Integrationserfolge während bestimmter Voraufenthaltszeiten, die sich aus dem Gesetz (§ 9 Abs. 1 Nr. 2, § 10 Abs. 1 StAG) oder der StAR-VwV (Nr. 8.1.2.1) ergeben.
- **Sprachkenntnisse**, deren notwendiges Niveau sich aus dem Gesetz (§ 10 Abs. 4 StAG) oder den StAR-VwV (Nr. 8.1.2.1.1) ergibt, von dem aber bei Vorliegen besonderer Fallkonstellationen abgewichen werden kann (§ 10 Abs. 6 StAG).
- **Rechtstreue**, § 8 Abs. 1 Nr. 2; § 9 Abs. 1, 1. HS; § 10 Abs. 1 Nr. 5 StAG, wobei Bagatellverurteilungen außer Betracht bleiben sollen (§ 12a StAG).
- **Wohnung/Unterkommen**, § 8 Abs. 1 Nr. 3; § 9 Abs. 1, 1. HS; § 10 Abs. 1 Nr. 3 StAG i. V. m. § 9 Abs. 2 Nr. 9 AufenthG.
- **Unterhaltsfähigkeit** (§ 8 Abs. 1 Nr. 4; § 9 Abs. 1, 1. HS., § 10 Abs. 1 Nr. 3 StAG i. V. m. § 9 Abs. 2 Nr. 9 AufenthG), wobei auch hier wiederum der Bezug von Leistungen nach SGB II oder SGB XII sowie Wohngeld einer Einbürgerung entgegenstehen, andere Sozialleistungen hingegen unschädlich sind.
- **Verlust oder Aufgabe der bisherigen Staatsangehörigkeit.** Bei der Ermessenseinbürgerung wird dies im Rahmen der Ermessensausübung berücksichtigt (Hailbronner et al. 2010 § 8 Rz. 84 ff.; ansonsten vgl. § 9 Abs. 1 Nr. 1, § 10

Abs. 1 Nr. 4 StAG). Ausnahmetatbestände, die ein Abweichen von der Regel zulassen, sind in § 12 StAG abschließend aufgezählt. Es handelt sich hierbei, neben Härtefallregelungen, vor allem um Ausnahmen bei Staaten, in deren Rechtsordnung das Ausscheiden aus der Staatsbürgerschaft nicht vorgesehen ist oder regelmäßig verweigert wird. Eine besondere Ausnahmeregelung, die zu vergleichsweise vielen Fällen doppelter Staatsbürgerschaft führen dürfte, findet sich noch in § 12 Abs. 2 StAG. Hiernach wird bei der Einbürgerung von Bürgern anderer EU-Mitgliedstaaten oder der Schweiz regelmäßig die Mehrstaatigkeit hingenommen.

Hinzu tritt nach § 11 StAG zu diesen allgemeinen Voraussetzungen, dass ein Einbürgerungsbegehren regelmäßig scheitert, wenn die begründete Annahme des Vorliegens gegen die freiheitlich-demokratische Grundordnung gerichteter Bestrebungen besteht bzw. entsprechende Ausweisungsgründe (§ 54 Abs. 5 und 5a AufenthG) vorliegen.

Die Ermessenseinbürgerung ist gewiss die Form, auf die in der Einbürgerungspraxis eher selten zurückgegriffen wird. Ohne dass dies ihrem Wortlaut zu entnehmen ist, wird nämlich auch hier, ebenso wie bei der Anspruchseinbürgerung, eine 8-jährige Voraufenthaltszeit erwartet (Nr. 8.1.2.2 StAR-VwV). Es kann also zumindest aus diesem Blickwinkel nur dann sinnvoll sein, die Einbürgerung nach § 8 zu begehren, wenn etwa bestimmte Voraussetzungen für die Anspruchseinbürgerung, auf die im Wege der Ermessensausübung bei besonderer Fallgestaltung verzichtet werden soll, nicht vorliegen. Grundsätzlich aber werden die Prüfmaßstäbe im Rahmen der Ermessensausübung kaum von den gesetzlichen Voraussetzungen in § 10 StAG abweichen. Verkürzte Voraufenthaltszeiten werden allerdings in den folgenden Fällen im Rahmen von § 8 StAG wirksam: **Ermessenseinbürgerung**

- bei Personen, an deren Einbürgerung ein besonderes öffentliches Interesse besteht (praktisch vor allem bei Spitzensportlern), nach 3 Jahren (Nr. 8.1.3.5 StAR-VwV);
- bei Bewerbern aus Liechtenstein, Österreich oder deutschsprachigen Gebieten anderer Staaten nach 4 Jahren (Nr. 8.1.3.4 StAR-VwV) sowie
- bei Asylberechtigten nach 6 Jahren (Nr. 3.1.3.1 StAR-VwV).

Die **Einbürgerung von Ehegatten oder Lebenspartnern** Deutscher nach § 9 StAG ist als Sollvorschrift ausgestaltet. Für diesen Personenkreis gelten zunächst die gleichen Voraussetzungen wie nach § 8. Der Unterhalt gilt dabei aber bereits schon dann als gesichert, wenn er von den Ehe-/Lebenspartnern gemeinsam ohne Inanspruchnahme von einschlägigen öffentlich-rechtlichen Transferleistungen aufgebracht wird. Die vom Gesetz hier noch einmal gesondert verlangte Einordnung in die deutschen Lebensverhältnisse gilt als gewährleistet bei 3-jährigem Inlandsaufenthalt und 2-jährigem Bestand der Ehe bzw. Lebenspartnerschaft (Nr. 9.1.2.1 StAR-VwV). Innerhalb von einem Jahr nach dem Tod des deutschen Ehepartners oder nach einer Scheidung kommt eine Einbürgerung dann noch in Betracht, wenn dem Einbürgerungsbewerber die elterliche Sorge für ein gemeinsames Kind, das bereits deutscher Staatsbürger ist, zusteht (Abs. 2). **Soll-Einbürgerung**

Rechtsanspruch auf Einbürgerung

Ein **Rechtsanspruch auf Einbürgerung** besteht nach § 10 StAG für **Ausländer mit 8-jährigem rechtmäßigem Aufenthalt**. Dieser Zeitrahmen verkürzt sich bei Nachweis der erfolgreichen Teilnahme an einem Integrationskurs (s. o. III-7.2) auf 7 Jahre (§ 10 Abs. 3 S. 1 StAG). Bei Nachweis von Sprachkenntnissen, die über die von Gesetzes wegen geforderte Sprachprüfung zum Zertifikat B 1 des Gemeinsamen Europäischen Referenzrahmens für Sprachen hinausgehen, kann eine weitere Verkürzung auf 6 Jahre erfolgen (§ 10 Abs. 3 S. 2 i. V. m. Abs. 4 StAG). Ehegatte und minderjährige Kinder des Einbürgerungsbewerbers können auch ohne Erfüllung der Mindestaufenthaltsdauer mit eingebürgert werden. Die Regelung ist rechtspolitisch vor allem als Abschied von der Vorstellung zu bewerten, eine Einbürgerung käme nur ausnahmsweise und bei hinreichendem öffentlichen Interesse in Betracht (Hailbronner et al. 2010 § 10 Rz. 6). Gleichwohl müssen für die Begründung eines in § 10 Abs. 1 StAG festgeschriebenen Rechtsanspruchs eine Reihe weiterer gesetzlicher **Voraussetzungen** vorliegen. Zu ihnen gehören insb.:

- **nach Nr. 1** ein Bekenntnis zur freiheitlich-demokratischen Grundordnung. Die Behörde kann es bei einer schriftlichen Erklärung hierzu bewenden lassen, im Zweifel aber auch das persönliche Erscheinen des Bewerbers zu einer mündlichen Befragung verlangen (Heilbronner et al. 2010, § 10 Rz. 16), insb. wenn Ausschlussgründe für die Einbürgerung nach § 11 StAG zu besorgen sind.
- **nach Nr. 2** ein unbefristetes Aufenthaltsrecht. Diese allgemeine Voraussetzung wird jedoch durch eine Reihe von Ausnahmetatbeständen relativiert, was im Ergebnis zu einer unübersichtlichen und schwer zu handhabenden Regelung führt. Als Faustregel kann gelten, dass eine Aufenthaltserlaubnis, die schon ihrem Charakter nach auf einen vorübergehenden Aufenthalt eingestellt ist (der praktisch nicht sehr bedeutsame Fall der Erwerbsarbeit nach § 18 AufenthG, die Aufenthaltserlaubnis für qualifizierte Geduldete nach § 18a AufenthG, der vorübergehende Aufenthalt für Opfer von Menschenhandel nach § 25 Abs. 4a AufenthG sowie die Aufenthaltserlaubnis aus humanitären Gründen für vollziehbar Ausreisepflichtige, § 25 Abs. 5 AufenthG), die genannte Voraussetzung jedenfalls nicht erfüllen kann.
- **nach Nr. 3** keine Inanspruchnahme von Leistungen nach SGB II oder SGB XII. Das Erfordernis der eigenständigen Sicherung des Lebensunterhalts bezieht sich auch auf künftige, prognostisch zu beurteilende Situationen (VGH Mannheim 12.03.2008 – 13 S 1487/06; vgl. auch Hailbronner et al. 2010 § 10 Rz. 36). Dies betrifft also auch die zu erwartende Inanspruchnahme von Grundsicherung im Alter und bei Erwerbsminderung, jedoch nur, soweit der Einbürgerungsbewerber dies zu vertreten hat.
- **nach Nr. 4** die Aufgabe oder der Verlust der bisherigen Staatsbürgerschaft; zur Hinnahme von Mehrstaatigkeit nach § 12 StAG vgl. oben.
- **nach Nr. 5** Straffreiheit (zu den strafrechtlichen Sanktionen vgl. III-8.4 und III-8.5.3). Außer Betracht bleiben hierbei Erziehungsmaßregeln und Zuchtmittel nach JGG, Geldstrafen bis zu 90 Tagessätzen und Freiheitsstrafen bis 3 Monate zur Bewährung, die nach Ablauf der Bewährung bereits erlassen wurden. Berücksichtigung finden hingegen Maßregeln der Sicherung und Besserung gegen Schuldunfähige und auch ausländische Verurteilungen, wenn die Tat auch im In-

land strafbar gewesen wäre und das Strafmaß verhältnismäßig war. Bedingung für ihre Heranziehung ist jedoch, dass die Verurteilung in einem rechtsstaatlichen Verfahren ausgesprochen wurde (Hailbronner et al. 2010 § 10 Rz. 57).

- **nach Nr. 6** ausreichende Kenntnisse der deutschen Sprache (s. o.), wobei Ausnahmen wegen Krankheit, Behinderung oder Alters zu machen sind, sowie
- **nach Nr. 7** Kenntnisse der Rechts- und Gesellschaftsordnung und der Lebensverhältnisse in Deutschland. Sie werden i. d. R. durch Bestehen des bei seiner Einführung politisch heftig umstrittenen bundeseinheitlichen Einbürgerungstests nachgewiesen.

Nach Art. 16 Abs. 1 S. 1 GG darf die Staatsangehörigkeit nicht entzogen werden. Jedoch kann ihr Verlust aufgrund einer gesetzlichen Regelung eintreten (Gesetzesvorbehalt, vgl. I-2.2.3), die mit § 17 StAG vorliegt. Innerhalb der Reihe der Verlustgründe (v. a.: Entlassung aus der Staatsangehörigkeit auf eigenen Antrag, § 17 Abs. 1 Nr. 1 i. V. m. § 18 StAG) haben zwei Verlusttatbestände eine besondere Bedeutung im Zusammenhang mit der Einbürgerung. Zum einen verliert nach § 17 Abs. 1 Nr. 2 die deutsche Staatsangehörigkeit, wer Bürger eines anderen Staates wird (Ausnahmen regelt § 25 Abs. 1 S. 2 und Abs. 2 StAG). Hiermit soll der Schlussstein in die Mauer zur Vermeidung von Mehrstaatigkeit gesetzt werden, indem für den Fall vorgesorgt wird, dass nach erfolgter Einbürgerung die aufgegebene vorherige Staatsangehörigkeit zurückerlangt wird. Darüber hinaus geht gem. § 17 Abs. 1 Nr. 7 StAG die Staatsangehörigkeit durch die Rücknahme eines rechtswidrigen Verwaltungsaktes (hierzu III-1.3.1.3) verloren. Die Voraussetzungen hierfür liegen nach § 35 Abs. 1 StAG vor allem dann vor, wenn der Verwaltungsakt der Einbürgerung durch arglistige Täuschung, Drohung oder Bestechung oder durch vorsätzlich unrichtige oder unvollständige Angaben zustandegekommen ist. Jedoch darf die Rücknahme nach § 35 Abs. 3 StAG nur bis zum Ablauf von 5 Jahren nach erfolgter Einbürgerung vorgenommen werden.

Verlust der Staatsangehörigkeit

Duchrow / Spieß 2005; Marx 2005; Frings 2008; Hailbronner et al. 2010

1. Zwischen welchen Gruppen von Migranten ist in tatsächlicher wie auch in rechtlicher Hinsicht zu unterscheiden? (7.1)
2. Wonach bestimmt sich der rechtliche Status von Spätaussiedlern? (7.1)
3. Welche Aufenthaltstitel kennt das AufenthG und wodurch sind sie jeweils charakterisiert? (7.2.1)
4. Herr M. aus dem Sudan ist anerkannter Asylbewerber und studiert Sozialwesen. Nebenbei möchte er gern an vier Abenden pro Woche in einem Café als Bedienung arbeiten. Ist ihm dies erlaubt? Benötigt er hierfür u. U. eine besondere Genehmigung? (7.2.2.1; 7.3.1)
5. Frau S. aus dem Iran stellt einen Antrag auf Asyl, weil sie unter dem Verdacht, die Grüne Bewegung der Opposition in ihrem Land unterstützt zu haben, verhaftet und in der Haft misshandelt wurde. Sie reiste, über den Balkan kommend, unter Umgehung von Grenzkontrollen auf dem Landweg in die Bundesrepublik ein. Wird ihr Antrag erfolgreich sein? Kann sie ggf. anderweitigen Schutz erlangen? (7.3)

8 Strafrecht (Trenczek)

8.1 Allgemeine Grundlagen

8.1.1 Strafrecht und Soziale Arbeit

Das Strafrecht kann jeden treffen, sei es als Opfer, Beschuldigte/r oder als Schöffe in einer Gerichtsverhandlung. Sozialarbeiter treffen häufig in einer professionellen Rolle auf das Strafrecht. Aufgrund der Normalität und Ubiquität deliktischen Verhaltens junger Menschen (zum Erkenntnisstand über Jugendkriminalität, vgl. Heinz 2007; Walter 2005) hat das (Jugend)Strafrecht zwangsläufig für **alle** Dienste und Einrichtungen der Jugendhilfe eine erhebliche Bedeutung. Eine Reihe von Aufgaben und Diensten der Sozialen Arbeit stehen unmittelbar im strafrechtlichen Kooperationsfeld zur Polizei und Justiz, welches man etwas veraltet als „Strafrechtspflege" bezeichnet. Hierzu zählen insb. (vgl. Cornel et al. 2009, 62 f.): die Jugendgerichtshilfe (s.u. III-8.6.2), die Gerichts-, Bewährungshilfe und Führungsaufsicht (s.u. III-8.6.1), die Soziale Arbeit im Jugendarrest, im Strafvollzug (III-8.6.1), in der Untersuchungshaft, die Sozialhilfe, insb. zur Überwindung besonderer sozialer Schwierigkeiten nach §§ 67–69 SGB X (z. B. Entlassenenhilfe), die Suchtberatung und sog. Drogenhilfe- bzw. Therapiehilfeeinrichtungen sowie die sonstige/freie Straffälligen- und Gefährdetenhilfe. Diese Tätigkeitsfelder knüpfen an ein abweichendes, strafrechtlich relevantes Verhalten von Menschen an.

Unabhängig von einem strafrechtlich relevanten Verhalten ihrer Klienten hat das Strafrecht für die Soziale Arbeit eine besondere Relevanz in der Schwangerschaftskonfliktberatung, im Hinblick auf die strafrechtliche Haftung für mangelhafte Leistungen und der damit zusammenhängenden **Garantenstellung von Sozialarbeitern** (hierzu III-8.2.2.2) sowie im Hinblick auf die professionelle **Schweigepflicht** und das Recht auf Zeugnisverweigerung (hierzu III-8.2.3.1).

Brühl et al. 2005; Cornel et al. 2009; Riekenbrauk 2004

8.1.2 Struktur und Bereiche des Strafrechts

Das Strafrecht ist ein Teilgebiet des Öffentlichen Rechts (vgl. I-1.1.4) des Bundes (Art. 74 Nr. 1 GG), denn es regelt die Rechtsbeziehungen zwischen den Bürgern und dem Staat als Hoheitsträger. Man unterscheidet im Strafrecht – wie auch in anderen Rechtsgebieten (vgl. I-1.1.3) – zwischen materiellem und formellem Recht. Das materielle Strafrecht im StGB enthält zwei Teile, den sog. Allgemeinen und den Besonderen Teil des StGB. Die im **Allgemeinen Teil** (AT) des StGB enthaltenen Regelungen betreffen Fragen, die unabhängig von den einzelnen Straftatbeständen zu lösen sind. Diese Aspekte wurden deshalb „vor die Klammer gezogen" und im AT zusammengefasst. Hier geht es einerseits (§§ 13–37 StGB) um die Voraussetzungen der Strafbarkeit (s.u. III-8.2.1) und die Begehungsformen der Delikte (z. B. Vorsatz/Fahrlässigkeit, Vollendung/Versuch, Tun/Unterlassen, Täter/Beteiligte; hierzu III-8.2.2) sowie andererseits um die strafrechtlichen Rechtsfolgen, insb. die Festlegung der Art und Höhe der Sanktionen (§§ 38–76a StGB; s.u. III-8.4). Im **Besonderen Teil** (BT) des StGB findet man die Normierung der wesentlichsten Verhaltensweisen, die als Straftat verboten sind. Weitere **strafrechtliche Nebengesetze** Straftatbestände sind in den sog. strafrechtlichen Nebengesetzen normiert, z. B. §§ 369 ff. Abgabenordnung, §§ 95 ff. Aufenthaltsgesetz, §§ 29 ff. BtMG, § 27 JuSchG, §§ 21 ff. StVG sowie in den Straf- und Schlussvorschriften der SGB-Bücher. Strafrechtsnormen finden sich also in einer nahezu unübersehbaren Vielzahl von privat- und öffentlich-rechtlichen Gesetzeswerken.

In den Verfahrensordnungen, vor allem der StPO und dem GVG, ist das **formelle Strafrecht**, die Gerichtsorganisation und der Ablauf des Strafverfahrens geregelt (s. u. III-8.3). Es beginnt mit der Aufnahme polizeilicher Ermittlungen und endet mit der – ggf. erst nach Berufung und Revision eintretenden – rechtskräftigen Verurteilung und Vollstreckung der Sanktion. Das Strafvollstreckungsrecht ist im Wesentlichen in der StPO geregelt und Teil des Strafverfahrens. Demgegenüber ist das **Strafvollzugsrecht** ein Teil des besonderen Verwaltungsrechts und regelt die Ausgestaltung und Durchführung des Strafvollzugs, für den seit der Föderalismusreform 2006 die Länder zuständig sind (hierzu Laubenthal 2011; zum Jugendstrafvollzug vgl. BVerfG v. 31.05.2006 – 2 BvR 1673/04 – ZJJ 2006, 193 ff.).

Das **Jugendstrafrecht** vereinigt Regelungen aus mehreren Bereichen (s. u. III-8.5). Es wird zwar als Sonderstrafrecht für junge Menschen bezeichnet, knüpft aber an die Strafbarkeitsbestimmungen des StGB an und regelt materiell im Wesentlichen die strafrechtliche Verantwortlichkeit Jugendlicher sowie die spezifischen Rechtsfolgen. Im Übrigen enthält es Bestimmungen zur Justizorganisation und zum Verfahren sowie zur Vollstreckung und den Vollzug jugendstrafrechtlicher Maßnahmen.

Ordnungswidrigkeiten Das Ordnungswidrigkeitenrecht, insb. das OWiG, gehört nicht zum Strafrecht, da es lediglich Verstöße gegen Verwaltungsnormen als Übertretungen mit Geldbußen (nicht mit Kriminalstrafen) sanktioniert. Allerdings orientiert sich das OWiG am Strafrecht, z. B. im Hinblick auf die Voraussetzungen der Sanktionen und das Verfahren. So verweist § 46 OWiG generell auf die StPO, das GVG sowie das JGG.

Polizeirecht Nicht zum Strafrecht gehört das der **Gefahrenabwehr** dienende Polizeirecht (hierzu Götz 2008). Der alte Begriff „Policey" umfasst alle staatlichen Tätigkeiten zum Zweck der Abwehr von Gefahren für die öffentliche Sicherheit und Ordnung sowie der Beseitigung von Störungen (sog. materieller, **funktionaler Polizeibegriff**). Zur Polizei gehören deshalb nicht nur die nach außen in Erscheinung tretenden, uniformierten „Vollzugsbeamten", sondern alle mit Gefahrenabwehr beauftragten Verwaltungsbehörden.

Das Polizei- und Ordnungsrecht ist im Wesentlichen Landesrecht, Ausnahmen sind das Bundespolizeigesetz für die Bundespolizei (z. B. im Bereich von Flughäfen und der Bahn), das Gesetz über das Bundeskriminalamt sowie das Zollfahndungsdienstgesetz. Die landesrechtlichen Regelungen tragen unterschiedliche Bezeichnungen, sei es Polizei(aufgaben)gesetz oder Gesetz über die öffentliche Sicherheit und Ordnung o. Ä. Die Polizei ist zur Erfüllung ihrer Aufgaben mit höchst effektiven Mitteln ausgestattet. Die sog. **polizeilrechtlichen Generalklauseln** (z. B. Art. 11 BayPAG; § 8 PolG NRW, § 11 NdsSOG; § 12 ThürPAG) erlauben der Polizei alle notwendigen Maßnahmen zur Abwehr von konkreten Gefahren für die öffentliche Sicherheit soweit das Verhältnismäßigkeitsgebot (I-2.1.2.2) beachtet wird (Art. 4 BayPAG; § 2 PolG NRW; § 4 NdsSOG; § 4 ThürPAG). Besonders gesetzlich geregelt sind insb. die Erlaubnis, Störer vorübergehend in **Gewahrsam** zu nehmen (Art. 17 BayPAG; §§ 35 ff. PolG NRW; § 18 NdsSOG; § 19 ThürPAG; § 39 BPolG; vgl. auch IV-4.3.1) und in andere grundrechtlich geschützte Bereiche der Bürger einzugreifen (zur sog. **Ortsverweisung** vgl. z. B. Platz- und Wohnungsverweisung zum Schutz vor häuslicher Gewalt Art. 16 BayPAG; §§ 34 f. PolG NRW; § 17 NdsSOG; § 18 ThürPAG; zur Kooperation der Sozialarbeit mit der Polizei insb. in der Jugendhilfe vgl. III-3.5.2).

Die Polizei ist nicht nur im Rahmen der Gefahrenabwehr, sondern auch reaktiv im Rahmen der **Strafverfolgung** tätig und ist insoweit an die strafrechtlichen Regelungen gebunden (s. u. III-8.3.2). Präventive und reaktive Tätigkeit der Polizei überschneiden sich und sind oft untrennbar miteinander verbunden, z. B. Verhinderung von Gewalttätigkeiten, Festnahme gewalttätiger Personen und Einleitung des strafrechtlichen Ermittlungsverfahrens.

8.1.3   Funktion und Grundsätze des Strafrechts

Strafrecht ist ein Teil des **Systems der sozialen Kontrolle** (zur Funktion des Rechts allgemein, vgl. I-1.1.1; instruktiv zum „Selbstverständnis" des Strafrechts Hassemer 2008). Hierunter ist die soziale Reaktion auf abweichendes Verhalten zu verstehen, die soziale Kontrolle knüpft also an die Verletzung sozialer Normen an. Das Strafrecht bezweckt den **Rechtsgüterschutz** durch die Strafbarkeit des inkriminierten Verhaltens, d. h., bestimmte Verhaltensweisen werden dadurch verboten, dass der Staat Strafen für ihre Begehung androht. Hieraus wird traditionell der sog. „staatliche Strafanspruch" begründet. Anders als das der vorbeugenden (präventiven) Gefahrenabwehr dienende Polizeirecht ist die strafrechtliche Reaktion aber reaktiv, die Repression steht im Vordergrund. Deshalb ist der „Strafanspruch" ungeachtet des auch für das Strafrecht bemühten Präventionsgedankens brüchig und es stellt sich die Frage der Legitimation von staatlichen Sanktionen in besonderer Weise (s. u. III-8.4.1). Die Aktivierung des Strafrechts ist rechtstheoretisch davon abhängig, dass es kein anderes milderes Mittel als das Strafrecht gibt, um das Rechtsgut zu schützen. Man spricht von der sog. *Ultima-Ratio*-Funktion des Strafrechts, welche allerdings nicht ernst genommen zu werden scheint, wenn die zu einem großen Teil medial erzeugten gesellschaftlichen Unsicherheitsgefühle vorschnell Forderungen nach immer neuen Straftatbeständen und vor allem immer neuen Ermittlungsmaßnahmen nach sich ziehen. Schlimmer noch, wenn die Strafjustiz die mangelnde Bereitstellung und den Abbau integrativer Sozialleistungen durch eine verstärkt ordnungsrechtliche Sozialkontrolle und Exklusion kompensieren würde, dann wären dies die düsteren Zeichen des Wandels vom leistenden Sozialstaat zum strafenden Staat (Bettinger/Stehr 2009, 252 ff.; Fischer 2005, 292 ff.; Wacquant 2009).

Im Hinblick auf den Rechtsgüterschutz kommt das Strafrecht im konkreten Fall zu spät (zu den Strafzwecken s. III-8.4.1). Zu beachten ist auch, dass das Strafrecht dem **Opfer** in der Regel nichts gibt (s. u. III-8.3 a. E.; zum sog. TOA, s. u. III-8.3.2),

Zweck des Strafrechts

Ultima Ratio

die durch ein strafrechtlich relevantes Verhalten (die Straftat) verletzte Person ist im Strafverfahren kein Akteur, sondern als Zeuge nur Beweismittel (zu deren Rolle vgl. auch Hassemer 2009, 235 ff.). Die Kritikpunkte am Strafrecht bzw. seiner Pra-**Symbolisches** xis sind vielfältig und richten sich in einer Kurzformel gegen eine politisch instru-**Strafrecht** mentalisierte, Problemabhilfe und Handlungsfähigkeit suggerierende Symbolik, welche das Strafrecht in seinen positiven Wirkungen überschätzt und seinen An-wendungsbreich unreflektiert ohne Rücksicht auf empirische Folgewirkungen bzw. -probleme erweitert (vgl. Hassemer 2008, 96).

Bei aller berechtigten Kritik an den vorherrschenden Strafrechtsdogmen darf die **fair trial** vielleicht **wichtigste Aufgabe des Strafrechts** nicht übersehen werden, die im We-sentlichen an das Strafverfahren anknüpft. Das materielle Strafrecht, das festlegt, welches Verhalten als strafbar zu qualifizieren ist und welche Strafe dann verhängt werden kann, bedarf für seine Aktualisierung und konkrete Durchsetzung eines fairen, rechtlich geordneten Verfahrens, mit dessen Hilfe das Vorliegen einer Straf-tat ermittelt und die im Gesetz vorgesehene Reaktion festgesetzt und vollstreckt werden kann (vgl. **Art. 6 EMRK**). Strafrecht dient im modernen Rechtsstaat dem Schutz des Individuums vor willkürlichen staatlichen Eingriffen und – untersetzt durch das Gewaltmonopol des Staates – vor privaten Rache- und Vergeltungsmaß-nahmen. Es geht insoweit in erster Linie um die **Rechtsstaatlichkeit** und **Justizför-migkeit des Entscheidungsverlaufes**, die dem Schutz der Menschenwürde dient. **Rechtsstaat** Das Strafrecht ist ein guter **Indikator für Rechtsstaatlichkeit** und das Entwick-lungsstadium, in dem sich eine Gesellschaft befindet. Gerade deshalb spielen im Straf-, vor allem im Strafverfahrensrecht, aber auch im Hinblick auf das Strafvoll-zugsrecht (vgl. BVerfG 1 BvR 409/09 – 22.02.2011 zur menschenunwürdigen Unterbringung von Strafgefangenen), verfassungsrechtliche Aspekte eine große Rolle (vgl. insb. die sog. Justizgrundrechte Art. 101 ff. GG). Strafrecht ist „ange-wandtes Verfassungsrecht" (vgl. BVerfGE 32, 373 [383]; BGHSt 19, 325 [330]; vgl. auch Hassemer 2008, 81 ff. u. 219 ff.; s. u. a. I-1.2.4). Darüber hinaus spielen im Strafrecht das Völkerrecht und internationale Standards eine große Rolle (vgl. Feest 2004, 69 ff.; Höynck et al. 2001; vgl. I-1.1.5). Zur Anwendbarkeit des deut-schen Strafrechts bei **Auslandstaten** vgl. Art. 1b EGStGB; §§ 3 ff. StGB.

8.2   Die Straftat

Kriminalität ist die Gesamtheit der Verstöße gegen die geltenden Strafgesetze **Kriminalität** (vgl. Art. 103 Abs. 2 GG; sog. formeller Kriminalitätsbegriff). Im Besonderen Teil des StGB sind die Verbotstatbestände nach Rechtsgütergruppen zusammenge-fasst. Man kann diese grob in Rechtsgüter der Allgemeinheit (Universalrechtsgü-ter) und die Individualrechtsgüter unterscheiden, letztere wiederum in Personen, Sach- und Vermögenswerte.

Die Aufteilung in Kern- (StGB) und Nebenstrafrecht lässt keine Rückschlüsse **Verbrechen** auf die Bedeutung der Rechtsgüter zu. Eine Differenzierung aufgrund einer wer-tenden Entscheidung erfahren die Rechtsgüter nach **§ 12 StGB**, wo zwischen sog. Verbrechen und Vergehen unterschieden wird. Verbrechen sind rechtswidrige Taten, die im Mindestmaß mit einer Freiheitsstrafe von einem Jahr bedroht sind. Bei Vergehen gibt es demgegenüber keine Mindeststrafe. Konsequenzen hat die Unterscheidung damit im Hinblick auf den Strafrahmen (s. u. III-8.4.3). Die Unterscheidung ist zudem relevant für die Strafbarkeit des Versuchs (§ 23 StGB), im allgemeinen Verfahrensrecht (§§ 153, 153a StPO: Einstellung des Strafverfahrens gegen Erwachsene nur bei Vergehen) und im Hinblick auf die Zuständigkeit der Gerichte (§§ 24 f., 74, 78 GVG).

Die meisten Delikte verfolgt die Staatsanwaltschaft von Amts wegen (§ 152 Abs. 2 StPO). Bei einigen Delikten tritt die Verfolgung nur auf Antrag des Verletzten ein (§§ 77 ff. StGB, z. B. § 123 Abs. 2, §§ 185, 194 Abs. 1, §§ 303–303c StGB). Ohne Antrag darf bei diesen Delikten die Staatsanwaltschaft nicht ermitteln, das Gericht nicht verurteilen (s. u. III-8.2.1.4). **Offizial- und Antragsdelikte**

Selbst wenn ein Strafantrag gestellt ist, verweist die Staatsanwaltschaft den Anzeigenden in Fällen des § 374 StPO auf den sog. Privatklageweg, wenn ein öffentliches Interesse an der Verfolgung von Amts wegen nicht besteht. Ob ein öffentliches Interesse besteht, entscheidet die Staatsanwaltschaft nach Ermessen. Sie nimmt es regelmäßig an, „wenn der Rechtsfrieden über den Lebenskreis des Verletzten hinaus gestört und die Strafverfolgung ein gegenwärtiges Anliegen der Allgemeinheit ist" (RiStBV Nr. 86). Bei bestimmten Delikten ist nach § 380 StPO die Erhebung der Klage erst zulässig, nachdem ein sog. Sühneverfahren erfolglos durchgeführt worden, d. h. eine einvernehmliche Konfliktregelung gescheitert ist (vgl. hierzu I-6.2.1). **Privatklage**

8.2.1   Die Grundvoraussetzungen der Strafbarkeit

Mit der gesetzlichen Umschreibung des verbotenen, mit Strafe bedrohten Verhaltens im Tatbestand will der Gesetzgeber zum Ausdruck bringen, welches Verhalten überhaupt strafrechtlich relevant ist. Das tatbestandsmäßige Verhalten kann aber nur strafbar sein, wenn es nicht ausnahmsweise erlaubt ist. Die **Rechtswidrigkeit** des Verhaltens ist deshalb die zweite Strafbarkeitsvoraussetzung. Tatbestands- und Rechtswidrigkeit beschreiben zusammen das verwirklichte Unrecht der Tat („Man darf *so etwas* nicht tun!"). Allerdings ist auch ein unrechtmäßiges, strafrechtlich verbotenes Verhalten noch nicht ohne weiteres strafbar. Das bisher festgestellte Unrechtsurteil missbilligt lediglich die Tat als solche, besagt aber noch nicht, dass der Einzelne für sein Verhalten strafrechtlich auch zur Verantwortung gezogen

Übersicht 48: Grundvoraussetzung der Strafbarkeit

1. **Tatbestandsmäßigkeit** (objektiv und subjektiv)	**Unrecht** = Blick auf die Tat („Man darf so etwas nicht tun!")
2. **Rechtswidrigkeit** (es liegt kein Rechtfertigungsgrund vor)	
3. **Schuld** (es liegt kein Schuldausschließungsgrund vor)	**Verantwortung** = der Blick auf den Handelnden („Du darfst so etwas nicht tun!")

wird. Als dritte Voraussetzung der Strafbarkeit muss festgestellt werden, dass der Täter persönlich vorwerfbar, d. h. **schuldhaft** gehandelt hat („*Du* darfst so etwas nicht tun!") (siehe Übersicht 48).

8.2.1.1 Tatbestand

Im Hinblick auf den Tatbestand unterscheidet man zwischen sog. objektiven und subjektiven Tatbestandselementen. Der objektive Tatbestand beschreibt zunächst den äußerlichen Vorgang (die Handlung) und die dadurch eingetretene Rechtsgutverletzung (sog. „Handlungserfolg"). Anders als im Ordnungswidrigkeitenrecht können nach dem deutschen Strafrecht nur natürliche, nicht aber juristische Personen strafrechtlich verantwortlich sein. Anknüpfungspunkt für das Strafrecht ist das menschliche Verhalten. Täter („Wer…") kann damit nur ein Mensch sein. Hetzt ein Hundehalter seinen Hund auf einen anderen und wird jener dabei verletzt, so verhält sich nicht der Hund, sondern ggf. der Hundehalter strafbar. Zudem kann nur ein vom Willen getragenes menschliches Verhalten strafbar sein, nicht aber nicht steuerbare Reflexbewegungen, Krampfanfälle, Körperbewegungen im Schlaf oder bei Bewusstlosigkeit oder durch absolute Gewalt erzwungenes Verhalten (jemand stößt einen anderen um, der wiederum auf den Dritten fällt und diesen verletzt). Man spricht insoweit davon, dass eine menschliche Handlung – entweder durch aktives Tun oder Unterlassen (hierzu unten III-8.2.2.2) – vorliegen muss. Im Hinblick auf die Beteiligungsformen unterscheidet man strafrechtlich zwischen der sog. Täterschaft und der bloßen Teilnahme (s. u. III-8.2.2.3).

objektiver Tatbestand *(Marginalie)*

Sog. Erfolgsdelikte (z. B. §§ 123, 223, 212, 242, 303 StGB) setzen voraus, dass das Handeln oder Unterlassen einen „Erfolg" verursacht hat, also das Ereignis, dessen Eintritt das Strafrecht eigentlich verhindern sollte. Bei den sog. Tätigkeitsdelikten (z. B. §§ 153 f., § 316 StGB; § 21 StVG) wird die reine (abstrakt gefährliche) Tathandlung (z. B. falsche Aussage, Trunkenheit im Verkehr, Fahren ohne Fahrerlaubnis) bestraft, ohne dass ein Schaden eingetreten sein muss. Bei den sog. Gefährdungsdelikten reicht der Eintritt einer konkreten Gefahr (z. B. §§ 315b–315d StGB), eine Verletzung oder Schädigung muss nicht eingetreten sein.

Tätigkeits- und Erfolgsdelikte *(Marginalie)*

Bei einem Erfolgsdelikt müssen – ohne dass dies im Tatbestand ausdrücklich genannt ist – Handlung und Handlungserfolg in einem sog. objektiven Zurechnungszusammenhang stehen. Ausgangspunkt für die Zurechnung ist die sog. Kausalität. Wichtig ist dabei, immer auf den konkret eingetretenen Erfolg abzustellen, nicht auf hypothetische Verläufe. Das Verhalten muss eine nicht hinwegdenkbare Bedingung („*conditio sine qua non*") für den eingetretenen Schaden sein (sog. Äquivalenztheorie). Trotz vorliegender Kausalität sind Schadensfolgen objektiv nicht zurechenbar, wenn sie völlig atypisch sind und der Täter deshalb nicht mit ihnen zu rechnen hatte (z. B. A. erschreckt seinen völlig gesund erscheinenden Freund B. aus Spaß, der dadurch einen tödlichen Herzinfarkt erleidet), oder bei Fahrlässigkeitsdelikten, wenn der Schaden auch bei pflichtgemäßen Handeln eingetreten wäre (sog. Pflichtwidrigkeitszusammenhang). Strafrechtlich nicht erfasst werden Handlungen, die durchaus gefährlich sind und unbestreitbar eine Kausalitätskette in Gang setzen (z. B. Herstellung von Kfz oder Waffen für den Tod von Menschen), deren Risiko aber gesellschaftlich in Kauf genommen wird.

Kausalität und Zurechnungszusammenhang *(Marginalie)*

Im Rahmen des subjektiven Tatbestandes geht es um die innere Haltung und Steuerung des menschlichen Verhaltens. Man unterscheidet hier Vorsatz und Fahrlässigkeit. Grundsätzlich ist nur **vorsätzliches Handeln** strafbar, es sei denn, die Strafbarkeit wegen Fahrlässigkeit ist ausdrücklich normiert (§§ 15, 222, 229, 306d ff., 315c Abs. 5 StGB). Vorsatz ist das Wissen und Wollen in Bezug auf alle Merkmale des objektiven Tatbestandes. Bei der **Fahrlässigkeit** unterlässt der Täter die im Verkehr erforderliche (vgl. § 276 Abs. 2 BGB) und von ihm persönlich (ggf. über das Normalmaß hinaus) erwartbare Sorgfalt (z.B. weil er als gut ausgebildeter Spezialist mit Gefahrgut besonders sorgfältig umzugehen gelernt hat). Nicht fahrlässig, sondern vorsätzlich handelt derjenige, der den Taterfolg zwar nicht beabsichtigt, seinen Eintritt aber für möglich hält und billigend in Kauf nimmt (sog. bedingter oder Eventualvorsatz). **subjektiver Tatbestand**

Im Rahmen des subjektiven Tatbestandes wirken sich zum Teil die rechtsdogmatisch nicht einfachen Irrtumsregelungen des Strafrechts aus. So handelt nach § 16 Abs. 1 StGB jemand nicht vorsätzlich, wenn er bei Begehung der Tat einen Umstand nicht kennt, der zum objektiven Tatbestand des Delikts gehört (z.B. im Hinblick auf § 242 BGB die Fremdheit einer weggenommenen Sache). Allerdings ist nicht jeder Irrtum strafrechtlich relevant und entlastend, sondern nur wenn er sich auf ein Tatbestandsmerkmal bezieht. So ist es bei der Tötung eines Menschen völlig irrelevant, wenn der Täter irrtümlich angenommen hat, das Opfer sei ein von der Familie nicht akzeptierter Freund seiner Schwester (BGH NStZ 2002, 369; zu den fälschlich als „Ehrenmorde" bezeichnete Verbrechen vgl. z.B. BGH 5 StR 31/07 v. 28.08.2007). Der Schutz eines Menschen hängt nicht von bestimmten „Eigenschaften" ab. Wer aber versehentlich eine fremde Sache einsteckt (z.B. ein Buch seines Nachbarn nach der Vorlesung), hat zwar objektiv eine fremde Sache im Sinne des § 242 Abs. 1 StGB weggenommen, er hat dies aber nicht vorsätzlich gemacht (er wollte ja kein fremdes Buch wegnehmen, weil er ja davon ausging, dass es sein eigenes Buch ist). **Irrtum**

Darüber hinaus fehlt in diesem Fall auch die für die Strafbarkeit des Diebstahls nach § 242 StGB neben dem Vorsatz zum Zeitpunkt der Begehung der Tat zusätzlich erforderliche Zueignungsabsicht. Solche **Absichten** sind Willensrichtungen, die in einigen Straftatbeständen (§§ 239a, 242, 249 ff., 263, 267, 271 Abs. 3, 316a StGB; nach § 211 StGB sog. „niedrige Beweggründe") als besondere subjektive Merkmale neben dem Vorsatz (bzgl. der objektiven Tatbestandsverwirklichung) nachgewiesen werden müssen.

Im Hinblick auf die bei manchen Straftaten möglichen schweren Tatfolgen (z.B. Tod in §§ 227, 251 StGB) reicht es nach § 18 StGB in der Regel aus, dass dem Täter neben der vorsätzlichen Begehung der Straftat im Hinblick auf die Tatfolge zumindest Fahrlässigkeit vorgeworfen werden kann. In manchen Fällen muss eine Leichtfertigkeit, d.h. eine gesteigerte Form der Nachlässigkeit, vorliegen (z.B. § 178 StGB).

8.2.1.2 Rechtswidrigkeit

Die Tatbestände des StGB beschreiben vom Gesetzgeber als besonders sozialschädlich missbilligte und damit typischerweise unrechte Verhaltensweisen. Diese

Rechtfertigungs- sind deshalb grds. rechtswidrig (man spricht auch davon, dass die Rechtswidrig-
gründe keit „indiziert" sei), es sei denn, das Verhalten ist ausnahmsweise erlaubt. Solche
Erlaubnisse nennt man Rechtfertigungsgründe. Diese entstammen nicht nur dem
Strafrecht, sondern der gesamten Rechtsordnung, denn Rechtswidrigkeit ist Widerspruch gegen das Recht (zur Übersicht vgl. Dölling et al. 2011, Vor § 32 Rz.
8 ff.; Schönke / Schröder et al. 2010 Vor § 32). Das ist z. B. nicht der Fall, wenn der
Inhaber des Rechtsgutes in zulässiger Weise in deren Verletzung einwilligt (z. B.
im Hinblick auf normale Sportverletzungen, in die tatbestandsmäßige Körperverletzung bei einer medizinisch notwendigen Operation, hierzu IV-2). Die Zustimmung schließt mitunter als **Einverständnis** den Tatbestand schon begrifflich aus,
wo dieser ein Handeln gegen den Willen des Rechtsgutträgers voraussetzt (z. B.
§§ 123, 177, 239, 240, 248b, 253 StGB; vgl. Kindhäuser 2009 Vor § 13 Rz. 189 ff.).
Die **Einwilligung**, die sich auf die Verwirklichung des Tatbestandes bezieht, ist nur
wirksam, wenn der (z. B. minderjährige) Rechtsgutträger nach seiner geistigen
und sittlichen Reife in der Lage ist, die Bedeutung und Tragweite des Eingriffs und
seiner Gestattung zu verstehen und danach zu handeln (**Einwilligungsfähigkeit**;
vgl. BGHStE 23, 1 ff.; vgl. Kindhäuser 2009 Vor § 13 Rz. 169; Schönke / Schröder
et al. 2010 Vor § 32 Rz. 39; Tröndle / Fischer 2010 Vor § 32 Rz. 4). Da es sich hierbei nicht um ein Rechtsgeschäft, sondern um eine höchstpersönliche Willensentscheidung handelt, kommt es nicht auf eine Geschäftsfähigkeit (hierzu II-1.1.2)
an. Ist der Betroffene einwilligungsfähig, so ist seine Einwilligung entscheidend,
nicht die der gesetzlichen Vertreter (§ 1669 BGB) oder Betreuer (§ 1896 BGB).
Die Einwilligung darf nicht gegen die guten Sitten verstoßen (vgl. § 228 StGB,
darüber hinaus str.) und rechtfertigt auch nicht alles, z. B. nicht die eigene Tötung
(§ 216 StGB; vgl. z. B. BGH 11.12.2003 – 3 StR 120 / 03 – NStZ 2004, 204 Grenze
der Einwilligung bei Heroinfremdinjektion nach Aufforderung druch das Tatop-
fer). Kein Rechtfertigungsgrund ist das angebliche „Züchtigungsrecht", weder für
Lehrer noch für Eltern (vgl. § 1631 Abs. 2 BGB). Der wohl bekannteste Rechtfertigungsgrund ist die **Notwehr** (§ 32 StGB). Bei allen Rechtfertigungsgründen,
insb. bei den Notwehr- und Abwehrrechten, muss die Verteidigungshandlung erforderlich und angemessen sein. Dies erfordert stets eine **Güterabwägung**. Unzulässig ist die völlig überzogene Reaktion insb. bei einem krassen Missverhältnis
zwischen Angriff (insb. gegen Eigentum) und Verteidigung (durch Tötung), z. B.
der Schusswaffengebrauch gegen Kirschen klauende Kinder. Überschreitet jemand die Grenzen der Notwehr aus Verwirrung, Furcht oder Schrecken, so handelt
er zwar rechtswidrig, aber ohne Schuld und wird deshalb nach § 33 StGB nicht
bestraft (zu den Entschuldigungsgründen siehe III-8.2.1.3).

Im Rahmen des rechtfertigenden **Notstandes** nach § 34 StGB als Abwehr gegen
einen nicht rechtswidrigen Angriff ist ausdrücklich eine Güterabwägung vorzunehmen, wobei das geschützte Interesse das beeinträchtigte Rechtsgut wesentlich
überwiegen muss. Das kann z. B. bei einer Strafanzeige des Sozialarbeiters im
Hinblick auf einen ihm bekannt gewordenen sexuellen Missbrauch der Fall sein,
obwohl die Anzeige einen Verstoß gegen seine Verschwiegenheitspflicht nach
§ 203 Abs. 1 Nr. 5 StGB darstellt (Abwägung Vertrauensschutz vs. Kindeswohl).
Anders ist dies u. U., wenn das Kind selbst den Missbrauch ausdrücklich anvertraut hat (§ 65 SGB VIII; vgl. hierzu III-8.2.3.3).

Von der Regel, dass die Verwirklichung des Tatbestandes die Unrechtmäßigkeit des Handelns indiziert, gibt es zwei Ausnahmen, in denen die Rechtswidrigkeit besonders festgestellt werden muss (§ 240 Abs. 2, § 253 Abs. 2 StGB). Danach ist die Tathandlung nur rechtswidrig, wenn die Anwendung der Gewalt oder die Androhung des Übels zu dem angestrebten Zweck als verwerflich anzusehen ist, d. h. es liegt kein „vernünftiger" Grund vor, weshalb die Nötigungshandlung den „guten Sitten" widerspricht. Ob dies so gewertet werden kann bzw. muss, ist freilich im Einzelfall gerade bei politisch motivierten, z. T. als Widerstand bezeichneten Handlungen (z. B. Sitzblockaden, Haus- und Baumbesetzungen) umstritten.

Auch im Hinblick auf die Rechtfertigung an sich verbotener Handlungen können sich Irrtümer auswirken. So liegt ein sog. Erlaubnistatbestandsirrtum vor, wenn der Handelnde irrtümlich das Vorliegen eines Rechtfertigungsgrundes annimmt. Er handelt dann im Hinblick auf das verwirklichte Delikt ohne Vorsatz (analoge Anwendung von § 16 Abs. 1 StGB zugunsten des Beschuldigten); er kann aber ggf. wegen Fahrlässigkeit verurteilt werden.

Erlaubnistatbestandsirrtum

8.2.1.3 Schuld

Rechtswidriges Verhalten ist nur dann strafbar, wenn es dem Handelnden vorgeworfen werden kann, was man rechtsdogmatisch als „Schuld" bezeichnet. Diese ist zum einen materielle Voraussetzung der staatlichen Strafe, zum anderen ist die Schuld nach § 46 Abs. 1 S. 1 StGB Grundlage der Strafzumessung (hierzu III-8.4.3). Die Rechtsordnung basiert auf der Vorstellung der Autonomie und Willensfreiheit des Menschen (vgl. Schild 1986). Dem Beschuldigten wird mit dem Begriff „Schuld" vorgeworfen, sich bei mehreren Alternativen nicht für das nichtstrafbare, sondern für das kriminalisierte Verhalten entschieden zu haben. Kindern ist das noch nicht möglich. Sie sind deshalb stets schuldunfähig (§ 19 StGB), weshalb sie zwar abweichend (deviant), aber nicht strafrechtlich relevant handeln können.

Schuldprinzip

Anders als bei Jugendlichen (§ 3 JGG, s. u. III-8.5) darf bei erwachsenen und heranwachsenden (18 bis 20 Jahre alten) Menschen (§ 1 Abs. 2 JGG) von der strafrechtlichen Verantwortungsfähigkeit ausgegangen werden. Die Schuld kann aber ausnahmsweise ausgeschlossen sein, weil der Täter geisteskrank, nicht bei Sinnen oder aus anderen Schuldausschließungsgründen schuldunfähig (§ 20 StGB) war. Gerade in diesem Bereich handelt es sich nicht um rein normative, sondern vor allem um medizinische oder psychosoziale Fragestellungen mit einer besonderen Verantwortung der hierbei zurate gezogenen Fachkräfte (zur Schuldfähigkeit und ihrer Begutachtung ausführlich Förster/Dreßling 2008; Streng 2002, 347 ff.). Die Schuld kann auch im konkreten Fall ausnahmsweise ausgeschlossen sein, z. B. beim sog. Notwehrexzess aus Verwirrung, Furcht oder Schrecken (§ 33 StGB) oder anderen situationsbedingten Entschuldigungsgründen (§ 35 StGB).

Schuldausschlussbzw. Entschuldigungsgründe

Bei alkoholbedingtem Rausch hat die Rechtsprechung folgende Grenzwerte festgelegt (vgl. Schönke/Schröder – Perron 2010 § 20 Rz. 16b), entscheidend ist aber stets eine Gesamtabwägung aller wesentlichen objektiven und subjektiven Umstände:

Alkoholeinfluss

- ab einer Blutalkoholkonzentration von 3,0‰ (bei Jugendlichen und Heran-wachsenden auch unter 3,0‰) liegt die Schuldunfähigkeit nahe; im Einzelfall kann aufgrund starker Alkoholgewöhnung gleichwohl Schuldfähigkeit gege-ben sein;
- bei einem Blutalkoholwert von 2,0–3,0‰ kann verminderte Schuldfähigkeit (z. B. aufgrund einer Intoxikationspsychose) vorliegen, bei der die Strafe nach § 21 StGB gemindert werden kann.
- bei einem Blutalkoholwert von unter 2,0‰ wird bei gesunden Personen i. d. R. von ungeminderter Schuldfähigkeit ausgegangen, wenn nicht Ausfallerschei-nungen einen anderen Schluss nahelegen.

Beachtet werden muss, dass die Begehung einer Tat unter Alkoholeinfluss weder eine Strafmilderung ausschließt noch eine Strafschärfung per se begründet. Weiß aber ein Täter, dass er unter Alkoholeinfluss größere Risiken eingeht bzw. dazu neigt, Straftaten zu begehen, oder hätte ihm dies zumindest bewusst sein können, ist für eine Strafmilderung kein Raum und eher ist bei einem Mangel an Verantwortungs-bewusstsein das Gegenteil indiziert (vgl. BGH 15.12.2005 – 4 StR 314/05 – NStZ 2006, 184; Schönke/Schröder – Perron 2010 § 21 Rz. 20, § 46 Rz. 22).

Drogenkonsum Drogenabhängigkeit indiziert nicht automatisch einen Schuldausschluss, sondern kann im konkreten Einzelfall, z. B. bei schwersten Persönlichkeitsstörungen oder wenn die Tat bei starken Entzugserscheinungen oder im schweren Rausch began-gen wurde, zur Bejahung von § 20 StGB führen.

actio libera in causa Ist ein Täter bei der Begehung der Tat schuldunfähig, führt diese grds. zur Straf-losigkeit. Hat aber der Täter im schuldfähigen Zustand einen Geschehensablauf in Gang gesetzt, der zu einer rechtswidrigen Tat im schuldunfähigen Zustand geführt hat, so kann er gleichwohl aufgrund des verwirklichten Delikts bestraft werden. Diese rechtsdogmatisch anerkannte Vorverlagerung des strafrechtlichen Schuld-vorwurfs (sog. *actio libera in causa*) führt zur Bestrafung wegen der Vorsatztat, wenn der Täter den Defektzustand selbst vorsätzlich herbeigeführt (z. B. durch „Mut antrinken") und die Tat vorsätzlich begangen hat. Sofern die fahrlässige Be-gehung der Tat strafbar ist, wird der Täter hierfür bestraft, wenn er den Defektzu-stand vorsätzlich oder fahrlässig verursacht hat und das Delikt fahrlässig begeht. Ist keine Bestrafung aufgrund einer *actio libera in causa* möglich, so bleibt die Strafbarkeit wegen des spezifischen Vollrauschdelikts (§ 323a StGB) zu einer Freiheitsstrafe von bis zu fünf Jahren hiervon unbenommen.

Verbotsirrtum Fehlt jemand bei der Begehung der Tat das (allgemeine, nicht auf das Strafrecht begrenzte) Unrechtsbewusstsein, so handelt er nach § 17 Abs. 1 StGB ohne Schuld, wenn dieser sog. Verbotsirrtum unvermeidbar war. Nicht erforderlich ist, dass der Täter die betreffende Rechtsnorm kennt, insoweit schützt Unwissenheit nicht vor Strafe. So kann sich jemand nach § 170 StGB strafbar machen, selbst wenn er da-von ausgeht, dass die Verletzung der zivilrechtlichen Unterhaltspflicht strafrecht-lich nicht verfolgt wird.

Irrtümer im Hinblick auf das Vorliegen der Voraussetzungen eines Schuldaus-schluss- oder Entschuldigungsgrundes sind nur im Hinblick auf den entschuldi-genden Notstand nach § 35 StGB und nur dann beachtlich, wenn der Irrtum unvermeidlich war (§ 35 Abs. 2 StGB). Wer sein Verhalten irrig für verboten hält, begeht ein strafloses Wahndelikt (z. B. Verhexen).

8.2.1.4 Spezielle Strafbarkeitsvoraussetzungen und Strafbarkeitshindernisse

Neben den drei Grundvoraussetzungen der Strafbarkeit im engeren Sinn (Tatbestandsmäßigkeit, Rechtswidrigkeit und Schuld) müssen u. U. weitere besondere Strafbarkeitsbedingungen vorliegen bzw. besondere Strafbarkeitshindernisse fehlen. Zu den **Strafbarkeitsvoraussetzungen** zählen:

- bei manchen Straftaten sog. objektive Bedingungen der Strafbarkeit, z. B. bei § 330 StGB das Begehen der Tat im Vollrausch; bei § 186 StGB die Nichterweislichkeit einer ehrenrührigen Tatsache; bei § 231 StGB das Vorliegen einer schweren Körperverletzung oder der Tod eines Menschen im Rahmen einer Schlägerei. **objektive Bedingungen der Strafbarkeit**
- das Vorliegen eines Strafantrags (§§ 77 ff. StGB) bei einigen höchstpersönlichen und Bagatelldelikten (vgl. §§ 123 Abs. 2, 194, 230, 248a StGB). Der Strafantrag ist von der Strafanzeige zu unterscheiden. Letztere ist lediglich eine Information an die Ermittlungsbehörden. Mit seinem Strafantrag macht der Berechtigte dagegen ausdrücklich deutlich, dass er die Strafverfolgung will. Der Strafantrag muss i. d. R. schriftlich (§ 158 Abs. 2 StPO) und innerhalb einer Frist von drei Monaten ab Kenntnis von Tat und Täter erfolgen (§ 77b StGB). Zwar kann ein Strafantrag zurückgenommen werden (§ 77d StGB), dies führt aber zur Auferlegung der Verfahrenskosten nach § 470 StPO. **Strafantrag**

Zu den **Strafhindernissen** (eine an sich vorliegende Strafbarkeit wird beseitigt) zählen:

- persönliche Strafausschließungsgründe, z. B. Straffreiheit der Schwangeren bei einem versuchten Schwangerschaftsabbruch (§ 218 Abs. 4 S. 2 StGB), Kinder und Jugendliche im Hinblick auf den Beischlaf zwischen Verwandten (§ 173 Abs. 3 StGB); Strafvereitelung zugunsten von Angehörigen (§ 258 Abs. 6 StGB); **Strafausschließungsgründe**
- persönliche Strafaufhebungsgründe: Rücktritt vom Versuch (§ 24 StGB) und tätige Reue (§§ 83a, 98 Abs. 2; 306e Abs. 2, 314a Abs. 3, 320 Abs. 3, 330b Abs. 1 S. 2 StGB); s. u. III-8.2.2.1. **Strafaufhebungsgründe**
- Verfolgungsverjährung: Nach Ablauf bestimmter Fristen können die meisten Straftaten nicht mehr verfolgt und bestraft werden (§§ 78–78c StGB). Mord verjährt aber nie (§ 78 Abs. 2 StGB). Zu unterscheiden ist die Verfolgungsverjährung von der sog. Vollstreckungsverjährung (§§ 79–79b StGB), die die Vollstreckung einer rechtskräftigen Verurteilung hindert. **Verjährung**

8.2.2   Deliktsformen

Straftaten können in unterschiedlichen Formen und Stufen begangen werden. Hierbei sind vier Aspekte zu berücksichtigen, die miteinander auf unterschiedliche Weise kombiniert werden können:

- die unterschiedliche Haltung und Intention: Vorsatz oder Fahrlässigkeit (zum subjektiven Tatbestand, s. o. III-8.2.1.1),
- die unterschiedlichen Verwirklichungsstufen des Delikts, insb. Versuch und Vollendung (s. III-8.2.2.1),
- unterschiedliche Handlungsformen: aktives Tun oder Unterlassen (s. III-8.2.2.2),
- unterschiedliche Beteiligungsformen (s. III-8.2.2.3).

8.2.2.1 Versuch und Vollendung

Versuch Bleibt der Handlungserfolg aus, so ist die Tat nicht vollendet. Versuch ist die gewollte, aber unvollständig gebliebene Tat. Der Versuch ist bei Verbrechen (§ 12 Abs. 1 StGB) stets strafbar, bei Vergehen nur, wenn das Gesetz dies ausdrücklich bestimmt (§ 23 Abs. 1 StGB). Nach § 22 StGB ist eine Straftat versucht, wenn der Täter nach seiner Vorstellung unmittelbar zur Verwirklichung der Tat ansetzt. Der subjektive Gesamtplan des Täters bildet damit die Beurteilungsgrundlage, aufgrund derer das konkrete Geschehen überprüft wird. Deshalb kann auch der sog. untaugliche Versuch strafbar sein (z. B. Eigentümer hält die von ihm weggenommene Sache für fremd, weil sich diese in einem Lagerhaus befindet). Neben dem Entschluss (Vorsatz) zur Tat setzt der strafbare Versuch eine objektive Betätigung des Entschlusses durch Handlungen voraus, die unmittelbar zur Tatbestandsverwirklichung ansetzen (z. B. Eindringen in des Lagerhaus; Einstecken eines Buches in der Bibliothek). Damit wird der Versuch von der in der Regel straflosen Vorbereitungshandlung abgegrenzt (z. B. Verstellen des Buches in einem Regal, damit es am nächsten Tag auf jeden Fall nicht ausgeliehen ist). Im Einzelnen kann die Abgrenzung freilich sehr schwierig sein. Vorbereitungshandlungen sind nur in dem Fall der §§ 30, 149, 152, 234a, 275 StGB selbstständig strafbar.

Rücktritt und tätige Reue Der Täter kann vom Versuch zurücktreten, wenn er freiwillig die weitere Ausführung der Tat aufgibt oder deren Vollendung verhindert (§ 24 Abs. 1 StGB). Der **Rücktritt vom Versuch** wirkt strafbefreiend, dem Täter wird eine Brücke zurück in die Legalität gebaut. Eine ähnliche oder doch zumindest strafmildernde Wirkung hat die sog. **tätige Reue** (vgl. §§ 83a, 98 Abs. 2; 306e Abs. 2, 314a Abs. 3, 320 Abs. 3, 330b Abs. 1 S. 2 StGB), bei der ein Rücktritt aufgrund der Vollendung der Tat nicht mehr in Betracht kommt, der Täter aber alles tut, um die Gefahr und den Schaden abzuwenden (z. B. Löschen des selbst gelegten Brandes).

8.2.2.2 Aktives Tun und Unterlassen

Unterlassungsdelikt Die meisten Strafrechtstatbestände sind als aktives Handeln formuliert. Eine Straftat kann aber auch dann vorliegen, wenn ein Ereignis nur deshalb eintritt, weil eine gebotene Handlung unterlassen wurde. Wer es unterlässt, eine Rechtsgutverletzung abzuwenden, macht sich nach § 13 Abs. 1 StGB dann strafbar, wenn er rechtlich dafür einzustehen hat, dass der Erfolg nicht eintritt und das Unterlassen der Verwirklichung des gesetzlichen Tatbestands durch ein Tun entspricht, er also die gebotene Handlung nicht unterlassen durfte. In diesen Fällen spricht man von einem sog. **unechten Unterlassungsdelikt** (denn die Straftat kann durch aktives Tun oder Unterlassen verwirklicht werden), während die sog. **ech-**

ten Unterlassungsdelikte nur durch Unterlassen begangen werden können (z. B.
§§ 138, 323c StGB).

Voraussetzung für die Strafbarkeit bei einem unechten Unterlassungsdelikt ist, **Garantenstellung**
dass man rechtlich dafür einzustehen hat, den negativen Erfolg abzuwenden. Der
Person muss aufgrund ihrer besonderen Beziehung (Garantenstellung) zum geschützten Rechtsgut (z. B. Leben und Gesundheit des Kindes, Eigentum des Mitbe-
wohners oder Arbeitgebers) eine spezielle **Rechtspflicht** zum Tätigwerden (Erfolgs-
abwendungspflicht) obliegen und sie muss diese fahrlässig (also sorgfaltswidrig)
oder vorsätzlich nicht erfüllt haben, worauf der Schaden ursächlich (objektive Zurechnung) zurückzuführen ist. Die Garantenstellung betrifft also die tatsächlichen
Umstände, die Beziehung zwischen Garant und dem zu schützenden Rechtsgut, die **Garantenpflicht**
Garantenpflicht, umschreibt die daraus folgenden normativen Handlungsanforde-
rungen. Die entscheidende Frage ist damit, aus welchen Umständen sich die besondere Beziehung und Garantenstellung ergibt und welche daraus entstehenden Garantenpflichten erfüllt werden müssen. Heute werden die Garantenverhältnisse auch
nach funktional-materiellen Kriterien begründet, entweder aufgrund der besonderen
Verantwortlichkeit für besondere Gefahrenquellen (sog. Überwachungsgarant) oder
weil der sog. Beschützergarant eine Rechtspflicht zum Schutz eines bestimmten
Rechtsgutes vor unbestimmt vielen Gefahren hat (vgl. Schönke / Schröder et al. 2010
§ 13 Rz. 7 ff.). Ungeachtet der teilweise heftig geführten Diskussion in der strafrechtlichen Rechtsdogmatik werden die Garantenstellung und die hieraus fließenden Garantenpflichten im Wesentlichen übereinstimmend aus ausdrücklichen gesetzlichen
Pflichten (z. B. §§ 1353, 1626, 1631 BGB; § 2 LPartG; §§ 8a, 42 SGB VIII), vertraglichen Abmachungen (z. B. Arbeits- und Dienstvertrag, Betreuungsvereinbarung),
einem vorausgegangenen gefährdenden Tun (z. B. zu schnelle Fahrweise im Straßenverkehr) oder einer engen Lebensbeziehung (Lebenspartnerschaft oder nichteheliche Lebensgemeinschaft, Wohngemeinschaft, Gruppe bei gefährlichen, erlebnispädagogischen Aktionen, Klettern, Wildwasserfahren) hergeleitet.

Aus dem SGB VIII ergibt sich für **alle Mitarbeiter der Jugendämter** die Pflicht,
den gesellschaftlichen Handlungsauftrag aus Art. 6 Abs. 2 GG, § 1 Abs. 3, 8a
SGB VIII („Wächteramt" und Schutzauftrag) zum Schutz von Kindern umzuset- **Garantenstellung in**
zen (vgl. Trenczek 2002, 383 ff.). Normativ konkretisierte Pflichten ergeben sich **der Jugendhilfe**
aus den §§ 8a, 42, 43 ff. SGB VIII (hierzu Münder et al. 2009 § 1 Rz. 39 ff.). Diese
Pflichten treffen nicht nur den Letzten in der Kette, den einzelnen Mitarbeiter im
ASD, sondern ebenso die Abteilungsleiter und die Leitung des Jugendamts sowie
darüber hinaus die Verantwortlichen des kommunalen Trägers, Sozialdezernent
und Bürgermeister. Es ist vorrangig die Pflicht der politisch und administrativ Verantwortlichen, ein dem Bedarf angemessenes Hilfeangebot in einer Gemeinde
vorzuhalten und die Arbeit im Jugendamt sachgerecht zu organisieren (vgl. § 79
SGB VIII). Es liegt damit in ihrer (auch strafrechtlich relevanten) Verantwortung,
wenn sich die Jugendamtsmitarbeiter aufgrund überhöhter Fallzahlen, mangelhaf-
ter Krankheits- und Urlaubsvertretung, gekürzter Betreuungsbudget nicht im erforderlichen Maße um die Betreuung gefährdeter Kinder und ihrer Familien kümmern können.

Die Mitarbeiter der Jugendämter erfüllen ihre Pflichten durch fachgerechtes Arbeiten (vgl. Jordan 2001). Was *lege artis*, kunst- und fachgerecht ist, also

anerkannten **fachlichen Standards** entspricht, kann nicht strafbar sein! Das ist in der Sozialen Arbeit nicht anders als im Bereich der Medizin oder des Kfz-Wesens. Die entgegenstehende Position (z. B. Bringewat 1997, 63) widerspricht der notwendigen und traditionell gepflegten Zurückhaltung der Strafgerichte im Hinblick auf die Definition der erforderlichen Sorgfalt, die sich – wenn sie nicht ausdrücklich gesetzlich geregelt sind – nur aus den fachlich begründeten Verhaltensvorschriften und Qualitätsstandards (z. B. Unfallverhütungsbestimmungen, technische Normen, ärztliche Kunst- und sportliche Spielregeln) ergeben kann (vgl. BGHStE 4, 182; 12, 75; 37, 184) und damit die Grenzen des erlaubten und rechtlich missbilligten Risikos deutlich macht.

8.2.2.3 Täterschaft und Teilnahme

Wenn mehrere Personen gemeinsam eine Straftat begehen, kann die Tatbeteiligung unterschiedlich ausgestaltet sein. Man unterscheidet rechtsdogmatisch die Täterschaft (§ 25 StGB) von der Teilnahme, die jeweils in unterschiedlichen Formen und Konstellationen möglich sind. Bei der Täterschaft unterscheidet man im Wesentlichen Allein- und Mittäter sowie den mittelbaren Täter, der die Tat durch einen anderen begeht (§ 25 Abs. 1, 2. Alt. StGB). Bei der Teilnahme unterscheidet man Anstiftung (§ 26 StGB) und Beihilfe (§ 27 StGB). Eine Teilnahme ist immer nur möglich, wenn auch eine zumindest tatbestandsmäßige und rechtswidrige (nicht zwingend schuldhaft begangene) Täterschaft vorliegt (sog. Akzessorietät). Im Übrigen sind die Abgrenzungen und Voraussetzungen im Detail z. T. umstritten.

8.2.3   Deliktsbereiche

Empfohlen wird zunächst ein Gang durch die Gliederung des besonderen Teils des StGB sowie der für das Arbeitsfeld einschlägigen Nebengesetze. Hier sind die strafrechtlich relevanten Verhaltensweisen in Abschnitten weitgehend systematisch geordnet, so dass ein erster Überblick möglich ist. Obwohl im medialen Interesse an erster Stelle „Mord und Totschlag" sind, ist insgesamt die Gewaltkriminalität (inkl. gefährlicher / schwerer Körperverletzung) mit einem Anteil von etwa 3,5 % am gesamten Straftataufkommen relativ selten (vgl. BKA 2010 (PKS 2009); BMI / BMJ 2006). Große Praxisrelevanz haben vor allem die **Diebstahls- und Vermögensdelikte**, die etwa ⅔ aller registrierten Straftaten ausmachen. Auf eine umfassende Darstellung der einzelnen Deliktsnormen des Besonderen Teils des StGB muss und kann hier aus Platzgründen verzichtet werden, da die Details der rechtsdogmatischen Definitionen und Probleme (z. B. Abgrenzung von Diebstahl und Unterschlagung) die Soziale Arbeit nicht berühren und der strafrechtlichen Wissenschaft und Praxis überlassen bleiben kann. Insoweit wird auf die einschlägige strafrechtliche Kommentierung verwiesen (vgl. z. B. Kindhäuser 2009; Schönke / Schröder et al. 2010; Tröndle / Fischer 2010). Auch aktuelle gesellschaftliche Debatten über die Strafbarkeit des Stalkings (Nachstellung § 238 StGB) oder der Sterbehilfe (hierzu Kindhäuser 2009 Vor § 211 Rz. 14 ff.; BGH 2 StR 454 / 09 – 25.06.2010 zur Straffreiheit der aktiven Beendigung oder

Verhinderung einer von dem Patienten nicht oder nicht mehr gewollten Behandlung) können hier nicht wiedergegeben werden. Im Folgenden wird lediglich auf einige für die Soziale Arbeit besonders relevante Strafrechtsbereiche kurz hingewiesen.

8.2.3.1 Strafrechtlicher Daten- und Vertrauensschutz

Entgegen einer weit verbreiteten Laienansicht gibt es in Deutschland **keine** allgemeine Anzeigepflicht, weder für den einzelnen Bürger noch für Sozialarbeiter. Nach § 138 StGB ist die Nichtanzeige von Straftaten nur dann strafbar, wenn es sich um ausdrücklich in § 138 Abs. 1 StGB genannte, besonders schwere Straftaten wie Mord und Totschlag, schwerer Menschenhandel oder (erpresserischer) Menschenraub, Raub oder gemeingefährliche Straftaten handelt, die noch bevorstehen und deshalb noch abgewendet werden können. Eine besondere Garantenstellung (s. o. III-8.2.2.2) ist insoweit nicht erforderlich, die Vorschrift richtet sich an alle Bürger. Über § 138 StGB hinaus besteht auch für Sozialarbeiter keine besondere Anzeigepflicht weder gegenüber der Polizei, der Staatsanwaltschaft noch dem Gericht. Im Hinblick auf in der Vergangenheit liegende Straftaten besteht vielmehr grds. die Pflicht zur Verschwiegenheit nach § 203 Abs. 1 Nr. 5 StGB.   **Anzeigepflicht**

Sozialarbeiter und Sozialpädagogen sind grds. zum umfassenden Daten- und Vertrauensschutz verpflichtet. Die Pflicht zur Verschwiegenheit ergibt sich im Geltungsbereich des SGB bereits aus den **§ 35 Abs. 1 u. 2 SGB I, §§ 67–78 SGB X** (hierzu ausführlich III-1.2.3) sowie weiteren bereichsspezifischen Regelungen z. B. des Kinder- und Jugendhilferechts (**§§ 61 ff. SGB VIII**; hierzu III-3.5.2), im Übrigen aus arbeitsrechtlichen oder vertraglichen Regelungen. Der Daten- und Vertrauensschutz ist zusätzlich strafrechtlich abgesichert. Nach § 203 Abs. 1 Nr. 5 StGB dürfen staatlich anerkannte Sozialarbeiter und Sozialpädagogen fremde Geheimnisse, d. h. schutzwürdige Daten und Informationen, an denen ein Geheimhaltungsinteresse besteht, nicht unbefugt offenbaren – unabhängig davon, ob sie dem Sozialarbeiter anvertraut oder sonst im Rahmen der beruflichen Inanspruchnahme bekannt geworden sind. Die gleiche Pflicht zum Vertrauensschutz trifft u. a. Ärzte (Nr. 1), Berufspsychologen (Nr. 2) und Rechtsanwälte (Nr. 3), die Mitarbeiter anerkannter Ehe-, Familien-, Erziehungs- und Jugendberatungs- sowie Drogen- und Suchtberatungsstellen (Nr. 4) und Mitarbeiter anerkannter Beratungsstellen der Schwangerenkonfliktberatung (Nr. 4a). Zur Datenübermittlung sind Sozialarbeiter nur befugt, sofern der Betroffene eingewilligt hat oder eine gesetzliche Norm dies zulässt oder vorschreibt. So dürfen z. B. nach § 68 SGB X sog. soziobiografische Grunddaten (u. a. Name, Vorname, Geburtsdatum, Geburtsort, derzeitige Anschrift und Aufenthalt, Name und Anschrift derzeitiger Arbeitgeber) an die Polizei, Staatsanwaltschaften und Gerichte übermittelt werden. Andererseits folgt aus den besonderen Vertrauensschutzvorschriften der §§ 64, 65 SG VIII eine weitgehende Übermittlungssperre. Als Rechtfertigungsgrund gegenüber dem Vorwurf des Geheimnisverrats kommt ggf. der rechtfertigende Notstand (§ 34 StGB) in Betracht, wenn die Offenbarung das einzige Mittel zum Schutz höherrangiger Rechtsgüter war (s. o. III-8.2.1.2).   **Schweigepflicht**   **§ 203 StGB**

Zeugnisverweigerungsrecht

Als Befugnis, Sozialgeheimnisse zu offenbaren, gilt auch die vom Gericht auferlegte Pflicht zur Zeugenaussage. Insoweit ist umstritten, ob Sozialarbeiter zur Zeugnisverweigerung befugt oder gar verpflichtet sind, wenn sie in ihrer Eigenschaft als Betreuer von Klienten vor Gericht aussagen sollen. Ausdrücklich geregelt ist in der StPO das Recht auf Zeugnisverweigerung nur für Mitarbeiter einer anerkannten Stelle der Schwangerenkonfliktberatung (§ 53 Abs. 1 Nr. 3a StPO) sowie für Mitarbeiter der Sucht- und Drogenberatung (§ 53 Abs. 1 Nr. 3b StPO). Während ein allgemeines Zeugnisverweigerungsrecht von Sozialarbeitern in den Verfahren vor den Zivil- und Verwaltungsgerichten (vgl. § 383 Abs. 1 Nr. 6 ZPO, § 29 FamFG, § 98 VwGO) im Hinblick auf die Schweigepflicht nach § 203 StGB anerkannt ist (vgl. Papenheim 2000, 261 f.; Zöller-Greger 2010 § 383 Rz. 16 ff.), wird ein solches mangels einer ausdrücklichen Regelung im Strafverfahren mit Verweis auf eine überholte Entscheidung des BVerfG aus dem Jahre 1972 (NJW 1972, 2214) von der strafrechtlichen Literatur noch weitgehend abgelehnt. Der Sozialarbeiter übe keinen Beruf aus, für den ein grds. keine Offenbarung duldendes Vertrauensverhältnis zum Klienten kennzeichnend sei. Zwar sei die Schaffung und Aufrechterhaltung einer Vertrauensbeziehung zwischen Klient und Betreuer von großer Bedeutung. Diese Vertrauensbeziehung sei aber nicht typischerweise auf die Erwartung gegründet, der Sozialarbeiter werde Tatsachen aus der Privatsphäre des Betreuten gegenüber jedermann verschweigen. Insoweit wird freilich auf ein überholtes Bild der Sozialarbeit Bezug genommen. Außerhalb der Sozialen Dienste der Justiz, für die die (datenschutzrechtlichen) Regelungen des SGB nicht gelten, hat sich mittlerweile das Berufsbild der Sozialarbeiter gewandelt, wobei der Schutz der Klientenbeziehung ein Wesensmerkmal, ja die **Geschäftsgrundlage** der professionellen Sozialen Arbeit, insb. der Familien- und Jugendhilfe ist. Zudem wird man aufgrund der mittlerweile geltenden bereichsspezifischen Regelungen in der Jugendhilfe nach §§ 61 ff. SGB VIII zumindest mit Blick auf die Mitarbeiter des Jugendamtes zu einer anderen Bewertung als das BVerfG im Jahr 1972 kommen und ein Zeugnisverweigerungsrecht

Aussagegenehmigung

bejahen müssen (vgl. Münder et al. 2009 Vor § 50 Rz. 37.; Münder / Trenczek 2011, 12.5.3). Mitarbeiter des Jugendamtes bedürfen wie alle Beschäftigten des öffentlichen Dienstes ohnehin von ihrem Dienstherrn einer Aussagegenehmigung (§ 54 StPO i. V. m. § 9 Abs. 1 BAT, §§ 61 BBG, § 39 BRRG), ohne diese sie keine Aussage machen dürfen (hierzu III-1.2.3)

besondere Mitteilungspflichten

Mitarbeiter der justiziellen Sozialdienste, sei es im Rahmen der Gerichts- oder Bewährungshilfe oder im Vollzug, werden im Auftrag der Justiz tätig und sind insoweit ohnehin verpflichtet, ggf. auch strafrechtlich relevante Erkenntnisse an Staatsanwaltschaft, Gericht bzw. Anstaltsleitung mitzuteilen. Die besondere Mitteilungspflicht der Bewährungshelfer aus § 56d Abs. 3 StGB besteht allerdings nur gegenüber dem in Bewährungssachen zuständigen Richter. Diesem müssen unaufgefordert die gröblichen oder beharrlichen Verstöße gegen Auflagen oder Weisungen mitgeteilt werden. Auf eine begangene Straftat muss der Bewährungshelfer zudem in seiner Stellungnahme über die Lebensführung des Probanden hinweisen.

8.2.3.2 Strafrechtlicher Kinder- und Jugendschutz

Neben dem sog. gesetzlichen Jugendschutz im engeren Sinne (zum JuSchG s. III-6) und dem erzieherischen Jugendschutz (vgl. § 13 SGB VIII) soll auch das Strafrecht dem Schutz von jungen Menschen dienen. Das betrifft neben dem allen Personen unabhängig vom Alter dienenden Schutz von Leben und körperlicher Unversehrtheit auch ganz spezifische, nur dem Schutz von Minderjährigen dienende Regelungen, wie z. B. die Verletzung der Fürsorge- oder Erziehungspflicht nach § 171 StGB oder der sexuelle Missbrauch von Kindern nach § 176 StGB (auf die dem Minderjährigenschutz dienenden Vorschriften des Sexualstrafrechts wird in III-8.2.3.3 eingegangen). Freilich ist die strafrechtliche Präventionswirkung hier ebenso zweifelhaft wie die Aktivierung repressiver Sanktionsmechanismen im Fall der gewaltsamen Verletzung der Integrität junger Menschen durch ihre Eltern. Besonders in den schlimmen Fällen des sexuellen Missbrauchs und anderer Formen der Kindesmisshandlung ist das Strafverfahren vielfach eine zusätzliche Belastung für die Kinder und Jugendlichen und bietet jedenfalls keinen schnellen Schutz in der aktuellen Situation. In vielen Fällen reicht die Beweislage nicht aus, um Verdächtige in Haft zu nehmen oder das Kind durch eine Verurteilung des Täters zu schützen. Selbst eine Gefängnisstrafe bietet keinen dauerhaften Schutz. Es ist deshalb im Hinblick auf die Verschwiegenheitsverpflichtung durchaus umstritten, ob in diesen Fällen von Mitarbeitern der Jugendhilfe oder von Beratungsstellen eine Strafanzeige gegen den Täter gestellt werden darf. Bei insb. von Kindern und Jugendlichen anvertrauten Daten (§ 65 SGB VIII) kann dies nur in der Zusammenarbeit mit dem Opfer im konkreten Fall entschieden werden. Andererseits geben die strafrechtlichen Tatbestände eine verbindliche Orientierung und dokumentieren die Grenzen gesellschaftlich akzeptierten Verhaltens und markieren im Bereich des Kinder- und Jugendschutzes absolute Tabus.

Aus dem allgemeinen Strafrecht sind im Hinblick auf das Gebot einer gewaltfreien Erziehung (§ 1631 Abs. 2 BGB) vor allem die Körperverletzungsdelikte, insb. die Misshandlung von Schutzbefohlenen (§ 225 BGB) relevant. Das früher, vereinzelt noch bis heute in der strafrechtlichen Dogmatik vertretene „elterliche Züchtigungsrecht" kann nicht mehr als Rechtfertigungsgrund angeführt werden (vgl. III-8.2.1.2). In den letzten Jahren sind angesichts der extremen Vernachlässigung, insb. von Kleinkindern, zahlreiche Verfahren wegen der Verletzung der Fürsorge- oder Erziehungspflicht (§ 171 StGB) in den Mittelpunkt der öffentlichen Diskussion gerückt (vgl. z. B. BGH NStZ 1984, 164; BGH 4 StR 444/02 v. 21.11.2002), vor allem weil in diesem Zusammenhang auch Sozialarbeiter (insb. wegen Unterlassung aufgrund einer Garantenpflicht gebotener Hilfeleistungen; vgl. III-8.2.2.2) strafrechtlich verfolgt wurden.

Gebot der gewaltfreien Erziehung

Verstöße gegen die Regelungen des JuSchG (hierzu III-6) sind teilweise als Ordnungswidrigkeit (§ 28 JuSchG), teilweise als Straftat (vgl. § 23, 27 JuSchG) sanktionsbewehrt, allerdings erfolgt dies nicht lückenlos und die strafrechtliche Relevanz setzt teilweise eine (schwer nachweisbare) leichtfertige oder vorsätzliche Tat voraus (vgl. § 27 Abs. 2, 28 Nr. 10–13 JuSchG).

8.2.3.3 Sexualstrafrecht

Neben einigen allgemeinen Verbotstatbeständen, die die sexuelle Selbstbestimmung jeder Person ungeachtet ihres Alters betreffen, z. B. sexuelle Nötigung und Vergewaltigung (§ 177 StGB) sowie das Verbot exhibitionistischer Handlungen (§ 183 StGB), finden sich im Sexualstrafrecht einige spezifische Regelungen zum Schutz von Kindern und Jugendlichen. Neben dem Beischlaf mit leiblichen Abkömmlingen (§ 173 StGB) sind (hetero- wie homo-)sexuelle Kontakte auch ohne Anwendung physischer Gewalt nicht erlaubt (ein wie auch immer gewertetes Einverständnis ist insoweit irrelevant) und strafbar, wenn es sich

- um Kinder unter 14 Jahren (§ 176 StGB) handelt,
- um Personen unter 16 Jahren, die zur Erziehung, Ausbildung oder Betreuung anvertraut sind (§ 174 Abs. 1 Nr. 1 StGB),
- um Personen unter 16 Jahren, wenn die sexuellen Kontakte durch Vermittlung, Gewährung von Gelegenheit oder gegen Entgelt bzw. unter Ausnutzung einer Zwangslage stattfinden (§§ 180, 182 StGB),
- um Personen unter 18 Jahren unter Ausnützen einer mit dem Erziehungs-, Ausbildungs- oder Betreuungsverhältnis verbundenen Abhängigkeit (§ 174 Abs. 1 Nr. 2 StGB),
- um noch nicht 18 Jahre alte leibliche oder angenommene Kinder (§ 174 Abs. 1 Nr. 3 StGB).

Einen vergleichbaren Schutz leistet das Strafrecht unabhängig vom Alter gegen den Missbrauch einer insb. aufgrund einer Behinderung widerstandsunfähigen Person (§ 179 StGB). Von Bedeutung sind auch die Strafbestimmungen im Hinblick auf die Verbreitung, den Erwerb und Besitz (kinder-)pornographischer Schriften (§§ 184 ff. StGB).

Förderung sexueller Handlungen Minderjähriger

Der Tatbestand der „Förderung sexueller Handlungen Minderjähriger" (§ 180 StGB) hat für die Soziale Arbeit in der Jugendhilfe eine besondere Relevanz. Erfasst werden durch den Tatbestand auch das „Gewähren oder Verschaffen von Gelegenheiten" zu (hetero- oder homo-)sexuellen Handlungen, was z. B. im Rahmen einer gemeinschaftlichen Unterbringung oder Jugendfreizeit leicht der Fall sein kann. Gemeint ist nämlich das Herstellen äußerer Umstände, durch die sexuelle Handlungen ermöglicht oder wesentlich erleichtert werden. Dabei kommt die Tatbestandsverwirklichung bei einer entsprechenden Garantenstellung (s. o. III-8.2.2.2) von Erziehern und Betreuern auch durch Unterlassen in Betracht. Insoweit gilt für diese wie für die Eltern der Minderjährigen allerdings das sog.

Erzieherprivileg

Erzieherprivileg nach § 180 Abs. 1 S. 2 StGB, sofern diese ihre Erziehungspflichten nicht gröblich verletzten. Wo hier die Trennlinie zu ziehen ist, ist umstritten.

Jugendmedienschutz

Im Hinblick auf den Jugendmedienschutz und das Verbot der Verbreitung pornografischer Schriften und anderer Medien, insb. Bild- und Datenträger (§§ 184 ff., § 11 Abs. 3 StGB), stößt die nationale Strafjustiz im globalen Cyberspace vor allem aufgrund der sich schnell wandelnden Internetpräsentationen internationaler Anbieter an ihre Ermittlungs- und Verfolgungsgrenzen.

8.2.3.4 Schwangerschaftsabbruch

Im Hinblick auf den Schutz des Lebens einerseits und die Selbstbestimmung von Frauen andererseits waren und sind die Regelungen zum Schwangerschaftsabbruch (sog. Abtreibung) z. T. sehr umstritten (mittlerweile hat sich die Diskussion über den Embryonenschutz verlagert auf die Grenzen der Pränatal- und Präimplantationsdiagnostik bzw. der gentechnischen Manipulation; vgl. Embryonenschutzgesetz § 6: Verbot des Klonens). Nach der derzeit geltenden Rechtslage in Deutschland ist der Schwangerschaftsabbruch immer noch grds. rechtswidrig (§ 218 Abs. 1 StGB). Handlungen, die die Einnistung der befruchteten Eizelle (sog. Nidation) verhindern (z. B. Spirale, „Pille danach"), gelten allerdings nicht als Schwangerschaftsabbruch (§ 218 Abs. 1 Satz 2 StGB; vgl. BVerfGE 88, 203 ff.). Darüber hinaus sind in § 218a StGB eine Reihe von Ausnahmetatbeständen geregelt, nach denen der Schwangerschaftsabbruch straffrei oder sogar nicht rechtswidrig ist. Dies ist vor allem im Hinblick auf die Kostenerstattung und sonstige Hilfeleistungen im Rahmen des Schwangerschaftsabbruchs von Bedeutung. Rechtswidrig, aber straffrei ist der Schwangerschaftsabbruch, wenn er mit Einwilligung der Schwangeren innerhalb von zwölf Wochen nach der Befruchtung durch einen Arzt vorgenommen wird und zuvor eine Schwangerschaftskonfliktberatung bei einer anerkannten Beratungsstelle (vgl. §§ 218a Abs. 1, 219 StGB) stattgefunden hat. Als Beratungsstelle kommen insb. soziale Einrichtungen freier und kirchlicher Träger, aber auch Ärzte in Betracht (§ 8 SchwKG), die die in § 9 SchKG genannten organisatorischen Standards erfüllen (siehe hierzu z. B. http://www.profamilia.de). Darüber hinaus haben die Beratungsstellen die insb. in § 219 Abs. 1 StGB normierten inhaltlichen Vorgaben einzuhalten (vgl. § 5 Abs. 1 SchKG). Aufgrund der bescheinigten Beratung kann die Schwangere einen Schwangerschaftsabbruch in einer Klinik oder bei einem Arzt straflos durchführen, wenn mindestens drei Tage zwischen Abschluss der Beratung und dem Eingriff liegen (§ 218a Abs. 1 Nr. 1 StGB). Darüber hinaus ist der Schwangerschaftsabbruch aufgrund einer medizinischen (§ 218a Abs. 2 StGB) oder sog. kriminogenen Indikation (§ 218a Abs. 3 StGB), letztere insb. aufgrund einer Vergewaltigung (§ 177 StGB), zulässig. Findet die Abtreibung nach der 12. und bis zur 22. Woche statt, ist diese zwar rechtswidrig, die Frau bleibt allerdings straffrei, nicht aber die den Abbruch vornehmenden oder Hilfe leistenden Personen (§ 218a Abs. 4 StGB).

Schwangerschaftskonfliktberatung

Zu den besonderen Problemen bei der ärztlichen Behandlung und dem Schwangerschaftsabbruch bei Minderjährigen s. IV-2.

Das Aussetzen eines Neugeborenen ist dann nicht strafbar, wenn es nicht in einer hilflosen Lage im Stich gelassen wird (vgl. § 221 Abs. 1 StGB), sondern deren Versorgung insb. aufgrund einer sog. Babyklappe sichergestellt ist und das Kind vom Jugendamt in Obhut genommen werden kann (vgl. Münder et al. 2009 § 42 Rz. 8). Allerdings ist derzeit weder die gesellschaftliche noch die juristische Bewertung der anonymen Kindesabgabe abgeschlossen (hierzu Deutscher Ethikrat 2009; Mielitz 2006).

Babyklappe

8.2.3.5 Drogenstrafrecht

Betäubungsmittel

Das Drogenstrafrecht der Bundesrepublik Deutschland ist nicht im StGB, sondern im BtMG geregelt, welches zunächst verwaltungsrechtlich den Verkehr und die Überwachung von Betäubungsmitteln regelt. Als Betäubungsmittel gelten nach § 1 BtMG die Stoffe und Zubereitungen, die durch Rechtsverordnung der Bundesregierung in den Anlagen zum BtMG aufgelistet sind. Diese Stoffe werden in drei Gruppen eingeteilt (zu den Betäubungsmitteln im Einzelnen vgl. ausführlich Böllinger / Stöver 2002, Körner 2007 Anhang C1), in nicht verkehrsfähige BtM (z. B. Cannabis / Marihuana / Haschisch, Heroin, LSD und andere Partydrogen), in verkehrsfähige, nicht verschreibungsfähige Stoffe (z. B. Codein, d-Cocain) und verkehrsfähige und verschreibungsfähige Stoffe (z. B. Amphetamin, Methadon, Morphin, Opium). Während die Stoffe der ersten beiden Gruppen weder in den Verkehr gebracht, verabreicht oder einem anderen überlassen werden dürfen, dürfen die Drogen der dritten Gruppe von Ärzten im Rahmen einer medizinisch begründeten Behandlung verschrieben oder verabreicht werden. Die Strafvorschriften sind in den §§ 29 – 30c BtMG geregelt und umfassen u. a.

- das Anbauen, Herstellen, Handeltreiben, Ein- und Ausführen, Abgeben, Veräußern und sonst in den Verkehr bringen sowie das sich Verschaffen (vgl. § 29 Abs. 1 Nr. 1 BtMG),
- die unerlaubte Zubereitung (§ 29 Abs. 1 Nr. 2 BtMG),
- das unerlaubte Besitzen (§ 29 Abs. 1 Nr. 3 BtMG),
- das unerlaubte Verabreichen und Verschreiben (§ 29 Abs. 1 Nr. 6 BtMG),
- das Verschaffen von Gelegenheiten, insb. zum unbefugten Erwerb (§ 29 Abs. 1 Nr. 10 BtMG) oder Verbrauch (Nr. 11) sowie
- das Bereitstellen von Geldmitteln und Vermögensgegenständen im Hinblick auf die o. g. Vorgehensweisen (§ 29 Abs. 1 Nr. 13 BtMG).

Einmalspritzen

Drogenkonsumraum

Die Abgabe von sterilen Einmalspritzen an Betäubungsmittelabhängige und die öffentliche Information darüber sind nach § 29 Abs. 1 S. 2 BtMG ausdrücklich kein Verschaffen und kein öffentliches Mitteilen einer Gelegenheit zum Verbrauch nach § 29 Abs. 1 S. 1 Nr. 11 BtMG. Auch der Betrieb von Drogenkonsumräumen ist unter den Bedingungen des § 10a BtMG zulässig, wenn auch erlaubnispflichtig (hierzu ausführlich Körner 2007 § 10a, Rz. 3 ff.).

Diversion

Während § 29 Abs. 3 BtMG eine sog. Strafzumessungsregelung für besonders schwere Fälle (z. B. gewerbsmäßiges Vorgehen) beinhaltet, sind die §§ 29a, 30 und 30a BtMG echte Verbrechenstatbestände, die an besondere Tatumstände anknüpfen. Hervorzuheben sind die im BtMG geregelten Möglichkeiten, das Strafverfahren informell zu erledigen (zur Diversion allgemein vgl. III-8.3.2), um möglichst vielen Drogenkonsumenten einen Weg in die Suchthilfe zu ebnen. Eine Einstellung des Strafverfahrens ist nach **§ 31a Abs. 1 BtMG** im Hinblick auf Vergehen nach § 29 Abs. 1, 2 und 4 BtMG möglich, wenn bei einer geringen Schuld des Täters kein öffentliches Interesse an einer Strafverfolgung besteht und es sich um Eigenverbrauch der Drogen in nur geringer Menge handelt. Das BVerfG hat in der sog. „Haschisch"-Entscheidung (BVerfG NJW 1994, 1577 ff. [1583]) die Bundesländer dazu aufgefordert, im Hinblick auf diesen unbestimmten Rechtsbegriff verbindliche und bundeseinheitliche Richtlinien für die Staatsanwaltschaften zu erlassen. Dem sind die Länder bislang immer noch nicht nachgekommen (vgl. Nr. 257 RiStBV), so dass man derzeit noch eine extrem regional unterschiedliche Einstellungspraxis beklagen muss. Die Staatsanwaltschaft ist auch bei einer „geringen Menge" nicht zur Einstellung des Strafverfahrens verpflichtet (Kann-Regelung). Allerdings ist ihr Ermessen nach § 31a Abs. 1 S. 2 BtMG eingeschränkt („von der Strafverfolgung *soll* abgesehen werden"), wenn der Täter in einem Drogenkonsumraum Betäubungsmittel lediglich zum Eigenverbrauch in geringer Menge besitzt. Kommt es nicht zur Einstellung des Strafverfahrens, kann nach § 29 Abs. 5 BtMG bei einem Eigengebrauch in geringer Menge gleichwohl von der Bestrafung abgesehen werden.

Darüber hinaus kann unter dem Schlagwort „Therapie statt Strafe" die Staatsanwaltschaft nach § 37 BtMG bei einem Verdacht einer Straftat aufgrund Drogenabhängigkeit mit Zustimmung des Gerichts vorläufig von der Erhebung der öffentlichen Klage absehen, wenn der Beschuldigte nachweist, dass er sich wegen seiner Abhängigkeit einer Suchttherapie in einer staatlich anerkannten Einrichtung unterzieht. Schließlich kann nach § 35 BtMG die Vollstreckung der Strafe, eines Strafrestes oder der Maßregel der Unterbringung in einer Entziehungsanstalt für längstens zwei Jahre zurückgestellt werden, wenn der Verurteilte sich wegen seiner Abhängigkeit in einer seiner Rehabilitation dienenden Behandlung befindet oder zusagt, sich einer solchen zu unterziehen, und deren Beginn gewährleistet ist. **Therapie statt Strafe**

Am 21. Juli 2009 ist das Gesetz zur diamorphingestützten Substitution in Kraft getreten. Das Gesetz regelt u. a., dass pharmazeutisch hergestelltes Heroin (Diamorphin) in engen Grenzen als Betäubungsmittel im Rahmen der Substitutionsbehandlung verschreibungsfähig wird (vgl. § 13 Abs. 2 Satz 2 BtMG). Damit können schwerstkranke Opiatabhängige künftig verstärkt therapeutisch erreicht und zugleich die negativen Folgen der Drogenabhängigkeit für die öffentliche Sicherheit und Ordnung abgemildert werden (vgl. BT-Ds 16/11515). Die Diamorphinbehandlung darf nur in bestimmten Einrichtungen vorgenommen werden, die über eine Erlaubnis der zuständigen Landesbehörde verfügen. Ausstattung und Sicherheitsvorkehrungen im Einzelnen sind durch Richtlinien der Länder zu regeln (§ 13 Abs. 3 Nr. 2a/b BtMG). **Kontrollierte Heroinabgabe**

8.3   Das Strafverfahren

Das Strafverfahren ist das gesetzlich geregelte Verfahren, in dem das materielle Strafrecht angewendet und durchgesetzt wird. Gesetzlich geregelt ist das Strafverfahren vor allem im GVG und der StPO, darüber hinaus sind die Sonderregelungen bei jugendlichen und heranwachsenden Beschuldigten im JGG zu beachten (s. u. III-8.5.1). Aufgabe des Strafprozesses ist es, die Voraussetzungen der Strafbarkeit im konkreten Fall in einem rechtsstaatlichen, prozessordnungsgemäßen Verfahren (*fair trial*) zu klären (Art. 6 Abs. 1 EMRK). Das Strafverfahrensrecht und die Justizförmigkeit des Entscheidungsverlaufes dienen dem **Schutz des Individuums** vor willkürlichen staatlichen Eingriffen und damit dem Schutz der Menschenwürde.

Verfahrensbeteiligte An einem Strafverfahren sind eine Vielzahl unterschiedlicher Personen und Dienste beteiligt. Von Verfahrensbeteiligten im engeren Sinne spricht man allerdings nur, wenn diese prozessual aufgrund der ihnen gesetzlich zuerkannten Aufgaben und Kompetenzen durch eigene Willenserklärungen gestaltend am Prozess mitwirken können (vgl. Meyer-Goßner 2010 Einleitung Rz. 70 ff.). Hauptakteure sind die Richter und **Gerichte**, denen in Deutschland die Rechtsprechung vorbehalten ist (Art. 92 GG), sowie die **Staatsanwaltschaft** als Ermittlungs- und Anklagebehörde (§§ 141 ff. GVG; §§ 152 ff., § 451 StPO). Im Mittelpunkt des klassischen Strafverfahrens steht der **Beschuldigte** bzw. Angeklagte (§ 157 StPO), geht es doch darum zu prüfen, ob dieser eine Strafrechtsnorm verletzt hat. Rechtsdogmatisch steht der zu klärende Rechtsbruch im Vordergrund, nicht das **Opfer** und dessen Leid und Schaden. Deren verfahrensrechtliche Stellung ist relativ schwach ausgeprägt. Ihre Einbeziehung in das Strafverfahren ist – neben ihrer zentralen Rolle als Zeuge – vorgesehen durch das Privatklageverfahren (§§ 374 ff. StPO), die Nebenklage (§§ 395 ff. StPO) und das in der Praxis vergessene Adhäsionsverfahren (§§ 403 ff. StPO). Einige der dem Opfer zustehenden Rechte kann dieses nur über einen anwaltlichen Vertreter geltend machen, z.B. das Recht auf Akteneinsicht (§ 406e StPO). In einigen wenigen Fällen (Sexualstraftat, versuchtes Tötungsdelikt oder bei unter 16-jährigen Nebenklägern) muss das Gericht auf Antrag des Nebenklägers einen Rechtsanwalt als Beistand bestellen (§ 397a StPO). Allerdings müssen die Kosten des Opferanwalts i.d.R. von diesem zunächst selbst getragen werden, ggf. kann aber Prozesskostenhilfe (hierzu I-5.3.3) bewilligt werden (§ 397a Abs. 2, § 406g Abs. 3 StPO). Dagegen kann sich der Beschuldigte in einem Rechtsstaat in jeder Lage des Verfahrens eines **Verteidigers** bedienen (§ 137 Abs. 1 S. 1 StPO), um sich gegenüber dem vom Staat erhobenen Tatvorwurf wehren zu können (vgl. § 136 Abs. 1, § 163a Abs. 4 StPO). Man unterscheidet den Wahlverteidiger (§ 138 StPO) und den einem Beschuldigten vom Gericht beigeordneten Pflichtverteidiger in den Fällen der sog. notwendigen Verteidigung, insb. bei Haft (§ 140 StPO). Die Verteidiger haben u.a. das Akteneinsichtsrecht (§ 147 StPO) sowie unbeschränkte Verkehrsrechte mit dem Beschuldigten auch während der Untersuchungshaft (§ 148 StPO). Zur Beteiligung der Sozialen Dienste s.u. III-8.6.

8.3.1   Prozessmaximen

Neben den bereits erörterten materiellen Grundmaximen des Strafrechts (vgl. III-**Unschulds-** 8.1.3) sind besondere Grundsätze, die sog. **Prozessmaximen**, zu beachten. Das **vermutung** Rechtsstaatsgebot des Grundgesetzes knüpft an das materiell-rechtliche Schuldprinzip auch die sog. Unschuldsvermutung an. Danach ist ein Beschuldigter bis zum gesetzlichen Nachweis der Schuld als unschuldig anzusehen. Die ausdrücklich in **Art. 6 Abs. 2 EMRK** formulierte Unschuldsvermutung ist eine Rechtsgarantie mit **Verfassungsrang** (vgl. z.B. BVerfG v. 14.10.2004 – 2 BvR 1481/04).

Danach muss ein Beschuldigter zwar sämtliche zulässige Strafverfolgungsmaß-
nahmen gegen sich ergehen lassen, Strafen darf allerdings nur ein Richter verhän-
gen (vgl. Art. 92 GG). Die Unschuldsvermutung verbietet nicht nur, von der Schuld
eines Beschuldigten auszugehen oder ihn als Straftäter zu bezeichnen, sondern alle **im Zweifel für den**
Sanktionen und Nachteile, die in ihrer Wirkung der Strafe gleichkommen (Art. 6 **Angeklagten**
Abs. 1 EMRK). Dabei gilt der Grundsatz *„in dubio pro reo"*, im Zweifel für den
Angeklagten! Hierbei muss allerdings beachtet werden, dass es die endgültige
Wahrheit niemals geben kann, letzte Zweifel nie ausgeräumt werden können. Des-
halb reicht es für eine Verurteilung aus, dass ein Sachverhalt festgestellt werden
kann, der – in der Sprache der Gerichte – „vernünftigen Zweifeln Einhalt gebietet".

Zu den elementaren Schutzrechten gehört auch das Recht auf rechtliches Gehör **rechtliches Gehör**
(Art. 103 Abs. 1 GG): der Einzelne soll nicht Objekt der Strafverfolgung sein,
sondern vor einer Entscheidung, die seine Rechte betrifft, von dem Richter angehört werden, um auf das Verfahren und sein Ergebnis Einfluss nehmen zu können.
Daraus folgt z. B. auch, dass ein Beschuldigter spätestens am Tage nach einer Festnahme einem Richter vorzuführen ist (Art. 104 Abs. 3 GG). Gestaltungsprinzipien
des deutschen Strafverfahrens sind u. a.

- **Offizialprinzip:** Die Strafverfolgung steht allein dem Staat zu und wird grds.
  ohne Rücksicht auf den Willen des Verletzten von Amts wegen durch Staatsorgane durchgeführt. Einschränkung: Antragsdelikte (z. B. §§ 184, 194 StGB);
  Ausnahme: Privatklagedelikte (§§ 374 ff. StPO).
- **Legalitätsprinzip:** Verpflichtung der Staatsanwaltschaft (und der Polizei), wegen aller verfolgbaren Straftaten einzuschreiten, sofern ausreichende tatsächliche Anhaltspunkte vorliegen (§ 152 Abs. 2 StPO). Ausnahme: sog. Opportunitätsprinzip (z. B. §§ 5, 45, 47 JGG, §§ 153 ff. StPO).
- **Akkusationsprinzip** (§§ 151, 155, 264 StPO): Basierend auf der Trennung von
  Anklagebehörde und Gericht (im Unterschied zur Inquisition) legt es fest, dass
  eine gerichtliche Untersuchung die Erhebung einer Klage durch die Staatsanwaltschaft voraussetzt.
- **Untersuchungsgrundsatz:** Wahrheitserforschung durch das Gericht von Amts
  wegen im Unterschied zum Parteienprozess im Zivilrecht. Das Gericht ist zur
  selbstständigen Aufklärung berechtigt und verpflichtet (§ 244 Abs. 2 StPO).
  Daraus folgt: ein Geständnis bindet das Gericht nicht, Aufklärung auch ohne
  Beweisanträge.
- Grundsatz der **freien Beweiswürdigung** (§§ 261 f. StPO), d. h. insb., dass der
  Strafrichter an eine Entscheidung eines anderen Gerichts nicht gebunden ist.
- **Grundsatz des gesetzlichen Richters** und Verbot von Ausnahmegerichten (Art.
  101 Abs. 1 GG), d. h., durch eindeutige Zuständigkeitsvorschriften steht bereits
  zum Zeitpunkt bei Tatbegehung fest, welches Gericht tätig wird.
- Grundsatz der **Unmittelbarkeit** (§§ 226, 250 StPO) und **Mündlichkeit** (vgl.
  §§ 250, 261, 264 StPO): Das erkennende Gericht muss die für die Urteilsfindung
  bedeutsamen Tatsachen selbst feststellen und dabei grds. nur originäre Beweismittel verwenden, z. B. Zeugen persönlich hören. Es darf grds. nur der unmittelbar vor dem Gericht mündlich vorgetragene und erörterte Prozessstoff dem
  Urteil zugrunde gelegt werden. Fotos, Skizzen usw. werden durch Erörterung

vor dem Gericht zum Gegenstand der Hauptverhandlung gemacht. Auch Gutachter und die Sozialen Dienste müssen ihre Stellungnahmen mündlich vortragen, wenn hierauf ein Urteil basieren soll. Alle am Urteil mitwirkenden Personen (Richter, Staatsanwaltschaft, Urkundsbeamte) müssen in ununterbrochener Gegenwart während der Hauptverhandlung anwesend sein (§ 226 StPO).

■ Grundsatz der **Öffentlichkeit** (§ 169 S. 1 GVG); Ausnahme: Ausschluss der Öffentlichkeit in der Hauptverhandlung gegen Jugendliche einschließlich der Verkündung der Entscheidung (§ 48 Abs. 1 JGG).

8.3.2   Ablauf des Strafverfahrens

Das gesamte Strafverfahren gliedert sich in das sog. Erkenntnisverfahren, das Vollstreckungsverfahren und den Vollzug. Das Erkenntnisverfahren wiederum wird in das Ermittlungs-, Zwischen- und Hauptverfahren unterteilt (siehe Übersicht 50). Strafen darf nur ein Richter verhängen (vgl. Art. 92 GG). Strafgerichte in unterschiedlichen Formen (z. B. Einzelrichter, Schöffengericht und Kammern), in unterschiedlicher Besetzung und mit unterschiedlichem Zuständigkeitsbereich gibt es bei den Amtsgerichten für die „kleinere" Kriminalität, bei den Landgerichten für die schweren Delikte und als Rechtsmittelinstanz sowie den Oberlandesgerichten und dem BGH (vgl. Übersicht 49).

Im Rahmen des Ermittlungsverfahrens oder sog. Vorverfahrens werden aufgrund eines sog. **Anfangsverdachts** (d. h. bei zureichenden tatsächlichen Anhaltspunkten, § 152 Abs. 2 StPO) für eine Straftat Ermittlungen eingeleitet, um den Sachverhalt von Amts wegen zu klären und die für die Aufklärung der Tat notwendigen Tatsachen zu sichten und entsprechendes Beweismaterial, auch die zur **Entlastung** des Beschuldigten dienenden Umstände (§ 160 Abs. 2 StPO!) zu sammeln. **Ermittlungsbehörden** sind die Polizei und Staatsanwaltschaft. Die Polizei hat nach § 163 Abs. 1 StPO die Aufgabe, begangene Straftaten zu erforschen und alle keinen Aufschub gestattenden Anordnungen zu treffen. Dabei hat die Polizei allerdings nur das sog. Recht des ersten Zugriffs und muss die Ermittlungsunterlagen ohne Verzug der Staatsanwaltschaft übersenden (§ 163 Abs. 2 StPO), die rechtlich gesehen das Ermittlungsverfahren leitet (§§ 152, 160 Abs. 1 StPO, sog. „Herrin des Strafverfahrens"). Tatsächlich ermittelt die Polizei in der Praxis in nahezu allen Fällen den Vorgang abschließend und übersendet erst dann die Akten an die Staatsanwaltschaft, was im Hinblick auf die unterschiedlichen (polizeilichen vs. juristischen) Perspektiven nicht unproblematisch ist.

Zu den Umständen, die die Staatsanwaltschaft ermitteln soll, gehören nicht nur die Aufklärung der Tat durch Feststellung des Täters und die Umstände der Tatbegehung, sondern nach **§ 160 Abs. 3 StPO** auch die Umstände, die für die Bestimmung der Rechtsfolge von Bedeutung sind. Dies wiederum betrifft vor allem die Person des Täters, sein Vorleben, seine persönlichen und wirtschaftlichen Verhältnisse und sein Verhalten nach der Tat (vgl. §§ 46, 46a StPO). Um diese Umstände, die vor allem die Person des Täters jenseits der Aufklärung der Tat betreffen, festzustellen, kann sich die Staatsanwaltschaft der Gerichtshilfe (s. u. III-8.6.1) bedienen (§ 160 Abs. 3 StPO). Bei Jugendlichen und Heranwachsenden

Übersicht 49: Strafverfolgungsbehörden und Strafgerichte

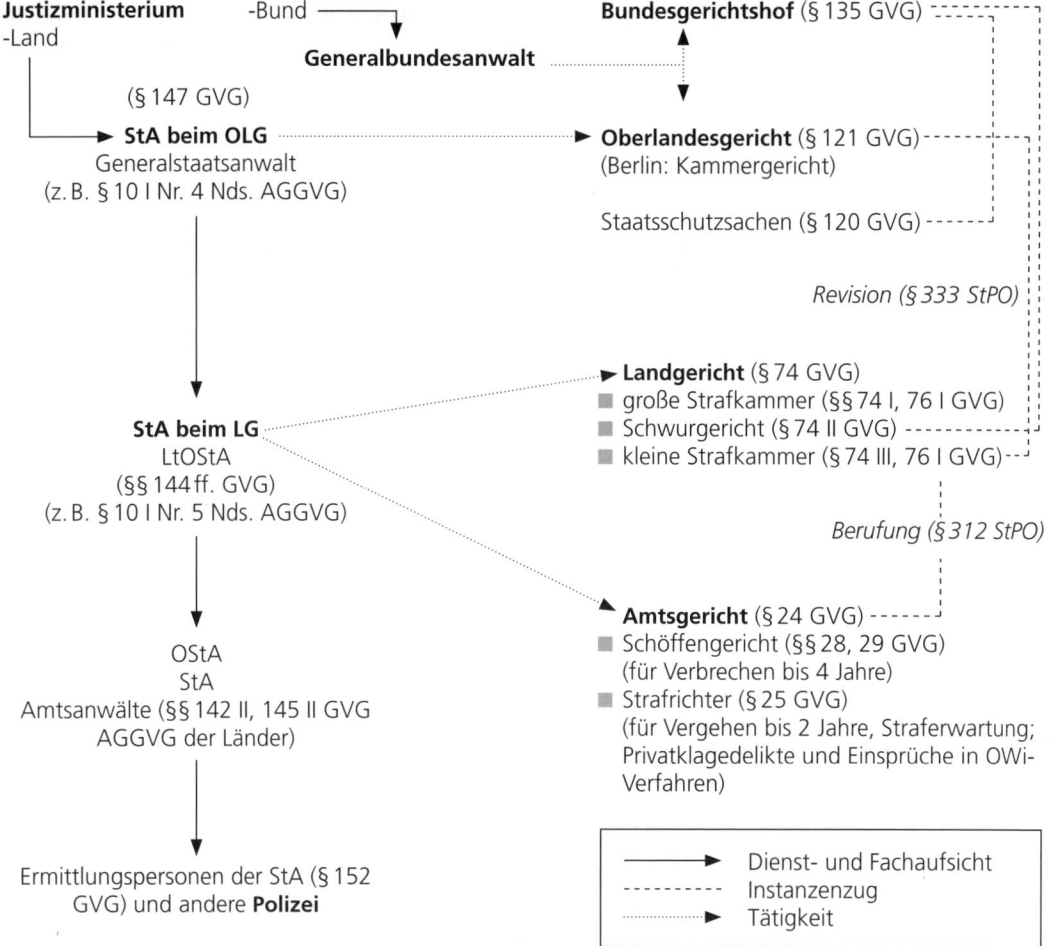

ist das Jugendamt zuständig (§§ 38, 107 JGG, § 52 SGB VIII; hierzu III-8.6.2 und III-3.4.2.2).

Wird ein Verdächtigter ermittelt, so wird ihn die Polizei bzw. die Staatsanwalt- **Vernehmung** schaft verantwortlich, d. h. als **Beschuldigten** (vgl. §§ 163 a, 136, 136 a StPO) vernehmen. In diesem Zusammenhang sind insb. die Pflicht zur Belehrung über die Aussagefreiheit und die Möglichkeit, einen Anwalt einzuschalten, zu beachten (§§ 136, 163a StPO). Der ungehinderte Zugang zu einem Anwalt (§ 137 Abs. 1 StPO) ist eines der wesentlichen Rechte eines Beschuldigten in einem rechtsstaatlichen Strafverfahren (zur notwendigen, sog. Pflichtverteidigung, vgl. §§ 140 ff. StPO). „Zusagen" der Polizei und Staatsanwaltschaft bzgl. der sog. Kronzeugenregelung (§ 46b StGB) sind nicht zulässig, da das Gericht im Hinblick auf die

Rechtsfolgenbestimmung nicht gebunden werden kann (zu den sog. „Deals im Strafverfahren" s. u. § 257c StPO). Zudem darf niemand gezwungen werden, gegen sich selbst auszusagen, oder durch Misshandlung, Übermüdung oder andere Foltermethoden zur Aussage gebracht oder in seiner Willensfreiheit beeinträchtigt werden (Art. 3 EMRK; Art. 102 Abs. 1 S. 2 GG; § 136a StPO). Beschuldigte müssen nicht gegen sich selbst aus- und die Wahrheit sagen, sie sind allerdings verpflichtet, zulässige Vernehmungen über sich ergehen zu lassen und Ladungen des Gerichts und der Staatsanwaltschaft Folge zu leisten (§§ 133–136a, 163a, 243 Abs. 4 S. 1 StPO), andernfalls können sie zwangsweise vorgeführt werden (§ 134, 163a Abs. 3 S. 2, 230 Abs.2 StPO). Das gilt aber nicht für polizeiliche Ladungen, ein Vorführungsrecht der Polizei besteht nur unter den Voraussetzungen der vorläufigen Festnahme auf frischer Tat (§ 127 StPO) sowie den staatsanwaltlich veranlassten Ermittlungsmaßnahmen nach § 163a und § 163b StPO (vgl. Meyer-Goßner 2010, § 133 Rz. 1). Die Konsequenzen prozessrechtswidrig erhobener Beweise sind sehr umstritten (zu den sog. **Beweisverwertungsverboten** vgl. Meyer-Goßner 2010, Einleitung Rz. 55 ff.).

Fahndung   Als Fahndung werden alle Maßnahmen bezeichnet, die zur Ermittlung eines Täters oder Zeugen ergriffen werden. Hierzu dienen auch die Auskünfte von Behörden (§ 163 Abs. 1 S. 2 StPO, vgl. § 68 Abs. 1 SGB X). Eine besondere Bedeutung haben die Maßnahmen, die zur Aufklärung des Sachverhalts u. U. auch gegen **Zwangsmaßnahmen** den Willen des Beschuldigten und mit Zwang durchgeführt werden dürfen, z. B. **im Ermittlungs-** Festnahme, Blutprobe oder Hausdurchsuchung (vgl. Übersicht 50, Allerdings sind **verfahren** viele der in TV-Krimis dargestellten Ermittlungsmaßnahmen und Vernehmungsmethoden unzulässig. Zwangsmaßnahmen im Ermittlungsverfahren sind Grundrechtseingriffe. In diesem Zusammenhang sei daran erinnert, dass der **Grundsatz der Verhältnismäßigkeit** hier besonders zu beachten ist. Die meisten Zwangsmaßnahmen bedürfen einer richterlichen Anordnung, bei Gefahr in Verzug ggf. der Staatsanwaltschaft; die Polizei ist nur bei leichteren, für die Ermittlung unabdingbaren Eingriffen selbst zur Durchführung berechtigt (§ 163 Abs. 1 StPO). Gegen Tatverdächtige kann zur Identitätsfeststellung nach § 81b StPO eine erkennungsdienstliche Behandlung (Lichtbilder, Fingerabdrücke, Messungen und ähnliche Maßnahmen) sowie eine Gegenüberstellung mit Zeugen (§ 58 StPO, vgl. Nr. 18 RiStBV) durchgeführt werden, soweit es für das Strafverfahren erforderlich ist. Nach § 81a StPO darf eine körperliche Untersuchung zur Feststellung von Tatsachen angeordnet werden, die für das Verfahren von Bedeutung sind. Zu diesem Zweck sind auch Entnahmen von **Blutproben** und andere körperliche Eingriffe auch ohne Einwilligung des Beschuldigten zulässig, wenn sie von einem Arzt nach den Regeln der ärztlichen Kunst vorgenommen werden und kein Nachteil für die Gesundheit zu befürchten ist (insoweit ist § 81a StPO ein Rechtfertigungsgrund gegenüber dem Vorwurf der Körperverletzung). Der zwangsweise Einsatz von Brechmitteln, um insb. an hinuntergeschluckte illegale Drogen zu gelangen, ist unzulässig (EGMR v. 11.06.2006 – Jalloh vs. Germany, App. no. 54810/00). Die Abnahme von **DNA-Proben** zur zukünftigen Identitätsfeststellung („genetischer Fingerabdruck") ist nach §§ 81e–g StPO bei bestimmten schweren Taten (gefährliche Körperverletzung, alle Verbrechen, insb. Sexualstraftaten) nur gegen einen Beschuldigten zulässig.

Übersicht 50: Ablauf des strafrechtlichen Erkenntnisverfahrens nach der StPO

Ermittlungsverfahren

Amtliche Wahrnehmung des Verdachts einer Straftat i. d. R. durch **Anzeige** und Strafantrag (§§ 158 Abs. 1, 160 Abs. 1). Bei unnatürlichem Tod/Leichenfund „sofortige" Anzeige bei der StA oder dem AG durch Polizei und Gemeindebehörden (§ 159)

↓

Bei „zureichenden tatsächlichen" Anhaltspunkten (§ 152 Abs. 2) Einleitung eines Ermittlungsverfahrens durch StA (§§ 160, 163) bzw. Polizei (§ 152 GVG)

↓

Erforschung des Sachverhalts, ggf. weitere Ermittlungen auch der zur Entlastung dienenden Umstände (§ 160 Abs. 2), Prüfung rechtlicher Aspekte (z. B. Alter und strafrechtliche Verantwortlichkeit)

↓

ggf. „erster Zugriff" durch die **Polizei** (§ 163 Abs. 1) und weitere Ermittlungsbefugnisse:
 Auskunft von Behörden (§ 163 Abs. 1 S. 2)
■ Festhalten und Durchsuchen zur Feststellung der Identität (§ 163b Abs. 1)
■ Fahndungen (§ 131c Abs. 1)
■ vorläufige Festnahme (§ 127 Abs. 1 u. 2)
■ (erste) Vernehmung des Beschuldigten (§ 163a Abs. 4)
■ körperliche Durchsuchung, Blutprobe (§ 81a Abs. 2)
■ Observation (§ 163f Abs. 3 S. 1)
■ Beschlagnahme von Gegenständen, ggf. auch Führerschein (§ 98 Abs. 1 S. 1)
■ Durchsuchung (§ 105 Abs. 1 S. 1)
■ Zeugenvernehmung (§ 163a Abs. 5)

↓

Recht des Beschuldigten, sich „in jeder Lage des Verfahrens" eines **Verteidigers** zu bedienen (§§ 136 Abs. 1, 137 Abs. 1 S. 1, 168c Abs. 2 u. 5)

↓

„unverzügliche" Unterrichtung der StA durch die Polizei (§ 163 Abs. 2 S. 1); in der Praxis häufig „Durchermittlung" und Abschussbericht

↓

eigene Ermittlungen der **StA** (§§ 160 Abs. 1–3, 161), z.B. durch Behördenauskunft (§ 161 Abs. 1 S. 1 Alt. 1); Anweisung von weiteren polizeilichen Ermittlungen (§ 161 Abs. 1 S. 1 Alt. 3, S. 2) oder Antrag auf richterliche Untersuchungshandlungen (§ 162)

↓

weitere Ermittlungs- und Zwangsbefugnisse der **StA** sowie ggf. der Polizei:
■ Vornahme der Obduktion/Leichenschau (§ 87),
■ Bestellung von Sachverständigen (§ 161a Abs. 1 S. 2)
■ Einsatz eines verdeckten Ermittlers (§§ 110a, 100b)

 bei „Gefahr in Verzug" Telekommunikationsüberwachung (§ 100b Abs. 1) und
■ „Späh-" und „kleiner Lauschangriff" (§ 100f Abs. 1 S. 1, Abs. 4)
■ ggf. Beschlagnahme (vgl. § 111e)

↓

Entscheidung des (Ermittlungs-, Haft-)**Richters**; grds. vorab, wenn „Gefahr im Verzug" vorlag, nachträglich; zwingend vorab bei
■ molekulargenetischen Untersuchungen (§ 81f Abs. 1 S. 1)
■ „großer Lauschangriff" (§§ 100c, 100d)
■ vorläufiger Entziehung der Fahrerlaubnis (§ 111a)
■ Beschlagnahme eines periodischen Druckwerks (§ 111n Abs. 1 S. 1) und
■ Untersuchungshaft (Art. 104 Abs. 2 S. 1 GG, §§ 112 ff.)

↓

Bestellung eines **Pflichtverteidigers** (§ 141 Abs. 3), obligatorisch bei U-Haft (§ 140 Abs. 1 Nr. 4)

↓

richterliche Entscheidung auf **Beschwerde** des Beschuldigten bzw. seines Verteidigers gegen Ermittlungsmaßnahmen

↓

richterliche Vernehmung des Beschuldigten (§§ 133 ff.) sowie der Zeugen und Sachverständigen und ggf. richterlicher Augenschein in Anwesenheit des Beschuldigten und seines Verteidigers (§§ 168c, ff.)

↓

Erledigung von Beweisanträgen des **Beschuldigten** bzw. seines **Verteidigers** (§ 219)

↓

Abschussvermerk der **StA** (§ 169 a) mit der Folge vollen **Akteneinsichtsrechts des Verteidigers** (§ 147 Abs. 1 u. 2); dem **Beschuldigten** sind Auskünfte und Abschriften aus den Akten zu erteilen (§ 147 Abs. 7)

↓

Abschlussverfügung der StA:
■ Einstellung, wenn kein „genügender Anlass zur Erhebung der öffentlichen Klage" besteht (§ 170 Abs. 2)
■ bei Privatklagedelikten (§ 374 Abs. 1) wegen Fehlens des öffentlichen Interesses (§ 376), Verweis auf den Privatklageweg
■ Einstellung/Absehen von der Klage nach §§ 153 ff. und § 45 JGG
■ Strafbefehlsantrag (§§ 407 ff.)
■ Anklage (§§ 151, 152 Abs. 1, 170 Abs. 1) bei „hinreichendem Tatverdacht" (vgl. § 203)
■ Antrag auf Entscheidung im beschleunigten Verfahren (§§ 417 ff.)

↓

Fortsetzung Übersicht 50

ggf. Klageerzwingungsverfahren durch den Antragsteller, der zugleich Verletzter ist; ggf. Beschluss des Oberlandesgerichts, Anklage zu erheben (§§ 171 ff.)

↓

Anschlusserklärung bzgl. **Nebenklage** (§§ 395 ff.)

↓

Zwischenverfahren

vor dem erkennenden Gericht (ohne Schöffen)

↓

Mitteilung der Anklageschrift an den **Angeschuldigten** (§ 201), Möglichkeit zur Stellungnahme (rechtliches Gehör)

↓

ggf. einzelne Beweiserhebungen (§ 202)

↓

Eröffnungsbeschluss
bei „hinreichendem Tatverdacht (§§ 203, 207), sonst Ablehnung der Eröffnung (§ 204 bzw. § 408 bei Ablehnung des Erlasses eines Strafbefehls)

↓

bei Ablehnung der Eröffnung sofortige Beschwerde der **StA** (§ 210 Abs. 2 bzw. § 408 Abs. 2)

↓

Hauptverfahren

 Vorbereitung der Hauptverhandlung und Terminbestimmung (§ 213)
 Ladung des Angeklagten, ggf. seines Verteidigers und der Zeugen (§§ 214 ff.)
 Besetzungsmitteilung (§§ 222a, 222b)

↓

Öffentliche **Hauptverhandlung** (§§ 169 ff. GVG) geleitet vom Vorsitzenden (§ 238),
Mündlichkeits- und Unmittelbarkeitsgrds., grds. keine Hauptverhandlung gegen einen nicht anwesenden Angeklagten (§§ 230, 276, 285), vorübergehende Entfernung des Angeklagten u. U. zulässig (z. B. Zeugenschutz § 247)

↓

Aufruf der Sache und Anwesenheitsfeststellungen, Zeugenbelehrung (§ 243 Abs. 1), danach verlassen diese den Sitzungssaal (§ 243 Abs. 2)

↓

Vernehmung des **Angeklagten** über „seine persönlichen Verhältnisse", hier nur die Personalien (§ 243 Abs. 2 S. 2)

↓

Verlesung der Anklage durch **StA** (§ 243 Abs. 3)

↓

Belehrung und ggf. Vernehmung des **Angeklagten**:

↓

Beweisaufnahme (Amtsermittlung, § 244 Abs. 2), ggf. Beweisanträge und Zusatzfragen von StA und Verteidigung (§ 245 Abs. 2)

↓

Beweismittel:
 Zeugen (§§ 48 ff.)
 Sachverständige (§§ 72 ff.)
 Augenschein (§§ 86 ff.)
 Urkunden und andere Schriftstücke (§§ 249 ff.)
 Aussagen des Angeklagten und Mitbeschuldigter (§§ 136, 163a Abs. 1, 243 Abs. 4)

↓

Erklärungen der Beteiligten (§ 257)

↓

ggf. Hinweis des **Gerichts** auf Veränderung des rechtlichen Gesichtspunkts (§ 265)

↓

Verständigung im Strafverfahren (§§ 257c, 273)

↓

Schlussvortrag **(Plädoyer)** des Staatsanwalts, ggf. des Nebenklägers (Verletzten) und dann des Verteidigers bzw. des Angeklagten

↓

letztes Wort des Angeklagten

↓

nicht-öffentliche **Beratung des Gerichts** über das Ergebnis der Verhandlung im Hinblick auf
 die angeklagte Tat (§ 264),
 Abstimmung über Schuldfrage und
 Rechtsfolgen der Tat (§ 263)

↓

mündliche **Verkündung** und Begründung des Urteils „im Namen des Volkes" durch den Vorsitzenden (§§ 260, 268): Freispruch oder Verurteilung

↓

Fertigstellung des Sitzungsprotokolls (§§ 271 ff.) sowie Niederschrift des Urteils und der Gründe (§§ 267, 275)

Wird jemand auf frischer Tat betroffen (also erwischt, ertappt) oder verfolgt und vorläufig von der Polizei oder Staatsanwaltschaft festgenommen (§ 127 StPO), so ist er unverzüglich, spätestens am Tage nach der Festnahme dem Richter vorzuführen (§ 128 StPO), der über die Zulässigkeit der **Untersuchungshaft** (§ 112 StPO) entscheidet. **Hausdurchsuchungen** sind nur unter den Voraussetzungen der §§ 102, 105 StPO zulässig. Beweismittel können beschlagnahmt werden (§§ 94, 98 StPO). Der technischen (optischen und akustischen) Überwachung sind Grenzen gesetzt (vgl. §§ 100c, 100d, 100f StPO), insb. der Überwachung des Fernmeldeverkehrs (§§ 100a, 100b StPO).

Die Staatsanwaltschaft hat nach dem Ermittlungsergebnis zu entscheiden, ob genügender Anlass zur Erhebung der Anklage besteht (§§ 170 Abs. 1 StPO). Kommt die Staatsanwaltschaft zu dem Ergebnis, dass eine Verurteilung wahrscheinlich erscheint und damit ein hinreichender Tatverdacht (vgl. § 203 StPO) besteht, schließt sie das Ermittlungsverfahren grds. mit der Erhebung der öffentlichen Klage, entweder durch eine Anklageschrift oder durch Antrag auf Erlass eines **Strafbefehls** (§§ 407 ff. StPO) ab. Durch das Strafbefehlsverfahren soll im Bereich der Massendelikte eine schnelle und kostengünstige Erledigung erfolgen. Als Rechtsfolge dürfen dann aber keine Freiheitsstrafen, sondern u. a. nur Geldstrafe, Verwarnung mit Strafvorbehalt, Fahrverbot und die Entziehung der Fahrerlaubnis mit einer Sperre von nicht mehr als zwei Jahren angeordnet werden (§ 407 Abs. 2 StPO). Der Beschuldigte kann gegen den Strafbefehl innerhalb einer Frist von zwei Wochen nach Zustellung Einspruch einlegen. Dadurch wird das Verfahren in ein normales Strafverfahren übergeleitet. Wurde gegen einen Strafbefehl nicht rechtzeitig Einspruch erhoben, steht er einem rechtskräftigen Urteil gleich (§ 410 Abs. 3 StPO). [*Anklage*]

Ist nach den Feststellungen im Ermittlungsverfahren mit einer Verurteilung des Beschuldigten nicht zu rechnen, z. B. weil die Beweismittel zur Überführung des Täters nicht ausreichen oder weil Verfahrenshindernisse (z. B. Verjährung) vorliegen, muss das Verfahren eingestellt werden (§ 170 Abs. 2 StPO). Dabei gilt auch der Grundsatz *„in dubio pro reo"* (s. o. III-8.3.1), das Verfahren ist im Zweifel nach § 170 Abs. 2 StPO einzustellen. Selbst wenn ein hinreichender Tatverdacht vorliegt, ist eine Anklage nicht immer zwingend, ja in vielen Fällen im Hinblick auf das Verhältnismäßigkeitsgebot nicht einmal geboten. Staatsanwaltschaft und Gericht haben nach §§ 153–154e StPO vielfache Möglichkeiten der informellen Verfahrenserledigung (Diversion) und zwar nicht nur bei Bagatellsachen (§ 153 StPO) und bei Vergehen bei Erfüllung von Auflagen und Weisungen (z. B. TOA oder Geldbuße; vgl. § 153a StPO), sondern gerade im Hinblick auf § 46a StGB und § 153b StPO für den Großteil der Kriminalität (vgl. Trenczek 2003b, 106). Besondere Möglichkeiten der Diversion finden sich im BtMG (§§ 29 Abs. 5, 31 a Abs. 1, § 37 Abs. 2 BtMG (s. o. III-8.2.3.5) sowie im Jugendstrafrecht (s. u. III-8.5.1). [*Verfahrens-einstellung*] [*Diversion*]

Im Rahmen der informellen Verfahrenserledigung kommt der Bearbeitung des **Straftatkonflikts** im sog. außergerichtlichen Tatausgleich (ATA) bzw. Täter-Opfer-Ausgleich (TOA) eine besondere Bedeutung zu. Hierbei handelt es sich um ein spezifisches Anwendungsfeld der **Mediation** (vgl. I-6.3). Der ATA / TOA ist eine im traditionellen Strafrechtsdenken (s. u. III-8.4.1) immer noch ungewohnte und viel zu selten genutzte Form der Verfahrenserledigung (vgl. BAG TOA 2006, Bals et al. 2005; Trenczek 2003b). [*Täter-Opfer-Ausgleich*]

Zwischenverfahren Erhebt die Staatsanwaltschaft Anklage, so geht das Verfahren in eine zweite Phase, das sog. Zwischenverfahren (§§ 199 – 211 StPO), über. Durch den Eröffnungsbeschluss tritt das Strafverfahren in die dritte Phase, die öffentliche Hauptverhandlung, ein (§§ 226 ff. StPO). Auch hier bestehen – selbst während der mündlichen Verhandlung – noch Möglichkeiten der informellen Verfahrenserledigung (z. B. §§ 153a Abs. 2, 153b Abs. 2 StPO, § 47 JGG).

Hauptverhandlung In aller Regel läuft die öffentliche und mündliche Hauptverhandlung (§§ 250, 261, 264 StPO) in den in der Übersicht 50 dargestellten Schritten ab. Es ist üblich, dem Gericht schon dadurch Respekt zu zollen, indem man beim Eintreten der Richter aufsteht und diese im Laufe des Verfahrens entsprechend tituliert. Die mündliche Verhandlung (§§ 243 ff. StPO) leitet die Vorsitzende, insb. die Vernehmung der Angeklagten und Zeugen und sonstige Beweiserhebung (§§ 238 f. StPO). Ihr obliegt auch die sog. Sitzungspolizei (§ 176 GVG) und sie hat insoweit das umfassende Ordnungsrecht. Im Rahmen der Beweisaufnahme hat aber darüber hinaus die Staatsanwaltschaft, der Angeklagte und sein Verteidiger sowie ggf. der Anwalt des Nebenklägers (Verletzten) ein Frage- und Beweisantragsrecht.

Beweisaufnahme Das Gericht hat zur Erforschung der Wahrheit die Beweisaufnahme von Amts wegen auf alle Tatsachen und Beweismittel zu erstrecken, die für die Entscheidung von Bedeutung sind (§ 244 StPO). Als **Beweismittel** kommen nach der StPO in Betracht: Zeugen (§§ 48 ff. StPO), Sachverständige (§§ 72 ff. StPO), der sog. Augenschein (§ 86 StPO), Urkunden und andere Schriftstücke (§ 249 StPO), die Aussagen des Beschuldigten und Mitbeschuldigten (§§ 136, 163a Abs. 1, 243 Abs. 4 StPO). Selbst bei einem Geständnis eines Angeklagten ist es erforderlich, dass das Tatgeschehen rekonstruiert und durch Beweise nachgewiesen wird. Zeugen sind zwar

Zeugenbeweis das häufigste Beweismittel, allerdings ungeachtet ihrer Wahrheits- (§§ 153 ff. StGB) und Eidespflicht (§ 59 StPO) empirisch gesehen ein sehr unzuverlässiges Beweismittel. Insoweit sind auch die Vorschriften über die Zeugnisverweigerung (vgl. §§ 52 ff., 252 StPO), den Zeugenschutz (§§ 58 a, 247 a, 255 a StPO) und unerreichbare Zeugen (§ 251 StPO) zu beachten.

Verständigung in Strafverfahren Nicht erst nach der Beweisaufnahme, sondern bereits im Laufe des gesamten Hauptverfahrens wird ein Gericht mit den Verfahrensbeteiligten den Stand des Verfahrens erörtern, um dessen Fortgang zu fördern (vgl. § 257b StPO). Seit August 2009 sind nun die aus den angelsächsischen Krimiserien bekannten, früher in Deutschland als anrüchig geltenden „Deals" im Hinblick auf den Ausgang des Strafverfahrens zulässig. Allerdings dürfen sich die Absprachen lediglich auf die Rechtsfolgen, auf verfahrensbezogene Maßnahmen sowie das Prozessverhalten der Verfahrensbeteiligten beziehen und eine Gegenleistung insb. für ein Geständnis des Angeklagten sein (§ 257c Abs. 2 StPO). Das betrifft vor allem auch die Strafmilderung aufgrund der sog. **Kronzeugenregelung** (§ 46b StGB). Die Verständigung von Angeklagtem, seinem Verteidiger, der Staatsanwaltschaft und dem Gericht muss zudem im Protokoll der Hauptverhandlung offengelegt werden (§ 273 Abs. 1 StPO).

Nach den Schlussvorträgen (Plädoyers) der Staatsanwaltschaft und ggf. der Verteidigung sowie des letzten Wortes des Angeklagten (§ 258 StPO) zieht sich das Gericht zu der nichtöffentlichen Beratung zurück, in der über das Ergebnis der

Verhandlung im Hinblick auf die angeklagte Tat (§ 264 StPO), die Schuld des Angeklagten (§ 263 Abs. 2 StPO) sowie die Rechtsfolgen (§ 263 StPO) entschieden wird. Das Urteil wird durch die Vorsitzende in öffentlicher Sitzung im Namen des Volkes verkündet und begründet (§§ 260, 268 StPO). Gegen strafrechtliche Urteile können die Verfahrensbeteiligten grds. das Rechtsmittel der Berufung (§§ 312 ff. StPO) und/bzw. der Revision (§§ 333 ff. StPO) einlegen, wodurch deren Rechtskraft vorläufig gehemmt wird (Suspensiveffekt) und die Sache im Instanzenzug vor eine höhere Instanz gebracht wird (Devolutiveffekt).

Das Strafvollstreckungsverfahren dient dazu, das strafrechtliche Urteil umzusetzen und Art, Umfang bzw. Dauer der Strafe zu überwachen. Demgegenüber spricht man von Strafvollzug, wenn es um die Durchführung (das „wie") des Freiheitsentzuges geht. Die Strafvollstreckung ist formal noch ein Abschnitt des Strafverfahrens, allerdings handelt es sich nicht mehr um Rechtsprechung, sondern um eine Justizverwaltungsaufgabe, die überwiegend von der Staatsanwaltschaft wahrgenommen wird (§§ 36 Abs. 2, 451, 463 StPO). Die wesentlichen Regelungen finden sich in §§ 449 ff. StPO, aber u. a. auch in §§ 82 ff. JGG, dem StGB, dem BtMG, der StVollstrO sowie im Hinblick auf Geldstrafen in den Justizbeitreibungsordnungen (JBeitrO, EBAO). Bei der StVollstrO handelt es sich um eine Verwaltungsvorschrift (vgl. I-1.1.3.6), die aufgrund einer Vereinbarung des Bundes mit den Ländern einheitlich im Bundesgebiet angewendet wird. Darüber hinaus finden sich eine große Zahl weiterer Verwaltungsvorschriften in den Ländern.

Strafvollstreckung

8.4 Strafrechtliche Sanktionen

8.4.1 Sinn und Zweck der staatlichen Strafe

Das Strafrecht soll dem Rechtsgüterschutz dienen (s. o. III-8.1.2). Damit ist noch nicht gesagt, in welcher Weise und zu welchen Zwecken das Mittel der Strafe eingesetzt werden soll. Unterschieden werden muss zunächst zwischen der Definition und dem Zweck der Strafe. Strafrechtliche **Strafen** sind eine bewusste, vom Staat angeordnete Zufügung eines Übels als Reaktion auf ein verbotenes, strafrechtlich relevantes Verhalten. Über den Sinn und Zweck der staatlichen Strafe streiten sich seit jeher **drei Grundauffassungen**: der Vergeltungsgedanke als sog. absolute Theorie sowie die spezialpräventive Lehre und die Idee der Generalprävention als sog. relative, zweckgerichtete Theorien, beide jeweils wiederum mit unterschiedlichen Ausprägungen (vgl. Übersicht 51).

Nach den absoluten Straftheorien (Hegel) wird die staatliche Strafe alleine durch die Abweichung und das damit begangene Unrecht als solches begründet, weshalb auf die Gesetzesverletzung die Vergeltung als repressive Reaktion erfolgen müsse. Demgegenüber bedarf es nach den relativen Straf(zweck)theorien eines ethisch und sozial begründbaren Zwecks: der Verhinderung von Straftaten (Prävention). Mit Blick auf den Täter spricht man von (negativer bzw. positiver) **Spezialprävention** (Abschreckung bzw. Resozialisierung), zum anderen mit Wirkung auf die Allgemeinheit von (negativer bzw. positiver) **Generalprävention**

Übersicht 51: Legitimationen der staatlichen Kriminalstrafe

```
                          ┌─────────────────┐
                          │  Kriminalstrafe │
                          └─────────────────┘

┌──────────────────┐                          ┌──────────────────┐
│ Absolute Theorie │ ◄──────────────────────► │ Relative Theorie │
│  (Kant, Hegel)   │                          │                  │
└──────────────────┘                          └──────────────────┘
```

Vergeltung wegen und nach Maß des begangenen Unrechts	Sittliche Sühne-leistung zum Ausgleich für das begangene Unrecht	Wiedergutmachung	Generalprävention: Wirkung auf die Allgemeinheit	Spezialprävention: Einwirkung auf den Täter

Negativ: Abschreckung potenzieller Straftäter (Anselm v. Feuerbach)	Positiv: öffentliche Bekräftigung der Weitergeltung der verletzten Rechtsnorm		Negativ: Individualabschreckung des verurteilten Täters vor weiteren Straftaten	Positiv: Resozialisierung des Straftäters durch Einwirkung auf seine Lebensführung (F. v. Liszt)

„Verteidigung der Rechtsordnung" insbesondere zur Vermeidung von Selbstjustiz; Befriedigung von Strafbedürfnissen der Allgemeinheit			Sicherung der vollzugsexternen Allgemeinheit vor dem (als gefährlich angesehenen) Täter, sei es durch Kontrolle (z. B. Bewährungsauflagen) oder sichernde Verwahrung → Maßregeln der Sicherung

Verteidigung der Rechtsordnung (Abschreckung bzw. Bestätigung der Norm). Der Begriff „Verteidigung der Rechtsordnung" wird zumeist im Zusammenhang mit generalpräventiven Aspekten herangezogen (insb. als Argument zur Vermeidung von Selbstjustiz), er geht dabei über Abschreckungsaspekte hinaus und bezieht sich auf das Vertrauen der Bevölkerung in die Funktionsfähigkeit der Rechtspflege (vgl. Hassemer 2009, 98 ff.; Schönke / Schröder et al. 2010, Vorbem. §§ 38 Rz. 12 ff.).

Alle Versuche, die Kriminalstrafe als staatliche Übelzufügung zu legitimieren, stoßen in der einen oder anderen Weise auf Kritik. So ist in einem modernen Rechtsstaat für eine reine, noch dazu metaphysisch begründete Vergeltung kein Raum, da nach dem **Verhältnismäßigkeitsgrundsatz** jede staatliche Maßnahme einem gesetzlich intendierten Zweck dient und hierfür geeignet, im Hinblick auf den Eingriffscharakter erforderlich und im Hinblick auf die Zweck-Mittel-Relation angemessen sein muss (vgl. I-2.1.2.2). Auch der lediglich sichernden Verwahrung eines Menschen sind im Rechtsstaat Grenzen gesetzt. Im Hinblick auf die Abschreckungsphilosophie lässt sich die behauptete Wirkung weder im Hinblick auf die („negative") Spezial- noch im Hinblick auf die („negative") Generalprävention empirisch nachweisen (hierzu vgl. Eisenberg 2005, § 41; Meier 2006, 28 f.; Streng 2002, 30 ff.). Soweit mit der Idee der positiven Spezialprävention die gelingende Resozialisierung versprochen wird, stößt auch diese Hoffnung zumeist an ihre Grenzen, vielfach wird die Desintegration gerade durch die strafrechtliche Sanktion (insb. Freiheitsentzug) erst mitverursacht. Eine nur auf die Resozialisierung und (Um)Erziehung setzende Sanktionspolitik muss jedes Unrecht angemessene Maß verlieren. Die reine Spezialprävention kennt – anders als das Talionsprinzip „Aug' um Aug', Zahn um Zahn" – weder eine Begrenzung bei Bagatelltaten (das gilt auch für die negative Generalprävention) noch eine Reaktionsnotwendigkeit bei „an sich" bzw. mittlerweile wieder gut integrierten Straftätern z. B. bei sog. „Weiße-Kragen-" oder „Kavaliersdelikten" (z. B. Steuerhinterziehung; Untreuevorwurf bei extrem hohen Abfindungszahlungen, vgl. BGH v. 21.12.2005 – 3 StR 470/04) oder bei einer in der Vergangenheit liegenden Straftatbegehung (z. B. NS-Unrecht oder die Strafverfahren gegen ehemalige Politbüromitglieder z. B. BGH v. 06.11.2002 – 5 StR 281/01). Die Abschreckungsdoktrin basiert auf dem Modell des vor einer potenziellen Tat rational kalkulierenden Menschen, der mitunter in Bereichen der Wirtschafts- und Weiße-Kragen-Kriminalität vorhanden sein mag, allerdings deutlich seltener bei den in den Strafanstalten einsitzenden Verurteilten anzutreffen ist oder bei den häufig affektgesteuerten in der Gruppe oder unter dem Einfluss von Alkohol durchgeführten Spontantaten, insb. jugendlicher Beschuldigter.

In der Unmöglichkeit eine durchgehend stimmige und rechtsstaatlich saubere Legitimation der staatlichen Sanktion zu begründen, behilft man sich in Rechtsprechung und Wissenschaft mit einer als **Vereinigungstheorie** bezeichneten Begründung, um die Vorteile der jeweiligen Sinndeutungen zu nutzen und die Nachteile einseitiger Orientierungen auszugleichen, wobei allerdings nicht immer korrekt zwischen der Androhung (Appell) und der Verhängung von Sanktionen (intensiver Grundrechtseingriff) unterschieden wird (insb. folgt aus der Strafandrohung nicht zwingend, auf alle Normübertretungen strafend reagieren zu müssen). Der Gesetzgeber hat in § 46 StGB versucht, die verschiedenen Legitimationsansätze zu verknüpfen. Auf die „Verteidigung der Rechtsordnung" als generalpräventive Komponente nimmt das StGB in wenigen Fällen ausdrücklich Bezug (vgl. §§ 47 Abs. 1, 56 Abs. 3, § 59 Abs. 1 Nr. 3 StGB). Einigkeit besteht darüber, dass die staatliche Strafe durch das Maß der **Tatschuld** begrenzt wird, dass also niemand aus spezial- oder generalpräventiven Gründen härter bestraft werden darf, als es dem Gewicht seiner Tat und seines persönlichen Verschuldens entspricht. So einfach dies klingt, so theoretisch bleibt dieses Konstrukt. Insbesondere müsste die kumulative Berücksichtigung der verschiedenen Theorien – entgegen ihrem Ansatz Strafbegründungen zu sein – rechtstheoretisch-„logisch" eine strafbegrenzende Wirkung entfalten. Letztlich sagt die rechtstheoretische Grundlegung nichts über das konkrete Sanktionsmittel und seine empirisch nachzuweisende Wirksamkeit aus.

In den letzten 20 Jahren wurden zudem in Abgrenzung zu den „präventionsorientierten" Legitimationen die Interessen der geschädigten Opfer (vgl. Hörnle 2006, 950 ff.) und in diesem Zusammenhang die Wiedergutmachung als zentrale Komponente eines rechtsstaatlichen Strafrechts wiederentdeckt und teilweise als dritte Spur des Strafrechts oder sogar als Strafzweck bezeichnet (Schöch 1987). Allerdings entspringt der über die Begleichung materieller und (durch ein Schmerzensgeld) monetarisierter Schäden hinausreichende, durch einen kommunikativen Prozess gekennzeichnete (vgl. BGH 1 StR 257 v. 07.12.2005) sog. außergerichtliche **Tatausgleich** (ATA) bzw. **Täter-Opfer-Ausgleich** (TOA) dem Strafrecht *vorgelagerten* Grundsätzen der selbstverantwortlichen Konfliktregelung (vgl. Trenczek

Wiedergutmachung

2003b, 107 f.; zur Mediation vgl. I-6.3). Der Gesetzgeber hat aber dem Ausgleichs-
gedanken nicht nur im Rahmen der Diversion, sondern durch den § 46a StGB auch
im Rahmen der Strafzumessung Rechnung getragen. Wesentlich ist, dass erkannt
wird, dass eine Straftat Folge, Ausdruck oder Ursache eines **Konfliktes** ist,
der – wenn er nicht angemessen bewältigt wird – zu weiteren Konflikten und Eskalationen führt (vgl. Christie 1977; Hanak et al. 1989). Insoweit ist es unerheblich, ob man diese friedensstiftenden Reaktionen als dritte Spur *des* Strafrechts
oder eher als Spur und Brücke *aus* dem Strafrecht hinaus betrachtet. Im Wesentlichen geht es in der Ausgleichs- und Wiedergutmachungsphilosophie um die Anerkennung des Opfers als Opfer und deshalb nicht um zweckfreie Vergeltung oder
empirisch schwer nachzuweisende Zweckrationalitäten, sondern vielmehr darum,
die gestörte Ordnung wieder in die Balance zu bringen und dabei – ggf. auch im
Rahmen der strafrechtlichen Sozialkontrolle – den Grundsatz Fairness (vgl. I-1.2.3
und I-6.3.3) zu beachten (vgl. Hörnle 2004, 175 ff.).

8.4.2   Sanktionsarten

Strafen sind negative Sanktionen, eine bewusste Zufügung eines Übels als Reaktion auf ein unerwünschtes Verhalten. Das Recht kennt ganz unterschiedliche (ne-
gative) Sanktionen und zwar nicht nur im Strafrecht, sondern auch im Zivil- und
im sonstigen Öffentlichen Recht, z B. zivilrechtliche Vertragsstrafen (§§ 336 ff.
BGB, wie das erhöhte Beförderungsentgelt beim sog. Schwarzfahren). Die Leib-
Kriminalstrafe   und Todesstrafe ist in Deutschland abgeschafft (Art. 1, 102 GG). Als Strafe im
Sinne des Strafrechts (siehe Übersicht 52) gelten nur die Geldstrafe (§§ 40 – 43
StGB), die Freiheits- (§§ 38 f. StGB) und Jugendstrafe (§§ 17 f. JGG), sog. Neben-
strafen (z. B. Fahrverbot nach § 44 StGB) sowie spezifische Strafen aus den straf-
rechtlichen Nebengesetzen, z. B. Strafarrest (§ 9 WStG).

Das **Wesen der Kriminalstrafe** liegt in der Missbilligung der strafrechtlich relevanten Handlung, in dem sozialethischen Unwerturteil über die begangene Tat,
dem Vorwurf, sich nicht – wie die anderen Gesellschaftsmitglieder – an elemen-
Schuldprinzip   tare Regeln gehalten zu haben. Die Strafe soll deshalb dem Schuldausgleich dienen (§ 46 Abs. 1 S. 1 StGB, zum sog. Schuldprinzip III-8.2.1.3). Ist das z. B. aufgrund der mangelnden strafrechtlichen Verantwortlichkeit von Kindern (§ 19
StGB), von Jugendlichen (§ 3 JGG) oder aufgrund von Krankheit indizierter
Schuldunfähigkeit (§ 20 StGB) nicht der Fall, so darf die Person nicht bestraft
werden. Zum Schutz der Allgemeinheit können aber aufgrund der Gefährlichkeit
der Person allerdings ggf. Maßregeln der Besserung und Sicherung (§§ 61 ff.
StGB, z. B. die zeitlich unbestimmte Unterbringung in einem psychiatrischen
Krankenhaus) ergriffen werden (s. u.). Man spricht insoweit von der **Zweisprig-
keit des strafrechtlichen Sanktionskatalogs**. Während die Strafe rückwirkend und
repressiv auf den Ausgleich der Tatschuld gerichtet ist, sollen Maßnahmen präventiv künftige Gefahren für die Allgemeinheit verhindern. In beiden Fällen – bei den
Kriminalstrafen aber auch bei den Maßregeln der Besserung und Sicherung – muss
das Verhältnismäßigkeitsgebot gewahrt bleiben, bei Letzteren nicht nur mit Blick
auf die begangene Tat, sondern auch auf das künftige Verhalten (vgl. § 62 StGB).

Übersicht 52: Strafrechtliche Rechtsfolgen

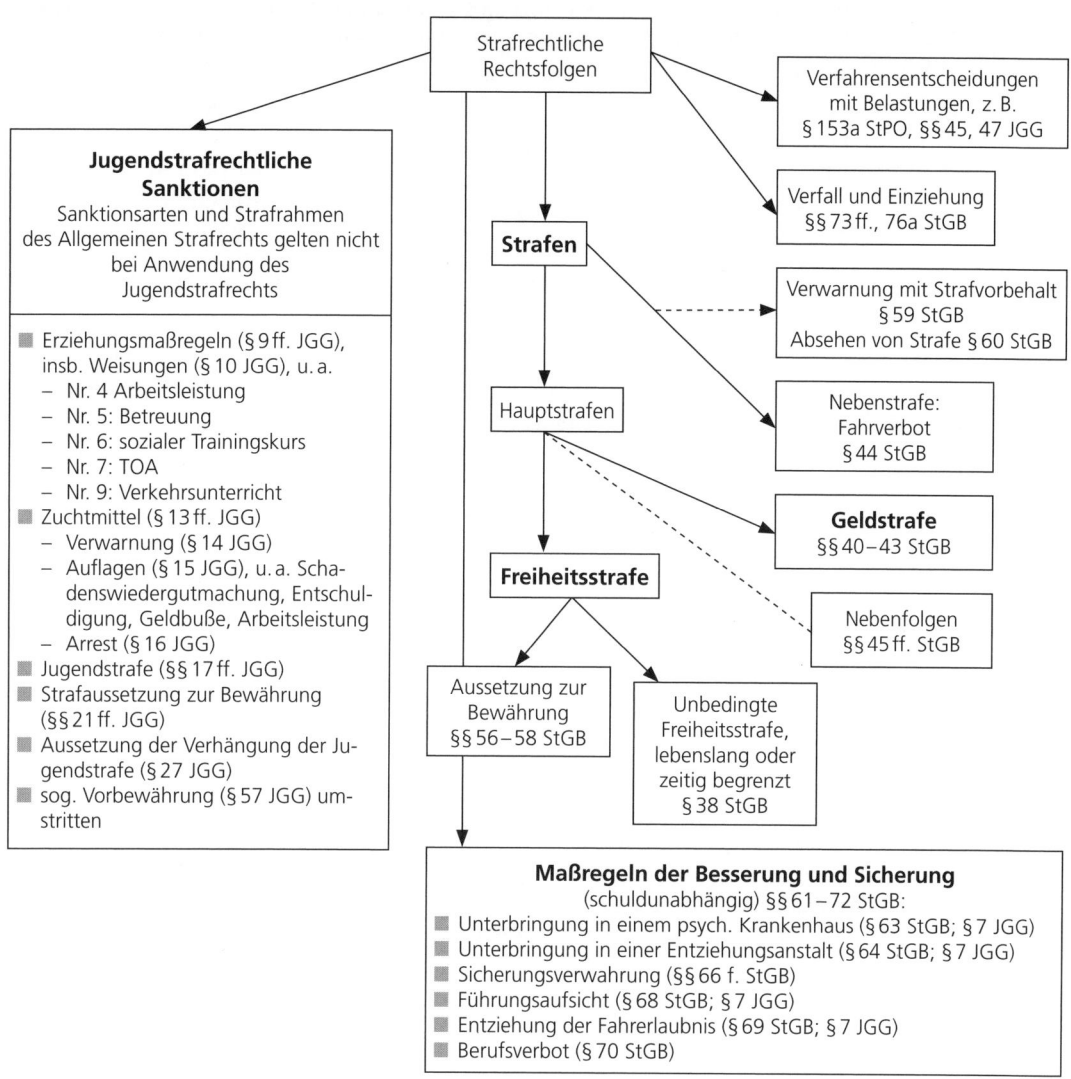

Freiheitsstrafe wird nach § 38 StGB entweder als lebenslange Strafe oder für einen **Freiheitsstrafe**
bestimmten Zeitraum verhängt, wobei das Höchstmaß der zeitigen Freiheitsstrafe
15 Jahre beträgt. Eine Freiheitsstrafe unter sechs Monaten soll aufgrund der damit
verbundenen negativen Folgen (z. B. Verlust des Arbeitsplatzes) nach § 47 StGB
nur im Ausnahmefall verhängt werden. Freiheitsstrafen von bis zu einem Jahr **Bewährung**
muss das Gericht nach § 56 Abs. 1 StGB bei einer positiven Sozialprognose zur
Bewährung aussetzen. Bei Freiheitsstrafen über einem Jahr bis zu zwei Jahren
steht die Entscheidung im Ermessen des Gerichts, wobei insb. die Wiedergutma-
chungsbemühungen des Täters und im Hinblick auf das Verhältnismäßigkeitsgebot der Vorrang der Aussetzung zu berücksichtigen ist (§ 56 Abs. 2 StGB). Die

Voraussetzungen und Kriterien für die i. d. R. durch die Soziale Arbeit vorzubereitende bzw. vorzunehmende **Sozialprognose** sind nicht nur empirisch naturgemäß unsicher, sondern auch normativ zum Teil sehr umstritten. Nach § 56 Abs. 1 StGB sind insb. die Persönlichkeit des Verurteilten, sein Vorleben, die Umstände der Tat, das Verhalten des Täters nach der Tat, seine Lebensverhältnisse und die Wirkungen der Verurteilung und der Aussetzungsentscheidung zu berücksichtigen. Frühere, auch einschlägige Verurteilungen schließen eine günstige Prognose nicht aus (BGH StV 1992, 417). Wird die Freiheitsstrafe zunächst vollstreckt, so kann nach Verbüßung von zwei Dritteln der Rest der Strafe zur Bewährung ausgesetzt werden (§ 57 Abs. 1 StGB). Auch die Vollstreckung der „an sich" lebenslangen Freiheitsstrafe (§ 38 Abs. 1 StGB) kann nach § 57a StGB ausgesetzt werden, allerdings frühestens nach 15 Jahren.

Auflagen und Weisungen

Für die Dauer der Bewährungszeit von zwei bis fünf Jahren kann die Bewährung mit Auflagen und Weisungen verbunden werden. Als Auflage kommen nach § 56b StGB z. B. die **Schadenswiedergutmachung**, die Zahlung einer **Geldbuße**, insb. an eine gemeinnützige Einrichtung, sowie die **gemeinnützige Arbeit** in Betracht, wobei die Schadenswiedergutmachung zugunsten der geschädigten Opfer Vorrang hat (vgl. § 56b Abs. 2 StGB). Weisungen (§ 56c StGB) sind Gebote und Verbote, die sich an die Lebensführung richten (z. B. bestimmte Orte oder Personen zu meiden) und den Verurteilten dabei unterstützen sollen, keine Straftaten zu begehen.

Bewährungshelfer

Das Gericht kann den Verurteilten für die Dauer oder einen Teil der Bewährungszeit auch der Aufsicht eines Bewährungshelfers (s. u. III-8.6.1) unterstellen (§ 56d StGB). Bewährungshelfer haben nach § 56d Abs. 3 StGB die Aufgabe, Verurteilten helfend und betreuend zur Seite zu stehen und im Einvernehmen mit dem Gericht die Erfüllung der Auflagen und Weisungen zu überwachen. Der gröbliche (erhebliche und beharrliche) Verstoß gegen Weisungen und Auflagen kann nach § 56f StGB wie die Begehung neuer Straftaten zum Widerruf der Strafaussetzung führen. Aber auch hier gebietet wiederum das Verhältnismäßigkeitsgebot die Abwägung darüber, auf welche Weise weiteren Straftaten am Besten (z. B. Verlängerung der Bewährungszeit, weitere Auflagen) vorgebeugt werden kann.

Geldstrafe

Die Geldstrafe (§ 40 StGB) wird in Deutschland nicht in festen Geldbeträgen, sondern nach sog. Tagessätzen verhängt. Die Höhe der Geldstrafe bemisst sich damit einerseits aus der Anzahl der Tagessätze und andererseits aus dem hierfür jeweils angesetzten Betrag. Die Anzahl der Tagessätze wird – formal-theoretisch – nach dem Unrechts- und Schuldgehalt der Tat bemessen. Die Anzahl kann mindestens fünf und maximal 360 volle Tagessätze betragen (bei Tatmehrheit insg. 720 Tagessätze Gesamtstrafe nach § 53f. StGB möglich, s. u.). Die Höhe des Tagessatzes – mindestens 1 €, höchstens 5.000 € – bestimmt das Gericht individuell nach den wirtschaftlichen Verhältnissen des Verurteilten, wobei i. d. R. das verfügbare Nettoeinkommen zugrunde gelegt wird. Dem Verurteilten soll schon im Urteil Stundung der Geldstrafe oder Ratenzahlung gewährt werden, damit er zunächst Wiedergutmachung an das Opfer leisten kann (§ 42 S. 3 StGB).

Verwarnung mit Strafvorbehalt

Die Geldstrafe kann – anders als die Freiheitsstrafe – nicht zur Bewährung ausgesetzt werden. Faktisch zu ähnlich Ergebnissen führt aber die Verwarnung mit

Strafvorbehalt (§ 59 StGB). Hier wird der Täter nur schuldig gesprochen und eine Verwarnung erteilt, die Verhängung einer Geldstrafe von bis zu 180 Tagessätzen aber noch nicht ausgesprochen. Das Absehen von Strafe (§ 60 StGB) ist möglich, wenn die Folgen der Tat, die den Täter getroffen haben, so schwer sind, dass die Verhängung einer Strafe offensichtlich verfehlt wäre. **Absehen von Strafe**

Die Verhängung von gemeinnütziger Arbeit ist im Allgemeinen Strafrecht **nicht** als selbstständige Sanktion, sondern nur im Zusammenhang mit der vorläufigen Einstellung des Verfahrens gem. § 153a Abs. 1 S. 2 Nr. 3 StPO oder als Bewährungsauflage gem. § 56d Abs. 2 Nr. 3 StGB sowie nach Landesrecht (vgl. Art 293 EGStGB i.V.m. den Tilgungsverordnungen der Länder) als „Freie Arbeit" zum Zwecke der Vermeidung von Ersatzfreiheitsstrafen zulässig. **gemeinnützige Arbeit**

Das **Fahrverbot** nach § 44 StGB kann bis zu einer Dauer von drei Monaten verhängt werden, wenn die Straftat bei oder im Zusammenhang mit einem Kfz begangen worden ist. Das Fahrverbot ist nur eine unselbstständige, aber repressive Nebenstrafe mit anschließender Rückgabe der Fahrerlaubnis. Im Unterschied hierzu erlischt bei der (präventiven) Maßregel der Entziehung der Fahrerlaubnis nach § 69 StGB diese mit Rechtskraft des Urteils, weshalb der Verurteilte nach Ablauf einer Sperrzeit (§ 69a StGB) eine neue Fahrerlaubnis erwerben muss. **Nebenstrafe**

Neben den Haupt- und Nebenstrafen sind schließlich die strafrechtlichen Nebenfolgen (§ 45 ff. StGB; vgl. auch §§ 73 f. StGB) zu beachten. Strafrechtliche Verurteilungen können schließlich erhebliche ausländerrechtliche Konsequenzen (zum **Zuwanderungsrecht** allgemein vgl. III-7) nach sich ziehen, die für die nichtdeutschen Staatsangehörigen in ihrer Wirkung häufiger einschneidender sind als die strafrechtliche Sanktion. **Nebenfolgen**

Nicht zu den Kriminalstrafen gehören die **strafprozessualen Zwangsmittel** und trotz ihres materiellen Sanktionscharakters die mit Belastungen versehenen **strafprozessualen Verfügungen**, z. B. Geldauflage bei Einstellung des Verfahrens nach § 153 a StPO. Entsprechendes gilt für die sog. **Erziehungsmaßregeln und Zuchtmittel des Jugendstrafrechts** (§§ 9 ff. JGG; s. u. III-8.5.2), die gelegentlich verniedlichend als „unechte" Strafen von den „echten" Kriminalstrafen unterschieden werden. **Sanktionen „ohne" sozialethischen Strafcharakter**

Die Maßregeln der Besserung und Sicherung nach §§ 61 ff. StGB sollen keine Sanktion für das begangene Unrecht darstellen, sondern präventiv künftige Gefahren für die Allgemeinheit verhindern. Sie galten deshalb bislang nicht als Strafen (vgl. aber EGMR 17.12.2009 – 19359/04). Besonders umstritten ist die – erstmals 1933 mit dem „Gesetz gegen gefährliche Gewohnheitsverbrecher" eingeführte – **Sicherungsverwahrung** (§§ 66 ff. StGB, § 7 JGG), deren nachträgliche Anordnung bzw. Verlängerung (§ 66b StGB) gegen Art. 5 und 7 EMRK verstößt (EGMR Haidn vs. Germany – 6587/04 – 13.01.2011; M. vs. Germany – 19359/04 – 17.12.2009), weil sie sich in ihrer Vollstreckung nicht wesentlich von einer Strafsanktion unterscheide. Das BVerfG (30.06.2010 – 2 BvR 571/10) hat aber aufgrund entsprechender Vorlagen der Oberlandesgerichte die sofortige Freilassung der für gefährlich **Maßregeln** gehaltenen Inhaftierten durch Erlass einer einstweiligen Anordnung abgelehnt. Im Wesentlichen geht es um die Abwägung widerstreitender Interessen, auf der einen Seite der Grundrechtsschutz von Inhaftierten, auf der anderen Seite der Schutz der Bevölkerung. Auch die EMRK lässt den Freiheitsentzug zur Sicherung vor „gefährlichen Menschen" (hierzu Böllinger et al. 2010) zu. Allerdings genügt eine reine Verlängerung der als Sanktion angeordneten Inhaftierung unter anderem Namen ohne substantielle Änderungen im Vollzug weder der EMRK noch dem GG. Der Gesetzgeber hat deshalb das neue Gesetz zur Sicherungsverwahrung beschlossen (in Kraft seit 01.01.2011), nach dem diese nur noch bei schweren Gewalttaten und Sexualstraftaten sowie bei Straftaten, die mit über zehn Jahren Haft geahndet werden, vollstreckt werden darf, wenn sie bereits durch das Tatgericht im Urteil vorbehalten wurde. Im Hinblick auf die sog. Altfälle wurde mit dem sog. Therapieunterbringungsgesetz die Möglichkeit geschaffen, Personen, die von zwei Gutachtern als „psychisch gestört" eingeschätzt wurden, bei anhaltender Gefahr in besonderen Anstalten gesichert unterzubringen. Es ist aber nun Sache der Länder zu beurteilen, welche Einrichtungen hierfür in Betracht kommen. Erstmalig wurde nun auch eine Regelung beschlossen nach der die **elektronische Fußfessel** im Rahmen der **Führungsaufsicht** (eine intensivere Form der Überwachung der verurteilten Personen und der verhängten Weisungen durch Aufsichtsstelle und Bewährungshelfer, §§ 68 ff. StGB) zur Überwachung von freigelassenen Sicherungsverwahrten eingesetzt werden darf.

In seinem Urteil vom 04.05.2011 (2 BvR 2365/09, 2 BvR 740/10) hat das BVerfG entschieden, dass alle Vorschriften des StGB und des JGG über die Anordnung und Dauer der Sicherungsverwahrung wegen Verletzung des Abstandsgebotes (Strafe – Maßregel) mit dem GG nicht vereinbar sind. Zudem verletzt eine nachträgliche Verlängerung bzw. Anordnung der Sicherungsverwahrung das rechtsstaatliche Vertrauensschutzgebot aus Art. 2 Abs. 2 Satz 2 in Verbindung mit Art. 20 Abs. 3 GG.

8.4.3   Strafzumessung

Nach § 46 Abs. 1 StGB ist die Schuld des Täters Grundlage für die Zumessung der Strafe. Deshalb muss das Gericht zunächst genau feststellen, welche Straftat oder -taten ein Beschuldigter begangen hat und welcher Strafrahmen hierfür unter Berücksichtigung minder oder besonders schwerer Fälle vorgesehen ist. Anders als im Jugendstrafrecht (vgl. unten III-8.5.2) hat der Gesetzgeber im Allgemeinen Strafrecht für jedes Delikt im Voraus die Art sowie Unter- und Obergrenze der **Strafrahmen** Strafe gesetzlich festgelegt. Das deutsche Strafrecht sieht mit Blick auf das Schuldprinzip davon ab, absolute (verbindliche) Strafandrohungen festzulegen. Die konkret verhängte Strafsanktion muss sich innerhalb des aufgrund der rechtsdogmatischen Feststellungen fixierten, Schuld angemessenen Strafrahmens bewegen, wobei nach § 46 Abs. 1 S. 2 StGB die Wirkungen, die von der Strafe für das künftige Leben des Täters in der Gesellschaft zu erwarten sind, berücksichtigt werden müssen. Darüber hinaus muss das Gericht sehr genau die in **§ 46 Abs. 2 StGB** genannten Umstände, die für und gegen den Täter sprechen, gegeneinander abwägen (zur Strafmilderung bzw -verschärfung bei unter Alkoholeinfluss begangenen Taten s. o. III-8.2.1.3). Im Hinblick auf eine Strafmilderung wegen eines durchgeführten TOA nach § 46a StGB muss beachtet werden, dass dieser einen persönlich kommunikativen Prozess z. B. im Rahmen eines mediativen Ausgleichverfahrens voraussetzt (vgl. BGH 07.12.2005 – 1 StR 287/05 – NStZ 2006, 275 f.). Nach der Rechtsprechung des BGH geht im Rahmen der Strafzumessung grds. die Geld- der Freiheitsstrafe vor und die Aussetzung der Freiheitsstrafe zur Bewährung der unbedingten Freiheitsstrafe. Der Rechtsgüterschutz gebietet in der Regel keine Strafvollstreckung (vgl. BGHSt NJW 1971, 439 [440]).

An zahlreichen Stellen sind in Regelbeispielen typische Gründe formuliert, aus denen eine **Strafschärfung** (z. B. § 176 Abs. 3, § 177 Abs. 2, §§ 243, 263 Abs. 3 StGB) bzw. **-milderung** (§§ 49, 213, 221 Abs. 4 § 224 Abs. 1 StGB) in Betracht kommt. Symbolische Politik ist es freilich, wenn man meint dadurch gesellschaftliche Probleme zu lösen (z. B. die Strafschärfung in § 240 Abs. 4 StGB im Hinblick auf die Zwangsheirat).   **Regelbeispiele**

Entgegen der begrifflichen Vorstellung handelt es sich bei der Festlegung der konkreten Sanktion nicht um eine exakte Strafzumessung. Kriminalpolitisch bedenklich ist dabei, dass sich in der Strafzumessungspraxis ein Prozess der schrittweisen, gesetzlich aber nicht intendierten Sanktionseskalation insb. bei wiederholter Auffälligkeit feststellen lässt, die sich nicht aus der Steigerung des Handlungsunrechts und der Schuld begründet, sondern eine Eigendynamik entwickelt hat (vgl. hierzu Walter 2005, 340 ff.).   **Strafzumessungspraxis**

Zur Sanktionswirklichkeit vgl. die laufend aktualisierten Angaben im Konstanzer Inventar Sanktionsforschung (www.uni-konstanz.de/rtf/kis).

8.5 Jugendstrafrecht

8.5.1 Grundsätzliches

Die Besonderheiten des Jugendstrafrechts betreffen nicht die Straftatbestände, sondern vor allem die spezifische Rechtsfolgenentscheidung sowie das besondere Jugendstrafverfahren (vgl. §§ 1 Abs. 1, 2 JGG). Ob sich jemand eines Diebstahls, einer Sachbeschädigung oder eines anderen Delikts strafbar gemacht hat, richtet sich also nach dem materiellen Strafrecht, insb. dem StGB. Jugendstrafrecht ist deshalb ungeachtet seiner Besonderheiten und der Verschränkungen mit dem Jugendhilferecht zunächst einmal Strafrecht.

Das Jugendstrafrecht gilt nach § 1 Abs. 1 JGG für alle Straftaten Jugendlicher und Heranwachsender. **Jugendlicher** ist nach § 1 Abs. 2 S. 1 JGG, wer zur Zeit der Tat 14, aber noch nicht 18 Jahre alt ist. **Heranwachsender** ist, wer zu Zeit der Tat 18, aber noch nicht 21 Jahre alt ist (§ 1 Abs. 2 S. 2 JGG). Das Jugendstrafrecht findet bei diesen Personen Anwendung, wenn sie zur Zeit der Tat in ihrer Persönlichkeitsentwicklung einem Jugendlichen gleichstanden (§ 105 Abs. 1 Nr. 1 JGG) oder die Tat nach ihrer Art, den Umständen oder den Beweggründen als Jugendverfehlung angesehen werden kann (§ 105 Abs. 1 Nr. 2 JGG).   **Anwendungsbereich**

strafrechtliche Verantwortlichkeit von Jugendlichen

Entgegen einer verbreiteten Laienmeinung ist man mit Überschreiten der Altersgrenze von 14 Jahren nicht automatisch „strafmündig". Ein Jugendlicher ist nach § 3 S. 1 JGG strafrechtlich nur dann verantwortlich, wenn er zur Zeit der Tat emotional und kognitiv in der Lage war, das Unrecht der Tat einzusehen (**Einsichtsfähigkeit**), und darüber hinaus auch fähig war, nach dieser Einsicht zu handeln (**Steuerungsfähigkeit**). Das Jugendgericht hat dies nach § 3 JGG in jedem Einzelfall zu prüfen und explizit festzustellen. Hierbei ist – auch nach einem entsprechenden Hinweis durch die Jugendgerichtshilfe – mitunter ein Sachverständiger hinzuzuziehen. Es gibt insoweit **kein** Regel-Ausnahme-Verhältnis. Es muss für jeden Fall geprüft werden, ob die strafrechtliche Verantwortungsreife gegeben oder nicht gegeben ist. Im Unterschied zur Schuldunfähigkeit nach § 20 StGB, die Personen jeden Alters betreffen kann, handelt es sich bei der fehlenden Reife nach § 3 JGG nicht um einen krankheitsbedingten Ausschluss der Verantwortlichkeit, sondern um Mängel im Prozess der Reifeentwicklung, um eine Entwicklungsverzögerung, die zumindest potenziell noch ausgeglichen werden kann (vgl. Streng 1997, 382; Trenczek 2010b, 256 f.).

Erziehungsgedanke

Das Jugendstrafrecht ist weniger tat-, denn stärker personenorientiert als das Allgemeine Strafrecht. So können z. B. nach § 5 Abs. 1 JGG Erziehungsmaßregeln „aus Anlass" der Straftat angeordnet werden, das „ob" und „wie" richtet sich grds. nicht nach dem Tatunrecht, sondern nach der Person des jungen Menschen. Ziel des Jugendstrafrechts ist nicht die Ahndung der Tat (diese ist nur der Anlass für die strafrechtliche Intervention), sondern es geht um (Re)**Integration** des jungen Menschen. Vergeltung, Sühne und Generalprävention dürfen keine Bedeutung erlangen (BGHStE 15, 224). Der sog. Erziehungsgedanke soll strafrechtliche Orientierungen begrenzen und so zu einer Besserstellung straffällig gewordener junger Menschen beitragen (hierzu Ostendorf 2009, Grdl. §§ 1–2 Rz. 5; Pieplow 1989; Trenczek 1996, 39 ff.). Es geht nicht um Erziehung im umfassenden Sinne (anders das Erziehungsziel des § 1 SGB VIII, vgl. III-3.2), sondern um die Verhinderung von künftigen strafrechtlichen Auffälligkeiten (vgl. § 2 Abs. 1 JGG). Der Erziehungsgedanke des JGG ist eine besondere Ausformung des Verhältnismäßigkeitsgebots, es unterstreicht die Subsidiarität der strafrechtlichen Sozialkontrolle (vgl. Trenczek 1993) und erlaubt, ja fordert eine **Durchbrechung des Strafdenkens**. Das Jugendstrafrecht trägt

> „der Erkenntnis Rechnung, dass informelle Erledigungen als kostengünstigere, schnellere und humanere Möglichkeiten der Bewältigung von Jugenddelinquenz auch kriminalpolitisch im Hinblick auf Prävention und Rückfallvermeidung wirksamer sind" (BT-Ds 11/5829, 11).

Bei der Kontrolle von deviantem Verhalten junger Menschen sind deshalb nicht nur die (jugend)strafrechtlichen Bestimmungen, sondern auch die Regelungen des Jugendhilferechts (hierzu III-3) zu beachten. Man spricht insoweit von einem **doppelten Bezugsrahmen**, einerseits Jugendstraf-, andererseits Jugendhilferecht, die beide jeweils unterschiedlichen Grundsätzen und Handlungsprogrammen folgen (ausführlich Trenczek 1996, 2010a und 2010b; vgl. hierzu die Übersicht 42, in

III-3.4.2.2). In diesem Zusammenhang ist von Bedeutung, dass das Jugendamt nach § 52 SGB VIII die Aufgabe hat, im Verfahren nach dem JGG mitzuwirken (Jugendgerichtshilfe, s. u. III-8.6.2).

8.5.2 Besonderheiten des Verfahrens im Jugendstrafrecht

Im Jugendstrafrecht gelten zahlreiche Besonderheiten gegenüber dem allgemeinen Strafverfahren (siehe Übersicht 53). So ist z. B. das Klageerzwingungsverfahren (vgl. § 172 StPO) nach Entscheidungen aufgrund § 45 JGG (anders als bei einer Einstellung nach § 170 Abs. 2 StPO) unzulässig ebenso wie die Privatklage (§ 80 Abs. 1 JGG). Die Nebenklage ist nach § 80 Abs. 3 JGG eingeschränkt und nur bei Verbrechen mit schweren (seelischen oder körperlichen) Folgen zulässig. Im Verfahren gegen Jugendliche (nicht bei Heranwachsenden) ist auch das sog. Adhäsionsverfahren (§ 81 JGG) ausgeschlossen, in dem zivilrechtliche Schadensersatzansprüche gleichzeitig entschieden werden könnten (§§ 403 ff. StPO). Stattdessen bestehen im Jugendverfahren erweiterte Möglichkeiten für Wiedergutmachungsleistungen und einen Täter-Opfer-Ausgleich (insb. § 45 Abs. 2 S. 2 JGG).

Bei der Vernehmung eines Jugendlichen als Beschuldigten haben die gesetzlichen Vertreter und Erziehungsberechtigten ein Anwesenheitsrecht (§ 67 Abs. 1 JGG; vgl. PDV 382, 3.6.4 und 3.6.5). Mit dem Anwesenheitsrecht korrespondiert eine Benachrichtigungspflicht der Polizei **vor** der Vernehmung (Eisenberg 2010 § 67 Rz. 11). **Vernehmung eines Jugendlichen**

Im Ermittlungsverfahren gegen einen Jugendlichen oder Heranwachsenden sollen so bald wie möglich alle Umstände ermittelt werden, die zur Beurteilung der Persönlichkeit dienen können (§§ 43, 109 Abs. 1 S. 1 JGG). Soweit die Justiz das Jugendamt um Unterstützung bittet, ist darauf hinzuweisen, dass aufgrund des sozialrechtlichen Zweckbindungsprinzips die JGH Daten nur insoweit erheben darf, als dies zur Erledigung ihrer Jugendhilfeaufgaben erforderlich ist (§§ 61 ff. SGB VIII; vgl. III-3.4.2.2). § 43 JGG richtet sich nur an die Justiz, nicht an das Jugendamt. Darüber hinaus muss sowohl von der Justiz als auch dem Jugendamt im Hinblick auf die sog. Persönlichkeitserforschung wie bei den Ermittlungen insgesamt das Verhältnismäßigkeitsgebot im Hinblick auf den Vorrang der informellen Verfahrenserledigung besonders berücksichtigt werden. **Ermittlungsverfahren**

Im Jugendstrafrecht ist der Verfolgungszwang (Legalitätsgrundsatz) sehr weit zugunsten der Diversion eingeschränkt (hierzu Ostendorf 2004, 39 ff.). Neben den allgemeinen Einstellungsmöglichkeiten nach § 153 StPO gibt es insb. in den §§ 45, 47 JGG differenzierte Möglichkeiten der informellen Verfahrenserledigung. Hinzuweisen ist darauf, dass die Diversion bei Verbrechenstatbeständen im Jugendstrafverfahren **nicht** ausgeschlossen ist. Darüber hinaus wird ein Geständnis des jugendlichen Beschuldigten nur im Fall des § 45 Abs. 3 JGG vorausgesetzt. Nach § 45 Abs. 2 S. 2 JGG steht einer erzieherischen Maßnahme das Bemühen des Jugendlichen um einen Ausgleich gleich. Nach h. M. kann der Staatsanwalt auch selbst die Voraussetzungen für ein Absehen von der Verfolgung nach § 45 Abs. 2 JGG schaffen – allerdings haben Interventionen aus dem unmittelbaren Lebensumfeld, z. B. in der Familie, in der Schule oder am Arbeitsplatz, Vorrang (Eisenberg 2010 § 45 Rz. 20). Unproblematisch ist insoweit noch das Ermahnungsgespräch **Diversion** **Täter-Opfer-Ausgleich** des Staatsanwalts mit dem Jugendlichen oder die Anregung, sich um einen Ausgleich mit dem Verletzten zu bemühen (§ 45 Abs. 2 S. 2 JGG). Andere Maßnahmen, insb. Arbeitsleistungen, darf aber der Staatsanwaltschaft entgegen einer weit verbreiteten Praxis nicht zur Voraussetzung machen (vgl. Eisenberg 2010 § 45 Rz. 21; Trenczek 2004, 59). Diese kann der Staatsanwalt nur gegenüber dem Gericht anregen (§ 45 Abs. 3 JGG). Hinzuweisen ist auch darauf, dass die Einstellung unter (zulässigen) Bedingungen ein Eingriff in die Erziehungsverantwortung der Eltern nach Art. 6 Abs. 2 GG darstellt und deshalb ihrer Zustimmung bedarf.

formloses Erziehungsverfahren Neben den frühzeitigen Möglichkeiten der Verfahrenseinstellung vor Erhebung der Anklage hat das sog. formlose richterliche Erziehungsverfahren nach § 45 Abs. 3 JGG heute an Bedeutung verloren, wenngleich diese dritte Stufe der Diversion gerade bei jungen Menschen besonders sinnvoll sein kann (schnelle, tatnahe Reaktion durch den Richter, unmittelbare Kommunikation zwischen Jugendrichter und jungen Beschuldigten bei relativ geringerem personellen und verfahrensmäßigen Aufwand der Justiz). Darüber hinaus kann das Jugendgericht das Verfahren nach § 47 Abs. 1 JGG auch noch in der Hauptverhandlung und sogar in einer Berufung oder Revision informell beenden.

Aufgaben des Jugendamts Für die Frage, ob angemessene erzieherische Reaktionen im sozialen Umfeld des Jugendlichen erfolgt sind oder sich entsprechende Möglichkeiten eröffnen, kommt der JGH eine entscheidende Bedeutung zu. **§ 52 Abs. 2 SGB VIII** verpflichtet das Jugendamt, frühzeitig (d. h. vor einer Anklage!) zu prüfen, ob und welche Leistungen für den Jugendlichen in Betracht kommen und diese zu initiieren, gerade um die Diversion zu ermöglichen (hierzu vgl. III-3.4.2.2).

prozessuale Zwangsmaßnahmen Die strafprozessualen Fahndungs- und Ermittlungsmaßnahmen dürfen grundsätzlich auch gegenüber jugendlichen Beschuldigten ergriffen werden. Allerdings muss hierbei neben einigen Sonderregelungen (vgl. insb. §§ 43, 71 ff. JGG) vor allem das **Verhältnismäßigkeitsgebot** besonders berücksichtigt werden, das im Hinblick auf die U-Haft (§§ 112 ff. StPO) in § 72 Abs. 1 JGG nochmals ausdrücklich hervorgehoben wird. § 72 Abs. 2 JGG schränkt den Haftgrund der Fluchtgefahr bei noch nicht 16-jährigen Beschuldigten zusätzlich ein. Selbst bei Vorliegen eines Haftgrundes darf U-Haft nur verhängt und vollstreckt werden, wenn ihr Zweck nicht durch eine vorläufige Anordnung über die Erziehung oder durch andere Maßnahmen erreicht werden kann (§ 71 Abs. 1 S. 1 JGG; zu den Alternativen zur U-Haft vgl. Villmow 2009, 226.). Zudem normiert § 72 Abs. 1 S. 3 JGG eine besondere Begründungspflicht. Nach § 72a Satz 1 JGG ist die Jugendgerichtshilfe unverzüglich von der Vollstreckung eines Haftbefehls zu unterrichten; ihr soll bereits der Erlass eines Haftbefehls mitgeteilt werden, damit sie frühzeitig geeignete Initiativen und Unterstützungsangebote zur Vermeidung der U-Haft ergreifen kann. Nach § 72b JGG ist den Mitarbeitern des Jugendamtes der Verkehr mit dem Beschuldigten in demselben Umfang wie einem Verteidiger gestattet.

Hauptverhandlung Für das Hauptverfahren gelten im Hinblick auf Grundsätze und Ablauf grds. die gleichen Regeln wie im allgemeinen Strafverfahren. Allerdings ist die Hauptverhandlung bei Jugendlichen einschließlich der Verkündung der Entscheidung nicht öffentlich (§ 48 Abs. 1 JGG). Bei heranwachsenden Angeklagten kann die

Übersicht 53: Ablauf des Strafverfahrens unter Berücksichtigung der Besonderheiten des JGG

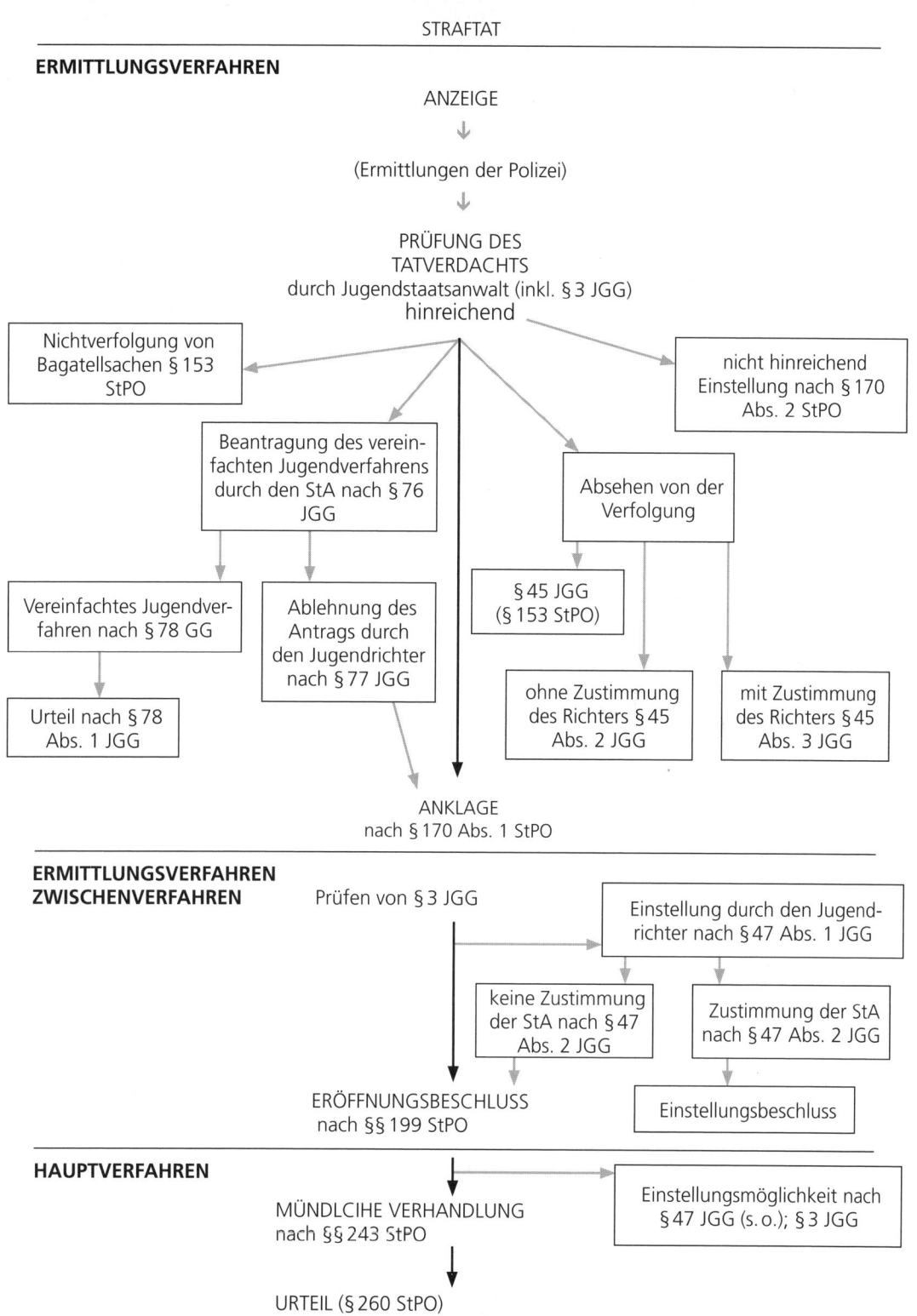

Öffentlichkeit ausgeschlossen werden, wenn dies im Interesse des Heranwachsenden geboten ist (§ 109 Abs. 1 JGG). Gegen einen Jugendlichen (wohl aber bei einem Heranwachsenden) darf weder das beschleunigte Verfahren nach §§ 417 ff. StPO noch das Strafbefehlsverfahren durchgeführt werden (§ 79 JGG). §§ 76 ff. JGG sehen dagegen das sog. vereinfachte Jugendverfahren vor, im Rahmen dessen von einigen Verfahrensvorschriften abgewichen werden darf. Gegenüber dem Diversionsverfahren hat diese Verfahrensart aber an Bedeutung verloren.

Rechtsmittel   Im Jugendstrafverfahren sind die Rechtsmittelmöglichkeiten eingeschränkt. Zum einen kann nach § 55 Abs. 1 JGG das Urteil insb. nicht wegen Art und Umfangs der Maßnahmen angefochten werden, zum anderen kann nach § 55 Abs. 2 JGG gegen ein Berufungsurteil grds. keine Revision mehr eingelegt werden.

8.5.3   Besonderheiten der Sanktionen im Jugendstrafrecht

Jugendkriminalität   Straftaten junger Menschen sind grds. nicht Symptom eines sich verfestigenden Verhaltens. Auch das mehrmalige Begehen von Straftaten ist als solches nicht Ausdruck eines irgendwie gearteten „Erziehungsdefizits", sondern tritt in aller Regel als entwicklungsbedingte Auffälligkeit überall auf und klingt ganz überwiegend mit dem Eintritt in das Erwachsenenalter ab (zur Normalität, Ubiquität und Episodenhaftigkeit von Jugendkriminalität vgl. Walter 2005, 219 ff.). Nach der Grundidee des Jugendstrafrechts geht es deshalb vorrangig darum, auf strafrechtlich relevantes Fehlverhalten von jungen Menschen „erzieherisch", d. h. so zu reagieren, dass zukunftsgerichtet die soziale Integration des jungen Menschen unterstützt wird. **§ 5 Abs. 1 JGG** bestimmt als zentrale Norm, dass „aus Anlass" einer Straftat bestimmte Maßnahmen ergriffen werden können (nicht müssen!). Deshalb haben **jugendhilferechtliche Interventionen Vorrang** vor den strafrechtlichen Sanktionen. Im Jugendstrafrecht gibt es weder bestimmte Mindeststrafen noch die zwingende Notwendigkeit, in einer bestimmten Art und Weise zu reagieren. Informelle Reaktionen gehen formellen Sanktionen vor, hilfeorientierte haben Vorrang vor (bloß) ahndenden Maßnahmen, ambulante (nicht freiheitsentziehende) gehen vor freiheitsentziehende Sanktionen.

jugendstrafrechtliche Rechtsfolgen   Sanktionskatalog und Strafrahmen des allgemeinen Strafrechts gelten im Jugendstrafrecht nicht (§ 18 Abs. 1 S. 3 JGG). Die (formellen) Rechtsfolgen des JGG umfassen sog. **Erziehungsmaßregeln** (§§ 9 – 12 JGG, insb. Weisungen nach § 10 JGG), sog. **Zuchtmittel** (§§ 13 – 16 JGG: Verwarnung, Auflagen, Arrest) und **Jugendstrafe** (§§ 17 – 30 JGG) sowie die Maßregeln nach § 7 JGG einschließlich der gerade bei jungen Menschen höchst umstrittenen Sicherungsverwahrung. Die geltende Rechtsfolgenregelung des JGG wird z. T. heftig kritisiert, ohne dass die z. T. sehr konkreten Änderungsvorschläge insb. der 2. Jugendstrafrechtsreformkommission (vgl. DVJJ 2002) bislang umgesetzt wurden.

Einheitsprinzip   Auch wenn mehrere Straftaten eines jungen Menschen gleichzeitig abgeurteilt werden, die er vielleicht sogar in verschiedenen Alters- und Reifestufen begangen hat, gilt nach den §§ 31, 32 JGG das so genannte Einheitsprinzip, d. h., dass die Rechtsfolgen – abweichend von den allgemeinen Grundsätzen der §§ 53, 54 StGB – einheitlich bestimmt werden. Das gilt nach § 31 Abs. 2 JGG auch für bereits vorliegende rechtskräftige Verurteilungen unabhängig vom Zeitpunkt der Begehung der abgeurteilten Taten.

Zulässig sind auch die in § 8 JGG vorgesehenen Kombinationsmöglichkeiten von mehreren Erziehungsmaßregeln und mehreren Zuchtmitteln. Manche Kombinationsmöglichkeiten (z. B. die Verknüpfung von ambulanten Hilfeangeboten mit Arrest) werden zu Recht als **kontraproduktive** „Sanktionscocktails" kritisiert. Ein sog. „Einstiegsarrest" bei der Strafaussetzung zur Bewährung ist unzulässig (vgl. § 23 JGG).

Sanktionscocktails

Weisungen sind Ge- und Verbote, die die Lebensführung des Jugendlichen regeln und dadurch seine Erziehung fördern und sichern sollen (§ 10 Abs. 1 JGG). Der Katalog der Weisungen ist nicht abgeschlossen, sondern enthält nur Beispiele und bleibt damit offen für flexiblere, dem Einzelfall angemessene Reaktionsformen. Freilich müssen dabei stets die Grenzen der Zumutbarkeit und der Verhältnismäßigkeit eingehalten werden (§ 10 Abs. 1 S. 2 JGG). Ambulante „Zuchtmittel" sind die Verwarnung (§ 14 JGG) und die Erteilung von Auflagen (§ 15 JGG). Hierbei geht es also weniger um Unterstützung des Jugendlichen in Richtung eines sozialadäquaten Verhaltens, sondern um Ahndung der Tat (§ 13 Abs. 1 JGG). Der Katalog der Auflagen ist abschließend.

Weisungen

Auflagen

Die als Rechtsfolge im JGG vorgesehenen Sanktionen finden ihren jugendhilferechtlichen Anknüpfungspunkt teilweise (soziale Gruppenarbeit und Betreuungshilfe) als Formen der Hilfe zur Erziehung in den §§ 27 ff. SGB VIII (zu den sog. „Neuen Ambulanten Maßnahmen" – NAM – vgl. BAG 2000; Trenczek 1996). Die NAM können die traditionellen Sanktionen weitgehend ersetzen, ohne dass sich damit die Rückfallgefahr erhöht (vgl. BT-Ds 11/5829, 11). Das Jugendamt darf aufgrund der sozialrechtlichen Bestimmungen (vgl. § 31 SGB I, § 36a SGB VIII) Leistungen allerdings nur dann erbringen bzw. refinanzieren, wenn die formellen und materiellen Leistungsvoraussetzungen des **SGB VIII** vorliegen (sog. Steuerungsverantwortung des Jugendamts; vgl. III-3.3.4.1). Das Jugendgericht kann zwar gegenüber dem jungen Menschen Weisungen erteilen, die auch gegenüber den Eltern wirken, nicht aber das Jugendamt zu deren Durchführung verpflichten (zum Dreiecksverhältnis zwischen Gericht, Jugendlichen/Eltern und Jugendamt s. Trenczek 2011b Rz. 16 ff.).

Neue Ambulante Maßnahmen

Steuerungsverantwortung des Jugendamtes

Es ist nicht Aufgabe der JGH, in ihrer Stellungnahme (jugend)strafrechtliche Sanktionen vorzuschlagen (Münder et al. 2009 § 52 Rn 39 ff.), sondern lediglich, sich zu den zu ergreifenden Maßnahmen „zu äußern" (vgl. § 38 Abs. 2 Satz 2 JGG). Die JGH wird im Interesse und zugunsten des Wohls des jungen Menschen zu den Auswirkungen justizieller Entscheidungen auf die Entwicklungsperspektiven des jungen Menschen Stellung nehmen, schlägt aber selbst grundsätzlich nur solche Interventionen vor, die dem Jugendhilfe- und Erziehungsverständnis des Jugendhilferechts entsprechen.

Maßnahmevorschlag

Arbeitsleistungen können sowohl als Weisung/Erziehungsmaßregel (§ 10 Abs. 1 Nr. 4 JGG) als auch als Auflage/Zuchtmittel (§ 15 Abs. 1 Nr. 3 JGG) angeordnet werden (ausführlich Trenczek 2004). Häufig werden die Jugendlichen bei den (unabhängig von der Bezeichnung) in der Regel zur Ahndung der Straftat angeordneten

Arbeitssanktionen

Arbeitsweisungen/auflagen überfordert, ihre pädagogische Betreuung ist mangelhaft oder überhaupt nicht vorhanden. Die rein administrative Abwicklung von Arbeitsleistungen fällt zudem nicht in den Aufgabenbereich des Jugendamtes.

Arrest Der **Freiheitsentzug** steht ebenfalls nicht in der Verantwortung der Sozialen Arbeit/Jugendhilfe, sondern der Landesjustizverwaltung. Nach § 16 JGG kann der Arrest in drei Formen verhängt werden: Kurz-, Freizeit- und Dauerarrest bis zu vier Wochen (§ 16 Abs. 4 JGG). Eine „erzieherische" Funktion kann dem Jugendarrest nicht zugesprochen werden. Es verwundert deshalb nicht, dass nach Arrest mit die höchsten Rückfallquoten zu verzeichnen sind (bis zu 80 %, vgl. BT-Ds 11/5829, 19; Heinz 2004, 42.; Ostendorf 2009; grds. §§ 13 – 16 Rn 9). Von besonders problematischer Bedeutung in der Praxis ist auch der sog. Ungehorsams- oder Beugearrest, der nach §§ 11 Abs. 3, 15 Abs. 3 S. 2 JGG bei schuldhafter Nichterfüllung von Weisungen und Auflagen verhängt werden kann. Dabei verbergen sich aber hinter dem „Ungehorsam" häufig vielschichtige Problemlagen, die weniger mit fehlendem bzw. bösem Willen als mit mangelnder Handlungskompetenz zu tun haben.

Jugendstrafe Nach § 17 Abs. 2 JGG wird Jugendstrafe verhängt, wenn wegen der „schädlichen Neigungen" des Jugendlichen, die in der Tat hervorgetreten sind, Erziehungsmaßregeln oder Zuchtmittel zur Erziehung nicht ausreichen (1. Alt.) oder wenn wegen der Schwere der Schuld Strafe erforderlich ist (2. Alt.). Der Begriff „schädliche Neigungen" entspringt dem in der Zeit des Nazi-Unrechtsregimes gepflegten Konzept der Entartung und die Versuche, den Begriff nach 1945 justiziabel zu gestalten, begegnen erheblichen Einwänden vor allem weil er den Jugendlichen individualisierend als Defizit-Persönlichkeit abstempelt (Dünkel 1997; Eisenberg 2010 § 17 Rz. 18 ff.). Bei „schädlichen Neigungen" soll es sich nach der heutigen Rechtsprechung um persönliche Defizite handeln, die ohne längere Gesamterziehung die Gefahr der Begehung weiterer Straftaten in sich bergen, die nicht nur gemeinlästig sind oder den Charakter von Bagatelldelikten haben. In der Praxis werden die „schädlichen Neigungen" fehlerhaft vor allem aus der wiederholten Auffälligkeit an sich geschlossen und sind insofern Ausdruck eines die Sanktionspraxis kennzeichnenden Eskalationsdenkens. Im Hinblick auf die Erforderlichkeit einer längeren Gesamterziehung ist zu beachten, dass die erzieherischen Erfolgschancen in einer geschlossenen Jugendstrafanstalt gering sind. Noch so gut gemeinten und organisierten Resozialisierungsbemühungen einer engagierten Praxis stehen die negativen Bedingungen einer Haftanstalt und eines künstlichen Lebens unter den Bedingungen des Eingeschlossenseins gegenüber. Angesichts der hohen Rückfallquoten (nach dem geschlossenen Jugendstrafvollzug über 80 %, vgl. DVJJ 2002, 87; Heinz 2004; Jehle et al. 2003, 55) bestehen erhebliche Zweifel daran, ob Freiheitsentzug überhaupt zu einem straffreien Leben „erziehen" und deshalb als rechtsstaatlich „geeignete" Sanktion angesehen werden kann (vgl. OLG Schleswig NStZ 1985, 475). Zudem setzt die Verhängung von Jugendstrafe nach § 17 Abs. 2, 1. Alt. JGG voraus, dass ausreichende Alternativen zum Freiheitsentzug fehlen. Gerade für Sozialarbeiter in der JGH müsste es jedoch in aller Regel nicht besonders schwierig sein nachzuweisen, dass auch schwierigste Jugendliche durch Jugendhilfeleistungen sowie ambulante Maßnahmen „erzieherisch erreichbar" sind (Klier et al. 2002, 133).

Das Mindestmaß der Jugendstrafe beträgt nach § 18 Abs. 1 JGG grds. sechs **Strafrahmen**
Monate, das Höchstmaß fünf Jahre (bei Heranwachsenden zehn Jahre). Der Strafrahmen der Jugendstrafe liegt in Deutschland deutlich höher als in einigen europäischen Nachbarländern (in den Niederlanden z. B. Höchststrafe für 12- bis 15-Jäh-
rige bei zwölf Monaten, für 16- und 17-Jährige bei 24 Monaten).

Bei der Verurteilung zu einer Jugendstrafe von nicht mehr als zwei Jahren wird **Bewährung**
die Vollstreckung der Strafe nach § 21 Abs. 1 und 2 JGG zur Bewährung ausgesetzt, wenn erwartet werden kann, dass der Jugendliche oder Heranwachsende
die durch die Verurteilung ausgesprochene Warnung ernst nimmt und künftig
keine (erheblichen) Straftaten mehr begeht. Die Strafaussetzung ist damit von
einer günstigen Sozial- und positiven Sanktionsprognose abhängig. Allerdings
dürfen die Erwartungen an einen künftig straffreien Lebenswandel angesichts
der Dynamik des Erwachsenwerdens nicht zu hoch angesetzt werden. Im Zweifel
ist die Jugendstrafe zur Bewährung auszusetzen. Bei der Aussetzungsentscheidung sind neben der Persönlichkeit des jungen Menschen vor allem auch die **In-
tegrationshilfen der Jugendhilfe** und sonstigen Sozialen Dienste zu berücksichtigen (vgl. § 21 Abs. 1 S. 2 JGG). Im Unterschied zum allgemeinen Strafrecht (vgl.
§ 56d Abs. 1 StGB) ist nach § 24 JGG die Unterstellung des jungen Menschen
unter einen Bewährungshelfer obligatorisch. Darüber hinaus können nach § 23
JGG Weisungen und Auflagen, nicht aber ein sog. Einstiegsarrest angeordnet
werden.

Die Aussetzung nach § 21 JGG kann nach § 57 Abs. 1 und 2 JGG nicht nur im **Vorbewährung**
Urteil, sondern – ausnahmsweise – auch noch nachträglich durch Beschluss angeordnet werden, solange der Strafvollzug noch nicht begonnen hat. Insoweit können mittlerweile eingetretene Integrationsbemühungen und Jugendhilfeangebote **Aussetzung der**
berücksichtigt werden. Nach § 27 JGG besteht auch die Möglichkeit einer Ausset- **Verhängung der**
zung der Verhängung der Jugendstrafe, wenn eine zuverlässige Feststellung über **Jugendstrafe**
das Vorliegen „schädlicher Neigungen" und deren Umfang nicht möglich ist. Die
Aussetzung nach § 27 JGG ist u. U. angezeigt, wenn sich die Möglichkeit bietet,
den Jugendlichen – insb. im Zusammenhang mit Jugendhilfeleistungen und einer
Bewährungsunterstellung (§ 29 JGG) – aus einer ungünstigen Umgebung oder
Konstellationen herauszuleiten.

8.6 Arbeitsfeld Strafrecht

In der Einleitung wurden bereits eine Reihe von Arbeitsfeldern genannt, für die
das Strafrecht ein wesentlicher Bezugrahmen darstellt. Auch wenn im Folgenden
nicht auf alle Aspekte der Sozialen Arbeit im Rahmen der „Strafrechtspflege"
eingegangen werden kann, sind hier – über die Erläuterung des strafrechtlichen
Daten- und Vertrauensschutz und der anderen dargestellten, für die Soziale Arbeit
wichtigen Deliktsbereiche hinaus (s. o. III-8.2.3) – einige wichtige Differenzierungen zu den Aufgaben und Rollen der Sozialen Dienste notwendig. Anders als
zum Teil im Familienrecht (hierzu II-2.4.8) sind die sozialen Dienste – sei es der
Justiz, Mitarbeiter des Jugendamtes oder anderer Institutionen – im Strafverfahren
grds. keine sog. (formellen) Verfahrensbeteiligten (vgl. Meyer-Goßner 2010 Einl.

70 ff.); sie können nicht durch eigene Willenserklärungen in das Strafverfahren gestaltend einwirken. Ihre Funktion und Aufgaben liegen in anderen „sozialen" Bereichen.

8.6.1   Soziale Dienste der Justiz

Als Soziale Dienste der Justiz oder „Justizsozialarbeit" werden die unter dem Dach der Justizverwaltungen der Bundesländer tätigen Arbeitsfelder und Dienste der Sozialen Arbeit bezeichnet, namentlich die Gerichts- und Bewährungshilfe sowie die sozialen Hilfen im Strafvollzug (§ 71 StVollzG; vgl. hierzu auch die neuen gesetzlichen Regelungen in den Ländern Bay, BW, HH und Nds). Nicht dazu gehören die Mitarbeiter der Jugendämter und freier Träger. In einigen Bundesländern (z. B. Berlin, Brandenburg, Mecklenburg-Vorpommern) ist die Gerichts- und Bewährungshilfe auch organisatorisch zu einem „Sozialdienst der Justiz" zusammengefasst (zur Neugestaltung der Organisationsstrukturen vgl. Grosser/Maelicke 2009, Rz. 39). Die Tätigkeit der Sozialen Dienste geht über die Betreuung der häufig als „Probanden" merkwürdig bezeichneten Betroffenen (die selten über einen Klientenstatus verfügen) hinaus und umfasst insb. im Rahmen (der Vorbereitung) von Stellungnahmen zahlreiche Anamnese- und Prognoseentscheidungen. Ihre Tätigkeit unter dem Dach der Strafjustiz und eingebunden in die Handlungs- und Entscheidungsstruktur der Justiz bringt einige die Handlungsgrundsätze der Sozialen Arbeit herausfordernde Friktionen mit sich (vgl. z. B. Böttner 2004). Zunächst folgen aus der organisatorischen Zuordnung zum Anstellungsträger die hierarchische Unterworfenheit und die damit einhergehende Weisungsgebundenheit gegenüber Anordnungen der Staatsanwaltschaft, der Gerichte und Landesjustizverwaltungen. Die Organisation der Sozialen Dienste ist den Ländern überlassen, es gibt aber kaum verbindliche Regelungen über ihre Aufgaben, verfahrensrechtliche Stellung, ihre Ausstattung und Qualitätsstandards. Ihr Einsatz steht im Wesentlichen im Ermessen der Justizorgane und wird häufig nur durch interne Verwaltungsvorschriften umschrieben.

Gerichtshilfe   Die Gerichtshilfe (hierzu Maelicke/Thier 2009) ist organisatorisch den Staatsanwaltschaften bei den Landgerichten zugeordnet. Sie ist **weisungsgebunden** und ein Ermittlungsgehilfe der Staatsanwaltschaft, allerdings nicht im Hinblick auf die Tat, sondern auf die Person des Beschuldigten (§ 160 Abs. 3 StPO). Die Gerichtshilfe wird vor allem zur Vorbereitung von Entscheidungen der Staatsanwaltschaft bzw. entsprechender **Stellungnahmen** eingeschaltet, insb. der Straf- und Strafrestaussetzung zur Bewährung (vgl. §§ 454 Abs. 1 S. 2, 463d StPO), im Zusammenhang mit den Maßregeln der Besserung und Sicherung, bei der Bewilligung von Strafaufschub, Stundung oder Ratenzahlung sowie im Gnadenverfahren. In den letzten Jahren hat sich neben der traditionellen Ermittlungsarbeit im Strafverfahren vor allem die Haftentscheidungs- und Haftvermeidungshilfe besonders im Hinblick auf die Vollstreckung der Geld- und Ersatzfreiheitsstrafe als Tätigkeitsschwerpunkt entwickelt (vgl. Kawamura-Reindl 2009). Die in einigen Ländern vorgenommene Übertragung des Täter-Opfer-Ausgleichs bei erwachsenen Beschuldigten auf die justiziellen Sozialdienste muss nicht nur wegen der Marginalität ihrer insoweit vorhandenen Ressourcen, sondern vor allem aufgrund ihrer abhängigen und nicht allparteilichen Stellung gerade im Hinblick auf die Opferinteressen als problematisch angesehen werden.

Die Bewährungshilfe wird i.d.R. erst im Rahmen der Strafvollstreckung eingeschaltet, insb. – wie der Name schon nahelegt – im Rahmen der Unterstellung des Verurteilten unter die Bewährungs- (§ 56d StGB, §§ 21, 88 JGG) oder Führungsaufsicht (§§ 68 ff. StGB). Sie unterstützt die ihnen unterstellten Personen nicht nur bei der Lebensführung im Alltag, sondern bereitet eine Vielzahl von – für das weitere Leben der Verurteilten sehr wesentlichen – Stellungnahmen vor. Die Bewährungshilfe ist nicht Verfahrensbeteiligte im Sinne eines Prozesssubjektes, sondern kann als Zeuge gehört werden. **Bewährungshilfe**

Zu den Sozialen Diensten der Justiz gehört schließlich auch die Soziale Arbeit im Justizvollzug. Sozialarbeiter und Sozialpädagogen obliegen während des Vollzuges vielfältige Tätigkeiten (§§ 71 ff. StVollzG bzw. die neueren landesrechtlichen Regelungen; vgl. Cornel 2009, 308 ff.; Laubenthal 2008 Rn 239 f.; Höflich 2000, 180 f.), beginnend mit dem Aufnahmeverfahren bis zur Entlassenenvorbereitung. Von besonderer Beutung sind neben der individuellen (Lebens-, Schuldner- und Sucht-)Beratung der Gefangenen z.B. im Hinblick auf die Geltendmachung ihrer Rechte und Pflichten (§ 73 StVollzG) und deren Unterstützung bei der Sicherung des Eigentums und der Beantragung von Sozial(versicherungs)leistungen vor allem die Mitwirkung bei der Erstellung des Vollzugsplanes und von (Sozial)Prognosen sowie die Konzeption und Durchführung des sozialen Trainings. Die Soziale Arbeit im Strafvollzug ist ein Prototyp der **Sozialarbeit im Zwangskontext** (hierzu Conen 2007; Kähler 2005) und stößt im Besonderen an die Grenzen der Handlungsmöglichkeiten in einer sog. „totalen Institution", in der das Leben der Insassen vollkommen geregelt wird (hierzu Goffman 1973). Im Hinblick auf die teilweise menschenrechtsverletztenden Zustände in den Anstalten, insb. aufgrund ihrer Überbelegung, hat das BVerfG unlängst bekräftigt, dass die Strafvollstreckung zu unterbrechen und die Inhaftierten zu entlassen seien, wenn und solange eine weitere Unterbringung nur unter menschenunwürdigen Bedingungen in Betracht komme (BVerfG 22.02.2011 – 1 BvR 409/09 Rz. 19). **Sozialarbeit im Justizvollzug**

8.6.2 Jugendgerichtshilfe

Im Unterschied zur Gerichtshilfe ist die im Jugendstrafverfahren nach §§ 38, 50 JGG zwingend einzuschaltende, von der Bezeichnung ähnlich klingende Jugendgerichtshilfe (JGH) kein justizieller Sozialdienst, sondern eine originäre (nicht vom Jugendgericht abgeleitete) **Aufgabe des Jugendamts** (§ 52 Abs. 2 SGB VIII; hierzu vgl. III-3.4.2.2), welches die Ausführung dieser Aufgabe auch freien Trägern übertragen kann (§§ 3, 76 SGB VIII). Nach § 52 SGB VIII ist das Jugendamt damit beauftragt, den jungen Menschen zu betreuen, durch frühzeitige Leistungen ein Strafverfahren überflüssig zu machen und sollte es doch zu einem solchen kommen, die durch das SGB VIII definierten fachlichen Gesichtspunkte der

Jugendhilfe auch im Rahmen eines Strafverfahrens zur Geltung zu bringen (hierzu ausführlich Münder et al. 2009 § 52; Trenczek 2003a, 2009d). JGH ist weit mehr als „Berichte schreiben". Soweit sie Stellungnahmen erarbeitet, ist auf die datenschutzrechtlichen Regelungen der §§ 61 ff. SGB VIII sowie darauf hinzuweisen, dass es nicht Aufgabe des Jugendamtes ist, strafrechtliche Sanktionen vorzuschlagen, sondern sich lediglich zu den zu ergreifenden Maßnahmen „zu

Zweckbindung äußern" (vgl. § 38 Abs. 2 Satz 2 JGG, s. o. III-8.5.2). Das Jugendstrafrecht ändert nichts an der jugendhilferechtlichen Zweckbindung der JGH (vgl. § 38 Abs. 2 S. 2 JGG). Das SGB VIII hat zu einer veränderten Schwerpunktsetzung in der Arbeit der JGH geführt, wobei der Jugendliche, seine Betreuung und soziale Integration im Mittelpunkt steht. Damit unterscheidet sich die Jugendhilfe in ihrer Vorgehensweise von der ihr manchmal zugedachten Rolle eines neutralen Sachverständigen oder gar justizieller Sozialdienste, was mitunter zu Spannungen mit den Erwartungen der Strafjustiz führen kann. Die JGH ist Aufgabe und Teil des Jugendamtes und untersteht deshalb weder der Staatsanwaltschaft noch dem Gericht, sie ist diesen **nicht** weisungsunterworfen.

Heranziehungs- Das Mitwirkungs- und Anwesenheitsrecht der JGH korrespondiert – als Aus-
pflicht fluss der in der Strafprozessordnung normierten richterlichen Aufklärungspflicht (§ 244 Abs. 2 StPO) – mit der Pflicht des Gerichts, das Jugendamt so früh wie

Anwesenheits- möglich „heranzuziehen" (§ 38 Abs. 3 Satz 1 u. 2 JGG). Insbesondere sind Ort und
pflicht Zeit der Hauptverhandlung rechtzeitig mitzuteilen (§ 50 Abs. 3 S. 1 JGG), das Jugendamt wird dadurch aber nicht vollständig zum formellen Verfahrensbeteiligten, sondern nur zum partiell Beteiligten (vgl. Meyer-Goßner 2010 Einl. Rz. 74). Wird die JGH nicht ordnungsgemäß in das Strafverfahren einbezogen, z. B. nicht mit angemessener Vorlaufzeit informiert, so kann dies einen mit der **Revision** angreifbaren Verfahrensfehler darstellen (§ 337 StPO), selbst wenn bereits eine schriftliche Stellungnahme der JGH vorliegt (Münder et al. 2009 § 52 Rz. 47). Das Gericht hat seinerseits keine Möglichkeit, die Teilnahme des Jugendamtes an der Hauptverhandlung zu erzwingen.

Zum Strafrecht allgemein: Brühl et al. 2005; Dölling et. al. 2011; Kindhäuser 2009; Riekenbrauk 2004; Meyer-Goßner 2010; Schönke / Schröder et al. 2010. Zum Jugendstrafrecht: Eisenberg 2010; Meier et al. 2003; Ostendorf 2004 und 2009; Streng 2003; zum Verhältnis Jugendstraf- und Jugendhilferecht Trenczek 1996, 2010a und 2010b

1. Was versteht man unter dem sog. subjektiven Tatbestand? Inwieweit ist hierbei ein Irrtum von Bedeutung? (8.2.1.1)
2. Nennen Sie die wichtigsten Rechtfertigungsgründe und beschreiben Sie deren Grenzen. (8.2.1.2)
3. Was versteht man unter der Garantenstellung und sind Mitarbeiter der Sozialen Arbeit insoweit verpflichtet? (8.2.2.2)
4. Muss bzw. darf ein Mitarbeiter des Jugendamtes eine ihm im Rahmen einer Betreuung anvertraute Straftat bei der Polizei anzeigen bzw. gegenüber dem Strafgericht offenbaren? (8.2.3.1)

5. Welche besonderen Möglichkeiten der informellen Verfahrenserledigung gibt es nach dem BtMG? (8.2.3.5)

6. Was versteht man unter Diversion? Beschreiben Sie die wichtigsten Diversionsmöglichkeiten. (8.2.3.5, 8.3.2 und 8.5.1)

7. Welche strafrechtlichen Zwangsmaßnahmen können im Ermittlungsverfahren angewandt werden? (8.3.2)

8. Wann ist ein junger Mensch strafrechtlich verantwortlich? (8.5)

9. Was versteht man unter den sog. Neuen Ambulanten Maßnahmen und welche Aufgaben hat insoweit das Jugendamt? (8.5.2)

10. Beschreiben Sie die Unterschiede zwischen der Gerichtshilfe und der sog. Jugendgerichtshilfe. (8.6.1 und 8.6.2)

IV Querschnittsgebiete

1 Aufsichtspflichten und Haftung (Trenczek / Tammen)

1.1 Übersicht und Einführung in die Fragestellungen

Bei dem Begriffskreis „Aufsicht und Haftung", insb. bei der Frage nach den Konsequenzen einer Aufsichtspflichtverletzung, geht es um Fragen, die unterschiedliche Rechtsbereiche betreffen und zwar insb. um Fragen des

- Zivilrechts, insb. des Schuld- und Familienrechts,
- Kinder- und Jugendhilferechts (Sozialverwaltungsrecht),
- Sozialversicherungsrechts,
- Arbeitsrechts und
- Strafrechts.

Im Folgenden kann nur ein grober Überblick über die wichtigsten Regelungen gegeben werden, wobei im Wesentlichen auf die Situation in der Jugendhilfe vor allem im Bereich der Erziehungshilfen und Neuen Ambulanten Maßnahmen eingegangen wird.

1.2 Begriff und Inhalt der Aufsichts- und Schutzpflichten

1.2.1 Aufsichtspflicht als Teil der Personensorge

Rechtlich gelten Minderjährige, also auch Jugendliche, stets als aufsichtsbedürftig, Volljährige dagegen nur, wenn sie aufgrund ihrer geistigen oder körperlichen Fähigkeiten in einer konkreten Situation nicht die notwendige Selbstkontrolle besitzen (vgl. § 832 Abs. 1 BGB). Während man bei Minderjährigen zumeist von Aufsichtspflicht spricht, wird dieser Begriff bei Volljährigen seltener verwandt, auch wenn ihnen gegenüber ggf. besondere Schutzpflichten bestehen. Der Begriff „Aufsichtspflicht" beschreibt die Pflicht, Minderjährige bzw. andere anvertraute Personen mit dem Ziel zu beaufsichtigen, sie einerseits vor einer Selbstschädigung oder einer Schädigung durch Dritte zu bewahren sowie andererseits zu verhindern, dass sie ihrerseits Dritte schädigen. Die Aufsichtspflicht ist bei Minderjährigen Bestandteil der **Personensorge** und obliegt daher ursprünglich den Personensorgeberechtigten, d.h. regelmäßig den Eltern. Nach **§ 1631 Abs. 1 BGB** umfasst die Personensorge neben der Pflicht und dem Recht, das Kind zu pflegen, zu erziehen und seinen Aufenthalt zu bestimmen, auch die Pflicht und das Recht, es zu beaufsichtigen. Im Übrigen sind verpflichtete Personen auch Vormünder (§§ 1793, 1800 i.V.m. § 1631 BGB), Pfleger (§§ 1909, 1915 BGB) und Betreuer (§§ 1896, 1901 BGB).

Aufsichtspflicht

Die Aufsichtspflicht kann auch auf einem (u.U. konkludent vereinbarten) vertraglichen Schuldverhältnis beruhen (vgl. § 832 Abs. 2 BGB), z.B. bei einem Erziehungsberechtigten (§ 7 Abs. 1 Nr. SGB VIII), der den Minderjährigen in Obhut hat. Problematisch ist die Frage der Übertragung der Aufsichtspflicht, wenn im Alltag ohne eindeutige Absprache jemand kurzzeitig einspringt, um auf ein Kind aufzupassen. Nicht jede kurzfristige Aufsicht über Minderjährige begründet automatisch eine Aufsichtspflicht. Es muss vielmehr in jedem Einzelfall geprüft werden, ob tatsächlich eine verbindliche Übernahme der Verantwortung durch die betreffende Person vorliegt, oder ob es sich um eine reine **Gefälligkeit** handelt. Im Gegensatz zu einer vertraglichen, rechtlich verbindlichen Übernahme der Aufsichtspflicht ist eine Gefälligkeit dadurch gekennzeichnet, dass es am Rechtsbindungswillen der Person gerade fehlt (vgl. II-1.2.1). Die „gefällige" Person möchte sich nicht im rechtlichen Sinne dazu verpflichten, eine Tätigkeit zu übernehmen. Unsere Rechtsordnung schließt eine Haftung bei Gefälligkeiten weitgehend aus. Anderenfalls wäre in der Bevölkerung wohl wenig Bereitschaft vorhanden, Gefälligkeiten zu übernehmen. Ob bei Gefälligkeitsverhältnissen allerdings eine Haftung des „Gefälligen" wegen Verletzung von Schutz- und Sorgfaltspflichten i.S.v. § 241 Abs. 2 BGB in Betracht kommt, ist umstritten. Vertreten wird in diesem Zusammenhang zunehmend, dass Schutzpflichten allgemein als Ausprägung sozialer Kontakte anzusehen sind und daher auch bei solchen Gefälligkeitsverhältnissen zum Tragen kommen, bei denen die damit verbundenen Risiken für jedermann einsichtig und ersichtlich sind. Wenn eine übernommene Gefälligkeit gerade in der Übernahme von Schutzpflichten besteht, wie bei der Beaufsichtigung Minderjähriger, ist dies offensichtlich und insofern ist eine Haftung bei Verletzung der Pflichten nach rechtsgeschäftlichen Grundsätzen zu bejahen (Westermann et al. 2007, S. 32). Wenn die Gefälligkeit also ausgeführt wird (z. B. die Kinder des Nachbarn kurz beaufsichtigt werden), so trifft die Person demnach essenzielle Schutzpflichten, insb. im Hinblick auf Leib und Leben der beaufsichtigten Person, bei deren Verletzung auch Haftungsfolgen in Betracht kommen.. Ein reines Gefälligkeitsverhältnis wird z. B. bejaht, wenn die Eltern eines Kindes auf dem Spielplatz kurz abwesend sind und auf ihre Bitte hin eine andere Person auf das Kind aufpasst. Ebenso wird eine rechtlich verbindliche Übernahme der Aufsichtspflicht abgelehnt, wenn Kinder unaufgefordert zum Spielen mit dem eigenen Kind in die Wohnung kommen. Dies gilt auch, wenn die Eltern von den gegenseitigen Besuchen wissen und sie erlauben (BGH NJW 1968, 1874 f.). Etwas anderes gilt dagegen, wenn die Kinder auf Einladung der Eltern ins Haus kommen, etwa wenn sie zu einer Geburtstagsfeier eingeladen werden. Mit der Einladung bringen die Eltern zum Ausdruck, dass sie die Kinder während der Feier auch beaufsichtigen werden (OLG Celle NJW-RR 1987, 1384 f.). Eine vertragliche Übernahme der Aufsichtspflicht ist auch dann anzunehmen, wenn es sich um eine weitreichende Obhut von längerer Dauer und weitgehender Einwirkungsmöglichkeit handelt (BGH NJW 1968, 1874).

Eine gesetzliche Aufsichtspflicht besteht aufgrund von Regelungen der jeweiligen Schulgesetze (z. B. § 62 Niedersächsisches Schulgesetz – NSchG, § 61 Schulgesetz für das Land Mecklenburg-Vorpommern – SchulG M-V) auch für Schulen.

1.2.2   Übertragung der Aufsichtspflicht auf einen Träger

Ob und inwieweit Mitarbeiter der öffentlichen Jugendhilfe kraft Gesetzes zum Schutz von Jugendlichen verpflichtet sind, ist im Detail noch umstritten. Eine über die strafrechtliche Garantenstellung, die nach §§ 1 Abs. 3, 8a SGB VIII wohl jeden Mitarbeiter der öffentlichen Jugendhilfe trifft (Trenczek 2002; III-8.2.2.2), hinausreichende, konkretisierte gesetzliche Aufsichtspflicht der Mitarbeiter des Jugendamtes besteht zumindest im Rahmen der Inobhutnahme (vgl. § 42 Abs. 2 SGB VIII). Mitarbeiter von Einrichtungen, insb. freier Träger z. B. im Rahmen der Erziehungshilfen, sind aber nicht per se gesetzlich aufsichtspflichtig (vgl. § 1688 Abs. 3 BGB, § 38 SGB VIII). Andere Personen werden neben den Personensorgeberechtigten nur dann aufsichtspflichtig, wenn ihnen die Aufsichtspflicht von den Personensorgeberechtigten bzw. dem Jugendamt zur Ausübung übertragen wurde und sie diese übernommen haben. Melden die Eltern (bzw. andere Personensorgeberechtigte) ihre Kinder in einer Einrichtung oder zur Teilnahme an einer Aktivität, einem Kurs, einer Fahrt usw. an, kommt – rechtlich gesehen – regelmäßig ein Vertrag zustande (siehe Übersicht 54), durch den nicht nur Umfang und Grenzen der Erziehungsberechtigung (vgl. § 7 Abs. 1 Nr. 6 SGB VIII) übertragen werden, sondern damit geht **auch** die **Aufsichtspflicht** von den Personensorgeberechtigten auf den Träger der Einrichtung über (sog. Betreuungs- oder Aufnahmevertrag). Indem die Personensorgeberechtigten ihr Kind anmelden, erklären sie, ihre Aufsichtspflicht für die Dauer und den Umfang der jeweiligen Betreuung übertragen zu wollen: Der Minderjährige soll während seiner Anwesenheit „erzogen", betreut und beaufsichtigt werden. Ratsam ist es freilich, ausdrücklich einen Passus zur Regelung der Aufsicht und des Erziehungsrechts in das Anmeldeformular aufzunehmen. Nimmt der Träger die Anmeldung an, ist der Vorgang der vertraglichen Begründung der Aufsichtspflicht abgeschlossen. Das Gleiche gilt für die Übertragung von Aufgaben durch das Jugendamt an freie Träger im Rahmen der Inobhutnahme (§§ 42, 76 SGB VIII).

Zwischen den Mitarbeitern des Trägers und den Personensorgeberechtigten bestehen typischerweise keine Vertragsbeziehungen. Die Erzieherin ist vielmehr sog. Erfüllungsgehilfin (§ 278 BGB) des Trägers (hierzu II-1.4.3) soweit auf sie die Aufsichtspflichten delegiert wurden (s. u. II-1.4.3). Die Mitarbeiter sind insb. aufgrund ihres Arbeitsvertrages mit dem Träger verpflichtet, die Vereinbarungen des Vertrages zwischen Träger und Personensorgeberechtigten zu erfüllen.

Durch die Verpflichtung der Mitarbeiter zur unmittelbaren Beaufsichtigung wird der Träger jedoch von seiner Aufsichtspflicht **nicht** frei. Alle Beteiligten haben vielmehr Pflichten im Zusammenhang mit der Aufsicht des Minderjährigen:

Übersicht 54: Übertragung der Aufsichtspflicht durch Verträge

Personensorgeberechtigte
(Eltern, Vormund, Pfleger)
↓
Übertragung der Aufsichtspflicht durch Vertrag (z. B. Kindergartenvertrag) auf
↓
Organisation
(z. B. Träger der öffentlichen oder freien Jugendhilfe)

Pflichten insbesondere:
■ Auswahl der MitarbeiterInnen
■ Organisation

↓   ↓

Übertragung eines Teils der Aufsichtpflicht   Übertragung eines anderen Teils der Aufsichts-
durch Arbeitsvertrag auf   pflicht durch Arbeits- oder Honorarvertrag auf
↓   ↓

Leitungspersonen   Unmittelbare Betreuungspersonen
(z. B. LeiterIn der Kindertagesstätte oder   (z. B. ErzieherIn)
HeimleiterIn)
                                                   Pflichten insbesondere:
Pflichten insbesondere: ■ konkrete Beaufsichtigung
■ beraten
■ anleiten
■ überwachen
■ kontrollieren
■ sichern

Der Träger hat durch eine angemessene **Organisations- und Personalplanung** sicherzustellen, dass die Aufsichtspflicht erfüllt werden kann. So darf er z. B. die ihm vertraglich übertragene Aufsichtspflicht nur Mitarbeitern übertragen, die für die Aufgabe hinreichend qualifiziert, zuverlässig und (berufs)erfahren sind. Der Vorstand des Trägers hat insofern die Pflicht zur sorgfältigen Auswahl des Personals und zur Belehrung über die Aufsichtspflicht sowie zur Organisation z. B. hinsichtlich der jeweiligen Gruppengröße. Kommt er dem nicht in ausreichendem Umfang nach, so verletzt der Träger selbst seine Aufsichtspflicht. Verstößt der Träger gegen diese Organisationspflichten, so haftet er nach der Rspr. ohne die Möglichkeit eines Entlastungsbeweises (§§ 823, 831, 31 BGB). Die Leitung der Einrichtung hat die Pflicht zur Einweisung, Beratung und Unterstützung der konkret bei der Betreuung oder Erziehung eingesetzten Mitarbeiter und zum Einschreiten bei deren offensichtlichem Fehlverhalten. Zudem hat auch sie Organisationspflichten, z. B. zur Gewährleistung einer Vertretung bei der Beaufsichtigung, wenn die eigentlich damit beauftragte Person ausfällt. In Notfällen ist sie selbst persönlich zur Aufsicht verpflichtet.

Heranwachsende haben keine Personensorgeberechtigten, sie sind i. d. R. voll geschäftsfähig und selbst Vertragspartner. Das heißt aber nicht, dass eine Einrichtung, ein Träger oder Veranstalter ihnen gegenüber keine Schutzpflichten hätten. Diese können sich aus dem (Betreuungs-)Vertrag oder aus der konkreten Situation heraus ergeben.

1.2.3   Sonstige Begründung von Schutzpflichten

Über die gesetzliche Begründung der Aufsichtspflicht als Teil der Personensorge hinaus kann eine Schutzpflicht auch ohne (ausdrücklich oder konkludent / stillschweigend) geschlossenen Vertrag bestehen, die z. B. dann relevant wird, wenn sich nicht in der Einrichtung angemeldete Freunde eines betreuten Jugendlichen in einer Einrichtung aufhalten. Diese besonderen Schutzpflichten ergeben sich u. a. aus der sog. Verkehrssicherungs- und Organisationspflicht des Einrichtungsträgers wie auch aus der sog. Garantenstellung und den hieraus erwachsenden Pflichten, die vor allem in strafrechtlicher Hinsicht diskutiert werden.

Verkehrssicherungs-
pflicht

Bei der Verkehrssicherungspflicht handelt es sich um die Pflicht, den Betrieb, eine Einrichtung (insb. das Gebäude sowie die darin befindlichen Einrichtungsgegenstände) in einem verkehrssicheren Zustand zu halten und so zu führen, dass niemand geschädigt wird (vgl. §§ 836 – 838 BGB). Die Verkehrssicherungspflicht beginnt und endet nicht an der Haustür der Einrichtung, sondern besteht auch außerhalb der Einrichtungsstätte für den gesamten Betrieb des Einrichtungsträgers, also auch für alle Veranstaltungen, die vom Träger durchgeführt werden. Sie besteht nicht nur gegenüber den Jugendlichen, die die Einrichtung nutzen, sondern gegenüber jeder Person, welche sie befugtermaßen betritt oder nutzt. Die Verkehrssicherungspflicht beruht auf dem Gedanken, dass derjenige, der eine Gefahrenquelle schafft oder in dessen Einwirkungsbereich sich eine solche befindet, die notwendigen Vorkehrungen treffen muss, um Dritte vor etwaigen Schäden zu bewahren.

Im Zusammenhang mit der Erziehung und Betreuung von Minderjährigen betrifft die Verkehrssicherungspflicht etwa das Aufstellen von Spielgeräten oder das Betreiben von Spielplätzen, die bauliche Gestaltung von Räumlichkeiten und Anlagen, in denen sich Minderjährige aufhalten, aber auch die Durchführung von Festen o. Ä., bei denen es zu Gefahren kommen kann. Wichtig ist dabei zunächst, dass einschlägige Unfallverhütungsvorschriften eingehalten werden. Die notwendigen Schutzvorkehrungen hängen auch davon ab, an welche Altersgruppe sich Angebote richten und zu welchen Aktivitäten sie dienen sollen. Aus den Verkehrssicherungspflichten können sich ganz unterschiedliche Anforderungen ergeben. Sie fordern z. B., dass Spielgeräte auf Spielplätzen standsicher verankert sind und darauf hin auch regelmäßig kontrolliert werden (BGH NJW 1988, 48 f.). Bei Angeboten für Kleinkinder muss u. U. auch ein Untergrund mit aufprallhemmender Wirkung vorhanden sein, um Verletzungen zu vermeiden. Der Bundesgerichtshof hat in diesem Zusammenhang gefordert, dass die Risiken auf Spielplätzen zwar nicht völlig ausgeschlossen, aber doch für die Kinder überschaubar und kalkulierbar sein müssen (BGH FamRZ 1988, 810 ff.). Auch Gebäude müssen so beschaffen sein, dass keine versteckten Gefahrenquellen vorliegen. Werden bei Kinderfesten o. Ä. Spiele veranstaltet, die mit Gefahren verbunden sind, so ist dafür Sorge zu tragen, dass die Spieler oder dritte Personen nicht verletzt werden. Auch Fahrzeuge, mit denen Minderjährige befördert werden, müssen selbstverständlich verkehrssicher sein. Wird ein PKW, der Mängel aufweist, zu einer Fahrt benutzt und kommt es zu einem Unfall, so haben alle Personen, die von den für den Unfall ursächlichen Mängel wussten und gleichwohl das Fahrzeug benutzten, – neben dem Halter (i. d. R. Einrichtungsträger) – ihre Schutzpflicht verletzt.

Wie die Aufsichtspflicht zielt auch die allgemeine Verkehrssicherungspflicht darauf ab, Schutzmaßnahmen zu ergreifen. Wenn es um den Schutz von Minderjährigen geht, greifen diese Pflichten und die sog. Aufsichtspflicht daher zumeist derart ineinander, dass eine deutliche Trennung kaum möglich ist. Allerdings trifft die allgemeine Verkehrssicherungspflicht zunächst nur den Einrichtungsträger und nicht seine Mitarbeiter, sofern diesen nicht selbst ein fehlerhaftes Verhalten oder Unterlassen vorzuwerfen ist.

Kommt z. B. der Träger seiner Verpflichtung nicht nach, indem er beispielsweise einen schadhaften Fußboden nicht reparieren lässt, auf man leicht stolpern kann, so gebietet die Aufsichtspflicht den Mitarbeitern, tätig zu werden. Andernfalls wären sie für eine etwaige Schädigung der Kinder mitverantwortlich. Sie haben den Träger daher nachdrücklich (wenn nötig auch schriftlich) an die Reparatur zu erinnern und die die Einrichtung besuchenden Personen zu besonderer Aufmerksamkeit hinsichtlich der Gefahrenquelle zu veranlassen. Wenn der Träger nicht reagiert oder sich sogar weigert, die Reparatur durchzuführen, sollten die Mitarbeiter ihm schriftlich mitteilen, mit ihrer Aufsichtsführung nicht länger dafür einstehen zu können, dass die Kinder sich wegen des schadhaften Fußbodens nicht verletzen. Im Schadensfalle dürften die Mitarbeiter hierdurch entlastet sein, da sie belegen können, alles in ihrer Macht Stehende und Zumutbare unternommen zu haben, um Schädigungen der Kinder zu vermeiden (vgl. § 832 Abs. 1 S. 2 BGB).

Organisationspflicht   Eng mit der Verkehrssicherungspflicht zusammen hängen spezifische Organisationspflichten des Einrichtungsträgers, nach der dieser die Betriebsabläufe so zu gestalten hat, dass Schäden für Dritte ausgeschlossen sind.

1.2.4   Umfang und Grenzen der Aufsichtspflicht

Es ist nicht möglich, Umfang und Grenzen der Aufsichtspflicht im Detail gesetzlich für alle Fälle und Situationen verbindlich festzulegen. Der Gesetzgeber hat es vielmehr der Rechtsprechung überlassen, im konkreten Fall über die Auslegung der unbestimmten Rechtsbegriffe Umfang und Grenzen der Aufsichtspflicht festzulegen. Als Richtschnur gilt insoweit folgender Maßstab: „Hat der Aufsichtspflichtige das getan, was von einem verständigen Aufsichtspflichtigen in der Lage und nach den Umständen des Einzelfalles vernünftiger- und billigerweise verlangt werden konnte?" Damit wird zunächst auf den „gesunden Menschenverstand" Bezug genommen. Konkret gibt es eine Reihe unterschiedlicher Faktoren, die Inhalt und Umfang der Aufsichtspflicht bestimmen. Diese sind z. B. (vgl. z. B. BGH NJW 1984, 2574; NJW 1993, 1103; NJW 1996, 1404):

- die Person des Minderjährigen (körperliche, seelische, soziale und geistige Reife; hier wird man neben dem Alter des Minderjährigen insb. auch auf das Problemverhalten und die frühere „Auffälligkeit" der Jugendlichen zu achten haben),
- das Gruppenverhalten des Minderjährigen,
- die Gruppengröße,
- die Gefährlichkeit der Beschäftigung (insb. im Hinblick auf erlebnispädagogische Aktionen oder z. B. Wettrennen mit Fahrzeugen, aber z. B. auch im Hinblick auf den Umgang mit Medien),
- die Art der Spiel- und Beschäftigungsgeräte (Gebrauch von Waffen, Werkzeugen, Umgang mit Feuer usw.),
- die örtliche Umgebung (unbekannte Umgebung, Bergklippen, Ufergelände, Straßenverkehr),
- Anzahl und Person der Mitarbeiter, insb. Qualifikationen und Fähigkeiten der Aufsichtsperson, ihre pädagogischen Erfahrungen und ihre Vertrautheit mit den Minderjährigen, aber auch eventuelle körperliche Einschränkungen, Krankheiten oder Behinderungen.

Im konkreten Fall sind meist mehrere dieser Faktoren zu berücksichtigen.

Interventions- und   Die Aufsichtsmaßnahmen sollten im Einklang mit den derzeitigen allgemein aner
Maßnahmenkatalog   kannten pädagogischen Grundauffassungen stehen, sie sollten die Entwicklungsbedürfnisse des Minderjährigen berücksichtigen und sein Interesse an selbstbestimmten Lernprozessen unterstützen. Das pädagogische Ziel der Erziehung zur Selbstständigkeit bestimmt also Umfang und Intensität der zumutbaren Aufsichtsmaßnahmen mit (vgl. BGH NJW 1976, 1684). Unpädagogisches Verhalten ist unzumutbar und kann daher im Rahmen der Aufsichtspflicht nicht verlangt werden.

Es ist zu beachten, dass die Aufsichtspflicht nur eine Nebenpflicht der Erziehungspersonen ist. Vorrangig demgegenüber ist die Erziehung zu Selbstständigkeit, Mündigkeit und Verantwortungsbewusstsein. Ein steigendes Maß an Freiheit ist für die Entwicklung zur Selbstständigkeit nötig. Gefahren müssen im Rahmen des Beherrschbaren in Kauf genommen werden, da ansonsten das schwerwiegendere Risiko besteht, dass das Kind bei Volljährigkeit den Aufgaben des Lebens nicht gewachsen ist. Leitlinie der Ausübung der Aufsicht sollte sein, dem Minderjährigen ein ständig steigendes Maß an Freiheit zu gewähren.

Erziehung und Pädagogik

Der Interventions- und Maßnahmenkatalog umfasst eine große Spannweite: Information und Aufklärung, Absprachen und Ermahnungen, Ge- und Verbote, Überprüfung der Gefahrenquellen und Kontrollen, wenn nötig wiederholt, ggf. die Unterbindung durch Wegnahme und sichere Verwahrung gefährlicher Gegenstände, die Inanspruchnahme fremder Hilfe oder auch den Abbruch von Veranstaltungen. Welche Vorkehrungen und Maßnahmen zur Gefahrenabwehr allein oder kumulativ geeignet, erforderlich und zumutbar sind, ist stets nach den **besonderen Umständen des Einzelfalls** zu beurteilen. Nicht alles, was an Aufsichtsmaßnahmen denkbar ist, ist zumutbar. Entscheidend ist letztlich, was eine *verständige* aufsichtspflichtige Person nach den *vernünftigen* Anforderungen im konkreten Fall unternehmen muss, um die Schädigung eines Dritten oder die Eigenschädigung der betreuten Person zu verhindern. Hinsichtlich der einzelnen möglichen Aufsichtsmaßnahmen besteht dabei dem Verhältnismäßigkeitsprinzip entsprechend ein Stufenverhältnis. Die unterste Stufe besteht im **Informieren und Belehren** des Minderjährigen über mögliche Gefahren, was ggf. mehrfach zu erfolgen hat. Die Belehrungen, Erklärungen und Warnungen sind so zu gestalten, dass sie dem Alter und Entwicklungsstand der Minderjährigen entsprechen und verstanden werden. Insbesondere bei jüngeren und in ihrer Entwicklung beeinträchtigten Kindern hat sich die Aufsichtsperson durch Nachfragen zu versichern, ob ihre Hinweise verstanden wurden, ggf. sind sie zu wiederholen. Der sachgemäße Umgang mit ungewohnten Gegenständen wie etwa Werkzeugen, Sportgeräten oder auch mit Feuer ist vorzuführen. Auf der nächsten Stufe liegen **Überwachungen und Kontrollen**. Hier muss sich die Aufsichtsperson z. B. vergewissern, ob der Minderjährige die erfolgten Belehrungen verstanden hat und auch umsetzt. Ebenso muss sie sich davon überzeugen, dass er die im Einzelfall nötigen Fähigkeiten hat, etwa sicher genug schwimmt, um ins Schwimmerbecken zu können, oder seinen Roller bzw. sein Fahrrad beherrscht. Auf der nächsten Stufe liegen **Ge- und Verbote**, sie sind vorzunehmen, wenn die Wahrscheinlichkeit einer Gefahr besteht. Auch in Bezug auf Ge- und Verbote hat sich der Aufsichtspflichtige stets zu vergewissern, ob diese von den Aufsichtsbedürftigen tatsächlich verstanden und befolgt werden. Unter Umständen kann bei jüngeren oder entwicklungsbeeinträchtigten Kindern sowie bei solchen, die erfahrungsgemäß Anweisungen und Verbote nicht befolgen, eine ständige Anwesenheit einer Aufsichtsperson bei einer Aktivität erforderlich sein. In jedem Fall muss die Aufsichtsperson wissen, wo die Minderjährigen sich aufhalten und was sie gerade tun. Hierüber muss sie sich in regelmäßigen Abständen versichern. Auf der höchsten Stufe der Aufsichtsführung schließlich liegt **Eingreifen** und Unmöglichmachen einer Handlung, so z. B. Wegschließen oder Wegnahme von gefährlichen Gegenständen oder Entfernung

Verhältnismäßigkeit

von einem gefährlichen Ort. Dies ist erforderlich, wenn ein besonders großer Schaden zu befürchten ist oder wenn der Eintritt eines Schadens besonders wahrscheinlich ist und andere Mittel nicht ausreichen. Um belegen zu können, dass und in welchem Umfang Aufsichtsmaßnahmen durchgeführt wurden, empfiehlt es sich, z. B. Verstöße eines Minderjährigen gegen Belehrungen und Ermahnungen in geeigneter Weise zu **dokumentieren.**

Erlebnispädagogik Die Aufsicht muss umso intensiver ausgeübt werden, je weniger die Person des Jugendlichen bekannt ist, je geringer die bisherige Betreuung war, und auch je geringer die bisherigen Erziehungserfolge waren. Zudem gilt: je größer das Gefahrpotenzial einer Situation oder einer Beschäftigung, desto sorgfältiger ist die Aufsicht zu führen. Insbesondere unterliegen erlebnispädagogische Unternehmungen (z. B. Kanu- oder Wildwasserfahrten, Klettertouren, Auslandsreisen, Ferienlager) erhöhten Aufsichts- und Sorgfaltspflichten. Die Risiken müssen gerade im Hinblick auf die ausgewählte Zielgruppe kalkulierbar bleiben und zu dem verfolgten Zweck in einem angemessenen Verhältnis stehen. So müssen die Mitarbeiter bei erlebnispädagogischen Aktionen, Ausflügen und Fahrten z. B.

- die persönlichen Voraussetzungen, Fähigkeiten und (momentane) Verfassung der Teilnehmer berücksichtigen,
- die örtlichen Gegebenheiten (z. B. durch Erkundungsgänge) kennen,
- insb. auch die möglichen Gefahrenquellen selbst beherrschen oder hierfür geeignete Fachkräfte einsetzen. Dies gilt insb., wenn die Begleiter nicht selbst über eine entsprechende erlebnispädagogische Qualifikation verfügen (z. B. Klettern, Kanufahren).

Die Aufsicht würde dann ungenügend wahrgenommen, wenn

- keine klaren Regeln oder Absprachen zwischen den Jugendlichen und den Mitarbeitern bestehen,
- das Gelände offensichtliche Gefahren aufweist, die die Jugendlichen nicht einschätzen können, oder sie sich ohne weiteres der Aufsicht entziehen, weil sie sich vom Gelände entfernen können.
- besondere (erlebnispädagogische) Aktionen unternommen werden, ohne dass die Betreuer über eine spezifische Qualifikation verfügen oder entsprechend qualifiziertes Personal beauftragt haben.
- Teilnehmer durch Krankheiten von Mitreisenden angesteckt werden, wenn die Aufsichtspflichtigen Kenntnis der ansteckenden Krankheit hatten, oder bei Vergiftung, z. B. aufgrund von Salmonellen durch (schlechte) Nahrungsmittel, wenn es hierfür Anhaltspunkte gibt.

Verstoß gegen Ermahnungen und Belehrungen Inhalt und Grenzen notwendiger Belehrungen und der Konsequenzen bei einem Verstoß gegen die Belehrung ergeben sich aus der Pflichtenstellung des Einrichtungsträgers, insb. aus einem Betreuungs- bzw. Teilnahmevertrag. Bei einem Verstoß gegen vereinbarte Regelungen kann die Betreuung beendet und ggf. ein Jugendlicher z. B. aus einer Freizeit nach Hause geschickt werden, wobei wiederum besondere Schutzpflichten zu beachten sind.

Soweit nicht ausdrücklich etwas anderes vereinbart ist, besteht die Aufsichtspflicht nur für die Zeit, in der die Einrichtung ihr Betreuungsangebot macht. Grundsätzlich sind für den Weg zu und von der Einrichtung die Personensorgeberechtigten verantwortlich. Im Übergangsbereich ist die Abgrenzung gelegentlich schwierig und sollte eindeutig geklärt werden. Die Aufsichtsbereiche der verschiedenen verantwortlichen Personen müssen nahtlos ineinander übergehen. Den Träger trifft kraft Gesetzes keine Verantwortung für den Heimweg. Dies betrifft auch das Zurückschicken von Teilnehmern aus einer Freizeit, allerdings müssen die Minderjährigen den Personensorgeberechtigten oder einer hierzu autorisierten Abholperson übergeben werden und dürfen grundsätzlich nicht einfach alleine nach Hause „geschickt" werden. Während man bei Kleinkindern z. B. von Kindertagesstätten hier vor allem die Gefahren des Straßenverkehrs im Auge hat, die zu beherrschen sie nicht in der Lage sind (mangelnde Verkehrstüchtigkeit), bestehen die Gefährdungen bei Jugendlichen auf anderen Gebiet (nicht ausreichende Sozialkompetenz z. B. im Hinblick auf unbekannte Reiseverbindung, weite Entfernung, Verlockungen des Alltags, von falschen Freunden, Gefährdungen von Dritten). Auch bei jungen Volljährigen bestehen aufgrund des mit ihnen bestehenden Vertrages oder zumindest aufgrund des vorausgegangenen tatsächlichen Kontakts gewisse Schutzpflichten. Ist z. B. der Volljährige laufend betrunken oder mit Drogen „zugedröhnt", darf die Betreuung zwar einerseits beendet, er aber andererseits nicht alleine nach Hause geschickt werden, wenn er dadurch in eine schutz- und hilflose Lage geraten könnte.

Dauer und Reichweite der Aufsichtspflicht

Erklären die Personensorgeberechtigten (möglichst schriftlich) ausdrücklich, dass ihr Kind den Heimweg alleine zurücklegen könne und sie es demzufolge nicht abholen, so trifft eine eventuelle zivilrechtliche und strafrechtliche Verantwortlichkeit für hierdurch entstehende Unfälle allein die Eltern und nicht die Einrichtung oder ihr Personal. Etwas anderes gilt allerdings, wenn der unbegleitete Heimweg der Minderjährigen in der konkreten Situation als gefährlicher erscheint als zunächst angenommen und Risiken vorliegen, die von den Sorgeberechtigten bei ihrer Einwilligung nicht vorhergesehen werden konnten. Ist also erkennbar, dass der Minderjährige bei dem von den Eltern gewünschten selbstständigen Heimweg in eine hilflose Lage oder gar in Lebensgefahr geraten kann, gebieten es allgemeine Rechtspflichten, das Kind oder den Jugendlichen trotz der Erklärung der Eltern nicht alleine nach Hause zu schicken.

1.2.5   Delegation der Aufsichtspflicht

Die Aufsichtspflicht kann prinzipiell übertragen werden, z. B. vom Einrichtungsträger auf seine Mitarbeiter, auch auf Zivildienstleistende und Praktikanten (s. o. IV-1.2.2). Ein generelles Verbot, die Aufsichtspflicht weiterzudelegieren, gibt es nicht; eine Delegation kann aber vertraglich ausgeschlossen werden. Um etwa einen Ausflug leichter und sicherer durchzuführen, können auch ehrenamtliche Mitarbeiter, berufsfremde Personen und andere Erwachsene, etwa Eltern, oder ergänzend sogar der Minderjährige selbst zur Ausübung der Aufsichtspflicht mitherangezogen werden. Voraussetzung ist jedoch in jedem Fall, dass der Betreffende geeignet ist, hinreichend angeleitet wird und dass sich die Mitarbeiter der Erfüllung der übertragenen Aufsichtsaufgaben vergewissern. Keinesfalls darf der Betreffende mit der ihm zugedachten Aufgabe überfordert sein. Soll die Aufsichtspflicht delegiert werden, hat der Mitarbeiter daher zum einen die Pflicht, den Betreffenden sorgfältig auszuwählen. Zum anderen muss er ihn bei der Wahrnehmung der jeweiligen Aufgabe im erforderlichen Maße anleiten und sich ihrer Erfüllung vergewissern. Eine Delegation ist insb. im Hinblick auf den Einsatz von zusätzlichem Fachpersonal und Experten notwendig (spezifisch ausgebildete Personen bei gefährlichen erlebnispädagogische Aktionen, z. B. Klettern, Wildwasserfahren), ohne dass die eigene Verantwortung der anderen Mitarbeiter und des Betreuers dadurch aufgehoben wird.

Zusammenarbeit von mehreren Personen Besonderheiten ergeben sich bei einem Zusammenwirken von mehreren Personen. Hier muss eindeutig organisiert sein, wer welche Verantwortung hat. Es ist die Organisationspflicht des Anstellungsträgers bzw. des von ihm beauftragten Vertreters, die Verantwortlichkeiten eindeutig zuzuordnen. Zu warnen ist vor dem Versuch, **Teamentscheidungen** zum verbindlichen Entscheidungskriterium zu machen. Dies täuscht darüber hinweg, dass sich die einzelne Fachkraft nicht ihrer individuellen Verantwortung entledigen kann. Dies ist u. U. nicht einmal bei einer Weisung von Vorgesetzten der Fall.

1.3   Konsequenzen einer Aufsichtspflichtverletzung

Wenn etwas passiert, z. B. ein Unfall oder die vorsätzliche Verursachung eines Schadens, kann dies zivilrechtliche, strafrechtliche und arbeits- oder dienstrechtliche Folgen haben. In der Praxis hatten bislang die strafrechtlichen Risiken gegenüber der zivilrechtlichen Haftung eher eine untergeordnete Bedeutung, allerdings hat sich die Aufmerksamkeit gerade in den letzten Jahren verschoben, nachdem mehrere Sozialarbeiter für den Tod oder die Verletzung von Kleinkindern verantwortlich gemacht und wegen der Verletzung ihrer Aufsichts- und Fürsorgepflicht verurteilt worden sind.

1.3.1   Zivilrechtliche Folgen

1.3.1.1 Persönliche Haftung

Zivilrechtlich kann die Aufsichtspflichtverletzung zu einer Schadensersatzpflicht führen (§§ 823, 832 BGB). Dies betrifft Schäden,

- die bei den betreuten Minderjährigen (Personen- oder Sachschäden),
- die an Einrichtungsgegenständen des Trägers oder der Person und Sachen von Mitarbeitern des Trägers oder
- bei Dritten (außerhalb des Einrichtungsträgers) entstehen. Dabei kann die Haftung wegen einer Aufsichtspflichtverletzung mit der regulären Haftung wegen

Pflichtverletzungen bzw. unerlaubter Handlungen zusammenfallen. Ist kein Schaden eingetreten, bleibt eine Aufsichtspflichtverletzung zivilrechtlich folgenlos.

Zunächst einmal haftet der Minderjährige nach den allgemeinen Regeln des BGB selbst für die von ihm schuldhaft (fahrlässig oder vorsätzlich) verursachten Schäden, sei es für Personen- oder Sachschäden. Allerdings ist ein Minderjähriger nach § 828 Abs. 3 BGB erst ab dem siebten Lebensjahr für einen zugefügten Schaden verantwortlich und dies grundsätzlich nur dann, wenn er bei der Begehung der schädigenden Handlung die zur Erkenntnis der Verantwortung erforderliche Einsicht hatte (vgl. II-1.3.2; Ausnahme § 829 BGB aus Billigkeitsgründen). Dies lässt sich stets nur im Einzelfall klären. Bei Unfällen mit Kraftfahrzeugen, Schienen- oder Schwebebahnen besteht seit dem Jahr 2002 gemäß § 828 Abs. 2 BGB die Sonderregelung, dass die Verantwortlichkeit des Minderjährigen erst mit Vollendung des zehnten Lebensjahrs einsetzt, es sei denn, dass der Minderjährige den Schaden vorsätzlich verursacht hat. Die Altersgrenze für die Minderjährigenhaftung im Straßenverkehr liegt deshalb über der allgemeinen Altersgrenze von sieben Jahren, weil jüngere Kinder die besonderen Gefahren des Straßenverkehrs noch nicht erkennen können. Diese Regelung gilt allerdings nach einer Entscheidung des BGH nur für fahrende, nicht aber für ordnungsgemäß geparkte Fahrzeuge (BGH 30.11.2004 – VI ZR 335/03). Soweit eine private Haftpflichtversicherung besteht (ggf. über die Eltern) tritt diese i. d. R. jedoch nicht für vorsätzliche Schädigungen ein.

Haftung des Minderjährigen

Der Mitarbeiter eines Einrichtungsträgers ist bei fahrlässiger oder vorsätzlicher Verletzung der Aufsichtspflicht nach §§ 823, 832 Abs. 2 BGB verpflichtet, den dadurch entstandenen Schaden zu ersetzen. Tritt ein Schaden im Rahmen der Betreuung bzw. in der Einrichtung ein, wird das Vorliegen einer Aufsichtspflichtverletzung in diesen Fällen als Regelfall vermutet (sog. Beweislastumkehr, § 832 Abs. 1 S. 1 BGB). Der Mitarbeiter der Jugendhilfe kann die Schadensersatzpflicht aber abwenden, wenn er nachweist, dass eine Aufsichtspflichtverletzung nicht vorliegt oder der Schaden auch bei ordnungsgemäßer Aufsichtsführung entstanden wäre (§ 832 Abs. 1 S. 2 BGB).

Haftung der Mitarbeiter

Der Einrichtungsträger als solcher, insb. auch die Ableistungsstelle von (jugendstrafrechtlich auferlegten) Arbeitsleistungen, haftet gegenüber Dritten für Schäden, die von ihren Arbeitnehmern/Beschäftigten in Ausübung ihrer dienstlicher Tätigkeit verursacht – unabhängig von der Art des Arbeitsverhältnisses und der Unentgeltlichkeit der Arbeit – werden. Der Einrichtungsträger muss sich bei einer Verletzung der vertraglich übertragenen Aufsichtspflicht ein Verschulden seines Mitarbeiters nach § 278 BGB wie eigenes Verschulden zurechnen lassen. Bei Ableistung von (strafrechtlich auferlegten) Arbeitsleistungen kann der Jugendliche selbst als Beschäftigter der Einrichtung angesehen werden, nicht aber im Rahmen einer (gruppenpädagogischen) Betreuung z. B. im Rahmen einer Betreuungshilfe oder sozialen Gruppenarbeit, da sie nicht für die Einrichtung, sondern die Einrichtungen im Rahmen der Betreuung für sie tätig werden (vgl. III-3.4.2.2).

Haftung des Trägers

Da dritten Personen gegenüber grds. keine schuldrechtlichen Verpflichtungen bestehen, ist eine Haftung nur aufgrund unerlaubter Handlung § 831 BGB (und nicht nach § 278 BGB) möglich (vgl. II-1.4.3) und zwar für vermutetes eigenes Verschulden im Hinblick auf eine mangelnde Beaufsichtigung. Nach § 831 Abs. 1 S. 2 BGB tritt die Ersatzpflicht nicht ein, wenn der Geschäftsherr bei der Auswahl der bestellten Person die im Verkehr erforderliche Sorgfalt beachtet hat, oder wenn der Schaden auch bei Anwendung dieser Sorgfalt entstanden wäre. Dies bedeutet, dass der Träger nachweisen muss, dass er die Aufgabe einer fachlich und persönlich dafür qualifizierten Person übertragen hat, dass er sich von ihrer Fähigkeit, Eignung und Zuverlässigkeit überzeugt hat und diese Eigenschaften auch regelmäßig überprüft hat. An die Überprüfungspflicht dürfen keine überspannten Erwartungen gestellt werden, allerdings ist bei zutage getretenen Mängeln des Mitarbeiters eine sorgfältige Überwachung erforderlich.

Im Übrigen haftet der Einrichtungsträger als juristische Person des Privatrechts unmittelbar für die Handlungen ihrer Organe (§ 31 BGB), wenn die verantwortlichen Personen z. B. ein Verstoß gegen Verkehrssicherungspflichten oder ein Organisationsverschulden trifft. Bei Einrichtungen öffentlicher Träger trifft die Haftung nach Art. 34 S. 1 GG unmittelbar den öffentlichen Träger. Die Haftungsverlagerung tritt aber nur bei öffentlich-rechtlichem Handeln des Amtsträgers ein (z. B. im Rahmen einer Inobhutnahme). Handelte der Mitarbeiter des öffentlichen Dienstes aufgrund eines privatrechtlich geschlossenen Betreuungsvertrages (sog. Fiskalverwaltung, vgl. I-4.1.1.1), so haftet der öffentliche Anstellungsträger nach §§ 89, 31 BGB wie ein eingetragener Verein.

Die inhaltlich mit der Aufsichtspflicht weitgehend gleichartigen sog. Garantenpflichten, die eine strafrechtliche Verantwortung begründen, betreffen stets nur das Verschulden einzelner Personen.

Mitverschulden Die Haftung ist nach § 254 BGB eingeschränkt, wenn ein Mitverschulden des Geschädigten vorliegt, z. B. wenn er durch eigene Unachtsamkeit zur Entstehung des Schadens beigetragen hat. Bei der Frage, wer in welchem Umfang für den eingetretenen Schaden aufzukommen hat, ist auch von Bedeutung, ob die jeweilige Person leicht bzw. einfach fahrlässig oder grob fahrlässig gehandelt hat. Mitverschulden kommt sowohl in Betracht durch geschädigte dritte Personen als auch durch den Minderjährigen selbst, der aufgrund einer Aufsichtspflichtverletzung zu Schaden gekommen ist. Bei den Minderjährigen ist jedoch § 828 BGB zu beachten, wonach Kinder unter sieben Jahren für verursachte Schäden nicht haftbar gemacht werden können. Aus diesem Grund kann ihnen auch kein Mitverschulden angerechnet werden. Gleiches gilt bei Verkehrsunfällen für Kinder im Alter von sieben bis neun Jahren, sofern der Schaden vom Kind nicht vorsätzlich verursacht worden ist.

Haftung mehrerer Personen Mehrere Personen haften jeder für sich für den durch eine gemeinschaftlich begangene unerlaubte Handlung angerichteten Schaden, auch wenn sich nicht ermitteln lässt, wer von mehreren Beteiligten den Schaden durch seine Handlung verursacht hat (§ 840 Abs. 1 BGB). Es besteht damit ein sog. Gesamtschuldverhältnis (§ 421 BGB, vgl. II-1.4.3).

1.3.1.2 Haftungsfreistellung und Versicherungsschutz

Ob und inwieweit eine Haftungsfreistellung oder ein Versicherungsschutz der Mitarbeiter eingreift, richtet sich nach den arbeits- und versicherungsrechtlichen Beziehungen, die sich insb. im Hinblick auf die Art des Schadens unterscheiden. Geht es einerseits um die **Abdeckung** der (an sich bestehenden) Haftung für Personen- und Sachschäden (Haftpflichtversicherung), geht es andererseits um die arbeitsrechtliche oder sozialversicherungsrechtliche **Haftungsfreistellung**. Bei der Antwort auf diese Fragen muss regelmäßig unterschieden werden nach

- der Fallkonstellation, in der der Schaden aufgetreten ist (z. B. der Art Neuen Ambulanten Maßnahmen: Arbeitsleistungen oder andere Jugendhilfeleistungen),
- der Person des Geschädigten (Eigenschaden der Einrichtung oder Drittschäden),
- der Art des Einrichtungsträgers (öffentlicher oder freier Träger).

Haftungsfreistellung durch die gesetzliche Unfallversicherung

Die gesetzliche Unfallversicherung sieht nach §§ 104 ff. SGB VII eine Reihe von Haftungsfreistellungen vor. So haften nach den §§ 104 – 106 Abs. 1 SGB VII die Mitarbeiter einer Einrichtung nicht für einen Schaden, den sie einem Versicherten desselben Betriebes, einem Betriebsangehörigen desselben Unternehmens oder dem Arbeitgeber zugefügt haben, wenn dieser auf einem von der gesetzlichen Unfallversicherung erfassten Unfall beruht. Bei der gesetzlichen Unfallversicherung geht es nur um den Ausgleich der wirtschaftlichen Folgen, die durch unfallbedingte Gesundheitsbeeinträchtigungen oder einen unfallbedingten Todesfall eintreten (vgl. III-2.4). Nicht ersetzt werden immaterielle Schäden (Schmerzensgeld) oder Sachschäden. Ein Schmerzensgeldanspruch des Geschädigten gegen den Schädiger ist nach § 105 Abs. 1 SGB VII im Regelfall ausgeschlossen (zur Zulässigkeit dieser Regelung vgl. BGHZ, 04.06.2009 – III ZR 229/07). Die Haftung des Schädigers für Sachschäden bleibt hingegen unberührt. Darüber hinaus haftet der Schädiger nach § 110 Abs. 1 SGB VII dem Träger der Unfallversicherung gegenüber für dessen Aufwendungen, sofern er grob fahrlässig oder vorsätzlich gehandelt hat.

Gesundheitsbeeinträchtigung

Bei der gesetzlichen Unfallversicherung besteht der Versicherungsschutz ohne vertragliche Grundlage und unabhängig davon, ob im Einzelfall Beiträge geleistet wurden. Entscheidend für die Haftungsfreistellung ist, ob die geschädigte Person und die unfallverursachende Person zum Kreis der Betriebsangehörigen desselben Unternehmens gehören. Betriebsangehörige desselben Unternehmens sind z. B. alle Angehörige einer Schule, Kindertagesstätte, Hochschule (BGHZ, 26.11.2002 – VI ZR 449/01). Haben Mitarbeiter einer Jugendhilfeeinrichtung im Rahmen ihrer betrieblichen Tätigkeit – etwa aufgrund einer Verletzung ihrer Aufsichtspflicht – einen Personenschaden verursacht, so haften sie dem Geschädigten gegenüber nur dann persönlich, wenn sie den Versicherungsfall vorsätzlich, also nicht nur fahrlässig, herbeigeführt haben und/oder die geschädigte Person nicht zum Kreis der Versicherten desselben Betriebes bzw. der Betriebsangehörigen desselben Unternehmens gehört.

Kreis der Versicherten

Bis zum 31.12.1996 war die gesetzliche Unfallversicherung in der sog. Reichsversicherungsordnung (RVO) geregelt. Ursprünglich waren lediglich Arbeitnehmer gesetzlich unfallversichert. Erst mit der Zeit wurde der Kreis der Versicherten

Arbeitnehmer über das Arbeitsleben hinaus erweitert. Der Kreis der versicherten Personen in der gesetzliche Unfallversicherung ist jetzt abschließend in § 2 SGB VII umschrieben (vgl. III-2.4.2). Ausdrücklich zum Kreis der Versicherten gehören die Kinder während des Besuches einer Kindertagesstätte (vgl. § 2 Abs. 1 Nr. 8a SGB VIII). Darüber hinaus sind Minderjährige nach § 2 Abs. 2 S. 1 SGB VII in Einrichtungen der Jugendhilfe gesetzlich unfallversichert, wenn sie „wie Versicherte nach Abs. 1 Nr.

Tätigkeit „wie Beschäftigte" 1", also wie „Beschäftigte" tätig werden. Ausdrücklich bestimmt § 2 Abs. 2 S. 2 SGB VII, dass dies auch für Personen gilt, die aufgrund einer strafrichterlichen, staatsanwaltlichen oder jugendbehördlichen Anordnung *wie* Beschäftigte tätig werden. Im Einzelnen bleiben aber Fragen offen.

Anordnung Zunächst einmal muss es sich um eine Anordnung durch eine der o. g. Stellen handeln. Maßgeblich ist insoweit immer die anordnende Stelle, nicht die Stelle, wo die Beschäftigung ausgeführt wird. Es muss sich also um eine Anordnung der Justiz oder des Jugendamts handeln. Während es sich bei den jugendstrafrechtlichen Sanktionen unproblematisch um eine Anordnung handelt, ist dies im Hinblick auf den Leistungscharakter der „freiwilligen" Erziehungshilfen nach dem SGB VIII (hierzu III-3) zweifelhaft.

Beschäftigte Darüber hinaus muss es sich um eine mit § 2 Abs. 1 Nr. 1 SGB VII vergleichbare Beschäftigung handeln. Das wird heute einhellig anerkannt bei Arbeitsleistungen aufgrund einer Weisung oder Auflage. Bei allen anderen Weisungen und Auflagen bzw. Jugendhilfeleistungen, also insb. im Rahmen der sozialen Gruppenarbeit oder Betreuungshilfe, besteht wohl **kein** gesetzlicher (Unfall)Versicherungsschutz, da die Jugendlichen nicht für die Einrichtung, sondern die Einrichtungen im Rahmen der Betreuung für sie tätig wird. Damit sind auch die Mitarbeiter eines Einrichtungsträgers für die im Rahmen einer solchen „Maßnahme" eintretenden Personenschäden **nicht** von der Haftung freigestellt. Eine solche Gesetzeslücke kann die Arbeit in diesem Bereich u. U. unmöglich machen. Damit wird der durch §§ 1 Abs. 3, 52 Abs. 2 SGB VIII intendierte Gesetzeszweck (insb. Förderung der Diversion) unterlaufen, weshalb eine Ergänzung, zumindest eine Klarstellung der rechtlichen Bestimmungen dringend erforderlich ist.

Ob und inwieweit Mitarbeiter eines Trägers, die aufgrund einer Aufsichtspflichtverletzung in Anspruch genommen werden, von ihrem Arbeitgeber eine Freistellung von ihrer Schadensersatzpflicht verlangen können, ist *arbeitsrechtlich* noch nicht abschließend geklärt. Nach einem Urteil des BGH (NJW 1996, 1532) ist der innerbe-

Haftungsfreistellung durch den Arbeitgeber triebliche Ausgleich entsprechend den Regelungen des § 254 BGB (Mitverschulden) abzuwickeln. Das hat zur Folge, dass jeweils im Einzelfall das vorwerfbare Verhalten des Arbeitnehmers und das Betriebsrisiko des Anstellungsträgers abgewogen werden müssen und der jeweilige Grad des Verschuldens darüber entscheidet, ob und inwieweit der Arbeitgeber die Schadensersatzpflicht des Mitarbeiters übernimmt. Man kann deshalb nicht pauschal sagen, wie sich die Haftung verteilt. In der Regel ist es so, dass bei grober Fahrlässigkeit eine Haftungserleichterung des Arbeitnehmers nicht zwingend, aber auch nicht ausgeschlossen ist, sondern abhängig von einer Einzelfallabwägung. Bei normaler (leichter) Fahrlässigkeit verteilt sich die Haftung anteilig auf Arbeitnehmer und Arbeitgeber und bei leichtester Fahrlässigkeit haftet der Arbeitnehmer gar nicht, sondern der Arbeitgeber trägt den gesamten Schaden.

Verursacht eine im öffentlichen Dienst beschäftigte Person im Zuge ihrer dienstlichen Tätigkeit einen Schaden, so tritt nach § 839 BGB in Verbindung mit Art. 34 GG die sog. Amts- oder Staatshaftung ein, womit die Haftung auf den öffentlichen Anstellungsträger verlagert wird (vgl. II-1.4.3). Eine Aufsichtspflichtverletzung ist immer eine derartige Amtspflichtverletzung. Für Vorsatz oder grobe Fahrlässigkeit bleibt der Rückgriff des Staates auf den Verantwortlichen vorbehalten.

Amts- und Staatshaftung

Sofern kein Haftungsausschluss für Personenschäden aufgrund der Bestimmungen der gesetzlichen Unfallversicherung vorliegt (also insb. für Sachschäden), haftet neben dem Träger der Mitarbeiter einer Einrichtung persönlich für die von ihm – insb. aufgrund einer Aufsichtspflichtverletzung – schuldhaft verursachten Schaden.

Haftpflichtversicherungen

Die kommunale Haftpflichtversicherung gilt i. d. R. nur für Beschäftigte der Kommunen, nicht für Mitarbeiter freier Träger. Auch für die Jugendlichen gilt sie deshalb nur dann, wenn sie für eine kommunale Einrichtung tätig sind (z. B. Arbeitsstunden im Krankenhaus) und unmittelbar vom Jugendamt eingesetzt werden.

kommunale Haftpflichtversicherer

Soweit es sich um fahrlässige Schädigungen handelt, kann das zivilrechtliche Haftungsrisiko ggf. durch eine private Haftpflichtversicherung abdeckt werden. Dabei handelt es sich immer um eine private Versicherung, die des Abschlusses eines Versicherungsvertrages und der Zahlung von Beiträgen bedarf. Entscheidend ist der jeweilige Versicherungsvertrag. In den meisten Verträgen der privaten Haftpflichtversicherung wird die Übernahme der Haftung für Schädigungen durch eine berufliche Tätigkeit des Versicherungsnehmers ausgeschlossen. Hier kann ggf. eine Absicherung durch eine spezifische Berufshaftpflicht des Mitarbeiters (s. u.) oder durch eine spezifische Betriebshaftpflicht des Einrichtungsträgers erfolgen. Hier muss darauf geachtet werden, dass grobe Fahrlässigkeit und ehrenamtliche Mitarbeiter sowie mitreisende Jugendliche ausdrücklich einbezogen sind.

private Haftpflichtversicherung

Schäden, die der Jugendliche am Eigentum der Einrichtung verursacht, sind als Eigenschäden des Versicherungsnehmers (also der Kommune oder des Einrichtungsträgers) nicht durch die Betriebshaftpflicht versichert. Der Versicherungsschutz besteht also nur nach außen.

Eigenschäden

Für Schäden, die von der gesetzlichen Unfallversicherung nicht ersetzt werden, insb. also für Sachschäden, lässt sich das zivilrechtliche Haftungsrisiko des Einrichtungsträgers und seiner Mitarbeiter nur durch den Abschluss von Haftpflichtversicherungen begrenzen. Wenn eine solche Versicherung nicht bereits durch den Träger für alle seine Mitarbeiter abgeschlossen wird, sollten sich die Mitarbeiter selbst um den Abschluss einer besonderen Berufshaftpflichtversicherung bemühen. Zu beachten ist, dass nach den Bedingungen der Haftpflichtversicherer die Leistungspflicht der Versicherung immer für den Fall der vorsätzlichen Herbeiführung des Schadensfalls und in der Regel auch für seine grob fahrlässige Verursachung ausgeschlossen ist.

Berufshaftpflichtversicherung

Grundsätzlich sind Mitfahrende von der Haftpflichtversicherung des Pkw-Halters umfasst, weshalb es insoweit keiner besonderen Insassenunfallversicherung bedarf. Diese erhöht i. d. R. lediglich die Haftungssummen. Mitreisende Personen sind aber grds. nur dann von der Kfz-Haftpflicht umfasst, wenn die Mitnahme unentgeltlich erfolgt. Ist dies der Fall, so gilt der Versicherungsschutz vielfach

Kfz-Haftpflicht

auch bei dienstlich veranlassten Fahrten – im Einzelnen ist dies immer abhängig vom konkreten Versicherungsvertrag und den Versicherungsbedingungen der Versicherer. Bei einer Beteiligung an den Benzinkosten dürfen diese die tatsächlichen anfallenden fahrtabhängigen Betriebskosten nicht übersteigen, da die Fahrt sonst nicht mehr als unentgeltlich, sondern als gewerblich gilt (§ 1 Abs. 2 PersBefGes) und der Haftpflichtversicherungsschutz eingeschränkt ist. Es empfiehlt sich hier ggf. die konkrete Nachfrage beim Versicherer.

1.3.2   Arbeitsrechtliche Folgen

Anders als in den Fällen der zivilrechtlichen Haftung kommt es für arbeits- und dienstrechtliche Konsequenzen einer Aufsichtspflichtverletzung auf den Eintritt eines Schadens *nicht* an. Jede Aufsichtspflichtverletzung stellt in der Regel zugleich eine Verletzung der dienst- oder arbeitsvertraglichen Pflichten der Betreuer / Mitarbeiter dar. Abhängig von der Schwere der Pflichtverletzung kann sie unterschiedliche dienst- bzw. arbeitsvertragliche Folgen haben. Die Möglichkeiten reichen von der formlosen Belehrung oder Ermahnung über die Versetzung an einen anderen Arbeitsplatz und die formelle Abmahnung bis hin zur fristgerechten (ordentlichen) und in besonders schwerwiegenden Fällen sogar fristlosen (außerordentlichen) Kündigung des Beschäftigungsverhältnisses (zum Arbeitsrecht vgl. IV-3).

1.3.3   Strafrechtliche Folgen

Eine Verletzung der Aufsichtspflicht kann schließlich strafrechtlichen Folgen nach sich ziehen, insb. wenn aufgrund der mangelnden Aufsicht eine Person an Leib oder Leben zu Schaden kommt. Diese strafrechtliche Verantwortung von Sozialarbeitern wurde gerade in den letzten Jahren unter dem Stichwort „Verletzung der Garantenpflichten" heftig diskutiert. In einigen dieser Fälle kam es zu spektakulären Strafprozessen, in denen einzelnen Sozialarbeitern, insb. Mitarbeitern der Jugendämter, fehlerhaftes Vorgehen vorgeworfen wurde, weil sie es unterließen, die nach Ansicht der Strafjustiz erforderlichen Maßnahmen zu ergreifen, insb. das Familiengericht anzurufen und eine Trennung des Kindes von der Familie zu veranlassen (vgl. OLG Oldenburg ZfJ 1997, 56 ff.; OLG Stuttgart ZfJ 1998, 382; Bringewat 1997; Mörsberger / Restemeier 1997).

Strafbarkeit für Unterlassen In § 171 StGB wird ausdrücklich die gröbliche Verletzung der Fürsorge- und Erziehungspflicht unter Strafe gestellt, strafrechtlich wird aber vor allem die Verantwortlichkeit für ein Unterlassen, also insb. für eine Verletzung der Aufsichtspflicht, thematisiert. Es geht dabei nicht um die unterlassene Hilfeleistung, die jedem Bürger bei Unglücksfällen, gemeiner Gefahr oder Not abgefordert wird (vgl. § 323c StGB). Vielmehr wird hier die Frage diskutiert, ob sich Sozialarbeiter als Mitarbeiter der Jugendämter oder freier Träger der fahrlässigen Tötung eines Kindes bzw. der fahrlässigen Körperverletzung usw. durch Unterlassen (§ 13 StGB) strafbar gemacht haben (hierzu III-8.2.2.2). Dies kann dann der Fall sein, wenn ihnen besondere – über die Jedermannspflicht hinaus reichende – Schutzpflichten gegenüber ihren Klienten, insb. gegenüber den Kindern der von ihnen betreuten Familien, obliegen und sie diese sorgfaltswidrig nicht erfüllen. Die Garantenstellung und die hieraus fließenden Pflichten werden im Wesentlichen aus ausdrücklichen gesetzlichen Pflichten, vertraglichen Abmachungen, einem vorausgegangenen gefährdenden Tun (z. B. zu schnelle Fahrweise im Straßenverkehr) oder einer engen Lebensbeziehung und Gefahrengemeinschaft zwischen Garant und geschützter Person hergeleitet. Aufgrund der den Mitarbeitern der Einrichtung vertraglich auferlegten Aufsichtspflicht sind diese zweifelsohne zum Schutz der von ihnen betreuten Jugendlichen verpflichtet. Darüber hinaus bestehen gerade bei erlebnispädagogischen Aktionen besondere Schutzpflichten der Teilnehmer untereinander aufgrund einer sog. Gefahrengemeinschaft. Inhaltlich unterscheiden sich also diese Garantenpflichten nicht von den o. g. Aufsichtspflichten. Werden diese vorwerfbar verletzt, so droht neben der zivilrechtlichen Haftung auch eine strafrechtliche Sanktionierung.

1.4   Resümee

So schwierig es für Mitarbeiter der Jugendhilfe auch manchmal sein mag, für den Schutz der ihnen anvertrauten Jugendlichen persönlich die Verantwortung zu tragen – sie werden mit dem Gefühl leben müssen, dass ein völliger Ausschluss von Risiken nicht möglich ist. Die Mitarbeiter der Jugendämter erfüllen ihre Pflichten allerdings durch **fachgerechtes Arbeiten**. Was lege artis, kunst- und fachgerecht ist, also den anerkannten fachlichen Standards entspricht, kann nicht strafbar sein oder zu einer zivilrechtlichen Haftung führen! Das ist in der Sozialen Arbeit nicht anders als im Bereich der Medizin oder des Kfz-Wesens. Andererseits gilt: Wer seiner Aufsichtspflicht nicht nachkommt, haftet nicht nur zivilrechtlich, sondern macht sich ggf. auch strafbar. Hiervor schützt auch eine Haftpflichtversicherung nicht.

fachliche Standards

Wenn schon nicht klar sein kann, ob die Soziale Arbeit immer das Richtige tut, muss sie das, was sie tut, richtig tun, begründen und dokumentieren können (vgl. Schone 1998, 37 f.). Gemessen werden kann die Güte Sozialer Arbeit weniger an den Ergebnissen, sondern in erster Linie an der Einhaltung normativ vorgeschriebener Verfahren und fachlicher Standards. Deshalb bedarf es auch in der Sozialarbeit der kontinuierlichen (Weiter)Entwicklung von Qualitätsstandards und nicht des blinden Vertrauen auf die individuell unterschiedliche Kompetenz und Motivations.

Bänfer / Tammen 2006

1. Warum obliegt die sog. Aufsichtspflicht gegenüber Minderjährigen grundsätzlich den Personensorgeberechtigten? (1.2.1)
2. Woraus könnte sich eine Aufsichts- und Schutzpflichtverpflichtung für Mitarbeiter des Jugendamtes ergeben? (1.2.2)
3. Was muss im Hinblick auf Inhalt und Umfang der Aufsichtspflicht beachtet werden? (1.2.4)

4. Dürfen Aufsichtspflichten übertragen werden? Was ist ggf. dabei zu beachten? (1.2.5)
5. Was versteht man im Hinblick auf die zivilrechtlichen Konsequenzen einer Aufsichtspflichtverletzung unter „Persönliche Haftung"? (1.3.1.1)

2 Ärztliche Behandlung und Schwangerschaftsabbruch bei minderjährigen und unter Betreuung stehenden Personen (Trenczek / Behlert)

2.1   Körperliche Untersuchung und Schwangerschaftsabbruch
2.2   Behandlungsvertrag und Arzthonorar
2.3   Sozialdatenschutz

Besondere, nur mit einer die verschiedenen Rechtsgebiete integrierenden Perspektive zu lösenden Probleme gibt es bei der ärztlichen Behandlung und in der Schwangerschaftskonfliktberatung von minderjährigen oder unter Betreuung stehenden Personen. Gehen diese ohne Wissen und Billigung ihrer Eltern (bzw. Personensorgeberechtigten § 1626 BGB) bzw. ihrer Betreuer (§ 1896 BGB) zum Arzt ist zu differenzieren zwischen den Fragen

1.) nach der **Einwilligung in die körperliche Untersuchung** bzw. den Schwangerschaftsabbruch
2.) der Wirksamkeit des **Behandlungsvertrages** bzw. die Vergütung des **Arzthonorars** und schließlich
3.) der **Datenweitergabe** (insb. Information der Eltern).

Bei der 1. Frage handelt es sich vorrangig um eine strafrechtliche, denn der zivilrechtliche Schutz sowohl der körperlichen Unversehrtheit der Schwangeren wie auch des Nasciturus geht nicht weiter als der strafrechtliche. Bei Frage 2 geht es überwiegend um zivil- und sozialrechtliche, bei 3. um straf- und sozialrechtliche Fragen des Datenschutzes.

2.1   Körperliche Untersuchung und Schwangerschaftsabbruch

Da die ärztliche (Heil-)Behandlung nach ständiger Rechtsprechung. tatbestandlich ein Eingriff in die körperliche Integrität darstellt (§ 223 StGB; BGHZ NStZ 1996, 34; Kindhäuser 2009 § 223 Rz. 7 ff.; Schönke / Schröder – Eser / Sternberg-Lieben 2010 § 223 Rz. 27 ff.) darf diese grds. nur mit (wirksamer) Einwilligung des Rechtsträger vorgenommen werden. Hierbei handelt es sich nicht um ein Rechtsgeschäft, vielmehr geht es um die Disposition über ein höchstpersönliches Rechtsgut und damit um die grundgesetzlich geschützte **Selbstbestimmung** (Art. 1 Abs. 1, Art. 2 Abs. 1 u. 2 GG; vgl. I-2.2.5). Entsprechendes gilt für den Schwangerschaftsabbruch durch die schwangere Frau. Zwar genießt auch der Nasciturus grds. den Schutz des GG (BVerfGE 39, 1 ff., 35), damit auch des Zivilrechts (vgl. z. B. § 1912 BGB) und unterliegt z. B. der elterlichen Sorge (Staudinger – Coester

Einheit der Rechts-ordnung

2009, § 1666 Rz. 26). Gleichwohl kommt es auch insoweit allein auf die strafrecht-liche Wertung an, für eine davon abweichende zivilrechtliche Regelung spricht schon der Gedanke der Einheit der Rechtsordnung, nach dem das Recht dem Bür-ger keine widerstreitenden Handlungsanweisungen geben darf. In diesem Sinne hat das BVerfG 1993 entschieden, dass die „Durchschlagskraft, die einem straf-rechtlichen Rechtfertigungsgrund für die gesamte Rechtsordnung jedenfalls dann zukommt, wenn es sich um den Schutz elementarer Rechtsgüter handelt, schließt es aus, ihn in seinen Wirkungen allein auf das Strafrecht zu beschränken" (BVerfG NJW 1993, 1751, 1759). Deshalb **präjudizieren die strafrechtlichen Regelungen die zivilrechtlichen**: Soweit das Strafrecht der Selbstbestimmung der Frau Vorrang einräumt, besteht kein Raum für einen davon abweichenden zivilrechtlichen Schutz des Nasciturus.

Einwilligungs-fähigkeit

Im Hinblick auf die Rechtmäßigkeit des Eingriffs (Körperverletzung wie Schwan-gerschaftsabbruch) kommt es also nicht auf die Geschäftsfähigkeit der Patientin, sondern darauf an, ob diese nach ihrer geistigen und sittlichen Reife in der Lage ist, das Wesen, die Bedeutung und Tragweite des Eingriffs und seiner Gestattung zu verstehen (Einwilligungsfähigkeit; vgl. BGH NJW 1972, 335; 1990, 2928; 2000, 1784, 1786; OLG Hamm FGPrax 1997, 64; Schönke / Schröder – Lenck-ner / Sternberg-Lieben 2010 Vor § 32 Rz. 39; vgl. hierzu auch III-8.2.1.2 u. IV-2). Dies ist nicht durch eine starre Altersgrenze festgelegt, sondern hängt von der indi-viduellen (Einsichts- und Entschluss)Fähigkeit bzw. (Verständnis-)Reife ab (BGHZ 29, 33, 36). Bei **Heilbehandlungen** wird man zumindest Jugendlichen (also ab 14 Jahren) eine solche „natürliche" **Einsichtsfähigkeit** in der Regel zuer-kennen können, bei Menschen mit einem erhöhten Betreuungsbedarf hängt die Fähigkeit von Grad der Behinderung bzw. Erkrankung ab. Also selbst für den Fall, dass Eltern eine ärztliche Behandlung ihres Kindes wünschen und hierzu einen wirksamen Behandlungsvertrag (s.u.) abgeschlossen haben, darf der Arzt die Be-handlung nur durchführen, wenn auch der einsichtsfähige Minderjährige bzw. un-ter Betreuung stehende Patient der konkreten Behandlung zustimmt. Ist der min-derjährige junge Mensch selbst einwilligungsfähig, kommt es insoweit nicht auf die elterliche Sorge an. Deshalb muss der Arzt das unabdingbare **Aufklärungsge-spräch** über den Eingriff, seine Risiken, seine Konsequenzen (auch einer unterlas-senen Heilbehandlung; ausführlich Deutsch / Spieckhoff 2008, 162 ff.) nicht nur mit grds. beiden Eltern (bei leichten Routineeingriffen reicht ein Elternteil; Deutsch / Spieckhoff 2008 Rz. 794), sondern immer auch mit dem (minderjähri-gen bzw. unter Betreuung stehenden) Patienten selbst führen und dessen Ein-sichtsfähigkeit und Einwilligung dokumentieren. Ist der junge Mensch nicht ein-willigungsfähig und lehnt er einen ärztlichen Eingriff ab, so reichen die Rechte der Eltern nicht so weit, ihn im Zusammenwirken mit dem Arzt dazu zu zwingen. Das Vetorecht des Minderjährigen reicht weiter als die Einwilligungsfähigkeit (hierzu ausführlich Amelung 1995, 15 ff.). Zum Abbruch lebensverlängernder Maßnah-men bei Minderjährigen vgl. II-2.4.4.

Im Hinblick auf einen **Schwangerschaftsabbruch** wird bei jungen Frauen ab 16 Jahren i. d. R. davon ausgegangen, dass sie die erforderliche Einsichtsfähigkeit besitzen, bei Mädchen unter 14 Jahren ist das in aller Regel nicht der Fall. Lehnt eine einsichtsfähige schwangere Jugendliche den von ihren Eltern gewünschten Schwangerschaftsabbruch ab, so ist dieser unzulässig und strafbar (vgl. § 218 Abs. 2, § 218a Abs. 1 Nr. 1 StGB). Lehnt ein einsichtsunfähiges, z. B. 13 oder 14jähriges Mädchen den Abbruch ab, den die Eltern aber wünschen, so ist dieser unzulässig und strafbar, weil nur die Schwangere selbst sich in einer Konfliktlage befinden und in eine Konfliktberatung begeben kann (vgl. § 218a Abs. 1 Nr. 1 StGB). Ein Abbruch wäre hier gegen bzw. ohne den Willen der Schwangeren nur nach § 218a Abs. 2 StGB zulässig, wenn ihre Einwilligung durch die Eltern als gesetzliche Vertreter ersetzt werden kann.

Im anderen Fall (die einsichtfähige Minderjährige wünscht den Schwangerschaftsabbruch), stellt sich die Frage, ob dieser durchgeführt werden darf, wenn die Eltern – aus welchen (z. B. religiösen) Gründen auch immer – ihre Zustimmung verweigern. **Strafrechtlich** kommt es allein darauf an, ob der Schwangerschaftsabbruch straflos ist (§ 218a Abs. 1 StGB) bzw. eine Indikation (§ 218a Abs. 2 oder 3 StGB) *und* eine wirksame Einwilligung der einsichtsfähigen Minderjährigen als Rechtsgutträger vorliegt. Da es insoweit nicht auf die Einwilligung der Eltern ankommt, macht sich der Arzt auch nicht strafbar, wenn er in diesen Fällen die Eltern nicht informiert (zur Schweigepflicht siehe nachfolgend). Ist aber nach der begründeten Ansicht des Arztes die Minderjährige nicht einsichtsfähig und stimmen die Eltern nicht zu, darf er den Schwangerschaftsabbruch trotz einer Indikation nach § 218a StGB mangels wirksamer Einwilligung nicht vornehmen – in Notsituationen zur Abwendung einer gegenwärtigen, nicht anders abwendbaren Gefahr für das Leben der Schwangeren wäre die Tat aber ggf. nach § 34 StGB gerechtfertigt. Können sich die Eltern nicht einigen oder könnte ihre Verweigerung der Zustimmung eine Gefährdung des Wohls der minderjährigen Schwangeren darstellen entscheidet das Familiengericht (§ 1628 bzw. § 1666 BGB).

Noch differenzierter stellt sich die Situation für volljährige Personen dar, die unter Betreuung stehen (zur Gesundheitssorge und dem Abbruch lebensverlängernder Maßnahmen bei unter Betreuung stehenden Personen s. II-2.5.2; ausführlich Deutsch / Spieckhoff 2008, 521 ff.). Sind sie einwilligungsfähig, dann erteilen sie die Einwilligung in den Schwangerschaftsabbruch selbst. Nur im Falle ihrer Einwilligungsunfähigkeit willigt der Betreuer als gesetzlicher Vertreter für sie ein, und zwar ohne dass er dafür noch zusätzlich einer gerichtlichen Genehmigung nach § 1904 BGB bedürfte, allerdings auch nur dann, wenn der Schwangerschaftsabbruch in seinen Aufgabenkreis fällt (vgl. Pardey 2009, 122). Dies ist z. B. dann der Fall, wenn die gesamte Personensorge zu seinem Aufgabenkreis zählt, nicht hingegen lediglich bei der Übertragung der Aufenthaltsbestimmung o. ä., selbstverständlich auch nicht bei Betreuung nur in Vermögensangelegenheiten. Uneingeschränkt gilt dies allerdings nur in Bezug auf § 218a Abs. 2 StGB. In Fällen des § 218a Abs. 1 StGB hingegen kann der Betreuer wohl gar nicht die Einwilligung nicht ersetzen, da er sich ja selbst nicht in der Konfliktlage befindet, demzufolge auch nicht zu ihr i. S. v. § 219 StGB beraten werden kann Hierdurch wiederum fehlte es aber am Vorliegen der tatbestandlichen Voraussetzung des § 218a Abs. 1 Nr. 1 StGB, ohne die der Schwangerschaftsabbruch nicht straffrei ist. Daher kommt ein Abbruch nach § 218a Abs. 1 StGB wohl nur bei einer einwilligungsfähigen schwangeren Betreuten, und dann ohne Mitwirkung des Betreuers, in Betracht (Fröschle 2009, 83 f.).

2.2   Behandlungsvertrag und Arzthonorar

Von der strafrechtlichen zu unterscheiden ist die zivilrechtliche Frage, wer die **Kosten des** (medikamentösen oder instrumentellen) **Schwangerschaftsabbruchs** von etwa 350–500 € (plus ggf. Tagessatz Krankenhaus) zu tragen hat. Da der Schwangerschaftsabbruch grundsätzlich nicht erlaubt ist (s.o.), werden von den Krankenkassen nur die Kosten für die Vor- und Nachuntersuchung, nicht aber für die eigentliche (rechtswidrige) Abtreibung übernommen. Anders ist dies nur bei einer „medizinischen" (§ 218a Abs. 2 StGB) oder „kriminologischen" (§ 218a Abs. 3 StGB) Indikation und damit rechtmäßigem Schwangerschaftsabbruch.

Kostenübernahme durch Krankenversicherung

Hier müssen die Kosten von der gesetzlichen Krankenversicherung oder staatliche Beihilfe (z. B. bei Beamten) übernommen werden. Private Krankenkassen erstatten aufgrund der vertraglichen Vereinbarung erfahrungsgemäß zumindest die Kosten bei einer medizinischen Indikation, im Einzelfall ist dies allerdings vorab zu klären. Schon aus diesem Grund stellt sich die Frage, wer für die Kosten eines (zwar rechtswidrigen, aber straffreien) Schwangerschaftsabbruchs nach § 218a Abs. 1 StGB aufkommt. Darüber hinaus muss die Frage vor allem für die Fälle geklärt werden, in denen eine jugendliche oder unter Betreuung stehende Schwangere alleine und ohne Kenntnis ihrer Eltern / Betreuer einen Schwangerschaftsabbruch vornehmen möchte.

Die strafrechtlich relevante Einwilligungsfähigkeit ist nicht zu verwechseln mit der zivilrechtlichen **Geschäftsfähigkeit**. Da Kinder und Jugendliche (§ 107 BGB) nicht (voll) geschäftsfähig sind und es sich auch nicht um ein Geschäft des täglichen Lebens handelt (§ 105a BGB), sind ärztliche Behandlungsverträge mit den **gesetzlichen Vertretern** (§ 1629 BGB, vgl. II-2.4.3.2) abzuschließen. Allerdings schließen die Eltern die Behandlungsverträge in aller Regel nicht im Namen ihrer Kinder, sondern im eigenen Namen ab (Deutsch / Spickhoff 2008, 498 ff.; siehe hierzu I-1.2). Behandlungsverträge werden deshalb in der Regel nicht mit der minderjährigen Person, sondern mit den personensorgeberechtigten Eltern geschlossen (vgl. BGHZ 89, 263), selbst wenn die minderjährigen alleine in die Praxis kommen (bei Kenntnis und Einverständnis der Eltern fungieren sie ggf. als Stellvertreter oder Bote; vgl. II-1.2.3). Bei normalen Heilbehandlungen können die miteinander verheirateten Eltern (§ 1357 BGB; bei gemeinsam sorgeberechtigten Eltern in verfestigter Lebensgemeinschaft § 1357 BGB analog) dies jeweils auch allein mit Wirkung für den anderen Elternteil tun, wodurch die Eltern (und nicht das Kind) zur Bezahlung des Arzthonorars verpflichtet sind. Das Kind bzw. die Jugendliche ist aber aus dem mit den Eltern geschlossenen Vertrag berechtigt und als Dritter, als Patient in dessen **Schutzbereich** einbezogen (HK-BGB / Schulze 2009 § 328 Rz. 12; BGHZ 89, 263).

Bei der rechtlichen Betreuung ist der Patient und nicht der Betreuer Vertragspartei. Zwar ist der Betreuer gesetzlicher Vertreter (§ 1902 BGB), jedoch ohne dass dies Auswirkungen auf die Geschäftsfähigkeit des Betreuten hätte. Das bedeutet im Ergebnis, dass von beiden der Behandlungsvertrag wirksam abgeschlossen werden kann. Etwas anderes gilt nur, wenn in Bezug auf den Aufgabenkreis der Betreuung ein Einwilligungsvorbehalt angeordnet ist. In diesem Fall ergeben sich aus § 1903 Abs. 1 und 3 BGB Analogien zur beschränkten Geschäftsfähigkeit (vgl. II-2.5.3) Insbesondere steht die Wirksamkeit des Vertrages dann unter dem Einwilligungsvorbehalt des Betreuers (§ 1903 Abs. 1 BGB).

Darüber hinaus ist ein weiterer Aspekt zu beachten: Soweit die ärztliche Leistung von dem Leistungsumfang der gesetzlichen Krankenkasse umfasst ist, haben die **gesetzlich versicherten Personen** einen Anspruch auf Sachleistung bzw. Übernahme der Behandlungskosten (vgl. § 2 SGB V). Der Arzt mit Kassenzulassung stellt sein Honorar über den Gesamtvergütungsanspruch der Kassenärztlichen Vereinigung gegen die Krankenkasse sicher. Nicht gesetzlich versicherte Personen müssen die ärztliche Leistung selbst bezahlen und können dann ggf. eine Erstattung über ihre private Krankenversicherung bzw. die staatliche Beihilfe beantragen. **Nicht gesetzlich krankenversichert Frauen** mit geringen Einkommen, insb. Empfänger von Grundsicherung nach SGB II oder Sozialhilfe nach SGB XII (Grenze hier Einkünfte monatlich maximal 1.001,- € West bzw. 990,- € Ost, zuzüglich 237,- € für jedes im Haushalt lebende und von der Frau unterhaltene Kind) und denen kein kurzfristig verwertbares Vermögen zur Verfügung steht, können vor rechtswidrig/straffreien Abbrüchen über die Krankenkasse (i.d.R. AOK) einen Antrag stellen, damit die Kosten vom jeweiligen Bundesland übernommen werden. Ein eventuelles Einkommen des Ehepartners bzw. Partners in einer Bedarfsgemeinschaft muss dabei unberücksichtigt bleiben, weil es sich bei der Entscheidung zum Schwangerschaftsabbruch um eine höchstpersönliche, allein aus den individuellen Grundrechten der Schwangeren heraus legitimierte und daher auch von der Schwangeren allein zu treffende Entscheidung handelt, in der es ihr aus ihrem Recht auf informationelle Selbstbestimmung heraus u.a. auch möglich sein muss, selbst zu entscheiden, ob der (Ehe-) Partner überhaupt Kenntnis von der Schwangerschaft erlangen sollte.

Geht eine **Jugendliche** ohne Wissen ihrer gesetzlichen Vertreter (i.d.R. der Eltern) bzw. eine Betreute, bei der durch das Betreuungsgericht ein Einwilligungsvorbehalt nach § 1903 BGB mit Hinblick auf den entsprechende Aufgabenkreis angeordnet wurde, ohne Wissen ihres Betreuers zur Ärztin, so ist der mit ihr selbst geschlossene Vertrag schwebend unwirksam und hängt grds. von der Genehmigung der gesetzlichen Vertreter ab (§ 108 Abs. 1 BGB). Allerdings kann ein beschränkt geschäftsfähiger junger Mensch (zwischen 7 und noch nicht 18 Jahren) selbst einen Arztvertrag schließen, wenn er dadurch nur berechtigt und nicht verpflichtet wird (§ 107 BGB; vgl. II-1.3.2; für den Betreuten bei Einwilligungsvorbehalt vgl. § 1903 Abs. 3 Satz 1 BGB). Das ist bei über die gesetzliche Krankenversicherung mitversicherten Familienangehörigen der Fall (§ 10 Abs. 2 SGB V). Darüber hinaus kann ein bereits 15 Jahre alter Mensch nach § 36 SGB I wirksam Anträge auf Sozialleistungen (wie z.B. einer Heilbehandlung nach dem SGB V, einen Schwangerschaftsabbruch nur, wenn er nach § 218a Abs. 2 oder 3 StGB medizinisch oder kriminologisch indiziert ist) stellen und diese entgegen nehmen. Im Hinblick auf

Arztbesuch ohne Wissen der gesetzlichen Vertreter

Antibabypille

den ohne Wissen der Eltern durchgeführten Arztbesuch, die Heilbehandlung und die Verschreibung einer Antibabypille kann man wohl von einem lediglich rechtlichen Vorteil sprechen (vgl. § 107 BGB), nicht aber bzgl. des Schwangerschaftsabbruchs. Das zur freien Verfügung überlassene Taschengeld (§ 110 BGB) reicht mitunter dazu aus, eine Wirksamkeit des Kaufvertrages (hier für Antibabypille oder „Pille danach"), in aller Regel aber nicht dazu aus, um eine Wirksamkeit des Behandlungsvertrages (ärztliche Leistung) zu begründen. Ebenso wenig ist eine minderjährige oder unter Betreuung stehende Person, für die Einwilligungsvorbehalt angeordnet wurde, in der Lage, ohne Zustimmung des gesetzlichen Vertreters/Betreuers eine Erstausstattung und einen Kinderwagen zu kaufen. Der Arzt könnte aber für seine Leistung die übliche Vergütung als Ersatz seiner Aufwendungen nach den Regelungen der sog. Geschäftsführung ohne Auftrag verlangen, wenn die Behandlung rechtmäßig und notwendig war und dem wirklichen oder mutmaßlichen Willen der Eltern oder durch deren Sorge- und Unterhaltspflicht geboten war (§ 683 BGB). Beides kann man bei einer (vertraulichen) ärztlichen Beratung und Heilbehandlung, nicht aber auch zugleich auch bei einem Schwangerschaftsabbruch bejahen.

Im Hinblick auf den (privaten) Behandlungsvertrag und den Vergütungsanspruch des Arztes kommt es also darauf an, ob auch die **Eltern mit der Behandlung einverstanden** sind. Ohne Behandlungsvertrag ist ein Arzt nicht verpflichtet, eine Behandlung bzw. einen Schwangerschaftsabbruch vorzunehmen. Nur unaufschiebbare, lebensnotwendige Behandlungen dürfen (und müssen ggf.) ohne Behandlungsvertrag durchgeführt und diese Leistung ggf. nach den Regelungen der berechtigten Geschäftsführung ohne Auftrag abgerechnet werden.

Im Hinblick auf den Behandlungsvertrag reicht für ärztliche Routinebehandlungen (nicht aber beim Schwangerschaftsabbruch) neben der Einwilligung des einsichtsfähigen Minderjährigen (sonst wäre der Eingriff ja rechtswidrig und strafbar, s.o.) die Einwilligung eines Elternteils aus. Können sich die Eltern bei schwerwiegenden Eingriffen mit ggf. hohen Risiken trotz des mit beiden Eltern geführten Aufklärungsgespräch nicht einigen, muss notfalls das Familiengericht entscheiden (§§ 1627 f. BGB). Lehnen die Eltern eine vom Kind/Jugendlichen

Kindeswohl-gefährdung

gewünschte Behandlung (für den Schwangerschaftsabbruch als solchen war das bereits oben festgestellt) ab, muss der Arzt im Hinblick auf die zivilrechtlichen Fragen das Familiengericht einschalten und dieses ggf. nach **§ 1666 BGB** entscheiden (s. II-2.4.4.). Eltern gefährden i.d.R. das Wohl ihrer schwangeren minderjährigen Tochter dadurch, dass sie die Zustimmung zu dem Behandlungsvertrag für einen indizierten Schwangerschaftsabbruch verweigern und dadurch mittelbar Druck auf die abtreibungsbereite, einsichts- und urteilsfähige Schwangere ausüben (ebenso Staudinger – Coester 2009 § 1666 Rz. 112). Dies ist insb. der Fall, wenn sie das Lebensinteresse des Nasciturus über das Leben und der Gesundheit der Minderjährigen stellen. Bei einem nicht einsichts- und urteilsfähigen Mädchen gefährden Eltern das Wohl ihrer Tochter, wenn sie ihr die notwendige emotionale und materielle Unterstützung versagen (vgl. OLG Naumburg FamRZ 2004, 1806 f.). Eltern gefährden das Wohl ihrer schwangeren Tochter auch dadurch, dass sie zu einem strafbaren, weil nicht medizinisch-sozial bzw. kriminologisch indizierten (§ 218a Abs. 2 und 3 StGB) oder im Rahmen des Frist-

und Beratungskonzept nach § 218a StGB straflosen Schwangerschaftsabbruch drängen. Die elterliche Ablehnung eines rechtswidrigen Schwangerschaftsabbruchs kann dagegen nicht gegen das Kindeswohl verstoßen.

2.3 Sozialdatenschutz

Bleibt nach die Frage des Sozialdatenschutzes und insb. der Schweigepflicht (§ 35 SGB I, hierzu IV-1.2.3; § 203 Abs. 1 Nr. 1 StGB, s. o. III-8.2.3.1; ausführlich Deutsch / Spieckhoff 2008, 397 ff.) zu klären. Auch insoweit ist der Minderjährige selbst Träger von Rechten, d. h. einsichtsfähige Kinder und Jugendliche müssen einer Datenweitergabe an die Eltern zustimmen. Auch die **Schweigeentbindungserklärung** ist kein Rechtsgeschäft, es kommt also nicht auf die Geschäftsfähigkeit, sondern die Einsichts- und Einwilligungsfähigkeit an (s. o. 2.2). Will z. B. eine einwilligungsfähige schwangere Jugendliche nicht, dass ihre Eltern davon erfahren, darf der Arzt diese Information nicht an die Eltern weitergeben, auch nicht durch Übersendung einer Honorarabrechnung.

Ärztliche Schweigepflicht

Deutsch / Spieckhoff 2008

3 Arbeitsrecht (Behlert)

3.1 Gegenstand und Funktion

Das Arbeitsrecht regelt die Rechtsbeziehungen zwischen Arbeitnehmer (ArbN) und Arbeitgeber (ArbGeb). Seine kaum zu überschätzende praktische Bedeutung ergibt sich schon allein quantitativ daraus, dass nahezu 85 % aller Erwerbstätigen in der Bundesrepublik ArbN sind. Wer ArbN oder ArbGeb ist, findet sich nirgends rechtsverbindlich geregelt. Jedoch liegt es nahe, als ArbGeb zu definieren, wer mindestens einen ArbN beschäftigt. Als Problem bleibt demnach, wer ArbN ist.

Arbeitgeber

ArbN, insoweit herrscht weitgehend Einigkeit, ist, wer **abhängig beschäftigt** ist. Während jedoch der Kern dieser Abhängigkeit in der Literatur ganz vorherrschend in der **Weisungsgebundenheit** des Beschäftigten gesehen wird, erblickt ihn ein kleinerer Teil in seiner **wirtschaftlichen Abhängigkeit**. Die erste Position bezieht sich in ihrer Argumentation u. a. auf die Vertragskonstruktion, die dem Rechtsverhältnis zwischen ArbN und ArbGeb zugrunde liegt. Denn der Arbeitsvertrag ist ein Unterfall des Dienstvertrages (§ 611 BGB) und unterscheidet sich von dessen allgemeiner Form eben genau dadurch, dass der Dienst nicht selbstständig, sondern innerhalb eines persönlichen Abhängigkeitsverhältnisses, eben weisungsgebunden, zu erbringen ist (vgl. statt vieler: Hromadka / Maschmann 2008, 9 ff.). Demgegenüber wird nun geltend gemacht, dass eine wichtige Funktion des Arbeitsrechts unmittelbar aus dem Schutzbedürfnis des Arbeitnehmers vor einer in tatsächlicher Hinsicht überlegenen vertraglichen Gestaltungsposition des ArbGeb resultiert. Dies müsse sich auch im Begriff des ArbN niederschlagen (Wank 1992, 91).

Arbeitnehmer

Um die Problematik an einem Beispielfall deutlich zu machen: Der künftige ArbGeb der Sozialpädagogin P. macht ihr im Rahmen eines Bewerbungsgespräches klar, dass er aufgrund seiner engen finanziellen Spielräume, die im sozialen Bereich heutzutage nun einmal Realität seien, sie nicht entsprechend ihrer Qualifikation eingruppieren und ihr darüber hinaus lediglich eine 30-Stunden-Stelle anbieten könne. Gleichwohl erwartet er von ihr, dass sie wöchentlich mindestens 40 Stunden, wenn nötig auch mehr, für ihn arbeitet. Aufgrund der finanziellen Unwägbarkeiten würden im Betrieb grundsätzlich nur Jahresverträge abgeschlossen, die dann ggf. Jahr für Jahr verlängert werden könnten. Über Urlaub könne man frühestens nach neunmonatiger Beschäftigungsdauer reden. Falls sie ein Kind bekäme, müsste das Arbeitsverhältnis im Übrigen sofort beendet werden, da der Ausfall einer Mitarbeiterin bei der geringen Größe des Betriebes nicht kompensiert werden könne. Deshalb fragt er vorsorglich auch jetzt schon, ob Frau P. schwanger sei. Aus dem gleichen Grund interessiert er sich auch für ihren allgemeinen Gesundheitszustand und ihre Familienverhältnisse. Frau P. ist angesichts der angespannten Situation auf dem Arbeitsmarkt froh, überhaupt etwas gefunden zu haben. Sähe sie sich in dieser Situation wohl in der Lage, günstigere Vertragsbedingungen für sich „auszuhandeln", oder ist es nicht gut und notwendig für sie, dass ihr rechtlicher Schutz gewährt wird?

Das Beispiel weist auf eine wesentliche Funktion des Arbeitsrechts überhaupt hin: seine Schutzfunktion. Neben dem technischen Arbeitsschutz, der sich auf den Schutz von Leben und Gesundheit des ArbN richtet und für dessen Gewährleistung das ArbSchG als Rahmengesetz maßgeblich ist, sind in diesem Zusammenhang vor allem die **Regelungen des sozialen Arbeitsschutzes** von Belang. Einige von ihnen sind im Beispielfall oben implizit angesprochen: das Arbeitszeitgesetz (ArbZG), das Teilzeit- und Befristungsgesetz (TzBfG), das Bundesurlaubsgesetz (BUrlG), das Entgeltfortzahlungsgesetz oder auch das Kündigungsschutzgesetz (KSchG). Eine Vorschriften neueren Datums ist das Pflegezeitgesetz (PflegeZG), das es Arbeitnehmern sowohl ermöglicht, für kürzere Zeit (bis zu 10 Tage) der Arbeit fernzubleiben, um die Pflege eines nahen Angehörigen zu organisieren oder aber Pflegezeit für max. 6 Monate in Anspruch zu nehmen, um einen nahen Angehörigen in häuslicher Umgebung pflegen zu können. Während der Pflegezeit, die aber nur von ArbGeb zu gewähren ist, die i.d.R. mind. 16 ArbN beschäftigen, besteht für den ArbN **Kündigungsschutz** (vgl. auch IV-3.4.6). Ebenso wie hier beziehen sich auch andere Regelungen auf den besonderen Schutz von bestimmten Gruppen von ArbN. Hierzu gehören das Mutterschutzgesetz (MuSchG), das Bundeselterngeld- und Elternzeitgesetz (BEEG), die §§ 68 bis 160 SGB IX, in denen der Schutz von schwerbehinderten Menschen im Arbeitsverhältnis und ihre berufliche Rehabilitation geregelt sind, sowie das Jugendarbeitsschutzgesetz (JArbSchG). In ihm sind vor allem das Verbot der Kinderarbeit, bestimmte Beschäftigungsverbote und Beschränkungen für Jugendliche (keine schweren und gefährlichen Tätigkeiten, keine Akkord- oder Fließbandarbeit), Regelungen zur Dauer der Arbeitszeit (max. 40 Std. an max. fünf Tagen pro Woche), das Verbot der Sonntagsarbeit, erweiterte Mindesturlaubsansprüche sowie besondere Regelungen zur gesundheitlichen Betreuung (Pflicht zu Einstellungs- und Nachuntersuchungen) enthalten. Eine Reihe von Vorstrafen, die nach Strafhöhe und Deliktart (etwa Verstoß gegen das BtMG) differenziert sind, disqualifizieren den Betroffenen als ArbGeb für Jugendliche (§ 25 JArbSchG). Von dem prinzipiellen Verbot der Kinderarbeit sind nur in den abschließend geregelten Fällen in §§ 5 ff. JArbSchG sowie in § 2 Kinderarbeitsschutzverordnung (KindArbSchV) Ausnahmen zulässig.

Schutzfunktion

Abgesehen von dem zuletzt genannten Fall des Jugendarbeitsschutzes (vgl. hierzu § 1 JArbSchG) kann der soziale Arbeitsschutz eben nur erlangt werden, sofern man ArbN ist. Entscheidend ist demnach, ob eine solche ArbN-Eigenschaft vorliegt. § 5 Abs. 2 BetrVG nimmt hier lediglich eine negative Abgrenzung vor, sagt also, wer alles *nicht* ArbN ist. Ansonsten mag wirtschaftliche Abhängigkeit, also das Fehlen anderer Einkommensquellen, ein wichtiges Indiz für ArbN-Eigenschaft sein. Letztlich ausschlaggebend ist jedoch, ob weisungsgebunden Dienste gegen Entgelt erbracht werden. Denn erst dann handelt es sich um einen Arbeitsvertrag – und **ohne Arbeitsvertrag kein Arbeitsrecht**! Es kommt hingegen nicht darauf an, wie dann die *Bezeichnung* des Vertrages oder des Entgeltes lautet. Ein ArbGeb kann also arbeitsrechtlichen Schutz nicht etwa dadurch umgehen, dass er den Vertrag, den er mit dem ArbN schließt, Honorarvertrag nennt oder dass er das Entgelt nicht für einen Monat, sondern nach einem anderen Zeitraum, etwa einem Tag, einer Woche oder einem Jahr, bemisst.

Arbeitsrecht ist aber für den sozialen Bereich nicht nur deshalb in besonderer Weise bedeutsam, weil hier gehäuft prekäre Beschäftigungsverhältnisse anzutreffen sind, die der Decke des arbeitsrechtlichen Schutzes, die an manchen Stellen ohnehin ein wenig dünn zu werden droht, dringend bedürfen. Für viele „kleine" ArbGeb, z. B. kleinere Vereine, kann auch die Kehrseite des Schutzgedankens mitunter Wirkungen unabsehbaren Ausmaßes zeitigen. Führen nämlich mangelnde arbeitsrechtliche Kenntnisse etwa zu Pflichtverletzungen im Vorfeld von Arbeitsvertragsabschlüssen (z. B. Verstoß gegen das Benachteiligungsverbot aus AGG; hierzu IV-3.4.1), zu Fehlern in Haftungsfragen, zu Fehlern in der Ausübung des Weisungsrechts etwa bei Versetzungen oder der Anordnung von Überstunden oder vor allem zum fehlerhaften Ausspruch einer Kündigung, so kann dies für den ArbGeb im Ergebnis unter Umständen schon ein wirtschaftliches Fiasko bedeuten.

Ordnungsfunktion   Um nachfolgend die Struktur des Arbeitsrechts nachvollziehen und die Vielzahl der Rechtsquellen richtig aufeinander beziehen zu können, muss neben der Schutzfunktion des Arbeitsrechts auch seine Ordnungsfunktion in die Betrachtung einbezogen werden. Sie wird u. a. dadurch realisiert, dass über einheitliche rechtliche Regelungen die Arbeitskosten für alle Unternehmen oder wenigstens für die Unternehmen innerhalb einer Branche wettbewerbsneutral gestaltet werden (vgl. hierzu Zöllner/Loritz 1992, 5 ff.). Innerhalb der Bundesrepublik Deutschland wird in diesem Zusammenhang vor allem kontrovers diskutiert, ob dies mittels eines gesetzlichen Mindestlohnes erreicht werden kann. Während seine Befürworter darauf verweisen können, dass das rechtliche Gestaltungsmittel des Mindestlohnes in anderen Rechtskreisen schon seit mehr als 100 Jahren bekannt ist und mittlerweile in 20 von 27 EU-Staaten zur Anwendung kommt, wird von seinen Gegnern eingewandt, dass es mit dem im deutschen Rechtsraum besonders tief verwurzelten Rechtsgedanken der Tarifautonomie nicht in systematische Übereinstimmung zu bringen sei. Entsprechend dieser Sichtweise werden die Schaffung einheitlicher Arbeitsbedingungen und die Beschäftigten zugleich vor unbilligen Niedriglöhnen schützende Wirkungen vor allem den Tarifverträgen zugeschrieben. Dem steht jedoch zumindest teilweise entgegen, dass einerseits ein Rückgang der Tarifbindung (hierzu IV-3.3.1) zu beobachten ist, andererseits insb. von der Zeit- bzw. Leiharbeit sowie von der ArbN-Freizügigkeit im europäischen

Raum ein verstärkter Druck auf die Lohngestaltung ausgeht. Das geltende Recht bietet auf die hiermit im Zusammenhang stehenden sozialen und rechtlichen Fragen drei Antwortmöglichkeiten. Zum ersten können nach dem Arbeitnehmer-Entsendegesetz (§ 3 AEntG i. V. m. § 5 TVG) für die in § 4 AEntG genannten Branchen Tarifverträge für allgemeinverbindlich erklärt bzw. kann ihre Allgemeinverbindlichkeit durch Rechtsverordnung nach § 7 AEntG angeordnet werden. Für die Pflegebranche, in der Tarifverträge unüblich sind, gelten dabei besondere Regelungen. Zweitens könnten nach dem Mindestarbeitsbedingungsgesetz (MiArbG) Mindestarbeitsentgelte für Wirtschaftszweige mit geringen Anteilen an tarifgebundener Arbeitnehmerschaft festgesetzt werden. Trotz einer Novellierung dieses bereits seit dem Jahr 1952 bestehenden Gesetzes zum 22.04.2009 bleibt es allerdings praktisch bedeutungslos. Drittens schließlich sind gem. § 138 BGB sittenwidrige Lohnvereinbarungen („Lohnwucher") nichtig. Dies soll nach der Rspr. des BAG bei einer Unterschreitung der niedrigsten Tarifgruppe um 1/3 vorliegen (BAG 5 AZR 436/08 – 22.04.2009). In diesen Fällen wäre nach § 612 Abs. 2 BGB die übliche Vergütung, also Tariflohn, zu zahlen.

3.2 Struktur und Rechtsquellen des Arbeitsrechts

Die Kodifikationen, die dem Arbeitsrecht zuzuordnen sind, verfügen über eine extreme Streubreite und sind, zumindest in den Details, nur noch von Experten nachzuvollziehen. Versuche, diese unübersichtliche, zersplitterte und von gesetzgeberischen Lücken beachtlichen Ausmaßes gekennzeichnete Rechtsmaterie zu vereinheitlichen und zusammenzufassen, hat es immer wieder gegeben; gleichwohl sind sie allesamt letztlich politisch gescheitert. Dies erklärt sich nicht zuletzt daraus, dass die Interessengegensätze, die miteinander in Ausgleich zu bringen ja die eigentliche soziale Aufgabe des Rechts ist, im Arbeitsrecht fundamentale Fragen der sozialen Existenz von ca. 30 Mio. ArbN, in modifizierter Weise aber natürlich auch ihrer ArbGeb, berühren. Damit verbunden ist allerdings auch, dass unterschiedliche Rechtsvorstellungen hier häufig in den Rang ideologisch geprägter Glaubenssätze gehoben werden. Derartige Interessenpolarisationen lassen sich innerhalb jener eher diffusen Rechtssituation, wie wir sie im Arbeitsrecht vorfinden, offenbar sozial verträglicher auspendeln. Hiermit im Zusammenhang steht wiederum die überragende Bedeutung der Rechtsprechung im Arbeitsrecht. Das BAG, dem mit § 45 Abs. 4 ArbGG ausdrücklich die Befugnis zur Rechtsfortbildung eingeräumt wurde, hat dies genutzt und ein derart engmaschiges Netz von „Quasi-Rechtsnormen" (Däubler 2006, 28) geknüpft, wie wir es in dieser Form für kein anderes Rechtsgebiet vorfinden.

Sowohl die Schutz- als auch die Ordnungsfunktion des Arbeitsrechts werden nicht nur unmittelbar durch gesetzliche Bestimmungen, sondern auch durch die, freilich ebenfalls gesetzlich geregelte, Möglichkeit des kollektiven Aushandelns von Arbeitsbedingungen sowie die gesetzliche Fixierung von Mitwirkungsrechten der ArbN-Vertreter im Betrieb realisiert. Demzufolge gliedert sich die Rechtsmaterie des Arbeitsrechts zunächst in die zwei großen Bereiche des Individualarbeitsrechts und des kollektiven Arbeitsrechts. Deren einzelnen Teilbereichen

Struktur des Arbeitsrechts

Übersicht 55: Struktur des Arbeitsrechts

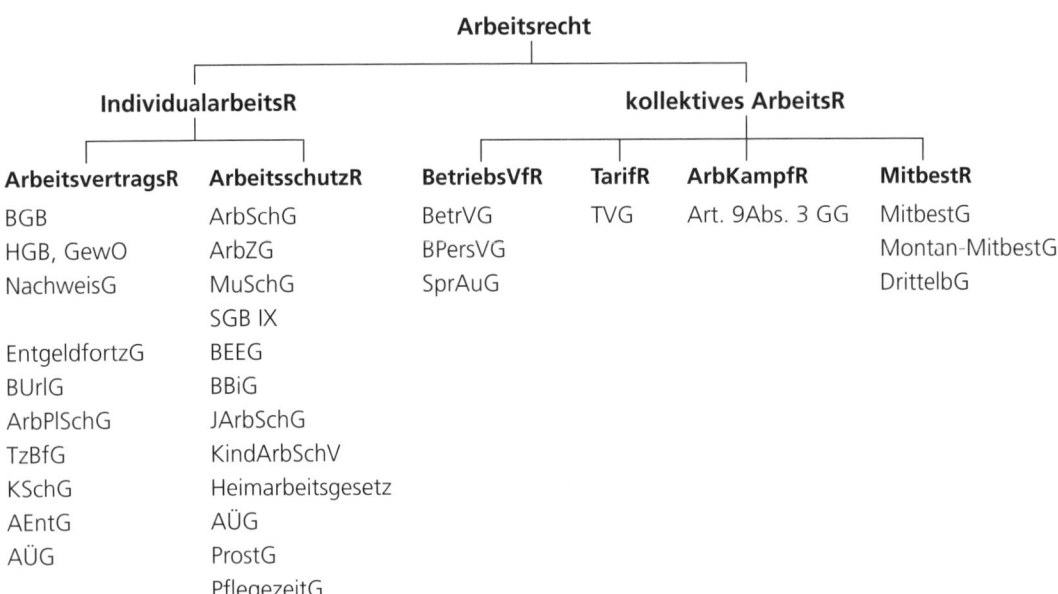

können dann die verschiedenen Rechtsvorschriften zugeordnet werden. Die hieraus folgende Struktur des Arbeitsrechts ist in Übersicht 55 dargestellt.

Rechtsquellen   Das Zusammenspiel der Rechtsquellen im Arbeitsrecht lässt, schematisch betrachtet, ein durchaus bizarres Gebilde entstehen, das unter anderem auch dadurch entsteht, dass Öffentliches und Privatrecht in ihm teilweise ineinander übergehen. So wird, um nur ein Beispiel vorab zu nennen, die Arbeitszeit regelmäßig Gegenstand arbeitsvertraglicher Vereinbarung sein; gleichzeitig können Verstöße gegen die gesetzlichen Höchstgrenzen für die Arbeitszeit nach §§ 22 f. ArbZG als Ordnungswidrigkeit oder sogar als Straftat verfolgt werden. Bereits die oben (I-1.1.3) systematisch dargestellten Rechtsnormen haben für das Arbeitsrecht eine ganz unterschiedliche tatsächliche Bedeutung. Darüber hinaus treten zu den üblicherweise bekannten Rechtsquellen, dem Gesetz und dem Vertrag, hier noch weitere arbeitsrechtspezifische Rechtsquellen hinzu. Nachfolgend ein kurzer Gesamtüberblick:

(1) *Europäisches Recht:* Die beiden wichtigsten arbeitsrechtlichen Vorschriften innerhalb des europäischen Primärrechts (hierzu I-1.1.5.1) finden sich in Art. 39 EG – **Recht auf Freizügigkeit der Arbeitnehmer** – sowie in Art. 141 EG – **Lohngleichheit für Männer und Frauen** bei gleicher Arbeit. Im sekundären Recht wurde eine ganze Reihe von Richtlinien durch Umsetzung in innerstaatliches Recht mittelbar wirksam. Zu ihnen gehören, um einige der wichtigeren zu nennen: Richtlinien 77/187/EG, 98/50/EG und 2001/20/EG (umgesetzt in § 613a BGB); Richtlinien 2000/43/EG, 2000/78/EG und 2004/113/EG (umgesetzt in AGG); Richtlinien 97/81/EG

und 1990/70/EG (umgesetzt in TzBfG); Richtlinie 96/71/EG (umgesetzt in AEntG). Aus den Verordnungen, die im Bereich des Arbeitsrechts gelten, sei beispielhaft die VO (EG) Nr. 593/2008 (Rom I) herausgehoben, nach der die Wahl des anzuwendenden Rechts bei Rechtsverhältnissen mit Auslandsbezug gem. Art. 8 der VO auch Individualarbeitsverträge mit einschließt.

(2) *Verfassungsrecht:* Das GG ist nicht nur in formaler Hinsicht vorrangiges nationales Recht. In seiner Gesamtheit kann man das Arbeitsrecht durchaus als spezifische Ausprägungsform des Sozialstaatsgebots aus Art. 20 Abs. 1 GG begreifen. Das gesamte Tarif- und Arbeitskampfrecht etwa basiert auf Art. 9 Abs. 3 GG. Ansonsten ist hinsichtlich der Geltung von Grundrechten zu berücksichtigen, was bereits zum Problem ihrer mittelbaren Drittwirkung ausgeführt wurde (vgl. I-2.2.4). Eine besondere Bedeutung erlangen dabei v. a. Art. 3 GG (vgl. I-2.1.2.4) mit Bezug auf den arbeitsrechtlichen Gleichbehandlungsgrundsatz sowie Art. 2 GG, der im Arbeitsrecht vor allem Bezug nimmt auf die Pflicht des ArbGeb, Leben und Gesundheit, aber auch die Persönlichkeit des ArbN (ArbN-Datenschutz!) zu schützen. Jedoch sind vor allem beim Recht auf freie Meinungsäußerung aus Art. 5 Abs. 1 GG dessen Schranken hier in besonderer Weise zu beachten. Sie ergeben sich gem. Art. 5 Abs. 2 GG schon aus den Vorschriften der allgemeinen Gesetze. Eine solche Vorschrift ist § 611 BGB. Das Recht auf freie Meinungsäußerung darf daher nicht Arbeitsabläufe beeinträchtigen und muss zumindest auch auf grundrechtlich geschützte Interessen des ArbGeb, etwa aus Art. 14 GG, Rücksicht nehmen (Däubler 2006, 209 f.).

Noch einmal eine besondere Situation finden wir in Bezug auf ArbGeb vor, die eine bestimmte geistig-ideelle Zielsetzung verfolgen (sog. Tendenzunternehmen, § 118 BetrVG) und die insb. in der Sozialen Arbeit etwa im konfessionellen oder karitativen Bereich verstärkt anzutreffen sind. In ihnen werden aus der religiösen Ausrichtung, aus der Art der Betätigung (etwa: Arbeit mit Behinderten) oder aus dem fachlich-methodischen Ansatz der Einrichtung heraus noch einmal ganz besondere Erwartungen in das Verhalten der Mitarbeiter gesetzt, denen diese unbeschadet der Grundrechtsverbürgungen zu genügen haben.

(3) *Bundesgesetze:* Sie bilden den größten Teil des Rechtsstoffes der Arbeitsrechtsordnung. Das insoweit grundlegende Bundesgesetz ist das Bürgerliche Gesetzbuch, ergänzt durch einige Vorschriften aus dem Handelsgesetzbuch und der Gewerbeordnung. Von übergreifender Bedeutung sind darüber hinaus die Regelungen des AGG (s. I-2.1.2.4).

(4) *Ländergesetze:* Sie hingegen sind von geringerer praktischer Relevanz. Beispielhaft zu nennen wären aber die Bildungsurlaubsgesetze einiger Länder.

(5) *Rechtsverordnungen:* In Bezug auf sie lässt sich, ganz im Gegensatz zur sonstigen Gestaltung unserer Rechtsordnung, Gleiches sagen. Ein Beispiel für eine der wenigen bedeutsamen Rechtsverordnungen im Arbeitsrecht ist die 1. DVO des BetrVG (Wahlordnung).

(6) *Tarifvertrag:* Diese spezifische normative Rechtsform des Arbeitsrechts kommt durch Vereinbarung zwischen ArbGeb(-Verband) und Gewerkschaft zustande. Bundesweit existieren derzeit knapp 60.000 gültige Tarifverträge,

die die Arbeitsverhältnisse von ca. 84 % (d. h. 25 Mio.) ArbN regeln (Näheres unter IV-3.3.1).

(7) *Betriebsvereinbarung*: Sie wird zwischen Betriebsrat und ArbGeb im Rahmen der betrieblichen Mitbestimmung getroffen (Näheres unter IV-3.3.2).

(8) *Arbeitsvertrag:* Mit ihm wird das Arbeitsverhältnis zwischen ArbN und ArbGeb begründet (vgl. IV-3.4).

(9) *Betriebliche Übung:* Sie entsteht nach st. Rspr. des BAG (zuletzt: Urt. v. 18.03.2009 – 10 AZR 281/08) durch ein wiederholtes gleichförmiges Verhalten des ArbGeb (z. B. hinsichtlich Gratifikationen, betrieblicher Altersversorgung o. ä.), ohne dass dieser hieran besondere Bedingungen geknüpft hätte. Hieraus, so das BAG, kann der ArbN schließen, dass der ArbGeb sich insoweit rechtlich binden wollte, woraus schließlich auch tatsächlich eine rechtswirksame Bindungswirkung entsteht.

(10) *Gleichbehandlungsgrundsatz:* Er wird subsidiär zu § 7 AGG herangezogen. Nach ihm ist es dem ArbGeb verwehrt, nach sachwidrigen Kriterien Gruppen zu bilden, die etwa Gratifikationen oder zusätzliche Urlaubstage erhalten bzw. umgekehrt einzelne ArbN ohne rechtfertigenden Grund schlechter zu behandeln als andere (Hromadka/Maschmann 2008, 47.) Auch andere Ungleichbehandlungen etwa in Hinblick auf Beförderung, Weisungserteilung oder Kündigung sind unzulässig.

Zusammenwirken der Rechtsquellen Die gleichzeitige Geltung einer Vielzahl von Rechtsquellen unterschiedlicher Rechtsqualität führt notwendigerweise zur Frage nach ihrem Zusammenwirken. Hierfür sind in der Arbeitsrechtslehre und der Rspr. des BAG einige wichtige Prinzipien entwickelt worden:

(1) *Rangfolgeprinzip.* Zunächst gilt die allgemeine Regel (vgl. I-1.1.3.7), dass die höherrangige Rechtsquelle der niederrangigen vorgeht, weil sie „die größere Richtigkeitsgewähr und damit auch den größeren Schutz bietet" (Hromadka/Maschmann 2008, 42).

(2) *Günstigkeitsprinzip.* Insofern die Gesetze funktional auf den sozialen Schutz des ArbN ausgerichtet sind, haben sie grundsätzlich nur Mindestforderungen zum Inhalt, von denen demzufolge zugunsten des ArbGeb in Tarifvertrag, Betriebsvereinbarung oder Arbeitsvertrag jederzeit abgewichen werden kann. Ähnlich sind auch Tarifverträge stets Mindestvereinbarungen, Tariflöhne demzufolge Mindestlöhne. Umgekehrt verdrängen Tarifverträge (sofern Tarifbindung vorliegt – hierzu IV-3.3) sowie Betriebsvereinbarungen stets schlechtere arbeitsvertragliche Vereinbarungen. Hinzuweisen ist jedoch auf jene Teile der gesetzlichen Regelung, die tarifvertragsdispositiv ausgestaltet sind, z. B. § 622 Abs. 4 BGB, § 13 Abs. 1 BUrlG. Hier sind auch vom Gesetz abweichende für den ArbN ungünstigere Regelungen durch Tarifvertrag möglich.

(3) *Kompetenzabgrenzungsprinzip.* Zur Vermeidung von Kollisionen, die sich aus dem Zusammenspiel von Tarifvertrag und Betriebsvereinbarung ergeben können, wird schließlich auf den Grundsatz der Kompetenzabgrenzung zurückgegriffen. Er besagt, dass Regelungsbereiche des Tarifvertrages (Entgelt,

materielle Arbeitsbedingungen) nicht Gegenstand von Betriebsvereinbarung sein können, sofern der Tarifvertrag nicht ausdrücklich anderes zulässt (§ 77 Abs. 3 BetrVG). Die tarifvertragliche Regelung entfaltet demnach insofern eine Sperrwirkung gegenüber der Betriebsvereinbarung.

3.3 Kollektives Arbeitsrecht

Mit dem Tarifvertrag und der Betriebsvereinbarung sind die beiden zentralen kollektivrechtlichen Institutionen bereits mehrfach benannt. Weiterhin wird dem kollektiven Arbeitsrecht noch das Arbeitskampfrecht zugerechnet, in dem (weitgehend durch Rspr.!) geregelt ist, zur Erreichung welcher Ziele, mit welchen Mitteln und unter Beachtung welcher Grundsätze Streik bzw. Aussperrung durchgeführt werden dürfen (hierzu im Einzelnen Däubler 2006, 61 ff.). Schließlich ist noch hier systematisch die Mitbestimmung im Unternehmen einzuordnen. In ihr wird der arbeitsrechtliche Grundsatz, dass unternehmerische Entscheidungen allein im Dispositionsbereich des ArbGeb liegen, für größere Kapitalgesellschaften (AG, GmbH, Genossenschaft) ab 500 ArbN ansatzweise gelockert. In den Aufsichtsräten dieser Unternehmen sind nämlich auch Arbeitnehmervertreter repräsentiert. Das gilt allerdings nicht für die in der Sozialen Arbeit häufig anzutreffenden Tendenzbetriebe (§ 1 Abs. 4 MitbestG, § 1 Abs. 1 S. 1 Nr. 2 DrittelbG).

Arbeitskampfrecht

Mitbestimmung im Unternehmen

3.3.1 Tarifrecht

Zustande kommt der Tarifvertrag durch einen Abschluss zwischen einer Gewerkschaft und einer ArbGeb-Vereinigung oder einem einzelnen ArbGeb (§ 2 Abs. 1 TVG). Im ersten Fall handelt es sich um einen Flächen-TV, im zweiten um einen Firmen- oder Haus-TV. Sein Inhalt ergibt sich aus § 1 Abs. 1 TVG. Danach besteht er aus einem **schuldrechtlichen Teil**, in dem die wechselseitigen Rechte und Pflichten der Vertragspartner geregelt sind, und einem **normativen Teil**, der Regelungen zu Abschluss, Inhalt und Beendigung von Arbeitsverhältnissen trifft. Häufig werden diese Fragen innerhalb eines Mantel- oder Rahmen-TV geregelt, während einzelne Materien, vor allem das Entgelt, der Vereinbarung in speziellen Tarifverträgen, etwa einem Entgelt-TV bzw. einem Entgeltrahmen- TV, vorbehalten bleibt.

Inhalt

Eine unmittelbare und zwingende Geltung der Normen des Tarifvertrages ergibt sich gem. § 4 Abs. 1 TVG zunächst nur für Tarifgebundene, d. h. für den ArbGeb sowie jene ArbN, die Mitglied der tarifvertragschließenden Gewerkschaft sind. Jedoch kann der Tarifvertrag gem. § 5 TVG durch den Bundes- oder einen Landesminister für Arbeit für allgemein verbindlich erklärt werden, soweit dies im öffentlichen Interesse liegt. Ein solches Interesse kann z.B. in der Schaffung gleicher Arbeitsbedingungen für alle Beschäftigten zur Vermeidung eines internen „Wettbewerbs nach unten" (Hromadka/Maschmann 2007, 113 f.) bestehen. Entscheidende Bedingung hierfür wäre jedoch, dass der tarifgebundene ArbGeb mindestens 50 % der unter den Geltungsbereich des Tarifvertrages fallenden ArbN bei

Geltung

sich beschäftigt. Die praktische Bedeutung dieser gesetzlichen Möglichkeit entfaltet sich, wie bereits gesehen, vor allem im Rahmen des AEntG. Insgesamt ist sie allerdings eher gering. Häufiger anzutreffen ist hingegen, dass die Geltung der Normen des Tarifvertrages im Arbeitsvertrag vereinbart wird.

3.3.2   Betriebliche Mitbestimmung

Betriebsrat bzw. Personalvertretung

Die betriebliche Mitbestimmung ist im BetrVG geregelt. Über Mitbestimmungs- und Beschwerderechte verfügt zunächst durchaus auch der einzelne ArbN (§§ 81 ff. BetrVG). In der hier jedoch interessierenden kollektiven Form erfolgt die Mitbestimmung im Betrieb über den Betriebsrat, der in **Betrieben mit mindestens fünf ArbN** durch die (volljährigen) ArbN gewählt wird und dessen Wahl und Zusammensetzung sich nach §§ 7 ff. BetrVG richtet. Wer betriebsverfassungsrechtlich als ArbN gelten soll, bestimmt sich dabei nach § 5 BetrVG (u.a. auch Außendienstmitarbeiter und Beschäftigte in Tele- und Heimarbeit, jedoch keine Honorarkräfte; auf den Umfang der Beschäftigung – Teil- oder Vollzeit – kommt es nicht an. ArbN, die das 18. Lebensjahr noch nicht vollendet haben, sowie Auszubildende, die noch nicht älter als 25 Jahre sind, wählen eine Betriebliche Jugend- und Auszubildendenvertretung, §§ 60 ff. BetrVG). Im öffentlichen Dienst treten an die Stelle des Betriebsrates die Personalvertretungen, die nach h. M. Einrichtungen des Öffentlichen Rechts sind (Söllner / Reinert 1985, 59). Geregelt sind sie im Bundespersonalvertretungsgesetz bzw. in den Personalvertretungsgesetzen der Länder. Für den privatrechtlichen Bereich ist das BetrVG einschlägig.

Gegenstände der Mitbestimmung

Mitbestimmung bedeutet, dass auf all den Gebieten, für die sie gesetzlich vorgesehen ist, Betriebsrat und ArbGeb *gemeinsam* handeln müssen. Däubler (2006, 94) spricht in diesem Zusammenhang von einer „geteilten Handlungskompetenz". Dies betrifft:

- soziale Angelegenheiten (§§ 87 ff., 112 ff. BetrVG),
- die Gestaltung von Arbeitsplatz, Arbeitsablauf und Arbeitsumgebung (§§ 90, 91 BetrVG),
- personelle Angelegenheiten (§§ 92 ff. BetrVG) und
- wirtschaftliche Angelegenheiten (§§ 106 ff. BetrVG).

Mitbestimmungsarten

Die rechtliche Qualität und die rechtlichen Folgen dieses Zusammenwirkens stellen sich dabei je nach konkretem Gegenstand freilich höchst unterschiedlich dar. Die Mitbestimmungs- bzw. Beteiligungsrechte des Betriebsrates werden daher wie folgt differenziert:

(1) *Echte Mitbestimmungsrechte*. Der ArbGeb ist hier in seinem Handeln auf die Zustimmung des Betriebsrates angewiesen. Erhält er sie nicht, so ist eine Einigungsstelle zu bilden, in der ArbN und ArbGeb personell gleich stark vertreten sind und die von einem unparteiischen Vorsitzenden geleitet wird (§ 76 BetrVG). Echte Mitbestimmungsrechte betreffen im Wesentlichen den sozialen Bereich (§ 87 BetrVG), besonders gravierende Fälle der Änderung von

Arbeitsbedingungen (§ 91 BetrVG), personelle Einzelmaßnahmen wie Einstellungen, Eingruppierungen, Umsetzungen, Umgruppierungen (§ 99 Abs. 2 BetrVG) sowie das Verlangen einer Ausschreibung zu besetzender Arbeitsplätze (§ 93 BetrVG), die (außerordentliche) Kündigung oder Versetzung von Betriebsratsmitgliedern (§ 103 BetrVG) sowie die Erzwingung eines Sozialplanes bei betriebsbedingten Massenentlassungen (§ 112a BetrVG).

(2) *Mitwirkungsrechte.* Hierzu gehört etwa das Beratungsrecht bei geplanten baulichen, technischen, technologischen oder organisatorischen Veränderungen im Betrieb (§ 90 Abs. 1 BetrVG) sowie das Anhörungsrecht bei Kündigungen (§ 102 BetrVG).

(3) *Unterrichtungsrechte.* Sie bestehen im Bereich der Gestaltung von Arbeitsplatz, Arbeitsablauf und Arbeitsumgebung (§ 90 Abs. 1 BetrVG) sowie der Personalplanung (§ 92 BetrVG). Für die Unterrichtung in wirtschaftlichen Angelegenheiten wird in Unternehmen mit mehr als 100 ArbN gem. §§ 106 ff. BetrVG ein Wirtschaftsausschuss gebildet. Dies gilt aber wiederum nicht für Tendenzunternehmen (§ 118 Abs. 1 BetrVG).

Die wichtigste Form, in der die Mitbestimmung ausgeübt wird, ist die zwischen ArbGeb und Betriebsrat abzuschließende Betriebsvereinbarung (§ 77 BetrVG). Sie kann Rechte und Pflichten zwischen den beiden Partnern der Vereinbarung, vor allem aber auch, wie bereits weiter oben gesehen, unmittelbar zwischen ArbGeb und ArbN begründen, die, soweit zwischen beiden nichts für den ArbN Günstigeres vereinbart ist, zwingend gelten. **Betriebsvereinbarung**

3.4 Individualarbeitsrecht

Gegenstand des Individualarbeitsrechts ist das Arbeitsverhältnis zwischen ArbN und ArbGeb. Begründet wird es in aller Regel durch den Abschluss eines Arbeitsvertrages. Jedoch wirken auf diesen, wie oben gesehen, eine ganze Reihe anderer Rechtsquellen ein, die zum einen seiner rechtlichen Ausgestaltung, zum anderen der Kompensation einer i. d. R. sozial unterlegenen Position des ArbN dienen. Das Individualarbeitsverhältnis gestaltet sich daher im Ergebnis innerhalb einer rechtlichen Komplexität, deren Grundstruktur in Übersicht 56 dargestellt wird. **Arbeitsvertrag**

3.4.1 Anbahnung des Arbeitsverhältnisses

Bereits unmittelbar mit der Aufnahme von Vertragsgesprächen bzw. im Rahmen der Anbahnung eines Arbeitsverhältnisses, also schon vor Abschluss des Arbeitsvertrages, entsteht gem. § 311 Abs. 2 BGB ein Rechtsverhältnis zwischen ArbN und ArbGeb mit wechselseitigen Rechten und Pflichten. Bei Verletzung von hieraus sich ergebenden Obliegenheiten begründet sich daher ab diesem Zeitpunkt eine Schadensersatzpflicht (§ 280 Abs. 1 i. V. m. § 241 Abs. 2 BGB). Es kann sich hierbei etwa um Geheimhaltungspflichten, aber auch um Sorgfalts- und Obhutspflichten handeln.

Übersicht 56: Tarifvertrag

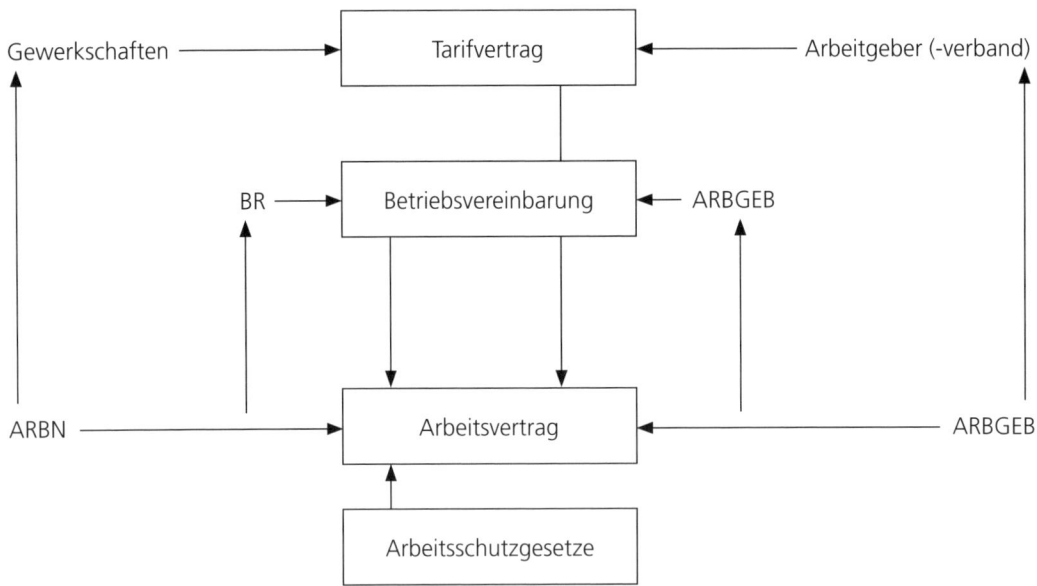

Eine derartige Pflichtverletzung kann z. B. vorliegen, wenn der ArbGeb den ArbN ermutigt, sich auf eine Stelle zu bewerben, über deren Besetzung jedoch bereits entschieden ist. In diesem Fall hätte der ArbN Anspruch auf Ersatz seiner Aufwendungen. Ansonsten besteht eine Pflicht zum Ersatz auf Vorstellungskosten durch den ArbGeb nur dann, wenn er zu dem Vorstellungsgespräch ausdrücklich aufgefordert hat.

Benachteiligungs-
verbot (§ 1 AGG)
Weiterhin liegt eine Pflichtverletzung des ArbGeb vor, sofern ihm bei der Personalauswahl eine Benachteiligung i. S. v. § 1 AGG, also aus Gründen der Rasse oder wegen der ethnischen Herkunft, des Geschlechts, der Religion oder Weltanschauung, einer Behinderung, des Alters oder der sexuellen Identität, nachzuweisen ist. Um einen derartigen Nachweis zu erbringen, wäre es zunächst erforderlich, Indizien vorzulegen, die für eine Benachteiligung sprechen. Beim ArbGeb läge es nun, darzutun, dass er nicht gegen das Benachteiligungsverbot verstoßen hat. Gelingt ihm dies nicht, gilt die Benachteiligung als erwiesen (§ 22 AGG; vgl. auch Degener et al. 2008, 220). Erfasst ist dabei nicht nur eine unmittelbare, sondern auch eine mittelbare Diskriminierung (§ 3 Abs. 2 AGG). Letztere liegt z. B. dann vor, wenn die Auswahlkriterien des ArbGeb zwar formal neutral formuliert sind, im Ergebnis jedoch eine Gruppe in besonderer Weise betreffen und dadurch diskriminierend wirken. Eine solche unmittelbare oder mittelbare Benachteiligung kann im Übrigen bereits im Rahmen der Stellenausschreibung erfolgen. Ist sie nachgewiesen, so folgt aus ihr zwar keine Einstellungsverpflichtung des ArbGeb, wohl aber ein differenzierter Schadensersatzanspruch (§ 15 AGG). Allerdings ist eine unterschiedliche Behandlung aus sachlichem Grund im Rahmen der §§ 8–10 AGG zulässig. So wird es Religionsgemeinschaften sowie den ihnen zugeordne-

ten Einrichtungen unter den Voraussetzungen von § 9 Abs. 1 AGG möglich sein, Bewerber unter dem Gesichtspunkt der Religionszugehörigkeit auszuwählen; das Schauspielhaus, an dem der „jugendliche Held" neu zu engagieren ist, wird gem. § 8 Abs. 1 AGG hierbei bestimmte Altersbeschränkungen und Vorgaben hinsichtlich der Geschlechtszugehörigkeit machen dürfen. Zulässige Altersungleichbehandlungen (z. B. Mindestalter oder Höchstalter bei Einstellungen oder für bestimmte Tätigkeiten) sind in § 10 AGG aufgelistet.

In der Anbahnungsphase wird es regelmäßig dazu kommen, dass der ArbGeb, etwa im Rahmen eines Bewerbungsgespräches, bestimmte Fragen stellt. Das Recht hierzu wird aus Art. 12 Abs. 1 GG abgeleitet. Der ArbGeb muss hiernach frei und sachgerecht entscheiden können, welchen der Bewerber er auswählen möchte. Dem steht allerdings das Recht auf informationelle Selbstbestimmung des ArbN aus Art. 2 Abs. 1 i. V. m. Art. 1 Abs. 1 GG gegenüber, nach dem nur dieser über die Offenbarung persönlicher Lebenssachverhalte selbst entscheiden kann (vgl. I-2.2.4). Darüber hinaus setzt auch Art. 3 Abs. 3 GG dem Recht des ArbGeb aus Art. 12 Abs. 1 GG insofern Schranken, als von vornherein Fragen, die gegen das **Diskriminierungsverbot** verstoßen, unzulässig sind. Das BAG löst diese Kollision dadurch auf, dass es nur solche Fragen des ArbGeb für zulässig hält, an denen er ein *berechtigtes Interesse* hat (BAG 07.06.1984 – AP Nr. 26 zu § 123 BGB). Steht dem im Einzelfall ein schützenswertes Interesse des ArbN gegenüber, so ist jedes Mal eine Interessenabwägung vorzunehmen. So sind Fragen zu Partei-, Gewerkschafts- oder Religionszugehörigkeit allenfalls bei Tendenzunternehmen, sonst jedoch nicht zulässig. Bei Bewerbungen für den öffentlichen Dienst ist allerdings wegen des dort geforderten Bekenntnisses zur freiheitlich-demokratischen Grundordnung auch die Frage nach der Mitgliedschaft in Parteien, die nach Einschätzung der einstellenden Behörde verfassungsfeindliche Ziele verfolgen, zu beantworten. Nach chronischen Erkrankungen oder HIV-Infektion darf nur gefragt werden, wenn ein konkreter Bezug zum Arbeitsplatz (etwa bei allergischen Reaktionen auf bestimmte Stoffe, die in Arbeitsmitteln enthalten sind) oder eine konkrete Ansteckungsgefahr besteht. An der Frage nach einer Behinderung könnte der ArbGeb zwar ein berechtigtes Interesse haben, weil sich aus ihrem Vorliegen bestimmte gesetzliche Verpflichtungen für ihn ableiten (BAG 05.10.1996 – AP Nr. 40 zu § 123 BGB). Jedoch verstieße sie, so allgemein gestellt, gegen das Benachteiligungsverbot aus AGG. Das Fragerecht des ArbGeb beschränkt sich daher auf die Feststellung, ob der ArbN unter einer Behinderung leidet, durch die er für die vorgesehene Tätigkeit ungeeignet wäre (LAG Hamm 19.10.2006 15 Sa 740/06). Auch nach Vorstrafen darf nur dann gefragt werden, wenn diese im Zusammenhang mit der beabsichtigten Tätigkeitsaufnahme stehen, z. B. Vorstrafe wegen eines Sexualdelikts bei einem Bewerber im Bereich der Kinder- und Jugendhilfe (vgl. § 72a SGB VIII), Betrugs- oder Untreuedelikte bei einem Geschäftsführer. Die Frage nach der Schwangerschaft ist mittlerweile ausnahmslos als unzulässig anzusehen (vgl. Däubler 2006, 145 m. w. N.).

Stellt der ArbGeb eine unzulässige Frage, so braucht der ArbGeb auf sie nicht oder nicht wahrheitsgemäß zu antworten. Andererseits hat er, auch ohne dass er danach gefragt wurde, eine **Offenbarungspflicht** hinsichtlich von Umständen in seiner Person oder seinen persönlichen Verhältnissen, wenn diese für das Arbeits-

zulässige Fragen des ArbGeb

verhältnis von *erheblicher* Bedeutung sind (Zöllner/Loritz 1992, 134). Unterbleibt dies, so kann der ArbGeb seine Willenserklärung, die zum Abschluss des Arbeitsvertrages geführt hat, anfechten (§§ 119, 123 BGB) und ggf. Schadensersatz fordern. Gleiches gilt, wenn der ArbN Fragen, die zulässigerweise gestellt wurden, wahrheitswidrig beantwortet hat.

3.4.2   Begründung des Arbeitsverhältnisses

Form In Form und Gestaltung des Abschlusses eines Arbeitsvertrages sind die Vertragspartner frei, soweit sich aus Gesetz, Tarifvertrag oder Betriebsvereinbarung für sie nichts anderes ergibt (§ 105 GewO). Das bedeutet, dass der Arbeitsvertrag z. B. auch mündlich oder durch schlüssiges Verhalten zustande kommen kann. Zwar besteht nach § 2 NachwG eine Verpflichtung, den Arbeitsvertrag spätestens einen Monat nach vereinbartem Arbeitsbeginn schriftlich niederzulegen. Dies hat jedoch lediglich deklaratorischen (rechtfeststellenden), nicht jedoch konstitutiven (rechtbegründenden) Charakter. Die Niederschrift dient allein der Dokumentation des Vertragsinhaltes. Ein hohes Maß an Gewissheit hinsichtlich des Vereinbarten – und damit an Sicherheit – ist in jedem Fall dadurch zu erlangen, dass die Schriftform selbst im Arbeitsvertrag mit vereinbart wird. Dies erleichtert nicht nur die Beweisführung in einem eventuellen künftigen Streitfall, sondern führt zugleich dazu, dass auch spätere Änderungen des Vertrages nur in Schriftform wirksam werden.

Formulararbeitsvertrag Die Vorstellung, dass Arbeitsverträge in der Praxis durch die Beteiligten individuell ausgehandelt würden, ist schon deshalb wenig realitätsnah, weil viele Arbeitsbedingungen bereits durch Gesetze, Tarifverträge oder Betriebsvereinbarungen vorgegeben sind, von denen nur noch zugunsten des ArbN abgewichen werden darf. Weil sich hierdurch ohnehin die Arbeitsbedingungen für eine Vielzahl von ArbN im Betrieb annähernd gleich gestalten, werden häufig Formulararbeitsverträge verwendet. Als solche enthalten sie allerdings allgemeine Geschäftsbedingungen (§§ 305 ff. BGB), die gem. § 310 Abs. 4 BGB einer Inhaltskontrolle i. S. v. § 307 BGB unterliegen (hierzu II-1.3.1.1). Dies bedeutet, dass Regelungen in einem Formulararbeitsvertrag, die den ArbN durch ihren Inhalt unangemessen benachteiligen, unwirksam sind. Hierfür nennt das Gesetz in §§ 308 f. BGB eine Reihe von Fallgruppen. Zu ihnen gehören etwa einseitige Änderungsvorbehalte oder Regelungen zur Abgeltung sämtlicher anfallender Überstunden. Formulierungen, die insbes. durch die Art und Weise ihrer Platzierung und Verwendung im Text für den ArbN überraschend sind, werden nicht Vertragsbestandteil (§ 305c Abs. 1 BGB). Mehrdeutigen Klauseln werden zulasten des ArbGeb ausgelegt (§ 305 Abs. 2 BGB). Im Übrigen bleibt die Wirksamkeit des Arbeitsvertrages von der Unwirksamkeit einzelner Regelungen unberührt (vgl. im Einzelnen: Eckert/Wallstein 2002, 89 ff.).

3.4.3   Formen von Arbeitsverträgen

Für die Neuvermessung der Koordinaten der Arbeit innerhalb des modernen Kapitalismus hat der amerikanische Soziologe Jeremy Rifkin Mitte der 1990er Jahre das

Schlagwort vom „Ende der Arbeit" geprägt (Rifkin 1996, 17 ff.). Indiziert ist damit ein wirtschaftlich bedingt veränderter Stellenwert der Arbeit für die Sinnbestimmung individualisierter Lebensentwürfe, der einerseits neue soziale Räume individueller Verwirklichung eröffnet, andererseits aber auch ein hohes Risiko arbeitsbiografischer Brüche bis hin zum gesellschaftlichen Scheitern in sich birgt. Im Arbeitsrecht machen sich diese Veränderungen in Vorgängen bemerkbar, die – je nach Interessenlage – als Flexibilisierung oder als Deregulierung des Arbeitsverhältnisses bezeichnet werden. Prototypisch ist hierfür die sog. **Zeit-** oder auch **Leiharbeit** nach AÜG. Einerseits führt der Rückgriff auf sie in den letzten Jahren zu beträchtlichen Beschäftigungseffekten. Andererseits ist der Preis, der für diesen Beschäftigungszuwachs zu zahlen ist, eine vergleichsweise niedrige Entlohnung. Dies ist deshalb möglich, weil der ArbGeb des sog. Leiharbeitnehmers nicht der Entleiher ist, bei dem er tatsächlich tätig ist und der auch mit entsprechendem Weisungsrecht ausgestattet ist, sondern der Verleiher (die sog. Zeitarbeitsfirma), mit dem er einen Arbeitsvertrag abgeschlossen hat. Mit der ursprünglichen Funktion der Leiharbeit, flexibel auf konjunkturell bedingte temporäre Arbeitskräftenachfrage reagieren zu können, korrelierten zunächst verschiedene rechtliche Schutzmechanismen, vor allem zeitliche Befristungen von anfangs 3, zuletzt bereits 24 Monaten. In dem Maße, in dem die Leiharbeit diese Funktion verlor, wurden auch die Schutzvorschriften einschließlich einer gesetzlichen Befristung nach und nach aufgehoben, so dass die Bezeichnung „Zeitarbeit" im Grunde nicht mehr zutreffend ist. Zwar gilt in der Leiharbeit der Grundsatz der gleichen Behandlung und Bezahlung wie im Entleiherbetrieb (Equal Pay – Equal Treatment), der allerdings durch Tarifvertrag abbedungen werden kann (§ 9 Nr. 2 AÜG). Mittlerweile liegen mehrere derartige Tarifverträge vor. Für den Fall einer Allgemeinverbindlichkeitserklärung eines Tarifvertrages nach AEntG gelten die in *diesem* Tarifvertrag vorgeschriebenen Arbeitsbedingungen allerdings unbeschadet einer Tarifvertragsbindung des verleihenden ArbGeb auch für den LeihArbN (§ 8 Abs. 3 AEntG). Darüber hinaus ist seit Mai 2011 mit § 3a AÜG die gesetzliche Möglichkeit der Festlegung von Lohnuntergrenzen für Zeitarbeit im Wege des Erlasses einer RVO eröffnet. Ansonsten ist mit Flexibilisierung oder Deregulierung v. a. aber auch das gerade auch für die Soziale Arbeit keinesfalls untypische Entstehen von immer mehr Beschäftigungsverhältnissen im Teilzeit- oder im befristeten Bereich gemeint. Gesetzlich geregelt sind sie im Teilzeit- und Befristungsgesetz (TzBfG). Zweck der Vorschrift ist es, den Betroffenen zumindest einen bestimmten sozialen Schutz zu bieten. Deshalb enthält sie z. B. auch mit § 4 TzBfG ein Diskriminierungsverbot. Dennoch dürfen die sozialen Gefährdungspotenziale vor allem für sog. geringfügig Beschäftigte mit einem Einkommen von bis zu 400 € monatlich (Anfang 2009 gingen fast 5 Mio. ArbN einem geringfügigen Beschäftigungsverhältnis nach!) sowie für die zunehmende Zahl von ArbN in befristeten Arbeitsverhältnissen nicht gering geschätzt werden.

Teilzeit- und Befristungsgesetz

Teilzeitverträge werden i. d. R. in gleicher Weise wie Vollzeitarbeitsverträge abgeschlossen. Teilzeitbeschäftigung kann aber auch aus einem bereits bestehenden Arbeitsverhältnis heraus vereinbart werden. Dies ist entweder auf Initiative des ArbGeb, z. B. im Wege einer Änderungskündigungen (§ 2 KSchG), möglich oder weil es der ArbN nach § 8 TzBfG verlangt. Mittels Weisungsrechts oder durch Ände-

Teilzeitverträge

rungsvorbehalt im Arbeitsvertrag hingegen ist eine Verkürzung der ursprünglich vereinbarten Arbeitszeit nicht durchzusetzen. Auch formuliert § 11 TzBfG ein Kündigungsverbot für den Fall, dass ein ArbN sich weigert, von einem Vollzeit- in ein Teilzeitarbeitsverhältnis oder umgekehrt zu wechseln. Das Recht zur Kündigung aus anderen, etwa betriebsbedingten, Gründen bleibt hiervon allerdings unberührt.

Teilzeitarbeitsverhältnisse bieten in besonderer Weise die Möglichkeit einer flexiblen Gestaltung der Lage der Arbeitszeit. Das Gesetz bietet hierzu zwei Modelle an. Bei der **Arbeit auf Abruf**, auch kapazitätsorientierte variable Arbeitszeit (KAPOVAZ) genannt (§ 12 TzBfG), kann die Lage (nicht der wöchentliche Umfang!) der Arbeitszeit dem Arbeitsanfall angepasst werden. Die Arbeitsplatzteilung, das sog. **Jobsharing** (§ 13 TzBfG), verfolgt demgegenüber die Idee, dass im Verhinderungsfall eines ArbN derjenige, der sich mit ihm den Arbeitsplatz teilt, ihn dann auch vertritt. Dieses Modell hat jedoch in der Praxis kaum Bedeutung erlangt; dort bevorzugt man wegen der besseren rechtlichen Handhabbarkeit anstelle der Arbeitsplatzteilung mehrere Teilzeitverträge. Ansonsten eröffnet § 12 Abs. 3 TzBfG noch die Möglichkeit, im Tarifvertrag den Abschluss von **Jahresarbeitszeitverträgen** vorzusehen, in denen sich Vollzeitarbeitsphasen mit Freizeitphasen abwechseln, so dass über das Jahr gesehen ein Teilzeitbeschäftigungsverhältnis vorliegt.

befristete Arbeitsverträge Die soziale Brisanz von befristeten Arbeitsverträgen liegt darin, dass sie prinzipiell geeignet wären, den gesetzlichen Kündigungsschutz zu umgehen. Um dies möglichst zu verhindern, ist für die Befristung eines Arbeitsverhältnisses zunächst ein **sachlicher Grund** notwendig. Der Arbeitsvertrag kann hiernach für eine kalendermäßig bestimmbare Zeit oder bis zum Eintritt eines den Vertrag dann auflösenden Ereignisses (etwa: Genesung des krankheitshalber vertretenen Beschäftigten, Erreichen der Altersgrenze) geschlossen werden. Beispielfälle für einen sachlichen Grund sind in § 14 Abs. 1 TzBfG genannt. Die auch für die Soziale Arbeit bedeutsamsten sind:

- Das Aushilfsarbeitsverhältnis: Es erfordert einen lediglich vorübergehenden zusätzlichen betrieblichen Bedarf an Arbeitsleistung, dessen künftiger Wegfall vorhersehbar ist (Hromadka / Maschmann 2008, 80). Eine unsichere Konjunkturlage ist demzufolge kein Befristungsgrund (Däubler 2006, 335).
- Das Vertretungsarbeitsverhältnis: Insbes. kommen hier Krankheit, Urlaub oder längere Freistellungen in Betracht. Für die Schwangerschafts- und Elternzeitvertretung gilt hingegen § 21 BEEG.
- Die Befristung im Anschluss an eine Ausbildung oder ein Studium zur Erleichterung des Überganges in ein unbefristetes Arbeitsverhältnis.
- Das Probearbeitsverhältnis: Die Probezeit in der Form eines befristeten Arbeitsverhältnisses zu vereinbaren, ist nach dem Gesetz zwar möglich, jedoch nicht sehr gebräuchlich. In der Regel wird sie im Rahmen eines unbefristeten Arbeitsverhältnisses für die ersten sechs Monate vereinbart.
- Der ArbN wird aus Haushaltsmitteln vergütet, die nur für eine befristete Stelle bestimmt sind. Hierunter fallen zeitlich exakt begrenzte Mittelbewilligungen der öffentlichen Haushalte, ferner sog. Drittmittelprojekte, aber auch Arbeitsbeschaffungsmaßnahmen nach §§ 260–271 SGB III.

Jedoch kennt § 14 Abs. 2 TzBfG auch die Befristung ohne sachlichen Grund als ein arbeitsrechtliches Instrument, flexibel auf Bewegungen am Arbeitsmarkt zu reagieren. Die Befristung kommt hier jedoch für höchstens zwei Jahre in Betracht, wobei *innerhalb* dieses Zweijahreszeitraum eine bis zu dreimalige Vertragsverlängerung möglich ist. Anderes gilt für Unternehmensneugründungen (Befristung bis zu vier Jahren in den ersten vier Jahren nach Gründung des Unternehmens, § 14 Abs. 2a TzBfG) sowie für ältere Arbeitnehmer bei einer Altersgrenze von 52 Jahren (Befristung bis zu fünf Jahren, sofern sie unmittelbar vor Beginn des befristeten Arbeitsverhältnisses mindestens vier Monate beschäftigungslos waren, § 14 Abs. 3 TzBfG).

Anders als der Arbeitsvertrag als solcher bedarf die Befristung zu ihrer Wirksamkeit der Schriftform (§ 14 Abs. 4 TzBfG). Darüber hinaus ist eine Befristung (nicht der Vertrag!) unwirksam, wenn sie ohne sachlichen Grund oder über einen längeren Zeitraum als zwei Jahre vereinbart wurde. In diesem Fall kann der ArbN auf der Grundlage von § 17 TzBfG die Fortdauer des Arbeitsverhältnisses gerichtlich feststellen lassen.

3.4.4   Inhalt des Arbeitsverhältnisses

§ 611 BGB bestimmt den wesentlichen Inhalt des Arbeitsverhältnisses. Danach hat der ArbN die geforderte Arbeitsleistung zu erbringen, der ArbGeb das vereinbarte Entgelt zu entrichten. Darüber hinaus werden insb. aus dem Rechtsgrundsatz von Treu und Glauben (§ 242 BGB), jedoch auch aus anderen Rechtsvorschriften sowie individual- und kollektivvertraglichen Regelungen, eine Reihe von sog. Nebenpflichten abgeleitet.

Pflichten des ArbN

Die vom ArbN zu erbringende Arbeitsleistung bestimmt sich nach Inhalt, Ort und Umfang. Insbesondere der Leistungsinhalt ergibt sich regelmäßig aus dem Individualarbeitsvertrag. Veränderungen diesbezüglich sind nur durch einen Änderungsvertrag oder bei entsprechenden Versetzungsklauseln im Arbeitsvertrag möglich. Fehlt es hieran, so ist eine Versetzung im Rahmen des Direktionsrechts des ArbGeb praktisch ausgeschlossen. Im Umkehrschluss zu § 95 Abs. 3 BetrVG ist es aber durch das Weisungsrecht des ArbGeb abgedeckt, den ArbN für eine kürzere Zeit als einen Monat an einen anderen geografisch Arbeitsort zu versetzen oder eine andere Arbeitsaufgabe zu übertragen. Auch eine Pflicht, Überstunden zu leisten, besteht nur im Rahmen individual- oder kollektivvertraglicher Vereinbarung sowie gem. § 14 Abs. 1 ArbZG in Not- und Havariefällen. In analoger Anwendung der genannten Vorschrift wird im Übrigen von jedem Mitarbeiter erwartet, dass er in einer derartigen Situation unabhängig vom vereinbarten Arbeitsinhalt jede anstehende Arbeit übernimmt.

Nebenpflichten des ArbN

Zu den Nebenpflichten des ArbN zählen vor allem, Schäden und Störungen vom ArbGeb abzuwenden, Gefährdungen anzuzeigen, Verschwiegenheit über Betriebs- und Geschäftsgeheimnisse zu wahren, ruf- und kreditschädigende Mitteilungen an Dritte zu unterlassen sowie das Verbot der Annahme von Schmiergeldern (im Einzelnen Hromadka/Maschmann 2008, 210 ff.).

Pflichten des Arb-
Geb
Die Höhe der vom ArbGeb zu leistenden Vergütung ergibt sich aus dem Arbeitsvertrag oder, sofern Tarifbindung besteht, aus dem Tarifvertrag. Sie kann verschiedene, auch miteinander kombinierbare Formen (Zeitlohn, Akkordlohn, Zielvereinbarung oder auch Provision) aufweisen und setzt sich in der Regel aus einem Grundlohn und Zuschlägen zusammen. Weitere Vergütungsformen sind z. B. Sonderzuwendungen (13. Monatsgehalt, Treueprämien), vermögenswirksame Leistungen, Gewinnbeteiligungen, Miteigentum (Investivlöhne). Neben der Entlohnung in Geld existieren auch Vergütungen in Form von Naturalien, etwa als Werkswohnung, Deputat oder in Gestalt der privaten Nutzung des Dienstfahrzeuges.

Nebenpflichten des
ArbGeb
Zu den Nebenpflichten des ArbGeb gehört es, in den gesetzlich vorgesehenen Fällen auch dann ein Entgelt zu entrichten, wenn der ArbN hierfür keine Gegenleistung erbracht hat, z. B. bei Urlaub, Krankheit, an gesetzlichen Feiertagen oder bei vorübergehender Verhinderung des ArbN i. S. v. § 616 BGB. Weitere Nebenpflichten des ArbGeb bestehen u. a. darin, Steuern und Sozialabgaben abzuführen, das Leben und die Gesundheit des ArbN sowie dessen in den Betrieb eingebrachte Sachen zu schützen und den Schutz der Persönlichkeit des ArbN abzusichern (Datenschutz, Beschäftigungspflicht, Schutzpflichten aus § 618 BGB). Eine besondere Bedeutung kommt in diesem Zusammenhang dem ArbN-Datenschutz zu. Nicht zuletzt aufgrund teilweise schockierender Vorkommnisse in großen Unternehmen der deutschen Wirtschaft liegt dem Deutschen Bundestag deshalb der Entwurf zu einem Gesetz zur Regelung des Beschäftigtendatenschutzes vor (BT-Ds 17/4230). Es handelt sich hierbei um ein sog. Artikelgesetz, in dessen Kern § 32 BDSG, der auch die derzeit gültige Regelung zum ArbN-Datenschutz enthält, geändert werden soll und die §§ 32a bis 32l in das BDSG eingefügt werden sollen. Die Pflicht, ArbN wirksam vor sexuellen Belästigungen zu schützen, ergibt sich nunmehr aus den Vorschriften des AGG (vgl. § 3 Abs. 4 AGG).

3.4.5   Schadenshaftung im Arbeitsvertrag

Die arbeitsrechtliche Schadenshaftung weist gegenüber den allgemeinen zivilrechtlichen Haftungsgrundsätzen einige Besonderheiten auf. Sie ergeben sich aus der Notwendigkeit, zu einer gerechten Risikoverteilung zwischen ArbN und ArbGeb zu gelangen. Schließlich verpflichtet sich der ArbN vor allem auch deshalb dazu, Dienste für einen anderen zu erbringen, weil er hierzu zur Sicherung seiner sozialen Existenz faktisch gezwungen ist. Ihm jetzt noch einseitig das Risiko aufzubürden, für jedweden Schaden, den er in Erbringung seiner Leistung verursacht, im vollen Umfang haften zu müssen, erscheint unbillig. Gleichwohl muss aber auch der ArbGeb vor Schäden geschützt sein, die ihm der ArbN dadurch zufügt, dass er sich unangemessen unachtsam, sorglos oder riskant verhält. Folglich ist zwischen den Arbeitsvertragsparteien ein „innerbetrieblicher Schadensausgleich" (Hromadka/Maschmann 2008, 332) herbeizuführen.

Arbeitnehmer-
haftung
Der Arbeitnehmer haftet deshalb zwar nach § 280 BGB für Sachschäden, die er dem ArbGeb zuführt. Jedoch sind im Arbeitsverhältnis zwei Besonderheiten zu beachten. Zum einen sieht § 619a BGB für diesen Fall eine sogenannte **Beweis-**

lastumkehr vor. Das bedeutet, dass im Schadensfall der ArbGeb beweisen muss, dass der ArbN die Pflichtverletzung, die zum Schadenseintritt geführt hat, auch zu vertreten hat. Zum anderen haftet der ArbN gem. § 276 Abs. 1 S. 1 BGB nur im Rahmen der durch die Rspr. des BAG entwickelten Grundsätze der Haftungsmilderung in Abhängigkeit vom Grad seines Verschuldens. Hiernach kommt eine Haftung des ArbN im vollen Umfang nur bei vorsätzlichem oder grob fahrlässigen Verhalten (z. B. Fahren unter Alkohol, bewusste Missachtung einer Weisung) in Betracht. Bei mittlerer (normaler) Fahrlässigkeit wird der Schaden zwischen ArbN und ArbGeb nach Lage des Einzelfalles aufgeteilt. In Fällen leichtester Fahrlässigkeit hingegen haftet der ArbN überhaupt nicht. Da das allgemeine Zivilrecht diese Kategorie jedoch nicht kennt, treten in der Praxis allerdings immer wieder Schwierigkeiten bei der Bestimmung dessen auf, was „leichteste Fahrlässigkeit" sein soll.

Ein besonderes Haftungsproblem stellt die sog. Mankohaftung dar. Hierbei geht es um einen Vermögensschaden in Gestalt einer Differenz zwischen Soll- und Istbestand bei Waren oder Geld, die dem ArbN anvertraut wurden. In derartigen Fällen ist ausnahmsweise sogar eine verschuldensunabhängige Haftung des ArbN möglich. Voraussetzung hierfür ist allerdings, dass arbeitsvertraglich eine entsprechende Abrede hierzu getroffen worden ist. In ihr muss eine sog. Mankovergütung vereinbart sein, die der ArbN als Ausgleich für das zusätzliche Haftungsrisiko in Form eines angemessen erhöhten Gehalts erhält (Hromadka/Maschmann 2008, 342). Tritt danach Mankohaftung ein, darf sie gleichwohl die Höhe der Mankovergütung, die der ArbGeb für einen vertraglich festgelegten Zeitraum gezahlt hat, nicht überschreiten (Senne 2004, 81 ff., siehe hier auch weitere Einzelheiten).

Fügt der ArbN hingegen einem Kollegen fahrlässig einen Personenschaden zu, so tritt hierfür gem. § 8 Abs. 1 SGB VII die gesetzliche Unfallversicherung ein, die der ArbGeb gem. § 150 SGB VII für seine Mitarbeiter abschließen muss.

Der ArbGeb haftet zunächst aus § 280 BGB für Sachschäden, die er dem ArbN schuldhaft zugefügt hat. Nach § 670 BGB analog (hierzu: BAG Urt. v. 16.03.1995, AP Nr. 12 zu § 611 BGB **Gefährdungshaftung des Arbeitgebers**) haftet er aber auch ohne Verschulden für sog. betrieblich veranlasste Schäden. Hierzu folgendes Beispiel: Der Mitarbeiter wird gebeten, sofort mit seinem Privatfahrzeug von der Einrichtung des ArbGeb in A. zu einer Einrichtung in B. zu fahren, weil dort eine Vertretung benötigt wird. Nach Dienstende bemerkt der Mitarbeiter einen Schaden an seinem Fahrzeug, den ein Unbekannter offensichtlich beim Einparken verursacht hat. Hierfür haftet in diesem Falle der ArbGeb.

Arbeitgeberhaftung

Bei Personenschäden hingegen hat der ArbN keinen Schadensersatzanspruch gegenüber dem ArbGeb, weil hier wiederum die **gesetzliche Unfallversicherung** eintritt (§ 104 SGB VII; hierzu III-2.4).

Schließlich hat der ArbN gegenüber dem ArbGeb noch einen Anspruch auf Aufwendungsersatz (§ 670 BGB analog), wenn er aus seinem eigenen Vermögen Aufwendungen auf Weisung oder im Interesse des ArbGeb macht. Für die wichtigste Form des Aufwendungsersatzes, die Erstattung von Reisekosten, wird üblicherweise eine spezielle Regelung, etwa in Gestalt einer Reisekostenordnung, zur Verfügung stehen.

3.4.6   Beendigung des Arbeitsverhältnisses

Formen der Beendigung

Das Ende des Arbeitsverhältnisses kann keinesfalls nur durch eine Kündigung herbeigeführt werden. Zwar stellt sie die wichtigste Form der Beendigung des Arbeitsverhältnisses dar. In Betracht kommen jedoch auch eine vertragliche Vereinbarung (Aufhebungsvertrag), der Ablauf einer vereinbarten Frist oder der Eintritt einer vereinbarten Bedingung (vgl. IV-3.4.3), die Anfechtung (vgl. I-3.4.1), der Tod des ArbN (i. d. R. jedoch nicht der des ArbGeb!) sowie die Auflösung des Arbeitsverhältnisses durch Entscheidung des Arbeitsgerichtes.

Kündigung

Die Kündigung ist eine einseitige Willenserklärung, die das Arbeitsverhältnis sofort (fristlos) oder nach Ablauf einer bestimmten Frist beendet. Wirksam wird sie mit ihrem Zugang (§ 130 BGB), d. h. dann, wenn sie in den Verfügungsbereich des Adressaten (z. B. in seinen Briefkasten) gelangt ist. Weiterhin bedarf es zu ihrer Wirksamkeit, dass sie von einem Berechtigten, also dem ArbGeb bzw. dessen ordnungsgemäßem Vertreter (§ 164 BGB) oder einem anderen hierzu Bevollmächtigten (§ 167 BGB) ausgesprochen wurde. Auch in der Sozialen Arbeit wird es häufig so sein, dass die Einrichtung nur durch zwei Berechtigte gleichzeitig vertreten werden kann. Allerdings kann jeder von ihnen seine Vollmacht auf den anderen übertragen, so dass die Wirksamkeit der Kündigung nicht daran scheitern wird, dass sie nur von einem der beiden Berechtigten ausgesprochen wurde. Dies wird hier regelmäßig der Geschäftsführer, in großen Verbänden und Sozialunternehmen auch der Personalleiter oder der Leiter der jeweiligen Einrichtung, sein. Von ihm muss die Kündigung wegen der in § 623 BGB geforderten Schriftform eigenhändig unterzeichnet sein. Die Kündigung ist grundsätzlich auch dann wirksam, wenn sie vom ArbGeb nicht begründet wird. Ausnahmen hiervon finden sich lediglich in § 15 Abs. 3 BBiG sowie § 9 Abs. 3 MuSchG. Jedoch verlangt das BVerfG in seiner Rechtsprechung zu Art. 12 Abs. 1 GG auch außerhalb des gesetzlichen Kündigungsschutzes für den ArbN einen Minimalschutz, weil er anders sein Recht auf freie Berufsausübung nicht wahrnehmen könne (BVerfGE 97, 169). Insofern muss für die Kündigung im Zweifel immer auch ein sachbezogener und anerkennenswerter Grund benannt werden können (vgl. auch Däubler 2006, 242). In jedem Fall führt es jedoch zur Unwirksamkeit der Kündigung, wenn vor ihrem Ausspruch der Betriebsrat nicht gehört wurde (§ 102 Abs. 1 BetrVG).

ordentliche Kündigung

Die beiden Kündigungsgrundtypen sind die ordentliche sowie die außerordentliche Kündigung. Die ordentliche Kündigung erfolgt unter Einhaltung einer **Frist.** Im Probearbeitsverhältnis beträgt sie zwei Wochen (§ 622 Abs. 3 BGB), ansonsten vier Wochen zum 15. oder zum Ende eines Kalendermonats (§ 622 Abs.1 BGB). Sie verlängert sich in Abhängigkeit von der Dauer des Arbeitsverhältnisses (§ 622 Abs. 2 BGB). Da es sich hierbei um gesetzliche Mindestfristen handelt, können sie, abgesehen von den in § 622 Abs. 5 BGB genannten Ausnahmen, durch einen Arbeitsvertrag nicht verkürzt werden; jedoch sind abweichende tarifvertragliche Regelungen möglich (§ 622 Abs. 4 BGB).

besonderer Kündigungsschutz

Für bestimmte Gruppen von ArbN ist das Recht zur ordentlichen Kündigung durch den ArbGeb ausgeschlossen oder eingeschränkt, so für Auszubildende nach Ablauf der Probezeit (§ 15 BBiG), während der Schwangerschaft und bis zum Ablauf von vier Monaten nach der Entbindung (§ 9 MuSchG), für Betriebs- und Personalräte, für Jugend- und Auszubildendenvertreter sowie für Wahlvorstände (§ 15 KSchG). Darüber hinaus kann die Unzulässigkeit einer ordentlichen Kündigung ab Erreichen eines bestimmten Dienst- und Lebensalters tarifvertraglich vereinbart sein (z. B. § 34 Abs. 2 TVöD: ab 15 Dienst- und 40 Lebensjahren für das Tarifgebiet West). Schwerbehinderten darf nur mit Zustimmung der zuständigen Integrationsstelle ordentlich gekündigt werden (§ 85 SGB IX). Während der Elternzeit kann ein Arbeitsverhältnis grundsätzlich nicht (§ 18 BEEG) und zu ihrem Ende nur mit einer Frist von drei Monaten (§ 19 BEEG) gekündigt werden. Im Falle einer Insolvenz verkürzen sich Kündigungsfristen, sofern sie nach § 622 Abs. 2 BGB verlängert waren, wiederum auf drei Monate zum Monatsende (§ 113 InsO).

Kündigungsschutz nach dem KSchG (§§ 1 Abs. 1, 23 Abs. 1 KSchG) tritt ein, wenn ein Arbeitsverhältnis länger als sechs Monate besteht und im Betrieb mehr als zehn ArbN beschäftigt sind. Auszubildende zählen in diesem Fall nicht mit, **allgemeiner** Teilzeitbeschäftigte werden anteilig berücksichtigt. Für ArbN, die bereits zum **Kündigungsschutz** 31.12.2003 im Betrieb beschäftigt waren, gilt dabei die frühere Regelung, nach der für die Erlangung von Kündigungsschutz bereits die Beschäftigung von mehr als 5 ArbN ausreichend war, fort. Kündigungsschutz bedeutet hier, dass eine Kündigung nur dann rechtswirksam ist, wenn sie sozial gerechtfertigt ist. Dies wiederum ist nur dann der Fall, wenn sie aus betriebs-, personen- oder verhaltensbedingten Gründen erfolgte.

a) *betriebsbedingte Kündigung*. Für sie müssen dringende betriebliche Erfordernisse vorliegen, die allerdings als Folge ansonsten freier Unternehmerentscheidung nur einer insoweit eingeschränkten gerichtlichen Überprüfbarkeit hinsichtlich eines Verstoßes gegen das Willkürverbot bzw. gegen ein allgemeines Sachlichkeits- und Vernunftgebot unterliegen. Führt die unternehmerische Entscheidung zum Wegfall von Arbeitsplätzen, so ist die Kündigung dann sozial gerechtfertigt, wenn (1) keine anderen Lösungen, z. B. der Abbau von Überstunden oder der Verzicht auf Leiharbeit, möglich waren (Ultima-ratio-Grundsatz), (2) es an einer anderweitigen Weiterbeschäftigungsmöglichkeit (auch in einem anderen Betrieb des gleichen Unternehmens!) fehlt und (3) eine ordnungsgemäße Sozialauswahl (die wichtigsten Kriterien hierbei: Dauer der Betriebszugehörigkeit, Lebensalter, Unterhaltspflicht) vorgenommen wurde.

b) *personenbedingte Kündigung*. Voraussetzung hierfür ist, dass der ArbN aus Gründen, die in seiner Person liegen, nicht mehr in der Lage ist, die vereinbarte Arbeitsleistung zu erbringen. Ihr häufigster Anwendungsfall ist die krankheitsbedingte Kündigung. Die prinzipielle Zulässigkeit der Kündigung wegen Krankheit ergibt sich im Umkehrschluss aus § 8 Abs. 1 EfzG. Allerdings stellt die Rspr. hohe Anforderungen an ihre Gerechtfertigtheit. Sie fordert eine Stufenprüfung, die auf Dauer der Erkrankung und Gesundheitsprognose, eine konkrete erhebliche Beeinträchtigung betrieblicher Interessen sowie eine Interessenabwägung zwischen ArbN und ArbGeb abstellt (BAG, Urt. v. 26.09.1991 EzA § 1 KSchG personenbedingte Kündigung Nr. 10).

c) *verhaltensbedingte Kündigung*. Sie kann ausgesprochen werden, wenn der ArbN sich vertragswidrig verhält und dadurch eine konkrete Beeinträchtigung des Arbeitsverhältnisses herbeiführt. Betroffen sind hiervon vor allem der Leistungsbereich (z. B. Arbeitsverweigerung) sowie der Vertrauensbereich (z. B. strafbare Handlungen zum Nachteil des ArbGeb). Auch hier gelten das Ultimaratio- und das Prognoseprinzip. Deshalb wird der verhaltensbedingten Kündigung i. d. R. eine **Abmahnung** (das ist ein formeller Hinweis auf ein Fehlverhalten mit der Aufforderung, dieses künftig zu unterlassen) vorausgehen müssen, zumindest immer dann, wenn sie sich auf durch den ArbN *steuerbares* Verhalten bezieht. Entbehrlich ist sie hingegen bei besonders schweren Verstößen, deren Rechtswidrigkeit eklatant ist (Hromadka / Maschmann 2008, 399).

außerordentliche Kündigung

Die außerordentliche Kündigung ist nur aus wichtigem Grund zulässig (§ 626 Abs. 1 BGB). Sie kann **fristlos** oder mit einer Auslauffrist (z. B. zum Monatsende) ausgesprochen werden. Der ArbGeb hat hierzu eine Erklärungsfrist von zwei Wochen von dem Zeitpunkt ab, zu dem er von den für die Kündigung maßgeblichen Tatsachen Kenntnis erlangte (§ 626 Abs. 2 BGB). Als wichtiger Grund wurden in der bisherigen Rspr. u. a. anerkannt: hartnäckige Arbeitsverweigerung, Beleidigung Vorgesetzter, Tätlichkeiten gegenüber Kollegen, eigenmächtiger Urlaubsantritt, Annahme von Schmiergeldern, Verletzung der Verschwiegenheitspflicht, unter bestimmten engen Voraussetzungen auch der Verdacht einer Straftat u. a. m. (vgl. im Einzelnen Stahlhacke et al. 2010, 242 ff.). Jedoch auch bei Vorliegen eines wichtigen Grundes ist wiederum stets das Ultima-ratio-Prinzip zu beachten. Dies bedeutet, dass der außerordentlichen Kündigung zumindest im Leistungsbereich eine Abmahnung vorausgegangen sein muss sowie dass die Vertragsstörung auf andere Weise (z. B. durch Versetzung oder etwa einen Änderungsvertrag bei Arbeitsverweigerung aus Gewissensgründen) nicht möglich ist. Schließlich unterliegt die außerordentliche Kündigung letztlich einer Interessenabwägung zwischen ArbN und ArbGeb. Hierbei müssen insb. die Dauer der Betriebszugehörigkeit, aber auch Lebensalter sowie Unterhaltsverpflichtungen des gekündigten ArbN berücksichtigt werden.

Kündigungsschutz

Unabhängig davon, ob der ArbN geltend machen möchte, dass seine Kündigung sozial ungerechtfertigt i. S. v. § 1 Abs. 2 KSchG oder sonst rechtsunwirksam ist, etwa weil Fristen nicht eingehalten wurden, sie nicht von einem Berechtigten ausgesprochen wurde, es an der Schriftform fehlte, der Betriebsrat nicht angehört wurde, gegen ein gesetzliches Kündigungsverbot verstoßen wurde oder ihr Ausspruch willkürlich erfolgt ist, muss er innerhalb von drei Wochen beim Arbeitsgericht auf Feststellung klagen, dass das Arbeitsverhältnis durch die Kündigung nicht aufgelöst wurde (§ 4 KSchG). Gibt das Gericht der Klage statt, muss das aber nicht unbedingt zur Folge haben, dass das Arbeitsverhältnis auch tatsächlich fortgesetzt wird. Ist dies nämlich dem ArbN nicht mehr zuzumuten, dann kann das Gericht gem. § 9 Abs. 1 KSchG auf dessen Antrag das Arbeitsverhältnis auflösen

Abfindung

und den ArbGeb zur Zahlung einer angemessenen Abfindung (zwölf Monatsverdienste, bei älteren ArbN mit langer Betriebszugehörigkeit bis zu 18 Monatsverdienste, § 10 KSchG) verurteilen. Um Klagen zu vermeiden, mit denen lediglich eine Abfindung erlangt werden soll, besteht bei Kündigung wegen dringender betrieblicher Erfordernisse ein genereller Abfindungsanspruch im Falle eines Klageverzichts durch den ArbN. Die Höhe der Abfindung beträgt hier 0,5 Monatsverdienste pro Beschäftigungsjahr (§ 1a KSchG). Die Inanspruchnahme der Abfindung löst im Übrigen keine Sperrzeit für den Bezug des Arbeitslosengeldes aus, da der ArbN durch die bloße Hinnahme der Kündigung weder das Arbeitsverhältnis gelöst noch dessen Lösung durch eigenes Verhalten herbeigeführt hat, wie dies in § 144 Abs. 1 Nr. 1 SGB III verlangt ist.

Erhebt der ArbN Kündigungsschutzklage, so führt dies keineswegs zu einem **Weiterbeschäfti-** Weiterbeschäftigungsanspruch über den Ablauf der Kündigungsfrist hinaus. Das **gungsanspruch** Gesetz kennt hiervon allerdings eine wichtige Ausnahme. Hat nämlich der Betriebsrat einer Kündigung form- und fristgerecht widersprochen (§ 102 Abs. 3 BetrVG) und hat der ArbN gleichzeitig Kündigungsschutzklage nach § 4 KSchG erhoben, so ist der ArbGeb gem. § 102 Abs. 5 S. 1 BetrVG verpflichtet, den ArbN bis zum rechtskräftigen Abschluss des Kündigungsschutzverfahrens weiterzubeschäftigen. Hiergegen kann er sich nur im Wege der Erlangung einer einstweiligen Verfügung durch das Arbeitsgericht wehren. Gesetzliche Voraussetzungen hierfür sind u. a., dass der Widerspruch des Betriebsrates offensichtlich unbegründet war oder die Weiterbeschäftigung zu einer für ihn unzumutbaren wirtschaftlichen Belastung führen würde (§ 102 Abs. 5 BetrVG).

Darüber hinaus erkennt die Rspr. einen Weiterbeschäftigungsanspruch noch bei offensichtlicher Unwirksamkeit der Kündigung (z. B. wegen fehlender Anhörung des Betriebsrates, fehlender Schriftform oder bei Kündigung einer Schwangeren) sowie nach einer Unwirksamkeitsfeststellung in erster Instanz an (BAG, Urt. v. 10.03.1987, 17.01.1991, 12.02.1992, AP Nr. 1, 8,9 zu § 611 BGB Weiterbeschäftigungspflicht) an.

Däubler 2006; Senne 2004

1. Die Sozialarbeiterin P. hat eine musiktherapeutische Zusatzausbildung absolviert und führt nunmehr bei dem Träger „Weltenwandel", der mit geistig behinderten Menschen arbeitet, wöchentlich fünf gruppentherapeutische Sitzungen à 90 Minuten durch. Der Zeitpunkt der Sitzungen wird ihr jeweils eine Woche im Voraus mitgeteilt. Dabei erhält sie auch Hinweise auf Besonderheiten der Bewohner der Einrichtung, auf die sie in den Sitzungen eingehen soll. Als Honorar ist ein fester Stundensatz vereinbart. Nach acht Monaten möchte Frau P. bezahlten Urlaub. Hat sie einen Anspruch hierauf? (3.1)
2. Der Geschäftsführer eines großen sozialen Trägers möchte die freigewordene Stelle seines persönlichen Assistenten gern mit Herrn M. besetzen, den er schon aus Zeiten des gemeinsamen Studiums kennt und schätzt. Der Betriebsrat verlangt jedoch, dass die Stelle ausgeschrieben wird. Zu Recht? (3.3.2)
3. Der ArbN N. und der ArbGeb G. haben zunächst einen befristeten Arbeitsvertrag über sechs Monate abgeschlossen, in dem der N. zur Probe arbeiten soll. Danach soll er bei entsprechender Zufriedenheit des G. einen unbefristeten Arbeitsvertrag erhalten. Nach Ablauf der sechs Monate erklärt der G. jedoch, dass er sich noch nicht sicher sei und möchte, dass N. noch weitere 6 Monate Probezeit leisten soll. Ist dies rechtens? (3.4.3)
4. In dem Verein „Hilfe am Ort" sind insgesamt neun Mitarbeiter beschäftigt, davon drei voll und sechs für 20 Stunden wöchentlich. Betriebsbedingt muss eine

halbe Stelle abgebaut werden. Der Vorstand würde gern Frau S. kündigen, da sie nach dessen Beobachtung durch ihr häufiges Zuspätkommen und gelegentliches unentschuldigtes Fehlen seit ihrer Arbeitsaufnahme am 01.01.2002 ohnehin das Betriebsklima belastet. Ist dies möglich? (3.4.6)

4 Unterbringung und Freiheitsentzug (Behlert / Trenczek)

4.1   Unterbringung als Bereitstellung von Unterkunft

Der Begriff „Unterbringung" kann im Recht unterschiedliche Bedeutungen haben. Eher *unspezifisch* wird er gelegentlich verwendet, wenn etwa von Heimunterbringung oder der Unterbringung in einer Pflegefamilie die Rede ist und damit Hilfen zur Erziehung i. S. v. §§ 33, 34 SGB VIII gemeint sind. Im Gesetz selbst findet er sich hier ebenso wenig wie in anderen Regelungszusammenhängen, in denen es ebenfalls (unter anderem) darum geht, (stationäre) Leistungen in bestimmten Institutionen und Einrichtungen zu gewähren, etwa im Rahmen von Eingliederungshilfen nach § 35a SGB VIII oder § 53 SGB XII i. V. m. § 55 SGB XII, sowie bei Hilfen zur Überwindung besonderer sozialer Schwierigkeiten nach § 68 SGB XII. In anderen Fällen benutzt das Gesetz den Terminus ausdrücklich, und zwar im Sinne der Verschaffung einer Unterkunft, z. B. in § 21 SGB VIII, wo die Unterbringung von Kindern zur Erfüllung der Schulpflicht geregelt ist, wenn die Eltern berufsbedingt, etwa als Schausteller oder Binnenschiffer, permanent ihren Aufenthaltsort wechseln. Auch die gesetzliche Regelung der Unterbringung von Asylbewerbern in Gemeinschaftsunterkünften (§ 53 AsylVfG) erfolgt unter expliziter Verwendung des Begriffs. Eine weiter gehende Bedeutung hat die Unterbringung im Zusammenhang mit der Inobhutnahme nach § 42 SGB VIII. Zwar geht es auch hier zunächst darum, dass der Minderjährige außerhalb des Elternhauses an einem der vom Gesetz benannten Orte untergebracht wird. Jedoch kann diese Unterbringung weder in rechtlicher noch in tatsächlicher Hinsicht von einer umfassenden sozialpädagogischen Krisenintervention getrennt werden, zu deren Ermöglichung sie, jedenfalls in der Zielstellung, überhaupt erst vorgenommen wurde (Münder et al. 2009 § 42 Rz. 24).

4.2   Unterbringung als Freiheitsentziehung

Neben dieser im Großen und Ganzen eher an einen allgemein üblichen Sprachgebrauch angelehnten Verwendung des Begriffs kommt die Unterbringung im Recht jedoch noch in einer weiteren, diesmal sehr spezifischen Bedeutung vor. Nach einer schon älteren, gleichwohl noch immer verwendeten (Fröschle 2009, 89) Formel des OLG Düsseldorf, der sog. „Düsseldorfer Formel", liegt eine Unterbringung in diesem Sinne immer dann vor, wenn eine Person auf einem beschränkten

Freiheitsentziehung Raum festgehalten, ihr Aufenthalt überwacht und die Aufnahme eines Kontaktes ihrerseits mit Personen außerhalb des Raumes durch Sicherungsmaßnahmen verhindert wird (NJW 1963, 398). Es handelt sich daher bei der Unterbringung im rechtstechnischen Sinn um eine Maßnahme, die in den grundrechtsgeschützten persönlichen **Freiheitsbereich von Art.2 Abs. 2 GG** (hierzu I-2.2.5) und **Art. 5 EMRK** eingreift. Sie kann demzufolge nur unter den engen Voraussetzungen für die Zulässigkeit eines Grundrechtseingriffs allgemein (I-2.2.3) sowie unter strikter Beachtung der zusätzlichen Verfahrensvorschriften für eine Freiheitsentziehung in Art. 104 GG erfolgen.

Der Freiheitsentzug ist von einer bloßen **Freiheitsbeschränkung** abzugrenzen. Während letztere allgemein nur aufgrund eines förmlichen Gesetzes und nur unter Beachtung der darin vorgeschriebenen Formen, wie Antragserfordernis, Zuständigkeiten, Einhaltung von Fristen, Anhörungen u. Ä. angeordnet werden darf (Art. 104 Abs. 1 GG), tritt bei der **Freiheitsentziehung** zusätzlich noch das **Erfordernis der richterlichen Entscheidung** bzw. deren unverzüglicher Herbeiführung hinzu (Art. 104 Abs. 2 GG). Dies trifft im Übrigen auch dann zu, wenn der Staat, wie etwa im Fall der Betreuerbestellung, Freiheitsentziehung durch Privatpersonen gestattet (BVerfGE 10, 302; zumindest im Ergebnis daher auch Jarass/Pieroth 2010 Art. 104 Rz. 29).

Freiheitsentzug (Art. 104 Abs. 2 GG) ist dadurch gekennzeichnet, dass besondere Eingrenzungs- und Abschlussvorrichtungen oder andere Sicherungsmaßnahmen vorhanden sind, um ein Entweichen, also ein (unerlaubtes) Verlassen des gesicherten Bereiches zu erschweren oder zu verhindern und die Anwesenheit des Betroffenen sicherzustellen (BGH 11.10.2000 – XII ZB 69/00 – NJW 2001, 888; Marschner et al. 2010 § 1631b Rz. 5, § 1906 Rz. 4; Trenczek 2008b, 242). Die betroffene Person wird zur Anwesenheit gezwungen. Freiheitsentziehung liegt aber nicht nur dann vor, wenn der Betroffene durch äußere Hindernisse davon abgehalten wird, sich über einen beschränkten Raum hinaus zu bewegen, sondern auch, wenn er dies im Rahmen unterbringungsähnlicher Maßnahmen (vgl. § 1906 Abs. 4 BGB) aufgrund ständiger Überwachung und Kontrolle nicht tun kann bzw. durch mechanische Vorrichtungen, durch die Verabreichung von Medikamenten oder auf andere Weise (z. B. aufgrund psychischen Drucks, Angst vor Sanktionen) am Verlassen des Orts gehindert wird (OLG Düsseldorf 02.11.1962 – 3 W 362, 383/62 – NJW 1963, 398; Dreier/Schulze-Fielitz 2007 Art. 104 Rz. 23). Es handelt sich auch um Freiheitsentzug, wenn der Betroffene zwar den Raum, nicht aber die Wohnung oder das Gebäude verlassen kann. Entscheidend ist, ob die körperliche Bewegungsfreiheit allseitig beeinträchtigt ist, aus welchen („fürsorgerischen", „erzieherischen") Gründen dies erfolgt, spielt keine Rolle (BVerfGE 10, 302, 322 f.; Dreier/Schulze-Fielitz 2000 Art. 104 Rz. 23; Marschner et al. 2010 C § 1906 Rz. 6). Er liegt immer dann vor, wenn die körperliche Bewegungsfreiheit auf einen *eng umgrenzten* Raum und für eine gewisse *Mindestdauer* (also nicht nur für einige Stunden) eingeschränkt wird (Jarass/Pieroth 2010 Art. 104

Rz. 11). Eine Freiheitsentziehung liegt damit nicht vor bei einer nur kurzfristigen Maßnahme, bei der die körperliche Bewegungsfreiheit unvermeidlich aufgehoben wird (BVerwGE 82, 243, 245 – NJW 2004, 3697) z.B. beim An- und kurzfristigen Festhalten, bei der Anwendung unmittelbaren Zwangs, der Mitnahme in einem Dienstfahrzeug des Jugendamts oder der Polizei (zur Sistierung oder Zuführung), die aber nicht auf die Einschränkung der Bewegungsfreiheit gerichtet ist. Ebenso wenig liegt eine Freiheitsentziehung vor, wenn die Unterbringung in einer Einrichtung ausschließlich mit – vom Erziehungsrecht der Eltern nach Art. 6 Abs. 2 GG noch umfassten – altersgemäßen Freiheitsbeschränkungen (Ausgehverbote, Hausarrest; also ohne Festhalten) verbunden ist (a.A. enger Marschner et al. 2010 C § 1631b Rz. 6). Die Abgrenzung ist im Einzelfall schwierig. So sind begrenzte Ausgangszeiten ebenso wie das nächtliche Verschließen der Haustür von innen üblich und stellen unter Berücksichtigung des Personensorgerechts eine zulässige Freiheitsbeschränkung dar. Das Einschließen von Minderjährigen in ihren Zimmern (tagsüber wie zur Nachtzeit) ist dagegen bereits Freiheitsentzug, selbst wenn sich an den Fenstern keine Gitter befinden sollten (vgl. AG Kamen FamRZ 1983, 299 zur sog. „halboffenen" Unterbringung).

Unbeachtlich im Hinblick auf das Vorliegen einer Freiheitsentziehung ist, ob die Eltern oder andere das Sorgerecht Ausübende (z.B. das Jugendamt als Vormund) bzw. der Betreuer einer unter Betreuung stehenden Person der Maßnahme zustimmen. Maßgebliches Entscheidungskriterium ist die Zwangswirkung, also das Festhalten des Menschen gegen seinen Willen. Eine Freiheitsentziehung liegt tatbestandlich nur dann nicht vor, wenn der Betroffene kraft autonomer Entscheidung eingewilligt hat. Das gilt selbstverständlich auch bei minderjährigen und unter Betreuung stehenden Personen. Diese sind nach dem Grundrechtsverständnis des GG selbst Grundrechtsträger (BVerfG 29.07.1968 – 1 BvL 20/63 – E 24, 119, 144). Deshalb beseitigt lediglich das **Einverständnis des Betroffenen** den Zwangscharakter der Maßnahme (BVerfGE 10, 302, 309 f.; Dreier / Schulze-Fielitz 2000 Art. 104 Rz. 24 u. 59; Jarass / Pieroth 2010 Art. 2 Rz. 116). Da es bei einem Freiheitsentzug (§ 239 StGB) wie bei einer Nötigung (vgl. § 242 StGB) auf die Überwindung eines entgegenstehenden Opferwillens ankommt, ist für das Einverständnis der natürliche Wille entscheidend: Hat ein Kleinkind nichts dagegen, dass es sich in einem verschlossenen Raum befindet, wird es nicht (gegen seinen Willen) eingesperrt (vgl. BGH NJW 1993, 1807; Kindhäuser 2009 Vor § 13 ff. Rz. 193 ff. u. § 239 Rz. 14; Schönke / Schröder et al. 2010 Vor § 32 Rz. 31; Bauer et. al. / Hoffmann 2011 § 1631b Rz. 5; Münchener-Kom. / Huber 2008 § 1631b Rz. 4). Auf die Einsichts- und Einwilligungsfähigkeit kommt es – anders als z.B. bei einer Körperverletzung (§ 223 StGB; vgl. Kindhäuser 2009 § 223 Rz. 8 ff.) – nicht an (a.A. Marschner et al. 2010 C § 1631b Rz. 7 u. § 1906 Rz. 8; Palandt – Diederichsen 2010 § 1906 Rz. 8; vgl. IV-2.1). Freilich kann man aus der **Nichtäußerung eines Willens** nicht ohne Weiteres ein Einverständnis konstruieren (nach dem Motto „der hat doch nichts dagegen gesagt"). Hinzuweisen ist in diesem Zusammenhang darüber hinaus darauf, dass die Einsichts- und Einwilligungsfähigkeit durchaus eine Rolle spielt und zwar sowohl im Hinblick auf das Ziel der Unterbringung bzw. damit verbundenen Maßnahmen (z.B. ärztlicher Eingriff als Körperverletzung, hierzu IV-2) sowie bzgl. des Freiheitsentzuges für die Fälle, in denen kein

Einverständnis vorliegt und es deshalb im Hinblick auf die Rechtmäßigkeit des Freiheitsentzugs darauf ankommt, wessen Wille – entgegenstehender Wille des Betroffenen vs. Einwilligung des gesetzlichen Vertreters – letztlich rechtlich entscheidend ist (s. u.).

Formen der Freiheitsentziehung

Bei freiheitsentziehenden Maßnahmen wird man zunächst an deren allgemein bekannte Formen der Freiheitsstrafe (§§ 38 f. StGB; hierzu vgl. III-8.4.2), der Untersuchungshaft (§§ 112 ff. StPO; s. III-8.3.2) sowie des polizeilichen Gewahrsams (z. B. §§ 19 ff. Thüringer PAG, s. III-8.1.2) denken, ferner an die verschiedenen Varianten der Erzwingungshaft (etwa zur Zahlung einer Geldbuße, § 96 OwiG, oder zur Erzwingung einer Zeugenaussage, § 70 Abs. 2 StPO) bzw. auch der Ersatzzwangshaft (§ 16 VwVG, zum Verwaltungszwang vgl. III-1.5). Für diesen Komplex findet jedoch die Bezeichnung „Unterbringung" normalerweise keine praktische Verwendung, obgleich die Betroffenen natürlich auch in einer Justizvollzugsanstalt oder einem Haftraum notwendigerweise insoweit untergebracht sind.

Besondere Formen der Unterbringung mit Freiheitsentziehung im rechtlichen Umfeld sozialer Berufe finden sich etwa im Zusammenhang mit der Vermeidung von Untersuchungshaft für jugendliche Straffällige sowie der Inobhutnahme durch das Jugendamt. Im ersten Fall erfolgt eine Unterbringung in einer stationären Einrichtung der Jugendhilfe, wofür ein richterlicher Unterbringungsbefehl anstelle eines Haftbefehls ergeht (§§ 71 Abs. 2, 72 Abs. 4 JGG; vgl. III-8.5.2). Hier ist es freilich das Ziel, die U-Haft und damit den Freiheitsentzug mit pädagogischen Mitteln zu vermeiden. Bei der Inobhutnahme sind gem. § 42 Abs. 5 SGB VIII freiheitsentziehende Maßnahmen ausschließlich bei akuter, nicht anders abwendbarer **Eigen- oder Fremdgefährdung von Leib und Leben** zulässig. Diese besondere Form der Inobhutnahme, die immer nur eine *vorläufige* Maßnahme ist, stellt zugleich nach h. M. die einzige rechtlich zulässige Form der Unterbringung mit Freiheitsentziehung im Bereich der Kinder- und Jugendhilfe dar (Marschner et. al 2010 C § 1631b Rz. 8 u.12 ff; Münder et al. 2009 § 42 Rz. 46 ff.; vgl. III-3.4.1.1). Eine hiervon mitunter abweichende Praxis ist daher nicht nur von zweifelhafter Legalität, sondern kann u. U. auch ein strafrechtliches Risiko für die beteiligten Sozialarbeiter (und Richter) in sich bergen.

Weitere Unterbringungsformen sieht das Strafrecht in Gestalt der Unterbringung in einem psychiatrischen Krankenhaus (§ 63 StGB; die einstweilige Unterbringung in diesen Fällen der Schuldunfähigkeit oder verminderten Schuldfähigkeit regelt § 126a StPO), einer Entziehungsanstalt (§ 64 StGB) sowie in Sicherungsverwahrung (§ 66 StGB; vgl. III-8.4.2) vor. Das Verfahren nach JGG kennt darüber hinaus noch die Unterbringung zur Beobachtung gem. § 73 JGG, die zur Vorbereitung eines Gutachtens über den Entwicklungsstand des beschuldigten Jugendlichen oder Heranwachsenden angeordnet werden kann. Schließlich ist im Buch 7 des FamFG das Verfahren in dort so bezeichneten Freiheitsentziehungssachen geregelt, das materiellrechtlich die Quarantäne nach § 30 Infektionsschutzgesetz (IfSG) sowie die Abschiebungshaft für Ausländer zur Vorbereitung einer Ausweisung nach § 62 Abs. 1 AufenthG bzw. zur Sicherung einer Abschiebung nach § 62 Abs. 2 AufenthG (vgl. III-7.2.3) betrifft.

4.3 Unterbringung nach BGB und nach Unterbringungsrecht der Länder

Ungeachtet der vielfältigen bereits aufgezählten Formen der Unterbringung sind in der rechtlichen Praxis, sofern der Begriff dort Verwendung findet, zumeist jene mit Freiheitsentziehung verbundenen Maßnahmen gemeint, die den beiden Komplexen der zivilrechtlichen sowie der öffentlich-rechtlichen Unterbringung im Rahmen der jeweiligen Unterbringungsgesetze (UBG) der einzelnen Bundesländer zuzurechnen sind. Letztere tragen häufig auch die Kurzbezeichnung PsychKG (eine Übersicht über die jeweiligen genauen Bezeichnungen und Regelungen findet sich bei Damrau/Zimmermann 2011 § 312 Rz. 8; Marschner et al. 2010 Anhang).

Der Zusammenhang zwischen den beiden Grundformen ergibt sich in tatsächlicher Hinsicht u. a. daraus, dass sie sich teilweise auf den gleichen Personenkreis beziehen, was in der Praxis immer wieder auch zu Konkurrenzen bei der Anwendung der Vorschriften führt. Ist dies der Fall, ist aufgrund der Subsidiaritätsregel in den landesrechtlichen Bestimmungen (z. B. § 16 Abs. 1 Nds PsychKG) die zivilrechtliche Unterbringung vorrangig (Damrau/Zimmermann 2011 § 312 FamFG Rz. 13; Marschner et al. 2010 A Rz. 41 u. 139). In rechtlicher Hinsicht ist der Zusammenhang dadurch hergestellt, dass beide nach einem einheitlichen, im 2. Abschnitt des 3. Buches FamFG geregelten Verfahren herbeigeführt werden. In der Praxis zeigt sich dann auch, dass die zivilrechtliche Unterbringung nach § 1906 Abs. 1 Nr. 1 BGB zumeist in denselben Stationen durchgeführt wird wie die öffentlich-rechtliche Unterbringung, was mitunter zu Konflikten führt (Marschner et al./Lesting 2010 D. § 327 FamFG Rz. 4).

4.3.1 Zivilrechtliche Unterbringung

Bei der zivilrechtlichen Unterbringung mit Freiheitsentziehung handelt es sich um eine Entscheidung des **gesetzlichen Vertreters** des Betroffenen auf Grundlage eines privatrechtlichen Vertrages mit einer Einrichtung; sie betrifft im Wesentlichen drei Fallgruppen:

- die Unterbringung eines Minderjährigen (§ 1631b BGB),
- die Unterbringung eines Volljährigen durch einen Betreuer (§ 1906 Abs. 1–3 BGB) sowie
- die Unterbringung eines Volljährigen durch einen Bevollmächtigten (§ 1906 Abs. 5 BGB).

Im Hinblick auf den Freiheitsentzug kann aber eine Unterbringung nie nur zivilrechtlich am Maßstab des BGB bewertet werden. Der gesetzliche Vertreter nimmt vielmehr im Hinblick auf den Schutz vor Selbst- und Fremdgefährdung auch eine öffentliche Aufgabe wahr (Marschner et al. 2010 A Rz. 15; zur **Doppelgleisigkeit öffentlicher und privater Fürsorge** im Rahmen der Vormundschaft vgl. bereits

Dualismus von Zivil- und Öffentlichem Recht

BVerfG 10, 302 Rz. 75 – NJW 1960, 811). Hierbei handelt es sich aber nicht um eine Beleihung, denn es werden keine Hoheitsbefugnisse auf die Privatperson übertragen (vgl. I-4.1.2.2). Die öffentliche Verwaltung bedient sich nicht eines Privaten, vielmehr hat die dem Privaten obliegende Verantwortung einen öffentlich-rechtlichen Einschlag: „Was bürgerlich-rechtlich als Vertretung konstruiert ist, das ist öffentlich-rechtlich zugleich ein Eingriff in die Grundrechte des Betroffenen" (Marschner et. al. 2010 A Rz. 34). Der Private steht als gesetzlicher Vertreter gewissermaßen neben dem Staat. Einerseits respektiert Letzterer die Verantwortung des gesetzlichen Vertreters (im Fall der Eltern gar als naturgegebenes Recht, vgl. Art. 6 Abs. 2 GG; vgl. I-1.1.2 und I-2.2.6); andererseits unterliegt der gesetzliche Vertreter bei der Erfüllung seiner Aufgaben der **Grundrechtsbindung**, weshalb an seine Entscheidungen der gleiche strenge Maßstab anzulegen ist wie bei einer öffentlich-rechtlichen Unterbringung. Zum einen ergibt sich daraus formell das Erfordernis der rechtlichen Grundlage (Art. 104 Abs. 1 GG), der richterlichen Genehmigung (Art. 104 Abs. 2 GG) sowie andererseits materiell die besondere Beachtung des **Verhältnismäßigkeitsprinzips** (hierzu I-2.1.2.2).

Privat- und Öffentliches Recht sind also im Bereich der Unterbringung in besonderem Maße verschränkt. Problematisch ist an der zivilrechtlichen Konstruktion der (freiheitsentziehenden) Unterbringung, dass zwar die zwangsweise Zuführung (§ 326 FamFG), nicht aber der Vollzug als solcher bzw. entsprechender Maßnahmen geregelt ist – und zwar im Unterschied zur öffentlich-rechtlichen Unterbringung (s.u.). Die Grenzen im Hinblick darauf, was im Rahmen der Unterbringung erlaubt ist, ergeben sich aus den Grenzen der gesetzlichen Vertretung, was insb. im Hinblick auf den grundrechtlich geschützten Bereich (z.B. Post- und Fernmeldekontrolle, Besuchsrecht) für die ausführenden Einrichtungen, die ja nicht selten öffentlich-rechtlich betrieben bzw. refinanziert werden, nicht ohne Pikanterie ist, zumal der BGH selbst bei der freiwilligen Unterbringung eines unter Betreuung stehenden Betroffenen in eine geschlossene Einrichtung von der öffentlich-rechtlichen Natur der Rechtsbeziehungen ausgeht (BGH 31.01.2008 – III ZR 186/06 – NJW 2008, 1444). Beklagt werden muss insoweit zumindest ein rechtsstaatlich bedenkliches **vollzugsrechtliches Defizit** (ebenso Marschner et al./Lesting 2010 D § 327 FamFG Rz. 5 f.). Der Gesetzgeber hat lediglich verfahrensrechtlich die gerichtliche Überprüfung von Vollzugsmaßnahmen nach § 327 FamFG vorgesehen und im Übrigen auf eine gesetzliche Regelung verzichtet (BT-Ds 11/4528, 92 ff.). Im Wesentlichen kann der **Grundrechtsschutz** hier nur **durch** das **Verfahren** (vgl. Salgo 2001, 45), insb. durch die Bestellung eines Verfahrenspflegers bzw. -beistands (bei Minderjährigen § 167 Abs. 1 FamFG), gewährleistet werden (§§ 317, 419 FamFG, s. u. IV-4.4 und II-2.4.6). Es bleibt abzuwarten, ob das BVerfG hier nicht ebenso materiell-rechtliche Kriterien anmahnt wie unlängst bei Jugendstrafvollzug, wo man auch jahrzehntelang meinte, aufgrund des sog. „besonderen Gewaltverhältnisses" ohne eine gesetzliche Grundlage auskommen zu können. Hier hat das BVerfG im Jahr 2006 eine 50 Jahre währende Zeit der Rechtswidrigkeit beendet und gerade im Hinblick auf die über das Grundverhältnis hinausgehende Beschränkungen der Grundrechte (Briefzensur, Mediennutzung, Disziplinarmaßnahmen) eine besondere gesetzliche Grundlage gefordert (BVerfG 2 BvR 1673/04 – 31.05.2006 – ZJJ 2006, 193 ff.). In der Zwischenzeit

muss man wegen des Fehlens eines kodifizierten Vollzugsrechts für die zivilrecht-
liche Unterbringung und der außerordentlichen Schwierigkeiten einer effektiven
Rechtsverfolgung mit Wolfgang Lesting leider feststellen, dass „die zivilrechtlich
Untergebrachten die rechtlosesten aller Menschen in unserer Gesellschaft sind"
(Marschner et. al. 2010 D § 327 FamFG Rz. 11).

4.3.1.1 Unterbringung von Volljährigen (§ 1906 BGB)

Da die gesetzlichen Voraussetzungen für die Unterbringung eines **unter Betreuung stehenden Volljährigen** bereits bei der Darstellung des Betreuungsrechts
erörtert wurden, soll an dieser Stelle im Wesentlichen auf sie verwiesen werden
(vgl. II-2.5.2). Nur konsequent ist es, dass dieselben Anforderungen wie dort auch
für die Unterbringung gelten, die durch einen **Bevollmächtigten** veranlasst wird
(hierzu Pardey 2009, 148). Allerdings kommt es hier darauf an, dass die Bevollmächtigung wirksam erteilt wurde. Dies bedeutet in diesem Zusammenhang vor
allem, dass sie schriftlich vorliegt und ausdrücklich die freiheitsentziehende Unterbringung mit einbezieht (§ 1906 Abs. 5 BGB). Anderenfalls wäre zunächst ein
Betreuer zu bestellen (HK-BGB / Schulze 2009 § 1906 Rz. 2).

4.3.1.2 Unterbringung von Minderjährigen (§ 1631b BGB)

Bei Minderjährigen ist die Situation noch etwas komplizierter (hierzu Fegert et
al. 2001; Hoops / Permien 2006; Wolffersdorff-Ehlert / Sprau-Kuhlen 1990). Die
Unterbringung betrifft die Personensorgeverantwortung i. d. R. der Eltern und insoweit v. a. das Aufenthaltsbestimmungsrecht (hierzu II-2.4.3.2). § 1631b BGB
hat vor allem die Wirkung einer **Einschränkung des Elternrechts** für den Fall,
dass diese die freiheitsentziehende Unterbringung ihres Kindes wünschen oder
jedenfalls mit ihr einverstanden sind. Zugleich steht die genannte Rechtsvorschrift
dafür, dass auch der Minderjährige selbst Grundrechtsträger ist (s.o.). Deshalb
kann hier auch nur ein Einverständnis des Minderjährigen mit der Unterbringung
deren Zwangscharakter beseitigen. Liegt dieses nicht vor, so stellt sich die Frage,
ob der Minderjährige über die entwicklungsbedingte Reife und Einsichtsfähigkeit
verfügt, die eine autonome Willensentscheidung und damit eine „tragfähige" Versagung der Einwilligung zulässt. Ist der Minderjährige nicht einsichts- und einwilligungsfähig, so wird Einwilligung in die Freiheitsentziehung von den Eltern
als den gesetzlichen Vertretern des Minderjährigen erteilt. Ein Festhalten eines
einsichtsfähigen Minderjährigen gegen seinen Willen allein aufgrund einer elterlichen Einwilligung wäre aber eine Freiheitsberaubung. Hier nun soll § 1631b BGB
helfen.

   An einer derartigen Regelung ist zunächst hervorzuheben, dass mit ihr ein System vervollständigt wird, in dem *jede* Form der Unterbringung mit Freiheitsentziehung einer richterlichen Anordnung oder Genehmigung bedarf. Offen bleibt
dabei freilich, welchen materiell-rechtlichen Bezug das Gericht bei seiner Geneh-
migungserteilung herzustellen hat. § 1631b BGB a.F. entsprach erkennbar nicht
dem verfassungsrechtlichen Bestimmtheitsgebot, nach dem die Voraussetzungen
der Freiheitsentziehung in berechenbarer, messbarer und kontrollierbarer Weise

zu regeln sind (vgl. Schlink/Schattenfroh 2001, 111 ff.). Der Gesetzgeber hat nun im Jahr 2008 klargestellt, dass die freiheitsentziehende Unterbringung nur zulässig ist, wenn sie **zum Wohl des Kindes**, insb. zur Abwendung einer erheblichen Selbst- oder Fremdgefährdung, erforderlich ist, und der Gefahr **nicht auf andere Weise**, auch nicht durch andere öffentliche Hilfen, begegnet werden kann.

Unterbringung aus „erzieherischen Gründen"

Im Zusammenhang mit der geschlossenen Unterbringung von Kindern und Jugendlichen nach § 1631b BGB wird häufig davon gesprochen, sie seien „aus erzieherischen Gründen" untergebracht. Der Begriff „Erziehung" wird hier freilich zumeist pädagogisch unsinnig und rechtswidrig ausgelegt (Hoffmann/Trenczek 2011, 177 ff.; Salgo 2001, 28 ff.; aus erziehungswissenschaftlicher Sicht vgl. Wolffersdorff 2003, 93 ff.). Eine freiheitsentziehende Unterbringung kommt ausschließlich zum Schutz vor einer erheblichen Gesundheits- oder Lebensgefahr, also der körperlichen Unversehrtheit des Kindes oder Jugendlichen in Betracht, nicht aber wegen einer ungünstigen Entwicklungsprognose oder deliktischen Verhaltens. Anders als bei Volljährigen kann eine Unterbringung nach § 1631b BGB dem Wohl des Kindes dienen, um Gefährdungen seines Wohls (Leib und Leben) durch Dritte (Fremdgefährdung) vorzubeugen. Freiheitsentziehung nur aus „erzieherischen" Motiven ist ebenso unzulässig wie eine geschlossene Unterbringung zu Zwecken einer Sanktionierung (vgl. BT-Ds 16/6816, 10). Die Geschlossenheit, also der Freiheitsentzug, wird den Problemlagen von jungen Menschen nicht gerecht. Empirisch tragfähige Befunde zu den positiven Wirkungen einer geschlossenen Unterbringung fehlen. Es lassen sich auch keine Kriterien einer Indikation für die geschlossene Unterbringung angeben (BT-Ds 16/6815, 10; vgl. Kindler et al. 2007, 41 f.). Eine freiheitsentziehende Unterbringung kommt daher nur als letztes Mittel und nur für die kürzeste angemessene Zeit in Betracht (vgl. Art. 37b UN-KRK). Die Zwangsunterbringung junger Menschen in der Kinder- und Jugendhilfe ist nicht weniger problematisch als in der Psychiatrie bzw. vice versa. Stattdessen werden Kinder und Jugendliche mit emotionalen und seelischen Störungen, die darüber hinaus sozial auffällig und delinquent werden, relativ planlos zwischen den Institutionen hin und her geschoben (zu den „Verschiebebahnhöfen" und „**Entsorgungsparks**" für sog. „schwierige Jugendliche" vgl. Trenczek 2008b, 260 ff.; vgl. auch Fegert et al. 2001). Dabei ist die einseitige Betonung stationärer Maßnahmen auch im Hinblick auf die Psychiatrie keineswegs zwingend (nach einer Untersuchung im Auftrag des BMJ von Schepker u. a. könnten 80 % der stationären Interventionen in Kliniken der Kinder- und Jugendpsychiatrie in einem offenen Setting durchgeführt werden; vgl. Brünger et al. 2010, 345 ff.). Hilfe muss hier frühzeitig verzahnt werden zugunsten von jungen Menschen, die ambulanter therapeutischer Hilfen bedürfen, ohne dass sie damit aus dem Verantwortungsbereich der Jugendhilfe ausgegrenzt werden.

Die Sozialleistungsträger haben eigenständig zu prüfen, ob die Voraussetzungen für eine Leistung – nach SGB V oder SGB VIII – vorhanden sind. Liegt eine gerichtliche Genehmigung für eine freiheitsentziehende Unterbringung in einer Einrichtung der Kinder- und Jugendhilfe vor, muss das Jugendamt demnach gleichwohl das Bewilligen einer Hilfe zur Erziehung in einer geschlossenen Einrichtung ablehnen, wenn sich aus seiner Perspektive die Voraussetzungen des § 27 SGB VIII nicht feststellen lassen. Anders formuliert: Aus der gerichtlichen

Genehmigung einer freiheitsentziehenden Unterbringung „nach § 1631b BGB" ergibt sich keine Verpflichtung zur Bewilligung einer entsprechenden Hilfe zur Erziehung (vgl. BT-Ds 11/5948, 66f.; Münder et al. 2009 Vor § 50 Rz. 16ff.).

In der gerichtlichen Entscheidung ist substantiiert zu begründen, warum Alternativen zur freiheitsentziehenden Unterbringung, z.B. durch eine (personal) intensive, sozialpädagogische Einzelbetreuung (*„Menschen statt Mauern"*) nicht ausreichen, nicht vorliegen oder geschaffen werden können. Deutlich wird hier die Wechselbeziehung zwischen dem verfassungsrechtlichen **Verhältnismäßigkeitsprinzip** und der Leistungsfähigkeit der Jugendhilfe (Trenczek 2008b, 205ff.). Es gibt keine Pflicht der einzelnen örtlichen Träger im Sinne des § 79 Abs. 1 SGB VIII, Plätze in einer geschlossenen Einrichtung der Kinder und Jugendhilfe „vorzuhalten" (Hoffmann/Trenczek 2011, 178). Es mag zwar immer wieder Einzelfälle und Notsituationen geben, bei denen ein junger Mensch auch physisch festgehalten werden muss, um ihn und andere in Gefahrsituationen zu schützen und zur Besinnung kommen zu lassen. Das können aber immer nur Ausnahmefälle einer nicht anders möglichen Schutzgewährung sein, die eine institutionelle Regelpraxis nicht legitimieren. Der **Gefahr des systemischen Selbsterhalts** und Auslastungsinteresses und damit der rechtswidrigen Nutzung geschlossener Einrichtungen kann nur durch eine strikte Beachtung des Verhältnismäßigkeitsgebots begegnet werden. Für einen rigorosen Pragmatismus im Umgang mit der freiheitsentziehenden Unterbringung ist aufgrund der Grundrechtsrelevanz kein Raum.

Ist Unterbringungsziel eine Zwangsbehandlung des Minderjährigen, besteht eine Befugnis zur freiheitsentziehenden Unterbringung nur, wenn auch die Voraussetzungen für die Zwangsbehandlung vorliegen. Die freiheitsentziehende Unterbringung eines im Hinblick auf das Ziel der Unterbringung (z.B. ärztliche Behandlung, Schutz vor Selbstschädigung etc.) selbstbestimmungsfähigen, also einsichts- und urteilsfähigen Kindes oder Jugendlichen ist – auch wenn ausschließlich ein Vetorecht von Kindern und Jugendlichen angenommen und diesen keine eigene Entscheidungskompetenz zugebilligt wird (BGH VI ZR 74/05 10.10.2006 – FamRZ 2007, 130) – ebenso wie die eines Erwachsenen rechtswidrig, also unzulässig.

Zwangsbehandlung

4.3.2   Öffentlich-rechtliche Unterbringung

Von öffentlich-rechtlicher Unterbringung spricht man bei den freiheitsentziehenden Maßnahmen zumeist, wenn sie durch die (Landes-)**Gesundheitsbehörden** beantragt wurden. Rechtsgrundlage der Unterbringung ist – anders als bei der zivilrechtlichen Unterbringung (s.o.) – kein Vertrag des gesetzlichen Vertreters mit der Einrichtung, sondern eine öffentlich-rechtliche Rechtsnorm. Insoweit ist begrifflich die Einengung auf den Anwendungsbereich der PsychKG/UBG der Länder nicht gerechtfertigt, da auch außerhalb dieser Regelungen eine ganze Reihe weiterer Unterbringungstatbestände existieren, die dem öffentlichen Recht zuzurechnen sind (s.o. IV-4.3 Formen der Unterbringung). Im Hinblick auf den Anwendungsbereich des PsychKG/UBG und des dadurch betroffenen Personenkreises ist, wie bereits erwähnt, eine große gemeinsame Schnittmenge mit der Unterbringung nach Betreuungsrecht zu verzeichnen, denn anders als nach dem

Wortlaut der Gesetzesbezeichnung kommt es auch bei behinderten sowie bei suchtkranken Menschen zur Anwendung. Jedoch unterscheiden sich beide Formen in einigen Punkten erheblich hinsichtlich ihrer Voraussetzungen und Wirkungen voneinander.

Die rechtshistorischen Wurzeln der Unterbringung nach PsychKG verweisen zunächst auf das Polizeirecht (vgl. III-8.1), sofern sie der Abwehr von Gefahren von der Öffentlichkeit oder einem Einzelnen dient (Pardey 2009, 143). Soweit dies bis in die Gegenwart hinein nachwirkt, werden die polizeilichen Aufgaben allerdings mittlerweile zumeist durch spezielle Ordnungsbehörden, etwa die **sozialpsychiatrischen Dienste** als Teile der kommunalen Gesundheitsämter, wahrgenommen. Jedoch kann sich modernes Unterbringungsrecht nicht in Sicherheitsaspekten erschöpfen. So stellt z.B. das ThürPsychKG mit § 2 einen Fürsorgegrundsatz voran und formuliert in § 12 Abs. 1 einen **Rechtsanspruch auf Heilbehandlung**. Dies assoziiert als weitere geschichtliche Quelle des Unterbringungsrechts das Fürsorgerecht. Beides – das Fürsorgerecht ob seines teilweise zwangsfürsorglichen Charakters und das Polizeirecht, weil nach seinem Verständnis psychisch Kranke als *Störer* zu betrachten wären – bringen jedoch den Rechtsgedanken des modernen Unterbringungsrechts nur unvollkommen zum Ausdruck (vgl. Marschner et al. 2010, A Rz. 45 f.). Gleichwohl bezeichnet das **Verhältnis von Sicherung und Besserung** nach wie vor das zentrale Spannungsmoment innerhalb des Unterbringungsrechts. Es aufzulösen wäre denkbar, wenn man den Zweck der Unterbringung sehr allgemein mit der *Sicherung besonderer verfassungsrechtlich anerkannter Güter* umschreibt, die dann im Falle der Fremdgefährdung sowohl Individualrechtsgüter als auch Rechtsgüter oder Interessen der Allgemeinheit, im Fall der Selbstgefährdung den Schutz der Allgemeinheit vor den Folgen einer möglichen Selbstschädigung betreffen könnten. Insofern ist das heutige öffentlich-rechtliche Unterbringungsrecht nicht ohne weiteres einem der beiden Rechtsgebiete zuzuordnen, sondern es ist ein „Sonderrecht" für den Umgang mit psychisch kranken, suchtkranken und behinderten Menschen.

Voraussetzungen   Die Unterbringung nach dem PsychKG wird auf Antrag der nach jeweiligem Landesrecht zuständigen Behörde durch gerichtliche Entscheidung angeordnet. Als Behörde kann hier die untere Verwaltungsbehörde bzw. das Krankenhaus (Baden-Württemberg), die Ortspolizeibehörde (Bremen) oder aber, wie zumeist, der Landkreis oder die kreisfreie Stadt bzw. der Landrat oder der (Ober-)Bürgermeister fungieren. In Thüringen wird diese Aufgabe von den sozialpsychiatrischen Diensten der Gesundheitsbehörden wahrgenommen (§ 8 Abs. 1 ThürPsychKG). Die Voraussetzungen für eine derartige Anordnung sind in den einzelnen Ländergesetzen teilweise unterschiedlich ausgestaltet. Im Allgemeinen ist sie jedoch auf die Abwendung einer **unmittelbar bevorstehenden** oder der realen Möglichkeit nach jederzeit eintretenden **erheblichen Selbst- oder Fremdgefährdung** aufgrund einer psychischen Krankheit, einer Suchtkrankheit oder einer Behinderung gerichtet.

Unter **Selbstgefährdung** ist dabei regelmäßig Lebensgefahr sowie eine erhebliche Gesundheitsgefahr zu verstehen. Anders als bei der Unterbringung nach Betreuungsrecht, die allein aus Gründen der Abwehr einer Gefahr für den Betreuten selbst und zu dessen Wohl zulässig ist, zielt die öffentlich-rechtliche Unterbringung jedoch, wie bereits angedeutet, auch im Falle der Selbstgefährdung mehr darauf ab, dass mit ihr zugleich auch eine Gefährdung der öffentlichen Sicherheit und Ordnung gegeben ist. Dies ist z. B. hinsichtlich der Suizidgefahr unstreitig, aber auch etwa bei Selbstverstümmelung oder Gifteinnahme gegeben (vgl. Marschner et al. 2010, C § 1906 BGB Rz. 12 ff.). Gleichwohl formulieren einige Ländergesetze die Selbstgefährdung als eigenständigen, rein durch den fürsorgerechtlichen Aspekt getragenen Unterbringungsgrund.

Eine besondere Situation liegt in diesem Zusammenhang noch einmal für die Unterbringung wegen Suchterkrankung vor. Anders als im Betreuungsrecht muss die Suchterkrankung hier noch nicht die Qualität einer psychischen Erkrankung angenommen haben, um eine Unterbringung überhaupt in Betracht kommen zu lassen. Jedoch muss sie ein Ausmaß erreicht haben, durch das einerseits die Fähigkeit zur freien Willensbestimmung erheblich beeinträchtigt und andererseits die vom Gesetz geforderte Erheblichkeit der Gesundheitsgefährdung gegeben ist. Diese Grenze wird jedoch wohl erst z. B. bei Gefahr eines dauernden Siechtums oder aber bei Lebensgefahr infolge einer akuten Alkoholintoxikation oder in Verbindung mit einem Alkoholdelirium erreicht sein (Marschner et al. 2010, C § 1906 BGB Rz. 19).

Die **Fremdgefährdung** wird teilweise, wie im ThürPsychKG, als Gefährdung der Rechtsgüter anderer, in einigen anderen Ländergesetzen aber auch mittels des hergebrachten polizeirechtlichen Begriffes der Gefährdung der öffentlichen Sicherheit erfasst. Dass hierunter eine Gefahr für das Leben und wohl in den allermeisten Fällen auch für die Gesundheit eines Dritten fällt, liegt auf der Hand. Bei einer Gefährdung von Sach- oder Vermögenswerten hingegen kommt es sowohl auf die Erheblichkeit dieser Werte als auch in besonderer Weise auf die Verhältnismäßigkeit der Unterbringung an.

In jedem Fall müssen die Gefährdung und die Kausalität zwischen ihr und der entsprechenden Erkrankung oder Behinderung gutachterlich festgestellt sein (z. B. § 8 Abs. 2 ThürPsychKG). Liegt ein solches Gutachten nicht vor, so kommt allenfalls eine vorläufige Unterbringung für höchstens sechs Wochen im Wege der einstweiligen Anordnung in Betracht (§ 331 FamFG). Während dieses Zeitraumes, der auf bis zu maximal drei Monate verlängert werden kann (§ 333 FamFG), besteht auch die Gelegenheit, das erforderliche Gutachten noch zu erstellen. Bei Gefahr im Verzug ist darüber hinaus auch eine vorläufige Unterbringung unmittelbar durch die Behörde selbst möglich. Jedoch wäre in diesem Fall unverzüglich ein Unterbringungsantrag beim zuständigen Gericht zu stellen (z. B. § 9 Abs. 1 ThürPsychKG).

Auch die konkrete Rechtsstellung der untergebrachten Person bestimmt sich **Wirkungen** nach den einzelnen Landesgesetzen mitunter unterschiedlich. Allen gemeinsam ist zwar die strenge Geltung des **Verhältnismäßigkeitsgrundsatzes** (z. B. § 10 ThürPsychKG; vgl. I-2.1.2.2) sowie die Berücksichtigung der eigentlichen Zielsetzung der Unterbringung, die in der Behandlung und Rehabilitation des Kranken besteht (z. B. § 12 ThürPsychKG). Gleichwohl erlaubt die öffentlich-rechtliche Unterbringung eine Reihe sehr weitgehender Eingriffe, die hier unmittelbar durch den zuständigen Arzt angeordnet werden dürfen und nicht, wie im Betreuungsrecht, einer zusätzlichen richterlichen Genehmigung bedürfen. Sie sollen hier exemplarisch anhand des ThürPsychKG genannt werden. So sind im Rahmen der Unterbringung nach dem PsychKG ärztliche Behandlungen notfalls auch gegen den Willen des Patienten möglich (§ 16 ThürPsychKG). In einem solchen Falle der **Zwangs-behandlung** ist dem Betroffenen jedoch Gelegenheit zu geben, einen Rechtsbei-stand, Betreuer oder gesetzlichen Vertreter zu informieren. Ohnehin ausgenom-men sind Operationen sowie Behandlungsverfahren, die mit erheblichen Gefahren verbunden sind oder durch die eine dauernde Persönlichkeitsveränderung hervor-gerufen werden kann (§ 12 Abs. 3 und 4 ThürPsychKG). In diesen Fällen wäre zunächst ein Betreuer zu bestellen, der zu den geplanten medizinischen Maßnah-men seine Einwilligung erklären müsste. Deren Wirksamkeit wiederum hinge dann noch von der Erteilung einer richterlichen Genehmigung ab (§ 1904 BGB). Darüber hinaus kann der zuständige Arzt **besondere Sicherungsmaßnahmen** an-ordnen (§ 14 ThürPsychKG) sowie den persönlichen Brief- und Telefonverkehr überwachen, jedoch nicht den mit Gerichten, Rechtsanwälten, dem gesetzlichen Vertreter oder Betreuer, konsularischen oder diplomatischen Vertretungen des Herkunftslandes sowie inländischen Behörden und zwischenstaatlichen europäi-schen Menschenrechtsgremien (§§ 20 f. ThürPsychKG). Zu Gunsten des öffent-lich-rechtlich Untergebrachten wirkt es sich schließlich aus, dass er, anders als der untergebrachte Betreute, der hierzu die Erlaubnis seines Betreuers benötigen würde, durch den ärztlichen Leiter der Einrichtung eine Beurlaubung oder Aus-gang gewährt bekommen kann (§ 22 ThürPsychKG).

4.4   Verfahren

Das Unterbringungsverfahren nach BGB und PsychKG ist einheitlich in den §§ 312 ff. FamFG geregelt. Hinzu kommen noch die Bestimmungen des 1. Buches sowie Vorschriften aus dem Betreuungsverfahren (§§ 271 ff. FamFG). Die sachli-che Zuständigkeit des Familiengerichts für Entscheidungen nach § 1631b BGB ergibt sich unmittelbar aus dieser Vorschrift. Jedoch richtet sich das Verfahren ge-mäß 167 Abs. 1 FamFG nach den Vorschriften über die Unterbringung in §§ 312 ff. FamFG. In Betreuungs- und öffentlich-rechtlichen Unterbringungssachen ist nach § 23c GVG das Betreuungsgericht zuständig. In Gang gesetzt wird das Verfahren regelmäßig durch einen **Antrag** des Betreuers, des Bevollmächtigten, der Eltern des Minderjährigen oder der im Unterbringungsverfahren nach PsychKG zustän-digen Behörde. Verfahrensfähig – und damit Beteiligter mit eigenen Rechten – ist, **Verfahrenspfleger**   wer das 14. Lebensjahr vollendet hat. Auf die Geschäftsfähigkeit kommt es hierbei nicht an (§ 167 Abs. 3, § 316 FamFG). § 317 FamFG legt fest, dass dem Betroffe-nen sofern erforderlich ein Verfahrenspfleger (bei Minderjährigen ein Verfahrens-beistand, § 167 Abs. 1 S. 2 FamFG) zu bestellen ist. Die Erforderlichkeit ist von Amts wegen durch das Gericht zu prüfen. Sie ist zumindest immer dann gegeben, wenn ausnahmsweise von der persönlichen Anhörung des Betroffenen abgesehen werden soll (s. u.), wenn der Betroffene aufgrund stark geminderter geistiger Fä-higkeiten, einer schweren Psychose oder aufgrund von Sprachschwierigkeiten ge-hindert ist, seine Interessen selbst ausreichend wahrzunehmen, oder in anderen Fällen, in denen z. B. dem Betroffenen der Inhalt eines ärztlichen Gutachtens oder nach § 325 Abs. 1 FamFG die Gründe für seine Unterbringung nicht mitgeteilt werden sollen, weil davon schwere Nachteile für seine Gesundheit zu befürchten sind (Damrau/Zimmermann 2011 § 317 FamFG Rz. 3 ff.). Sofern ein Rechtsanwalt oder ein anderer geeigneter Verfahrensbevollmächtigter durch den Betroffenen selbst mit der Wahrnehmung seiner Angelegenheiten beauftragt wurde, soll von der Bestellung eines Verfahrenspflegers abgesehen werden.

Der Betroffene soll in jedem Fall von dem Richter, der mit der Durchführung des gesamten Verfahrens betraut ist, persönlich angehört werden (§ 319 FamFG). Das bedeutet, dass es zu einem Gespräch mit dem Richter kommen wird, in dessen Verlauf dieser sich einen unmittelbaren Eindruck vom Betroffenen verschafft und ihn zugleich über den möglichen Ablauf des Verfahrens unterrichtet. Nur in seltenen Ausnahmefällen wird von einer Anhörung abgesehen werden müssen, weil von ihr eine Gefahr für die Gesundheit des Betroffenen ausgehen könnte oder aber weil dieser offensichtlich nicht in der Lage ist, seinen Willen kundzutun (§ 34 Abs. 1 FamFG). Dies wäre aber jedes Mal zuvor gutachterlich festzustellen (§ 319 Abs. 3 FamFG). Ungeachtet dessen verbleibt die Pflicht des Richters, sich den Betroffenen persönlich anzusehen (Pardey 2009, 153). Andere Personen und Behörden hat das Gericht zu hören, sofern sie Verfahrensbeteiligte sind (§ 320 i. V. m. § 315 FamFG). Obligatorisch ist die Einholung eines Sachverständigengutachtens, das sich auch zur voraussichtlichen Dauer der Unterbringung äußern soll (§ 321b FamFG). Die gesetzliche Höchstfrist der Unterbringung beträgt regelmäßig ein Jahr, bei offensichtlich langer Unterbringungsbedürftigkeit zwei Jahre. Sie kann jedoch nötigenfalls verlängert werden, wobei das Gesetz bei einer Gesamtunterbringungsdauer von mehr als vier Jahren eine Begutachtung durch einen Arzt verlangt, der den Betroffenen bisher noch nicht begutachtet hat und der auch nicht der Einrichtung angehört, in der dieser untergebracht ist (§ 329 FamFG). Ansonsten ist die Unterbringung sofort aufzuheben, wenn die Voraussetzungen für ihre Anordnung weggefallen sind (§ 331 FamFG).

persönliche Anhörung

Dauer der Unterbringung

Fegert et al. 2001; Marschner et al. 2010; Pardey 2009; Damrau/Zimmermann 2011

1. Weshalb muss zwischen Freiheitsentziehung und –beschränkung unterschieden werden? Was ist das wesentliche Unterscheidungsmerkmal zwischen diesen beiden Einschränkungen der persönlichen Freiheit? (4.2)
2. Welche Formen des Freiheitsentzugs lassen sich unterscheiden? (4.2)
3. Was versteht man unter der zivilrechtlichen und was unter der öffentlich-rechtlichen Unterbringung? Wer stellt den Unterbringungsantrag bei einer privatrechtlichen und wer bei einer öffentlich-rechtlichen Unterbringung? In welcher Hinsicht sind die Unterschiede unbeachtlich? (4.3.1 und 4.3.2)
4. Unter welchen Voraussetzungen ist eine geschlossene Unterbringung in Einrichtungen der Kinder- und Jugendhilfe möglich? (4.3.1)
5. Ist es möglich, sich freiwillig in einer „geschlossenen Abteilung" unterbringen zu lassen? (IV-4.2)
6. Unter welchen Voraussetzungen können bzw. müssen suchtkranke Menschen untergebracht werden? (II-2.5.1; IV-4.3.2)
7. Auf welche Weise ist das Grundrecht auf Freiheit auch von psychisch Kranken, von denen eine Gefahr für sich oder die Allgemeinheit ausgeht, geschützt? (II-2.5.2; IV-4.3.2)

V Anhang

Anhang

Anhang 1: Glossar der wichtigsten Rechtsbegriffe

Im Folgenden erläutern wir nur eine kleine Reihe der für das Verständnis der „Grundzüge des Rechts" besonders wichtigen Rechtsbegriffe und verweisen darüber hinaus auf das von der Bundeszentrale für Politische Bildung herausgegebene Fachlexikon „Recht A – Z" (Bonn 2010).

Amt im Unterschied zur → Behörde ein rechtlich unselbstständiger Teil eines Hoheitsträgers, z. B. Jugend- und Sozialamt.

Anspruch ist das „subjektive" Recht, das ein Einzelner aus dem für alle geltenden „objektiven Recht", der Rechtsordnung, für sich – sei es aufgrund eines Vertrages oder einer gesetzlichen Regelung – herleiten kann. Aufgrund eines Anspruches kann diese Person etwas von einer anderen Person fordern (Forderung). Man unterscheidet obligatorische, auf einem Schuldverhältnis beruhende Ansprüche (Forderungen) sowie → dingliche Rechte aufgrund einer sachenrechtlichen Zuordnung.

Behörde ist nach § 1 Abs. 2 SGB X (vgl. § 1 Abs. 4 VwVfG) jede Stelle, die Aufgaben der Verwaltung nach dem SGB wahrnimmt. Genauer definiert ist es das nach außen handelnde Organ eines Hoheitsträgers, also die organisatorische Einheit, die Aufgaben der öffentlichen Verwaltung selbstständig und gegenüber dem Bürger in eigenem Namen wahrnimmt. Behörde der Kommunalverwaltung ist der (Ober)Bürgermeister bzw. der Landrat; hierzu I-4.1.2.

Beistand bezeichnet die Aufgabe des Jugendamts, insb. die Vaterschaft feststellen zu lassen und Unterhaltsansprüche geltend zu machen (§ 1712 BGB, § 55 SGB VIII). Im Strafrecht bezeichnet man Anwälte oder nichtanwaltliche Unterstützerpersonen als Beistand.

Berufung vollständige Überprüfung einer gerichtlichen Entscheidung in tatsächlicher (ggf. inkl. Beweisaufnahme) und rechtlicher Hinsicht; i. d. R. sog. zweite Instanz (vgl. §§ 143 ff. SGG; §§ 312 ff. StPO; §§ 124 ff. VwGO; §§ 511 ff. ZPO).

Beschwerde Bezeichnung sowohl für informelle → Rechtsbehelfe (z. B. Dienst- und Fachaufsichtsbeschwerde) als auch für das förmliche → Rechtsmittel insb. im Bereich der Freiwilligen Gerichtsbarkeit.

Besitz ist die tatsächliche Herrschaft über eine Sache (§ 854 Abs. 1 BGB).

Betreuung rechtliche Vertretung über Volljährige (früher Vormundschaft und Pflegschaft), im Wesentlichen in den §§ 1896 ff. BGB geregelt.

Deliktsfähigkeit Voraussetzung der Haftung für einen angerichteten Schaden (§ 827 BGB). Die Deliktsfähigkeit von Minderjährigen ist in §§ 828 f. BGB geregelt.

dingliche Rechte Herrschaftsrechte an Sachen, die den Rechtsinhaber berechtigen, über diese mit Wirkung gegenüber jedermann zu verfügen (sog. absolutes Recht).

Eigentum ist die umfassende, rechtliche Herrschaft über eine Sache (§ 903 S. 1 BGB), grds. unbeschränktes dingliches Recht.

Ermessen bezeichnet den Entscheidungsträgern gesetzlich eingeräumten Handlungsspielraum, bei Vorliegen der Tatbestandsvoraussetzungen die – im Hinblick auf den Zweck des Gesetzes – zweckmäßigste Regelung zu treffen. Ermessen ist nicht Beliebigkeit oder Willkür, es ist nicht „frei", sondern stets pflichtgemäß, d. h. nach festgelegten Regeln wahrzunehmen (vgl. I-3.4).

Erziehungsbeauftragte Person ist jede Person über 18 Jahren, soweit sie auf Dauer oder zeitweise aufgrund einer Vereinbarung mit der personensorgeberechtigten Person Erziehungsaufgaben wahrnimmt oder soweit sie ein Kind oder eine jugendliche Person im Rahmen der Ausbildung oder der Jugendhilfe betreut (§ 1 Abs. 1 Nr. 4 JuSchG).

Erziehungsberechtigter ist der → Personensorgeberechtigte und jede sonstige Person über 18 Jahre, soweit sie aufgrund einer Vereinbarung mit dem Personensorgeberechtigten nicht nur vorübergehend und nicht nur für einzelne Verrichtungen Aufgaben der Personensorge wahrnimmt (§ 1 Abs. 1 Nr. 6 SGB VIII).

Exekutive bezeichnet im System der Gewaltenteilung im Wesentlichen die Regierung und Verwaltung, die die von der → Legislative aufgestellten Rechtsnormen auszuführen hat. Die Regierung als Teil der Exekutive ist aber i. d. R. nicht nur ausführendes Organ, sondern verfügt über ein Initiativrecht sowie ggf. auch über (beschränkte) von der Legislative „abgeleitete" Rechtsetzungsbefugnisse.

Forderung ist der → schuldrechtliche Anspruch einer Person (→ Gläubiger) von einer anderen Person (→ Schuldner) eine Leistung zu verlangen.

formell weist im Hinblick auf Rechtsnormen auf Form- und Verfahrenvorschriften hin.

Geschäftsfähigkeit ist grundsätzlich die Bedingung, → Rechtsgeschäfte vornehmen zu können. Nach deutschem Recht tritt die Geschäftsfähigkeit mit der Volljährigkeit, derzeit also mit 18 Jahren ein (§ 2 BGB). Minderjährige sind nach §§ 106 ff. BGB beschränkt geschäftsfähig.

Gläubiger ist diejenige Person, die aufgrund eines Schuldverhältnisses etwas von einem anderen (= Schuldner) verlangen kann (§ 241 BGB).

Grundrechte sind die wesentlichen, „unverbrüchlichen" Rechte, die einer Person gegenüber dem Staat zustehen (vgl. I-2.2). Sie werden zumeist von der Verfassung (in Deutschland in Art. 1 – 19 sowie 101 – 104 GG sowie die Landesverfassungen) sowie der Charta der Grundrechte der Europäischen Union (I-1.1.5.1) anerkannt bzw. begründet, basieren z. T. auf universellen Menschenrechten (z. B. AEMR, EMRK, vgl. I-1.1.5.2).

Handlungsfähigkeit ist die Fähigkeit, durch eigenes Verhalten Rechtswirkungen auszulösen (→ Geschäftsfähigkeit; → Deliktsfähigkeit).

Judikative bezeichnet im System der Gewaltenteilung im Wesentlichen die Normenkontrolle / Rechtsprechung.

Jugendliche / r ist ein junger Mensch im Alter von 14 und noch nicht 18 Jahren (vgl. § 1 Abs. 1 Nr. 2 SGB VIII, § 1 Abs. 1 Nr. 2 JuSchG).

juristische Person Zusammenschluss von natürlichen Personen oder Sachmitteln, der als solcher Träger von Rechten und Pflichten und damit rechtsfähig ist. Sie kann als Rechtssubjekt – handelnd über ihre Organe – am Rechtsverkehr teilnehmen. Bsp.: BGB-Gesellschaften, Vereine und Stiftungen des Privatrechts; öffentlich-rechtliche → Körperschaften, Anstalten und Stiftungen des Öffentlichen Rechts.

Kassation ist die Aufhebung einer Entscheidung durch eine nächst höhere Instanz.

Kind ist im Sinne einer altersmäßigen Zuordnung, wer noch nicht 14 Jahre alt ist (§ 1 Abs. 1 Nr. 1 SGB VIII, § 1 Abs. 1 Nr. 1 JuSchG). Im abstammungsrechtlichen Sinne bezeichnet Kind das Verwandtschaftsverhältnis zu seinen Eltern und schließt damit auch über 14-Jährige (vgl. § 1 Abs. 2 und 4 SGB VIII, § 1 Abs. 1 Nr. 1 JuSchG, §§ 11, 1741 BGB), mitunter sogar auch Volljährige, mit ein (vgl. z. B. § 1767 BGB).

Körperschaften sind ein Zusammenschluss (Verband) von natürlichen oder juristischen Personen. Sie sind mitgliedschaftlich organisiert, bestehen aber unabhängig vom Wechsel ihrer konkreten Mitglieder. Man unterscheidet die Gebietskörperschaften (die Bundesrepublik Deutschland, die Bundesländer, Kreise und Gemeinden) sowie die Personalkörperschaften, insb. die Sozialversicherungsträger, und berufsständischen Organisationen (Kammern, Innungen). Körperschaften sind Rechtssubjekte mit Selbstverwaltungsrecht (Autonomie). Die öffentlich-rechtlichen Körperschaften sind das öffentlich-rechtliche Gegenstück zu den privatrechtlichen → Vereinen.

Legislative bezeichnet im System der Gewaltenteilung im Wesentlichen die Gesetzgebung.

materiell bezeichnet im Hinblick auf Rechtsnormen die sachlich-inhaltliche Kategorie.

Obliegenheit ist ein Rechtsgebot (z. B. Anzeigepflicht, Untersuchungs- und Rügepflicht), welches im eigenen Interesse des Betroffenen zu befolgen ist. Es ist von Dritten nicht einklagbar, bei Verletzung der Obliegenheit drohen allerdings Rechtsnachteile bzw. Rechtsverlust.

Öffentliches Recht Teilgebiet der Rechtsordnung. Eine Rechtsnorm ist öffentlich-rechtlich, wenn aus ihr zwingend nur ein Träger öffentlicher Verwaltung berechtigt oder verpflichtet ist.

Person Personen i. S. d. Rechts sind die Rechtssubjekte, entweder der Mensch als „natürliche" Person oder juristische Personen, die am Rechtsverkehr teilnehmen können.

Personensorgeberechtigt ist, wem nach den Vorschriften des BGB die elterliche Sorge für den persönlichen Bereich (nicht für den Vermögensbereich) zusteht (vgl. §§ 1626 ff. BGB). Das Personensorgerecht beinhaltet die Verantwortung (Recht und Pflicht) für ein Kind zu sorgen (insb. Erziehung, Gesundheitssorge, Aufenthalts- und Umgangsbestimmung).

Pfleger nach §§ 1909 ff. BGB sind im Gegensatz zum Vormund nicht alle Angelegenheiten der Personensorge auf den Pfleger zu übertragen, sondern sein Wirkungskreis ist auf bestimmte Teilbereiche beschränkt (z. B. Aufenthaltsbestimmung, Vermögenssorge).

Privatrecht Teilgebiet der Rechtsordnung. Privatrechtlich ist eine Norm, wenn der betreffende Rechtssatz für jedermann gilt.

Ratifizierung bezeichnet insb. die Umsetzung internationaler / völkerrechtlicher Verpflichtungen in innerdeutsches Recht mittels eines Parlamentsgesetzes.

Realakt bezeichnet im Privatrecht eine rechtlich erhebliche Handlung, die aufgrund des äußeren Geschehensablaufes ohne Rücksicht auf einen damit ggf. verbundenen Willen Rechtsfolgen bewirkt. Im Öffentlichen Recht wird der Realakt vom regelnden Verwaltungshandeln (Verwaltungsakt und Vertrag) abgegrenzt.

Rechte absolute Rechte, wie z. B. das Eigentum oder andere dingliche Rechte an Sachen, Urheber- und Namensrechte (z. B. Firma, Markenname, Patente) wirken gegen jedermann. Relative Rechte, auch Forderungen, Ansprüche oder obligatorische Rechte genannt, bestehen nur zwischen bestimmten Personen, zwischen denen ein Rechtsverhältnis, z. B. ein Vertrag, besteht. Von einem subjektiven Recht spricht man im → Öffentlichen Recht, wenn der einzelne Bürger aus einer Rechtsnorm einen Anspruch für sich herleiten kann.

Rechtsbehelf ist jede Möglichkeit, gegen eine Entscheidung eines Hoheitsträgers (Verwaltung oder Gericht) mit dem Ziel der Aufhebung oder Abänderung vorzugehen. Man unterscheidet formlose (z. B. Gegenvorstellung, Aufsichtsbeschwerde) und förmliche Rechtsbehelfe, die bestimmten Zulässigkeitsvoraussetzungen (insb. Fristen) unterliegen, z. B. Widerspruch, Einspruch.

Rechtsfähigkeit ist die Fähigkeit, Träger von Rechten und Pflichten zu sein. Menschen (natürliche Personen) sind mit Vollendung der Geburt rechtsfähig (§ 1 BGB).

Juristische Personen in der Regel mit der Eintragung in ein Register (zivilrechtlich) bzw. durch gesetzliche Verleihung der Rechtsfähigkeit.

Rechtsgeschäft bewusstes, äußerlich wahrnehmbares Verhalten einer Person, mit der eine bestimmte Rechtsfolge herbeigeführt werden soll. Man unterscheidet einseitige Rechtsgeschäfte (z. B. Testament, Kündigung) und zwei- oder mehrseitige Rechtsgeschäfte (z. B. → Vertrag). Das Rechtsgeschäft besteht zwingend aus einer → Willenserklärung sowie ggf. einer tatsächlichen Handlung (z. B. bei der Übereignung die Einigung über den Übergang des Eigentums sowie die tatsächliche Übergabe der Sache). Rechtsgeschäft kann grundsätzlich nur eine (zivilrechtlich) geschäftsfähige bzw. (öffentlich-rechtlich) handlungsfähige Person vornehmen.

Rechtsmittel ist ein förmlicher Rechtsbehelf gegen eine gerichtliche Entscheidung, z. B. Berufung und Revision gegen Urteile und die Beschwerde gegen Gerichtsbeschlüsse.

Rechtspfleger sind Mitarbeiter des gehobenen Justizdienstes, die bei den Gerichten Aufgaben nach dem Rechtspflegegesetz wahrnehmen, z. B. Grundbuch- und registerrechtliche Aufgaben (vgl. ins. § 3 RpflG). Im strafrechtlichen Verfahren werden sie als Amtsanwalt tätig und nehmen bestimmte Aufgaben der Staatsanwaltschaft wahr (§ 142 GVG).

Revision Überprüfung einer gerichtlichen Entscheidung nur im Hinblick auf die fehlerhafte Rechtsanwendung; sowohl verfahrens- wie materiell-rechtliche Überprüfung (vgl. §§ 160 ff. SGG; §§ 333 ff. StPO; §§ 132 ff. VwGO; §§ 542 ff. ZPO).

Sachen sind im Unterschied zu → Personen keine Rechtssubjekte. Sie sind vielmehr Gegenstand von sog. dinglichen Rechten (= Sachenrechten) der Personen (z. B. Eigentum) und grundsätzlich verkehrsfähig, d. h., über sie kann verfügt werden (Ausnahmen z. B. die menschliche Leiche). Man unterscheidet bewegliche Sachen und Immobilien (Grundstücke und deren Bestandteile). Tiere sind zwar keine Sachen, auf sie werden aber die Vorschriften über Sachen ergänzend angewandt (§ 90a BGB).

Schuldner diejenige Person, die aufgrund eines Schuldverhältnisses gegenüber einem anderen (= Gläubiger) zu einer Leistung verpflichtet ist (§ 241 BGB).

Stiftungen sind juristische Personen und zwar Sacheinrichtungen oder Vermögensmassen, die über keine Selbstverwaltung verfügen, sondern extern i. d. R. vom Stifterwillen bestimmt werden. Es gibt sowohl Stiftungen des Öffentlichen wie des Privatrechts

(§§ 80 ff. BGB). Öffentlich-rechtliche Stiftungen (z. B. öffentlich-rechtliche Rundfunkanstalten, Sparkassen) werden aufgrund eines Gesetzes errichtet. In der Regel bleibt das Vermögen einer Stiftung auf Dauer erhalten und es werden nur die Erträge für den Stiftungszweck verwendet.

Verein ist eine privatrechtlich verfasste Personenvereinigung mit Selbstverwaltung durch ihre Mitglieder und die von ihnen gewählten Organe. Ein Verein ist damit eine juristische Person des Privatrechts. Rechtsfähige Vereine sind der im BGB geregelte eingetragene Verein (§§ 21 ff. BGB) sowie u. a. die im HGB geregelten Aktiengesellschaften, die Gesellschaft mit beschränkter Haftung (GmbH) und die eingetragene Genossenschaft (eG).

Verfügung (auch Verfügungsgeschäft) Rechtsgeschäft, durch das ein Recht unmittelbar übertragen, belastet, geändert oder aufgehoben wird.

Verpflichtungsgeschäft Rechtsgeschäft, durch das eine Leistungspflicht begründet wird.

Vertrag wechselseitige Verpflichtung aus einem Rechtsgeschäft zwischen mindestens zwei Parteien. Ist sowohl zivilrechtlich (§§ 311 ff. BGB) als auch öffentlich-rechtlich (§§ 53 ff. SGB X) möglich.

Verwaltungsakt ist eine aufgrund gesetzlich verliehener Befugnis von einer Behörde nach Öffentlichem Recht getroffene Entscheidung zur Regelung eines Einzelfalls gegenüber dem Bürger (vgl. § 31 SGB X).

Volljährigkeit tritt mit der Vollendung des 18. Lebensjahres ein (§ 2 BGB). Ein junger Volljähriger ist, wer 18, aber noch nicht 27 Jahre alt ist (§ 1 Abs. 1 Nr. 3 SGB VIII).

Vormund ihm sind die Personen- und Vermögenssorge inkl. der gesetzlichen Vertretung eines Minderjährigen übertragen (§ 1793 BGB), wenn die elterliche Sorge entzogen ist oder der Minderjährige aus anderen Gründen nicht unter elterlicher Sorge steht. Die Vormundschaft tritt entweder kraft Gesetzes (z. B. §§ 1751, 1791c BGB) ein oder der Vormund wird vom Familiengericht bestellt (§ 1791b Abs. 2 BGB). Ist kein geeigneter Einzelvormund vorhanden, kann das Jugendamt zum (Amts)Vormund bestellt werden (§ 1791b BGB). Die sog. Gegenvormundschaft (§ 1792 BGB) übt die Aufsicht über die Führung der Vormundschaft durch einen Einzelvormund aus (§ 1799 BGB).

Willenserklärung Äußerung eines rechtsgeschäftlichen Willens, die auf die Herbeiführung einer Rechtsfolge gerichtet ist. Wesentlicher Teil des Rechtsgeschäfts.

Anhang 2: Altersstufen im Recht (Auswahl)

Geburt:	Rechtsfähigkeit (§ 1 BGB)/Parteifähigkeit (§ 50 ZPO); davor Erbfähigkeit (§ 1923 Abs. 2 BGB)
3 Jahre:	Rechtsanspruch auf Kita (§ 24 SGB VIII), in einigen Bundesländern bereits früher
6 Jahre:	Beginn der Schulpflicht (Schulgesetze der Länder) Kinogang alleine bis max. 20.00 Uhr (§ 11 Abs. 3 Nr. 2 JuSchG), danach nur mit erziehungsbeauftragter Person mögliche Ausnahmebewilligung für Mitwirkung bei Musik- und anderen Aufführungen bis zu drei Stunden täglich zwischen 8 und 22 Uhr (§ 6 Ans. 1 Nr. 2b JArbSchG)
7 Jahre:	beschränkt geschäftsfähig (§§ 104, 106 ff. BGB) beschränkt deliktsfähig (§ 828 BGB) partielle Prozessfähigkeit (§§ 51 f. ZPO; § 62 Abs. 1 Nr. 2 VwGO)
10 Jahre:	Recht auf Anhörung beim Religionswechsel (§ 2 RKEG)
12 Jahre:	Religionswechsel gegen den Willen des Kindes nicht mehr möglich (§ 5 S. 2 RKEG)
13 Jahre:	Beschäftigung beschränkt zulässig (§ 5 Abs. 3 JArbSchG): leichte Tätigkeiten, Einwilligung der Eltern usw.; nicht mehr als zwei Stunden täglich, in landwirtschaftlichen Familienbetrieben nicht mehr als drei Stunden täglich; nicht zwischen 18 und 8 Uhr, nicht vor dem Schulunterricht und nicht während des Schulunterrichts
14 Jahre:	Beginn der Jugendphase (vgl. § 7 Abs. 1 Nr. 2 SGB VIII; § 1 Abs. 1 Nr. 2 JuSchG; § 1 Abs. 2 S. 1 JGG); beachte aber § 2 JArbSchG (Jugendlicher erst ab 15 Jahren) frühester Beginn strafrechtlicher Verantwortlichkeit (§ 19 StGB; § 3 JGG) Minderjähriger muss in seine Adoption selbst einwilligen (§ 1746 Abs. 1 S. 2 BGB) Möglichkeit des Ausbildungsbeginns, sofern keine Schulpflicht besteht volle Religionsmündigkeit (§ 5 S. 1 RKEG) eigenes Beschwerderecht im FamFG-Verfahren (§ 60 FamFG), Mitspracherecht bei Scheidung der Eltern im Hinblick auf elterliche Sorge (§ 1671 Abs. 2 BGB) Gaststättenaufenthalt zwischen 5 und 23 Uhr zur Einnahme von Speisen und Getränken bzw. auf Reisen (§ 4 JuSchG) Besuch öffentlicher Filmveranstaltung bis 22.00 Uhr (§ 11 Abs. 3 Nr. 3 JuSchG), danach nur mit erziehungsbeauftragter Person aktives und passives Wahlrecht für die Jugendvertretung im Betriebsrat (§ 61 BetrVerfG) Ende des strafrechtlichen Jugendschutzes gegen sexuellen Missbrauch (§§ 176 f. StGB)
15 Jahre:	Fahrerlaubnis für Mofa (Mofa Prüfbescheinigung) Handlungsfähigkeit im Sozialverfahren (§ 36 Abs. 1 SGB I), kann aber durch gesetzlichen Vertreter eingeschränkt (§ 36 Abs. 2 SGB I) werden Beschäftigung während der Schulferien für höchstens vier Wochen im Kalenderjahr (§ 5 Abs. 4 JArbSchG)
16 Jahre:	Ausweispflicht (§ 1 Abs. 1 PersAuswG) Testierfähigkeit (§ 2229 BGB) beschränkte Ehefähigkeit (§ 1303 Abs. 2 BGB) Eidesfähigkeit (vgl. § 61 Nr. 1 StPO, § 393 ZPO) Möglichkeit der Führerscheinerteilung für Mopeds, Mokicks usw. (Klasse A1, M, S; § 10 Abs. 1 Nr. 4 FeV) Kinobesuch ohne Begleitung eines Erziehungsbeauftragten bis 24.00 Uhr (§ 11 Abs. 3 Nr. 4 JuSchG), danach nur mit erziehungsbeauftragter Person Disko/Tanzveranstaltungen sowie Besuch von Gaststätten bis 24.00 Uhr (vgl. § 5 Abs 1 JuSchG) Zulässigkeit des Erwerbs alkoholischer Getränke, nicht branntweinhaltig (§ 9 Abs. 1 Nr. 2 JuSchG)

17 Jahre: Erlaubnis zum begleiteten Fahren eines Pkw (vgl. § 6e StVG, § 48a FEV)

18 Jahre: Volljährigkeit (§ 2 BGB), Geschäftsfähigkeit
aktives und passives Wahlrecht (Art. 38 Abs. 2 GG)
Zulässigkeit des Rauchens in der Öffentlichkeit und des Erwerbs von Tabakwaren (§ 10 JuSchG) sowie Spirituosen (§ 9 Abs. 1 Nr. 1 JuSchG)
Führerschein Pkw und Motorrad; Klasse B, BE, C, C1, (§ 10 Abs. 1 Nr. 3 FEV)
Wehr-/Zivildienstpflicht (Art. 12a Abs. 1 GG; § 1 Abs. 1 Wehrpflichtgesetz), seit 01.07.2011 ausgesetzt
Bestrafung als Heranwachsender (§ 1 Abs. 2 S. 2 JGG) ggf. nach StGB (§ 105 JGG)

21 Jahre: volle strafrechtliche Verantwortlichkeit/Geltung des allg. Strafrechts (vgl. § 1 JGG)
keine Erstbewilligung von Hilfen zur Erziehung (§ 41 Abs. 1 S. 2 SGB VIII)

25 Jahre: uneingeschränktes Adoptionsrecht (§ 1743 BGB)

27 Jahre: Ende der Phase „junger Mensch" (§ 7 Abs. 1 Nr. 4 SGB VIII)

40 Jahre: passives Wahlrecht zum Bundespräsidenten (Art. 54 Abs. 1 S. 2 GG)

45 Jahre: Ende der Wehrpflicht (§ 3 Abs. 3 u. 5 Wehrpflichtgesetz)

67 Jahre: Anspruch auf die Regelaltersrente (§ 35 SGB VI); Regelaltersgrenze für Beamte (vgl. § 51 BBG)

Im Hinblick auf die „Minderjährigen" bestimmen die (personensorgeberechtigten) Eltern innerhalb des gesetzlichen Rahmens den Umfang der Ausübung ihrer Rechte (Art. 6 Abs. 2 GG), wobei die wachsende Fähigkeit und das wachsende Bedürfnis des Kindes zu selbstständigem verantwortungsbewusstem Handeln zu berücksichtigen sind (§ 1626 Abs. 2 BGB). Bei Missbrauch der elterlichen Sorge entscheidet das Familiengericht (vgl. § 1666 BGB). Zunehmendes Alter und zunehmende Verantwortlichkeit des jungen Menschen führen zu einer Abnahme der Verantwortlichkeit der Eltern. Die (gegenseitige) Unterstützungs- und Unterhaltspflicht besteht in eingeschränktem Maß auch gegenüber Volljährigen weiter fort.

Anhang 3: Auswahl besonders wichtiger Aktenzeichen

Mit Register- und Aktenzeichen kennzeichnen die Behörden und Gerichte ihre Dokumente und Akten, um eine genaue Zuordnung von Vorgängen und Schriftstücken zu gewährleisten. Nachfolgend werden eine Reihe der gebräuchlichsten Aktenzeichen und ihre Erläuterung aufgelistet:

B	Mahnverfahren	Amtsgericht
BvF	abstrakte Normenkontrolle	Bundesverfassungsgericht
BvL	konkrete Normenkontrolle	Bundesverfassungsgericht
BvR	Verfassungsbeschwerden	Bundesverfassungsgericht
C	Allgemeine Zivilsachen	Amtsgericht
Ca	arbeitsrechtliche Verfahren	Arbeitsgericht
Cs	Strafbefehle	Amtsgericht
Ds	Strafverfahren vor dem Einzelrichter	Amtsgericht
F	Familiensachen	Amtsgericht
Js	Ermittlungsverfahren	Staatsanwaltschaft
K	Zwangsversteigerungen	Amtsgericht
KLs	Erstinstanzielle Strafsachen	Landgericht
Ks	Strafsachen vor dem Schwurgericht	Landgericht
Ls	Strafverfahren vor dem Schöffengericht	Amtsgericht
M	Zwangsvollstreckungssachen	Amtsgericht
Ns	Berufungen in Strafsachen	Landgericht
O	Allgemeine Zivilsachen 1. Instanz	Landgericht
PLs	Ermittlungsverfahren	Amtsanwaltschaft
S	Berufung in Zivilsachen	Landgericht
Ss	Revisionen in Strafsachen	Oberlandesgericht
StR	Revisionen in Strafsachen	Bundesgerichtshof
U	Berufung in Zivilsachen	Oberlandesgericht
UJs	Ermittlungsverfahren gegen Unbekannt	Staatsanwaltschaft
ZR	Revisionen in Zivilsachen	Bundesgerichtshof

In den **Kommunalverwaltungen** werden die verschiedenen Dezernate, Ämter und Dienststellen i. d. R. mit Ziffern bezeichnet, z. B.:

1	Allgemeine Verwaltung
10	Hauptamt
11	Personalamt
2	Finanzverwaltung
20	Kämmerei
30	Rechtsamt
32	Ordnungsamt
4	Schul- und Kulturdezernat
5	Sozial-, Jugend- und Gesundheitsverwaltung
50	Sozialamt
51	Jugendamt
513	Wirtschaftliche Jugendhilfe
514	Allgemeiner Sozialdienst

Anhang 4: Prüfungsschemata für die Bearbeitung sozialverwaltungsrechtlicher Fälle

I   Gutachterliche Prüfung für eine Erstentscheidung

1   Vorfrage und Bestimmung des Arbeitsziels: Wer will was von wem?

- Was will der Bürger? Was will die Verwaltung erreichen?

2   Auswahl der in Betracht kommenden Anspruchsgrundlage / Rechtsgrundlage

- Welche Rechtsnorm enthält die gewünschte Rechtsfolge?
- Als Anspruchsgrundlage / Rechtsgrundlage kommen in Frage: Gesetze, RVO, Satzungen; nicht aber Verwaltungsvorschriften.
- Für die Beantwortung jeder Rechtsfrage sind sämtliche einschlägigen Rechtsvorschriften zu beachten, wobei mit der rangniedrigsten und speziellsten zu beginnen ist:
  - z.B. Leistung von Hilfe zur Erziehung in Form des betreuten Wohnens nach §§ 27, 34 SGB VIII,
  - z.B. Eingriff durch vorläufige Weg- und Inobhutnahme des Minderjährigen ohne Zustimmung des Personensorgeberechtigten nach § 42 Abs. 1 SGB VIII,
  - z.B. Hilfe zum Lebensunterhalt §§ 11, 27 SGB XII.
- Ggf. Überprüfung ihrer Rechtmäßigkeit am Maßstab höherrangigen Rechts (Normenpyramide); kommt in Klausuren selten vor, gelegentlich vor allem bei Eingriffen in Freiheits- oder Vermögensrechte des Bürgers.

3   Prüfung der formellen Leistungsvoraussetzungen / Rechtmäßigkeit

3.1   Zuständigkeiten

3.1.1   Internationale Zuständigkeit

Hier ist zu prüfen, ob deutsche Behörden überhaupt tätig werden dürfen: § 6 SGB VIII i.V.m. § 30 SGB I, Haager Kinderschutzabkommen (KSÜ); Europäisches Fürsorgeabkommen (EFA); vgl. §§ 23, 24 SGB XII

3.1.2   Sachliche Zuständigkeit (Abgrenzung örtlicher – überörtlicher Träger nach Aufgabengebieten: § 85 i.V.m. § 2 SGB VIII; § 2 AdVermG; § 97 SGB XII)

- örtlicher Träger der Jugendhilfe für Leistungen nach §§ 11–41 SGB VIII und zur Erfüllung anderer Aufgaben nach §§ 42–60 SGB VIII; Sozialhilfe § 97 Abs. 1 SGB XII
- überörtlicher Träger für Aufgaben nach § 85 Abs. 2 SGB VIII; § 97 Abs. 2 u. 3 SGB XII

3.1.3   Örtliche Zuständigkeit

Hier ist zu prüfen, ob der angegangene/tätig werdende Träger/Behörde geografisch zuständig ist: z. B. §§ 86 ff. SGB VIII:

- örtlicher Träger der Jugendhilfe für Leistungen und andere Aufgaben i. d. R. nach gewöhnlichem Aufenthalt (§ 30 Abs. 3 S. 2 SGB I) der Eltern,
- überörtlicher Träger der Jugendhilfe nach § 87 Abs. 2 (Heimaufsicht), § 87d (Vereinsvormundschaften) und § 88 Abs. 1 SGB VIII (Gewährung von Leistungen ins Ausland),
- für Sozialhilfe vgl. §§ 98 SGB XII,

beachte: bei Anträgen gegenüber unzuständigen Behörden: § 16 Abs. 2 SGB I.

3.2   Beteiligten- und Handlungsfähigkeit (§§ 10–15 SGB X); ausgeschlossene Personen und Befangenheit (§§ 16–17 SGB X)

3.3   Einhaltung gesetzlicher Fristen, z. B. § 45 Abs. 4 S. 2 SGB X

→ § 26 Abs. 1 SGB X i. V. m. §§ 187–193 BGB; § 26 Abs. 2–5 SGB X

3.4   Verfahrensvorschriften

- Verfahren auf Antrag (§ 16 SGB I) oder von Amts wegen (§§ 18, 20 SGB X)
- Anhörung (§ 24 SGB X), Mitwirkung und Beratung (§ 36 Abs. 1 SGB VIII; §§ 13–15 SGB I)
- Hilfeplanung und Teamkonferenz: § 36 Abs. 2 SGB VIII

3.5   Formvorschriften

- Anträge sind grundsätzlich formfrei (vgl. § 9 SGB X)
- Verwaltungsakte gem. § 33 Abs. 2–4 SGB X; insb. Begründung (§ 35 SGB X), Bekanntgabe (§ 37 SGB X) und Rechtsbehelfsbelehrung (§ 36 SGB X)

3.6   Heilung von Form- und Verfahrensfehlern nach § 41, 42 SGB X?

4 Prüfung der materiellen Leistungsvoraussetzungen / Rechtmäßigkeit

4.1 Welche allgemeinen Tatbestandsmerkmale müssen erfüllt sein, damit die gewünschte Rechtsfolge eintreten kann?

z. B. Leistungsvoraussetzungen nach § 27 Abs. 1 SGB VIII:
- eine dem Wohl des Minderjährigen entsprechende Erziehung ist nicht gewährleistet = „erzieherischer Bedarf"
- Hilfe zur Erziehung ist grundsätzlich geeignet und notwendig

z. B. Eingriffsvoraussetzungen nach § 42 SGB VIII
- Bekanntwerden von Tatsachen, die die Annahme rechtfertigen, dass die Voraussetzungen einer Kindeswohlgefährdung i. S. v. § 1666 BGB vorliegen:
- kindeswohlgefährdende Situation: z. B. Misshandlung oder Vernachlässigung
- mangelnde Bereitschaft oder Fähigkeit der Eltern zur Gefahrenabwehr
- kein Widerspruch der Eltern oder familiengerichtliche Entscheidung nicht rechtzeitig möglich (Gefahr in Verzug)

4.2 Auswahl der Leistung / Maßnahme

Ist die (beanspruchte) Leistung / ergriffene Maßnahme als Rechtsfolge zwingend vorgeschrieben (so bei § 27 SGB VIII!) oder ist eine Ermessensentscheidung zu treffen?
- Einhaltung der normativen / sozialpädagogischen Auswahlkriterien
- Liegen Ermessensfehler vor? (Ermessensmangel / -nichtgebrauch, -überschreitung, -missbrauch)
- insb.: Ist die beanspruchte Leistung / ergriffene Maßnahme verhältnismäßig?

II   Gutachterliche Prüfung einer Widerspruchsentscheidung

▪ Vorfrage: Ist die Eingabe als Widerspruch zu werten? Zugunsten des Bürgers auslegen, soweit Widerspruch zulässig und Überprüfung gewollt.

▪ Entscheidungszuständigkeit der mit dem Widerspruch befassten Behörde (§ 85 Abs. 2 Nr. 1 SGG / § 73 VwGO). In Selbstverwaltungsangelegenheiten des eigenen Wirkungskreises ist diese i. d. R. selbst auch Widerspruchsbehörde (§ 85 Abs. 2 Nr. 4 SGG / § 72 Abs. 1 Nr. 3 VwGO). In Thüringen sind Widerspruchsbehörden die Landkreise bzw. das Landesverwaltungsamt als Rechtsaufsichtsbehörde (§§ 124, 118 ThürKO). Nach den Gemeindeverfassungsgesetzen der Länder entscheidet im kommunalen Bereich häufig der sog. Verwaltungsausschuss, im Bereich der Jugendhilfe der Jugendhilfeausschuss über die Widersprüche (vgl. z. B. § 71 Abs. 3 SGB VIII, § 6 Nds AGKJHG, § 57 Nds KO; § 51 Abs. 3 NLO).

1   Zulässigkeit des Widerspruchs

▪ Erfüllt der Widerspruch die formellen Voraussetzungen?

1.1   Ist der Widerspruch statthaft (gesetzlich vorgesehen)?

1.1.1   Sozial- oder Verwaltungsrechtsweg gegeben? § 62 SGB X

▪ Im Bereich der Sozialhilfe ist der Sozialgerichtsweg nach § 51 Abs. 1 Nr. 6a SGG gegeben. In Jugendhilfestreitigkeiten ist der Rechtsweg vor den Verwaltungsgerichten nach § 40 VwGO gegeben, da es sich um keine der in § 51 SGG aufgeführten Streitigkeiten handelt. Ausnahme ist der Widerspruch der Personensorgeberechtigten gegen eine Inobhutnahme nach § 42 Abs. 3 S. 2 SGB VIII, der vor dem Familiengericht verhandelt wird.

1.1.2   Ziel: Anfechtungs- oder Verpflichtungsklage: § 54 SGG / § 42 VwGO

▪ Aufhebung eines Verwaltungsaktes (Anfechtungswiderspruch) oder Verpflichtung zum Erlass eines beantragten Verwaltungsaktes (Verpflichtungswiderspruch). Hier ist ggf. zu prüfen, ob die vorliegende bzw. beantragte Maßnahme einen VA darstellt. Ist dies unzweifelhaft zu bejahen, sollte nur kurz darauf hingewiesen und keine überflüssige Prüfung vorgenommen werden.

1.1.3   Erforderlichkeit eines Vorverfahrens: § 78 Abs. 1 SGG / § 68 Abs. 1 VwGO

▪ ausgeschlossen nach Sonderregelungen z. B. § 78 Abs. 1 S. 2 SGG / § 68 Abs. 1 S. 2 VwGO

1.2   Ist der Widerspruch ordnungsgemäß eingelegt?

■ richtige Stelle, Form, Frist: § 84 SGG bzw. § 70 VwGO; ggf. § 66 Abs. 2 SGG / § 58 Abs. 2 VwGO

1.3   Beteiligungs- und Handlungsfähigkeit und ordnungsgemäße Vertretung?

■ § 36 SGB I; §§ 10 – 15 SGB X

1.4   Widerspruchsbefugnis gem. § 54 Abs. 2 SGG / § 42 VwGO analog?

■ Möglichkeit der Verletzung der eigenen Rechte des Widerspruchsführers (sog. Beschwer; stets gegeben bei einem den Adressaten belastenden Verwaltungsakt oder bei Ablehnung eines von ihm beantragten begünstigenden Verwaltungsakts)

2   Begründetheit des Widerspruchs

Hat der zulässige Widerspruch in der Sache Erfolg? Rechtswidrigkeit des VA bzw. dessen Versagung (bei Vorliegen eines Rechtsanspruchs des Bürgers) nach § 113 Abs. 1 S. 1, Abs. 5 VwGO analog (vgl. §§ 54, 131 SGG).

2.1   Rechtsgrundlage / Anspruchsgrundlage

■ Prüfung der Anwendbarkeit der bei der Erstentscheidung ausgewählten (bzw. nicht oder nicht korrekt angewendeten) Rechtsgrundlage und ggf. ihrer Gültigkeit. Falls diese nicht anwendbar, Auswahl der zutreffenden Rechtsgrundlage

2.2   Formelle Rechtmäßigkeit des Verwaltungsakts

■ Prüfung der Zuständigkeits-, Verfahrens- und Formvorschriften (vgl. hierzu Prüfschema I.3) unter Beachtung der §§ 41, 42 SGB X

2.3   Materielle Rechtmäßigkeit des Verwaltungsakts

■ vgl. hierzu Prüfschema I.4. Hierauf ist i. d. R. trotz der wenigen Gliederungspunkte der Schwerpunkt der Klausurlösung zu legen. Hierbei kommt es meist gerade darauf an, den normativen Rahmen fachlich-pädagogisch auszufüllen

(z. B. ist das Vorliegen eines „erzieherischen Bedarfs" nach § 27 SGB VIII keine rein juristische, sondern zunächst einmal eine jugendhilfe-pädagogische Frage). Dabei ist das „Abhaken" der Tatbestandsmerkmale einer Norm (außer bei völlig unproblematischen Fragen) meist nicht ausreichend, erforderlich ist vielmehr die – bei Zweifelsfragen sogar eingehende – fachliche und auf die Norm bezogene Begründung. In aller Regel gibt es keine einzig richtige Lösung, wichtiger als das (zumindest vertretbare) Ergebnis ist die hierzu gegebene Begründung.

2.4   Zweckmäßigkeit des Verwaltungshandelns

- Im Gegensatz zum Verwaltungsgerichtsprozess (§ 88 VwGO) ist im Widerspruchsverfahren nach den Grundsätzen für die Aufhebung bestandskräftiger VA (§§ 45 SGB X) grundsätzlich auch die Abänderung des ursprünglichen VA zum Nachteil des Bürgers zulässig („Verböserung", reformatio in peius, vgl. BVerwGE 65, 313), denn bei dem Widerspruchsverfahren handelt es sich noch um eine verwaltungsinterne Kontrolle, bei der nicht nur die Recht-, sondern auch die Zweckmäßigkeit des Verwaltungsaktes geprüft wird.
- Beachte aber bei Selbstverwaltungsangelegenheiten, z. B. § 124 Nr. 1 ThürKO: Beschränkung der Prüfung des Prüfungsumfangs durch die Widerspruchsbehörde auf die Rechtmäßigkeit; zuvor hat die Selbstverwaltungsbehörde nach § 85 Abs. 1 SGG / § 72 VwGO (Abhilfeprüfung) die Zweckmäßigkeit zu prüfen.

2.5   Tatsächliche Rechtsverletzung der Rechte des Widerspruchführers

- Die verletzte Norm muss gerade dem Interesse und Schutz des Widerspruchführers dienen.

3   Entscheidungsvorschlag

- Der Entscheidungstenor kann lauten:
  - Der Widerspruch wird als unzulässig / unbegründet zurückgewiesen.
  - Der angefochtene Bescheid wird aufgehoben / abgeändert. (inhaltliche Ausführung)
- Widerspruchsbescheide müssen begründet werden und bedürfen einer Rechtsmittelbelehrung (§ 85 Abs. 3 SGG / § 73 Abs. 3 VwGO). Hierauf sollte auch in einer Klausur hingewiesen werden. Im Hinblick auf die Begründung kann auf die gutachterliche Lösung verwiesen werden, soweit nicht ausdrücklich eine gesonderte Begründung (dann kein Gutachten, sondern Entscheidungsstil) verlangt wird.

Weitere Hinweise:

- Der Widerspruch nach § 68 VwGO hat (anders als der nach § 86 SGG) nach § 80 VwGO in der Regel aufschiebende Wirkung; beachte aber Ausnahmen, insb. bei Anforderungen von öffentlichen Abgaben und Kosten.
- Die Kostenfreiheit im Bereich der Sozialverwaltung nach dem SGB (§ 64 SGB X) schließt auch das Widerspruchsverfahren mit ein. Kostenerstattung bei Obsiegen für den Widerspruchsführer nach § 63 SGB X.

Anhang 5: Aufbauschema zur Überprüfung privatrechtlicher Ansprüche

1   Klärung der Aufgabenstellung

Wer will was von wem woraus? (ggf. Auslegung)

2   Bestimmung der Anspruchsgrundlage

2.1   Worauf ist der Anspruch gerichtet?

Erfüllung, Schadensersatz, Herausgabe, Unterlassung

2.2   Woraus ergibt sich dieser Anspruch? Auffinden der richtigen Anspruchsgrundlage, Prüfungsreihenfolge:

- vertragliches Schuldverhältnis (z.B. §§ 280 Abs. 1, 433 ff. BGB): Erfüllungs- bzw. Hauptleistungsanspruch und/oder Sekundärleistungsansprüche, zumeist Schadensersatz
- Ansprüche aus gesetzlich geregelter Sonderbeziehung (FamR, ErbR)
- vertragsähnliches Schuldverhältnis (z.B. §§ 122, 179; 280 Abs. 1, 311 Abs. 2 Nr. 1 i.V.m. 241 Abs. 2 BGB)
- Geschäftsführung ohne Auftrag (§§ 677, 681, 687 BGB): Aufwendungsersatz
- sachenrechtliche Ansprüche (z.B. §§ 985, 861, 862, 1004 BGB)
- Haftung nach Deliktsrecht (z.B. §§ 823, 831 BGB): Schadensersatz
- Ansprüche aus Bereicherungsrecht (z.B. §§ 812, 816 BGB): Herausgabe oder Wertersatz

3   Prüfung der Anspruchsgrundlage

(hier am Beispiel des vertraglichen Anspruchs aus Kaufvertrag §§ 433 ff. BGB)

3.1   Ist der Anspruch entstanden?

- Wirksame Willenserklärungen
- objektiver Tatbestand: Abgabe bzw. zurechenbare Äußerung, ausdrücklich oder konkludent, Schweigen nur in bestimmten Fällen relevant; Abgrenzung zur Gefälligkeit;
- subjektiver Tatbestand: Handlungswille, Rechtsbindungs-/Geschäftswille, Fehlen bewusster Willensmängel nach §§ 116–118 BGB.
- Vertragsschluss/übereinstimmende Willenserklärungen (§§ 145 ff. BGB):
- Angebot, Annahme; Zugang (beachte aber § 151 BGB); Dissens; Auslegung der Willenserklärungen (§§ 133, 157 BGB);

■ Stellvertretung (§§ 164 ff. BGB);
  (1) Zulässigkeit der Stellvertretung (nicht bei höchstpersönlichem Geschäft
      z. B. Eheschließung)
  (2) eigene Willenserklärung des Vertreters
  (3) Handeln in fremden Namen (Offenkundigkeitsprinzip)
  (4) Vertretungsmacht (aus Gesetz, Rechtsgeschäft, Rechtsschein).

■ Keine sonstigen rechtshindernden Einwendungen, z. B.
  – Geschäftsunfähigkeit (§ 105 BGB),
  – beschränkte Geschäftsfähigkeit (§§ 107, 108 Abs. 1, 184, 1629 BGB),
  – Formmangel (§ 125 BGB, z. B. § 313 S. 1 BGB),
  – gesetzliches Verbot (§ 134 BGB),
  – Sittenwidrigkeit und Wucher (§ 138 BGB), Teilnichtigkeit (§ 139 BGB),
  – anfängliche objektive Unmöglichkeit (§ 306 BGB).

3.2   Ist der Anspruch infolge rechtsvernichtender Einwendungen erloschen?

■ Erfüllung und ihre Surrogate (§§ 362 ff. BGB);
■ Hinterlegung (§ 378 BGB),
■ Aufrechnung (§ 389 BGB),
■ Parteivereinbarung (Aufhebung; Erlass, § 397 BGB).
■ Ausgeübte Gestaltungsrechte:
  – Widerruf (z. B. §§ 312, 312d, 355, 671 Abs. 1 BGB),
  – Anfechtung § 119 BGB (Statthaftigkeit, Erklärung, Grund, Frist, kein Ausschlusstatbestand),
  – Rücktritt (§ 346 S. 1 BGB, insb. Unmöglichkeit, Verzug),
  – Kündigung (z. B. § 314 BGB; § 564 Abs. 2 BGB).
■ Leistungsstörung / Unmöglichkeit: §§ 275, 326 BGB
■ Wechsel der Berechtigung auf Gläubiger- oder Schuldnerseite: §§ 398 S. 2, 414 BGB
■ Treu und Glauben, § 242 BGB (z. B. Wegfall der Geschäftsgrundlage)

3.3   Anspruch durchsetzbar

■ Verjährungseinrede (§ 214 BGB)
■ Einrede der Nichterfüllung (§ 320 BGB)
■ Einrede der Stundung oder sonstige die Durchsetzung hemmende Vereinbarungen
■ Zurückbehaltungsrecht (§§ 273, 1000 BGB)
■ Mängeleinrede (§ 438 IV BGB)
■ Bürgeneinrede (§ 770 BGB)
■ Bereicherungseinrede (§ 821 BGB)
■ kein Verstoß gegen die guten Sitten (§ 242 BGB)

Anhang 6: Prüfungsschema für die strafrechtliche Fallbearbeitung (Grunddelikt)

1   Tatbestandsmäßigkeit

1.1   Objektiver Tatbestand:

▪ Tatsubjekt

▪ Tatobjekt

▪ Tathandlung (bzw. Unterlassen, § 13 StGB)

▪ Handlungs-/Taterfolg

⎤
⎥ Kausalität und
⎥ objektiver
⎥ Zurechnungs-
⎦ zusammenhang

1.2   Subjektiver Tatbestand (wird bei der Versuchstat vor dem obj. TB geprüft)

▪ Vorsatz = Wissen und Wollen in Bezug auf alle Merkmale des obj. Tatbestandes.

▪ Fahrlässigkeit = Außerachtlassen der im Verkehr und den persönlichen Verhältnissen entsprechenden Sorgfalt (ojektive Sorgfaltspflichtverletzung, obj. Vorhersehbarkeit der TB-Verwirklichung). Nur wenn Strafbarkeit ausdrücklich normiert (z. B. §§ 222, 229, 306d ff., 315c Abs. 5) auch

▪ beachte § 16 StGB Irrtumsregel

▪ bei einer versuchten Straftat wird wegen Ausbeiben des Taterfolgs der subjektive (Tatentschluss) vor dem objektiven Tatbestand (unmittelbares Ansetzen zur TB-Verwirklichung) gepfrügt.

2   Rechtswidrigkeit

Bei Verwirklichung des Tatbestandes ist das Unrecht grundsätzlich indiziert, Ausnahmen:

▪ bei der Nötigung muss die Verwerflichkeit positiv festgestellt werden (§ 240 Abs. 2 StGB)

▪ Vorliegen von Rechtfertigungsgründen

3   Schuld

Bei Vorliegen einer tatbestandlichen und rechtswidrigen Handlung eines Erwachsenen wird die Schuld grundsätzlich unterstellt, Ausnahmen:

▪ Vorliegen von Schuldausschlussgründen

▪ Vorliegen von Entschuldigungsgründen

4   Spezielle Strafbarkeitsvoraussetzungen – Fehlen von Strafbarkeitshindernissen

- objektive Bedingungen der Strafbarkeit
- Strafantrag
- keine Strafausschließungs- und Strafaufhebungsgründe
- keine Verfolgungsverjährung

Weitere Hinweise zur Bearbeitung von Strafrechtsfällen:

- keine abstrakte Prüfung von Einzelphänomenen und Fragen aus dem allgemeinen Teil des Strafrechts (z. B. Täterschaft oder Teilnahme; Vollendung oder Versuch; Rechtswidrigkeit oder Schuld), sondern immer nur konkret im Hinblick auf eine bestimmte Person und einen bestimmten Straftatbestand
- bei mehreren Beteiligten Täterschaft vor Teilnahme, tatnäherer vor tatferneren Personen;
- Begehungs- vor Unterlassungsdelikten;
- Vorsätzliche Begehung vor Fahrlässigkeitstaten;
- Erfolgsdelikte vor Gefährdungsdelikten;
- Grunddelikte vor Qualifizierung und Privilegierungen (z. B. § 212 StGB vor § 211 StGB)

Anhang 7: Literatur

Ackermann, A., Medjedović, I., Witzel, A. (2004): Betreuungsrecht und Betreuungspraxis. Zeitschrift für Rechtssoziologie, 191 ff.

Alexander, N., Gottwald, W., Trenczek, T. (2006): Mediation in Germany. In: Alexander, N. (Hrsg.): Global Trends in Mediation, Köln, 285 ff.

Amato, P. R. (2001): Children of Divorce in the 1990s. Journal of Family Psychology 15, 355 ff.

Amelung, K. (1995): Vetorechte beschränkt Einwilligungsfähiger in Grenzbereichen medizinischer Intervention, Berlin

Arbeitskreis Inobhutnahme in der IGfH – AKI-IGfH (2009): Inobhutnahme konkret, Pädagogische Aspekte der Arbeit in der Inobhutnahme und im Kinder- und Jugendnotdienst, Frankfurt

Balloff, R. (2004): Kinder vor dem Familiengericht, München

–, Koritz, N. (2006): Handreichung für Verfahrenspfleger, Stuttgart

Bals, N., Hilgartner, C., Bannenberg, B. (2005): Täter-Opfer-Ausgleich im Erwachsenenbereich, Bad Godesberg

Banafsche, M. (2010): Das Recht der Leistungserbringung in der Kinder- und Jugendhilfe zwischen Korporatismus und Wettbewerb, Hamburg

Bänfer, M., Tammen, B. (2006): Aufsichtspflicht. Schutz von Kindern und Jugendlichen in der Erziehungshilfe. AFET-Veröffentlichung Nr. 65, Hannover

Bauer, A., Klie, T., Lütgens, K. (Hrsg.) (2011): Heidelberger Kommentar zum Betreuungs- und Unterbringungsrecht. 78. Auflage, Heidelberg (zit.: Bauer et al./Bearbeiter)

Baumbach, A., Hartmann, P. (2010): Zivilprozessordnung mit FamFG, GVG. 68. Auflage, München

Bäumel, D. (2009): Das neue Familienrecht, Freiburg/Berlin/München

Bayerisches Landesjugendamt (2001): Trennung und Scheidung. Arbeitshilfe für die Praxis der Jugendhilfe zu den Beratungs- und Mitwirkungsaufgaben gem. §§ 17, 18 Abs. 3, 50 SGB VIII, München

Behlert, W. (1990): Recht als Form sozialen Lebens. ZfR-Soz, 18 ff.

– (2002): Zuwanderung und Menschenrechte. In: Jahrbuch Menschenrechte 2003, Frankfurt, 324 ff.

–, Hoffmann, H. (2004): Qualitätssicherung im Bereich bestellter Vormundschaften und Pflegschaften. Das Jugendamt, 345 ff.

Benassi, G. (2005): Die Bedeutung der humanitären Aufenthaltsrechte des § 25 Abs. 4 und 5 AufenthG im Lichte des Art. 8 EMRK. Informationsbrief Ausländerrecht, 397 ff.

Besemer, C. (1999): Mediation. 6. Auflage, Königsfeld

Bettinger, f., Stehr, J. (2009): Zur neuen Kultur der Kontrolle in Städten, Zeitschrift für Jugendkriminalrecht und Jugendhilfe 3, 252 ff.

Birtsch, V., Münstermann, K., Trede, W. (Hrsg.) (2001): Handbuch Erziehungshilfen, Münster

Blanke, B., Bandemer, S. v., Nullmeier, f., Wewer, G. (Hrsg.) (2001): Handbuch zur Verwaltungsreform. 2. Auflage, Opladen

Bley, H., Kreikebohm, R., Marschner, A. (2007): Sozialrecht. 9. Auflage, Neuwied

Boehme-Neßler, V. (2005): Hypertext und Recht. Rechtstheoretische Anmerkungen zum Verhältnis von Sprache und Recht im Internetzeitalter. Zeitschrift für Rechtssoziologie, 161 ff.

Boetticher, A. v., Tammen, B. (2003): Die Schiedsstelle nach dem Bundessozialhilfegesetz: Vertragshilfe oder hoheitliche Schlichtung? Beiträge zum Recht der sozialen Dienste und Einrichtungen 2003 (54), 28 ff.

–, Münder, J. (2009): Kinder- und Jugendhilfe und europäischer Binnenmarkt, Baden-Baden

Böllinger, L., Stöver, H. (2002): Drogenpraxis – Drogenrecht – Drogenpolitik. 5. Auflage, Frankfurt

–, Jasch, M., Kraasmann, S., Pilgram, A., Prittwitz, C., Reinke, H., Rzepka, D. (Hrsg.) (2010): Gefährliche Menschenbilder, Baden-Baden

Borchardt, K.-D. (2010): Das ABC des Rechts der Europäischen Union, Luxemburg

Borth, H. (2009): Das Gesetz zur Strukturreform des Versorgungsausgleichs. FamRZ, 562 ff.

Böttner, S. (2004): Der Rollenkonflikt der Bewährungshilfe in Theorie und Praxis, Baden-Baden

Boulle, L. (1996): Mediation. Principles, Process, Practice, Sydney

Brandt, E. (1988): Die Bedeutung des Subsidiaritätsprinzips für Entpoenalisierungen im Kriminalrecht, Ammersbek bei Hamburg

Bringewat, P. (1997): Tod eines Kindes – Soziale Arbeit und strafrechtliche Risiken, Baden-Baden

Brühl, A., Deichsel, W., Nothacker, G. (2005): Strafrecht und Soziale Praxis, Stuttgart

–, Fasselt, U., Frings, D., Kessler, R., Nothacker, G., Sauer, J., Schellhorn, H., Schoch, D., Winkler, J. (2007): Handbuch Sozialrechtsberatung – HSRB. 2. Auflage, Baden-Baden

Brünger, M., Naumann, A., Schepker, R. et al. (2010): Empfehlungen zum Umgang mit freiheitsentziehenden Maßnahmen bei der Behandlung von Kindern und Jugendlichen. JAmt 2010, 345 ff.

Bundesarbeitsgemeinschaft der Landesjugendämter – BAGLJÄ (2006): Empfehlungen zur Adoptionsvermittlung. 5. Auflage, Kiel

Bundesarbeitsgemeinschaft für ambulante Maßnahmen nach dem Jugendrecht – BAG NAM (Hrsg.) (2000): Neue Ambulante Maßnahmen. Grundlagen – Hintergründe – Praxis, Bonn

Bundesarbeitsgemeinschaft Täter-Opfer-Ausgleich e. V. – BAG TOA (TOA-Servicebüro) (Hrsg.) (2006): TOA-Standards – Qualitätskriterien für die Praxis des Täter-Opfer-Ausgleichs, Köln (vgl. neueste Version unter http://www.ausgleichende-gerechtigkeit.de)

Bundeskriminalamt – BKA (2010): Polizeiliche Kriminalstatistik 2009, Bundesrepublik Deutschland. In: www.bka.de, 30.05.2011

Bundesministerium der Justiz – BMJ (Hrsg.) (2009): Leitfaden zum Vereinsrecht, Berlin

– (Hrsg.) (2011): Erben und Vererben. Stand April 2011. In: http://www.bmj.de/SharedDocs/Downloads/DE/broschueren_fuer_warenkorb/DE/Erben_und_Vererben.html, 15.06.2011

Bundesministerium des Innern (Hrsg.) (2009): Migrationsbericht des Bundesamtes für Migration und Flüchtlinge im Auftrag der Bundesregierung, Nürnberg (zit.: Migrationsbericht 2009)

–, Bundesministerium der Justiz – BMI/BMJ (2006): Zweiter periodischer Sicherheitsbericht, Berlin

Bundesministerium für Arbeit und Soziales – BMAS (Hrsg.) (2010a): Rehabilitation und Teilhabe behinderter Menschen, Berlin

– (2010b): Sozialbudget 2009, Berlin

– (2010c): Übersicht über das Sozialrecht, Nürnberg

–, BW Bildung und Wissen Verlag und Software GmbH (Hrsg.) (2011/2012): Übersicht über das Sozialrecht, Nürnberg

Bundesministerium für Familie, Senioren, Frauen und Jugend – BMFSFJ (Hrsg.) (2008): Jugendschutzgesetz und Jugendmedienschutz – Staatsvertrag der Länder

Bundesministerium für Gesundheit und Soziale Sicherung – BMGS (2005): Übersicht über das Sozialrecht, Nürnberg

Bundeszentrale für Politische Bildung (Hrsg.) (2010): „Recht A – Z" Fachlexikon für Studium und Beruf, Bonn

Christie, N. (1977): Conflicts as Property. British Journal of Criminology, 5 ff.

Coester, M. (2005): Verfassungsrechtliche Vorgaben für die gesetzliche Ausgestaltung des Sorgerechts nicht miteinander verheirateter Eltern. Familie Partnerschaft Recht, 60 ff.

– (2008): Inhalt und Funktionen des Begriffs der Kindeswohlgefährdung – Erfordernis einer Neudefinition? Das Jugendamt, 1 ff.

Conen, M.-L. (2007): Eigenverantwortung, Freiwilligkeit und Zwang. Zeitschrift für Jugendkriminalrecht und Jugendhilfe (ZJJ), 370 ff.

Conradis, W. (2005a): Eingliederungshilfe für behinderte Menschen. In: Rothkegel, R. (Hrsg.) 2005a, 442 ff.

– (2005b): Hilfe in besonderen Lebenslagen. In: Rothkegel, R. (Hrsg.) 2005a, 433 ff.

– (2005c): Hilfen zur Gesundheit. In: Rothkegel, R. (Hrsg.) 2005a, 456 ff.

– (2005d): Hilfe zur Pflege. In: Rothkegel, R. (Hrsg.) 2005a, 449 ff.

Cornel, H. (2009): Strafvollzug. In: Cornel, H., Kawamura-Reindl, G., Maelicke, B., Sonnen, B.-R.. (Hrsg.), 292 ff.

–, Kawamura-Reindl, G., Maelicke, B., Sonnen, B.-R. (Hrsg.) (2009): Resozialisierung. Handbuch. 3. Auflage, Baden-Baden

Dahrendorf, R. (1961): Die Funktion sozialer Konflikte. In: Dahrendorf, R. (Hrsg.): Gesellschaft und Freiheit, München, 112 ff.

Damrau, J., Zimmermann, W. (2011): Betreuungsrecht. Kommentar zum materiellen und formellen Recht. 4. Auflage, Stuttgart

Däubler, W. (2006): Arbeitsrecht. 6. Auflage, Frankfurt/M.

– (2008): BGB kompakt. 3. Auflage, München

–, Bertzbach, M. (2007): Allgemeines Gleichbehandlungsgesetz. Handkommentar, Baden-Baden

Degener, T., Dern, S., Dieball, H., Frings, D., Oberlies, D., Zinsmeister, J. (2008): Antidiskriminierungsrecht, Frankfurt

Dethloff, N. (2009): Familienrecht. 4. Auflage, München

Dettenborn, H. (2010): Kindeswohl und Kindeswille. 3. Auflage, München/Basel

Deutsch, E., Spieckhoff, A (2008): Medizinrecht. 6. Auflage, Berlin

Deutscher Ethikrat (2009): Das Problem der anonymen Kindesabgabe, Berlin

Deutsches Jugendinstitut (2006): Handbuch Kindeswohlgefährdung nach § 1666 BGB und Allgemeiner Sozialer Dienst (ASD), München

Diering, B., Timme, H., Waschull, D. (Hrsg.) (2010): Sozialgesetzbuch X, Sozialverwaltungsverfahren und Sozialdatenschutz. Lehr- und Praxiskommentar. 3. Auflage, Baden-Baden

Diez, H. (2004): Werkstattbuch Mediation, Köln

–, Krabbe, H., Thomsen, C. (2002): Familienmediation und Kinder. Grundlagen, Methodik, Techniken, Köln

Dillmann, f. (2008): Allgemeines Sozialverwaltungsrecht und Grundzüge des sozialrechtlichen Verfahrens, Stuttgart

Dölling, D., Duttge, G., Rössner, D. (2011): Gesamtes Strafrecht. StGB – StPO – Nebengesetze. 2. Auflage, Baden-Baden

Dreier, H. (Hrsg.) (2007): Grundgesetz Kommentar. Bd. I (Art. 1 – 19) 2004. Bd. III (Art. 83 – 146), Tübingen 2000, Supplementum 2007 (zit.: Dreier/Bearbeiter)

Dreier, R. (1991): Staat – Recht – Vernunft, München

Duchrow, J., Spieß, K. (2005): Flüchtlings- und Asylrecht. 2. Auflage, München

Dünkel, f. (1997): Zur Schädlichkeit von schädlichen Neigungen. Neue Kriminalpolitik, 34 ff.

Durkheim, E. (1977): Über die Teilung der sozialen Arbeit (1895). Neuauflage, Frankfurt

DVJJ (Hrsg.) (2002): Vorschläge für eine Reform des Jugendstrafrechts. Abschlussbericht der 2. Jugendstrafrechtsreform-Kommission (Mitverfasser). DVJJ-Journal extra 5, Hannover

Eckert, M., Wallstein, C. (2002): Das neue Arbeitsvertragsrecht, München

Eichenhofer, H. (2004): Sozialrecht. 5. Auflage, Tübingen
– (2005): Gesellschaftliche und gesamtwirtschaftliche Bedeutung der Sozialhilfe. In: Rothkegel, R. (Hrsg.) 2005a, 11 ff.
– (2010): Sozialrecht der Europäischen Union, Berlin

Eisenberg, U. (2005): Kriminologie. 6. Auflage, München
– (2010): JGG. Kommentar. 14. Auflage, München

Entringer, f., Josephi, K., Witt, K. de (2003): Projekt „Gerichtsnahe Mediation in Niedersachsen". Modell eines am Gericht angesiedelten Mediationsverfahrens. Betrifft JUSTIZ 73 (2003), 24 ff.

Epping, V. (2010): Grundrechte. 4. Auflage, Heidelberg

Evaluationsbericht (2006): Bericht zur Evaluierung des Gesetzes zur Steuerung und Begrenzung der Zuwanderung und zur Regelung des Aufenthalts und der Integration von Unionsbürgern und Ausländern (Hg. v. Bundesministerium des Innern im Juli 2006) (unveröffentlicht), o. O. (Berlin)

Feest, J. (2004): Internationale Standards für den Jugendstrafvollzug. In: Pollähne, H., Bammann, K., Feest, J. (Hrsg.): Wege aus der Gesetzlosigkeit, Godesberg, 69 ff.

Fegert, J., Späth, K., Salgo, L. (Hrsg.) (2001): Freiheitsentziehende Maßnahmen in der Kinder und Jugendhilfe und Kinder- und Jugendpsychiatrie, Münster

Fichte, W., Plagemann, H., Waschull, D. (Hrsg.) (2008): Sozialverwaltungsverfahrensrecht. Handbuch, Baden-Baden

Fieseler, G., Herboth, R. (2010): Recht der Familie und Jugendhilfe. 7. Auflage, Neuwied

Fischer, J. (2005): Die Modernisierung der Jugendhilfe im Wandel des Sozialstaates, Wiesbaden

Fischer, R. (2003): Nichteheliche Lebensgemeinschaft, Baden-Baden

Fisher, R., Ury, W. (1981): Getting to Yes. Negotiating agreement without giving in, Boston

Förster, K., Dreßling, H. (2008): Psychiatrische Begutachtung: ein praktisches Handbuch für Ärzte und Juristen. 5. Auflage, München

Francke, K., Dörr, G. (2010): Verfahren nach dem Sozialgerichtsgesetz. 2. Auflage, Stuttgart

Frehsee, D. (1991): Täter-Opfer-Ausgleich aus rechtstheoretischer Perspektive. In: Bundesministerium der Justiz (Hrsg.): Täter-Opfer-Ausgleich – Bonner Symposium, Bonn, 51 ff.

Frings, D. (2008): Sozialrecht für Zuwanderer, Baden-Baden
–, Knösel, P. (2005): Das neue Ausländerrecht, Frankfurt

Fröschle, T. (2009): Studienbuch Betreuungsrecht. 2. Auflage, Köln

Fuchs, M. (2010): Europäisches Sozialrecht. Kommentar. 5. Auflage, Baden-Baden

Galtung, J. (1984): Institutionalisierte Konfliktlösung. In: Galtung, J. (Hrsg.): Strukturelle Gewalt, Reinbek bei Hamburg, 129 ff.

Goffman, E. (1973): Asyle. Über die soziale Situation psychiatrischer Patienten und anderer Insassen, Frankfurt/M. (orig.: Asylums. Essays on the Social Situation of Mental Patients and other Inmates, Chicago 1961)

Gottlieb, H.-D. (2001): Die Schiedsstellen nach dem Sozialgesetzbuch. Nachrichtendienst des Deutschen Vereins, 257 ff.

Gottwald, W. (1981): Streitbeilegung ohne Urteil, Tübingen

Götz, V. (2008): Allgemeines Polizei- und Ordnungsrecht. 14. Auflage, München

Gramm, C., Pieper S. (2008): Grundgesetz, Bürgerkommentar, Baden-Baden

Greger, R. (2007): Abschlussbericht zum Forschungsprojekt Außergerichtliche Streitbeilegung in Bayern. In: http://www.reinhard-greger.de/aber/gueterichter-abschlussbericht.pdf, 16.06.2011

Grimm, D., Kirchhof, P., Eichberger, M. (2007): Entscheidungen des Bundesverfassungsgerichts. Studienauswahl. 2 Bände. 3. Auflage, Tübingen

Grosser, R., Maelicke, B. (2009): Bewährungshilfe. In: Cornel, H., Kawamura-Reindl, G., Maelicke, B., Sonnen, B. R. (Hrsg.), 180 ff.

Grube, Ch., Wahrendorf, V. (Hrsg.) (2008): SGB XII. Sozialhilfe. Kommentar. 2. Auflage, München

Grziwotz, H. (1998): Partnerschaftsverträge für nichteheliche Lebensgemeinschaften, München

Habermas, J. (1971): Der Universalitätsanspruch der Hermeneutik. In: Apel, K.O., v.a. (Hrsg.): Hermeneutik und Ideologiekritik, Frankfurt, 120 ff.
– (1992): Faktizität und Geltung. 2. Auflage, Frankfurt

Haibach, R., Haibach, U. (2005): Trennung und Scheidung. 4. Auflage, Bonn

Hailbronner, K., Maaßen, H.-G., Renner, G. (2010): Staatsangehörigkeitsrecht. Kommentar. 5. Auflage, München

Haltern, U. (2007): Europarecht, Tübingen

Hanak, G., Stehr, J., Steinert, H. (1989): Ärgernisse und Lebenskatastrophen. Über den alltäglichen Umgang mit Kriminalität, Bielefeld

Hassemer, W. (2008): Strafrecht. Sein Selbstverständnis, seine Welt, Berlin
– (2009): Warum Strafe sein muss. Ein Plädoyer, Berlin

Hausmann, R., Hohloch, G. (Hrsg.) (2004): Das Recht der nichtehelichen Lebensgemeinschaft. Handbuch, Berlin

Hausmanninger, T. (2003): Handeln im Netz, Neuwied

Hegel, G.W.F. (1821): Grundlinien der Philosophie des Rechts, Berlin 1981

Heinhold, H., Classen, G. (2004): Das Zuwanderungsgesetz. Hinweise für die Flüchtlingssozialarbeit, Karlsruhe

Heinz, W. (2004): Die neue Rückfallstatistik – Legalbewährung junger Straftäter. Zeitschrift für Jugendkriminalrecht und Jugendhilfe, 35 ff.

– (2007): „Besorgniserregend", „dramatisch"... Einige aktuelle Daten zur Einordnung und Bewertung der kriminalpolitischen Diskussion. Zeitschrift für Jugendkriminalrecht und Jugendhilfe, 55 ff.

Hettlage, R. (1998): Familienreport. Eine Familienform im Umbruch. 2. Auflage, München

Heyer, H.-U. (2010): Restschuldbefreiung und Verbraucherinsolvenz in der Praxis. Handbuch für Berater und Gläubiger, Regensburg

Hoffmann, B. (2009): Personensorge, Baden-Baden

–, Trenczek, T. (2011): Freiheitsentziehende Unterbringung „minderjähriger" Menschen in Einrichtungen der Kinder- und Jugendhilfe. JAmt, 177 ff.

Hoffmann, H. (2007): Altfall = Bleiberecht? Asylmagazin 7–8/2007

Höflich, P. (2000): Neue Anforderungen an die Sozialarbeiter im Strafvollzug. In: Lehmann, K.-H. (Hrsg.): Recht sozial, Hannover, 171 ff.

Hofmann, H. (2000): Einführung in die Rechts- und Staatsphilosophie, Darmstadt

Hohm, K.-H. (Hrsg.) (2010): Kommentar zum Asylbewerberleistungsgesetz. Loseblattsammlung. Stand: Juli 2010, Köln

Hohmann, J., Morawe, D. (2001): Praxis der Familienmediation, Köln

Hoops, S., Permien, H. (2006): „Mildere Maßnahmen sind nicht möglich!" Freiheitsentziehende Maßnahmen nach § 1631b BGB in Jugendhilfe und Jugendpsychiatrie, München

Hörnle, T. (2004): „Justice as Fairness" – Ein Modell auch für das Strafverfahren? Rechtstheorie 35, 2004, 175 ff.

– (2006): Die Rolle des Opfers in der Straftheorie und im materiellen Strafrecht, JZ, 950 ff.

Höynck, T., Neubacher, f., Schüler-Springorum, H. (2001): Internationale Menschenrechtsstandards und das Jugendkriminalrecht, Berlin

Hromadka, W., Maschmann, f. (2008): Arbeitsrecht. Band 1: Individualarbeitsrecht. 4. Auflage, Heidelberg, New York

–, – (2007): Arbeitsrecht. Band 2: Kollektivarbeitsrecht. Arbeitsstreitigkeiten. 4. Auflage, Heidelberg/New York

Institut für soziale Arbeit e. V. Münster – ISA (2006): Der Schutzauftrag bei Kindeswohlgefährdung – Arbeitshilfe zur Kooperation zwischen Jugendamt und Trägern der freien Kinder- und Jugendhilfe, Münster

Ipsen, J. (2009): Staatsrecht II. 12. Auflage, Neuwied

Jansen, D. (1988): Parteiautonomie im Vermittlungsverfahren? Empirische Ergebnisse zum Güteverfahren vor dem Schiedsmann. Zeitschrift für Soziologie, 328 ff.

Jarass, H. D. (2010): Charta der Grundrechte der Europäischen Union unter Einbeziehung der vom EuGH entwickelten Grundrechte und der Grundrechtsregelungen der Verträge, München

–, Pieroth, B. (2010): Grundgesetz für die Bundesrepublik Deutschland. Kommentar. 11. Auflage, München

Jehle, J.-M., Heinz, W., Sutterer, P. (2003): Legalbewährung nach strafrechtlichen Sanktionen, Berlin

Jestaedt, M. (2011): Das Kinder- und Jugendhilferecht und das Verfassungsrecht. In: Münder, J., Wiesner, R., Meysen, T. (Hrsg.): Handbuch des Jugendhilferechts 2011, 101 ff.

Jordan, E. (2001): Zwischen Kunst und Fertigkeit – Sozialpädagogisches Können auf dem Prüfstand. Zentralblatt für Jugendrecht, 48 ff.

– (2005): Kinder- und Jugendhilfe. Einführung in Geschichte und Handlungsfelder, Organisationsformen und gesellschaftliche Problemlagen. 2. Auflage, Weinheim/München

– (2008): Kindeswohlgefährdung – Rechtliche Neuregelungen und Konsequenzen für den Schutzauftrag der Kinder- und Jugendszene. 3. Auflage, Weinheim

Jurgeleit, A. (Hrsg.) (2010): Freiwillige Gerichtsbarkeit. Handbuch, Baden-Baden

Kähler, H. (2005): Soziale Arbeit in Zwangskontexten. Wie unerwünschte Hilfe erfolgreich sein kann, München

Kant, I. (1788): Kritik der praktischen Vernunft. Werkausgabe Band VII (Hrsg. Weischedel, W.), Frankfurt

– (1797): Die Metaphysik der Sitten. Werkausgabe Band VIII (Hrsg. Weischedel, W.), Frankfurt

Kawamura-Reindl, G. (2009): Gemeinnützige Arbeit zur Vermeidung der Vollstreckung von Ersatzfreiheitsstrafen. In: Cornel, H., Kawamura-Reindl, G., Maelicke, B., Sonnen, B.-R. (Hrsg.), 220 ff.

Kelsen, H. (1960): Reine Rechtslehre. 2. Auflage, Wien

Kemper, R. (2008): Das neue Unterhaltsrecht, Köln

Kinderschutz-Zentrum Berlin (2009): Kindeswohlgefährdung – Erkennen und Helfen. 10. Auflage, Berlin

Kindhäuser, U. (2009): Strafgesetzbuch. Lehr- und Praxiskommentar. 4. Auflage, Baden-Baden

Kindler, H., Lillig, S., Blüml, H., Meysen, T., Werner, A. (Hrsg.) (2006): Handbuch Kindeswohlgefährdung nach § 1666 BGB und Allgemeiner Sozialer Dienst (ASD). DJI, München

–, Permien, H., Hoops, H. (2007): Geschlossene Formen der Heimunterbringung als Maßnahme der Kinder- und Jugendhilfe. ZJJ, 277 ff.

Klier, R., Brehmer, M., Zinke, S. (2002): Jugendhilfe im Strafverfahren – Jugendgerichtshilfe, 2. Auflage, Berlin

Koch, E. (Hrsg.) (2010): Handbuch Unterhaltsrecht, München

Kokemoor, A. (2010): Sozialrecht. 4. Auflage, Köln/Berlin/München

Kopp, f., Schenke, W.-R. (2003): Verwaltungsgerichtsordnung. Kommentar. 13. Auflage, München

Körner, H.-H. (2007): Betäubungsmittelgesetz – Arzneimittelgesetz. Kommentar. 6. Auflage, München

Kornmacher, S. (2004): Chancen und Risiken der eingetragenen Lebenspartnerschaft. Rechtliche Auswirkungen und Gestaltungsmöglichkeiten, Norderstedt

Krabbe, H. (2008): Rosenkriege – Ist Mediation mit hochstrittigen Scheidungspaaren möglich? Zeitschrift für Konfliktmanagement, 49 ff.

Krahmer, U., Stähler, T. (2010): Sozialdatenschutz nach SGB I und X. 3. Auflage, Köln

Krölls, A. (2002): Das Betreuungsrecht im Zeichen der Entwicklung des Sozialsystems. Betreuungsrechtliche Praxis, 140 ff.

Kunkel, P.-C. (2004): Hat der Jugendgerichtshelfer ein Zeugnisverweigerungsrecht im Strafprozess? ZJJ 2004, 425

– (2006a): Adoptionsverfahren und Verwaltungsrecht. In: Paulitz, H. (Hrsg.), 181 ff.

– (2006b): Jugendhilferecht. Systematische Darstellung für Studium und Praxis. 5. Auflage, Baden-Baden

Laubenthal, K. (2008): Strafvollzug. 5. Auflage, Berlin

– (2011): Strafvollzug, Berlin

Lecheler, H. (2001): § 133: Schutz von Ehe und Familie. In: Isensee, J., Kirchhof, P. (Hrsg.): Handbuch des Staatsrechts. Bd. IV. 2. Auflage, Heidelberg, 21 ff.

Locke, J. (1689): Zwei Abhandlungen über die Regierung. Buch II. Neuauflage 1967, Frankfurt

Lorz, R.A. (2010): Expertise „Nach der Rücknahme der deutschen Vorbehaltserklärung: Was bedeutet die uneingeschränkte Verwirklichung des Kindeswohlvorrangs nach der UN-Kinderrechtskonvention im deutschen Recht?" National Coalition für die Umsetzung der UN-Kinderrechtskonvention in Deutschland (Hrsg.), Berlin

Luhmann, N. (1970): Positivität des Rechts als Voraussetzung einer modernen Gesellschaft. In: Lautmann, R., Maihofer, W., Schelsky, H. (Hrsg.): Die Funktionen des Rechts in einer modernen Gesellschaft. Jahrbuch für Rechtssoziologie und Rechtstheorie. Bd. I, Bielefeld, 175 ff.

– (1981): Ausdifferenzierung des Rechts, Frankfurt

– (2006): Legitimation durch Verfahren. 6. Auflage, Frankfurt

Maas, U. (1996): Soziale Arbeit als Verwaltungshandeln. 2. Auflage, Weinheim

Maelicke, B., Thier, S. (2009): Gerichtshilfe. In: Cornel, H., Kawamura-Reindl, G., Maelicke, B., Sonnen, B.-R. (Hrsg.), 173 ff.

Manssen, G. (2010): Staatsrecht II. 7. Auflage, München

Marschner, R., Volckart, B., Lesting, W., (2010): Freiheitsentziehung und Unterbringung. Kommentar. 5. Auflage, München (zit.: Marschner et al./Bearbeiter)

Marx, A. (2000): Mediation (Konfliktvermittlung) bei Adoptionen. In: Paulitz, H. (Hrsg.): Adoption, Positionen, Impulse, Perspektiven, München, 302 ff.

– (2009): Familie und Recht im Islam – zwischen Tradition und Moderne. In: Oxenknecht-Witzsch, R., Ernst, R., Horlbeck, M. (Hrsg.): Soziale Arbeit und Soziales Recht, Köln, 3 ff.

– (2011): Familienrecht für soziale Berufe, Köln

Marx, K. (1857): Ökonomische Manuskripte 1857. 58. Marx Engels Werke. Band 42. Neuauflage, Berlin

Marx, R. (1993): Die Drittstaatenregelung des Art. 16a II GG aus verfassungsrechtlicher sowie völkerrechtlicher Sicht (unveröffentlichtes Gutachten)

– (2005): Ausländer- und Asylrecht. 2. Auflage, Bonn

Maturana, H. R., Varela, f. J. (1987): Der Baum der Erkenntnis, Bern

Maurer, H. (2008) Verwaltungsrecht. 17. Auflage, München

Meier, B.-D. (2006): Strafrechtliche Sanktionen. 2. Auflage, Berlin

–, Rössner, D., Schöch, H. (2003): Jugendstrafrecht, München

Merchel, J. (1998): Qualität in der Jugendhilfe, Münster

Meyer-Goßner, L. (2010): Strafprozessordnung, Gerichtsverfassungsgesetz, Nebengesetze und ergänzende Bestimmungen. Kommentar. 53. Auflage, München

Meysen, T. (2002): Datenschutz im Fachteam bei der Hilfeplanung. Das Jugendamt, 55 ff.

–, Balloff, R., Finke, f., Kindermann, E., Niepmann, B., Rakete-Dombek, I., Stötzel, M. (Hrsg.) (2009): Das Familienverfahrensrecht – FamFG. Praxiskommentar, Köln

–, Schindler, G. (2004): Schutzauftrag bei Kindeswohlgefährdung: Hilfreiches Recht beim Helfen. JAmt, 449 ff.

Mielitz, C. (2006): Anonyme Kindesabgabe. Babyklappe, anonyme Übergabe und anonyme Geburt zwischen Abwehr- und Schutzgewährrecht, Baden-Baden

Mnookin, R., Kornhauser, L. (1979): Bargaining in the Shadow of the Law – The Case of Divorce. Yale Law Journal, 950 ff.

Mörsberger, T., Restemeier, J. (Hrsg.) (1997): Helfen mit Risiko. Zur Pflichtenstellung des Jugendamts bei Kindesvernachlässigung, Neuwied

Mrozynski, P. (2010): SGB – Allgemeiner Teil. Kommentar. 4. Auflage, München

Münchener Kommentar zum Bürgerlichen Gesetzbuch (Hrsg. Rebmann, K., Säcker, f. J., Rixecker, R.) (2008): Band 8: Familienrecht II (§§ 1589–1921). 5. Auflage, München (zit.: Münchener Kommentar/Bearbeiter)

Münder, J. (1998): Von der Subsidiarität über den Korporatismus zum Markt? Neue Praxis, 3 ff.

– (2001): Bürokratie oder rechtsstaatliche Garantie? Zum Verfahrensrecht im Kinder- und Jugendhilferecht. Jugendhilfe, 136 ff.

– (2005): Verpflichtung anderer. In: Rothkegel, R. (Hrsg.) 2005a, 488 ff.

– (Hrsg.) (2009): Sozialgesetzbuch II – Grundsicherung für Arbeitsuchende. 3. Auflage, Baden-Baden (LPK-SGB II) (zit.: Münder – Bearbeiter)

–, Arborst, C., Berlit, U., Bieritz-Harder, R., Birk, U.A., Brühl, A., Conradis, W., Geiger, U., Hofmann, A., Krahmer, U., Niewald, S., Roscher, f., Schoch, D. (2008): Sozialgesetzbuch XII – Sozialhilfe. 8. Auflage, Baden-Baden (LPK-SGB XII) (zit.: Münder – Bearbeiter)

–, Ernst, R. (2009): Familienrecht. 6. Auflage, Neuwied

–, Meysen, T., Trenczek, T. (Hrsg.) (2009): Frankfurter Kommentar zum SGB VIII: Kinder– und Jugendhilfe. 6. Auflage, Baden-Baden

–, Mutke, B., Schone, R. (2000): Kindeswohl zwischen Jugendhilfe und Justiz. Professionelles Handeln in Kindeswohlverfahren, Münster

–, Trenczek, T. (2011): Kinder- und Jugendhilferecht – Eine sozialwissenschaftlich orientierte Darstellung. 7. Auflage, Köln

–, Wiesner, R., Meysen, T. (Hrsg.) (2011): Handbuch zum SGB VIII. 2. Auflagen, Baden-Baden

Mutke, B., Seidenstücker, B. (Hrsg.) (2004): Praxisratgeber zur Betreuung und Beratung von Kindern und Jugendlichen, Mehring

Nieuwland, H. van (2007): Abschaffung des Widerspruchsverfahrens in Niedersachsen. Bilanz nach knapp zwei Jahren. NdsVBl. 2/2007, 38 ff.

Nikles, B. W., Roll, S., Spürck, D., Umbach, K. (2003): Jugendschutzrecht – Kommentar zum JuSchG und zum Jugendmedienschutz – Staatsvertrag mit Erläuterungen zur Systematik und Praxis des Jugendschutzes, Neuwied

Oberloskamp, H. (2010): Vormundschaft, Pflegschaft und Beistandsschaft für Minderjährige. 3. Auflage, München

–, Borg-Laufs, M., Mutke, B. (2009): Gutachtliche Stellungnahmen in der sozialen Arbeit. 7. Auflage, Köln

Oelkers, H., Kraeft, C. (2001): Die deutsche internationale Zuständigkeit nach dem Hager Minderjährigenabkommen (MSA). Familie und Recht, 344 ff.

Opielka, M. (2004): Sozialpolitik, Reinbek bei Hamburg

Ostendorf, H. (2004): Das Jugendstrafverfahren. 3. Auflage, Köln

– (2009): Jugendgerichtsgesetz. Kommentar. 8. Auflage, Köln

Palandt (2010): Bürgerliches Gesetzbuch. Bearbeitet von Bassenge u.a.. 69. Auflage, München (zit.: Palandt – Bearbeiter)

Papenheim, H.-G. (2000): Zeugnisverweigerungsrechte der Sozialarbeiter und Sozialpädagogen. In: Lehmann, M. K.-H. (Hrsg.): Recht Sozial, Hannover, 241 ff.

–, Baltes, J., (2010): Verwaltungsrecht für die Soziale Praxis. 22. Auflage, Frechen

Pardey, K.-D. (2009): Betreuungs- und Unterbringungsrecht in der Praxis. 4. Auflage, Baden-Baden

Pasche, J. (2010): Familiensachen mit Auslandsbezug. 2. Auflage, Berlin

Paulitz, H. (1997): Offene Adoption, Freiburg i. Br.

– (Hrsg.) (2006): Adoption. 2. Auflage, München

Perelman, Ch. (1967): Über die Gerechtigkeit, München

Peter, E. (2001): Das Recht der Flüchtlingskinder, Karlsruhe

Peukert, D. (1986): Grenzen der Sozialdisziplinierung. Aufstieg und Krise der deutschen Jugendfürsorge 1878–1932, Köln

Pieplow, L. (1989): Erziehung als Chiffre. In: Walter, M. (Hrsg.): Beiträge zur Erziehung im Jugendkriminalrecht, Köln, 5 ff.

Pieroth, B., Schlink, B. (2010): Grundrechte. Staatsrecht II. 26. Auflage, Heidelberg

Proksch, R. (2004): Theorie und Praxis von Mediation in Familienkonflikten, Köln

Radbruch, G. (1910): Einführung in die Rechtswissenschaft. 9. Auflage 1952, Stuttgart

– (1932): Rechtsphilosophie. Bd. 16 der Gesamtausgabe. Neuauflage 1999, Heidelberg

– (1946): Gesetzliches Unrecht und übergesetzliches Recht. Süddeutsche Juristenzeitung, 105 ff.

Ramsauer, U., Stallbaum, M., Sternal, S. (2005): Bundesausbildungsförderungsgesetz (BAföG). 4. Auflage, München

Rawls, J. (1979): Eine Theorie der Gerechtigkeit, Frankfurt

– (2003): Gerechtigkeit als Fairness, Frankfurt (orig.: Justice as Fairness. The Philosophical Review 67 (1958), 164 ff.)

Richter, I., Schuppert, G. F., Bumke, Ch. (2001): Casebook Verfassungsrecht. 4. Auflage, München

Richter, R., Doering-Striening, G. (2009): Grundlagen des Sozialrechts, Baden-Baden

Riekenbrauk, K. (2004): Strafrecht und Soziale Arbeit. 2. Auflage, München

Rifkin, J. (1996): Das Ende der Arbeit und ihre Zukunft. 2. Auflage, Frankfurt/New York

Ritsert, J. (1997): Gerechtigkeit und Gleichheit, Münster

Röchling, W. (2006): Adoption. 3. Auflage, München

Röhl, K., Weiß, M. (2005): Die obligatorische Streitschlichtung in der Praxis, Berlin

Rothkegel, R. (Hrsg.) (2005a): Sozialhilferecht, Baden-Baden

– (2005b): Keine Sozialhilfe für die Vergangenheit. In: Rothkegel, R. (Hrsg.) 2005a, 97 ff.

Salgo, L. (2001): Freiheitsentziehende Maßnahmen nach § 1631b BGB – materiellrechtliche Voraussetzungen und gerichtliches Verfahren. In: Fegert, J.M., Späth, K., Salgo, L. (Hrsg.), 25 ff.

– (2008): § 8 a SGB VIII – Anmerkungen und Überlegungen zur Vorgeschichte und den Konsequenzen der Gesetzesänderung. In: Ziegenhain, U., Fegert, J. (Hrsg.): Kindeswohlgefährdung und Vernachlässigung. 2. Auflage, München/Basel, 9 ff.

–, Zenz, G. (2009): (Amts-)Vormundschaft zum Wohle des Mündels. Anmerkungen zu einer überfälligen Reform. FamRZ 2009, 1378 ff.

–, –, Fegert, J.M., Bauer, A., Weber, C., Zitelmann, M. (Hrsg.) (2009): Verfahrensbeistandschaft. Ein Handbuch für die Praxis, Köln

Sartorius, U. (2005): Einsatz von Einkommen und Vermögen. In: Rothkegel, R. (Hrsg.) 2005a, 333 ff.

Schild, W. (1986): Über die Schwierigkeit, zur Schuld(lehre) im Strafrecht Nein oder Ja zu sagen. In: Müller, S., Otto, H.-U. (Hrsg.): Damit Erziehung nicht zur Strafe wird. Sozialarbeit als Konfliktschlichtung, Bielefeld, 29–44

Schiller, F. (1955): Xenien (1796). Neuauflage. Werke, Band 1, Berlin

Schleicher, H. (2007): Familie und Recht. 3. Auflage, München

Schlink, B. (1982): Die Amtshilfe. Ein Beitrag zu einer Lehre von der Gewaltenteilung in der Verwaltung, Berlin

–, Schattenfroh, S. (2001): Zulässigkeit der geschlossenen Unterbringung in Heimen der öffentlichen Jugendhilfe. In: Fegert, J. M., Späth, K., Salgo, L. (Hrsg.), 73 ff.

Schnapp, f. (Hrsg.) (2004): Handbuch des sozialrechtlichen Schiedsverfahrens, Berlin

Schoch, D. (2005a): Einsatz-, Bedarfs-, Haushaltsgemeinschaft in der Sozialhilfe. In: Rothkegel, R. (Hrsg.) 2005a, 305 ff.

– (2005b): Grundsicherung im Alter und bei Erwerbsminderung. In: Rothkegel, R. (Hrsg.) 2005a, 181 ff.

Schöch, H. (Hrsg.) (1987): Wiedergutmachung und Strafrecht, München

Scholz, R., Liesching, M. (2003): Jugendschutz. Kommentar, München

Schone, R. (1998): Kommunikation und Kooperation – Anforderungen an die Arbeitsweise des Allgemeinen Sozialen Dienstes im Kontext der Kindeswohlgefährdung. In: Verein für Kommunalwissenschaften (Hrsg.): „… und schuld ist im Ernstfall das Jugendamt", Berlin, 30 ff.

Schönke, A., Schröder, H., Lenckner, T., Cramer, P., Stree, W., Eser, A., Heine, G., Perron, W., Sternberg-Lieben, D., Eisele, J., Bosch, N., Hecker, B., Kinzig, J., (2010): Strafgesetzbuch. Kommentar. 28. Auflage, München (zit. Schönke / Schröder – Bearbeiter)

Schorlemer, S. von, Schulte-Herbrüggen, E. (2010): 1989–2009 – 20 Jahre UN-Kinderrechtskonvention. Erfahrungen und Perspektiven, Frankfurt

Schrammel, W., Winkler, G. (2010): Europäisches Arbeits- und Sozialrecht, Wien.

Schulze, R., Dörner, H., Ebert, I. et al. (2009): Bürgerliches Gesetzbuch. Handkommentar. 6. Auflage, Baden-Baden (zit.: HK-BGB / Bearbeiter)

Schulze, R., Zuleeg, M., Kadelbach, S. (Hrsg.) (2010): Europarecht. Handbuch für die deutsche Rechtspraxis. 2. Auflage, Baden-Baden

Schütte, W. (2005): Streitschlichtung im kooperativen Sozialstaat. Nachrichtendienst des Deutschen Vereins, 246 ff.

Schwab, D. (2008): Kirchliche Trauung ohne Standesamt – Die stille Beerdigung eines historischen Konflikts. FamRZ, 1121 ff.

– (2010): Familienrecht. 18. Auflage, München

Schwabe, J. (2004): Entscheidungen des Bundesverfassungsgerichts. Studienauswahl. 8. Auflage, Hamburg

Seidenstücker, B., Münder, J. (1990): Jugendhilfe in der DDR, Münster

Senne, P. (2004): Arbeitsrecht. Das Arbeitsverhältnis in der betrieblichen Praxis. 3. Auflage, München

Sieveking, K., Reim, U., Sandbrink, St. (1997): Werkvertragsarbeitnehmer aus osteuropäischen Ländern: Politische Konzepte und arbeitsmarktpolitische Probleme. In: Forschungsinstitut der Friedrich-Ebert-Stiftung (Hrsg.): Neue Formen der Arbeitskräftezuwanderung und illegale Beschäftigung, Bonn, 29–62

Sievers, B., Bienentreu, H. (2006): Grenzüberschreitende Fallarbeit in der Jugendhilfe. Internationale Gesellschaft für erzieherische Hilfen, Frankfurt

Simitis, S. (1982): Kindeswohl – eine Diskussion ohne Ende? In: Goldstein, J., Freud, A., Solnit, A. (Hrsg.): Diesseits des Kindeswohls, Frankfurt, 169 ff.

Sinzheimer, H. (1930): Der Mensch im Arbeitsrecht. In: Sinzheimer, H. (Hrsg.): Arbeitsrecht und Rechtssoziologie. Band 2. Neuauflage 1976, Frankfurt / Köln, 50 ff.

– (1936): Eine Theorie des sozialen Rechts. In: Sinzheimer, H. (Hrsg.): Arbeitsrecht und Rechtssoziologie. Band 2. Neuauflage 1976, Frankfurt / Köln, 164 ff.

Sodan, H., Ziekow, J. (Hrsg.) (2010): Verwaltungsgerichtsordnung. Großkommentar. 3. Auflage, Baden-Baden (zit.: Sodan / Ziekow – Bearbeiter)

Söllner, A., Reinert, H. J. (1985): Personalvertretungsrecht, Baden-Baden

Sonnenfeld, S. (2005): Das 2. BtÄndG. Zeitschrift für das gesamte Familienrecht, 941 ff.

Spellbrink, W. (2007): Die Bedarfsgemeinschaft gemäß § 7 SGB II eine Fehlkonstruktion? Neue Zeitschrift für Sozialrecht (NZS), 121 ff.

Spittler, G. (1980): Streitregelung im Schatten des Leviathan. Zeitschrift für Rechtssoziologie, 4 ff.

Stahlhacke, E., Preis, U., Vossen, R. (2010): Kündigung und Kündigungsschutz im Arbeitsverhältnis. 10. Auflage, München

Statistisches Bundesamt (Hrsg.) (2009): Statistiken der Kinder- und Jugendhilfe. Kinder und tätige Personen in Tageseinrichtungen und in öffentlich geförderter Kindertagespflege am 01.03.2009 – Revidierte Ergebnisse, Wiesbaden

– (Hrsg) (2010): Statistisches Jahrbuch, Wiesbaden

Staudinger, J. v. (2009): Kommentar zum Bürgerlichen Gesetzbuch mit Einführungsgesetz und Nebengesetzen. Buch 4: Familienrecht, Berlin (zit.: Staudinger – Bearbeiter)

Streng, F. (1997): Die Einsichts- und Handlungsreife als Voraussetzung strafrechtlicher Verantwortlichkeit. DVJJ-Journal, 379 ff.

– (2002): Strafrechtliche Sanktionen. Grundlagen und Anwendun., 2. Auflage, Stuttgart

– (2003): Jugendstrafrecht, Heidelberg

Tammen, B. (2004): Jugendhilfe in einer Mutter-Kind-Einrichtung des Strafvollzugs. Unsere Jugend, 43 ff.

– (2006): Der Schutzauftrag der Jugendhilfe nach § 8a SGB VIII. Unsere Jugend, 373 ff.

– (2011a): Eingliederungshilfe für seelisch behinderte Kinder und Jugendliche. In: Münder, J., Wiesner, R. , Meysen, T. (Hrsg.): Handbuch des Jugendhilferechts, Baden-Baden, 275–286

– (2011b): Hilfe für junge Volljährige. In: Münder, J., Wiesner, R. , Meysen, T. (Hrsg.): Handbuch des Jugendhilferechts, Baden-Baden, 287–297

– (2011c): Hilfen zur Erziehung In: Münder, J., Wiesner, R., Meysen, T. (Hrsg.): Handbuch des Jugendhilferechts, Baden-Baden, 244–274

Thiersch, H. (1992): Lebensweltorientierte Jugendhilfe – zum Konzept des achten Jugendberichtes. In:

Thiersch, H. (Hrsg.): Lebensweltorientierte soziale Arbeit, Weinheim, 13 ff.

Trenczek, T. (1993): Subsidiarität des Jugendstrafrechts – Programm oder Leerformel? Zeitschrift für Rechtspolitik, 184 ff.

– (1996): Strafe, Erziehung oder Hilfe? Neue ambulante Maßnahmen und Hilfen zur Erziehung. Sozialpädagogische Hilfeangebote für straffällige junge Menschen im Spannungsfeld von Jugendhilferecht und Strafrecht, Bonn

– (2000): Rechtliche Grundlagen der Neuen Ambulanten Maßnahmen und sozialpädagogischen Hilfeangebote für straffällige Jugendliche. In: Bundesarbeitsgemeinschaft für ambulante Maßnahmen nach dem Jugendrecht – BAG NAM (Hrsg.), 17 ff.

– (2002): Garantenstellung und Fachlichkeit – Anmerkungen zur strafrechtlich aufgezwungenen aber inhaltlich notwendigen Qualitätsdiskussion in der Jugendhilfe. Zentralblatt für Jugendrecht, 383 ff.

– (2003a): Die Mitwirkung der Jugendhilfe im Strafverfahren. Konzeption und Praxis der Jugendgerichtshilfe, Münster

– (2003b): Mediation im Strafrecht. Zeitschrift für Konfliktmanagement, 104 ff.

– (2003c): Stellungnahmen der Jugendhilfe im Strafverfahren – Fachliche Qualitätsanforderungen und strafrechtlicher Umgang. Zeitschrift für Jugendkriminalrecht und Jugendhilfe, 35 ff.

– (2004): Jugendstrafrechtliche Arbeitsleistungen – Grenzen der Zulässigkeit und Beteiligung der Jugendhilfe. Zeitschrift für Jugendkriminalrecht und Jugendhilfe, 57 ff.

– (2005a): Leitfaden zur Konfliktmediation. Zeitschrift für Konfliktmanagement, 193 ff.

– (2005b): Streitregelung in der Zivilgesellschaft. Zeitschrift für Rechtssoziologie, Bd. 26, 2005, 3 ff.

– (2007): Trennungs- und Scheidungsmediation – Regelungsbedürftige Aspekte und Vereinbarungsmöglichkeiten. Zeitschrift für Kindschaftsrecht und Jugendhilfe, 138

– (2008a): Fachgerechte Mediation – Qualitätsstandards in der Konfliktvermittlung. Zeitschrift für Rechtspolitik 8, 186 ff.

– (2008b): Inobhutnahme – Krisenintervention und Schutzgewährung durch die Kinder- und Jugendhilfe. 2. Auflage, Stuttgart

– (2009a): Der Verfahrensbeistand im FamFG. Zeitschrift für Kindschaftsrecht und Jugendhilfe, 196 ff.

– (2009b): Einvernehmliche Regelungen in Familiensachen – Neue Anforderungen durch das FamFG. Familie, Partnerschaft, Recht 7, 335 ff.

– (2009c): Familiengerichtliches Verfahren und Mitwirkung der Jugendhilfe nach dem FGG-Reformgesetz. Zeitschrift für Kindschaftsrecht und Jugendhilfe, 3/2009, 97 ff.

– (2009d): Jugendgerichtshilfe. In: Cornel, H., Kawamura-Reindl, G., Maelicke, B., Sonnen, B.-R. (Hrsg.), 116 ff.

– (2009e): Jugendstraffälligenhilfe. In: Cornel, H. Kawamura-Reindl, G., Maelicke, B., Sonnen, B.-R. (Hrsg), 128 ff.

– (2009f) Resozialisierung jugendlicher und heranwachsender Straftäter – Allgemeine Jugendhilfe. In: Cornel, H., Kawamura-Reindl, G., Maelicke, B., Sonnen, B.-R. (Hrsg), 102 ff.

– (2010a): Auszug aus dem Souterain – 20 Jahre danach. Recht der Jugend und des Bildungswesens 4/2010, 293 ff.

– (2010b): Risikoeinschätzung und psychosoziale Diagnose der Jugendhilfe (auch) im Jugendstrafverfahren. ZJJ, 249 ff.

– (2010c): Zur aktuellen Situation der Mediation in Deutschland. Spektrum der Mediation, 37, I/2010, 4 ff.

– (2011a): Bundeskinderschutzgesetz – Entwurf der Bundesregierung – Fort- und Rückschritte. ZJJ 1/2011, 83 ff.

– (2011b): Die Mitwirkung der Jugendhilfe in gerichtlichen Verfahren. In: Münder, J., Wiesner, R., Meysen, T. (Hrsg.): Handbuch des Jugendhilferechts, Baden-Baden, 325 ff.

–, Meysen, T. (2010): Rechtsweg für Widerspruch gegen andauernde Inobhutnahme. JAmt 2010, 543 ff.

Trenk-Hinterberger, P. (2005): Hilfe zur Überwindung besonderer sozialer Schwierigkeiten. In: Rothkegel, R. (Hrsg.) 2005a, 463 ff.

Troja, M., Stubbe, C. (2006): Konfliktmanagementsystem. Zeitschrift für Konfliktmanagement, 121 ff.

Tröndle, H., Fischer, T. (2010): Strafgesetzbuch und Nebengesetze. Kommentar. 58. Auflage, München

Ukrow, J. (2003): Jugendschutzrecht, München

Villmow, B. (2009): Junge Tatverdächtige in Untersuchungshaft – Rechtliche Voraussetzungen, Haftpraxis und Alternativen. Zeitschrift für Jugendkriminalrecht und Jugendhilfe, 229 ff.

Vögele, W. (Hrsg.) (2003): Chancen der Mediation für Schiedsstellenverfahren im Sozialbereich. Loccumer Protokolle Bd. 23, 02, Loccum

Wacquant, L. (2009): Bestrafen der Armen. Zur neoliberalen Regierung der sozialen Unsicherheit, Opladen

Wallerstein, J., Lewis, J. Blakeslee, S. (2002): Scheidungsfolgen – die Kinder tragen die Last: eine Langzeitstudie über 25 Jahre, Münster

Walter, M. (2005): Jugendkriminalität. 3. Auflage, Stuttgart

Walzer, M. (1994): Sphären der Gerechtigkeit, Frankfurt

Wank, R. (1992): Die neue Selbständigkeit. Der Betrieb, 90 ff.

Watzke, E. (1997): Äquibrilistischer Tanz zwischen den Welten. Neue Methoden professioneller Konfliktmediation, Godesberg

Weber, M. (1921): Wirtschaft und Gesellschaft. Studienausgabe. 5. revidierte Auflage 1980, Tübingen

Wellenhofer, M. (2009): Familienrecht, München

Wellenhofer-Klein, M. (1995): Die „Abkehr von der Ehe" als Unterhaltsausschließungsgrund nach § 1579 Nr. 6 BGB. Zeitschrift für das gesamte Familienrecht, 905 ff.

Wesel, U. (1981): Aufklärung über Recht, Frankfurt

– (1984): Frühformen des Rechts in vorstaatlichen Gesellschaften, Frankfurt / M.

– (1994): Juristische Weltkunde. 7. Auflage, Frankfurt / M.

– (1999): Fast Alles, was Recht ist. Jura für Nichtjuristen. 6. Auflage, Frankfurt / M.

Wiesner, R. (2006): SGB VIII – Kinder- und Jugendhilfe. Kommentar. 3. Auflage, München

Westermann, H. P., Bydlinski, P., Weber, R. (2007): BGB-Schuldrecht Allgemeiner Teil. 6. Auflage, Heidelberg

Willutzki, S. (2005): Entwicklungen und Tendenzen im Kindschaftsrecht. Kindschaftsrechtliche Praxis, 197 ff.

Wilmers-Rauschert, B. (2004): Datenschutz in der freien Jugend- und Sozialhilfe, Stuttgart

Winkler, J. (2004): Sozialverwaltungsverfahren und Sozialdatenschutz (SGB X), München

Wolff, H. J, Bachof, O., Stober, R. (2004): Verwaltungsrecht. Band 3. 5. Auflage, München

Wolffersdorff, C. v. (2003): Was tun, wenn nichts mehr geht? Zur alten und neuen Diskussion um geschlossene Unterbringung. In: Struck, N., Galuske, M., Thole, W. (Hrsg.): Reform der Heimerziehung – Eine Bilanz, Opladen, 53 ff.

Wolffersdorff-Ehlert, C. v., Sprau-Kuhlen, V. (1990): Geschlossene Unterbringung in Heimen. DJI, München

Wulffen, M. v., Schroeder-Printzen, G. (Hrsg.) (2004): Sozialverwaltungsverfahren und Sozialdatenschutz. Kommentar. 5. Auflage, München

Wuppermann, M. (2006): Adoption. Ein Handbuch fur die Praxis, Köln

Yassari, N. (2011): Das Eheverständnis im Islam und in ausgewählten islamischen Ländern. FamRZ, 1 ff.

Zacher, H. F. (2001): § 134: Elternrecht. In: Isensee, J, Kirchhof, P. (Hrsg.): Handbuch des Staatsrechts, Bd. IV. 2. Auflage, Heidelberg, 267 ff.

Zimmermann, A. (1994): Das neue Grundrecht auf Asyl: Verfassungs- und völkerrechtliche Grenzen und Voraussetzungen, Berlin

Zipelius, R. (1991): Allgemeine Staatslehre. 11. Auflage, München

Zitelmann, M. (2001): Kindeswohl und Kindeswille im Spannungsfeld von Pädagogik und Recht, Münster

Zöller, R. (Hrsg.) (2010): ZPO. Zivilprozessordnung mit Gerichtsverfassungsgesetz und Nebengesetzen. Kommentar. 28. Auflage, Köln (zit.: Zöller – Bearbeiter)

Zöllner, W., Loritz, K.-G. (1992): Arbeitsrecht. 4. Auflage, München

Anhang 8: Sach- und Personenregister

Basiswissen für Studierende

Reinhard J. Wabnitz
Grundkurs Recht für die Soziale Arbeit
Mit 97 Übersichten, 22 Fällen und Musterlösungen.
2010. 243 Seiten.
UTB-S (978-3-8252-3368-6) kt

In 14 Kapiteln wird das relevante Basiswissen für die Studierenden der Sozialen Arbeit übersichtlich aufbereitet. Zugleich werden die für die Soziale Arbeit wichtigsten Themenfelder des Zivil-, Straf- und des Öffentlichen Rechts dargestellt.

Dieser Grundkurs bereitet auf die Prüfungen in den Einführungsveranstaltungen und auf die weiterführenden Vorlesungen, Übungen und Seminare zum Sozialrecht vor. Mit zahlreichen Übersichten, Vertiefungen, praxisnahen Fallbeispielen und Musterlösungen.

ℝ reinhardt
www.reinhardt-verlag.de

SGB VIII verständlich erklärt

Reinhard J. Wabnitz
Grundkurs Kinder- und Jugendhilferecht für die Soziale Arbeit
2., überarb. Aufl. 2009. 192 Seiten. 3 Tab.
Mit 62 Übersichten, 14 Fallbeispielen und Musterlösungen
UTB-S (978-3-8252-2878-1) kt

Der „Grundkurs Kinder- und Jugendhilferecht für die Soziale Arbeit"
vermittelt die elementaren Kenntnisse des Kinder- und Jugendhilferechts. Er gibt Studierenden einen Überblick über die rechtlichen
Regelungen im SGB VIII, die Leistungen und anderen Aufgaben in der
Kinder- und Jugendhilfe sowie über deren Trägerstrukturen und
Behörden. Behandelt werden die vielfältigen Hilfs- und Förderange-
bote, unter anderem Jugendarbeit, Jugendsozialarbeit, Kindertagesstätten, Hilfen zur Erziehung, Beratungsdienste und Schutzaufgaben
zu Gunsten von Kindern und Jugendlichen.

www.reinhardt-verlag.de

Prüfungsfragen inklusive

Reinhard J. Wabnitz
Grundkurs Familienrecht für die Soziale Arbeit
2., überarb. Aufl. 2009. 197 Seiten. 8 Tab.
Mit 67 Übersichten, 14 Fallbeispielen und Musterlösungen
UTB-S (978-3-8252-2754-8) kt

Reinhard Wabnitz vermittelt das relevante Basiswissen des Familienrechts – speziell aufbereitet für Studierende des Faches Soziale Arbeit. Für die 2. Auflage wurden wichtige neue Gesetze, z. B. zur Reform des Personenstandsrechts, zur Änderung des Unterhaltsrechts und zur Erleichterung familiengerichtlicher Maßnahmen bei Gefährdung des Kindeswohls eingearbeitet.
Mit Fallbeispielen, Prüfungsfragen, Musterlösungen und einem ausführlichen Literaturverzeichnis. Ein Muss für Studierende der Sozialen Arbeit!

reinhardt
www.reinhardt-verlag.de